韓國史의 構造와 展開

河炫綱敎授定年紀念論叢

韓國史의 構造와 展開

河炫綱敎授定年紀念論叢刊行委員會

혜안

賀序

노고산 북녘의 우거에서, 찾아온 玄岡 河炫綱 교수를 맞아, 紅柿를 나눈 지가 40여 년이나 흘렀다. 그 때나 지금이나 玄岡은 소탈하고 겸손하여 흉허물없이 지내 왔는데 벌써 백발의 노경에 접어들어 정년 퇴임하게 되었다니, 덧없이 흐르는 세월을 실감나게 한다.

玄岡은 대아골에서 학업을 마친 후 잠시 출판사에 있으면서 여러 출판물의 기획을 책임맡아 능란하게 성취시켰지만, 전공을 위하여 이화여대와 모교인 연세대에서 30여 년 동안 “學不倦 敎不厭”의 모범을 보여 왔다. 고려시대의 지방행정구조와 정치·사회 사상의 연구를 중심으로 한국사 전반에 걸친 예리한 歷史眼은 많은 연구성과를 통하여 우리 나라의 역사학 발전에 상당 수준의 기여를 했고, 문하생의 교육과 지도에서는 자상하고 진지하면서도 특히 인성을 고취시키고자 노력했다. 따라서 주위의 濟濟多士들이 玄岡의 정년을 계기로 학은에 恭酬함과 동시에 玄岡의 학적 성과를 현창하기 위하여 정년기념논총을 엮어 낸다기에 摯友로서 하서를 초하여 동참하게 되었다.

여하간 玄岡은 瑣事에 구애받기를 싫어하는 奇杰이다. 연만해지면서는 시속 탓으로 다분히 보통 사람이 되었지만, 언제나 구속없는 삶을 희망해 왔다. 물론 주위에 폐를 끼치는 일은 결코 없었다. 또 玄岡은 정리가 있고 분수를 지키는 學人이다. 학자에게 흔히 있는 愛憎이 유별나되 좀처럼 드러내지 않고 속으로 삭이는 도량도 있다. 아울러 자신에게는 엄격하고 욕심이 없으면서도 대인관계에서는 너그럽고 온화하기만 하다. 이에 그의 주변에는 종유하는 친구와 따르는 제자가 많다. 중년에 정부의 추천으로 중동과 아프리카를 순방할 기회가 있었지만 이를 이모 교수에게 양보한 일을 알 만한 사람은 다 아는 일이다.

한편 玄岡은 근실하고 책임감이 강하다. 『연세대학교 백년사』를 편찬할 때 편집위원으로 참여했던 그가 시종여일하게 이 과업을 감당해서 출간시킨 일은 20여 년이 다 되어 가는 오늘도 그 부지런했던 모습과 책임지는 처사를 기억한다. 그리고 이화여대에서 여성사 연구의 큰 과제를 마무리짓고 연세대 출판부장·박물관장으로 있으면서는 내실을 다지는 데 애썼으며 韓國史硏究會의 대표로 있으면서도 학회 발전에 진력했다. 그런가 하면 玄岡은 文才가 뛰어나서 학술논문 이외의 주옥 같은 수많은 글이 있고 재기가 출중하다. 망중한을 이용해서 익힌 여러 고급 잡기는 가히 出藍之才다. 한 번 배우면 얼마 안 가서 가르쳐 준 친구를 으레 이긴다. 그러나 이러한 잡기는 어디까지나 여가를 선용한 도락이지 여기에 빠지는 일이 없다.

"春花秋實"이란 성어가 있다. 文采와 德行을 겸비한다는 의미가 있는가 하면 學識이 淵博하고 品行이 高潔함을 상징적으로 말하는 본뜻이 玄岡에 비길 만하지만, 다른 측면으로 봄날의 꽃이 가을의 열매로 무르익는다고도 풀이할 수 있고 보면, 이 정년기념논총이, 玄岡의 40년 동안 이룩한 봄꽃과도 같은 학문적 성숙과 학덕을 기리는 문하생 또는 지우들의 가을 열매와도 같은 푸짐한 결과로 알고 경하해 마지않는다.

玄岡은 아직도 건강하지만 앞으로도 더욱 정정하게 지내면서, 일생 동안 염원했던 구속 없는 삶을 바람직한 방향으로 지속하고, 여전히 계속하고 있는 연구과업을 착실히 성과지어서 후학들에게 전범을 보여주기를 바란다.

庚辰　蟬月

黃 元 九

河炫綱 教授 略譜

1. 履歷

1935년 1월 27일 경남 진주시 출생
1958년 9월 연세대학교 문과대학 사학과 (문학사)
1961년 2월 연세대학교 대학원 사학과 (문학석사)
1984년 8월 연세대학교 대학원 사학과 (문학박사)

1966년 3월 ~ 1968년 2월 이화여자대학교 문리대학 사학과 전임강사
1968년 3월 ~ 1971년 2월 이화여자대학교 문리대학 사학과 조교수
1971년 3월 ~ 1975년 2월 이화여자대학교 문리대학 사학과 부교수
1975년 3월 ~ 1981년 2월 이화여자대학교 문리대학 사학과 교수
1981년 3월 ~ 1999년 8월 연세대학교 문과대학 사학과 교수
1983년 9월 ~ 1987년 8월 연세대학교 문과대학 사학과장
1985년 3월 ~ 1989년 2월 연세대학교 출판부장
1989년 9월 ~ 1993년 8월 연세대학교 박물관장

1982년 1월 ~ 1983년12월 한국사연구회 대표간사
1993년 ~ 역사학회 평의원
1994년 ~ 국사편찬위원회 위원

2. 住所 및 家族

住所 경기도 고양시 덕양구 화정동 은빛마을 부영아파트 601동 1303호

慈親 李德伊
夫人 張仁順
長女 志英 (이화여자대학교 국문학과 졸업)
女壻 金龍顯 (육군사관학교 졸업, 육군 중령)
次女 尙美 (연세대학교 의과대학 졸업, 용소아과 원장)
女壻 梁宰榮 (서울대학교 법과대학, 서울고법 판사)
三女 梨貞 (연세대학교 주거환경학과 졸업)

女壻　　朴顯俊 (고려대학교 경제학과 졸업, 한국수출보험공사)
四女　　英埈 (이화여자대학교 사학과 졸업, *Zoom in City* 취재팀장)
長男　　碩埈 (동서울대학교 기계학과 졸업, 한전산업개발주식회사)

河炫綱 敎授 著作目錄

1. 著書

『敎養韓國史』, 유일문화사, 1974.
『高麗地方制度의 研究』, 한국연구원, 1977.
『韓國의 歷史』, 신구문화사, 1979.
『韓國中世史研究』, 일조각, 1988.
『韓國中世史論』, 신구문화사, 1989.

2. 共著

『韓國女性史』 全3卷 , 이화여대출판부, 1972.

3. 學術論文

「高麗地方制度의 一研究 - 道制를 中心으로 - 」(上・下), 『사학연구』 13・14, 1962.
「高麗政治機構의 一側面 - 집권화 과정의 몇가지 의문점 - 」, 『사학회지』 6, 1964.
「李命允의 被誣 사실에 대하여 - 새로 발견된 진주민란관계자료 - 」, 『史學研究』 18, 1964.
「高麗食邑考」, 『歷史學報』 26, 1965.
「韓國史研究의 問題點」, 『梨花史學研究』 1, 1966.
「高麗西京考」, 『歷史學報』 35・36합, 1967.
「高麗前期의 王室婚姻에 대하여」, 『이대사원』 7, 1968.
「高麗惠宗代의 政變」, 『史學研究』 20, 1968.
「高麗史研究의 回顧와 展望 : 고려(1968)」, 『歷史學報』 44, 1969.
「高麗太祖와 開城」, 『이홍직박사회갑기념 한국사학논총』, 1969.
「高麗國初 權力構造의 性格」, 『사학회지』 16, 1970.
「高麗西京의 行政構造」, 『한국사연구』 5, 1970.
「豪族과 王權」, 『한국사 4』, 국사편찬위원회, 1974.
「高麗王朝의 成立과 豪族聯合政權」, 『한국사 4』, 국사편찬위원회, 1974.
「高麗時代의 歷史繼承意識」, 『梨花史學研究』 8, 1975.
「高麗初期 崔承老의 政治思想研究」, 『이대사원』 12, 1975
「高麗史 研究의 回顧와 展望」, 『歷史學報』 72, 1976

「地方勢力과 中央統制」, 『한국사 5』, 국사편찬위원회, 1975.
「朝鮮後期의 社會와 女性觀의 變動」, 『梨花史學研究』 9, 1976.
「韓國史研究의 課題와 展望」, 『논총』 33, 1979.
「高麗 毅宗代의 性格」, 『東方學志』 26, 1981.
「郡縣制와 鄕吏」, 『韓國史研究入門』, 지식산업사, 1981.
「高麗史 研究의 動向」, 『현대한국역사학의 동향(1945~1980)』, 1982.
「高麗太祖의 內外政策의 樹立背景과 그 性格」, 『東方學志』 54·55·56합, 1987.
「李承休의 史學思想研究」, 『東方學志』 69, 1990.
「武臣政變은 왜 일어났는가」, 『한국사시민강좌』 8, 1991.
「晋州民亂과 李命允의 行績」, 『東方學志』 77·78·79합, 1993.
「고려왕조 성립과 발전 개요」, 『한국사 12』, 국사편찬위원회, 1993.
「지방통치조직의 정비와 그 구조」, 『한국사 13』, 국사편찬위원회, 1993.

4. 書評 및 紹介

「元寇(旗田巍 著)」, 『梨花史學研究』 2, 1967.
「丙寅迫害資料研究(최석우 著)」, 『梨花史學研究』 3, 1968.
「韓國文化史大系 4-風俗·藝術史-(고려대 민족문화연구소 편)」, 『책소식』 봄호, 이대학보사, 1970.
「民族과 歷史(李基白 著)」, 『책소식』 겨울호, 1971.
「高麗政治制度史研究(변태섭 著)」, 『文學과 知性』, 1971.
「高麗政治制度史研究(변태섭 著)」, 『東亞日報』, 1971.
「韓國古代史의 연구(이홍직 著)」, 『이대사원』 10, 1972.
「朝鮮時代 軍制研究(차문섭 著)」, 『梨花史學研究』 6·7합, 1973.
「韓國文化史論(김철준 著)」, 『新東亞』 7월호, 1976.
「韓國의 歷史像(이우성 著)」, 『新東亞』 11월호, 1982.
「三國史記研究(신형식 著)」, 『韓國史研究』 38, 1982.
「고려사회의 귀족제설과 관료제론에 대하여(김의규 편)」, 『사회과학논평』 5, 1987.
「高麗時代史(박용운 著)」, 『朝鮮日報』 1988. 1. 29.
「韓國中世土地所有研究(강진철 著)」, 『出版저널』 1990. 1. 5.

5. 論文·時論·隨筆·其他

「韓國女性의 役割」, 유네스코.
「乙巳年의 歷史」, 『農民生活』, 1964.
「鄭夢周」, 『韓國의 人間像 1』, 1965.
「妙淸」, 『韓國의 人間像 2』, 1965.
「李成桂」, 『韓國의 人間像 2』, 1965.
「李适」, 『韓國의 人間像 2』, 1965.

「甲申政變과 金玉均」,『日曜新聞』1966. 2. 20.
「奴隷制社會와 封建制社會」,『新東亞』8월호, 1966;『한국사의 반성』, 1969 재수록.
「封建制社會는 있었는가」,『梨大學報』1966. 11. 7.
「毛髮有感」,『女像』, 1966.
「古代-高麗時代 都邑의 形成과 그 性格」,『都市問題』2-8, 1967.
「傳統은 不在하는가-韓國史에 있어서의 傳統問題-」,『綠苑』12, 1967.
「歷史學」,『東亞年鑑』, 1967.
「圃隱集」,『韓國의 名著』, 1967.
「前近代 女性의 位置」,『綠苑』13, 1968.
「韓國人의 意識構造와 外勢의 作用」,『創作과 批評』봄호, 1968.
「丁卯胡亂과 정봉수」,『韓國日報』1968. 4. 3.
「내가 본 現代 大學生」,『梨大學報』1968. 11. 18.
「自畵像」,『梨大學報』, 1968.
「韓國人의 歷史意識」,『梨大學報』, 1968.
「닭 異聞」,『綠苑』14, 1969.
「닭의 故事와 事件」,『醫師新聞』1969. 1. 11.
「己酉年의 歷史와 故事」,『醫師新聞』1969. 1.
「을미사변」,『한국현대사 2』, 1969.
「韓國의 政治風土를 이루고 있는 主人公들」,『綠苑』15, 1970.
「韓國史의 世界性」,『京畿』9호, 1970.
「歷史와 픽션」,『現代敎養』창간호, 1970.
「韓國史研究의 諸問題」,『梨大學報』, 1970.
「趙冲」,『샘터』1월호, 1971.
「劒君」,『샘터』2월호, 1971.
「諦觀」,『샘터』3월호, 1971.
「劉大致」,『샘터』4월호, 1971.
「康兆」,『샘터』5월호, 1971.
「金庾信」,『샘터』6월호, 1971.
「姜鶴年」,『샘터』7월호, 1971.
「實學思想 研究의 現況과 課題」,『梨大學報』1971. 6. 21.
「危機와 人間歷史」,『OB社報』11월호, 1971.
「교양 韓國史」,『서울신문』1. 26~4. 23(총70회 연재), 1972.
「高麗의 再統一과 官人國家」,『女性東亞』7월호, 1972.
「高麗武臣의 쿠데타」,『女性東亞』8월호, 1972.
「蒙古와 싸운 高麗」,『女性東亞』9월호, 1972.
「우리 民族의 자랑과 긍지」,『陸軍』1972. 8.
「中國文化 속의 韓國文化」,『綠苑』17, 1972.
「The Life and Thought of Sin Ch'ae-ho」,『Korea Journal』12-10, 1972.
「歷史小說을 보는 歷史家의 눈」,『文學思想』창간호, 1972.
「開化期 女性史 總觀」,『韓國女性史 2』, 1972.

「國難에 處한 國民의 姿勢」, 『京鄕新聞』 1972. 8.
「國難과 우리 民族의 主體意識」, 『自由公論』, 1972.
「新羅末期의 民衆意識」, 『讀書新聞』, 1972.
「高麗初期 政治機構의 整備」, 『讀書新聞』, 1972.
「金富軾과 妙淸의 對立」, 『讀書新聞』, 1972.
「道詵」, 『月刊中央』 1월호 부록, 1973.
「妙淸」, 『月刊中央』 1월호 부록, 1973.
「忠武公 誕辰 428돌에」, 『서울新聞』 1973. 4. 28.
「三峰集」, 『韓國日報』 1973. 5. 4.
「韓國 民族의 歷史意識」, 『靑海』 10월호, 1973.
「백마도가 의미하는 것」, 『文學思想』 11월호, 1973.
「韓國史에 있어서의 男兒尊重思想」, 『Research Bulletin』 1973.
「淸白吏 - 오늘에 생각한다 - 」, 『서울新聞』 1974. 2. 25.
「故 洪以燮博士를 哀悼함」, 『新亞日報』 1974. 3. 5.
「落星垈 參拜」, 『서울新聞』 1974. 6. 12.
「이 가을엔 이런 책을」, 『讀書新聞』 20호, 1974.
「高麗의 建國과 未來像」, 『국민교육헌장의 민족사적 기저』, 韓國敎育開發硏究院, 1974.
「朝鮮王朝의 建國과 그 意義」, 『국민교육헌장의 민족사적 기저』, 1974.
「金富軾의 歷史意識」, 『讀書新聞』 1975. 6. 1.
「엽전」, 『열매』 10월호, 1975.
「崔承老」, 『샘터』 3월호, 1976.
「高麗의 對蒙抗爭」, 『中央日報』 1976. 4. 6.
「추첨 人生」, 『主婦生活』 5월호, 1976.
「『三國史記』와 「三國遺事」의 史觀」, 『讀書生活』 6월호, 1976.
「妙淸과 西京遷都運動」, 『中央日報』 1976. 8. 16.
「과부 사정의 어제와 오늘」, 『뿌리깊은나무』 1월호, 1977.
「어제와 오늘 - 淸論濁說」, 『東亞日報』 1977. 2. 7.
「허위와 진실 - 淸論濁說」, 『東亞日報』 1977. 2. 14.
「어머니 - 淸論濁說」, 『東亞日報』 1977. 2. 21.
「三別抄의 護國精神」, 『서울新聞』 1977. 2. 11.
「羅末麗初의 社會變動과 崔承老」, 『현상과 인식』 여름호, 1977.
「新羅人은 事大主義者인가」, 『敎育春秋』 6월호, 1977.
「면면히 흘러온 自主의 歷史」, 『敎育春秋』 7월호, 1977.
「겨레를 지켜온 城과 遊擊術」, 『敎育春秋』 8월호, 1977.
「統一新羅의 혼인제도」, 『敎育春秋』 9월호, 1977.
「太祖 王建의 29명의 后妃들」, 『敎育春秋』 10월호, 1977.
「易姓革命의 再吟味」, 『敎育春秋』 11월호, 1977.
「韓國의 어제와 오늘」, 『서울産大新聞』 1977. 10. 27.
「世宗大王과 民族精神」, 『時事』 1977. 10.
「三別抄의 抗蒙運動」, 『時事』 1978. 8.

「韓國史를 보는 눈」, 『廣場』 9월호, 1978.
「韓國史上의 忠孝思想」, 『新丘學報』 1978. 10. 26.
「恭愍王」, 『샘터』 6월호, 1978.
「成忠」, 『샘터』, 1978.
「金慶孫」, 『샘터』 1월호, 1979.
「成三問」, 『샘터』 2월호, 1979.
「崔茂宣」, 『샘터』 4월호, 1979.
「李舜臣」, 『샘터』 6월호, 1979.
「朴堤上」, 『샘터』 7월호, 1979.
「茶山과 流配」, 『샘터』 12월호, 1979.
「高麗 太祖」, 『月刊中央』 2월호 附錄, 1979.
「3・1運動과 民族精神」, 『總力安保』 1979. 3.
「李弘稙과 洪以燮」, 『뿌리깊은나무』 11월호, 1979.
「나와 專攻」, 『月刊朝鮮』 2월호, 1981.
「아버지와 아이들」, 『三星소식』 2월호, 1981.
「그것은 하나의 驚異였다(高麗時代 總觀)」, 『서울新聞』 1981. 5. 22.
「우리의 옛 통신제도」, 『럭키그룹』 37, 1981.
「역사를 보는 깊고 넓은 시야」, 『교보문고』 1, 1981. 9・10.
「王朝時代의 支配倫理」, 『高大文化』 20, 1981.
「거짓말 타령」, 『京鄕新聞』 1982. 4. 13.
「捨己從人」, 『京鄕新聞』 1982. 4. 22.
「찾는 재미」, 『京鄕新聞』 1982. 4. 26.
「글쓰는 일」, 『京鄕新聞』 1982. 4. 27.
「유치한 어른」, 『서울新聞』 1982. 8. 7.
「착잡한 8·15」, 『서울新聞』 1982. 8. 15.
「歷史의 兩面性」, 『서울新聞』 1982. 8. 22.
「그래도 해는 뜬다」, 『서울新聞』 1982. 8. 31.
「高麗의 對外關係」, 『中央日報』 1982. 10. 21.
「高麗 貴族社會의 成立과 展開」, 『仁荷大新聞』 1982. 10. 25.
「歷史를 보는 눈」, 『범한사보』 10월호, 1982.
「河拱辰」, 『河拱辰公篇』, 진주문화원, 1982.
「韓國史硏究 어디까지 왔나」, 『朝鮮日報』, 1982.
「國史敎育의 課題와 方向」, 『大學敎育』 6, 1983.
「洪景來」, 『샘터』 1월호, 1984.
「萬明」, 『新世界』 7월호, 1984.
「高麗의 對北方政策」, 『大學週報』 1984. 7. 9.
「日皇의 사과 發言」, 『中央日報』 1984. 9. 7.
「歷史는 왜 읽어야 하나」, 『敎保文庫』 1984. 10. 11.
「나라 사랑하는 마음」, 『新世界』 3월호, 1985.
「잘 산다는 것」, 『放送通信大學報』 1985. 7. 8.

「盡人事待天命하는 자세」,『럭키금성』17, 1985.
「韓國 女性像의 形成」,『韓國女性의 傳統像』, 1985.
「광복절의 의미」,『大韓火災』8월호, 1986.
「國史를 통해 본 民族的 主體性」,『國會報』252호, 1987.
「國史를 통해 본 民族的 主體性」,『치안문제』89, 1987.
「韓國中世史를 보는 눈」,『부산여대학보』1987. 11. 27.
「洪以燮史學과 그 基本性格」,『延世春秋』1988. 3. 21.
「위당 정인보론」,『진리와 자유』창간호, 1989.
「바람직한 指導者像」,『名譽』육사 35기 동기회, 1989. 10.
「우리 어머니 이덕이 行狀」,『이덕이여사 문선』, 1989.
「홍이섭 선생댁 세배」, 2000년 1월호, 1991.
「洪以燮」,『진리와 자유』겨울호, 1991.
「현대화 대가로 잃어버린 것들」,『역사산책』15, 1991. 11.
「弘文館校理 李命允公 追慕碑文」,『弘文館校理 李命允公 行績』, 1991.
「高麗開國一等功臣 太師 卜武恭公諱智謙事蹟碑文」, 1991.
「高麗 建國의 歷史的 意義」,『高麗太師 卜武恭公崇慕錄』, 1992.
「나의 書齋」,『三星文化』7월호, 1993.
「위당 정인보선생」,『延世同門會報』1995.

차 례

제1부 先史 · 古代의 社會와 文化

제2부 中世의 政治와 思想

제3부 中世의 社會와 經濟

제4부 中世社會의 變動과 그 對應

제5부 近代化의 試鍊

제 1 부

先史·古代의 社會와 文化

구낭굴 출토 사슴화석의 분석

이 융 조* · 조 태 섭**

1. 머리말

단양 구낭굴유적은 구석기시대의 동굴유적으로 충청북도 단양군 가곡면 여천리 산 17번지에 자리하며 삼태산의 남쪽 기슭(해발 312m)에 자리한다. 조선계 석회암지대가 발달한 이 지역은 많은 동굴과 바위그늘들이 있으며, 또한 굽이쳐 흐르는 남한강과 작은 개천들은 사람들이 살기에 좋은 환경이었음을 보여준다. 이 유적 근처에서 찾아진 도담 금굴, 상시 바위그늘 그리고 수양개 유적들이 이를 증명해 준다(사진 1).[1]

1986년에 임광훈 님(매포중학교 교사)에 의해 처음으로 찾아진 이 굴은 충북대학교 박물관(당시 이융조 관장)에서 1986년과 1988년 두 번에 걸쳐 발굴조사를 하였으며 그 후 10년 만인 1998년 겨울 제3차 발굴이 이루어졌다(사진 3 · 4).[2]

굴의 전체 길이는 140여 m이며 이 중 87m 지점까지 구석기시대의 유물이 출토되고 있다. 특히 굴 안 7m부터는 넓은 공간(6×10m)이 있으며, 이 곳이 당시 옛사람들의 주된 생활공간(main hall)이었을 것으로 여겨진다. 약 5m에 이르는 두께의 퇴적에 모두 9개의 층이

* 충북대학교 고고미술사학과 교수
** 충북대학교 강사

1) 이들 유적들이 반경 10km 안에 위치하고 있어 이 곳 단양에 구석기시대에 많은 유적이 있었음을 잘 말하여 주고 있다.

2) 1 · 2차 조사에는 충북대 박물관 예산으로 조성되었으며 충북대 역사학과와 고고미술사학과 학생들이 참가하여 수고하였다. 3차 조사는 단양군(당시 정하모 군수)의 특별한 배려로 예산이 만들어졌으며 이 발굴을 진행하는 데에는 이건표 군수(단양군)와 김재호 회장(단양 향토문화연구회)의 따뜻한 격려에 크게 힘입어 어려운 여건에서도 진행될 수 있었기에 이에 사의를 표한다. 지금까지 나온 구낭굴 유적에 관계된 글들은 아래와 같다. 이융조 · 박선주 · 우종윤, 『단양 구낭굴 발굴보고(Ⅰ) - 1986 · 88년도 조사』, 충북대 박물관, 1991 ; 이융조 · 박선주, 「단양 구낭굴출토 곰화석 연구」, 『박물관 기요』 8, 단국대, 1992, 33~68쪽 ; 이융조 · 조태섭 · 이동성 · 박홍근, 「단양 구낭굴유적 발굴조사 개보」, 『충북대 박물관 년보』 7, 1998, 155~169쪽 ; 이융조 · 조태섭, 「단양 구낭굴 동물상의 새로운 연구 - 3차 발굴 결과를 중심으로 - 」, 『선사와 고대』 12, 한국고대학회, 1999, 3~26쪽 ; 이융조 · 조태섭 · 김주용 · 강상준, 『단양 구낭굴 유적(Ⅱ) - 1998년도 조사』, 충북대 박물관 · 단양군, 1999, 237쪽.

확인되었다(사진 2).

표토층(1층) 아래 3개의 석회마루층(2층·5층·7층)과 4개의 퇴적층(3층·6층·8층·9층) 그리고 아주 얇고 노란 끼인층(4층)이 번갈아 가며 층위를 구성하고 있다. 퇴적층은 전체로 보존 상태가 아주 좋은 편으로 이것은 맨 마지막에 형성된 석회마루가 유적의 전체 퇴적을 보호하듯이 형성되고 있음과, 처음 굴이 찾아졌을 때 굴의 입구가 거의 막혀 있었던 것이 큰 원인으로 가늠된다. 그 결과 지금도 유적은 전체의 층위 모습과 깊이 단면을 잘 보존하고 있다.

4개의 퇴적층들은 모두 크고 작은 낙반석들을 포함하고 있으며 특히 굴 바닥에 가까운 8·9층은 아주 커다란 낙반석들이 함께 나오고 있다. 유물이 많이 출토되는 층은 3층과 6층인데 그 중 3층의 단위면적당 유물밀집도가 가장 높다. 이 3층은 퇴적의 두께도 제일 두텁고 사람뼈를 비롯해 많은 뼈유물과 석기들을 찾은 층으로 지금까지의 연구 결과로는 가장 중심이 되는 생활문화층으로 보여진다.

이 글에서는 제3층에서 찾아진 동물화석 가운데 가장 많은 수를 차지하며 여러 가지 계속되는 연구를 수행할 수 있는 사슴뼈에 대한 분석을 하여 보기로 한다. 먼저 출토된 사슴뼈의 부위별 빈도와 이를 토대로 한 최소마리수 계산을 하여 보고 출토된 사슴들의 나이를 추정하여 죽은 사슴들의 나이구조와 계절 등을 분석하여 보기로 한다. 이것을 통해 주로 사슴을 사냥하며 생활하였을 것으로 추정되는 구낭굴 옛사람들의 사냥활동을 포함한 생활모습을 복원해 보기로 한다.

2. 구낭굴 사슴화석의 분석

구낭굴에서 출토된 동물화석은 제3층을 기준으로 볼 때 모두 25종이 찾아지고 있으며 그 가운데 큰 젖먹이짐승이 12종이다.[3] 여기서 찾아진 동물화석의 수는 모두 3,788점으로 이 가운데 사슴의 화석으로 분류된 뼈는 3,439점에 이른다. 이것은 전체 종 분류된 짐승화석의 94.3%를 차지하는 높은 비율을 보이고 있어 찾아진 동물뼈의 대부분이 사슴의 뼈인 것을 알려주고 있다.

사슴의 뼈로 분류된 각각의 뼈대 부위별 수와 그 비율은 다음과 같다(표 1, 그림 1).

이 짐승의 뼈대 부위별 출토 순서를 보면 제일 많이 나오고 있는 것이 낱개의 이빨(dents)들로 모두 772점이다. 전체 사슴뼈대수의 비율에서 보면 22.45%를 차지하고 있다. 두 번째가 정강뼈(tibia)로 모두 659점이 찾아져 19.16%를 차지한다. 이 두 부위의 비율은 약 20%가 되어 매우 높은 출토율을 나타내고 있다. 그 다음으로 허벅지뼈(femur)를 들 수 있으며 모두 460점의 뼈대가 확인되어 전체 뼈대수의 13.38%를 점유한다. 위팔뼈(humerus)

---

3) 이융조·조태섭·김주용·강상준, 앞의 책, 1999, 130쪽.

<표 1> 출토 사슴뼈 부위별 뼈대수와 비율

부위		뼈수	%NR	부위		뼈수	%NR
뿔	Bois	5	0.15	앞뒤팔뼈	Radio-Ulna	8	0.23
머리뼈	Crane	52	1.51	손목뼈	Carpiens	27	0.79
귀뼈	Rocher	14	0.41	손등뼈	Metacarpien	99	2.88
위턱	Maxillaire	49	1.42	허벅지뼈	Femur	460	13.38
코뼈	Incisif	6	0.17	무릎뼈	Rotule	0	0
아래턱	Mandibule	145	4.22	정강뼈	Tibia	659	19.16
이빨	Dents	772	22.45	종아리끝뼈	Malleolaire	8	0.23
혀뼈	Hyoide	2	0.06	발목뼈	Tarsiens	47	1.37
등뼈	Vertebres	66	1.92	발등뼈	Metatarsien	245	7.12
갈비뼈	Cotes	109	3.17	깨뼈	Sesamoides	35	1.02
주걱뼈	Scapula	33	0.96	발가락뼈	Phalanges	118	3.43
엉덩뼈	Coxal	16	0.47	곁손발등뼈	Mp.vestigial	12	0.35
위팔뼈	Humerus	248	7.21	곁발가락뼈	Ph.vestigiale	3	0.09
앞팔뼈	Radius	133	3.87	대롱?	diaphyse	35	1.02
뒤팔뼈	Ulna	33	0.96	모 듬		3,439	100

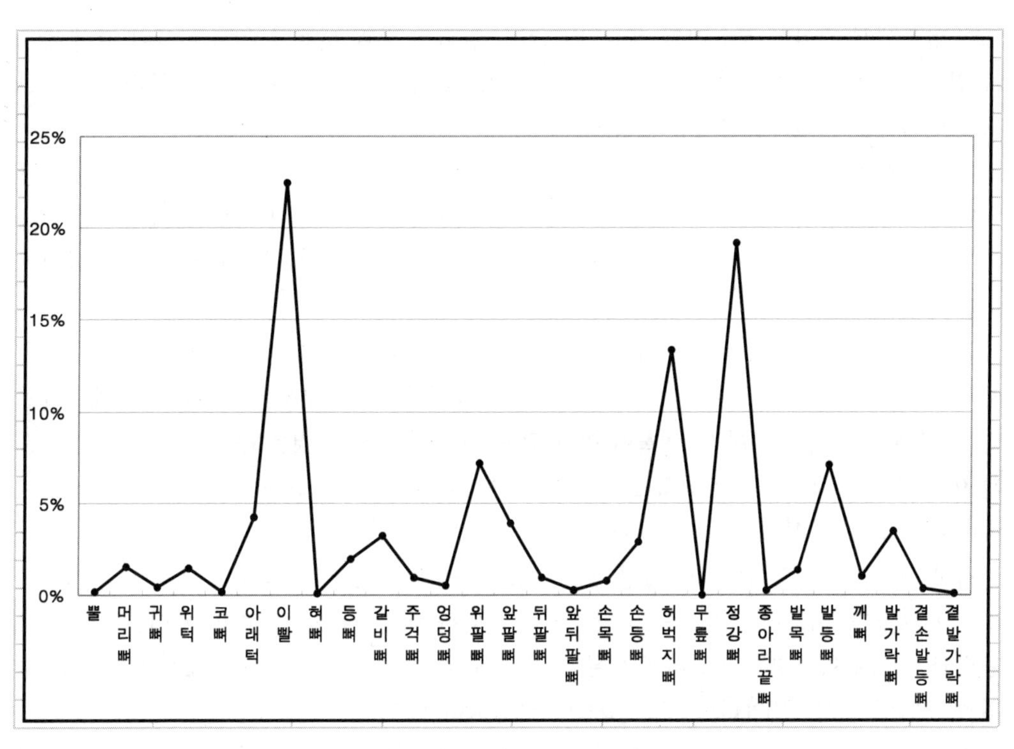

<그림 1> 사슴뼈대 부위별 출토 분포

는 248점으로 7.21%, 발등뼈(metatarsien)는 245점이 나와 7.12%를 점유하며 아래턱 145점(4.22%)·앞팔뼈 133점(3.87%)의 순서다.

이렇게 많이 출토되고 있는 뼈대 부위들의 특징을 보면 가장 많이 나타난 이빨과 아래턱을 빼고 나면 모두 '긴 뼈(Os Long)'에 속하는 것들로, 대부분이 대롱 부분의 깨어진 조각들로 구성되어 있어 위끝이나 아래끝의 도르래 부분은 거의 나타나고 있지 않다.

이와는 반대로 적게 나타나고 있는 부위들을 보면 제일 먼저 무릎뼈(rotule)는 한 점도 보이지 않는다. 이것은 이 뼈의 구조가 수세미 조직(spongy bone)으로 이루어진 약한 성질에 기인한 것으로 볼 수 있다. 그리고 혀뼈(hyoide)가 2점, 곁발가락뼈(ph. vestigiale)가 3점, 뿔(bois)이 조각난 채로 5점, 코뼈(incisif)가 6점, 종아리끝뼈(malleolaire)가 8점이 나왔으며, 앞・뒤팔뼈 붙은 부위가 8점으로 적게 나타나는 뼈대 부위다.

한편, 찾아진 뿔의 수가 5점밖에 안 되고 이들은 1점의 뿔 끝부분을 제외하고는 모두 조그만 조각으로 되어 있다. 이러한 뿔의 출토가 적은 것이 이 3층 사슴뼈 유물의 특징으로 볼 수 있다.

전체로 보면 구낭굴에서 출토된 사슴의 뼈는 이빨의 높은 출토율과 함께 뼈대의 근간을 이루는 팔 다리뼈들의 높은 비율을 볼 수 있다. 특히 이 뼈들은 대부분이 깨어진 대롱 부위의 판별로 확인된 것들이다.

이 유적에서 찾아진 부스러기 뼈들의 크기를 살펴본 결과 전체의 90% 이상이 길이 3cm가 안 되는 아주 작은 조각들로 구성되어 있음을 볼 때 이 구낭굴 유적의 동물뼈들은 심한 뼈깨짐 작용을 받았음을 볼 수 있다.[4)]

이러한 뼈의 깨어지는 현상에 대한 원인은 여러 가지로 살펴볼 수 있겠지만 이 곳 구낭굴의 경우 뼈깨짐 현상이 아주 심한 편으로 조그맣게 조각난 뼈들이 많으며, 깨어진 조각들의 갓부분이 매우 날카롭고 닳은 부분이 별로 없는 것으로 보아 사람의 행위에 의해 깨어진 것들로 볼 수 있다.

출토된 사슴의 최소마리수의 계산은 다음과 같이 하였다. 먼저 각 부위의 뼈대별로 뼈유물을 모두 모아 왼쪽・오른쪽을 가른 뒤 위끝・아래끝과 대롱 부분을 고려하면서 계산하였다. 특히 뼈대의 각 부분이 안 여물어 어린 짐승으로 볼 수 있는 것을 따로 셈하여 어린 짐승과 어른 짐승을 구분하여 계산하는 복합 최소마리수(NMIc = Nombre Minimal d'Individus par combinaison) 분석 방법을 썼다.

각 부위별로 계산해 본 결과 가장 높은 최소마리수의 값은 아래턱과 낱개의 아래 이빨들로 셈하여졌다. 이들에게서 모두 30마리의 3살 이하 어린 짐승과 26마리의 어른 사슴으로 판별되어 전체 마리수는 56마리에 이른다. 위턱과 위 이빨의 분석은 모두 32마리를 셈할 수 있었으며 여기에는 13마리의 어린 짐승이 포함되어 있다.

이 밖에 팔다리뼈에서 가장 높은 수치의 최소마리수를 보이는 것이 정강뼈다. 정강뼈의 경우 대롱 윗부분의 정강뼈 돌기와 신경구멍이 있는 부위에서 12마리의 최대치를 찾았으며

---

4) 이융조와, 앞의 책, 1999, 105쪽.

<표 2> 사슴뼈 부위별 최소마리수와 비율

부위		최소마리수(NMIc)			
		어른	어린	모듬	%NMIc
뿔	Bois	2	0	2	3.57
머리뼈	Crane	3	0	3	5.36
귀뼈	Rocher	6	0	6	10.71
위턱	Maxillaire	19	13	32	57.14
코뼈	Incisif	3	0	3	5.36
아래턱	Mandibule	26	30	56	100
이빨	Dents	26	30	56	100
혀뼈	Hyoide	1	0	1	1.79
등뼈	Vertebres	2	0	2	3.57
갈비뼈	Cotes	3	1	4	7.14
주걱뼈	Scapula	4	1	5	8.93
엉덩뼈	Coxal	3	0	3	5.36
위팔뼈	Humerus	11	1	12	21.43
앞팔뼈	Radius	3	1	4	7.14
뒤팔뼈	Ulna	4	0	4	7.14
앞뒤팔뼈	Radio-Ulna	2	0	2	3.57
손목뼈	Carpiens	5	1	6	10.71
손등뼈	Metacarpien	2	2	4	7.14
허벅지뼈	Femur	8	1	9	16.07
무릎뼈	Rotule	0	0	0	0
정강뼈	Tibia	12	3	15	26.79
종아리끝뼈	Malleolaire	4	0	4	7.14
발목뼈	Tarsiens	10	2	12	21.43
발등뼈	Metatarsien	9	1	10	17.86
깨뼈	Sesamoides	2	0	2	3.57
발가락뼈	Phalanges	5	2	7	12.5
곁손발등뼈	Mp.vestigial	2	0	2	3.57
곁발가락뼈	Ph.vestigiale	1	0	1	1.79
모 듬		30	26	56	

아래끝 부위가 채 아물지 않은 어린 짐승 3마리분이 찾아져 모두 15마리분이 된다.

긴 뼈대로 이루어진 이 정강뼈는 대부분 잘게 부서져 나간 대롱의 조각들로 658점이란 많은 뼈대수에 비하여 최소마리수는 매우 적은 편이다.

이러한 현상은 다른 긴뼈들도 마찬가지여서 위팔뼈에서 12마리, 발등뼈에서 10마리, 허벅지뼈에서 9마리가 확인되었고 앞팔뼈는 겨우 4마리에 그치고 있다(표 2, 그림 2).

등뼈와 갈비뼈는 몸의 근간을 이루는 부분으로 원래 구성되는 뼈대수가 많은 부위로 등뼈는 모두 27개의 뼈와 갈비뼈는 모두 26개의 뼈로 구성되어 있다. 더욱이 이 부위의 찾아진 뼈들은 모두 조각이 나 있는 상태였다. 그래서 이들의 최소마리수는 아주 낮은 수치로 나타나 각각 등뼈에서 2마리와 갈비뼈에서 4마리를 계산할 수 있었다. 이것은 발가락뼈의

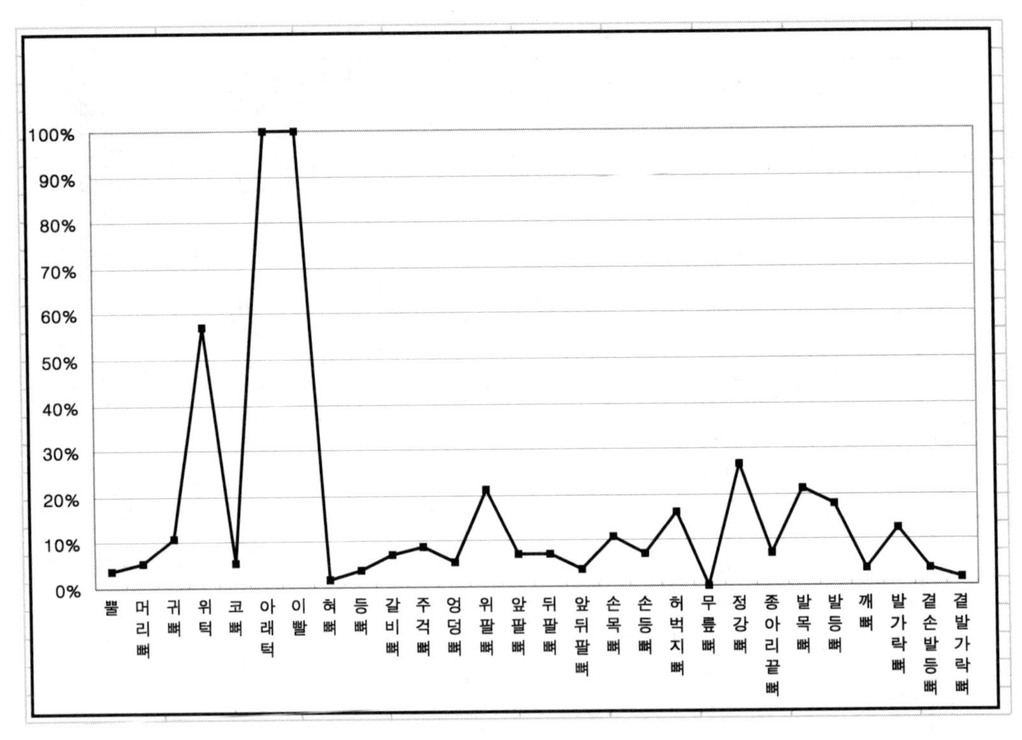

<그림 2> 사슴뼈 부위별 최소마리수 분포곡선

경우도 7마리로 마찬가지다.

이와는 반대로 적게 나타난 뼈대수에 비하여 볼 때 최소마리수가 아주 높게 나타나는 뼈들이 있다. 종아리끝뼈(8점, 4마리) · 코뼈(6점, 3마리) · 귀뼈(14점, 6마리) · 손목뼈(27점, 6마리) · 발목뼈(47점, 12마리)가 다른 뼈대 부위와 비교할 때 상대적으로 사슴의 마리수가 높게 나타나는 편이다. 이들은 대부분이 조그맣고 짧은 뼈(os court)로 깨어지거나 닳거나 하는 뼈 변형을 상대적으로 덜 받는 뼈들인 것이다.

한편, 사슴의 뼈대 중 여러 개의 뼈들이 조합을 이루어 한 부위로 표현되는 것이 있다. 즉 손목뼈는 6개의 서로 다른 작은 뼈들로 이루어지고, 발목뼈는 4개의 뼈, 그리고 발가락뼈는 3개의 뼈로 구성되어 있다. 이들의 뼈수와 최소마리수는 다음과 같이 자세히 정리해 볼 수 있다.

모두 27점이 나온 손목뼈 중 6개가 확인된 Pyramidale 뼈가 왼쪽 5개 오른쪽 1개로 최소한 5마리가 되는데, 이 중 오른쪽 것은 어린 개체로 판명되어 전체 최소마리수는 6마리(어린 짐승 1마리 포함)를 보여주고 있다(표 3).

발목뼈는 모두 47점이 분류되었다. 이들 가운데 뒤축뼈가 20개 나타나 제일 많은 수를 보이며 이들을 분석한 결과 오른쪽 부위에서 10마리와 어린 짐승으로 판명되는 2마리를 합하면 모두 12마리로 확인되고 있다(표 4). 앞축뼈의 경우 찾아진 유물의 수는 16점으로 최소

<표 3> 사슴 손목뼈 최소마리수

부위	구분	뼈대수				최소마리수				
		왼	오른	모름	모듬	어른			어린	모듬
						왼	오른	모듬		
손목뼈	Scapoide	2	3		5	2	3	3		3
	Semi-lunaire	2	3		5	2	3	3		3
	Pyramidale	5	1		6	5		5	1	6
	Capitato-trapezoide	1	4		6	4	3	4		4
	Crochu	4			4	4		4		4
	Pisiforme	2			1	1		1		1
	모듬	16	11		27	5	3	5	1	6

<표 4> 사슴 발목뼈 최소마리수

부위	구분	뼈대수				최소마리수				
		왼	오른	모름	모듬	어른			어린	모듬
						왼	오른	모듬		
발목뼈	앞 축 뼈	6	8	2	16	5	7	7	1	8
	뒤 축 뼈	8	10	2	20	6	10	10	2	12
	나 비 뼈	3	3		6	3	3	3		3
	나비곁뼈		5		5		5	5		5
	모 듬	17	26	4	47	6	10	10	2	12

<표 5> 사슴 발가락뼈 최소마리수

부위	구분	뼈대수				최소마리수				
		왼	오른	모름	모듬	어른			어린	모듬
						왼	오른	모듬		
발가락뼈	첫째 발가락뼈	26	22	6	54	5	4	5	2	7
	둘째 발가락뼈	21	13	3	37	4	3	4	1	5
	셋째 발가락뼈	15	13		28	4	3	4	1	5
	모 듬	62	48	9	119	5	4	5	2	7

마리수는 8마리밖에 안 된다.

발가락뼈는 모두 119개가 출토되었는데 첫째 발가락뼈가 거의 절반에 가까운 54개가 나오고 있다(표 5). 이들 가운데 위끝이나 아래끝만 남은 깨어진 것을 제외하고 최소마리를 계산한 결과 모두 7마리이며 이 가운데에는 어린 짐승으로 판명되는 2마리가 포함된다.

결론적으로 보면 구낭굴에서 찾아진 사슴의 뼈대수는 모두 3,439점으로 이들을 통해 모두 56마리의 사슴이 있었음을 확인할 수 있었고, 이들은 어린 짐승 30마리와 어른 짐승 26마리로 구성되어 있음을 알 수 있다.

3. 구낭굴 사슴의 나이 구성

선사시대의 사슴과 짐승(Cervidae)에 대한 분석은 상당히 자세하게 이루어지고 있다. 특히 유럽의 후기 구석기시대에 많이 찾아지는 사슴과의 한 종인 순록(Reindeer, Renne)의 연구는 아주 발전되고 있으며, 이들에 관한 연구의 틀로 구낭굴 사슴들을 비교·분석할 수 있다. 그 중에서 이빨과 아래턱을 가지고 유적에서 나온 순록들의 나이 분포분석을 한 부쉬(Bouchud)[5]와 밀러(Miller)[6]의 연구는 아주 체계있는 것이다. 두 사람의 견해는 각론에서는 약간의 차이가 찾아지기도 하지만 분석의 틀은 거의 비슷하다.

일반으로 사슴의 나이를 구분할 때 3살 아래의 어린 짐승은 젖니와 간니의 돋음새를 기준으로 구분하며 3살 이상의 어른 사슴은 이빨들의 닳음새 분석을 기본으로 한다. 이것은 사슴의 경우 3살을 기준으로 젖니 이빨구조가 완전한 간니 이빨구조로 바뀌는 것을 기준으로 삼은 것이다. 특히 이들 3살 아래의 어린 짐승은 태어나서 죽은지 몇 달인지까지도 자세히 밝혀 낼 수 있어 그 짐승이 죽은 계절(season)을 밝혀 낼 수 있다. 이 자료는 결국 당시 사람들의 사슴 사냥활동을 우리에게 알려주는 것이다(사진 5~8).

이렇듯 3살 아래의 어린 사슴들 분석의 정확도에 비해 이빨의 닳음새 분석을 기초로 하는 어른 사슴의 경우는 각 짐승마다의 개체별 차이도 있고 또는 먹는 먹이에 따라 이빨들의 닳음새가 약간씩 달라지는 것 등으로 그 분석이 까다롭다. 그래서 3살 이상의 어른 짐승들의 경우 크게 3~6살, 6~10살, 그리고 10살 이상의 무리로 좀더 넓게 보기로 한다(사진 9~14).

사슴은 6살이 되면 이빨들이 많이 닳기 시작하고 어금니들의 도드리가 혀 쪽과 볼 쪽에서 일직선상으로 나란히 닳기 시작한다. 이들이 10살 무렵부터는 아주 심하게 닳기 시작하여 이빨의 모든 도드리들이 편평해지는 것이 가장 중요한 변화다.

위의 기준에 따라 모두 6구분으로 나누어 분석해 본 구낭굴 사슴의 나이 분포는 아래와 같다(표 6).

<표 6> 구낭굴 사슴의 나이분포

구분	나이	사슴			무리	
		왼쪽	오른쪽	모듬		
Class 1	0<A≦1	14	13	19	30	어린 사슴
Class 2	1<A≦2	4	2	4		
Class 3	2<A≦3	7	3	7		
Class 4	3<A≦6	11	10	11	20	어른 사슴
Class 5	6<A≦10	9	6	9		
Class 6	10<A	6	4	6	6	늙은 사슴

5) Bouchud J., *Essai sur le Renne et la climatologie du Paleolithique moyen et superieur*, Perigueux, 1966.

6) Miller F. L., "Biology of the Kaminuriak population of barren-ground caribou, Part Ⅱ", Canadian Wildlife Service Report Series 31, 1974.

모두 56마리가 감정된 구낭굴 사슴중 3살 아래의 어린 짐승은 30마리로 전체의 절반이 넘는 53.67%를 차지하며 3살 이상 10살 아래의 어른 사슴이 20마리 찾아져 전체의 35.72%를 구성한다. 반면 10살 이상의 늙은 사슴은 10.71%에 속하는 6마리를 잡았던 것으로 나타난다(그림 3).

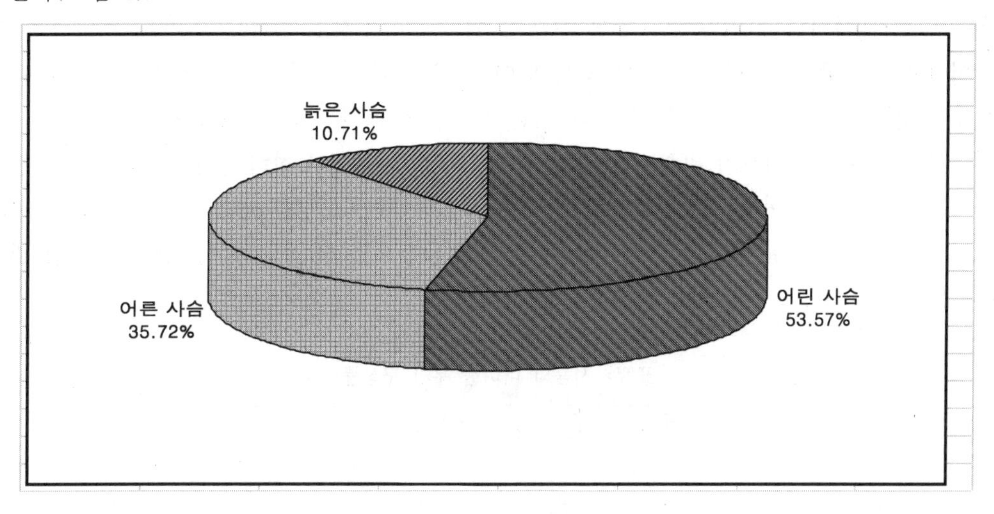

<그림 3> 구낭굴 사슴의 나이별 구성

위와 같은 구낭굴 사슴의 구성상을 비교해 보기 위해 자연 상태에서의 사슴 무리들의 구성상을 비교해 보기로 한다. 순록떼 구성의 연구는 밀러에 의해 분석되었다.[7] 북미 대륙에 자연으로 살고 있는 순록 무리의 나이분석에 의하면 3살 아래의 어린 짐승은 48.30%, 어른 짐승이 46.91%(3~6살 24.17%, 6~10살 22.74%)고, 10살 이상의 늙은 짐승이 4.79%이다(그림 4).

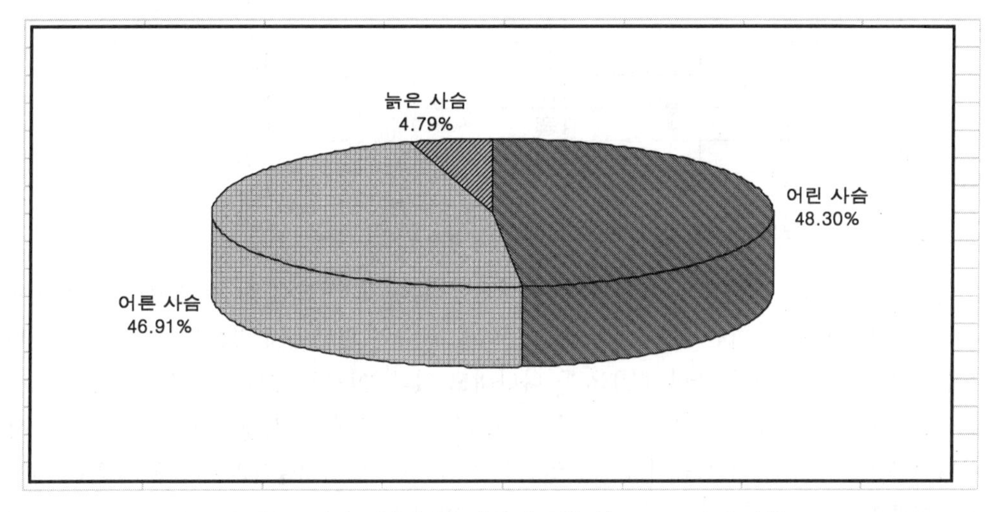

<그림 4> 자연 상태에서의 순록의 구성상(Miller, 1974에 의함)

7) Miller. F. L., op. cit., 1974, 32.

위의 두 구성상의 수치를 비교해 보면 이 곳 구낭굴 3층 사슴들의 나이 구조가 일반 자연 상태의 순록 무리의 나이 구성에 비해 3살 아래의 어린 짐승들과 10살 이상의 아주 늙은 짐승들의 구성비가 높게 나타남을 알 수 있다. 특히 늙은 짐승의 비율은 자연 구조의 4.79%보다 두 배도 넘는 10.71%를 점유하고 있다. 반면에 3살 이상 10살 아래인 어른 사슴의 비율은 자연 상태에서의 46.91%보다 훨씬 적은 35.71%로 감소하고 있다.

이것은 구낭굴 옛사람들이 사슴사냥에 있어서 힘이 세고 잡기 어려운 어른 사슴보다는 상대적으로 잡기 쉬운 어린 사슴들이나 늙은 사슴들을 많이 잡은 것이라 할 수 있다.

이것을 자세히 살펴보기 위하여 각각의 나이별 구성을 보기로 한다. 다음의 표는 자연 상태에서의 순록의 나이별 구성과 이 곳 구낭굴 사슴의 나이 구성을 비교하여 본 것이다(표 7). 구낭굴의 경우 3살 이후의 값은 나이에 따른 평균값으로 사슴의 나이는 15살을 제일 많은 나이로 보았다.

<표 7> 사슴의 나이별 무리 구성률

나이	구낭굴 사슴 구성비율(%)	자연 순록 구성비율(%)
0~1	33.93	21.29
1~2	7.14	15.40
2~3	12.50	11.61
3~4	6.55	8.75
4~5	6.55	7.88
5~6	6.55	7.54
6~7	4.02	7.26
7~8	4.02	6.73
8~9	4.02	5.26
9~10	4.02	3.49
10~11	1.53	1.75
11~12	1.53	1.09
12~13	1.53	0.79
13~14	1.53	0.53
14~15	1.53	0.34
15~16		0.21
16~17		0.09

이 비교를 가지고 그래프로 표현한 것이 다음 그림과 같다(그림 5). 여기에서 가장 눈에 띄는 것이 1살 아래의 어린 짐승의 비율로서, 이들의 자연 인구 구성비율이 21.29%인 데 비하여 구낭굴의 경우 매우 높아 33.93%를 나타내고 있다. 이것은 구낭굴에서 죽은 1살 미만의 어린 짐승들이 매우 많음을 시사해 주는 것으로 전체로 볼 때 사냥된 사슴들의 1/3 이상이 나이 어린 1살 미만의 사슴이었음을 알려주는 것이다. 반면 2살짜리 사슴은 오히려 자연 조건 아래의 비율보다 훨씬 모자람을 볼 수 있으며, 나머지 다른 나이 구조의 점유율은 비슷한 가운데 구낭굴 늙은 사슴의 나이별 비율이 높음을 볼 수 있다.

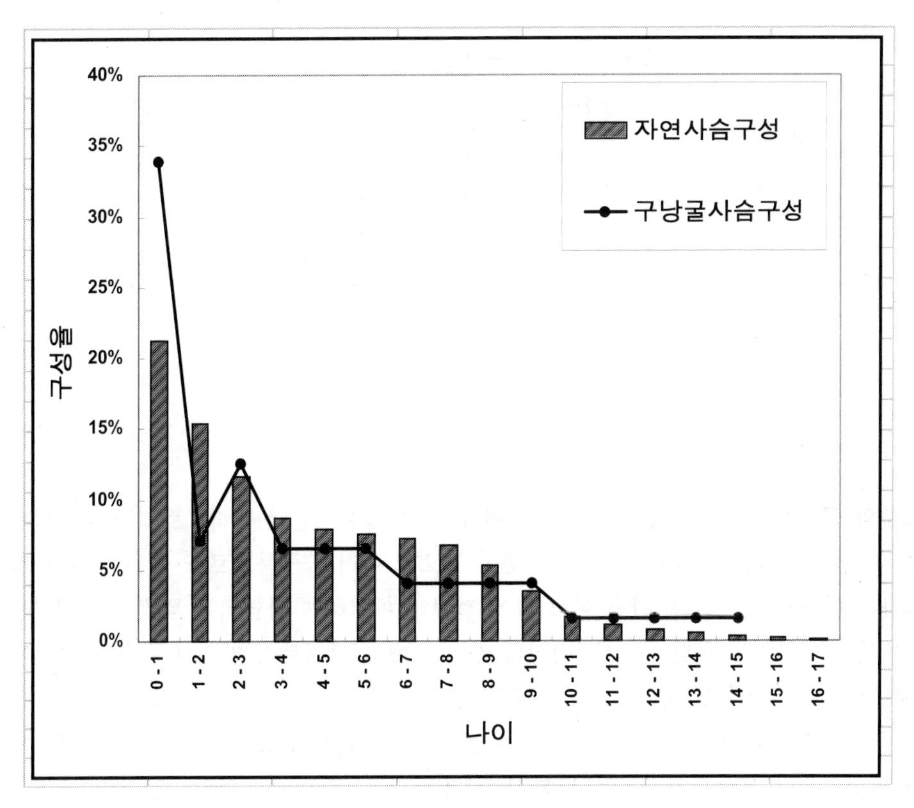

<그림 5> 사슴의 나이 구조 비교

이렇듯 사냥활동의 주된 대상이 되었던 사슴의 나이 구조를 분석해 본 결과 구낭굴 옛사람들은 사냥하기에 쉬운 어린 짐승들과 나이를 많이 먹은 늙은 짐승들을 주로 잡았던 것으로 밝혀지고 있다. 전체적으로 볼 때 절반 이상이 어린 짐승으로 어린 사슴의 사냥이 활발했으며, 특히 1살 아래의 짐승을 집중적으로 사냥하여 잡은 짐승들의 3마리 중에 1마리는 이들 아주 어린 새끼 사슴이었음을 알 수 있었다.

4. 구낭굴 사슴의 계절 분석

3살 아래의 어린 사슴은 젖니와 간니의 이 돋음새 비교 분석을 통해 그 짐승이 태어난 지 몇 달 만에 죽었나를 분석해 낼 수 있다. 이 곳 구낭굴 3층에서 산출된 30마리의 어린 사슴의 죽은 달별 분포는 아래와 같이 나타난다(표 8).

사슴이 태어나는 때는 분석하는 사람에 따라 조금씩 차이가 있어 5월 중순에서 6월 중순으로 본다.[8] 그러므로 여기에서는 중간값을 취하여 6월 초에 사슴이 태어나는 것으로 보아 6월을 태어난 지 한 달 되는 것으로 기준을 삼기로 한다.

<표 8> 구낭굴 어린 사슴의 죽은 달수별 분포

달	왼쪽	오른쪽	모듬
3~4	3	1	3
4~5	3	6	6
6~7		2	2
8~9	3	2	3
9~10	1	1	1
11~12	4	1	4
23~24	4	2	4
24~27	3	2	3
30~36	4	1	4
모듬			30

달수의 구분은 약 두 달 간격으로 나누어 본다. 이것은 한 달 간격으로 자세히 구분할 때 생길 수 있는 오차를 최대한 줄이는 데 뜻이 있으며 이러한 구분으로도 죽은 사슴의 계절을 분석하는 데에는 충분하다. 한편 여러 달에 걸쳐 불확실하게 가늠되는 몇몇 짐승의 경우 이 분석에서 제외하기로 한다. 즉 2살 이상의 자료를 빼고 살펴본 23마리의 달수별・월별 분포를 보면 아래와 같다(표 9, 그림 6).

각각의 짐승별로 죽은 달수를 계산한 다음 월별 분포별로 표시해 본 결과, 죽은 사슴이 제일 많이 나오는 때가 가을철로 특히 9월에 9마리고, 봄에도 두 달에 걸쳐 8마리가 나와 두 계절에 죽은 사슴이 많이 나온 것으로 밝혀진다. 겨울에 속하는 석 달(12・1・2월) 동안에도 죽은 사슴은 계속 찾아져, 이 기간에도 사슴은 사냥된 것으로 볼 수 있다. 즉 가을에서 추운 겨울을 지나 봄까지 구낭굴 사람들은 사슴사냥을 하며 굴을 살림터로 이용하며 살았음을 알 수 있다.

이와는 반대로 여름철에 죽은 사슴은 거의 없다. 6월과 7월에 죽은 짐승은 한 마리도 없으며 8월에 찾아진 사슴이 3마리 있으나 이는 연속되는 분포로 보면 가을철과 이어지는 것으로 보는 것이 타당하다. 즉 여름철에는 죽은 사슴이 없는 것을 알 수 있어 이 기간 동안 사슴사냥이 없었음을 엿볼 수 있다.

이러한 연구 결과는 청원 두루봉 2굴에서도 거의 비슷한 양상을 보여 앞으로 보다 자세한 비교 분석이 있어야 할 것이다.[9]

그러므로 위와 같은 사슴의 죽은 계절 분석에 의하면 구낭굴 유적은 사철 중 여름을 제외한 가을에서 봄에 이르는 세 계절에 걸쳐 사슴을 주로 사냥한 살림터였음을 알 수 있다.

---

8) Miller F. L., ibid., 1974 ; Bouchud J., ibid., 1966 ; Spiess A. E., *Reindeer and Caribou Hunters - An archeological study*, Academic Press, 1979.

9) 이융조, 『한국의 구석기 문화(II)』, 탐구당, 1984, 157~160쪽.

<표 9> 구낭굴 사슴의 계절 분석

구낭굴	여름			가을			겨울			봄		
사슴	6월	7월	8월	9월	10월	11월	12월	1월	2월	3월	4월	5월
	1달	2달	3달	4달	5달	6달	7달	8달	9달	10달	11달	12달

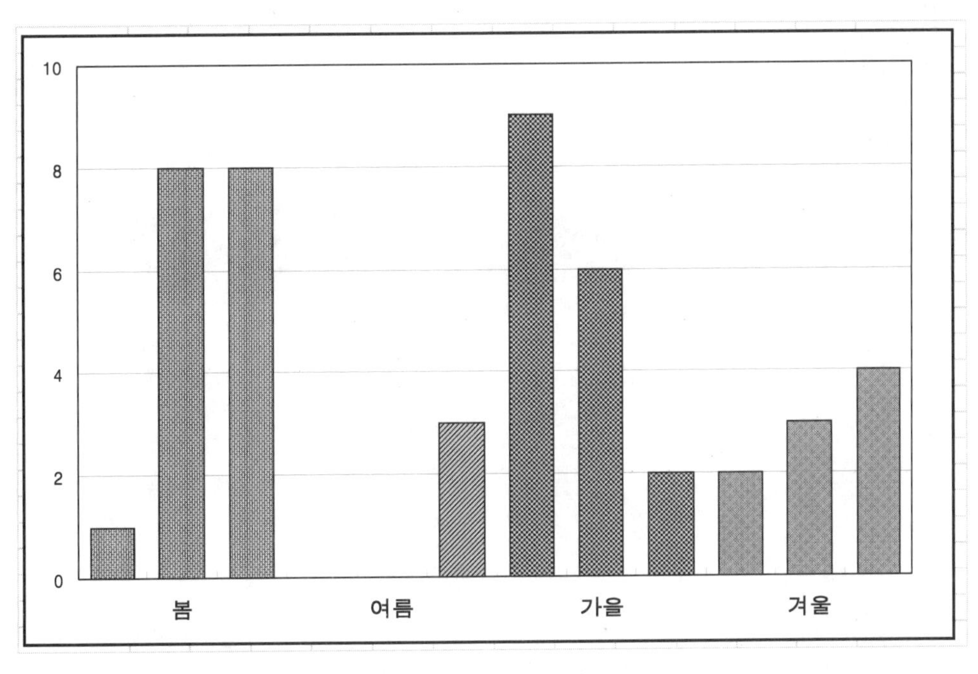

<그림 6> 구낭굴 사슴의 죽은 계절 분석

5. 맺음말

이상과 같이 구낭굴에서 출토된 사슴화석을 가지고 살펴보았다. 구낭굴 유적은 많은 동물뼈 화석이 출토되었다. 이들을 가지고 종과 부위별 판별을 하여 본 결과 대부분이 사슴의 뼈로 이루어져 있음을 알 수 있었다. 확인된 사슴뼈의 부위별 분포는 이빨을 비롯한 팔다리뼈 등 긴 뼈들이 많이 출토된 것을 알 수 있었다. 이들은 대부분이 작은 조각으로 깨어져 나간 채로 출토되고 있다.

이와 함께 출토된 뼈대 부위별 분포상황을 보면 쉽게 없어지기 쉬운 무릎뼈 한 부분만을 제외하고는 다른 모든 부위의 뼈들이 나타나고 있다. 이것은 사냥한 사슴을 통째로 유적으로 옮겨와 도살하고 해체하는 행위를 하였을 가능성을 보여주는 것이다.

한편 죽은 사슴의 나이 추정을 해 본 결과 자연 상태에서 살펴볼 수 있는 사슴 무리의 구성에 비하여 어린 짐승과 늙은 짐승의 비율이 훨씬 높은 것을 알 수 있었다. 즉, 구낭굴 옛사람들은 사슴을 사냥할 때 힘센 어른 짐승보다는 잡기 쉬운 어린 짐승과 늙은 짐승을 주로 잡았던 것으로 가늠된다. 특히 나이별 구조에서 볼 때, 한 살 미만의 아주 어린 사슴의 구성이 매우 높은 것이 특징으로 매우 어린 짐승을 집중으로 사냥했던 것으로 볼 수 있다.

세 살 미만의 사슴들에게서 구할 수 있었던 죽은 짐승의 월별 분포를 통한 사슴사냥의 계절 분석은 여름철에 죽은 짐승이 거의 없고 가을, 겨울 그리고 봄에 이르는 세 철에 사슴을 사냥했던 것으로 나타난다. 이것은 이 곳 구낭굴 유적에서 사슴사냥이 사시사철 이루어진 것이 아니라 세 계절 동안 행해졌음을 말하여 주는 것이다. 이 유적에서 나오는 짐승의 대부분이 사슴뼈인 것을 보면 당시 이 곳에 살았던 옛사람들의 주된 사냥원은 사슴이었음을 알 수 있었다. 그러므로 이 구낭굴에서 사슴을 사냥하면서 살던 옛사람들의 생활은 가을에서 겨울을 거쳐 봄에 이르는 시기에 집중으로 이루어졌던 것으로 볼 수 있다.

<사진 1> 구낭굴 유적의 모습

<사진 2> 구낭굴 유적의 층위

<사진 3> 구낭굴 발굴 모습

<사진 4> 구낭굴 유물 출토 모습

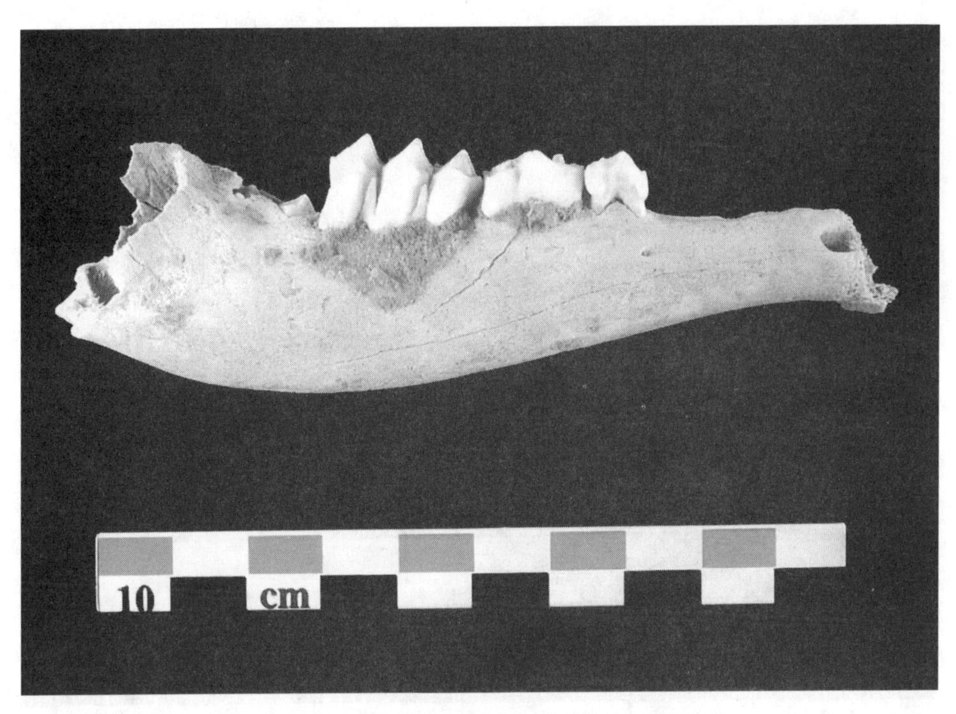

<사진 5> 어린 사슴 아래턱 오른쪽(± 5개월)

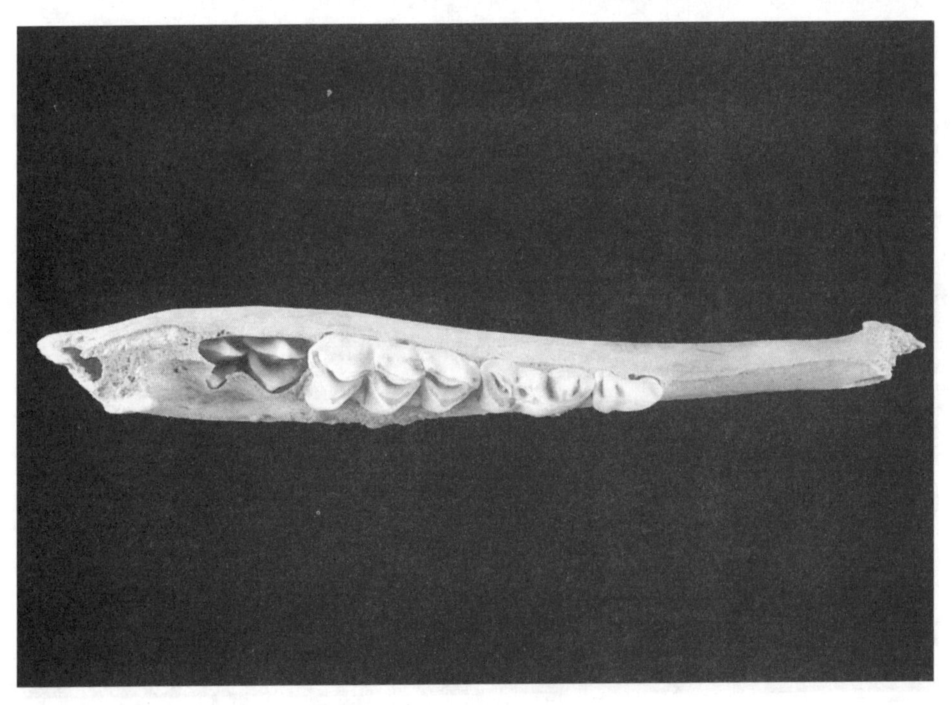

<사진 6> 어린 사슴 아래턱 씹는면

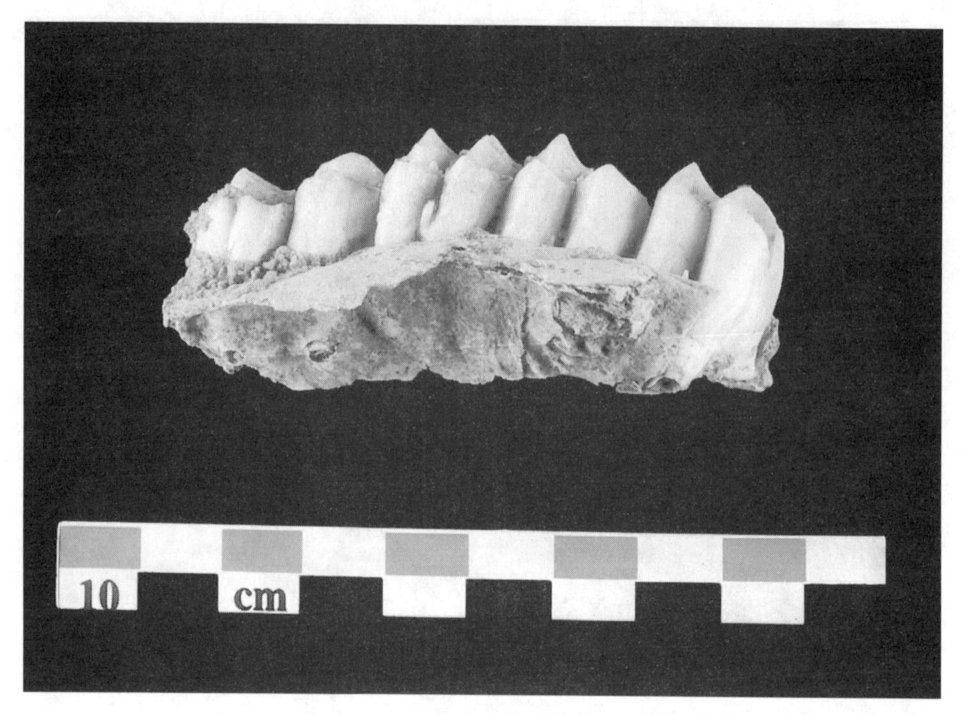

<사진 7> 어린 사슴 위턱 왼쪽(± 3살)

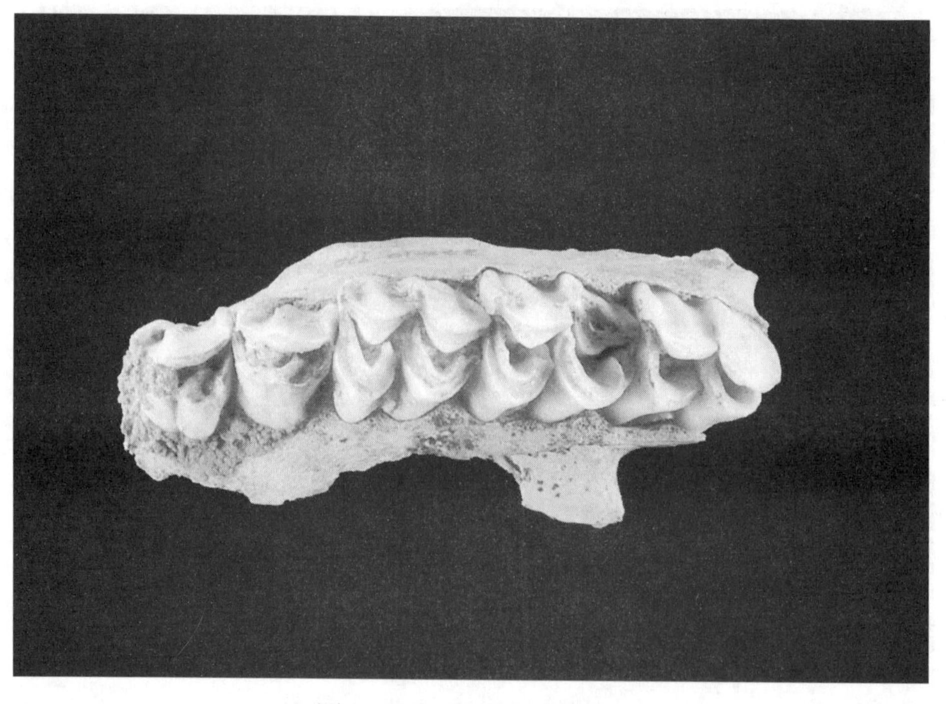

<사진 8> 어린 사슴 위턱 왼쪽 씹는면

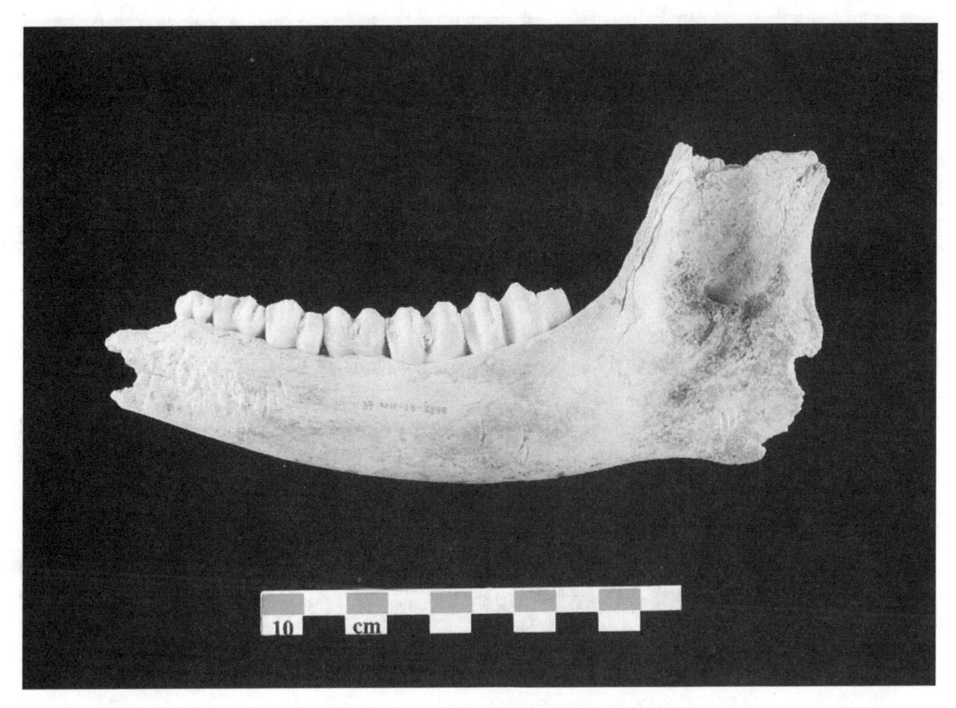

<사진 9> 어른 사슴 아래턱 오른쪽(3~4살)

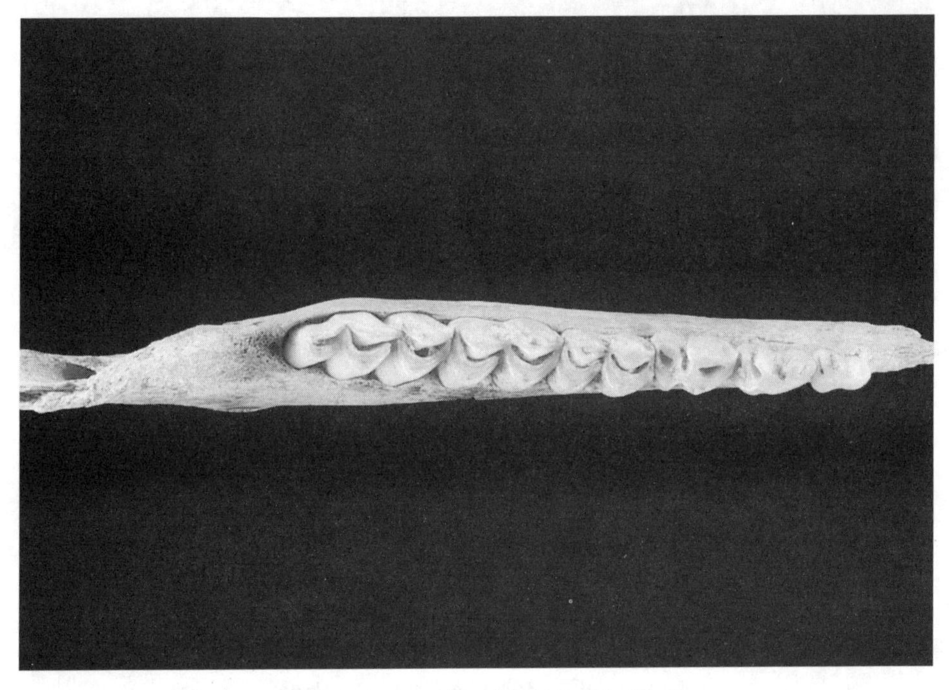

<사진 10> 어른 사슴 아래턱 오른쪽 씹는면

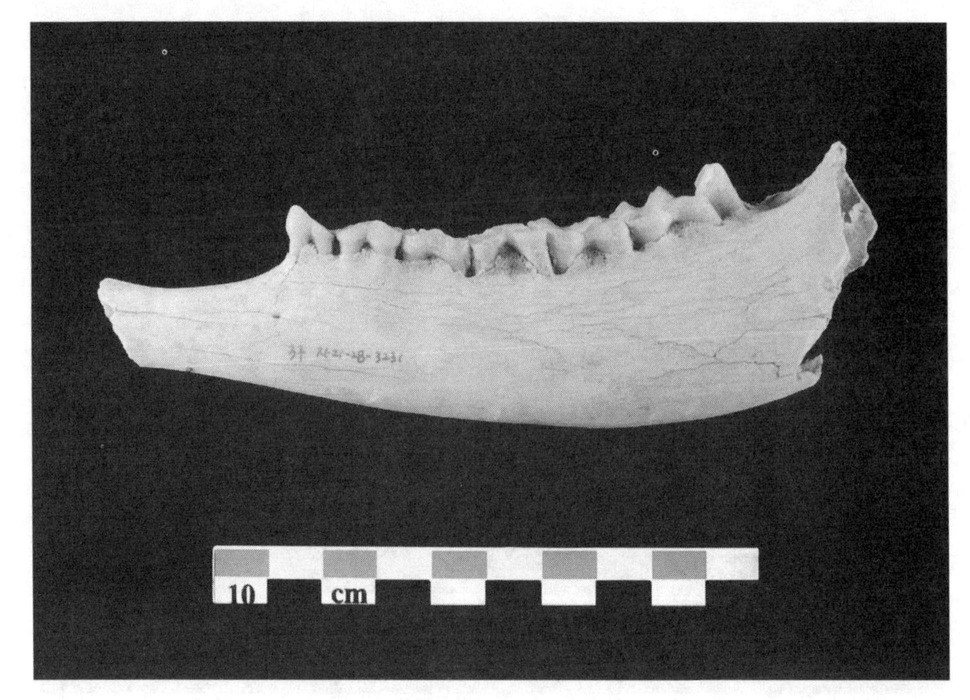

<사진 11> 늙은 사슴 아래턱 왼쪽(± 10살)

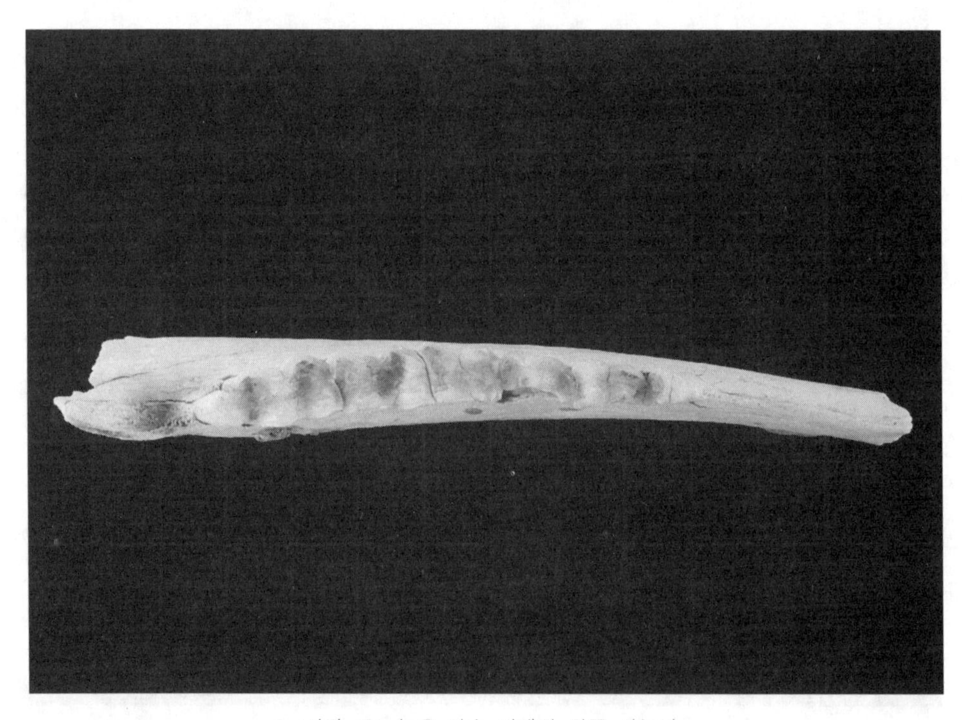

<사진 12> 늙은 사슴 아래턱 왼쪽 씹는면

광주 치평동 구석기유적의 조사와 의의

이 기 길*

1. 머리글

1990년대 초까지만 해도 전라남도에서 알려진 구석기유적은 대여섯 군데로 보성강과 섬진강 일부에 국한되어 있었다. 보성강 유역에서 구석기유적이 처음 발굴된 계기는 1980년대 후반의 주암댐 수몰지구 유적 조사였으며, 곧이어 1990년에 섬진강의 한 지류인 옥과천변에서 구석기가 조사 보고되었다(이융조 와 1988, 1990, 1992 ; 林炳泰 와 1988 ; 李鮮馥 과 1990ㄱ, 1990ㄴ). 이로써 충청도·경기도·강원도와 마찬가지로 전라남도에서도 구석기인들이 살았음이 분명하게 입증되었으나, 구석기인들의 삶의 반경이 전라남도 전 지역에 미쳤는가는 아직 알 수 없었다.

이런 배경에서 1993년 여름 광주 첨단과학산업단지의 구제발굴 중 광산구 산월동에서 발견된 뗀석기들은 영산강변에서 구석기인들이 살았음을 알려 주는 첫 증거로서 의미가 적지 않았다(이기길 1995). 그러나 이 석기들은 물에 운반되어 재퇴적된 곳에서 출토되어 자세한 성격을 알 수 없었다. 그래서 영산강 유역에서 구석기유물이 들어 있는 본래의 지층(문화층)을 찾는 것은 이 지역의 구석기 연구에서 중요한 일이라고 생각되었다.

1995년 4월 초 상무 신도심 개발 현장에서 공사가 진행되는 것을 우연히 목격하고 답사해 보니, 초기철기시대의 그릇들과 뗀석기가 드러나 있었다. 여기는 1994년 10월에 글쓴이가 맡았던 환경영향평가의 문화재 조사에서 유적으로 보고된 곳이었다. 특히 갱신세 퇴적층이 두텁게 남아 있어 공사로 파괴되기 전에 조사를 해야 할 곳으로 염두에 두고 있었는데, 거기서 뗀석기가 발견되어 그 중요성은 더욱 크다고 판단되었다. 그래서 공사중지를 요청하고, 지역의 고고학자들과 의논하여 초기철기시대층은 전남대학교 박물관에서, 그리고 구석기가 포함된 갱신세층은 글쓴이가 조사하는 것으로 의견을 모았다.

1996년 1월에 문화재관리국으로부터 치평동 92-1번지 일대의 약 천 평에 국한하여 20일

* 조선대학교 역사철학부 부교수

간 시굴조사하는 것으로 허가통지가 왔다. 이에 1996년 5월 1일부터 20일까지 시굴조사를 진행하였다. 조사 결과, 영산강 유역의 갱신세층에서 최초로 구석기를 발굴하여 기쁨이 컸을 뿐 아니라, 한 지점에 층을 이루어 쌓여 있는 선사와 역사시대의 문화층을 전공별로 분담하여 두 발굴단이 하나씩 조사한 첫 사례로서 기억될 만한 발굴이 되었다.

2. 자연환경

치평동유적은 광주광역시 서구 치평동 92-1번지 일대에 자리하고 있으며, 경위도상으로는 동경 126도 51분 13초, 북위 35도 8분 50초의 지점이다. 과거 상무대(정식 명칭은 육군제병협동교육본부)라고 불리던 군 부대 주둔지의 울타리 안 '尙武臺' 표석과 '을지문덕' 장군의 동상이 있던 곳으로, '상무택지개발지구'로 지정되어 신도심으로 탈바꿈되는 과정에서 유적은 1995년 3월에서 5월에 걸친 조사 후 파괴되었다(사진 1, 3).

지도상에서 유적의 지세를 보면 유적 일대는 광주광역시 서쪽의 구릉성 산지가 평지와 만나는 곳이며, 광주천(24.2km)이 영산강의 본류인 극락강(59.5km)으로 합쳐지는 지역임을 알 수 있다. 생태 면으로는 무등산 자락이 영산강과 만나는 곳으로서 짐승들이 물을 찾아 내려오는 길목이다(이윤수 1997).

해발 25m 쯤인 유적에 서서 둘레를 살펴보면, 광주천은 북쪽에서 서쪽으로 유적을 감싸듯 흐르고 있고, 그 뒤편으로 극락강이 겹싸듯이 흐르고 있다. 이 광주천과 극락강을 끼고 논이나 밭으로 경작되는 해발 10~20여m 이하의 평지가 2~4km의 폭으로 펼쳐져 있다. 동쪽과 남쪽은 해발 60~90여m 또는 그보다 높은 구릉들이 띄엄띄엄 서 있으며 그 사이의 평지는 역시 논이나 밭으로 쓰이고 있다(그림 1).

결국 유적을 중심으로 북북동에서 남남서 방향의 축을 가정하면 유적의 동편은 평지를 낀 구릉지대고, 서편은 천이나 강으로 이어지는 평지로 대분된다. 한편 극락강과 광주천의 과거 물길 흐름을 보면 현재와 같지 않은데(박승필 1996), 이는 자연스러운 현상으로 과거 오랜 동안 물길이 바뀌어 왔음을 알 수 있다. 현재 유적에서 북쪽의 광주천까지는 직선거리로 약 1.2km, 서쪽의 극락강까지는 약 2.1km 떨어져 있다. 그래서 유로 변경이나 홍수같은 현상을 고려한다면 과거에 유적이 물의 영향을 받았을 가능성도 배제하기 어렵다.

3. 지표조사와 시굴조사

1) 지표조사

지표조사에서 찾은 석기는 모두 3점이다. 시굴조사에서 찾은 석기의 수가 9점임을 감안

<사진 1>
치평동유적의 조사 전 모습

<사진 2>
치평동유적의 조사 중 모습

<사진 3>
대규모 주택단지로 바뀐
모습

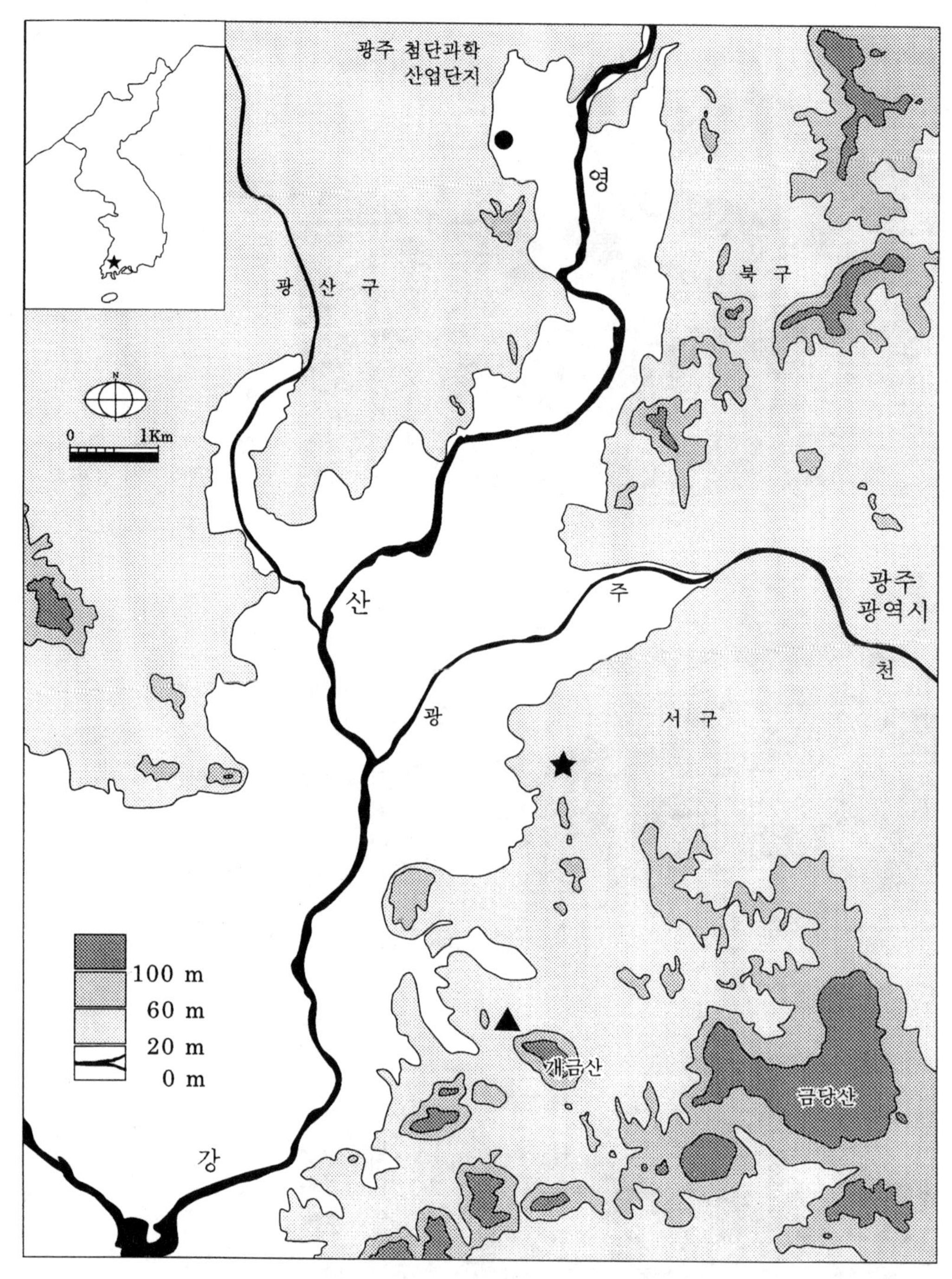

<그림 1> 치평동유적 둘레의 지세(★ 치평동유적 ● 산월유적 ▲ 동산유적)

하면 1/3에 해당하므로 적지 않은 양이다.

3점 가운데 2점은 시굴조사 구역과 그 인근에서 찾은 것이다. 한 점은 공사로 인하여 제층에서 떨어져 나와 시굴조사의 계기가 된 석영맥암제 긁개이고, 또 한 점은 조사위원인 한창균 교수가 시굴 현장을 참관하러 왔다가 둘레에서 찾은 반암제 여러면석기다. 나머지 한 점은 환경영향평가를 의뢰받고 조사했을 때 찾은 것으로, 시굴조사 지역에서 직선거리로 1.3km 쯤 떨어진 기갑학교 쪽 길 비탈면의 갈색찰흙층에 박혀 있던 석영맥암제 몸돌이다. 원래 이 지역도 조사대상에 포함시켰으나, 어느새 공사로 흔적도 없이 사라져서 조사의 손길이 미치지 못하였다.

2) 시굴조사

대략 길이 100m, 너비 30m에 이르는 조사면적을 바둑판처럼 구획하고 일정한 간격으로 탐색 구덩이를 배치하여 파 내려가는 방법을 썼다(그림 2, 사진 2).

조사 과정에서 응회암 몸돌 1점이 ㄴ15a칸의 회갈색 모래질찰흙층과 토양쐐기의 경계면인 해발 약 21.4m에서 발견되었다. 회갈색 모래질찰흙층이 문화층으로 여겨져서 ㄷ과 ㄹ열에 2.5×2.5m 크기의 시굴 구덩이 18개와 ㄱ열에 같은 크기의 시굴 구덩이 5개를 일정한 간격으로 배치하여 유물이 나오는 지점을 찾으려 하였다. 그리고 유물이 나온 칸은 주변으로 확장하였다. 이런 방법으로 ㄷ7a, ㄷ7c, ㄹ7b, ㅁ7c, ㄹ17b에서 석기를 한 점씩 찾았으나, 석기제작터 같은 유물 집중면은 드러나지 않았다. 그래서 나머지 부분을 굴삭기를 이용하여 토양쐐기 윗면까지 걷어내며 조사하였으나 유물은 더 이상 발견되지 않았다.

그 아래 지층의 조사도 이런 방법으로 진행하면서 유물 포함층이 남아 있는지 살폈다. 그 결과 ㄷ6a칸, ㄷ6c칸, ㄷ6d칸의 모난돌모래질찰흙층 상부에서 석영맥암제 몸돌을 포함하여 3점의 석기가 찾아졌다. 문화층이 확인됨으로써 나머지 부분에 26개의 시굴구덩이를 배치하고 조사하였으나, 더 이상의 유물은 나오지 않았다.

이렇게 하여 회갈색 모래질찰흙층과 모난돌모래질찰흙층이 석기가 포함된 문화층임을 알았고, 지표조사에서 찾은 석기는 묻어 있던 흙으로 보아 회갈색 모래질찰흙층의 것으로 구분되었다.

4. 지층과 문화층

전남대학교 발굴단의 조사 이후 기반암 풍화대가 있는 약 6m 깊이까지 갱신세층 조사를 하였다. 그 결과 기준 층위 칸(ㄷ2칸)에서 퇴적은 모두 9개의 지층으로 구분되었다. 위의 1~4지층은 전남대학교 박물관(林永珍 과 1997), 그리고 그 아래 5~9지층은 조선대학교 박물관에서 구분한 것이다(그림 3, 사진 4). 여기에 3개의 문화층이 포함되어 있는데, 지층과

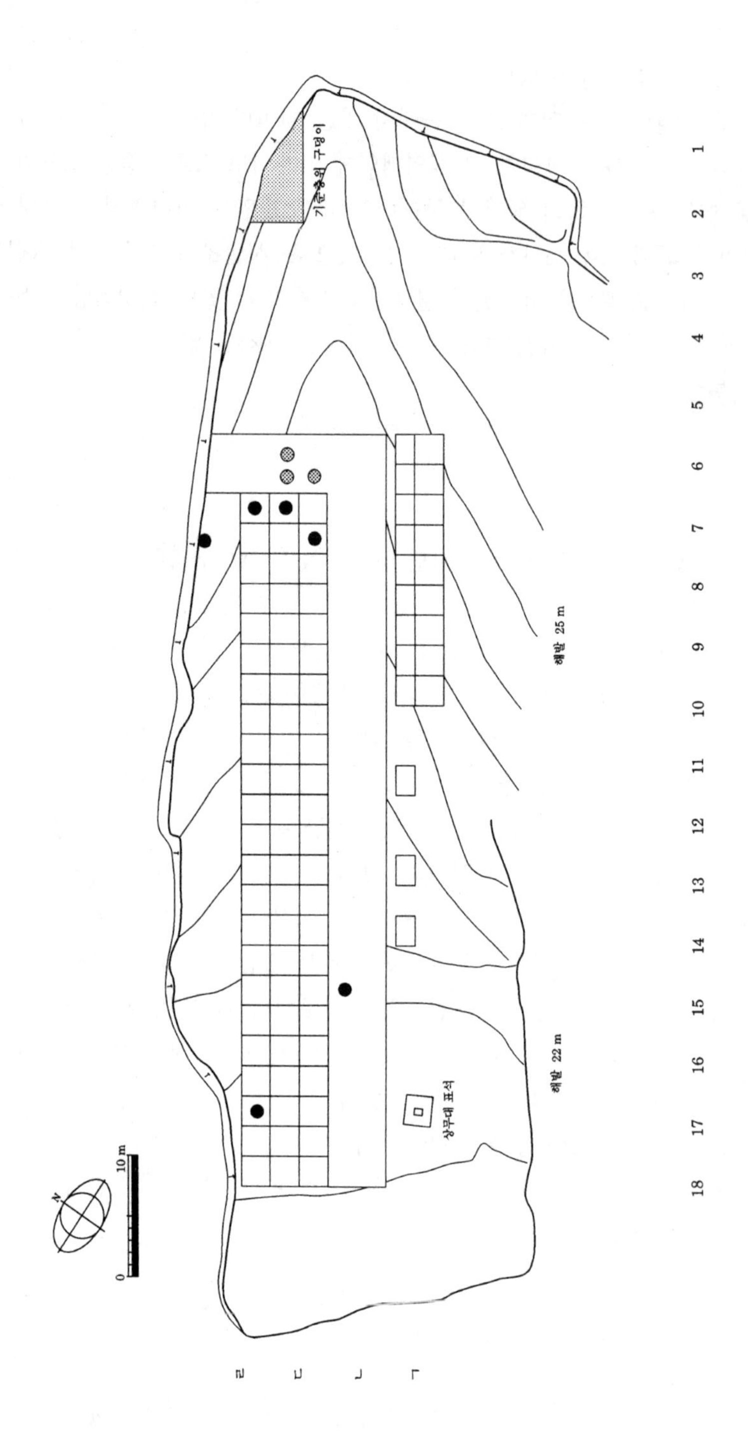

<그림 2> 시굴구덩이 구획도 및 구석기 1·2 문화층의 유물이 발견된 칸(◍ : 1문화층, ● : 2문화층)

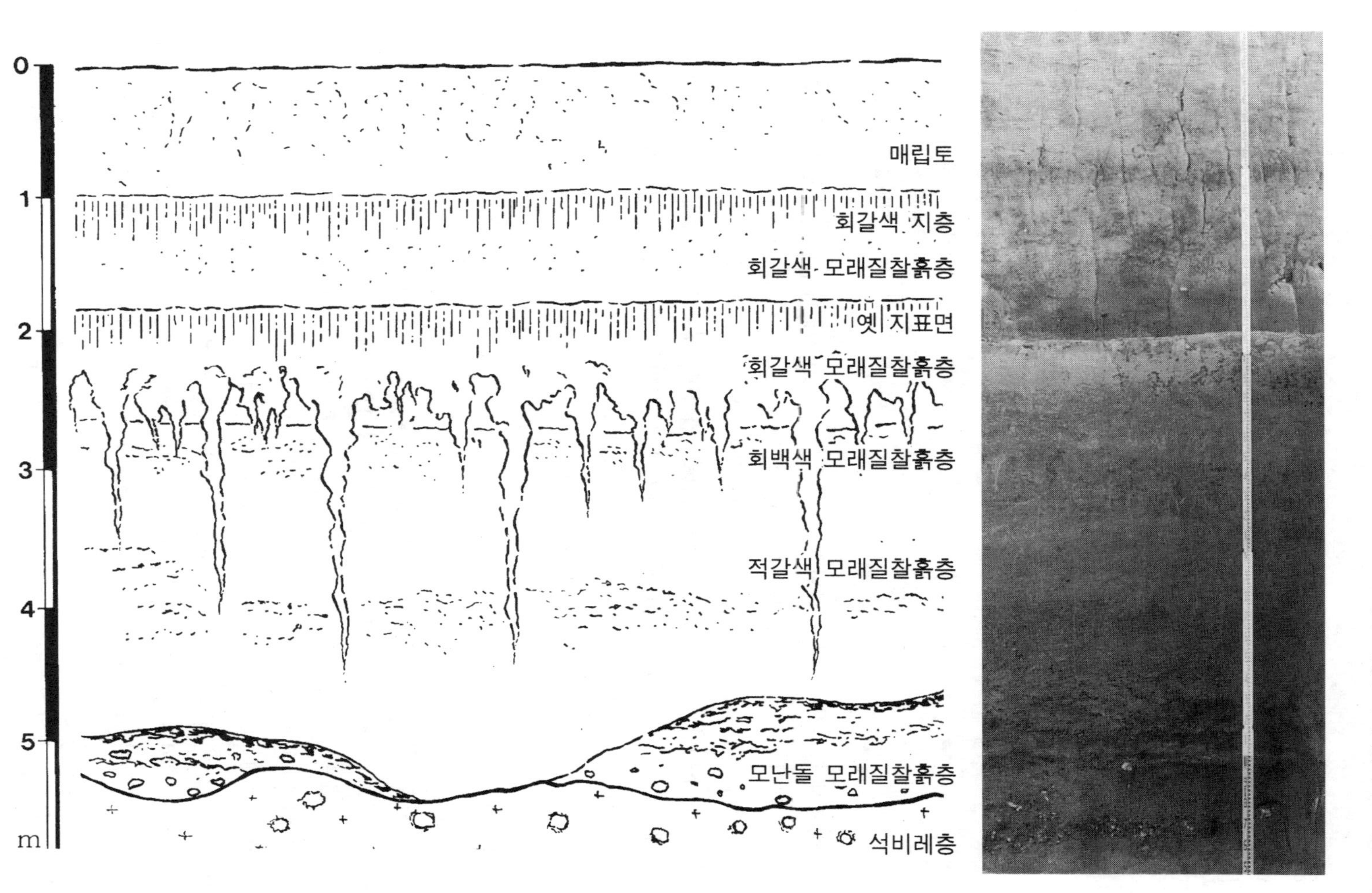

<그림 3> 치평동유적의 층위

<사진 4> 기준층위 지층(ㄷ2칸)

문화층과의 관계를 정리하면 다음 <표 1>과 같다.

<표 1> 지층과 문화층의 관계

구 분	이동영 1996	林永珍 과 1997	문화층
1 지층	매립토	Ⅰ~Ⅳ	흐트러진 층
2 지층	회갈색 지층(옛 지표면)	흑갈색 부식토층(Ⅴ)	옛 지표면
3 지층	회갈색 모래질찰흙층	암갈색 점토층(Ⅵ)	비문화층
4 지층	옛 지표면	회흑색 점토층(Ⅶ)	옛 지표면 · 초기철기시대 문화층
5 지층	회갈색 모래질찰흙층		구석기 2문화층
6 지층	회백색 모래질찰흙층		비문화층
7 지층	적갈색 모래질찰흙층		비문화층
8 지층	모난돌 모래질찰흙층		구석기 1문화층
9 지층	석비레층		비문화층

(ㄷ2칸 기준층위 벽면을 기준으로 함)

1지층은 조사 착수시 맨 위에 있던 겉흙층(두께 약 1m)인데 매립된 층으로 밝혀졌다. 흙 색깔에 따라 다시 Ⅰ, Ⅱ, Ⅲ, Ⅳ 4개의 층으로 나뉘며 그 중 Ⅲ · Ⅳ층에서 '초기철기시대의 유물'이 수습되었다. 유물의 종류는 단면 삼각형의 아가리띠그릇(점토대토기), 굽다리접시(두형토기), 그릇뚜껑, 시루, 조합식쇠뿔잡이그릇, 칸막이그릇, 가락바퀴와 그물추 등이 있다. 거기에 '청자편'이 섞여 나왔고, Ⅱ지층에서 1960~70년대의 '단팥빵' 봉지가 나와 과거에 도로공사시 주변에서 옮겨져 매립된 층으로 해석되었다.

2지층은 흑갈색의 부식층(두께 약 20~30cm)이며 도로공사 이전의 지표면에 해당된다. '단팥빵' 봉지가 들어 있었다.

3지층은 회갈색 모래질찰흙층(두께 약 40~50cm)으로 초기철기시대(4지층) 이후에 쌓인 퇴적이다.

4지층은 회흑색 점토층(두께 약 20~30cm)이며 몇 점의 '초기철기시대 그릇 조각'이 나왔다. 유물의 출토 상태로 미뤄 초기철기시대의 생활면으로 보고되었다.

5지층은 회갈색 모래질찰흙층(두께 약 30cm)으로 토양은 굳고 치밀하며 군데군데 망간이 끼여 있었다. 뗀석기가 아래 부분에서 나왔다.

6지층은 회백색으로 탈색된 층(두께 약 40cm)으로 구성물질이 아래 7지층과 같았다. 윗부분에서 '토양쐐기'가 나타나고 수평으로 얇은 점토층이 끼여 있었다. 토양쐐기는 세로자름면 상태에서 쐐기 모양이나 평면 상태에서는 다각형이 서로 연결된 형태였다. 이 토양쐐기는 마지막 빙하기 최후기(약 18,000~15,000년 전)에 생긴 언땅트기로 해석되었다(이동영 1996).

7지층은 적갈색 모래질찰흙층(두께 약 230~250cm)으로, 작은 돌이 수평으로 끼는 부분이 있으며 아래쪽으로 내려올수록 모래의 함량이 높아졌다. 6지층에서 시작된 토양쐐기가 연속해서 아래로 발달되어 있으며 쐐기 모양의 구조가 발달하면서 일어나는 압축 작용으로 토양의 밀도가 높았다. 토양색과 풍화도를 근거로 마지막 빙하기 초기(약 60,000년전)에 형성된 지층으로 추정되었다(이동영 1996).

8지층은 적갈색의 모난돌모래질찰흙층(두께 약 80cm)으로, 윗부분에서 뗀석기가 나왔다. 검은 반점들이 석영 알갱이를 덮고 있는데 망간이 녹아 집적된 것으로 생각된다. 지층에 포함된 모난돌들은 주로 켜면으로 쪼개진 석영맥암이다. 퇴적 상태가 불안정하여 두께가 고르지 않으며 2개층으로 나타나는 부분도 있었다.

9지층은 석비레층으로 기반암인 화강암이 풍화된 것이다. 윗부분은 점토의 충진으로 적갈색을 띠고 있으나 아래쪽은 회갈색을 띠었다.

치평동유적에서 유물이 나온 곳은 4·5·8지층이다. 이 중 뗀석기가 나온 유물포함층은 5, 8지층이며, 아래부터 '구석기 1문화층', '구석기 2문화층'으로 이름붙였다. 즉 구석기 1문화층은 8지층, 구석기 2문화층은 5지층을 가리킨다. 여기서 문화층이란 용어는 구석기인들이 만든 석기가 들어 있다는 뜻에서 사용하였다.

5. 석기갖춤새와 시기

1) 석기갖춤새

두 개의 문화층과 지표조사에서 찾아진 석기의 수는 모두 12점으로 매우 적은 양이다. 이 석기들의 종류와 석재의 종류 및 상태를 보면 다음과 같다. 1문화층에선 몸돌 1점, 조각돌로 만든 긁개 2점인데, 규질암과 규암을 이용하였으며, 자갈면이 발달한 석재는 긁개 1점뿐이다(사진 5, 그림 4). 2문화층에선 몸돌 2점, 격지, 찍개, 여러면석기, 조각돌 각 1점씩으로, 몸돌과 격지 1점은 모난 응회암을, 그리고 나머지는 자갈면이 발달한 석영맥암과 규암을 썼다(사진 6, 그림 5, 6). 그리고 지표유물에는 자갈면이 발달한 규암제 몸돌 1점, 모난돌의 규질암제 긁개 1점, 모난돌의 반암제 여러면석기 1점이 있다(사진 7, 그림 7).

1문화층의 뗀석기는 모두 ㄷ6칸에서 발견되어 조사구역 북동편의 사방 5m의 범위 내에서 나온 셈이다. 2문화층의 뗀석기는 ㄷ7a, ㄷ7c, ㄹ7b, ㅁ7c칸과 ㄴ15a, ㄹ17b칸에서 나왔다. 즉 길이 약 50m, 너비 약 13m 범위 내에서 북쪽과 북동쪽에서 4점, 그리고 남쪽과 남서쪽에 각 1점씩 분포한다. 2문화층의 유물들이 1문화층보다 분포범위가 더 넓고, 흩어져 있다. 순천 죽내리유적이나 월평유적에 견주어 보면 유물의 밀집도가 매우 낮다. 그리고 1·2문화층 모두 몸돌과 몸돌석기가 있으나, 격지석기, 부스러기, 망치, 모룻돌 등이 없다. 이런 점에서 이 곳은 석기 제작이 되풀이된 장소이기보다 잠시 동안 머무르다 간 곳으로 가늠된다. 그리고 2문화층 출토 여러면석기의 날이 둥글어진 점에서 퇴적 후 물 등의 영향을 받았

<사진 5>
구석기 1문화층
뗀석기

<사진 6>
구석기 2문화층
뗀석기

<사진 7>
지표유물

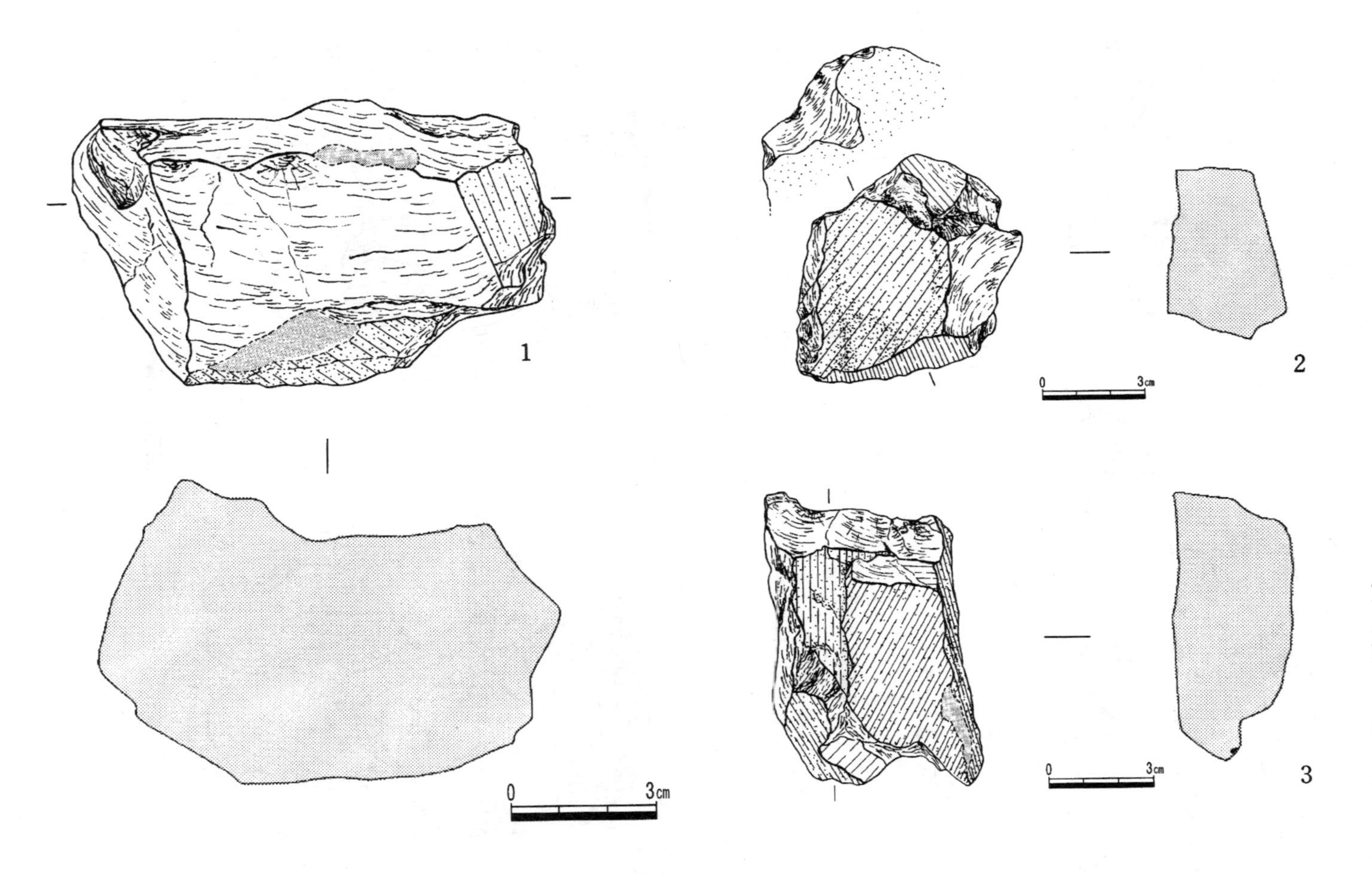

<그림 4> 구석기 1문화층 뗀석기 (1. 몸돌 2. 긁개 3. 긁개)

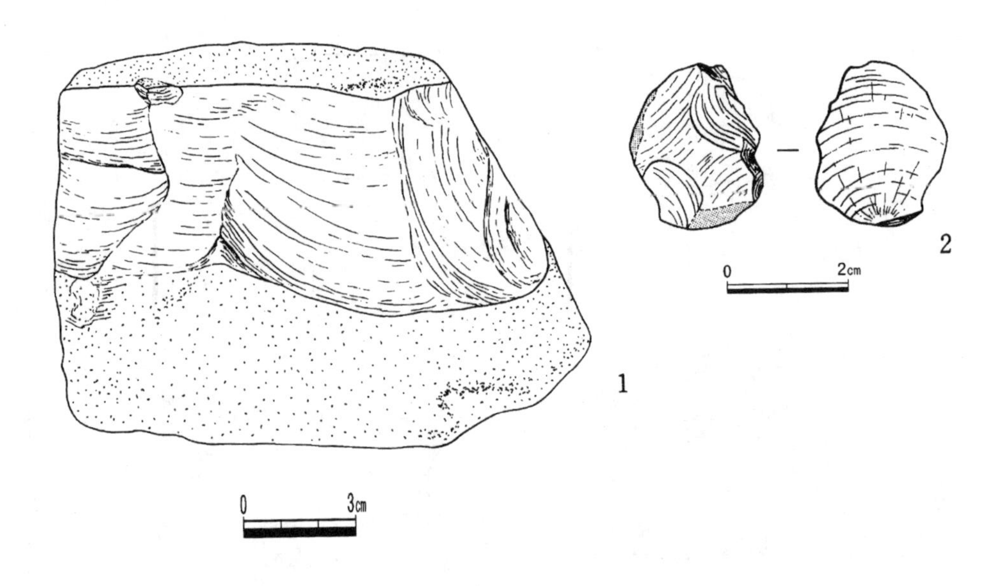

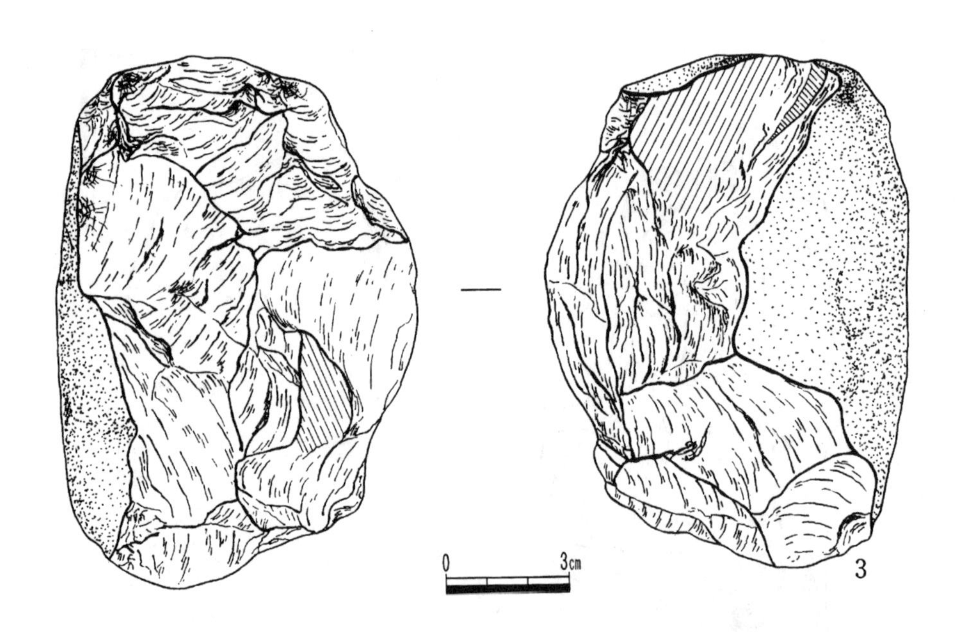

<그림 5> 구석기 2문화층 뗀석기 (1. 몸돌 2. 격지 3. 여러면석기)

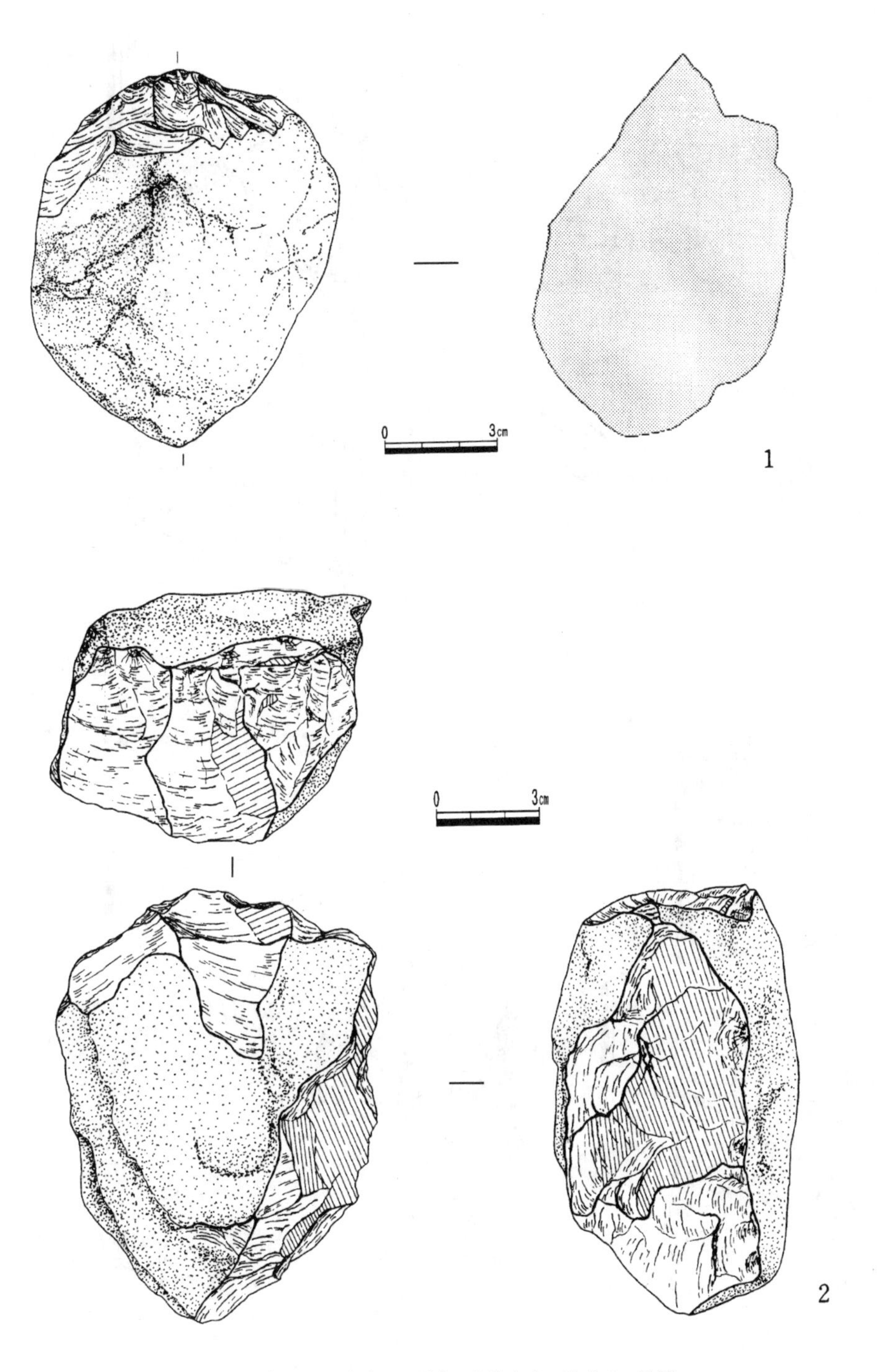

<그림 6> 구석기 2문화층 뗀석기 (1. 찍개 2. 몸돌)

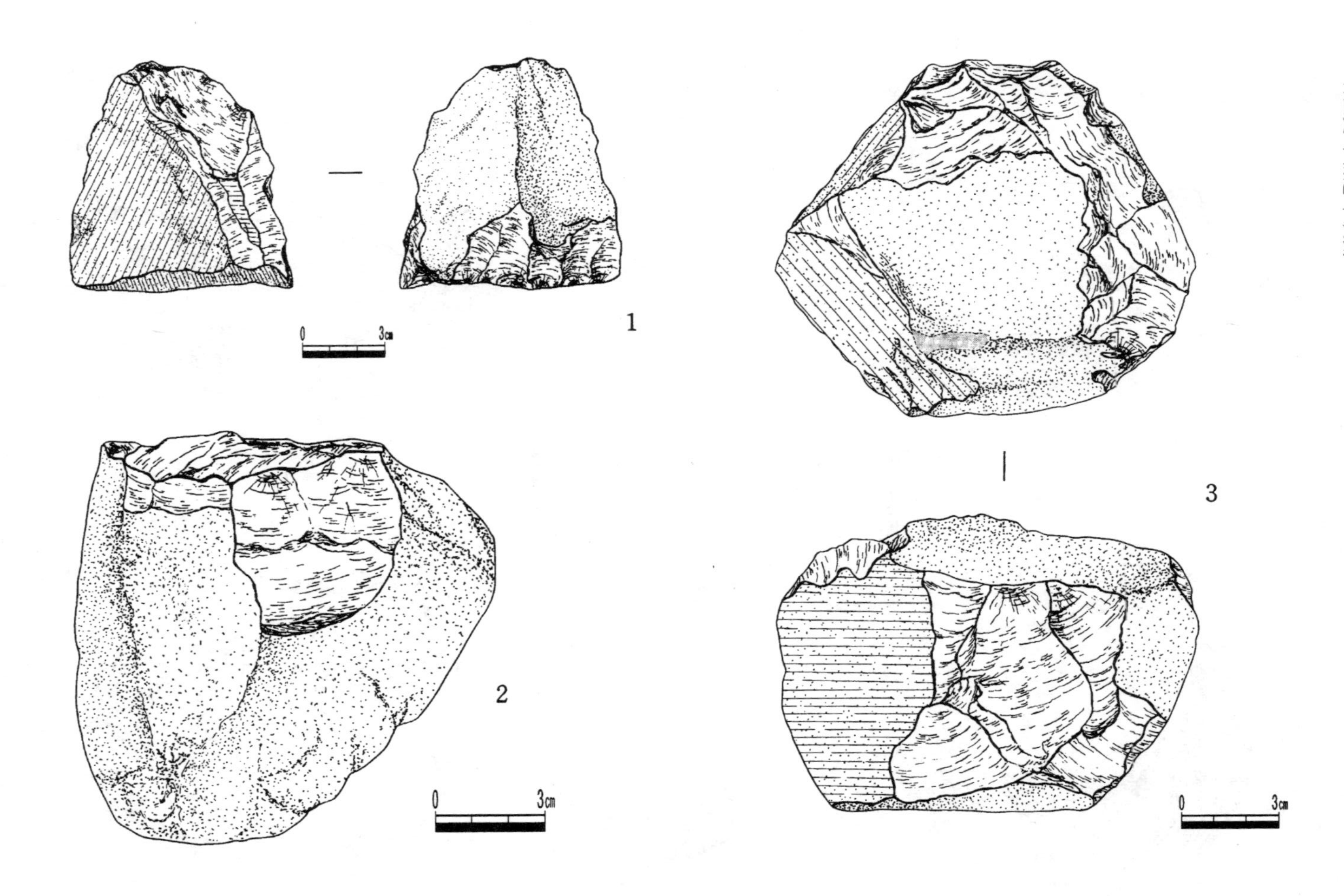

<그림 7> 지표유물 (1. 긁개 2. 몸돌 3. 여러면석기)

을 가능성이 있다.

한편 석재로 선택된 규암과 석영맥암을 포함한 규질암이나 응회암과 반암은 유적 둘레에 분포하는 종류들이다. 그리고 석재의 상태는 자갈면이 발달한 것과 그렇지 않은 것으로 나뉘는데, 이는 구석기인들이 당시 광주천이나 극락강변에서, 또는 석영맥암이 드러난 곳에서 적당한 크기나 모양의 석재를 마련한 것으로 풀이된다(이윤수 1997).

두 문화층에서 나온 몸돌은 편평한 자갈면이나 뗀면을 때림면으로 삼고 거기서 수직 방향으로 격지를 떼어 냈다. 여기서 떼어진 격지의 크기는 대략 4~5cm 내외이며, 길이가 긴 것과 너비가 넓은 것으로 나뉜다. 이렇듯 치평동유적의 몸돌은 마주떼기나 중심점떼기를 한 몸돌은 없고 한 방향 떼기만 되어 있다. 이런 형식의 몸돌은 전기~후기 구석기로 보고된 유적들에서 계속 만들어졌다(朴成鎭 1998 ; 배기동 1999 ; 황소희 1999). 그리고 응회암이란 석재를 몸돌로 이용한 예는 순천 죽내리유적의 경우 중기구석기문화층 이래 나타나고 있다(이기길 1998).

1문화층의 긁개는 이른바 '라 끼나(La Quina)' 긁개처럼 특정 시기를 가리키는 정형화된 형식이 아니며, 2문화층과 지표의 찍개, 여러면몸돌 등도 일정 시기에만 제작된 종류가 아니다. 그래서 두 문화층과 지표에서 찾은 석기들에서 형식이나 제작 기법에 근거하여 시기를 추정하기는 매우 어려운 상태다.

2) 시기

치평동유적의 갱신세층에서 방사성탄소연대를 잴 수 있는 숯이나 유기물을 찾을 수 없었다. 연대를 측정할 또 다른 방법으로 지층의 퇴적상 비교를 통한 상대연대 추정이 있다. 이 방법은 그 동안 구석기유적을 포함한 여러 지점의 갱신세층 층서와 퇴적물 분석을 통해 가다듬어졌다(이동영 1996).

<표 2>에서 보듯이 치평동유적의 지층은 크게 보아 석비레층 위에 모난돌이 낀 모래질찰흙이 쌓이고 그 위로 색깔이 다른 모래질찰흙이 두텁게 쌓여 있는 형상이다. 그리고 5, 6지층 사이에 토양쐐기가 발달해 있다. 이 토양쐐기 현상이 시작되는 부근에 유물포함층인 구석기 2문화층이 있으며, 구석기 1문화층은 이로부터 약 3m 아래에 있다.

여기서 주목되는 바는 회갈색 모래질찰흙층 아래부터 적갈색 모래질찰흙층 일부까지 내려가는 토양쐐기다. 이 토양쐐기는 치평동유적의 전체 퇴적 흐름을 보려고 넣은 긴 시굴구덩이의 단면 상에서 적갈색 모래질찰흙층 위에 쌓인 암갈색 찰흙층에서 나타나고 있다. 그래서 기준층위면에서 적갈색 모래질찰흙층 위에 있는 회갈색과 회백색 모래질찰흙층은 암갈색 찰흙층에 대비되는 층으로 생각된다.

그런데 1999년에 조사된 영광의 마전, 군동, 원당유적(조선대학교 박물관 1999)이나 화순

<표 2> 지층과 문화층의 관계

구 분	두께(cm)	이동영 1996	문화층 여부
1 지층	약 100	매립토	흐트러진 층(교란층)
2 지층	20~30	회갈색 지층(옛 지표면)	옛 지표면
3 지층	40~50	회갈색 모래질찰흙층	비문화층
4 지층	20~30	옛 지표면	옛 지표면 · 초기철기시대 문화층
5 지층	30	회갈색 모래질찰흙층 토양쐐기	구석기 2문화층
6 지층	40	회백색 모래질찰흙층	비문화층
7 지층	230~250	적갈색 모래질찰흙층	비문화층
8 지층	80	모난돌 모래질찰흙층	구석기 1문화층
9 지층		석비레층	비문화층

(ㄷ2칸 기준층위 벽면을 기준으로 함)

도산유적(이기길 1999)의 지층에도 토양쐐기는 겉흙층과 명갈색 찰흙층 아래 있는 암갈색 찰흙층의 상부에서 시작되어 적갈색 찰흙층 일부까지 발달되어 있다. 이처럼 전라남도 지역에서 상부 토양쐐기가 암갈색 찰흙층 상부에서 시작되고 있는 현상은 보편적이며, 이런 점에서 치평동유적의 토양쐐기는 다른 유적들의 암갈색 찰흙층의 토양쐐기와 같은 시기의 것으로 여겨진다.

암갈색 찰흙층의 상부에서 시작되는 토양쐐기 현상은 한국의 제4기퇴적 연구에 따르면 마지막 빙하기의 추운 시기에 형성된 언땅트기의 결과로 해석되었고, 그 연대는 산소동위원소에 따른 시기구분상 2기(24,110±4,930~12,050±3,140년 전)에 해당하는 것으로 제시되었다(이동영 1996 ; 한창균 1997).

그래서 이를 치평동유적의 지층에 적용한다면, 구석기 2문화층은 마지막 빙하기 최후 극성기(약 1,8000~1,5000년전) 이후에 해당하고, 1문화층은 이보다 이른 시기로 편년된다. 1문화층의 연대는 꼬집어 말할 수 없지만, 2문화층과의 시기 차이를 가늠해 볼 수 있는 실마리로 두 문화층 사이에 낀 3m에 이르는 퇴적의 두께와 색깔 및 구성물의 차이를 고려한다면 적지 않은 시기 차이가 있을 것으로 생각된다. 여기에 영광군의 군동, 원당, 마전 그리고 화순 도산유적의 조사 내용을 참조하면 석비레층 바로 위의 모난돌모래질찰흙층(1문화층)의 석기는 중기구석기시대에 해당할 것으로 가늠된다.

6. 맺음글

치평동유적의 조사는 대략 길이 100m, 너비 30m, 깊이 4m에 이르는 갱신세 토양층을 대상으로 20일 간의 짧은 동안에 끝마쳐야 했기 때문에, 유물포함층의 확인과 범위 파악에 초점을 맞춰 진행하였다. 조사 결과, 구석기가 나오는 두 개의 유물포함층이 발견되어 각각 구석기 1, 2문화층으로 이름하였다.

두 문화층의 석기 형태와 제작 기법은 각각 특정 시기를 알려 주는 특징을 지니고 있지 않다. 그러나 타 유적들의 층위와 비교한 상대편년과 토양쐐기 현상을 산소동위원소 연대와 연관시킨 연구결과를 참조하여, 2문화층은 약 1만 5천 년 전~1만 년 전, 그리고 1문화층은 그보다 이른 중기구석기시대로 해석하였다.

비록 유적에서 찾은 석기의 수는 모두 12점으로 적고, 그 대부분이 석영자갈돌 석기이다. 그렇지만 영산강 유역에서 갱신세층에 대한 첫 조사였고 또 지층 속에서 석기가 처음 발견되었다는 점에서 학사적인 의미가 적지 않다고 생각한다.

이 조사 이후 인근의 매월동 동산유적(이기길 1996)을 비롯하여 영산강의 중・하류 지역인 나주 일대(李憲宗 1997), 지석강 유역(이기길 1999) 그리고 상류지역인 황룡강 유역(이기길 과 1999)에서도 지표조사로 많은 구석기유적이 알려지고 있다. 이는 보성강과 섬진강 유역의 구석기유적들(이기길 1997)과 함께 전라남도 지역의 구석기 문화상을 복원하는 기초자료로서 큰 몫을 차지할 것이다. 앞으로도 영산강 유역에서 벌어졌던 구석기인들의 다양한 행위와 삶을 밝히는 데 더 많은 관심과 노력을 기울이고자 한다.

<참고문헌>

朴成鎭,「임진-한탄강지역의 구석기시대 몸돌 연구 - 지표채집 석기를 중심으로 -」, 단국대학교 사학과 석사학위논문, 1998, 1~100.

박승필・임영진・박만규・정근식・최정기・안종철・손용엽・김동수,『광주 상무택지개발지구 종합학술조사』, 전남대학교 박물관・광주광역시 도시개발공사, 1996, 1~138.

박영철,「한국의 구석기문화 - 유적의 현황과 편년 문제 -」,『韓國考古學報』 28, 韓國考古學會, 1992, 5~130.

배기동,『금파리 구석기유적』, 국립문화재연구소, 1999, 1~362.

손보기,『석장리 선사유적』, 東亞出版社, 1993, 1~326.

이기길,「산월유적 - 유물 -」,『광주 산월・뚝뫼・포산 유적』, 조선대학교 박물관・광주광역시, 1995, 72~85.

이기길,『경전선 효천-송정리간 철도 이설구간 문화재 지표조사 약보고서』, 조선대학교 박물관・철도청(유인물), 1996, 1~26.

이기길,「보성강유역에서 새로 찾은 구석기유적 예보」,『韓國考古學報』 37, 韓國考古學會, 1997, 7~62.

이기길,「한국 전남 순천 죽내리 구석기유적」,『湖南考古學報』 8, 湖南考古學會, 1998, 39~69.

이기길,『화순 모산리 도산유적 현장설명회 자료』, 전남대학교 박물관・익산지방국도관리청(유인물), 1999, 1~9.

이기길・김은정,「장성군의 고고 유적」,『장성군의 문화유적』, 조선대학교 박물관・장성군, 1999,

39~69.
이동영, 「한반도 문화유적지층의 지질학적 특징」, 『古文化』 49, 韓國大學博物館協會, 1996, 239~260.
이동영, 「지층」, 『광주 치평동 유적 - 구석기·갱신세층 시굴조사 보고서 - 』, 조선대학교 박물관·광주광역시 도시개발공사, 1997, 28~37.
이윤수, 「지질환경」, 『광주 치평동 유적 - 구석기·갱신세층 시굴조사 보고서 - 』, 조선대학교 박물관·광주광역시 도시개발공사, 1997, 28~37.
李鮮馥·姜賢淑·李敎東·金容河·成春澤, 「新坪里 금평·德山里 죽산 後期舊石器遺蹟」, 『住岩댐 水沒地域 文化遺蹟發掘調查報告書(Ⅶ)』, 전남대학교박물관·전라남도, 1990ㄱ, 21~76.
이선복·강현숙·이교동·이상희·김용하·신정원·성춘택, 『옥과 구석기유적』, 서울대학교박물관·곡성군, 1990ㄴ, 1~76.
李隆助·禹鍾允·河文植, 「牛山里 곡천 선사유적」, 『住岩댐 水沒地域 文化遺蹟發掘調查報告書(Ⅴ)』, 전남대학교박물관·전라남도, 1988, 63~124.
이융조·윤용현, 「牛山里 곡천 舊石器遺蹟」, 『住岩댐 水沒地域 文化遺蹟發掘調查報告書(Ⅶ)』, 전남대학교박물관·전라남도, 1990, 77~139.
李隆助·尹用賢, 『和順 大田 舊石器時代 집터 復元』, 忠北大學校 先史文化硏究所, 1992, 1~125.
이융조·우종윤, 「수양개 유적의 발굴과 그 의미」, 『수양개와 그 이웃들』, 丹陽鄕土文化硏究會·忠北大學校博物館, 1997, 75~107.
李憲宗, 「榮山江流域 新發見 舊石器遺蹟群」, 『湖南考古學報』 5, 湖南考古學會, 1997, 103~147.
이헌종, 「우리나라 후기구석기시대 석기전통의 다양성에 대하여」, 『수양개와 그 이웃들』, 丹陽鄕土文化硏究會·忠北大學校博物館, 1997, 213~229.
林炳泰·李鮮馥, 「新坪里 금평 舊石器」, 『住岩댐 水沒地域 文化遺蹟發掘調查報告書(Ⅴ)』, 전남대학교박물관·전라남도, 1988, 23~62.
林永珍·徐賢珠, 『光州 治平洞 遺蹟』, 전남대학교박물관·光州廣域市都市開發公社, 1997, 1~145.
조선대학교박물관, 『영광 마전, 원당, 수동, 군동유적 약보고서』(유인물), 1999, 1~23.
한창균, 「양평 제2단구 형성시기에 관한 시론」, 『수양개와 그 이웃들』, 丹陽鄕土文化硏究會·忠北大學校博物館, 1997, 139~155.
황소희, 「금파리 석기공작과 전곡리 석기공작의 비교 분석」, 『금파리 구석기유적』, 국립문화재연구소, 1999, 365~388.
황용훈·신복순, 「죽산리 구석기유적 발굴조사보고」, 『보성강·한탄강유역 구석기유적발굴조사보고서』, 문화재관리국 문화재연구소, 1994, 3~61.

유적·유물을 통해 본 선사·고대의 울릉도 사회

신 숙 정*·이 성 주**

1. 머리말

울릉도는 육지로부터 멀리 떨어진 화산섬으로서 우리 문화의 한 부분을 이루면서도 본토와는 다른 특색있는 문화를 발전시켜 왔을 것이라는 점에서 흥미를 자아낸다. 그러나 울릉도에 대한 고고·역사학적 조사 연구는 매우 저조해 1960년대 초반의 국립박물관 조사(김원룡, 1963)가 있은 뒤 최근에 이루어진 두 차례 조사[1]가 전부다.

필자들의 조사작업(서울대학교 박물관, 1997·1998)은 몇 가지 궁금한 점을 해명하기 위해 시작되었는데, 첫째로 1960년대의 조사에서 알려진 많은 고분군들이 얼마나 훼손되었는가를 확인하고자 하였으며, 둘째로 울릉도 문화의 출발 시점이 언제부터인지－알려진 대로 삼국시대부터인지 또는 그 이전으로 소급될 가능성은 없는지를 찾아 보려 하였고, 울릉도에서는 어느 정도로 외부의 문화요소들을 받아들이고 소비하였는지도 알아 보고 싶었다. 가장 중요한 점은 최근의 고고·역사학적 연구성과에 비추어 당시 울릉도의 발전 양상을 되짚어 보고자 한 것이다. 이는 최근 한국 고고학의 괄목할 만한 발전에 힘입어 유적·유물에 대한 인식이나 그들에 대한 편년이 크게 바뀜에 따라 기존 자료들을 재고찰할 필요성에 직면하게 되었기 때문이다.

비록 지표조사라는 한계점을 지니고 들어간 작업이기는 하나 조사 결과 일정한 성과를 얻어 낼 수 있었다. 그리고 이들을 가지고 고대 울릉도의 사회구성에 대한 약간의 추론도 제기할 수 있게되었다. 이에 따라 울릉도에 대한 관심을 불러일으킬 필요성이 있다고 여겨

---

* 연세대학교 사학과 겸임교수
** 창원대학교 강사

1) 서울대학교 박물관, 『울릉도 지표조사보고서(1)』, 1997 ; 서울대학교 박물관, 『울릉도』, 1998 ; 영남대학교 민족문화연구소, 『울릉도·독도의 종합적 연구』, 1998.

져, 여기에서 필자들의 조사작업을 중심으로 중요한 사실만 간추려 소개하고자 한다.[2)]

2. 울릉도의 역사적 배경

문헌에 기록된 울릉도의 옛 이름 또는 異名으로는 武陵・羽陵・芋陵・于山 등을 들 수 있는데, 이는 울릉・우릉・우뫼 등과 같은 고유명을 한자로 표기한 것으로 보인다. 일본에서는 울릉도를 礒竹島・竹島・松島 등으로 불러 왔으며, 서방 세계에서는 18세기 말부터 이 섬을 최초로 발견한 사람의 이름을 따서 '다쥴레(Dagelet)'라고 불러 왔다. 그런데 11세기의 일본의 한 短歌에서는 '芋陵島人'을 'うるまの島人'으로 표현하고 있는데, 이는 본래의 음인 '우뫼・울뫼'를 표기한 것이다. 이는 어떤 산의 이름을 나타내며, 결국 울릉도에서 가장 높은 산인 성인봉을 지칭한다는 견해도 있다. 따라서 처음의 울뫼에서 于山, 다시 鬱陵・武陵・羽陵(芋陵)으로 변천되었다고 보고 있는 것이다.[3)]

우리 나라의 문헌에서 처음으로 울릉도에 관한 기록이 보이는 것은 『삼국사기』로, 智證麻立干 13년(A.D. 512) 何瑟羅州(현 강릉) 軍主 異斯夫에 의해 우산국이 복속되어 해마다 토산물을 바치기로 하였다는 기사다.[4)] 이 기사를 통해 울릉도는 신라에 편입되기 이전, 즉 6세기 전반 무렵에 신라에 저항할 정도로 권력체계를 갖추었고, 경상도 지역의 다른 독자적 권력체와 유사하게 '우산국'으로 불리는 수준에 도달해 있었음을 알 수 있다.

우산국인에 대해 더 이상 자세한 기록이 없기 때문에 언제부터 거주가 시작되었고 어느 수준의 사회단계까지 도달했는지 그 실체는 명확하지 않다. 다만 중국 사서인 『三國志』 魏書 東夷傳 沃沮條의 한 구절이 이 문제에 관해서 약간의 실마리를 제공해 주고 있다. 그것은 高句麗 東川王 20년(A.D. 246)에 일어난 일련의 사건으로, 魏 관구검의 공격을 받고 南沃沮(현 咸南地域으로 비정됨)로 도망간 東川王을 추격한 현도태수 王頎가 남옥저의 동쪽 경계에 이르러(현 강원도 동해안지역으로 비정됨) 그 지역 노인들과 나눈 대화 속에서 나온다. 여기에서 언급된 섬이 바로 울릉도를 가리킨다는 주장이 있다.[5)] 만약 이 섬을 울릉도로 비정할 경우 于山國人들의 출자를 밝힐 수 있는 단서를 얻을 수 있다. 그러나 그 곳이 울릉도라는 확증이 없으며, 또한 섬 내에서 발견되는 고고학적 증거들 가운데 그 상한연대가 기원후 3세기까지 올라가는 것들이 보이지 않아 이 기사에 대해 신중한 입장을 취해야 한다

---

2) 이 글은 중요 사실을 중심으로 요약한데다 지면의 제약이 커서 낱낱의 유적・유물 및 분석결과 등을 모두 소개하지는 못하고 대표적인 예만 실었다. 도면・사진의 경우도 마찬가지다. 울릉도의 자연・인문 환경은 생략하였으며, 그 역사적 배경에 대해서도 유적・유물과 직접 관련되는 나말여초까지로 제한하였다. 자세한 것은 서울대학교 박물관, 『울릉도』, 1998을 참조하기 바람.

3) 김원룡, 『울릉도』(국립박물관고적조사보고 제4책), 1963, 2~3쪽.

4) 『三國史記』 新羅本紀4, 智證麻立干 13年 夏6月條. 이와 비슷한 내용은 『三國史記』 卷44, 列傳4 異斯夫條에도 실려 있다.

5) 池內宏, 「刀伊の賊」, 『滿鮮史研究』 中世第一, 1933, 316쪽.

는 의견이 있었다.[6)]

6세기 초 신라의 정벌 이후 于山國은 매년 土産物을 바치는 등 본토와 긴밀한 관계를 가진 것으로 보이는데, 현재 울릉도에 분포되어 있는 수십 기의 古墳들과 新羅土器를 비롯한 유물들이 그러한 교류의 증거라고 할 수 있다. 우산국에 대한 신라의 통치방식을 직접적으로 기술한 내용은 없지만, 고려 毅宗 11년(1157)의 기록[7)]을 근거로 신라시대 때 于山國에 州縣을 설치하여 직접 통치하였다는 견해가 있다. 즉 이 기록의 "舊有州縣"이라는 구절 중 '舊'라는 표현은 前王朝를 가리킬 때 자주 사용되는 것으로 신라왕조를 가리키며, 고려시대 때는 우산국에 주현을 설치했다는 기록이 보이지 않기 때문에 앞선 신라시대에 주현을 설치하였다고 보는 것이다. 다만 6세기 이후 신라가 이 곳을 주현으로 편제했다고 해도, 그것이 지방관을 파견하는 방식이었는지 아니면 주군현이라는 명칭만 부여하고 토착세력의 독자성을 어느 정도 인정한 것이었는지는 알 수 없다. 어떻든[8)] 신라 하대에 와서 지방에 대한 통제가 무너지고 각 지방마다 豪族 세력이 등장하게 되면서 우산국 역시 반독립적인 상태에 놓였을 것으로 보인다.

울릉도에 관한 기록은 고려 초에 와서 다시 등장한다. 太祖 13년(930) 8월에 芋陵島 사람 白吉과 土豆가 토산물을 바쳤으며, 백길에게 正位, 토두에게는 正朝라는 品階를 각각 주었다는 기록이 그것이다.[9)] 이 기사를 통해 나말여초 울릉도와 본토와의 관계를 어느 정도 유추해 볼 수 있다.

신라 하대에 와서 반독립적인 상태로 변한 울릉도는 후삼국의 정립에 따른 본토의 세력판도를 지켜보았을 것이다. 고려 태조 13년(930) 1월 왕건은 후백제의 견훤을 古昌郡(현 안동) 甁山에서 크게 패배시키면서 그 동안의 군사적 열세를 역전시킬 수 있었다.[10)] 그 결과 永安(경북 안동 지방), 河曲(경북 울산), 直明, 松生(경북 청송) 등 30여 군현이 항복해 왔으며,[11)] 2월에는 신라의 동쪽 연해 州郡과 부락들이 와서 항복하였는데 溟州부터 興禮府까지 110여 성이 되었다고 한다.[12)] 고창전투를 계기로 고려가 주도권을 잡게 되자 각 지방의 호족들이 앞을 다투어 왕건에게 귀부하였으며, 신라 조정에서도 고려에 우호적인 태도를 취하기 시작하였다. 본토의 상황 전개를 주시한 芋陵島(울릉도)에서는 즉시 사람을 보내 고려와 관계를 맺었던 것으로 보인다. 그리고 고려 태조는 호족의 포섭이라는 기본정책에 따라 이들에게 官階를 내려 群小 호족에 준하는 대우를 하였던 것이다.[13)] 그러나 芋陵島가 고려에

6) 김원룡, 「울릉도의 고고학적 관찰」, 『독도연구』, 한국근대사자료연구협의회, 1985, 81~82쪽. 김원룡은 울릉도에서 채집되는 토기들을 기준으로 그 상한이 A.D. 6세기를 넘어서지 못한다고 생각하였는데, 여기에 대해서는 후술할 것임.
7) 『高麗史』 卷18, 毅宗 11年 5月 丙子條.
8) 신용하, 『독도의 민족영토사 연구』, 지식산업사, 1996, 62~63쪽.
9) 『高麗史』 卷1, 太祖 13年 8月 丙午.
10) 『高麗史』 卷1, 太祖 13年 1月 丙戌.
11) 『高麗史』 卷1, 太祖 13年 1月 庚寅.
12) 『高麗史』 卷1, 太祖 13年 2月 乙未.

귀부하고 蔚珍縣에 소속된 후에도 호족에 대한 고려왕족의 통제는 미약하였기 때문에 여전히 반독립적인 상태에 있으면서 나름대로 세력을 형성했던 것으로 생각된다. 이는 이 시기까지 축조된 고분과, 고분에서 출토된 통일신라 말~고려 초 양식의 토기로도 알 수 있다.

3. 울릉도의 유적·유물 조사(그림 1)

1) 유적

(1) 선사시대

울릉도 내에서 찾아진 선사시대 유적으로는 현포리·남서리·저동리의 고인돌 및 현포리의 무문토기·마제석기 산포지가 있다. 고인돌 및 무문토기 산포지는 울릉도에서 가장 너르고 완만하여 전면이 바다 쪽으로 완전히 터 있는 지역에 입지하고 있다. 고인돌 유적이 전망이 좋은 산마루 중턱 등지에 있어 아래쪽이 완전히 조감되도록 자리잡은 경우를 종종 보게 되는데 현포리 지석묘의 경우 전형적으로 이러한 유형의 입지에 속한다.

가. 苧洞里 內水田 고인돌(사진 1)

저동3리 내수전 173번지 김철환 씨 밭에 위치하는데, 약간 경사진 면에 축조되었다. 전형적인 바둑판식 고인돌의 형태를 띠고 있다. 덮개돌로는 두터운 장방형의 화강암을 사용하였으며 장축은 동서 방향이다. 크기는 5.0×4.2×1.53m다. 덮개돌의 동쪽에는 1개의 고임돌이 고여 있는데, 크기는 0.97×0.63m 정도 된다.

나. 玄圃里 고인돌(사진 2, 3)

현포1리 현포초등학교 뒤편 약 100m 떨어진 완만한 경사지에 위치하고 있으며 현포리 고분군의 동남쪽에 위치하고 있다. 바둑판식 고인돌의 형태를 띠고 있으며 덮개돌로는 두께가 1.0m 정도 되는 화강암을 사용하였다. 개석의 장축 방향은 남북이며, 크기는 3.5×2.7m다. 1개의 지석이 약간 이탈되어 드러났는데, 크기는 0.5×0.3m 정도 된다. 개석 위에는 직경 3.5cm의 작은 성혈 1개가 보인다.

다. 남서리 고인돌

남서리 고분군 가장 위쪽에 있는 고인돌로서 남서리 계곡 전체와 앞의 바다를 잘 조망할 수 있는 곳에 세워 놓았다. 개석으로 큰 장방형의 화강암을 사용하였으며 크기는 4.2×4.0×

13) 신지현, 「울릉도·독도의 인지와 영유」, 『독도연구』, 한국근대사자료연구협의회, 1985, 115~131쪽.

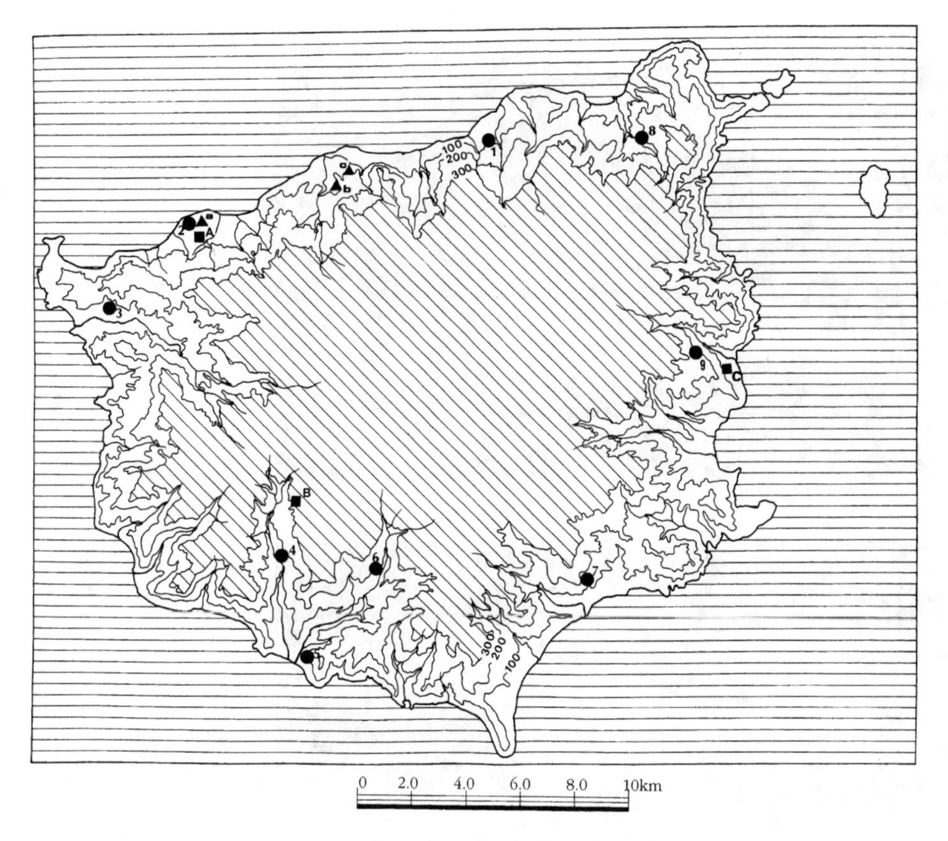

<그림 1> 울릉도 전체 유적 분포도

Ⅰ. 지석묘(A. 북면 현포리, B. 서면 남서리, C. 울릉읍 저동리 내수전), Ⅱ. 고분군(1. 북면 천부리, 2. 북면 현포리, 3. 서면 태하리, 4. 서면 남서리, 5. 서면 남양리, 6. 서면 남양리 석문동, 7. 울릉읍 사동리, 8. 북면 천부리 죽암, 9. 울릉읍 저동리 내수전), Ⅲ. 유물산포지(a. 북면 현포리, b. 북면 현포리 평리, c. 북면 현포리 광암)

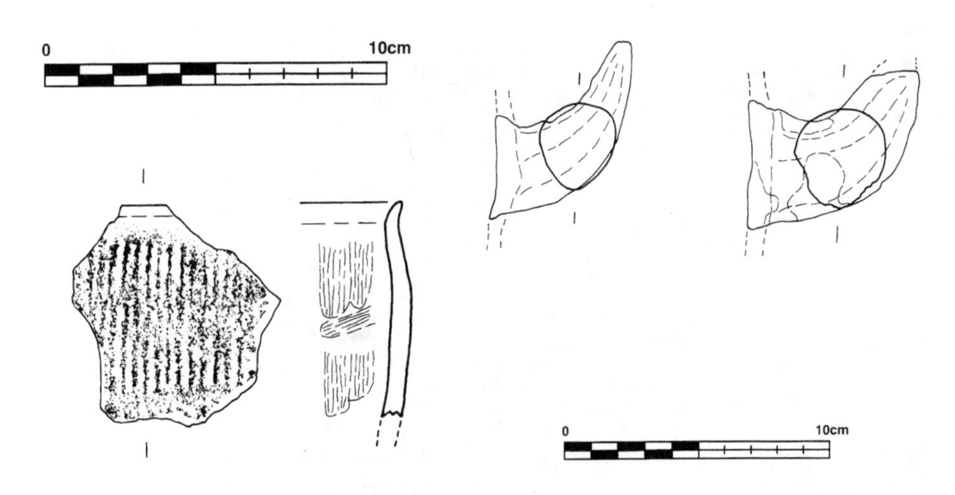

<그림 2> 현포리 채집 적색연질토기편(구연부 · 파수)

<사진 1>
저동리 내수전 고인돌

<사진 2>
현포리 고인돌

<사진 3>
현포리 고인돌 성혈

2.0m 정도 된다. 개석 밑에는 지석을 고인 흔적이 보이며, 덮개돌의 윗면에는 지름 3.0cm 정도의 성혈이 9개 새겨져 있다.

(2) 신라 편입 이후의 유적·유물

울릉도는 섬 전체가 경사가 가파른 험준한 산악지형을 이루어 사람들의 활동영역이 매우 제한되는 곳이다. 주민들의 거주는 천부리·현포리·저동리 등과 같이 전방이 비교적 트여 있는 곳이나, 도동리·태하리·남서리와 같이 섬 가운데에서 해안까지 길게 발달한 침식계곡에서 이루어지고 있다. 유적의 대부분을 구성하는 고분군의 분포 역시 이러한 입지를 벗어나지 않는다.

가. 현포리 고분군

울릉도 북쪽 해안의 서편(북면 현포리)에 위치하고 있다. 현포리는 육지로부터 항해했을 때 가장 가까운 식선거리에 위치하며, 섬 내에서 보기 드물게 완만한 경사지를 이루고 있어 고대부터 울릉도의 중심지로서 사람이 살기에 가장 적합한 지역이었을 것으로 생각된다.

표토에는 적갈색 토기편과 신라토기편들이 고르게 깔려 있다. 국립박물관의 조사에서 38기의 고분들이 분포하는 것으로 보고되었으며 상태가 양호한 1, 9, 14, 16, 38호 등 5기의 고분에 대한 내부 조사 및 실측기록이 남아 있어 요약하면 다음과 같다.

고분들의 주된 장축 방향은 동서 방향이며 석실 규모는 길이 6~7m, 긴 것은 9m (9호분) 정도다. 천정 폭은 1.5m 전후이며 최대 폭은 2m 전후이다. 천정석이 많은 경우 16매(16호분 : 그림 3-2) 정도 남아 있다. 바닥은 흙과 자갈로 처리가 되었으며 축대를 쌓거나 반원형의 봉석부를 두었고 봉토로 덮여 있는 경우도 있다. 껴묻거리[副葬品]로는 승문토기(적색토기), 인화문토기, 철정, 철부, 흙 방추차 등이 나왔다.

현재 상태를 파악할 수 있는 고분들은 서북 방향으로 뻗어 내려오는 구릉의 경사면에 분포하고 있다. 동쪽 고분군은 현재 가옥들로 들어 차 있어 대부분 멸실된 것으로 보인다. 남아 있는 대부분의 고분들은 장방형 석실이 노출되거나 붕괴되어 한쪽 벽만 남아 있으며, 입구가 돌무지로 막혀 있고 흙과 풀로 덮인 것들도 많아 후대에 쌓은 축대나 돌담과 외관상 구별하기 어려운 것들도 많다.

현포리 고분군은 현재 慶尙南道 記念物 73호로 지정되어 있는데, 10기의 고분군이 새로운 번호를 부여받아 관리되고 있다. 가장 잘 보존된 10-1호분(사진 4)과 10-7호분(사진 5)의 경우 입구가 개방되어 현실 내부를 볼 수 있다. 경사진 면에 석실을 축조하기 전에 석축을 쌓아 지면과 수평을 맞추고, 그 위에 장방형 석실을 축조하였는데, 장축은 동서 또는 남북 방향으로 하였다. 그 위를 봉석으로 덮었으며, 현실에 이르는 입구가 옆으로 뚫렸다는 점에서 횡혈계 묘제인데, 특별히 연도시설이 발견되지 않는다는 점에서 횡구식으로 분류할 수가 있다. 규모가 파악될 수 있는 고분들의 길이는 6.0~9.0m, 폭 1.30m 내외, 높이 0.9m 가량 되는 비교적 큰 고분들이다.

나. 天府洞 古墳群

천부리는 울릉도 북쪽 해안 동편에 위치하고 있는데. 동・서・남쪽이 높이 400m 이상의 산들로 둘러싸인 지형을 이루고 있다. 완경사지나 평지가 적기 때문에 고분들은 구릉이나 산의 구릉부에 위치하고 있다. 국립박물관 조사 당시 이 지역의 서쪽 구릉에서 2~3기, 남쪽 산 정상부에서 2기, 서남쪽 구릉에서 3기 그리고 죽암에서 3기의 고분을 발견하였으며, 그 중에서 천부리 1・2・3・4호분, 그리고 죽암 1・2・3호분을 조사한 바 있다.

천부리 고분의 석실은 길이가 대개 5~6m 사이에 들며 폭 1~1.4m 사이, 천정석이 있고 할석 봉석이 이루어졌다. 조사 당시 2호분을 제외하고는 전부 도굴되어 있었으나 1호분(그림 3-3)에서 많은 양의 토기류와 장신구(금동옥, 유리옥, 금동제 과대수식, 동령 등)가 수습되었다고 한다.[14] 처녀분인 2호분을 통해서는 통일신라시대 토기 각종(인화문토기, 주름무늬 병 등)이 수습되었으며, 당시의 매장 방법에 대한 자료도 얻게 되었다(그림 3-4). 즉, 隔壁의 역할을 하는 석실 중앙의 괴석군을 중심으로 목관에 안치된 2구의 시신이 서로 머리를 맞대고 있었으며 유물은 머리쪽에 놓여 있으므로 석실의 길이가 10여 m에 이르는 고분은 여러 시신이 안치되는 복장묘로 사용되었던 것으로 추정되었다. 죽암의 고분들은 험한 지형에 축조된 탓인지 간단하게 축조된 모습을 보이며, 3호분은 섬 내에서 보기 드물게 횡혈식이라는 특징을 갖고 있었다.

현재로는 과거에 조사된 고분들의 위치를 정확히 파악하는 것이 불가능하며 이번 조사에서 모두 4기의 고분을 확인할 수 있었는데, 편의상 발견된 지점에 따라 번호를 부여하였다. 1호분은 천부리 전678번지(손용호 씨)에 위치하고 있는데, 보존 상태가 가장 양호하다. 고분은 바다가 바로 조망되는 완만한 경사지에 축조되었다. 상부의 봉석은 대부분 없어졌지만, 측벽과 천장은 비교적 원형을 간직하고 있다. 입구는 비료포대로 막혀 있어 내부를 조사할 수 없었다. 규모는 길이 9.0m, 높이 1.5m 정도 된다.

2・3호분은 전677번지(김병환 씨) 일대에 약 30m의 거리를 두고 위치한다. 두 고분은 바다가 잘 보이는, 비교적 평지를 이루는 곳에 축조되었다. 고분들은 대부분이 허물어지고 풀로 덮여 있는 등 많이 훼손되었다. 4호분은 전 665번지 일대의 완경사지에서 확인되었는데, 현재 고분 전체가 풀과 나무로 덮여 있어서 외관상 구별하기가 어렵다. 이 곳 주민들은 이 무덤을 오래 전부터 '고려장'이라고 불러 왔으며, 마을 노인들의 말에 따르면 이 고분은 일제시대 때 일본인에 의하여 조사되었다고 한다. 지금 남아 있는 부분으로 봐도 상당히 큰 규모였던 것으로 짐작된다.

---

14) 동령의 도면을 자세히 보면 그 형태가 오히려 마구의 일종인 말띠연결쇠로 여겨진다.

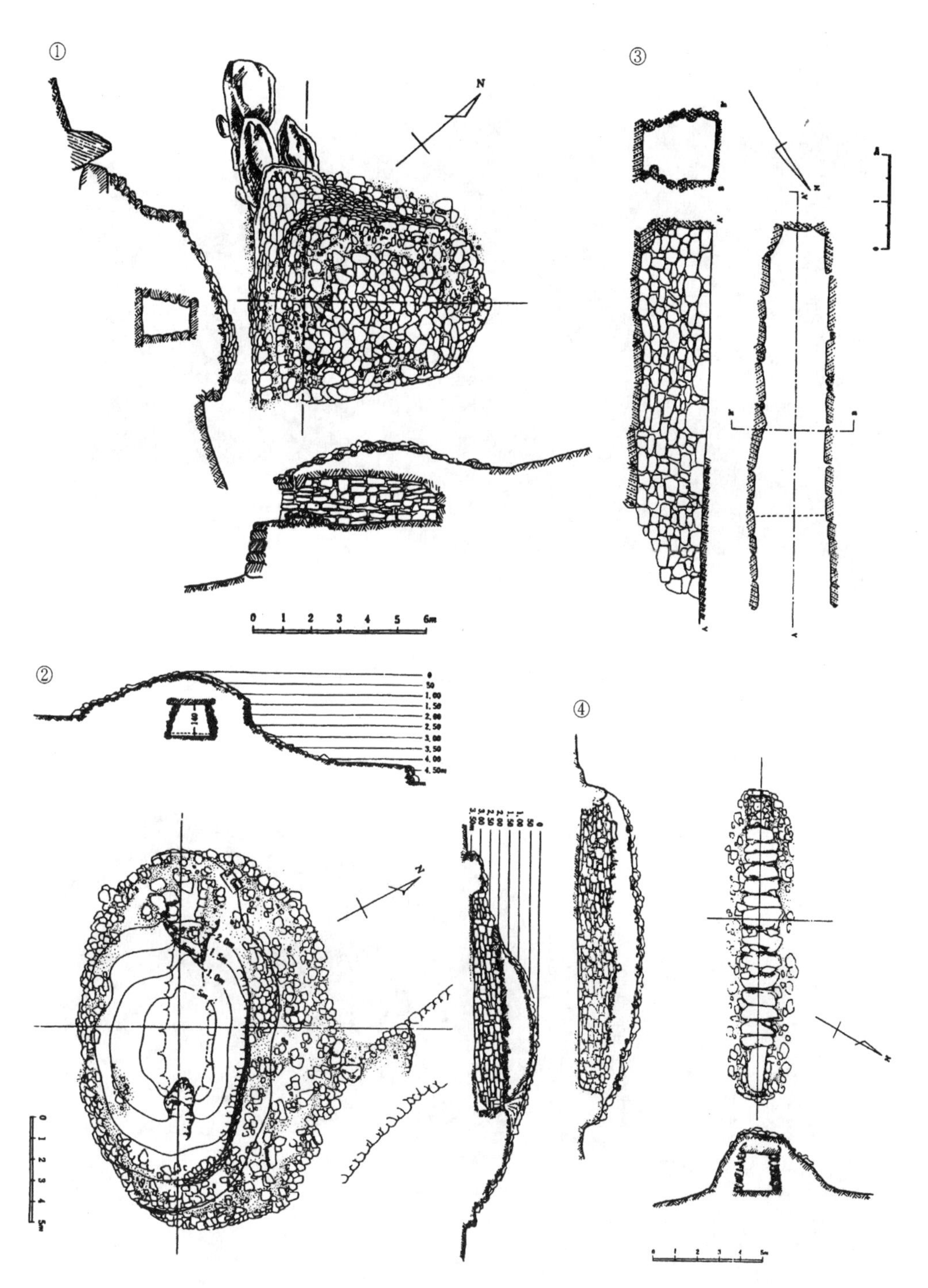

<그림 3> 울릉도 고분의 구조

① 남서리 15호분, ② 현포리 16호분, ③ 천부리 1호분, ④ 천부리 2호분

<사진 4> 현포동 10-1호분

<사진 5> 남서동 15-3호분

다. 南西里 古墳群(경상남도 기념물 72호)

국립박물관 조사단은 남서리 일대에서 형태가 양호한 32기의 고분, 그리고 흔적이 남아 있는 5기의 고분이 분포함을 확인한 바 있다. 남서리의 고분은 경사가 급한 경사지에 축조되었는데, 앞면에는 축대를 쌓고, 뒷면은 지상을 파서 석실의 바닥을 마련하였으며, 석실의 높이가 비교적 높고 입구가 계곡을 향하고 있는 것이 특징이다. 바닥처리는 냇돌이나 자갈을 이용하였다(21호분). 국립박물관에서 이 고분군을 조사하면서 주계곡 상부부터 각 고분에 번호를 부여하고, 비교적 원형이 잘 남아 있는 2·3·15(남서리 최대고분 : 그림 3-1)·21·26·29호분을 실측하고 내부를 조사하였다.

현재의 남서리 고분군은 남양리에서 남서천을 따라 계곡을 1.5km 정도 올라가면 도로 옆 민가 뒤편 산록에 위치하고 있다. 경상북도 기념물 72호로 지정되어 관리되고 있으며 번호를 새로 부여받은 고분 15기가 비교적 양호한 형태로 남아 있다. 고분 주변에는 민가가 2채 있을 뿐이고, 산에서 굴러 떨어진 큰 돌이 곳곳에 박혀 있고, 풀과 관목이 무성하게 자라고 있다. 고분군의 정상에서는 남서리 계곡과 바다가 한눈에 잘 조망된다. 고분들은 이미 전부 도굴되었으나 그나마 원형을 유지하고 있으며, 입구는 대부분 개방되어 있어 내부를 들여다 볼 수 있다(사진 6, 7). 고분들의 석실 규모는 길이 약 5.0~6.0m, 폭 0.7~0.9m, 높이 1.0~1.10m 가량 되는데, 석실의 폭이 좁고 높이가 높다는 것이 특징이다. 측벽은 6단 정도 쌓아 올렸으며, 석재로는 비교적 큰 돌을 사용하였다. 석실 위에는 봉석이 약간 남아 있다.

라. 남양리 고분군

국립박물관 조사 당시 남양리에는 6기의 고분이 분포하는 것으로 확인되었으며, 그 중 2기가 조사되었다. 고분의 구조는 여타 지역의 것들과 비슷하나 단지 경사가 심한 지형을 최대로 이용하여, 경사면을 옆으로 길게 깎아 내어 그것을 석실의 한 장벽으로 사용한 특징을 보여주고 있다. 이 고분들은 현재 그 위치를 확인할 수 없다.

필자들이 남양2리(석문동)에서 새로운 찾아 낸 고분들은 남양천 변에 형성된 매우 협소한 평지를 배경으로 주변 산지에 비해 경사가 비교적 완만하고 나지막한 능선의 말단부에 형성되어 있다. 현재 뚜렷하게 그 형태를 확인할 수 있는 고분의 수는 5기로, 그 중 3기가 비교적 원형을 보존하고 있다. 이들 고분은 이미 오래 전에 도굴된 것으로 보인다. 고분군 주변에서 통일신라시대 인화문토기병 저부편이 1점 채집되었다.

가장 서쪽 편에 분포하고 있는 고분을 1호분으로 하여 번호를 부여하였는데, 장축 방향이 남북인 1·2·3호분은 동서로 나란히, 4호분은 3호분과 약간 떨어진 지점에 위치하는데 이들 모두는 장축 방향이 등고선 방향과 직교한다. 5호분은 4호분에서 약 4km 정도 떨어진 곳에 장축 방향을 달리하여 자리잡고 있다.

1호분에서 3호분까지는 서로 묘역이 맞대어 있고 봉석부가 서로 연접되어 있어 하나의

<사진 6> 남서동 15-2호분

<사진 7> 남서동 15-3호분

묘역처럼 보이는데, 한쪽으로부터 순차적으로 축조한 것이라 추정되나 축조서열은 알 수 없다. 이들 고분의 축조 방식을 보면, 경사면 위쪽을 약간 정지하고, 아래쪽은 2~3단 정도 제단 모양으로 석축하여 올리면서 그 위에 석실을 축조하였다. 석실의 평면형은 세장방형에 가깝지만, 3호분처럼 폭이 넓은 것도 있다. 또한 4·5호분에서처럼 석실 끝단을 타원형으로 처리하였다. 석실의 규모는 길이 5~6m 정도로 추정되며, 폭 0.8~1.0m 정도, 높이 1.0m 가량 된다. 천변에서 구한 납작한 냇돌을 사용하여 6~7단 정도 수직으로 석실의 벽을 축조하였는데, 약간 내경하게 쌓아올린 것도 있다. 석실의 천장은 길이 1.2~1.5m 정도 크기의 긴 판석을 개석으로 사용하여 덮었다. 개석 상부에는 적석을 한 것으로 보이나 대부분 유실되어 버렸다.

봉분은 흙을 사용하지 않고, 크고 작은 냇돌을 석축한 것이 분명한데, 봉분의 정확한 규모나 크기에 대해서도 알기 어렵다. 경사면 아래쪽은 2~3단 혹은 그 이상을 방형으로 석축하여 올리고, 그 밖에 석실 주변은 타원형에 가깝게 석축하였을 것으로 보인다. 이는 지형적인 특성에 맞추어 축조하였기 때문에 특이한 형태의 봉분이 생긴 것으로 볼 수 있다.

2) 유물

(1) 선사시대

가. 玄圃里 무문토기 산포지

현포리 무문토기 산포지는 현포리 고분군 전역에 걸쳐 있다. 무문토기의 태토는 굵은 사립이 섞인 거친 태토로, 대부분 표면의 박락이 심하다. 무문토기가 발견된 지역에 고인돌 1기가 있고, 갈돌·갈판 세트를 발견한 사실로 미루어 볼 때 현포리 일대는 무문토기인들의 중요한 근거지였을 것으로 생각된다. 갈돌은 화강암제로 반파되어 절반 정도만 남아 있다. 아래 부분은 오랜 사용으로 인하여 편평하게 갈려 있다. 석봉의 끝 부분에는 으깨진 자국이 보인다(잔존 길이 : 12.5cm, 폭 : 5.9cm 두께 : 3.7cm). 갈판은 고인돌 뒤편 754번지 전태완님의 밭에서 발견되었다. 형태는 타원형을 띠고 있는데 길이 56cm, 폭 35cm, 두께 12cm로 대형에 속한다. 윗면의 가운데 부분은 오랜 사용으로 인하여 음푹 패어 있으며, 곳곳에 마연된 흔적이 보인다.

(2) 삼국시대

가. 玄圃里 토기 산포지

토기 산포지는 고분군과 바로 인접하고 있다. 대부분 밭으로 이용되고 있는 고분 주변의 표토에서 무문토기와 함께 신라토기, 적색경질토기편들을 대량으로 발견할 수 있었다.

ㄱ. 적색연질토기(그림 2)

현포리 토기 산포지에서 많은 양의 적색연질토기 구연부, 동체부, 저부편들을 채집할 수가 있었다. 기벽이 두꺼운 토기는 굵은 모래알이 많이 섞여 비교적 거친 편이고, 모래가 적은 것은 기벽이 얇다. 기벽은 주로 적색을 띠고 있으나 황갈색이나 흑갈색을 띠는 것들도 보이며, 대부분 연질이다. 채집된 저부편들은 전부 납작밑이며, 구연부는 동체부에서 바로 외반하였는데, 구연부가 외반하는 형태에 따라 네 가지 형식으로 나눌 수 있다. 수습된 각 부위별의 토기들로 미루어 볼 때 전체기형은 깊은 화분 모양의 심발형 토기였을 것으로 생각된다.

ㄴ. 신라토기(그림 4)

다양한 종류의 신라토기편들은 기종의 구성 그리고 토기에 시문된 문양으로 볼 때 통일신라 양식에 속한다. 채집된 토기편들의 특징을 보면 회청색 경질의 壺(장경호)·甕·甁類, 고배, 碗, 인화문토기, 주구병, 뚜껑 꼭지 등이 있다.

ㄷ. 패각층 조사

국립박물관 조사에 의하면 당시 해안선으로부터 200m 정도 떨어진 곳에 위치하고 있던 유물포함층을 조사하였는데, 이 지점에 토기편과 함께 패각이 노출되어 있었다고 한다.

패각은 3개의 자연층위로 구분되었는데 Ⅰ층(표토층)은 흑갈색 부식토로 이루어졌으며 두께 15~30cm 정도, Ⅱ층은 황갈색 패각 혼합층(두께 20~30cm), Ⅲ층은 암갈색 부식토·석괴혼합층(두께 40~50cm)이다. Ⅲ층 밑에는 황갈색 생토층이 나왔다고 한다. 1층과 2층에서는 승문토기·신라토기·고려청자가 나오며 3층의 아랫부분만이 승문토기·신라토기가 나온다. 패각층에서 출토된 동물유존체는 소라·바다우렁·전복, 도미·대구어·소·가제 등이 있어 당시 주민들의 생활상을 잘 보여주었다.

각 층의 양상을 파악한 결과 당시 조사자들은 Ⅲ층에서 출토되는 토기편들이 삼국시대보다 앞선다는 증거가 없고, 인화문토기편들의 출토로 미루어 보아 그 상한을 7세기경, 즉 통일신라시대 초기로 보았다.

나. 천부리 고분 채집토기

천부리 일대에서 채집되는 토기편들은 고분 출토품일 가능성도 있지만, 고분 분포지역이 비교적 완경사지이며 지표에 고르게 깔려 있다는 점에서 이 일대에 주거지가 있었다고 생각해 볼 수 있다.

채집된 토기들은 적갈색 연질·회청색 경질로 나뉘는데, 전자는 우각형 파수가 공반되며 태토에 사립이 많이 섞여 있고 동체부에서 살짝 외연하며 내연에 홈이 패인 것들이 많다.

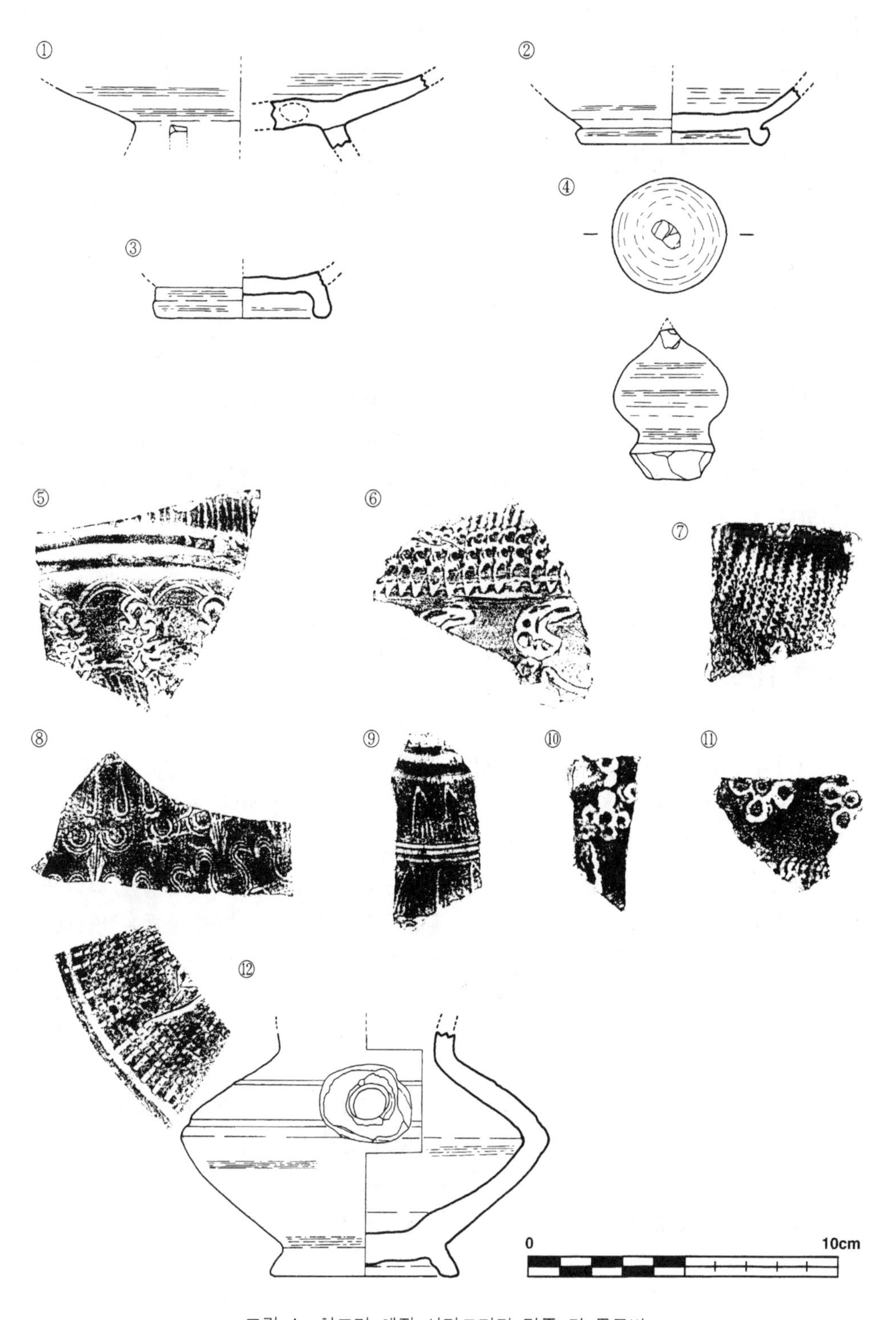

<그림 4> 현포리 채집 신라토기편 각종 및 주구병

회청색 경질토기는 장경호와 고배가 많고 벽심은 자색을 띠며 표면에 녹색이나 백색의 자연유가 묻어 있다. 파상문 등이 새겨져 있기도 하다. 입술지름은 15cm 전후가 많다.

다. 남서리 고분 채집토기

고분군 주변에서 채집한 회청색 경질토기편 가운데 특히 15-7호분 입구 부근에서 수습한 대각편 1점의 기형은 대부호로 복원된다. 남은 부분으로 형태를 추정해 보면, 동체부는 구형을 이루고 있으며, 퇴화된 굽에는 2조의 돌대가 돌려져 있고, 이 돌대의 상단에는 5개의 작은 장방형 투공이 뚫려 있다. 그리고 대각의 하단을 밖으로 말아서 둥글게 처리하였다. 많은 기포로 인해서 울퉁불퉁한 기벽의 내외는 회청색, 그리고 벽심은 자색을 띠고 있으며, 녹색의 자연유가 곳곳에 묻어 있다. 바닥에는 직경 1.0cm 정도의 작은 구멍이 뚫려 있는데, 도굴침에 의한 것으로 보인다. 채집된 나머지 토기편들도 기벽의 내외가 회청색이고, 벽심은 자색 또는 회색을 띠고 있으며 녹갈색의 자연유가 묻어 있는데, 타날문이 희미하게 남은 것들도 있다.

3) 향토사료관 소장 유물

(1) 토기류(그림 5)

울릉도의 역사에 관한 자료를 전시하고 있는 향토사료관에는 현재 20여 점의 다양한 토기들이 전시되어 있는데, 이들의 정확한 발견 위치와 수습경위는 알려져 있지 않고, 다만 현포리 및 남서리 고분군 주변에서 주민들에 의해 수습되었다고 한다. 전시된 토기들은 회색 연질과 회청색 경질로 대별되며 백색·녹갈색의 자연유가 묻어 있는 경우가 많다. 여기에는 그 제작 시기가 6세기 중엽까지 올라갈 수 있는 대부장경호 및 대부삼이완, 그리고 전형적인 통일신라시대 양식의 고배·완류를 비롯하여 통일신라 말~고려 초까지 편년될 수 있는 병·호 등이 포함되어 있다. 또 동체부 하단에 '井'자가 음각된 것도 있다.

(2) 금속유물

향토사료관에는 여러 점의 철기, 마구 및 장신구류 파편 등이 전시되어 있는데, 현포리·남서리 고분에서 수습되었다고 기록되어 있다. 이들의 현재 보존 상태는 나쁜 편이다. 철기로는 철제낫편 이외에 刀子·鉾 등의 무기류가 보인다. 청동방울(그림 6-3, 사진 8)은 고분에 부장된 마구류의 일종인 마령으로 여겨진다. 장신구류 중에 특별한 것을 소개하면 다음과 같다.

가. 銅冠片(그림 6-1·2, 사진 10)

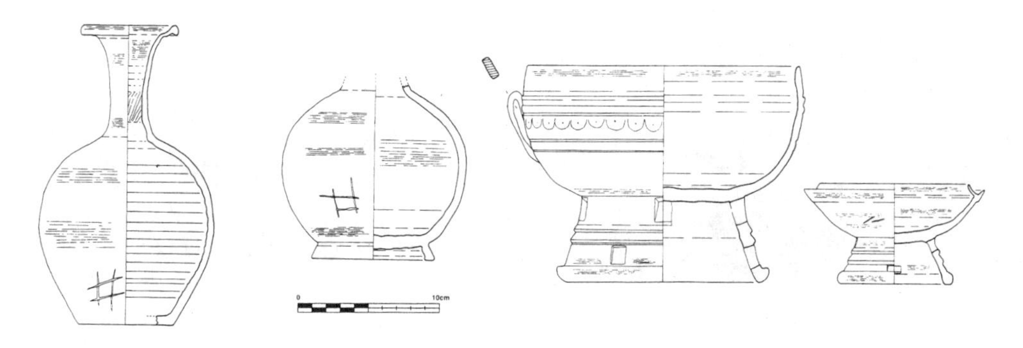

<그림 5> 향토사료관 소장 토기 각종

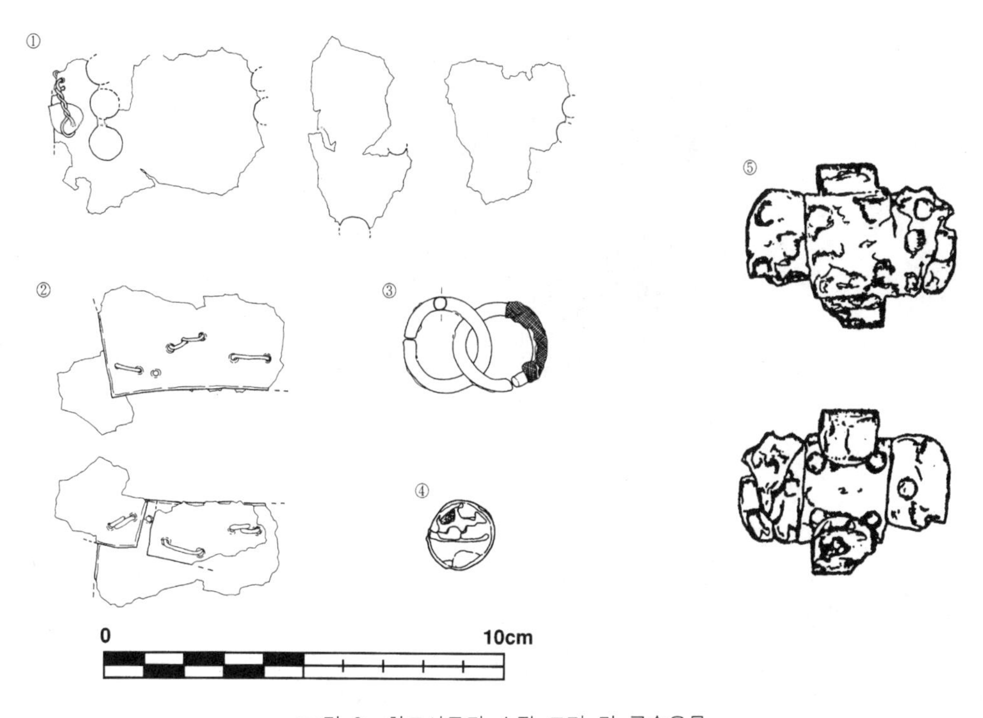

<그림 6> 향토사료관 소장 토기 및 금속유물

청동관의 파편으로, 입수식 3편 그리고 대륜부에 입식을 접합한 부분 1편이 남아 있다. 녹이 파편의 전면을 덮고 있으며, 부식 상태가 심해서 원형을 파악하기 어렵다. 대륜부에 입식을 결합할 때 구멍을 뚫고 청동실로 조잡하게 결합하였다. 입식에 원공을 연결되게 뚫어 투조장식을 한 특이한 형식이며, 대륜부에 소공을 쌍으로 뚫어 청동제 영락을 매달았다. 두께 : 0.2mm 이하.

<사진 8> 향토사료관 소장 청동 방울

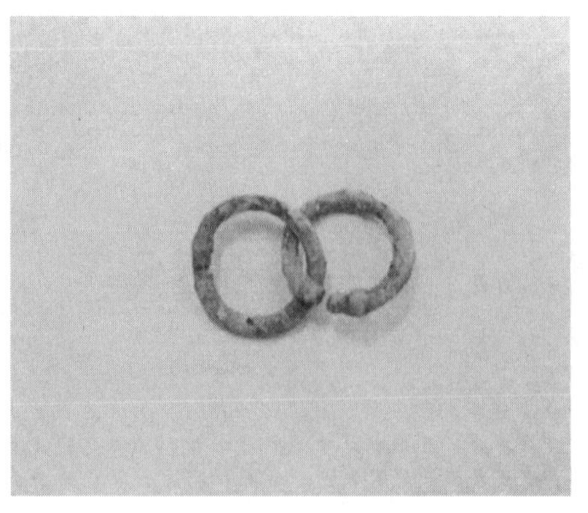

<사진 9> 향토사료관 소장 이식

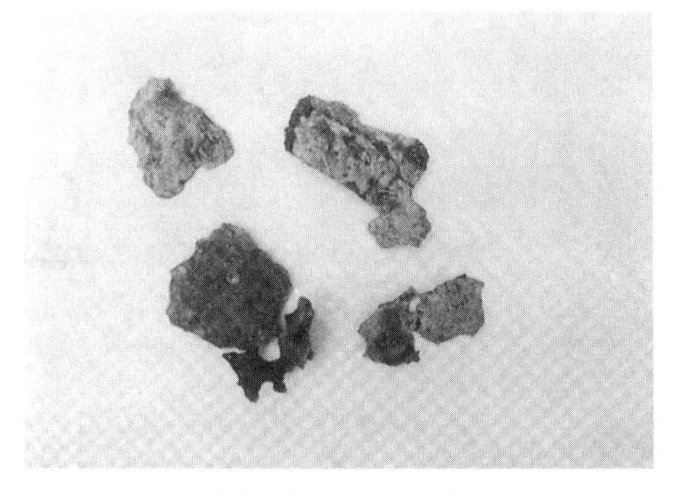

<사진 10> 향토사료관 소장 동관편

나. 耳飾(그림 6-3, 사진 9)

세환이식으로, 한 쌍이 한 조를 이루고 있다. 금박이 모두 탈락되어 금동 또는 청동의 여부를 구분하기 어렵다. 이식 중 하나는 포목 흔적이 남아 있다. 눈이 고운 포목으로, 絹製品일 가능성이 높다. 지름 : 2.3cm, 두께 : 0.3cm.

4. 종합고찰

1) 선사시대 울릉도의 생활양식

울릉도의 선사시대는 청동기시대로부터 시작된다. 필자들이 조사・발견한 고인돌과 홍도, 무문토기, 갈돌과 갈판의 존재를 통해 울릉도에 처음으로 주민들의 자취가 나타나는 시기는 청동기시대임을 확증할 수 있었다. 특히 갈돌과 갈판은 전통적인 화강암 종류를 사용하였는데, 이들 석재는 울릉도와 같은 화산암지역에서 귀한 것으로서 석기의 용도에 맞게 돌감을 선별하였음을 보여준다. 다만 섬이라는 지리적 여건을 고려할 때 청동기문화가 늦게 유입되었을 가능성이 높다. 바둑판식 고인돌의 유행 시기에 대한 연대관을 빌어 본다면[15] 기원전 4~3세기경 정도로 볼 수 있지 않을까 한다. 그리고 이들 자료를 통해 다음 몇 가지의 고찰이 가능하다.

첫째로 울릉도로의 항해 문제가 있다. 무문토기인들이 어떻게 울릉도에 왔겠는가 하는 점인데, 신석기시대에 배[船]의 출현이 보편적인 현상이며 선사시대인들이 교역품을 위해 수십~수백 km의 거리를 왕래·항해했음이 밝혀지고 있는 오늘날의 고고·인류학적 지식으로 볼 때 충분히 가능한 문제다.

둘째로 토기제작의 문제가 있다. 울릉도는 화산섬이며 토양화가 미숙하여 토기의 원료찰흙을 찾기가 쉽지 않다. 그러나 화산섬이라 하더라도 현무암이 풍화되어 생겨나는 풍화잔류의 점토가 點在한다. 이들을 사용해 토기제작이 가능할 것이다. 필자들은 도내의 자체 토기제작 문제를 해명해 보기 위해 울릉도의 무문토기·붉은간토기, 적갈색연질토기, 그리고 인화문토기 등 여러 시기의 토기에 대한 자연과학적 분석을 시행하였고, 분석결과 울릉도 내에서 만들어진 토기가 있음을 확증하게 되었다. 그 내용을 요약하면 다음과 같다.[16]

먼저, 주민들을 대상으로 공작용 또는 옹기토 등의 원료가 산출되는 지점을 탐문하여 5지점의 흙을 가져와서 토기의 바탕흙과 비교분석하여 보았다. 그런데 대부분의 토양시료는 화산토양이 풍화 과정중에 있으나 분급이 극히 나쁘고, 찰흙으로서는 Kaolinite(고령토)가 포함되어 있지 않고, 물과 접촉하면 팽창을 일으키는 Montmorillonite가 대부분이라 단독으로 토기재료로 쓰이기는 어렵다는 점을 밝혀 내었다.

그러나 토기로 보자면 붉은간토기·무문토기와 적색연질토기의 경우 화산재가 포함되어 있는, 울릉도 자체의 제작품이 있음이 드러났다. 이로 보면 울릉도 내에 현재의 주민들이 알지 못하는, 토기의 원료찰흙이 있었을 것으로 생각할 수 있다. 따라서 필자들은 도내의 어딘가에 Montmorillonite만이 아닌 찰흙이 존재하며, 이들을 사용해 현지에서 토기가 제작되기도 한 것으로 판단한다. 그러나 적색연질토기 가운데 일부 및 인화문토기는 울릉도의 기반암에서 유래된 풍화토를 이용한 어떠한 특징도 발견되지 않으며 가마터도 찾아지지 않아, 경주지방에서 만들어진 다음 울릉도로 운반된 것으로 파악된다.

셋째로 무문토기인들의 생업경제는 어떠했나 하는 점이다. 일반적으로 선사시대의 생업경제로서 농경이 본격화되기 이전 단계에 있어서는 사냥·채집·물고기잡이를 들고 있는

15) 최몽룡,「전남지방 소재 지석묘의 형식과 분류」,『역사학보』78, 1978, 1~50쪽 ; 이영문,「전남지방 지석묘의 성격」,『한국고고학보』20, 1987, 79~112쪽.
16) 자세한 분석결과는 서울대학교 박물관,『울릉도』, 1998, 제5장 참조.

데, 울릉도에서 이러한 생업활동이 얼마나 가능했는지 궁금한 문제가 아닐 수 없다.

우선 섬이므로 물고기잡이가 활발했을 것을 예상해 볼 수 있다. 울릉도 근해는 난류(東韓海流)와 한류(北韓海流)가 교차하는 潮境水域으로, 플랑크톤이 많이 번식하며 이를 먹이로 하는 여러 종류의 회유성 어족이 몰려 풍부한 어장을 형성하게 된다. 이렇게 어류의 생활환경이 자주 바뀌고 다양하기 때문에 일찍부터 어업이 발달했을 것으로 여기기 쉬우나 실제로는 예상과 많이 다르다. 오늘날 이 곳에서 포획되는 어종은 뜻밖에도 단순하여 근해에서 오징어・명태・꽁치・전복 등을 어획하고 있다. 특히 오징어잡이가 활발하게 이루어지고 있어 전체 수산물 중 94%를 차지하는 정도다. 앞에서 언급한, 패각의 시굴에서 나온 바다자원을 보자면 도미・대구・소라・바다우렁・전복 등으로서 역시 남해 및 서해안의 패총에서 나온 동물상에 비해 매우 단조롭다. 또 이들 패류는 대부분 잠수를 해야 포획가능한 것으로서 조간대 개펄이 거의 없는 울릉도에서 패류 채집도 손쉽지 않았을 것임을 짐작케 한다.

활용 가능한 환경상의 잠재력에도 불구하고 포획어종이 이렇게 단순한 이유로는 다음과 같은 설명이 설득력이 있다고 여겨진다. 즉 동해안은 해안선이 단조롭고 대륙붕의 발달이 미약하며 수심도 몹시 깊어 어업기술이 발달하지 못한 옛날에는 어장으로의 이용가치가 극히 적었다는 것이다. 이는 『世宗實錄』 地理志에 기술되어 있는 동해안의 漁梁(어장)의 수가 서해안과는 비교가 안 될 정도로 적었던 것으로도 짐작할 수 있다.[17] 울릉도의 경우 농사짓기 이전 단계에는 물고기잡이가 오히려 더 전업화해 있어 상황이 좀 나았을지 모르나 전반적으로는 섬인데도 불구하고 바다자원의 이용도가 높지 않았던 지역으로 사료된다.

선사시대의 주생업 가운데 하나인 짐승사냥에 대해 살펴보면 울릉도에는 야생의 짐승이 거의 없다. 이것은 해수면이 거의 100m 이상씩 낮아지는 제4기 갱신세의 빙하기 무렵에조차 울릉도는 육지와 격절되어 동해상에 있었기 때문일 것이다. 즉 주민과 동물의 이동이 매우 어려운 곳이다. 우리 나라에서 선사시대에 가장 선호된 사냥종은 사슴과 멧돼지 등인데 울릉도에서는 현재 사슴이 없다고 하므로 과거(해수면이 낮아졌던 빙하기에도 육지와 격절되어 있었으니)에도 그러했을 것으로 짐작할 수 있다. 이들이라야 많은 양의 육질과 높은 칼로리를 제공받을 수 있을 터이나, 오늘날 현지 주민을 통해 알게 되는 바로는 식량 보충을 해주는 식품으로서 '깍새'[18]를 언급하는 정도다. 이들의 내장을 빼고 훈제를 해서 겨울철을 나기 위해 저장한다고 한다.

그렇다면 섬인데도 불구하고 어종의 포획량이 적고 사냥할 짐승감이 적은 지역의 선사시대 생업경제는 어떻게 영위되었을까 하는 의문이 생긴다. 필자들의 견해로는 울릉도는 숲이 울창하므로 식물채집 범위가 넓었을 것으로 추정되며, 이러한 가운데 점차 농사짓기에 많은 관심을 가져 나가게 되지 않았을까 추정해 볼 수 있다. 물론 이 곳이 비옥도가 낮은

17) 강석오, 『신한국지리』, 반도출판사, 1995.
18) 도서지방에서 주로 서식하는 '슴새'를 이 지방 사람들은 깍새라고 부른다(영남대학교 민족문화연구소, 『울릉도・독도의 종합적 연구』, 1998, 606쪽).

화산섬이라는 특이성을 고려해 주어야 할 것이다. 울릉도에서는 현재 논농사가 있기는 하나 65% 이상이 옥수수와 감자 재배라고 하는데, 이들은 전통적으로 토양이 척박하고 고도가 높은 것을 잘 견디는 근대 이후 소개된 작물들이다. 그렇다면 과거 울릉도의 무문토기인들은 풍화가 이루어진 일부 지역의 토양을 중심으로 당시에 우리 나라에서 널리 알려진 밭작물(조·기장 등)들에 대한 관심을 증대시켜 나가지 않았을까 추정해 볼 수 있다. 따라서 대체로 열악한 환경에서 살아 갔으며 주민의 수는 그다지 많지 않았을 것으로 생각된다.

2) 고분과 출토유물

울릉도의 청동기시대 정착민이 지속적으로 거주하여 삼국시대에 이르렀는지 아닌지 등에 대해서는 현재의 출토유물로 확인하기 어렵다. 다만 신라 智證王 13년의 于山國 복속에 관한 기사를 통해 6세기 전반 이전에 울릉도에 정착민이 존재했음을 알 수는 있다. 고고학적으로도 이 6세기 전반을 기점으로 울릉도 곳곳에 古墳群이 형성되었음이 확인되어 유적·유물과 사료상의 일치를 보여주고 있다. 이들 고분들은 그 규모나 수에 있어서 고분군들 사이에 어떤 位階와 같은 것도 확인되기 때문에 신라와의 본격적인 교섭 이후 울릉도 정착민의 문화 내용·사회적 성격에 큰 변화가 있었음을 짐작하게 된다.

가. 고분의 분포와 구조

울릉도 지역의 고분은 모두 지상에 積石封墳을 가지고 있기 때문에 쉽게 확인되는 편이다. 봉분이 削平되고 지하에 매장시설이 遺存할 가능성도 있겠지만, 지금까지 확인된 울릉도의 고분은 모두 완전한 地上式이거나 한쪽만이 약간 地下式인 경우가 대부분이어서 외관만으로도 고분군의 존재를 인식할 수 있다.

울릉도의 고분은 신라의 경우처럼 대부분 群集을 이루고 있는 편이며 현재 古墳(群)이 남아 있는 장소는 최소한 20~30여 가구 이상의 인구가 농사짓고 살 수 있을 정도의 완경사면과 평지가 확보되어 있는 지역이다. 울릉도는 거주할 수 있는 지역이 극히 제한된 화산섬이기 때문에 현재 울릉도 주민이 취락을 이루고 있는 매우 협소한 谷底面이 과거 주민의 거주지역이며, 이 곳에 고분군이 형성되었을 것임은 당연하다.

1960년대의 자료에 근거해서 보면, 대체로 谷底面이 넓어서 耕地를 많이 확보할 수 있는 곳에는 20~30기의 고분이 密集되어 있고, 그렇지 못한 곳은 10기 미만이 잔존하며 2~3기 정도만이 남은 경우도 있다. 고분이 많이 밀집된 고분군에는 封墳의 底徑이 15~20m에 가까운 것도 존재한다. 副葬樣相을 고려하지 않은 채 고분의 수와 봉분의 규모만을 가지고 古墳(群)의 位階化 여부를 추론하는 것은 적절하지 않지만, 개별 고분군과 고분군 내의 개별 유구들 사이에 어느 정도의 분화는 있었다고 보는 것이 옳을 듯하다. 그렇다면 閉鎖되고

狹小한 섬이지만 각처에 흩어져 있는 聚落集團들이 意思決定을 하는 방식에서 집단의 규모나 다른 根源의 權威에 따라 어느 정도 위계질서는 있었을 것이다. 취락 내에서도 구성원들 사이의 계급적인 차이를 인정하지 않을 수 없다. 그렇지 않으면 꽤 공들여서 큰 규모로 축조되는 고분의 발생을 이해하기 어렵기 때문이다.

울릉도의 고분은 출토 토기의 연대로 보건내 6세기 중엽경에서 10세기경에 걸쳐 약 300년 이상 동안 축조되었다고 볼 수 있다. 古新羅의 後期 土器相을 대표하는 短脚高杯 출현기로부터 靑磁 발생 직전의 토기 양상을 살필 수 있기 때문이다. 300년 간 지속적으로 축조되어 온 고분군치고는 울릉도 고분(군)의 수는 너무 적은 편이다. 그 이유에 대해서 여러 가지 방향으로 생각해 볼 수 있다. 우선 고분이 훼손되어 남아 있지 않을 가능성이다. 울릉도에 대한 최초의 본격적인 조사가 있었던 1950~60년대 초까지만 하더라도 고분군의 遺存狀態는 지금보다 훨씬 양호했고, 많은 수의 고분이 존재함을 확인할 수 있었다. 당시의 보고서에서도 울릉도가 외부의 침탈이 많아 고분이 많이 훼손되었을 것이라 추측하고 있으며 최근에 와서 고분이 급격히 毁損·滅失되고 있음을 생각하면 더욱 그러하다. 그러나 고분군 내에서 개별 고분 사이에 일정한 거리를 두었다는 사실을 감안해 보자. 만약 현재보다 2~3배의 고분이 축조되었다고 가정한다면 경지면적이 고분군으로 뒤덮였을 것이라고 생각할 수 있다. 입지상으로 玄圃里 고분군을 제외하면 대부분이 가파른 지형에 의지하여 축조되어 있다. 즉 可耕地 혹은 聚落造成地를 될 수 있으면 피하여 埋葬儀禮의 공간으로 활용했다는 이야기가 되고, 따라서 이 첫 번째 이유는 설득력이 없다.

그렇다면 고분의 수가 상대적으로 적은 이유를 두 가지 방향에서 해석할 수 있다. 첫째로는 당시 공동체 내의 모든 구성원이 고분에 매장된 것은 아닐 것이라는 점. 둘째로 울릉도의 거의 모든 고분은 追加葬이 가능한 橫口式의 형태로 축조되었다는 점에서 많은 수의 고분이 조영될 필요성은 없었다고 생각된다. 이러한 점에서 울릉도에도 고분을 사용할 수 있는 집단이 공동체 내에 따로 존재해 있었다고 볼 수 있으며, 그 집단을 본토 사회의 위계에서 본다면 橫口式石室을 축조하던 階層에 견주어 볼 수 있을 것이다.

5세기 중엽 이후 신라의 영역에서는 고분군이 대체로 3단계로 위계화된다. 그것은 대체로 촌락공동체 통합의 범위 혹은 규모와 관계가 깊다고 보는데,[19] 대형 봉토분이 분포하는 最高位階의 中心古墳群으로부터 중형분과 소형분이 공존하는 고분군과 소형분으로만 구성된 下位群集墳으로 위계화된다. 한편 6세기 중엽 이후 신라에 의해 新羅·伽耶 전 지역이 통합되고 난 뒤에는 고분의 규모와 副葬樣相에 의해서만 고분이 위계화되는 것이 아니라 墓制에 의해서도 위계적인 양상이 관찰되며 位階化에 의한 고분군의 공간적 분포 패턴에 근본적 변화가 있게 된다. 대체로 慶州에서만 볼 수 있는 현상이지만 이미 王墓가 고분군으로부터 따로 떨어진 뒤, 大型 橫穴式石室墳으로만 구성된 上位古墳群이 나타나고, 약

19) 이성주, 『신라·가야사회의 기원과 성장』, 1999, 학연문화사 참조.

간의 橫穴式石室과 橫口式石室 및 小型石槨으로 구성된 中位古墳群, 그리고 小型의 橫口式石室이나 石槨만으로 구성된 下位古墳群이 분화된다.

본토에 있어서 고분군의 위계화 양상을 울릉도 지역의 고분군에 바로 대입하는 것은 무리한 일이겠으나, 울릉도 지역에서 橫口式石室을 조영하는 집단이 그 공동체 내에서 상위 집단에 속할 것으로 보는 데는 큰 무리가 없을 것이다. 그리고 橫口式石室에 함께 매장되는 관계는 대체로 혈연적인 連帶로 추측되고 있기 때문에 그 집단의 범주는 혈연관계의 범위로서 정의될 수 있겠다.

봉분으로 보면 울릉도 고분은 모두 積石하여 축조된 일종의 積石塚이며, 봉분의 형태는 楕圓形을 기본형으로 하고 있으나, 적석하는 방법이 일정하지 않다. 보통 積石壇을 만들 듯이 수직으로 石築하는가 하면, 한쪽은 雜石을 아무렇게나 쌓아 단순한 돌무지처럼 봉분을 조성하기도 한다. 울릉도 지역에 적석총이 축조되는 것은 본토 묘제와의 문화적 관계성 때문이라고 해석되기는 어렵고, 울릉도의 지질 자체가 土壤化가 제대로 이루어지지 않았고 급경사면에 의지하여 고분이 축조되기 때문에 봉분의 流失을 방지하기 위한 하나의 방법이라고 생각된다. 즉 토양 유실의 우려가 있기 때문에 자연스럽게 積石封墳을 만들게 된 것으로 이해함이 옳다고 본다.

埋葬主體部를 기준으로 본다면 울릉도의 고분은 대부분 橫口式石室墳으로 분류된다. 石室의 평면은 細長方形에 가깝지만, 한쪽 短壁이 열려 있고 막힌 쪽의 壁面은 거의 예외 없이 弧形을 이룬다. 이는 長壁을 먼저 축조하고 양 長壁 쪽에서 오므리듯 石築하여 단벽을 조립한 결과라고 본다. 석실의 立面을 보면 거의 모든 석실이 위로 올라가면서 장벽을 內傾하게 석축한 뒤 長大石을 蓋石으로 덮는 방식으로 축조된다. 그리고 석실의 형태가 매우 細長한 것 또한 울릉도 고분의 특징이다. 지역별로 보았을 때 현포리와 남서리 고분군은 석실이 덜 細長한 편이다. 남서리 고분군에서는 1 : 5.0까지 되어 長方形에 가까운 것도 있지만, 대부분 1 : 6.5 정도로 세장한 편이다. 가장 세장한 석실은 천부리 고분군이며, 그 중 2호분은 1 : 8.8까지 되어 극히 세장하다. 출토유물이 없어 울릉도 고분의 변천을 논한다는 것은 다소 무리겠지만, 규모도 크고 가장 세장한 천부리 2호분에서는 통일신라 토기 중에서도 비교적 늦은 시기의 것이 출토되어 혹시 석실이 세장화되는 것이 고분의 변천 경향이 아닐까 하는 추측을 낳게 한다.

지금까지 알려진 모든 울릉도 고분의 매장주체부는 횡구식석실이고 하나의 매장주체부에 하나의 묘역과 하나의 봉분을 가지고 있다. 그러나 약간의 예외적인 특성도 나타난다. 즉 남양리 고분군의 매장주체부도 횡구식석실에 해당되지만 여러 개의 매장주체부가 하나의 묘역을 공유하면서 연속적으로 맞대어져 축조되어 있다. 그래서 마치 여러 매장주체부가 하나의 덩어리를 이루고 있는 것처럼 되어 있다. 이 경우는 울릉도 지역의 특수한 고분 축조방식으로 이해해 둘 필요가 있다.

울릉도의 횡구식석실분은 본토의 동일 묘제와 비교했을 때 축조기술이나 제반 속성에서 큰 차이가 지적될 수 있을 것이다. 하지만 필자들이 관찰하기에 울릉도 고분의 축조자가 적어도 6세기대 본토의 횡구식석실분에 대한 관찰 경험이나 지식을 가지고 있었음에 틀림없다고 생각하며 결국 신라지역, 그것도 신라 북부지역의 횡구식석실을 모방한 것이 아닌가 한다. 善山 洛山洞古墳群의 橫口式石室[20]이나 安東 造塔洞古墳群의 5호분[21]과 같이 이 지역의 細長한 竪穴式石槨의 전통이 횡구식석실로 발전한 예에서 그 직접적인 계통을 구할 수 있다고 본다. 세장한 석실의 형태라든가 양 長壁을 內傾하게 축조하다 蓋石을 덮는 방식 등 울릉도의 횡구식 매장주체부와 상통하는 바가 많다. 이것은 『三國史記』의 기록대로 신라 중앙정부에서는 서기 512년 異斯夫를 慶北 북부와 江原 일부에 비정되는 何瑟羅州의 軍主로 삼아 于山國을 복속시켰다는 사실을 참고해 보더라도 충분히 이해할 수 있는 현상이라고 믿어진다.

나. 출토토기에 대한 검토

과거 울릉도 조사시에는 고분 축조시기의 토기를 灰靑色新羅土器와 赤褐色繩文土器로 大別하여 설명한 바 있다. 그리고 주로 천부리 고분군 출토토기를 근거로 하여 울릉도의 고분 축조시기와 아울러 토기의 연대도 7세기 이전으로 올라가지는 않을 것이라고 추론한 바 있다.[22] 그러나 그 동안 신라토기에 대한 조사와 연구성과가 많이 축적되어 왔고, 금번 조사에서 새로운 자료가 확보된 것도 있어 기존의 年代觀이나 그 해석에 修訂을 요하게 되었다. 남서리・현포리 유적 출토토기 및 향토사료관에서 관찰한 토기 중에는 6세기 중엽경까지 연대를 올려 볼 수 있는 것이 있기 때문인데, 이러한 사실은 신라와 본격적인 교섭의 시작이 역사기록 그대로 6세기 전반경부터며, 통일신라시대 전 기간 동안 고분문화가 지속되었음을 알 수 있게 해 준다.

과거의 보고서에서 울릉도의 토기군을 제작기술의 전통에 따라 2群으로 대별한 것은 전적으로 打捺文土器(이른바 繩文土器)는 古式일 것이라는 선입견에서 비롯된 것으로서, 울릉도 출토토기는 물론 신라토기에 대한 적절한 이해라고는 말할 수 없다. 양자 모두 古新羅 혹은 통일신라의 토기로 포괄하여야 하며, 그 안에서 胎土의 성질이나 기타 제작기술상의 특징으로 세분하는 것이 바람직할 듯하다. 과거에는 金海式土器 하면 打捺文土器가 연상되고, 타날문은 古式일 것이라는 생각이 지배적이었다. 그러나 각종 타날문은 거의 통일신라시대까지도 계속되었으며, 磁器가 아닌 中近世 토기에도 타날문이 있기 때문에 타날문에 대해 특필할 이유는 없다. 필자들은 울릉도에서 출토된 토기를 赤色土器와 灰靑色土器로 大別하여 적색토기의 범주 안에 타날문토기를 포함시키고, 회청색토기 안에 고신라 灰靑色土器와 印花文土器 등을 포함시켜 분류하였다.

---

20) 이은창, 「선산 낙산동고분군의 연구(Ⅰ)」, 『영남고고학』 10, 1992, 87~127쪽.
21) 윤용진・이재환, 『안동 조탑동고분군(Ⅱ)』, 1996, 경북대학교 박물관.
22) 김원룡, 앞의 책, 1963, 66~73쪽.

① 赤色土器

적색토기는 김해식 토기 전통과는 관계 없으며 6세기대의 신라토기와 관련 있다. 이들은 울릉도가 신라에 편입된 이후 본토와 교류하면서 유입된 연질토기의 기형이나 기법을 모방하여 울릉도 현지에서 산출되는 찰흙을 가지고 만들어진 것이다. 적색토기의 기종은 비교적 단순하여 소형 평저옹이나 발, 완, 파수부완, 시루 등에 한정된다.

본토에서는 시간이 흐름에 따라 打捺文赤色土器類의 비중이 확실히 축소되는 경향을 보이지만, 울릉도에서는 그 비중이 줄지 않는다는 사실도 이 지역의 큰 특징이라고 말하지 않을 수 없다. 雁鴨池에서 출토되는 통일신라토기들[23]을 참고로 비교해 보면 日常容器 중에 큰 비중을 차지했던 赤褐色軟質系 酸化焰 토기들은 거의 소멸하고, 灰色軟質系의 還元焰으로 바뀌는 현상을 볼 수 있다. 그리고 본토의 적갈색토기들은 적어도 6세기쯤 되면 燒成度는 다소 낮더라도 精質의 태토를 사용하는데, 울릉도에서 채집된 적색토기들에는 태토에 굵은 砂粒이 많이 섞여 있어 본토의 토기들과는 다른 양상을 보여주기도 한다. 적색토기에서 자주 보이는 牛角形把手의 경우 울릉도의 파수는 굵고 뭉툭한 특징을 보여준다. 6세기 중엽경 이후 把手附赤色土器들은 梁山 北亭里古墳[24]이나 안압지 출토 예를 참고할 때 긴 쇠뿔 모양에서 후대로 갈수록 짧고 뭉툭해지는 것 같다.

② 灰青色土器

필자들이 南西里古墳群에서 채집한 臺附長頸壺, 향토사료관에서 관찰한 短脚高杯類, 蓋杯, 有臺把手附碗, 臺附長頸壺, 灰色軟質碗 등은 울릉도에서 신라토기의 사용을 6세기 중엽경까지 올려 보게 하는 중요 자료들이다. 여기에는 短脚高杯 출현 이후~印花紋土器 발생 이전 단계 및 초기 인화문토기 단계의 것들이 포함되어 있다.

고배의 短脚化 과정에 대해서는 고신라 토기의 변천 과정에서 그 연대를 도출할 수 있는데, 6세기 중엽경에는 有蓋高杯의 臺脚에 透窓을 뚫을 수 없을 정도로 단각화된 고배가 나타난다.[25] 短脚高杯와 盤口長頸壺의 조합이 洛東江 以西로 진출하는 역사적 계기(大伽耶의 멸망)와 맞물려 6세기 후반이라는 절대연대가 부여되기도 하는데, '진출'이란 나타난 결과이기 때문에 그 이전에 慶州 및 그 주변에서의 단각화 과정을 관찰하여 보완하여야 한다.

6세기 중엽을 전후한 시기의 토기 양상은 이른바 '皇龍寺 創建期'라는 맥락에서 관찰할 수 있다.[26] 앞서 예를 든 울릉도 채집 토기류들은 皇龍寺址의 1次伽藍 基礎, 늪 매립지, 廢土器무지 등에서 출토된 創建期土器들에서 살필 수 있는 형식들이며, 慶州 芳內里古墳

23) 한병삼, 『안압지』, 문화재관리국 문화재연구소, 1984, 182~245쪽.
24) 심봉근·박광춘, 『양산하북정유적』, 동아대학교 박물관, 1992.
25) 이성주, 「낙동강동안양식토기에 대하여」, 『제2회 영남고고학회학술발표회요지』, 1993.
26) 최병현, 「토기」, 『황룡사』, 문화재관리국 문화재연구소, 1984 ; 최병현, 「황룡사지출토 창건기토기의 성격」, 『신라고분연구』, 일지사, 1992, 626~660쪽.

群,27) 梁山 北亭里古墳群,28) 昌寧 桂城古墳群29) 등에서 이 단계의 遺構들을 확인할 수 있다. 皇龍寺 創建期 토기의 연대는 이미 역사기록이 참고될 수 있는데 6세기 중엽을 전후한 시기에서 6세기 후반의 이른 단계까지 다양한 견해가 나와 있다.30)

인화문토기 가운데에는 초기 형식들도 몇 점 조사되었다. 현포리 유물산포지에서 출토된 것과 향토사료관에서 발견한 小形長頸壺 등은 線刻으로 된 三角集線文 半圓컴파스文과 印花文이 공존하는 단계에 속하는 것이라고 할 수 있다. 그리고 多齒具에 의한 이른바 縱長連續文系의 인화문이 출현하기 이전에 낱개로 圓圈文이나 半圓圈文을 찍은 인화문토기도 볼 수 있다. 이러한 초기 형식의 인화문이 언제 출현하여 얼마나 지속되느냐 하는 것은 연구자에 따른 견해의 차이가 있다.31) 그리고 이 시기의 고분군들이 신라의 영역에서 많이 확인되지 않았기 때문에 그 변천의 記述과 연대 추정에 다소 어려움이 따른다. 따라서 선각문과 인화문의 공존과 縱長連續文系의 출현 이전에 해당하는 초기 인화문토기의 연대는 6세기 후반에서 7세기 전반 정도로 넓게 보고자 한다.

다. 銅冠과 馬具의 존재에 대하여

앞서 말한 바와 같이 銅鈴은 馬具의 일종으로 보는 데 무리가 없다. 이 馬鈴과 함께 과거 울릉도 보고서에서 天府洞 1호분 출토품이라고 소개된 金銅製辻金具(말띠연결쇠 : 그림 6-5)32)는 울릉도에서 몇 안 되는 馬具類다. 과거의 보고서에서는 天府洞 1호분 출토 金銅製品을 銙帶垂飾으로 誤認하여 보고한 바 있지만, 5~6세기대 고분에서 흔히 출토되는 辻金具의 일종으로 볼 수 있다. 즉 말띠를 十字로 연결하는 金具의 하나로, 이제까지 볼 수 없었던 통일신라기의 형식이라고 추측된다. 어찌 되었건 울릉도 지역에서도 마구류가 출토된 셈이다. 추측이긴 하지만 이들은 말과 함께 본토에서 下賜한 물품의 일부로, 아래의 銅冠과 함께 한 벌(set)로 울릉도에 전해졌을 것으로 본다.

冠帽의 일부로 추정되는 銅版은 부식이 심하고 대부분 破損·缺失되어 원형을 추정하기 곤란하다. 그러면서도 이것을 冠帽로 추정하는 근거는 連續圓孔의 透彫裝飾이 있는 점, 帶輪部에 두 개의 小孔을 뚫어 立飾을 靑銅絲로 結合한 흔적이 있는 점, 그리고 帶輪部에 작은 瓔珞이 裝飾된 점 등을 들 수 있다. 주지하다시피 신라·가야 지역에서 확인된 金屬

27) 국립경주문화재연구소, 『경주방내리고분군』, 1996.
28) 심봉근, 『양신북정리고분군』, 동아대학교 박물관, 1994 ; 심봉근·박광춘, 앞의 책, 1992.
29) 부산대학교 박물관, 『창녕가성고분군』, 1995.
30) 최병현, 앞의 글, 1992.
31) 최병현, 「신라후기양식토기의 성립 시론」, 『삼불김원룡교수정년퇴임기념논총(1) 고고학편』, 일지사, 1987, 563~596쪽 ; 宮川禎一, 「文様からみた新羅印花文土器の變遷」, 『高井悌三郎先生喜壽記念論集 - 歷史學の考古學 - 』, 眞陽社, 1988, 73~91쪽 ; 宮川禎一, 「新羅印花文陶器變遷の劃期」, 『古文化談叢』 30(中), 1993, 507~532쪽.
32) 김원룡, 앞의 책, 1963, 28쪽 도면 참조.

製 冠帽는 金·銀 아니면 최소한 金銅製이며 이는 모두 일정 신분 이상 권력의 상징물로서 간주되어 왔다. 그러나 현포리 金屬製冠은 재질이 금동도 아니고 청동이다. 그리고 극히 퇴화된 裝飾性을 보여준다. 따라서 우리가 일반적으로 소유자의 신분 혹은 권력의 상징물로서 인정하는 金屬製冠帽의 성격에서 상당히 벗어나 있는 유물이라고밖에 할 수 없다. 그러나 이 유물이 가진 나름대로의 역사적 의미는 크다고 본다. 그것은 본토와의 관계 및 신라의 중앙집권화·지방지배와 관련된 문제가 될 것이다.

이 향토사료관의 銅版은 일종의 銅冠이라고 볼 수 있으므로 그 연대, 사용자의 신분, 사용자와 본토와의 관계성 등이 검토되어야 할 것이다. 그러나 이러한 의문점을 직접적으로 추론해 볼 수 있는 출토유구의 성격 및 공반유물의 내용에 대해서 전혀 알 수 없는 것이 난점이다. 이 銅冠은 제작기술이나 장식문양 등에서 극히 단순하고 퇴화된 형식이라고 볼 수 밖에 없다. 立飾 일부분의 片들과 立飾과 帶輪部를 결합한 한 부분이 남아 있을 뿐이다. 帶輪部에 小孔을 쌍으로 뚫어 青銅製 瓔珞을 매단 것과 立飾에 圓孔을 연결되게 뚫어 透彫한 것이 장식의 전부다. 立飾과 帶輪部는 青銅絲로 조잡하게 결합하였으며 흔한 打出文 장식도 보이지 않는다.

이와 같이 시기적으로도 늦고 극히 퇴화된 양식의 銅冠이 가지는 의미가 과연 무엇일까? 5세기 後반경에서 6세기 전반에 걸쳐 洛東江 東岸一帶와 陜川 玉田古墳群에서 발견되는 出字形의 樹枝型立華飾冠은 신라와 일정한 정치적 관련을 맺고 있는 族長 관계의 정치체 우두머리의 威勢品으로 간주되어 왔다. 신라의 주변세력에 대한 간접지배 방식으로서가 아니라 자율성을 가진 在地政治權力의 상징물로도 볼 수 있다.[33] 하지만 금동관이 가지는 의미는 시기나 지역에 따라서 크게 달라질 것이다. 특히 신라 중앙정부에서 제작하여 분배한 것이냐 아니면 在地에서 금동관의 기본형을 모방하여 製作·使用한 것이냐 하는 문제에 따라서도 그 의미는 크게 달라지리라고 생각된다.

신라의 중앙집권화는 주변지역의 정치세력에 대한 간접지배의 형태에서 보다 직접적인 지배의 형태로 발전하는 과정으로 이해된다. 당연히 제 지역 정치권력의 상대적인 자율성이 약화되고 首長의 권력도 축소될 것이다. 5세기에서 6세기 전반까지 洛東江 東岸地域에 분포하는 樹枝型立華飾冠帽에 대하여 그것을 착용한 자가 신라 중앙정부로부터 外位를 받은 村主일 것이라 추정한 견해가 있는데,[34] 이 때까지도 금동관은 경주와 관련을 맺은 재지권력자의 상징물이었다. 그리고 6세기 전반까지 금동관이 출토된 고분은 각지 중심고분군의 최고 位階 대형분에 속하는 것이었다. 그러나 6세기 중엽 이후에는 낙동강 東岸은 물론이고 西岸 지역에서도 中心古墳群이 소멸한다. 중심고분군의 소멸과 함께 각 지역 대형분에서도 금동관은 볼 수 없다. 그러나 바로 6세기 중엽 이후에 이전 단계의 慶州樣式의 樹枝

33) 전덕재, 「신라주군제의 성립배경연구」, 『한국사론』 22, 1990, 3~25쪽.
34) 박보현, 「관모전립식금구를 통해 본 적석목곽분시대 사회조직」, 『고대연구』 1, 1989, 23~42쪽.

型立華飾冠帽를 충실히 모방했던 화려한 금동관과는 비교도 되지 않게 퇴화된 형태의 금동관이 나타나는데, 대형분에서 출토되는 것이 아니라 중소형분에서 출토된다.

6세기 중엽 이후 퇴화된 금동관의 예로서 대표적인 것이 安東 枝洞 2호 竪穴式石槨墳[35]과 丹陽 永春面 下里에서 수습된 金銅冠 및 銅冠[36]이다. 安東 枝洞 출토품은 제작기법이나 장식이 퇴화되기는 했어도 재질이 金銅製이고 出字形立飾의 기본형을 그런 대로 유지하고 있다. 帶輪部에는 아래위로 두 줄의 打出文으로 구획하고 그 안에 연속 山字形文을 打出하였으며 圓孔과 尖尾文으로 장식하였다. 立飾도 打出列點線文으로 施文하고 瓔珞으로 裝飾하였으며, 出字形과 近似하게 금동관을 透彫하였다. 이에 비해 丹陽 下里 收拾品은 훨씬 퇴화된 형태이고 金銅이 아니라 靑銅製다. 帶輪部의 장식은 고작 一列의 打出文으로 連續菱形文을 불규칙하게 시문한 정도고, 立飾도 出字形裝飾의 기본형을 완전히 잃어 버린 형태다. 단지 長方形의 銅版에 縱列로 3개씩의 連續圓孔을 二列四行으로 뚫어 장식했을 뿐이다(그림 7).

枝洞의 금동관은 공반출토의 토기로 미루어 보건대, 6세기 중엽경의 연대를 추정할 수 있다. 이 고분은 石槨의 규모가 길이 260cm, 너비 110cm밖에 안 되는 소형에 가까운 고분으로 봉분 역시 크지 않아서 동시기 다른 유구들보다 규모나 부장 양상이 뒤떨어지는 편이다. 이와 같은 枝洞 金銅冠의 출토 상황은 이 금동제 관이 더 이상 정치권력의 상징물로서의 의미를 갖지 않게 되었다고 보아도 좋을 것 같다. 즉 5~6세기대 대형고분 출토 금동관은 소멸하고 枝洞 2호분과 같은 奧地 고분군의 下位墓에 금동관이 잔존하는 현상은 신라 중앙정부의 권력이 이미 직접적으로 행사되고 재지 수장층이 소멸하면서 금동관의 의미도 변질되었음을 뜻한다. 6세기 후반이라 보는 丹陽 下里 출토품은 그와 같은 과정이 훨씬 더 진행된 결과로서 이해함이 옳을 것이다.

6세기 중엽 이후까지 신라의 북부 외곽에 잔존하는 (金)銅冠을 통해 적어도 두 가지 사실에 대해 말할 수 있다. 첫째 이들 금동관은 중앙정부로부터 威勢品으로 下賜된 것도 아니고 중앙정부와의 어떤 관계 아래 제작된 것도 아니라는 점, 둘째로 이 시기의 금동관은 실제적인 정치권력의 상징물이라기보다는 단지 전통적인 이데올로기 혹은 전통적인 宗敎觀念 하에서 어떠한 의미를 지닌 물품에 지나지 않는다는 점이다. 주지하다시피 5~6세기 전반, 신라의 金冠은 大王이나 그에 버금 가는 지위의 상징물이었고, 금동관은 재지 수장층 권력을 표상하는 위세품이었다. 그와 함께 양식적으로 보아 出字形金(銅)冠은 樹木의 형태를 표현한 것으로, 傳統的인 宗敎·理念體系에서 샤먼의 機能性을 표상한다. 금동관이 정치권력의 상징성을 상실했다면 종교적·이념적 의미밖에 남지 않았다는 뜻이 된다. 그리고 6세기 중엽 이후에는 불교의 공인으로 샤먼적인 권위가 정치권력의 관계성 속에서 작용하

---

35) 윤용진 외, 『임하댐 수몰지역 문화유적 발굴조사보고서(Ⅱ)』, 경북대학교 박물관, 1989.
36) 김홍주, 「단양 하리출토 일괄유물에 대한 고찰」, 『고고학지』 4, 1992, 175~203쪽.

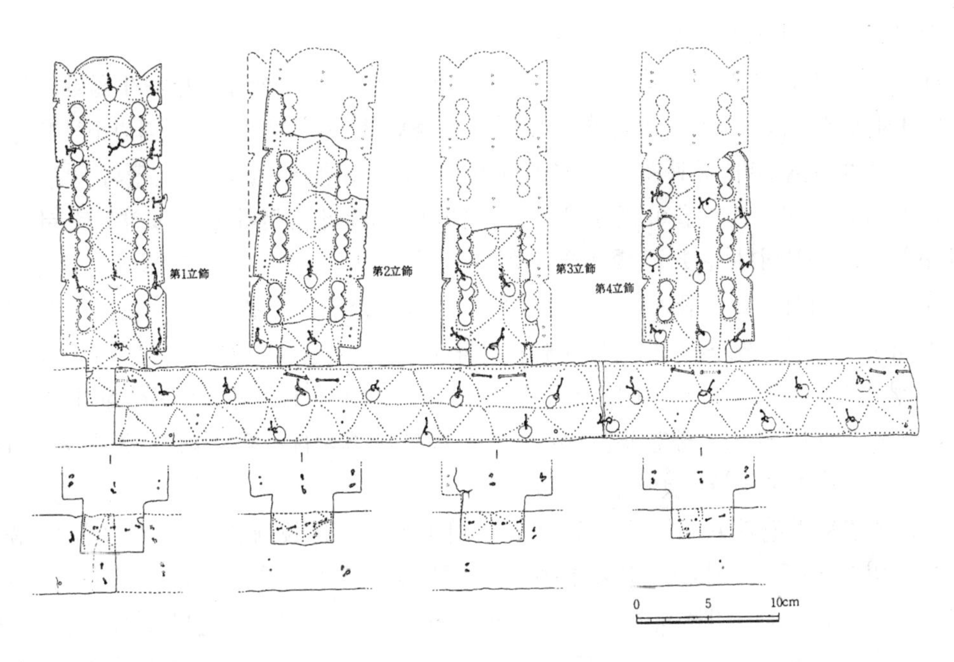

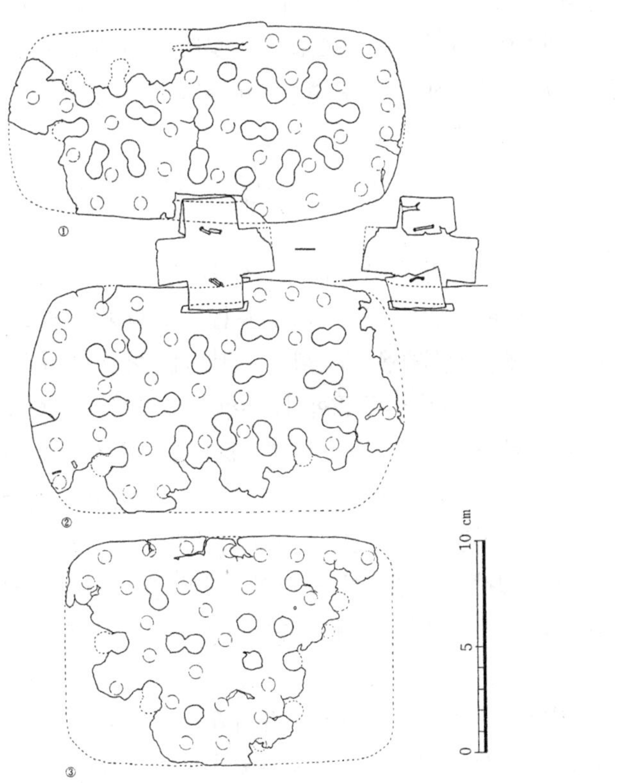

<그림 7> 단양 하리 출토 동제관과 과대

는 비중도 현저히 감소하게 될 것이다.

丹陽 下里의 銅冠은 岩穴에서 출토되었다고 전할 뿐 출토 상황이 분명하지 않아 그것이 고분인지 祭祀遺構인지조차 불분명하다. 銅冠과 동반된 토기 형식으로 본다면 6세기 후엽으로 연대가 추정된다. 동관과 함께 출토된 透彫裝飾의 銅版이 있는데, 銙帶의 일부로 추정된다. 동관과 비슷한 圓孔이 透彫되어 있는 抹角方形板이 銙帶와 같은 모양으로 서로 연결되어 있는 유물이다. 古新羅 후기에 丹陽과 같이 중앙정부로부터 멀리 떨어진 奧地에서 극히 퇴화된 형식으로 조잡하게 제작된 靑銅冠과 靑銅銙帶를 착용한 자가 과연 사회 내에서 어떠한 존재였을까. 당시의 청동관에 샤먼적인 상징성이 남아 있다면 그는 정치적인 권력을 행사했다기보다 지방에서 呪術的인 기능을 수행하던 자가 아니었을까 한다. 그러나 그러한 종교적인 권위도 중앙정부에서 승인한 佛敎나 國家統治를 위해 受容된 유교적인 이념과는 비할 바가 아닐 것이다.

울릉도 출토 동관과 비교할 수 있는 자료는 현재까지 安東 枝洞 2호분과 丹陽 下里 출토품밖에 없다. 이들 두 자료를 검토해 본 결과 중앙정부에서 멀리 떨어진 오지에서 제작된 것으로 정치권력의 상징물이 아니라 주술적인 의미가 강한 것으로 판단되었다. 울릉도의 동관은 출자형의 기본형이 어느 정도 유지된 枝洞 2호분 금동관 보다는 형태나 제작기술상으로 더 퇴화된 형식인 丹陽 下里 출토품과 상당히 유사하다. 우선 재질이 다 같이 청동이고, 連結圓孔을 透彫 裝飾한 것이나 조잡하게 靑銅絲로 결합하는 방식 등 울릉도 동관과 下里 동관은 많이 닮은 셈이다. 이러한 동관이 울릉도 고분에서 출토된 맥락을 이해할 수 있다면, 울릉도 지역 고분축조집단과 본토 신라의 중앙정부 및 지역세력과의 관계성을 이해하는 데 큰 도움이 될 것이다.

아무튼 울릉도 동관은 신라 중앙정부에서 제작하여 분배한 것일 수는 없다. 왜냐하면 6세기 중엽 이후 제 지역의 수장이 소멸하고, 首長權이 몰락한 이후 그들에게 위세품으로 분배하기 위해 새삼스럽게 (金)銅冠을 제작했다고 보기는 어렵기 때문이다. 제작기술의 조악함으로 보더라도 경주에서 제작된 물품이기는 어렵다. 그렇다고 이것을 울릉도에서 자체 제작했다고 보기도 어렵다. 조잡하기는 하지만 金工製品의 생산기술이 수용되어 울릉도에서 행해졌으리라고 믿기는 어렵기 때문이다. 이 동관의 제작처는 삼국통일 직전 당시의 신라 북부지역일 가능성이 가장 높다고 본다. 신라 북부지역에서는 枝洞 2호분이나 下里 출토품과 같은 (금)동관을 제작하던 지역이다. 사실 6세기 중엽 이후의 금동관 자료는 이 지역에서밖에 확인되지 않았다. 下里 동관과 울릉도 동관이 많이 닮았다는 점도 추론의 근거로 삼을 수 있다.

당시 울릉도 지역에 샤머니즘의 전통이 유지되어 왔는지는 잘 알 수 없다. 따라서 동관이 울릉도에 유입되는 맥락이 정치적인 상호작용인지 이념적인 교섭의 결과인지는 판단하기 어렵다. 그러나 울릉도 동관의 존재로써 판단할 수 있는 사실은 당시 울릉도의 재지 권력자가 본토와 교류할 때 신라 중앙정부와 직접적인 교섭을 하지는 않았을 것이라는 점이다. 아마 본토와의 교섭은 중앙집권화된 신라의 地方行政單位와 이루어졌던 것 같다. 울릉도와 가까이 있었던 신라의 북부지역 즉 당시의 悉直州나 河瑟羅州(아니면 冥州)의 軍主와 교섭했던 것이 아닐까 한다. 이 점은 당시 신라의 중앙집권화된 통치체계의 한 단면을 이해하는 데 주요한 단서를 제공해 준다고 생각된다.

高句麗의 沃沮服屬과 그 性格

金 美 炅*

1. 머리말

기원전 75년 제1현도군을 축출하면서 고구려의 활동은 역사의 전면에 드러나게 된다. 이후『三國史記』高句麗本紀를 통해 고구려의 성장 면모를 살펴볼 수 있는데, 주로 대외활동이 중심을 이루고 있다.

고구려가 위치한 압록강 중류유역은 지리적으로 요동에서 함흥 방면으로 이어지는 고대 교통로의 중간지대이며, 서남쪽으로는 鴨綠江 하류 쪽으로 해서 서해안에 이르며 淸川江 상류 방면으로 해서 평양 방면으로 나갈 수 있고, 북으로는 압록강을 거슬러 松花江 유역과 통할 수 있다. 이러한 위치는 전략적인 면에서 초기 고구려국의 정복활동과 팽창에 주요한 조건이 되었다.[1)]

고구려는 국가성립 이후 주변 세력들을 복속시키거나 재편해 나갔다. 먼저 인접국이던 松讓의 沸流國을 복속하므로 고구려는 비류수 일대의 중심세력으로 자리하게 된다. 이후 東明王에서 琉璃王, 大武神王, 閔中王, 慕本王, 太祖王에 이르는 6대에 걸쳐 국가의 대내적인 틀을 잡는 한편 활발하게 대외팽창을 도모해 나간다.

그러한 대외팽창에서 특히 주목되는 것이 沃沮의 복속이다. 빈약한 사료 가운데서도 고구려 전기의 대외활동 중 옥저로의 진출 과정은 두드러지기 때문이다. 또한 옥저를 복속하고 나서 "동으로 창해에 이르고, 남으로 살수에 이르렀다"는 기록을 통해 당시 고구려의 영역 반경이 옥저를 복속하므로 일단락 되고 있음을 알 수 있다. 이처럼 옥저 복속이 고구려에 있어서 갖는 의미는 남달랐다고 하겠다. 거기에 더하여 고구려에서 옥저로의 진출 루트는 추후 毌丘儉이 고구려를 침략해 왔을 때, 東川王이 피신하는 도주로와 일치한다. 이를 통해 위급시에 피난처로서 이점을 가질 만큼 계루부 왕권과 옥저지역의 관계가 긴밀했음을

---

* 연세대학교 강사
1) 노태돈, 「고구려의 성립과 변천」,『한국고대사론』(한길역사강좌 12), 1988, 32쪽.

알 수 있다. 또한 국내성 지역에서 沃沮에 이르는 이 루트는 제1玄菟郡이 설치되어 예맥을 관할하던 곳이고 沃沮는 제1玄菟郡의 군치가 두어진 곳이다.[2] 이처럼 국내성에서 옥저에 이르는 이 루트가 갖는 공통성을 주목하게 되면, 고구려가 국가성립 초기부터 옥저로 진출을 도모해 나간 것은 단순한 정복활동을 넘어서 다른 의미를 갖고 있는 것이 아닌가 싶다.

이에 고구려가 주변세력을 재편해 나가는 과정을 먼저 살펴보고 이후 고구려가 옥저로 진출해 나가는 과정, 그리고 그 의의를 위의 세 요소를 염두에 두면서 살펴보고자 한다.

2. 高句麗 初期 周邊勢力의 再編

漢武帝에 의해 설치된 玄菟郡은 30여 년 만에 '夷貊所侵'이라는 이유로 군치가 소자하 유역인 興京老城 부근으로 옮겨진다.[3] 이는 통구지역을 중심으로 토착 구려종족의 통합 움직임이 활발하게 행해지고 있었음을 의미한다. 이후 부여로부터 주몽집단이 남하하면서 구려종족의 통합력은 더욱 가속화되었고, 주몽집단이 이 지역 연맹체의 영도세력이 된 사실이 『三國史記』 高句麗本紀에 나타나는 東明王의 출현이라고 하겠다.[4] 이후 고구려는 대체로 압록강 중류와 그 지류인 渾江·禿魯江 유역 일대를 활동무대로 하여[5] 국가적인 성장을 이루어 나간다.

계루부 왕권이 국가성장을 도모하던 초기에 복속한 주변세력을 어떻게 처리하였는가에 대해서는 일반적으로 那部체제로 편제하는 경우와 이종족-속민지배로 편제하는 경우로 나누어 파악할 수 있다.[6] 즉 주몽집단은 주변세력 중 대세력은 먼저 연맹체로 통합하였다가 왕권이 일정하게 성장하면서 나부로 편제하였다. 또한 내부하는 세력들에 대해서는 사성 등을 통한 편제를 행하였다. 이러한 주변세력에 대한 지배방식과 달리 원격지의 국가에 대해서는 복속 이후 성읍이나 군현으로 편제해 나가는 모습이 『三國史記』 高句麗本紀에 나타나고 있다.

---

2) 김미경, 「제1玄菟郡의 설치와 이전」(한국사연구회 발표회 요지문), 2000. 3. 18.

3) 『三國志』 魏書 第30, 東夷傳에 "後爲夷貊所侵 徙郡句麗西北 今所謂玄菟故府是也"라고 되어 있다. 그 시기는 『漢書』, 昭帝紀 元鳳 6년 정월조에 "募郡國徒築遼東玄菟城"이라고 실린 기사를 통해 알 수 있다.

4) 특히 주몽이 궁술에 능하였고 신이한 능력을 가지고 있었다고 한 것이나 유리왕 또한 마찬가지였다고 한 기록은, 고구려가 주변 소국보다 강력한 군사력을 갖고 있었으며 선진문물을 먼저 받아들였음을 의미하는 것은 아닐까 한다(이종욱, 「고구려 초기의 정치적 성장과 대중국관계의 전개」, 『동아사의 비교연구』, 1987, 69쪽). 한편 주몽에 의한 고구려국의 성립에 대해서는 『삼국지』에서 말하는 소노부와 계루부의 교체로 이해한다(고구려의 왕실교체에 대해서는 김현숙, 「고구려의 해씨왕과 고씨왕」, 『대구사학』 44, 1994, 6~8쪽 참조).

5) 위의 지역들은 고구려의 묘제인 적석총의 분포와 일치한다(여호규, 「고구려 초기 나부통치체제의 성립과 운영」, 『한국사론』 27, 1992).

6) 임기환, 「고구려 초기의 지방통치체제」, 『경희사학』 14, 1987.

먼저 沸流水 일대의 연맹장으로 보이는 松讓의 沸流國과 관련한 기사들을 살펴보기로 하자.

A-① 王見沸流水中 有菜葉逐流下 知有人在上流者 因以獵往尋 至沸流國 其國王松讓出見曰 寡人僻在海隅 未嘗得見君子 今日邂逅相遇不亦幸乎 然不識吾子自何而來 答曰 我是天帝子 來都於某所 松讓曰 我累世爲王 地小不足容兩主 君立都日淺 爲我附庸可乎 王忿其言 因與之鬪辯 亦相射以校藝 松讓不能抗 (『三國史記』高句麗本紀 第1, 東明聖王 卽位年條)

② 夏六月 松讓以國來降 以其地爲多勿都 封松讓爲主 (上同, 東明聖王 2年)

③ 秋七月 納多勿侯松讓之女爲妃 (上同, 琉璃明王 2年)

④ 春三月 黜大臣仇都逸苟焚求等三人爲庶人 此三人爲沸流部長 資貪鄙 奪人妻妾牛馬財貨 恣其所欲 有不與者卽鞭之 人皆忿怨 王聞之欲殺之 以東明舊臣 不忍致極法 黜退而已 遂使南部使者鄒穀素 代爲部長 穀素旣上任 別作大室以處 以仇都等罪人 不令升堂 仇都等詣前 告曰 吾儕小人 故犯王法 不勝愧悔 願公赦過 以令自新 則死無恨矣 穀素引上之 共坐曰 人不能無過 過而能改 則善莫大焉 乃與之爲友 仇都等感愧不復爲惡 王聞之曰 穀素不用威嚴 能以智懲惡 可謂能矣 賜姓曰大室氏 (上同書2, 大武神王 15年)

주몽을 위시한 부여계 유이민 집단은 졸본지역의 소서노 집단과 연합하여 고구려를 건국하였다.[7] 이후 주몽은 비류수 유역의 맹주집단이던 송양을 제압하고 그 일대의 새로운 맹주로 등장한다. 이것이 위의 기사 A-①과 ②의 내용이다. 주몽은 송양의 항복을 받고 나서야 비로소 성곽과 궁실을 지어 왕실의 威儀를 드러내게 된다.[8] 이리하여 일대의 세력들이 새로운 맹주에게 내부하게 되고, 주몽집단은 이를 기반으로 압록강 중류로의 팽창을 도모할 수 있게 된다.

그런데 주몽집단은 항복한 비류국을 해체하여 직접 지배한 것이 아니라 이를 多勿都로 삼고[9] 송양으로 하여금 그대로 통치를 하게 하고 있다. 즉 계루부 왕실과 연맹관계를 형성한 것이다. 비교적 큰 집단의 수장층은 이처럼 복속 후에도 자신의 세력기반을 그대로 가지고 있었음을 알 수 있다.[10] 또한 A-③에 보이듯 주몽을 이은 유리왕은 송양의 딸과 혼인을 하고 있어 당시 가장 유력한 집단이 송양의 다물도라는 사실을 암시하고 있다. 이러한 사실

7) 『三國史記』百濟本紀 第1, 溫祚王 卽位年條.

8) 『三國史記』高句麗本紀 第1, 東明聖王 4年條.

9) 임기환은 都는 지배적인 읍락을 뜻하며, 아울러 都를 중심으로 다수의 鄙邑이 산재해 있는 상태를 일컫기도 하므로 多勿都라 명명된 沸流國은 다수의 읍락으로 구성되어 있음을 방증하는 것이라 하였다 (앞의 글, 1987, 20쪽 각주 31).

10) 이처럼 속국으로 연맹세력이 되는 경우는 낙랑국과 『三國遺事』紀異, 南解王條에 보이는 기원 18년 신라에 내투한 7개의 고구려 속국의 경우가 해당한다고 생각된다. 한편 북한의 학자들은 이러한 경우를 후국적 존재로 보았다(리승혁, 「고구려의 주, 군, 현에 대하여」, 『력사과학』 87-1, 20쪽).

들은 당시 고구려의 왕권이 비류국을 해체할 정도로 성장하지 못하고 있음을 반증하는 것이다.

그런데 이 비류국은 大武神王 15년 이전 어느 시기엔가 비류나부(消奴部)로 재편되었음을 A-④에서 알 수 있다. 그리고 大武神王 15년에는 비류나부의 부장들이 왕권의 통제를 받을 정도로 나부의 자치력 또한 해체되어 가고 있음도 알 수 있다. 이처럼 고구려와 복속 초기에 연맹을 형성하였던 주변의 대세력들도 고구려의 국가적 성장에 따라 비류국과 같은 일련의 과정을 거치면서 서서히 해체되어 갔을 것을 짐작할 수 있다.

다음으로 주몽집단은 동가강에서 압록강 중류 일대의 주변 세력을 통합하여 계루부의 세력기반을 확충해 나간다. 이들은 문화와 주민 구성에서 계루부의 고구려와 친연성을 가지고 있었기 때문에 용이하게 고구려의 지배신분층으로 편제되었을 것이다. 이러한 주변세력의 편제에서 대표적인 방식이 賜姓이다. 그 경우들을 보면 아래와 같다.

B-① 朱蒙行至毛屯谷 遇三人 其一人着麻衣 一人着衲衣 一人着水藻衣 朱蒙問曰 予等何許人也 何姓何名乎 麻衣者曰 名再思 衲衣者曰 名武骨 水藻衣者曰 名默居 而不言姓 朱蒙賜再思姓克氏 武骨仲室氏 默居少室氏 乃告於衆曰 我方承景命 欲啓元基 而適遇此三賢 豈非天賜乎 遂揆其能 各任以事 與之俱至卒本川 (『三國史記』高句麗本紀第1, 東明聖王 即位年條)

② 秋九月 王如國內觀地勢 還至沙勿澤 見一丈夫坐澤上石 謂王曰 願爲王臣 王喜許之 因賜名沙勿 姓位氏 (上同, 琉璃明王 21年條)

B-③ 秋九月 王田于箕山之野 得異人 兩腋有羽 登之朝 賜姓羽氏 俾尙王女 (上同, 琉璃明王 24年條)

B-④ 冬十二月 王出師伐扶餘 次沸流水上 望見水涯 若有女人舁鼎游戲 就見之只有鼎 使之炊 不待火自熱 因得作食飽一軍 忽有一壯夫曰 是鼎吾家物也 我妹失之 王今得之 請負以從 遂賜姓負鼎氏 (上同書 第2, 大武神王 4年條)

B-⑤ 秋七月 扶餘王從弟謂國人曰 我先王身亡國滅 民無所依 王弟逃竄 都於曷思 吾亦不肖 無以興復 乃與萬餘人來投 王封爲王 安置掾那部 以其背有絡文 賜姓絡氏 (上同, 大武神王 5年條)

賜姓 기사는 東明王代에서 시작하여 大武神王 15년을 하한으로 소멸된다. 克氏, 仲室氏, 少室氏, 位氏, 羽氏, 負鼎氏, 絡氏, 大室氏 등은 모두 일정 지역과 연고를 가지면서 왕에게 신속되었다. 즉 고구려 영역으로 편입해 들어온 것을 의미한다.

위의 기사를 통해 사성을 받은 세력들은 주몽이 남하하는 과정에서, 왕이 세력기반을 확보하기 위해 순시 혹은 전렵을 행할 때, 그리고 부여를 정벌하는 과정에서 각각 내투하였음을 알 수 있다. 그렇다면 이 지역들은 앞의 沸流國처럼 기존 수장층의 지배 하에 두어졌을까 아니면 다른 방식으로 편제되었을까. 대체적으로 사성을 받은 집단들은 모두 계루부 내로 편제되었다고 본다.[11] 그러나 부여왕종제의 내부 집단과 같이 사성을 받으면서 掾那部로 편제되는 예를 볼 수 있으므로, 사성집단이 일률적으로 계루부 내로 편제되었다고 보는 것은 재고를 요한다. 일단 각각의 경우를 검토해 보자.

기사 B-①에서 주몽이 오이・마리・협부와 함께 부여에서 남하하다 만난 毛屯谷의 3인에게 克氏・仲室氏・少室氏의 姓을 주었고, 그 능력에 따라 각각 일을 맡겼다고 하였다. 그리고 주몽은 이들과 더불어 졸본에 이르러 고구려를 세웠다. 즉 그들이 주몽의 건국에 참여하고 있으며, 중앙의 관직을 맡아 지배신분층으로 편입되었음을 알 수 있다. 이들은 남하한 부여계 유이민 집단과 졸본부여의 소서노 집단과 더불어 계루부를 구성하였을 것으로 보인다.

기사 B-②와 ③은 유리왕이 국내성으로 천도를 준비하는 과정에서, 그리고 천도 이후 만난 세력에게 사성한 경우이다. 유리왕이 졸본에서 국내성으로 천도하는 데 있어서 국내성의 토착세력인 位氏 집단의 내부가 매우 중요한 사안이었음을 알겠다. 澤은 집단의 방어과 관련하여 중요한 곳이다. 그런데 국내성에서 졸본부여로 가는 도중에 있는 사물택은 국내성 지역의 중요한 방어선이었을 것이다. 그러므로 이러한 군사적 입지에서 왕의 신하가 되겠다고 내부한 세력은 국내성의 유력세력[12]으로 볼 수 있겠다. 이에 유리왕은 이듬해에 별다른 마찰 없이 국내성 지역으로 천도를 단행할 수 있었다고 생각된다.

또한 琉璃王은 천도 이후 箕山에서 만난 이를 조정에 등용하고 羽氏 姓을 주었으며 자신의 사위로 삼았다. 箕山은 이미 琉璃王 3년에 사냥을 나갔던 곳이다. 사냥이 상대방에 대한 시찰이나 군사행동을 포괄하는 경우도 있음[13]을 고려한다면, 계루부 왕실이 箕山지역을 복속시키는 데 상당한 시일이 걸렸음을 알겠다. 그리고 이 지역의 세력가인 羽氏에 대한 예우를 통해 箕山 지역의 복속이 얼마나 중요한 사안이었는지를 알 수 있다. 즉 箕山지역은 沸流國의 경우처럼 琉璃王이 羽氏를 사위로 삼아 결혼을 통한 연합을 도모할 정도로 비중이 있던 세력이었음을 알겠다.

그런데 혼인을 통한 계루부 세력의 지지 기반을 확보해 나가는 모습이 유리왕대에 두드러진다. 유리왕 자신이 당시 제일 큰 주변세력이던 多勿侯 松讓의 딸과 혼인하였다. 그리고 鶻川지역 세력가의 딸인 禾姬와 漢人세력과 연결되는 雉姬를 후처로 맞았으며, 자신의 딸을 箕山 지역의 세력가인 羽氏와 결혼시켰다. 이처럼 주변세력과의 혼인을 통해 계루부 왕

11) 임기환은 사성집단이 계루부 내로 직접 편제되었다고 보고 있다(앞의 글, 1987, 19쪽).

12) 계루부 왕실의 천도에 따라 기존 국내성 지역에 있던 세력집단은 일정하게 재편되었을 것이다. 그들 집단을 상정할 수 있는 자료는 없지만, '위나암'이라는 지명을 통해 혹 이 곳에 尉那라는 독립 단위정치체가 있었지 않을까 한다. 그리고 국내성 세력의 내항으로 보이는, 유리왕이 사물택에서 만난 이에게 位氏 姓을 하사했다는 기록도 尉那와 일정하게 관련이 있는 것이 아닌가 생각된다. 고구려가 이 곳으로 천도하여 위나암을 환도성으로 재편하고, 도성을 정비하여 계루부를 중심으로 거주하게 되면서 재편된 국내성 세력(尉那)은 환나부로 편제한 것이 아닐까 하고 막연히 추측해 본다.

13) 김영하, 「고구려의 순수제」, 『역사학보』 106, 1985.

권은 자신의 기반을 확보해 나가면서 동시에 내부한 세력의 이탈을 방지하는 이중효과를 거두고자 한 것으로 보인다. 아마도 국가 기틀과 왕권이 미약하던 시기였으므로 혼인정책의 효과가 두드러졌을 것이다.

이들 국내성 지역과 연관되는 세력들은 그 지역이 천도 이후 계루부 관할 지역이어서 계루부 내로 편제되었을 가능성도 있지만, 羽氏 집단의 경우 왕실과 혼인관계를 맺었다는 점에서 오히려 다른 나부로 편제된 것이 아닐까 싶다. 이 羽氏 집단은 음이 같은 고국천왕의 왕비인 于氏 집단과의 연관성도 고려된다. 만일 그럴 경우, 이 于氏 집단이 掾那部 내의 한 집단임을 고려한다면 사성집단을 일괄적으로 계루부 집단으로 편제한 것이 아니라는 또 다른 예가 될 것이다.

한편 기사 B-④의 負鼎氏는 大武神王이 부여를 정벌하러 가는 길에 沸流水가에서 발견한 솥, 즉 불을 피우지 않아도 스스로 열이 나서 밥을 짓고 일군을 배불리 먹일 수 있는 신비한 솥의 임자이다. 자신이 그 솥을 지고 따르게 해 달라고 하여 이에 왕이 허락하고 負鼎氏라는 姓을 내려주었다. 여기서 負鼎氏를 솥을 생산하는 전문 철기 제작집단으로 추정하기도 하는데,[14] 고대사회에서 鼎이라는 것은 제사에 꼭 필요한 물건이다. 즉 鼎을 소유한다는 것은 제사를 지낼 수 있는 집단임을 드러내는 것으로, 자신의 정통성을 보여주는 물건이라 하겠다. 그런데 부여를 정벌하러 가는 길에 그러한 상징성을 지닌 鼎이 고구려에 들어왔다는 것은 원정군의 사기를 매우 고양시키는 일이었을 것이다. 이처럼 하늘의 뜻을 대신하는 물건인 신기한 솥을 소유한 부정씨 집단은 비류수 일대의 세력 가운데 제사장집단이 아니었을까. 그러한 제사장 집단의 내부로 계루부 집단은 所出之處인 부여의 정벌에 있어서 명분을 갖게 된 것으로 보이며, 이는 어떤 경우보다 큰 힘이 되었을 것이다. 그런데 利勿林에서 金璽兵物 등을 또 얻게 된다. 이 또한 하늘이 瑞祥을 보인 것으로 여겨진다. 이러한 일들을 계기로 고구려와 부여 사이에서 눈치를 보고 있던 많은 세력들이 고구려로 내투하게[15] 된다. 이에 계루부 왕실은 비류수와 압록강 중류 일대의 맹주집단으로서 부여와 맞설 만큼 그 기반을 다진 세력임을 다시금 드러내고 있다.

사성을 하였다는 것은 당시 편입된 세력을 재편하는 방식을 의미한다. 그러나 사성의 대상자들이 계루부 내로 모두 편제되지 않았음은 기사 B-⑤에 보이는 부여왕 종제의 경우를 통해 알 수 있다. 즉 만여 명을 이끌고 온 부여왕 종제에게 絡氏 姓을 하사하고 그 집단을 掾那部에 안치하여 掾那部 내의 한 구성세력으로 삼았던 것이다.[16] 이러한 사실은 계루부 왕실이 일정하게 다른 나부에 대해 통제를 가할 수 있었음을 보여준다. 이러한 조치는 내부

14) 김기흥, 「고구려의 성장과 대외무역」, 『한국사론』 16, 서울대, 1987, 6쪽.

15) "上道有一人 身長九尺許 面白而目有光 拜王曰 臣是北溟人怪由 竊聞大王北伐扶餘 臣請從行 取扶餘王頭 王悅許之 又有人 曰臣赤谷人麻盧 請以長矛爲導 王又許之."

16) 이처럼 내부한 세력을 부 내로 편제한 경우는 신라의 유리이사금 14년에 大武神王이 낙랑을 습격하여 멸망시키자, 신라로 투항한 낙랑국 사람 5천 명을 6부에 나누어 살게 하였다는 예에서도 찾아볼 수 있다.

해 온 세력을 掾那部 내로 편제하여 당시 계루부와 세를 겨루던 掾那部를 견제하는 정치적인 효과를 노린 것으로 보인다.

마지막으로 앞의 A-④ 기사에서 나타나는 賜姓은 경우가 다르다. 이는 大武神王이 동명왕의 옛 신하인 세 명의 비류부장들이 탐혹하여 백성들을 못살게 하자 이들을 내쫓았다. 그리고 자신의 세력인 남부사자 鄒勃素를 그들 대신 부장으로 삼았으며, 鄒勃素가 이들 3인을 잘 교화하여 왕이 大室氏라고 사성하였다는 것이다. 이 기사는 계루부 왕권이 비류나부의 내정을 간섭하고 나부의 재편을 도모한 것을 보여준다. 특히 鄒勃素가 大室을 지어 정치를 행하였다는 기록을 통해 알 수 있듯이 部 전체를 대표하는 세력을 왕이 임명하고 있는 점이 주목된다.

또한 東明王代에 연맹한 비류국이 대무신왕대에 沸流那部로 편제되었으며, 이 비류부가 적어도 3개 이상의 부내부로 이루어져 있고 동명왕의 신하라고 한 이들 3인이 桂婁部가 아닌 비류부 집단이라는 사실도, 동명왕대에 신하가 된 내투한 주변 집단에 대한 편제방식을 엿보게 해준다.

이처럼 고구려는 계루부를 중심으로 주변 세력들을 5개의 那部 내로 편제하여 5那部體制를 구축하고,[17] 이를 중심으로 하여 급속하게 발전해 나간다. 이러한 5那部의 형성 과정은 계루부 왕실의 주변 세력 재편과 밀접하게 연관된다. 독립적 단위정치체이던 주변 소국이나 세력집단이 계루부 왕실의 통제 아래 두어지면서 5那部로 편제되어 간 것으로 이해되기 때문이다. 성씨의 분화에 따라 나부가 여러 단위집단으로 분화되는 과정을 설정한 견해[18]를 참고하면, 부내부집단은 개별 성씨를 보유하고 있음을 알 수 있다. 즉 하나의 나부 내에는 몇 개의 성씨 집단이 하부단위로 존재하고 있다. 고대시기에는 성씨의 보유 그 자체가 특권의 배타적 향유라는 의미를 갖는다. 고구려 초기에 나타나는 사성의 경우가 그에 해당한다. 이들 사성을 받은 집단들을 모두 계루부 내로 편제된 것이 아니라 각각의 나부 내로 편제되어 계루부 왕실이 다른 나부를 견제할 수 있도록 하였으며, 이후 이들 사성집단들을 토대로 5나부의 형성이 이루어진 것으로 볼 수 있다. 물론 이러한 과정은 다른 나부세력에 비해 계루부를 초월적인 위치로 올리려는 의도에 따라 몇 개의 세력집단들에게 사성을 하거나 성씨를 공식화해 줌으로써 계루부 지지세력으로 끌어들이는 작업의 일환이기도 하였다.

그런데 고구려에서 5나부체제가 성립되는 시점에 대해서는, 일반적으로 太祖王代로 파악하고 있다. 그러나 사성을 통한 세력 재편이 대무신왕 이후에는 나타나지 않는다는 점[19]을

17) 부체제론자들은 那의 통합에 의해 유력한 5那가 형성되고 이들이 건국의 주도세력으로 등장하여 계루부의 영도력 아래 국가체제를 성립시켰다고 본 반면, 집권체제론자들은 계루부가 다른 那를 정복·복속함으로써 국가가 성립되었다고 이해하고 있다(여호규, 앞의 학위논문, 1997, 5쪽).

18) 김현숙, 「고구려 초기 나부의 분화와 귀족의 성씨」, 『경북사학』 16, 1993.

19) 「高慈墓誌銘」에 고밀이 모용씨의 침입을 격퇴하는 데 공을 세우고 고씨성을 하사받은 것으로 나타난다.

주목하면, 나부체제는 대무신왕대에 성립된 것이 아닌가 한다. 대무신왕을 기점으로 성씨에서 일련의 변화가 나타난다. 먼저 이 시기에 사성 기사가 종결된다는 점,[20] 일련의 성씨 가운데 출신 지역명과 관련된 성씨가 완전히 소멸된다는 점, 그리고 高氏가 본격적으로 등장한다는 점이 그것이다.[21] 이러한 변화 외에도 대무신왕대에는 왕권의 성장을 보여주는 여러 사례들이 나타난다.

C-① 高句麗王遣使朝貢 始見稱王 (『三國志』 魏書 第30, 東夷傳, 高句麗條)
② 漢時賜鼓吹技人 常從玄菟郡受朝服衣幘 高句麗令主其名籍 後稍驕恣 不復詣郡于東界築小城 置朝服衣幘其中 歲時來取之 今胡猶名此城爲幘溝婁 溝婁者句麗名城也 (『後漢書』 卷85 東夷列傳 第75, 高句麗傳)

위의 C-①은 大武神王 15년의 일로, 당시까지 연맹체의 長들이 각각 사용하던 왕호를 이제는 桂婁部王만이 칭할 수 있게 되었음을 말한 것이다. 이는 同王 4년의 "扺利(理)勿林宿夜聞金聲 向明使人尋之 得金璽兵物等 曰天賜也"라는 기사에서 金璽가 일원적 체계 하의 계루부 왕에게만 주어진 것과 관련하여 고구려 왕권의 성격을 이해할 수 있다. C-②의 '幘溝漊' 설치는 개별적으로 漢 郡縣에 나가 조복과 의책을 받고 교역을 하던 諸 那集團의 대외교섭 창구를 계루부 왕권이 일원화하여 통제한 것을 의미하는 것으로, 여기서 漢의 영향력도 배제해 나갔음을 알 수 있다.

그리고 앞의 A-④ 기사에서 살펴보았듯이 계루부 왕권은 다른 那部의 내정을 간섭할 정도로 강화되고 있었다. 또한 대무신왕 4~5년에 단행된 부여정벌은 계루부 단독의 군사행동으로 보기는 어렵고, 당시 고구려 전 세력집단의 군사를 동원한 것으로 보인다. 이 또한 왕권의 성장을 반증하는 사례이다.

당시 고구려 전체를 통치하는 정치조직과 각 那를 통치하는 정치조직은 분리되어 있었다. 나부의 대가들은 그들의 관리 명단을 왕에게 보고하는 일종의 정치적 통제를 받았으나 那의 통치는 자치적으로 행하였다. 그런데 대무신왕에 의한 비류부장의 교체는 독자적이었던 那 내부의 통치체제에 국왕의 통치력이 이입되고 있음을 의미한다.[22] 물론 鄒勃素가 따로 대실을 짓고 축출한 3인을 沸流部長으로 다시 복귀시킬 수밖에 없는 한계는 있었으나, 비류부장에 대한 임명권을 계루부 왕이 가지고 있다는 사실과 함께 '犯王法'으로 표현되는

20) 김현숙은 대무신왕대에 와서 사성을 통해 국가의 구성집단들을 세력별 혹은 계루부 왕실에 대한 공훈 정도별로 재편하면서 이전부터 막연하게 지칭해 오던 배타적 세력집단에 대한 명칭을 성씨로 정리한 것이 아닌가 보고 있다(앞의 글, 1993, 25쪽). 비록 대무신왕대에 성씨를 정리한 것이라 하더라도 이는 대무신왕대에 나부가 형성되어 그 하부단위체를 정리할 필요에 따라 그러한 작업이 이루어진 것으로 볼 수 있다.

21) 김현숙, 앞의 글, 1993, 17쪽.

22) 노중국, 「고구려국상고」, 『한국학보』 16, 1979, 11쪽.

모든 부내에 적용될 수 있는 공법체계가 존재하고 있다는 점[23]은 이전과 다른 왕권의 성격을 보여준다. 이에 제가들은 점차적으로 왕의 관료체계 하에 편입되어 나갔고, 이를 통해 부내의 지배력[24]을 인정받을 수밖에 없었다. 물론 이러한 왕권의 강화는 토착세력들의 반발을 불러와 고구려의 통치권에서 벗어나는 세력도 생겨났다.[25]

또한 재상에 해당하는 左右輔가 大武神王代에 설치되었다는 것[26]은 세력통합이 일단락되어 정치체제에서 중요한 변화가 나타나게 되었음을 의미한다.

이상의 일련의 사실들은 고구려 초기의 지배체제인 5나부체제가 사성이 완료되는 대무신왕대에 성립되었음을 방증하는 것으로 이해된다. 그리고 계루부 집단이 압록강 중류 일대에 대해 강력한 통제를 가하는 국가권력으로 등장하였음을 의미한다.

한편 계루부에 의해 편제된 주변 세력의 수장집단은 계루부를 중심으로 하는 지배세력으로 자리하게 된다. 諸加는 고구려가 건국한 이후 압록강 유역에 기반을 가지고 있던 기존의 정치체 수장들이 계루부 왕권 하의 지배세력으로 편제된 것이다.[27] 이들은 국읍과 읍락이라는 규모의 차이에 기초하여 고구려에 편입될 당시 大加와 小加로 구분되었다.[28] 특히 大室·仲室·少室 氏의 경우는 대세력에 예속된 일반 읍락의 수장층을 크기에 따라 구분한 것이었다.[29]

이상에서 살펴본 고구려 초기 주변 세력의 재편 과정은 한 마디로 나부의 형성이라 할 수 있다. 즉 주변세력을 재편하고 규합하여 그 수장층을 제가로 받아들이고, 그 지배지역은 5나부로 편제해 나간 것이다. 계루부 왕실은 이처럼 주변세력을 재편해 나가는 과정에서 원격의 국가들에 대해서도 정벌을 단행해 나갔다. 자신들의 세력기반이 미약한 상황에서 원정에 가까운 정벌을 행한 이면에는 계루부 왕실의 초기 대외팽창의 방향성이 내재되어 있을 것인데, 이는 북·동 양 옥저의 정벌과 밀접하게 연관되어 나타나고 있으므로 이에 대해 살펴보겠다.

---

23) 노중국, 「고구려의 율령에 관한 일시론」, 『동방학지』 21, 1979.

24) 고구려 초기의 나부체제에 의한 지방지배는 지역단위집단인 곡이나 나 집단을 일원적으로 통제할 중앙집권력의 성장이 없었기 때문에 재지수장층인 대·소가의 자치력을 인정하는 가운데 이들을 통해 간접지배를 행하는 방식이었다. 고구려 왕은 단지 자신의 가신인 사자 등을 파견하여 이들을 통제·감시하면서 제한된 지배력을 발휘했을 것이다. 각 那나 谷으로부터 신속의 표시로 공납을 받고 또 대외전쟁을 수행하기 위해 제가의 군사력을 동원하기도 하였을 것이다. 이러한 간접적 지배는 제가들이 왕경으로 이주하여 중앙의 귀족관료로 편제되는 시기까지 계속되었을 것이다. 제가 세력들을 중앙의 귀족관료로 편제하는 중앙정치조직이나 신분제는 太祖王代에 이미 성립되었다.

25) 『三國史記』 高句麗本紀 第2, 閔中王 4년 10월조, "蠶友落部大家戴升等一萬餘家 詣樂浪投漢" ; 『三國遺事』 卷1, 紀異1, 南解王條, "天鳳五年 戊寅高麗之裨屬七國來投" ; 上同, 弩禮王條, "建虎十六年 …… 高麗兵來侵."

26) 『三國史記』, 高句麗本紀 第2, 大武神王 8·10년조.

27) 금경숙, 「고구려의 제가회의와 국상제 운영」, 『강원사학』 15·16, 2000.

28) 임기환, 「고구려 초기의 지방통치체제」, 『경희사학』 14, 1987.

29) 김광수, 「고구려 건국기의 성씨사여」, 『김철준박사화갑기념사학논총』, 1983. 김현숙은 대실씨가 먼저 성립되고 난 후 중실씨와 소실씨가 후대에 소급 적용되었다고 보았다(앞의 글, 1993, 21~22쪽).

3. 高句麗의 沃沮服屬 過程

고구려는 건국 이후 줄곧 대외팽창[30]을 도모하는데, 초기의 대외팽창은 인접국의 경우는 자신들의 세력기반을 확보하기 위해 혹은 자국의 안전을 위협하여 정복을 행한 것으로 보인다. 그러나 국가의 기틀이 제대로 정비되지도 않은 상태에서 원거리의 국가를 정복해 나간다는 것은, 그 국가의 일정한 대외정책의 틀 안에서 장기적으로 이루어진 것이라고 보야야 할 것이다.

그런데 고구려 초기의 대외팽창은 주변 지역을 나부로 재편해 나가는 일련의 과정을 제외하면, 옥저 방면으로 진출하기 위한 단계적인 작업의 성격을 드러낸다. 일단 계루부 왕권이 압록강·동가강 주변을 벗어난 지역을 통합해 나가는 과정을『三國史記』高句麗本紀의 기사들을 통해 살펴보자.

D-① 東明聖王六年冬十月 王命烏伊扶芬奴 伐太白山東南荇人國 取其地爲城邑
東明聖王十年冬十一月 王命扶尉猒 伐北沃沮 滅之 以其地爲城邑
② 琉璃王十一年夏四月 …… 鮮卑首尾受敵 計窮力屈 降爲屬國
琉璃王三十三年秋八月 王命烏伊摩離領兵二萬 西伐梁貊滅其國 進兵襲取高句麗縣
③ 大武神王九年冬十月 王親征蓋馬國 殺其王慰安百姓毋虜掠 但以其地爲郡縣
十二月 句茶國王聞蓋馬滅 懼害及己 擧國來降 由是 拓地浸廣
④-ㄱ) 大武神王十五年夏四月 王子好童遊於沃沮 樂浪王崔理 出行因見之 …… 豈非北國神王之子乎 遂同歸以女妻之 …… 好童勸王 襲樂浪 崔理以鼓不鳴不備我兵掩至城下 …… 出降
ㄴ) 大武神王二十年 王襲樂浪滅之
⑤ 太祖大王四年 伐東沃沮 取其土地爲城邑 拓境東至滄海 南至薩水
⑥ 太祖大王二十年春二月 遣貫那部沛者達賈 伐藻那 獲其王
太祖大王二十二年冬十月 王遣桓那部沛者薛儒 伐朱那 虜其王子乙音爲古鄒加

계루부 왕권에 의한 소국의 통합은 D-⑥에 보이듯 대체로 태조왕대에 마무리되고 있다. 그러나 계루부 왕권이 주변 세력을 재편해 나가는 일련의 과정은 초기 3왕대에 집중적으로 나타나고 있음을 앞에서 보았다. 동명왕대에는 졸본 지역의 세력들이, 유리왕대에는 국내지역의 토착세력들이, 대무신왕대에는 압록강 유역의 세력들이 내투하여 고구려의 기반은 점

30) 기존의 연구에 의하면, 대외팽창의 방향은 西進論과 南進論으로 대별할 수 있다. 전자는 고구려의 요동진출을 강조하는 입장으로 末松保和·李丙燾·千寬宇·李龍範·池內宏 등의 논고가 있다. 후자는 朴性鳳에 의한 일련의 연구가 대표적인데, 고구려의 남진 목표는 안정된 농경생활 지대의 획득에 주안점이 있었고, 평양 천도 이전까지는 남진 과정의 준비 및 실현시기이고, 그 이후는 정착 및 발전의 시기라고 보았다[노중국,「高句麗對外關係史 硏究의 現況과 課題」,『동방학지』49, 1985 ;『高句麗史硏究(1)』, 1987, 702~705쪽]. 그러나 이러한 방위에 따른 발전 방향은 결과론적인 성격이 짙으며 고구려의 대외정책에 대해 간과하고 있다.

차 그 지역으로 확대되었다.[31]

이와 더불어 동명왕대에 북옥저 방면으로, 유리왕대에는 고구려의 서쪽 방향으로 진출을 도모한다. 그리고 대무신왕대에 부여를 정벌하고 고구려와 동옥저 사이에 있는 국가들을 복속시키고, 太祖王 4년에 마침내 동옥저를 복속하게 되었음을 알 수 있다. 즉 위의 기사에 나타난 대외진출 방향은 고구려가 옥저 방면을 도달점으로 삼아 일정하게 나아가고 있음을 알 수 있다.

당시 옥저의 존재 양태를 살펴보면,[32] 북옥저와 동옥저는 800여 리 상간으로 떨어져 남북으로 위치하고 있는데, 북옥저에 대해서는 별다른 기록이 없다. 다만 동옥저는 기원전 2세기대에 조선에 내속하였고,[33] 漢의 조선정벌 이후 기원전 107년에 이 곳을 중심으로 玄菟郡이 설치되어 그 군치의 역할을 하였다.[34] 그러다가 기원전 75년경 고구려의 흥기로 인해 제1玄菟郡은 지금의 홍경 노성 방면으로 이전하게 된다. 이에 동옥저는 일개 縣이 되어 당시 한반도에 유일하게 남아 있던 낙랑군의 동부도위에 속하게 되었다. 즉 고구려가 옥저 방면으로 진출을 도모할 시점에 동옥저는 낙랑군 동부도위에 속한 옥저현이었던 것이다. 반면 북옥저는 玄菟郡이 이전하고 난 후 방기되어 독자적인 세력에 의해 존속되고 있었던 것으로 보인다.

이렇게 북옥저와 동옥저의 당시 상황에 따라 고구려는 漢에 예속되지 않고 지리적으로도 비교적 진출이 용이한 북옥저 지역을 먼저 공략한다. 이후 고구려는 이 곳의 입지적·물질적 기반을 토대로 동옥저 방면으로 진출해 나간 것으로 보인다.

계루부 왕권은 그들의 미약한 세력기반을 보완하기 위해 주로 자신들의 군사 기반을 중심으로 하였으나, 경우에 따라서는 다른 나부의 군사력을 동원하여 일련의 정복활동을 행하였다. 먼저 동명왕대에는 두만강 방면으로 세력을 확장하여 배후 및 변경의 위협을 견제할 수 있었으며, 이는 한반도 동북부 지역으로의 진출을 용이하게 만들어 주었다.[35]

먼저 D-①에 나타나는 동명왕이 자신의 근신을 보내 제일 먼저 복속시킨 행인국과 북옥저에 대해 살펴보자. 행인국은 백두산의 동남쪽에 위치한다고 하였으므로 압록강을 따라 오늘날의 혼춘인 북옥저 방면으로 가는 길목에 자리하고 있었을 것이다. 이렇게 보면 행인국은 북옥저를 복속시키는 데 있어서 전략적인 요충지다. 당시 북옥저는 두만강 하류의 혼춘지역으로 비정된다.[36] 이 방면이 외곽방어기지로서 군사적 기능을 주로 수행하고 있음은

---

31) 『三國史記』, 高句麗本紀 第1, 東明聖王 1년, 琉璃王 21·24년, 大武神王 4년조.

32) 옥저에 대한 개설적 설명은 이현혜, 「동예와 옥저」, 『한국사 4』, 국사편찬위원회, 1997, 참조.

33) 『三國志』 魏書 第30, 東夷傳, 東沃沮條, "漢初 燕亡人衛滿王朝鮮 時沃沮皆屬焉."

34) 『三國志』 魏書 第30, 東夷傳, 東沃沮條, "漢武帝元封二年 伐朝鮮 殺滿孫右渠 分其地爲四郡 以沃沮城爲玄菟郡" ; 김미경, 「제1玄菟郡의 설치와 이전에 대한 고찰」, 앞의 발표요지문, 2000.

35) 이용범은 두만강 유역이 계루부의 발원지였으며 그들은 이 곳의 철을 기반으로 성장하였다고 보았다(「고구려의 성장과 철」, 『백산학보』 1, 1966).

36) 위치에 대해서는 박진석, 「고구려책성유지고」, 『조선문제연구총서』, 연변대학조선문제연구소, 1985 ; 「고구려책성유지재고」, 『중국 동북지방 및 연해주에서의 한민족사의 재구성』, 1994/이상은·박진석·

후대의 사료를 통해 확인할 수 있다. 고구려는 기원 1세기 이후 柵城을 중심으로 두만강 유역으로 영역을 확장시켜 나간 대무신왕 13년에는 買溝谷人 상수 등이 내투하였다. 매구곡=치구루=북옥저=혼춘=책성이라고 볼 때, 고구려는 이 북옥저지역에 책성을 축조하여 북동 방면의 주요 진지로 삼은 것이다.[37] 그리고 이 곳을 지키기 위해 守吏를 수둔시키고 국왕이 직접 순수를 행하기도 하였다.[38] 또한 전략적 요충지로서 산상왕대에는 내투한 漢人을 이 곳에다 집단 사민시키기도 하였다.[39] 이상은, 고구려가 책성을 두어 그 지방의 거점성으로 삼아 지방을 지배해 나갔으며, 책성의 관리는 재지세력으로부터 도움을 받기도 했지만 중앙에서 직접 파견하고 있어서 그만큼 비중이 컸다는 것을 시사한다. 이는 역으로 고구려 왕실의 거점이기도 하였음을 보여준다.

고구려에서 북옥저에 이르는 도로망에 속한 세력집단들은 고구려의 정벌 과정에서 행인국과 같이 복속하거나, 북옥저 등을 정벌한 사실을 알고 대부분 내투하였을 것이다. 그리하여 고구려는 졸본에서 북옥저에 이르는 교통망을 장악하게 되었다. 이를 계기로 계루부 왕실의 고구려는 국가성장에 한층 박차를 가할 수 있게 되었다.

이러한 고구려의 북옥저 정벌이 그 남쪽 800여 리에 있던 동옥저에게 얼마나 위협이 되었는지는 기원전 5년에 동옥저가 신라에 사신을 보내 우호를 맺으려 하였다는 기사[40]와 기원후 25년 남옥저(동옥저)의 仇頗解 등 20여 家가 斧壤에 귀순하므로 이들을 한산 서쪽에 안치하였다는 기사[41]를 통해서도 알 수 있다. 이러한 동옥저 재지세력의 분열은, 전자의 경우 고구려의 북옥저 정벌에 직접적인 위협을 느끼고 취한 행동으로 볼 수 있다. 후자의 경우는 당시 중국이 新에서 後漢으로 넘어가는 과도기의 혼란한 상황으로 인하여 군현지배가 제대로 이루어지지 않는 틈을 타 낙랑군의 土人 王調가 郡守 劉憲을 죽이고 '大將軍樂浪太守'라고 자칭하며 6년 간(25~30년)이나 집권하여[42] 낙랑군의 기능이 정지되었다. 이에 자신들의 기득권을 계속 보장받을 수 없게 된데다가 고구려의 위협이 가중되어 재지세력들이 백제로 내투하게 된 사건으로 이해된다.

강맹산 외 공저, 『중국경내고구려유적연구』, 예하, 1995 참조. 柵城의 위치는 혼춘의 八連城으로 비정해 왔는데, 이곳은 발해의 유물만 출토되어 八連城은 발해의 東京龍原府로 보고 고구려의 책성은 八連城에서 5리 떨어진 溫特赫部城으로 비정하는 설이 유력하다[엄장록·정연진, 「연변의 주요한 고구려 고성에 대한 고찰 - 고구려의 책성을 겸하여 논함 - 」, 『연변대학조선학국제학술토론회 론문집(1)』, 1989]. 훈춘은 압록강과 두만강을 연결하는 교통의 요지로서 중요 거점 역할을 하였을 것이다(김영하, 「고구려의 순수제」, 『역사학보』 106, 1985). 한편 책성의 위치에 대해 丁若鏞은 북옥저와 관련시켜 종성설을 주장하였다.

37) 『魏書』 列傳 第88, 高句麗傳에선 동부여 지역을 책성이라고 기술하였다(노태돈, 「주몽의 출자전승과 계루부의 기원」, 『한국고대사논총』 5, 1993, 40쪽).
38) 『三國史記』 高句麗本紀 第3, 太祖大王 46年, 50年條.
39) 『三國史記』 高句麗本紀 第4, 山上王 21年條.
40) 『三國史記』 新羅本紀 第1, 赫居世居西干 53년조.
41) 『三國史記』 百濟本紀 第1, 溫祚王 43년조.
42) 『後漢書』 卷76, 王景傳.

고구려는 북옥저를 복속하므로 해안지대를 차지하여 소금·수산물에 대한 수요를 충족시킬 수 있었다. 또한 철산지를 통해 무기를 충분히 공급받을 수 있었으므로[43] 경제적·군사적으로 안정적인 기반을 확보할 수 있었다.[44] 이에 따라 정치적·군사적으로 압력을 가하던 扶餘[45]의 배후를 위협할 수도 있었을 것으로 보인다. 즉 고구려가 농업생산력과 철 생산에서는 우수하지만 정치적으로는 아직 발달이 미약했던 두만강 연안의 북옥저를 먼저 정벌하자 부여를 자극하게 되고, 이에 부여가 고구려에 대해 질자나 사대지례를 요구하고, 나아가 직접 공격을 하게 되는 원인이 된 것이다.

그런데 고구려의 북옥저 정벌은 국가 성립 초기에 행해진 원거리 대외정벌이었던 만큼 주변세력의 반대도 많았을 것이다. 이를 정벌에 앞서 상서러운 신조가 나타나고 있는 사실에서 알 수 있다. 즉 행인국 정벌 이전에는 신작이 궁궐 뜰에 모였고, 북옥저 정벌 이전에는 난새가 왕대에 모였다고 한다.[46] 아마도 이런 상서로운 징조를 통해 세력기반이 미미하던 계루부 왕실은 주변세력을 보다 용이하게 설득하여 원정을 행할 수 있었을 것으로 생각된다. 그리고 그 원정의 성공은 이후 계루부 왕실의 세력을 확장하는데 지대한 공헌을 하게 된다.

졸본에서 건국한 계루부 왕실은 제2대 유리왕 재위 22년에 천도를 단행하여[47] 졸본세력들을 토착적 기반에서 유리시킴으로써 이들 세력을 약화시키고 계루부에 의한 왕권강화에 중요한 계기가 되었다.[48] 또한 지정학상 한반도 북부지역으로의 진출이 용이하게 되었다. 이 유리왕[49]대에 위의 기사 D-②에서 보이듯 양맥과 선비 세력 일부를 속국으로 삼아 속민

43) 이들 복속지역의 수장층은 東海人·東海谷守·海谷太守 등의 헌상 기사(閔中王 4년, 太祖大王 55년, 東川王 19년, 西川王 19년조)에서 확인되듯이, 기존의 지배 기반은 그대로 유지한 채 지속적으로 공납을 행하여 신속을 나타내었다. 여기에 보이는 곡수나 태수 등의 관리는 중앙에서 직접 파견하였다기보다는 이 지역의 수장층을 그대로 임명한 것으로 이해된다. 예컨대 북옥저라는 소국을 멸하여 성읍, 즉 곡이나 촌으로 편제한 초기에 이 지역의 세력자에게 통치권을 위임하고 조세 수취 등의 임무를 맡겼을 것이며, 왕권강화와 함께 지방관 파견이 이루어졌을 것이다. 특히 이 지역은 국방상 중요하였으므로 다른 지역보다 지방관의 파견이 빨랐을 것이다.

44) 『三國志』 魏書 第30, 東夷傳, 高句麗條.

45) 『三國史記』 高句麗本紀 第1, 琉璃王 14년 1월, 28년 8월, 32년 11월 ; 同書 第2, 大武神王 3년 10월조.

46) 『三國史記』 高句麗本紀 第1, 東明聖王 6년 秋8월, 10년 秋9월조.

47) 『三國史記』, 高句麗本紀 第1, 琉璃王 22년조. 국내성과 환도성의 위치 문제는 이기백·이기동, 『한국사강좌 - 고대편 - 』, 1982, 89쪽 참조.

48) 琉璃王에 의한 천도 단행은 치밀한 계획 아래 이루어진 것으로, 이를 정치적인 목적으로 이용하였다. 유리왕은 자신의 정치적 입장을 강화하기 위해 송양의 딸과 골천지역 대세력가의 딸을 妃로 맞아들이는 한편, 漢人 여자를 妃로 맞아들여 자신의 입장 전환을 도모하였다. 그러나 이 시도가 골천 세력으로 대표되는 화희에 의해 좌절되자 이후 철저한 계획 아래 천도를 도모하고, 그 과정에서 국내의 사물씨 세력을 측근으로 편입하는 한편, 箕山 지역의 위씨를 조정으로 발탁하여 자신의 입지를 강화시켜 나갔다. 이에 반대세력들의 반발이 일어났고, 그 대표적인 예가 대보 협부의 이탈과 태자 해명의 반발이었다. 결국 유리왕은 해명을 황룡국과의 마찰을 이유로 제거하게 된다.

49) 유리왕의 대외활동의 경우, 그 위치나 입장이 강화되지 못한 면도 있다. 이는 부여에 대한 태도가 열세였고 황룡국에 대해 저자세를 취한 데서 찾아볼 수 있다. 고구려 주변세력들에 대한 이러한 타협적

지배를 행한다. 이들은 복속 이후 고구려에 의해 주로 군사력을 동원당한 것으로 보인다. 이는 建光 元年(121)에 고구려가 요동을 칠 때 예맥과 더불어 선비를 동원한 사실을 통해 알 수 있다.[50)]

梁貊은 漢代의 大梁水인 太子河 상류에 거주하던 貊族으로 고구려와 같은 족속이라는 점이 주목된다. 梁貊의 고구려에 대한 복속은, 고구려 초기에 주변의 맥족 집단을 우선적으로 통합해 나가던 일련의 통합정책에서 비롯된 정복행위로 볼 수 있다. 양맥을 복속시킨 고구려는, 유리왕 31년에 일어난 王莽 군사에 의한 고구려 병사의 강제징발에 반발하고 이에 대한 징벌로 嚴尤가 고구려 장수를 유인하여 목을 베는 사건이 일어나자 그에 대한 보복으로 漢의 제2玄菟郡 군치인 고구려현을 침범한다. 이 때 동원된 병사는 2만이라고 되어 있는데,[51)] 이는 당시 계루부 단독의 군사행동으로 보기에는 무리한 규모다. 아마도 당시까지 복속한 일대의 세력들, 즉 다른 나부의 군사들까지 포함한 수치일 것이다. 물론 그 선봉은 계루부의 핵심세력이 맡고, 정벌의 결과 예맥의 중심세력이었던 계루부 왕실의 입지는 예맥 지역 내에서 훨씬 강력해졌을 것이다.

또한 고구려가 주변의 예맥족을 통합하고 漢 玄菟郡의 高句麗縣을 침공하여 대중국관계의 교섭 창구를 일원화하는 등 국가적 성장이 두드러지자, 고구려는 더욱 한군현의 견제를 받게 되고 부여와도 대립하게 되었다. 대무신왕은 琉璃王이 부여 및 黃龍國 등 주변 국가에 대한 저자세 외교를 통해 이룩한 정치적 안정과 후한이 주변세력에 대해 원만한 관계를 이루고자 했던 국제적 好機를 기반[52)]으로 적극적인 통합활동을 펼친다.

이에 D-③에 보이듯 고구려는 한반도 북부지역에 위치한 蓋馬國과 句茶國[53)]을 복속시켜 동옥저로 진출하는 교두보로 삼았다. 물론 이 지역을 한반도로 진출하는 전진기지로도 활용하게 되었다. 개마국은 개마고원 부근의 소국으로 비정되며 句茶國도 그 부근에 있던 세력으로 보인다. 개마고원은 환인에서 집안→강계→설한령을 넘어 함흥으로 가는 고대 교

인 태도는 고구려가 아직 주변세력들을 제대로 장악하지 못했기 때문이다(『三國史記』 高句麗本紀 第1, 유리왕 14·27·28년조).

50) 『三國史記』 高句麗本紀 第3, 太祖大王 69년조. 한편 고구려에 복속되었던 선비 가운데 서기 49년에 萬離 집단이 고구려 예하를 이탈하여 요동군으로 투항한 사례도 있다(『後漢書』 卷20, 列傳10, 祭遵傳).

51) 3세기의 고구려 호구가 3만이었므로 당시의 병력 동원 규모는 그 4분의 1 수준인 7천~8천 명으로 추산된다. 그러므로 기원전 후의 고구려 군사동원이 2만이라는 사실은 재고되어야 할 부분이다. 그러나 수치상 오류가 있더라도 계루부 단독으로 玄菟郡이나 부여 정벌을 단행하기는 어려웠을 것이다.

52) 대무신왕 10년 고구려가 후한에 조공하여 공식적인 외교관계를 수립하고, 후한 정부는 고구려의 영역 확장을 인정하고 왕호를 복구시켜 과거 왕망대의 대립적인 관계와는 달리 화친관계를 맺었다. 이는 慕本王 2년 漢의 北平 등을 공격하였으나 요동태수 祭肜이 '恩信'으로 무마했다는 기록에서도 확실하게 느껴진다.

53) 개마국은 낭림산맥 동쪽 산간지대, 구다국은 개마국과 가까운 위치에 있었을 것으로 보인다. 개마국과 관련이 있는 개마대산은 백두산으로 비정된다(丁若鏞, 『我邦疆域考』). 특히 玄菟郡의 속현인 서개마현은 처음에 개마대산 서쪽에 위치하였는데 현도군의 축출로 현치가 이동하자 이 지역은 토착세력들에 의해 소국이 형성되었으며 개마국이나 구다국도 그렇게 형성된 것으로 생각된다.

통로상에 위치하고 있다. 즉 동옥저 방면으로 향하는 길목에서 거점을 장악하게 된 것이다.

그런데 蓋馬國과 句茶國은 앞의 荇人國이나 北沃沮와는 달리 郡縣으로 편제되고 있어, 계루부 왕실의 세력기반이 전보다 강해진 고구려가 이제는 다른 방식으로 복속지를 지배하였음을 알 수 있다. 이 때의 정벌은 대무신왕의 친정이었던 점으로 미루어, 왕실의 직할령이나 계루부 내로 직접 편제한 것으로 보이기 위해 郡縣으로 삼았다고 기록한 것으로 볼 수 있겠다.[54]

다음으로 옥저 방면에 가까이 위치한 나라가 최리의 낙랑국이다. D-④에서 나타나듯 대무신왕은 왕자 好童을 보내 樂浪國 복속을 꾀하였다. 당시 동옥저로의 진출을 꾀하고 있던 고구려로서는 어떻게든 이 낙랑국을 복속시켜야 했지만, 낙랑국은 적어도 정면대결로는 이기기 힘들 만큼 군사적으로 강력한 나라였다. 이에 호동이 옥저 부근에서 낙랑국왕 崔理를 만나고 그 기회에 최리의 딸인 낙랑공주의 도움을 얻어 고구려는 낙랑국을 복속시키는 데 성공한다. 아마도 적의 침입을 미리 알려준다는 鼓角으로 상징되는 낙랑국의 군사력은 상당하였을 것이고, 이에 고구려는 혼인이라는 우회 방법을 사용한 것으로 보인다. 이렇게 해서 고구려가 동옥저 방면으로 진출하는 데 가장 큰 걸림돌이 되었던 낙랑국도 복속되었다.

그런데 당시 고구려가 활발하게 동옥저 방면으로 진출해 나갈 수 있었던 배경에는 중국의 불안정한 정세도 한몫 하였다. 즉 漢나라가 정치적으로 안정되지 못하여 낙랑군에서 토착세력인 왕조가 태수를 죽이고 정권을 전횡함으로써 주변지역에 대한 지배가 제대로 행해지지 못하고 있었던 것이다.

이렇게 대무신왕대의 전초 작업과, 1세기 전반기 고구려의 함경도 지역으로의 영역 확장으로, 漢은 낙랑군의 동부도위에 속한 영동 7현을 폐기하였고, 이로써 고구려의 동해안 진출은 더욱 용이해지게 되었다. 이는 낙랑국[55]의 왕인 최리가 당시 이 일대를 장악해 나가는 고구려에 대해 위협을 느끼고 호동왕자를 자신의 딸과 결혼시켜 자국의 안전을 도모하려 하였던 데서도 살펴진다.

이처럼 두만강 일대와 함경도 산간지대에 대한 정복은 東明王에서 大武神王에 이르는 기간에 일단락된다. 그간 동옥저 방면은 낙랑군 동부도위에 속해 있었다. 그런데 建武 6년 漢의 내정이 안정되자, 光武帝는 왕조의 난을 진압하고 낙랑군에 대한 재정비작업의 일환으로 都尉 산하의 제 현에 대한 지배를 포기한다. 이 때 옥저도 함께 방기되어 이 곳은 읍락거수가 독자적으로 통치하는 지역이 되었다.[56] 즉 고구려가 동옥저를 복속하는 데 있어서 더 이상 漢 혹은 樂浪郡의 눈치를 보지 않아도 좋을 상태가 된 것이다.

한편 대무신왕대에 일대 체제정비를 거친 고구려는 일정하게 세력기반을 확보한 듯, 이

54) 임기환, 앞의 글, 1987, 16쪽.
55) 김기홍은 이 낙랑국을 동부도위 폐치 이후 일찍이 옥저 지방에 파견된 장리들을 주축으로 성립된 세력으로 추측하였다(앞의 글, 1987, 30쪽).
56) 『三國志』 魏書 東夷傳, 東沃沮條.

후 漢의 요동군과 마찰을 야기하고 있다. 고구려는 慕本王 2년에 北平・漁陽・上谷・太原을 공격하고,[57] 太祖王 3년에는 遼西에 10성을 쌓아 漢나라 군사의 침입에 대비하고 있다.[58] 이런 가운데 고구려는 太祖王 4년에 동옥저를 정벌한다. 이리하여 고구려는 건국 이후 대외정벌의 주된 목적이던 옥저 방면을 모두 복속시키게 되었다. 물론 동옥저 지역에는 힘의 공백지대였던 두만강 유역이나 함경도 산간지대와 달리 漢 郡縣의 원심력이 강하게 작용하고 있었다. 따라서 고구려가 동옥저를 정복하기 위해서는 두만강 유역과 함경도 산간지대의 세력집단을 복속시킬 때보다 강력한 군사력을 필요로 하였다.[59] 고구려가 북옥저를 복속시킨 이후 상당한 시간이 경과하고 나서 동옥저 정벌을 도모할 수 있었던 것은 이 때문일 것이다.[60]

여하튼 이러한 대내외적 요인과 장기간에 걸친 단계적인 준비에 힘입어 太祖王은 즉위 4년 만에 동옥저를 복속시킨다. 이에 그 척경은 동으로 창해에 이르게 되었다. 이후 동옥저의 복속을 통해 濊 등 동해 방면의 세력들이 내투하였음[61]을 그들의 공납 기사를 통해 알 수 있다. 이렇게 해서 고구려는 남・북 옥저 모두를 아우르게 되었다. 고구려는 이후 이 지역으로부터 군사적・경제적인 징발과 공납을 받아[62] 국가성장의 인적・물적 기반을 확대해 나갈 수 있게 되었다.[63]

동옥저 지역은 이전에 漢이 滄海郡, 玄菟郡을 설치하였고 또다시 樂浪郡 東部都尉를 설치하였다가 거리가 멀고 관리하는데 드는 비용부담 때문에 수차례 혁파를 한 곳이다. 그만큼 지리적인 환경이 어려운 곳이었으나, 통구에서 이 곳에 이르는 교통로를 중심으로[64] 분

---

57) 『三國史記』 高句麗本紀2, 慕本王 2년조.

58) 『三國史記』 高句麗本紀3, 太祖大王 3년 春2월조.

59) 여호규, 「고구려 초기의 병력동원체계」, 『군사』 36, 1998, 26쪽.

60) 여호규는 나부체제가 확립되기 이전에는 계루부가 원고구려 사회의 군사력을 강력하게 결집하지 못하였기 때문에 자체의 군사력을 중심으로 힘의 공백지대였던 두만강과 함경도 산간지대의 세력집단을 복속시키고(「고구려 초기 나부통치체제의 성립과 운영」, 『韓國史論』 27, 서울대, 1992, 56~58쪽), 나부통치체제를 확립한 다음 이 나부의 군사력을 바탕으로 동옥저를 정벌하였던 것으로(앞의 학위논문, 1997, 115쪽) 보았다.

61) 동옥저 복속 이후 예 혹은 동예를 복속시키는데, 당시 동예는 예맥으로 지칭되기도 한다. 『삼국지』 동옥저조에는, 동옥저가 남으로 예맥과 접한다고 되어 있고, 동서 예조에는 한말에 예가 구려에 속하자 정시 6년 낙랑태수 유무와 대방태수 궁준 등이 영동예가 구려에 속하므로 군사를 일으켜 이를 정벌하자 불내후 등이 읍을 들어 항복하고 이후 조공하였다는 사실을 전하고 있다. 『삼국지』 권4, 齊王芳紀에는 정시 7년 2월에 幽州刺史 毌丘儉이 고구려를 토벌하였고, 하5월에 濊貊을 토벌하여 모두 파하였으며, 韓那奚 등 수십 국이 각각 종락을 이끌었다고 기록하고 있다. 이상을 통해 동예사회는 수십 개의 소국이 존재하고 있었음을 알겠다. 한 군현이었던 불내예나 화려 등과 같은 소국도 여기에 포함되었을 것이다.

62) 『三國志』 魏志 東夷傳, 東沃沮傳, "國小迫于大國之間 遂臣屬句麗 句麗復置其中大人爲使者 使相主領又使大加統責 其租稅 貊布・魚鹽・海中食物 千里擔負致之 又送其美女以爲婢妾 遇之如奴僕."

63) 옥저 방면에 대한 고구려의 복속지 지배 형태에 대해서는 김미경, 「고구려의 낙랑・대방지역 진출과 그 지배형태」, 『학림』 17, 1996, 49~52쪽 참조.

64) 통구와 함흥을 연결하는 자연 교통로는, 압록강 동안을 넘어 독로강에 연하는 강계에 이르고 독로강

포해 있는 穢貊 집단들을 관할할 수 있는 거점이었다. 이 곳이 가지고 있는 경제적인 유인 요소도 무시할 수 없었다. 이에 고구려는 건국 이후 이 곳으로의 진출을 꾸준히 도모하고 결국 太祖王 초기에 그 목적을 달성하게 된다. 그러나 고구려도 이 곳에 대해 직접 지배를 행하지는 못한다. 이는 『三國志』 魏書 東夷傳 東沃沮條에 보이는 3세기 중엽의 동옥저 상황을 통해 알 수 있다.[65] 즉 고구려는 동옥저의 대인을 사자로 삼아 토착사회 내부를 관할하게 하는 한편, 동옥저에 대한 지배의 핵심인 조세 수취는 고구려의 대가에게 통책케 하고 있다. 낙랑국 등을 영역 내로 재편했던 것과는 달리 토착세력을 통해 간접통치를 행한 것으로서, 단단대령을 넘어 위치하는 이 지역의 관할이 얼마나 어려웠는지를 알 수 있다.

4. 沃沮服屬의 政治的 性格

고구려의 초기 대외진출과 관련하여 계루부 왕실은 복속한 주변세력들을 那部로 편제하여 중앙통치체제의 기틀을 세우는 한편, 거리가 먼 지역에 위치한 국가에 대해서도 일관되게 대외진출을 도모하였다. 동명왕대에는 북옥저 방면으로 진출하였고, 유리왕대에는 고구려의 서쪽 방면에 대한 견제를 행하였다. 이어 대무신왕대에는 부여 정벌을 도모하면서 동옥저 방면으로 진출하기 위한 교두보를 마련하였고, 마침내 태조왕 4년에 동옥저를 복속하여 그 영역은 남으로 살수, 동으로 창해에 이르렀다. 이처럼 고구려 건국 이후 태조왕대까지 계루부 왕권이 대외적으로 확장해 나간 지역은 대체로 압록강·동가강 유역을 중심으로 두만강 유역의 북옥저 방면과 함흥의 동옥저 방면에 이르는 양 교통로를 중심으로 그 주변 지역을 포함한 범위였음을 알 수 있다.

그런데 고구려가 북옥저를 복속한 것은 주몽이 건국한 지 얼마 되지 않은 시점이다. 주변에는 아직 黃龍國 등의 미복속 세력들이 상당수 존재하고 있었다. 이처럼 국가의 기틀도 정립되지 못한 상태에서 미약한 계루부 왕실세력이 직접적으로 힘을 미치기에는 거리상으로 너무 멀리 떨어진 북옥저 방면으로 진출을 도모했다는 사실은, 일시적인 정복행위가 아니라 고구려 건국 초기의 대외팽창의 기조를 이루는 어떤 방침과 연관된 것으로 생각된다. 즉 북옥저 방면이 갖고 있는 경제적·지리적 이점과 더불어 고구려가 의도하는 정책이 있었을 것이라는 점이다. 고구려는 이 지역을 복속하므로 더욱 활발한 성장을 도모할 수 있었다. 그러나 북옥저는 부여의 배후에 위치하여 고구려의 북옥저 복속은 자연히 부여를 자극하게

의 지류인 남천의 계곡을 동으로 거슬러 牙得嶺을 넘든가 혹은 강계에서 독로강의 본류를 좇아 설한령을 넘어 장진강 유역으로 나와 함흥으로 이르는 방법이 있다[日野開三郎, 「沃沮考」, 『東北アジア民族史(上)』, 1988, 143쪽].

65) 고구려의 이 지역에 대한 지배정책과 관련해서는 아래의 연구가 참조된다. 임기환, 『고구려 집권체제 성립과정의 연구』, 경희대 박사학위논문, 1995 ; 김현숙, 『고구려 지방통치체제 연구』, 경북대 박사학위논문, 1996 ; 여호규, 『1~4세기 고구려 정치체제 연구』, 서울대 박사학위논문, 1997.

된다. 이에 부여는 琉璃王代에 질자의 교환을 요구하기도 하고 고구려를 공격해 오기도 하였다. 이처럼 부여와 대립하게 될 것이 명확함에도 불구하고 국가 성립 초기부터 고구려가 서둘러 북옥저 방면을 복속시킨 이유는 그 다음 단계로서 도모한 동옥저 방면으로의 진출과 관련해서 살펴보아야 할 것이다.

그런데 동옥저 방면으로의 진출 루트는 고구려에 의해 축출된 제1玄菟郡이 설치된 범주와 일치한다. 즉 예맥을 관할하기 위해 漢武帝가 기원전 107년에 설치한 玄菟郡은 요동 방면으로부터 혼강 지류를 거쳐 압록강 중류의 집안에 이르고, 다시 낭림산맥을 넘어 동해안에 이르는 교통로를 중심으로 하였다. 군치는 옥저에 있었으며,[66] 고구려현 등 여러 속현이 현도군에 속하였다.[67] 그런데 이 공로상의 루트는 기원전 128년 薉君南閭가 28만 구를 이끌고 요동군에 내속하자 漢武帝가 이 곳에 설치하고자 하였던 창해군의 범주와도 일치한다. 당시 남려는 예맥의 대표자 역할을 하고 있었고, 28만 구는 예맥 전체의 인구수로 보이는데, 이것은 제1현도군의 인구수와 거의 일치한다. 그러므로 이 루트를 중심으로 예맥이 분포하고 있었음을 알 수 있다. 즉 이 공로상의 루트는 '穢貊 루트'라고 할 수 있고, 고구려에 의해 제1현도군이 축출되기 전까지 그 중심은 옥저였다.

고구려가 세력을 결집해 기원전 75년 玄菟郡을 홍경 노성 방면으로 축출한다. 이에 제2현도군은 고구려현을 수현으로 하여 고구려를 주 견제 대상으로 삼고, 기왕의 수현이던 옥저 방면은 낙랑군에 귀속시킨다. 고구려는 이후 玄菟郡이 기왕에 관할하던 예맥이 분포하던 곳을 점진적으로 장악해 나가면서 국가의 성장 발달을 도모한다. 물론 이러한 과정에서 예맥에 대한 기득권을 갖고 있던 漢 군현과 마찰을 야기할 수밖에 없었고, 이에 고구려도 옥저 방면으로 진출을 도모하는 한편, 그 서변에 대한 경계를 게을리하지 않았다.

漢이 滄海郡・玄菟郡을 설치한 것은 모두 穢貊을 관할하기 위한 것이었고, 고구려가 예맥 루트를 따라 옥저 방면까지 진출해 나가는 과정은 예맥을 통합하기 위한 일련의 대외진출이라고 하겠다. 그러므로 고구려 초기 대외진출의 완성은 동옥저와 동예의 복속으로 마무리된다. 이후 고구려는 대외팽창 과정에서 玄菟郡을 더욱 외곽으로 축출한다.[68]

그런데 이 루트는 동명왕대에 정복이 시작된 이래 지속적으로 고구려의 관리 하에 둔 지역이라는 점에서 주목된다. 계루부 왕실의 초기 복속지로서 계루부의 세력 기반이 된 지역이었던 것이다. 특히 고구려가 국가적 위기에 봉착했을 때는 고구려 왕의 피신처로서도 이용되었다. 즉 238년 요동의 패자 公孫氏 정권을 멸망시킨 魏는 그 여세를 몰아 海路로 군대를 파견하여 그 동안 공손씨의 지배 아래에 있던 낙랑・대방의 두 郡을 접수하였으며, 곧이어 244~245년에는 고구려에 대하여 일대 강습을 감행하였다. 幽州刺史 毌丘儉의 책임 아래 수행된 이 대규모의 고구려 침략전쟁에는 그 예하의 玄菟郡太守 王頎가 앞장섰다.[69]

---

66) 『三國志』 魏書 第30, 東夷傳, 東沃沮條.
67) 田中俊明, 「高句麗の興起と玄菟郡」, 『朝鮮文化研究』 1, 1994 ; 김미경, 앞의 발표 요지문, 2000.
68) 『三國志』 魏書 東夷傳을 살펴보면 後漢 安帝 2년(107) 무순 지역으로 이동하고 있다.

한편 毌丘儉은 樂浪太守 劉茂와 帶方太守 弓遵을 보내 고구려 지배 하에 있던 濊 지역도 정벌하였다.[70] 魏는 고구려의 경제적 기반이 되는 不耐 지역을 정벌함으로써 고구려의 성장을 견제하는 한편, 濊 지역에 대한 二郡의 기능을 회복하고자 한 것이다.[71] 魏나라 관구검의 침공을 받아 국가 존폐의 위기를 겪은 이후 고구려의 대외활동은 한동안 위축되었다.

東川王은 이 때 위나라의 공격을 피해 집안에서 江界를 거쳐 東沃沮 방면으로 피신하였다가 北沃沮까지 이르렀다.[72] 이는 당시 예맥의 대표자이던 고구려 왕이 절박한 위기 상황에서 예맥의 중심지이었던 옥저 방면으로 피신하여 도움을 구한 것으로 이해할 수 있다. 북옥저 방면까지 이른 동천왕은 아마도 이 곳에서 과거 북옥저 방면으로 진출하던 길을 역으로 따라서 국내성으로 돌아왔을 것이다. 즉 동천왕은 집안에서 동옥저 방면, 다시 북옥저에서 집안에 이르는 양대 교통로를 모두 거치고 있는 것이다. 적어도 이 양대 교통로를 따라서 대부분의 예맥 세력이 분포하고 있으며, 국가적 위기를 당한 고구려 동천왕은 예맥의 대표자로서 자신의 안전을 예맥 집단들이 주로 분포하고 있는 곳으로 피신하여 그들의 지원을 얻고자 한 것으로 이해된다. 고구려는 태조왕대에 동옥저를 복속시키고 이어 동예 방면까지 복속시켜 명실상부하게 예맥 전체를 통합하였다. 고구려는 복속시킨 이들 세력을 예맥 거수를 통해 간접적으로 통치했지만, 대외적으로는 계루부 왕실의 고구려가 예맥 전체를 대표하는 위치에 섰고 이후 고구려는 穢貊으로 칭해지기도 한다.

고구려가 옥저를 모두 복속한 단계에서는 예맥 관련 기사가 자주 보인다.[73] 그것도 태조왕 말기, 특히 고구려가 현도군을 공격할 때 집중적으로 등장한다. 이는 고구려가 예맥 전체를 관할하게 되면서 현도군과 마찰을 자주 일으키게 되고, 이에 고구려는 예맥을 동원하여 현도군과 전쟁을 치렀기 때문이다. 태조왕 66년 예맥과 함께 현도를 공격하였고,[74] 동왕 69년에는 유주자사 및 현도·요동 태수가 침략하여 穢貊渠帥를 살해하고 병마와 재물을 빼앗아 돌아가자 왕이 아우 수성을 보내 현도·요동의 2군을 공격하여 성곽을 불태우고 2천

69) 『三國史記』 高句麗本紀, 東川王 20年條 ; 『三國志』 魏書 第30, 東夷傳, 東沃沮條 ; 『三國志』 魏書 第3, 明帝紀 第3, 景初 元年 秋7月條 ; 『三國志』 魏書 卷4, 三小帝紀 第4, 正始 7年 春2月條 ; 『三國志』 魏書 卷28, 毌丘儉傳 ; 1906년 집안현 소판차령에서 발견된 「毌丘儉紀功碑」 등에 그 내용이 전한다.

70) 『三國志』 魏書 第30, 東夷傳, 濊傳.

71) 二郡의 침입을 받은 고구려 통치 하의 不耐侯는 魏에 항복하고 조공국이 되었다. 華麗 지역이 고구려에 복속된 지 100여 년이 경과한 시점에서 당시 不耐侯라는 재지세력이 존재했다는 것은 東沃沮 지역과 함께 3세기대의 고구려의 복속지 지배형태를 보여주는 좋은 예다. 즉 고구려는 복속지를 영역내로 편제하지 않고 재지세력에게 통치를 위임하는 한편 정기적으로 貢賦를 바치도록 하였다. 그런데 이처럼 고구려에 복속은 되었으나 직접 지배를 받지 않고 그 지역의 渠帥層이 통치하는 지역들은 주변 세력의 크기에 따라 여전히 이반을 하고 있다.

72) 『三國志』 魏書, 毋丘儉傳에는 동천왕이 '買溝'로 달아났다고 하였는데 同書 沃沮傳에는 "宮奔北沃沮 北沃沮一名置溝婁 置溝婁去南沃沮八百餘里……"라고 하였다. 置溝婁는 북옥저의 중심인 柵城으로, 置溝와 買溝는 글자가 비슷한 데서 나온 오기로 보인다.

73) 太祖王 59·66·69·70년조 기사에 고구려와 예맥과의 관련성을 보여주는 기사가 나타난다.

74) 『三國史記』 高句麗本紀3, 太祖大王 66년 夏6월조.

여 명을 살획하고 있다.[75] 당시 고구려에 복속된 예맥의 거수는 휘하의 사람들을 동원하여 고구려의 이 요동·현도 공격에 참여하였다. 이처럼 예맥이 태조왕 이후 빈번하게 기사에 나타나는 것은, 이 때가 고구려의 동해 방면으로의 진출이 완료되었고, 기왕에 예맥의 중심지이던 옥저가 고구려에 복속되었음을 시사하는 것으로 볼 수 있다.

이처럼 고구려는 예맥의 통합에 따른 국력의 분출로 태조왕대 이후 대외정복활동을 활발하게 행한다. 이를 반영하여 중국 정사에서는 太祖王을 흉폭한 성격의 인물로 묘사하고 있다. 당시의 정복활동은 옥저 지역을 비롯하여 주로 한 군현이 설치되었던 물산이 풍부하고 비옥한 농경지대인 遼東·玄菟·樂浪·東濊 방면에 집중되었다. 이 무렵 정복한 沃沮, 東濊, 梁貊, 肅愼, 그리고 일부 鮮卑族 등에 대해서는 재래의 읍락 단위의 질서를 유지시키고 공납을 징수하는 형태로 지배하였다.

한편 고구려의 漢 군현에 대한 공격은 기습적으로 물자와 인민을 노획하는 약탈적인 성격을 띠었다. 이러한 대외정복활동이 가져다 준 막대한 부는 대내적으로 집권력 강화와 왕권 강대화의 밑받침이 되었고, 3세기 초에는 이미 국내에 1만여 명이나 되는 소위 '坐食者'라는 지배층 전사단을 유지할 수 있게 되었다.[76]

5. 맺음말

부여에서 남하한 주몽세력이 졸본부여에서 고구려를 건국한 이후 이루어진 주된 대외활동은 주변세력에 대한 재편과 원격지 국가에 대한 정복활동으로 대별할 수 있다. 이러한 대외활동은 태조왕대를 전후로 하여 그 대상과 그에 대한 대응이 달라진다. 본고에서는 이것을 태조왕까지의 대외활동을 중심으로 해서 살펴보았다.

먼저 주변세력과 일종의 연맹관계를 형성하였다가 고구려 왕권의 강화와 함께 대무신왕대를 전후하여 모두 나부로 재편한다. 또 개별적으로 내부한 집단들에 대해서는, 사성을 통한 편제 방식을 택하고 있다. 그런데 이들 사성을 받은 세력은 일괄적으로 계루부 내로 편제되었다기보다는, 나부 내의 개별 집단들이 각각 다른 성씨를 칭하고 있는 점을 참고하건대 아마도 여러 나부로 편제되었을 것으로 보았다. 그런데 사성에 대한 기사가 끝나는 대무신왕대에 당시 고구려에게 가장 큰 위협세력이었던 부여를 정벌하고 그 과정에서 국가권력으로서 고구려의 위상을 드러내고 다른 나부에 대해 내정간섭을 행하고 있는 점 등으로 미루어, 고구려는 대무신왕대에 일대 체제정비를 이루었으며 그 내용은 그간의 주변세력에 대한 편제의 결과로써 좌우보제의 정비 및 5나부체제를 이루었다고 보았다.

주변세력에 대한 이러한 재편과 동시에 고구려는 동명왕대에 북옥저 방면, 대무신왕과

75) 『三國史記』 高句麗本紀3, 太祖大王 69년조.
76) 노태돈, 앞의 글, 1988, 40쪽.

태조왕대에 동옥저 방면으로 대외진출을 도모한다. 이처럼 단계적으로 행한 고구려의 옥저 방면 진출은 계루부 왕실의 세력이 미약한 상태에서 주변세력에 대한 편제도 채 이루어지지 않았던데다 당시로서는 정복을 행하기에는 거리상으로도 멀리 떨어진 지역을 대상으로 하였다는 점에서, 단순히 약탈전의 성격을 벗어나 계루부 왕실의 고구려가 건국 이래 줄곧 갖고 있던 대외정책의 일정한 틀 안에서 이루어진 것으로 보았다. 이는 고구려의 동옥저 정복루트 및 동천왕의 피신루트는 요동에서 옥저에 이르는 공로상에 예맥을 관할하기 위해 설치되었던 玄菟郡의 범주와 일치한다는 점에 주목하여 고구려의 옥저 정벌이 단순한 약탈전이 아니었음을 살펴본 것이다.

고구려는 당시 한군현에 속해 있지 않고 상대적으로 복속이 용이하던 북옥저 방면으로 먼저 진출하여, 이 지역이 가진 경제적 이점을 이용함과 동시에 부여를 배후에서 견제하는 한편 동옥저 진출의 교두보를 마련하는 성과를 거둔다.

그런데 집안에서 동옥저로 이르는 大路는 이미 기원전 2세기대에 漢이 滄海郡을 설치하려다 길이 멀고 경비가 많이 들어서 1차 혁파를 하였고, 조선이 멸망한 후에는 예맥을 관할하기 위해 漢 武帝가 현도군을 설치하였던 곳이다. 이 현도군은 고구려의 흥기로 인해 군치가 있던 옥저 방면에서 고구려 서북 방면으로 이전되었다. 漢은 옥저가 가지고 있던 諸 유인 요소에 끊임없이 이끌렸으나 결국 그 지배에는 실패하였다. 이렇듯 입지적 조건이 어려운 옥저를 고구려도 건국 초기부터 복속 목표로 삼고 있었다. 이에 동옥저로 통하는 길목에 위치한 개마국·구다국·낙랑국 등을 차례로 복속하고, 이후 태조왕 4년에 동옥저를 복속하는 데 성공한다.

전쟁은 정치적 목적이 드러나야 한다. 주로 고대사회에서의 정복전쟁은 그 지역에 대한 완전 통치를 전제로 한 경우보다 일시적인 공격 등을 통해 그 지역의 인력과 물품을 노획해 오는 목적이 더 컸다. 그러나 옥저 방면은 그 같은 경제적 이유만으로 복속을 꾀하기에는 어려운 입지적 조건을 갖춘 곳이었다. 漢이 그 지배를 중도에 포기한 창해군과 현도군의 경우에서도 이 점은 명확하다. 그런데 통구에서 옥저에 이르는 공로는 예맥의 거주지이며, 그 중심지가 바로 옥저라는 사실에 주목할 필요가 있다. 이 예맥의 중심지인 옥저를 복속하려한 고구려도 처음에는 예맥의 일개 세력이었으나 현도군을 축출하면서 예맥의 중심 세력으로 부각된다. 그리고 주몽에 의해 고구려국이 건국된 이후 예맥을 완전히 통합해 나가는 방향으로 대외정책을 정한 것으로 고려된다. 즉 계루부 왕실이 초기에 잡은 대외팽창 목표는 옥저 복속이었던 것이다. 이에 고구려는 옥저 복속으로 상징되는 고구려 초기 대외팽창의 일단락을 정리하고 그 강역을 부기하고 있는 것이다. 그리고 계루부 왕실은 이 전쟁의 수행으로 보다 조직적인 체제 관리 기능을 제공받고, 획득한 인적·물적 자원을 토대로 중앙 국가권력을 강화시키는 한편, 국왕은 군사력의 독점을 통해 권력을 한층 강화시킬 수 있었다.

고구려의 예맥에 대한 점진적인 장악은 당연히 이 지역을 관할하고 있던 玄菟郡과의 충돌을 불가피하게 하였다. 태조왕대의 옥저 복속 이후 漢 군현과 고구려의 첨예한 대립은 이를 잘 보여준다.

이처럼 고구려는 동명왕에서 태조왕에 이르는 기간에 옥저 방면으로의 진출을 완성하고 고구려 초기부터 추진된 대외정책으로서의 예맥 통합을 일단락하게 된다. 이후 고구려는 주변의 한군현과 대립하면서 요동과 낙랑군 방면으로의 진출을 도모해 나간다.

新羅僧侶들의 衆生觀에 대한 一考察

박 미 선[*]

1. 머리말

불교사 연구는 크게 경전을 바탕으로 교리 분석을 통해 불교사상을 규명하는 철학적 연구방법과, 특정 불교사상과 신앙이 한 사회에서 어떤 기능을 수행했으며 어떤 계층과 관계있는지를 규명하는 역사적 연구방법으로 진행되어 왔다. 그리고 이러한 방법에는 당시 활동한 승려들의 행적과 저술 등이 중요한 자료가 되고 있다.

그런데 '승려'라는 지위에는 두 가지 의무가 부여된다. 먼저 승려란 '불교'라는 종교·진리를 추구하는 자로서, 그에게는 종교적 가르침을 깨닫고 이를 실천해야 할 의무가 있다. 다음으로 승려가 아무리 非세속적 인물이라 하더라도 그는 한 사회의 지식인층으로, 그가 살고 있는 국가·사회에서 요구하는 사회적 기대와 제약에서 벗어날 수는 없는 것이다. 특히 고대사회일수록 승려가 국가나 왕조로부터 받는 제약과 기대는 컸을 것이다. 그러므로 승려들은 종교적 의무와 국가·사회에서 주어지는 이 의무들을 어떻게 조화시킬 것인가를 가장 고민하였을 것이다.

일찍이 신라에서도 불교를 공인한 法興王은 "蒼生을 위하여 복을 닦고 죄를 없앨 곳"[1]을 마련하기 위해 절을 짓고자 하였다. 이러한 법흥왕의 불교공인 목적은 곧 대승불교에서 주장하는 '上求菩提 下化衆生'의 '下化衆生'과도 통하는 바가 있다고 생각된다. 이처럼 신라에 수용·공인된 불교는 대승불교였기 때문에 불교수용 초기의 신라 승려들은 '下化衆生'을 실천하지 않을 수 없었을 것이다. 그렇다면 승려들이 말하는 '下化衆生'의 '衆生'을 '民'과 동일시할 수 있는가. 나아가 승려들의 '중생'에 대한 인식이 신라 全 시기를 통해 단일하게 이해되고 있었을까. 물론 시간이 지날수록 보다 다양한 불교사상을 접함으로써 그에 따

---

* 연세대학교 박사과정

1)『三國遺事』권3, 興法3, 原宗興法 厭髑滅身, "願爲蒼生 欲造修福滅罪之處."

른 신라 승려들의 사상이 심화되고, 그 속에서 중생에 대한 이해에도 변화가 있었을 것이라는 점은 충분히 상정할 수 있다. 한편 당시 신라는 고대국가로서 제도를 정비하고 있었고, 정복전쟁으로 인해 새로운 영토와 복속된 民에 대한 지배에 고심하고 있었다. 따라서 '民'은 승려의 입장에서는 교화·포교의 대상이면서 국가·왕조의 입장에서는 지배의 '대상'이라는 점에서 중시되지 않을 수 없는 존재였다. 이 점이 바로 승려와 신라국가가 서로 친밀한 관계를 맺는 합의점이었다고 할 수 있겠다.

이에 본고에서는 신라에서 불교가 공인된 이후 승려들의 중생에 대한 인식·이해의 변화가 신라사회의 발전 과정에서 어떻게 작용하였으며, 어떤 연관성이 있었는지를 밝혀 보고자 한다.

승려들의 중생관은 승려들의 대중교화활동에서 단적으로 찾아볼 수 있다. 특히 신라에서는 통일을 전후한 시기, 元曉에 의해 불교대중화가 이루어졌다. 이러한 불교대중화가 가능할 수 있었던 것은 '一切衆生 悉有佛性'이라는 사상이 밑받침되었기 때문이다. 그러나 이러한 사상이 원효가 활동한 시기에 갑자기 형성·수용된 것은 아닐 것이다. 그러므로 먼저 대중교화의 사상적 기반이 된 佛性論이 신라사회에 수용·전개되는 과정을 살펴보려고 한다. 이 불성론에서는 모든 중생이 부처가 될 수 있다고 한다. 그러나 일부 불교경전이나 玄奘과 같은 승려들은 女性이나 一闡提를 成佛할 수 없는 존재로 보기도 하였다. 그러므로 중생의 성불 가능성과 그 범위에 대한 신라 승려들의 제 견해의 추이를 통해 그 특징을 밝혀보고자 한다.

이러한 고찰을 통해 다음 장에서는 신라 승려들이 가진 중생관의 특징이 그들의 행적으로는 어떻게 나타나고 있는지 고찰해 보고자 한다. 즉 삼국통일을 前後한 시기에 활동했던 대표적인 승려들의 행적에서 그들의 중생관을 찾아보고, 그 차이점도 살펴보려고 한다.

마지막으로 신라 승려들의 중생관에 변화가 일어나게 되는 이유와 그 변화가 신라사회에 끼친 영향을 살펴보고자 한다. 이로써 신라사회에서 승려들이 차지하는 비중과 그 역할, 그리고 국가·왕실과의 관계를 구체적으로 찾아볼 수 있으리라 기대한다.

이 글에서는 禪宗 승려들의 중생관에 대해서는 언급하지 못한 한계가 있다. 이는 추후의 과제로 삼고자 한다.

2. 如來藏思想의 수용과 전개

1) 如來藏思想의 수용

고구려나 백제는 4세기 후반에 각각 불교를 공인한 후 중국과의 접촉을 통해 대승교학을 수용하였다. 4~5세기 중국 불교계는 반야·중관 사상이 주류를 이루었으며, 이러한 중국

불교계의 영향을 받아 고구려의 僧郎은 중국 三論宗에 전기를 마련할 정도였다. 한편 신라에서는 6세기 초에 불교가 공인되었는데, 기록상 최초의 유학승인 覺德이 귀국한 것은 진흥왕 10년(549)이며[2] 佛經이 유입된 것은 그로부터 16년이 지난 진흥왕 26년(565)으로 明觀이 가져온 1700여 권의 經論이 그것이다.[3] 이 당시 중국에는 인도의 唯識사상이 전래되었는데, 이후 중국에서는 7세기 중엽까지 유식사상이 세 차례에 걸쳐 전해지면서 지론종・섭론종・법상종의 학파가 성립되었다. 그리고 南朝에서는 涅槃學이 성행하였다. 특히 열반학의 성행은 佛性에 대한 논의를 심화시키는 계기가 되었다. 즉 法顯이 인도에서 가져온『大般涅槃經』의 일부분이『大般泥洹經』6권으로 번역되었는데, 여기에서는 一闡提가 성불할 수 없다고 주장하였다. 이에 반해 道生(355~434)은 전래된 경전이 불완전하지만 궁극적으로 일천제도 성불할 수 있다고 주장하였다.[4] 이후 曇無讖(385~433)이 421년에『대반열반경』을 번역함으로써 일천제도 성불할 수 있다는 것이 확인되었고, 이후 중국의 불교학자들 사이에서 불성에 대한 논의가 활발하게 전개되었다. 따라서 6세기 중엽 이후 중국 유학승이 증가한 신라 불교계는 백제・고구려와는 달리 唯識사상을 비롯하여 중국에서 일어나고 있는 새로운 불교사상을 받아들이게 되었다.[5]

주지하듯이 신라 최초의 사찰이라고 하는 흥륜사가 완성되자 곧바로 출가가 공식적으로 인정됨으로써[6] 불교가 형식을 갖추게 되고, 이에 그 내용을 채우기 위해 많은 유학승이 중국으로 건너갔고 귀국길에 많은 경론을 가져오게 된 것이다. 明觀이 가져왔다는 1700여 권의 經名은 구체적으로 알 수 없지만, 대체로 당시 중국에서 유행하던 사상을 담은 경론이 포함되었을 것으로 추측된다. 그로부터 11년 뒤인 576년에 귀국한 安弘이 가져온 불경에는 구체적인 經名이 보이고 있다.

眞興王三十七年 安弘法師入隋求法 與胡僧毗摩羅等二僧回 上稜伽勝鬘及佛舍利[7]

이『능가경』과『승만경』은 여래장사상 계통의 佛經으로 신라사회에 여래장사상이 전해졌음을 보여주는 것이다. 여래장은 여래의 씨앗이라는 의미인데, 佛性과 동의어다. 그러므로 여래장사상은 모든 중생이 佛性을 소유하고 있어 成佛할 수 있음을 주장한다. 이러한 사상이 신라에 수용되었다는 것은, 신라 승려들의 중생관이 '一切衆生 悉有佛性'을 전제로 전개될 소지를 보여주는 것이라 하겠다.

西學의 길을 열었다고 평가되는 圓光은 陳에서『成實論』을 비롯하여『열반경』을 학습하

2)『삼국사기』권4, 신라본기4, "眞興王 十年 春 梁遣使與入學僧覺德 送佛舍利."
3)『삼국사기』권4, 신라본기4, "眞興王 二十六年 陳遣使劉思與僧明觀來聘 送釋氏經論千七百餘卷."
4) 鎌田茂雄 저, 鄭舜日 역,『中國佛敎史』, 경서원, 1985, 114~116쪽.
5) 고익진,『한국고대불교사상사』, 동국대 출판부, 1989, 135~141쪽.
6)『삼국사기』권4, 신라본기4, "眞興王 五年 春二月 興輪寺成 三月許人出家爲僧尼奉佛."
7)『삼국사기』권4, 신라본기4.

였으며,[8] 589년 曇遷이 『攝大乘論』을 강의하던 강석에서 「大乘義章」「涅槃經義記」를 저술한 慧遠(523~592)을 만났다.[9] 『섭대승론』은 유식철학에 기초하여 여래장사상을 반영한 문헌이며, 혜원은 「대승의장」에서 북중국의 불교를 넷으로 나누고 地論宗과 涅槃宗을 가장 우위에 두었는데, 이 두 종파의 사상은 佛性을 긍정한다는 공통점이 있다.[10] 따라서 원광은 이러한 사상적 영향을 받았을 것으로 추론되며, 그가 여래장사상계 경전에 대해 『如來藏經私記』와 『大方等如來藏經疏』를 저술했다는 것[11]이 그 단적인 예라 할 수 있겠다.

慈藏의 경우는 638년 入唐하여[12] 長安 空觀寺에서 法常(567~645)으로부터 菩薩戒를 받고 그를 사사하였다.[13] 법상도 혜원의 후배인데다가 그 자신도 열반학에 뜻을 두고 있었다. 그러므로 자장도 『열반경』 혹은 열반학에 관심을 두었음에 틀림없다.[14] 또한 慈藏이 중국 오대산 태화지가의 문수상이 있는 곳에서 7일간 기도하였더니 문수보살이 꿈에 4구게를 주었는데 범어로 된 그 내용을 풀이하면 다음과 같다.

了知一切法 自性無所有 如是解法性 卽見盧舍那[15]

이를 보면 자장도 중국에서 법성과 불성에 대해 배웠을 것으로 짐작된다.

뿐만 아니라 선덕왕의 '善德'이 『대반열반경』(북본)과 계통을 같이하는 『大方等無想經』에서 유래한 것이며,[16] 그 이름 '德曼'은 『열반경』에서 德曼 憂婆夷가 중생을 제도하고자 여자의 몸으로 태어났다는 데 의거하였다 한다.[17] 진덕왕의 이름 '勝曼' 또한 『승만경』의 주인공인 승만 부인에서 유래한 것이다.

元曉와 義湘은 650년에 玄奘의 新唯識을 배우고자 入唐을 시도하였는데, 고구려군에 붙들려 그 뜻을 이루지 못하고 돌아왔다. 이 때 원효와 의상은 고구려 불교사상을 이끌던 普德에게 涅槃과 方等을 배울 기회를 가졌다.[18] 이로써 원효와 의상의 사상도 열반의 모든

---

8) 『삼국유사』 권4, 의해5, 원광서학, "旣爰初落采 卽禀具戒 遊歷講肆 具盡嘉謀 領牒微言 不謝光景 故得成實涅槃 蘊括心府 三藏釋論 偏所披尋."

9) 木村宣彰, 「元曉大師と涅槃思想」, 『元曉硏究論叢』, 국토통일원, 1987, 825~826쪽.

10) 鎌田武雄 著, 鄭舜日 譯, 앞의 책, 1985, 119~120쪽.

11) 동국대 불교문화연구소, 『한국불교찬술문헌총록』, 동국대 출판부, 1976, 7쪽.

12) 慈藏의 入唐 연대에 대해, 『속고승전』 慈藏傳에는 貞觀 12년(638)이라 하고, 『삼국사기』·『삼국유사』는 善德王 5년(636)이라 하였다. 638년은 선덕왕 연호로 仁平 5년인데, 『삼국사기』와 『삼국유사』가 인평 5년을 선덕왕 5년으로 착각하였다고 보는 견해가 있다(남동신, 「자장의 불교사상과 불교치국책」, 『한국사연구』 76, 1992, 10쪽).

13) 『속고승전』 권15, 法常傳(『大正新修大藏經』 권50, 542쪽 上).

14) 자장의 수행 과정이 석가모니의 그것을 연상케 한다든지, 그의 문수신앙의 경전적 배경이 『문수열반경』으로서 이 또한 『열반경』 계열의 것임을 지적한 연구들이 있다(신종원, 「자장의 불교사상에 대한 재검토」, 『한국사연구』 39, 1982 ; 남동신, 앞의 글, 1992).

15) 『삼국유사』 권3, 탑상4, 臺山五萬眞身.

16) 남동신, 앞의 글, 1992, 29~30쪽.

17) 정병조, 『의상 화엄사상연구』, 서울대 출판부, 1998, 31쪽.

중생이 성불할 수 있다는 불성론에 기반하고 있었음을 짐작할 수 있다.

이로써 7세기 이후 신라사회에는 『열반경』을 비롯하여 『여래장경』·『승만경』 등이 전해져 이들 경전에 담긴 여래장사상 또한 널리 수용되고 있었음을 볼 수 있었다. 불교경전의 유입을 통한 이러한 사상의 전개가 신라사회에 어느 정도 영향을 미쳤는지는 단언할 수 없지만, 이후 활동한 승려들의 불성, 일천제 성불 가능성에 대한 논의에 일정 정도 영향을 끼치고 있었다고 보아야 할 것이다.

2) 신라 승려들의 불성론

여래장사상은 삼국통일 이전에 이미 신라에 수용되었지만 이 시기 활동한 승려들의 저술이 남아 있는 것이 없어 이들의 불성론에 대해서는 알 수가 없다. 따라서 통일 이후에 활동한 승려들의 저술에 나타난 衆生의 佛性에 관한 논의와 成佛 가능성에 관한 견해를 살펴보도록 하겠다.

① 如實修行者 謂見衆生自性清淨佛性境界故 偈言 無障淨智者 如實見衆生自性清淨佛法身境界故 遍修行者 謂遍十地一切境界故 見一切衆生有一切智故 又遍一切境界者 以遍一切境界依出世惠眼 見一切衆生乃至畜生有如來藏[19]

② 諸佛無始 雖實無始 而無一佛本不作凡 雖皆本作凡 而展轉無始 以是准知衆生無終 雖實無終 而無一人後不作佛[20]

③ 衆生佛性非內六入非外六入 內外合故名爲中道 若依後文瓦石等物外六入所攝而爲佛性如是相謂云何會通 通者解云 若依有情無情異門 瓦石等物不名佛性 若就唯識所變現門內外無二合爲佛性[21]

④ 太賢師云 …… 謂一闡提 捨闡提心 方得成佛 不捨不得 …… 是之人 當得阿耨多羅三藐三菩提故 一闡提輩以佛性故 若聞不聞 悉亦當得阿耨多羅三藐三菩提故[22]

⑤ 如理普遍衆生 衆生心中 菩提性與果法 無有差別 則衆生身中 有果德菩提 非唯因性[23]

①·②·③은 원효의 저술 속에서 발췌한 내용이다. ①에서는 중생이 곧 깨닫지 못한 인간으로 규정되고 있지만, 如來藏의 所有라는 점에서 볼 때 인간과 축생은 동일시할 수 있다는 것이다. ②에서는 佛과 인간(=중생)을 동일시하고 있으며, 나아가 ③에서는 有情과 無

---

18) 『大覺國師文集』 권17(『한국불교전서』 4, 559쪽 上).
19) 元曉, 「涅槃宗要」(『한국불교전서』 1, 540쪽 下).
20) 元曉, 「無量壽經宗要」(『한국불교전서』 1, 561쪽 下).
21) 元曉, 「涅槃宗要」(『한국불교전서』 1, 544쪽 上).
22) 壽靈, 「大般涅槃經」(『大日本佛敎全書』 권10, 350쪽 下~351쪽 上) ; 李萬, 『新羅 太賢의 唯識思想研究』, 민족사, 1989, 150~151쪽에서 재인용.
23) 表員, 「華嚴經文義要決問答」 권3, 一乘義(『한국불교전서』 2, 379쪽 下).

情의 본질이 같음을 주장하고 있다. 이렇게 본다면 원효의 중생관은 본질적으로 無情=有情이며, 有情 속에서도 佛=人間=畜生으로 정리할 수 있다. 이러한 중생관은 '一切衆生 悉有佛性'에 이론적 기반을 둔 것으로 결국 원효는 모든 인간의 성불을 믿으며 나아가 畜生의 성불 가능성도 인정하고 있다. ④에서 태현은 일천제도 불성이 있기 때문에 성불할 수 있다고 하여 모든 중생의 성불 가능성을 인정했다. ⑤에서 表員은 원효가 因으로서의 불성을 강조한 것에 비해, 중생에게는 因과 果가 모두 갖추어져 있어 중생은 성불도 마쳤다고 주장하고 있다.[24)]

이와는 반대로 승장이나 경흥의 경우에는 佛性이 없는 중생의 존재를 인정하고 있다. 즉,

① 經曰 一切衆生皆有佛性等者 此卽顯示不離戒體眞如佛性 釋此文自有兩釋 一依涅槃經諸師說言 一切衆生悉有佛性 必定性佛義如常說 二護法菩薩等云 一切有二 一一切一切二少分一切 經說一切衆生皆有佛性者 此就少分一切……[25)]

②-1 群生者卽勝鬘其四種衆生 所謂無聞非法及求三乘者 有說於四群中初非法人無感聖善故 云不請非也 後三乘種未必皆有感佛善故 初無聞人亦應有感聖世善故 華嚴瑜伽皆有此四 以後三種通定不定 初之一種無性有情[26)]

②-2 有說有涅槃法名正定聚 無涅槃法名邪定聚 離此二者名不定聚非也 離有種姓無種姓外更無衆生聚 應唯二故[27)]

勝莊은 '一切衆生 悉有佛性'의 '一切衆生'에 대한 두 가지 해석을 제시하면서 그중에서 少分一切, 즉 成佛할 수 없는 존재를 제외한 중생일체로 보았다. 憬興은 중생을 聲聞・緣覺・菩薩과 無性有情으로 나누고 無性有情은 부처가 될 수 없다고 하며, 나아가 중생은 오직 有種姓과 無種姓의 두 종류뿐이라고 하였다. 이에 보듯이 승장과 경흥은 一闡提의 성불 가능성을 부정하고 있다. 玄奘이 인도에서 스승 戒賢으로부터 一闡提에게는 佛性이 없다는 설을 배우고 645년 長安으로 돌아온 후 五性各別說을 주장했는데, 이러한 중국 불교의 영향이 신라승려들에게도 미치고 있었음을 알 수 있다.[28)] 그러나 경흥의 경우 신문왕대 國老가 되었지만, 말을 타고 다니다가 문수보살의 化身에게 꾸지람을 들었다는 설화는[29)] 신라 불교계에서 그가 대접받지 못하고 조롱당했음을 시사한다고 본 견해[30)]가 있어 주목된다. 이렇게 본다면 신라에서는 모든 사람에게 성불 가능성을 개방한 사상적 흐름이 주류를 이루고 있었다[31)]고 보는 것이 타당하다고 생각된다.

24) 김영미, 앞의 책, 1994, 349쪽.
25) 勝莊, 『범망경술기』 卷上本(『한국불교전서』 2, 125쪽 中).
26) 璟興, 「無量壽經連義述文贊」 卷中(『한국불교전서』 2, 39쪽 下).
27) 璟興, 「無量壽經連義述文贊」 卷下(『한국불교전서』 2, 58쪽 上).
28) 賴永海, 『中國佛性論』, 上海人民出版社, 1988, 68~69쪽.
29) 『삼국유사』 권5, 感通7, 憬興遇聖.
30) 韓泰植, 「憬興의 生涯에 관한 再考察」, 『불교학보』 28, 1991, 205쪽.

이상에서 살펴본 바와 같이 신라 승려들에 의해 제기된 불성론은 有情을 대상으로 하였으며, 이 有情 중에 無性의 존재가 있느냐 없느냐에 대한 논의가 중심을 이루고 있었다. 특히 有情은 대체로 人을 가리키는 것으로서 신라 승려들이 말하는 一切衆生은 곧 깨닫지 못한 모든 사람을 가리킨다고 볼 수 있겠다.

3. 신라 승려들의 중생관

앞서 살펴보았듯이 여래장사상을 비롯하여 불성에 대한 논의가 신라불교계에서는 활발하였다. 이러한 승려들의 불성론이 구체적으로 중생에 대한 그들의 이해에 어떤 영향을 미치고 있었는지 그들의 행적을 중심으로 살펴보도록 하겠다.

① 故光於所住嘉栖岬 置占察寶 以爲恒規 時有檀越尼 納田於占察寶
② 光曰 佛敎有菩薩戒 其別有十 若等爲人臣子 恐不能堪 今有世俗五戒 …… 光曰 六齋日 春夏月不殺 是擇時也 不殺使畜謂馬牛雞犬 不殺細物 謂肉不足一臠 是擇物也 此亦唯其所用 不求多殺 此是世俗之善戒也 (『三國遺事』卷4, 義解5, 圓光西學)

위의 두 기사는 원광이 隋에서 귀국한 직후 가서갑에 머물고 있을 때의 일화들이다. ①에서 원광은 占察法을 시행하였는데, 이 법회의 소의경전인 『占察善惡業報經』에서는 중생의 청정한 마음이 如來藏임을 설하고 있다.[32] 따라서 『여래장경』을 비롯한 여래장사상에 관심이 있었던 원광은 점찰법회를 통해 이러한 사상을 전파시키고자 했을 것으로 생각된다. 더군다나 이 점찰법이 왕경인 경주가 아닌 가서갑에서 이루어졌다고 한 것으로 보아 이 법회는 왕이나 귀족만을 위한 것이 아니며 일반민들에게도 개방된 것이 아닐까 생각된다. 동시대인 眞平王代에 安興寺 비구니 智惠가 仙桃山 神母의 도움으로 佛殿을 수리할 수 있었는데, 이 때 신모는 매년 봄・가을 10일에 善男善女를 모아 일체 중생을 위해 점찰법회를 베풀도록 하였다.[33] 이러한 사례를 보면 점찰법회에 일반민들도 참여하고 있었음을 짐작할 수 있다.

한편 ②는 그 유명한 세속오계에 관한 일화로, 귀산과 추항이 다섯 가지 덕목 중에서 殺生有擇의 의미를 이해하지 못하여 다시 물어 보자 이에 상세히 풀어 설명한 것이다. '殺生有擇'은 불교의 가장 중요한 계율인 '不殺生'과는 어긋나는 것이지만, 이 계를 수지할 귀산

---

31) 김영미, 앞의 책, 1994, 319~323쪽.
32) 『大正新修大藏經』 卷17(東國大譯經院, 『한글대장경』 권77).
33) 『삼국유사』 권5, 感通7, 仙桃聖母隨喜佛事, "眞平王朝 有比丘尼名智惠 多賢行 住安興寺 擬新修佛殿而力未也 夢一女仙風儀婥約 珠翠飾鬟 來慰曰 我是仙桃山神母也 喜汝欲修佛殿 願施金十斤以助之 …… 每春秋二季之十日 叢會善男善女 廣爲一切含靈 設占察法會以爲恒規."

과 추항이 '爲人臣子'이기 때문에 그들의 사회적 지위에 맞게 불교의 계율을 변형시킨 것이라고 할 수 있겠다.[34] 뿐만 아니라 원광은 隋에 보내는 걸사표를 작성하였는데,

> 王患高句麗屢侵封埸 欲請隋兵以征高句麗 命圓光修乞師表 光曰 求自存而滅他 非沙門之行也 貧道在大王之土地 食大王之水草 敢不惟命是從 乃述以聞[35]

이라고 하여 이 때도 沙門의 도리보다는 신라의 신하, 대왕의 신하라는 사회적 지위를 내세웠다. 이 또한 세속오계를 주장한 것과 마찬가지로 대승계율을 적극적으로 해석한 것으로 볼 수 있겠다.

이처럼 원광은 일반민, 臣子, 王에게 각각 그에 맞는 교화방법을 베풀고 있었다. 그러나 한편 원광이 자신의 묘 옆에 묻은 胎死한 兒를 묘 밖으로 내쳤다고 하는 설화[36]를 볼 때 그의 중생관에는 일정한 한계가 있었던 것이 아닐까 한다.

> ① 吾寧一日持戒而死 不願百年破戒而生 …… ②一夏請至宮中 講大乘論 又於皇龍寺演菩薩戒本 七日七夜 …… ③啓勅藏爲大國統 凡僧尼一切規猷 總委僧統主之 …… ④ 當此之際 國中之人受戒奉佛 十室八九 祝髮請度 歲月增至 …… ⑤ 嘗以邦國服章不同諸夏 擧議於朝 簽允曰臧 乃以眞德王三年己酉 始服中朝衣冠 明年庚戌又奉正朔 始行永徽號 自後每有朝覲 列在上蕃 藏之功也 ⑥ 粤有老居士 方袍襤褸 荷葛簣 盛死狗兒來 …… 居士曰 歸歟歸歟 有我相者 焉得見我[37]

자장의 경우를 보아도 그는 출가한 직후 왕의 부름에 대해 지계를 강조하며 거절하였다. 또한 그는 일찍이 수행의 목적을 利益衆生에 두고 있었으며,[38] 산 속에서 수행에 몰두하고 있을 때 '자기 홀로 착하기보다 바다와 같이 많은 사람들을 두루 구제함이 낫다'라는 소리를 듣고 산에서 나와 남녀를 불문하고 평등하게 戒法을 주었다고 한다.[39] 이러한 모습은 위의 사료 ④의 활동과 통하는 것으로, 이 점에서 미루어 볼 때 자장이 일반민을 상대로 보살계를 주면서 불성에 대해 설법했을 가능성을 상정할 수도 있다.

그러나 자장은 신라가 존망의 위기에 빠지자 唐에서 귀국한 후(642) 안으로는 황룡사구층탑을 건립하여 왕실의 권위를 높이고,[40] 밖으로는 唐의 服裝과 年號를 받아들일 것을 건

---

34) 박미선, 「신라 원광법사의 여래장사상과 교화활동」, 『한국사상사학』 11, 1998, 41쪽.
35) 『삼국사기』 권4, 신라본기4, 진평왕 30년.
36) 『삼국유사』 권4, 의해5, 원광서학, "後有俗人兒胎死者 彼土諺云 當於有福人墓埋之 種胤不絶 乃私瘞於墳側 當日震此胎屍 擲于塋外 由此不懷敬者 率崇仰焉."
37) 『삼국유사』 권4, 의해5, 慈藏定律.
38) 『續高僧傳』 권24, 慈藏傳(『대정신수대장경』 권50, 639쪽 中).
39) 閔漬, 「奉安舍利開建寺庵第一祖師傳記」, 『국문학논집』 7·8, 1975, 331쪽.
40) 『삼국유사』 권3, 탑상4, 황룡사구층탑.

의(⑤)하는 등 정치적으로 큰 역할을 담당하였다. 게다가 누추한 옷차림을 한 문수보살을 알아보지 못하고 쫓아내었음(⑥)을 감안한다면 자장의 중생관에서도 '一切衆生 悉有佛性'의 완전한 실현을 찾아보기는 어려울 듯하다.[41)]

이처럼 원광이나 자장은 본래 '이타지행'과 '이익중생'을 목표로 출가하여 수행했지만 급변하는 정세, 특히 삼국 간의 치열한 전쟁 속에서 국가의 이익·존망을 먼저 생각하지 않을 수 없었던 것이다. 더구나 왕실에서 적극적인 불교진흥책을 펴고 있는 상황은 포교를 목적으로 하는 승려들에게 좋은 기회가 아닐 수 없었다. 따라서 당시 이들에게 있어 가장 중요한 교화대상은 왕실과 국가였다고 하겠다.

이와는 달리 국가권력과는 상관없이 일반 대중 속에 깊이 파고 들어가 사찰이 아닌 길거리에서 교화에 힘써 온 교화승들의 일련의 흐름이 있었다. 즉 말년에 성안 신자들의 齋를 지내 주며 생활한 진평왕대의 惠宿과 귀족 집안에 고용살던 이의 아들로 태어나 거리에 나가 노래부르고 춤추며 지냈던 선덕왕대의 惠空이 있었고,[42)] 항상 시장거리에서 발우를 두드리며 '大安 大安'을 불렀다는 대안도 왕궁에 발을 들여놓지 않겠다[43)]고 하였다.

이러한 대중교화의 흐름은 원효에게 계승되었다. 원효는 破戒 후 俗服을 입고 小姓居士라 칭하면서 無碍 박을 만들어 수많은 촌락을 돌아다니며 노래하고 춤추었다. 이로써 가난하고 배우지 못한 民들이 모두 부처의 이름을 알고 염불할 줄 알게 되었다. 원효는 특히 중생구제를 위한 易行道로서 아미타신앙을 받아들여 널리 행했는데, 자신의 노력보다 부처의 자비력에 의존함으로써 극락에 왕생하여 깨달음을 얻을 수 있고 6도 윤회에서 벗어날 수 있다는 점 때문이었다.[44)] 또한 『무량수경』에는 사문이 되거나 재산을 시주하여 탑을 세우거나 불상을 봉안하는 공덕을 쌓은 사람뿐만 아니라 공덕을 닦을 수 없는 사람들도 아미타불의 명호를 외우며 극락세계에 태어나고자 하면 극락에 왕생할 수 있다고 한다. 따라서 아미타신앙은 모든 중생에게 생사윤회하지 않는 극락에의 왕생을 보장할 수 있는 신앙으로 정착하게 되었다.[45)]

원효와 동시대에 활동한 義相은 唐에서 화엄을 배워 자신의 화엄사상체계를 세움으로써 새로운 불교철학의 성립을 이루었다. 귀국 후에는 중앙에서 멀리 떨어진 지역에서 民들을 제자로 맞아 직접 교단으로 포용해 들이고 이 교단을 바탕으로 관음신앙과 아미타신앙을 수용하고 이를 실천적으로 전파하는 신앙활동을 추진함으로써 당시 신라 불교계의 과제였던 대중화에도 부응하였다.

---

41) 자장이 一闡提의 成佛까지 강조하지는 못했을 것이라고 보는 견해가 있다(김영미, 앞의책, 1994, 302쪽).
42) 『삼국유사』 권4, 의해5, 二惠同塵.
43) 『송고승전』 권4, 唐新羅國黃龍寺元曉傳(『大正新修大藏經』 권50, 730쪽).
44) 김영미, 앞의 책, 1994, 99쪽.
45) 김영미, 위의 책, 118~120쪽.

① 國王欽重以田莊奴僕施之 湘言於王曰 我法平等高下共均貴賤同 揆涅槃經八不淨財 何莊田之有 何奴僕之爲 貧道以法界爲家 以盂耕待稔法身慧命藉此而生矣[46]

② 又欲築京師城郭 旣令眞吏 時義相法師聞之 致書報云 王之政敎明 則雖草丘畫地而爲城 民不敢踰 可以潔災進福 政敎苟不明 則雖有長城 災害未消 王於是正罷其役[47]

의상은 국왕이 그에게 주는 전장과 노비를 사양하면서 불법의 평등성을 분명히 밝혔다. 이런 점은 의상 자신이 귀족 출신이었으면서도 그의 제자 중에는 기층민 출신의 승려들이 활발히 활동하고 있었던 것에서 더욱 분명히 드러난다. 즉 의상의 제자 중 가장 중심적인 인물인 眞定은 본래 군인이었는데 품을 팔아 곡식을 얻어 연명할 만큼 가난한 民 출신이었고,[48] 智通은 귀족가의 노비 출신으로서 의상의 화엄강의를 『錐洞記』로 정리했던 인물이다.[49] 물론 교단 내의 신분평등은 출가 교단의 본면목이 그렇다 하더라도 노비나 품팔이 출신의 민이 중심 종단에서 핵심적으로 활동할 수 있는 여건이 이루어졌다는 것은 상당한 의미가 있다고 하겠다.[50]

또한 의상은 과도한 토목사업을 반대하면서 민의 안정을 도모하였는데, 그가 가장 중요시한 것은 '政敎'였다. 따라서 의상은 민의 정서적 안정을 위해 정교의 방법으로 아미타신앙과 관음신앙을 보급하였다. 관음신앙은 이전의 현실구제적인 성격의 신앙에서 벗어나 화엄경설에 토대를 둔 眞身常住 신앙으로, 관음도량이 실제로 신라의 洛山에 있다는 것은 신라 대중을 구제하고자 머물고 있는 관음을 확인시켜 주는 것이었다. 또한 의상은 이미 신라사회에 널리 퍼진 아미타신앙을 자신의 사상체계에 포함시켜 사회적 요구를 수용하는 자세를 보였다.[51]

진표는 亡身懺의 수행을 통하여 지장보살을 친견하고 계속 정진하여 미륵보살로부터 수계를 받았다. 이후 그는 금산사를 창건하여 이 절에 머물면서 점찰법회를 통해 교화에 힘써 많은 사람들이 戒를 구해 참회했다고 한다. 그 뒤 진표는 금산사를 떠나 속리산을 거쳐 강릉으로, 다시 강릉에서 금강산으로 옮기면서 중생을 교화했다.

師出金山向俗離山 路逢駕牛乘車者 其牛等向師前 跪膝而泣 乘車人下問 何故此牛等見和尙泣耶 和尙從何而來 師曰 我是金山藪眞表僧 予曾入邊山不思議房 於彌勒地藏兩聖前親受戒法眞性 欲覓創寺鎭長修道之處 故來爾 此牛等外愚內明 知我受戒法 爲重法故 跪膝而泣 其人聞已 乃曰 畜生尙有如是信心 況我爲人 豈無心乎 卽以手執鎌 自斷頭髮 師以悲心 更爲祝髮受戒 …… 還向溟州海邊 徐行次 有魚鼈黿鼉等類 出海向師前 綴身如陸 師踏

46) 『송고승전』, 唐新羅國義湘傳.
47) 『삼국유사』 권2, 紀異2, 文武王法敏.
48) 『삼국유사』 권5, 孝善, 眞定師孝善雙美.
49) 『삼국유사』 권5, 避隱, 郎智乘雲普賢樹.
50) 정병조, 앞의 책, 1998, 188~189쪽.
51) 정병조, 위의 책, 237~241쪽.

而入海 唱念戒法還出 行至高城郡 入皆骨山 始創鉢淵藪 開占察法會 住七年 時溟州界年穀不登 人民飢饉 師爲說戒法 人人奉持 致敬三寶 俄於高城海邊 有無數魚類 自死而出 人民賣此爲食 得免死[52]

위의 사료에서 보듯이 진표는 금산사에서 속리산으로 가던 도중, 수레를 끌던 소와 그 수레에 탔던 사람의 귀의를 받고 계를 주었으며, 다시 속리산에서 溟州해변에 이르렀을 때 바다로부터 몰려나온 고기떼를 위해 계법을 설해 주기도 하였다. 또한 진표는 발연사를 창건하고 여기에 7년 동안 머물면서 점찰법회를 열었는데, 이 때 흉년으로 굶주린 많은 사람들을 구제해 주었다. 이처럼 진표의 교화는 사람은 물론 짐승과 고기떼에까지 미쳤다. 진표의 점찰교법은 속리산 법주사의 永深에게 이어졌고, 다시 心地에게 전해져 팔공산에서도 행해지게 되었다.[53]

중국에서 賢首로부터 佛法을 배우고 귀국 길에 현수의 『探玄記』 등을 義相에게 전해 주었던 勝詮은 상주영내 개령군에 절을 짓고 石髑髏를 제자로 삼아 화엄경을 강의하였다.

詮乃於尙州領內開寧郡境 開創精廬 以石髑髏爲官屬 開講華嚴 新羅沙門可歸 頗聰明識道理 有傳燈之續 乃撰心源章 其略云 勝詮法師領石徒衆 論議講演 今葛項寺也 其髑髏八十餘枚 至今爲綱司所傳[54]

이는 有情만을 중생으로 보던 시각에서 벗어나 無情까지도 중생의 범주에 포함하고자 했던 것으로, 당시 중생관의 확대된 모습을 모여주는 한 사례가 아닐까 한다. 그러나 2장 2절에서 보았듯이 신라의 불성론은 有情을 대상으로 하였으므로, 勝詮의 이러한 입장이 얼마나 신라사회에 유포되고 수용되었는지는 의문이다.[55]

4. 중생관 변화의 사회적 의미와 영향

신라사회는 불교의 수용에 의해 人間觀과 來世觀이 변하고 있었다. 즉 6세기 초 殉葬制의 폐지[56]가 그 단적이 예다. 殉葬은 타인에 대해 그 生殺予奪權을 행사하는 것으로 고대

52) 『삼국유사』 권4, 의해5, 關東楓岳鉢淵藪石記.
53) 『삼국유사』 권4, 의해5, 心地繼祖.
54) 『삼국유사』 권4, 의해5, 勝詮髑髏.
55) 중국 천태종의 湛然(711~782)은 無情物에도 佛性이 있다고 주장하였다. 그는 불성을 하나의 실체적 진여로 해석하여 만물이 모두 이 진여·불성의 나타남이라고 한 것이다. 그러나 마음을 가진 존재만이 사유·의식 등의 활동을 할 수 있으므로, 성불의 가능성이란 문제에서 보면 유정만이 불성이 가지는 것이 아닐까 한다(조수동, 『여래장』, 이문출판사, 1997, 180~185쪽).
56) 『삼국사기』 권4, 신라본기4, 智證麻立干 3년, "下令禁殉葬 前國王薨則殉以男女各五人 至是禁焉."

적 인간관을 단적으로 보여주는 것이다.[57] 신라사회는 4~6세기를 거치면서 농업생산력이 크게 발달하였다. 이로써 民이 성장하고 있었고, 인간의 노동력이 중요시되었다.[58] 또한 삼국항쟁이 치열해지면서 신라는 전쟁·조세·역역 대상을 확대할 필요에 의해 복속민을 公民化하고 있었다.[59] 이렇게 중고기 사회경제적 변화 속에서 민의 생산력이 더 중요하세 되자, 이들에 대한 인식과 지배방식에도 변화가 일어났다.

과거에는 복속지역에 대해 토착세력의 존재를 인정하면서 정기적으로 '貢'을 납부받으며 부정기적으로 6部人 官人을 파견하여 감찰하는 정도의 간접적 지배방식을 취하였다.[60] 그러므로 중앙과 지방이 구분되고 그 지방민도 차별적으로 인식되었다. 그러나 '公民化'정책이 이루어지면서 그러한 구분은 점점 사라지고 일체감을 형성하는 방향으로 진행되었다.

이러한 인간관의 변화 속에서 모든 중생에게 佛性이 있다는 如來藏思想이 6세기 중엽 신라사회에 유입될 수 있었다. 또한 이러한 근본적인 불교의 평등사상은 각 지역이 가지고 있던 전통사상을 초월하는 보편적인 사상이었다. 그러므로 이는 법적으로 복속민을 공민화하는 것 외에 기존의 신라인과 복속민을 연결하는 일체감·동질의식의 조성에 기여할 수 있었다고 생각된다.

이러한 사회적 분위기는 신라가 삼국통일을 이룬 후 더욱 가속화되었다. 즉 신라는 백제와 고구려를 멸망시킨 후 그 유민을 포섭하여 융합하는 정책으로 唐과의 전쟁에서도 승리할 수 있었다. 그리고 내투한 고구려와 백제인에게 京位를 수여하였으며, 문무왕 14년(674)에는 경주 6부의 귀족들을 지방으로 옮겨 가 살도록 하였다.[61] 이러한 조치들이 외위의 소멸과 함께 지방민에게도 경위가 수여되기 시작한 것을 의미한다고 볼 수 있다. 또 신문왕 5년(685)에는 전국을 9주로 나누고 군현을 두었으며, 중요 지역에 5소경을 설치하여 전국을 일원화하였다.[62] 이로써 왕경과 지방에 거주하는 사람들의 차별의식은 어느 정도 해소되었을 것으로 짐작된다. 또한 통일 이후 문무왕은 전쟁으로 인해 악화된 민들의 경제생활을 안정시키기 위해 여러 가지 위민정책을 실시하였다.[63] 이처럼 지방민에 대한 차별의식이 점

---

57) 朱容立, 「한국 고대의 순장연구」, 『孫寶基博士停年紀念 韓國史學論叢』, 지식산업사, 1986.

58) 全德在, 「4~6세기 농업생산력의 발달과 사회변동」, 『역사와 현실』 4, 1990.

59) 562년 대가야 평정에 참가했던 斯多含은 戰功으로 토지와 生口 200명을 받았다. 그런데 토지는 부하 병사들에게 주고 포로 200인은 良人으로 만들었다(『삼국사기』 권4, 신라본기4, 진흥왕 23년). 이렇게 사다함이 포로를 良人으로 만들었다는 것은 이미 주변세력 주민을 신라민화하는 움직임이 있었다는 것을 의미한다(金基興, 「韓國 殉葬制의 歷史的 性格」, 『建大史學』 8, 1993, 16~17쪽).

60) 河日植, 「6세기 新羅의 地方支配와 外位制」, 『學林』 12·13합집, 1991, 35~37쪽.

61) 『삼국사기』 권40, 雜志9, 職官(下), 外官, "文武王十四年 以六徒眞骨出居於五京九州 別稱官名."

62) 『삼국사기』 권8, 신라본기8, 신문왕 5년, "五年春 復置完山州 以龍元爲摠管 挺居列州以置菁州 始備九州 以大阿湌福世爲摠管 三月 置西原小京 以阿湌元泰爲仕臣 置南原小京 徙諸州郡民戶分居之."

63) 『삼국사기』 권6, 신라본기6, 문무왕 9년, "二月二十一日 大王會羣臣 下敎 …… 盜賊人但放其身 更無財物可還者 不在徵限 其百姓貧寒 取他穀米者 在不熟之地者 子母俱不須還 若在熟處者 至今年收熟 只還其本 其子不須還"; 『삼국사기』 권7, 신라본기7, 문무왕 21년, "遺詔曰 …… 鑄兵戈爲農器 驅黎元於仁壽 薄賦省傜 家給人足 民間安堵 域內無虞 倉廩積於丘山 囹圄成於茂草 可謂無愧於幽

차 소멸해 가고 민에 대한 중요성을 인식하게 된 배경에는 불성론의 영향도 적지 않았을 것이다.[64)]

이러한 사회변화 속에서 승려들에게 주어진 과제 또한 변하고 있었다. 원광·자장으로 대표되는 중고기에 활동한 승려들은 출가 수행의 목적이 이타행에 있었다 하더라도 결국은 국가의 이익이나 요구에 의해 활동할 수밖에 없었다. 당시 승려들의 사회적 지위는 출가자의 신분을 떠나 지식인층으로서 중국의 선진문물을 전해 주는 역할을 담당했으므로,[65)] 이로써 외교관적 역할과 정책 입안·자문 등 국가의 주요한 업무를 맡고 있었다. 뿐만 아니라 삼국간의 전쟁이 치열한 시기였으므로, 무엇보다 국가와 왕실의 존망이 가장 중시될 수밖에 없었다. 따라서 이들이 가지고 있던 중생관이란 것도 일정한 한계를 가질 수밖에 없었다.

반면에 무열왕계가 집권하는 과정에서 이들이 對唐外交를 담당하면서 유교적 정치사상이 표방되었다. 국가체제의 정비에 따라 國學을 세워 유교경전을 본격적으로 교육하여 유교가 정치이념으로 대두되었고, 이에 불교가 정치에 미치던 영향력도 크게 감소하고 중국으로부터의 선진문물의 도입이나 외교적인 역할도 승려에게 의존하지 않고도 이루어지게 되었다.[66)] 또한 백제·고구려 유민이 신라사회에 포용되고, 전쟁에서 세운 軍功으로 民의 성장이 이루어지면서[67)] 이들의 불교에 대한 요구가 강해지자 승려들 사이에서도 왕실 중심의 불교에 대한 반성으로 불교의 대중화 움직임이 일어나게 되었다.

이로써 삼국통일 이후에 활동한 승려들은 왕경에서 벗어나 각 지역에서 관음신앙·아미타신앙·지장신앙 등을 통해 중생구제를 펴 나갔다. 이들의 이러한 활동에는 '일체중생 실유불성'이라는 불성론이 사상적 바탕이 되고 있었다. 이에 廣德·嚴莊·努肹夫得·怛怛朴朴 등 재가신자들의 활동이 곳곳에 보이고,[68)] 나아가 智通과 같이 노비라 할지라도 출가하여 승단에서 활동하거나 주인보다 먼저 성불하는 일[69)]이 일어나게 된 것이다. 그렇다고 승려들이 왕실과 완전히 분리된 것은 아니었다. 가령 원효의 경우 무열왕의 딸과 혼인하였고, 의상의 부석사 창건에도 국가의 도움이 있었으며, 경덕왕의 경우 진표로부터 보살계를 받기도 하였다. 그러나 앞서 살펴본 바와 같이 이들은 民을 대상으로 한 포교활동을 중심으로 하고 있었으므로, 이들과 왕실의 관계는 통일 이전과는 달리 자유로웠으며, 대체로 왕의 자

顯 無負於士人."

64) 김영미, 앞의 책, 1994, 323~324쪽.

65) 이기백, 「삼국시대 불교 수용과 그 사회적 의의」, 『역사학보』 6, 1954/『신라사상사연구』, 일조각, 1986, 40~43쪽.

66) 정병조, 앞의 책, 1998, 42~43쪽.

67) 김기홍, 『삼국 및 통일신라기 세제의 연구』, 역사비평사, 1991, 230쪽.

68) 문무왕대 극락에 왕생했다는 광덕과 엄장은 각각 신을 삼거나 농사로 생계를 유지하고 있었다고 하므로 재가신자로 볼 수 있을 것이다(『삼국유사』 권5, 감통7, 廣德 嚴莊). 이와 같은 예로 경덕왕대 각각 미륵부처와 미타부처가 된 노힐부득과 달달박박도 처자를 데리고 농사를 지으며 살았다고 하므로 재가신자라고 할 수 있다(『삼국유사』 권3, 탑상4, 南白月二聖 努肹夫得 怛怛朴朴).

69) 『삼국유사』 권5, 감통7, 郁面婢念佛西昇.

문 역할을 맡는 정도였다고 하겠다.

불교를 믿는 재가신자층도 시대에 따라 변하였다. 즉 통일 전에는 재가신자의 대부분이 귀족들로, 이들의 신앙은 내세에 다시 인간세상에 태어나 佛을 만나 법을 듣고 깨닫기를 바라는 매우 개인적인 형태를 띠고 있었다.[70] 반면에 통일 후에는 香徒를 조직하여 여러 사람이 불상의 조성에 참가하며,[71] 개인적인 불사라 하더라도 일체 중생이 모두 성불하기를 서원하는 신앙 형태를 보였다.[72] 이처럼 불교의 궁극적 목표인 성불, 나아가 보살도의 실현으로서 중생구제까지 언급되고 있는 것은 여래장사상·불성론이 신라사회에 뿌리를 내리고 있었음을 의미한다.

5. 맺음말

신라는 불교를 공인한 후, 중국과의 교류·유학승의 귀국 등을 통해 중국 불교의 새로운 사상을 적극 받아들이고 있었다. 특히 신라에는 7세기를 전후하여 여래장사상이 수용·연구되었다. 이는 모든 중생이 불성을 가지고 있으므로 성불할 수 있다는 것으로, 승려들의 중생에 대한 인식에 큰 영향을 끼치게 되었다.

여래장사상을 신라에 유포시킨 圓光과 그 뒤를 이은 慈藏은 일반민을 대상으로 교화활동을 하고 戒를 주기도 하였다. 그들이 남겨 놓은 저술이 전하지 않아 그들의 중생관이 어떠했는지 명확히 알 수는 없지만, 그들의 행적을 보면 신라 국가와 왕실을 위해 많은 일을 하고 있었다. 이 시기는 신라에 불교가 공인된 지 얼마 되지 않았던 때이며, 삼국 간의 항쟁이 치열했던 때라 국가의 존망이 가장 급선무였고, 포교활동을 위해서는 국가나 왕실의 지지가 필요했을 것이다. 이 점에서 본다면 이들의 중생관에는 일정한 한계가 있었으리라 생각되지만, 원광과 자장이 출가 초기 이타행을 목표로 삼은 점 등을 고려하면 '일체중생 실유불성'을 사상적 기초로 하고 있었음을 충분히 짐작할 수 있다. 결국 원광과 자장은 출가자로서의 승려 본연의 자세와 식자층으로서의 사회적 지위 속에서 갈등하고 있었던 것이다. 따라서 이들을 왕실불교·국가불교의 대변자로만 볼 수 없다고 생각한다.

통일기에 오면 元曉로 대표되듯이 일반민을 위한 대중교화가 활발해지고, 교단 내부만이라도 신분적 차별이 없이 평등이 실현되고 있었다. 이러한 활동에는 여래장사상·불성론이

---

70) 이기백, 앞의 책, 1986, 87~89쪽.

71) 景文王 5년(865)에 조성된 到彼岸寺 비로자나불은 1500여 명의 인연으로 만들어졌다. "……于時□覓居士 結緣一千五百餘人 堅金石志 勤不覺勞因"

72) 대표적인 예가 감산사 미륵·아미타상 조상기, 永泰二年銘 毘盧遮那佛 조상기 등이다. "……及無邊法界一切衆生 同出六塵 咸登十號"(「甘山寺 彌勒像造像記」); "伏願託此微因 超昇彼岸 四生六道並證菩提"(「甘山寺 阿彌陀像造像記」); "……一切衆生那 一切皆三惡道業滅尒 自毘盧遮那是朮覺, 去世爲尒 誓內之"(「永泰二年銘 毘盧遮那佛 造像記」)

전제가 되고 있었다. 특히 일천제의 성불 가능성에 대해 원효 · 태현 · 표원 등 대부분의 신라 승려들은 인정하고 있었다. 당시 중국에서는 玄奘의 귀국 이래 일천제는 성불할 수 없다는 주장이 제기되었음에도 불구하고, 신라에서는 여전히 일체중생의 불성을 믿고 있었다는 것은 통일 이전에 신라에 전해졌던 여래장사상이 통일 이후까지도 주류를 이루었음을 보여주는 것이다. 여기에는 무엇보다 民의 성장이 가장 큰 요인으로 작용하고 있었다. 즉 순장의 폐지 이후 민은 국가의 통치대상이자 존립기반이 되었고, 삼국통일 후 고구려 · 백제 유민의 포용과 군공에 따른 민의 성장으로 그들의 요구와 기대가 커져 갔다. 따라서 국가는 대민안정책을 실시하게 되고, 승려들은 불교대중화를 전개하게 된 것이다. 이에 승려들은 출가자 본연의 신분에 충실을 기할 수 있게 되어 '일체중생 실유불성'의 불성론이 당시에 적극적으로 표방될 수 있었던 것이다.

나아가 이러한 여래장사상 · 불성론은, 下代에 선종이 유입 · 전파될 수 있는 사상적 기반이 되었다고 생각한다. 이 문제는 추후에 정리하도록 하겠다.

武珍古城 出土 銘文資料와 新羅統一期 武州

구 문 회*

1. 머리말

신라는 고구려·백제와 사활을 건 전쟁을 거친 이후에 불안전하나마 반도 통일을 이루게 되었다. 그 결과 편입된 지역의 토지와 인민에 대한 편제가 현안으로 떠올랐다. 그 방식은 중고기 이래로 정비된 지방지배체제가 골간이었을 것이다. 그러나 이미 양국에 의해 중앙집권화 과정을 거친 새 복속지역에 대한 편제에는 통일 이전과 다른 방식이 요구되었으리라 생각한다.

이와 관련하여 필자는 통일 이후 신라국가의 백제·고구려 고지 지배정책에 관심을 가져왔다.[1] 그 연장선에서 금석문의 사례가 상대적으로 적지 않은 무주지역(전남 일원)에 주목하고 있었다. 무주가 신라의 서남 변경지역으로 지배체제의 외변에 위치한 곳이지만, 오히려 이 점이 지방지배의 특징을 규명하는 데 상대적으로 용이하게 작용하기 때문이다. 그리고 통일 이후 신라국가의 지방지배와 관련된 자료가 절대적으로 부족한 상황에서, 무주에 대한 언급이 얼마간 있기 때문이다.

그러던 중에 필자는 우연히 무진고성에 대한 조사보고서를 접하게 되었다.[2] 그 책에는 성벽과 건물지에서 출토된 명문와들이 소개되어 있었다. 그런데 여러 명문 중에 '梁城'과 '沙梁' 등의 글자가 눈에 띄었다. 비록 部字가 붙어 있지 않지만, 신라의 部와 관련하여 중요한 자료라고 생각되었다.[3] 이는 자연스럽게 部名이 왕경이나 소경이 아닌 주치 지역에서

* 국립민속박물관 학예연구사

1) 이와 관련하여 다음의 연구성과들이 있다. 盧重國, 「統一期 新羅의 百濟故地支配 -『三國史記』職官志·祭祀志·地理志의 百濟關係記事分析을 中心으로-」, 『韓國古代史硏究』1, 지식산업사, 1988 ; 金壽泰, 「統一期 新羅의 高句麗遺民支配」, 『李基白先生古稀紀念韓國史學論叢(上) 古代篇·高麗時代篇』, 一潮閣, 1994 ; 김창석, 「7세기 신라에 의한 경제통합과 토지제도 개편」, 『역사와 현실』23, 1997.

2) 任永珍, 『武珍古城 I』, 全南大學校博物館·光州市, 1989 ; 『武珍古城 II』, 全南大學校博物館·光州市, 1990.

나타나는 이유에 대한 의문으로 이어졌다. 이 의문을 풀기 위해서는 신라 통일기의 武州 州治[4]를 중심으로 한 지방지배체제의 재검토가 있어야 한다고 생각한다.

2. 武珍古城 出土 銘文瓦의 검토

무진고성은 광주시 중심지로부터 동북동쪽으로 약 3km 정도 떨어진 광주시 북구 청풍동 산380번지 일대에 위치하고 있다. 남북 약 1km, 동서 약 0.5km, 전체 길이 약 3.5km에 이르는 포곡식 산성이다. 이른바 잣고개가 광주시내로 직통하는 서문으로, 장원봉과 오리등에서 시작되는 두 계곡이 합류하기 직전의 능선 말단부가 동문으로 각각 추정되고 있다. 지형적으로 성의 뒤쪽은 무등산으로 이어지는 산지에 해당되기 때문에 무진고성은 광주시내 이외에 다른 지역과의 연결이 거의 불가능하다. 그 내부에는 마을이 들어설 만한 넓은 평지가 없어, 성벽 정상부의 능선을 따라 평탄한 대지를 조성하고 건물을 지었을 가능성이 높다.[5]

무진고성이 그 동안 학계에 적지 않은 관심을 끌었던 것은 후대 문헌기록[6]에 보이는 '武珍都督城'과의 관련 때문이다. 문헌기록에 보이는 무진도독성의 위치가 무진고성과 같다고 추정되는 가운데, 무진고성의 발굴조사가 1988년과 1989년 2차에 걸쳐 전남대학교 박물관에 의해 이루어졌다.[7]

조사 결과에 따르면, 무진고성이 무진도독성임을 입증해 줄 만한 상징적인 유물이 전혀 나오지 않았다. 그리고 그 입지조건으로 판단할 때, 무진고성이 무주의 州治였을 무진도독성이었다고 보기 어렵다. 따라서 무진고성은 다만 무진도독성과 관련된 대피처로 쓰인 배후 산성일 것이라고 하였다.[8]

---

3) 이 외에도 신라의 部와 관련된 명문와로는 상당산성 남문 밖에서 출토된 '沙喙部'명 기와와 安城 비봉산성의 內城 將軍岩에서 수습된 '本彼'명 기와 등을 들 수 있다. 『상당산성지표조사보고서』, 충북대, 1982 ; 차용걸 외 3인, 『上黨山城 - 西將臺 및 南門外 遺蹟址 調査報告 - 』, 충북대 호서문화연구소·청주시, 1997 ; 徐榮一, 「安城 飛鳳山城 수습 '本彼'銘 기와 考察」, 『문화사학』 11·12·13합(豪佛鄭永鎬敎授停年退任紀念論叢), 한국문화사학회, 1999.

4) 이 글에서는 州治를 州의 治所라는 의미로서 그 직할지만을 대상으로 사용한다.

5) 임영진, 앞의 책, 1989, 5~7쪽.

6) 『世宗莊憲大王實錄』 卷151, 地理志, 全羅道 茂珍郡, "武珍都督時古土城 周回二千五百六十步." 이후 각종의 역사지리 관련 기록 등에도 비슷한 내용이 수록되어 있다. 그 내용은 위치(在北五里)와 축조방법(築土城), 규모(周三萬二千四百四十八尺) 등이다.

7) 조사지역은 ① 서문지로 추정되는 잣고개의 북쪽으로 능선 위의 등산로를 따라 150m 가량 올라간 지점인 평탄한 대지 일대의 성벽과 건물지(A지구) ② 잣고개의 남쪽으로 능선을 따라 250m 가량 올라간 지점인 상당히 넓은 평지 일대의 성벽과 건물지(B지구) ③ 장원봉과 오리등에서 시작되는 두 계곡이 합류하기 직전의 능선 말단부로서 동문지로 추정되는 일대의 성벽과 집수시설(C지구) ④ 서문지로 추정되는 잣고개 일대의 성벽 등이다. 1988년(1차 조사)에는 A지구 성벽과 상층·하층 건물지, B지구 성벽과 상층 건물지, C지구 동문지 성벽 내외 상층 및 水口 등이, 1989년(2차 조사)에는 B지구 하층 건물지와 상층 건물지 일부, C지구 동문지 성벽 내외 상하층 및 집수시설, 서문지 일대의 성벽 등이 조사되었다. 자세한 것은 임영진, 앞의 책, 1989 ; 앞의 책, 1990 참조.

한편 축조·사용 시기는 각 유구에서 출토된 유물을 근거로 크게 세 단계로 구분된다고 한다.[9] 가장 이른 단계 즉 성의 초축 연대에 해당되는 것은 동문지(C지구) 초축 성벽 내외의 하층, B지구 성벽 정상부와 수평으로 이어지는 하층 건물지, A지구 하층 건물지 등이다. 두 번째 단계 즉 수축 연대에 해당되는 것은 동문지 일대 수축 성벽과 성 내부의 집수시설, B지구 상층 건물지 등이다. 여기서 출토된 綠靑磁片과 초기 단계의 靑磁片이 특기할 만하다. 세 번째 단계의 것은 A지구 상층 건물지다. 여기서 출토된 日暉文 瓦當, 象嵌靑磁 등이 특기할 만하다.

각 단계의 편년은 유구의 선후 관계 이외에 정확히 판단하기 어렵다. 다만 출토 유물을 통해 추정할 수 있을 뿐이다. 주요 유물은 토기편·청자편·와당·기와편 등인데, 이 중에서 2차 조사 때 B지구 상층 건물지에서 출토된 平底의 綠靑磁 碗과 靑磁 碗이 중요한 기준이 된다.[10] 이는 동문지 남쪽 성벽 외부 퇴적토에서 출토된 청자편과 함께 성의 수축단계에 해당한다.[11] 보고자는 이 靑磁片들이 全南 海南郡 山二面 窯址에서 출토된 녹청자와 거의 유사하다고 보고 있다. 그리고 산이면의 녹청자가 9~10세기경으로 추정되는 것[12]과 청자의 국내 제작 상한을 9세기 초·중반으로까지 소급하는 견해[13]를 근거로, B지구 상층 건물지의 연대 즉 성의 수축 연대가 아무리 늦어도 9세기 이후로 내려가지 않는다고 하였다.[14]

위와 같은 성의 수축 연대를 기준으로, 보고자는 성의 초축 연대를 추정하고 있다. 초축 성벽의 존속기간, 동문지 내벽의 퇴적층이 1.5m 이상 형성되는 기간, B지구 하층 건물의 사용기간 등을 고려하면, 성의 초축 연대가 수축 연대보다 수십 년을 앞선다고 한다.[15] 그리고 각 지구의 최하층에서 출토된 낮은 臺足의 토기편, 扁球瓶, 帶狀把手 등은 益山 彌勒寺址와 靈岩 鳩林里 土器窯址의 출토품과 구분하기 어려울 정도로 흡사하다. 그 유물들은 대체로 靑磁의 出現 이전으로 추정되는 미륵사지 東院의 폐기 이전에 사용된 것과 통한다.[16] 따라서 東院 僧房址 上層에서 출토된 '大中十二年 弥勒寺'銘 토기편의 절대연대(858)[17]와

---

8) 임영진, 앞의 책, 1989, 120~121쪽.
9) 임영진, 앞의 책, 1990, 160쪽.
10) 임영진, 위의 책, 1990, 160쪽.
11) 임영진, 위의 책, 1990, 134·160쪽.
12) 木浦大博物館·全南 海南郡, 『海南郡 山二面 綠靑磁陶窯址』, 1987, 71쪽.
13) 鄭良模, 「靑磁象嵌 發生의 側面的 考察」, 『國寶(3) 靑磁·土器』, 藝耕産業社, 1983 ; 『韓國의 陶磁器』, 文藝出版社, 1991 ; 崔健, 「韓國靑磁發生에 관한 배경적 고찰」, 『古文化』 31, 1987. 한편 尹龍二, 「高麗陶瓷의 變遷」, 『澗松文華』 31, 1986, 73~74쪽에서는 10세기 후반인 고려 광종·성종 연간에 청자제작이 시작되었다고 보고 있다.
14) 임영진, 앞의 책, 1990, 160~161쪽.
15) 임영진, 위의 책, 161쪽.
16) 문화재관리국 문화재연구소, 『彌勒寺』(유적발굴조사보고서 I), 1989, 509~510쪽.
17) 문화재관리국 문화재연구소, 위의 책, 385~386, 390쪽(138) ; 같은 책(도판편), 510쪽, 237쪽(도판 208-1).

구림리 요지의 존속시기(9세기)[18] 등을 고려하여, 성의 초축 연대가 8세기 후반~9세기 초반이라고 추정[19]하였다.

위에서 언급한 것을 종합해 보면, 무진고성은 늦어도 8세기 말~9세기 초에 처음 축조되어 얼마간 사용되다가 이후 폐성이 되면서 거의 방치되었다.[20] 그러다가 9세기 후반, 늦어도 9세기 말에 이르러 다시 성의 수축과 함께 재사용된 것으로 추정할 수 있다.[21] 이러한 무진고성의 연대 비정에서 기준이 되었던 것은 B지구 상층 건물지에서 출토된 청자편의 편년이었다. 그 편년은 청자의 국내 제작시기의 상한을 기준으로 하였다. 그런데 지금까지도 청자의 국내 제작시기의 상한에 대해 이견이 존재하기 때문에, 이를 근거로 무진고성 출토 청자편의 연대를 추정하기는 어렵다.

이러한 상황에서 무진고성의 초축 및 수축 연대 추정과 관련하여 명문와가 주목된다. 무진고성의 발굴조사에서는 많은 수의 기와가 출토되었는데, 명문와도 다수 포함되어 있다. 특히 B지구 상층 건물지에서 출토된 기와의 15%가 명문와이며, 그 명문 내용도 다양하다.[22] 이 중에서 9세기 후반, 늦어도 9세기 말로 추정되는 B지구 상층 건물지에서 출토된 것이 주목된다. 앞서의 연대 추정에서 주요 기준이 되었던 청자편이 같은 층위에서 출토되었기 때문이다. 그리고 아직 논란의 여지가 있는 청자편을 기준으로 한 연대 추정에서 명문와가 근거 자료로써 활용될 수 있기 때문이다.

먼저 수키와에서는 '京'·'田'·'林' 등의 명문이 나타났다.[23] 이 중에서 '京'銘 기와가 출토되는 것이 주목된다.[24] 단언할 수는 없지만, 그것은 어떤 형태로든 중앙과 관련되어 있음을 보여준다. 즉 무진고성이 국가나 官 주도로 무주 주치의 배후산성으로 수축되었음을 보여주는 것이라 생각한다.

한편 기와편의 대다수를 차지하는 암키와에서도 여러 명문들이 나타났다.[25] '城'銘 기와가 가장 많은데, 단독으로 쓰인 것과 다른 명문과 결합된 것('間城'·'官城'·'國城'·'果城')이 각각 출토되었다. 다음으로 '官'銘 기와가 많은데, 이 역시 단독으로 쓰인 것과 다른 명문과 결합된 것('官城'·'大官'·'眞官'·'大官草 / 句丞□')이 각각 출토되었다. 이러한 명문와가 많이 출토되는 것은 입지조건이 산지라는 점, 국가나 관과 관련된 방어시설이라는 점 등과 무관하지 않다. 즉 이러한 명문와의 내용은 건물지의 용도와 관련된다고 볼 수 있다.

---

18) 이화여대박물관,『영암 구림리토기요지 발굴조사』, 1988, 69~70쪽.
19) 임영진, 앞의 책, 1990, 161쪽.
20) 성이 축조된 이후 방치된 증거로는 동문지 내부 성벽에 쌓인 퇴적토의 두께(1.5m)를 들 수 있다(임영진, 위의 책, 113쪽).
21) 임영진, 위의 책, 160~161쪽.
22) 임영진, 앞의 책, 1989, 108쪽.
23) 임영진, 위의 책, 91~95쪽.
24) 이와 관련하여「담양 개선사석등기」의 '京租',「新羅 白紙墨字 大方廣佛華嚴經 寫經 跋文」의 '大京' 등이 참조된다.
25) 자세한 것은 임영진, 앞의 책, 1989, 98~106쪽(탁본), 108~109쪽, 190~196쪽(사진) 등을 참조.

이 밖에 '太目干'・'禾'・'秀'・'椋'・'沙'・'沙喙'・'卍' 등의 명문와가 출토되었다. 이 중에서 '禾'・'秀'・'椋' 등은 창고와 관련된 것이다. 무진고성이 방어시설이자 대피시설이었으므로, 농성에 대비하여 식량을 비축하는 창고가 있었을 것임은 의심의 여지가 없다.[26] '卍'자는 사찰과 관련된 표시다. 물론 건물지 유구에서 사찰과 관련된 것이 발견되지는 않았지만, 건물 중의 하나가 사찰과 같은 종교적 기능을 하지 않았을까 생각한다.

이 글의 논지 전개와 관련하여 명문와 가운데 주목되는 것은 '㗨城'(이하 ㉮라 함)과 '沙喙'(이하 ㉯라 함)銘 기와다. 먼저 ㉯는 충북 청주시 외곽에 위치한 상당산성의 남문 밖에 출토된 '沙㗨部'銘 기와[27]의 字體와 유사하다. 또한 ㉯의 '喙'字는 「영천 청제비 정원명」(798년 명기)의 '喙'字와 거의 같다.[28] 그렇다면 두 사례와 같이 ㉯는 신라 六部의 하나인 沙喙部일 가능성이 높다.[29]

다음으로 ㉮에서 '㗨'를 喙字라고 단정하기는 어렵다. 그러나 ㉯의 명문와 가운데 '沙喙'와 함께 '沙㗨'가 있는 것으로 볼 때, '㗨'는 '喙'와 같다고 생각한다. 그렇다면 ㉮는 곧 喙城이므로, 신라 6부의 하나인 喙部와 관련된 성으로 해석할 수 있을 것이다.[30]

위와 같은 部名의 출현에 의하여 B지구 상층 건물지의 연대는 당연히 신라 통일기로 한정될 수밖에 없다. 초기 단계의 청자편이 ㉮・㉯와 같은 층위에서 출토되었다면, 이는 신라 통일기에 청자가 이미 국내에서 제작되었음을 보여주는 것이다. 그리고 무진고성의 수축 연대도 9세기 말에서 더 소급될 여지가 있다. 바로 ㉮・㉯는 무진고성의 수축 연대를 추정할 수 있는 유력한 근거가 된다.

비록 신라 통일기에는 부명이 출신지나 행정구역명을 가리키는 것이지만, 중앙중심의 지배체제에서 왕경 출신의 명기나 부명의 명기는 나름의 의미가 있다.[31] 일반적으로 왕경과 소경은 그 내부가 6부로 구획되어 있었는데,[32] 6부명이 왕경이나 소경이 아닌 무진고성에서 나타나는 것은 어떻게 설명될 수 있을까.

이와 관련하여 시기가 앞서고 유적의 성격이 다르지만, 전북 익산 미륵사지와 왕궁리 유적에서 출토된 백제시기의 5部銘 印章瓦[33]가 주목된다. 百濟 王都(泗沘)의 행정구역명인

---

26) 참고로 椋이 창고로 쓰인 사례가 경주 황남동에서 출토된 목간(椋食・仲椋・下椋)에 보이고 있다(부산광역시립박물관 복천분관, 『유물에 새겨진 古代文字』, 1997, 49쪽 도판).

27) 『상당산성지표조사보고서』, 충북대학교, 1982, 62쪽 ; 차용걸 외 3인, 앞의 책, 1997, 126・208쪽 참조.

28) 이에 대해서는 河日植, 「新羅 統一期의 王室 直轄地와 郡縣制 - 菁堤碑 貞元銘의 力役運營 事例 分析 -」, 『東方學志』 97, 1997, 4쪽의 주 5) 참조.

29) 물론 ㉯에는 뒤에 부명이 없기 때문에 여러 가능성을 생각할 수 있다. 즉 沙梁宮, 沙梁宅, 沙喙라는 지역명, 沙喙部 등이다. 그러나 部名의 경우 部字의 생략이 중고기 금석문에서 자주 발견되는 것에 주목한다면, ㉯는 부명일 것이라 생각된다.

30) 물론 ㉮도 여러 가능성을 생각할 수 있다.

31) 그렇다고 해도 신라 통일기의 인명표기방식은 중앙과 지방의 구분이 주였을 것이다.

32) 藤田亮策, 「新羅 九州五京攷」, 『朝鮮學報』 5, 1953, 106쪽 ; 차용걸, 「西原京의 位置와 構造」, 『호서문화연구』 11, 1993, 40쪽, 52쪽 ; 梁起錫, 「新羅 五小京의 設置와 西原京」, 『호서문화연구』 11, 1993, 28~29쪽 ; 河日植, 『新羅 官等制의 起源과 性格』, 연세대 박사학위논문, 1998, 33쪽 주 88).

5部가 왕도 이외의 지역에서 나타나고 있기 때문이다. 部의 출현에 대해서는 사찰 조영과 기와의 공급처, 기부 및 공양의 대표 지역, 금마 지역의 행정구역명 등의 가능성을 고려할 수 있다.[34] 어느 경우든지 명확한 자료에 근거한 것은 아니지만, 부명이 무진고성에 출현한 것에 대한 설명에서 시사하는 바가 크다. ㉮·㉯는 다른 명문와처럼 건물지의 용도를 나타내는 것이 아니다. 그렇다면 기와의 제작·공급과 관련되었을 가능성이 높다. 이 점을 염두에 두면서 ㉮·㉯가 출토된 이유에 대해 생각해 보자.

첫 번째는 이들 명문와가 喙部와 沙喙部에서 제작·공급되었을 가능성이다.[35] 당시 왕경과 소경이 6부로 구획되어 있었음을 감안한다면, 이는 곧 왕경이나 소경에서 기와를 제작·공급했다는 것을 뜻한다. 그러나 지리적인 거리로 볼 때 왕도 및 소경의 훼부나 사훼부에서 기와를 제작하여 무진고성까지 운반했을 이유가 없다. 기와는 무거운 중량과 막대한 소요 수량으로 인해 그 운반이 간단하지 않다고 한다. 무진고성 인근 지역에도 가마터가 존재했을 터인데,[36] 굳이 원거리에서 필요한 기와를 제작·운반했을 리가 없다. 그렇다면 ㉮·㉯ 기와는 무진고성 인근 지역에서 제작된 것으로 볼 수 있으며, 거기에 나타난 훼부나 사훼부는 무진고성에 인접한 지역과 관련된 명칭이라 생각한다.

두 번째는 무진고성의 수축을 喙部와 沙喙部에서 주도했을 가능성이다. 성의 수축 과정에서 훼부와 사훼부가 중심 역할을 하였고, 그 내용이 ㉮·㉯로 명기되었다는 것이다. 그러나 무진고성은 무주 주치의 배후산성이자 방어시설이기 때문에, 신라국가의 지방지배체제가 유지되는 한에서는 특정의 부가 성의 수축을 주도했을 가능성이 희박하다. 무주고성의 수축은 지리적·전략적으로도 무주가 주도하는 것이 당연하다.[37] '京'이나 '官' 명문와의 출토로 볼 때, 무진고성의 수축은 국가나 관 주도로 이루어진 것이 분명하다. 따라서 그 관할 기관인 무주를 제쳐두고 왕경이나 소경의 2부가 성의 수축에 관여했을 리가 없다. 만약 2부가 왕경이나 소경의 행정구획단위라고 하더라도, 무진고성이 위치한 무주의 참여 없이 2부

---

33) 미륵사지에서는 中部銘 인장와가, 왕궁리 유적에서는 上部, 下部, 前部, 中部 등의 인장와가 각각 출토되었다(문화재관리국 문화재연구소, 앞의 책, 1989, 228쪽, 230~231쪽, 254쪽(49), 255쪽(62) ; 같은 책(도판편), 196쪽(167-2), 197쪽(168-8) ; 부여문화재연구소, 『王宮里遺蹟發掘中間報告』, 1992, 31쪽(7·8), 37~38쪽, 94쪽(5), 95쪽, 259쪽(6) ; 국립부여문화재연구소, 『王宮里 發掘調査中間報告Ⅱ』, 1997, 124쪽, 130~131쪽, 137쪽(1), 140쪽(4), 141쪽(3), 315쪽).

34) 문화재관리국 문화재연구소, 앞의 책, 1989, 251쪽 ; 국립부여문화재연구소, 앞의 책, 1997, 316쪽 참조.

35) 경주 안압지에서 출토된 기와에서 '習部'·'習'·'習府'·'漢'·'漢只' 등의 명문이 확인되는데, 모두 신라 문무왕 말년으로 추정되고 있다. 보고자는 이것이 習部(習比部)와 漢祇部에서 제작하여 공급한 것으로 보고 있다. 문화공보부 문화재관리국, 『안압지 발굴조사보고서』, 1978, 94~96쪽, 178쪽(515·517), 181~182쪽(544·545·546·551) 참조.

36) 비록 뒷시기의 유적이지만, 무진고성이 위치한 무등산 인근에는 여러 가마터가 산재해 있다(국립광주박물관·광주직할시, 『무등산 충효동 가마터』, 1993 ; 광주직할시·사단법인 향토문화개발협의회, 『無等山 - 文化遺蹟調査 - 』, 1988).

37) 『三國史記』를 보면 축성 명령이 州郡에 내려지고 있고, 또 노동력 동원도 주군을 중심으로 이루어지고 있다(성덕왕 20년 7월, 헌덕왕 18년 7월).

에서 수축의 제반 경비 부담 및 노동력 제공을 담당했을 리가 없다. 그렇다면 명문와의 2부는 왕경이나 소경의 구획단위라기보다는 무주 주치와 관련하여 나타났을 가능성이 높다.

세 번째는 무주 주치가 왕도나 소경처럼 6부로 편제되었을 가능성이다. 무진고성이 무진도독성의 배후산성으로 추정되는 것으로 보아, 부명의 출현은 무주 주치와 무관하지 않다는 것이다. 그렇다면 ㉮·㉯는 바로 무주 주치의 사훼부 및 훼부에서 기와를 제작·공급했거나 축성에 주도적으로 참여했음을 나타낸다. 여기서 무주 주치의 내부도 과연 왕경이나 소경과 같이 6부로 구획된 것이 아닌가 하는 의문이 들 수밖에 없다. 이는 신라 통일기 상급 지방지배단위의 구조와 무관하지 않으므로, 무주 주치에 대한 검토가 이루어진 후에야 명확한 판단을 내릴 수 있다. 그러나 신라 통일기 지방도시 중 南原京, 尙州 州治, 康州 州治 등에서 시가지 구획의 흔적이 발견되는 것으로 볼 때,[38] 지금까지 坊里의 흔적이나 羅城의 존재가 확인되지 않았지만 무주 주치에도 구획된 시가지가 존재했을 가능성이 있다고 생각한다.

이미 말했듯이 무주 주치가 6부로 구획되는지의 여부는 무주 주치에 대한 검토가 이루어져야만 보다 분명해질 수 있다. 그리고 이를 통해 무진고성의 수축과 ㉮·㉯의 출현 배경을 유추할 수 있을 것이다.

3. 武州 州治와 部

1) 州治의 설치와 구성

무주 주치의 검토에 앞서 신라 통일기 무주지역의 역사적 추이를 간단히 정리해 보자. 『三國史記』 지리지의 무주 관련 기사[39]에는 무주의 설치, 개명, 고려시기의 지명 등 연혁과 그 영현이 기록되어 있다. 이를 통해 신문왕 6년(686)에 무진주가 설치되었고 경덕왕대에 무주로 개명되었음을 알 수 있다.

그런데 다음의 기사들은 무주의 설치 시기가 『三國史記』 지리지와 배치되고 있다.

① 夏四月 阿湌天訓爲武珍州都督 (『三國史記』 卷7, 新羅本紀7, 文武王 18년)
② 二月 置石山馬山孤山沙平四縣 以泗沘州爲郡 熊川郡爲州 發羅州爲郡 武珍郡爲州 (『三國史記』 卷8, 新羅本紀8, 神文王 6년)
③ 至於武珍州 巡行里閈 州吏安吉見是異人 邀致其家 盡情供億 …… 以星浮山一作星損乎山

38) 朴泰祐, 「統一新羅時代의 地方都市에 對한 硏究」, 『百濟硏究』 18, 1987, 60~63쪽.
39) 『三國史記』 卷36, 雜志5, 地理3, "武州 本百濟地 神文王六年 爲武珍州 景德王改爲武州 今光州 領縣三 玄雄縣 本百濟未冬夫里縣 景德王改名 今南平縣 龍山縣 本百濟伏龍縣 景德王改名 今復故 祁陽縣 本百濟屈支縣 景德王改名 今昌平縣."

下 爲武珍州上守燒木田 禁人樵採 人不敢近 內外欽羡之 山下有田三十畝 下種三石 此田稔歲 武珍州亦稔 否則亦否云 (『三國遺事』卷2, 紀異2, 文武王 法敏)

위의 기사에 따르면, 무진주는 신문왕 6년에 처음 설치되지 않고 그 이전에 이미 설치된 것이 된다. 이는 ①을 통해 확인할 수 있다. 즉 문무왕 18년(678) 무진주에 지방관이 파견되는 것으로 볼 때, 이때 이미 무진주가 설치되어 있었음을 알 수 있다.[40] 그리고 ②는 주치를 발라주에서 무진주로 옮겼다는 내용이다. 『삼국사기』 지리지의 무진주 초치 기사와 시기가 같다고 하여, ②를 무진주의 초치로 보기는 어렵다. ③은 사료 비판이 있어야겠지만, 일단 무진주가 이미 문무왕대에 보인다는 점에서 의미있다. 따라서 위 기사들에 의해 무진주는 신문왕 6년 이전에 설치되었고, 『삼국사기』 지리지 기사 역시 무진주의 초치가 아니라 단지 주치의 이동만을 기록한 것이라고 볼 수 있다.[41]

그렇다면 무진주의 설치시기는 언제일까. 그 상한은 백제국가의 멸망시기인 660년을 올라가지 못하므로, 唐의 백제고지 지배와 무관하지 않다. 당은 백제의 사비성을 함락시킨 후 처음에 5도독부제를 시행하다가 663년 또는 664년에 1도독부 7주 51현제로 전환하였다고 한다.[42] 1도독부 7주 51현제로 전환된 시점부터 671년 소부리주가 설치되기까지,[43] 백제고지는 신라와 웅진도독부에 의해 동서로 양분되어 있었다.[44] 무진주 역시 당시 당과 신라에 의해 동서로 양분되어 있었을 것이다. 따라서 무진주의 설치 시기는 671년을 거슬러 올라가지 못한다.[45]

소부리주 설치 이후 무진주의 여러 성들은 신라국가의 직접 지배를 받게 되었을 것이다. 678년에서 686년 사이에 주치가 발라주로 잠시 바뀐 것을 제외하면, 주치는 줄곧 무진주였다. 이후 경덕왕대에 지명이 무주로 개명되고 혜공왕대에 복고되면서도 주치는 변함이 없었다.[46]

그런데 위와 같은 역사적 추이와 다른 기록들이 보이고 있어 주목된다.

---

40) 藤田亮策은 발라주의 설치 이전에 무진주가 설치되었을 것이라고 하였다(앞의 논문, 1953, 100쪽).

41) ①의 무진주도독이 발라주도독의 착오이며, 발라주가 문무왕 18년 무렵에 설치되었다고 보기도 한다(李文基, 「統一新羅의 地方官制 硏究」, 『國史館論叢』 20, 1990, 8쪽).

42) 大原利武, 「百濟故地に於ける唐の州縣考」, 『朝鮮』 159, 조선총독부, 1928 ; 末松保和, 「百濟の故地に置かれた唐の州縣について」, 『靑丘學叢』 19, 1935 ; 李道學, 「熊津都督府의 支配組織과 對日本政策」, 『白山學報』 34, 1987. 한편 방향숙은 1도호부 5도독부의 도호부체제에서 662년 7월이후에 웅진도독부체제로 바뀌었다고 한다(「百濟故土에 대한 唐의 支配體制」, 『李基白先生古稀紀念韓國史學論叢(上) 古代篇・高麗時代篇』, 一潮閣, 1994).

43) 소부리주가 672년에 설치되었다는 의견도 있다(이도학, 앞의 논문, 1987, 109~111쪽).

44) 千寬宇, 「馬韓諸國의 位置 試論」, 『東洋學』 9, 1979 ; 『古朝鮮史・三韓史硏究』, 一潮閣, 1989, 398쪽 ; 이도학, 앞의 논문, 1987, 87쪽.

45) 무진주의 설치를 文武王 5년(665)으로 보는 견해도 있다(李仁哲, 「新羅 統一期의 地方統治體系」, 『新羅政治制度史硏究』, 일지사, 1993, 198쪽).

46) 물론 혜공왕 이후에도 지명의 변개가 몇 차례 있었을 것이며, 이러한 가운데 고유지명과 한식지명이 지방사회에서 혼용되고 있었다. 이는 당시 지방사회에서 일반적인 현상이었을 것이다.

④ 眞聖大王 御宇之二年也 …… 此日也 方離北地 漸次南行 路出公州 經過城下 長史金公休 與郡吏宋嵒等 遠聞慈□ 迎入郡城 …… 所恨擧邦草寇 無處不之 此際星夜倍程達于**武府** 於是 □戎敬仰 一郡顯蘇 (「홍녕사 징효대사탑비」, 『譯註羅末麗初金石文(上)』, 혜안, 1996)

⑤ 景德王分爲**全武二州都督府** 眞聖王五年 西面都統甄萱 悉據舊地 稱後百濟王 太祖十九年 親征克之 (『高麗史』 卷57, 志11, 地理2 全羅道)

위의 자료들은 신라 통일기 당대의 1차자료가 아니지만, 무주와 관련하여 武府와 武州都督府가 보인다는 점에서 주목된다. 府의 등장배경에 대해서는 강대한 호족의 대두, 신라 하대 지방지배체제의 정비 및 중앙통제력의 강화, 진골귀족들의 경제적 기반 유지 등이 언급된 바 있다.[47] 府가 호족들이 자립한 것이 아니라 신라국가에 의해 설치된 것이라면, 이는 당시 사회적 상황에 따른 조처였을 것이다.[48] 그러나 그렇다고 해서 府의 설치가 동일한 상황에서 이루어지지는 않았을 것이다. 각 府는 설치 당시 해당 지역의 상황에 규정되었기 때문이다. 일반적으로 신라 하대 府의 사례들이 州治와는 무관한 것으로 볼 때,[49] ④의 무부는 틀림없이 무주 주치를 가리키는 것으로서 일면 모순된다.[50]

그렇다면 ④와 같이 무주 주치를 武府라 칭한 이유는 무엇일까. 이는 ⑤의 '무주도독부'와도 무관하지 않을 것이다. 이의 해결을 위해서는 무주 주치의 인적 구성에 대해 살펴보아야 한다. 왜냐하면 도독부는 군사적 의미가 강하였고, 이것이 신라 하대에 府가 설치되는 배경과 통하기 때문이다. 『三國史記』에 의하면, 주치에는 都督, 州助(州輔), 長史(司馬) 등이 각각 1인씩, 外司正이 2인씩 파견되었다.[51] 무주에도 도독 밑에 그를 보좌하는 주조와 장사가 있었고, 외사정 2인이 파견되었다. 이들의 역할은 각각 행정업무, 도독의 병마권 보좌, 감찰업무 등으로 분담되어 있었다. 그런데 都督이 주조와 장사로 대표되는 二元的 조직

47) 旗田巍, 「高麗王朝成立期の'府'と豪族」, 『法制史研究』 10, 1960 ; 『朝鮮中世社會史の研究』 : 法政大學出版局, 1972 ; 배종도, 「新羅下代의 地方制度 개편에 대한 고찰」, 『學林』 11, 1989 ; 黃善榮, 「新羅下代의 府」, 『韓國中世史研究』 1, 1994 ; 徐毅植, 「統一新羅期의 開府와 眞骨의 受封」, 『歷史敎育』 59, 1996.

48) 이와 관련하여 5소경의 기능 마비로 인해 신라국가가 새로운 5府를 설치하여 종래 소경이 담당했던 기능을 대신케 했다는 견해가 참조된다(尹京鎭, 『高麗 郡縣制의 構造와 運營』, 서울대 박사학위논문, 2000, 58~60쪽).

49) 徐毅植, 앞의 논문, 1996, 90쪽.

50) 이 밖에 후삼국시기의 사례지만, 무부 관련 자료가 「무위사 선각대사탑비」(『譯註羅末麗初金石文(上)』, 혜안, 1996)에도 보인다. "迺於天祐二年六月 □退定武州之會津 此時知州蘇判王公池本 竊承大師 …… 至九年八月中 前主永平北□ …… 此時羅州歸命 屯軍於浦嶼之旁 **武府**逆鱗 動衆於郊畿之場."

51) 『三國史記』 卷40, 雜志9, 職官(下), "都督九人 智證王六年 以異斯夫爲悉直州軍主 文武王元年改爲摠管 元聖王元年稱都督 位自級湌至伊湌爲之 …… 州助 或云州輔 九人 位自奈麻至重阿湌爲之 …… 長史 或云司馬 九人 位自舍知至大奈麻爲之 …… 外司正百三十三人 文武王十三年置 位未詳" ; 『三國史記』 卷7, 新羅本紀7, 文武王 13年, "始置外司正 州二人 郡一人."

을 보유했다는 점에서 신라국가의 지방지배체제로부터 중국 남북조시기의 '幕府制'와 흡사한 존재양식을 발견할 수 있다.[52] 이러한 체제는 신라 말까지 존속했을 것이다. 따라서 무부는 아마도 이들이 관할하던 관부 또는 지배기구를 가리키는 것이었으리라 생각한다.[53]

무주 주치에는 실질적인 지배기구 즉 대민정책을 담당하는 기구로서 州司가 있었다.[54] 주사는 주 단위의 업무를 관장했을 것이지만, 주치의 행정이 주된 업무였을 것이다. 그 실무 담당자는 지역의 유력자들 가운데 임명되었을 것이고, 州吏·村主를 비롯하여 기술자 집단들도 포함되었을 것이다. ③의 州吏 안길[55]이나 「新羅 白紙墨字 大方廣佛華嚴經 寫經 跋文」의 經筆師[56] 등이 그 예다. 그리고 무진고성의 축성 및 수축에 관여했던 책임자나 기술자 집단들도 포함되었을 것이다.[57]

위와 같은 무주 주치의 인적 구성은 『삼국사기』에 나타나지 않는다.[58] 그리고 앞서 말했던 무부 역시 『삼국사기』에 전혀 보이지 않는다. 『삼국사기』에 의하면 무주 주치의 지배단위는 주치로서의 州와 縣 이외의 다른 것을 생각하기 어렵다.[59] 그런데 주치 내에는 영현을 제외하더라도 鄕과 村이 존재했다.[60] 앞 장에서 언급하였듯이 무진고성 출토 ㉮·㉯ 명문와 역시 『三國史記』에 나타나지 않는 무주 주치의 구조를 반영하고 있다. 이에 대해서는 절을 달리하여 살펴보자.

---

52) 金翰奎, 「南北朝時代의 中國的 世界秩序와 古代 韓國의 幕府制」, 역사학회 편, 『韓國 古代의 國家와 社會』, 1985 ; 『古代 東亞細亞 幕府體制 硏究』, 일조각, 1997, 358쪽 참조. 여기서는 주조의 조직이 州府에, 장사의 조직이 幕府에 상응하는 것으로 보고 있다.

53) 무부를 단순히 무주에 대한 별칭으로 보기도 한다(윤경진, 앞의 논문, 2000, 55쪽 주 110). 한편 무부가 무주지역에 개설되어 있던 유력한 어느 특정인의 府司를 지칭한다고 보기도 한다(서의식, 앞의 논문, 1996, 97쪽).

54) 「대안사 적인선사탑비」, 『역주한국고대금석문(3)』, 한국고대사회연구소, 1992, "遂於武州管內雙峰蘭若 結夏 時遭陽亢 山枯川渴 不獨不雨 亦無片雲 **州司**懇求於禪師." 그런데 이 州司는 武府와 통용되었으리라 생각한다.

55) 州吏를 村主로 보는 견해(金成俊, 「其人의 性格에 대한 考察」, 『역사학보』 10, 1958, 206~207쪽)와 촌주보다 중앙정부에 대한 의존도가 큰 말단행정보좌직으로 파악한 견해(李基白·李基東, 『韓國史講座(Ⅰ) 고대편』, 일조각, 1982, 338쪽)가 있다.

56) 「新羅 白紙墨字 大方廣佛華嚴經 寫經 권10 및 권50 跋文」, 『韓國上代古文書資料集成』(제2판), 一志社, 1993, "天寶十三載甲午八月一日初 乙未載二月十四日一部周了成內之 …… 經筆師 武珍伊州阿干奈麻 異純韓舍 今毛大舍 義七大舍 孝赤沙彌."

57) 신라 중고기의 사례지만, 「경주 남산신성비」(591)에 보이는 공사 실무 담당자(匠尺, 文尺, 作上 등)들이 참조된다. 그리고 「菁州 蓮池寺鐘銘」(833)은 9세기 전반 菁州(康州) 州治의 지배기구 및 직제의 단면을 보여준다는 점에서 주목된다.

58) 『三國史記』가 국왕·귀족·왕경 중심 시각의 자료를 중심으로 서술되었다는 점에서 당연한 결과다.

59) 『三國史記』 卷9, 新羅本紀9, 景德王 16年 冬12月, "武珍州爲武州 領州一 郡十四 縣四十四" ; 『三國史記』 卷36, 雜志5, 地理3 武州, "武州 本百濟地 神文王六年 爲武珍州 景德王改爲武州 今光州 領縣三……."

60) 『三國史記』 卷48, 列傳8, 向德 ; 「菁州 蓮池寺鐘銘」 참조. 또한 「신라촌락문서」를 보면 소경 내에 촌이 있는데, 주치 역시 마찬가지일 것이다.

2) 武珍古城 修築과 沙喙·喙의 출현

앞 절에서 언급한 것을 바탕으로, 여기서는 무진고성 출토 명문와에 새겨진 部名의 출현 배경에 대해 살펴보자. ㉮·㉯의 출토 층위가 무진고성 수축과 연관되어 있기 때문에, 그 대상 시기는 신라 하대 특히 9세기 후반경으로 국한된다. 그러면 당시 위와 같은 명문와가 어떻게 지방사회에서 나타날 수 있는지 검토해 보자.

신라 통일기의 部는 그 사례가 적기도 하지만, 신라 중고기의 部와 비교하여 그 성격이 다르다. 즉 신라 통일기의 부는 인명표기에서 출신지(거주지)를 표시한 것인데, 그나마도 인명표기방식에서 부명을 명기하는 사례가 거의 없다.[61] 이는 부의 사회적 비중이 현저히 줄어들었음을 보여준다.[62] 골품제의 운영원리와 중앙중심의 배타적인 지배체제가 온존하는 상황이었지만, 신라 통일기의 部는 더 이상 특권화된 지배층의 상징이 아니었다고 생각한다.[63]

한편 통일 이후 신라는 백제고지에 9주 가운데 3주를 설치하고, 이 중 熊州(공주)를 정치적·종교적 중심지로, 全州(전주)를 군사적 중심지로 하여 진 지역을 통치했다고 한다.[64] 그렇다면 무주는 웅주나 전주에 비해 변방이라는 이유로 상대적으로 경시되었을 것이다. 물론 이러한 상황이 신라 통일기의 전 시기에 걸쳐 불변한 것은 아니었다. 헌덕왕 14년(822) 김헌창의 난 이후 신라국가의 지배체제가 점차 이완되어 가면서,[65] 서남쪽 변방이었던 무주는 빈발한 자연재해와 봉기하는 도적 등으로 중앙의 관심을 끌었을 것이다.[66] 이러한 상황은 신라국가의 지방지배체제가 기능하는 한, 무주가 다른 두 주 이상으로 군사적 비중이 커졌음을 보여준다.

따라서 무주는 州司 등을 통해 州治로서의 기능을 유지하면서 관할지역을 통제하였을 것이다.[67] 그 관할지역인 한반도 서남단 지역이 당시 활발한 해상무역의 요충지라는 점에

---

61) 그 사례를 들면 안압지 출토 調露二年銘 塼(680)의 '漢只伐部'와 「영천 청제비 정원명」(798)의 '須喙'(沙喙), 「竅興寺鐘銘」(856)의 '舍(含)梁(沙喙)' 등이다.

62) 全德在,『新羅六部體制硏究』, 일조각, 1996, 149~160쪽 참조.

63) 정치적·사회적 지위를 상징하는 신라 중고기 部名 명기가 소멸되는 단서는 680년 무렵 家系 표시인 姓氏 사용의 일반화에서 찾을 수 있다고 한다(전덕재, 위의 책, 1996, 155쪽).

64) 盧重國, 앞의 논문, 1988, 129, 138~139쪽.

65) 朱甫暾,「新羅의 村落構造와 그 變化」,『國史館論叢』35, 1992, 88~92쪽.

66) 한 예로 청해진의 설치를 들 수 있다.

67)『入唐求法巡禮行記』卷4, 會昌 7年 9月 6日, "六日卯時 到武州南界黃茅嶋泥浦泊船 亦名丘草嶋 …… 此丘草嶋去新羅陸地 好風一日得到 少時守嶋一人 兼武州太守家投鷹人二人來船上 語話云 國家安泰 今有唐勅使上下五百餘人 在京城 四月中 日本國對馬百姓六人 因釣魚 漂到此處 武州收將去 早聞奏訖 至今勅未下 其人今在武州囚禁 待送達本國 其六人中一人病死矣." 위의 기사를 보면 守嶋一人이 표착자 및 체류자를 감시·보고하고, 이것이 무주를 거쳐 중앙에까지 보고되어 그 처리를 기다리고 있다. 이로 볼 때 847년 당시 무주의 관할지역에 대한 통제력은 유지되고 있었음을 알 수 있다. 그러나 조칙이 신속하게 내려지지 않는 것으로 보아 신라국가의 지방통제력은 약화일로에 접어들었음을 짐작할 수 있다.

서 무주의 비중이 컸기 때문일 것이다. 이를 기반으로 무주 주치는 지방도시로서 번성하지 않았을까 생각한다. 이러한 상황이라면, 무주 주치에는 계획적인 시가지 구획이 행해졌을 가능성이 높다.[68] 무진고성의 축조와 그 곳에서 출토된 부명 기와의 출현이 그 가능성을 보여준다. 일반적으로 시가지 구획은 성의 축조와 동시에 계획·실시되었을 것이므로, 무주 주치가 6부로 구획되었다면 그 시점은 무진고성의 초축 당시일 가능성이 높다.

한편 9세기 후반에 수축되었던 무진고성은 당시 무주 주치의 상황을 잘 보여주고 있다. 배후산성이기도 한 무진고성의 수축은 당시 사회적 상황에 대처한 방책이었다고 생각한다. 신라국가는 진성왕 3년(889)부터 본격적으로 혼란이 시작되었다고 하지만, 왕경에서 멀리 떨어진 지역에서는 그보다 일찍 심각한 불안을 느끼고 있었을 것이다.[69] 이러한 상황은 무주 주치 역시 예외가 아니었고, 그 결과 초축 이후 수십 년 간 방치되었던 무진고성이 수축되었을 것이다.

무진고성의 수축은 한편으로는 공사 인원의 동원과 부명 기와의 출토 등으로 볼 때, 중앙과의 연결이 유지되는 가운데 수취 및 역역 동원이 제대로 이루어질 때라야 가능했을 것이다. 다른 한편으로는 주변 상황의 불안으로 무주 주치에 대한 방비 필요성이 강하게 제기될 때라야 이루어질 수 있다. 당시 상황을 본다면 전자의 경우는 상당히 제약받았을 것이다. 이는 수축한 성벽의 석재와 축성 방법에서도 그대로 드러나고 있다.[70] 따라서 무진고성의 수축은 광역의 인력을 동원하여 이루어졌다기보다는 무주 주치 인근 지역의 인력을 단기간에 집중적으로 동원하여 이루어졌을 것이다. 바로 이 과정에서 ㉮·㉯가 출현할 수 있었던 것이다. 수축 이후 성에 대한 관리는 성벽 외곽 경사면에 퇴적토가 방치되어 있는 것으로 보아 철저하지 못했음을 알 수 있다. 이것은 그만큼 당시 무주 주치의 주변 정황이 매우 불안했음을 보여준다.[71] 이후 무진고성은 아마도 견훤의 무주 공격에 의해 함락되었을 것이다.[72] 그 때까지 무주 주치는 그 지역에 설치되었던 緋衿幢과 師子衿幢 등의 지방군단[73]을

---

68) 이와 관련하여 소경이나 주치에는 이미 중앙과 같은 직제가 마련되어 있었고, 이것이 점차 다른 지역으로까지 파급되어 갔다는 견해(金光洙, 「羅末麗初의 豪族과 官班」, 『韓國史研究』 23, 1979, 127쪽)가 참조된다. 주치의 직제가 중앙의 그것과 같다면, 시가지 구획이나 행정 편제 역시 왕경의 그것을 모방했을 가능성이 높다. 6부의 구획이 왕경에서 비롯되었다는 점에서, 이는 바로 통일 이후 지속적으로 이루어진 진골 귀족의 지방진출과 관련이 있지 않을까 생각한다. 한편 서영일은 안성 비봉산성 수습 '本彼'銘 기와가 국원소경에 사민되었던 귀족자제나 6부 호민층의 하나인 본피부 집단의 후예들이 축성에 참여했던 사실과 관련있다고 하였다(앞의 논문, 1999, 498쪽).

69) 하일식, 「해인사전권과 묘길상탑기」, 『역사와 현실』 24, 1997, 33쪽.

70) 임영진, 앞의 책, 1990, 156~157쪽 참조.

71) 임영진, 위의 책, 164쪽.

72) 『三國史記』 卷50, 列傳10, 甄萱. 한편 「聖住寺 朗慧和尙塔碑」에 의하면 890년까지도 무주도독의 존재(蘇判鎰)가 확인된다. 따라서 890년 이후에 무진고성이 함락되었을 것이다.

73) 주 도독의 병마권은 특별한 경우 외에 주치 범위 내에서 발동되었을 것이기 때문에, 지방군단이 주치 근처에 주둔했을 가능성이 높다. 이 군단을 '九州停體制'로 보는 견해도 있다(李文基, 「景德王代 軍制改革의 實態와 新軍制의 運用」, 『新羅兵制史研究』, 일조각, 1997).

동원하여 혼란한 상황에서도 주치와 그 인근 지역에 한정되는 범위나마 통제력을 유지했을 것이다.

4. 맺음말

이 글에서는 문헌자료와 고고학 자료의 대비를 통해 무주 주치를 중심으로 신라 하대 지방사회의 단면을 검토하였다. 이는 무진고성 출토 명문와의 내용에 고무된 바가 크다. 문헌자료에서는 볼 수 없었던 내용이 단편적이나마 반영되어 있었기 때문이다. 이 글은 신라 통일기의 部가 왜 무주 주치에서 출현했는가 하는 의문에서 출발하였다.

무진도독성과 관련된 대피처였다고 추정되는 무진고성의 축조·사용 시기는 출토 유물을 통해 추정할 수 있다. 이 중에서 B지구 상층 건물지에서 출토된 平底의 綠靑磁 碗과 靑磁 碗을 기준으로 하여, 무진고성이 늦어도 8세기 말~9세기 초에 처음 축조되어 얼마간 사용되다가 이후 폐성이 되었으며, 늦어도 9세기 말에 이르러 다시 성의 수축과 함께 재사용되었다고 하였다. 그런데 청자의 국내 제작시기의 상한에 이견이 있는 상황에서 그것을 근거로 무진고성 출토 청자편의 연대를 추정하기는 어렵다.

따라서 무진고성의 연대 추정과 관련하여 B지구 상층 건물지에서 출토된 '喍城'과 '沙喍'이 새겨진 명문와에 주목하였다. 이들은 신라의 部와 관련있으며, 성의 수축 연대를 추정할 수 있는 근거가 되었다. 부명의 출현과 관련하여 喙部와 沙喙部에서 기와를 제작·공급했을 가능성, 무진고성의 수축을 喙部와 沙喙部에서 주도했을 가능성, 무주 주치가 왕도나 소경처럼 6부로 편제되었을 가능성 등을 검토하였다. 여기서 부명은 무진고성에 인접한 지역과 관련된 명칭이라고 추정하였다.

한편 무주 주치의 인적 구성을 보면, 도독 밑에 주조와 장사가 있었고 외사정 2인이 파견되었다. 그리고 대민정책을 담당하는 기구로서 州司 내에 州吏·村主를 비롯하여 무진고성의 축성 및 수축에 관여했던 책임자나 기술자 집단이 포함되었다. 이들 실무 담당자들은 『삼국사기』에 나타나지 않는다. 무진고성 출토 명문와 역시 『三國史記』에 나타나지 않는 무주 주치의 구조를 반영하고 있다.

김헌창의 난 이후 신라국가의 지방지배체제가 이완되는 가운데 무주는 州司 등을 통해 州治로서의 기능을 유지하면서 관할지역을 통제하고 있었다. 그 관할지역인 한반도 서남단 지역이 당시 활발한 해상무역의 요충지라는 이점을 기반으로 무주 주치가 지방도시로서 번성하였을 것이다. 그렇다면 무주 주치에 계획적인 시가지 구획이 있었을 것이다. 무진고성의 축조와 부명 기와의 출현이 그 가능성을 보여준다. 일반적으로 시가지 구획은 성의 축조와 동시에 계획·실시되었을 것이므로, 무주 주치가 6부로 구획되었다면 그 시점은 무진고성의 초축 당시일 것이다.

무진고성의 수축은 해당 층위의 유물로 볼 때 9세기 후반경에 이루어졌을 것이다. 이는 무주 주치 주변 상황의 불안으로 방비가 필요했기 때문이다. 그리고 무진고성의 수축에는 광역의 인력을 동원했다기보다는 무주 주치 인근 지역의 인력을 단기간에 동원했으리라 생각한다. 이 과정에서 부명 기와가 나타났던 것이다.

이렇게 수축된 무진고성은 견훤의 무주공격으로 함락될 때까지 주치와 그 인근 지역에 대한 신라국가의 통제력이 유지되었음을 보여준다. 그러나 수축 성벽의 석재와 축성 방법, 성벽 외곽의 퇴적토로 볼 때, 성의 관리가 철저하지 못했고 무주 주치의 주변 상황이 불안했음을 알 수 있다.

제 2 부
中世의 政治와 思想

개성지역 고려왕릉

장 호 수*

1. 앞 글

개성시를 중심으로 개풍군, 판문군 일대에는 고려 역대 왕과 왕비, 그리고 왕족들의 무덤이 많이 있다. 송악산 북쪽과 서쪽 산줄기인 만수산 남쪽 언덕에만 해도 20여 기의 능이 있다.[1] 이 가운데 왕릉은 강화에 있는 2기(희종 석릉, 고종 홍릉)와 소재가 확실치 않은 3기(우왕, 창왕, 공양왕릉)를 뺀 나머지 29기가 개성 일대에 있을 것이다. 이제까지 확인된 개성 일대의 고려왕릉은 모두 17기다(표 1 참조).

고려왕릉은 이미 당대에 도굴되거나 전란으로 인한 피해를 받은 것을 알 수 있다.『고려사』와『조선왕조실록』의 기록에 나와 있는 것만 해도 수십건이 있고 기록되지 않은 것들도 많이 있었을 것으로 미루어진다. 태조 현릉은 몇 차례에 걸쳐 改葬, 還葬되기도 하였다. 고려시대 왕들은 전왕들의 능을 관리하는 데 소홀함이 없었다. 능마다 散職 將相을 각각 2~4명씩 두고,[2] 願刹을 세워 명복을 비는 일에도 힘을 쏟았다. 그러나 외적의 침입이나 국내정세 불안으로 인한 왕릉 훼손은 어쩔 수 없는 상황이었던 것 같다. 태조 현릉의 梓宮(관)이 여러 차례 이전될 수밖에 없었던 것도 그러한 까닭이다.

조선시대 역대 왕들도 고려왕릉을 보존 관리하는 데 적지 않은 관심을 기울였다. 경국대전에는 고려 태조 이하 顯宗·文宗·忠敬王의 四位의 능은 소재지 수령이 매년 돌보고 능 주위에서 농사와 땔나무 베는 것을 금하도록 하였다.[3] 선조는 임란이 끝난 뒤 前代 제왕 및 충신의 능묘에 封植할 것을 지시하였다.[4] 현종은 고려왕릉지역에서 경작과 목축을 못하도

---

* 문화재청 문화재 전문위원

1) 김은택,『고려태조왕건』, 과학백과사전종합출판사, 1996.
2)『고려사』권83, 지37, 병지.
3)『경국대전』권3, 禮典, 奉審.
4)『선조실록』36년 4월 20일.

록 하고 고려 태조릉은 주위로 200보까지 禁標를 세우도록 하였다.[5] 능과 그 주변에 보호구역을 정한 것이다. 또한 현종은 고려 태조릉을 개수하고 수묘군 세 사람을 두었으며 수직관으로 왕씨 후손을 세워 봉급을 주도록 하였고, 다른 지역에 있는 고려능들도 모두 왕씨 후손들이 관리하도록 하였다.[6]

영조는 예조 郎官을 보내 고려왕릉을 살피고 근처에 암매장한 무덤들을 파내고 잔디를 보수하여 주변 정비를 하도록 하였다.[7] 또한 고려왕릉 금표 안에서 경작을 하거나 암매장하는 이들을 도형과 유배에 처하도록 하는 등「前朝諸陵禁標受敎」를 능이 있는 지방의 관리들에게 보내 잘 지키도록 하였다.[8] 고종은 개성 일대의 고려왕릉에 대한 현황을 파악하고 보존 방안을 지시하며 능묘 표석을 세우는 한편, 3년에 한 번씩 고려왕릉을 살펴보도록 하는 규정을 지키도록 하였다.[9] 그에 앞서 순조는 개성유수에게 고려왕릉에 대한 조사를 지시하고, 개성유수 조종영은 고려능이 모두 57기라고 보고하였다.[10]

또한 무너진 왕릉의 복구에도 노력을 기울였다. 기록에 따르면 "고려 임금의 여러 능들을 이번에 보수하여 일신시켜 놓았다. 그러나 이것을 마냥 무너지는 대로 보수하지 않는다면 몇 년이 지나지 않아서 또다시 무너지고 말 것이다. 그러니 보수하는 방도에 대하여 留守가 廟堂에 와서 의논하여 규정을 세워 시행하도록 할 것이다"[11]라고 하였다. 당시의 복구 내용에 대하여는 지금도 현릉 앞에 남아 있는「고려현릉개수기실비」에 실려 있다.

일제 시기에 들어 개성·강화의 많은 고려 무덤이 일본인에 의해 도굴당하였다.[12] 고려청자에 대한 관심과 수집 욕심에서 비롯된 도굴이 왕릉에까지 손이 미쳤던 것으로,[13] 일본인들의 꾀에 넘어간 조선 사람들도 여기에 참여한 것으로 생각된다. 어떤 경우에는 한 무덤에 서너 차례씩이나 들어간 흔적도 있었다고 한다. 개성지역의 고려왕릉은 고려시대 때 거란, 몽고군의 침입으로 받은 피해보다 더 큰 수난의 시기를 맞이한 것이다. 이 때 무덤 안에 있던 껴묻거리[副葬品]들은 대부분 사라졌을 것이다.

---

5)『현종실록』3년 8월 26일.
6)『현종실록』11년 10월 23일.
7)『영조실록』41년 9월 16일.
8)『영조실록』41년 9월 18일.
9)『고종실록』4년 6월 3일.
10)『순조실록』18년 3월 30일.
11)『고종실록』4년 9월 19일.
12) 손보기·장호수,『가락 허시중공 무덤 발굴조사보고』, 1988.
13)『고종실록』43년 1월 16일자에 "禮式院掌禮卿 남정철이 음력 11월 8일 밤에 머리를 깎고 검은 옷을 입은 수십여 명이 고려왕조의 현릉을 파헤친 문제를 보고하였다"는 기사가 있다. 여기에서 머리를 깎고 검은 옷을 입은 사람들은 일본 사람들이었다는 견해가 있다(엄영찬,「개성지방의 유적유물들에 대한 미일 침략자들의 야수적인 파괴약탈행위」,『조선고고연구』1993-4, 1993). 위의 기사는 1906년에 일어난 일을 기록하고 있는데 그러한 추정이 가능한 것은 이미 그에 앞서 일본 사람들이 태조 현릉을 비롯한 개성 일대의 고려 건축유적에 대한 사전조사를 행한 바 있기 때문이다(關野貞,『韓國建築調査報告』, 1904).

광복 이후 북한에서는 고조선 - 고구려 - 고려로 이어지는 역사계승의식을 세우기 위해 고려시대 유적에 대한 조사와 정리를 진행하였고, 고려의 수도 개성지역은 문화재로서도 중요 관리대상이 되었다. 고려 왕궁터인 만월대를 발굴 정리하고, 태조 왕건릉은 크게 고쳐 새로 지었다. 공민왕릉도 새롭게 단장하고, 그 밖에 고려시대 유적 유물들을 정비하는 데 큰 힘을 기울였다. 왕건릉을 크게 고친 것은 단군릉과 동명왕릉을 새로 만든 것과 같은 선상에서 이해해야 할 것이다.

2. 고려능 현황

고려시대 왕족의 능은 『고려사』 기록에 따르면 모두 59기가 있는 것으로 확인된다.[14] 조선 순조 18년 개성유수 조종영이 조사한 바에 따르면 57릉으로 41릉은 개성에 있고, 장단·풍덕·강화·고양에 16기가 있는 것으로 알고 있다. 일제시기에 조사한 자료에는 개성과 그 부근 일대에만 53기가 있는 것으로 나타났다.[15)]

고려시대는 34대가 이어졌으므로 왕릉은 총 34기가 있을 것이나, 소재가 밝혀진 것은 아래 <표 1>에서 보면 모두 19기이며, 2기는 경기 강화에 있어 개성 일대에는 고려왕릉으로서 주인공이 밝혀진 것이 모두 17기가 된다.

개성 일대에는 왕릉에 버금 가는 규모의 능들이 그 밖에도 많이 있다. 조선 고종 4년(1867)에 고려능을 일제 정비하고 비석을 세우면서 왕실릉으로 비를 건립한 것들은 다음과 같다. 개성 중서면 고령리에 7릉, 선릉 주변에 2릉, 명릉 주변에 2릉, 중서면 여릉리 두문동에 있는 西龜陵, 소릉 주변에 4릉, 영남면 소릉리 냉정동에 3릉, 영남면 용흥리에 있는 東龜陵, 남면 용흥리 화곡에 花谷陵, 중서면 고령리 대월노농에 2릉 등 모두 23개 능이 있다.

이 가운데 12기 정도가 왕릉이어야 하는데, 이제는 확인하기 어렵게 되어 있다. 일제 시기 조사자료에서는 역사기록에 나오는 무덤 위치와 현지조사를 바탕으로 추정하여 다음과 같이 비정하였다.[16]

목종 의릉 : 화곡릉
선종 인릉, 헌종 은릉, 의종 희릉 : 소릉 주변 및 냉정동 3릉
덕종 숙릉, 정종 주릉 : 대월노동 2릉
인종 장릉, 충열왕 경릉, 충선왕 덕릉, 충숙왕 의릉 : 7릉 및 선릉 명릉주변, 서귀릉

그 밖의 능들은 왕비를 비롯한 왕실 종친의 무덤일 것이다.

---

14) 『고려사』 권83, 지37, 兵志에는 衛宿軍을 두는 문제와 관련하여 고려능 목록이 나온다.
15) 朝鮮總督府, 『朝鮮古蹟調査報告 大正五年』, 1916.
16) 朝鮮總督府, 위의 책, 1916.

<표 1> 고려왕릉 일람표

왕, 능이름	능자리 / ( )는 미확인	참고 사항
1. 太祖 顯陵	개풍 중서면 고령리	神惠王后 祔葬
2. 惠宗 順陵	개성 송악면 자하동	義和王后 祔葬
3. 定宗 安陵	개풍 청교면 양릉리 안릉동	文恭王后 祔葬
4. 光宗 憲陵	개풍 금남면 심천리	
5. 景宗 榮陵	개풍 진봉면 탄동리	
6. 成宗 康陵	개풍 청교면 비야리	
7. 穆宗 義陵	(개성 동쪽)	
8. 顯宗 宣陵	개풍 중서면 고령리	
9. 德宗 肅陵	(개성 북쪽 교외)	
10. 靖宗 周陵	(개성 북쪽 교외)	
11. 文宗 景陵	장단 진서면 경릉리	
12. 順宗 成陵	개풍 상도면 풍천리 풍릉동	
13. 宣宗 仁陵	(개성 동쪽)	
14. 獻宗 隱陵	(개성 동쪽)	
15. 肅宗 英陵	장단 진서면 판문리 구정동	
16. 睿宗 裕陵	개풍 청교면 비야리 총릉동	
17. 仁宗 長陵	(개풍 청교면 장릉리)	
18. 毅宗 禧陵	(개성 동쪽)	
19. 明宗 智陵	장단 장도면 두매리 지릉동	
20. 神宗 陽陵	개성 청교면 양릉리 양릉동	
21. 熙宗 碩陵	강화 양도면 능내리	
22. 康宗 厚陵	(개성 금남면 현화리)	
23. 高宗 洪陵	강화 국화리	
24. 元宗 韶陵	개풍 금남면 소릉리	
25. 忠烈王 慶陵	(개성 서쪽)	
26. 忠宣王 德陵	(개성 서쪽)	
27. 忠肅王 毅陵	(개성 중서면)	
28. 忠惠王 永陵	(　　)	
29. 忠穆王 明陵	개풍 중서면 여릉리 명릉동	
30. 忠定王 聰陵	개풍 청교면 비야리 총릉동	
31. 恭愍王 玄陵	개풍 중서면 여릉리 정릉동	노국공주 正陵
32. 禑王陵	(강원 강릉설)	
33. 昌王陵	(경기 강화설)	
34. 恭讓王陵	(경기 고양說, 강원 삼척說)	

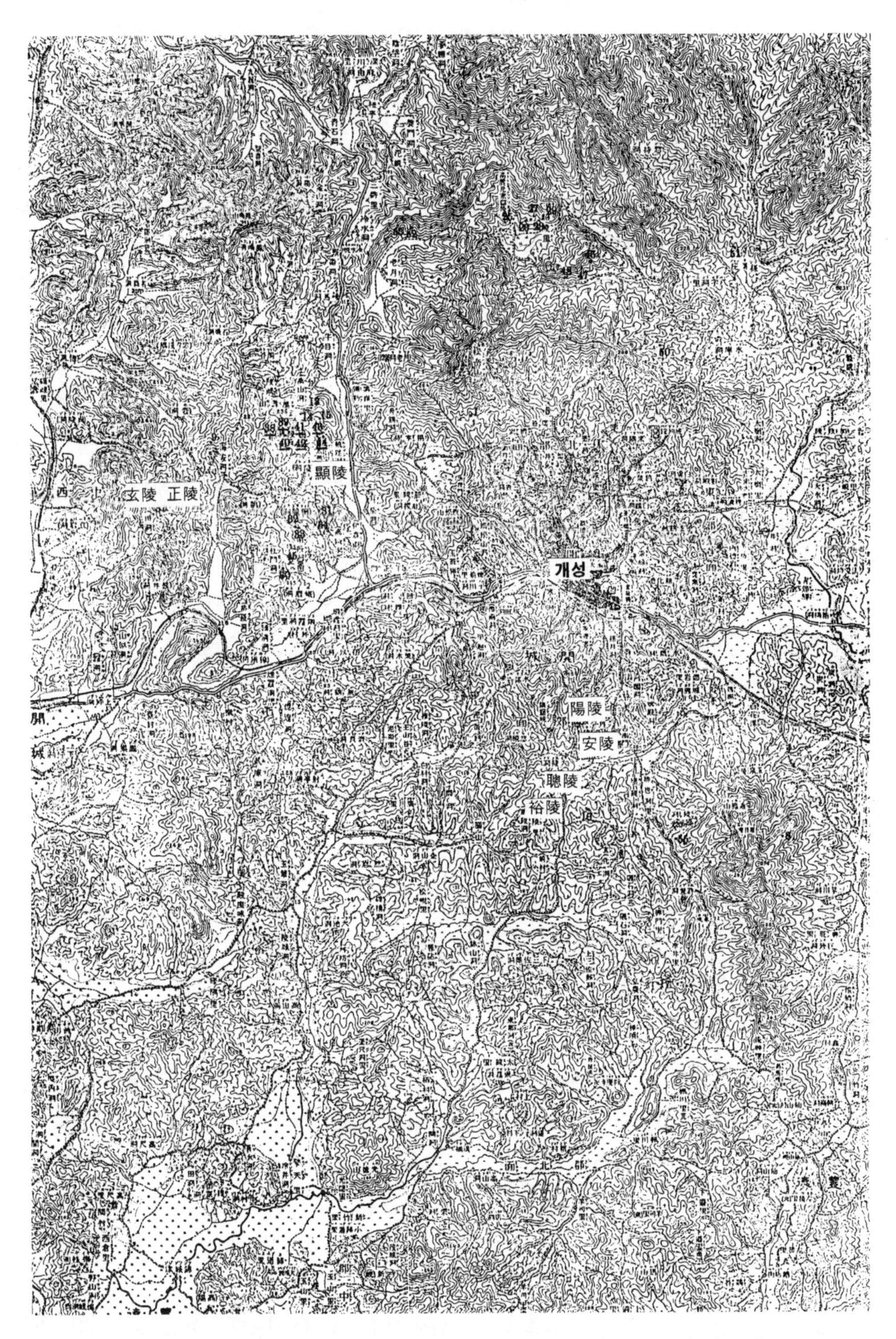

개성일대 고려능 분포와 발굴조사한 능자리(조선총독부, 1916, 앞책에서 인용, 수정)

3. 고려능의 일반구조

1) 무덤자리

고려능의 무덤자리는 일반으로 산 능선 아래에 남쪽을 향하여 전망좋은 곳에 자리하고 있다. 동쪽으로 청룡, 서쪽으로 백호를 거느리고 뒤에는 주산이 있으며 主水는 오른쪽 계곡으로부터 나와 능 앞에서 왼쪽으로 흘러간다. 이와 같은 지세는 신라 말부터 유행한 풍수지리설에 따른 자리잡기로 개경이 바로 이와 같은 지형을 갖고 있으며, 집터와 무덤자리를 잡는 데 가장 이상적인 것으로 받아들여지고 있었다.[17]

2) 무덤구역과 배치

무덤구역은 산 남쪽 비탈진 곳에 남북으로 긴 네모꼴 땅을 구획하여 왼쪽, 오른쪽, 뒤쪽 세 면에 돌담을 돌려 쌓고 그 안에 네 단을 만들어 돌계단으로 연결하였다. 무덤구역의 길이와 너비는 대체로 2：1로 남북 길이 약 36m, 동서 너비 약 18m 정도로 하였다.[18]

무덤의 첫째 단에는 봉분과 그 둘레에 돌짐승을 두고, 앞에는 좌우로 망주석을 세웠다. 봉분 둘레에는 屛風石을 두루고 병풍석 주위로 1m 정도 밖에는 돌난간을 세웠다. 돌난간 밖에는 네 방위에 돌짐승상을 두기도 한다.[19] 병풍석은 제7면돌[午]을 정면(남쪽)에 오도록 하는 것이 보통이나, 공민왕 玄陵·正陵과 같이 제6면돌[巳]과 7면돌의 모서리돌이 정남쪽에 오도록 한 것도 있다.[20] 병풍석에는 각 방위에 따라 十二支像을 새긴 것들도 있다.[21]

둘째 단에는 정면에 長明燈을 세우고 그 좌우에 文人像을 세웠으며, 셋째 단에 武人像을 세웠다. 마지막 단은 약간 넓어지면서 丁字閣과 능비를 세웠다. 고려왕릉에 세워진 문관상과 무관상은 높이가 2.5~3.3m 정도로, 초기 왕릉에는 문관상만 배치하고 후기 왕릉에서는 무관상을 함께 세웠다.

3) 내부구조

고려왕릉은 무덤칸을 반지하 또는 지상에 두고 있는 돌칸흙무덤[石室封土墳]이다. 내부구조는 무덤안길과 안칸으로 이루어진 외칸무덤[單室墳]이며 평천장 구조를 이루고 있

---

17) 朝鮮總督府, 위의 책, 1916.
18) 왕성수, 「개성일대 고려왕릉에 대하여」, 『조선고고연구』 1990-2, 1990.
19) 고려 초기 왕릉에는 무덤 1기에 4기의 돌짐승상을 두고 있으나, 공민왕 현릉·정릉에는 각각 8기씩 놓았다. 돌짐승상은 호랑이와 양을 형상화한 것들이다.
20) 조선시대 무덤에서는 이와 같은 경우가 많다.
21) 병풍석에 12지상을 새긴 능으로는 태조 현릉, 공민왕 현릉·정릉을 비롯해 개성 일대의 고려능 가운데 13기가 있다.

다.[22] 안칸의 크기는 보통 남북 3.3m, 동서 3m , 높이 2.6m 안팎이며 동·서·북 세 벽은 큰 돌을 다듬어 두세 개를 세워 만들었다. 남쪽 출입구는 큰 돌 하나로 막아 놓았고 그 안에 나무문을 달아 놓았던 흔적들이 남아 있다.

안칸 바닥 가운데에 棺臺가 놓이고 그 주위에 껴묻거리를 놓아 둔다.[23] 관대 위에는 나무로 만든 관이 놓였다. 무덤칸 네 벽과 천정에는 벽화를 그려 장식하는 경우가 있다. 고려왕릉 가운데 벽화가 있는 것은 모두 7기가 확인되었다.

벽화는 돌벽 위에 회를 바르고 그 위에 검은색·흰색·황색·붉은색·푸른색으로 그림을 그렸다. 그림의 내용은 자연풍경·동식물·인물상을 비롯해 당시의 정치, 사회 및 신앙생활을 보여주고 있다. 천정에 그린 별그림들은 당시 천문학 수준을 가늠케 해 주는 자료가 되는데, 양릉에는 156개의 별이 자기 위치에 정확히 그려 있다. 12지상은 짐승얼굴을 그린 것, 짐승머리의 관을 쓴 사람모습을 그린 것, 완전한 사람모습을 띤 것 등이 있다.

4. 개성지역 고려왕릉 조사

개성지역 고려왕릉 가운데 발굴조사를 통해 내부구조가 확인된 것은 모두 8기이다. 일제시대에 조사한 것으로는 명종 지릉이 있고, 1970년대 후반부터 북한학계에서 조사한 것은 태조 顯陵, 공민왕 玄陵과 왕비의 무덤인 正陵을 비롯해 정종 안릉, 예종 유릉, 신종 양릉, 충정왕 총릉이다.[24] 그밖에 개풍군 해선리에 있는 고려 7릉떼 가운데 6릉을 왕릉급에 해당하는 것으로 보고 있다.[25]

1) 태조 현릉

(1) 현릉 내력

현릉은 태조 26년(943)에 조영하였다. 그 후 이민족의 침입을 받을 때마다 몇 차례에 걸쳐 재궁을 이동하였다가 충렬왕 2년(1276)에 비로소 제 자리로 돌아오게 된다. 현릉의 내력에 관한 『고려사』의 기록은 아래와 같다.

---

22) 무덤칸은 하나지만 합장을 한 예도 있다. 태조 현릉에는 신혜왕후를 附葬하였고, 혜종 순릉에 의화왕후, 정종 안릉에는 문공왕후를 각각 부장하였다.

23) 관대가 없이 안칸 바닥에 관을 놓아 둔 경우는 충정왕 聰陵에서 볼 수 있다.

24) 북한 사회과학원 고고학연구소에서 1970년대 후반에 개성 일대 고려왕릉 4기, 왕후무덤 1기, 평민무덤 130여 기를 발굴한 것으로 알려져 있다(김종혁, 「개성 일대의 고려왕릉 발굴보고」 1·2, 『조선고고연구』 1986-1, 2, 1986). 공민왕릉은 1956년, 태조 현릉은 1992년에 각각 발굴하였다.

25) 안성규, 「고려 7릉떼의 6릉에 대하여」, 『조선고고연구』 1999-2, 1999.

◦병오일에 왕의 병이 위독해졌다. 왕이 神德殿에 나가서 학사 김악에게 명령하여 遺詔를 쓰게 하였다. …… 왕위에 있은 지 26년이요, 향수는 67세였다. …… 초상 장사 및 왕릉의 제도들은 漢文帝와 魏文帝의 옛 규례를 좇아 일체를 검박하게 하였다. …… 송악산 서쪽 기슭에 장사 지내니 능호는 현릉이었다.[『고려사』 권2, 세가2, 태조 26년(943) 5월]
◦태조의 관을 모셔다 다시 현릉에 장사하였다. 지난 경술년 난리통에 태조의 관을 부아산 香林寺에 모셨는데 이 때에 와서 다시 還葬한 것이다.[『고려사』 권4, 세가4, 현종 7년(1016) 1월]
◦신해일에 태조의 관을 부아산 향림사로 옮겨 모셨다.[『고려사』 권4, 세가4, 현종 9년(1018) 12월]
◦신사일에 태조의 관을 다시 현릉에 환장하였다.[『고려사』 권4, 세가4, 현종 10년(1019) 11월]
◦5월 을미일에 현릉 묘실에 도적이 들었으므로 능실시위대장군 은정 등을 옥에 가두어 처벌하였다.[『고려사』 권8, 세가8, 문종 13년(1059) 5월]
◦장군 기윤위를 시켜 현릉에 가서 태조의 梓宮(관)을 봉은사로 옮기게 하였다.[『고려사』 권22, 세가22, 고종 4년(1217) 3월]
◦장군 신선주를 시켜 昌陵(고려 태조의 아버지 세조의 능) 재궁을 봉은사로 옮겨 오게 하고 또 厚陵을 개장하기 위하여 도감을 두었다가 이내 없애 버렸다.[『고려사』 권22, 세가22, 고종 4년(1217) 3월]
◦세조·태조의 두 재궁을 강화로 이장하였다.[『고려사』 권23, 세가23, 고종 19년(1232)]
◦泥判洞에다가 집을 짓고 여기에다 世祖·太祖의 梓宮(관)들과 봉은사에 두었던 태조의 塑像 그리고 九廟의 신주들을 임시로 모셨다.[『고려사』 권26, 세가26, 원종 11년(1270)]
◦갑진일. 세조의 관을 창릉에, 태조의 관을 현릉에 각각 다시 묻는 의례를 거행하였다. 정미일. 왕이 현릉에 참배하였다.[『고려사』 권28, 세가28 충렬왕 2년(1276) 9월]

(2) 현릉 구조형식

공간배치와 외부형식

현릉은 개성시에서 서북쪽으로 5km 떨어진 개풍군 해선리에 있다. 송악산 서쪽 산 줄기인 만수산의 남쪽 언덕 양지바른 곳에 자리하고 있다. 道詵이 태조의 壽陵으로 자리잡았다는 이야기가 전하고 있으나 믿기 어렵다. 현릉의 공간배치는 무덤 중심부와 그 앞에 3단으로 무덤구역이 이루어졌다(그림 1-1).

무덤은 둘레에 12각으로 병풍돌을 돌리고 그 주위에 돌난간을 두었다. 돌난간 밖에 네 모퉁이에 돌사자를 하나씩 배치하였다. 무덤 앞에는 상돌과 장명등이 나란히 놓이고 상돌 좌우에 돌망주석 한 쌍, 장명등 앞에 좌우로 돌사람이 한 쌍씩 놓였다. 그 한 단 아래에는 정자각과 비각(고려현릉개수기실비)이, 그 앞에는 홍살문과 비각(태조왕 현릉 신혜왕후 유씨부-신도비)이 있다. 정자각은 1950년 전쟁중에 파괴된 것을 1954년에 다시 옛 모습대로 지

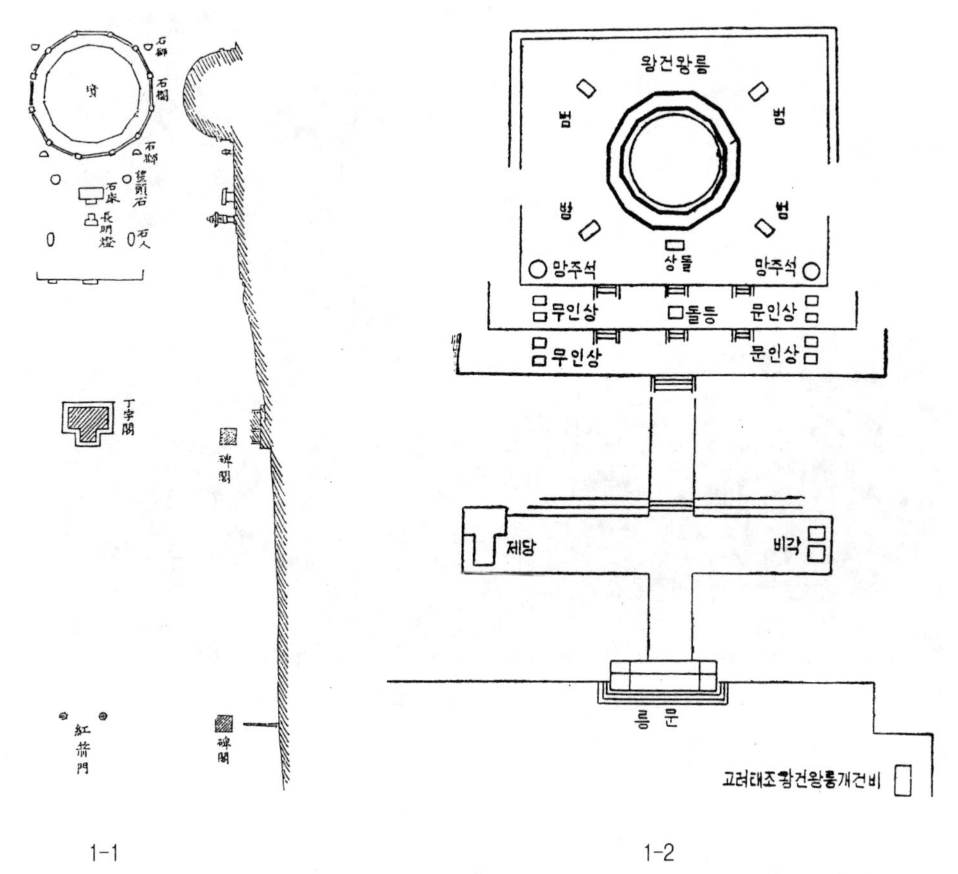

1-1　　　　　　　　1-2

<그림 1> 태조 현릉 원모습(1-1)과 복구개건된 모습(1-2) 평단면그림
(1-1은 關野貞, 1904, 「韓國建築調査報告」에서 따온 그림이며,
1-2는 김은택, 1996, 「고려태조왕건」에서 따온 것임.)

은 것이다(사진 1).

이와 같은 현릉의 구조와 배치 상태는 고려 초에 처음 왕릉을 만든 뒤로 여러 차례 개장 과정을 거쳐 조선 고종 4년 대대적인 보수를 할 때까지 여러 차례 개보수를 하면서 상당 부분 변형이 있었을 것이나, 기본 구조는 고려 초기의 모습을 갖추고 있는 것으로 생각된다. 병풍석에 새긴 12지상은 고려 충렬왕 때 다시 만든 것으로 보인다.

내부구조와 유물

현릉은 고종 43년(광무 10, 1906)에 도적들에 의해 파헤쳐진 적이 있었다. 1992년에는 북한 사회과학원 고고학연구소에서 발굴조사를 하였는데 내부구조는 돌로 무덤칸을 만들고 흙으로 봉분을 한 돌칸흙무덤이다.[26] 무덤칸은 무덤안길과 안칸으로 이루어졌다. 안칸은 주

26) 엄영찬, 앞의 글, 1993 ; 「왕건왕릉(고려태조현릉)이 발굴되었다」, 『조선고고연구』 1993-2, 1993.

<사진 1> 태조 현릉 원모습(조선유적유물도감 11-고려편)

<사진 2> 태조 현릉 복구개건된 모습(김은택, 1996)

검을 넣는 곳으로 남북 길이 348cm, 동서 너비 320~332cm, 높이는 220cm다. 안칸에는 관 받침돌 1개, 껴묻거리 받침 2개, 촛대 받침돌 들이 있다. 관 받침돌은 길이 280cm로서 시신을 넣은 나무관이 위에 놓여 있었다(사진 3). 안칸과 관 받침돌, 껴묻거리 받침에는 회를 두텁게 발랐다.[27]

무덤안칸에는 벽화를 그렸다. 동벽 가운데에 매화나무, 매화나무 동쪽과 서쪽에 참대를 그렸다. 아래쪽에는 청룡을 묵선으로 테두리를 그리고 붉은 빛깔로 바탕을 칠하였다. 서벽에는 소나무와 작은 매화나무, 그리고 백호를 그렸다. 북벽에 있는 그림은 상태가 좋지 않아 자세히 알 수 없지만 현무 그림이었을 것으로 짐작된다. 남벽에는 벽화가 없다. 천정에도 그림이 있다. 천정 남쪽 한가운데에 8개의 별을 그린 것이 남아 있다.

무덤에서 나온 껴묻거리들도 여러 가지가 있다. 유물은 안칸과 무덤안길에서 나온 것이 있다. 안칸에서는 옥띠 장식 2개, 청자상감 국화무늬잔, 금동치레걸이, 금동고리, 놋주전자, 금동못, 쇠고리, 자물쇠, 관못 들이 있다. 무덤안길에서는 막새기와가 2개 나왔다.

왕릉 북쪽 5m 지점에서도 여러 가지 유물이 나왔다. 옥띠 장식 1개체분, 띠고리, 원통형 금동금구, 금동불상 들이 있다. 금동불상은 사람 크기만한 等身佛로서 현재 개성박물관(고려 성균관박물관)에 전시되어 있다. 머리에 보관을 쓰고 두 손을 맞잡은 채 앉아 있는 자세다(사진 4). 왕건상이라는 설도 있고, 무덤을 만들면서 불교의식을 행하고 무덤 뒤편에 묻었다는 설도 있다.

무덤안칸에서 나온 유물들을 보면, 『고려사』 기록에 나오는 충렬왕 때 마지막으로 개장하면서 넣은 것들이 대부분인 것으로 보인다. 현릉에는 신혜왕후가 부장된 것으로 기록에 전하고 있는데 신혜왕후에 관한 것은 확인할 길이 없다.

(3) 현릉 복구개건

고려왕릉에 대한 보수정비는 몇 차례 있었으나 기본구조를 바꾸지 않고 옛 모습을 지켜온 것으로 판단된다. 그러나 1990년대에 들어와 북한에서는 태조 현릉을 새로 고쳐 오늘의 모습으로 만들고 무덤 앞에 개건비를 세웠다. 개건비는 1993년 5월 5일에 세웠다. 높이 6.8m 크기에 앞면에는 '高麗太祖王建王陵改建碑'라는 글자가 금빛으로 새겨져 있다.(그림 1-2)

무덤 중심부와 그 앞 첫째단에 있는 상석・망주석・장명등은 원래 위치에 두었으나, 둘째・셋째 단의 석물・정자각・비각 들은 모두 제 위치가 아니고 새로 만들어 세운 것들이다. 12지상을 새긴 원래 병풍석들은 무덤안길에 넣어 보존하고 있다. 무덤 입구에는 능문을 솟을대문 형식으로 크게 세워 놓았다. 능문을 지나 마당에 들어서면 왼쪽에 정자각, 오른쪽에 비각이 2개 있다. 정자각 안에는 왕건의 화상을 비롯하여 고려시대 사람들이 외적과 싸

---

27) 김은택, 앞의 책, 1996.

<사진 3> 태조 현릉 내부 관대(김은택, 1996)

<사진 4> 현릉 뒤편에서 나온 청동불상, 개성
고려박물관에 진열된 모습(齊藤, 1996)

우는 모습을 그린 그림들이 전시되었다(사진 2).

무덤구역은 세 단으로 만들고 둘째 단과 셋째 단에는 문인상과 무인상을 각각 2구씩 좌우로 배치하였다. 문인상은 고려 건국 이후 문필가들로서 왕건을 도운 신하를 조각한 것으로, 위로부터 차례로 최언휘, 왕 유, 최지몽, 김부를 형상화한 것이다. 무관상은 위로부터 유금필, 신숭겸, 배현경, 대광현을 나타내며, 고려 창건 당시 공을 세운 사람들과 북방개척에 이바지한 사람들을 새겨 놓은 것이다. 문·무인상에서 주목되는 것은 신라의 마지막왕인 김부와 발해의 마지막 왕세자인 대광현을 형상화한 것이다. 이는 고려가 신라와 발해를 모두 아우르는 최초의 진정한 통일국가를 이룩한 것으로 보려는 북한의 역사인식체계를 반영하고 있다고 할 수 있다.

2) 정종 안릉

안릉은 개성시 개풍군 고남리 소재지에서 동쪽으로 700m 떨어진 용수산 남쪽에 있다. 기록에 따르면 "정종 4년 3월 27세의 나이로 죽어 성 남쪽에 장사 지내고 능호를 安陵이라고 하였다"[『고려사』 권2, 세가2, 정종 4년(949)]고 되어 있다. 안릉에는 문공왕후 박씨를 부장한 것으로 되어 있다. 안릉에서 서쪽으로 300m에는 신종 陽陵이 있고 동쪽으로 500m에는 고려시대 나성의 남문자리가 있다.[28]

안릉은 1978년 7월에 발굴하였다. 고려왕릉의 일반 형태와 같은 돌칸흙무덤이며, 발굴 결과 이미 도굴된 것으로 나타났으나 무덤 안에서는 부스러진 뼈조각을 비롯해 여러 가지 유물이 나왔다.

안릉의 무덤구역은 세 단으로 되어 있고 산비탈을 따라 계단식으로 나뉘어져 있다. 무덤구역의 전체 길이는 31.5m고, 무덤무지가 있는 첫째 단은 한 변이 20m인 정방형이다. 무덤무지는 12각 병풍석으로 둘렀고 그 밖으로 난간석이 있다. 난간석 밖에는 네 모퉁이에 돌짐승이 있었으나 서남쪽에 있던 것은 보이지 않는다. 북쪽에 있는 2개는 호랑이상이고, 남쪽에 있는 것은 양의 조각으로 보인다. 무덤무지는 병풍석윗면을 기준으로 지름 12m, 봉분 높이는 병풍석 윗면으로부터 3.15m다.

무덤안칸은 반지하식이며 돌을 다듬어 네벽을 쌓고 그 위에 평행고임식 평천정을 이루고 있다(그림 2). 벽면과 천정에는 회를 발라 마무리하고 벽화를 그렸다. 바닥에는 가운데에 관대가 놓이고 관대 양쪽에 유물받침대가 있다. 관대는 길이 2.65m, 너비 1m 크기로서 왕과 왕후를 합장하기에는 다소 좁은 것처럼 느껴진다. 관대 위에서는 뼈조각과 금도금 유물 부스러기들이 있었고 머리뼈 조각이 파랗게 물들어 있는 것으로 보아, 금동관을 쓰고 있었을 것으로 미루어진다.

---

28) 김종혁, 앞의 글, 1986.

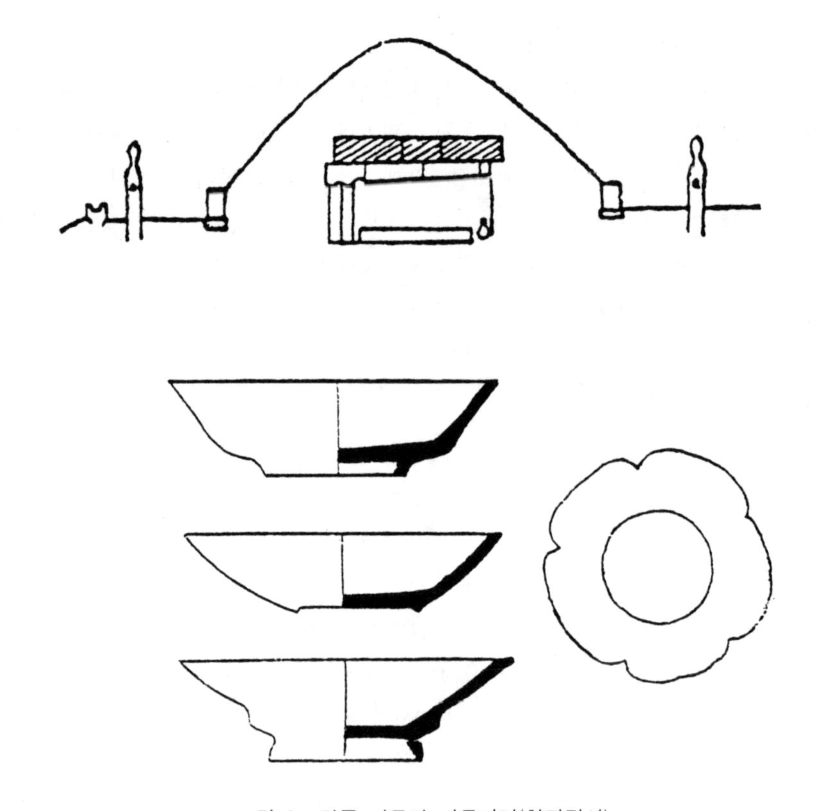

<그림 2> 정종 안릉과 껴묻거리(청자접시)

무덤 안에는 바닥에 유물받침대를 따로 만들었을 뿐 아니라 네 벽 모서리와 윗면에도 유물을 걸 수 있도록 쇠못이 박혀 있었다. 능 안에서 나온 유물들은 순청자 사발, 꽃잎모양 접시, 술잔받치개 같은 것들이 있다. 고려 초기 청자들이다(그림 2). 무덤벽화는 네 벽과 천장에 모두 그렸으나 남아 있는 상태가 나빠 일부 그림만 확인할 수 있다. 동벽의 풍경화, 남벽의 건물그림, 천정의 별그림이다. 동벽에는 푸른 대나무와 꽃그림이 나타나 있다.

3) 신종 양릉

양릉은 고려 신종(1198~1204)의 무덤이다. 양릉과 관련되는 『고려사』의 기록은 다음과 같다.

- 왕의 재위 연수는 7년이요 향년은 61세였다. 시호는 靖孝로 하고 묘호는 신종이라 하였으며 성 남쪽에 장사하고 능호를 陽陵이라 하였다.[『고려사』 권21, 세가21, 신종 7년(1204)]
- 왕이 양릉에 참배하였다. 능 옆에 있는 彰信寺를 중수하고 절 이름을 孝信寺로 고쳐서 신종의 명복을 빌게 하였다. 내시 최정분이 그 역사를 감독하면서 왕에게 잘 보이기 위하여

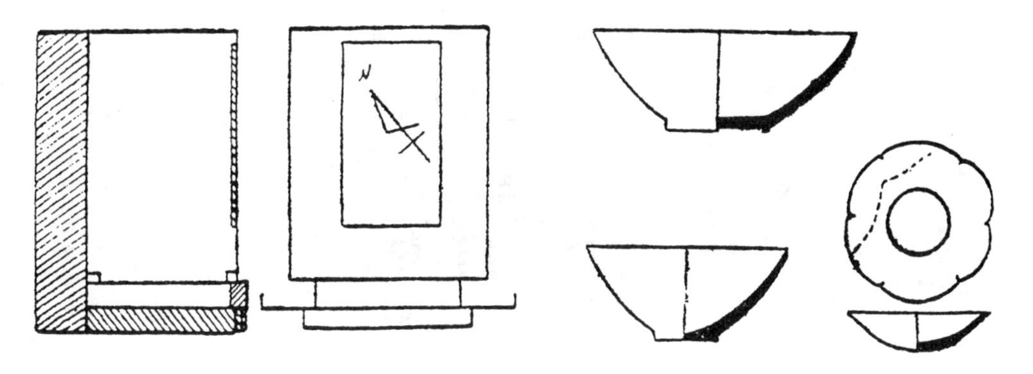

<그림 3> 신종 양릉과 껴묻거리

대단히 사치스럽고 화려하게 꾸며서 막대한 비용을 소모하였다.[『고려사』 권21, 세가21, 희종 2년(1206)]

양릉은 개성시 개풍군 고남리 소재지에서 동쪽으로 400m에 있는 용수산 남쪽에 자리하고 있다. 안릉 발굴에 이어서 발굴된 이 양릉도 안릉과 마찬가지로 이미 도굴된 상태였다.[29] 무덤의 외부구조는 대부분 파괴되었고 무덤무지만이 어느 정도 제 모습을 갖추고 있다. 병풍석과 돌난간이 있었으나 석재들은 거의 남아 있지 않았다. 무덤무지는 지름 9m, 높이 2m고, 무덤 앞에는 석인상 2개가 남아 있다.

무덤안칸은 돌을 다듬어 쌓아 장방형으로 만들고 평천정을 하였다. 무덤칸의 크기는 길이 3.68m, 너비 3m, 높이 2.2m다. 벽면은 3~4개의 돌로 벽돌 쌓듯이 하고 모서리는 서로 맞물리게 하였다. 입구 쪽인 남쪽 면은 판돌 두 장을 세워 문틀을 이루게 하였다. 돌문 안쪽에는 나무문을 달았다. 문턱과 막음돌 사이에서 금동자물쇠, 금동못 등이 나온 것을 보아 알 수 있다. 바닥에는 네모난 벽돌을 깔았다. 관대는 바닥 중심에 돌을 깔아 만들었다. 관대의 크기는 길이 2.72m, 너비 1.5m, 높이 6cm다(그림 3).

무덤에서 나온 유물로는 청자사발, 대접, 꽃병, 글자가 새겨진 돌판, 백동거울, 돈, 그 밖에 금동 및 철 제품들이 있다. 청자에는 흑백상감으로 국화무늬, 모란무늬, 번개무늬를 놓은 것, 양각(陽刻)으로 모란 꽃잎을 새긴 것들이 있다. 12세기 말에서 13세기 초에 걸쳐 만들어진 청자들이다(그림 3). 대리석에 글자를 새긴 것은 묘지명이 아닌가 생각된다.

무덤무지와 그 주변에서 기와와 벽돌이 많이 나와 건물이 있었을 것으로 추정된다. 무덤안칸의 벽과 천정에는 벽화가 있다. 북벽 동쪽과 서벽 북쪽에는 사람을 그린 것으로 나타나고, 천정에는 지름 123cm의 원을 그리고 그 안에 북두칠성을 비롯한 별과 달 그림이 있다. 현재 확인되는 별그림은 모두 158개나 된다.

29) 김종혁, 위의 글, 1986.

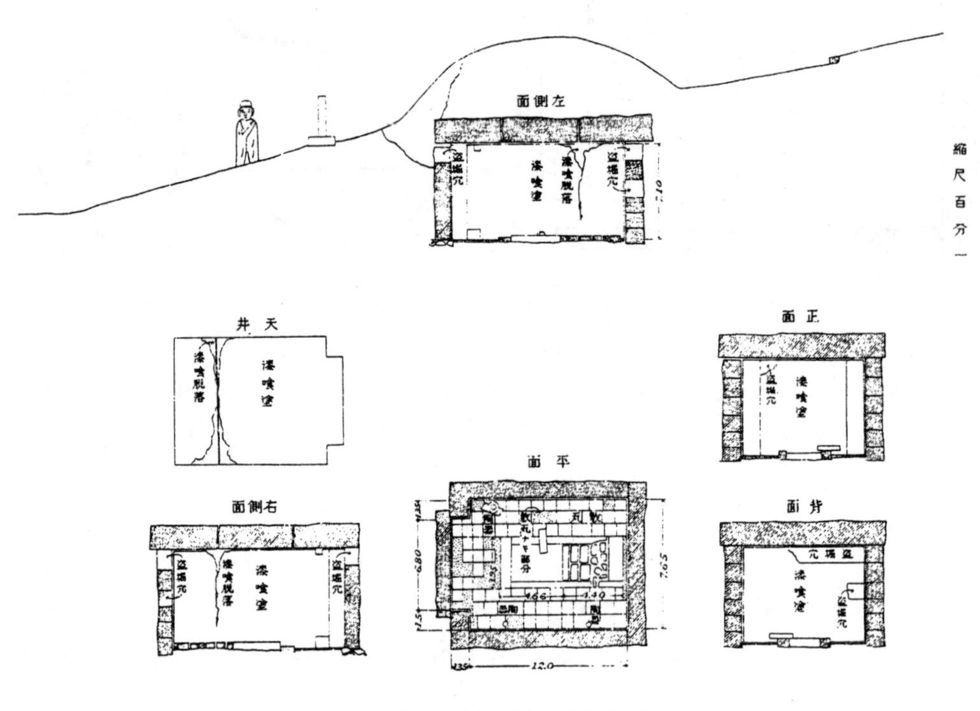

<그림 4> 명종 지릉 평단면그림

4) 명종 지릉

『고려사』 기록에 따르면 명종은 신종 5년(1202) 9월 병을 얻어 11월 昌樂宮에서 죽고, 그 해 윤12월에 지릉에 장사한 것으로 되어 있다.[30] 그런데 고종 42년(1255) 3월에 지릉을 수축한 기사가 나온다. 몽고군에 의해 지릉이 파괴를 당해 判司天事 안방열을 시켜 수축케 한 것이다.[31]

지릉에 대한 조사는 大正 5년(1916) 9월에 도굴되고 있는 것이 신고되어 10월 14일에 조선총독부에서 수습조사를 한 것으로 되어 있다. 당시 조사책임자는 이마니시(今西龍)고, 기사 한 사람이 함께 조사하였다. 정식 발굴조사라기보다는 도굴구덩을 통해 무덤 안에 들어가 간이조사를 한 것이다.[32]

조사 당시 무덤과 그 주변은 매우 황폐해진 것으로 보이나, 봉분은 잘 남아 있었고 무덤 앞에는 묘표석과 돌사람이 한 쌍 서 있었다. 묘표석은 조선 고종 때 세운 것이다. 무덤방[玄

30) 『고려사』 권21, 세가21, 신종 5년.
31) 『고려사』 권24, 세가24, 고종 42년 3월.
32) 朝鮮總督府, 앞의 책, 1916.

室]은 다듬은 판돌을 네 면에 세워 만들고 천장은 판돌 세 장을 덮었다. 무덤방 네 벽에는 그림을 그린 흔적이 남아 있는데 四神圖를 그린 것으로 추정된다. 바닥에는 벽돌을 깔고 관을 놓았던 자리에는 한 벌을 더 깔았다(그림 4). 몇 차례에 걸쳐 도굴당한 것으로 나타났으며, 무덤 안에서 나온 껴묻거리는 청자접시 몇 점과 금동팔찌, 황송통보, 천성원보 등 동전 몇 닢뿐이었다.

5) 공민왕 현릉과 정릉

玄陵과 正陵은 개성시 개풍군 해선리에 있다. 개성 서쪽 봉명산에서 남쪽으로 뻗어내린 무선봉의 나지막한 산허리에 남쪽을 향하고 있다. 이 곳 일대에는 주인을 알 수 없는 능이 23기나 있고 현릉은 이 무덤들에서 맨 서쪽에 위치한다. 태조 顯陵과는 서로 2km 거리를 두고 있다. 공민왕과 그 왕비의 무덤은 외부구조가 독특할 뿐 아니라 그 화려함이 극치를 이루었다. 『고려사』의 기록은 다음과 같다.

◦ 正陵의 역사가 시작되었다. 德陵의 나무를 거의 전부 쳐서 재실을 짓는데 덕릉의 능지기가 감히 금하지 못하였다. 또 공주의 影殿 공사를 왕륜사 동남에다 크게 시작하고 모든 관원들이 등급에 따라서 역부를 내어 나무와 돌을 운반케 하였다. 나무 하나를 수백 명이 끌어도 앞으로 나가지 않는 것이 있어서 어기여차 천지를 진동하는 소리가 밤낮으로 끊이지 않았다. 그리고 죽은 소가 길에 연이어 넘어져 있었다.[『고려사』 권41, 세가41, 공민왕 15년(1366) 5월]
◦ 왕의 명령으로 정릉 곁에 壽陵을 구축하는데 백관이 그 관등에 따라 역부를 내어 돌을 운반케 하였다.[『고려사』 권41, 세가41, 공민왕 21년(1272) 6월]
◦ 갑신일. 왕이 갑자기 죽었다. 왕위에 23년 있었으며 나이는 45세였다. 10월에 정릉 서쪽에 장사하고 능호를 玄陵이라 하였다.[『고려사』 권44, 세가44, 공민왕 23년(1374)]

한편 현릉과 정릉의 원찰이었던 광통보제선사 비명에서는 다음과 같은 기록을 찾아볼 수 있다.[33]

◦ 처음에 공주가 薨하였을 때 山陵의 터를 보기 위하여 司天臺臣이 …… 안 간 곳이 없었는데, 광암동에 들어가서 좋은 곳을 卜定하였다. 장차 장사를 지내려고 할 때에 임금[공민왕]이 사천인 신하 우금필에게 이르기를 "조금 동쪽으로 옮기고 그 한중간을 사용하지 말라. 다른 날 나를 그 서쪽에 장사 지내어 조금이라도 한쪽에 치우치는 일이 없게 하여라" 하였다. 얼마 안 되어 임금은 …… 자신의 능실을 지으라고 명하여 날짜를 정해 공사를 일으키니 여러 신하들은 감히 한 마디의 말도 내지 못하였다.

33) 『동문선』 권119, 碑銘, 廣通普濟禪寺碑銘 幷序.

◦그 공정을 상고하여 보니 임자년[공민왕 21, 1372] 봄에 경영하여 정사년[우왕 3, 1377] 겨울에 준공하였다. 미륵전, 관음전, …… 식당, 객실, 창고, 부엌, …… 누각 등 집으로 된 것이 1백여 동이나 된다. 구조가 교착·치밀하고 지붕과 처마는 새가 날개를 펼친 것 같고 꿩이 높이 날아오른 것 같다. 浮碧은 비늘처럼 즐비하고 단청은 놀처럼 현란하다.
◦을사년[공민왕 14, 1365] 2월 공주가 훙하니, …… 4월 임진일에 正陵에 장사지내고 …… 갑인년[공민왕 23, 1374] 9월 선왕[공민왕]이 훙하시자 …… 10월에 玄陵의 광통보제선사에 장사 지냈사온데, 이것은 대체로 두 분의 명복을 추복하는 곳이기 때문이다.

위 기록에 따르면 공민왕은 왕비인 노국공주가 1365년에 죽게 됨에 따라 왕이 직접 무덤을 경영하여 정릉을 수축하였으며, 1372년에 자신의 사후를 위하여 壽陵으로 玄陵을 만들어 두었다가 1374년 죽어 그 곳으로 들어간 것을 알 수 있다. 죽은 왕비에 대한 생전의 정을 사후에까지 함께하려고 했던 공민왕의 애절한 뜻과 함께 규모는 물론 외부에 배치한 석물 조각에 이르기까지 당대 최고의 기술과 최대의 인력을 동원한 것으로 보인다. 특히 무덤구조상 쌍분 형식을 취하면서 두 무덤을 연결하여 벽면에 구멍을 뚫어 통하도록 하고, 병풍석과 난간석을 연결한 것은 매우 독특한 형식이다.[34] 무덤 축조에 국력을 소비할 정도로 당시 엄청난 손실을 가져오기도 하였고 능 원찰로서 광통보제선사를 지어 백성들의 원성이 대단하였다.

현릉과 정릉은 1905년 무렵에 도굴당하였으며 1920년에 일부 수리공사를 한 것으로 되어 있다.[35] 1956년 7월에 개성시 문화유물 보존위원회에서 다시 수리공사를 하게 되면서 무덤 내부조사를 실시하였다. 무덤무지 구조와 무덤칸 내부시설을 조사하고 무덤안칸의 벽화를 그대로 그려내는 작업도 하였다.

(1) 무덤구역과 외부구조

무덤구역은 동서방향으로 긴 축을 이루고 3개의 층단으로 이루어졌다. 첫째 단은 길이 40m, 너비 24m 크기로 현릉·정릉이 동서로 나란히 바로 남쪽을 바라보고 자리하고 있다. 무덤 주위 동·서·북변은 화강석을 다듬어 쌓은 높이 3m의 돌담장이 두르고 있다. 무덤무지는 병풍석 윗면을 기준으로 지름 13.7m, 전체 높이는 6.5m가 된다. 두 무덤무지 사이의 거리는 50cm다(그림 5).

병풍석은 12면으로 이루어지고 각각 12지상을 새겼는데 의관을 갖추고 홀을 쥔 채 구름을 타고 있는 모습이다. 관 위에는 해당 동물의 머리가 조각되어 있다. 병풍석의 제6면과 7

34) 두 무덤을 연결하여 만든 것은 경주지역에도 황남대총과 같은 표주박형 무덤이 이와 비슷한 구조를 갖고 있어 전혀 새로운 형식이라고 할 수만은 없다.
35) 전주농, 「공민왕 현릉」, 『고고학자료집 3 - 각지 유적 정리보고 - 』, 과학원 고고학 및 민속학연구소, 1963.

<사진 5> 공민왕 현릉(왼쪽)과 정릉(오른쪽)(조선유적유물도감 11-고려편)

<사진 6> 공민왕 현릉 앞 석물 배치(조선유적유물도감 11-고려편)

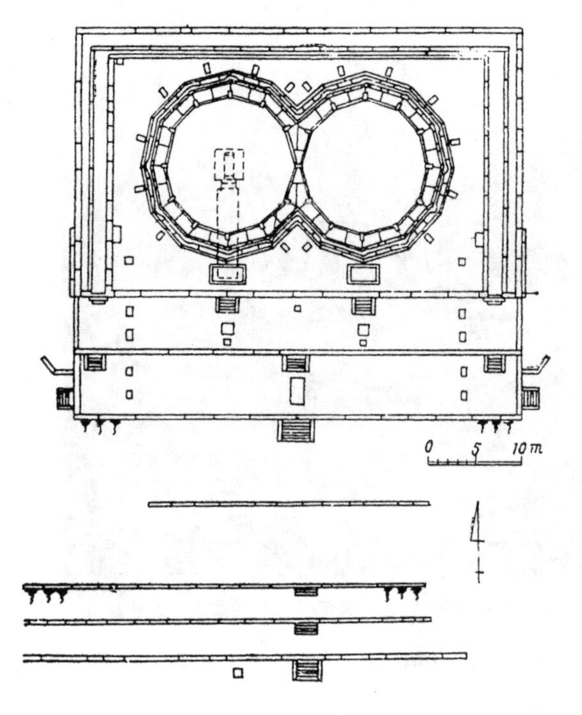

<그림 5> 공민왕 현릉, 정릉 평단면그림(전주농, 1963)

<사진 7>공민왕 현릉 내부 12지상
(조선유적유물도감 11-고려편)

면돌 사이 모서리돌이 정남쪽을 향하도록 하였다. 병풍석에서 1.2m 사이를 두고 난간돌을 둘렀다. 난간돌 앞에는 큰 북모양으로 만든 받침돌이 받치고 있는 상석을 두고, 난간돌 둘레로는 호랑이와 양을 새긴 석상을 서로 엇갈려 8기씩 배치하였다. 무덤의 전면 좌우 끝에는 망주석을 하나씩 세웠다(사진 6).

첫째 단에서 둘째 단으로 내려가는 돌계단이 두 무덤 앞에 하나씩 있고 계단을 내려오면 석등이 한 개씩 서 있다. 좌우로는 문인상이 2기씩 나란히 마주보고 서 있으며 수염 난 문인상이 안쪽에 있다. 둘째 단에서 셋째 단으로 내려오는 계단은 세 곳에 두었고 가운데 것이 가장 크다. 셋째 단에는 둘째 단에 있는 문인석과 같은 선상에 무인상을 2기씩 마주보고 세웠다. 갑옷과 투구를 쓰고 나이 든 무관은 칼을 뺀 채 두 손을 짚고 서 있고 젊은 무관은 두 손을 가슴 앞에 모아 쥐었다.

셋째 단 아래로는 자연경사면을 일부 정리하여 오르내리기 좋게 만들었고 그 아래로 두 단을 더 두어 돌계단을 만들어 놓았다. 그 아래에 정자각터가 남아 있었고, 동쪽으로 좀 떨어진 곳에는 능의 원찰이었던 광통보제선사 비가 있으며 절터는 그 서쪽에 있다.

현릉과 정릉의 무덤구역 배치는 궁궐을 비롯한 건축에서 여러 층으로 건물을 배치하던 수법을 본떠 만든 것이며, 돌난간·계단·석물에 보이는 축조기술은 매우 높은 수준을 보여준다. 석물 조각은 입체감과 표현기법이 사실적이다. 공민왕릉은 고려 건축술과 예술성을 잘 보여주는 작품의 하나가 되고 있다.

(2) 내부구조

내부구조는 두 무덤이 똑같다. 돌칸흙무덤이며 무덤칸은 무덤안길과 안칸으로 이루어진 외칸무덤이다. 현릉 발굴조사 내용에 따르면, 안칸의 크기는 동서 2.97m, 남북 3m, 높이 2.29m다. 무덤안길은 안칸 남쪽벽 가운데로 나 있는데 길이 9.1m, 너비 2.04m, 높이 1.82m다. 안칸의 벽면은 화강암을 다듬어 한 면에 한 장 씩 세웠고 천정에는 판돌 3매를 덮어 평천정을 이루었다. 무덤안길을 길게 만든 것은 고려능 가운데 현릉에서만 볼 수 있다(그림 5).

안칸의 동·서·북 세 벽면에는 12지상 벽화가 각 4상씩 배치되어 있다. 12지상은 70~75cm 크기로, 구름을 타고 손에는 홀을 쥐고 머리에는 관을 썼는데 그 위에 해당동물의 머리가 그려져 있다. 병풍석에 그린 12지상과 같은 모습이다. 공민왕이 직접 그렸다고 전한다(사진 7). 천장에는 해와 북두칠성, 그리고 3성 그림 한 쌍이 있다. 안칸 동벽에는 문을 그리고, 그 밑에 네모난 구멍을 뚫어 정릉과 통하도록 하였다.

무덤은 이미 몇 차례 도굴된 상태로서 유물은 거의 없었다. 관대 위에 머리뼈와 몸통뼈 조각들이 일부 남아 있었고, 至道元寶를 비롯한 송나라 동전 몇 닢, 쇠관못, 문고리 등 무덤 안 시설물 잔해들이 있을 뿐이다.

(3) 현릉·정릉 정비

현릉·정릉을 조사한 뒤 주변을 정비한 내용은 자세히 알 수 없으나, 현재 배치그림과 사진을 통해 확인할 수 있는 것은 터만 남아 있던 정자각을 새로 짓고, 정자각에서 능으로 올라가는 계단을 새로 연결하여 만든 것이다(그림 6).

5. 고려왕릉의 성격과 특징

고려시대 무덤 형식에는 돌칸흙무덤, 돌곽무덤, 돌관무덤, 움무덤 들이 있다. 이 가운데 돌칸흙무덤은 왕과 왕족을 비롯한 상류계층의 무덤이다. 돌칸흙무덤은 앞선 시기인 발해와 신라통일기의 무덤 형식과 같다. 경주지역에 있는 신라 태종무열왕 무덤과 신문왕 무덤도 돌칸흙무덤이며 무덤자리도 산기슭 남쪽 비탈진 곳에 자리하고 있는 점에서 같다. 무덤무지에 병풍석을 돌리고 돌난간을 세운 것, 무덤구역 안에 문인상과 무인상 그리고 망주석을

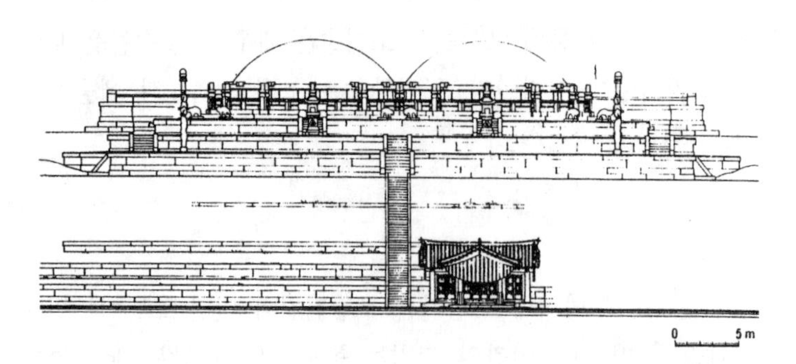

정면도

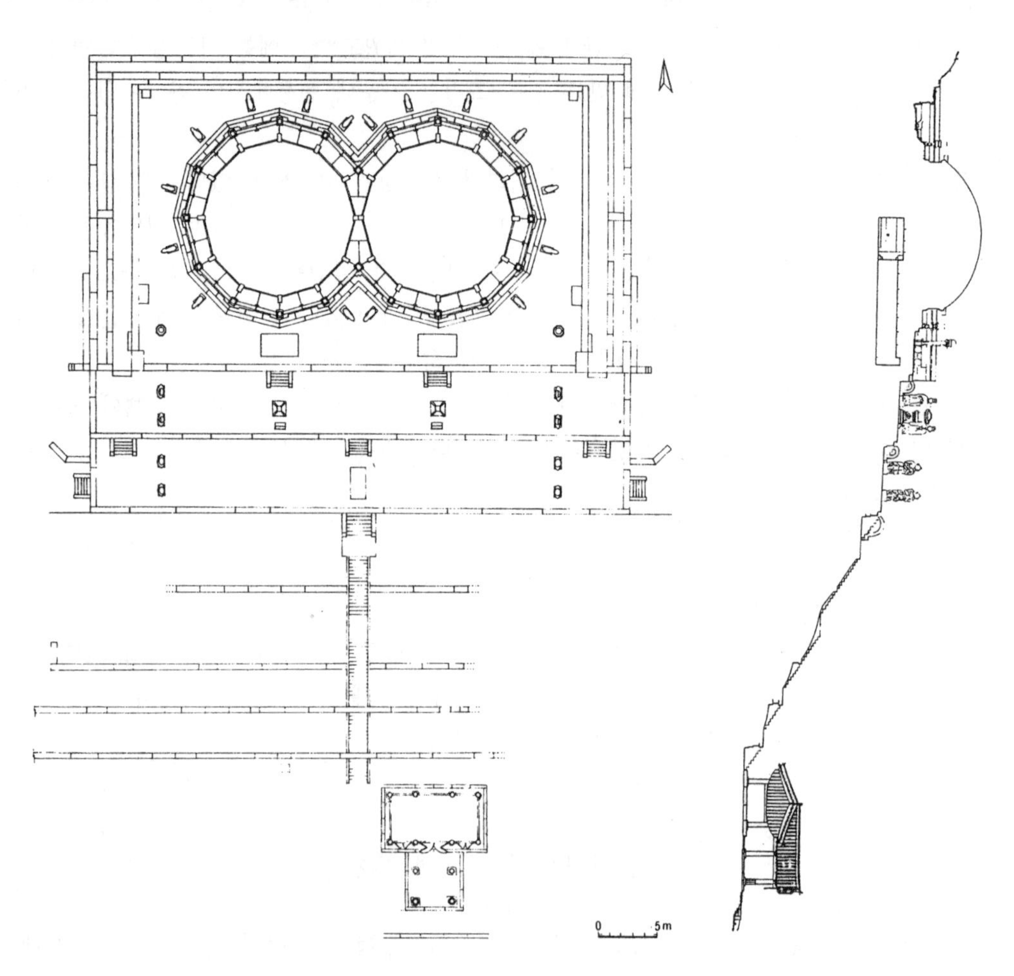

평면도

<그림 6> 현릉, 정릉 보수정비후 모습(조선유적유물도감 11-고려편)

세운 것들도 이미 신라통일기의 무덤 양식에서부터 나타나는 것이다.

고려왕릉의 외부구조 형식은 신라통일기의 무덤 양식을 이어받고 있지만 내부구조와 내용은 고구려 전통이 강한 것을 알 수 있다. 특히 평천정 구조와 벽화는 고구려와 발해의 전통이 더 강한 자취를 남긴 예다. 벽화에 사신도와 별자리를 그린 것은 고구려 요소로 볼 수 있다. 태조 현릉에 나무와 四神 그림을 함께 그린 예는 평양에 있는 고구려 진파리 1호 벽화무덤에서도 볼 수 있다. 고려왕릉에서 벽화가 그려진 무덤들은 아래 <표 2>와 같다.[36]

<표 2> 고려왕릉과 벽화

능 이름	축조 연대	벽화 내용(벽/천정)
태조 현릉		매화나무, 소나무, 청룡, 백호 / 별그림
정종 안릉	949년	대나무, 꽃 / 별그림
문종 경릉	1083년	인물 풍속 / 별그림
신종 양릉	1204년	인물 풍속 / 별그림
원종 소릉	1274년	대나무, 소나무 / 별그림
충목왕 명릉	1349년	나비, 꽃 / 별그림
공민왕 현릉	1305년	인물, 구름, 12지상 / 별그림

고려는 건국 초기에 고구려 계승의식을 내세우고 대외정치에서도 고구려의 계승왕조라는 의식을 표방하였지만, 정치·사회·문화 등 내부에서는 신라의 전통을 이어받고 있었다.[37] 고려왕릉에서 보이는 특징은 이와 같은 고려의 역사계승의식의 복합성과 궤를 같이 하는 것으로 보인다. 고려능은 발해와 신라통일기의 무덤에서 그 연원을 찾을 수 있고 나아가서는 고구려 무덤에까지 그 원류를 찾아갈 수 있다.[38] 왕릉 곁에 菩施寺를 두는 것도 고구려에서부터 내려온 전통의 하나다.[39]

6. 맺는글 : 북한의 문화재관리 방향과 관련하여

북한의 문화재 보존관리는 위로부터의 지시에 따르는 일방통행식을 특징으로 한다. 현장지도방문을 계기로 과업이 이루어지고 하나의 목표를 위해 모든 분야의 전문인력이 동원되는 방법이다. 단군릉 발굴에서 복구개건에 이르는 과정은 그 대표적인 예라고 할 수 있다.[40] 역사학·신화학자들이 문헌자료를 제시하고, 발굴은 고고학자들이 담당하고, 발굴자

36) 왕성수, 앞의 글, 1990에서 나온 내용을 일부 수정 보충하였다.
37) 하현강, 『한국중세사연구』, 1988.
38) 리창언, 「고려시기 무덤의 연원에 대하여」, 『조선고고연구』 1991-2, 1991.
39) 동명왕릉 앞에 있는 定陵寺는 그 대표적인 예가 된다.
40) 력사편집실, 『단군과 고조선에 관한 연구론문집』, 사회과학출판사, 1994.

료는 체질인류학 · 자연과학 · 민속학자 들이 해석함으로써 하나의 통일된 의견을 만들어 가는 것이다.

그와 더불어 역사계승의식에서 고조선 - 고구려 - 고려로 이어지는 정통성을 확립하고, 이를 통한 문화재 관리정책을 세움으로써 단군릉 · 동명왕릉 · 왕건릉에 대한 복구개건에 심혈을 기울인 흔적이 나타난다. 단군릉은 만주에 있는 장군총을 본떠 웅장한 규모로 만들었고 묘역 시설도 확장하였다. 동명왕릉은 무덤 주체부를 본디 모습대로 지키면서 크게 고쳐 새로 쌓고, 그 앞에 문인상과 무인상을 세워 위용을 높였다.[41] 왕건릉도 무덤무지는 본디 모습을 지키려고 하였으나, 그 앞에 문인상과 무인상을 보강하고 새로 고친 곳이 많다.

이와 같이 문화재를 일정한 목적을 위하여 활용하는 것은 문화재 보존관리정책과는 일정한 거리가 있다고 보아야 한다. 문화재는 원형대로 보존하는 것을 최고의 가치로 삼는 것이 요즈음 어느 나라에서나 볼 수 있는 현상이다. 문화유산은 그 시대의 역사 · 문화 · 정신을 나타내고 있기 때문에 그를 통해 시대상을 들여다볼 수 있는 가장 좋은 도구다. 역사 해석과 문화재 복구는 별개의 문제이므로 문화유산을 원상대로 지키는 것이 역사적 가치를 보존하는데 필요할 것이다.

41) 전제헌, 『동명왕릉에 관한 연구』, 사회과학출판사, 1994.

不遷之主 惠宗考
-그에 대한 평가 변화를 중심으로-

배 종 도*

1. 머리말

고려시대의 不遷之主로는 太祖·惠宗·顯宗이 있다. 태조는 創業之主로서, 현종은 中興之主로서 不遷之主가 되었다. 그러나 惠宗이 不遷之主로 太廟에 모셔지고 있는 것은 이해할 수 없는 측면이 있다. 惠宗은 2년 간의 짧은 재위 기간 중에 뚜렷한 업적을 남기지 못했다. 오히려 재위 기간 중에 왕권이 약하여 왕위계승 다툼에 휘말려 죽을 고비를 넘기기도 했고, 끝내는 죽음에 이르기까지 하였다. 그런데 이 惠宗이 어떻게 不遷之主로 모셔질 수 있었을까?

이제까지 惠宗에 대한 연구는 주로 惠宗代의 정변에 집중되어 이루어졌다.[1] 그리하여 惠宗의 즉위 배경과 惠宗代의 정치세력, 정변의 배경 및 과정 등이 밝혀졌다. 그러나 惠宗이 不遷之主로 모셔지고 있었던 면은 주목되지 않고 있다.

한 인물에 대한 평가는 각 시대의 분위기와 필요에 따라서 달라진다. 惠宗은 不遷之主로 모셔지고 있었다. 그렇지만 처음부터 不遷之主로 모셔진 것은 아니었다. 고려시대에도 각 시기마다 그에 대한 평가가 달랐다. 이 글은 不遷之主인 惠宗이 고려 시대에 어떻게 평가되었는지를 살펴보려고 한다. 먼저 그의 생애와 업적을 알아보고, 고려시대에는 각 시기마다 어떻게 그를 평가하였으며, 그렇게 평가하게 된 배경 등을 검토해 보겠다.

---

* 진명여고 교사, 한국사

1) 惠宗의 정변에 관한 연구로는 다음 글들이 있다. 池內宏, 「高麗太祖の薨後に於ける王位繼承上の一悲劇」, 『史林』 3-2, 1918/『滿鮮史硏究 - 中世 第2冊 - 』, 1937 ; 瀨野馬熊, 「高麗惠宗朝の內亂」, 『史學雜誌』 37-10, 1926/『瀨野馬熊遺稿』, 1936 ; 河炫綱, 「高麗惠宗代의 政變」, 『史學硏究』 20, 1968 ; 姜喜雄, 「高麗惠宗朝 王位繼承亂의 新解釋」, 『韓國學報』 7, 1977 ; 李鍾旭, 「高麗初 940年代의 王位繼承戰과 그 政治的 性格」, 『高麗光宗硏究』, 一潮閣, 1981.

2. 惠宗의 생애와 업적

惠宗은 諱가 武이며 字는 承乾이다. 太祖 王建의 장남으로, 어머니는 莊和王后 吳氏다. 後粱 乾化 2년(912)에 태어났다.[2] 왕건은 909년부터 913년 사이에 泰封의 水軍將軍으로서 후백제를 뒤에서 견제하기 위하여 몇 차례 羅州에 出鎭하였다.[3] 그런 중에 木浦에 정박했다가 오씨를 만났다. 莊和王后 吳氏는 羅州 사람이며, 집안은 대대로 木浦에 살았다.[4] 오씨의 아버지 多憐君은 그 지방의 토착세력인 듯하나 그 세력은 미약했던 것으로 보인다. 고려가 건국된 뒤에도 다른 외척 세력과는 달리 그가 활동한 흔적은 전혀 보이지 않으며, 이처럼 오씨 집안이 側微했기 때문에 왕건은 오씨의 임신을 원하지 않았으나 뜻대로 되지 않았다.[5] 이러한 상황에서 태어난 惠宗은 外家勢力이 미약했기 때문에 고려 국초 호족연합 정권 아래에서 어려움을 겪을 수밖에 없었다.

고려가 건국되었을 때 武의 나이는 7세. 태조 왕건은 武를 태자로 세우려 했으나, 외가세력이 側微했기 때문에 고민에 빠질 수밖에 없었던 듯하다. 후견인이 필요했던 것이다. 그리하여 朴述熙에게 몰래 의사를 타진하였다. 박술희는 그 뜻을 헤아리고 武를 正胤(태자)으로 세울 것을 청했다.[6] 이러한 과정을 거쳐 태조 4년(921) 武는 10세의 나이로 태자에 책봉되었다.[7]

武는 "氣度恢弘 智勇絶倫"했다고 한다.[8] 태자로 책봉된 뒤 武는 師傅를 禮로써 높이 받들고 賓僚들을 잘 접대하였다고 한다. 그리고 여러 차례 監撫를 하였다.[9] 예를 들면, 태조 15년(932)에 태조가 一牟山城을 親征할 때 북쪽 변방에서의 만약의 사태에 대비하기 위하여 당시 21세였던 武를 보내 순시하게 하였다.[10] 태조 19년(936)에 후백제를 최종적으로 토벌할 때에는 당시 25세였던 武를 먼저 天安府에 보내 준비를 갖추도록 하였다.[11] 특히 후백제를 멸망시킬 때 武는 용맹을 떨쳐 공을 가장 많이 세웠다고 한다.[12]

---

2) 『高麗史』 卷2, 世家2, 惠宗, "惠宗仁德明孝宣顯義恭大王 諱武 字承乾 太祖長子 母曰莊和王后吳氏 後梁乾化二年壬申[912]生."
3) 『高麗史』 卷1, 世家1, 太祖1, 梁開平 3年(909).
4) 『高麗史』 卷88, 列傳1, 后妃1, 莊和王后吳氏, "莊和王后吳氏 羅州人 祖富伅 父多憐君 世家州之木浦."
5) 『高麗史』 卷88, 列傳1, 后妃1, 莊和王后吳氏, "未幾 太祖以水軍將軍 出鎭羅州 泊舟木浦 望見川上有五色雲氣 至則后浣布 太祖召幸之 以側微不欲有娠 宣于寢席 后卽吸之 遂有娠生子 是爲惠宗."
6) 『高麗史』 卷92, 列傳5, 朴述熙, "惠宗生七歲 太祖欲立之 以其母吳氏側微 恐不得立 乃以故笥盛柘黃袍 賜吳 吳以示述熙 述熙揣知太祖意 請立惠宗爲正胤 正胤卽太子也."
7) 『高麗史』 卷1, 世家1, 太祖1, 太祖 4年(921) 12月 辛酉, "十二月辛酉 冊子武爲正胤 正胤卽太子."
8) 『高麗史』 卷2, 世家2, 惠宗, 惠宗 2年(945) 秋9月 戊申.
9) 『高麗史』 卷93, 列傳6, 崔承老, "惠宗久在東宮 累經監撫 尊禮師傅 善接賓僚."
10) 『高麗史』 卷2, 世家2, 太祖2, 太祖 15年(932) 秋7月 辛卯, "秋七月辛卯 親征一牟山城 遣正胤武 巡北邊."
11) 『高麗史』 卷2, 世家2, 太祖2, 太祖 19年(936) 夏6月, "夏六月 甄萱請曰 老臣遠涉滄波 來投聖化 願仗威靈 以誅賊子耳 王初欲待時而動 憐其固請 乃從之 先遣正胤武・將軍述希 領步騎一萬 趣天安府."

태조 26년(943) 5월 태조가 죽자 遺命을 받들어 즉위하니[13] 당시 나이 32세였다. 惠宗의 외가세력이 側微했기 때문에 태조는 죽음에 임해서도 걱정을 그치지 못하여 惠宗의 후견인 박술희에게 특별히 태자의 보좌를 부탁하기도 했다.[14] 이러한 태조의 걱정은 현실로 나타났다. 즉위한 惠宗은 왕권을 위협받았다. 당시 왕권을 위협하고 있는 세력은 둘이었다. 하나는 廣州 豪族인 王規 세력이고, 다른 하나는 이복동생들인 堯(뒤의 定宗)와 昭(뒤의 光宗) 형제였다.[15] 특히 惠宗은 王規의 亂[16] 이후에는 의심이 많아지고 자신의 신변 보호에만 급급하였다. 급기야는 병이 악화되어 惠宗 2년(945) 9월 34세의 젊은 나이로 사망하고[17] 順陵에 묻혔다. 즉위한 지 2년 4개월 만으로, 그 동안 뚜렷한 업적을 남긴 것은 없다.

3. 惠宗에 대한 평가 변화

惠宗은 고려시대에 不遷之主로 모셔지고 있었다. 그렇지만 처음부터 不遷之主로 모셔진 것은 아니다. 고려시대에는 각 시기마다 그에 대한 평가가 달랐다. 특히 고려 중기에 惠宗에 대한 평가 변화가 심했다. 여기에서는 肅宗代 以前, 睿宗代, 仁宗代, 毅宗代 以後로 나누어서 惠宗에 대한 평가가 어떻게 변하였는지를 살펴보겠다.

1) 肅宗代 以前

惠宗에 대한 가장 이른 시기의 평가는 崔承老의 上書文에 보인다. 成宗 원년(982) 왕은 당시 時政得失을 얻기 위해 京官 5품 이상의 관리에게 上書文을 올리게 하였다.[18] 그것에 응하여 상서문을 올린 崔承老는 성종 이전의 왕들로부터 鑑誡를 얻기 위하여 太祖·惠宗·定宗·光宗·景宗 등 五朝에 대한 평가를 하였다. 그의 惠宗에 대한 평가는 다음과 같다.

---

12) 『高麗史』 卷2, 世家2, 惠宗, "從討百濟 奮勇先登 功爲第一."
13) 『高麗史』 卷2, 世家2, 惠宗, "(太祖)二十六年[943]五月丙午 太祖薨 奉遺命卽位."
14) 『高麗史』 卷92, 列傳5, 朴述熙, "太祖臨薨 托以軍國事曰 卿扶立太子 善輔佐 述熙一如遺命."
15) 河炫綱, 앞의 글, 1968.
16) 『高麗史』 卷127, 列傳40, 叛逆1, 王規, "惠宗二年[945] 規譖王弟堯及昭有異圖 惠宗知其誣 恩遇愈厚 司天供奉崔知夢奏 流星犯紫微 國必有賊 惠宗意規謀害堯昭之應 乃以長公主妻昭 用强其族 規不得行其謀 規又欲立廣州院君 嘗夜伺王睡熟 遣其黨 潛入臥內 將行大逆 惠宗覺之 一拳斃之 令左右曳出 不復問 一日惠宗違豫 在神德殿 知夢又奏 近將有變 宜以時移御 惠宗潛徙重光殿 規夜率其黨 穴壁而入 寢已空矣 規見知夢 拔劒罵之曰 上之移寢 必汝謀也 知夢竟無言 規乃退 惠宗雖知規所爲 亦不罪之."
17) 『高麗史』 卷2, 世家2, 惠宗, 惠宗 2年(945) 秋9月, "秋九月 王疾篤 群臣不得入見 儉小常侍側 戊申 薨于重光殿 在位二年 壽三十四 王氣度恢弘 智勇絶倫 自王規謀逆之後 多所疑忌 常以甲士自衛 喜怒無常 群小並進 賞賜將士無節 內外嗟怨."
18) 『高麗史』 卷3, 世家3, 成宗, 成宗 元年(982) 夏6月 甲申, "夏六月甲申 制曰 后德惟臣 古今所同 朕新摠萬機 恐有闕政 其京官五品以上 各上封事 論時政得失."

A ㈎ 惠宗久在東宮 累經監撫 尊禮師傅 善接賓僚 由是 令名聞於朝野 及初卽位 衆擧欣然 ㈏ 時有人譖定宗兄弟 謂有異圖 惠宗聞而不答 亦無所問 恩遇愈豊 待之如初 故人皆服其大度 ㈐ 旣而不修德政 過惜身命 左右前後 常以甲士相隨 盖爲疑人太甚 大失爲君之體 加以偏賞將士 恩澤不均 故內外怨嗟 人心攜貳 ㈑ 又卽位踰年 便致沈痾 牀枕之間 淹延歲月 於是 朝臣賢士 不獲近前 鄕里小人 常居臥內 厥疾彌篤 嗔恚日增 三年之間 民不見德 至于晏駕之日 粗得免其橫禍 可不痛哉[19]

사료 A에 의하면, 崔承老는 惠宗에 대한 평가를 네 가지로 하였다. 첫째, (가) 부분이다. 동궁 시절 여러 차례 監撫를 하고 師傅를 禮로써 높이 받들었으며 賓僚들을 잘 접대하여 그로 말미암아 朝野에 이름을 떨쳤다고 한다. 긍정적인 평가이지만, 상당히 修辭的 표현이다. 둘째, (나) 부분이다. 王規가 定宗 형제를 참소했을 때 오히려 큰 도량으로 형제간의 우의를 돈독히 하여 恩遇를 더욱 풍부하게 하였다고 한다. 惠宗 재위 때의 긍정적 평가다. 셋째, (다) 부분이다. 군주로서 德政을 닦지 않고 身命을 너무 아꼈으며, 의심이 너무 많아 군주의 체모를 크게 잃었고 편벽되게 將士들에게 賞을 내렸다고 비판하고 있다. 넷째, (라) 부분이다. 병으로 오래 누워 있으면서 朝臣賢士를 멀리했고, 병이 깊어짐에 성냄이 날로 늘어나 백성들은 德을 보지 못했다고 비판하고 있다. 이 평가들을 종합하면, 崔承老는 전반적으로 惠宗이 군주로서는 특별한 功德이 없었다고 보았으며, 오히려 군주의 체모를 크게 잃었다고 비판하고 있다.

이러한 惠宗에 대한 평가 및 인식은 그 뒤에도 계속 이어졌던 것 같다. 그렇기 때문에 惠宗은 태조를 제외한 다른 왕들과 마찬가지로 대우를 받게 된 것 같다. 그것은 宗廟에서의 班次를 보면 알 수 있다.[20]

B (成宗)十二年[993]三月 敎曰 殷以十二君爲六代 唐以一十帝爲九室 晉書所云 兄弟旁及 禮之變也 則宜爲主立室 不可以室限神 兄弟一行 禮文斯在 **況我惠宗若論同世 豈可異班 宜奉惠・定・光・景四主 通爲一廟 祔於太廟**[21]

C 靖宗二年[1036]十二月 祔德宗於太廟 王嘗問昭穆之義 輔臣徐訥・黃周亮等言 顯宗之祔也 **以兄弟同昭穆之文 惠・定・光・戴同班爲昭** 景・成爲穆 穆宗爲昭 而顯宗祔於穆廟 則二昭二穆與太祖之廟而五……[22]

---

19) 『高麗史』 卷93, 列傳6, 崔承老.

20) 성종 7년(988)에 五廟를 정했으며, 성종 11년(992) 12월에는 太廟를 완성하고 昭穆位次와 禘祫儀禮를 의논하여 정하라고 敎書를 내렸다. 『高麗史』 卷3, 世家3, 成宗, 成宗 7年(988), "是歲 始定五廟"; 『高麗史』 卷3, 世家3, 成宗, 成宗 11年(992) 12月, "十二月 大廟成 庚申敎曰 邦家之本 宗廟爲先 自昔帝王莫不增修大室 創立閟宮 設子穆父昭之班 行三祫五禘之禮 我國朝乘時擧義 應運開都 雖累經纂業承基 而未設酎金灌玉 朕以謬傳神器 添屬孫謀 爰自前年新營大廟 在朝儒臣等 其議定昭穆位次・禘祫儀禮以聞."

21) 『高麗史』 卷61, 志15, 禮3.

22) 『高麗史』 卷61, 志15, 禮3.

사료 B는 성종 12년(993)의 교서다. 兄弟는 一行이므로 惠宗・定宗・光宗・景宗 네 임금을 모두 一廟로 하여 太廟에 神主를 모시라고 하고 있다. 사료 C는 靖宗 2년(1036) 12월 德宗神主를 太廟에 모시기 전에, 왕이 昭穆에 관해 물었을 때 徐訥과 黃周亮 등이 말한 내용이다. 顯宗의 神主를 태묘에 모실 때에도 형제는 같은 昭穆이기 때문에 惠宗・定宗・光宗・戴宗은 같은 班列로 하여 昭位로 하였다고 한다. 이것을 보면 이 시기에는 혜종이 특별한 功德이 없어 다른 임금과 마찬가지로 대우받고 있음을 알 수 있다.

심지어 文宗 때에는 惠宗의 神主가 太廟에서 順陵으로 옮겨지기도 했다.

D (文宗十年[1056] 冬十月) 壬戌 親祫于大廟 加上九廟尊號 祭畢 御齋宮 受群臣賀 還御神鳳樓赦[23]

사료 D에서는 文宗이 太廟에 가서 친히 祫祭를 지내고, 9廟의 尊號를 더해 올렸음을 알 수 있다. 이 사료에서는 9廟가 구체적으로 어느 왕인지 나타나 있지 않다. 그러나 『高麗史』의 각 世家 마지막 부분에 諡號를 더한 내용을 검토해 보면, 9廟는 太祖, 定宗, 光宗, 景宗, 成宗, 穆宗, 顯宗, 德宗, 靖宗임을 알 수 있다. 즉 문종 10년(1056)에 9廟의 尊號를 더해 올렸을 때 혜종이 빠졌음을 알 수 있다. 그것은 혜종의 神主가 太廟에서 順陵으로 옮겨져 있었음을 의미한다. 혜종이 특별한 功德이 없다고 인식되었기 때문에 靖宗의 神主를 태묘에 모실 때 惠宗의 神主를 順陵으로 옮긴 것이 아닌가 한다.

2) 睿宗代

惠宗에 대한 재평가는 睿宗代에 들어가서 이루어진다. 다음 사료가 그것을 보여준다.

E (睿宗九年[1114])冬十月丙午 奉惠宗神主 復入于大廟第二室 出遷成宗神主于康陵 祔明懿太后于肅宗室[24]

睿宗 9년(1114)에 惠宗의 神主를 다시 太廟의 제2실에 모시고 있다. 惠宗을 不遷之主로 재평가하게 된 것이다.

혜종의 어떤 功德을 평가하여 다시 太廟에 모시게 된 것인가? 睿宗 11년(1116) 6월에 宋으로부터 大晟樂을 받아들였고,[25] 그 해 10월에 太廟 9실에 오를 때 부르는 樂章을 새로

23) 『高麗史』 卷7, 世家7, 文宗1, 文宗 10年(1056) 冬10月 壬戌.
24) 『高麗史』 卷13, 世家13, 睿宗2, 睿宗 9年(1114) 冬10月 丙午.
25) 『高麗史』 卷14, 世家14, 睿宗3, 睿宗 11年(1116) 6月, "乙丑 王字之・文公美賫詔還自宋 王受詔于乾

만들었다.[26] 그 중 惠宗에 관한 樂章은 다음과 같다.

F 惠宗第二室
正聲紹聖之曲
諒彼先王 時惟桓桓 肆除兇殘 鼎定三韓 巍巍乎其 丕顯成德 子孫享之 欲報罔極
中聲
勇智傑然 翼扶祖功 虔麾之下 三韓率同 長發其祥 光于列聖 禋嚴以時 孝孫之慶

사료 F에서는 "肆除兇殘 鼎定三韓" "勇智傑然 翼扶祖功 虔麾之下 三韓率同"했다고 혜종을 찬양하고 있다. 즉, 惠宗이 太子 시절 후백제를 멸망시킬 때 용맹을 떨쳐 공을 가장 많이 세웠던 것을 찬양하고 있다. 惠宗을 재평가하여 太廟에 다시 不遷之主로 모시게 된 이유는 바로 후백제를 멸망시킬 때 세운 공덕 때문이었다.

그러면 왜 惠宗에 대한 재평가가 이 시기에 이루어졌는가? 12세기 초부터 여진족이 점차 강성해져서 고려의 변방을 위협하게 되었다. 북만주의 松花江 지류인 아르치카 강 유역에서 일어나 동남쪽으로 세력을 성장시켜 나간 完顔部 女眞族은 주변의 여진 부족들을 복속시키고, 肅宗 9년(1104) 정월 定州 關外에 來屯하였다.[27] 그로 인하여 고려와 여진 사이에 충돌이 일어나게 되었다. 고려에서는 林幹 및 尹瓘의 토벌군을 출동시켰으나, 2차에 걸친 원정군은 대패를 당하고 겨우 화약을 맺고 돌아왔다.[28] 林幹과 尹瓘의 패전으로 말미암아 정주 관외의 여진 촌락은 모두 完顔部 치하에 들어가게 되었다. 肅宗은 두 번의 패배를 설욕하고자 윤관의 건의를 받아들여, 그 해 12월에 정규군 외에 別武班을 편성함으로써 임전태세를 갖추게 되었으나,[29] 그 이듬해 10월에 뜻을 이루지 못하고 죽었다.

睿宗이 즉위하자 父王의 유지에 따라 여진 정벌군을 보내었다. 睿宗 2년(1107) 윤10월에 尹瓘을 원수로, 吳延寵을 부원수로 하여 17만 대군을 이끌고 동여진을 치게 하였다.[30] 그리하여 장성 이북의 동북지방을 점령하고, 그 곳에 咸州를 비롯한 9개의 성을 쌓고 남방의 민호를 옮겨 살게 하였다.[31] 그렇지만 이 9성은 오래 유지하지 못하였다. 농경지를 빼앗긴 토착 여진은 完顔部 세력을 끌어들여 끈질기게 저항을 계속하였다. 고려도 수년 간의 전쟁 준

德殿 …… 又詔賜大晟樂."

26) 『高麗史』 卷70, 志24, 樂1, 雅樂, 太廟樂章, "睿宗十一年[1116]十月 新製九室登歌樂章."

27) 『高麗史』 卷12, 世家12, 肅宗2, 肅宗 9年(1104) 春正月 辛巳.

28) 『高麗史』 卷12, 世家12, 肅宗2, 肅宗 9年(1104) 春正月 癸未, 2月 壬子, 乙丑, 3月 丁丑, 6月 甲寅.

29) 『高麗史』 卷81, 志35, 兵1, 兵制, "(肅宗)九年[1104]十二月 尹瓘奏 始置別武班 自文武散官吏胥 至于商賈僕隷及州府郡縣 凡有馬者爲神騎 無馬者爲神步・跳盪・梗弓・精弩・發火等軍 年二十以上者非擧子皆屬神步 兩班與諸鎭府軍人四時訓鍊 又選僧徒爲降魔軍 國初內外寺院皆有隨院僧徒 常執勞役 如郡縣之居民 有恒産者多至千百 每國家興師 亦發內外諸寺隨院僧徒 分屬諸軍 集保勝軍 閱兵陣."

30) 『高麗史』 卷12, 世家12, 睿宗1, 睿宗 2年(1107) 閏10月 壬寅.

31) 『高麗史』 卷12, 世家12, 睿宗1, 睿宗 2年(1107) 12月 丙申, 3年(1108) 2月 戊申, 3月 庚辰.

비 및 수행으로 말미암아 막대한 물자와 인명 피해가 끊이지 않아 더 이상의 장기전을 감당하기 어려웠다. 따라서 睿宗 4년(1109) 7월에 고려는 여진에게 9성을 돌려주고, 여진은 고려 경역을 침범하지 않는다는 조건으로 강화를 맺었다.[32] 完顔部 女眞은 이를 바탕으로 하여 전 여진족을 단합시키고, 睿宗 10년(1115)에 金을 건국하였다. 나아가 이제까지 대국으로 섬겨 오던 遼에 대한 정벌을 감행할 수 있었다.[33]

고려는 비록 동북지방의 9성을 돌려주었지만, 여진족의 급격한 성장이라는 대외적인 위기가 고조되어 가는 상황에 대응하여야 했다. 이에 따라 국방력을 강화하여 여진족의 침입에 대비해야 할 필요성이 증가하였던 것이다. 睿宗 4년(1109) 7월 國學에 7齋를 설치하면서, 武學 講座인 講藝齋를 두어 인재를 양성하였던 것도 이러한 시대적 배경에서 이루어진 것이다.[34] 惠宗에 대한 재평가는 이와 같은 여진족의 성장이라는 대외적인 위기 상황 속에서, 그것에 대비하기 위한 武力을 강조할 필요성 때문에 이루어진 것이다. 즉 武力을 고취시키기 위한 상징으로서 太子 시절 후백제를 멸망시킬 때 용맹을 떨쳐 공을 가장 많이 세운 惠宗을 재평가한 것이다.

3) 仁宗代

睿宗代에 不遷之主로 太廟에 모셔졌던 惠宗은 仁宗代에 다시 不遷之主의 지위에서 격하되었다.

> G (仁宗二年[1124] 夏四月) 遷惠宗神主于順陵 祔睿宗于大廟 時人議曰 惠宗有功德於民 當爲不遷之主 遷之非禮也[35]

사료 G에서 보듯이 惠宗을 不遷之主로 모셔야 하는데 옮기는 것은 禮가 아니라고 비판하는 사람도 있었지만, 仁宗 2년(1124)에 惠宗神主는 順陵으로 옮겨졌다.

그러면 왜 이 시기에 惠宗이 不遷之主에서 다시 격하되었는가? 여진족의 급격한 성장에 대응하여 국방력 강화 및 여진 정벌 등 강경책으로 대응했던 睿宗代 전반기와는 달리, 睿宗代 후반기부터는 점차 金과의 관계를 평화적인 방식으로 해결하려는 움직임이 나타났다. 이러한 변화는 睿宗代 후반기의 정치세력 변동과 관련이 있다. 睿宗代 후반기 정국을 주도

---

32) 『高麗史』 卷13, 世家13, 睿宗2, 睿宗 4年(1109) 秋7月 乙巳, 辛酉.

33) 肅宗말 睿宗 초기 고려와 여진의 관계에 관해서는 다음 글을 참조하여 정리하였다. 崔圭成, 「거란 및 여진과의 전쟁」, 『한국사(15)』, 국사편찬위원회, 1995.

34) 『高麗史』 卷74, 志28, 選擧2, 學校, "(睿宗)四年[1109]七月 國學置七齋 周易曰麗擇 尙書曰待聘 毛詩曰經德 周禮曰求仁 戴禮曰服膺 春秋曰養正 武學曰講藝 試取大學崔敏庸等七十人・武學韓自純等八人分處之."

35) 『高麗史節要』 卷9, 仁宗 2年(1124) 夏4月.

한 정치세력은 李資謙으로 대표되는 외척세력과 韓安仁으로 대표되는 측근 관료세력이었다. 특히 睿宗 14~15년을 전후하여 睿宗이 李資謙 등 외척세력에 기우는 쪽으로 정국을 운영해 가게 되었다. 그리하여 이 시기 정치지배세력은 점차 보수화해 갔다.

그러한 경향은 대외관계에도 영향을 미쳤다. 睿宗 10년(1115) 8월 금의 공격을 받은 거란이 고려에 군사를 요청하자 金富佾·金富軾·韓忠·閔脩·拓俊京 등이 반대하였다.36) 睿宗 12년(1117) 3월 金이 형제맹약을 요청하자,37) 金富儀가 찬성하는 상소를 올렸다.38) 이러한 움직임은 仁宗代에도 이어졌다. 仁宗 4년(1126) 3월 金이 고려에 사대를 요청하자, 당시 실권자였던 李資謙·拓俊京이 주장하여 金의 요청을 받아들였다.39)

이와 같이 금과의 관계를 평화적인 방식으로 해결하려 한 이들의 논리 속에는 대외관계의 변동과 동요가 기존 지배질서의 동요로 이어질 수 있다는 판단이 깔려 있었다. 국내의 정치질서를 그대로 유지하여 그들의 기득권을 보장받으려는 현실적인 입장이 이 같은 대외정책으로 나타났던 것이다.40)

이러한 시대적 분위기는 睿宗代 전반기에 武力 고취의 상징으로서 不遷之主로 모셔졌던 惠宗에 대한 평가절하를 가져왔다. 그리하여 惠宗은 不遷之主의 지위에서 격하되어 神主가 順陵으로 옮겨지게 된 것이다.

惠宗은 이후 仁宗代에는 계속 다른 군주와 마찬가지의 대우를 받았다. 다음 사료는 그것을 보여준다.

H (仁宗十八年[1140] 夏四月) 丁卯 親禘于大廟 加上九廟尊謚 又遣使十二陵 加上大王·王后尊謚 還御闕庭……41)

---

36) 『高麗史』 卷14, 世家14, 睿宗3, 睿宗 10年(1115) 8月, "庚子 遼將伐女眞 遣使來請兵 乙巳 召宰樞·侍臣·都兵馬判官·諸衛大將軍以上 問至再三 卒無定議" ; 『高麗史』 卷97, 列傳10, 金富佾, "睿宗時拜禮部郎中 遼將伐女眞 遣使來請兵 王會群臣議 皆以爲可 富佾與弟富軾及戶部員外郎韓冲·右正言閔脩·衛尉少卿拓俊京等言 國家自丁亥戊子兵亂之後 軍民僅得息肩 今爲他國出師 是自生釁端 其利害恐難測也."

37) 『高麗史』 卷14, 世家14, 睿宗3, 睿宗 12年(1117) 3月 癸丑, "癸丑 金主阿骨打遣阿只等五人 寄書曰 兄大女眞金國皇帝致書于弟高麗國王 自我祖考 介在一方 謂契丹爲大國 高麗爲父母之邦 小心事之 契丹無道 陵轢我疆域 奴隷我人民 屢加無名之師 我不得已拒之 蒙天之祐 獲殄滅之 惟王許我和親 結爲兄弟 以成世世無窮之好 仍遺良馬一匹."

38) 『高麗史』 卷97, 列傳10, 金富佾 附 富儀, "金新破遼 遣使請結爲兄弟 大臣極言不可 至欲斬其使者 富儀獨上疏曰 臣竊觀漢之於匈奴 唐之於突厥 或與之稱臣 或下嫁公主 凡可以和親者 無不爲之 今大宋與契丹迭爲伯叔兄弟 世世和通 以天子之尊無敵於天下 而於蠻胡之國 屈而事之者 乃所謂聖人權以濟道 保全國家之良策也 昔成宗之世 禦邊失策 以速遼人之入寇 誠爲可鑑 臣伏願聖朝思長圖遠策 以保國家 而無後悔 宰樞無不笑且排之 遂不報."

39) 『高麗史』 卷15,1 世家15, 仁宗1, 仁宗 4年(1126) 3月 辛卯, "辛卯 召百官 議事金可否 皆言不可 獨李資謙·拓俊京曰 金昔爲小國 事遼及我 今旣暴興 滅遼與宋 政修兵强 日以强大 又與我境壤相接 勢不得不事 且以小事大 先王之道 宜先遣使聘問 從之."

40) 睿宗代 정치세력 및 대외정책의 변동에 관해서는 다음 글을 참고하여 정리하였다. 박종기, 「睿宗代 정치개혁과 정치세력의 변동」, 『역사와 현실』 9, 한국역사연구회, 1993.

사료 H에 의하면, 묘청의 난 진압 후 仁宗 18년(1140) 太廟에서 親禘 후에 9廟에 尊謚를 더하여 올렸다. 이 사료에서는 9廟가 구체적으로 어느 왕인지 나타나 있지 않다. 그러나 『高麗史』의 각 世家 마지막 부분에 謚號를 더한 내용을 검토해보면, 9廟는 太祖, 顯宗, 德宗, 靖宗, 文宗, 順宗, 宣宗, 肅宗, 睿宗임을 알 수 있다. 仁宗 18년(1140)에 9廟의 尊號를 더해 올렸을 때 惠宗이 제외되었다. 이러한 사실은 仁宗 18년까지 여전히 惠宗이 不遷之主로서 대우받지 못하고 있었음을 보여준다.

4) 毅宗代 以後

毅宗代에 惠宗은 또다시 不遷之主로서 太廟에 모셔진다.

> I 別廟 【**毅宗時 太廟** 太祖・惠宗・顯宗・文宗・順宗・宣宗・肅宗・睿宗・仁宗 別廟 定宗・光宗・景宗・成宗・穆宗・德宗・靖宗】[42]
>
> J 陳設 前享三日 尙舍局設大次於廟東門外道北 南向 小次於阼階東稍北 南向 鋪王座如常儀 守宮設文武侍臣・行事陪享官及有司次於廟門之內 隨地之宜 設饌幔於東門外 前享二日 宮闈令帥其屬 掃除廟之內外 掌牲令牽牲詣享所 太廟令帥其屬 布昭穆之座於堂上戶外 自西以東 **太祖位在西東向 惠宗・文宗・睿宗爲昭** 在北南向 顯宗・順宗・宣宗・肅宗・仁宗爲穆 在南北向 每位皆設黼扆 莞席紛純 藻席繢純 次席黼純 左右玉几……[43]

사료 I는 毅宗 때 惠宗이 太廟에 모셔져 있음을 보여준다. 다만 사료 I에서는 언제 惠宗이 太廟에 모셔졌는지 알 수 없다. 毅宗代에 太廟에 모셔져 있었다는 것을 알 수 있을 뿐이다. 사료 J는 『高麗史』 禮志에 실려 있는 태묘에서의 禘祫親享儀 중 陳設 부분이다. 사료 J에서는 혜종이 태묘에 모셔져 있음을 알 수 있다. 그런데 『高麗史』 禮志의 의전 관계 기사 중 대부분의 것은 『高麗史』 편찬시 그 때까지 있었던 『古今詳定禮』에서 채집 수록하였다고 한다.[44] 혜종이 不遷之主로 태묘에 모셔졌다는 것은 『高麗史』 禮志 太廟의 의전 관계 기사인 사료 J에 보이고 있다. 그러므로 혜종이 태묘에 모셔졌던 시기는 『古今詳定禮』가 편찬되기 이전으로 추정된다. 『古今詳定禮』는 고려 毅宗 9년(1155)에서 16년(1162) 사이에 毅宗의 명을 받은 平章事 崔允儀 등에 의해서 편찬되었다.[45] 따라서 혜종이 태묘에 다시 모셔진 시기는 毅宗 초기일 것이다.

그러면 왜 毅宗 초기에 惠宗을 不遷之主로서 다시 太廟에 모시게 되었는가? 毅宗은 즉

---

41) 『高麗史』 卷17, 世家17, 仁宗3, 仁宗 18年(1140) 夏4月 丁卯.
42) 『高麗史』 卷61, 志15, 禮3, 別廟.
43) 『高麗史』 卷60, 志14, 禮2, 吉禮大祀 太廟 禘祫親享儀.
44) 李範稷, 「『高麗史』 禮志의 分析」, 『韓沽劤博士停年紀念史學論叢』, 지식산업사, 1981, 316쪽.
45) 金塘澤, 「詳定古今禮文의 편찬 시기와 그 의도」, 『湖南文化硏究』 21, 1992. 12.

위 초부터 왕권이 크게 위협받는 상황 아래 있었다. 개경 문신세력의 制裁를 심히 받고 있었으며, 자신의 왕위를 넘보는 반역음모의 와중에서 항상 신변의 위협을 받았다. 더욱이 대외 문제도 여진족인 金의 강성으로 말미암아 긴장 상태에 있었다. 이와 같이 毅宗代는 국내외적으로 다같이 매우 어려운 시기였다. 毅宗은 이러한 위기를 벗어나기 위해 고려왕조의 중흥을 꾀하였다. 안으로 왕실의 권위를 회복하고 밖으로 金과 같은 强國의 지배에서 벗어남으로써 중흥이 성취될 수 있다고 생각하였다.[46] 이러한 과제를 해결하기 위하여 毅宗은 國基를 연장시키려고 노력하였고,[47] 친위세력으로서 禁衛軍을 강화하려고 노력하였으며,[48] 禮制를 정비하기 위하여『古今詳定禮』를 편찬하기도 했다.[49] 毅宗 초기에 혜종을 不遷之主로서 다시 태묘에 모시게 된 것은 이러한 시대적 분위기 때문이었다. 안으로 왕실의 권위를 회복하고 밖으로 金과 같은 强國의 지배를 벗어나 중흥을 이루기 위해 武力 고취의 상징으로서 혜종을 不遷之主로 다시 태묘에 모셨던 것이다.

혜종은 毅宗代에 不遷之主로 모셔진 이후 계속 그 지위가 유지되었다.『古今詳定禮』가 편찬되면서 예제가 정비되어 不遷之主로서 완전히 정착되어진 듯하다.

K 熙宗二年[1206]二月 祔神宗于太廟 **本朝廟制九室 而有新祔之主 則奉遷主 安於本陵** 崔忠獻與宰樞議 據古典 **有功者不遷 親盡者毁之** 以爲順宗親盡無嗣當出 以神宗祔于第九室 太祖在西東向 **惠·顯同爲第一昭** 宣·肅同爲第二昭 仁宗爲第三昭 文宗爲第一穆 睿宗爲第二穆 神宗爲第三穆[50]

L (熙宗) 四年[1208]十月 詔曰 往年聖考祔廟之日 改定昭穆位序 有所乖戾 令宰樞·侍臣·禁官·國學·致仕文儒等 據典籍 與本朝禮制參酌 各上封事 衆論紛紜 竟不改焉 識者曰 漢書云 父昭子穆 孫復爲昭 公羊傳曰 父爲昭 子爲穆 孫從王父 則昭穆之序 一定不易者明矣 豈可隨時而變易乎 今遷第一穆顯宗於第一昭 與惠宗同一位 遷第二昭文宗於第一穆 遷第二穆宣·肅二室於第二昭 遷第三昭睿宗於第二穆 遷第三穆仁宗於第三昭 而以神宗祔第三穆 昭穆之序大紊 **況惠·顯二主 皆有功德 若周之文武 故太祖東向 惠爲太宗 顯爲世宗 百世不遷** 其餘則昭常爲昭 穆常爲穆 庶合於禮[51]

M (高宗二年[1215] 冬十月) 乙未 親祫于大廟 奉玉冊 追上尊號 第一太祖室冊云 提漢祖之三尺劒 我武惟揚 統殷湯之九有師 其興也勃 皥皥不可尙已 蕩蕩無能名焉 **第二惠宗室冊**

46) 河炫綱,「高麗 毅宗代의 性格」,『東方學志』26, 1981/『韓國中世史研究』, 일조각, 1988.

47) 河炫綱, 앞의 글, 1981.

48) 채웅석,「毅宗代 정국의 추이와 정치운영」,『역사와 현실』9, 1993.

49) "毅宗이 그와 정치적으로 밀착되었던 최윤의 등으로 하여금 상정고금예문을 편찬토록 한 것은, 백관과는 구분되는 국왕의 권위를 분명하게 드러내고자 함이었다. 인주 이씨의 득세 이후 실추된 왕권을 회복하는 데 대단한 집념을 가졌던 毅宗은 문신들의 강한 반발에 부딪쳤다. 이에 그는 문신들을 자극하지 않으면서 국왕의 권위를 높이는 방법을 강구했는데, 그 가운데 하나가 상정고금예문의 편찬이었던 것이다"(金塘澤, 앞의 글, 1992, 12쪽).

50)『高麗史』卷61, 志15, 禮3.

51)『高麗史』卷61, 志15, 禮3.

云 躬擐甲胄 助成王業之艱難 望極雲霄 率致民心之傾附……[52]

N (恭愍王)六年[1357]八月 **命李齊賢 定昭穆之次** 齊賢上議曰 謹按宗廟之制 天子七廟 諸侯五廟 太祖百世不遷 太祖而下 父爲昭居左 子爲穆居右 昭穆左右 則百世亦不變 故春秋左氏傳 有太王之昭・王季之穆・文之昭・武之穆之文 而尙書謂文王曰穆考 謂武王曰昭考 是其昭穆不變之明證也 其兄弟相代者 春秋公羊傳 以爲昭穆同班 大宋祫享位次圖 太祖與太宗 哲宗與徽宗 欽宗與高宗 各位一世 是則兄弟同班之法也 二十二陵 盖自江都去水而陸 倉卒所置 其制一堂五室 而二十二陵神主 一行而列 所宜拓而廣之 釐而正之 然而不可造次而就 未就之閒 四時之事 無所於享 且於五室 略依東漢以來同堂異室之制 其二十二神主 一一各爲一房 以別之 **太祖・惠宗・顯宗在太廟不遷** 則太祖之昭定・光・戴・安 於此 無先之者 居中室而以西爲上 光宗之穆景宗 戴宗之穆成宗 爲從兄弟 居西第一室之第一房・第二房 成宗之昭穆宗 顯宗之昭德・靖・文 居東第一室之第一・第二・第三・第四房 亦從兄弟也 文宗之穆順・宣・肅 居西第一室之第三・第四・第五房 宣宗之昭獻宗 肅宗之昭睿宗 爲從兄弟 居東第五・第六房 睿宗之穆仁宗 居西第六房 仁宗之昭毅・明・神 居東第七・第八・第九房 神宗之穆熙宗 明宗之穆康宗 亦爲從兄弟 居西第七・第八房 康宗之昭高宗 居東第十房 合於左昭右穆・兄弟同班之義 若夫五室拓而廣之 昭穆釐而正之 則乞下中書 令禮官博士博議 詳定施行[53]

O 惠宗第二室

天造我家 或不來庭 **左右太祖 弓矢經營** 觀德在廟 凜然英靈 濟屯開泰 永仰皇明[54]

사료 K와 L, M은 최씨 무신정권이 확립된 시기의 사료다. 사료 K는 희종 2년(1206) 神宗을 태묘에 모실 때 昭穆의 位序를 개정한 것을 보여준다. 惠宗은 이 때 태묘에 모셔져 있었다. 사료 L에서는 희종 2년(1206) 神宗을 태묘에 모실 때 昭穆의 位序를 개정한 것이 잘못되었다고 하여, 희종 4년(1208)에 그 位序를 고치려고 한 것을 볼 수 있다. 이 사료에서도 혜종은 功德이 있기 때문에 百世不遷할 군주라는 인식이 있었음을 알 수 있다. 사료 M은 고종 2년(1215) 태묘에서 왕이 친히 祫祭를 지낼 때, 玉冊을 받들어 태묘에 모신 역대 왕에 대해 尊號를 바친 것이다. 이 때 惠宗에게도 尊號를 올리고 있다. 그의 功德은 '躬擐甲胄 助成王業之艱難'했다는 것인데, 태자 시절 후백제를 토벌한 공을 찬양하고 있는 것이다.

사료 N과 O는 공민왕대의 사료다. 사료 N에 의하면, 공민왕 6년(1357) 李齊賢에게 昭穆의 차례를 정하라고 명하였는데, 이 사료에서 李齊賢은 惠宗을 不遷之主로 인식하고 있음을 알 수 있다. 사료 O는 공민왕 10년(1361)에 홍건적의 침입으로 왕이 福州(안동)로 피난갔다가 공민왕 12년(1363)에 還都한 후 九室神主를 태묘에 다시 奉安하면서 새로 樂章을 만들었을 때의 사료다.[55] 이 사료에서도 혜종이 태묘에 모셔져 있었음을 알 수 있다. 그의

---

52)『高麗史』卷22, 世家22, 高宗1, 高宗 2年(1215) 冬10月 乙未.
53)『高麗史』卷61, 志15, 禮3.
54)『高麗史』卷70, 志24, 樂1, 雅樂 太廟樂章, 恭愍王 12年(1363) 5月 丁亥.
55)『高麗史』卷70, 志24, 樂1, 雅樂 太廟樂章, "恭愍王十二年[1363]五月丁亥 還安九室神主于太廟 新撰

功德은 '左右太祖 弓矢經營'했다는 것이다. 사료 M과 마찬가지로 태자 시절 후백제 토벌의 공을 찬양하고 있다. 사료 K~O를 볼 때, 혜종은 毅宗代에 不遷之主로 모셔진 이후 고려 말까지 계속 그 지위가 유지되었음을 알 수 있다.

그런데 비록 혜종이 不遷之主로 모셔지고는 있었지만, 그것은 어디까지나 태자 시절 후백제 토벌의 공 때문이고 惠宗이 왕으로 재위시에는 功德이 없었다는 인식은 고려 초기부터 계속 지속되어 왔던 듯하다. 다음 사료는 그러한 사실을 보여준다.

P 臣(齊賢)曰 羽父請弑桓公 將以求大宰 隱公不聽 亦不討之 終致蔿氏之禍 王規之譖兩王弟 亦羽父之意也 惠王不致之罪 顧使居左右 其免於袖刃壁人之謀 可謂幸也 時去太祖棄代甫耳 規之不義而得衆 已能如漢魏之曹馬耶 其未有以竄殛之 何也 嗚呼 小人之難遠也如此哉 可不誡哉[56]

사료 P는 李齊賢의 惠宗에 대한 史贊이다. 李齊賢은 사료 N에서 알 수 있는 바와 같이 惠宗이 不遷之主임을 알고 있었다. 그러나 그는 사료 P에서는 혜종의 공덕은 찬양하지 않고 오히려 혜종을 비판하고 있다. 왕규의 죄를 묻지 않았다고 엄하게 비판하고 있는 것이다. 이러한 史贊은 혜종이 왕으로 재위시에 功德이 없었다는 것을 의미한다. 고려 성종대의 崔承老의 입장과 마찬가지임을 알 수 있다.

4. 맺음말

한 인물에 대한 평가는 각 시대의 분위기와 필요에 따라서 달라진다. 惠宗은 不遷之主로 모셔지고 있었다. 그렇지만 처음부터 不遷之主로 모셔진 것은 아니었다. 고려시대에도 각 시기마다 그에 대한 평가가 달랐다. 특히 고려 중기에 惠宗에 대한 평가 변화가 심했다. 이 글에서는 고려시대 각 시기마다 어떻게 不遷之主인 惠宗을 평가하였으며, 그렇게 평가하게 된 배경 등을 검토하였다. 이제까지 서술해 온 것을 정리하면서 글을 마치겠다.

惠宗은 34세의 젊은 나이에 죽었다. 호족연합정권 아래에서 2년 4개월 동안 왕으로 있었지만 왕권을 위협받고 뚜렷한 업적도 남기지 못하였다. 다만 그의 생애에서 주요한 업적으로는 태자 시절 후백제를 멸망시킬 때 용맹을 떨쳐 공을 가장 많이 세웠던 것이다.

이러한 혜종에 대한 가장 이른 시기의 평가는 成宗 元年(982)에 崔承老가 올린 上書文에 보인다. 최승로는 상서문에서 혜종이 전반적으로 군주로서는 특별한 공덕이 없었으며, 오히려 군주의 체모를 크게 잃었다고 비판하고 있다. 이러한 惠宗에 대한 평가 및 인식은

樂章."

56) 『益齋亂藁』 卷9下, 史贊, 惠王.

그 뒤에도 계속 이어졌다. 그렇기 때문에 肅宗代 이전에는 惠宗은 太祖를 제외한 다른 왕들과 마찬가지로 대우를 받고 있었다.

睿宗代에 와서 惠宗을 不遷之主로서 太廟에 모시게 되었다. 12세기 초부터 여진족의 급격한 성장이라는 대외적인 위기 상황 속에서, 그것에 대비하기 위한 武力을 강조할 필요성이 있었다. 이에 武力을 고취시키기 위한 상징으로서 태자 시절 후백제를 멸망시킬 때 용맹을 떨쳐 공을 가장 많이 세운 혜종을 재평가하게 된 것이다.

그렇지만 仁宗代에 혜종은 다시 不遷之主의 지위에서 격하되었다. 睿宗代 후반기에는 정치세력의 변동으로 李資謙 등 외척세력에 의해 정국이 운영되면서 보수화하였다. 그들은 기득권을 보장받으려는 현실적 입장에 따라 金과의 관계를 평화적인 방식으로 해결하려고 대외정책을 바꿨다. 그러한 경향은 仁宗代로 이어졌다. 그리하여 睿宗代 전반기에 武力 고취의 상징으로서 不遷之主로 모셔졌던 惠宗에 대해서는 평가절하가 이루어졌고, 결국 仁宗代에 惠宗은 不遷之主의 지위에서 격하되었던 것이다.

그러나 惠宗은 毅宗代부터 다시 不遷之主로 모셔졌다. 毅宗代는 국내외적으로 다같이 매우 어려운 시기였다. 그래서 毅宗은 안으로 왕실의 권위를 회복하고 밖으로 金과 같은 强國의 지배에서 벗어나기 위해 중흥을 꾀하면서 여러 노력을 하였다. 毅宗 초기에 혜종을 不遷之主로서 다시 태묘에 모시게 된 것은 이러한 시대적 분위기 때문이었다. 武力 고취의 상징으로서 惠宗을 不遷之主로 또다시 태묘에 모셨던 것이다. 혜종은 毅宗代에 不遷之主로 모셔진 이후 고려 말까지 계속 그 지위가 유지되었다.

하지만 惠宗이 不遷之主로 모셔진 것은 어디까지나 태자 시절 후백제 토벌의 공 때문이었다. 惠宗이 왕으로 재위시에는 커다란 功德이 없었다는 인식은 고려 초기부터 말기까지 계속 지속되어 왔다.

혜종은 고려가 망하고 조선이 건국된 후 世宗 때까지도 고려에 공덕이 있었던 군주로서 모셔지고 있었다.[57] 그리고 惠宗의 고향인 羅州에서는 惠宗의 塑像 및 眞影이 모셔져 있었다.[58]

---

57)『定宗實錄』卷1, 定宗 元年(1399) 夏四月 丁卯, "命立廟於麻田縣 祭前朝太祖及惠・成・顯・文・忠敬・忠烈・恭愍七王 以七王皆有功德也";『世宗實錄』卷148, 地理志, 京畿 鐵原都護府 麻田縣, "高麗四位祠 在縣西沓洞里【本朝太祖元年壬申[1392]八月 命禮曹立廟於本縣 給祭田 祭太祖・惠宗・成宗・顯宗・文宗・元宗・忠烈王・恭愍王 至今上七年乙巳[1425] 有司言 國家宗廟只祭五室 而前朝之廟乃祭八位 未合於禮 於是減八位 只留太祖・顯宗・文宗・元宗 以春秋二仲 傳香祝致祭 太祖顯陵給守陵三戶 餘三陵各給二戶 禁樵採】."

58) 盧明鎬,「高麗初期 王室出身의 '鄕里'勢力 - 麗初 親屬들의 政治勢力化 樣態 -」,『高麗史의 諸問題』, 三英社, 1986, 66~67쪽.

高麗 玄化寺址 七層石塔에 대하여

康 炳 喜*

1. 머리말

현종은 고려시대에 있어서 독특한 위치를 차지한다. 고려는 통일신라 말 지방분권적인 세력을 통합한 나라로 초기에는 호족연합적인 성격을 가지고 있었다. 이에 태조 왕건대부터 광종, 성종대를 거쳐 끊임없이 중앙집권화가 추진되었다. 이러한 일련의 노력은 현종대에 이르러서야 비로소 중앙에서 각 지방에 지방관을 파견할 수 있게 됨으로써 일단 완성을 보게 된다.

또한 고려는 한반도 남동쪽 끝에 수도를 두고 청천강 이남지역에 머물렀던 통일신라와는 달리 중부 예성강 지역인 개성에 도읍을 두고 한때 만주지역을 통치하였던 고구려의 계승을 표방하였는데, 이는 자연히 강성하게 대두되고 있던 거란과의 충돌을 고조시켰다. 이러한 상황이 크게 표출되는 역사적 사건이 성종대의 거란 침입이며, 이는 현종대의 두 차례 재침입으로 이어진다. 새로운 고려왕조의 중요한 전기를 이루는 사건인 것이다. 바로 이 위기를 극적으로 극복한 시기가 현종대이며 이로부터 고려는 안정된 정치체제와 함께 새로운 번영의 길로 들어서게 된다.

이와 같이 현종대는 고려 초기가 마감되고 중기가 시작되는 전환의 시대이며 강력한 거란의 침입이 행하여진 민족의 일대 시련기였다. 이를 견디어 낸 고려는 많은 변화와 발전을 보여주며 이는 정치·사회·종교·문화 등에서 포착된다.

본인은 처음 고려시대의 탑에 관한 논문을 학사논문으로 제출한 이후, 銘文이 탑 몸에 새겨져 있는 예들이 유독 현종대에 분포하고 있다는 상황에 주목하게 되었으며 이를 석사학위논문으로 제출하게 되었다. 미술사에서 銘文을 가진 절대 자료는 양식편년의 근거가 되며 명확한 기록이 없는 많은 자료들의 연대적 기준이 되기 때문에 중요하다. 더구나 현종대

* 한국외국어대학교 강사

의 銘文이 새겨진 塔들은 銘文 내용과 함께 관련 기록이 비교적 남아 있는 편이어서 탑 조성 배경은 물론 기록이 영세한 고려시대의 정치·사회·사상 등과 관련된 다양한 사실들을 전해 준다. 미술과 역사, 그리고 사상과의 조우를 살펴볼 수 있는 흔치 않은 자료인 것이다.

이후 그 중에서도 기단과 탑 전체에 조각이 있어 특이한 현화사탑에 관한 관심으로 그에 관한 논문을 작성하였으나 유물이 북한에 있는 관계로 양식적 오류에 대한 조심스러움으로 완성을 뒤로 미루고 있었다.

그런데 반갑게도 근래 들어 현화사탑의 기존에 알려진 1면의 사진과는 다른 면의 입면도가 수록된 책이 문화재관리국에서 출판되고 1990년대에 들어 신라와 고려 법상종에 관한 본격적인 연구와 발표가 잇따르고 있음에 힘입어 부족한 대로 흥미로운 점을 다시 정리하게 되었다. 우리의 고대사는 기록의 부족으로 객관성 있는 과거의 재현에 어려움을 겪고 있다. 현화사탑에서 보이는 양식과 기록은 이러한 역사의 개연성을 구체화시키는 데 일조를 할 것으로 사료된다.

2. 조성 배경

玄化寺를 창건한 고려 현종은 출생과 성장이 남다르며 왕의 자리에 오른 것도 극적이었다. 김치양 일당을 제거한 뒤 목종을 폐한 康兆에 의해 옹립된 현종은 이 사건 때문에 야기된 거란의 庚戌年(1010, 현종 원년) 침입을 가까스로 넘겼다. 정권이 안정되자 8년 4월 성종대에 귀양가 경상도 泗水縣(泗川)에 묻힌 아버지 安宗의 유해를 개성 근교 乾陵으로 옮겨 처음 장사 지낼 때의 의례를 모두 갖추어 장사 지냈다.

그리고 얼마 지나지 않아 부모의 명복을 빌기 위하여 능에 가까운 영취산에 玄化寺를 조성하기 시작하였다. 9년 6월 현화사가 완성되자 자신이 왕위에 오르기까지 머물렀던 신혈사와 인접한 삼각산 三川寺의 주지에게 절을 맡기고 중국에서 경전을 구해 오게 하였다. 11년(1020)에는 어머니의 고향인 황주 남면과 아버지 능 근처에 있는 普明寺에서 진신사리와 靈牙의 출현이 있자 七層石塔을 세워 진신사리와 靈牙의 일부를 장치하였다. 이 해에 佛殿·法堂·眞殿 채색과 金鍾·法鼓 등의 완성이 이루어졌다.[1)]

8년 4월에 이루어진 아버지 안종의 遷葬은 9년 12월에 있었던 거란의 제3차 침입 직전으로, 북쪽 국경에서는 소규모의 거란 침입이 연속되는 등 점차 위기가 고조되고 있던 시기다. 이 와중에 사찰 창건이 진행되어 9년 6월에 완성을 보게 된다.[2)] 그 후 얼마 안 되어 거란이

---

1) 『高麗史』 卷4, 顯宗 即位年條 ; 『高麗史』 卷88, 列傳1, 后妃1, 獻貞王后 皇甫氏條 ; 『高麗史』 列傳3, 宗室1, 安宗郁條 ; 玄化寺碑文과 碑陰記[朝鮮總督府, 『朝鮮金石總攬(上)』, 1919, 241~252쪽 ; 許興植 編, 『韓國金石全文 中世(上)』, 亞細亞文化史, 1984, 441~453쪽].

2) 국가적인 위기 상황 속에서 왕실사찰의 건립이 시작되고 있어 개인과 국가의 위기 극복을 위한 구복적인 의도가 있었을 것으로 보인다. 이러한 예는 이미 신라의 통일전쟁시 행해진 사천왕사의 건립에

대규모로 침입하였고 10년 2월에 대승을 거두었다. 11년에 탑, 건물의 채색, 기물들의 완비가 이루어졌으며 12년부터는 현화사에서 대장경 판각이 시작되어 선종대에 완성을 보게 되니 이것이 초조대장경이다.

이상의 조성 상황과 관련 기록들을 통해 드러나는 현화사의 조성 배경은 考妣의 명복을 빌기 위하여 시작된 개인과 국가를 위한 佛事이며, 현화사탑은 공사 도중 사리와 靈牙의 출현을 계기로 그것의 奉塔을 위해 조성되었음을 알 수 있다.[3)]

3. 탑의 양식

현재 玄化寺址 七層石塔은 북한에 위치하고 있어 자세한 유물의 상황을 알려 주는 자료가 부족하다. 더구나 玄化寺址나 玄化寺塔이 있는 곳은 묘향산이나 금강산 등 일부 개방되는 관광지역도 아니어서 더욱 접근이 어려운 상태다. 석등 1기만은 해방 전 서울로 이전되어 볼 수 있다.

그러나 분단 전, 일본 식민지시대 출판물 속에 탑의 양식이나 상황이 비교적 상세히 서술되어 있고[4)] 『朝鮮古蹟圖譜(6)』에는 탑 全景(사진 1)과 初層 塔身 一面(사진 2, 도면 1)의 조각 사진이 실려 있어 유용하다. 특히 1992년에 발간된 『조선유적유물도감(11)』에는 기존 자료와는 다른 각도의 全景과 입면, 단면 실측도를 싣고 있으며[5)] 『北韓文化財解說集(Ⅰ)』에도 또 다른 각도의 塔 全景(사진 3)과 입면도(도면 2-7)가 수록되어 있어[6)] 대체적인 상황을 알려준다.

원래 현화사의 廢寺址는 京畿道 開豊郡 嶺南面 玄化里(현 개성시 장풍군 월고리)에 있으며 현화사탑은 石碑·幢竿支柱·石佛·石橋 등의 석조유물과 함께 남아 있었으나(사진 4), 현재는 開城市 紡織洞으로 이전되었다. 전해지는 몇 장의 사진에 의하면 새로 옮겨진

서도 나타난다(『三國遺事』 卷2, 紀異2, 文虎王法敏條). 더구나 현종은 그의 왕위계승과 관련하여 아버지의 매장을 풍수도참에 의해 행하고 있어(『高麗史』 卷90, 列傳3, 宗室1, 安宗郁條), 이러한 사상적 습합과 연관된 호국불교의 사상적 배경이 현화사 창건의 중요 요인이었을 것이다.

3) 사찰에 탑이 없을 수 없다는 점을 고려한다면 유독 신이한 사리의 취득을 근거로 탑의 조성 배경을 언급하고 있는 것은, 현종 11년이라는 탑의 조성 시기로 보아 전쟁으로 인해 공사가 중단되었다가 승리 후 조성되는 탑과 사찰의 완성을 통하여 고양된 왕조와 왕권, 그리고 그것을 다지려는 여론의 환기라는 의도가 엿보인다.

4) 衫山信三, 『朝鮮の石塔』, 彰國社, 1944, 54·55·76·229쪽 ; 關野貞, 『朝鮮美術史』, 朝鮮史學會, 1932, 146~147쪽 ; 關野貞, 『朝鮮の建築と藝術』, 岩波書店, 1941, 561쪽 ; 高裕燮, 「玄化寺와 淸寧齋」, 『松都古蹟』, 薄文出版社, 1946/『高裕燮全集(4)』, 通文館, 1993, 238~247쪽 ; 高裕燮,, 「開城玄化寺塔」, 『韓國塔婆硏究各論草稿』, 考古美術同人會, 1976, 18~20쪽 ; 高裕燮, 「開豊靈鷲山玄化寺址七層塔」, 『韓國塔婆硏究各論草稿』, 考古美術同人會, 1976, 20~25쪽 ; 舊朝鮮總督府, 『朝鮮古蹟圖譜(6)』, 1918, 732~733쪽.

5) 조선유적유물도감편찬위원회, 『조선유적유물도감(11)』, 1992, 110~111쪽.

6) 國立文化財硏究所, 『北韓文化財解說集(Ⅰ) - 石造物篇 - 』, 1977, 23·24·62·105쪽.

곳은 개성 성균관과 인접한 지역임을 알 수 있다[7](사진 4).

탑은 전체 높이가 8.64m로 규모가 크며 초층 이상의 옥신석 높이의 감축이 거의 없어 우뚝한 모습이다. 단층기단에 7층 탑신을 올리고 정상에 상륜을 갖춘 일반적 유형에 속하는 석탑이다(사진 1, 3).

지대석은 여러 개의 장대석으로 구축되었으며 그 위에 높직하고 모를 죽인 장대석 여러 개를 결구한 높직한 괴임 1단을 두어 기단 면석을 받고 있다(도면 3-1).

기단은 단층으로 면마다 장식성 있는 兩 隅柱[모서리기둥]와 중앙 撑柱[사이기둥]를 1개 세우고(도면 3-2), 그 사이에 큼직하고 잘 다듬은 장방형 돌을 12개씩 질서있게 5층으로 쌓아 각 벽면을 이루었다. 갑석은 두껍고 아래에 낮고 밖으로 角·弧의 連繼曲線문으로 경사진 1단 받침의 부연을 두었다(도면 3-3). 갑석 윗면은 수평이며 높직한 1단의 별석받침을 두었는데 별다른 장식은 없고 윗부분에 角·弧·角의 몰딩을 두어 초층 탑신을 받고 있다.

탑신부는 탑신석과 옥개석을 각각 1석으로 조성하여 쌓아올렸는데 각 층 탑신석에는 4면에 모두 감실형 안상 내에 불·보살상을 조각해 놓았다. 안상은 내면이 안쪽으로 파여져 감실형을 나타내고 있으며, 초층 탑신 각 면은 안상 내에 불·보살·사천왕·아라한·공양상 등이 조각되어 있으며, 2층 이상의 탑신 각 면에는 불·보살상이 간략하게 조각되어 있다(도면 1, 2-7).

옥개석은 각 층 모두 처마가 깊고 두께가 얇으며 아래위가 함께 중앙을 중심으로 원만한 곡선을 그리다 추녀에서 경쾌하게 반전하고 있다. 이는 미륵사지 서탑과 정림사지탑에서 보이는 백제양식의 특징이다. 옥개석 받침은 전체적인 형상이 기단 갑석의 부연과 같이 角·弧의 連繼曲線문의 경사, 혹은 파도형 곡선의 낮은 3단을 조각하였다(도면 3-5).

옥개석 낙수면은 평박하고 4면의 합각은 예리하며 네 귀퉁이 전각에 반전도 강하다. 네 귀퉁이 전각에는 본래 풍경을 달았던 흔적으로 세 개의 작은 구멍이 남아 있다. 옥개석 윗면에는 괴임 1단이 조각되어 상층의 탑신석을 받고 있다.

상륜부는 현재 판석으로 각 면을 구성한 위에 복련이 희미하게 남아 있는 1석과 4각의 1석이 놓이고, 다시 그 위에 6각의 옥개석형 석재가 놓여 있다. 이는 본래의 상태가 변형된 것으로 보이나 해방 전에 쓰여진 高裕燮 선생의 기록과는 일치한다[8](도면 3-6).

탑 앞에는 비교적 정방형에 가까운 배례석이 놓여 있다(사진 3).

이 밖에도 이 탑은 일제시대 때 이미 初層 軸部가 파괴되었던 적이 있다고 하며[9] 일본인

---

7) 김영엽,『미리 가보는 北韓의 觀光地』, 도서출판 가든, 1993, 99쪽 ; 이호일 편,『분단 50년, 북한을 가다(3) - 개성·해주편 -』, 한국문원, 1995, 10쪽.

8) 高裕燮,「開城玄化寺塔」,『韓國塔婆硏究各論草稿』, 考古美術同人會, 1976, 18~25쪽. 단지 伏蓮 밑의 상륜구조를 2매 판석이 대치되어 공간이 비어 있다고 하였다.

9) 衫山信三, 앞의 책, 1944, 229쪽 ; 高裕燮,「開豊靈鷲山玄化寺址七層塔」,『韓國塔婆硏究各論草稿』, 考古美術同人會, 1976, 21쪽에 자세한 상황이 나와 있는데, 1937년 여름 큰비가 오는 날 사리장치가 도난당하면서 초층 탑신부가 파괴되었다 한다.

<사진 1> 현화사지 7층석탑 전경

<사진 2> 1층 탑신면 조각

<도면 1> 1층 탑신면 도상

<도면 2> 옥개석 비교도

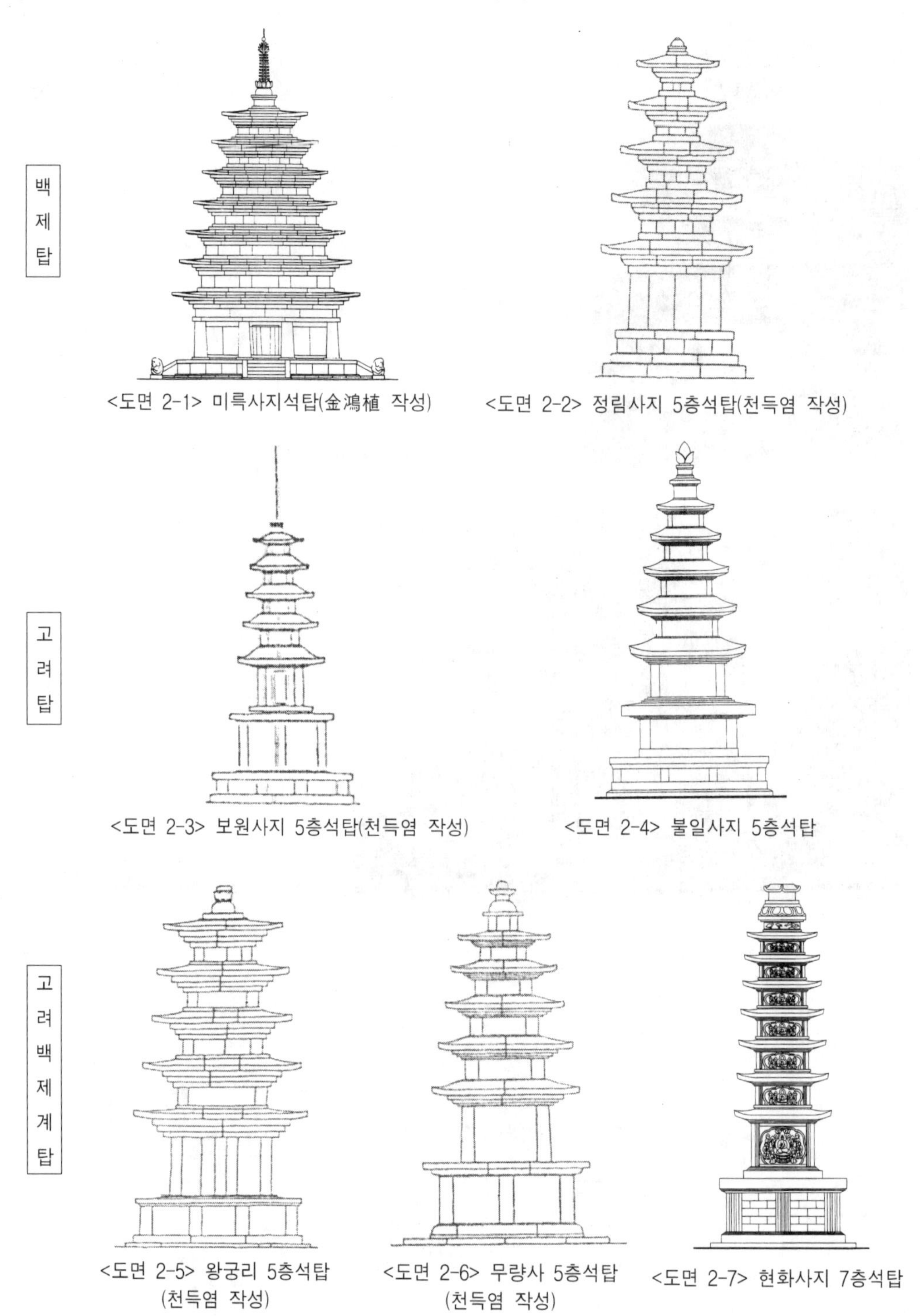

<도면 2-1> 미륵사지석탑(金鴻植 작성)

<도면 2-2> 정림사지 5층석탑(천득염 작성)

<도면 2-3> 보원사지 5층석탑(천득염 작성)

<도면 2-4> 불일사지 5층석탑

<도면 2-5> 왕궁리 5층석탑 (천득염 작성)

<도면 2-6> 무량사 5층석탑 (천득염 작성)

<도면 2-7> 현화사지 7층석탑

<사진 3> 현화사 7층석탑 전경

<사진 5> 현화사지 반출 석등

<사진 4> 현화사탑과 개성 성균관(현위치)

<도면 3> 현화사탑 세부(각주 4의 고유섭 논문 도면)

<도면 3-1> 기단 세부 <도면 3-2> 기단 우주 <도면 3-3> 기단 잡석 하부

<도면 3-4> 초층별석받침 단면 <도면 3-5> 옥개석 <도면 3-6> 상륜부

<사진 6> 1층 옥개석 조각 일면(현재)

들이 약탈하기 위해 상부 3개 층을 내려 놓은 적도 있었다고 한다.[10] 또한 가장 최신 자료인 1997년『북한문화재해설집(Ⅰ)』에 실려 있는 초층 탑신의 조각면(사진 6. 1992년『조선유적유물도감』에 실려 있는 것과 동일한 사진)과 1918년『조선고적도보』에 게재된 것을 비교해 보면, 둘 다 중앙 본존불 뒷면의 보리수 왼쪽[向右] 부분에 얼룩이 있어 동일한 부분임을 알 수 있는데, 일제시대 때는 보이지 않던 균열이 후대의 것에는 있어 근현대사를 겪으면서 좀더 손상되었음을 알 수 있다. 현재는 위치도 본래의 지역에서 이탈되어 옮겨져 있다.

1) 특징과 해석

기단

단층기단으로 기둥석을 두고 각 면석을 판석으로 조립한 것이 아니라 잘 다듬은 큼직한 장방형의 돌 12개로 실서 있게 5층을 쌓아올렸다.

단층기단은 백제탑을 모방한 탑들에서 주로 나타나며[11] 신라식 탑에서는 9세기 尙州 聞慶지방에서 집중적으로 나타난다.[12] 고려시대에도 다수 조성되고는 있지만 통일신라 이후 탑의 이층기단이 보편화된 후 고려 초기의 예에서는 드물게 나타난다. 특히 현화사탑의 경우 왕의 주도 아래 국력을 기울여 만든 탑으로 양식의 약화 현상으로 보기에는 무리가 있다. 그런 점에서 이 탑의 단층기단은 주목되는 점이다.

큰 돌을 쌓아올린 기단에 대해서는 기록에 나오지 않아 왜 그러한 양식이 시도되었는지 정확히 알 수 없다. 다만 그 후에는 같은 수법의 조성이 보이지 않고 현화사 비문에 "나무나 돌도 다른 산에서 취하지 않았다"는 기록이 있는 것으로 보아,[13] 건물들을 앞서서 짓고 또 큰 탑을 만들면서 가장 넓은 면적의 돌이 소용되는 8장의 기단 면석 대신 불교적 의미가 있는 12라는 숫자의 돌로 채워 넣은 것이 아닌가 추측된다.

탑신받침

---

10) 국립문화재연구소,『北韓文化財解說(Ⅰ)』, 1997, 24쪽.

11) 백제식 탑으로는 계룡산 청량사지 오층석탑과 칠층석탑, 정읍 은선리 삼층석탑, 서천 비인 오층석탑 등(기단 형태도 백제식), 익산 왕궁리 오층석탑, 부여 무량사 오층석탑(기단 형태에 신라적 양식이 있음)이 있다. 천득염은「백제계 석탑의 조형 특성과 변천에 관한 고찰」(『건축과 환경』1991년 2월, 162~163쪽)에서 전자를 백제식 단층기단, 후자를 신라식 단층기단으로 분류하였다.

12) 秦弘燮,「統一新羅時代 特殊樣式의 石塔」,『考古美術』158·159, 韓國美術史學會, 1983. 9, 23쪽/『新羅·高麗時代 美術文化』, 一志社, 1997, 362쪽 ; 朴慶植,「新羅 九世紀 石塔의 樣式에 關한 硏究」,『考古美術』173, 韓國美術史學會, 1987. 3, 28쪽. 특히 鄭善宗,「百濟系石塔에 관한 一考察」,『史學志』20, 1986. 12, 232쪽에서는 이 같은 지역양식의 분포를 왕궁리 오층석탑과 연결하고, 그 조성 배경을 후백제의 견훤으로 추정하고 있어 단층기단과 관련하여 새로운 시사점을 던져 주고 있다.

13) 朝鮮總督府, 앞의 책, 1919, 244쪽 ; 許興植 編, 앞의 책, 1984, 445쪽.

초층 탑신의 받침은 두꺼운 別石으로, 이러한 別石 받침은 9세기 강원도 철원 도피안사 삼층석탑, 충남 보령 성주사지 석탑들에서부터 등장하기 시작하여 고려시대 탑의 특징적 양식으로 나타난다.[14)]

별석받침은 네 가지 유형으로 분류되는데, 첫째는 현화사지 칠층석탑, 전북 김제 금산사 오층석탑과 같이 두꺼운 별석으로 탑신석을 받기 위한 몰딩 이외에는 아무 장식이 없는 사각형 형태이며(도면 3-4), 둘째는 도피안사 삼층석탑, 성주사지 석탑들, 충남 서산의 보원사지 오층석탑, 강원도 평창 월정사 팔각구층석탑에서와 같이 별석받침에 굴곡이 있고 기단 갑석과 받침 사이가 연화받침 형태와 같이 일부 면이 떨어져 있는 것이다. 셋째는, 경북 예천 개심사지 오층석탑, 강원도 춘천 昭陽路 칠층석탑, 전남 구례 논곡리 삼층석탑에서와 같이 형식은 대체로 둘째와 같으나 연화가 조식되어 있는 것이다. 넷째는 전남 담양 읍내리 오층석탑, 강원도 강릉 신복사지 삼층석탑, 서울 홍제동 오층석탑에서와 같이 두께는 얇아지나 대체로 첫째와 같은 모습을 한 받침이 각 층의 탑신석 밑에 놓여 있는 것이다. 이 때 각 층의 받침은 탑신석과 別石, 혹은 1석으로 조성된다.

이러한 별석받침은 9세기에 출현하며 양식상 두 번째 그룹이 초기 양식이다. 네 번째 그룹에 속하는 홍제동 오층석탑은 이 탑이 있던 곳[15)]이 沙峴寺址로 추정되며, 이 沙峴寺가 고려 靖宗 11년(1045)에 창건되었다는 관련 기록이 있고, 탑의 양식으로 보아도 角·弧의 連繼曲線문으로 조성된 옥개석 하부와 각 탑신면에 기둥을 模刻하고 다시 方框을 두어 마치 기둥에 부연을 둔 것과 같은 수법이 1020년에 만들어진 현화사지 칠층석탑과 유사하여 사찰의 창건과 함께 만들어진 것으로 추정된다.[16)] 그렇다면 현화사 칠층석탑의 2층 탑신 이상의 탑신 받침이 홍제동 오층석탑의 것만큼은 뚜렷하지 않은 점을 고려해 볼 때, 각 탑신석 밑에 받침을 두는 이러한 양식은 대체로 현종대를 전후하여 발생한 고려적인 양식이 아닐까 생각된다.

이러한 별석받침 양식의 출현과 유행은 점차 장식적으로 변모하던 탑의 성격에 탑과 탑속에 모셔진 사리가 佛이라는 초기의 탑 중심적인 생각을 다시 강조하기 위해서 비롯된 것으로 해석된다.[17)] 이 점은 통일신라시대 이후 대부분의·탑들이 쌍탑식으로 조성된 것에 비하여, 별석받침을 가진 탑들은 대부분 중요 전각 앞 중심축선 위에 단탑으로 조성되고 있으며 9세기의 예인 도피안사 삼층석탑은 기단부가 마치 불상대좌의 모습을 하고 있어 이러한

14) 鄭永鎬, 「高麗時代石塔의 特性에 관한 硏究」, 『論文集』 11, 단국대 인문사회과학, 1977, 23~27쪽.

15) 金禧庚 編, 『增補 韓國塔婆目錄 韓國塔婆舍利目錄』, 성보문화재단, 1994, 156쪽과 선생의 실재 답사에 의하면, 서울여상에서 약 300m 떨어진 서대문 형무소 시금치밭 모래사장에 아래 기단 없이 있었으며 1969년 9월에 이전하였다 한다.

16) 高裕燮, 「서울推定沙峴寺址五層石塔」, 『韓國塔婆硏究各論草稿』, 考古美術同人會, 1976, 1~3쪽 ; 황수영, 「弘濟洞沙峴寺址五層石塔」, 『鄕土서울』 11, 1961. 5, 47~41쪽 ; 康炳喜, 「高麗 顯宗代 銘文石塔의 一考察」, 이화여대 석사학위논문, 1983, 19~20쪽.

17) 秦弘燮, 「石塔표면의 裝飾彫刻」, 『韓國의 美(9) - 석탑 - 』, 中央日報, 1980, 196~197쪽.

심증을 더해 준다.

옥개석

옥개석은 각 층 모두 처마가 깊고 두께는 얇으며 아래위가 함께 중앙을 중심으로 경쾌하게 반전하고 있다. 낙수면은 평박하고 4면의 합각은 예리하며 네 귀퉁이 전각의 반전도 강하다. 이는 미륵사지 서탑과 정림사지탑에서 보이는 전형적인 백제양식의 특징이며[18] 고려시대 작품으로는 충남 부여 무량사 오층석탑, 전북 익산 왕궁리 오층석탑 등 일련의 백제계 석탑들에서 나타난다.

그러나 현화사탑에는 옛 백제영역에서 유행한 백제양식계 석탑들과는 달리 다양한 양식적 요소들이 혼재해 있어 옥개석의 평박 광활한 모습과 반전의 해석이 어렵다.

목조탑에서 시작된 삼국시대 탑은 석탑으로 재료가 변화되면서도 목조탑의 특징을 표현하고 있어 삼국시대 석탑(백제의 경우만 확인됨)은 옥개석이 평박하고 추녀가 반전하는 특징을 가지고 있다. 그러나 통일신라가 되면 석탑에 목탑과 전탑의 양식이 절충적으로 나타나 옥개석은 처마가 짧고 두껍고 일직선인 전탑양식이 나타난다.

그러다 고려 초가 되면 佛日寺址 오층석탑, 灌燭寺 오층석탑, 金山寺 오층석탑, 南溪院址 칠층석탑 등의 예에서 볼 수 있듯이 옥개석이 비록 두껍기는 하지만 추녀가 다시 반전하고 있으며, 이 점이 고려 전반기 탑의 중요한 특징적 변화다.[19]

고려는 국가 성립 초기에 개경과 서경에 목탑을 조성하는데 이는 신라가 황룡사 9층목탑을 조성한 뒤 삼한을 통일하였다는 앞서의 예를 따른 것이다.[20] 삼국시대 초기 목탑의 조성이 국가의 흥망과 밀접한 관련을 가지고 있었음을 알려 주는 대목이기도 하다. 이러한 영향으로 고려 초에 조성된 탑들에서 다시 한 번 목조 건축적인 의도가 옥개석에 반영된 것이라고 생각된다. 한편 이들 탑들의 옥개석이 평박 광활한가의 여부는 기준에 따라 달라질 여지가 많다. 즉 백제계의 영향으로 볼 수도 있고 새로운 흐름으로 볼 수도 있는 것이다.

또한 삼국시대는 목조탑이 주류를 이루었으며 고려는 고구려의 계승을 표방하고 있다는

---

18) 杉山信三도 현화사탑의 옥개석 수법에 주목하여 이 탑을 신라식을 기본으로 백제식을 채용한 절충식으로 분류하고 있다(앞의 책, 1944, 229쪽). 천득염은 무량사 오층탑, 금산사 오층탑, 보원사지 오층탑, 마곡사 오층탑 등과 함께 이를 백제양식과 신라의 절충양식으로 분류하고 있으며(「백제계 석탑의 조형 특성과 변천에 관한 고찰」, 『건축과 환경』 1991년 5월, 171쪽), 鄭學均은 무량사 오층탑, 보원사지 오층탑, 금산사 오층탑 등과 함께 신라 전형양식이 포함된 절충식 백제양식으로 분류하였다(「百濟石塔樣式과 그 變遷에 關한 硏究」, 건국대 석사학위논문, 1979, 35~39쪽).

19) 康炳喜, 앞의 글, 1983, 14~22쪽.

20) 『高麗史』 列傳5, 崔凝條, "…… 太祖謂疑曰 昔 新羅 造九層塔遂成一統之業 今欲 開京建七層塔 西京建九層塔 冀借玄功 除群醜 合三韓爲一家 卿 爲我作發願疎……" ; 秦弘燮, 『韓國美術史資料集成(1)』, 一志社, 1987, 140쪽 ; 『三國遺事』 3, 塔像4, "……皇龍寺九層塔 樹塔之後 天地開泰 三韓爲一 豈非塔之靈蔭乎 後高麗王將謀伐羅 乃曰 新羅有三寶 不可犯也 何謂也 皇龍丈六 幷九層塔 與眞平王天賜玉帶 遂寢其謨……."

점도 고려되어야 한다. 따라서 옥개석의 반전만으로 혹은 형태상의 유사함으로 백제양식의 절충형으로 분류되어진 상황은 재고의 여지가 있다. 유사하더라도 옛 백제지역에서 계승되는 백제양식과는 다른 범주에서 출발할 가능성도 있기 때문이다. 통일된 고려에는 다양한 요소들 즉 백제, 고구려, 신라 그리고 고려의 새로운 시도들이 반영되었을 것이기 때문이다.

옥개석 받침도 3단으로 미륵사지 서탑, 무량사 오층석탑, 왕궁리 오층석탑과 같으나 낮고 전체적인 형상이 角·弧의 連繼曲線문의 경사 혹은 파도형 곡선이어서 고려전기 홍제동 오층석탑에서 나타나는 양식과 같다. 그리고 이러한 양식을 목조건물 枓栱의 곡선과 상통한다고 보는 의견도 있다.[21]

탑신면의 조각

각 층 탑신석에는 4면에 감실형 안상을 두고 불·보살상을 조각하였다. 면적이 넓은 초층 탑신은 면마다 여래좌상을 중심으로 보살상·사천왕상·아라한상·공양상이 둘러 서 있고(도면 1), 2층 이상의 각 면에는 점차 축소된 불보살상이 새겨져 있다(도면 2-7). 현재 전하는 자료는 2층 이상의 조각 내용은 소략하나 초층 면의 것은 자세한 1면을 비롯하여 또 다른 면의 대략적인 상황을 알려 준다.

초층 탑신 1면의 조각은 『朝鮮古蹟圖譜(6)』, 『조선유적유물도감(11)』, 『北韓文化財解說集(Ⅰ)』 등에 실려 있지만 비교해 보면 얼룩의 위치가 동일한 것으로 보아 모두 같은 면의 조각임을 알 수 있다. 여기에는 육각 대좌에 앉은 여래와 양 보살, 양 나한, 사천왕, 그리고 맨 밑단의 두 명의 공양자가 표현되어 있다. 여래 뒤에는 보리수가 있다. 이 조각 내용은 『北韓文化財解說集』에 실린 입면도의 초층 것과 비교해 볼 때 대강은 비슷하나 부처 뒤의 나무 형태가 확실히 달라 초층 탑신 4면의 조각 내용이 동일하지 않음을 알 수 있다.

탑에 불·보살상이 조각되는 경우는 드물며 특히 여래상을 중심으로 한 群像이 각 층 각 면마다 조각되어 있는 예는 희귀한데, 경천사지 십층석탑과 그를 모방해 조성된 원각사지 십층석탑이 대표적인 예다.

탑에 장엄이 본격적으로 가해지는 것은 9세기부터로 주로 사리를 보호하거나 공양하려는 뜻에서 인왕·사천왕·팔부중·12지신 등이 장식되었다. 그러다 초층 탑신면을 중심으로 화엄사 4사자석탑의 경우와 같이 보살·사천왕·인왕을 돌려가며 배치하거나 진전사지 삼층석탑, 중흥산성 삼층석탑, 청암사 수도암 동삼층석탑 등과 같이 4면에 불상을 배치하는 변화가 일어나게 되었다.

특히 불상의 배치는 기존의 탑 장엄들이 주로 사리 보호와 공양이라는 측면에서 이해되고 있음에 비추어 볼 때, 특이한 주제다. 불교에서 탑신앙은 불상이 만들어지면서 점차 약화되는데, 우리 나라에서도 9세기에 이르면 탑은 그 의미가 축소되고 장식화된다. 따라서

---

21) 황수영, 「弘濟洞沙峴寺址五層石塔」, 『鄕土서울』 11, 1961. 5, 43~45쪽.

탑에 불상이 등장하는 것은 초층 탑신 밑에 연화형 별석받침의 등장과 함께 사리의 有無를 떠나 탑을 부처로 생각하는 초기의 신앙을 강조하기 위한 것으로 생각된다.

탑이란 본래 부처의 사리를 봉안하는 장소이기 때문에 숭앙받는다는 점을 감안하면, 진신사리의 유한성은 불상의 등장이라는 요인과 함께 탑신앙의 약화를 초래한 자연스런 이유 중 하나였을 것이다. 그렇다면 진신사리의 안치가 불가능한 현실을 어떻게 극복하여 탑에 대한 신앙을 다시 강조할 수 있었을까? 우리 나라나 중국의 대승불교에 지대한 영향을 주었던 『반야경』, 『묘법연화경』, 『화엄경』, 『금광명경』 등의 대승경전들은 여래의 열반은 방편이며 부처님의 말씀인 경전이 부처의 진신임을 설한다. 즉 법신사리(부처님 말씀인 경전)가 곧 부처인 것이다.

따라서 경전이 있는 곳에 탑을 세우며 경전의 書寫·受持·讀誦·頒布를 강조함은 물론 이들이 모셔진 곳이나 독송되는 곳에는 수호 군상들이 와서 듣거나 보호한다는 것이다.[22] 이러한 배경 아래서 탑신에 불상이 등장함을 이해할 수 있으며 같은 이유로 각 층 각 면에까지 불전도나 삼존도 혹은 설법도 등이 장식될 수 있는 것이다.

한편 현화사탑의 도상 내용을 간접적으로 짐작하게 해 주는 자료는 같은 법상종 사찰인 고려 태조 때 창건된 衿州 安養寺에 관련된 기록이다.[23]

고려 말 李崇仁이 지은 「衿州安養寺塔重新記」에 의하면, 태조 때 裨補說에 따라 安養寺 칠층탑이 세워졌는데 탑은 벽돌로 7층을 쌓고 기와를 덮었으며 맨 아래층에는 빙 둘러 12間의 회랑을 만들고 벽마다 불·보살·人天의 상을 그렸다고 한다.

이후 오랜 세월 동안 기울어 무너지게 되자 慈恩宗師 兩街都僧統 林公의 제자 惠謙이 시중 최공의 후원과 시주를 모아 중건하였는데 사리 12개와 佛牙 1개를 안치하는 의식을 갖고 탑 안의 4벽에는 동에는 약사회, 남에는 석가열반회, 서에는 미타극락회, 북에는 금경신중회를 그렸으며 회랑 12間에는 벽마다 12行年佛을 그렸다고 한다.[24]

고려 말 조선 초에 조성되는 경천사 십층석탑과 원각사 십층석탑의 도상들은 밀교의 만다라적인 불교세계의 표현,[25] 그 동안 유포되어 오던 경전과 그 내용을 도상화한 것,[26] 밀

22) 法頂 역, 『華嚴經』 37품 如來出現品, 동국대 역경원, 1988, 191~192쪽 ; 역경위원회, 『묘법연화경』 제4권 법사품과 견보탑품 및 제5권 여래수량품, 동국대 역경원, 1989, 139·143·144·189쪽 ; 역경위원회, 『금광명경』 제1권 여래수량품, 동국대 역경원, 1989.

23) 토니노 푸치오니, 『高麗時代 法相宗教團의 推移』, 서울대 국사학과 박사학위논문, 1996, 17쪽에는 安養寺가 고려 말기에 법상종 사찰이었음을 적고 있다. 이는 「衿州安養寺塔中新記」에 고려 말기에 법상종 승려가 사찰을 중건한 사실만이 쓰여져 있고 고려 초 창건 당시의 언급에는 관련 내용이 없기 때문으로 보인다. 金南允, 「高麗 前期의 法相宗과 海麟」, 『江原佛教史研究』, 도서출판 소화, 1996, 118쪽에는 安養寺를 처음부터 법상종 사찰로 보고 있다.

24) 李崇仁, 「衿州安養寺塔重新記」, 『국역 동문선(6)』, 민족문화추진회, 412~415쪽 ; 토니노 푸치오니, 앞의 박사학위논문, 1996, 161쪽에는 林公을 宗林으로 보고 있다. 金南允, 「高麗 前期의 法相宗과 海麟」, 『江原佛教史研究』, 1996, 118쪽과 徐閏吉, 「高麗 瑜伽·律·神印 等 諸宗의 性格과 그 展開」, 『韓國史論』 20, 國史編纂委員會, 1990. 10, 109쪽에는 崔公을 최영으로 명기했다.

25) 高裕燮, 「扶蘇山 敬天寺塔」, 『松都古蹟』, 薄文出版社, 1946/『高裕燮全集(4)』, 通文館, 222~227쪽.

교의 만다라적인 구조 속에 한국적인 모든 신앙을 채워 넣은 도상[27]으로 해석되고 있다.

또 법상종 사찰인 安城 七長寺에 있는 「慧炤國師塔碑」에 의하면, 현화사의 초대 주지였던 法鏡의 뒤를 이어 주지가 된 鼎賢은 寶勝如來를 念佛하였는데 寶勝如來는 顯敎에서는 四方四佛의 하나로서 황색의 몸으로 왼손에 옷자락을 잡고 오른손에 與願印을 하고 있다고 한다. 이를 통해 볼 때, 이 시기의 법상종 계통에는 밀교적인 흐름도 포함되어 있었던 듯하다.[28]

7세기 이후 밀교 승려나 경전의 전래를 제외한 밀교 관련 유적과 기록을 아래와 같이 도표화하면(표 1)[29] 밀교적 신앙은 7세기 이후 각 종파에 여러 가지 형태로 나타나는데, 본 논문과 관련하여 주목할 점은 明朗 계통이 고려 밀교에 계승되어 중요한 위치를 점하고 있으며 이들이 법상종 혹은 瑜伽業과 밀접한 관련을 가지고 있다는 사실이다.

<표 1>

시대	주인공	내용	관련 내용
선덕여왕(632~646)	密本법사	약사경을 독송하여 오랫동안 병들어 있던 선덕여왕과 承相 金良圖를 낫게 함.	
문무왕 10(670)	明朗법사	문두루비법으로 당나라 배를 침몰시킴.	瑜伽修行子 12인이 행함.
신문왕(681~691) 효소왕(692~701)	惠通법사	呪誦으로 신문왕의 등창과 효소왕의 공주를 고침.	
경덕왕(742~765)	眞表律師와 그의 제자	『大日經』의 供養次第秘法을 전해 받음. 灌頂傳敎	법상종 승려들의 밀교신앙
성덕왕(702~736)	寶川태자	五臺山信仰	화엄사상과 습합
성덕왕 5(706)	聖德王	神文王·神睦王后·孝昭王을 위해 황복사 삼층석탑 조성. 그 안에 무후정광다라니경 봉납.	성덕왕대 김지성이 미륵과 아미타를 신앙하는 법상종 유물 조성.
고려 태조(918~942)	廣學과 大緣(明朗대사의 계통)	해적들을 문두루비법으로 물리침(태조 現聖寺 창건 종파로 삼음).	문두루비법은 문종·숙종·고려말에도 행해짐(이규보, 「西京金剛寺文豆婁道場文」, 『東國李相國集』).
고려 목종 10(1007)	穆宗	新羅 神文王·孝昭王대에 창건된 摠持寺에서 一切如來心秘密全身舍利寶篋印陀羅尼經을 개판하여 보급함.	신라의 사리탑 밀교신앙의 연장

26) 蘇在龜, 「圓覺寺址十層石塔의 硏究」, 한국정신문화연구원 석사학위논문, 1986, 44~46쪽.

27) 洪潤植, 「원각사지10층석탑의 조작 내용과 그 역사적 위치」, 『원각사 10층대리석탑 특별전』, 궁중유물전시관, 1994, 95~117쪽.

28) 토니노 푸치오니, 앞의 박사학위논문, 1996, 102~103쪽 ; 鄭濟奎, 「新羅 下代 法相宗의 性格과 그 變化」, 『史學志』 25, 1992. 7, 1~42쪽에 의하면 법상종은 신라 하대부터 실천적이며 밀교적인 성향을 지니게 되었는데(例로 동화사의 비로자나불 조성), 이는 화엄종의 실천적 성향과 밀교화에 영향을 받았기 때문이며 이러한 양상은 고려대까지 계승되었다고 한다.

29) 徐閏吉, 『韓國密敎思想史硏究』, 불광출판부, 1994, 12~49쪽.

고려 전 기간에 걸쳐 중시된 문두루비법이 瑜伽修行者 12인으로 하여금 행하여지거나 『大日經』의 供養次第秘法을 법상종 승려인 진표와 그의 제자들이 전해 받고 있는 점 등에서 법상종 혹은 瑜伽業의 밀교적 성향을 알 수 있다.

현화사탑의 초층 옥신 면들 및 탑 전면에 조각된 내용도 위와 같은 범주 속에서 각종 경전과 신앙의 만다라적·밀교적인 내용이었을 것으로 생각되나 확실한 논의는 각 도상을 확인한 이후로 미룰 수밖에 없겠다. 도상과 함께 조각 수법도 특이한데, 특히 부처의 우견편단한 앞가슴과 무릎의 옷주름에서 기존의 것과는 다른 神異한 밀교적 감각이 느껴진다.

2) 옥개석의 양식적 계통

현화사탑 옥개석의 반전과 비교적 평박 광활한 모습은 어떻게 해석해야 할까? 고려초 왕실과 관련된 중요 불사로 조성된 佛日寺址 오층석탑, 灌燭寺 오층석탑, 金山寺 오층석탑, 南溪院址 칠층석탑 등에서 모두 옥개석 반전을 보이고 있는데 옥개석 두께는 목조탑을 모방한 호암미술관 소장의 傳開泰寺址 출토 青銅塔 옥개석의 모습과 유사하게 표현되어 있다.

이를 미륵사지탑, 정림사지탑 그리고 백제 계열의 탑들과 비교해 보면 백제 계열이 더 평박 광활하다는 것을 알 수 있다. 이런 관점에서 현화사지탑 옥개석은 불일사지 오층석탑과는 다르며 특히 금산사 오층석탑, 남계원지 칠층석탑, 보원사지 오층석탑과는 많은 차이를 가지고 있음을 알 수 있다(도면 2).

또한 현화사지탑에는 각층 옥신 밑에 몰딩의 성격을 벗어난 받침의 형태가 나타나고 있는데 이것은 앞서도 언급하였듯이 홍제동 오층석탑, 신복사지 삼층석탑, 만복사지 오층석탑에서 각 층마다 조성된 받침 양식의 초기 형태로 보인다. 단층기단과 함께 이러한 구조는 특히 왕궁리 오층석탑과 동일하다.[30]

이러한 내용을 통하여 볼 때 현화사탑에서 보이는 옥개석 양식은 백제 계열로 볼 수 있으며, 서울에 반출되어 있는 석등 양식(사진 5)도 이를 반증해 주고 있다. 玄化寺址石燈의 鼓復形竿柱 양식은 통일신라기의 발생양식을 충실히 계승한 것으로 이러한 양식은 모두 9기다. 이 중 5기가 통일신라시대의 작품으로 추정되고 있는데 이들은 주로 지리산을 중심으

---

30) 단층기단은 백제 계열에서 주로 나타나지만(191쪽 참조) 백제탑의 기단에 대해서는 논란이 있다. 金正基, 「百濟系石塔의 特徵」, 『馬韓百濟文化』 10, 원광대 마한·백제문화연구소, 1987, 204쪽 ; 鄭善宗, 「百濟系 石塔에 관한 一考察」, 『史學志』 20, 단국대 사학회, 1986. 12, 223쪽 ; 洪再善, 「百濟系 石塔의 硏究」, 『蕉雨黃壽永博士古稀紀念美術史學論叢』, 通文館, 1988, 303~307쪽 ; 張慶浩, 『百濟寺刹建築』, 藝耕産業社, 1991, 175쪽 등에는 미륵사지탑과 정림사탑의 기단을 이중기단 혹은 불완전한 이중기단으로 보고 있다. 천득염, 「백제계 석탑의 조형 특성과 변천에 관한 고찰」, 『건축과 환경』 1991년2월, 161~163쪽에서는 이러한 기단을 백제탑형 혹은 초기적 이중기단이라 부르며, 삼국시대 건축지가 이중기단이므로 이를 번안하는 과정에서 불안전한 이중기단이 만들어지게 되었다고 보고 있다.

로 舊百濟지역에 散在하고 있다.[31]

현화사탑의 단층기단, 각 층의 옥개석 받침의 형태, 옥개석 양식 등은 백제계, 그 중에서도 특히 왕궁리 오층석탑과 상당한 친연성을 보이고 있으며 신라적 양식이 혼합된 단층기단이 봉암사 삼층석탑을 위시로 하여 소백산맥 바로 남쪽의 尙州·聞慶 지방에 집중적으로 분포하고 있는데, 이를 왕궁리 오층석답, 그리고 후백제의 견훤과 연관지어 해석한 논문이 있어 주목된다.[32]

3) 양식과 불교적 배경

고려는 후삼국을 통일한 국가로 각 지역의 양식이 혼합되어 나타날 수는 있다. 그러나 고려 초기의 유물들은 일반적으로 지역적으로 공통점을 보여주는 것이 특징이며 따라서 시기적으로 고려 초이며 지리적으로도 고려의 수도인 개성지방에서 그것도 왕의 주도로 이루어지는 부모 천도를 위한 佛事에서 백제계 양식이 짙게 나타났는 사실은 일정한 불교 계열과의 연관성을 상정케 한다.

현종은 고려 태조와 신라계 왕족 사이에서 태어난 安宗과 개성 근처 황주지방 호족 출신인 獻貞王后 皇甫氏 사이에서 태어났으며[33] 그의 일생을 살펴보아도 옛 백제와의 특별한 인연은 보이지 않는다.

한편 고려 중기 법상종(유가업)의 중흥은 현화사의 창건으로부터 비롯되며 그 법상종의 흐름 속에는 진표계 법상종 및 그와 연결된 옛 백제지역의 호족들이 있다. 즉 현화사의 불교적 배경에는 백제적인 요소가 있는 것이다. 법상종은 신라 중대에 발전하였는데 경주지역의 太賢系와 옛 백제지역을 중심으로 비신라계 지방에 널리 퍼졌던 眞表系가 있었다. 전자는 유식 교학 연구를 바탕으로 미륵과 아미타불을 신앙했으며, 후자는 점찰법과 참회의 실천을 행하며 미륵과 지장을 신앙하였다.[34]

현종대에 법상종 계통의 현화사가 창건된 것은 현종과 법상종 교단과의 특별한 인연에서 기인한다. 현종의 아버지 安宗 郁은 태조와 신라왕족 金億廉의 딸인 神成王后의 소생이었는데, 왕이 죽은 뒤 私邸에 나와 있던 景宗 妃 獻貞王后 皇甫氏와 私通하여 大郎院君 詢(현종)을 낳았다. 이 때문에 安宗은 경남 泗川으로 유배되어 죽고 이보다 앞서 獻貞王后는 출산 직후 곧 사망하였다. 고아가 된 현종은 보살펴 주던 성종이 죽고 목종이 후사가 없자 태조의 현손으로서 정치적 견제를 받게 된다.

---

31) 鄭明鎬,『韓國 石燈樣式史 硏究』, 단국대 박사학위논문, 1992, 124~126, 190쪽. 5기는 陜川 淸凉寺石燈, 潭陽 開仙寺址石燈, 求禮 華嚴寺 覺皇殿앞 석등, 南原 實相寺石燈, 양양 禪林院址石燈이다.

32) 鄭善宗, 앞의 글, 1986. 12, 232쪽.

33)『高麗史』列傳3, 宗室1, 安宗郁條.

34) 金南允,『新羅法相宗硏究』, 서울대 국사학과 박사학위논문, 1995. 2, 129~137쪽.

12세의 현종은 강제로 崇敎寺에서 중이 되었고 목종 9년에는 三角山 神穴寺로 옮겨져 神穴小君으로 불렸으며 목종의 어머니 千秋太后가 여러 차례 자객을 보내어 죽이려 하였으나 老僧의 도움으로 위기를 넘겼다.

崇敎寺는 穆宗 3년(1000) 10월에 穆宗의 願刹로 창건된 법상종 사찰이고, 옮겨간 神穴寺도 같은 계통이었을 것으로 보인다. 현종은 왕위에 오른 뒤 현화사를 창건하고 삼각산 三川寺 주지 都僧統 法鏡을 초대 주지로 삼았다. 三川寺는 神穴寺와 인접하여 있으며 그 곳의 주지였던 法鏡이 법상종 사찰인 현화사의 초대 주지가 되었다는 사실은 현종의 숭교사에서부터 비롯된 법상종과의 깊은 인연이 그가 창건한 사찰에도 미치고 있음을 알려 준다.[35]

그러면 숭교사의 법상종은 어떤 계통이었을까? 8세기 후반부터 경주를 중심으로 발전했던 법상종은 쇠퇴해 간 반면, 진표의 법상종은 반 신라지역의 백성들에게 대중적인 신앙을 기반으로 큰 지지를 얻었으며 점차 금산사, 속리산, 동화사, 금강산 등을 중심으로 퍼져 나갔다.

후삼국시대에 이르면 이 계파의 영향력을 염두에 둔 듯 견훤은 금산사를, 궁예는 속리산과 인접한 청주지역[36] 혹은 명주지역[37]을, 신라는 동화사[38]를 중심으로 진표계 법상종을 자기세력화하고 있다. 고려 태조는 각 호족들을 포섭하여 호족연합적 성격을 가진 나라를 세웠듯이[39] 각 불교 종파에 대해서도 동등하게 배려하고 있다.[40]

이 중 본 논문과 관련하여 주목되는 것은 신라의 대덕 釋沖이 眞表의 가사 한 벌과 戒簡子 189매를 태조에게 바쳤다는 법상종 관련 기사다. 진표의 간자가 석충을 통해 태조에게 전해졌음은 태조와 진표계 법상종이 연결되어 서로 일정한 보호와 지지를 받았음을 의미한다.

---

35) 崔柄憲은 法鏡 관련 기록의 검토를 통하여, 그가 현화사 주지가 되고 후에 왕사가 되어 현화사뿐 아니라 현화사를 근거로 하는 법상종 교단을 영도하게 되었으며 이름의 뜻도 유가파 불교의 용어라는 점을 언급하고 있다(「高麗中期 玄化寺의 創建과 法相宗의 隆盛」, 『高麗中後期佛敎史論』, 1986, 112~114쪽).

36) 金甲童, 『羅末麗初의 豪族과 社會變動硏究』, 高麗大學校 民族文化硏究所, 1990, 26~31쪽. 청주는 삼국의 격전지로 후삼국 시대에는 궁예의 최남단 요충지로 편입되었다. 이후 후고구려는 오랫동안 백제의 영역이었던 이곳을 장악하기 위해 청주인들의 철원 사민을 시도하였다. 金壽泰, 「新羅末 高麗前期 淸州金氏와 法相宗」, 『中原文化論叢』 1, 충북대 중원문화연구소, 1997, 20~23쪽. 속리산의 대덕 永深이 融宗·佛陀 등과 함께 진표에게 법을 구하며 용맹참회하자 진표는 그에게 전교하고 가사·발·경전·189개의 간자를 전해 주었다. 그 뒤 영심은 속리산에 돌아가 자리잡았는데, 이 곳을 중심으로 인근 청주지역에도 영향을 미쳤다. 청주에는 永深과 함께 진표에게 법을 구한 融宗이 혜공왕 14년(778)에 중창한 菩薩寺가 있으며 속리산 법주사를 중창한 태조의 아들 증통국사가 세 번째 중창한 安心寺가 있다.

37) 趙仁成, 『泰封의 弓裔政權 硏究』, 서강대 박사학위논문, 1991, 18~22쪽.

38) 『三國遺事』 卷4, 義解5, 心地繼祖條. 신라 헌덕왕의 아들인 心地는 동화사에 머무르고 있었는데 속리산 영심의 설법을 듣고자 찾아갔다가 신이한 사연과 함께 진표의 간자를 가지고 오게 된다.

39) 河炫綱, 「豪族과 王權」, 『한국사(4)』, 국사편찬위원회, 1981, 104~152쪽 ; 金甲童, 앞의 글, 278~285쪽.

40) 許興植, 『高麗佛敎史硏究』, 一潮閣, 1986, 180~181쪽 ; 토니노 푸치오니, 앞의 박사학위논문, 1996, 15쪽 ; 金南允, 앞의 글, 1996, 117~118쪽.

태조는 즉위 후 이러한 인연 속에서 정종·광종의 同腹동생인 證通國師로 하여금 법주사를 중건하게 하였고[41] 이로써 神明順成王太后의 소생인 정종, 광종 그리고 그 자손들인 경종, 목종으로 이어지는 고려 초기 왕들과 진표계 법상종이 연결되고 있다. 증통국사는 광종대에 국사로 책봉되기도 하였다.

또 定宗은 昇州人 朴英規의 두 딸을 아내로 맞이하였는데 朴英規는 후백제 견훤의 사위로 귀부하여 태조의 총애를 받았던 인물이다.

한편 초기 불교 관계 기사들을 살펴보면 원래 정종·광종·경종을 배출한 충주 유씨 세력은 화엄종과 더 친연성이 있었다. 정종대에는 태조를 위해 개국사를 짓고 모친을 위해서는 광종 2년에 화엄종 사찰인 불일사를 원찰로 창건하였으며,[42] 광종대에는 균여에 의해 性相 융합이 시도되었다. 성격은 태조대의 해인사 희랑과 연결되는 북악 화엄의 입장에서[43] 남북악의 화엄세력과 법상종을 포괄하는 것이었다.

그러나 이러한 화엄의 흐름은 광종의 죽음과 경종의 복고적 정책전환을 맞아 쇠퇴하고, 억불적인 성종대를 지나 목종대를 맞게 된다. 이러한 이유로 목종 3년(1000)에 자신의 원찰로 창건한 숭교사는 태조대부터 왕실과 인척관계로 연결되어 있던 진표계 법상종 계통이었을 가능성이 높다. 이 점은 현종이 창건한 현화사는 물론 그가 머물렀던 숭교사와 삼각산의 신혈사, 현화사를 창건하여 맡긴 삼각산 삼천사 주지 법경과도 연결지어 생각해 볼 때 더욱 심증이 간다.

고려 전기의 법상종은 중시여기는 것이 계율이냐 경전이냐에 따라 혹은 승려들의 근거지에 따라 두 계통으로 나누어 보고 있는 것이 통설인데, 옛 진표계 활동지역과 연관된 칠장사 鼎賢의 계열과 법천사의 해린 계통이 그것이다.

삼천사 주지였던 法鏡의 뒤를 이은 정현의 제자들은 해린 계통과는 전혀 무관한데, 정현의 수좌인 영념은 청주 김씨 김근겸의 후손으로 이자겸의 난 이후 인주 이씨와 연결된 해린 계통을 대신하여 이 집안에서 英念·順眞·德謙 등 세 명의 현화사 주지를 배출한다. 이 중 덕겸은 이자겸의 난이 일어나 그를 自派로 포섭하려 하자 병을 핑계로 삼각산 향림사로 가서 우거하고 있다.

한편 광종 13년(963) 청주에 건립된 龍頭寺幢竿의 記에 의하면 청주 김씨는 청주지역의 영향력 있는 세력으로 그 지역 백성들과 함께 佛事를 주도하였는데 용두사는 법상종 계통이며 청주지역의 보살사와 안심사가 진표계 법상종 사찰이었다는 점에서, 용두사를 포함한 청주지역이 인접한 속리산지역과 함께 진표계 법상종의 영향력이 미치고 있었음을 알 수 있다.[44]

---

41) 「報恩郡 俗離山 大法住寺之來歷」, 『朝鮮寺刹史料(上)』, 朝鮮總督府, 1911, 127쪽.
42) 許興植, 앞의 책, 1986, 201~207쪽.
43) 金杜珍, 『均如華嚴思想研究』, 一潮閣, 1983, 147쪽 ; 許興植, 위의 책, 1986, 186쪽.
44) 金壽泰, 「新羅末·高麗前期 淸州金氏와 法相宗」, 『中原文化論叢』 1, 1997, 20~21쪽.

이상의 고찰을 통하여 볼 때 목종과 현종대의 법상종은 옛 백제지역에서 발생하여 통일신라 말 크게 영향을 미쳤던 진표계 법상종이었던 것으로 보이며, 고려의 법상종은 이후 해린계가 등장하여 玄奘의 신유식이 중시되고[45] 해린의 제자인 韶顯이 중국의 玄奘, 窺基와 원효, 태현으로 이어지는 우리 나라의 해동 6조를 설정하는 등 법상종 법맥을 새롭게 정리하여 두 계통을 통합 一新하려 했음을 알 수 있다.[46]

이와 같이 현화사와 관련된 초기 人的·思想的인 배경은 통일신라 후기에 백제의 옛 영역에서 시작되어 커다란 반향을 일으킨 진표계 법상종이며 이는 현화사탑의 백제적 양식의 존재를 설명해 주고 있다.

4. 현화사탑과 우란분경

玄化寺는 부모의 명복을 빌기 위하여 창건된 절로 碑陰記[47]에는 孝와 관련된 우란분경이 언급되고 있어 주목된다. 우란분경에 근거한 우란분재는 불가의 영가천도재로 칠칠재, 예수재, 수륙재, 영산재 등과 함께 모두 효와 조상숭배에 관련된 의례이며 각 해당 경전들도 뚜렷한 구별없이 상호간에 복합적으로 작용하며 의식 때는 감로탱을 의례용으로 사용한다.[48]

또 碑陰記에는 부모님을 위해 매년 7월 15일부터 3日 3夜에 걸쳐 아미타법회를 열었다고 하는데 바로 7월 15일은 우란분재가 행해지는 우란분일로 성격상 아미타법회와 더불어 열릴 수 있는 행사다. 대부분의 甘露幀에도 아미타여래를 강조하거나 독립적으로 나타내어 극락왕생의 의미를 강조하고 있다.

우란분경은 『目連經』, 『父母恩重經』과 유사한 經典으로 西晋(265~316)의 竺法護(231~308?)가 번역한 후 다양한 번역본이 등장했다. 5세기 말 6세기 초에 왕성하게 유통되었고 6세기 초 이후에는 매년 7월 15일에 우란분회가 거행되었을 것으로 짐작된다.[49] 내용은 大目犍連이 죽은 뒤 아귀로 태어나 고생하는 어머님을 得道한 눈으로 보고 구제하고자 하니 부처님께서 7월 15일 解安居日에 7세 부모와 현생 부모를 위해 십방의 스님들에게 밥, 백가지 맛의 음식, 다섯 가지 과일, 물 긷는 그릇, 향유, 초, 평상, 臥具를 갖추어 공양하면 현존하는 부모는 백 년 동안 복락을 받고 돌아 가신 7세 부모는 천상에 태어날 것이며 미래의

45) 金南允, 「高麗 前期의 法相宗과 海麟」, 『江原佛敎史硏究』, 도서출판 소화, 1996, 132~136쪽.
46) 金壽泰, 앞의 글, 1977, 30~31쪽. 또 『三國遺事』 卷4, 의해5, 眞表傳簡條에서 일연은 점찰법을 相教의 大乘으로 평가하고 있어 소현의 이러한 통합은 고려 후기까지 연결되고 있음을 알 수 있다.
47) 「玄化寺碑」, 朝鮮總督府, 『朝鮮金石總覽(上)』, 241~251쪽 ; 「玄化寺碑」, 許興植 編, 『韓國金石全文 中世(上)』, 서울아세아문화사, 1984, 441~453쪽.
48) 姜友邦, 「甘露幀의 樣式變遷과 圖像解釋」, 『甘露幀』, 圖書出版 藝耕, 1995, 389쪽.
49) 金承熙, 「餓鬼考」, 『韓國의 佛畫(19)』, 聖寶文化財硏究院, 1999, 205~207쪽.

불제자들도 우란분을 받들면 같은 효과를 보게 될 것이라는 설법이다.[50)]

우란분경은 唐 고종이 승려는 君主에게 절하지 않고 양친에게는 戒로써 받들라는 칙서를 내려 왕과 부모, 그리고 불법의 관계를 정립시킨 뒤 선조의 제사와 양친을 추천하는 불사의례가 크게 성행하는 상황 속에서 널리 민간에까지 유행하였다.[51)]

우리 나라에서는 고려시대에 크게 유행하였는데 文宗 10년 9월 기사,[52)] 睿宗 1년 7월 癸卯일 기사,[53)] 그리고 安靜寺盂蘭契牌[54)]의 존재는 그 실체의 일면을 전해 준다. 따라서 현화사의 창건 배경과 碑陰記의 내용을 고려할 때 7월 15일부터 열리는 행사에서 우란분재가 거행되었을 가능성이 높다.

더구나 우란분재는 봉헌된 음식이 7불의 가피에 의해 감로로 변하여 이를 먹은 아귀들이 천도되고 이러한 善業으로 봉헌자들이 복을 받는 것이므로 현종의 부모를 위한 우란분재가 열렸다면 부모의 천도는 물론 현화사 창립을 전후해 일어났던 거란과의 전쟁에서 참패를 당한 거란군과 전쟁에 희생된 고려인들의 원혼을 구할 수 있어 흉흉한 민심을 안정시키기에 적절하였을 것이다.

그럴 경우 본 논문과 관련되어 주목되는 것은 우란분경에 서술되어 있는 우란분회의 의식절차다. 부처님께서 스님들에게 말씀하시기를, “모두 먼저 시주하는 집을 위하여 선정에 들어 마음을 안정시킨 뒤에 공양을 받으라. 처음 그릇을 받았을 때에는 먼저 佛塔 앞에 놓고 여러 스님네가 축원을 마치면 자기 밥을 받을지니라”라고 하여 의식에 佛塔이 중요 대상이 되고 있음을 알 수 있다.

당시의 국가적 상황, 현종의 특이한 출생과 성장, 碑陰記의 우란분경과 7월 15일의 행사에 관한 언급 등을 고려하면 일반 탑 앞에 놓인 것보다 크고 정사각형에 가까운 현화사탑 앞 배례석의 용도가 주목된다.

5. 맺음말

현화사는 현종이 부모님의 명복을 빌기 위해 조성한 사찰로 현종 9년 6월에 완성되자 三川寺 주지에게 절을 맡겼다. 현화사탑은 현종 11년(1020)에 어머니 고향과 아버지 능 근처 보명사에서 진신사리와 靈牙의 출현이 있자 이를 안치하기 위해 세워졌다.

---

50) 대한불교조계종역경위원회, 『한글대장경(73)』, 1966, 338~339쪽.

51) 野上俊靜 外 著, 權寄悰 譯, 『中國佛敎史』, 동국대 역경원, 1985, 96~97쪽.

52) 『高麗史節要』 卷4, 文宗 10년 9월조에 승려들의 亂行을 금하는 制의 내용 중 “穢臭蘭盆”이라는 기록이 있어 우란분 행사가 있어 왔음을 알 수 있다.

53) 『高麗史』 世家12, 1년 7월 癸卯日에 부왕 숙종을 위해 우란분을 장령전에서 열고 승려를 불러 『목련경』을 강하고 있다.

54) 金相朝, 「高麗時代의 盂蘭契牌」, 『考古美術』 103, 1969. 9, 12쪽.

탑은 규모가 크며 단층기단에 7층 탑신을 올리고 정상에 상륜을 갖춘 일반적 유형에 속하는 탑으로 초층 이상의 옥신석 높이의 감축이 거의 없어 우뚝한 형태를 하고 있다. 탑신이 탑 몸에 비해 안정된 넓이를 확보한 점, 기단 갑석 밑에 부연을 둔 점 등 세부적인 구조와 전반적인 짜임이 통일신라의 양식을 따랐으나 평박 광활하며 중심축을 중심으로 상하로 반전하고 있는 옥개석은 일찍부터 백제 계열의 양식으로 평가되어 왔다.

옥개석은 현화사탑과 함께 종전에 백제 계열의 신라식 절충형으로 분류된 금산사 오층탑, 보원사지 오층탑과는 다른 것으로 좀 더 백제양식과 근접되어 있다. 후자는 불일사지 오층석탑, 남계원지 칠층석탑과 함께 傳開泰寺址 출토 청동탑에서 보이는 목조탑 옥개석과 유사하여 유난히 평박 광활한 백제 계열과는 차이가 있다. 한편 이러한 목조양식의 새로운 도입은 고려 초, 나라의 안위를 위해 서경과 개경에 목조탑을 세웠던 당시의 목조탑에 대한 관심에서 비롯된 것으로 보인다.

또한 기단도 단층으로 고려 초 주로 백제계 탑들에서 나타나는 양식을 보인다. 더불어 통일신라기 소백산맥 남쪽 상주·문경 지방에 집중적으로 분포하고 있는 신라식 단층기단도 백제계 왕궁리 오층석탑, 후백제 견훤과의 관련성이 제기되고 있어 주목된다.

따라서 현화사탑의 옥개석은 각 층 옥개석 받침, 단층기단, 같은 寺址 출토의 석등 양식에 비추어 보아 백제 양식의 영향으로 여러 면에서 왕궁리 오층석탑과의 친연성이 주목된다.

이러한 현화사탑의 양식적 특징은 불교적 배경과도 연결되고 있는데, 현화사는 창건자인 현종이 즉위 이전에 머물며 보호받던 진표계 법상종과 밀접하게 연결되고 있으며 사찰이 조성되어 주지가 정해진 뒤인 11년에 조성된 탑은 그러한 영향이 더욱 직접적으로 미쳤을 것으로 보인다.

현화사 칠층석탑의 2층 탑신 이상의 각 층 탑신 받침은 고려 靖宗 11년(1045) 조성된 것으로 추정되고 있는 홍제동 오층석탑의 것만큼은 뚜렷하지 않지만 상당히 발달되어 있는 점을 고려해 볼 때 신복사지 삼층석탑, 만복사지 오층석탑에서 보이는 각 탑신석 밑에 받침을 두는 이와 같은 양식이 대체로 현종대를 전후하여 발생한 고려적인 양식이 아닐까 생각된다.

이외에 탑의 양식에 영향을 미칠 수 있는 현화사탑의 조성과 관련된 중요 인물들을 검토해 보면, 사찰 창건의 총 책임은 崔士威가 맡았는데 그가 죽은 뒤 화엄종 사찰인 불일사에서 장례를 치르고 있어 법상종과 특별한 관계를 가지고 있지는 않았던 것 같다.[55] 다만 이후 그의 가계인 水州 崔氏는 현화사와 그 불교적 배경에 깊은 관련을 맺게 된다.[56] 그러나 그는 이전에도 왕릉·궁전·奉恩寺·普濟寺·靈化寺·神衆寺·開通寺·啓星寺 등의 공

55) 許興植 編, 「崔士威墓誌」, 앞의 책, 1984, 502~505쪽.
56) 崔柄憲, 앞의 글, 1986, 110~111쪽.

사를 맡았으며, 현화사를 창건할 때는 공사 관리를 맡았다. 그는 당시 공사가 끝날 때까지 한 번도 집에 들어가지 않고 현장에서 작업을 감독했다.[57]

周佇는 玄化寺碑文을 지었는데 중국 溫州人으로 목종 7년에 상선을 타고 고려에 왔다가 병이 나자 치료차 머물다 귀화한 인물로 글을 잘 지었다고 한다.[58] 瑜伽業이라는 명칭을 주로 쓰던 초기 다른 기록들과는 달리 大慈恩玄化寺라는 사찰 명칭이 붙여진 것은 중국인이었던 그가 비문을 지었기 때문에 생길 수 있었던 일이 아닌가 한다. 당시 법상종의 흐름이 진표계였음을 생각해 볼 때도 그럴 가능성이 높다.

蔡忠順은 玄化寺碑 陰記를 짓고 碑와 碑陰記의 글씨를 썼다. 현종을 옹립할 때 지대한 공을 세운 그는 유교적인 소양을 갖춘 인물로, 玄化寺의 양식에 영향을 줄 불교적 성향은 보이지 않는다.[59] 단지 碑陰記에 보이는 儒佛弁立의 논리는 최치원, 최승로에 이어지는 나말여초의 사상적 흐름과 일치하고 또 인문지리적 성격의 절의 위치 선정 내용은 碑陰記에 등장하는 포상 인물들에 地理業三中大通 鄭雄, 重大通 金得義이 보인다는 점, 『高麗史』 列傳 安宗 郁(현종의 父條)의 풍수도참적인 기사들과 더불어 당시의 풍수지리사상의 일단을 전해 주고 있다.

57) 「崔士威墓誌」, 許興植 編, 앞의 책, 1984, 502~505 ; 「高麗玄化寺碑」, 朝鮮總督府, 앞의 책, 1919, 244쪽/許興植 編, 앞의 책, 1984, 445쪽.

58) 『高麗史』 世家3, 穆宗 7년 ; 『高麗史』 卷94, 列傳7, 周佇傳.

59) 『高麗史』 卷93, 列傳6, 蔡忠順傳.

12세기 公·私禮와 金富軾

都 賢 喆*

1. 머리말

고려는 유교의 禮論과 禮制를 통하여 합리적인 정치운영과 사회질서를 유지하는 原理를 제공받았다. 유교의 禮는 종교적 제사의식에서 유래하지만 점차 사회생활의 보편적인 형식과 내용을 제공하는 규범으로 변한다. 특히 周나라의 宗法制度를 통해 禮는 사회를 질서지우고 국가조직을 운영하는 논리 근거로 발전한다. 이 때 禮를 구성하는 논점은 혈연적 유대를 매개로 하는 親親과 인위적 尊卑관계를 매개로 한 尊尊으로 말할 수 있다.[1] 이 두 가지 禮의 구성요소는 유교의 禮的 질서를 이루는 핵심이지만, 구체적인 사안에서 양립하고 또 한쪽이 강조되는 경우가 많다. 고려시기 관리등용 방법에는 혈연적 유대관계에 입각한 蔭敍制와 학문적인 개인의 능력을 중시하는 科擧制가 있다. 이 가운데 어느 것이 고려시기의 일반적인 관리등용제이고 이를 통하여 볼 때 고려 지배세력의 성격이 무엇인가 하는 점이 문제되어 왔는데, 그러한 논의의 이념적 배경에는 혈연적 요소인 親親이냐 인위적인 능력 중시의 尊尊이냐의 예론의 두 관점이 내포되어 있다.

12세기 고려사회는 국왕을 정점으로 하는 집권국가의 공적 지배질서가 유지되면서 이자겸으로 대표되는 문벌귀족이 세력을 떨치고 있었다.[2] 이자겸은 왕실과 혼인관계를 맺고 국왕의 외조부가 되는데, 이자겸을 어떻게 예우하느냐가 정치 현안으로 제기된다. 이는 이자

* 연세대학교 강사

1) 李小平, 「禮'親親''尊尊'孰重之辨」, 『孔孟月刊』 20-11, 1982 ; 淸水盛光, 『支那社會の研究』, 岩波書店, 1939 ; 日原利國, 「中國的思惟の特質」, 『アジア文化』 11-2, 1974 ; 이봉규, 「규범의 근거로서 혈연적 연대와 신분의 구분에 대한 古代儒家의 인식」, 『泰東古典研究』 10, 1993 ; 張東宇, 『茶山 禮學의 研究』 연세대 철학과 박사학위논문, 1997.

2) 12세기 정치사에 관한 정리는 다음이 참고된다. 朴宗基, 「12세기 高麗 政治史研究論」, 『擇窩許善道敎授停年紀念韓國史學論叢』, 일조각, 1992 ; 채웅석, 「12세기 전반기 정치사의 새로운 이해」, 『역사와 현실』 9, 1993 ; 서성호, 「숙종대 정국의 추이와 정치세력」, 『역사와 현실』 9, 1993 ; 박종기, 「예종대 정치개혁과 정치세력의 변동」, 『역사와 현실』 9, 1993 ; 오영선, 「인종대 정치세력의 변동과 정책의 성격」, 『역사와 현실』 9, 1993 ; 채웅석, 「의종대 정국의 추이와 정치운영」, 『역사와 현실』 9, 1993 ; 남인국, 『고려중기 정치세력연구』, 신서원, 1999.

겸을 국왕의 신하로서 볼 것인가 아니면 국왕의 외조부로 볼 것인가의 문제로서, 정치사회의 운영과 관련해서 군신관계의 公的 성격과 혈연적인 私的 성격 어느 쪽을 중시할 것인가의 문제였다. 여기에는 혈연적 유대를 매개로 한 親親과 인위적 존비관계의 尊尊이라는 유교의 예론이 반영되어 있는 것으로, 효와 충, 가족윤리와 국가윤리라는 정치 사회질서를 유지하는 논점이 들어 있다. 그러므로 위와 같은 유교의 예론이 12세기 고려사회에서 어떻게 반영되고 이해되고 있는가를 살펴보고, 특히 국왕의 외조부인 이자겸에 대한 예우와 이에 대한 김부식의 견해를 살펴보게 되면, 고려국가의 公的 질서와 그에 기초한 公禮 그리고 가족의 혈연적 연대에 기초한 私的 관계와 私禮를 살펴볼 수 있고, 12세기 고려 유교의 특징을 이해할 수 있으며, 궁극적으로 고려사회를 이해하는 실마리를 제공할 것이다.[3]

2. 孝治와 公・私禮

고려는 유교를 정치사상으로 채용하였고 효치를 정치 사회질서를 유지하는 이념기반으로 삼았다.[4] 효를 가족윤리로만 보지 않고 효에 의한 통치, 곧 효치를 정치사회를 유지하는 이념으로 확대하였던 것이다.[5] 성종대 유교적 정치이념이 확립된 이래 효치에 의한 정치가 일반화되고 있었다. 성종의 교서는 효치이념을 잘 보여준다.

> 무릇 국가를 다스림에는 반드시 먼저 근본에 힘써야 하는데, 근본에 힘쓰는 것으로는 효보다 더한 것이 없다. 이는 삼황오제가 본디부터 힘썼던 것이었고 만사의 기강이요 백선의 중심이 되는 것이다. …… 부모봉양을 잘 하는 자를 밝게 드러내 풍속을 아름답게 하는 뜻을 드러내고자 한다. 들이나 밭에서 일하는 백성들도 오히려 효도를 생각하는데 벼슬하는 군자들이 조상 모시는 것을 어찌 게을리할 수 있겠는가. 능히 집에서 효자가 되면 반드시 나라의 충신이 될 것이다. 모든 관리와 백성들은 나의 말을 명심하라.[6]

효는 만사의 기강이고 모든 선의 중심이라는 것이다. 효는 가족도덕으로서 기초가 되는 것이고 모든 덕의 근본으로서 인간이 인간일 수 있는 기본적 윤리덕목인 셈이다. 성종은 12목에 經學博士・醫學博士를 파견하면서, 經書를 연구하고 孝弟로 이름이 났거나 의술에

---

3) 金駿錫, 「서평 : 『韓國中世禮思想硏究』」, 『歷史敎育』 51, 1992 ; 「儒敎思想論」, 『金容燮敎授停年紀念韓國史學論叢(1) 韓國史 認識과 歷史理論』, 지식산업사, 1997.

4) 李熙德, 「儒敎政治理念의 成立과 孝思想의 展開」, 『高麗儒敎政治思想의 硏究』, 1984.

5) 『高麗史』 권121, 列傳34, 孝友 尉貂, 下冊 648쪽, "明宗朝爲散員同正 父永成患惡疾 醫云 用子肉 可治 貂卽割股肉 雜置餛飩中 饋之 病稍間 王聞之 詔曰 貂之孝冠絶古今 傳云 孝者百行之源 又曰 求忠臣於孝子之門 則貂之孝在所必賞."

6) 『高麗史』 권3, 世家3, 成宗 9년 9월 병자, 上冊 74쪽, "敎曰 凡理國家 必先務本 務本莫過於孝 三皇五帝之本務 而萬事之紀 百善之主也 …… 光顯奉親之行 用彰美俗之心 田野愚氓 尙勤思孝 搢紳君子 其怠奉先 能爲孝子於家門 必作忠臣於邦國 凡諸士庶可復予言."

뛰어나면 漢나라의 故事에 의하여 서울로 추천하라고 하였다.[7] 숙종은 孝弟에 충실하지 못한 관리를 논죄하고 爲政의 근본이 孝弟에 있음을 천명하기도 하였다.[8]

원래 유교에서는 孝弟[9]에 기초한 仁을 도덕의 근본으로 여기고 德과 禮에 의한 정치를 주장한다. 仁이 보편적인 도덕=윤리로 됨과 동시에 구체적인 孝弟라고 말한 것이다. 孝는 부모나 그 연장으로서의 친족에 대하여 친애하는 정감이며, 弟는 자신보다 신분이 높거나 연령이 많은 상대에게 공경의 마음으로 대하는 것을 말한다. 여기에 효제를 통한 정치사회를 안정시키는 논리가 나오게 된다. 효제는 통치의 안정을 보증하는 恭順한 인간의 창출을 가능하게 하고 사실상 忠을 요구하기 위한 대전제로서 기능할 수 있기 때문이다.[10] 혈연관계의 윤리인 孝弟를 군신관계의 윤리인 忠順으로 전환시켜 지배질서를 확고히 하려는 것이다.[11] 고려시기에는 이러한 이념이 반영되어, 집안을 다스린 다음에 나라를 다스려야 한다고 하거나[12] 忌祭와 省墓와 時享하는 禮를 행하기 위해서 崔有孚를 지방관에 보임하지 말아 달라는 글이 받아들여졌다[13] 이는 혈연적 유대감에 기초한 가족적 유대감을 돈독히 하려는 것으로 家를 기초로 국가의 통치를 지향하는 유교이념을 말해 준다고 하겠다.[14]

고려의 효치에 의한 통치이념은 『孝經』의 移孝爲忠[15]의 원리가 적용된 것에서 확인된다. 가정에서의 효자가 나라에서의 충신이 되어[16] 가정에서의 효가 국가에서는 충으로 이

---

7) 『高麗史』 권74, 志28, 選擧2, 學校, 성종 6년 8월, 中冊 625쪽, "以前年許還學生無師教授 敎選通經閱籍者 爲經學醫學博士 於十二牧各遣一人 敦行敎諭 其諸州郡縣長吏百姓有兒可敎學者 幷令訓戒 若有勵志明經 孝弟有聞 醫方足用者 令牧宰知州縣官 依漢家故事 具錄薦貢京師 以爲恒式."

8) 『高麗史』 권11, 世家11, 肅宗1, 6년 정월 을유, 上冊 232쪽, "刑部奏 注簿同正趙俊明父沒四年 不養其母 不友其弟 使皆失所請論如法 王曰 朕爲政先孝弟 乃有若人耶 可其奏."

9) 『論語』, 學而, "有子曰 其爲人也孝弟 而好犯上者 鮮矣 不好犯上而作亂者 未之有也."

10) 李成珪, 「漢代 『孝經』의 普及과 그 理念」, 『韓國思想史學』 10, 1998, 194~196쪽.

11) 고려는 가족윤리에 기반을 둔 孝思想이 禮制나 法律로 규범화되었다. 官吏給暇와 五服制度 및 百官忌暇, 그리고 父祖 생존시 定省·看病·老令侍養 등을 위한 급가제가 정비되었고, 사후에 필요한 遭喪·忌祭·掃墳·改葬 등을 위한 휴가제가 제도화되었다. 또 관리가 부모의 상사를 당하면 국사의 시무를 중단하고 喪哀를 할 수 있도록 五服制度가 정비되었다. 이 밖에 부모를 위하여 살인하거나[爲父殺人](『高麗史』 권84, 志38, 刑法1, 殺傷, 공양왕 3년, 中冊 856쪽) 아버지를 구하기 위하여 살인하는 경우[救父殺人]에는 가벼운 판결이 내려졌다(李熙德, 「儒敎政治理念의 成立과 孝思想의 展開」, 앞의 책, 1984 ; 「高麗時代의 儒敎의 性格」, 『韓國史論』 18, 1988). 가부장에 의제된 국왕권이 존재하면서 혈연을 기초로 한 집권국가의 이데올로기가 성립되었다고 할 수 있다.

12) 『高麗史』 권95, 列傳8, 文正, 下冊 130쪽 ; 『高麗史節要』 권5, 文宗 35년 6월, 154쪽, "正等曰 家齊然後國治 隼父不正婚禮瀆亂人倫 然方今崇尙儒術 用士是急 宜降授階職 從之" ; 『高麗史』 권91, 列傳4, 宗室2, 始陽侯, 下冊 56쪽, "冊曰 欲理其國者 先齊其家" ; 『東文選』 권28, 冊王弟孝大寧侯文 ; 『高麗史』 권90, 列傳3, 宗室1, 通義侯, 下冊 50쪽.

13) 『高麗史節要』 권5, 文宗 14년 3월, 139쪽, "內史門下奏令 以司宰卿 崔有孚 爲西京副留守 其父沆 以淸節直道 匡扶社稷 國家追念厥功 嘗於玄化寺 置忌齋寶 每歲遣有孚行香 令弟永孚出守天安府 時未考滿 有孚令又往守 留都 深恐忌祭上 塚時享之禮 將闕 請授有孚三品職 勿令補外 從之."

14) 문종대의 정치운영에서 私恩·睦親의 이념이 군신관계를 전제한 公義와 더불어 이용되고 있고, 종실에 대한 봉작제도는 恩賜의 한 형태로서 가족의 논리가 국가 차원으로 확대된 것이다(채웅석, 「고려 문종대 관료의 사회적 위상과 정치운영」, 『역사와 현실』 27, 1995).

15) 『孝經』, 廣揚名章, "子曰 君子之事親孝 故忠可移於君."

어지게 되고[17] 결국 나가면 충하고 들어오면 효하는 것이 떳떳한 이치로 받아들여지는 것이다.[18] 그리하여 고려의 국립교육기관인 국자감에서 『孝經』은 『論語』와 더불어 공통적으로 읽혔고[19] 민간에 보급되고 있었다.[20]

『孝經』은 '父子의 道'와 '君臣의 義'를 동일한 天性으로 규정하는 가운데 군권강화의 이념을 제공해 준다. 『孝經』은 효로 상징되는 가족적·혈연적 세계를 정치적인 세계로 끌어올린다. 즉 효의 적용범위를 확대시킴으로써 忠 우선의 논리를 유도하는 것이다. 종래 효의 범위는 부모 및 그 연장으로서 조상에 국한되었는데, 『孝經』은 효가 모든 덕의 근본이고, 충은 효의 연장이며, 충하는 것이 효하는 것, 그리고 군주에 대한 충이 가장 큰 효라는 논리적 입론 과정을 거쳐 부모의 권위를 상대화하여 약화시켰다. 다시 말하면 효를 모든 덕의 근본으로 삼아 부형을 친애하는 것뿐만 아니라 일반의 노인 연장자에게로까지 확대 적용시킴으로써 君權을 강화시킬 수 있게 된다. 부형에 服事從順하는 효제자가 정치적 권력자에 대해서도 똑같이 복종할 수 있을 것인바, 모든 민이 정치적 권력자에게 服事從順하면 곧 천하가 다스려진다는 것이다. 혈연을 매개로 한 가부장적 권위를 황제에 의제하고, 혈연관계 내부를 규제하는 윤리인 孝悌를 군신관계의 윤리인 忠順으로 전환시켜 家父長的 國家秩序를 확립하려는 것이다.[21] 『孝經』을 받아들인 고려 역시 이러한 충 우선의 논리를 받아들였던 것이다.

국가 정치사회의 운영과 관련하여 유교의 禮에는 혈연적 유대감에 기초한 親親과 인위적 尊卑관계에 기초를 둔 尊尊(尊賢)의 두 측면이 있다. 친친은 族的 결합으로 구성된 혈연집단 내부의 관계를 조직 운영하는 것이고, 존존은 사회관계 국가 단위의 공적인 관리체계와 그 분한을 규제하는 것이다. 친족을 친하게 대하는 仁과 어진이를 높이는 義로서 정의되고, 친한이를 친하게 대하는 차이와 어진이를 어질게 대하는 등급에서 禮가 생겨나는 것이다.[22] 이 때 혈연에 근거한 孝 관념은 특정한 개인의 처지에서 보면 국가에 대하여 자신이

---

16) 주 6)과 같음.

17) 『高麗史』 권3, 世家3, 成宗 9년 12월 무신, 上冊 76쪽, "以姪誦爲開寧君 敎曰 …… 其自家而國 移孝爲忠 遵君臣父子之規."

18) 『高麗史』 권90, 列傳3, 宗室1, 扶餘侯, 下冊 46쪽, "文宗三十四年冊爲扶餘侯冊曰 …… 食邑一千戶於戲 恩雖立愛 義亦在公 論德授官 朕罔踰於制度 出忠入孝 汝祗率於典彝 恒守貴以勿驕 益礪誠而匪懈 敬佩嘉訓 不其韙歟."

19) 『高麗史』 권74, 志28, 選擧2, 學校, 中冊, 626쪽, "仁宗朝式目都監詳定學式 …… 凡經周易尙書周禮禮記毛詩春秋左氏傳公羊傳穀梁傳各爲一經 孝經論語必令兼通"; 『高麗史』 권99, 列傳12, 崔惟淸, 宗峻, 下冊 195쪽, "舊制 國子監以四季月六衙日集衣冠子弟 試以論語孝經 中者報吏部 吏部更考世系 授初職. 宗峻欲令其子試之 國子正錄以非試日不聽 宗峻屬崔瑀 請之 乃得試 時人譏之."

20) 『高麗史』 권7, 世家7, 文宗 1, 10년 8월, 上冊, 159쪽, "西京留守報 京內進士明經等諸業擧人 所業書籍率 皆傳寫字多乖錯 請分賜秘閣所藏 九經漢晉唐書論語孝經子史諸家文集醫卜地理律筭諸書 置于諸學院 命有司各印一本 送之"; 『高麗史』 권16, 世家16, 仁宗2, 12년 3월, 上冊 335쪽, "壬申以孝經論語 分賜閭巷童稚."

21) 板野長八, 「孝經の成立」(1·2), 『史學雜誌』 64-34, 1955; 「儒敎の成立」, 『岩波講座 世界歷史(4)』, 1970; 李成珪, 앞의 글, 206~209쪽.

소속된 宗에만 적용되는 私的 성격을 갖는다.[23] 반면에 인위적 존비관계에 기초한 忠 관념은 家보다 상위의 國家를 전제하므로 객관적이고 公的인 성격을 띤다.[24] 親親과 尊尊이 갖는 이러한 상반된 측면은 정치운영이나 사회질서의 유지를 위한 구체적 상황에서 대립·갈등하는 경우를 보게 된다.

家의 집합으로 구성된 국가 입장에서는 개별 家의 이해를 초월하는 보다 상위의 公共善을 실현해야 하고, 그것은 忠이라고 표현되는 군주 혹은 국가에 대한 公的인 관계를 강조하는 것으로 나타나게 된다. 국가의 입장에서는 외적의 침입이나 대규모의 토목공사 같은 公共의 善을 달성하기 위해서 혹은 군주를 정점으로 공적 질서를 확립하기 위하여, 혈연적 유대에 기초한 개별 家의 사적인 情感을 축소·약화시킬 필요성이 제기되는 것이다. 여기에 事君 혹은 忠으로 나타나는 인위적인 尊卑관계가 事父 혹은 孝로 표현되는 혈연적인 가족관계보다 우선해야 한다는 先次性이 주장되어 양 측면의 충돌 혹은 대립 양상이 드러난다. 즉 '父의 孝子는 君의 背臣이다'라는 가장 극단적인 표현에서 보이듯이, 君主가 법을 家 내부로 침투시켜 忠을 우선하도록 요구하는 것과 父가 혈연적 유대감으로 家의 자율성을 최대한 살리려는 입장과 대립하는 것이다.[25] 왜냐 하면 혈연을 전제로 하는 親親은 가부장을 중심으로 하는 家·家門을 1차적인 관계로 보는 반면, 인위적 존비관계를 전제한 尊尊은 국왕과의 관계를 1차적인 관계로 보기 때문이다. 국가적으로 효를 강조하는 것이 어쩌면 국가체제를 유지하는 데 불리할 수도 있다. 국가의 공적인 업무를 담당하는 직역자가 가족의 일과 국가의 公的인 일이 병립될 수 없는 상황에서 공적인 임무보다는 가족의 私的인 일을 우선할 가능성이 높기 때문이다.

고려는 유교의 예론에 입각한 지배질서를 유지하려고 했으므로 이 두 가지 측면이 정치사회의 운영원리로서 받아들여졌고, 唐의 開元禮를 참고하거나[26] 禮儀詳定所를 만들어[27] 上下·尊卑의 예제를 정비하도록 하였다.[28] 李資謙의 특권적 대우를 유교의 禮論으로 뒷받침하려고 했던 朴昇中은, 인종이 모친상을 당한 이자겸을 조정에 나오도록 요구한 것은 친한이를 친하게 하는 親親과 어진이를 어질게 대하는 尊賢이라고 하였다.[29] 또한 宗室에

---

22) 『中庸』, "仁者人也 親親爲大 義者宜也 尊賢爲大 親親之殺 尊賢之等 禮所生也."

23) 물론 孝 관념은 국가의 층차에서 보면 사회규범의 토대가 된다. 忠의 관념과 함께 孝는 국가 구성원의 기본적 관계의식으로서 사회규범의 토대가 되는 公的 성격을 갖는다. 동시에 종 내부에서도 혈연상의 父子관계가 종통상의 부자관계와 대립할 때, 후자는 공적 성격을 가지며 사적 성격을 가진 전자에 우선한다. 따라서 혈연에 기반한 恩惠 또는 孝 관념 역시 私的 성격과 公的 성격을 동시에 갖는다 (이봉규, 앞의 글, 816~845쪽).

24) 이봉규, 위의 글, 816~817쪽 ; 張東宇, 앞의 글, 154~164쪽.

25) 張東宇, 위의 글, 154~164쪽 ; 李成珪, 앞의 글, 205쪽.

26) 『高麗史節要』 권5, 文宗 12년 하4월, 137쪽.

27) 『高麗史節要』 권8, 睿宗 8년 8월, 205쪽, "置禮儀詳定所."

28) 李範稷, 『韓國中世禮思想硏究』, 일조각, 1991.

29) 『高麗史』 권125, 列傳38, 姦臣1, 朴昇中(仁宗), 下冊 709쪽, "王嘗遣昇中于資謙第 賜詔令釋衰赴朝 資謙表請終制 昇中欲媚資謙意上箚子曰 …… 願陛下以所賜詔札及太師所上表章 宜付史館 以彰陛

대한 예우로서 公·侯·伯·司徒·司空을 諸王이라고 총칭하여 부르는 것은 親親을 보존하는 이유라고 하였고,[30] 인종에 대하여 어진이를 높이는 尊賢이고 예절을 무겁게 하며 선한이를 좋아하고 권세를 잊어버리는 마음은 백왕의 으뜸이라고 하였다.[31] 국가질서를 유지하는 데에는 혈연을 전제한 親親과 공적 관계를 중시하는 尊尊이 모두 필요한 결과였다.[32]

그런데 고려시대에는 군주를 정점으로 하는 公的인 尊尊의 논리가 혈연을 매개로 하는 親親의 논리에 압도당하는 경우를 종종 보게 된다. 즉 구체적인 정치운영에서 혈연적 유대감과 그에 기초한 가족관계, 곧 親親이 1차적으로 중시된다. 인종 10년 下敎에서 丙午年사건(인종 4년 이자겸의 난)에서 연류자의 가족에게 緣坐시키지 말라고 하였다. 大義滅親이 옛날에도 있지만 親親의 은혜는 天性이라는 이유 때문이었다.[33] 이자겸이 인종에게는 외조부가 되므로 혈연을 매개로 한 親親관계에 있었던 사실이 작용한 것이다. 또한 인종은 조칙을 내려 外舅 李氏(이자겸)가 비록 죽었지만 親親의 뜻을 끝내 잊을 수 없다며 이자겸과 그 妻에게 관작을 추증하고[34] 인종 23년에는 그 아들들에게 곡식 600석을 하사하였다.[35] 당시의 계급내혼에서 이자겸의 양측적 친속들은 대부분 누대의 고관을 낸 대귀족 출신들이며 그러한 상황에서 이자겸과 일파를 이룬 친속들은 각기 당대의 고관과 本族·外族·인족 등의 다양한 계보로 연줄이 닿아 있었다. "그 지당들이 연줄로서 겨우 처벌을 모면하고 宰輔에 이른자가 많았다"[36] 함은 그러한 상황을 보여준다. 이는 근본적으로 대귀족층이 주도하던 정치체제 내지는 사회구조와 관련된 현상들이라고 하겠다. 권력층으로서 오랜 전통이 없는 이의민을 포함한 그의 친속들은 처벌 과정에서 그들을 비호해 줄 권세있는 친속들이 없었고 결국 그대로 처벌된 것과 달리, 두 차례의 역모로 처벌된 경원 이씨의 이자의나 이자겸 친속의 후손들은 고려말 이후까지 활약하고 있는 데서 이를 예증할 수 있다.[37]

下親親賢賢之意 大臣至誠行孝之節 與其神天幽贊聖賢之德."

30) 『高麗史』 권90, 列傳3, 宗室1, 下冊 37쪽, "高麗封宗室之親且尊者曰公 其次爲侯 疎者爲伯 幼者爲司徒司空 摠稱曰諸王 皆不任事 所以保親親也 今據舊錄作宗室傳 公主別附其後."

31) 『高麗史』 권96, 列傳9, 金仁存, 下冊 139쪽, "於是 縉紳士大夫 擧欣欣然有喜色而相告曰 吾王以慈儉爲寶 而無肆溢之行 衣不御文繡 器不用彫鏤 猶慮一夫之不得所 一事之不合度 每日焦勞惻怛於宵旰之中 至於燕群臣嘉賓 則發內府之寶藏 傾上國之異恩 而窮日之力以火繼之 猶不以爲侈 其尊賢重禮好善忘勢之心 實可謂高出百王之上矣."

32) 후기의 기록이지만 권근은 親親과 尊賢을 국가를 운영하는 중요한 정치론으로 인식하였다. 『高麗史』 권115, 列傳28, 李崇仁(昌王), 下冊 544쪽, "簽書密直司事權近上疏論救崇仁曰 …… 親親尊賢二者爲天下國家之大經也."

33) 『高麗史』 권16, 世家16, 仁宗2, 10년 11월 경진, 上冊 331쪽, "御明仁殿下敎曰 …… 大義滅親 古亦有之 然親親之恩 天性自然."

34) 『高麗史』 권127, 列傳40, 叛逆1, 李資謙, 下冊 767쪽 ; 『高麗史節要』 권10, 仁宗 14년 5월, 268쪽, "又詔曰 今外舅李氏 雖歿 而親親之意 終不可忘 可贈檢校太師漢陽公 妃崔氏封卞韓國大夫人."

35) 『高麗史節要』 권10, 仁宗 23년 4월, 274쪽, "賜李資謙兒息 穀六百碩."

36) 『高麗史』 권98, 列傳11, 高兆基, 下冊 182쪽, "資謙之亂 朝臣皆脅從失節 其支黨夤緣苟免 至宰輔者多."

37) 盧明鎬, 「李資謙一派와 韓安仁一派의 族黨勢力」, 『韓國史論』 17, 1987, 195~203쪽.

혈연적 유대감에 기초한 親親과 국가 단위의 公的 관계의 관리체계를 말하는 尊尊은 실제적인 정치 사회질서의 운영과 관련되어 公·私禮로 표출된다. 즉 고려에서는 국가의 공적인 관계에 행해지는 公禮와 혈연에 기초한 사적인 관계에 파생되는 私禮는 모두 존중되고 있었다. 현종대 유교식 예제와 관련해서 御史臺와 禮部는 의견을 달리하였다.

> 예부에서 아뢰기를 "지금 어사대의 새 격식에 兩班員吏가 朝門 거리에서의 공적인 장소에서 私禮로서 엎드려 절하는 것은 곧 처벌하도록 되었습니다. 삼가 禮記를 살펴보면 君子는 禮를 행함에 풍속을 고치기를 구하지 않는다고 하였습니다. 만약 어사대의 격식대로 한다면 어찌 上下와 長幼의 질서를 분별할 수 있겠습니까? 청컨대 朝廷·廟社·禮會·班列 외의 그 나머지 장소에서 私禮로서 편의대로 함이 마땅하다고 하겠습니다" 하였다. 그 말을 따랐다.[38]

어사대는 새로 兩班員吏가 공적 장소에서 私禮로서 엎드려 절하지 못하도록 하였는데, 예부에서 이를 반대한 것이다. 私禮를 행하지 않으면 上下 長幼의 분별이 어렵다는 이유에서였다. 私的인 장소와 公的인 장소의 禮를 정하는 데 굳이 가릴 필요가 없다고 하여 公禮에 앞서 기존의 上下·尊卑의 분별에 역점을 둔 私禮에 중점을 두고 있다. 군주를 정점으로 하는 公的인 상하 질서뿐만 아니라 私的으로 형성된 尊卑관계를 받아들여야 한다는 것이다. 그리고 이 말은 국왕에 의해 받아들여졌다. 앞서 언급한 최유부가 忌祭와 省墓와 時享하는 禮를 행하기 위하여 지방관에 보위하지 말도록 요청한 것이나[39] 金仁存이 송에 갔다가 慶源郡에 이르러 부친상을 듣고 復命하지 않은 것[40]은 그러한 私禮를 보여주는 것이다.

고려에서는 국가 단위의 公的인 상하 질서와 가족 단위의 私的인 上下관계가 모두 존중된다. 이에 따라 공적인 情感으로서의 公義와 사적인 情感으로서의 人情(私情)도 또한 존중될 수밖에 없게 된다. 이러한 사실은 사적인 왕실의 禮와 함께 공적인 국가의 禮를 동시에 고려해야 되는 국왕의 양면적 성격에서 그 특징이 드러난다. 혈연적 정감에 기초한 人情(私情)을 갖고 있는 자연인인 국왕은 공적인 국가질서를 유지하기 위한 國家禮를 존중하지 않을 수 없기 때문이다. 이에 따라 종종 국왕은 왕실의 혈연적 유대감에 치우친 사적인 정감을 표하면서 국가의 공적인 禮와 부딪치곤 했다. 예종은 彰信寺에 갔다가 미복으로 綏陵에 가려고 했는데, 諫官은 예로부터 임금이 后妃의 능묘에 간 적이 없고 禮典을 상고하여

---

38) 『高麗史節要』 권3, 顯宗 16년 하4월(1025), 94쪽, "禮部言 今御史臺新格 兩班員吏於朝門街衢公處以私禮拜伏者 隨即糾罰 謹按禮記 君子行禮不求變俗 若如臺格 何以辨上下長幼之序 請於朝廟禮會班行外 其餘私禮任便爲宜 從之."

39) 주 13)과 같음.

40) 『高麗史』 권96, 列傳9, 金仁存, (예종 7년), 下冊 138쪽, "還 至慶源郡 聞父喪 以使事付其介 遂奔喪不復命 時人譏其失禮."

도 그러한 내용은 없다면서 반대하였다. 禮典에 근거하여 예종에게 후비의 능묘에 가서는 안 된다고 한 것이다. 그러나 예종은 왕실이라는 私的인 인간관계에 충실하여 후비의 능묘에 갔다.[41] 또한 유사가 왕의 곡할 位次가 없다고 한 사실에 대하여, 선종은 예는 편리함을 좇는 것이 마땅하다 하였다.[42] 군주를 정점으로 하는 公禮의 지향이 그만큼 人情이나 상황논리에 의하여 실현되지 못하고 있었던 것이다.

公과 私의 公認은 고려의 국가운영에서 公과 私가 동등하게 인정되는 사실에서 확인된다. 현종 16년 公私文書를 위조하여 職田을 환수당한 자는 사면되더라도 직전을 환급하지 말라고 할 때, 공문서와 사문서는 동등하게 취급되고 있다.[43] 정종대의 사면령에서 公罪는 徒, 私罪는 杖이라고 규정되어 公法상의 죄와 私法상의 죄의 경중의 차이는 있지만 公法과 私法은 독자적인 법률영역을 가지면서 통일된 모습을 가지고 있다.[44] 후술하는 이자겸의 過禮에 대하여 김부식은 왕정에서는 군신의 禮를 행하고 집안에서는 家人의 禮를 행하면 公義와 私恩이 모두 순조로울 것이라고 했고, 이자겸은 김부식의 이 말을 천하의 公論이라고 했다.[45] 왕실에서의 禮, 곧 私禮와 조정에서의 禮, 곧 公禮가 구분되고 동등하게 인정되고 있는 것이다. 따라서 국가 단위의 객관적인 관계를 말할 때는 公禮로, 반대로 혈연적 유대감에 기초한 가족관계를 말할 때는 私禮로서 표현되었다. 결국 君臣과 家人, 公과 私, 義와 恩은 한 사물의 표리를 이루고 公=國, 私=家가 가장 포괄적이면서도 구체적으로 정립되는 것이다.[46]

12세기 親親과 尊尊의 병존과 公·私禮의 조화 양상에 대한 구체적인 모습은 이자겸의 禮遇와 이에 대한 김부식의 대응에서 확인된다.

3. 이자겸에 대한 禮遇와 김부식

12세기 고려에서는 慶源李氏가 문종대부터 인종대까지 7대 80여 년 간 왕실과 혼인관계

---

41) 『高麗史』 권14, 世家14, 睿宗3, 16년 3월 무술(1121), 上冊 294쪽, "幸彰信寺微行至綏陵 王之將行 諫官奏曰 前古君王未有親詣后妃陵寢 考之禮典 亦無其文. 玄宮久掩宿草荒翳 至尊俯臨能無悲感 臣子之心 不勝恐懼 伏望以禮自抑俯循人望 不從."

42) 『高麗史節要』 권6, 宣宗 2년 3월(1085), 158쪽, "王欲詣魂堂行祭 有司以無哭位 難之 王曰 禮當從宜 遂減法從而往."

43) 『高麗史』 권5, 世家5, 顯宗 16년 동12월, 上冊 108쪽.

44) 『高麗史』 권6, 世家6, 靖宗 2년 춘정월 갑오, 上冊 124쪽, "公徒私杖以下 及諸徵贖者 悉令原免."

45) 주) 53과 같음.

46) 尹漢宅, 『高麗前期 私田研究』, 고려대 출판부, 1995, 61~83쪽. 왕실과 가문은 하나의 실체이므로 君臣과 家人, 公과 私, 義와 恩은 한 사물의 표리를 이루고 있다. 고려의 公·私 범주는 독자적인 자기영역을 갖는 합법적인 범주이고 또한 합법적 절차를 거쳐서 서로 상대방으로 바뀌기도 한다. 그러나 한편으로 이 두 범주의 통일성은 끊임없이 무너져 가고 있었고 그 대립적 요소가 점차 표면화하는 방향으로 나아가고 있었다(尹漢宅, 앞의 글, 82~83쪽).

를 맺고 세력을 떨쳤다. 태조 이래의 왕실 근친혼은 현종 이후 변하여 異姓후비가 간택된다.[47] 경원 이씨는 이허겸의 외손인 김은부의 세 딸이 현종비가 되면서부터 왕실혼인이 시작되는데, 이자겸대에 이르러 예종과 인종에게 두 딸을 시집보내 왕실과 보다 긴밀한 관계를 유지하였다.[48]

예종의 장인인 이자겸은 손자인 인종의 즉위를 관철시키고 그 특권적 지위를 유지할 수 있었다. 인종(1122~1146)은 즉위한 그 해 7월 외조부인 이자겸을 어떻게 대우하는 것이 좋으냐는 조서를 내렸다. 중서령 이자겸은 太后의 아버지요 자기에게는 외조부가 되니 그 班次와 禮數를 百官과 동일하게 할 수 없으므로 兩府 兩制와 여러 侍從官들이 회의하여 아뢰도록 하라는 것이었다.[49]

이에 대하여 寶文閣學士 鄭克永[50]과 御史雜端 崔濡는 천자가 신하로 하지 않는 것이 셋 있는데, 그 가운데 황후의 부모가 그 하나라면서 이자겸을 그에 준하여야 한다고 하였다. 중국의 고사를 들어 이자겸은 황후의 부모가 되므로 신하로 삼을 수 없다고 한 것이다.[51] 즉 李資謙은 글을 올리는 데 있어서 臣이라 칭하지 않으며, 君臣간의 큰 잔치에 함께 뜰에서 賀禮하지 않고 바로 幕次에 올라가서 절(배례)하고, 主上에게 배례로서 답례하고[合拜] 殿上에 앉게 해야 한다는 것이다.[52] 天子가 신하로 여길 수 없는 경우의 예를 들어 이자겸

---

47) 현종은 13명의 후비를 두었는데, 족내혼 후비가 3명, 異姓貴族 后妃가 10명이었다. 이성후비를 맞은 것은, 태조가 호족세력의 지원을 얻기 위해 왕실혼인을 추구한 것처럼 당대의 폭넓은 지원세력을 얻기 위한 것이었다. 예를 들면 당대의 군사적인 실력자(즉 공주절도사 김은부는 중부지역의 권력자, 왕가도는 현종 5년 金訓·崔質의 난을 진압하였다)와 유력귀족가문, 자신을 옹립하는 데 공을 세운 사람들이다. 현종대 이후 다시 현종 소생의 이복남매 간에 근친혼이 성행하는데, 이는 후손만을 중심으로 왕족의 특권을 향유하려 한 현종의 의도에 따른 것이다(정용숙, 『고려시대 后妃 연구』, 민음사, 1995, 96~100쪽).

48) 이자겸은 예종에게 두 딸을 시집보내고 예종의 아들인 인종을 즉위시키는 데 성공함으로써 왕권을 능가하는 특권을 누렸다. 그는 崇德府를 만들고 僚屬을 배치하였으며, 자제와 친족을 요직에 앉혔다. 그리고 3·4녀를 인종비로 보냈다. 또 자기의 府 注簿인 蘇世淸을 송에 보내 표를 올리고 토산물을 바치게 하면서 知軍國史를 자칭하고, 이 직함을 왕에게 직접 내려 주도록 요구하였다. 인종은 이자겸에 반발하여 측근세력 및 일부 대신들과 연합하여 이자겸을 제거하고자 하였다. 인종 4년 5(1126) 자신의 제거계획을 알게 된 이자겸은 난을 일으켰다. 인종은 척준경의 도움으로 이자겸의 난을 진압하였다. 이자겸에 대해서는 다음의 글이 참고된다. 金潤坤, 「李資謙의 勢力基盤에 對하여」, 『大邱史學』 10, 1976 ; 李萬烈, 「高麗 慶源李氏 家門의 展開過程」, 『韓國學報』 21, 1980 ; 朴龍雲, 『高麗時代史(下)』, 1986, 397~402쪽 ; 尹漢宅, 「高麗前期 慶源 李氏家의 科田支配」, 『역사연구』 창간호, 1992 ; 정용숙, 앞의 글, 144~154쪽.

49) 『高麗史節要』 권8, 예종 17년, 인종 즉위년 7월, 222쪽 ; 『高麗史』 권98, 列傳11, 金富軾, 下冊 171쪽, "詔曰 中書令李資謙 太后之父 於朕爲外祖 其班次禮數 不可與百官同 宜令兩府兩制 及諸侍從官 會議聞奏."

50) 寶文閣學士 鄭克永은 박중승·김부식과 함께 『睿宗實錄』의 편수관으로 일했다(『高麗史』 권15, 世家15, 仁宗 즉위년 9월). 그런데 같은 해 12월 대방군 俌를 경산부로 추방하고 한안인 등을 죽이고 정극영을 외지로 귀향보냈다(『高麗史』 권15, 世家15, 仁宗 즉위년 12월). 정극영이 한안인의 表弟로서 이자겸에게 거슬렸기 때문이다(『高麗史』 권98, 列傳11, 鄭克永).

51) 『通典』 권67, 禮27, 沿革27, 嘉禮12, 天子敬父 皇后敬父母.

52) 『高麗史』 권98, 列傳11, 金富軾, 下冊 171쪽, "寶文閣學士鄭克永御史雜端崔濡議曰 傳云 天子有不臣

의 특례를 인정하고, 군주 위에 존재하는 이자겸의 특권을 옹호한 것이다. 중의도 견해를 같이하였다[衆議雷同].

이에 대하여 金富軾(1075~1151)은 다른 중국 고사를 들어 이에 반대하였다.

> ① 寶文閣待制 김부식이 홀로 말하기를 …… 漢 不其侯 伏完은 漢 獻帝의 황후의 아버지였는데 鄭玄이 제의하기를, 不其侯가 서울에 있으면서 공식으로 출입할 때에는 신하의 예의를 지킬 것이고, 만약 황후가 離宮에서 휴식할 때 혹 친정으로 가서 부모에 근친할 때에는 자식의 예절을 지켜야 합니다. 그래서 伏完이 공식으로 황제에게 朝賀할 때에는 일반 신하들과 같이 행동하였고 황후가 궁전에 있을 때는 황후는 자식으로서의 예절 그대로 절하였다.
>
> ② 또 東晉의 여러 신하들이 穆帝의 어머니 褚太后가 친정아버지에게 대하는 禮法을 의논할 때 분분하여 일치를 보지 못하였는데, 博士 徐禪이 鄭玄의 의논에 의하여 말하기를 궁정에 있을 때에는 군신의 禮를 밝히고 사적 회견에서는 부자의 禮로서 뵈이는 것이 가장 옳은 도리입니다 라고 하였다.
>
> ③ 또한 魏나라 임금의 아버지 燕王 宇는 임금에게 올리는 글에서 臣이라고 자칭하였는데 비록 부자의 지친간에도 공적으로 대하는 禮法이 이러하거늘 하물며 외조부에 대하서여 어찌 그럴 수 있겠습니까?
>
> ④ 儀禮 五服制度로 보면 어머니의 부모(외조부 외조모)가 죽었을 때에는 小功의 服, 즉 다섯 달을 입을 뿐으로서 자기 부모에 대하여 尊親하는 그것과는 정도가 현저히 다른데 어찌 임금과 동등한 禮로써 서로 대할 수 있겠습니까?
>
> ⑤ 응당 글을 올릴 때에는 臣이라 자칭할 것이며 정전에서는 군신간의 禮를 행할 것이고, 내전에 있을 때에는 집안끼리 대하는 禮로써 접견하여야 합니다. 이렇게 하시면 公義와 私恩 두 가지가 모두 다 순리로 될 것입니다.[53]

김부식은 後漢 獻帝의 황후의 아버지였던 不其侯 伏完의 예우와, 東晉 때 穆帝의 母인 褚太后가 친정아버지에게 대하는 禮法 문제, 그리고 燕王 宇가 아들인 魏王에게 稱臣한 것과 儀禮 五服制에서 외조부모에 대하여 小功의 服을 입었던 사실을 통하여, 정전에서는 군신간의 禮를 행하고 내전에서는 집안끼리 대하는 禮로써 접견하라고 하였다. 王廷이라는 公的인 영역과 內殿(宮闈)이라는 私的인 영역을 분리해서 각각에 맞는 禮와 情感을 표해

者三 后之父母 居其一 今資謙宜上表不稱臣 君臣宴會不與百官庭賀 徑詣幕次拜 上答拜而後坐殿 衆議雷同."

53) 『高麗史』 권98, 列傳11, 金富軾, 下冊 171쪽, "時爲寶文閣待制獨曰 …… 不其侯伏完 獻帝皇后父也 鄭玄議曰 不其侯在京師禮事 出入宜從臣禮 若后息離宮及歸寧父母 則從子禮 故伏完朝賀公庭 如衆臣 及皇后在宮 后拜如子 又東晉群臣 議穆帝母褚太后見父之禮 紛紜不一 博士徐禪依鄭玄議曰 王庭正君臣之禮 私覿全父子之親 是大順之道也 又魏帝父燕王宇 上表稱臣 雖父子至親 禮數尙如此 況外祖乎 按儀禮五服制度 母之父母 服小功五月而已 與己父母 尊親相遠 豈得與上抗禮 宜令上表稱臣 在王庭 則行君臣之禮 宮闈之內 則以家人禮相見 如此則公義私恩兩相順矣."

야 한다는 것이다. 그렇게 되면 公義와 私恩 모두가 순리에 맞게 될 것이라고 하였다. 王廷(公禮)과 家庭(私禮)의 영역을 구분하는 것이야말로 각각에서 파생되는 情感, 곧 公義와 私恩을 보존하는 것이라는 것이다.

이 때 王廷, 즉 公禮에서는 군주를 정점으로 하는 上下·尊卑를 기축으로 한다. 따라서 이자겸이 갖는 인종의 외조부로서의 혈연적 유대감은 그 의미가 약화되고 朝廷에서의 그의 특례는 인정되지 않는다. 군주에게 충을 다하는 신하만이 존재할 뿐이다. 이는 친친 곧 혈연적 유대감에 기초한 정치운영·정치참여에 대한 限界를 명확히 제시함으로써 공적인 군신관계를 우선시 하는 것이다.

뿐만 아니라 김부식은 이자겸에 대한 예우조치에 대해 유교의 예론을 들어 반대하였다. 朴昇中은 이자겸의 생일을 仁壽節이라고 칭하자는 제의를 하였는데, 김부식은 생일을 節이라고 칭하는 것은 전례에 없고, 당 현종대에 처음으로 황제의 생일에 千秋節이라 하였으며 신하는 節을 칭하지 않는다고 하였다.[54] 즉 이자겸을 人臣으로 보고 그의 생일에 天子의 禮에 해당하는 節을 붙이는 데 반대한 것이다. 결국 김부식은 군신관계 혹은 군주를 정점으로 한 공적인 국가질서의 입장에서 이자겸의 특혜에 대하여 반대하였던 것이다.

그런데 김부식은 이자겸에 대하여 반드시 비판적이지는 않았다. 당시는 경원 이씨를 중심으로 하는 문벌귀족이 왕권을 약화시키고 정치를 주도해 간 시기였다. 김부식은 국왕과의 혈연적 유대감을 빙자한 이자겸의 권력 독점과 전횡에 대해서는 비판적이었지만 유교적 정치운영과 관련해서는 이해를 같이하고 있었다.

김부식은 이자겸이 예종의 후계자로 인종을 지목한 데 동의하였다. 이자겸은 예종의 장인으로서 태자인 14세의 인종이 즉위하도록 영향력을 행사하였고, 예종의 동생이며 인종의 숙부인 帶方公 俌를 추대하려고 한 韓安仁·李仲若 등을 제거하였다.[55] 김부식은 부자에 의한 왕위계승을 지향했다는 점에서 이자겸의 생각과 일치하였던 것이다.[56] 이러한 사실은 김부식이 毅宗(1146~1170)의 아들 泓을 王太子로 冊封한 책봉문에서 드러난다. 그는

> 周易에는 一索으로 長男의 位로 삼고 禮記에는 三善을 世子의 禮로 삼았다. 그러므로 옛날의 王이 일찍 태자를 세워서 종묘 사직의 근본을 굳게 하고 군신 부자의 분을 고정시키지 않았던가. 이것이 만세 불변의 상전이다.[57]

54) 『高麗史』 권98, 列傳11, 金富軾(인종 2년 7월), 下冊 172쪽, "(朴)昇中又欲號資謙生日爲仁壽節 富軾言 生日稱節自古所無 唐玄宗時始稱皇帝生日爲千秋節 未聞人臣有稱節者 平章事金若溫曰 侍郎議善."
55) E. J. Shultz, 「韓安仁派의 登場과 그 役割」, 『歷史學報』 99·100, 1983.
56) 李康來, 『三國史記典據硏究』, 민족사, 371~374쪽.
57) 『東文選』 권28, 王太子冊文, "易以一索爲長男之位 記以三善爲世子之禮 是故古之王者 曷嘗不封立上嗣 以固宗廟社稷之本 以定君臣父子之分 此萬世不易之常典也."

라고 하여 태자를 책봉하는 데 있어서 長男의 지위를 강조하였다.[58] 『周易』에서 첫 번째로 구하여 남자를 얻었으므로 長男이라 이르고, 장남은 국가를 전하고 위와 칭호를 계승하는 자라 하였으며,[59] 『禮記』에서는 한 가지 일을 행하여 세 가지 선한 것을 다 얻을 수 있는 것은 세자뿐이라고 하였다.[60] 당시 인종의 모후인 共睿太后 任氏는 장자인 毅宗이 아니라 次子인 大寧侯 暻을 태자로 세우려 하였는데, 김부식은 정습명과 더불어 적장자 계승을 주장하고 이를 관철시켰다.[61]

이러한 부자 왕위계승 의식은 김부식의 『三國史記』 史論에서도 확인된다. 고구려 태조왕이 동생인 遂成(차대왕)에게 양위하였는데, 遂成은 태조대왕의 元子 莫勤을 살해하였고, 莫勤의 아우 莫德은 자결하였으며, 충언을 올린 高福章은 처단되었다. 김부식은 중국의 예를 들어 형제 왕위계승에 의한 폐해를 설명하였다. 宋 宣公은 태자 與夷 대신에 동생인 和(穆公)를 세웠는데, 和 역시 아들 馮을 鄭나라에 보내고 與夷를 세워 선공의 은의에 보답하였다. 그러나 與夷의 馮에 대한 의구심을 조장하는 제후의 전란이 끊이지 않았다.[62] 곧 형제에 의한 왕위계승 때문에 혈족간에 암투와 권력투쟁이 발생한다고 보고 부자에 의한 왕위계승의 정당성을 역설하였다.

고려는 태조 이래 근친혼과 형제 왕위계승이 이루어졌고, 이로 인하여 정변과 권력투쟁이 빈번하였다. 王弟에 의한 왕위계승으로 왕권이 위협당하고 있다는 사실에 주목한 김부식은 父子에 의한 왕위계승을 지향하였던 것이다.[63] 그는 이자겸이 신하로서의 禮가 아닌 家人의 禮로서 국왕을 초월한 예우를 받는 데 비판적이었지만, 예종의 동생인 대방공 俌에 의한 형제 왕위계승보다 아들인 인종에 의한 부자 왕위계승에 찬성하였다. 비록 예종의 장자인 인종이 이자겸의 외손자이지만, 그는 부자에 의한 왕위계승을 관철함으로써 유교의 정통적인 嫡長子 왕위계승 원칙을 확립하려고 하였다. 고려의 지배질서를 유지하는 데에는 왕권의 안정이 필요하고, 그것은 부자에 의한 왕위계승을 통하여 이루어진다고 믿었던 것이다.[64]

---

58) 崔順權, 「高麗前期 五廟制의 運營」, 『歷史敎育』 66, 1998, 64쪽.

59) 『周易』, 說卦傳, "乾 天也 故稱乎父 坤 地也 故稱乎母 震一索而得男 故謂之長男 巽一索而得女 坎再索而得男 故謂之中男 離再索而得女 故謂之中女 艮三索而得男 故謂之少男 兌三索而得女 故謂之少女" ; 『周易』, 震卦, "震 序卦 主器者莫若長子 故受之以震 鼎者 器也 震爲長男 故取主器之義而繼鼎之後 長子 傳國家繼位號者也."

60) 『禮記』 권8, 文王世子, "行一物而三善皆得者 唯世子而已 其齒於學之謂也".

61) 河炫綱, 「高麗 毅宗代의 性格」, 『東方學志』 26, 1981/『韓國中世史硏究』, 1988, 404쪽.

62) 『三國史記』 권15, 高句麗本紀3, 次大王 3년, "論曰 昔宋宣公不立其子與夷 而立其弟繆公 小不忍 亂大謀 以致累世之亂 故春秋大居正. 今太祖王不知義 輕大位以授不仁之弟 禍及一忠臣・二愛子 可勝歎耶."

63) 崔順權, 「11・12세기 高麗의 禮制 整備」, 건국대 석사학위논문, 1994, 65~66쪽 ; 李康來, 앞의 글, 387~394쪽.

64) 한편 『三國史記』는 왕이 인의를 덕목으로 국사(政事・祭祀・巡幸・戰爭・外交)를 통해 나라의 안위와 백성의 생활을 보장하는 임무를 지니고, 신하는 나라(왕)에 충성과 보좌(諫)을 통해 仁政을 도와

김부식은 이자겸이 인종의 외조부로서 넘치는 禮遇를 받는 것에는 반대하였지만, 그 때문에 어떠한 정치적 손상도 입지 않았다. 예컨대 김부식은 이자겸의 특례를 반대한 다음 해에 예부시랑으로 승진하였고,[65] 이자겸에 비판적이었던 한안인이 제거될 때도 해를 받지 않았다. 또한 이자겸의 난이나 척준경이 제거되는 과정에서도 특이한 사항이 보이지 않는다.[66] 김부식은 친친 곧 혈연적 유대감에 기초한 문벌귀족 사회를 옹호하는 입장에서 유교예법을 초월한 過禮를 비판하고 유교이념에 충실하여 정상적인 왕위계승을 주장하였다. 그는 한안인 등과 같은 신진세력이 예종의 동생인 대방군 俌를 옹립하고자 하였을 때, 정변에 의한 왕위계승에 반대하고 적장자 왕위계승을 관철시켰는데, 이 점은 이자겸과 더불어 문벌귀족의 이해와 일치하였다. 이는 곧 왕위계승의 안정을 통한 문벌귀족의 공고화를 의미한다고 할 수 있다.[67]

김부식은 이자겸에 대한 지나친 예우에 반대하여 혈연에 기초한 家·家門의 私的인 성격과 국가의 公的인 성격을 구분하고, 각각의 운영원리가 다름을 천명하였다. 이를 통해 정치운영에서 혈연적 유대감에 기초한 私的인 운영원리와 인위적 존비관계에 기초한 公的인 운영원리를 명확히 제시하고, 혈연에 의한 私的인 영역보다는 국가단위의 보다 公的인 영역의 우월성을 내세우게 되어 公的 영역의 정점인 국왕권의 정통성을 과시하게 되었다.

군신론의 강조는 혈연적 유대감에 기초한 私的인 禮를 기초로 하여 국가라는 개별의 家위에 존재하는 公的인 관계 혹은 公的인 禮를 강조하는 것으로 이어진다. 그는 유학자로서 君臣 父子간의 名分秩序를 충실히 지키려 하였다. 그는 春秋義理를 통하여 군주와 신하를 절대관계로서 확정하고 이를 어그러뜨리는 행위를 엄격히 비판하였다.[68] 춘추필법에 군주가 시해되었는데 보복하지 않으면 신하답지 않다고 하였고[69] 君命은 天命이기 때문에 만일 죽임도 천명이라면 받아들여야 한다고 하였다.[70] 군신관계의 절대성을 기초로 신하된 자의 도리를 역설하고 있는 것이다. 혈연적 유대감인 親親을 빙자하여 권력을 사유화하는

줌으로써 백성을 편안케 하는 내용을 정리한 것이라고 한다(申瀅植, 『三國史記硏究』, 일조각, 1990).

65) 『高麗史』 권98, 列傳11, 金富軾(인종 2년), 下冊 172쪽.

66) 李康來, 앞의 글, 370~372쪽.

67) 崔順權은, 왕실의 家人禮를 중시하여 왕실과 밀착된 문벌귀족적 성격이 崔允儀의 古今詳定禮이고, 禮儀詳定所와 연계되어 송대의 예제를 반영하면서 公義를 앞세운 것이 김부식의 예론이라고 하였다(崔順權, 앞의 글, 1994).

68) 『三國史記』 권26, 百濟本紀4, 武寧王, "論曰 春秋曰 人臣無將 將而必誅 若苩加之元惡大憝 則天地所不容 不卽罪之 至是自知難免謀叛 而後誅之 晩也."

69) 『三國史記』 권26, 百濟本紀4, 武寧王, "論曰 春秋之法 君弑而賊不討 則深責之 以爲無臣子也. 解仇賊害文周 其子三斤繼立 非徒不能誅之 又委之以國政 至於據一城以叛 然後再興大兵以克之 所謂履霜不戒 馴致堅氷 熒熒不滅 至于炎炎 其所由來漸矣 唐憲宗之弑 三世而後僅能殺其賊 況海隅之荒僻 三斤之童蒙又烏足道哉."

70) 『三國史記』 권25, 百濟本紀3, 蓋鹵王, "論曰 楚昭王之亡也 鄖公辛之弟懷將弑王曰 平王殺吾父 我殺其子 不亦可乎 辛曰 君討臣 誰敢讎之 君命天也 若死天命 將誰讎 桀婁等自以罪不見容於國 而導敵兵 縛前君而害之 其不義也 甚矣 曰 然則伍子胥之入郢鞭尸何也 曰 楊子法言評此 以爲不由德 所謂德者 仁與義而已矣 則子胥之狠 不如鄖公之仁 以此論之 桀婁等之爲不義也 明矣."

것을 비판하는 논리는 名分論이었는데, 김부식은 군주나 신하가 주어진 직분과 분수에 충실하는 명분론을 주장함으로써 親親의 부정적 성격 곧 인종의 외조부로서 왕권을 능가하는 이자겸의 전횡을 비판하였던 것이다.

그리하여 김부식은 家庭(私)과 國(公)을 구분하고 私禮와 함께 公禮를 천명함으로써 국왕권의 정통성을 재확인하고 君權 중심의 국가질서를 주장하였다. 親親과 尊尊, 公禮와 私禮의 병존에 의한 귀족적 기반을 기초로 공적 질서를 확고히 하려 한 것이다. 고려의 대표적인 문벌귀족의 하나였던 경주 김씨[71]의 후예인 그는 고려왕조의 건국을 통해서 성립된 지배질서를 전제하였다. 그는 혈연적 유대감인 친친과 인위적 존비관계인 존존을 모두 존중하고 각각의 영역에 맞는 예와 정감을 설정함으로써 귀족사회가 갖는 지나친 보수성과 폐쇄성을 유교의 예론으로 정돈하고 문벌귀족 사회의 안정화를 꾀하였다. 즉 혈연적 유대감을 빙자하여 군권을 능가하는 이자겸류의 혈연귀족을 비판하고 국가의 公的인 영역을 부각시킴으로써 고려의 유교화를 지향하고 귀족질서의 영구화를 도모한 것이다. 그의 이러한 태도는 고려사회를 기존 질서대로 재정비·강화하자는 데 그치는 것이 아니라 적어도 철저한 유교주의의 실천을 통하여 전통적인 문물제도를 중국과 같은 수준으로 끌어올리는 고려사회의 유교화의 전진적 표현이었다.[72]

4. 맺음말

본고는 12세기 公·私禮와 이자겸의 예우에 대한 김부식의 견해를 통하여 유교정치이념의 실현 과정을 살펴보고 고려 중기 유교사상의 일면을 살펴보고자 한 글이다.

고려는 성종대 이래 효치에 의한 통치이념을 제시하였다. 먼저 효를 만사의 기강이고 모든 선의 중심으로 보고, 가족도덕으로서의 기초가 되고 모든 덕의 근본으로서 인간이 인간일 수 있는 기본적 윤리덕목으로 보았다. 고려는 효를 중시하는 가운데 군주를 정점으로 하는 국가의 공적 질서를 확고히 하고자 하였다. 이를 위해서 혈연을 매개로 한 가부장적 권위를 황제에 의제하고, 혈연관계 내부를 규제하는 윤리인 孝弟를 군신관계의 윤리인 忠順으로 전환시켜, 가부장적 국가질서를 확립하고자 하였다.

원래 유교의 禮는 族的 결합으로 구성된 혈연집단 내부의 관계를 조직 운영하는 親親과 사회관계 국가 단위의 공적인 관리체계와 그 분한을 규제하는 尊尊이 있다. 親親은 혈연적 유대감을 기초로 家 단위의 관계를 중시하는 것이고, 尊尊은 개별 家 위의 상위 개념으로서의 국가라는 보다 객관적인 관계를 의미하는 것이다. 고려에서는 친친과 존존이 왕조를 유

---

71) 『宋史』, 高麗傳에 의하면 "柳·崔·金·李 4姓을 貴種으로 꼽는다"고 하였는데 이는 고려의 대표적인 문벌귀족, 곧 貞州柳氏, 海州崔氏, 慶源李氏, 慶州金氏를 가리키는 것이라고 한다(박종기, 『5백년 고려사』, 푸른역사, 1999, 98~99쪽).

72) 金駿錫, 「金富軾의 儒敎思想」, 『漢南大學 人文社會科學論集』 14, 1984, 266쪽.

지하는 정치사회 운영원리로 작용해 왔다.

그런데 혈연적 연대를 기초로 한 家·家門과 家의 집합으로 구성된 국가 입장에서는 개별 家의 이해를 초월하는 보다 상위의 共同善을 지향할 필요가 있게 된다. 전자가 孝라고 하는 혈연적 유대감에 기초한 사적인 情感이라고 한다면, 후자는 忠이라고 표현되는 군주 혹은 국가에 대한 公的인 관계를 의미한다. 이 때 국가에서는 외적의 침입이나 대규모 토목공사와 같은 公共의 善이나 혹은 군주를 정점으로 한 국가질서를 확립하기 위하여 개별 家의 사적인 情感을 약화시킬 필요성이 제기된다. 여기에 事君 혹은 忠으로 나타나는 인위적인 尊卑관계가 事父 혹은 孝로 표현되는 혈연적인 가족관계보다 우선해야 한다는 先次性이 주장되어, 양 측면은 충돌 혹은 대립 양상을 드러낸다.

親親과 尊尊이라는 유교의 두 측면은 국가의 공적인 관계에 행해지는 公禮와 혈연에 기초한 사적인 관계에 파생되는 私禮로서 모두 존중되는 것으로 나타난다. 예컨대 어사대가 새로 兩班員吏가 公적 장소에서 私禮를 올리는 것을 반대하는 격식을 올렸는데, 예부가 이를 반대하였다. 私的인 禮를 행하지 않으면 上下 長幼의 분별이 어렵다는 이유에서였다. 私的인 장소와 公的인 장소의 禮를 정하는 데 굳이 가릴 필요가 없다면서 군주를 정점으로 하는 公禮에 앞서 기존의 상하 존비의 분별에 역점을 둔 私禮에 중점을 두고 있다.

公과 私의 公認은 고려의 국가운영에서 공과 사가 동등하게 인정되는 사실에서 확인된다. 현종 16년 公私文書를 위조하여 職田을 환수당한 자는 사면되더라도 직전을 환급하지 말라고 할 때, 공문서와 사문서는 동등하게 취급되고 있다. 정종대의 사면령에서는 公罪는 徒, 私罪는 杖이라고 규정되어 公法상의 죄와 私法상의 죄는 경중에서 차이는 있지만 둘다 독자적인 법률영역을 가지면서 통일된 모습을 가지고 있다. 그 결과 국가 단위의 객관적인 관계를 말할 때는 公禮, 반대로 가족을 매개로 한 혈연적 유대감에 기초한 관계를 말할 때에는 私禮로서 표현되었다.

고려 중기 公·私禮의 병존 양상에 대한 구체적인 모습은 이자겸의 禮遇와 이에 대한 김부식의 대응에서 확인된다. 경원 이씨는 문종대부터 인종대까지 7대 80여 년 간 왕실과 혼인관계를 맺고 세력을 떨쳤다. 이자겸은 특히 예종과 인종에게 두 딸을 시집보내었고 왕위 계승에 관여하였다. 따라서 인종의 외조부가 되는 이자겸을 어떻게 대우하느냐의 문제를 둘러싸고, 김부식은 後漢 獻帝의 황후의 아버지인 不其侯 伏完에 대한 예우와, 東晉 때 穆帝의 母인 褚太后가 친정아버지에게 대하는 禮法 문제, 燕王 宇가 아들인 魏王에게 칭신하였던 문제 등을 통하여, 정전에서는 군신간의 禮를 행하고 내전에서는 집안끼리 대하는 禮로써 접견할 것을 주장하였다. 王廷이라는 公的인 영역과 內殿(宮闈)이라는 私的인 영역을 분리해서 각각에 맞는 禮와 거기에서 파생되는 情感 곧 公義와 私恩을 보존하는 것이 순리라고 보는 것이다. 이에 따라 김부식은 왕정에서 군신의 예를 주장하고, 국왕의 외조부로서의 이자겸의 특례를 인정하지 않으려고 하였던 것이다.

그렇다고 김부식이 이자겸의 모든 것을 부정한 것은 아니었다. 그는 고려왕실이 항상적으로 직면한 문제인 王弟에 의한 왕권 위협을 불식시키려고 하였고, 이를 위해서 부자에 의한 왕위계승을 관철시키려고 하였다. 그는 이자겸의 외손자이며 예종의 아들인 인종을 즉위시키는 데에 동의하였고, 한안인 등과 같은 신진세력이 예종의 동생인 대방군 俌를 옹립하는 데 반대하였다. 이는 김부식이 정습명과 더불어 왕후의 반대에도 불구하고 인종의 아들인 의종을 즉위시킨 사실에서 확인할 수 있다. 김부식은 문벌귀족 사회를 옹호하는 입장에서 유교의 예법을 초월한 過禮를 비판하였으며, 유교이념에 충실하여 정상적인 왕위계승에 집착하였다. 이 점이 이자겸과 더불어 문벌귀족의 이해와 일치하였고, 이는 곧 왕위계승의 안정을 통한 문벌귀족의 공고화를 의미한다고 할 수 있다.

그는 이자겸의 지나친 예론에 반대하여 혈연에 기초한 家·家門의 私的인 성격과 국가의 公的인 성격을 구분하고 각각의 운영원리가 다름을 천명하였다. 이를 통하여 혈연적 유대감에 기초한 정치운영과 함께 인위적 존비관계에 기초한 공적 영역을 명확히 하여, 혈연에 의한 사적인 영역보다는 국가 단위의 보다 공적인 영역의 우월성을 강조하게 되고 왕권의 정통성을 과시하는 결과를 가져왔다. 다시 말해서 김부식은 존존이라는 공적인 영역을 명확히 설정함으로써 혈연적 유대감을 빙자하여 군권을 능가하는 이자겸류의 혈연적 성격의 귀족적 기반을 비판하였다. 이는 親親과 尊尊, 公禮와 私禮의 병존에 의한 귀족적 기반을 기초로 고려의 공적 질서를 확고히 하려는 것이다.

고려의 대표적인 문벌귀족의 하나인 경주 김씨의 일원이었던 김부식은 이자겸류의 혈연귀족을 비판하고 국가의 공적인 영역을 부각시킴으로써 유교이념에 기초한 귀족사회의 안정화를 도모하였다. 그의 이러한 태도는 고려사회를 기존 질서대로 재정비·강화하자는 데 그치는 것이 아니라 적어도 철저한 유교주의의 실천을 통하여 전통적인 문물제도를 중국과 같은 수준으로 끌어올리려는 것이었다. 그는 귀족사회가 갖는 지나친 보수성과 폐쇄성을 비판하는 가운데 문벌귀족 사회의 정상화·안정화를 꾀하였던 것이다.

李奎報와 崔瀣의 佛敎認識과 批判論

金 仁 昊*

1. 머리말

高麗後期 이래 佛敎批判論은 지금까지 대체로 두 가지 類型을 지니는 것으로 보아 왔다. 그것은 주로 고려 말기에 이르기까지 불교의 존재를 인정하는 가운데 그것이 지닌 사회적 폐해를 비판하는 儒佛同道論과 그 존재까지 부정하려는 斥佛論이 병존했다는 이해다.[1] 그런데 기존 연구에서는 儒學者이면서 佛敎의 존재를 인정하는 이유가 분명치 않았다. 더구나 불교비판론이 고려 후기에 발전하는 양태가 보다 분명히 설명될 필요가 있다.

이와 관련해 본고에서는 지금까지 잘 다루어지지 않았던 李奎報와 崔瀣의 불교인식과 비판론을 다루어 봄으로써 위 과제를 해결해 보려고 한다. 주지하듯이 李奎報는 무인집권기의 대표적 지식인이며, 崔瀣는 원간섭기에 최초로 불교를 '異端'으로 설정한 論者다. 이들이 당시 儒者들의 불교인식을 모두 보여준다고 생각하지는 않지만, 필자는 대표적 논자라고 보아 이들을 중심으로 살피려는 것이다.

2. 李奎報의 佛敎認識과 批判

李奎報의 불교관은 무인정권의 불교계 운영과 관련지어 살펴보아야 한다. 특히 崔忠獻 정권은 기존 불교계의 개편작업을 감행하여 禪宗 중심의 교단체제를 구축하려 하였고, 이

* 연세대학교 강사

1) 이는 李丙燾의 立論 이래 대개의 성과들이 이를 바탕으로 했다고 생각된다. 이에 관한 최근의 성과로는 다음 논저가 참고된다. 김해영, 「鄭道傳의 排佛思想」, 『淸溪史學』 1, 1984 ; 李丙燾, 『韓國儒學史』, 亞細亞文化社, 1987 ; 宋昌漢, 「金子粹의 斥佛論에 대하여 - 恭讓王 3년 5월의 상소문을 중심으로 - 」, 『歷史敎育論集』 13·14합, 1990 ; 宋昌漢, 「朴礎의 斥佛論에 대하여 - 恭讓王 3년 5월의 상소문을 중심으로 - 」, 『大邱史學』 29, 1986 ; 李南福, 「白文寶의 性理學 受容과 排佛論」, 『韓國史硏究』 74, 1991 ; 都賢喆, 「고려말기 사대부의 불교인식과 대응」, 『역사와 현실』 20, 1996 ; 李廷柱, 『麗末鮮初 儒學者의 佛敎觀 - 鄭道傳과 權近을 中心으로 - 』, 고려대 박사학위논문, 1997.

에 知訥의 定慧結社에 관심을 가지고 지원하였다.[2] 그리고 崔瑀의 경우에는 談禪法會를 통해 불교세력의 재편을 꾀하려고 시도하였다.[3] 李奎報는 담선법회에 관해 많은 글을 썼는데,[4] 여기에는 그의 불교에 대한 시각과 당시 집권층의 의도가 드러나고 있다.

그는 다른 儒者들처럼 불교경전에 대한 공부와 승려들을 통해 불교를 이해하고 있었다. 그가 본 불교경전은 『楞嚴經』,[5] 『法華經』[6] 등이었다. 그 밖에도 그는 많은 승려들과 교유하면서 불교를 알게 되었을 것이다. 그 중에서 松廣寺主 夢如,[7] 僧統 守其[8] 등은 당대 불교계에서 대표적 위치를 지닌 인물들이다. 夢如는 修禪社(松廣寺)의 3대 법주로 무인정권과 밀접한 연관이 있었으며, 守其의 경우에는 開泰寺 승려로 大藏經 경판에 간여했었다.[9] 이처럼 李奎報는 불교계의 핵심인물들과 교류하였다.

이러한 그는 佛敎에 대한 신앙이 깊었으며, 스스로 居士라고 칭하였다.

> 거기에다 더 높게 쌓아올린 자는 拔公과 崔公이요, 斯文에 의탁하여 그 공을 새기려는 자는 居士 春卿이다. 居士도 또한 儒者로서 止觀을 배운 사람이다. 이들이 모두 합력하여 일을 원만하게 마치게 되었던 것이다.[10]

이것은 醫王寺의 阿羅漢殿을 지은 일에 대한 記인데, 여기에 나오는 '春卿'이란 李奎報의 字다.[11] 그는 자신을 '儒者'지만 '居士'라고 불렀으며, 불교의 定·慧를 닦는 수도방식인 止觀을 배웠다고 하였다. 이처럼 이규보는 儒와 佛을 구분하면서도 상호 대립되는 것으로 보지 않았다. 이는 동시기 다른 문인이나 관료들도 마찬가지다.[12]

그렇지만 李奎報는 佛·儒敎의 궁극적 진리가 같으면서도 차이가 있다고 하였다. 그가 『楞嚴經』을 보면서 "儒와 佛은 비록 같지만 약간의 차이가 있어 때때로 法主(僧統인 守其를 지칭)에게 간략히 의문을 묻는다"[13]고 하였기 때문이다. 이는 그가 儒家에 바탕하고 있음을 보여준다.

---

2) 蔡尙植, 『高麗後期佛敎史硏究』, 一潮閣, 1991, 16~17쪽.
3) 金光植, 『高麗武人政權과 佛敎界』, 民族社, 1995.
4) 『全集』 권25의 昌福寺 등의 여러 牓文과 結社文 등이 대표적이다. 李奎報의 『東國李相國集』은 全集과 後集으로 구성되어 있다. 여기서는 이를 각기 나누어 표기하였다.
5) 『後集』 권6, 古律詩, 誦楞嚴六卷有作.
6) 『全集』 권19, 雜著, 法華經頌止觀贊 并序.
7) 『後集』 권12, 書, 寄松廣社主禪師夢如手書.
8) 『後集』 권5, 古律詩, 誦楞嚴經初卷首偶得詩寄示其僧統.
9) 蔡尙植, 앞의 책, 1991.
10) 『全集』 권24, 記, 醫王寺始創阿羅漢殿記, "增至岌嶪者 拔公崔公之謂也 託斯文而欲勤此功山者 居士春卿也 居士亦儒衣 而學步止觀者也 合是而能事畢矣."
11) 『全集』, 年譜.
12) 李源明, 「高麗 武臣執權期 儒·佛交涉」, 『高麗時代 性理學 受容 硏究』, 국학자료원, 1997.
13) 『後集』 권5, 古律詩, 誦楞嚴經初卷首偶得詩寄示其僧統.

그는 佛敎의 道가 지향하는 경지를 마음의 '空'으로 보았다. 源宗이란 승려가 지방에 나가면서 詩와 書를 지어 달라고 끈질기게 요청하자, 이규보는 다음과 같이 말하였다.

> 道의 경지는 空하여 東西의 구별이 없으니, 무릇 浮屠는 반드시 마음을 虛舟같이 하고 자취를 浮雲과 같이 하여, 東이거나 西이거나 떠나거나 머무르거나 그것을 생각하지 않는 것이다. …… 무릇 내가 無心하게 대하면 비록 有情한 물건이라도 無情하게 되고, 내가 유의하게 대하면 비록 無情한 물건이라도 도리어 有情하게 되는 것이다.[14]

그의 요지는 마음의 空을 닦아야 하는 승려가 인간관계에 얽매일 필요가 없다는 것이다. 이러한 입장은 『般若經』의 핵심인 空에 입각한 것으로,[15] 그의 불교에 대한 이해 정도를 보여주는 사례다. 또한 인간의 '情'을 마음의 작용으로 생각하고, 이를 수련하여 空에 이르게 한다는 논리는 불교로만 그치는 것이 아닌 性理學의 無慾을 위한 수련으로 발전시킬 요소를 지닌 것이기도 하다.[16]

원래 그가 불교의 止觀을 배운 계기는 天壽寺의 大禪師인 智覺에게서 『法華經』을 익히게 되면서였다. 智覺은 자신과 만날 때마다 불경보다는 술만 마시는 李奎報에게 이렇게 권유하였다.

> 그대의 주정은 나이가 젊은 탓이니, 장차에는 반드시 스스로 반성하게 될 것이다. 옛날 사대부는 『法華經』을 많이 읽어 修心의 요법을 삼았는데 그대도 그렇게 하겠는가?[17]

이에 李奎報는 감동하여 그에게 불경과 止觀을 배우게 된 것이다. 중요한 것은 智覺이 불경 익히는 일을 사대부의 修心의 요체로 보았다는 점이다. 이는 아직 유교 내부의 修身을 위한 논리가 미흡함을 말해 주며, 또한 '사대부'인 儒者가 불교에 대해 갖게 되는 매력이 될 것이다. 그런 점에서 불교를 통한 修心은 崔承老가 주장했던 佛敎를 修身, 儒敎를 治國의 방편이란 기능으로 이해했던 것[18]과 상통하기도 한다.

또한 그는 불교를 신앙의 측면으로도 수용하였다. 당시 유행하던 修禪社의 禪思想은 功德信仰까지 포용하고 있었는데,[19] 이는 李奎報에게도 나타난다. 그는 王輪寺의 丈六金像

---

14) 『全集』 권21, 序, 送宗上人南遊序, "道境至空 無有東西 凡浮屠者 必虛舟其心 浮雲其跡 不以東西去住爲想者也 …… 雖有情之物 泯然無情 我以有想傾之 雖有情之物 反爲有情."

15) 勝又俊敎・古田紹欽 編, 「般若經 - 空の世界」, 『大乘佛典入門』, 大藏出版, 1980.

16) 성리학이 불교의 영향을 받았음은 주지의 사실이다. 특히 體用의 논리, 즉 본체와 현상과의 관계를 규정한 것은 불교의 因果論과 밀접한 관련이 있다(시마다 겐지 지음, 김석근・이근우 옮김, 『주자학과 양명학』, 까치, 1984, 8쪽). 그리고 空의 논리와 주자학적 사유와의 관련은 守本順一郎 지음, 김수길 옮김, 『동양정치사상사연구』, 동녘, 1985이 참고된다.

17) 『全集』 권19, 雜著, 法華經頌止觀贊 幷序, "子之狂 年少使然 行必自省 但古之士大夫 多讀法華經爲修心之要 子亦爾耶."

18) 『高麗史』 권93-19, 列傳6, 崔承老, "行釋敎者 修身之本 行儒敎者 理國之源."

이 보인 영험을 收拾하는 記를 작성하였다.

> 그러나 세속 사람의 보통 눈으로 본다면 어찌 놀라고 신기하게 여겨서, 신앙심을 극도로 내지 않겠는가? 신앙심이 지극하면 부처는 문득 이에 응하고 그 靈應도 또한 더욱 나타나리니, 이것은 세상에서 시끄럽게 전하는, 아무 절 아무 불상은 큰 영험이 있다는 따위나.[20]

부처의 영험이 신앙심의 결과라는 것이다. 그에 따라 이 절의 불상과 관련된 영험한 얘기를 몇 가지 적어 놓았는데, 그 중에는 자신이 살던 시기의 侍中인 崔讜에 관련된 것도 있어 李奎報 자신도 이러한 영험을 신앙적 차원에서 흡수하고 있음을 보여주고 있다. 그래서 그는 "대개 浮屠를 福田이라 하는 것은 衆生의 복을 마치 良田에 곡식을 심듯이 하는 것뿐"[21]이라고 불교의 역할을 이해했던 것이다.

그런데 핵심적인 것은 이규보가 파악한 불교의 사회적 기능이다. 이것에 대한 이해가 불교비판론의 차원과 연결되기 때문이다. 이규보는 첫째로 불교의 敎化 기능에 주목하였다. 앞서 말했듯이 崔瑀 정권은 談禪法會를 이용해 불교세력을 재편하고, 이런 가운데 자신의 지지기반을 확보하려 했었다.[22] 그런데 담선법회의 참여대상은 불교계에만 국한되는 것이 아니었다. 여기에 참여한 교화 대상은 지배층에서 일반민까지 전 계층이었다.

> ① 그래서 이에 縉紳大夫로부터 士庶에 이르기까지 분주히 달려와서 설법을 자세히 듣고는 존경하고 기뻐하므로 그 法味가 골수에 깊이 젖어 가지고 돌아가지 않는 자가 없으니, 이것이 어찌 三韓이 만세토록 극도로 태평을 누릴 조짐이 아니겠는가?
> ② 아, 세상이 저하되어 風俗이 야박하자, 公卿·宰輔가 된 이들은 순수한 仁義禮樂만으로는 民俗을 교화시킬 수가 없어서 반드시 佛法을 참용하여 邪心을 끊게 되므로, 그 膏澤이 나라를 鎭定하고 城壁을 튼튼하게 한 데에서 나게 되니, 이것은 또한 집정자가 사용하는 하나의 奇策인 것이다.[23]

이처럼 법회 참여자들은 모든 계층에 걸쳐 있었다(①). 그리고 說法을 통한 敎化의 목적은 三韓의 태평이었다. 이는 중앙정계의 정쟁에 따른 끊임없는 집권층의 변화와 지방사회에서의 농민반란을 거쳐 몽고 침입까지 이른 상황에서 사회적 안정을 지향하는 바램이었다.

---

19) 蔡尙植, 앞의 책, 1991, 20쪽.
20) 『全集』 권25, 記, 王輪寺丈六金像靈驗收拾記, "然以世之凡眼見之 則安得不驚駭且異 而篤生精信之心耶 精信之心篤 則佛輒應之 而其靈應又益顯矣 是世所譁傳某寺某佛像有大靈驗者類是已."
21) 『後集』 권12, 雜著, 水嵓寺華嚴結社文, "且凡號浮屠爲福田者 盖種群生之福 如種穀於良田耳."
22) 金光植, 『高麗武人政權과 佛敎界』, 民族社, 1995, 196쪽.
23) 『全集』 권25, 牓文, 大安寺同前牓, "① 於是乎自縉紳大夫 至于士庶 奔赴諦聽 瞑拜踊躍 於其法味也 無有不浹肌膚淪骨髓而歸之者 是豈三韓萬世大平極理之漸耶 ② 嗚呼 世及下衰 風俗洗漓 爲公卿宰輔者 不可純以仁義禮樂化民成俗 必參用佛法 靜截人心 膏潤由生 於以鎭國 以作金城之固 此亦執政者之一段奇策也."

요컨대 불교를 이용한 전체 계층의 통합과 사회안정 방안이라고 할 수 있다.

특히 그는 현재의 사회를 풍속이 야박해진 상태로 파악하고 있으며, 이를 교화하기 위해서는 유교적인 仁義禮樂만으로는 부족하다고 보았다(②). 이처럼 그는 佛教의 社會的 敎化라는 차원을 인정하고 이를 執政者의 통치에 이용할 이념정책이라고 이해하였다.

그는 고려사회를 지탱하는 불교신앙의 보편성을 통해 民心을 수습하고 이를 사회안정으로까지 연결시켜야 한다고 생각하였다. 이 점은 고려 성립 이후 불교의 사회적 기능 중에서 가장 중요한 요소였으며, 이규보는 이를 기반으로 불교에 긍정성을 부여한 것이라고 여겨진다.

두 번째로 그가 주목한 불교의 기능은 국가의 안녕을 비는 護國的 목적이다. 이는 불교의 종교적 힘을 이용해 國家意識을 고취하거나, 外敵의 침입을 막을 수 있다는 것이다.

> ① 국왕의 나라에 나서 그 국토에서 생산되는 곡식을 먹으면서 겨자씨만큼도 세상에 도움을 주지 못하는 것은 貧道일 뿐이다. 일신을 돌아보건대, 그 은혜를 만분의 일도 갚을 수 있는 것은 없고, 다만 약한 힘으로나마 불교의 무너진 기강을 수습하여 이것으로 국가에 福을 빌려고 주야로 생각할 뿐이다.[24]
>
> ② 앞으로의 안녕을 생각하면 內教를 독실히 높여야 하겠으므로 이에 東明王의 옛나라에 精한 절을 세우고 이로써 西竺의 遺風을 넓혀서 모든 梵福을 資賴하려 하니, 돌아보건대 이는 先王의 지극한 誓願이 있어서나 後嗣가 어찌 가벼이 하겠습니까?[25]

①은 승려를 대신하여 지어 준 結社文이다. 이 시기에는 知訥의 定慧結社처럼 많은 신앙결사가 조직되고 있었고, 무인정권은 이들을 포섭하기 위하여 노력하고 있었다. ①은 그러한 경향 속에서 華嚴結社를 만들면서 지은 글이며, 승려로서 국가와 어떤 관계를 가져야 할 것인가를 서술하고 있다. 李奎報는 그러한 승려의 입장을 대변하여 이들이 고려국 내에 거주한다는 것을 전제로 하여 국가의 福을 빌어야 하는 존재라고 여겼다. 특히 승려들이 고려에 태어나 그 국토의 곡식을 먹는다고 한 것은 일종의 王土思想의 발로이다.[26] 이 점에서 崔承老가 말했던 "(승려) 如哲이 과연 능히 타인에게 복을 주는 자라면 그가 살고 있는 水土도 聖上의 소유이고 朝夕으로 먹는 음식도 역시 聖上이 주신 것이니 반드시 보답하려는

24) 『全集』 권25, 雜著, 華嚴律章疏講習結社文, "夫生國君之土 食國土之毛 無芥子許有補於世者 貧道是以 環顧一身 無可效萬一者 但日夜思欲以區區微力 繕縫佛教之頹綱 以此奉福朝家耳."

25) 『全集』 권39, 佛道疏, 西京興福寺講華嚴文, "言念前寧 篤崇內教 迺眷東明之古國 立此精藍 寔弘西竺之遺風 資諸梵福 顧先願之有至 豈後嗣致輕."

26) 이것은 7세기 신라의 圓光이 唐에 乞師表를 쓰면서 거절 못한 이유로 든 "자신이 大王의 土地에 있고, 大王의 水草를 먹기에 감히 命에 따르지 않을 수 없다"(『三國史記』 권4, 新羅本紀4, 眞平王 30年)고 한 것과 동일한 맥락이라 하겠다. 이런 사유를 유교경전에 입각한 국토의식이라기보다는 신라 중심의 천하관 내지 대왕의식의 산물로 보고, 이후 불국토사상을 거쳐 왕토사상으로 발전했다고 보는 입장도 있다(李仁在, 『新羅統一期 土地制度 硏究』, 연세대 박사학위논문, 1995, 30~31쪽).

마음을 가졌을 것"[27]이라는 말과 동일한 의도를 지닌 것이라고 할 수 있다. 일종의 국가의식이라 여겨진다.

그에 따라 그는 국가의 안녕도 內敎인 佛敎를 통해 가능하다는 논리를 내세웠다(②). ②와 관련된 興福寺[28]는 태조 이래 계속되어 온 왕실의 西京經營[29]이란 맥락에서 세워진 절로 생각되는데, 불교를 이용한 지역안정을 목적으로 하였다.[30] 이와 같이 이규보는 절의 설치 목적을 '邊方과 宗社'[31]의 안정으로 보았다. 그의 목적설정은 "부처가 고려왕조를 護衛하기 때문에 사찰을 창건해야 한다"[32]는 태조 훈요 1조의 논리와 같은 맥락인 것이다.

불교의 護國的 기능은 삼국시대의 불교수용 이래 존재해 왔지만, 특히 이규보 당시에는 몽고 침입에 따른 대처방안으로 모색되었다. 大藏經 조판은 이를 위한 작업이었다. 이에 관해 이규보는 고종 24년(1237) 大藏經 판각 때에 쓴 君臣의 祈告文에서,

> 원하건대 諸佛聖賢 三十三千은 간곡하게 비는 것을 양찰하셔서 신통한 힘을 빌어 주어 완악한 오랑캐로 하여금 멀리 도망하여 다시는 우리 국토를 밟는 일이 없게 하여, 전쟁이 그치고 중외가 편안하며, 母后와 儲君이 무강한 壽를 누리고 三韓의 國祚가 만세토록 유지되게 해 주신다면, 제자 등은 마땅히 노력하여 더욱 法門을 보호하고 부처의 은혜를 만분의 일이라도 갚으려고 합니다.[33]

라고 하였다. 그가 기원한 바는 부처의 힘을 빈 몽고병의 퇴치와 이를 통한 國祚의 연장이었다. 이것은 신앙적 차원이긴 하지만, 국가의 불교보호 목적을 잘 보여주고 있다. 물론 여기에는 불교승려의 전투 참여와 이를 통한 방어라는 실제적 목적과 기능이 작용하고 있었다고 생각된다.[34] 또한 불교행사를 통해 군대의 사기를 올리게 하는 것도 중요한 기능 중의

---

27) 『高麗史』 권93-14, 列傳6, 崔承老, "臣愚以爲哲 果能福人者 其所居水土 亦是聖上之有 朝夕飮食 亦是聖上之賜 必有圖報之心."

28) 이 절은 平壤府 남쪽 百步에 위치한다(『新增東國輿地勝覽』 권51, 平壤府, 古蹟).

29) 河炫綱, 「高麗時代의 西京」, 『韓國中世史硏究』, 一潮閣, 1988.

30) 홍복사에서 행해진 『華嚴經』 강론은 신라 말기 海印寺를 중심으로 한 華嚴神衆信仰과 관련이 있을 것으로 추측된다. 華嚴神衆信仰은 당시 전란으로 인해 승려의 淄軍 등장과 같은 군사적 배경과 관련 깊다. 이런 점으로 인해 몽고 침략 이후 고려에서 다시 유행하였다(南東信, 「羅末麗初 華嚴宗團의 대응과 『(華嚴)神衆經』의 성립」, 『外大史學』 5, 1993).

31) 『全集』 권39, 佛道疏, 西京興福寺講華嚴文, "邊陲靜謐 永無雞檄之飛 宗社安營 寢享龍圖之久."

32) 『高麗史節要』 권1, 太祖 26년 4월. 이에 관해 이규보는 태조가 五百禪宇를 크게 열어 거란병이 물러갈 수 있었다고 하여 禪宗이 주는 이익을 찬양하였다(『全集』 권25, 牓文, 大安寺同前牓).

33) 『全集』 권25, 雜著, 大藏刻板君臣祈告文, "則伏願諸佛聖賢三十三千 諒懇迫之祈 借神通之力 使頑戎醜俗 斂蹤遠遁 無復踏我封疆 干戈載戢 中外晏如 母后儲君 享壽無疆 三韓國祚 永永萬世 則弟子等當更努力 益護法門 粗報佛恩之萬一耳."

34) 몽고 침입 때 敵將인 살리타이를 죽인 金允侯가 승려로서 參戰한 대표적인 경우라고 하겠다(『高麗史』 권103, 列傳16, 金允侯). 고려시대 사찰에는 나름대로 무장조직이 존재하였으며, 무인집권 이후 이들은 정치적 변란을 일으키기도 하였다. 따라서 불교의 호국성은 단지 신앙적 차원에만 그치는 것이라 보기 어렵다.

하나였다. 이전에 겪었던 거란군의 침입으로 인한 疏에는 法會를 통해 士氣를 올려 적군을 물리치게 될 것이란 기원이 드러나 있다.[35] 이처럼 그는 불교를 이용한 호국적 기능을 중시하였다. 여기에는 불교조직의 승병 동원과 같은 실질적인 목적도 내재해 있었다.

한편 또 다른 사회적 기능으로 그는 病의 치료라는 면을 주목하였다. 예컨대 그는 불교의 힘으로 전염병을 구제하려는 道場文을 작성하였다. 여기서 그는,

> 돌아보건대 時令이 和氣를 상하여 온 백성들이 疫疾에 걸렸나이다. 임금은 백성이 아니면 국토를 지킬 수 없으니 불쌍히 여겨서 구원하려는 마음을 어찌 감히 늦추겠습니까? 하늘의 재앙은 오히려 피할 수 있는 것이므로 가만히 기도할 要所를 헤아려 보니, 마땅히 法寶에 의탁하여 부처님의 음덕을 빌어야 하겠습니다.[36]

라고 하여, 국가적 차원에서 불교의 힘에 의탁해 전염병을 극복하길 기원하고 있다. 여기에서도 그는 신앙적 차원과 함께 불교승려들의 醫術的 기능[37]도 염두에 두었을 것이다. 승려 중에는 醫術을 익힌 사람들이 많았는데, 忠烈王代 贊成事인 趙簡의 종기를 수술로 고친 醫僧[38]의 경우가 그러한 사례다.[39]

마지막으로 그는 寺院과 관련해 院의 기능에 대해 국가통치의 차원에서 유의하였다. 개경 근처에 새로 만들어진 龍寶院에 대해 다음과 같이 언급하였다.

> 여기는 上都에서 가까운 곳이고 또 南壤의 중요한 경계입니다만, 民家와의 거리가 가장 멀어 이 때문에 항상 도적떼가 끊이지 않았습니다. 무릇 말이나 사람에 의해 수송되는 것이 다 국가나 가정이 우러러 기다리는 물자이거늘, 산과 물을 지나 멀리 와서 막상 서울에 닿아서는 도로 남의 소유가 되고 마니, 한갓 물자만 빼앗길 뿐이 아니고 심지어 사람까지 해를 당했던 것입니다. 듣기에 매우 슬픈 감이 들어 그 구제할 방도를 생각한 나머지, 僧院을 세워 사람이 끊이지 않고, 눌러 祈福의 장소를 만들어 역시 부처님 음덕에 귀의하게 할 것을 여러 善知識과 더불어 大願의 정성을 발했습니다.[40]

---

35) 『全集』 권41, 釋道疏, 爲相府禳丹兵大集神衆道場疏.

36) 『全集』 권39, 佛道疏, 東林寺行疫病祈禳召龍道場文, "顧時令之傷和 亘民居而被疾 后非衆罔與守 敢寬矜恤之心 天作孽猶可違 竊計禬禳之要 宜投法寶."

37) 許興植, 「佛敎와 融合된 社會構造」, 『高麗佛敎史硏究』, 一潮閣, 1986, 23쪽.

38) 『高麗史』 권106, 列傳19, 趙簡.

39) 이 시기 전쟁 등을 겪으면서 醫術의 보급이 시급한 과제로 대두되었다. 고종 13년(1226)에 李奎報가 序를 쓴 『어의촬요방』의 편찬・보급은 이러한 시대적 요청에 따라 정부가 추진한 사업이다(『全集』 권21, 序, 新集御醫撮要方序). 이 같은 사업 추진은 결국 여말선초에 불교의 의료기능을 국가적 차원에서 흡수하려는 노력으로 귀결된다.

40) 『全集』 권41, 釋道疏 龍寶院新創慶讚疏, "眷上都之邇畿 有南壤之要會 其距民居也最隔 故爲賊種之常栖 凡馬馱人負之所輸 皆國用家資之攸仰 備經山水 邈自遠來 垂蹈京師 反爲他有 非惟物之見掠 甚則人亦被戕 聞之大嗟 思所可救 宜開僧院 使不絶於人煙 鎭作福場 亦得依於佛蔭 與善知識 發大願悰."

院은 대사찰에 소속되어 숙박시설로서의 역할을 담당하였다.[41] 龍寶院은 도적으로부터 물자수송을 보호하기 위해 인적이 드문 곳에 세워졌다. 운송되는 물자는 租稅와 貢物 등의 수취물과 상업유통에 따른 물건 등이었을 것이다.

따라서 院은 해당 지역의 도적방지와 수취물 등의 보호 기능을 통해 국가운영에 도움이 되고 있었다.[42] 즉 사원의 무장조직을 이용하여 도적을 방지하고 아울러 국가적 반란 등을 방비할 수 있는 사회적 기능을 지닌 셈이다.[43] 고려왕조가 성립된 이후 사원의 무장력은 약화되긴 했겠지만, 龍寶院 같은 경우에는 官을 통해 관할·유지되었다고 여겨진다.[44]

요컨대 李奎報는 위와 같이 국가통치와 관련해 불교의 사회적 기능에 주목하면서 이를 긍정하고 있었다. 그가 지은 結社文이나 기타 글들이 비록 執政者 등의 요구에 의한 것이긴 하지만, 본인이 불교의 사회안정과 국가보전의 순기능에 동의하지 않았다면 위와 같이 착안하지는 않았을 것이다. 이 점이 고려 전기의 다른 儒者들과의 동질성이었다.

그러나 그는 불교 승려들의 사회적 폐해에는 비판적이었다. 우선 불교승려들의 職分을 다음과 같이 보았다.

> 대저 浮屠 중에 한 번 靑山에 들어가면 나물 먹고 물 마시며 일생을 마치도록 紅塵을 밟지 않는 자가 있는데, 이는 실로 중의 職分이 그래야 하는 것이다. 그러나 大道로써 본다면 역시 孤立獨行하여 一世의 細節을 지키는 데 불과할 뿐이니, 어찌 족히 논하랴? 達人은 그렇지 않고 능히 物과 함께 어울리되 物에 물들지 아니하고, 능히 세상과 함께 살아가되 세상에 집착하지 아니한다.[45]

승려의 직분은 원래 산 속에서 修道에 전념해야 하지만 세상에 참여해 일정한 역할도 해야 한다는 것이다. 다만 속세에 물들지 않고 초월해 있어야 한다는 주장이다. 그것은 앞서 보았던 불교의 사회적 기능에 맞추어 승려의 역할을 설정하였기 때문일 것이다.

문제는 승려들의 사회적 행태와 관련되어 제기되었다.

---

41) 李炳熙, 『高麗後期 寺院經濟의 硏究』, 서울대 박사학위논문, 1992, 104쪽.

42) 金富軾의 쓴 「惠陰寺新創記」(『東文選』 권64)에도 이 절의 창건이 위와 같은 목적을 갖고 있음을 설명하고 있다.

43) 사원의 이 같은 기능은 신라통일기 말엽에 각처의 草賊이나 群盜의 사원습격에 대비한 자체의 무장조직에 의해 이루어졌을 것이다. 대표적인 예로 海印寺나 鳳巖寺 등을 들 수 있다(하일식, 「해인사전권과 묘길상탑기」, 『역사와 현실』 24, 1997, 28~29쪽).

44) 사원의 무장능력이 어느 정도인가는 현재 알 수 없다. 다만 龍寶院의 경우에는 이 곳에 집을 지어 승려들이 거처하는 한편 하나의 마을을 형성해 使令까지 갖추었다고 한다. 그 같은 무장력은 사원의 독자적 의지만으로 유지되는 것이 아니며, 따라서 寺下村의 건설을 통해 官이 개입되어 이를 통할하였음을 시사해 준다.

45) 『全集』 권21, 序, 送贊首座還本寺序, "夫浮屠有一入靑山 草喫泉吸 竟一生不迹紅塵者 是誠髡首被緇者之所職然也 然以大道觀之 此亦孤立獨行 守一世之細節耳 又安足道哉 達人則不爾 能與物推移而不染於物 能與世舒卷而不滯於世."

그렇다면 浮屠들이 佛像을 만드는 것은 바로 그 직책이니, 우리 儒家者流가 孔子의 상을 그려서 받드는 일과 같다. 그러나 그 사이에는 나와 같이 불도를 그다지 좋아하지 않는 자나 무료한 자들이 있어, 浮屠를 가장하고서 절을 짓고 불상을 만들겠다고 큰소리 치나 그 실상은 자신들의 생활만을 목적으로 한 것이다. 이럴 경우에는 사람에게 믿음을 사야만 하므로 먼저 奇行을 하기에 힘쓰되, …… 혹은 겨울에 눈길을 맨발로 걸어 높은 소리로 염불을 하면서 이 길 저 길을 따라 家家戶戶를 샅샅이 찾아다니되 따르기를 기뻐하지 않는 자가 있을 경우에는 권유 또는 강압하여 한 푼의 돈, 한 치의 포백이나마 기필코 받아내고야 만다.[46]

이규보는 승려의 불상 제작을 儒家들이 孔子의 像을 받드는 일과 마찬가지라고 보아 인정하였다. 그런데 승려들 중 일부가 사찰이나 불상 營造를 핑계로 자신의 私益을 취하는데 문제가 있었다. 그들은 奇行으로 많은 施主를 얻어내려 하였고, 이규보는 이를 승려의 職分에 어긋나는 행동이라고 보았다.

불상이나 사찰 조성에 따른 문제에 대해서는 이미 崔承老의 지적이 있었다.[47] 그런데 동시대에 살았던 林椿 역시 이를 느끼고 있었다.

① 이러므로 임금과 부모를 위하여 복을 빌거나 死生·禍福이 관계되는 경우에 만일 祈求하면, 반드시 형편에 따라 이에 답하였다. …… 소원대로 따라오지 않음이 없으니, 그림과 佛像의 功을 버리고 사람에게 믿음을 일으키게 하기가 어렵다.

② …… 아아, 세상에 이름난 승려라고 하는 자들은 거할 때에는 큰 집에 있다가 나갈 적에는 살찐 말을 타고 부처를 팔아서 利를 도모하지만 하나의 터럭만한 善行을 경영하지 않는 자가 많다.[48]

林椿은 신앙적 차원에서 禍福之說과 이를 위한 수단으로 佛像 등의 기능을 인정하였다(①). 본래 불상 등의 조성은 사람들의 신앙심을 일으키는 수단이 된다는 주장이었다. 그런데 현재에는 이를 담당한 승려들이 부처를 팔아 자신의 이익만을 도모하며 실제로 善을 하지 않는다는 것이다.

이러한 그의 인식은 이규보와 비슷하다고 생각된다. 양자의 공통점은 당시 儒者들이 불교가 지닌 종교성과 사회적 기능을 인정하면서도 이런 범주에서 어긋나는 행동에는 비판적

---

46) 『全集』 권24, 記, 妙香山普賢寺堂主毗盧遮那如來丈六塑像記, "然則浮屠者之營造佛像 乃其職也 如吾儒家者流 繪畵夫子之像 而宗事之也 雖然 其間有予所不悅者 若無賴男子 假形浮屠 聲言營寺造佛 而其實自奉者是已 此則規有以取必於人 先務爲奇行 …… 或冬月洗足踏雪 大其聲唱其願 徇路行唱 乃至千門萬戶 無所不踐 有不隨喜者 輒諭之强之 必取銖金寸帛."

47) 최승로는 積善을 이유로 사찰을 건축하면서 백성을 동원하는 것과 佛經 필사와 佛像 조성에 금은 등을 사용함으로써 생기는 사치풍속의 성행 등을 문제로 지적하였다(『高麗史』 권93, 列傳6, 崔承老).

48) 『西河集』 권5, 記, 妙光寺十六聖衆繪象記, "① 是以 欲奉福於君親者 與死生禍福之際 苟有祈求 必隨機答之 …… 願無不從 則捨此繪塑之功 而使人起信 蓋亦難矣…… ② 噫世之名浮屠者 居則邃宇出則肥馬 賣佛祖以漁利 而不營一毫之善者 多矣."

이라는 것이다.

그것은 국가통치의 순기능적 역할을 담당할 수 있는가로 요약된다. 왜냐하면 사찰이나 불상의 조성에는 그에 따른 민의 노동력 징발이나 施主를 빙자한 재물 수취가 뒤따랐기 때문이다.

이규보는 불교승려 문제와 관련해 明宗 17년에 있었던 승려 日嚴 사건에 대해 비판적인 시각으로 이를 논하였다. 이 사건[49]은 全州에 거주하던 日嚴이 죽은 사람을 살리는 등의 異蹟을 행한다는 보고에 明宗이 그를 京師로 초빙하면서 발생하였다. 당시 지배층은 물론 서민들까지 그를 惑信하여 여러 사회문제가 생기게 되었다. 이에 明宗은 그의 간사함을 알고 다시 江南으로 보낸 것으로 끝나게 되었다. 李奎報는 명종의 이와 같은 지혜를 찬양하면서,

> 이 즈음에 명종이 만일 大內로 맞아들여 예우했다면 일국이 胡風으로 변하여 남녀가 혼거해서 음란이 막심한 지경에 이르렀을 것이다. …… 다만 당시에 佛骨을 맞아들이는 일을 간하던 韓吏部와 같은 諫官이 한 사람도 없었던 것이 한스러울 뿐이다.[50]

라고 평가했던 것이다. 그는 明宗이 군주란 위치에서 현명하게 판단한 사실과 함께 왕실의 잘못된 불교숭앙이 가져올 폐해를 인식하고 있었던 것이다. 둘째로는 당시 諫官의 불교숭앙에 대한 비판이 없었다는 사실을 비판하였다.

여기서 韓吏部란 唐나라 때 「論佛骨表」를 통해 불교의 폐해를 비판한 韓愈를 지칭한다. 강조할 점은 그의 글이 이후 고려 말기 사대부들의 불교비판의 원론으로 주로 이용되었다는 사실이다. 「논불골표」에서 제시한 불교 비판의 초점은 人倫의 絶滅에 있었다. 이처럼 이규보는 불교승려의 사회적 폐해에 대한 비판적 시각을 견지하였다. 이런 시각은 고려 전기에 최승로가 제기한 이래 국가를 운영하는 儒者 내지 지배층 내부에서 지속되어 왔었다.

그럼에도 이규보는 이전과 달리 「論佛骨表」를 통해 風俗과 人倫 문제라는 시각으로 접근하면서 이후 불교비판론의 시작을 예고하고 있었다. 즉 그의 韓愈를 통한 비판적 시각은 이후 전개될 불교비판론이 유교의 정통성 확립과 밀접한 관련을 갖고 있음을 시사하는 것이라고 하겠다.

3. 崔瀣의 佛敎異端論

원간섭기에 살았던 崔瀣는 佛敎를 처음으로 '異端'이라 규정하였다. 먼저 그의 불교비판

---

49) 『高麗史節要』 권13, 明宗 17년 9월.

50) 『全集』 권22, 雜文, 論日嚴事, "上若迎入大內 痛加禮敬 則一國變爲胡風 以至男女雜廛 淫亂必甚矣 …… 但恨當時無一諫官如韓文吏諫迎佛骨者耳."

은 儒敎에 대한 교리적 정체성에서부터 시작된다. 그는 李承休의 아들인 李衍宗[51]과 충렬왕 29년에 치른 과거시험의 同年으로, 그에게서 자신의 부친이 살았던 삼척의 두타산 看藏庵을 중영한 記를 부탁받았다.[52] 여기서 최해는 불교에 대해 다음과 같이 말하고 있다.

> 내가 보건대 천하 사람들이 부처를 받드는 것이 지나쳐서 배와 수레가 닿는 곳마다 탑과 사당이 서로 마주보게 되었고 그 무리들이 모두 權門에 붙어 富를 오로지 하여 民에게 해독을 끼치고 사대부를 종처럼 보기 때문에 우리 儒者로서는 취하지 않는 바 되었으니, 이것이 어찌 부처의 마음이겠으며 부처의 허물이겠는가. 무릇 부처는 善을 좋아하고 不善을 미워하니 그 明心見性의 說에 나아가 살펴보면, 우리 儒家와의 거리가 얼마나 되겠는가. 達人과 君子가 그 도에 맛을 들여서 즐거워하고 버리지 못하는 것이 또한 까닭이 있도다.……[53]

그의 논점은 현재 불교계의 정치·사회적 문제와 유교와의 교리적 상동성에 있다. 우선 첫번째 당면 문제는, 많은 사찰의 영건과 승려 등이 권문세가와 결탁하여 사적 이익만을 추구하면서 民에게 해를 끼치고 자신들과 같은 사대부까지 하위의 인간처럼 부린다는 점이다.

특히 일부 사원세력과 중앙정계의 결탁은 승려의 선발이나 僧職의 제수 등으로도 이루어지고 있었다. 예컨대 崔瀣와 인적 관계가 있던 鄭誧[54]는 남원의 梁大學이란 사람의 아들이 僧科에서 수석으로 합격하자 이를 축하하면서, "무릇 세상의 중이란 이름을 가진 자들이 選魁를 중히 여겨 근래 이래 權豪의 힘을 많이 빌려서 되는데, 해당자가 아니면 혹 떼지어 욕보이곤 한다"고 하였다.[55] 이처럼 당시 사대부들에게는 점차 불교에 대한 부정적인 인식이 확대되고 있었다.

아울러 崔瀣는 사찰이 일으키는 사회적 폐해에 대해서

---

51) 최해는 「頭陀山看藏庵重營記」에서 이승휴의 아들들(林宗·曇昱·德孺) 중 막내의 청에 의해 이 글을 작성한 것이라 하였다. 그런데 『高麗史』 李承休列傳에는 아들이 두 사람(林宗·衍宗)이라고 하여 최해의 기록과 차이가 있다. 최해에 의하면 둘째 아들이 승려가 되었다고 한 것으로 보아, 列傳에서 둘째 아들을 누락시킨 것으로 보이며, 첫째 아들은 두 기록이 같으므로 막내인 이덕유가 이연종으로 여겨진다. 아니면 '德孺'는 이연종의 號일 가능성이 있다.

52) 두타산 간장암에 대한 記는 崔瀣와 친분이 있던 安軸도 남기고 있다(『謹齋集』 권3, 看藏菴記). 그러나 安軸의 記는 최해의 그것과 똑같은 내용을 담고 있다. 이 글은 모두 충숙왕 10년(1323)에 지은 것이다.

53) 『拙藁千百』 권1, 頭陀山看藏庵重營記, "僕竊見天下奉佛大過 舟車所至 塔廟相望 其徒皆拊權擅富 蠱毒斯民 而奴視士夫 故爲吾儒所不取焉 是豈佛之過歟 夫佛好爲善 不好爲不善 就其明心見性之說 而觀之 似亦祖吾儒而爲者 達人君子有味其道 樂而不捨者 亦有以夫."

54) 그는 최해에게서 수업한 인물이며, 이제현의 門生이기도 하다. 『雪谷集』을 지었다(고혜령, 「崔瀣의 생애와 사상」, 『李基白先生古稀紀念韓國史論叢』, 一潮閣, 1995, 886쪽).

55) 『東文選』 권35, 序, 贈妙瓊上人詩序, "凡世之僧名者 以此選魁爲重 邇年來多借力於權豪而爲之 苟非人 或多群辱之."

① 근래에 와서는 그렇지 않아 산중의 암자도 해마다 百이나 불어나며, 그 큰 절로 말하면 보덕사・표훈사・장안사 등이 있어 모두 官의 힘을 얻어 건립하여 웅장한 殿閣이 산골짜기에 가득 차고 金壁이 휘황하여 사람의 이목을 현란하게 하며, 常住의 經費에도 재물을 맡은 창고가 있으며, 寶를 맡은 官이 있고 소속된 良田이 州郡에 널려 있으며, 또 江陵・淮陽 두 道의 年租가 官에 들어올 것을 다 산으로 수송하게 하여 비록 흉년을 당하여도 조금도 감해 주는 일이 없으며, 매양 사람을 보내어 해마다 衣粮과 油鹽 등속을 지급하여 반드시 빠짐없이 살피고 그 중들은 役에 도망가도 살피지 않고 民은 徭役을 피하여, 항상 수천만 명이 편안히 앉아서 먹기만을 기다리니, 한 사람도 雪山의 고행을 같이하며 道를 얻었다는 자가 있다는 말을 듣지 못했다.

② 또한 심한 자는 사람이 한 번 이 산을 보면 죽어서도 地獄에 가지 않는다고 속이여, 위로는 公卿부터 아래로 庶民까지 처자들과 더불어 다투어 가서 예배하여 겨울철의 눈보라나 여름철의 장마로 길이 막힐 때를 제외하고는 구경꾼이 길에 줄지었으며, 겸하여 과부・처녀가 따라가서 산중에 묵는 일도 있어 추한 소문이 가끔 들리지만 사람들이 해괴하게 여기지 않고, 간혹 近侍가 命을 받들고 驛馬를 달리어 降香하는 일이 있어, 歲時에 끊어지지 아니하니, 관리들은 그 勢力을 두려워해 분주히 命을 기다리며 供億하는 비용도 萬을 헤아리며, 산에 사는 民들도 應接하기에 지쳐 심지어 욕하며 하는 말이, "이 산은 어째서 다른 地境에 없는가"라는 자까지도 있다.[56]

라고 지적하였다.

그는 금강산의 경우에도 불교사찰이 남설되고 그 사치가 극에 달했다고 보았다. 그러나 중요한 문제는 이들 대사원이 주변 지역들에 대해 갖는 영향력이었다. 그것은 사원 자체가 회계와 이자증식을 위한 기구(倉庫・典寶)를 두고 江陵・淮陽 지역을 실질적으로 지배한다는 문제였다. 사찰들이 官으로 들어갈 租를 모두 자신들이 수취하는 한편 衣粮과 油鹽을 주변지역 民戶들에게 지급한 것으로 보아, 이들을 佃戶처럼 자신들의 토지경작과 役使에 부렸다고 생각된다. 그 결과 사원의 승려들은 자신들뿐 아니라 사원에 소속된 佃戶 내지 佃客들이 국가에 바쳐야 할 徭役까지 면제받게 하였다.

이것은 당시 田主들에 의한 佃客農民이나 佃戶들의 私民化 현상과 궤를 같이하는 것이다. 특히 이런 현상은 사패로 인한 토지분급 지역에서 두드러져,[57] 충렬왕대 嬖幸인 廉承益의 경우는 사패로 수백 결의 토지를 받고 齊民을 유인해 그 佃戶로 만드는 한편 근처 民田까지 수조하였다. 그 결과 州縣의 부세는 들어오지 않았던 것이다.[58] 위의 금강산 주변의 사찰들도 이와 비슷한 경영 양태를 지녔다고 생각된다. 요컨대 崔瀣는 국가운영의 차원에서 사원 문제를 비판한 것이다.

둘째로 그는 ②를 통해 불교가 지닌 사회적 문제를 지적하였다. 이는 지배층 이하 모든

56) 『拙藁千百』 권1, 送僧禪智遊金剛山序.
57) 朴京安, 『高麗後期 土地制度硏究』, 혜안, 1996.
58) 『高麗史』 권123-9, 列傳36 嬖幸1, 廉承益. 이에 관해서는 앞 장 참조.

사람들이 불교를 惑信함으로써 생기는 風俗의 문제였다. 그는 유교적인 男女有別의 실현이 사찰 내에서 이루어지지 않음에도, 당시 사람들이 여기에 무감하다는 데 그 원인이 있다고 보았다.

그러나 이에 관해 당시에도 국가의 조치가 없었던 것은 아니다. 충숙왕 8년 5월 監察司가 내린 금령 중에는 禪教寺院의 主持들이 토지 산물을 쟁탈함으로써 발생하는 절의 훼손과 都城 안의 부녀들이 山寺에 올라가 승려들과 간통하는 행위에 대한 처벌조치가 포함되어 있었다.[59] 최해가 위의 글을 쓴 것이 忠肅王 16년이므로, 감찰사의 금령조치 이후에도 사찰의 사회적·경제적 문제가 계속 심각했음을 알 수 있다.

그와 같은 원인은 최해가 지적했듯이 近侍의 降香 등과 같은 사찰과 왕실 등의 관계 때문이었다. 당시에는 왕실의 불교숭앙으로 인해 승려에게 과한 벼슬을 내리기도 했고, 충선왕의 경우는 충숙왕에게 佛法을 숭상하라고 諭示하기도 하였다.[60] 이러한 왕실의 불교숭앙은 중앙권력의 지원을 의미하였으므로, 지방관료들도 불교사찰의 전횡에 대해 제대로 조치를 취할 수 없었을 것이다. 이처럼 당시 불교 문제에는 정치구조적 문제까지 포함되어 있었다. 결국 최해는 국가운영의 측면에서 불교가 미치는 기능적 차원의 문제를 비판한 것이다.

그런데 최해는 유교의 정통성 확립이란 입장에서 불교를 인식하였다. 그는 불교를 '異端'이라고 하여 유교와 대립된다고 보았다.

> ① 묻겠다. 하늘이 民을 낳으니 民은 秉彝가 있다. 천하의 理는 하나일 뿐이니 달리 道를 구함은 이른바 異端이다. 지금 동방에서 道로 사람을 교화하려는 자는 儒가 外典이 되니 어찌 버리지 않으랴 한다. 이 말이 한 번 나오니 화답하는 자가 날로 늘어 오직 그 무리만 좋아 믿는 것이 아니고 스스로 儒라고 이름하는 자도 좇아서 미혹되었다.
> ② 옛적에 秦이 法으로 愚民에 임하여 먼저 儒生을 없애니 …… 綱常이 땅에 떨어지고 천하에 民이 없게 되었다. 韓愈가 말하길 君子가 자신을 행함에 우러러 하늘에 부끄럽지 않고 굽어보아 타인에 부끄럽지 않으며, 안으로 마음에 부끄럽지 않으면 어찌 스스로 그 道를 훼손하고 사악함을 따르겠는가?[61]

이 策問에서 그는 천하에 통용될 수 있는 理로 儒教의 道를 상정하고 그 외에는 異端으로 보았다. 이 때 道는 儒教의 綱常이며 민의 통치에 가장 필수적인 요소라는 것이다. 그런

59) 『高麗史』 권85-9, 志39, 刑法2 禁令, 忠肅王 8년 5월, "一 近年 禪教寺院 住持利其土生 專事爭奪 以致隳壞寺宇 甚者 犯奸作穢會 莫之恥 今後禁理 一 城中婦女 無尊卑老少 結爲香徒 設齋點燈 群往山寺 私於僧人者 閒或有之 其齊民罪 坐其子 兩班之家罪 坐其夫."
60) 『高麗史節要』 권24, 忠肅王 원년 정월.
61) 『拙藁千百』 권1, 問擧業諸生策二道, "問 惟天生民 民有秉彝 天下之理 一而已矣 岐而求道 寔曰異端 今夫以道教人於東方者 謂儒爲外 盍共捨諸 斯言一出 和者日衆 不唯其徒趨信 至如自名以儒者 從而惑焉 昔秦任法愚民 先去儒生 …… 則綱常墜地 天下無民矣 韓子謂君子行己 仰不媿天 俯不媿人 內不媿心 安得自毁其道 以從於邪……."

데 현재 상태는 유교보다 불교 쪽의 세력이 강한데, 그 원인은 중국의 秦 이후 法治를 행한 데 있다는 주장이다.

이러한 그의 주장은 唐나라 유학자 韓愈를 방불케 한다. 韓愈는 「原道」에서 異端의 발생을 孔子 사망 이후 秦의 焚書坑儒와 漢나라의 黃老學 및 魏·晉·梁·隋의 불교로 인한 것[62]이라 보았다. 그리고 道의 핵심을 仁義와 道德으로 규정하고, 道統에 입각한 정통론을 제기하였다. 이후 그의 문제제기는 宋代 성리학자들에게 계승되었다. 최해는 이와 같은 韓愈의 君子修養論을 인용해 당시 예비관료들에게 君子로서 유교의 正統과 道를 지키는 방법을 물었던 것이다. 그리고 그 내용은 앞서 본 이규보보다 한 차원 발전시킨 것이기도 하였다. 이런 점에서 불교비판론은 유교의 정통성과 관련해 진전되고 있었다.

이에 관해 崔瀣는 정통론의 입장에서 다음과 같이 술회하였다.

> 내 일찍이 이르길, 儒를 알고 佛을 모르면 佛에 해가 없으나 佛을 알고 儒를 모르면 부처가 될 수 없으니 세상에 불교를 설하는 자가 말하길, 불교를 위해 먼저 親愛를 끊는다고 하니 무릇 人道는 親親에서 근원하는데 滅親하면 사람이 없어져 누가 부처가 되랴.[63]

儒와 佛을 구분한 그는 인간사회의 기본원리가 儒敎에 있다고 보았다. 그 이유는 불교가 가족관계[親愛]를 부정하여 인간사회의 현실과 괴리되는 데 있었다. 단 그는 앞서 본 「頭陀山看藏庵重營記」에서 불교의 지향이 善을 좋아하고 明心見性의 說 자체가 儒家와 닮았다고 하여 불교 자체에 긍정성을 부여하기도 했다.[64] 또한 종교로서의 불교의 역할을 나름대로 인정하기도 하였다.[65] 그러면서 그는 불교의 철학적 기반이 儒家와 비슷하다고 생각하였다. 즉 明心見性說에 대한 평가는 性理學의 人性論[66]인 心性에 대한 논리를 일정하게 이해하고 있음을 보여준다고 할 수 있다.

儒敎에 바탕한 그의 생각은, 사회유지의 기본원리가 人道이고 이는 가족 내지 혈연관계에서 출발한다는 것이다. 즉 그는 유교윤리에 입각한 사회관계를 만들어야 한다는 입장이었다. 특히 이 입장은 이후 고려 말기 斥佛論의 기본논리로 제시되었다는 점에서 의미가 있다. 요컨대 崔瀣는 유교의 正統論的 사고에 입각한 첫 논자로서 앞서 검토한 이규보와는

---

62) 『唐宋八子百選』 권5, 原道.

63) 『拙藁千百』 권1, 送盤龍如大師序, "……予嘗謂知儒而不知佛 不害爲佛 知佛而不知儒 則不能爲佛 而世之說佛者曰 爲佛先湏弃絶親愛 夫人道原於親親 滅親無人 誰爲佛者 以是求佛……."

64) 여기에 대해서는, 이 글이 최해가 자신과 친분이 있던 李衍宗의 부탁을 받아 써 준 것이라는 점이 감안되어야 할 것이다. 즉 최해는 이연종의 부친인 李承休가 불교를 긍정한 것에 대해 일정한 설명이 필요하여 위와 같은 서술을 했다고 볼 수 있겠다.

65) 『拙藁千百』 권1, 禪源寺齋僧記.

66) 성리학의 人性論은 인간의 본질에 대한 탐구에서 비롯된 것으로, 이것이 불교의 영향을 많이 받았음은 주지의 사실이다. 특히 주자에 이르면 인성론은 本然之性과 氣質之性이라는 축을 통해 인간의 본질뿐 아니라 사회 자체의 차별성까지 설명하는 논리가 되었다.

확연히 다른 입장을 지녔던 것이다.

4. 맺음말

李奎報와 崔瀣에 대한 검토는 무인집권기에서 원간섭기에 이르기까지 지식인들의 불교에 대한 인식변화를 보여주는 하나의 사례라고 할 수 있다. 이들의 불교인식은 그것의 사회적 기능을 어느 정도까지 인정하는가에 달려 있었다. 요컨대 불교가 국가운영에서 차지하는 사회적 성격과 실제적 기능을 인정한다면, 불교 자체를 이단시할 필요가 없었던 것이다.

이규보는 이를 인정하고 불교를 통해 사회안정과 함께 국가운영에서의 순기능적 요소를 살리려는 입장을 지닌 논자였다. 따라서 그의 비판은 승려의 직분을 확인하고 이에 어긋나 사회적 폐해를 끼치는 행위에 집중될 수밖에 없었다. 그리고 이런 입장은 儒佛同道論을 지닌 논자들의 대부분의 인식이었다. 그들이 비판이 승려들이 행한 정치에 대한 관여와 민들에 대한 폐해에 집중된 이유가 여기에 있었다.

반면에 원간섭기에 살았던 최해는 불교를 이단시하였다. 이는 현상적으로는 유교를 정통이념으로 하려는 데 원인이 있었다. 그러나 그 이면에 있었던 것은 당시 불교의 사회적 기능이 변질되고, 그 가운데 유교가 그 기능을 대신하려는 것이었다. 따라서 불교비판론은 고려 후기에 점차 발전하게 되고, 조선왕조에 들어오면 불교가 담당한 사회적 기능을 국가가 흡수하는 가운데 유교로 대처시키게 되었던 것이다.

高麗時代 都監의 구조와 기능

이 정 훈*

1. 서론

『高麗史』 백관지 諸司都監各色條에는 고려시대 설치되었던 특수 기구들을 싣고 있다. 그 중에서도 많은 수를 차지하고 있는 것이 都監[1]이다. 도감은 "因事而置 事已則罷"[2]라고 하여 일이 있으면 설치하고 일이 끝나면 폐지하는 임시적인 기구로 알려져 있다. 백관지에 실린 都監의 수는 총 56개이다.[3] 그런데 『高麗史』나 『高麗史節要』, 『朝鮮金石總覽』에는 諸司都監各色條에 실린 것 외에도 필자가 확인한 바로는 56개가 더 있다.[4] 따라서 고려시대에는 100여 개가 넘는 도감이 설치되었음을 알 수 있다. 이렇게 많은 도감이 설치되었다는 것은 도감이 고려 관제에서 차지하는 비중이 상당히 컸다는 것을 말하는 것이라고 하겠다.

이제까지 도감의 연구[5]는 식목도감·정치도감과 같이 특정한 도감의 기능과 역할에 중

* 안양과학대 강사

1) 도감은 중국에서도 설치되었는데, 唐에서는 中人으로서 군을 감독시킨 데서 시작되었고(『事物紀原』, 절부수조부 도감), 宋에서는 병마도감을 有路에 설치하여 本路의 禁旅·屯戍·邊防·訓練의 政令을 分掌(『文獻通考』, 직관고 병마도감)하도록 하였다고 한다(『大漢和辭典』, 도감조).

2) 『高麗史』 卷76, 百官1, 序文.

3) 문형만과 변태섭은 백관지에 기록된 도감의 수를 房庫監傳別監과 寡婦處女推考別監을 포함하여 58개로 보았다. 본 글에서는 도감이라는 명칭에 충실하여 이 두 기구를 제외하였다.

4) <표 1> 참조.

5) 고려시대 도감에 관한 연구로는 다음과 같은 것이 있다. 변태섭, 「고려의 식목도감」, 『역사교육』 15, 1973 ; 김윤곤, 「고려무신정권시대의 교정도감」, 『영남대문리대학보』 11, 1978 ; 민현구, 「정치도감의 설치경위」, 『국민대학인문과학논문집』 11, 1978 ; 민현구, 「정치도감의 성격」, 『동방학지』 23, 1980 ; 강순길, 「충숙왕대의 찰리변위도감에 대하여」, 『호남문화연구』 15, 1985 ; 문형만, 「고려특수관부연구 - 제사도감각색의 분석 - 」, 『부산사학』 9, 1985 ; 문형만, 『고려 제사도감각색 연구』 동아대 박사학위논문, 1985 ; 이재범, 「최씨정권의 성립과 산천비보도감」, 『성대사림』 5, 1989 ; 박상국, 「대장도감의 판각성격과 선원사문제」, 『이지관화갑기념 한국불교문화사상사(상)』, 1992 ; 김광식, 「정안의 정림사 창건과 남해분사도감」, 『건대사학』 8, 1993 ; 변태섭, 「고려의 회의도감」, 『국사관논총』 61, 1995 ; 김윤곤, 「고려국 분사대장도감과 포시계층」, 『민족문화논총』 16, 1996.

점이 두어지고, 도감 전반에 대한 검토는 거의 없다. 대체로 도감을 보는 입장도 백관지에 토대를 두고 임시적이고 무인집권기 이후에 집중적으로 설치되었다고 보는 입장[6]과 고려시대 도감은 임시적인 관청이 아니며 무인들이 마음대로 설치한 것이 아니라는 입장으로 나누어진다.[7]

이러한 논의에 앞서 왜 고려시대 6부 이하 정상적인 관제를 제외하고 100여 개가 넘는 도감이 필요하였고, 그 기능은 무엇이었는가에 주목할 필요가 있을 것이다. 뿐만 아니라 고려 말에 조준·정도전 계열의 사대부들이 도감을 혁파하고 본래 담당하던 업무를 寺·監·局으로 돌리려고 했던 점, 고려 후기 들어 도감에 判事가 설치되었던 점 등도 고려되어야 할 것이다.

아래에서는 도감의 설치와 구조, 운영, 기능을 통해서 고려시대 관제에서 도감이 왜 필요하였고 그 역할은 무엇이었는가를 살펴보려고 한다.

2. 도감의 설치와 구조

1) 도감의 설치

일반적으로 도감은 일이 있으면 설치되고 일이 끝나면 폐지된다고 한다. 고려시대 도감도 그 설치 면에서는 이러한 원칙에 충실했던 것으로 보인다. 숙종 6년 9월 한양에 도읍을 옮기기 위해 남경개창도감이 설치되고,[8] 원종 15년 3월 원나라가 군인들을 결혼시키기 위해 고려정부에 肖郁을 보내 부녀자들을 요구하였는데, 肖郁의 독촉이 심해지자 결혼도감을 설치한 것[9]은 이러한 예일 것이다.

같은 도감이라고 하더라도 또다시 일이 발생할 경우 재차 설치하였다.

> 揭榜云 國家之制 近仗及諸衛 每領設護軍一中郎將二郎將五別將五散員五伍尉二十隊正四十正軍訪丁人一千望軍丁人六百 凡扈駕內外力役無不爲之 …… 丁人戶各給津貼 務要完恤 復立都監 擇公廉官吏掌之 勿令容私……[10]

위에 보이는 도감은 왕의 행차를 담당하는 도감(노부도감으로 생각되지만 정확하지는 않다)으로 생각된다. 거란과의 전쟁으로 해이해진 왕의 호종군 제도를 정비하면서, 호종군 관리를 도감에서 하도록 하였다. 그런데 '復立'이라고 하는 것으로 보아, 정종 11년 이전에도

---

6) 변태섭, 「중앙의 정치조직」, 『한국사(13)』, 국사편찬위원회, 1993, 104쪽.
7) 문형만, 「고려특수관부연구 - 제사도감각색의 분석 - 」, 『부산사학』 9, 1985.
8) 『高麗史』 卷11, 世家11, 肅宗 6年 9月.
9) 『高麗史』 卷27, 世家27, 元宗 15年 3月 壬寅.
10) 『高麗史』 卷81, 兵1, 兵制, 靖宗 11年 5月.

이 도감이 설치되었던 것으로 생각된다. 즉 필요에 의해서 다시 도감이 설치되었던 것이다.

이외에도 궁궐도감의 경우, 백관지에 따르면 광종 12년에 修營宮闕都監이라는 명칭으로 설치되었다가 문종 30년과 우왕 6년에 궁궐도감이라는 명칭으로 설치되었다. 궁궐도감은 이외에도 명종 7년 10월에 화재가 나기도 하고[11] 충렬왕 15년에는 궁궐도감의 관원들이 과렴의 대상이 되기도 하였으며,[12] 충숙왕대에 정척이 궁궐도감사에 임명[13]되는 등 고려시대에 걸쳐 상당히 여러 번 설치되었다.

도감의 설치는 일반적으로 재추회의에서 결정된다.

> 宰樞會議 分田代祿 遂置給田都監[14]

무인집권기가 지나면서 분급제도가 혼란해지자, 고종 44년 재추들이 모여서 관료들에게 祿을 주자는 회의를 하게 된다. 재추회의에서 '分田代祿'하자는 결정을 내렸고, 이것을 담당할 관청으로서 급전도감을 두었던 것이다. 이렇게 도감의 설치는 재추회의에서 결정되는 것이 일반적이었다. 만일 재추회의에서 결정되지 못하더라도 최소한 재추로부터 동의를 얻어야만 설치될 수 있었던 것으로 생각된다.

> 別例祈恩都監 : 明宗八年 術僧致純言 國家自庚寅至癸卯然後 患難稍弭 宜令兩班祿俸二十石以上 十石例出一斗 用充齋祭之費 以事祈禳 則灾亂可弭 宰相皆曰可 遂置都監 高宗四年丹兵來侵 省樞兩府議立祈恩都監 抽斂祿科米 設齋醮 以禳之[15]

명종 8년 명종이 術僧 致純의 말을 믿어 관료들에게 과렴을 하여 祈禳을 하는데, 재추들이 모두 좋다고 하자 도감을 설치하여 祈禳을 실시하였다. 이것은 도감을 설치하는 데 있어 재추들의 동의가 있어야만 가능함을 보여준다. 고종 4년 거란병이 침입하였을 때는 재추들이 회의를 하여 재차 기은도감을 설치하였다. 재추의 회의나 동의를 통해서 도감이 설치되는 것은 재추가 국정운영 전반에 큰 비중을 차지하기 때문이라고 생각된다. 도감뿐만 아니라 새로운 관청을 설치할 때도, 재추들의 회의나 동의가 있어야만 가능하였던 것으로 생각된다.

도감의 설치가 재추회의에서 결정된다면, 혁파 역시 재추회의에서 결정되었다.

> 都評議使司奏 罷弘福都監 爲資贍楮貨庫 請造楮幣……[16]

---

11) 『高麗史』 卷53, 五行1, 明宗 7年 10月 壬辛.
12) 『高麗史』 卷79, 食貨2, 科斂, 忠烈王 15年 3月.
13) 『高麗史』 卷106, 列傳19, 鄭瑎傳 鄭憤.
14) 『高麗史』 卷78, 食貨1, 田制, 祿科田, 高宗 44年 6月.
15) 『高麗史』 卷77, 百官2, 諸司都監各色.

공양왕 3년 楮幣를 만들기 위해 홍복도감을 혁파하고 자섬저화고를 설치하자고 도평의사사에서 건의한 것은 재추회의를 통해 이러한 결정이 이루어졌기 때문에 가능했던 것이다. 위의 사료는 후대의 것이기는 하지만, 관청의 설치 유무를 결정하는 것이 재추의 소임이었다는 것은 고려 전기에도 마찬가지였다고 생각한다.

도감은 수도 개경에만 설치되는 것이 아니라 어떤 일을 담당하는 도감이냐에 따라 서경이나 다른 지역에도 설치되었다. 서경은 분사제도에 입각하여 여러 관청이 설치되었던 것처럼 몇 개의 도감이 설치되었다.

> 設儀曹兵曹戶曹倉曹寶曹工曹 各置令二人八品丞二人九品 八關都監置副使一人判官一人 東南面西北面都監諸學院 各置判官一人 聖容殿置直員一人 自平定西京後 朝論不一 或者以謂 西京根本之地 且太祖所設 因舊制便 或者以謂 西京叛逆之地 宜一切革 故如東京之制 以故久不處置 至是始置此官[17]

묘청의 난이 일어난 다음 인종 16년에 서경의 조직을 재정비하는 가운데 팔관도감과 사면도감의 일종인 동남면도감과 서북면도감을 설치하였다. 서경에는 이외에도 인종대 개정된 西京官祿을 볼 때[18] 산정도감도 있었다.

서경지역 외에는 남해지역에 설치된 분사대장도감을 들 수 있다. 고종 20년 최씨무인정권은 佛力을 빌어 국난을 극복하기 위해 강화도에 대장도감을 설치하였는데, 남해지역에는 대장도감의 조판 업무를 지원하기 위하여 분사대장도감을 설치하였다.[19]

그러나 개경에 설치된 도감과 지방에 설치된 도감은 西京留守官과 西京官祿을 통해서 볼 때, 관원의 구성 면에서 어느 정도 차등이 있었다고 생각된다. 수도에 설치된 도감은 대체로 使·副使·判官·錄事였는데, 서경에 설치된 팔관도감에는 부사·판관, 동남면도감과 서북면도감에는 판관만 두었다. 이러한 차이는 분사대장도감과 같이 지방에 설치된 도감이 개경에 설치된 도감을 보좌하는 역할을 한 데서 온 것이 아닌가 생각된다.

그런데 도감이 혁파되었다가 다시 설치될 경우 色이나 司로 바뀌는 경우도 있다.

> 置田民辨正司[20]
> 人物推考都監 : 忠烈王七年 改人物推考都監爲會問司 恭讓王三年 置人物推辨都監 ……[21]

---

16) 『高麗史』 卷79, 食貨2, 貨幣, 恭讓王 3年 7月.
17) 『高麗史』 卷77, 百官2, 外職, 西京留守官, 仁宗 16年.
18) 『高麗史』 卷80, 食貨3, 祿俸, 西京官祿.
19) 김광식, 「정안의 정림사 창건과 남해분사도감」, 『건대사학』 8, 1993.
20) 『高麗史』 卷32, 世家32, 忠烈王 27年 6月 癸巳.
21) 『高麗史』 卷77, 百官2, 諸司都監各色.

救濟都監：睿宗四年 置之 忠穆王四年 又置賑濟都監 辛禑七年 又置賑濟色[22]
禮儀推正都監：恭愍王元年 置 十一年 又置禮儀推正色[23]

원종 10년에 처음 설치되었던 전민변정도감은 충렬왕 때에도 몇 차례 설치되었는데 27년에는 田民辨正司로 명칭이 바뀌고, 인물추고도감도 충렬왕 7년에 회문사로, 공양왕 3년에는 인물추변도감으로 다시 명칭이 바뀌었다. 구제도감도 예종 4년에 처음 설치되어, 충목왕 4년을 거쳐 우왕 7년에는 賑濟色으로 명칭이 바뀌었고, 예의추정도감도 공민왕에 설치되었다가 11년에 다시 설치되면서 예의추정색으로 개칭되었다.

반대로 司나 色이 도감으로 명칭이 바뀌는 경우도 있었다.

光軍司：定宗二年 置之 後改光軍都監 顯宗二年 復改光軍司[24]
淨事色：高宗時 諸事未具 久廢親醮至 四十五年 取權臣家淨事色器械 以充其用 選差內侍叅上叅外勤恪者 稱內侍淨事色 每政超資除授 有勢者爭入 員數漸多 忠宣王 改淨事色爲齋醮都監……[25]

정종 2년에 설치된 광군사가 뒤에 광군도감으로 개칭된 것이나, 정사색이 충선왕 때에 재초도감으로 명칭이 개칭된 것은 이러한 예다. 도감과 司・色이 서로 혼용되는 것은 아마도 도감과 司와 色이 담당하였던 기능이 비슷하였기 때문이라 생각한다. 그러나 백관지에 도감이 司나 色보다 더 많은 것으로 보아, 도감이 더 일반적이었던 것으로 생각된다.

이들 각 도감의 置廢 시기를 표로 나타내면 다음과 같다. 표는 설치 시기를 기준으로 정리하였다. 정리 방법은 백관지나 그 외 사료에서 명확하게 설치 연도와 폐지 연도가 나타나는 것을 중심으로 하고, 그 외에는 가장 먼저 사료에 보이는 시기를 중심으로 정리하였다.

아래의 표를 보면, 도감은 광종 12년 修營宮闕都監을 필두로 고려 말까지 지속적으로 설치되었다. 고려 전기에는 숙종・예종・인종・명종대에 주로 설치되고, 고려후기에는 신종・고종・원종・충렬왕・충숙왕・충목왕・공민왕・우왕・공양왕대에 주로 도감이 설치되었음을 알 수 있다. 특히 백관지 서문에서 언급한 것처럼 고려 후기에 도감이 집중적으로 설치되고 있다.

그러나 고려 전기에 설치된 도감 중에서도 문종대에 관원이 정해진 식목도감이나 사면도감・조성도감・산정도감・영송도감 등은 고려 후기 사료에도 간간이 그 명칭이 보이는 것으로 미루어, 비록 설치는 전기에 이루어졌지만 고려 후기까지 지속되었다고 할 수 있다. 특히 식목도감[26]과 사면도감의 경우는 고려 후기까지 판관이나 녹사가 임명되는 것으로 보

22)『高麗史』卷77, 百官2, 諸司都監各色.
23)『高麗史』卷77, 百官2, 諸司都監各色.
24)『高麗史』卷77, 百官2, 諸司都監各色.
25)『高麗史』卷77, 百官2, 諸司都監各色.

아 이들 도감은 폐지되었다가 다시 설치된 것이 아니라 그대로 고려 후기까지 계속 유지되었음을 알 수 있다.[27)]

<표 1> 고려시대 도감의 置廢 시기[28)]

	置廢시기		置廢시기
宮闕都監	光宗12置	平斗量都監	明宗3置
	文宗30置	別例祈恩都監	明宗8置
	忠烈34,繕工寺合		高宗4置
	禑王6置	山川裨補都監	神宗1置
式目都監	顯宗14出	輸養帳都監	神宗2置
造成都監	顯宗20出	五家都監	神宗2置
會議都監	文宗代出*	葬禮都監	神宗5置
迎送都監	文宗代出*	敎定都監	熙宗5置
	忠宣,尙食局合.復置	改葬厚陵都監	高宗4置
四面都監	文宗代出*	興王都監	高宗4出
	恭讓3 罷		恭愍11置
東南面都監	仁宗16出	赦旨都監	高宗8出
西北面都監	仁宗16出	戎器都監	高宗10置
祭器都監	文宗代出*	大藏都監	高宗23置
刪定都監	文宗代出*	分司大藏都監	高宗23置
	恭讓3 罷	輸養都監	高宗32出
倉庫都監	文宗代出*	充實都監	高宗39出
	忠烈34,繕工寺合	救急都監	高宗45置
	恭讓3 罷	行從都監	元宗5置
行廊都監	文宗代出*	廣庭宴禮都監	元宗6出
給田都監	文宗代出*	出排都監	元宗9置
	高宗44置	團練造兵都監	元宗9出
	忠烈34,開城府合	田民辨正都監	元宗10置
	恭讓4,兵曹合		忠烈14置
鹵簿都監	文宗代出*		忠烈27置
	恭讓3 罷		恭愍1置
征袍都監	宣宗1出		禑王7置
成佛都監	宣宗10出#		禑王14置
敎藏都監	宣宗代出	戰艦兵糧都監	元宗13置
鑄錢都監	肅宗6置	鈿函造成都監	元宗13置
南京開創都監	肅宗6置	結婚都監	元宗15置
東西濟危都監	睿宗1出	官絹都監	元宗15置
上冊都監	睿宗3置	軍器造成都監	忠烈1置
安樂道場都監	睿宗3置	農務都監	忠烈3置
禘禮都監	睿宗3出	人物推考都監	忠烈3出

26) 식목도감은 조선 태종 12년에 식목녹사가 議政府案牘錄事로 바뀌는 것으로 보아 조선 초기까지 지속되었다.

27) 도감은 고려말 조선초에 많이 정리되지만, 조선 후기까지 그대로 지속된다.

28) 위의 표에서 置는 설치 연대, 罷는 혁파 연대를 말하며, 出은 가장 먼저 나온 시기를 기준으로 하였다. #는 묘지명에서, *는 제사도감각색조의 관원규정을 한 시기를 말한다.

	置廢시기		置廢시기
救濟都監	睿宗4置	鷹坊都監	忠烈9置
額號都監	仁宗8置	燃燈都監	忠烈9出
八關都監	仁宗16出		忠烈34,繕工寺合
橋路都監	毅宗代出	諸領府完護都監	忠烈21置
經史敎授都監	忠烈22置	造墓都監	恭愍14置
齋醮都監	忠烈代出	刑人推正都監	恭愍14置
僧人推考都監	忠宣4出	推定都監	恭愍19出
國贐都監	忠宣代出	理學都監	恭愍21置
昊天都監	忠肅1出	供辦都監	恭愍22置
弓弩都監	忠肅4出		恭讓3罷
拶(察)理辨違都監	忠肅5置	五部都摠都監	恭愍22出
	忠肅8置	還安都監	恭愍代置
火者據執田民推考都監	忠肅7置	轉輸都監	恭愍代出
盤纏都監	忠肅15置		恭讓2罷
弘福都監	忠肅代出	興福都監	恭愍代出
	恭讓3罷		禑王6罷
吏學都監	忠惠1置	崇福都監	恭愍代出
	忠穆4置		禑王6罷
楡岾都監	忠惠代出	典寶都監	恭愍代出
新宮別造成都監	忠惠後4出		禑王6罷
永福都監	忠穆卽位置	影殿都監	恭愍代出
整理都監	忠穆1出	魂殿都監	禑王卽位出
整治都監	忠穆3置	防禦都監	禑王2出
	忠定1罷	火㷁都監	禑王3置
孩兒都監	忠穆3置	三蘇造成都監	禑王4置
賑濟都監	忠穆4置	北蘇造成都監	禑王4置
禮儀推正都監	恭愍1置	左蘇造成都監	禑王4置
刷卷都監	恭愍2置	折給都監	禑王8置
譯語都監	恭愍2置		昌王置
城門都監	恭愍9出	武藝都監	禑王10置
城門都監	恭愍9出	慣習都監	禑王12出
禁殺都監	恭愍11置	漢語都監	恭讓3이전
習射都監	恭愍11出	漢文都監	恭讓3置
齋都監	恭愍14置	人物推辨都監	恭讓3置
殯殿都監	恭愍14置	奉崇都監	恭讓代出
	恭愍23置	鋪陳都監	看守軍條出
國葬都監	恭愍14置	禮服造成都監	看守軍條出

2) 도감의 구조

재추회의를 통해 도감의 설치가 결정되면, 이에 따라 도감에 필요한 인원도 결정된다. 대체로 도감의 인원은 使·副使·判官·錄事 또는 判事·使·副使·判官·錄事로 구성된다. 고려 후기에 가면 이외에도 提調[29]가 배속되기도 한다.

그런데 도감에 배속되는 관원들은 고려 전기부터 判事·使·副使·判官·錄事로 이루어진 것은 아니었다. 고려 전기에는 주로 使・副使・判官・錄事로 관원이 이루어졌다. 인종 19년 4월에 제정된 諸都監各色官相會儀을 보면 이러한 구조가 잘 나타난다.

> 判 諸都監使入 則副使隱身 判官錄事祗迎 副使入 則判官隱身 錄事祗迎 於使副使一行拜 判官錄事折席拜 於副使判官一行拜 錄事折席拜 判官錄事則一行拜 使坐東 副使坐西 判官錄事北行坐 各色則勿論職次 雖叅外員並一行拜 一行坐[30]

도감회의식에 나타난 관원들은 使・副使・判官・錄事이며, 判事는 보이지 않는다. 만일 판관이 있었다면 使와 함께 판관이 나왔을 텐데 판관이 보이지 않는다는 것은 판관이 고려 전기에 도감의 구성원으로서 아직 배속되지 않았기 때문이라 생각된다.

그렇다면 판사는 언제부터 도감의 구성원으로 배속되는 것일까?[31] 제일 먼저 판사의 임명기사가 보이는 것은 원종 9년 11월이다.

> 以叅知政事金佺判樞密院事 崔瑛爲團練造兵都監判事[32]

참지정사 김전을 판추밀원사에, 최영을 단련조병도감 판사에 임명하였다. 백관지에는 이보다 앞서 원종 5년에 설치된 행종도감에 판사・사・부사・판관・녹사로 인원구성을 한 것으로 나타난다. 고종 45년에 설치된 구급도감에는 사・부사・판관・녹사로 원이 구성된 것으로 보아, 판사가 설치된 것은 아마도 원종대부터가 아닌가 한다.

도감의 구성원이 전기에는 使・副使・判官・錄事로, 후기에는 判事・使・副使・判官・錄事로 변화된 것은 식목도감의 구성원 변화에서 잘 나타난다. 식목도감은 전기부터 후기까지 지속된 도감이다.

> 式目都監：文宗定 使二人省宰 副使四人正三品以上 判官六人五品以上 錄事八人甲科權務 忠宣王二年 敎曰 式目掌邦國重事 其以僉議政丞判三司事密直使僉議贊成事三司左右使僉議評理爲判事 以知密直以下爲使 又置商議式目都監事[33]

---

29) 판삼사사 이제현, 영산군 장항, 밀직제학 안목이 제조 경사도감으로 임명되었고(『高麗史』卷37, 世家37, 忠穆王 4年 3月 丁酉), 공민왕 16년에 신돈이 추정도감 제조로 임명되었다(『高麗史』卷111, 列傳24, 林樸傳).

30)『高麗史』卷68, 禮10, 嘉禮, 諸都監各色官相會儀, 仁宗 19年 4月.

31) 백관지 영송도감조에는 문종이 정한 관제에 판사 3인・부사 4인・판관 4인・녹사 4인이 배속되었다고 나온다. 엄밀히 말하자면 판사는 고려 전기에도 있었다고 해야 할 것이지만, 영송도감보다 먼저 백관지에 보이는 식목도감은 사・부사・판관・녹사로 인원구성이 되어 있으며, 사면도감・창고도감・행랑도감・제기도감・노부도감 등이 모두 사・부사・판관・녹사로 인원구성이 된 것으로 보아 영송도감에 판사가 나오는 것은 고려 후기의 영향을 받은 것이 아닌가 한다.

32)『高麗史』卷26, 世家26, 元宗 9年 11月 乙丑.

33)『高麗史』卷77, 百官2, 諸司都監各色.

문종대에 정해진 관제에서는 使·副使·判官·錄事로 구성되고, 충선왕 2년에는 判事·使로 나온다.[34] 충선왕 2년에 使 이하의 관원들은 보이지 않지만 당연히 배속되었을 것이라고 생각된다. 원종 이후에는 거의 判事·使·副使·判官·錄事의 구조로 나온다. 이것은 조선 초기에도 그대로 계승된다.[35]

그렇다면 판사가 새로이 도감의 구성원이 된 까닭은 무엇일까? 이것은 고려후기에 도감의 수가 증가하는 것과 관련이 있다고 생각된다. 고려는 무인집권기를 거치면서 관제 운영이 문종대와 같이 정상적으로 이루어지지 못하였고, 여기에 원의 지배를 받게 되면서 더욱 파행적으로 관제운영이 이루어졌다. 여기에 원과의 관계서 발생하는 문제(조공, 일본정벌 등), 사회경제적 모순의 심화, 홍건적과 왜구의 침입은 6부·寺·監과 같은 기존의 관서가 처리하기에는 매우 어려운 문제였다. 결국 도감을 설치하여 이러한 문제를 해결하려고 하였고, 그러다 보니 자연스럽게 도감의 수가 증가하게 된 것이다.

뿐만 아니라 도감이 처리하는 업무 자체가 매우 중요한 문제가 되자, 판사를 설치하게 된 것이다. 원래 고려에서 판사는 6부나 寺監에 설치된 관직으로, 1品부터 3品에 해당하는 재추나 6部尙書들이 겸임직으로 주로 임명되었다. 즉 6부나 寺監처럼 도감도 재추 이하 6부 상서들을 판사로 임명하여 신속하게 업무를 처리하도록 한 것이라 생각된다. 뿐만 아니라 임시적인 성격을 지닌 도감을 다른 관서와 같이 격을 맞추어주기 위해서도 판사가 설치된 것이 아닌가 한다.

그런데 使와 副使는 이미 밝혀진 대로 겸임 관직이다.[36] 使에는 식목도감과 같이 3성의 장관들이 임명되기도 하고 창고도감이나 사면도감처럼 3품 이상이나 3품이 겸직하기도 한다. 부사도 식목도감은 3품 이상이 임명되지만, 그 외는 5품이 겸직하기도 한다. 아마도 대체로 이러한 규정에 준하지 않았을까 한다.

판관과 녹사는 겸직이 아니었다. 판관이나 녹사는 주로 갑과나 을과 권무들이 주로 임명되었다.[37] 이들 관직은 권무관들만 임명되는 것이 아니라, 관리의 등용로인 음서로도 이용되었다.

文本 蔭授刪定都監判官 補牽龍行首 累拜親從將軍[38]

---

34) 충선왕 2년 식목도감의 인원구성 변화는 충선왕의 개혁정치의 일환으로 나온 것으로, 이를 통해 식목도감은 도평의사사에 대신하여 도당의 지위를 갖게 되었다고 한다(변태섭, 「고려의 식목도감」, 『역사교육』 15, 1973).

35) 조선 초기의 도감에는 판사·사·부사·판관·녹사가 배속되고, 경우에 따라서는 판사 아래 부판사를 두기도 한다.

36) 6部·寺·監·局의 겸직은 상징적인 長으로서의 역할만 담당한 것과 달리, 都監·司·色에 설치된 겸직은 실질적으로 관부를 운영해 나가는 담당자였다고 한다(문형만, 앞의 학위논문, 1985, 117쪽).

37) 예외적으로 식목도감은 판관을 6명으로 하여 5품 이상의 관원들을 임명하였고, 영복·홍복·홍복·전보·숭복도감은 종5품 이상의 관원들로 임명하였다(『高麗史』 卷77, 百官2, 諸司都監各色).

38) 『高麗史』 卷99, 列傳12, 崔惟淸傳 附 崔文本.

> 賆 字損之 蔭補東面都監判官 登第 累遷禮部郎中[39]
> 高宗朝 年十六 以蔭補散員兼式目錄事[40]

최문본은 음서로 산정도감 판관에, 김변은 동면도감 판관에, 김방경은 식목도감 녹사에 임명되었다.

그런데 사·부사 또는 판사·사·부사는 업무가 끝나면 겸임직이었기 때문에 원래 관서로 되돌아가지만, 판관과 녹사는 그렇지 못하였다. 따라서 판관과 녹사는 그대로 도감에 남아서 도감에 남겨진 기능을 했을 것으로 생각된다.

> 景升與同列奏 式目都監所藏判案 國之龜鏡 部秩錯亂 漸難稽考 宜加檢討謄寫以藏 從之[41]

두경승이 평장사에 임명된 뒤 다른 재상들과 함께 올린 건의문에서 식목도감에 소장된 판안들이 部秩錯亂하다고 하여 살피기 어려우므로 다시 檢討謄寫하여 보관하자고 하고 있다. 여기서 식목도감에 소장된 판안을 담당하는 자는 과연 누구일까? 식목도감은 법식을 제정하고 심의하는 기관이기 때문에 회의를 통해서 결정된 사안을 보관할 필요가 있었다. 사와 부사는 그 기능이 끝나면 원래 관서로 되돌아가기 때문에 결정된 사안을 보관하는 것은 당연히 판관과 녹사의 몫이라고 하겠다.

이것은 식목도감만이 아니었다. 산정도감이나 사면도감, 성불도감, 노부도감 등에 판관이나 녹사의 임명사례가 보이는 것은 도감의 업무가 끝난 뒤에도 도감이 완전히 해체되지 않고 그대로 남아 있었기 때문에 가능한 것이 아닌가 한다.

따라서 판관이나 녹사는 계속적으로 유지되기 때문에 祿俸을 받았다.

> 文宗三十年定 …… 十三石五斗 (……八關寶內莊宅刪定四面都監勾覆院判官) 十石十斗 (……式目迎送都監典牧司錄事 …… 倉庫行廊都監內弓箭庫判官……) 八石十斗 (……給田都監錄事祭器鹵簿都監東西材場判官……) 仁宗朝更定 …… 十三石五斗 (式目都監都兵馬五部錄事刪定四面興王都監判官……) 十石十斗 (……倉庫行廊都監判官迎送都監……) 八石十斗 (……祭器鹵簿給田都監東西大悲院濟危寶錄事……)[42]

권무관록이기는 하지만, 문종 30년에 정해진 녹봉에서는 산정도감과 사면도감 판관이 13석 5두를 받았고, 식목도감과 영송도감 녹사, 창고도감과 행랑도감 판관은 10석 10두를, 급

39) 『高麗史』 卷103, 列傳16, 金就礪傳 附 金賆.
40) 『高麗史』 卷104, 列傳17, 金方慶傳.
41) 『高麗史』 卷100, 列傳13, 杜景升傳.
42) 『高麗史』 卷80, 食貨3, 祿俸, 權務官祿, 文宗 30年.

전도감 녹사, 제기도감과 노부도감 판관은 8석 10두를 받았다. 인종대에 정해진 녹봉에서는 식목도감·산정도감·사면도감·홍왕도감 판관이 13석 5두를, 창고도감과 행랑도감 판관, 영송도감 녹사가 10석 10두를, 제기도감과 노부도감, 급전도감 녹사가 8석 10두를 받았다.[43]

3. 도감의 운영

도감의 운영은 주로 회의를 통해서 이루어진다.[44]

> 式目都監議 定詹事府公廨田給十五結供紙一戶[45]

현종 14년 첨사부가 설치된 다음, 첨사부에 필요한 공해전을 지급함에 있어 그 양을 결정하는 것은 식목도감의 회의를 통해서였다.

> 給田都監議請 文武兩班前受之田 肥磽不均 隨職改給 權勢之家 皆占良田 惡其不便於己 沮其議[46]

고종 44년 급전도감이 설치된 다음, 문무양반이 이전에 받은 토지의 비옥도가 균등하지 못하므로 관직에 따라 주자고 한 것도 급전도감의 회의를 통해서였다.

도감 회의에 참석하는 사람은 주로 使와 副使였을 것으로 추정된다. 반면 실질적인 행정은 판관과 녹사가 주로 담당했을 것이다. 그러나 앞서 제기한 인종 19년 4월 諸都監各色官相會儀를 보면,

> 判 諸都監使入 則副使隱身 判官錄事祇迎 副使入 則判官隱身 錄事祇迎 於使副使一行拜 判官錄事折席拜 於副使判官一行拜 錄事折席拜 判官錄事則一行拜 使坐東 副使坐西 判官錄事北行坐……

라고 해서 의식에 판관과 녹사가 참석하고 있어, 회의에는 판관과 녹사도 참석하였던 것으

43) 판관과 녹사 아래에는 吏屬도 배치되었는데, 주로 기사와 기관이 배치되었다. 백관지에는 전기에 설치된 도감에만 나오지만, 아마도 후기에 설치된 도감에도 吏屬이 배치되었을 것으로 생각된다.
44) 도감의 운영이 회의로써 진행되는 것은 도감의 상층부인 판사·사·부사가 겸임직으로서 관부를 운영하기 때문에 관부로서의 기능보다도 협의체로서의 성격이 강하기 때문이라고 한다(문형만, 『고려제사도감각색 연구』, 동아대 박사학위논문, 1985, 117쪽).
45) 『高麗史』 卷78, 食貨1, 田制, 公廨田柴, 顯宗 14年 6月.
46) 『高麗史』 卷78, 食貨1, 田制, 經理, 元宗 元年 1月.

로 생각된다.[47] 판관과 녹사는 의견을 내기보다는 주로 회의 운영에서 기록을 담당하는 측면이 강하지 않았나 생각된다.

도감도 다른 관서들처럼 독립된 관청을 가졌다.

> 祭器都監藥店兩司樓門及市巷民家六百四十戶火[48]
> 集三品以上於式目都監 問禦邊之策[49]
> 宮闕都監及市廛三十八間火[50]

선종 9년에 제기도감에 불이 났다거나, 예종 7년에 3품 이상의 관료들이 식목도감에 모여 국경 방어대책을 자문했다거나, 명종 7년에 궁궐도감에 불이 났다거나 하는 것은 도감이 관청을 가지고 있었음을 말하여 주는 것이라고 하겠다.

뿐만 아니라 이들 도감을 지키기 위해 看守軍이 배치되었다.

> ……鹵簿都監 將校二散職將相二軍人四 …… 鋪陳都監 將校二雜職將校二 …… 習射都監 雜職將校二 …… 式目都監 雜職將校二 橋路都監 雜職將校二 …… 禮服造成都監 雜職將校二 …… 祭器都監 雜職將校二[51]

노부도감에는 장교 2, 산직과 장상 2, 군인 4명이 배치되었고, 포진도감에는 장교 2, 잡직장교 2, 습사도감에는 잡직 장교 2명이 배치되었으며, 식목도감과 교로도감, 예복조성도감, 제기도감에는 잡직 장교 2명이 배치되었다.

兵志에는 몇 개의 도감에만 간수군이 배치된 것으로 나오지만, 모든 도감에 다 배치되었을 것으로 생각된다. 위의 사료에서 교로도감은 의종대에 보이는 도감이며, 습사도감은 공민왕대에 보이는 도감으로서, 두 도감이 상당한 시대적 차이를 보이는데도 불구하고 같은 조목에 나오는 것은 (교로도감이 후기까지 계속 지속되었다고 생각할 수도 있다) 모든 도감에 간수군이 배치되었음을 말한다고 하겠다.

도감은 관제상에 정해진 공식적인 기구가 아니었기 때문에 공해전시를 받았는지는 알 수 없지만, 도감이 운영되기 위해서는 따로 재정적인 지원을 받았을 것으로 생각된다. 왜냐 하면 도감이 행정을 담당하고, 조성도감처럼 상당히 오랜 기간 설치되는 경우도 많기 때문이다. 앞서 언급한 것처럼 판관이나 녹사에게 祿俸이 지급된 것도 이러한 이유에서였다.

---

47) 식목도감의 경우는 사와 부사가 중심이 되어 회의에 참석하지만, 확대회의인 경우에는 판관도 참석하였다고 한다(변태섭, 앞의 글, 1973).
48) 『高麗史』 卷53, 五行1, 宣宗 9年 3月 丙辰.
49) 『高麗史』 卷13, 世家13, 睿宗 7年 5月 戊寅.
50) 『高麗史』 卷53, 五行1, 明宗 7年 10月 壬辛.
51) 『高麗史』 卷83, 兵3, 看守軍.

下旨 選軍募軍 給田賞功 仰都評議使詳酌立法 以廣軍額 防禦都監月課支用量 宜加給以行勸督[52]

위에서 "防禦都監月課支用量"이라고 한 것은 방어도감이 매달 쓰는 지출을 말한다. 月課支用量이 전시과를 의미하는 것은 아니지만, 방어도감을 운영하기 위해 주어진 비용이라고 하겠다.

이러한 사정은 다른 사료들에서도 보인다.

下旨 以安東京山府管內郡縣貢賦除大府迎送少府等庫所納外 皆輸元成殿[53]

傳旨曰 典農司所收諸寺社及有劵功臣田租皆還給 其餘田租移入龍門倉 以米三百石分賜大藏都監禪源社[54]

위의 영송고는 영송도감에 배치된 창고를 말한다. 안동 경산부 관내에서 바치는 貢賦 중 일부는 영송도감에 납부되었고, 용문창으로 들어오는 田租 중 일부가 대장도감에 分賜되기도 하였다. 그 외에도 공민왕 때 국용이 고갈되어 영복도감의 포 2600필을 빌렸다고 하는 것이나,[55] 공양왕 3년에 홍복도감의 포 2000필을 연복사에 바쳤다고 하는 것,[56] 전수도감의 米 중에서 50석을 운암사 승려에게 주었다는 것,[57] 공판도감의 寶米의 이자가 무궁하였다고 하는 것[58] 등은 모두 도감에 어떠한 재정적인 자원이 있었음을 말하는 것이다.

이러한 재정적인 자원은 정상적인 다른 관청의 공해전시와는 성격이 다르겠지만, 도감이 재정적으로 독립적이었음을 의미하는 것이라고 하겠다. 그리고 독립적인 재정을 가지고 있었다는 것은 도감이 일시적으로 설치된 기구라 하더라도 정상적인 다른 관청에 예속되지 않고 독립적으로 운영되었음을 말하는 것이라고 하겠다.[59]

4. 도감의 기능

도감이 담당하였던 업무는 상당히 광범위하였다. 도감의 업무는 百揆庶務를 담당하는 것(교정도감)에서부터 군사업무(읍기도감), 무기제조(화통도감・궁노도감), 군복마련(정포도

52) 『高麗史』 卷81, 兵1, 兵制, 辛禑 元年 2月.
53) 『高麗史』 卷78, 食貨1, 田制, 貢賦, 忠烈王 4年 2月.
54) 『高麗史』 卷78, 食貨1, 田制, 租稅, 忠宣王 後元年 3月.
55) 『高麗史』 卷38, 世家38, 恭愍王 2年 8月 乙巳.
56) 『高麗史』 卷46, 世家46, 恭讓王 3年 3月 壬寅.
57) 『高麗史』 卷114, 列傳27, 李成瑞傳.
58) 『高麗史』 卷118, 列傳31, 趙浚傳.
59) 도감의 독립성은 다른 관서와 달리 감독기관이 없었다고 하는 점에서 나타난다. 도감은 이를 관할하는 상급기관이 없기 때문에 다른 관서와 달리 독립성이 더욱 강했을 것이라고 하겠다.

감), 왕의 행차(노부도감)나 祭器 담당(제기도감), 종교행사 주관 등 다양하였다.[60]

그런데 이들 도감이 담당한 업무는 6部 및 寺·署의 업무와 상당히 중복되는 것이 많다. 예를 들면 정포도감은 선종 연간에 군복을 만들고 배급하던 업무를 담당하였고, 융기도감은 무기를 만들고 보관하는 업무를 담당하였는데, 이 업무는 정상적인 관부인 병부가 담당해야 할 것이었다. 또한 토지 분급과 관련된 사무를 맡아 보던 급전도감과 절급도감의 일은 호부가 해야 할 업무다. 이외에도 대부분의 도감은 6部와 寺·署의 업무와 겹치는 것이 많다. 이것을 6部와 寺·署를 중심으로 분류해 보면 다음과 같다.

1) 門下府(掌百揆庶務) + 尙書省(摠領百官) : 式目都監, 會議都監,[61] 敎定都監
2) 三司(掌摠中外錢穀出納會計之務) : 刷卷都監, 供辦都監
3) 兵曹(掌武選軍務儀衛郵驛之政) : 習射都監, 武藝都監, 防禦都監, 城門都監, 團練造兵都監, 四面都監(東南面都監, 西北面都監)
諸領府完護都監, (五部)都摠都監,[62] 充實都監, 五家都監
4) 戶曹(掌戶口貢賦錢粮之政) : 給田都監, 折給都監, 鑄錢都監
5) 刑曹(掌法律詞訟詳讞之政) : 式目都監, 刪定都監, 赦旨都監, 形人推正都監
6) 都官(掌奴婢簿籍決訟) : 人物推考都監, 火者據執田民推考都監, 田民辨正都監, 拶(察)理辨違都監, 整治都監, 僧人推考都監, 整理都監
7) 禮曹(掌禮儀祭享朝會交聘學校科擧之政) : 經史教授都監, 禮儀推正都監, 理學都監, 國贐都監
8) 司憲府(掌論執時政矯正風俗察彈劾之任) : 推定都監, 橋路都監
9) 通禮門(掌朝會儀禮) : 葬禮都監, 造墓都監, 魂殿都監, 殯殿都監, 國葬都監, 影殿都監, 齋都監, 改葬厚陵都監
10) 典儀寺(掌祭祀贈謚) : 上冊都監, 封崇都監
別例祈恩都監, 山川裨補都監, 禘禮都監, 永福都監, 弘福都監, 興福都監, 典寶都監, 崇福都監, 興王都監, 楡岾都監, 安樂道場都監, 齋醮都監
11) 衛尉寺(掌儀物器械) : 鹵簿都監, 行從都監, 盤纏都監
12) 禮賓寺(掌賓客燕享) : 迎送都監
13) 典農寺(掌供粢盛) : 農務都監, 禁殺都監
14) 內府寺(掌財貨廩藏 : 倉庫都監, 行廊都監
15) 小府寺(掌工技寶藏) : 鈿函造成都監, 祭器都監

---

60) 도감의 업무에 대해서는 문형만, 앞의 학위논문, 1985 참조.

61) 변태섭은 회의도감을 독립된 관부가 아니라 도평의사사나 식목도감의 회의원으로(『한국사(13)』, 1993, 106쪽), 더 나아가 도평의사사의 별칭으로 보았다(「고려의 회의도감」, 『국사관논총』 61, 1995). 여기서는 하나의 관서로 분류하였다.

62) 백관지 제사도감각색조에는 都摠都監이라 나오고, 『高麗史』 卷81, 병지1, 병제, 신우 원년 정월조에는 五部都摠都監이라고 나온다. 창왕 즉위년 8월에 조준이 상소를 올려 도청도감을 혁파하고 오부를 개성부에 소속시키자고 한 것으로 보아(『高麗史節要』 卷33), 五部都摠都監이 정식명칭이라고 하겠다.

16) 軍資寺(掌軍需儲積) : 轉輸都監
17) 繕工寺(掌土木營繕) : 造成都監, 宮闕都監, 修營宮闕都監, 新宮別造成都監, 三蘇造成都監, 北蘇造成都監, 左蘇造成都監, 南京開創都監, 出排都監, 還安都監
18) 軍器寺(掌營造兵器) : 征袍都監, 戎器都監, 軍器造成都監, 弓弩都監, 火㷁都監, 戰艦兵糧都監
19) 典醫寺(掌醫藥療治之事) : 救濟都監, 賑濟都監, 救急都監, 東西濟危都監
20) 通文館[63](掌譯語) : 漢文都監, 漢語都監, 譯語都監
21) 京市署(掌勾檢市廛) : 平斗量都監
22) 典樂署(掌敎閱聲律) : 慣習都監[64]
23) 守宮署(掌供帳幕) : 鋪陳都監
* 종교와 관련된 도감
燃燈都監, 敎藏都監, 大藏都監(分司大藏都監), 八關都監, 廣庭宴禮都監, 成佛都監
* 그 외 기능이 분류되지 않은 도감
輸養帳都監, 輸養都監, 孩兒都監, 官絹都監, 旻天都監, 結婚都監, 額號都監

백관지에 도감의 업무가 명확하게 나와 있지 않고, 백관지와 기타 자료들을 토대로 분류를 한 것이기 때문에 위의 분류가 정확하다고는 할 수 없다. 그러나 6部와 寺·署의 업무와 도감의 업무가 겹친다고 하는 것은 도감의 기능이 무엇인가 중요했음을 시사한다고 하겠다.

도감은 일이 있으면 설치되고 일이 끝나면 혁파된다고 한 백관지 서문의 지적은, 특수한 업무를 담당하기 위해서 설치되는 도감의 예를 말한다. 예컨대 유학을 장려하기 위해 세워진 경사교수도감(경사도감)과 理學都監, 중국과의 외교관계에 필요한 통역원을 육성하기 위한 한문도감(한어도감)이 이러한 경우에 속한다. 뿐만 아니라 원과의 관계나 일본정벌을 위해 세워진 결혼도감·군기조성도감·충실도감·농무도감, 왜구 및 홍건적과의 싸움에 대비하기 위해 세워진 성문도감·방어도감·화통도감 등이 다 여기에 속한다.

또한 도감은 연등회나 팔관회처럼 종교행사, 왕비나 왕자를 책봉하는 경우, 왕이나 왕비의 장례를 치르기 위해서도 설치된다. 공민왕 14년 2월 노국대장공주가 죽자 장례를 치르기 위해 설치된 빈전도감·국장도감· 조묘도감·재도감 등[65]이 이러한 예에 속한다. 이러한 경우는 주로 예부가 담당할 일이지만 까다로운 의례 절차가 많거나 국가적인 행사로 거행하여야 할 필요가 있어 예부가 주관하기보다는 새롭게 도감을 두고 처리한 경우다. 이렇게 해서 설치되는 도감은 대체로 일이 끝나면 곧 혁파된다.

63) 통문관은 충렬왕 2년에 설치된 관청으로, 한어도감과 역어도감의 정확한 설치 연대를 알 수는 없지만 통문관의 기능과 같다고 생각하여 이렇게 분류하였다.
64) 관습도감은 조선 태종대에 아악을 정리하고 세종대에는 박연이 관습도감 제조에 임명되어 당악·아악·향악의 모든 악기와 악곡, 악보를 정리한 것으로 보아, 전악서의 기능과 유사하다고 생각하여 분류하였다.
65) 『高麗史』 卷89, 列傳2, 后妃2, 魯國大長公主傳.

한편 일반 관부가 처리하기에 너무 크거나 관부 단독으로 처리하기에 어려운 일을 처리하기 위해서도 도감이 설치된다. 이런 경우는 일 자체가 한 부서에만 관련되지 않고 여러 부서와 관련될 때가 많다. 고려 후기에 토지와 노비의 탈점으로 여러 가지 문제가 발생하자 토지와 노비를 원 주인에게 돌려주기 위해 설치된 전민변정도감이 여기에 속한다. 이 경우 노비문제는 노관, 토지문제는 호부, 소송이 벌어진 경우는 형부에서 처리해야 할 문제다. 그런데 3개 부서가 모여 이를 처리하는 데는 많은 시간을 요하므로 일을 효과적으로 처리하기 어려울 것이다. 따라서 일을 효과적으로 처리하기 위해 새로운 관청을 설치할 필요가 있었고, 그것이 도감의 설치로 이어졌다.

특히 무신란 이후 도감의 설치가 눈에 띄게 나타난다. 이것은 <표 1>을 보면 쉽게 이해할 수 있다. 도감이 집중적으로 설치된 때를 보면 몽고와의 전쟁 전후, 왜구와 홍건적의 침입을 받은 전후로서, 병부와 관련된 도감이 많이 설치되었고 원간섭기 중에는 개혁정치의 일환으로서 田民을 바로잡기 위해 도감이 많이 설치되었다. 이러한 분포 현상은 도감이 임시적인 관청이라 하더라도 도감의 업무가 대단히 중요한 사안이었음을 말해주는 것이라고 하겠다. 앞서 언급한 것처럼 고려 후기에 들어 판사가 설치된 것도 이 같은 맥락에 의한 것이었다.

그런데 고려시대에 왜 이렇게 많은 도감들이 설치되어야만 했을까? 특히 무인집권기 이후 도감의 설치가 눈에 띄게 나타나는 것은 정말 제도의 문란으로만 설명할 수 있을까?

> 禮曹判書許稠等啓 按唐書百官志 司儀署掌凶禮喪葬之器具 今國家凡宗親勳臣及文武一品以上之卒 設都監 以治其葬 誠爲令典 然葬畢輒罷 喪葬之具 隨卽棄毁 又有卒者 更設都監 以辦葬具 財費民勞 其弊不貲 乞依古制 常置都監以掌之 上從之[66]

위의 사료는 조선시대의 사료이기는 하나, 도감이 계속적으로 정리되어 나가는 상황에서 기록된 것이기 때문에 고려시대의 상황을 이해하는 데 별 무리가 없을 것이다. 위에서 보면 관료가 죽었을 경우 唐나라에서는 司儀署가 장례를 담당하지만, 조선에서는 도감을 설치하여 그 일을 담당하게 하였음을 알 수 있다. 이것은 고려시대에도 마찬가지였다. 즉 왕이나 공주가 죽었을 경우에 도감을 설치하여 그들의 장례에 관한 일을 처리하도록 하였던 것이다.

고려는 당을 모델로 삼아 3성6부제를 실시하였지만, 각 部에 4개 속사를 두는 唐 제도와 달리 도관과 고공사를 제외한 나머지 속사를 현종 연간에 전부 혁파하고 이를 고려의 실정에 맞게 고쳤다.[67] 속사가 혁파되면서 속사가 담당하던 일이 각 部로 이관되었고, 이에 따라 部는 3개 속사의 일과 部의 일을 모두 총괄하게 되었다. 이러한 구조는 고려의 현실에

66) 『世宗實錄』 卷2, 世宗 卽位年 11月 丁巳.
67) 이정훈, 「고려전기 삼성제와 정사당」, 『한국사연구』 104, 1999.

맞게 정비된 결과의 산물이지만, 4개 부서가 하던 일을 1개 부서가 하게 될 경우 효과적인 운영은 어려워진다. 즉 업무의 분장 자체가 명확하지 않은 상황에서 막상 새로운 일이 발생할 경우 部나 그 밑에 있는 寺·署·局이 그것을 담당할 수 없는 구조가 된 것이다. 이 문제를 해결하기 위한 방안으로서 도감이 설치되었던 것으로 생각된다. 임시적인 성격을 띤 도감을 설치하여 일을 처리한 후 폐지하는 것이 하나의 관서를 계속 유지하는 것보다는 효과적일 것이기 때문이다. 뿐만 아니라 정치도감처럼 문제 처리에 여러 개의 부서가 관련되어 있을 경우, 여러 관청이 모여서 처리하기보다는 도감을 세워 처리하는 것이 신속하고 보다 효과적이었을 것이다.

이렇게 설치된 도감은 일이 끝나면 혁파되는 것이 원칙이었다. 업무가 단기간에 끝나는 경우이건 오랜 기간을 요하는 경우이건 문제가 제대로 해결되지 못하여 다시 설치되는 경우이건, 이는 원칙이었다. 그런데 고려시대에 설치된 도감은 반드시 그랬던 것이 아니었다. 즉 일이 끝나도 그대로 유지되는 경우가 많았던 것이다. 이러한 현상은 정상적으로 관제가 운영되지 못하였던 고려 후기뿐만 아니라 고려 전기에도 자주 보인다. 원래 업무 분장이 명확하게 이루어져 정상적인 관제 안에서 문제가 처리되어야 하지만, 고려 관제는 당을 모델로 하면서도 고려의 현실에 맞게 수정되는 가운데 업무 분장이 명확히 되지 않았기 때문이다. 이는 원간섭기 이후 정치운영이 파행적으로 전개되고 원과의 관계 속에서 계속적으로 새로운 일이 발생하게 되면서 더욱 심해지고, 따라서 도감의 설치도 더욱 많아졌다. 그리고 그렇게 설치된 도감은 계속적으로 유지될 수밖에 없었던 것[68]으로 생각된다.[69]

이렇게 도감이 계속적으로 유지되면서 그 가운데 원래의 기능이 변질되는 예도 나오기 시작하였다. 고려 전기에 법제와 격식을 담당하다 충선왕의 즉위와 함께 그 성격이 바뀐 식목도감이 그러한 예에 속한다. 즉 개혁정치를 수행하기 위한 하나의 수단으로서 도평의사사를 대신하여 식목도감으로 하여금 邦國重事를 담당케 하였던 것이다.[70] 행종도감의 경우는 원종 5년 국왕이 원에 가게 되자 그와 관련된 제반 사무를 담당하기 위하여 마련되었으나, 점차 원으로의 행차뿐만 아니라 국왕이 거동할 때 이에 따르는 각종 업무를 담당하게 되었다.[71] 충목왕대 유점사의 영험을 통해 국태안민을 기원하고자 설치하였던 영복도감의 경우, 공민왕 2년에 국용이 고갈되자 그 재원을 이 도감을 통해서 마련하고 있다.[72] 이 같은 몇몇 도감의 기능 변화는 고려 후기 관제운영이 제대로 이루어지지 못한 결과로서 나타

68) 계속적인 도감의 유지는 이러한 이유 때문만은 아닐 것이다. 위의 『세종실록』에서 보이듯이 도감의 혁파와 설치를 반복하게 됨에 따라 거기에 드는 적지 않은 비용 문제에도 원인이 있었다고 생각된다.

69) 도감이 혁파되지 않고 계속 유지되었기 때문에 문형만은 도감을 일시적인 행정관청이 아닌 계속 유지된 관청으로 보았다(문형만, 앞의 글, 1995).

70) 『高麗史』 卷77, 百官2, 諸司都監各色.

71) 행종도감이 일반민에게 유밀과의 사용을 금하고, 遠道의 수령에게 來謁을 금한 것은 이러한 예일 것이다(『高麗史』 卷29, 世家29, 忠烈王 8年 9月 乙亥).

72) 『高麗史』 卷38, 世家38, 恭愍王 2年 8月 乙巳.

난 것이라고 하겠다.

그런데 일이 끝났음에도 이렇게 도감이 혁파되지 않고 그대로 유지되자 그에 따라 여러 가지 문제가 일어났다. 고려말 신진사대부 조준은 그 폐단을 다음과 같이 지적하고 있다.

浚又率同列條陳時務曰 …… 造成都監 初因宮闕之作而置 後以繕工之職歸之 使管一國材鐵之用 遣官吏而煩驛騎 竭民財而盡其力 一木之曳至斃十牛 一爐之治至廢十農 一束之痲一把之葛至費十布 取之於民也 剝膚槌髓 用之於私也 如泥如沙 願罷都監 屬繕工寺 幷罷防禦火桶都監 屬之軍器寺……[73)]

조준은 처음에는 궁궐을 짓기 위해 설치된 조성도감이 뒤에는 繕工의 직임이 모두 조성도감으로 귀속되고 온 나라의 목재 및 철재 수요를 관리하게 됨에 따라 관리를 파견하여 역졸을 괴롭히며 백성의 재산과 힘을 탕진하고 있으며, 나무 1대를 끌어오는 데 소 10마리를 죽게 하고 있으며, 한 爐의 쇠를 제련해 내는 데 10집의 농가가 폐농하고 있으며, 1단의 삼과 1단의 칡을 구하는 데 10필의 베를 쓰고 있으며, 백성들에게서 징수할 때는 마치 가죽을 벗기고 골수를 빼내듯 가혹히 착취하며 이것을 사사로 쓰는 것을 진흙이나 모래처럼 쓰고 있다고 하였다.

궁궐의 조성이나 그 외의 영선 작업은 원래 선공시가 담당할 일이지만, 궁궐 조성 자체가 워낙 방대하여 그 업무를 담당하기 위해 조성도감이 설치되었다. 그 조성도감이 나중에 선공시가 담당하는 영선 작업 모두를 담당하게 됨에 따라 일단 선공시와 업무가 중복되고 있음을 볼 수 있다. 그리고 조성도감의 영선에 필요한 물자와 인원 징발이 가혹하여 많은 폐단을 낳고 낭비를 하고 있었음을 알 수 있다. 따라서 조준은 조성도감을 혁파하고 조성도감이 담당하던 업무를 선공시로 되돌리자는 주장을 하고 있는 것이다. 조성도감뿐만 아니라 방어도감과 화통도감도 혁파하여 이를 군기시에 귀속시키고, 도총도감도 폐지하여 개성부에 귀속시킬 것을 요청하였다.

이러한 현상은 정상적인 국가운영이 어려워진 고려 후기에만 일어난 것이 아니다. 고려 전기에도 도감 중 일부는 임무가 끝났음에도 그대로 유지되는 경우가 매우 많았다. 이것을 직접적으로 증명해 줄 자료는 없지만, 몇 가지 면에서 추측이 가능하다.

……諸署局於七寺三監直長以上 着姓名 諸下局署於三省諸曹式目七寺三監直長以下 具位姓名……[74)]

위의 사료는 공첩상통식의 일부분이다. 이 형식이 언제 만들어졌는지는 확실하지 않지만,

---

73) 『高麗史』 卷118, 列傳31, 趙浚傳.
74) 『高麗史』 卷84, 刑法1, 公式, 公牒相通式, 京官.

그 앞에 '內史'라고 하는 관서 명칭이 나오는 것으로 보아 문종 15년 이전이 아닐까 생각된다.[75] 공첩상통식에 나오는 관서들은 거의 대부분 일시적인 기구가 아닌 정상적인 관서들이다. 그런데 위에서 나오는 '式目'은 식목도감을 가리키는 말로서, 일시적인 기구인 식목도감이 정상적인 관서와 함께 나오는 것은 상당히 이례적이라 할 수 있다. 공첩상통식이란 각 관서 간의 공문 전달형식을 보여주는 것이기 때문에 정상적인 관서가 포함되는 것이야 당연하지만, 일시적으로 혁파될 관서가 여기에 포함된다고 하는 것은 상식적으로 생각할 수 없는 것이라고 하겠다. 따라서 식목도감이 원래 法式을 제정하기 위하여 설치된 것이지만 그 기능이 끝나고서도 계속 유지되었음을 알 수 있다. 식목도감은 여러 도감들 가운데 고려시대에 가장 많이 나오는 관서 중 하나다. 식목도감만 본다면 현종대부터 고려말, 그리고 조선 초까지 계속 보이는 관서이기 때문에 도감이라고 하지만, 마치 정상적인 관서처럼 인식될 정도였다.

도감의 상설화는 문종대의 관제정비를 통해서도 볼 수 있다. 이 관제 정비 때 관서에 배속되는 인원과 관품을 규정되었는데, 식목도감・영송도감・사면도감・창고도감 등에 배속되는 관원과 관품도 정해졌다. 만약 임시적인 기구라고 한다면 이러한 규정은 필요 없을 것이다. 그럼에도 이 같은 규정이 이루어진다는 것은 역시 도감이 상설화되고 있었기 때문에 가능한 것이다. 뿐만 아니라 도감의 회의의식 절차도 만들어지는데, 역시 동일한 배경 속에서 나오는 것이라 하겠다.

그런데 앞서도 지적했듯이 도감의 계속적인 유지는 원래의 기능을 담당하는 관서와 겹치는 측면이 있을 뿐만 아니라 나아가 정상적인 관제의 운영마저 어렵게 만드는 결과를 낳았다. 고려 말에 크게 문제가 되었던 田民의 문제를 해결하기 위해 세워진 정치도감・전민변정도감・인물추변도감 등은 원래 도관에서 담당해야 할 일이었다. 그런데 이들 도감이 계속 명칭을 바꾸면서 유지된 것은 도관이 제 기능을 하지 못하였기 때문이기도 하지만, 역으로 계속 이들 도감의 유지 자체가 도관이 제 기능을 발휘하지 못하게 하는 요인으로 작용하고 있었다. 이것은 도관 한 부서에 국한되는 문제가 아니라 전반적인 관제 운영과도 결부된 것이었다. 고려 후기에 관제운영이 제대로 되지 못한 데는 여러 가지 요인이 있었지만, 기존 관서로는 문제를 해결할 수 없게 되자 도감의 설치를 통해 문제를 해결하고, 이것이 기존 관서를 침해하는 악순환을 반복하였기 때문이다.

이처럼 도감이 기존 관제와 중복되고 기존 관서의 운영을 어렵게 만들자, 관제의 정상적인 운영을 위해 도감을 정리하려는 움직임이 나타나기 시작하였다. 먼저 몇몇 도감들은 기능이 같은 정상적인 관서에 병합되기도 하고 혁파되기도 하였다. 조준 의 상소문에서도 보이듯이, 조성도감은 선공시에, 방어화통도감은 군기시에, 도총도감은 개성부에 소속시키자는 주장이 나오게 되었다. 이보다 앞서 충렬왕 34년에 궁궐도감과 창고도감, 연등도감이 선

75) 이정훈, 앞의 글.

공시에 병합되었고, 영송도감은 충선왕대에 상식국에 병합되기도 하였다.

뿐만 아니라 정도전을 중심으로 급진 개혁파 사대부들이 정몽주를 몰아내고 다시 정권을 잡기 시작한 공양왕대에 대대적인 관제정비가 이루어진다. 공양왕 2년에는 전수도감을 혁파하고 전수도감이 담당한 전곡문서를 군자시로 이관하였으며, 3년에는 사면도감·산정도감·창고도감·노부도감·공판도감을 혁파하고, 공양왕 4년에는 홍복도감을 혁파하는 한편 급전도감을 호조에, 인물추고도감은 도관에 병합하였다.

이러한 도감의 정리는 도감 자체를 완전히 혁파하는 데까지는 나아가지 못했지만, 어느 정도 성과를 거두었다. 이에 따라 도감이 차지하던 업무도 원래의 관서로 되돌아가게 되었다. 도감을 혁파하고 그 기능을 정상적인 관서로 되돌리는 것을 정도전은 "所謂都監者 以其務歸之本監 循名而責實也"[76]라고 하여 이름을 따라 실질을 취하였다고 평가하였다.[77]

5. 결론

도감의 설치와 구조, 운영, 고려관제에서 어떠한 기능을 하였는지에 대해 살펴보았다. 원래 도감은 일이 있으면 설치되고 일이 끝나면 혁파되는 임시적인 기구였지만, 고려시대의 도감은 반드시 그런 것은 아니었다. 당의 3성6부제를 모델로 3성6부제가 실시되었지만, 이를 고려의 실정에 맞게 수정해 나가는 가운데 초기에 도입된 제도가 정비되어 나갔다. 이 과정에서 적극 도입된 것이 도감이다. 즉 제도가 정비되는 가운데 업무 분장이 제대로 이루어지지 않게 되고, 전쟁과 같이 뜻하지 않은 문제들이 발생하게 되면서 3성6부체제 하에서는 이를 효과적으로 처리해 나갈 수 없게 되자 도감의 설치로 이러한 문제를 보완하고자 했다고 하겠다. 따라서 도감은 고려식으로 정착된 3성6부체제를 보완하기 위한 하나의 장치였다고 하겠다. 뿐만 아니라 원래 관서를 그대로 유지하기보다는 문제가 발생할 경우 도감을 설치하여 해결하는 편이 효용가치 면에서도 더욱 효과적이었다.

그러나 도감은 일이 끝나도 없어지지 않고 계속 존재하면서 상설기구처럼 되어 갔다. 문종대에 관제가 정비되면서 식목도감·사면도감·영송도감 등이 6부나 寺監局처럼 관원 규정이 생겨난 것은 이를 말해 준다.

특히 무인집권기를 지나면서 도감의 비중은 더욱 높아졌다. 무인집권기 이후 정치운영이

---

76) 『朝鮮經國典』 卷13, 治典, 官制.

77) 이러한 경향은 "禮曹啓 …… 以此觀之 則凡大喪 有司各以其職供之 三代之制也 前朝之季 政教陵夷 百官廢職 故別立四都監十二色 都監曰殯殿國葬齋造墓 各色曰棺槨柳車服玩祭器小造喪帷鋪陳靈飯儀仗返魂玉冊喪服 以供喪葬之事 我太祖喪葬及恭靖大王喪葬 亦立四都監十二色以供之 蓋因前朝之舊而未革者也 今各司各供其職 無敢或怠 不必別立 今大行厚德王大妃喪葬 除國葬殯殿山陵三都監外 餘悉革罷 其所掌諸事 悉貴各司 提調率其屬 各以其職共之 今國葬都監督察辦備 上王從之"(『世宗實錄』 卷8, 世宗 2年 7月 乙酉)라고 한 것으로 보아 선초에도 계속 이루어졌던 것으로 생각된다.

파행적으로 이루어지면서 3성6부제가 제 기능을 발휘하지 못하는 가운데 왕이나 집정자들이 도감 설치로 문제를 해결하려 했기 때문이다. 무인집권기 이후 도감이 많이 설치되었다고 하는 백관지의 지적은 여기에서 비롯된 것이라고 하겠다. 이에 따라 도감은 마치 6부 이하 정상적인 관서들과 같은 역할을 하게 되고, 6부 이하 제 관서에 판사가 배속된 것처럼 도감에도 판사가 배속되었다. 도감의 판사 설치는 도감을 정상적인 관서처럼 인식하게 하고 도감의 지위도 상승시키는 역할을 하였다.

한편 도감의 계속적인 유지와 그 비중과 역할의 증대는 정상적인 관서의 운영을 마비시키는 결과를 낳았다. 이것은 도감이 담당하는 업무가 6부 이하 관서들의 업무와 겹치는 데서 발생한 문제였고, 관제가 정상적으로 운영되지 못한 데서 온 결과였다. 따라서 관제의 정상적인 운행을 위해서는 일단 6부 이하 관서와 겹치는 도감을 혁파하고 도감이 담당한 업무는 원래 관서로 되돌릴 필요가 있었다. 결국 조준·정도전으로 대표되는 신진사대부에 의해 도감의 정리가 단행되고, 조선시대에 들어가서도 계속적으로 진행되었다.

高麗時代 漣川遷都說에 대하여

朴 敬 子*

1. 머리말

우리 역사상 한 시기의 사회를 다음 시기의 사회로 전환시킨 경험은 적지 않지만, 그 중에서도 羅末麗初는 그 변동의 양상이나 성격에 있어서 특히 주목을 받고 있다. 그것은 첫째 이 시기의 사회변동이 다른 어느 시기의 변동보다도 외부세력이 개재되지 않고 우리 민족의 自主的 社會變動能力에 의해서 이루어졌기 때문이며, 둘째 이 시기의 변동은 新羅社會가 자체 내에서 스스로 배태시킨 反社會的·反文化的 요인으로 말미암아 자기 사회가 부정되고 새로운 사회가 구성된다는 점 때문이다. 나말여초의 이러한 역사적 전이과정을 주도하는 계층이 바로 豪族層이라 함은 잘 알려진 사실이다.[1] 신라하대의 호족은 일반적으로 중앙의 정쟁에서 도태된 귀족들이 낙향하여 지방세력화한 경우와 대대로 그 지방에 토착해 온 토착세력, 그리고 군진을 배경으로 성장한 군진세력들로 구별할 수 있다.

이와 같이 성장한 호족은 정치적으로는 독자적 지배권을, 경제적으로는 중앙과의 조직체계에 얽매이지 않았고 사상적으로도 族的인 질서가 아닌 儒敎的 合理主義를, 宗敎的 敎理보다는 개인적인 수양에 무게를 둔 禪宗에 관한 이해를 넓히는 등 新羅 중앙귀족 및 왕실과는 대립적인 성격을 갖게 되었다. 이것은 다시 말해 호족집단의 성격이 骨品制的 사회운영에 정면으로 대항하는 반신라적 체질을 가지는 것을 의미한다. 당시의 호족들이 그들 出身州나 城을 중심으로 '某州將軍' '某城將軍' 등으로 불리면서 독립 집단적 정치세력으로 등장하게 되는 것은 이러한 배경과 성격에 기인한다고 하겠다. 이와 같이 신라하대에 수많은 호족이 각 지역에 등장하였지만 漣州地方 호족의 존재는 현재로서는 확실치 않다. 그러나 弓裔의 세력이 이 지역을 중심으로 하여 형성된 것은 아닐까 추측해 볼 수는 있다. 왜냐하면 弓裔는 梁吉의 휘하에서 출발하여 中東部 數十縣을 점령하고 鐵圓을 중심으로 등장

* 대진대학교 사학과 교수

1) 金哲埈, 「韓國古代社會의 性格과 羅末麗初의 轉換期」, 『韓國古代社會研究』, 1975.

하여 황해도·경기도 지역의 통합세력으로 성장하기 때문이다.

따라서 본고에서는 이 시기에 궁예의 세력이 미쳤다고 생각되는 功成縣을 중심으로 漣川지역의 옛 모습을 살펴보고 고려시대 漳州라고 불린 漣川지역의 지방통치체제의 변동 등을 구체적으로 살펴보고자 한다. 그리고 고려말 적지 않게 논의된 천도설에 대하여 연천을 중심으로 한 近畿지역의 여러 지역을 살펴봄으로써 조선초 한양천도가 자연스럽게 이루어 질 수 있었던 배경을 찾고자 한다. 이렇게 고려말 집중적으로 이루어진 천도논의는 당시의 혼란한 사회상과 무관하지 않을 것이다. 이것은 고려 일대를 풍미한 풍수도참사상이 이 시기에 이르러서는 移御·遷都 중심으로 유행하면서 혼란한 사회상을 극복하려 했다는 점에서 주목되기 때문이다.

2. 弓裔와 功成縣

원래 연천지역은 고구려의 영토인 工木達縣(熊閃山)이었는데, 신라통일기에 功成縣으로 편제되었다가 고려시대에는 거의 대부분 漳州로 불렸다. 고려 후기 충선왕이 즉위한 후 避諱[2]하여 기존의 장주를 漣州로 개칭하였고, 漣川으로 불리게 된 것은 조선시대 가서의 일인 듯하다.[3]

신라말 특히 진성여왕 이후 신라의 중앙정부는 지방에 대한 통제력을 거의 잃고 말았다. 중앙의 통제권을 대신하며 중앙정부에 대해 독립적인 지위를 누리는 호족들이 각지에서 일어나고 있었기 때문이다. 그뿐 아니라 중앙의 통제력 부재 속에 도적들이 횡행하고, 또한 중앙정부에 대한 반란도 빈번하였다. 신라 하대의 혼란한 사회상황 속에서 연천이 어떠한 길을 밟아 갔는가는 나말여초에 이 지역을 일찍이 자기 세력화했던 弓裔의 활동 속에서 찾

2) 忠宣王의 이름은 '璋'인데 음역이 '장'과 같으므로 '漳'을 피하여 같은 뜻을 지닌 '漣'으로 쓰게 되었던 것 같다.

3) 연천의 연혁에 대한 기본사료는 『高麗史』(卷58, 志12, 地理3)라 할 수 있고, 『三國史記』와 『世宗實錄』 地理志, 『新增東國輿地勝覽』 등을 참고할 수 있다. 연천이 지금과 같이 연천으로 불리게 된 사실은 『高麗史』 지리지에는 나와 있지 않다. 『世宗實錄』 地理志에는, 공양왕대 지방제도 개편 기사를 인용하는 부분에서 '漣州'로 기록하고 있고, 조선시대 鐵原都護府의 領縣의 하나로는 '漣川'이라 기록하고 있다. 같은 책에서 한 곳의 지명을 이렇게 다르게 기록한 것은 고려 공양왕대와 조선시대의 연천이 분명 다르게 불리고 있었기 때문에 이를 구별하기 위해서라 생각된다. 또한 『三國史記』에도 공성현을 지금(고려)의 '獐州'라고 기록하고 있다. 『新增東國輿地勝覽』 연천현조에 "충선왕 때 지금의 이름으로 고쳤다"고 기록하고 있으나 이상의 다른 제반 기록들을 참고해 볼 때 '연천'이라 불린 것은 조선시대에 들어와서였다고 보아도 무리가 없을 듯하다. 충선왕 때에 가서 避諱하여 漳州를 漣州로 개칭했다는 『고려사』의 세가와 열전의 기록에 의하면, 고려시대 대부분의 기간 동안 연천은 '장주'로 불렸던 것 같다. 그러나 『고려사』나 『고려사절요』에서는 위의 개칭 기사 외에는 장주를 모두 연주로 기록하고 있다. 이는 두 사서가 모두 연천이 '연주'로 불리던 조선시대 초에 편찬된 사서이기 때문일 것이라 짐작된다. 따라서 여기서는 충선왕 이전까지는 漳州, 충선왕 이후부터는 연주라 부르기로 한다. 왜냐 하면 연천이란 지명은 조선시대에 와서 통용된 이름이기 때문이다.

아보기 시작해야 할 것이다.

『삼국사기』에 의하면, 弓裔는 신라 47대 憲安王 誼靖 혹은 48대 景文王 膺廉의 아들로 5월 5일 외가에서 출생하였으며, 10여 세까지 婢子의 손에서 키워지다가 世達寺에서 중이 되었다고 한다.[4] 진성왕 5년(891) 궁예는 竹州의 箕萱에게 귀의하였다가 그에게 천대받고 나와 다음 해 北原의 梁吉 휘하로 들어갔다.[5] 양길 휘하에 들어간 이후 궁예의 활동을 알려 주는 기사를 통하여 그의 출세 과정을 살펴보도록 하자.

> 景福元年(진성왕 6, 892)에 北原(原州)의 梁吉에게 가니, 吉이 잘 대우하며 일을 맡기었다. 드디어 군사를 나누어 주면서 동쪽으로 가서 공략하게 하니, 이에 그는 雉岳山 石南寺에 出宿하고, 酒泉·奈城·鬱烏·御珍 등을 습격하여 모두에게 항복을 받았다.
>
> 乾寧元年(진성왕 8, 894) 10월[6]에는 溟州(江陵)로 들어가니, 군사가 3천 5백 인이나 되었다. 이를 14隊로 나누어 金大黔·毛昕·長貴平·張一[7] 등으로 舍上을 삼고 사졸과 더불어 甘苦와 勞逸을 같이하며, 주고 빼앗고 하는 데 있어서도 公으로 하고 私로 하지 아니하니, 이로써 衆心이 그를 두려워하고 경애하여 將軍으로 추대하였다. (『삼국사기』 권50, 弓裔)

弓裔는 명주로 들어가서 장군을 칭하였다.[8] 나말여초의 '호족'이라 하면, 사료에 某某 지역의 城主나 將軍을 칭한 경우를 전형으로 삼고 있다.[9] 그에 비추어 볼 때 궁예가 장군을 칭하였다는 사실은 최소한 양길의 부하로서라기보다, 독립된 세력기반을 가진 자로서의 위상을 대외적으로 인정받고 있다는 사실을 말해 주는 것이라 생각된다.[10] 궁예에게 이 시기

---

4) 『삼국사기』 권50, 弓裔傳.

5) 『삼국사기』 권11, 진성왕 5년(891) 10월조에는 그 때 궁예가 양길의 명에 따라 정복활동을 한 것으로 되어 있다. 그렇다면 궁예가 양길의 부하가 된 것은 적어도 891년 10월 이전이어야 한다. 그렇지만 同書 弓裔傳에는 891년 기훤에게 의탁했다가 다음 해인 892년 양길의 부하가 된 것으로 기록하고 있다. 궁예의 행적에 관한 기사이니만큼 궁예 개인의 傳이 그 선후관계를 보다 주의를 기울여 기록하였을 것으로 생각된다. 따라서 본 글에서는 궁예전의 기사를 따르기로 한다.

6) 『삼국사기』 권11, 진성왕 8년(894) 10월조에 궁예가 북원으로부터 何瑟羅(강릉) 곧 명주로 들어갔다는 기사가 있다. 이에 열전에는 없지만 '10월'을 보충하여 넣는다.

7) 이병도 譯註(『삼국사기』, 1983, 397쪽)에 따른다. 이와 달리 김철준(「후삼국시대의 지배세력의 성격」, 『이상백박사회갑기념논총』, 1964/『한국고대사회연구』, 1975, 254쪽)은 金大·黔毛·昕長·貴平·張一로 읽었고, 조인성(「弓裔의 세력형성과 건국」, 『진단학보』 75, 1993, 2쪽)이 그의 견해에 따랐다. 또 정청주(「弓裔와 호족세력」, 『전북사학』 10, 1986, 12쪽)는 金大黔·毛昕長·貴平·張一로 읽는 등 다양한 견해가 있음을 밝혀 둔다.

8) 『삼국사기』 권11, 진성왕 8년 10월조에는 궁예가 장군을 자칭한 것으로 나온다. 자칭을 한 것이든 열전에서처럼 장군으로 추대를 받았든 그것은 그리 중요하지 않다. 중요한 것은 궁예가 이 시기에 장군을 칭했다는 사실이다.

9) 호족에 대해서는 그간 많은 연구성과가 있다. 연구자들이 城主·將軍을 칭한 자를 호족의 전형으로 보는 것은 일반적이다. '호족'이란 용어에 문제가 있음은 이미 지적된 바지만(이순근,「나말여초 '호족' 용어에 대한 연구사적 검토」, 『성심여자대학논문집』 19, 1987), 본 글에서는 나말여초 유력지방세력을 지칭하는 용어로서 아직까지 일반화되어 있는 '호족'을 그대로 사용하기로 한다.

10) 궁예가 장군을 칭하였다는 사실을 궁예의 독립으로 보는 것은 이미 지적된 바다(정청주, 앞의 글, 15

는 중대한 전환기였다. 즉 궁예가 장군을 칭한 이 시기는 후삼국 중의 하나인 후고구려 건국의 기틀을 마련한 때인 것이다.

궁예가 명주에 들어갈 당시 이끌고 있었던 무리가 6백여 명[11]이었는데, 명주에 들어가서는 3천 5백 명으로 늘어났다. 명주로 들어가는 과정에서 혹은 명주에서 2천 9백 명에 이르는 병력을 더 모았던 것이다. 또 3천 5백 명을 14대로 나누고, 그를 지휘할 舍上을 두는 등 부대 체제를 정비하였다는 것은 이를 뒷받침한다고 생각된다. 또 명주는 다른 지역과 달리 弓裔가 '들어갔다[入]'고 표현되고 있다.[12] 즉 다른 지역에 대해서는 '行襲'·'擊破'·'攻取' 등의 표현을 썼는데 여기서는 그냥 '들어갔다'고 하여 다른 지역과 구별하고 있는 것이다. 이는 명주지역의 호족들은 다른 지역의 경우와 달리 궁예에게 적극 호응하였거나 크게 저항하지 않았기 때문에 이렇게 표현하였으리라 짐작된다. 弓裔 부대의 증가 및 체제정비와 함께 명주지역의 호응은 弓裔의 자립에 커다란 역할을 했음에 분명하다. 궁예가 명주를 기반으로 어떻게 세력을 키워 나갔는지 다음의 사료를 통해 살펴보기로 하자.

> 이에 猪足(인제)·狌川(화천)·夫若(금화)·金城(금화군 금성면)·鐵圓(철원) 등 성을 격파하고 군사의 성세가 매우 떨치매, 浿西의 賊寇로서 와서 항복하는 자가 많았다. 善宗(弓裔)이 스스로 생각하기를, 무리가 많으므로 개국할 수 있다고 하여 임금을 자칭하고 내외의 관직을 설치하였다. 태조 왕건이 松岳郡에서 來投하자 곧 鐵圓郡太守를 제수하였다. (『삼국사기』 권50, 弓裔)
>
> 895년 8월 弓裔가 猪足(인제)·狌川(화천)의 두 군을 襲取하고 또 한산주 관내 夫若(금화)·鐵圓(철원) 등 십여 군현을 破하였다. (『삼국사기』 권11, 진성왕 9년 8월)
>
> 丙辰(896)에 (弓裔가) 철원(지금의 東州다)에 도읍하였다. (『삼국유사』 권1, 王曆 後高麗 弓裔)
>
> 3년(乾寧, 896) 僧嶺·臨江의 두 현을 공취하였다. (『삼국사기』 권50, 弓裔)

위의 사료에 나타나듯이 명주(강원도)를 기반으로 궁예는 매우 빠르게 세력을 펴나간다. 궁예는 명주에 들어간 지 겨우 10개월 후인 895년 8월 강원도 인제·화천을 자기세력화하고 금화 쪽으로 광주산맥을 넘어 철원까지 진출한다. 이미 광주산맥을 넘어 철원을 세력 하에 두고 있는 이 때, 철원과 경계를 같이하고 있는 연천지역도 궁예의 영향력에서 벗어나

쪽 ; 조인성, 앞의 글, 3쪽). 성주·장군을 칭하는 호족들이 대개 10세기 들어 많이 출현하고, 또 궁예가 장군을 칭하는 것은 거의 최초의 일이기 때문에 이 때 지방의 독립세력으로서 장군이라고 칭한 것으로 단정하기는 어렵다. 또한 궁예가 왕족의 후손이라고는 하나 이렇다 할 지지기반이 없는 상태에서 양길의 휘하로 들어간 지 불과 1년여 만에 양길로부터 완전히 독립하였다고 할 수 있을지도 의문이다. 그렇기는 하지만 그가 장군을 칭했다는 기록이 있는 것은 그가 최소한 일정한 세력기반을 갖추게 되었음을 보여주는 것임에는 분명하다 하겠다.

11) 『삼국사기』 권11, 진성왕 8년 10월조에는 何瑟羅(명주)로 들어갈 때 무리가 6백여 인이었다고 기록하고 있다.

12) 조인성이 앞의 글(3쪽)에서 지적하고 있다.

있다고 하기 어려울 것이다. 그것은 연천지역에 특기할 만한 호족세력이 보이지 않는 점에서도 추론이 가능하다고 본다. 즉 연천지역에 어느 정도의 세력을 가진 유력자가 없었기 때문에 주변지역이 궁예세력 하로 편입해 갈 때 연천도 더불어 그 영향력 아래 들어갔을 가능성이 크다고 할 수 있다. 궁예는 이 강원도 서쪽지역을 점령하면서 크게 세력을 키워, 마침내 임금을 자칭하고 내외 관직을 설치하기에 이르렀다.

이와 같이 궁예가 철원지역을 점령한 것은 궁예의 건국에 결정적 계기가 되었다. 철원지역을 점령한 뒤 浿西지역의 많은 호족들이 궁예에게 '귀부'하였고, 궁예는 드디어 철원에 도읍하고 건국하기에 이른다.[13] 그렇다면 철원지역은 구체적으로 궁예에게 어떤 기반을 제공했을까?

궁예가 철원지역을 점령하기 30년 전인 865년에 철원의 到彼岸寺에 鐵造毘盧遮那佛이 만들어졌다.[14] 이 불상은 도피안사의 '成佛之侍士'들과 1천 5백여 명의 香徒들이 조성하였다고 한다. '成佛之侍士'들은 도피안사의 승려들이었을 것으로 보인다.[15] 이 1천 5백 명에 대해서는 구체적으로 알 수 없지만 대부분은 철원과 그 인근지역 주민이었을 것이다.[16] 身高 100.5cm에 달하는 이 불상[17]을 만든 사람들은 대체로 어느 정도 경제적인 여유를 갖고 있었던 농민들, 아마도 자작농이 아니었을까 한다.[18] 이렇게 대규모 철불을 자체적으로 만들 수 있었던 이 지역의 경제적 능력은 궁예가 건국하면서 철원을 근거지로 삼은 한 가지 이유가 될 수 있다고 본다.

경제적 능력과 함께 철원지역민들이 불상을 만들게 된 사상적 배경 또한 궁예와의 연관성을 지울 수 없게 한다. 향도들은 석가가 입적한 후 '三十(千)光'이 비치지 않은 지 1806년이 되었음을 슬퍼하여 불상을 조성하였다고 한다. 일반적으로 석가가 입적한 후 正法 오백년, 像法 천년이 지나면 말법의 시대, 곧 말세가 온다고 한다. 향도들이 당시를 하필 석가가 입적한 해를 기준으로 계산하여 1806년이 되었다고 하였음은 곧 그들이 당시를 말세라고 인식하였음을 알려 준다고 하겠다. 도피안사의 향도들이 주로 철원 일대의 호족들과 자영농들로 구성되어 있었던 것임을 볼 때, 그러한 처지의 향도들이 말세의식을 갖고 있었다면 하층농민들은 더욱 그러하였을 것이다. 말세를 구제할 수 있는 것은 미륵불의 하생뿐이라고 믿어지기도 하였다는 사실을 떠올리면, 철원 등지의 점령지 주민들은 미륵불 하생의 이상세계가 곧 올 것이라 내세우는 궁예에게 적극적으로 호응할 수 있었을 것이라 생각된다.[19]

---

13) 『삼국사기』 권50, 弓裔傳.
14) 「到彼岸寺 毘盧遮那佛造像記」, 『朝鮮金石總覽(上)』, 54~55쪽.
15) 채웅석, 「고려시대 향도의 사회적 성격과 변화」, 『국사관논총』 2, 1989, 96쪽.
16) 문명대, 「신라하대 비로자나불상조각의 연구(속) - 신라하대 불교조각의 연구(2) - 」, 『미술자료』 22, 1978, 31쪽.
17) 문명대, 「신라하대 불교조각의 연구(1)」, 『미술자료』 21, 1977, 19쪽.
18) 조인성, 앞의 글, 20~21쪽.

이처럼 철원의 경제력과 지역민들의 적극적인 호응, 패서호족들의 귀부에 힘입어 궁예는 임금을 자칭하고 내외 관직을 설치할 수 있었다. 왕건 집안이 궁예에게 귀부한 것도 바로 이즈음의 일이다. 연천지역이 궁예에게 들어가는 것도 이 때로부터 멀지 않은 시기였을 것으로 추측된다. 진성왕 10년(896), 이 해 궁예는 현재 연천지역인 僧嶺과 長湍인 臨江을 점령한 것으로 나타난다. 따라서 늦어도 896년에는 연천이 궁예의 세력 하에 편입되었다고 보아 좋을 것 같다. 군사적 기반이 강하였던 평주의 대호족 朴遲胤을 비롯한 패서호족들[20]과 상당한 경제력을 확보하고 있었던 왕건가와 제휴하였던[21] 궁예는 효공왕 2년(898) 7월 철원을 떠나 송악(개성)으로 천도하였다. 이것은 궁예가 천도한 의도를 엿볼 수 있게 하는 부분이다. 즉 궁예가 패서호족인 박지윤과 송악호족인 왕건가와의 결합을 공고히 하여 그들의 군사적·경제적 기반을 활용하려는 의지의 표현이라고 할 수 있다. 송악으로 천도한 이듬해인 899년 궁예는 북원을 중심으로 대세력을 형성하고 있던 양길과 겨뤄 승리를 거두었는데, 이는 궁예의 송악천도가 성과를 거두었음을 말해주는 것이다.

양길을 격파함에 따라 그 이듬해(900) 궁예는 남쪽으로 영역을 늘릴 수 있는 기회를 얻을 수 있게 되었다. 廣州와 唐城(南陽)을 수중에 넣음으로써 弓裔는 한강 하류유역을 확보하고, 나아가 서해 활동의 기반을 다짐으로써 해상으로부터 후백제를 견제할 수 있게 되었다. 이러한 정복활동의 성공적 수행은 901년 궁예가 후고구려를 세울 수 있는 바탕이 되었다고 할 수 있다.[22]

이후 경명왕 2년(918) 洪儒·裵玄慶·申崇謙·卜智謙 등이 모의하여 왕건을 추대하고 혁명을 일으키니 백성들도 이에 호응하여 궁예를 축출하고 왕건이 왕위에 오르는 상황이 되었다. 이제 연천지역은 다른 태봉지역과 마찬가지로 왕건의 고려로 편입하게 되었으며 이후 고려의 양계로, 혹은 경기도 州縣의 일부로 통치되었다. 왕건은 국호를 다시 고려라 하여 고구려의 부흥과 계승이념을 뚜렷이 하였다. 다음 해에는 서울을 자신의 본거지인 송악으로 옮기어 자신의 정치적·군사적인 기반을 확고히 하였던 것으로 보인다. 이렇듯 궁예와 왕건이 철원과 송악을 오가며 세력을 확장하고 있을 때 통일신라시대 공성현으로 불렸던 연천지역도 그들과 浮沈을 함께 하였을 것이라 생각된다.

3. 高麗時代의 漳州(漣州)

고려시대에 연천지역은 어떤 길을 걸었을까? 고려시대 지방제도가 본격적으로 정비되기

19) 조인성, 위의 글, 23쪽.
20) 정청주, 「신라말 고려초 호족의 형성과 변화에 대한 一考-平山朴氏의 一家門의 實例 檢討-」, 『역사학보』 118, 1988, 3~15쪽.
21) 박한설, 「후삼국의 성립」, 『한국사(3)』, 국사편찬위원회, 1976, 635쪽.
22) 하현강, 「고려건국의 경위와 그 성격」, 『한국중세사연구』, 1988, 25~27쪽.

시작한 것은 성종대다. 연천지역 역시 성종 14년이 되어서 團練使를 두었다는 기록이 첫 지방관 파견기사로 등장한다.[23] 통일신라시대 鐵城郡 功成縣으로 편제되었던 연천은 고려시대에는 주로 漳(獐)州라는 이름으로 불렸으나 언제부터 그렇게 불렸는지 확실한 기록을 찾기 어렵다. 그렇더라도 본고에서는 고려 전 시대의 대부분을 漳州로 이름하였던 명칭을 그대로 살려 명칭이 변경되는 충선왕 때까지는 漳州라고 하기로 한다.

고려 초기에는 지방호족세력이 강대했던 반면 중앙 행정력은 매우 미약했기 때문에 지방관을 파견하기 어려웠다. 태조는 서경을 경영함으로써 왕실세력의 기반을 보완하거나 군사상의 목적으로 鎭과 都督府·都護府 등 특정지역을 두어 경영하였다 함은 잘 알려진 사실이다.

태조 23년(940) 왕건은 州府郡縣의 칭호를 고치는 등 지방통치에 관심을 기울이는 것으로 나타난다.[24] 이 지방제도 개편의 특징 중 하나는 대소 읍격에 관계없이 州가 많이 생긴다는 것이다.[25] 이처럼 같은 해에 주부군현의 칭호를 고친 것을 태조의 군현 장악으로 보아야 한다며 적극적인 해석을 하려는 견해도 있고,[26] 또 신라적 내지는 후백제적인 지방행정체계를 명칭상으로나마 고려적인 것으로 개편하려 한 것이었다는 견해도 있다.[27] 결국 태조 때의 지방통치조직은 크게 호족의 지배력이 강한 지역인 주현지역과 군사상의 요충지역인 진·도호부·도독부 지역, 그리고 왕실세력의 기반이 되는 지역인 서경에 따라 각각 차이가 있었다고 보아야 할 것이다.[28]

태조 때의 군현제 개편은 三韓功臣의 책정, 役分田의 제정 등과 밀접한 관련이 있는 일련의 조처였다. 이리하여 태조 말년에는 군현 단위의 작은 주와 이보다 큰 주가 섞여 있는 상태였다. 이들 지역에는 외관이 파견되지 않고 대체로 지방세력의 자치에 맡겨져 있었다. 다만 도호부·도독부 등의 일부 지역에만 외관이 존재하였다. 이러한 군현제의 혼란상은 왕권의 강화와 더불어 개편될 필요성을 내재하고 있었던 것이다.

고려 성종 이전 연천은 태조 23년 지방제도가 개편되면서 새로이 漳州라는 이름을 갖게 되었던 것이 아닐까 생각된다. 왜냐 하면 이 때 지방제도 개편의 특징 중 하나로서 대소 읍격에 관계없이 주가 많이 생긴다는 점에서 추측이 가능하기 때문이다. 그러나 고려시대 전체를 보아도 지방관이 파견되지 않은 지역이 더 많아서 지방행정이 주로 향리에 의해 운용되었다는 점[29]을 생각하면, 고려 초기처럼 아직 지방제도가 틀을 잡지 못한 때에 漳州(연

23) 『고려사』 권58, 지리3, 東州 領縣 漳州縣.
24) 『고려사』 권2, 태조 23년 3월조 ; 권56, 지리1 ; 『고려사절요』 권1, 태조 23년 3월.
25) 김갑동, 「'고려초'의 州에 대한 고찰」, 『고려사의 제문제』, 삼영사, 1986.
26) 변태섭, 「고려초기의 지방제도」, 『한국사연구』 57, 1987 ; 박종기, 「고려태조23년 군현 개편에 관한 연구」, 『한국사론』 19, 1988 ; 박종기, 「고려사 지리지의 '고려초' 年紀 實證」, 『이병도구순기념논총』, 1990 ; 김갑동, 「고려 태조대 군현의 來屬關係形成」, 『한국학보』 52, 1980.
27) 이기백, 「高麗 太祖時의 鎭」, 『역사학보』 10, 1958/『고려병제사연구』, 1966, 일조각.
28) 하현강, 「지방의 통치조직」, 『한국사(13) - 고려전기의 정치구조 - 』, 국사편찬위원회, 1993, 160~161쪽.

천)지역의 행정은 고려의 중앙에서 미처 향리로도 파악되지 못하고 있는 연천지역 유력자에게 맡겨져 있었을 것으로 짐작된다. 이제 연천지역의 지방통치체제의 대강을 살펴봄으로써 고려시대 漳州(연천)에 대한 이해를 돕고자 한다.

1) 성종 14~목종 8(團練使시대)

지방세력의 자치에 맡겨졌던 연천지역에 처음으로 중앙에서 외관이 파견된 것은 앞에서 언급한 대로 성종 14년(995) 漳州에 團練使가 파견되면서부터다. 성종이 지방제도의 정비에 착수한 것은 성종 2년(983)의 일이다. 성종은 12목을 설치하고[30] 향리제를 정비하는[31] 등 지방제도의 정비작업에 힘을 쏟았다. 12목이 실제로 실시된 것은 설치에 이은 몇 가지 조치들로 알 수 있다. 12목 설치 당시에는 외관만 부임케 하였으나 성종 5년(986)에는 12목에 대하여 처자들을 거느리고 부임케 하여,[32] 지방관이 안정된 생활기반 위에서 지방행정에 전념토록 하였다. 또한 경제적 기반 조성에도 힘써 성종 2년 州・府・郡・縣・館・驛에 田地를 지급하였다.[33] 성종 6년(987) 8월에는 12목마다 경학박사와 의학박사 각 1인씩을 뽑아 보내어 지방교육을 담당하게 하는 한편[34] 성종 12년(993)에는 兩京・12牧에 상평창을 설치하여 물가조절의 기능을 맡게 하기도 하였다.[35]

성종은 동 14년(995)에 다시금 지방제도 개편을 단행한다. 성종 2년부터 실시된 12牧에 節度使를 두어 12절도사제로 바꾸고 10道制[36]를 시행한 것이다. 절도사체제는 당나라에서 安史의 난 후 지방을 절도사 이하 관찰사・단련사・방어사 등 군사적으로 편성한 제도였음은 다 아는 바와 같다. 고려도 이러한 唐制에 따라 12목이 설치된 큰 주에 12절도사를 두고 7都團練使・11團練使・15刺史・21防禦使・15刺史를 설치하여 군사적인 절도사체제로 개편하였다.

목을 절도사제로 바꾼 것은 단순한 명칭변경이 아니었다. 이 때에 와서 군사적인 면이 크게 강조되고 있는 것이다. 14년에 이런 조치가 취해진 배경은 확실치 않지만, 서로 상반되는 두 가지 견해가 있다. 하나는 군사적인 조직으로 지방 호족세력을 통제하여 중앙집권을 꾀한 조치일 것이라는 설[37]과 다른 하나는 당시 외관이 파견된 지역은 고려에 호의적인 호

29) 박경자, 『고려시대 향리연구』, 숙명여대 박사학위논문, 1986.
30) 『고려사』 권3, 성종 2년 2월 戊子.
31) 『고려사』 권75, 銓注 鄕職, 성종 2년 ; 『고려사절요』, 성종 2년 12월 改州府郡縣吏職. 그리고 박경자, 「고려향리제도의 성립」, 『역사학보』 63, 1974 등 다수의 논문이 이를 밝히고 있다.
32) 『고려사절요』, 성종 6년 8월.
33) 성종 12년에는 州・府・郡・縣・驛路에 公廨田柴를 지급하였다(『고려사』 권78, 志32, 食貨1, 田制 田柴科).
34) 『고려사절요』, 성종 6년 8월.
35) 『고려사절요』, 성종 12년 2월.
36) 『고려사』, 성종 14년 9월 庚戌 ; 권56, 지리지1 ; 『고려사절요』, 성종 14년 7월.

족이 지배하였던 곳이라는 사실을 들어, 이들 지방세력을 대소 지방제도의 조정 과정에 반영하기 위한 조치라고 보는 설이 그것이다.[38] 확신할 수는 없지만 節度使・團練使 등의 명칭과 그 역사적 연원을 볼 때 군사적으로 주요한 지역을 중심으로 중앙에서 장악해 나가고자 했던 것이 아닐까 생각된다.

절도사를 두었던 12주는 關內道의 楊州・海州・廣州・黃州, 中原道의 忠州・淸州, 河南道의 公州, 江南道의 全州, 嶺南道의 尙州, 山南道의 晉州, 海陽道의 羅州・昇州인데, 嶺東道・朔方道・浿西道에는 절도사를 두지 않았다. 이 해에 영동도에는 東京留守使, 패서도에는 西京留守使를 설치하였다. 그리고 이보다 작은 주에 7都團練使・11團練使・15刺史・21防禦使를 설치하였다. 이 때 關內道의 抱州(포천)・水州(부평)・衿州(시흥)・竹州(죽산), 朔方道의 交州(회양)・春州(춘천)・東州(철원)・登州(안변)・溟州(강릉)・陟州(삼척)와 함께 지금의 연천지역인 朔方道의 漳州에도 단련사가 두어진 것으로 파악된다.[39]

그러나 이 절도사제는 실제 행정 면에서는 큰 성과를 거두지 못한 것 같다. 10년 후인 목종 8년(1005)에 12節度使와 4都護府, 東西 北界 防禦鎭使・縣令・鎭將만을 두고, 나머지 觀察使・都團練使・團練使・刺史 등이 모두 혁파되기 때문이다.[40]

성종 14년(995) 10도제 실시와 함께 많은 외관이 파견되면서 漳州는 10도 가운데 朔方道로 편제되고 동시에 團練使가 파견되어 중앙의 통치를 받게 되었던 것으로 보인다. 그러나 불과 10년 후인 목종 8년(1005)의 지방제도 개편 때 漳州의 團練使도 다른 단련사들과 함께 혁파되었을 것으로 짐작된다.

2) 목종 8년~명종 5년

지방제도의 기본구조가 정비되는 현종대는 그로부터 얼마 멀지 않다. 현종대에 지방제도의 기본구조가 틀을 잡았다는 사실은 고려 지방제도의 연혁을 기록하고 있는 『고려사』 지리지가 현종 9년(1018)의 지방제도를 기준으로 편성되어 있다는 사실에서 잘 알 수 있다.

이미 현종 초부터 지방제도의 개편은 추진되고 있었다. 현종 3년(1012) 정월에 성종 14년(995) 이래 지속되어 오던 12절도사를 혁파하고, 그 대신 5都護・75도안무사를 설치하였다.[41] 이어 현종 9년 2월에 諸道의 안무사를 파하고 4都護 8牧을 두었으며, 그 아래에 56지주군사・28진장・20현령을 설치하였던 것이다.[42] 이제 고려의 지방제도는 4도호 8목을 중

---

37) 김광수, 「나말여초의 지방학교문제」, 『한국사연구』 7, 1972. ; 김광수, 「나말여초의 호족과 관반」, 『한국사연구』 23, 1979 ; 채상식, 「정토사지 법경대사비 음기분석」, 『한국사연구』 36, 1982.
38) 이순근, 「고려초 향리제의 성립과 실시」, 『김철준박사화갑기념논총』, 지식산업사, 1983.
39) 『고려사』 권56~58, 지리지1~3.
40) 『고려사절요』, 목종 8년 3월.
41) 『고려사절요』 권3, 현종 3년 정월.
42) 『고려사』 권56, 志10, 地理1.

심으로 그 아래에 중앙에서 지방관을 상주시키는 56개의 州·郡, 28개의 鎭, 20개의 縣으로 편성되었다. 이렇게 만들어진 지방관직은 문종대의 外職[43]과 外官祿俸의 제정[44]을 통해 일단 제도적으로 완비된 것으로 보인다.

현종 9년(1018)에는 지방관제의 정비와 함께 지방세력에 대한 구체적인 통제책이 단행되었다. 주부군현의 정의 대소에 따라, 戶長 이하 향직의 인원수를 규정하였다. 이는 성종 2년(983)의 향리통제책[45]에 이어 보다 구체적인 정책이 제시되었던 것이다. 또 호장 이하 史급에 이르기까지의 공복을 제정하고,[46] 지방관의 임무로서 吏職에 대한 감찰을 강조하고 있다.[47] 그리고 각 지방에 파견된 지방관은 그 지방의 호장을 직접 擧望하여 給貼하게까지 되었다.[48] 이렇게 됨으로써 지방세력은 지방관의 행정을 보좌하는 향리직으로 제도화된 같다.[49] 그리고 현종대 정비된 지방세력 통제책은 덕종·정종을 거쳐 문종대에 이르면 제도적으로 더욱 보강된 것으로 나타난다.

현종대에 지방제도의 기본구조가 마련되었지만 전국의 모든 州府郡縣에 외관을 파견하지 못하는 고려의 중앙정부로서는 그 대안으로서 각 지방 향리들을 조직화하고 체계화하였다. 목종 8년(1008)에 단련사조차 혁파된 뒤 외관 없이 속현으로 있었던 漳州는 고려 초기의 지방세력과는 다른 면모를 갖추게 된 향리들에 의해 지방행정이 이루어졌을 것으로 짐작된다.

3) 명종 5년~ ? (監務시대)

지방제도의 정비 과정에서 특기할 만한 사실은 예종대(1009~1031)에 또 나타난다. 속현에 대한 監務의 파견이 그것이다. 현종 9년(1018) 당시에는 현령관이 많아야 29현 정도였으므로, 335현에서 이들 29현을 뺀 306현은 외관을 두지 않은 속현이었던 셈이다. 고려국가는 이 속현을 줄이려는 노력을 계속하였다. 감무 파견은 이런 상황을 전제로 하여 시행되었다. 감무는 예종대를 시작으로 하여 인종·명종·공양왕 때까지 계속해서 파견되었다. 감무를 파견했던 이유는 넓게 보면 중앙집권화의 진전 내지 제도정비의 일환이겠지만, 구체적으로는 당시 국가의 입장에서 流民安集과 더불어 所의 장악 및 수조권자에 대한 통제의 필요성이 있었기 때문이라 생각된다.[50] 그러나 감무가 파견된다고 해서 바로 고려 지방제도의 중

---

43) 『고려사』 권77, 志31, 百官2, 外職.
44) 『고려사』 권80, 志34, 食貨3, 祿俸.
45) 『고려사』 권75, 選擧志3, 銓注 鄕職條.
46) 『고려사』 권72, 志26, 輿服 冠服.
47) 『고려사』 권75, 志29, 選擧3, 選用守令, 현종 9년 2월. 州府의 관원이 봉행해야 할 6조를 새로 제정하였는데, 그 가운데 제2조는 黑綬長吏의 能否를 살피는 것이고, 제6조는 향리의 錢穀散失을 살피는 것이다.
48) 『고려사』 권75, 志29, 選擧3, 鄕職, 현종 9년 判.
49) 하현강, 앞의 글, 168쪽.

요 특성인 영속관계가 해체되지 않는다. 고려정부는 현령관과 감무를 엄격히 구분하여 현령관을 파견하였을 때에는 영현으로 승격시켰으나, 감무를 파견하였을 때에는 여전히 속군현으로 취급하였던 것이다.[51]

예종 1년(1106)부터 시작된 감무의 파견은 고려 중기와 후기를 거쳐 조선 태종 때까지 계속되었고 태종 13년(1413) 감무를 縣監으로 개칭할 때까지 약 2백여 군현에 두고 있었다. 감무는 유주・안악・장연 등에 처음 두었고, 이후 牛峯 등 24개 현, 예종 3년(1108)에는 土山 등 41개 현, 인종 21년(1143)에는 개성 및 경기 이남지역 8개 군현, 명종 2년(1172)에는 尙州牧・羅州牧의 속군현을 중심으로 한 49개 현, 명종 5년(1175)에 漳州를 포함한 10개 군현, 1176년에 5개 군현, 그리고 설치 연대는 정확히 알 수 없으나 後置로 기록된 47개 군현 등 고려 중기에 집중적으로 설치되었다. 그 뒤에 꾸준히 수가 늘어, 공양왕 1년(1389) 개성부 소속의 4개 군현 등 6개 지역, 동 2년(1390)에는 경상도지역 25개 군현을 비롯한 29개 군현, 동 3년(1391)에는 北界 2개 지역을 포함한 7개 縣鎭에 감무가 설치되어, 고려시대 전체를 통해 2백여 지역에 감무가 설치되었다. 연천지역에는 명종 5년(1175)에 비로소 감무가 파견되어 중앙의 통제를 받은 것으로 나타난다.

감무의 설치목적은, 유망민을 토착・안정시켜 여진정벌로 국가에서 필요로 했던 조세와 역을 효과적으로 직접 확보하기 위해서였으며, 아울러 중앙으로부터 지방관을 파견함으로써 중앙집권화를 꾀하는 데에도 효과를 거둘 수 있었기 때문이다. 이러한 근본목적 외에도 국왕의 유모가 태어난 향리, 鐵場(대장간)의 설치에 따른 지방행정의 강화, 國師 등 승려의 거주지 및 왕비의 친가가 있는 곳, 지방민의 軍功, 원나라와 외교관계에 따른 통역의 공적 및 權臣의 강권에 의한 건의 등이 동기가 되어 감무가 설치되기도 하였다. 처음 감무 설치의 목적과는 달리 실제는 감무가 權臣의 私人이 되어 지방에서 권신의 토지겸병 및 재물을 관리하여 자신의 승진 계기를 도모하기도 하였다.

명종대 이후 지방에 파견된 관인들의 부패로 지방행정은 제대로 시행되지 못하였다. 현령과 감무는 대민안정에 진력하기보다는 권세가에 기생하는 형편이었고, 왕명을 받고 파견된 별감조차도 權貴를 섬겼다. 이에 더하여 권세가들이 군현의 官格조차도 마음대로 바꾸는 현실 속에서 정연한 지방제도를 운영하는 것은 매우 어려웠다.

당시 권세가들은 유민안집을 목표로 파견된 감무를 자신의 지방 장악을 위한 도구로 활용하였다. 권세가들은 이를 위하여 외관 선발의 원칙을 무시한 채, 등과 출신보다는 천거를 통해 외관을 충원하였고, 이렇게 파견된 외관들은 국가 행정보다는 중앙지배층의 사적 이익을 위하여 활동하였다. 국가기구의 사적 운영의 경향은 외관뿐 아니라 관격을 자의로 조정하는 것으로 나타났다. 군현의 관격은 국가에 일정한 공이 있거나 반역 등으로 문제가 있을

50) 이인재, 「고려 중후기 지방제 개혁과 감무」, 『외대사학』 3, 1990.
51) 하현강, 앞의 글, 168~169쪽.

때 조정하는 것이 상례다. 그러나 당시에는 권세가들이 內·外鄕이라고 해서 관격을 올렸고, 혹은 元 사신의 청탁에 의하여, 군현인의 뇌물에 의해서도 군현이 승격되었다. 정상적인 군현의 승격에는 속현이나 부곡의 移屬이 뒤따르는 것이 통례였는데, 이렇듯 자의적인 군현 승격 결과 수령과 향리의 지배구조는 흔들릴 수밖에 없었다. 또한 여러 이유로 관격이 승격된 군현에서 권세가의 횡포가 커짐은 쉽게 추측할 수 있을 것이다.

명종대 이후의 외관제는 국가기구로서 정연한 지배체제를 갖추지 못하였고, 지방파견관의 종별과 직무한계 등이 권문세가의 자의로 정해지고 있었다. 戶口와 田丁數에 따라 정해지는 군현의 관격조차 권세가의 뜻에 따라 昇降이 되는 현실에서 지방제도의 정비나 운영은 기대할 수 없었다고 하겠다.

명종 5년(1175) 漳州에 監務가 파견되었다고는 하나 이와 같은 상황에서 그 감무가 제 역할을 해 낼 수 있었는지 의문이다. 공민왕 때 제반 개혁의 일환으로 지방제도 개혁도 전개되지만[52] 그다지 괄목할 만한 성과는 보지 못하였던 것 같다. 따라서 이 시기에 장주에 파견된 감무는 일시 僧嶺을 겸하여 업무를 수행하였는데, 그도 다른 감무들과 마찬가지로 곧 개인의 영달을 도모하거나 권세가에 의지하여 지방제도의 정비나 개혁은 기대할 수 없었을 것으로 짐작된다. 고려시대 대부분의 시간을 漳州로 지내다 충선왕대부터 漣州라는 이름을 갖게 된 연천지역은 고려시대에 때로 단련사나 감무와 같은 외관이 한시적으로 파견되기도 하였으나 대체적으로는 지역 토호 출신인 향리에 의해 행정이 이루어졌을 것이라 생각된다.

고려시대 漳州는 성종 14년(955) 朔方道 소속으로 단련사가 파견된 곳이었는데, 목종 8년(1005)에는 團練使가 혁파되고, 명종 5년(1175)에 監務가 파견되었다. 한편 삭방도 소속이었던 漳州는 적어도 현종대(1009~1031)에는 교주도 소속으로 바뀌었다고 생각된다. 그것은 현종 9년(1018)의 지방제도를 기준으로 편성된 『고려사』 지리지에 漳州가 交州道의 東州 소속현으로 기록되어 있기 때문이다. 그러다가 문종 23년(1069)에 京畿가 확대되면서 漳州는 大京畿로 편입되었다.[53] 이 大京畿가 언제 原京畿로 되었는지는 기록에 전혀 나타나지 않는다. 그러나 大京畿가 적어도 예종(1106~1122) 초에는 실시되지 않았음이 분명한 것으로 보아, 이 때부터는 다시 原京畿制가 실시되고 있었다고 하겠다.[54] 이 때 장주는 다

52) 공민왕대 이후의 군현제 개혁은 크게 네 가지 방향에서 진행되었다. 이전 외관 파견의 관행이 되었던 외관천거제의 擧主 자격을 제한하고, 천거 책임을 분명히 하였다. 외관의 자격을 6품 이상으로 하여 그들의 지위를 보장하였으며, 이를 위하여 외관으로 나가는 자들은 기본적으로 登科士類를 원칙으로 하였다. 한편 수령의 인사고과 기준도 분명히 제시하여 이를 따르도록 하고, 이를 위하여 임기도 보장하고자 하였다(『고려사』 권75, 選擧志3, 選用守令, 공민왕 11년 5월, 12년 5월, 신우원년 2월 등 ; 이혜옥, 「고려시대의 수령제도」, 『이대사원』 21, 1985 참조).

53) 『고려사』 권56, 지리지, 王京開城府, 공양왕 2년조.

54) 예종 원년(1106)에 楊廣忠淸州道가 성립하고, 이듬해에는 이 楊廣忠淸州道와 全羅州道·慶尙晉州道에 諸道按撫使가 분견되어 按察使道가 형성되기 시작하였으니, 이것은 대경기에 편입된 것으로 되어 있는 楊州가 楊廣忠淸道도 개편되고 원경기가 복구됨을 표시하는 것이다(변태섭, 「고려시대 경

시 교주도 소속으로 바뀌었을 것이다. 명종 8년(1178)에 장주의 상급행정기구가 春州道로, 또 춘주도는 東州道로 바뀌었다. 원종 4년(1263)에는 동주도가 다시 交州道로 바뀌었으며, 교주도는 일시적으로 충숙왕 원년(1313)에 淮陽道, 우왕 14년(1388)에는 交州江陵道로 불리기도 했다.[55] 그리고 공양왕 2년(1390) 경기의 확대에 따라 연주는 다시 경기좌도에 소속하게 되었다.[56] 이렇게 漳州는 고려의 지방제도 개편과 함께 여러 차례 그 소속이 바뀌었는데 이는 漳州의 지리적 위치와 관련이 있다고 하겠다.

이상에서 漳州를 중심으로 간단히 설명한 고려의 지방제도를 이해를 돕기 위해 표로 정리해 보았다. 『고려사』 권56, 지리지1의 서문에서는 먼저 五道兩界의 이름을 들고 이어서 그들이 '京4, 牧8, 府15, 郡129, 縣335, 鎭29'를 총괄한 듯이 서술하고 있다. 이들의 구조를 도표로 풀어 보면 <표 1>과 같다.

앞서 언급하였듯이 고려시대 지방제도에서는 지방의 명호보다 그 지역에 외관이 파견되었는지의 여부가 더 중요하기 때문에 아울러 이들 행정구역의 관원을 『고려사』 권77, 百官志2, 外職條에 의거하여 품계별로 분류해 보면 다음 <표 2>와 같다.

<표 1>

	京	大都護府	牧	大都督府	都護府	知事府	領郡	領顯	鎭	屬府	屬郡	屬縣
王 京	1										1	12
楊廣道	1		3		1	1	5	3			22	75
慶尙道	1		2			2	6	3		1	24	89
全羅道			2			2	5	8			13	74
交州道							3				5	20
西海道		1	1				3	2	1		3	14
東 界				1	1	2	13	8	16			17
北 界	1	1				2	26	6	12			4
합 계	4	2	8	1	2		61	30	29	1	68	305

<표 2>

	3품 이상	4품	5품	6품	7품	8품	9품
京	留守(知西京留守官)	副留守		判官	司祿, 掌書記	法曹	醫師, 文師
都護府・牧	使	副使		判官	司祿, 掌書記	法曹	醫師, 文師
防禦(州)鎭 州府郡			使 (知事)	副使	判官		
縣 鎭					令 將	尉 副將	

기의 통치제」, 『고려정치제도사연구』, 1971, 253~254쪽). 이 때 漳州도 교주도로 그 소속이 바뀐 것으로 짐작된다.

55) 『고려사』 권58, 地理志3, 交州道.

56) 『고려사』 권56, 지리지1, 王京開城府.

4. 高麗後期 漣州遷都說

고려시대 천도논의는 적지 않은데 대체로 천도와 관계된 일은 풍수도참사상과 깊은 관련을 갖고 나타난다. 고려 일대를 통해 풍미하였던 이 풍수도참사상은 고려 전기에는 建國·統一 중심의 도참설이 유행하였고, 중기에는 延基·巡駐 중심으로, 후기에 이르러서는 移御·遷都 중심의 도참설이 유행한 것으로 나타난다.[57]

고려시대 천도지로서 가장 먼저 거론할 수 있는 지역은 역시 지금의 서울지역이다. 그 내용은 고려 肅宗 때 術士로서 나말의 道詵의 계승자임을 자처하던 金謂磾의 상소문에서 살펴볼 수 있다.

> 道詵의 秘記에 이르기를 고려에 三京은 松嶽에 中京을, 木覓壤에 南京을, 平壤에 西京을 두어, 11월·12월·정월·2월은 중경에 머물고, 3월·4월·5월·6월은 남경에 머물며, 7월·8월·9월·10월에는 서경에 머물면 36국이 와서 조공할 것이라고 하였습니다. 또한 건국한 후 160여 년에 목멱양에 도읍한다고 하였는데 신은 지금이 바로 新京에 巡駐할 때라고 봅니다. …… 그런데 지금 우리 나라에는 중경과 서경은 있으나 남경이 없습니다. 원컨대 삼각산 남쪽 목멱양 북쪽 벌판에 도성을 건립하고 때를 맞추어 巡駐하십시오. (『고려사』 권122, 金謂磾傳)

이 때 김위제는 남경 건립과 아울러 삼경의 巡駐를 건의하고 있다. 그러나 김위제가 건의하고 있는 것은 단지 그뿐만이 아닌 듯한데, 그것은 그가 앞의 인용문을 상소한 것이 남경으로 천도하기를 청하고자 한 것[58]이라고 기록하고 있기 때문이다. 또한 위의 인용문 중 건국 후 160여 년에 목멱양에 도읍한다는 일을 인용하면서 목멱양에 남경 건설을 건의하는 것인데, 이 상소가 이루어지는 때가 바로 태조 왕건이 후삼국을 통일한 지 꼭 160년이 되는 1096년(숙종 원년)이다. 태조의 건국으로부터는 160여년 이 되는 셈이다. 김위제는 도선의 秘記와 踏山歌 등의 내용을 들어 남경의 건립과 巡駐, 더 나아가 남경으로의 천도를 건의하고 있는 것 같다.

이 김위제의 상소가 고려시대 천도와 관련된 논의의 시작으로 보인다. 이 때 日官인 文象이 김위제의 의견에 동의하였고, 또 예종 때(1105~1122) 殷元中이 도선의 說로 상서하여 말하기도 했다.[59] 이와 같은 도선의 참설은 후일 묘청의 서경천도운동에도 영향을 미쳤던 것 같다. 즉 인종 6년(1128) 묘청은 다음과 같이 상서하고 있는 데서 이를 짐작할 수 있다.

---

57) 이병도는 도참설의 유행 면에서 그 시기를 三分하고 있다. 전기는 太祖~靖宗, 중기는 文宗~元宗, 후기는 忠烈王 이후로 구분한다.

58) 『고려사』 권122, 金謂磾傳, "……磾學其術(도선의 풍수법)上書請遷都曰……."

59) 『고려사』 권122, 金謂磾傳.

> 臣 등이 보건대 서경 林原驛의 땅은 음양가들이 말하는 大華勢인데 만약 이 곳에 궁궐을 건축하고 옮겨 앉으면 천하를 병탄할 수 있고, 금나라가 방물을 바치고 스스로 항복할 것이며, 36국이 모두 조공하게 될 것입니다. (『고려사』 권127, 妙靑傳)

묘청은 김위제와 달리 천도지로서 서경을 지목했지만, 천도 주장의 배경이 되는 사상은 역시 풍수지리 도참사상이었음을 알 수 있다. 이 때 묘청은 日官이었던 白壽翰, 鄭知常, 왕의 근신이었던 內侍郎中 金安, 洪彛敍, 李仲孚, 文公仁, 林景淸 등과 같이 서경으로의 천도를 주장하였다. 平章事 金富軾, 參知政事 任元敱, 承宣 李之氐 등의 반대에도 불구하고 왕은 서경으로 가서 재상 재추들에게 묘청과 백수한을 데리고 임원역의 지세를 보게 하고 김안을 시켜 궁궐을 신축케 하기에 이르렀다. 이 때 묘청의 논의는 결국 실현되지 못하였으나 주지하다시피 후대에 미친 영향은 매우 지대하다.

36국이 조공을 하게 될 것이라는 도선의 설은 공민왕대에 다시 또 인용된다. 승려인 普愚가 한양에 도읍하면 36국이 조공하러 올 것이라는 讖說을 아뢰었더니 공민왕이 이 말에 혹하여 한양에 크게 궁궐을 짓게 하였다는 것이다.[60] 이 때 한양천도 계획의 진행은 다음과 같이 이루어진다. 공민왕 5년(1356) 6월에 왕은 判書雲觀事 陳永緖에게 남경의 집터를 보게 하는데 이 때문에 인심이 동요하여 백성들이 남쪽으로 가는 자가 매우 많아 가족을 거느리고 성 밖으로 나가는 것을 금하기까지에 이른다.[61] 그럼에도 불구하고 같은 해 12월 남경의 궁궐을 보수하고 있는 것을 보면 남경에 대한 관심은 계속되고 있었던 것 같다.

다음 해인 공민왕 6년(1357) 정월 왕은 봉은사에 가서 태조진전에 참배하고 한양에 천도하는 것에 대하여 점을 쳤더니 '靜'을 얻었는데, 다시 이제현에게 점치게 하여 '動'자를 얻고 기뻐하였다고 한다.[62] 공민왕이 한양으로 천도할 뜻이 있었음이 분명히 나타나는 대목이다. 공민왕은 남경에 궁궐을 조영하는 일로 하여 양광도의 금년 둔전을 면제해 주는 등 후속조치를 취하였다.[63] 또한 2월에는 이제현에게 한양에서 터를 보아 궁궐을 건축하도록 명하였다.[64] 왕의 이와 같은 천도 추진에는 반대의견도 있었던 것 같다. 대표적으로 공민왕 6년의 천도계획은 이제현을 책임자로 하여 어느 정도 순조롭게 진행되는 듯 보였는데 무슨 까닭에서인지 이 해 4월 이제현은 노쇠함을 들어 사임하게 된다.[65] 뒤에 前漢陽尹 李安이 남경의 성과 궁궐 수리를 행하기도 하지만,[66] 이제현 사임 후 공민왕의 한양천도 계획은 일시 중단되었다. 이것은 필시 왕의 천도계획에 반대하는 세력이 있었기 때문일 것이다.

---

60) 『고려사』 권106, 尹諧傳(附 澤).
61) 『고려사』 권39, 공민왕 5년 6월 丁丑, 7월 壬午.
62) 『고려사』 권39, 공민왕 6년 정월 壬辰 ; 『고려사절요』, 공민왕 6년 정월.
63) 『고려사』 권39, 공민왕 6년 정월 甲辰.
64) 『고려사』 권39, 공민왕 6년 2월 己酉 ; 『고려사절요』, 공민왕 6년 2월.
65) 『고려사』 권39, 공민왕 6년 4월 乙酉.
66) 『고려사』 권39, 공민왕 9년 7월 辛未 ; 『고려사절요』, 공민왕 9년 7월.

이로부터 3년 후인 공민왕 9년(1360) 왕은 지난번에 중단되었던 천도를 다시금 시도하였다. 우선 太廟에서 천도에 관한 점을 쳤는데 불길한 점괘를 얻었고, 때맞춰 한양의 성과 궁궐을 수리하는 사람들이 많이 동사하였다.[67] 3년 전 천도하지 말라는 점괘를 잡고도 이제현을 시켜 다시 점치게 하였듯, 이번에도 점괘와 상관없이 공민왕은 천도를 강행하고자 한다. 천도하지 말라는 점괘가 나온 것이 마치 천도후보지 한양의 문제인 것처럼 이번에는 지역을 바꿔 白岳의 지세를 살펴본 것이다.[68] 이 해 2월의 가뭄과 왜구의 침입, 6월의 홍수 등 백성들이 고충을 겪고 있음에도 불구하고 공민왕은 백악에 궁궐을 짓기 시작하였다. 그리고 이 곳이 사람들에게 新京이라 일컬어지더니, 마침내 왕은 백악의 신궁으로 移御하여 4개월여를 이 백악에서 지낸다.[69] 공민왕이 당시의 어려운 사회상황에도 불구하고 천도를 강행하려 한 이유는 백악에 이어한 후 내린 왕의 교서에 잘 나타나 있다.

> 내가 왕위에 오른 이래로 하늘을 두려워하고 백성을 사랑하며 선대의 유훈을 반드시 준수하여 나라를 잘 다스리고저 하는 마음이 간절하다. 그런데 때가 다난하여서 은덕이 아래까지 내려가지 못하고 병란이 계속 일어나며 각종 재앙과 天災地變이 빈번히 발생하고 있다. 내가 이를 두려워하여 道詵의 말을 들어 이 언덕에 자리잡았으니 이는 국가의 운명을 無窮히 하려 함이다. 신하들과 백성들이 이 공사에 분주하게 동원되니 그 노력과 비용이 실로 크다. 내가 어찌 나라를 근심하는 뜻을 모르겠는가. 그러나 이렇게 하지 않을 수 없다. (『고려사』 권39, 공민왕 10년 2월 辛卯)

內憂外患의 총체적 난국을 헤쳐 나가려는 공민왕의 강력한 개혁의지를 읽을 수 있다. 다시 말하면 천도가 더욱 사회를 혼란시키고 백성을 고통스럽게 할 것이라는 신하들의 반대에도 불구하고, 그는 오히려 천도를 통해 이 같은 상황을 극복하고 자신의 개혁의지를 관철시키려 했던 것이다.

백악[70]으로 천도하였다가 불과 4개월 만에 환도하게 되지만 공민왕의 천도 의지는 식을 줄 몰랐다. 다음 해인 공민왕 11년 9월 江華로 천도하기 위하여 評理 李仁復을 개태사의 태조진영으로 보내 점치게 하였다.[71] 그러나 대비를 위시한 국인들의 반대에 직면하여 천

---

67) 『고려사』 권39, 공민왕 9년 정월 丙辰.

68) 『고려사』 권39, 공민왕 9년 7월 乙卯 ; 『고려사절요』, 공민왕 9년 7월. 이 때의 白岳은 한양의 백악과는 구별된다. 이는 『고려사』 공민왕 9년 7월 을묘조 끝, 그리고 『고려사절요』 공민왕 9년 7월조에 북악이 臨津縣 북쪽 5리에 있다고 명기되어 있는 것으로 알 수 있다. 또한 『신증동국여지승람』 권12, 長湍都護府, 산천조 白岳 설명에 "임진현 북쪽에 있는데 고려에서 풍덕의 白馬山을 右蘇로 삼고, 백악을 左蘇로 삼았다"고 하면서 이어 공민왕 9년 백악으로 천도하려는 논의 내용을 싣고 있다. 따라서 흔히 조선초 한양천도에 관해 설명하면서 이 공민왕대의 백악천도 기사를 운운하는 것은 잘못이다.

69) 『고려사』 권39, 공민왕 9년 7월 辛未, 9년 11월 辛酉, 10년 3월 丁巳 ; 『고려사절요』, 공민왕 9년 7월, 9년 11월 辛酉, 10년 3월 丁巳.

70) 백악은 연천군 백학면의 동쪽 줄기가 뻗어 와 생긴 면의 이름이다. 따라서 백악은 연천에 인접한 곳으로 공민왕이 이어해 4개월 간 머문 백악궁은 연천과 무관하다고는 볼 수 없겠다.

도계획은 보류될 수밖에 없었다.

공민왕 18년(1369) 7월 공민왕은 태조가 해마다 4仲月에 3蘇를 순회하였음을 들어 자신도 평양에 행차하고 금강산을 순행하여 충주에 駐駕할 것이라 하였다.[72] 공민왕이 이 같은 교서를 내린 것은 辛旽의 청에 의한 것으로 생각된다. 이 교서가 내려지기 전에 신돈은 侍中 李春富를 시켜서 충주로 천도할 것을 건의하였으나 왕은 크게 노하였다고 한다.[73] 그런데 무슨 이유에서인지 모르지만 결국 공민왕은 신돈의 건의에 따르고 있는 것으로 나타난다.

하지만 왕의 행차를 준비하기 위해 백성들이 징발되어 길을 닦느라 농사의 때를 놓쳐 망치게 되고, 또 평양과 충주에서는 離宮과 魯國公主의 魂殿을 지으며 물자를 마련하느라 백성들이 매우 괴로움을 당하기도 하였다. 또한 判司天監事 陳永緖가 靜하여야 吉할 것이라 아뢰니 공민왕은 三蘇巡駐 계획을 철회하지 않을 수 없었다.[74]

공민왕은 이처럼 즉위 이해 부단히 천도를 기도하였으나 백악으로 4개월 정도 이어한 것이 유일한 성과였다. 공민왕에 이어 즉위한 우왕도 즉위 초에는 강력한 천도 의지를 보였다. 우왕 원년(1375) 8월에 書雲觀에서 천문에 異災가 자주 나타나니 移御하여 재화를 피하는 것이 마땅하다고 하자 우왕은 천도논의를 하고자 하였다. 그러나 최영의 반대로 뜻을 이루지 못하였다.[75]

우왕은 이 때 최영의 반대에 승복하기는 하였으나 계속 기회를 노리고 있었던 듯하다. 그리하여 우왕 3년 5월에 서울이 바다에 인접해 있어 왜적이 쉽게 침입할 수 있다는 것을 이유로 들어 內地로 천도할 것을 논의하였다. 이에 모두 속으로는 수긍하지 않았으나 후에 재변이 생기면 화가 미칠 것을 두려워하여 모두 찬성하였는데, 오직 최영만이 반대하였다. 다시 慶復興 崔瑩 등이 太祖眞殿에 가서 점을 쳤는데 止자를 얻었다. 그럼에도 불구하고 우왕은 왜적이 가까이에 왔는데 점만 좇겠느냐면서 政堂文學 權仲和를 철원으로 파견하여 相宅하도록 하였으나 결국 최영의 반대를 이기지 못하였다.[76]

최영의 적극적인 반대에 번번히 뜻을 굽혔던 우왕은 이로부터 불과 두 달이 지난 7월에 또다시 崇敬府尹 陳永世를 漣州에 보내어 相宅하도록 하였는데 그 내용은 다음과 같다.

> 禑王 3년 7월 崇敬府尹 陳永世를 漣州에 보내어 相宅하도록 하니 진영세가 돌아와 "漣州는 五逆之地라 도읍하기에 적당하지 않습니다"라고 하였다. (『고려사』 권133, 열전46, 辛禑)

---

71) 『고려사절요』, 공민왕 11년 9월.
72) 『고려사』 권41, 공민왕 18년 7월 甲辰 ; 『고려사절요』 권41, 공민왕 18년 8월.
73) 『고려사절요』, 공민왕 18년 8월 ; 『고려사』 권132, 辛旽傳.
74) 『고려사』 권41, 공민왕 18년 8월 乙丑·丙寅 ; 『고려사절요』, 공민왕 18년 8월.
75) 『고려사』 권133, 신우 원년 8월 ; 『고려사절요』, 신우 원년 8월.
76) 『고려사』 권133, 신우 3년 5월 癸未 ; 『고려사절요』, 신우 3년 5월.

相宅하고 돌아온 진영세는 漣州가 5逆의 땅이라 도읍하기에 적합하지 않다고 보고하여 천도계획은 역시 무산된다.[77] 우왕이 원년 8월 처음 천도를 논의하고자 하였을 때는 최영의 반대로 논의 자체가 이루어지지 못하였다. 이어 우왕 3년 5월의 천도논의 때는 최영의 반대에도 불구하고 왕의 강력한 의지로 相宅까지 진행시켰다. 그리고 불과 두 날후 지금의 연천 지역으로의 천도논의가 있었을 때 천도논의가 더 진행되지 못한 것은 연주가 도읍이 될 만한 땅이 못 된다는 것이 이유였지, 대신의 반대 때문은 아니었던 것으로 나타난다. 즉 우왕의 천도계획은 몇 번의 시행착오가 있었을지언정 점차 왕의 의지대로 관철되는 양상을 보이고 있었다.

그리고 마침내 우왕은 北蘇造成都監과 左蘇造成都監을 설치하기에 이르렀다.[78] 우왕은 동왕 4년(1378) 11월 서울(松嶽)이 바다에 인접하여 있어서 쉽게 적의 습격을 당할 우려가 있고 또 이 땅에 도읍한 지 오래 되어 地氣가 쇠하였다는 사실을 이유로 천도논의를 다시금 제기하였다. 이에 洪仲宣·權仲和·李穡·朴晉祿이 書雲觀과 의논하는데, 閔中理가 道詵의 密記에서 이르는 北蘇 箕達山이 있는 峽溪를 추천하였다. 권중화와 判書雲觀事 張補之 中郎將 金祐 등이 협계를 둘러보고 옛 궁궐터를 발견하였다고 보고하자 北蘇造成都監이 설치되었다. 그러나 협계는 산골짜기에 있어 漕運이 통하지 않는다 하여 논의가 중지되었다. 그러자 우왕은 이제 左蘇造成都監을 설치하여 천도하려 하였다.[79] 左蘇는 白岳으로 일찍이 공민왕 때 공민왕이 이어해 4개월 간 머문 곳이기도 하다. 이렇게 당시 최고 대신이었던 최영의 반대를 무릅쓰고 강행하려 했던 우왕의 천도계획은 결국 무산된 듯하다. 이후로도 10년이나 더 재위하는 우왕대에 더 이상 천도에 대한 언급을 찾아볼 수 없기 때문이다.

창왕에 이어 즉위한 공양왕은 왕 2년(1390) 7월에 評理 裵克廉을 楊廣道 察理使로 임명하여 한양궁궐을 수리하게 하였다. 그리고 9월에 효신전에서 제사지내면서 천도를 고하고 한양에 천도하여 약 5개월 만에 다시 환도한 것을 끝으로 고려시대의 천도논의는 일단락된 듯하다.[80]

고려 말 집중적으로 나타나는 천도에 관한 사실들을 이해를 돕기 위해 표로 정리해 보면 다음 <표 3>과 같다.

표에 나타난 바와 같이 천도에 관한 논의는 고려 후기, 그것도 공민왕대 이후에 집중되고 있음을 알 수 있다. 공민왕은 당시의 혼란한 사회상황을 극복하고 자신의 개혁의지를 관철시키려는 의도에서, 마치 신진세력을 적극 등용하였듯이 구세력의 근거지인 개경을 떠나 새

77) 『고려사절요』, 신우 3년 가을 7월에도 같은 내용이 보인다. 그리고 이를 확인이라도 하듯 우왕 11년 3월에는 연주의 澄波渡의 물이 사흘 동안 누렇게 흐렸다고 되어 있다. 『고려사절요』, 신우 11년 3월.
78) 『고려사』 권133, 신우 4년 11월, 12월 ; 『고려사절요』, 신우 4년 11월, 12월.
79) 『고려사』 권133, 신우 4년 11월, 12월 ; 『고려사절요』, 신우 4년 11월, 12월.
80) 『고려사』 권45, 공양왕 2년 7월 乙巳·癸丑 ; 9월 乙巳·丙午·庚戌 ; 권46, 공양왕 3년 2월 己未·丁卯 ; 『고려사절요』, 공양왕 2년 9월 丙午, 3년 2월 己未.

로운 수도를 건설하려 하였던 것 같다. 우왕 또한 즉위 초에 그처럼 천도에 연연하였던 것은 고려가 내리막길을 걷고 있다는 것을 왕 스스로 느끼고 천도로써 그 추세를 늦추어 보려 함이 아니었을까 생각된다. 이 시기에 집중적으로 거론되는 천도의 후보지가 한양을 중심으로 경기 북부인 鐵原, 白岳, 漣州 등이었다는 것이 우리의 주목을 요한다. 특히 고려말 천도후보지로서 漣州가 거론된 것은, 연주가 기울어 가는 고려의 氣勢를 회복시킬 만한 힘을 가진 땅이라는 것을 인정하는 것이다. 즉 연주가 풍수상 수도의 후보지로 생각해 볼 만한 땅이었다는 것이다. 비록 五逆의 땅이라고 해서 수도로 할 수 없다고 하였지만, 相宅하는 것만도 우리 나라 전역을 모두 할 수는 없다는 점을 인식한다면 천도후보지로 거명되었다는 것 자체가 이미 일정한 자격을 갖추고 있었음을 인정한 셈이라고 하겠다.

<표 3> 고려말 천도논의

천도지	시 기	천도논의 내용	출 전
漢陽(南京)	공민 5년 6월丁丑	判書雲觀事陳永緖相地于南京	『고려사』
	공민 5년 12월	南京궁궐보수	『고려사』
	공민 6년 정월 壬辰	李齊賢卜之	『고려사』, 『절요』
	공민 6년 2월 己酉	命李齊賢相宅于漢陽築宮闕	『고려사』, 『절요』
	공민 9년 정월 丙辰	卜遷都于太廟	『고려사』
	공양 2년 7월 乙巳, 癸丑	評理裴克廉爲楊廣道察理使監修漢陽宮闕	『고려사』
	공양 2년 9월 乙巳, 丙午, 庚戌	遷都于漢陽	『고려사』, 『절요』
	공양 3년 2월 己未, 丁卯	남경에서 還都	『고려사』, 『절요』
白岳	공민 9년 7월 乙卯	幸白岳相視遷都之地	『고려사』, 『절요』
	공민 9년 7월 辛未	始營白岳宮闕(新京)	『고려사』, 『절요』
	공민 9년 11월 辛酉	移御白岳新宮	『고려사』, 『절요』
	공민 10년 3월 丁巳	王及公主奉太妃至自白岳	『고려사』, 『절요』
	우왕 4년 12월 丙午	置左蘇造成都監時議欲遷都	『고려사』, 『절요』
江華	공민 11년 9월	評理李仁復에게 점치게 함.	『절요』
忠州	공민 18년	辛旽密令李春富請移都忠州	辛旽傳, 『절요』
	공민 18년 7월 甲辰	三蘇巡駐敎書	『고려사』, 『절요』
	공민 18년 8월 乙丑, 丙寅	判司天監事 陳永緖 三蘇巡駐敎書철회	『고려사』, 『절요』
?	우왕 원년 8월	書雲觀에서 천도건의, 최영반대	『고려사』, 『절요』
鐵原	우왕 3년 5월 癸未	遣政堂文學權仲和相宅于鐵原, 최영반대	『고려사』, 『절요』
漣州	우왕 3년 7월	遣崇敬府尹陳永世相宅于漣州	『고려사』, 『절요』
峽溪	우왕 4년 11월	政堂文學權仲和及判書雲觀及張補之相之/ 北蘇造成都監 설치	『고려사』, 『절요』

* 『고려사』는 『고려사』 세가 동왕 동년 동월조, 『절요』는 『고려사절요』를 의미한다.

5. 맺음말

이제 위의 내용을 정리함으로써 결론에 대신하고자 한다. 고려시대 지방제도가 본격적으로 정비되기 시작한 것은 잘 아는 바와 같이 성종대다. 따라서 연천지역 역시 성종 14년이 되어서야 團練使를 두었다는 기록이 연천에 첫 지방관이 파견되었다는 기록으로 나타났다. 통일신라시대 鐵城郡 功成縣으로 편제되어 궁예와 밀접한 관계를 가졌던 연천은 고려시대에는 주로 漳州라는 이름으로 불렸으나 언제부터 그렇게 불렸는지 확실한 기록은 찾을 수 없었다. 나만 태조 23년 지방제도가 개편되는 때에 연천이 새로이 장주라는 이름을 갖게 된 것은 아닐까 추측해 볼 수 있을 뿐이다. 왜냐 하면 이 때 지방제도 개편의 특징 중 하나가 대소 읍격에 관계없이 州가 많이 생긴다는 점이 주목되기 때문이다. 고려시대 대부분을 장주로 지내다 충선왕 때부터 漣州의 이름을 갖게 된 연천지역은 고려시대에 때로 단련사나 감무와 같은 외관이 한시적으로 파견되기도 하였으나 대체적으로는 지역의 향리들에 의해 행정이 이루어졌을 것이라 생각된다. 그리고 고려시대 지방제도의 개편에 따라 그 소속이 혹은 交州道, 혹은 春州道, 그리고 京畿道 등으로 여러 차례 바뀌는 것으로 나타나는데 이것은 장주의 지리적 위치와 관계가 있는 것으로 파악되었다.

고려시대의 천도에 관한 논의는 고려 후기, 그것도 공민왕대 이후에 집중적으로 나타났다. 이것은 공민왕이 당시의 혼란한 정치 및 사회상을 극복하고 자신의 개혁의지를 관철시키려는 의도에서 비롯된 것이 아닐까 짐작된다. 즉 공민왕이 권문세족인 구세력을 축출하기 위하여 신진세력을 적극 등용하였듯이 구세력의 근거지인 개경을 떠나 새로운 근거지를 마련하려 했던 것과 일맥 상통한다고 할 수 있겠다. 우왕도 즉위 초에 그처럼 천도에 연연하였던 것은 고려의 불안한 정정을 왕 스스로 느끼고 천도로써 그 추세를 늦추어 보려 함이 아니었을까 짐작해 보았다. 앞에서 살펴본 대로 이 시기에 집중적으로 거론되는 천도후보지가 한양을 중심으로 하여 경기 북부인 鐵原, 白岳, 漣州 등이었다는 것이 우리의 주목을 요한다. 공민왕이 4개월여를 移御하여 머물렀다는 백악이 연주의 한 자락이었다는 사실을 상기하면, 연주가 갖는 천도지로서의 의미는 더욱 부각된다고 하겠다. 이것은 조선건국 후 한양이 새로운 도읍지로 자연스럽게 등장하는 배경이 되었다는 점에서 더욱 그렇다. 특히 고려말 천도후보지로서 연주가 거론된 것은 연주가 풍수상 수도의 후보지로 적절한 땅이었다는 점을 암시하는 것으로 보인다. 이것은 연주(연천)가 천도지로서 일정한 자격을 갖추고 있었다는 점을 확인시켜 준다는 의미에서 그 역사적 의의가 크다고 하겠다.

麗末鮮初의 學校制와 科擧制

林 容 漢*

머리말

유교가 국가의 통치이념으로 자리잡은 삼국시대 이래 국가에서는 중앙과 지방에 학교를 설치하고 운영하였다. 학교의 목적은 유학을 보급하고 유학적 사회질서를 창출하는 교화기능과 관료 및 국가통치에 필요한 전문인력을 양성하는 관리양성 기능에 있었다고 할 수 있다. 특히 성리학을 수용했던 麗末鮮初에는 학교에 대한 관심이 높아져 성균관이 정비되고, 지방학교인 향교가 보급되었다. 이런 추세는 조선에 들어서 더욱 가속되었다.[1)]

또한 고려 후기 이후 유학적 소양이 관료의 자질을 판단하는 일차적인 기준이 되어 가고, 과거가 어떤 入仕路보다도 중시됨에 따라 과거준비기관으로서 학교의 비중도 크게 높아졌다.

이런 사정 때문인지 학교제는 일찍부터 관심의 대상이 되었다. 그런데 학교제에 접근하는 시각과 방법에 대해서는 시기에 따라 큰 차이를 보인다. 최초의 연구라고 할 수 있는 일제시기의 연구는 대개가 개괄적인 연구였다. 그러나 이들은 학교제에 대해 조선의 학교는 과거시험 준비기구로 왜곡되어 학교 본연의 임무를 다하지 못하였으며, 그 때문에 官學이 교육의 발달과 보급에 주도적인 역할을 하지 못하고 私學이 그 기능을 대신하게 되었다는 결론을 내려 놓았다.[2)]

동시에 私學의 발달이란 것도 새로이 朱子學을 도입한 신흥유신 계층에 의해 적극적으로 주도되었다는 점에서 긍정적인 측면이 있다고 보지만, 그것이 지역적·개인적 범주를 극

---

* 경희대학교 강사

1) 정확한 통계는 알 수 없지만 14~15세기에 군현마다 향교 설립과 건축이 널리 행해졌다. 이런 분위기는 이 시기의 문집과 『신증동국여지승람』에 수록한 수많은 향교건축기를 통해서도 알 수 있다.

2) 幣原坦, 『朝鮮教育論』, 六盟館, 1918 ; 高橋亨, 『朝鮮の教育制度略史』, 朝鮮總督府學務局, 1920.

복하지 못하는 한계를 지니고 나중에 학연과 지연에 기초한 당쟁을 유발하는 요소가 되었다고 설명한다.3)

이러한 설명은 조선은 국왕권이 미약하고 국가기구가 제 기능을 못하여 明治維新과 같이 사회발전을 추진할 수 있는 강력한 왕권을 구성하지 못했다는 정체론적 시각에 의거한 것이었다.

50년대 이후부터 국내에서의 연구는 여러 종류의 학교 각각에 대해 고찰하는 방향으로 진행되었다. 그리고 이런 연구와 병행하여 일제시기의 부정적 해석을 극복하려는 시도가 행해졌다. 극복의 논리는 크게 두 가지로 대별할 수 있다. 하나는 미약한 국가, 미약한 왕권론에 대한 반증으로 조선초기 학교 건설과 운영에 국가가 적극적으로 개입하고 주도했다는 것으로, 그 배경으로 조선을 건국한 신흥유신들의 주자학에 기초한 국가와 사회를 건설하려는 노력을 들었다.

또 하나는 조선의 학교는 단순한 과거 준비기관이 아니라 학문연구와 교육이라는 학교 본연의 사명에 충실했다는 것이다. 구체적으로는 성리학을 진장시키고 보급하며, 성리학의 이념으로 무장한 사대부 집단을 교육·양성하는 교학적인 기능이 있었다고 한다.4)

이를 증명하기 위하여 학교제도만이 아니라 교관제도, 재정, 권학방식, 학규, 장학정책에까지 이르는 세밀한 연구가 많이 행해졌다.

학교기능의 변질과 16세기 이후 향교의 쇠퇴와 서원의 발달에 대해서는 몇 가지 상이한 해석이 등장하였다. 조선 초기에 의욕적으로 시도한 관학 정비 과정에 의미를 두는 논자들은 이러한 여러 개혁이 바로 주자학을 이념으로 하는 신진사류들의 개혁운동의 일환으로 진행된 것이라는 데 비중을 둔다. 그러나 15세기 후반 중앙에 훈구파가 성립하고 초기의 이상이 타락하면서 성균관의 기능 또한 변질되고, 집권귀족층 자제들의 출세의 도구로 변질되었다고 하였다. 이에 지방에서 사학이 발달하여 지방양반 자제들의 학교로 자리잡게 되었다고 한다.5)

여기까지는 큰 이론이 없으나 관학의 쇠퇴와 사학(서원)의 발달의 원인에 대한 견해는 관학과 사학에 대한 논자들의 태도에 따라 달라지고 있다. 대체로 관학의 역할을 강조하는 논자들은 관학에 대한 재정지원의 미흡이 사학의 융성과 학교의 발전을 저해하였다고 해석

---

3) 柳洪烈, 「麗末鮮初의 私學」, 『青丘學叢』 24, 1936 ; 「朝鮮에 있어서 書院의 성립」, 『青丘學叢』 29, 30, 1937.

4) 이성무, 「선초의 성균관 연구」, 『역사학보』 35·36, 1967 ; 「조선초기의 향교」, 『이상옥화갑기념논총』, 교문사, 1969 ; 申奭鎬, 「이조초기의 성균관의 정비와 그 실태」, 『대동문화연구』 6·7, 1970 ; 이범직, 「조선전기 유학교육과 향교의 기능」, 『역사교육』 20, 1976 ; 「조선초기의 교생신분」, 『한국사론』 3, 서울대, 1976 ; 신천식, 「조선전기의 향교직관 변천고」, 『관동대 논문집』 6, 1978 ; 「조선초기 성균관 운영과 교육개혁에 관한 연구」, 『관동사학』 3, 1988 ; 한동일, 『조선시대 학교교육제도의 연구』, 성균대학교 교육학과 박사학위 논문, 1982 ; 서신석, 「15세기 성균관의 기능연구」, 『한국학논집』 2, 1984 ; 「조선초 관학의 학규정비 과정연구」, 『한국학논집』 4, 1990.

5) 이성무, 「선초의 성균관 연구」, 『역사학보』 35·36, 1967.

한다. 반면에 사학의 중요성을 강조하는 논자들은 관학의 지나친 정부주도성, 관학이 지닌 경직성을 오히려 학교발전의 중요한 폐단으로 지적한다.[6] 또한 지방문화의 발전이란 관점에서 吉再 이후 정통 주자학의 흐름은 지방의 사림들을 통해 이어졌으며, 이들의 활동이 私學의 발전으로 귀결되었다는 점을 강조하기도 한다.[7]

이상의 연구들은 조선 전기의 학교에 대한 상세하고 풍부한 사실을 밝혀 주었다고 평가할 수 있다. 그러나 학교제의 의미를 설명함에 있어서는 일제시기의 비난을 지나치게 의식하거나 현재적인 관점으로 조선시대의 현상을 설명하려고 했던 부분이 많다.

예를 들어 과거 준비기관으로서의 학교라는 모습을 굳이 부정하려는 의도가 강하고, 관학과 사학의 문제를 보는 시각은 오늘날의 국공립학교와 사립학교 문제를 보는 시각과 너무 유사하다.

엄밀히 따지면 일제시기에 학교의 科業 기능을 정체론의 증거로 지목한 사실 자체가 잘못이었다. 성리학의 입장에서 보면 관리로서의 자질을 양성하는 것과 유학을 연구하고 수양하는 것이 서로 분리된 기능이 아니니다. 유자의 직분은 곧 관료가 되어 통치에 참여하는 것이며, 학교가 관리후보생을 양성하는 것은 당연한 기능이었다. 그것을 학교 교육이 타락해서 입시준비기관이 되었고, 그것이 조선국가의 무능함을 증명한다고 설명하는 방식 자체가 잘못된 것이다. 그러므로 조선 초기의 학교제를 논하면서 관료의 양성이란 문제와 학문수양이란 과제를 분리해서 생각할 필요가 없다고 생각된다.

오히려 麗末鮮初의 개혁론자들은 과거제와 학교제를 떼어 놓고 생각한 적이 없다고 보여지며, 각각의 개혁안을 논의할 때도 두 제도는 함께 유기적인 관련성을 가지고 논의되었다. 그러므로 두 제도를 서로 떼어 놓고 하나의 변천 과정만을 고려해서는 각 제도가 가지는 의미를 충분히 파악하기 곤란하거나 그 제도에 대한 잘못된 이해를 초래하게 될 것이다.

그런데 관료의 양성이란 필연적으로 전체 관료제의 구도, 즉 어떤 계층의 어떤 인물을 어떻게 교육시키며, 이들을 국가운영에 참여시키는가라는 문제를 포함하게 된다. 따라서 학교제와 과거제는 이 문제와 무관하게 진행될 수가 없다. 따라서 麗末鮮初의 학교제 개혁논의 역시 개혁파 사류의 정치관과 개혁론의 입장에 따라 달라졌을 것이다. 이 부분을 무시하고, 이 시기의 개혁논의를 단지 교육행정 상의 기술적인 문제거나 시행착오의 과정으로 파악한다면 이 역시 각 제도와 개혁론의 가지는 의미를 놓치게 될 것이다.

따라서 본고에서는 이 두 가지 문제에 유의하여 고려 후기부터 등장하는 학교제 개혁논의를 과거제 및 그 배후에 놓여 있는 개혁파 사류의 개혁론 및 그들의 관료제 구상과 결부시켜 살펴보고자 한다.

---

6) 서신석은 관학의 과도한 통제와 엄한 규범이 관학을 기피하고 자유로운 사학설립과 발전을 촉구하는 계기가 되었다고 해석하기도 하였다.

7) 이병휴, 「麗末鮮初의 科業교육」, 『역사학보』 67, 1975.

1. 고려 후기의 학교제 개혁론

고려 후기 국학을 부흥시키려는 노력은 충렬왕 때부터 시작된다. 충렬왕 원년에 國子監을 國學으로 고쳤고, 22년에는 經史敎授都監을 설치하여 7품 이하 관원이 이 곳에서 학업을 닦게 했다. 27년에는 元도 국학 설치를 권유하였다. 이 같은 시도의 배경에는 당시 심각해져 가는 사회모순에 대응하기 위해 새로운 관료층을 양성하고자 하는 의도가 있었다. 당연히 이들은 과거제 및 천거제와 같은 관리등용제도의 개혁에도 관심을 기울였으며, 학교제 개혁도 함께 고려되었다.[8)]

그러나 충렬왕과 충선왕의 개혁은 여러 가지 정치적 상황으로 바라던 결실을 보지 못했다. 그리하여 학교제에 대한 본격적인 개혁은 공민왕대에 다시 시행되었다. 이 개혁의 선두주자는 李穡이었다. 공민왕 원년 4월 부친의 사망으로 유학생활을 청산하고 元에서 귀국한 李穡은 공민왕에게 국정 전반에 대한 장문의 상소를 올렸다. 여기에 학교제 및 과거제와 관련한 대단히 중요한 내용이 포함되어 있었다.

> 하물며 관직에 등용되려면 과거에 급제할 필요가 없고, 급제자는 굳이 국학을 다녀야 할 필요가 없으니 누가 가까운 길을 버리고 먼 길로 달려가겠습니까? (국학의) 朋徒가 다 학교를 떠나 齋舍가 기울고 쇠퇴해 버렸습니다. …… 신이 엎드려 바라건대 법제를 반포하여 외방에는 향교를 두고 수도에는 학당을 설치하여 그 학생들의 재주를 고찰하여 12도로 올리고, 12도에서는 또다시 그들을 총괄하여 고찰하여 성균관에 올리게 하소서. 성균관에서는 날자를 한정하여 그 덕과 재주를 시험하고, 禮部로 올려보내 (시험을 보아) 합격자는 예에 따라 관직을 주고, 불합격자도 出身의 階를 지급하게 하소서. 이미 관직에 있는 자를 제외하고 과거를 보고자 하는 사람으로서 국학생이 아닌 자들은 시험을 볼 수 없게 하면 예전에는 불러도 오지 않던 자들이 이제는 가라고 해도 가지 않게 될 것이며, 신은 장차 인재가 배출되는 것을 보게 될 것이고, 전하의 입장에서는 등용할 인재가 마르지 않게 될 것입니다.[9)]

이 글에서 주장한 李穡의 방안은 대체로 세 가지로 나눌 수 있다.

① 성균관 학생에게만 과거응시자격을 주고, 전국의 학교를 일원적으로 계통화하여 학당·향교에서 서울의 12公徒로 진학하고 다시 12公徒에서 성균관으로 진학하게 함으로써 학교제와 과거제를 일치시키자고 한다. 이 때 상급학교로 진학하는 방식에 대해서는 언급이 없지만 고려나 조선의 제도를 참작해 볼 때 향교에서는 界首官試를 통한 貢生 제도, 학

---

8) 김인호, 『고려후기 사대부의 경세론 연구』, 혜안, 1999, 202~238쪽.

9) 『高麗史』 卷115, 列傳28 李穡, 하 : 525 ; 卷74, 志28 選擧2 學校, 중 : 628, "况登仕者 不必及第 及第者 不必由國學 孰肯弃捷徑 而趨歧途哉 朋徒解散 齋舍傾頽 良以此夫 臣伏乞 明降條制 外而鄕校 內而學堂 考其材 而陞諸十二徒 十二徒 又摠而考之 陞之成均 限以日月 程其德藝 貢之禮部 中者依例與官 不中者亦給出身之階 除在官 而求擧者 其餘非國學生 不得與試 則昔之招不來者 今則麾不去矣 臣將見人才輩出 殿下用之不竭矣."

당이나 12도에서는 승보시와 같은 시험이나 평소에 주기적으로 학교에서 보는 시험성적을 종합하여 승진시키는 방법을 구상했다고 생각된다.

李穡의 상소가 전문이 남아 있지 않아, 과거제는 어떻게 개혁하자고 했는지는 알 수 없다. 그런데 이처럼 국학생에게만 과거응시자격을 준다는 것은 결과적으로 말하면 進士試를 폐지하고 生員試만 남겨 두자는 주장이 된다.

② 성균관에서는 정기적으로 시험을 보아 학생의 덕과 재능을 고찰하고, 최종적으로는 禮部에 보내 최종심사를 한 후 관직을 주고, 불합격자에게도 出身之階는 주어 과거급제자의 자격은 주자는 것이다. 즉 성균관에서 禮部로 보내기 전의 최종 평가가 大科에 해당하는 셈이 된다. 이것은 일단 성균관에 들어와 낙제하지 않고 과정을 수료하거나 어느 정도 시험을 통과하면 관료후보자로서의 자격은 획득한다는 것을 의미한다. 그리고 "限以日月程其德藝"한다는 것은 이전의 과거처럼 한두 번의 시험성적으로 학생을 판단하지 않고 학교생활을 통해 검증된 인격과 자질이 관료등용의 평가기준으로 작용한다는 것을 의미한다.

그리고 일종의 단서조항으로 이미 관료가 되어 있는 자에 대해서도 원하면 국학에 들어가는 것을 허용하여 과거에 응시할 수 있게 하지만, 그 외는 국학생이 아니면 과거에 응시할 수 없게 하자고 하였다.

③은 교육 내용과 방식에 관한 건의로 詞章보다는 經學을 가르치자고 한다. 詞章을 배격하고 經學을 중시하는 것은 성리학의 큰 특징으로 이후 조선시대에도 끊임없이 강조되던 내용이다. 그 배경은 성리학을 수용하면서 治者에 대한 인식이 크게 변하여 능력 못지않게 인격과 수양을 중시하게 되었던 것이라고 할 수 있다. 그것이 학교제에서는 經學 중시로 나타난 것이다.

이상의 방안에서 제일 중요하고 혁신적인 건의는 역시 학교제와 과거제를 일치시키자는 ①안이라고 할 수 있다. 학교 학생들에게만 과거응시자격을 주는 제도는 중국에서도 明代부터 비로소 시행되지만,[10] 그 원형은 宋의 王安石의 개혁 때부터 등장한다.[11] 李穡도 元나라 유학시절에 이런 제도에 대해 접했던 것 같다.

李穡이 이 제도를 고려에 적용하려고 한 이유는 다음과 같이 생각해 볼 수 있다. 고려의 전통적인 체제와 정국운영 방식은 중앙에 거주하는 소수 문벌귀족들의 연합과 세력균형을 전제로 한 것이었다. 이러한 체제를 뒷받침하는 중요한 장치의 하나가 蔭敍制였다. 그런데 흔히 科擧는 蔭敍와 상반되는 성격의 제도로 이해되고 있지만 실제 운영 상황을 보면 그렇지도 않았다. 조선에서도 그렇지만 과거에 급제해도 관직이 보장되는 것은 아니었다. 관리가 되기 위해서는 다시 몇 단계의 과정을 거쳐야 했고, 이런 과정 역시 문벌귀족들이 장악하고 있었다. 그렇기 때문에 과거급제자 중에서도 蔭職의 혜택을 받을 수 있는 사람들이 과

10) 吳金成, 「중국의 과거제와 그 정치·사회적 기능」, 역사학회 편, 『과거』, 1981, 125쪽.
11) 본고 3장 2절 참조.

거에 급제해서도 初入仕職을 받거나 승진하는 데 훨씬 유리했다. 또한 고려시대에는 각 관서의 장인 대신들이 그 부서의 하급관리의 인사를 실질적으로 장악했으므로 관리들의 승진에서는 이들의 천거와 승인이 중요한 역할을 했다.

또한 전통귀족이 아닌 인물이 과거에 급제하고 관계에 들어섰다고 해도 엄격한 座主 - 門生 관계나, 기타 여러 인사관행에 의해 전통적인 귀족중심의 정치질서에 편입되게 되어 있었다. 학교도 이런 구조에 공헌을 했다. 고려의 國子監은 빨리 쇠퇴했고, 科擧에 급제하기 위해서는 개경에 있는 私學인 12公徒에서 수학하는 것이 중요했는데, '公徒'라는 이름에서부터 알 수 있듯이 이 학교에서부터 座主 - 門生의 기초관계가 형성되었다. 학당에서 맺은 사제관계 역시 평생을 지속하는 관계였으며 중도에 학교를 옮긴 학생은 스승을 배반한 것으로 간주하여 아예 국가에서 과거응시를 제한하는 제재를 가하기도 했다.[12)]

또한 과거를 볼 때도 座主가 된 사람은 자기 학교의 학생들을 대거 급제시키는 일이 많았으므로 여기서 맺은 사제관계가 그대로 座主 - 門生 관계로 이어질 가능성이 높았다.

그러나 12세기 이후 무신정권, 원간섭기를 거치면서 고려의 전통적인 정국운영 방식에 혼란이 찾아든다. 정가는 전통귀족과 신흥귀족, 부원배, 국왕의 친위세력, 그리고 지방의 품관·향리 가문 출신의 신흥유신들로 복잡하게 얽혔다. 신진세력의 진출은 장기적으로 보면 발전적인 변화였지만, 당시로서는 정국이 구세력과 신진세력, 개혁지향세력과 보수세력으로 양분된 것은 아니었다. 신진세력의 상당수는 특권세력과 결탁하여 불법적인 경로로 관계로 진출했다. 과거 출신자라도 앞서 말한 사정으로 기존의 정치구조에 편입되는 경향이 강했다. 이들의 입사경로도 과거로부터 添設職, 軍職, 胥吏職, 하다못해 冒受官職까지로 다양했고, 인사경로 역시 다양하였다.

이런 현상은 전통적인 국가운영 방식과 정치질서를 무너뜨렸다. 고려 전기에 만들어진 각종 제도는 소수 귀족세력에게 국가 기능의 상당부분을 위임하고, 대신 그들 간의 합의와 견제라는 원리에 의해 안정과 균형을 유지하도록 설계된 체제였다. 그러나 이처럼 다양한 세력이 정가에 진출하게 되면서 각종 제도들은 제 기능을 발휘할 수 없게 되었다. 정쟁은 격화되고, 관료들의 자질은 떨어졌으며, 수조지 분급제를 위시하여 국가운영 전반에 걸쳐 지배층 간의 갈등과 경쟁이 치열해졌다. 결과적으로 국가체제 전반에 걸쳐 부정부패와 체제모순이 증가하였으며, 때마침 불어닥친 외세의 침입과 사회혼란에 국가는 제대로 대처하지도 못하게 되었다.[13)]

고려의 집권층 내부에서도 체제 안정을 위해서는 우선 정국을 안정시켜야 하고, 그러기 위해서는 난맥상을 보이고 있는 인사제도를 정비하고, 관료의 자질을 향상시킬 필요가 있다는 생각을 하게 되었다. 그리하여 등장한 대표적인 이슈가 政房을 혁파하고, 인사권을 吏部

12) 『高麗史』 卷74, 志28 選擧2 學校 私學, "仁宗十一年六月判 各徒儒生 背曾受業師 移屬他徒者 東堂監試 毋得許赴."
13) 임용한, 『조선초기의 수령제 연구』, 경희대학교 박사학위 논문, 1997, 28~32, 40~42쪽.

와 兵部로 돌리자는 안과 국학을 재건하고 과거제를 개혁하자는 것이었다. 이런 의식은 이미 李穡의 장인이며 李穡보다 앞서 활동했던 李齊賢과 白文寶 등에게서부터 나타난다.

그러나 李齊賢・白文寶 등의 학교제와 과거제 개혁안은 국학의 재건과 과거를 보다 엄격하고 공정하게 운영하자는 합리적인 운영론 정도에 머무르고 있었다.[14] 이에 비해 李穡은 과거 진흥과 관료제 개혁을 위해 학교제와 과거제를 보다 일치시키자는 좀더 적극적인 개혁안을 제시한 것이다.

학교와 과거를 일치시키는 방안은 교육적인 측면에서 보면 과거응시생들의 교육을 강화하고 관료의 자질을 높이자는 의미가 있었다. 李穡이 蔭敍나 南行 같은 과거 이외의 入仕路를 폐지하려는 생각까지는 하지 않았던 것 같다. 그러나 과거의 비중을 높이고, 과거 출신이 관료세계에서 핵심적인 지위를 차지해야 한다고 생각했던 것은 틀림없다.

또한 이 방법을 사용하면 과거급제와 학교교육, 관직수여까지의 과정을 하나의 계통으로 연결함으로써 과거급제와 관료등용이 별개의 과정으로 존재하던 이전에 비해 관료선발을 보다 공정하고 엄격하게 관리할 수 있으며, 과거의 권위를 높일 수 있었다.

이 제도는 지방의 향교교육을 활성화하는 효과도 거둘 수 있었다. 李穡의 상소에 구체적으로 언급하지는 않았지만, 이런 방법을 사용하면 향교 생도들에게 보다 많은 기회와 지분이 할당될 것은 분명한 사실이었다. 물론 이 제도를 시행한다고 바로 집권대신층이 타격을 받는 것은 아니었다. 이 제도도 운영하기에 따라 얼마든지 타락할 수 있었다. 명나라의 경우에도 국학생 중에서 관료를 선발하는 과정에서 여전히 부정이 자행되었으며, 편입생 제도를 허용했으므로 고관대신의 자제들의 특혜도 지속되었고, 대신들이 선발과 임용 과정을 장악하는 폐단이 발생했다.

그러나 그렇다고 하더라도 성균관에는 학교 출신만 입학할 수 있으므로 성균관 입학자를 지방의 향교에 일정한 수의 인원을 배당해야 했다. 성균관에서 수학하면 최소한 급제자의 자격이 인정되어 일단 관료후보자의 자격을 얻고, 이들 중에서 관료를 선발하므로 아무래도 이전 제도보다는 지방사족에게 유리하였다.

그러나 李穡의 방안은 이런 진보적인 의미만 있는 것은 아니었다. 李穡의 방안에서 제일 핵심적인 부분은 향교에서 성균관으로 바로 진급하는 것이 아니라, 향교 출신자는 私學인 12公徒에서 수학한 후 다시 성균관으로 진출하게 하자는 부분이다.

향교 생도들이 반드시 12공도를 거쳐야 한다는 것은 이들은 관료가 되기 전에 먼저 12공도로 대표되는 기존의 문벌귀족 세력과 사제의 관계를 맺어야 한다는 것을 의미하였다. 즉 그는 신진세력의 진출을 인정하되 이런 방법을 통하여 그들을 문벌귀족 중심체제 속으로 편입시키려고 한 것이다.

그렇기 때문에 李穡은 이런 사제관계의 연장선상에 있으며, 鄭道傳을 비롯한 신진 사류

14) 이에 대해서는 김인호, 『고려후기 사대부의 경세론 연구』 제4장 2절 참조.

들이 격렬하게 비난했던 座主-門生 관계도 옹호하였다. 옹호하는 정도가 아니라 座主-門生 제도가 없어지면 국가가 국가의 元氣를 온전히 배양할 수 없다고까지 단언하였다.

> 門生과 座主의 관계는 아들과 아버지의 관계와 같다. 門生과 座主 간의 은의가 온전히 행해질 때 족히 국가의 元氣를 배양할 수 있다.[15]

이러한 태도는 李穡의 특징을 아주 잘 보여주는 것이라고 할 수 있다. 오늘날까지도 李穡은 때로는 개혁적 인사로 때로는 보수적 인물로 조망되곤 한다. 때로는 초기에는 개혁적이었던 그가 만년에는 보수적 성향이 강해진 것으로 이해하는 경우도 있다. 그러나 이 방안을 보면 그는 이미 젊은 시절부터 시대의 새로운 추세를 인정하면서도 그것을 기존의 틀 안으로 흡수하여 재편성하려는 절충적인 태도를 지니고 있었던 것을 알 수 있다.

그렇다고 해도 그의 방안이 지니는 개혁적 의미를 간과할 수는 없을 것 같다. 고려 전기 이래의 문벌귀족 중심체제를 옹호한다고는 하여도 世家大族 출신이라도 관리가 되려면 엄정한 교육과 심사를 거치도록 한 점, 지방사족의 자제들이 일단 12公徒의 문도가 되어 기성체제로 편입되어야 하며, 중앙의 세가자제들에 비해 차별대우를 받을 소지가 높다고는 해도, 전국에 편제된 학교제를 통해 지방사족들이 관료로 진출할 수 있는 길을 안정적으로 확보했다는 점은 발전적인 부분이었다.

또한 무신정권기와 원간섭기 이래 국가의 운영주체가 복잡다단해짐으로써 정쟁이 확대되고, 조세·군사 등 각 부분의 운영상도 극도로 문란해졌던 점을 감안한다면, 李穡의 방안은 관료 임명에 학교와 과거의 비중을 높임으로써 이 시기에 새롭게 진출한 여러 세력 중에서도 부패의 소지가 높고 자질도 떨어지는 부원배나 국왕 측근세력을 제거하고, 정가가 본래의 모습을 회복하게 한다는 의미도 컸다. 그것이 비록 보수적인 틀을 지니고 있다고는 하여도 현실적으로 만연한 부정부패를 줄이고 국가기강을 바로잡을 수 있다는 기대감을 주는 방안이었던 것은 사실이라고 하겠다.[16]

---

15) 『牧隱文藁』 卷26, 詩, "門生於座主 猶子之於父也 門生座主恩義之全 足以培養國家之元氣."

16) 李穡의 과거제 및 관리선발제도 개혁안을 왕권강화책으로 이해하는 경우가 있다. 주웅영 씨는 이러한 방안의 목적이 공민왕의 왕권강화책과 능리적인 속성을 지닌 향리와 달리 성리학적 지식을 쌓은 새로운 관료형인 신진사대부의 등장에 따른 흥학운동의 일환이라고 설명하였다(주웅영, 앞의 글, 100~104쪽). 이성무 씨는 이 사료를 직접 언급하지는 않았지만 전체적으로 官學진흥책은 왕권강화, 私學의 흥성은 귀족세력의 성장을 의미하는 것으로 이해했다(이성무, 「한국의 과거제와 그 특성-고려·조선초기를 중심으로-」, 역사학회편, 『科擧』, 一潮閣, 1980, 111쪽). 그런데 우리 역사학계에서 사용되는 개념 중에서 아주 모호한 개념의 하나가 왕권과 신권이라는 개념이라고 생각된다. 우선 왕권이란 그것이 어떤 관료구성이나 사회세력에 기초하고 있느냐에 따라 전혀 다른 형태를 지닌다. 예를 들어 봉건영주의 수장인 국왕과 신흥 부르주아나 시민계층에 기탁하는 계몽전제군주나 입헌군주제 하의 국왕과 왕권은 같은 왕권이라도 체제적·사회적 의미가 전혀 다르다. 그러므로 왕권과 신권의 대립을 논하려면 각각이 지향하는 권력구조나 체제적 기반이 서로 대립하거나 다를 때에야 의미가 있으며, 따라서 그에 대한 분석이 선행되어야 할 것이다. 그러나 우리 역사에서는 그러한 분석이 결여된

李穡의 이 건의안은 당장은 시행되지 않았다. 공민왕 16년에 林樸의 건의로 비로소 성균관 재건사업이 추진되었다. 이 때 四書五經齋를 두고 生員 100명을 두어 이들에게만 과거 응시자격을 주었다. 이 때 李穡이 判開城府事 겸 成均館大司成으로 취임했고, 여말 개혁파 사류의 대표주자라고 할 수 있는 鄭夢周·朴尙衷·李崇仁·朴宜中·金九容 등이 교관으로 부임했다.[17]

이어 공민왕 17년 4월에 왕은 직접 9齋에 행차하여 講經으로 친시하여 李詹 등 7인을 선발했다.[18] 『高麗史』選擧2, 升補試條에 17년 8월에 全伯英 등 37명을 뽑고, 23년에는 李就 등 100명을 뽑았다는 기록[19]이 있는 것으로 보아 이후 생원제도가 활성화한 것 같다.

그러나 학교와 과거제를 일치시키고, 과거를 생원시로 단일화하려는 정책은 제대로 시행되지 못한 것 같다. 공민왕 18년에 鄕試·會試·殿試로 구성되는 科擧三層制를 실시했고, 23년 3월에는 본관에 속한 도에서만 鄕試를 치게 하는 조치[20] 등이 이어지고 있는 것은 아직 후속조치가 완전히 이루어지지 않았음을 간접적으로 암시한다. 실제로 이 시기에는 생원시뿐만 아니라 진사시도 함께 시행되었다.

다만 생원시의 비중을 높이고, 성균관에서의 교육을 강화하는 효과 정도를 낳았던 것 같다. 그나마 공민왕이 사망하자 三層制가 폐지되고, 교육과 과거방식도 經學에서 다시 詞章 중심으로 바뀌었다.[21]

2. 학교 중심의 과거제의 시행

1) 중앙 및 지방 학교의 정비

창왕 즉위년에 개혁파 사류는 다음과 같은 법안을 발표했다.

> 창왕이 敎하였다. 과거법은 己酉年의 법에 따라 수시로 거행한다. 州縣의 향교에서 貢士의 액수를 채우지 못하면 수령까지 죄를 준다.[22]

채 왕권과 신권의 대립이 삼국시대부터 구한말까지 각종 정치현상과 개혁안을 설명하는 도구로 사용되고 있다. 또 하나 지적해야 할 사실은 어느 시대, 어떤 체제에서든지 왕과 귀족, 관료 간에는 늘 알력이 있고 서로 견제하는 관계라는 점이다. 그러나 대립이라는 현상 자체만으로 왕권과 신권의 대립을 정치·사회 현상을 설명하는 축으로 사용하는 데에는 무리가 있다. 그런 대립의 대부분은 체제 내에서 국왕과 관료들 간의 역할과 권력지분을 둘러싼 대립이 대부분이다. 그러므로 왕권과 신권의 대립이라는 개념을 사용할 때에도 그들이 각각 어떤 형태의 권력, 어떤 형태의 체제, 어떤 형태의 역할분담을 요구하고 있는가를 분석하는 것이 중요하다고 생각한다.

17) 『高麗史』卷115, 列傳28 李穡, 하 : 526~527.

18) 『高麗史』卷73, 志27 選擧1 科目1, 중 : 611.

19) 『高麗史』卷74, 志28 選擧2 升補試, 중 : 624.

20) 『高麗史』卷73, 志27 選擧1 科目1, 중 : 594.

21) 『高麗史』卷73, 志27 選擧1 科目1, 辛禑 2年 5月, 중 : 594.

여기서 과거는 모두 기유년 즉 공민왕 18년의 법제를 따른다고 하였다. 이것이 공민왕 18년에 제정한 科擧三層法을 회복한다는 의미일 수도 있지만, 그 뒤에 주현에서 貢士의 수를 채우지 못하면 守令까지 처벌하겠다는 내용이 있는 것으로 보아 공민왕 16년에서부터 18년까지 있었던 일련의 조치를 복구한다는 의미로 생각된다.

그러나 이것은 임시적인 조치였고, 곧이어 그들은 자신들의 개혁안을 발표했다. 첫 번째는 태조즉위교서이다. 鄭道傳이 찬했다는 이 교서에는 학교제와 과거제에 대한 법안도 있었다. 이후의 조문들과 비교하기 위하여 이 기록들은 원문을 그대로 기재하겠다.

a) 文武兩科 不可偏廢 內而國學 外而鄕校 增置生徒 敦加講勸 養育人才 其科擧之法 本以爲國取人 其稱座主門生 以公擧爲私恩 甚非立法之意 今後內而成均正錄所 外而各道按廉使 擇其在學經明行修者 開具年貫三代 及所通經書 登于成均館 長貳所試講 所通經書自四書五經通鑑已上通者 以其通經多少 見理精粗 第其高下 爲第一場入格者 送于禮曹禮曹試表章古賦爲中場 試策問爲終場 通三場相考 入格者三十三人 送于吏曹 量才擢用監試革去[23]

이 글에서는 먼저 고려의 과거제를 비판한다. 비판의 핵심은 座主 - 門生 제도이다. 과거는 본래 나라를 위하여 인재를 취하는 제도인데, 座主 - 門生 제도로 인하여 公擧가 私恩이 되었다는 것이다. 이러한 인식은 座主 - 門生 관계가 곧 국가의 元氣라고 보았던 李穡의 인식과는 정반대 된다. 이 교서의 찬자였다고 하는 鄭道傳은 『朝鮮徑國典』에서 공민왕대의 과거제 개혁을 논할 때에도 座主 - 門生 제도를 혁파하지 못한 것이 한계였다고 지적하였다.

> 공민왕대에 이르러 일체 원나라의 제도를 따라 詞章의 비루한 풍습을 제거했다. 그러나 소위 座主 - 門生의 관습은 행한 지가 오래 되어 멀리 제거해 버리지 못했으므로 식자들이 이를 탄식하였다.[24]

여기에서 鄭道傳은 座主 - 門生 제도를 관습의 뿌리가 깊어서 개혁하지 못했다고 말했으나 공민왕대 성균관 재건을 주도했던 李穡의 사상에서도 알 수 있듯이 당시에 座主 - 門生 제도를 개혁하지 못한 이유는 관습의 저항 때문이 아니라 개혁 주도세력의 정치관과 경세론 자체가 座主 - 門生 제도와 상충하기는커녕 이를 더욱 절실하게 필요로 하고 있었기 때

22) 『高麗史』 卷73, 志27 選擧1 科目1, 중 : 594, "辛昌敎 科擧之法一依己酉年之規以時擧行 州縣之學 貢士不充額數者 罪及守令."
23) 『太祖實錄』 卷1, 太祖 元年 7月 太祖卽位敎書, 1 : 22.
24) 『朝鮮經國典』 上, 禮典 貢擧, "至恭愍王 一遵元制 革去詞賦之陋 然所謂座主門生之習 行之甚久 不能遠除 識者歎之."

문이다.

그러나 개혁파 사류들은 私恩이 公擧를 대신해서는 안 되며, 과거란 본래 "爲國取人"하는 제도라고 말한다. 그것은 국가운영에서 사적지배를 배제해야 한다는 뜻이다.

그렇기 때문에 그들은 향교→12공도→성균관으로 이어지는 李穡의 방안을 용납할 수 없었다. 그리하여 그들은 향교에서 성균관으로 바로 올라가도록 조정했고, 공양왕 3년 6월에 12공도는 아예 폐지해 버렸다.[25)]

그런데 즉위교서에는 학교 생도들에게만 과거응시를 허락한다는 분명한 언급이 없다. 하지만 뒤이어 설명할 『經濟六典』의 조문을 보아도 이들의 방안이 이를 전제로 한 개혁안인 것은 분명하다. 또 즉위교서의 마지막에 監試를 철폐한다는 구절도 단서가 된다. 이것은 곧 진사시를 혁파하고 생원시만 남기자는 것이다. 그 이유는 과거응시자격을 향교와 학당의 생도에게만 부여하면 성균관 입학은 학생들에게는 升補가 되고, 결과적으로 升補試인 생원시만 남게 되기 때문이다.

그런데 이 제도를 시행하기 위한 필수조건이 지방학교의 정비였다. 전국의 300개가 넘는 군현에서 학교를 정비하고, 교관을 파견하는 사업이므로 중앙학교의 정비보다 더욱 대규모적인 사업이었다. 게다가 이것은 지방사족의 정치적 성장이나 중앙의 정계 개편과도 밀접한 관련이 있는 것이므로 의미적으로 보아도 개혁파 사류에게는 대단히 중요한 정책이었다.

이를 위하여 개혁파 사류는 군현마다 향교를 설치하고 중앙에서 교관을 적극적으로 파견하려는 시도를 하였다. 과거제와 학교제를 통합 운영하기 위해서는 우선 군현마다 빠짐없이 학교를 설치하고 학교마다 자격 있는 교관을 파견해야만 했기 때문이다.

『高麗史』 기록에 의하면 공양왕 2년 2월에 서북면의 府州에 유학敎授官을 설치하고, 이어 3년 정월에는 각도의 牧과 府에 敎授官을 두었다고 한다.[26)] 그런데 이 기록에 따르면 敎授官은 목과 부까지만 설치되고 군현에는 설치되지 않은 것이 된다. 하지만 『高麗史節要』 공양왕 4년 6월조에 "復置諸道州郡儒學敎授官"[27)]이란 기록이 있다. 고려시대에는 주군 단위로 교관을 파견한 제도가 없었으므로 이것은 고려의 구제를 회복했다는 뜻이 될 수가 없다. 그렇다면 개혁파 사류가 주군 단위로 敎授官을 두었고, 이것이 잠시 폐지되었다가 이 때 다시 복구되었다는 뜻이 된다. 이 두 달 전에 이성계 낙마사건이 발생해서 개혁파 사류가 공격을 받아 鄭道傳과 趙浚이 유배되는 위기를 맞은 사건이 있었다. 그러나 개혁파 사류는 두 달 만에 정권을 회복했다. 이 때의 '復置'라는 것은 이 사이에 발생한 일로 구세력이 정권을 잡자 바로 주군의 儒學敎授官을 폐지한다는 명령을 내렸던 것 같다. 그러므로 이 기록은 공양왕대에 주군 단위로 敎授官이 파견되었으며, 이것이 구세력에겐 상당한 거부감을 주는 사건이었음을 알려 준다. 그 이유는 이 제도가 개혁파 사류의 과거제 개혁안과

25) 『高麗史』 卷74, 選擧2 學校 私學.
26) 『高麗史』 卷74, 選擧2 學校.
27) 『高麗史節要』 卷35, 恭讓王 4年 6月.

직접 연관이 있었기 때문일 것이다.

혹 이런 추정이 잘못되었다고 해도 공양왕 4년 6월부터 주군에 教授官이 설치되기 시작한 것은 분명하다. 다음 기록들도 麗末鮮初에 군현단위까지 교관을 파견했다는 증거가 된다.

> 우리 전하께서는 즉위 초에 획을 긋고 기강을 떨쳐 옛법을 일으키셨는데, 특히 用人의 도에서는 더욱 뜻을 다하셔서 인재를 양성하지 않으면 안 된다고 말씀하셨습니다. 그리하여 안(수도)에는 성균관과 사부학당을 두고, 외방에는 주군마다 향교를 둔다. 각각 교수와 생도를 두고 그 廩食을 공급하게 하였습니다.[28]

또 『陽村集』에 다음과 같은 기사가 있다.

> 密城의 수령 余公이 銀魚를 보냈으므로 삼가 嶺南樓 위에 있는 牧隱 시에 운을 써서 두 절구를 지어 하나는 余公에게 바치고, 하나는 郡教授官으로 있는 同年 朴君에게 바친다.[29]

이 시는 權近이 공양왕 1년에 영해로 귀양갔다가 다음 해에 金海로 옮겨 거주하던 때에 쓴 시이다. 이 때 권근의 同年 朴某가 밀양에서 郡教授官으로 있었다는 것으로 이 시기에 이미 郡에 教授가 파견되었음을 알려 준다.

이 때는 작은 군현에는 향교가 없는 곳도 있었으므로 300여 개의 군현에 모두 교수관을 파견하지는 못했겠지만, 밀성과 같이 크고 오래 되고 준비가 된 곳에는 적극적으로 교수를 파견했던 것 같다. 그러므로 教授官을 충당하기 위해서는 상당한 인력이 필요하였다. 개혁파 사류는 과거급제자와 함께 지방에 은거해 있는 인사들을 적극적으로 교수로 등용하였다. 趙浚의 상소에도 지방의 閑居業儒者를 본관의 教導로 채용하자는 건의가 있다.[30] 또 태조 4년 11월에 都評議使司에서 각 도에 있는 閑良官 중에서 6품 이상이며 나이가 70세 이하로서 현재 鄕校訓導나 騎船軍官으로 근무하고 있는 자를 제외한 나머지 사람을 모두 일일이 방문 조사하여 보고하라는 명령을 내린 기록이 있다.[31]

이 명령의 취지는 현재 직역에 종사하지 않고 있는 한량관을 조사하라는 것이었다. 여기서 특별히 鄕校訓導나 騎船軍官을 제외하고라는 말이 있는 것을 보면 당시 재지한량관의 일부가 鄕校訓導나 騎船軍官으로 충당되고 있었음을 보여주는 것이며, 또한 개혁파 사류의 학교제·과거제 개혁이 지방학교의 정비 및 在地閑良官의 등용과 발맞추어 체계적으로

---

28) 『朝鮮經國典』 上, 治典 入官, "惟我主上殿下 卽位之初 立經陳紀 動法古昔 而於用人之道 尤致意焉 謂人才不可以不養 於是 內而成均館部學 外而州郡鄕校 各置教授生員 贍其廩食."

29) 『陽村集』 卷7, 詩 南行錄.

30) 『高麗史』 卷118, 列傳31 趙浚, 하 : 598~599.

31) 『太祖實錄』 卷8, 太祖 4年 11月 辛未, 1 : 86.

추진되고 있었음을 보여준다.

개혁파 사류는 이처럼 향교를 육성하며, 在地閑良官을 적극적으로 교관으로 등용하는 대신에 국가의 공인을 받지 않은 私塾에 대해서는 엄격한 제재를 가하였다. 그 이유는 私塾이 지방 한량관의 피역처로 이용된다는 것이었다. 趙浚은 이 상황을 다음과 같이 설명했다.

> 근래 전쟁이 자주 발발하면서 학교가 폐하여 (학교 터에는) 잡초만 무성해졌습니다. 鄕愿으로서 유학자를 사칭하는 자들이 5, 6월이 되면 아동들을 모아 놓고 당·송대의 絶句를 읽다가 한 50일이 되면 파하는데, 이를 夏課라고 말합니다.[32]

하지만 개혁파 사류의 私塾 철폐가 단지 이런 폐단 때문만은 아니었다. 그들은 私塾 철폐에 그치지 않고, 在地閑良官을 교수나 훈도로 임명하는 경우에도 그들이 자기 고을에서 가르치는 것을 금지하고 모두 타지로 발령하였다.[33] 이것은 향교생도에게만 과거응시자격을 부여했기 때문에 지역에서 연고가 있는 사람을 교수로 임명하면 생도 관리와 선발에 사정이 작용하는 것은 물론 이런 권한을 무기로 지역 내에서 토착적인 권력을 확대하는 것을 방지하기 위한 조치였다고 생각된다. 아울러 향교가 곧 그 지역 출신 과거급제자나 관료들의 결집처가 되므로 이것이 지방사족들의 결집처가 될 가능성도 있었다. 개혁파 사류는 중앙에서뿐만 아니라 지방에서도 사적권력 구조가 국가기구와 결탁하는 것을 경계하였던 것이다.

2) 학교 및 과거제의 운영방법

鄭道傳은 태조 3년에 편찬한 『朝鮮經國典』에 과거제도를 수록했는데, 禮典 貢擧條에서 "전하께서 즉위하신 후 과거법을 덜어내고 더하여 성균관으로 하여금 사서오경을 시험보게 하고……" 운운한 것으로 보아 이에 앞서 이미 반포한 법령이 있었던 것 같다. 그리고 그것은 아마도 태조즉위교서로 반포한 과거법일 것이라고 생각된다.

즉위교서를 반포한 다음 해인 태조 2년이 계유년으로 과거 식년이었다. 그래서 예조에서 즉위교서의 법대로 과거를 시행하기를 건의했으나 태조가 監試 혁파를 주저하여 監試도 병행하라는 명령을 내렸다.[34] 태조가 監試를 병행하게 한 것은 한양천도를 추진중이던 때라 학교와 숙박 시설이 불안정했기 때문이기도 하고, 현실적으로 구세력의 반발도 고려했기 때문이라고 생각된다. 그리하여 새로운 과거법은 사실은 시행되지 않다가 한양으로 천도한

32) 『高麗史』 卷118, 列傳31 趙浚, 하 : 598~599.
33) 『太宗實錄』 卷13, 太宗 7年 3月 戊寅, 1 : 388.
34) 『太祖實錄』 卷3, 太祖 2年 3月 辛酉, 1 : 41, "禮曹上言 敎書一款節該 科擧之法 本以爲國取人 通三場相考 入格者送于吏曹 量才擢用 監試革去 願自今當子午卯酉試之 上曰 今年 且依前朝己酉年格試之 并行監試."

다음 해인 태조 4년 12월에 예조에서 다시 구체적인 학교제 및 과거제 개혁안을 상정하자 이를 교서로 반포했다.

b) 禮曹詳定科擧式 始以講經書爲初場 罷進士爲生員試 上從之[35)]

태조 5년에야 비로소 이 교서대로 과거를 시행했다. 試官은 鄭道傳과 趙浚이 맡았고; 태조가 근정전에 친림하여 殿試를 주관했다.[36)] 그런데 이렇게 확정한 과거제와 학교제 개혁안의 내용은 b)의 기록이 너무 소략해서 알 수가 없다. 하지만『世宗實錄』23년 7월 을묘조에『經濟六典』원전의 과거법을 인용하는 부분에 "謹按經濟六典 洪武 二十八年 十二月日 禮曹受判內節解"라는 구절이 있다. 홍무 28년은 곧 태조 4년이다. 그러므로 b)에서 말한 예조 상정안이 수교로 내려졌고, 이것이 元典에 수록되었음을 알 수 있다. 그런데『經濟六典』元典의 과거 규정으로 인용하는 기록은 이외에 몇 군데 더 있으므로 이를 조합하면 이때 반포한 개혁안의 대강은 복원할 수 있다. 아래 인용문은 실록 세 군데에서 채집한 기록을 조합하여 복원한 것이다. 설명의 편의를 위하여 내용을 몇 개로 나누었다.

c-1) 洪武二十八年 禮曹受判 式年科擧 必須通五經者 乃許赴試 宜令成均館 分四書五經齋 增廣生徒敦加講勸 其試講之法 一朝而群至則 非惟講問 不能精容 或有冒濫之弊 今後生徒入大學齋 讀訖 成均館報禮曹 禮曹與臺省各一員 詣成均館 與館員講問 其講說詳明隔貫旨趣者 置簿 升于論語齋 其不通者 仍在本齋 以俟其通論語孟子中庸齋 考講升黜皆用此例 至於中庸 講說皆通者 升于禮記齋 考講皆如四書例 以此升至春秋試書易齋
c-2) 五部生徒則 敎授官 試其通講者 送成均 更講如上項例 其州府郡縣生徒 各道觀察使每年春秋 遣通經守令及閑良官二三員 歷至都會所 考講 亦用成均例 某人通某經某書 明書于籍 悉送成均館 成均于報禮曹 更講與館例
c-3) 館及五部 外方生徒 皆置簿 止書某人通某書某經 更不定其高下
c-4) 至子午卯酉年 成均報禮曹 禮曹啓聞 令京中成均館漢城府 外方各道觀察使 將上項通四書五經者 以前定額數試取四書 各講一章 五經各講一章 爲初場 表論古賦中出一題 爲中場 經史時務中出策問 爲終場 通考 第其高下 其中者 許令入赴會試 試取如前例 取三十三人 赴殿試更試策問一道 第其高下
c-5) 其通四書五經而 二擧不中者 程文雖不中律 亦許入格[37)]

---

35)『太祖實錄』卷8, 太祖 4年 12月 丙申, 1 : 87.
36)『太祖實錄』卷9, 太祖 5年 5月 丁巳, "上坐勤政殿 試考試官趙浚鄭道傳 所取曹由仁等 三十三人 以金益精爲第一."
37)『世宗實錄』卷49, 世宗 12年 8月 庚寅 :『世宗實錄』卷69, 世宗 17年 9月 乙未 ;『世宗實錄』卷93, 世宗 23年 7月 乙卯. 이 조문의 복원방식에 대해서는 연세대학교 국학연구원 편,『經濟六典輯錄』禮典 諸科(185~188쪽). 그런데 이것도 완전한 조문이라고는 할 수 없다. 왜냐하면 실록에서 조문을 인용할 때는 필요한 부분만 간략하게 기록하는 경우가 많기 때문이다. 또 과거에는 문과 이외에 무과·잡과 등 여러 과가 있었는데, 이에 대한 내용은 발견되지 않는다.

그런데 이 기록에서는 b)에서 강조한 진사시 혁파와 학생만이 과거응시가 가능하다는 원칙이나 과거의 전체적인 구조에 관한 언급이 없다. 아마도 그런 내용은 이 수교의 서문 부분에 수록되었을 것 같다. 당시의 교서를 보면 서두에서 법을 제정한 목적과 취지를 장황할 정도로 길게 설명하는 경우가 많기 때문이다. 그런데 "洪武二十八年 禮曹受判" 다음에 있어야 할 서문 부분은 실록 어디에도 남아 있지 않아서 파악하기가 불가능하다. 하지만 여기서 빠진 서문 부분은 앞서 인용한 태조즉위교서의 내용 a)나『朝鮮經國典』禮典 貢擧條의 내용과 거의 유사할 것이라고 생각된다. 따라서 a) 및 b)에서 천명한 취지와 연관하여 이 조문의 내용을 살펴보아도 무리가 없을 것이다.

c-1)은 성균관 생원의 과거응시자격을 설명한 내용이다. 성균관에 진학한 생원은 四書五經齋 즉 9齋를 수료한 후에야 과거에 응시할 수 있었다. 그에 관한 규정이 c-1)의 규정이다. 9齋는 大學·論語·孟子·中庸·禮記·春秋·詩經·書經·周易의 순이었다. 升齋하기 위해서는 과정을 통하고 시험에 합격해야 했다. 시험방식은 전체를 모아 놓고 한 번에 시험보는 방식을 지향하고, 생도가 독서를 마치면 그때 그때 예조 관원과 대간 1명이 성균관에 와서 성균관원과 함께 학생과 강문하여 통달 여부를 판단하게 했다.

일괄시험을 배격하고 다소 복잡하고 번거로운 평가방식을 취한 이유에 대해서도 설명을 달아서 일괄시험 방식은 강문이 정용하게 되지 않을 뿐 아니라 冒濫의 폐단이 있기 때문이라고 했다. 그런데 鄭道傳은『朝鮮經國典』에서 과거제를 논하면서 詞章으로 시험하는 방식은 *浮華無實之徒*를 얻고 經史로 시험하는 방식은 *汚僻固滯之士*를 얻을 위험이 있다고 하였다.[38] 이것은 시험방식이 講經이든 詞章이든 간에 한두 번의 시험과 성적만으로는 인간의 자질과 됨됨이를 파악할 수 없다는 인식을 반영한 것이라고 생각된다. 그렇다면 대안은 개인개인에 대한 지속적인 관찰과 평가밖에 없다. 이것도 그들이 과거제와 학교제의 연계를 주장하는 하나의 근거가 되었을 것이다.

그런데 이 같은 평가방식은 수치화된 기준이나 근거가 없고, 따라서 권력자의 압력이나 평가자의 주관에 의해 불공정한 사례가 발생할 우려가 있다. 평가를 성균관 교관들에게만 맡기지 않고, 예조의 관원과 대간, 성균관원이 함께 학생을 면접하여 평가하게 한 것은 이를 방지하기 위한 조치였다고 생각된다.

그런데 c)의 기록에는 성균관 생원을 선발하는 방식에 대해서는 명확한 언급이 없다. 그러나 다른 기록을 통해서 보면 일단 이들은 진사시를 폐지하고 생원시만을 남겼다고 했는데(b) 이 생원시가 성균관 입학시험에 해당한다. 학교 생도에게만 생원시에 응시할 수 있는 자격을 주었는데, 학교 생도라고 아무나 응시할 수 있는 것은 아니었다.

c-2), c-3)은 학당과 향도 생도에 대한 관리 규정이다. 오부학당의 생도는 성균관 생도의 예에 따라 敎授官이 講經으로 시험 보아 四書五經의 通 여부를 살피고, 다시 성균관에 올

38)『朝鮮經國典』上, 治典 入官.

려보내면 성균관에서는 升齋 시험과 같은 방식으로 시험 보아 성적을 매긴다.

향교 생도는 관찰사가 매년 춘추에 유학에 능통한 수령과 한량관 2, 3인에게 위임하여 이들이 순방하며 고강을 실시한다. 모든 고을을 다 돌 수가 없으므로 都會所를 설치하여 여러 고을의 학생을 합하여 시험하게 했다. 그리고 이들을 성균관과 예조로 보내 다시 시험하게 한다.

성균관과 학당, 향교에서 이렇게 시험을 거친 사람은 명부를 만들어 보존하는데, 그들이 四書五經 중 어떤 과목에 능통하다는 것만 기재하고 성적은 매기지 않게 했다(c-3). 그 이유는 이 과정이 升齋 자격자와 과거응시자격자를 선정하는 시험일 뿐으로서 성적을 매기는 것은 과거에서 할 일이었기 때문이다.

다소 번거롭지만 이렇게 이중 삼중으로 시험을 보고 고찰하게 한 것은 부정을 방지하기 위한 조치였다고 생각된다.

이런 과정을 거쳐 인정을 받고 명단에 오른 학생들은 과거 식년이 되면 비로소 과거에 응시할 수 있었다. 과거 식년은 子午卯酉年으로 3년 주기였다(c-4). 이는 『經國大典』까지 준수되었다.

小科에 해당하는 監試는 이 때 진사과가 철폐되었으므로 생원시만 거행되었다. 시험 시기는 특별한 규정을 찾을 수 없다. 태조 5년의 첫 번 생원시는 5월에 거행되었다.[39] 그 이후의 경우를 보면 대략 정월에서 5월 사이였다. 성종 때까지는 소과와 대과가 시기 구분 없이 똑같이 5월에 거행되었다. 나중에 성종대에 이런 방식이 짧은 기간에 시험이 너무 많고 수험생들이 한꺼번에 서울로 몰리어 물가가 뛰고, 응시생들이 빈번하게 왕래해야 하며 시험들 간에 간격이 너무 짧다는 등의 이유를 들어 시험기간을 조정하여 『經國大典』에는 과거 식년 전해의 가을에 생원·진사시와 초시를 보고, 식년의 봄에 복시와 전시를 보는 것으로 조정되었다.[40]

그런데 성종대에 이런 문제가 발생한 것은 이 때는 과거응시자격이 학생으로 제한되지 않았고, 그 외에도 여러 가지로 과거응시자격이 헤이해졌던 상황도 고려해야 한다고 생각된다. 태조대에만 해도 응시자격자의 제한이 엄격해서 응시생이 많지 않았으므로 단기간에 보는 방식이 더 편리했을 수도 있었다.

태조 5년에 행한 최초의 생원시 기록에 의하면 생원시의 정원은 100명이었으며, 합격자는 고려의 관례를 따라 3일 동안 放榜하는 행사를 베풀었다.[41] 지방에서 올라온 貢生들은

---

39) 『太祖實錄』 卷9, 太祖 5年 5月 6日 壬戌, 1 : 91, "壬戌禮曹申請生員試自今試疑義各一道取一百人依前朝進士例簾前放榜三日成行以勸後生向學之心其貢生令成均正錄所講四書業經方許記名赴試 上許之."

40) 『經國大典』 禮典 諸科. 조좌호, 「이조식년문과고(상)」, 『대동문화연구』 10, 1969, 174쪽.

41) 『太祖實錄』 卷9, 太祖 5年 5月 6日 壬戌, 1 : 91, "壬戌禮曹申請生員試自今試疑義各一道取一百人依前朝進士例簾前放榜三日成行以勸後生向學之心其貢生令成均正錄所講四書業經方許記名赴試 上許之."

태조즉위교서에 있는 대로 다시 성균관정록소에서 한 번 검증을 받은 후에 생원시에 응시할 수 있었다.

그런데 다른 사례들을 보면 생원이 되는 방법은 이처럼 생원시를 거치지 않고 학당이나 향교에서 升補試를 거쳐 바로 진급하는 경우도 있었다. 이것은 원칙적으로는 성균관 생원에 결원이 생겼을 때 취하는 방법이었는데, 元典 단계에서 이 문제를 어떻게 처리했는지는 분명하지 않다. 그러나 c-2), c-3)의 학생 평가방식은 필요하면 升補의 과정으로 얼마든지 사용할 수 있었을 것이라고 생각된다.

c-4)에서 말하는 식년과거 규정을 보면 과거를 준비하는 기관은 한성부와 성균관 그리고 외방의 관찰사이다. 그것은 각기 漢城試와 성균관에서 성균관 생원을 대상으로 개최하는 館試, 외방의 鄕試를 말한다고 생각된다. 漢城試는 학당의 생도, 향시는 향교생도로 四書五經을 통했다고 검증을 받아 위의 명단에 올라 있는 사람만이 응시할 수 있었다. 그리고 생원이 漢城試에 응시하거나[42] 생도가 다른 지역의 시험에 응시하는 것은 금지했다.[43]

이후의 시험절차에 대해서는 元典에 언급이 없지만 실록 기록에 의하면 태조대의 館試 정원은 30명, 漢城試는 20명이었다.[44] 鄕試의 정원은 분명하지 않은데, 태종 17년의 기록에 의하면 그 이전에 강원도·풍해도는 각기 15인, 충청도는 20명, 경상도 30명, 전라도 20명, 평안도와 함길도가 각각 10명으로 총 110명이었다고 한다.[45] 이것이 태조대부터의 정원인지 그 중간에 한 번 조정이 된 수치인지는 분명하지 않지만, 약간 조정이 되었다고 해도 대략 이 정도 수준이었다고 생각된다.

다시 c-4)에 의하면 시험과목은 초장은 四書와 五經을 각기 1장씩 강경했으며, 중장은 表·論·古賦 중에서 하나, 종장은 經史나 時務策 중에서 하나로 정했다. 초·중장에서는 성적을 매기지 않고 합격 여부만 결정했으며, 종장에서 등수를 정했다.

각 시험의 합격자는 최종시험인 會試에 응시할 수 있었다. 會試에서는 33명을 선발했다. 33명이란 정원은 고려 때부터의 관례를 지킨 것인데, 하필 33명으로 정한 이유에 대해서는 당시의 유자들도 잘 몰랐다고 한다. 불교의 33天에서 따온 것이라는 설도 있었는데,[46] 개혁파 사류도 이 문제는 그대로 받아들였던 것 같다.

會試 33인의 합격자는 마지막으로 殿試에 응시한다. 殿試는 국왕이 친시하는 것으로 국왕이 곧 과거의 座主라는 의미가 있었다. 이 시험은 당락을 결정하는 게 아니고 33인의 등

42) 『太宗實錄』 卷27, 太宗 14年 1月 乙未, 2 : 2. 이 날 기사에 이 때부터 비로소 생원이 한성시에 응시하는 것을 허용했다는 기록이 있다. 이로 미루어 이전에는 생원의 한성시 응시가 금지되었음을 알 수 있다. 그러나 이 때도 한성이나 지방 거주자가 본관 이외의 지역에서 응시하는 것은 금지되어 있었다.

43) 『太宗實錄』 卷33, 太宗 17年 5月 己巳, 2 : 167. 이것은 고려시대부터의 법규였다(『高麗史』 卷73, 志27 選擧1 科目1, 恭愍王 23年 3月 判, 중 : 594).

44) 『太宗實錄』 卷9, 太宗 5年 3月 丁未, 1 : 321.

45) 『太宗實錄』 卷33, 太宗 17年 5月 己巳, 2 : 167.

46) 『世宗實錄』 卷101, 世宗 25年 9月 壬戌, 4 : 507.

수를 매기는 것인데, 여기서는 오직 策問만을 시험 보았다. 이 같은 시험과목은 송대의 王安石의 개혁안을 적절히 수용한 것이었다.[47]

c)의 기록에는 없지만 元典에는 이 최종합격자 33인은 무조건 즉시 서용한다는 규정이 있었다.[48] 이 규정은 최고 성적자 3인만 즉시 서용하고 나머지 30인은 二館 權知로 분배하는 『경국대전』의 규정과는 확실히 다른 것이었다.[49] 이런 방식은 세종 26년에 정한 것이다.[50] 그렇다고 세종 때까지는 元典의 33인 서용 규정이 지켜진 것은 아니다. 이 규정은 정도전파가 몰락한 후로 바로 사문화된 것 같다.[51]

마지막으로 평소의 시험을 통해 四書五經에 통달했다고 평가되었으나 막상 과거에 응시해서는 두 번 떨어진 자는 入格을 허가한다고 했다(c-5). 이것은 비록 명예에는 손상을 입고 급제성적이 좋지는 않지만 학생으로서 과정을 다 수료하면 어떻든 급제의 자격은 준다는 구상이었다. 이런 방안은 李穡도 제시한 적이 있지만 그만큼 과거에서 학교의 역할을 절대적인 것으로 만들려는 방안이었다고 할 수 있다.

그런데 이런 시험 방식은 성균관 생원에겐 불공평한 조치 같다. 학당이나 향교의 생도는 생원시 합격 유무와 상관 없이 漢城試나 향시에 응시할 수 있기 때문이다. 그러나 합격정원을 보면 館試가 漢城試나 향시에 비해 대단히 유리하다. 게다가 성균관의 높은 교육여건을 생각하면 會試와 殿試에서도 이들이 유리할 것임은 두말 할 나위도 없다. 그렇기 때문에 會試를 위해서는 성균관에 들어갈 필요가 높았고, 이런 필요 때문에 향시나 漢城試에 합격한 사람이라도 그들이 會試에서 낙방하면 다시 생원시에도 응시할 수 있었던 것 같다. 사실 위의 과거제는 明의 제도와 아주 유사한 것인데, 명에서도 이를 허용하여 입학시험에 합격하여 들어온 생원을 貢監, 향시에 합격한 擧人으로 會試에 낙방한 후 國子監에 입학한 학생을 擧監이라고 불렀다.[52]

이러한 과거제를 구상한 개혁파 사류의 의도는 역시 鄭道傳의 글에서 찾을 수 있다. 내용 면으로 보면 王安石의 개혁안과 명나라 과거제와 유사한 과거제였지만 鄭道傳은 이런 과거제의 근거를 周官에서 찾았다. 그가 제시한 새로운 과거제의 취지는 다음과 같다.

> 과거의 법은 오래 된 것이다. 周나라의 大司徒는 六德과 六行, 六藝로서 만민을 교화하여 賓興하였다. 그 중 현능한 자를 選士라고 일컬어 학교로 올리고, 俊士라고 일컫는 자는 司馬에 올렸다. 進士라고 일컫는 자는 그를 論定한 후에 관직을 주었다. 임관 이후에는 爵을

---

47) 吳金城, 「중국의 과거제와 그 정치, 사회적 기능」, 역사학회 편, 『과거』, 1981, 14쪽 ; 申採湜, 『宋代官僚制研究』, 三英社, 1981, 354~364쪽.
48) 『世宗實錄』 卷42, 世宗 10年 11月 己酉, 3 : 152.
49) 『經國大典』 吏典 諸科.
50) 『世宗實錄』 卷106, 世宗 26年 11月 丁丑, 4 : 592. 李成茂, 「兩班과 科擧」, 『朝鮮初期 兩班研究』, 一潮閣, 1980, 68~69쪽.
51) 『世宗實錄』 卷42, 世宗 10年 11月 己酉, 3 : 152.
52) 역사학회 편, 『과거』, 18쪽.

주고 位가 정해진 후에 祿을 주었다. 교육함이 심히 근면하고, 고찰함이 매우 정밀했으며, 인재를 사용함이 매우 중한 것이었다.[53)]

그는 周官의 본질은 전국 각지의 백성을 균등하게 교육하고, 그들 중에서 인재를 공정하게 선발해서 임명하는 데 있다고 본다. 그렇기 때문의 그가 제시한 학교제와 과거제는 이러한 周의 이상을 실현한 제도라는 것이다. 이 말에서도 그가 이런 제도를 구상한 이유가 유학교육의 강화나 교육제도의 개선이 아니라 학교와 과거를 연결하여 전국 각지에서 인재를 선발하고, 이들에 대한 국가의 관리기능을 강화함으로써 과거 소수 귀족층에게 장악되어 있던 관료군을 개편하려는 데 있었던 것을 알 수 있다.

3. 보수파의 집권과 학교·과거제의 분리

1) 과거 운영의 변화와 權近의 개혁안

태종 즉위 후에 과거운영에는 조금씩 변화가 발생했다. 그 변화의 구체적인 과정은 분명하지 않은데, 태종 4년 8월 司諫院에서 올린 건의는 벌써 학교와 과거제 운영에서 변화가 발생하고 있었음을 보여준다.

司諫院에서 상소하였다. "五部敎授官은 경전에 능통하고 醇謹한 선비를 골라 제수해서 교양하고, 생도 가운데 효경·소학·사서·문공가례에 능통한 자는 소학을 올리고, 成均正錄所로 하여금 힘써 교양을 더하게 할 것입니다. 三經 이상에 능통하고 孝悌·謹厚한 이는 監試에 나가는 것을 허락하여 成均館에 올릴 것입니다. 五經과 通鑑에 능통하고 德行이 드러나 알려진 자를 골라 또한 赴試를 허락하고, 경박하고 근신하지 아니하는 무리는 비록 재주와 학식이 다른 사람보다 뛰어나더라도 물리치고 받아들이지 아니할 것입니다.

姓名을 기록할 때에는 반드시 그 父兄이나 친척이나 친우로 하여금 그 실제 덕행을 기록하여 有司에 고하게 하고, 有司가 그 시험에 합격한 자의 덕행과 保擧人의 職名을 憲司에 보내어, 憲司에서 장부에 기록하여 갈무리해 두었다가, 다른 날 시험에 합격한 생도 가운데 근신하지 아니하는 죄를 범하는 자가 있으면, 保擧한 사람도 아울러 죄주게 하는 것을 항식으로 삼을 것입니다."

司諫院의 건의는 元典의 방법과 조금 달라진 부분도 있지만 대략 그 정신은 같다고 하겠다. 그런데 새삼스럽게 元典 내용과 별 차이도 없는 방안을 건의하면서 생도에 대한 保擧

---

53) 『朝鮮經國典』 上, 禮典 貢擧, "科擧之法尙矣 在周大司徒 以六德六行六藝 敎萬民而賓興 其賢能 曰選士 升之學 曰俊士 升之司馬 曰進士 論定而後官之 任官而後爵之 位定而後祿之 敎之甚勸 考之甚精 用之甚重."

制까지 도입하자는 이유는 무엇일까? 그것은 이미 元典의 규정이 퇴색하고, 학교와 과거제 운영이 중앙 세가에 의해 장악되어 과거의 폐단이 다시 등장했기 때문이 아닌가 한다.

실제로 이 건의에 대한 의정부의 답변은 다음과 같았다.

> 監試는 初學의 무리를 권장하기 위한 것이므로, 고려에서는 十韻詩로 시험하였고, 東堂에서 一經에 통달한 자에게 赴試를 허락하였습니다. 지금 만약 반드시 三經에 능통한 자에게 監試에 나가는 것을 허락한다면, 오로지 학문을 권장하는 뜻에 어긋날 뿐만 아니라, 文武子弟도 모두 文科의 어려운 것을 꺼려, 글을 읽고 赴試할 자는 드물어질 것입니다. 그 赴試하여 姓名을 기록할 때에는 부형이나 친척이나 친우로 하여금 그 실제 德行을 기록하여 有司에 고하게 하고, 뒤에 만약 범죄하는 바가 있어 保擧한 자를 아울러 죄 준다면, 사람들이 모두 文科에 견디지 못하여, 장차 文學을 廢絶하게 만들 것입니다.

이 글에 의하면 이미 元典의 학교제와 과거제 운영방안은 퇴색하고 있다. 심지어 고려조의 進士試 운영관례까지 들어 가면서 監試는 初學의 무리를 권장하기 위한 것이니 쉽게 출제해야 한다고까지 얘기하고 있다. 國子監 입학시험인 監試에 대해 鄭道傳 등은 거의 준관료를 선발하는 시험으로 엄격하게 보아야 한다고 하는 입장이었는 데 반해, 단지 초학의 무리를 권장하기 위한 것이라고 정의하는 이러한 태도는 학교를 통해 급제자를 엄격하게 교육하고 그들을 관료로 등용하자는 발상을 거부하는 태도나 다름이 없었다. 이것은 당시 집권층의 관료제 운영에 관한 보수적인 태도를 반영하는 것으로 그들은 공신을 주축으로 하는 특권층 중심의 정국운영 방안을 구상하고 있었기 때문이다.

실제로 당시에 거행한 과거에서는 이미 여러 가지로 변화된 양상이 드러나고 있었다. 태종 5년 3월에 시행한 漢城試에는 벌써 元典의 학생만 응시할 수 있다는 원칙이 무너져 관원, 생원 및 居京幼學 등이 닥치는 대로 응시하고 있고,[54] 그 결과 이 때 시행한 생원시에는 무려 1천 명이 응시하였다.[55] 이것은 선발기준이 쉬워진데다가 元典의 방안이 이미 사문화되어 엄격한 학교생활을 할 필요가 없어졌고, 그간 개혁파 사류의 정책 때문에 감히 과거응시를 못해 적체되었던 인원이 한꺼번에 몰렸기 때문이라고 생각된다.

이렇게 과거제를 변경한 이유로 신집권층은 학문권장·문과진흥 등의 이유를 들었으나 이 때 행한 과거의 양상을 보면 그 속셈을 알 수 있다. 태종 2년에 행한 會試에서는 태종의 명령에 따라 장원자는 무조건 居京人 중에서 뽑는 관례가 부활했고,[56] 응시자가 대폭 증가한 태종 5년의 생원시에서는 勢家의 幼弱子弟가 대거 합격했다. 과거법 개정에 앞장섰던 좌의정 河崙마저 분노하여 司憲府를 시켜 탄핵하게 할 정도였는데, 태종이 나서서 이 일을 무마시켰다.[57]

---

54) 『太宗實錄』 卷9, 太宗 5年 3月 丁未, 1 : 321.
55) 『太宗實錄』 卷9, 太宗 5年 3月 丁巳, 1 : 323.
56) 『太宗實錄』 卷3, 太宗 2年 4月 乙卯, 1 : 229.

그러나 이후로 과거응시자격을 제한하는 법은 완전히 무너졌다. 그 결과 응시자가 폭증하여 합격자 정원이 계속 증가했다. 태종대에 漢城試만 해도 성균관 생원들의 응시를 허용하면서 태종 8년에 정원이 20명에서 30명으로[58] 태종 17년에는 40명으로 증가하고, 館試 정원도 50명으로 늘어났다.[59] 반면에 향시의 정원은 강원도와 풍해도에서 5명씩 축소하고 나머지 지역은 동결하였다.[60] 이 때 정한 館試와 漢城試의 정원은 『經國大典』까지 이어졌다.[61] 단 『經國大典』에서는 향시의 정원은 오히려 元典 때보다도 늘어서 경기도가 20, 충청도·전라도가 각각 25명, 경상도 30명, 강원도·평안도가 각각 15명, 황해도·영안도가 각각 10명으로 총 150명이 되었다.[62]

이처럼 생원의 漢城試 응시를 허용하고 과거 정원을 늘리도록 한 사람은 權近의 동생으로 成均館 大司成을 지냈던 權遇와 河崙이었다고 한다.[63]

합격자가 증가함에 따라 과거의 권위와 기능에 변화가 일어나게 된다. 이뿐 아니라 이 때부터 과거의 시험종류나 과거시험 방식, 과목 등에서도 변화가 일어났다. 그러나 이 문제들을 양도 많을 뿐더러 꽤 복잡한 변천과 논쟁 과정을 거치고, 기존의 연구에도 소개되어 있으므로 본고에서는 생략하고 다만 과거제와 학교제의 분리 과정을 중점적으로 살펴보겠다.

태종 7년에 元典의 과거법과 학교제에 대한 개정이 시작되었다. 그 발의자는 權近이었다. 이 날 올린 權近의 건의안은 정부에 의해 채택되었고, 태종 15년에 간행한 續集詳節에도 수록되었다.[64] 權近의 상소는 총 8개 항으로 구성되는데, 본고와 관련 있는 내용은 4개 항이다. 그 내용을 보면 우선 초장의 강론을 파하고 다시 疑義를 시험하게 했으며, 중장의 古賦도 초학자에게 너무 어렵다고 論·表와 判으로 바꾸었다. 또한 講經 방식을 채택했던 元典의 방침을 비난하고 製述과 詞章 교육을 강조하여 館閣과 閑良文臣은 製述로 시험 보아 등용하고, 時散 3품 이하 관리를 매년 춘추로 시로 시험하여 우수자를 승진시키고, 지방학교에서도 이런 제도를 다시 시행하게 하였다.[65]

---

57) 『太宗實錄』 卷9, 太宗 5年 3月 丁巳, 1 : 322.
58) 『太宗實錄』 卷15, 太宗 8年 2月 庚子, 1 : 430.
59) 『太宗實錄』 卷33, 太宗 17年 5月 己巳, 2 : 167.
60) 『太宗實錄』 卷33, 太宗 17年 5月 己巳, 2 : 167.
61) 『經國大典』 禮典 諸科.
62) 『經國大典』 禮典 諸科.
63) 『太宗實錄』 卷27, 太宗 14年 1月 乙未, 2 : 2.
64) 『太宗實錄』 卷33에 다음과 같은 기록이 있다. "六典內 科擧初場專用講論 永樂五年四月日 吉昌君權近陳言受敎 罷講論而試製述 在續六典"(『太宗實錄』 卷33, 太宗 17年 1月 丙午). 영락 5년 4월은 곧 태종 7년 4월이다. 權近의 상소는 태종 7년 3월이었는데, 한 달 차이가 나는 것은 법전 조문은 교서로 반행한 날자를 기준으로 하는데, 權近의 상소가 심의를 거쳐 다시 敎書로 반포되는데 시간이 걸렸기 때문일 것이다. 이 상소에서 언급한 다른 조문도 일부가 실록에서 『經濟六典』 조문으로 인용되는 것으로 보아 權近의 상소는 전체가 법전에 수록된 것이 분명하다(『經濟六典輯錄』 禮典 奬勸 및 諸科조 참조).
65) 『太宗實錄』 卷13, 太宗 7年 3月 戊寅, 1 : 388.

科擧에서 經學과 詞章, 講經과 製述論은 이념적으로 오래 되고 복잡한 논쟁이므로 이 글에서 각각의 차이를 논하기는 곤란하다. 그러나 그런 원론적인 의미를 떠나서 태종 7년 權近의 상소는 학교와 과거를 통한 鄭道傳계의 인재등용 방식에 제동을 걸고, 詞章과 製述에 익숙한 기존 관료와 문신에게 기회를 제공한다는 점에서 현실적인 의미가 있었다.

그러나 이보다 중요하고 의미가 분명했던 방안이 元典의 향교정책의 폐지이다.

> 前朝에서는 외방에 거주하는 閑良儒臣들이 개인적으로 서재를 차려 놓고 후진을 가르쳤으므로 선생이나 생도가 모두에게 편안한 대로 하면서 학문을 성취할 수 있었습니다. 금자에 이르러 교사들을 혹은 다른 주의 교수로 삼아 가족들과 헤어지게 하고, 생업을 폐하게 하니 모두가 구차하게 모면하려고만 합니다. 생도들은 강제로 향교로 나가게 하여 자신들이 편한 대로 수업을 받을 수가 없으며, 때로는 수령들이 글을 쓰고 베끼는 일을 부과하니 명분은 권학이지만 실제로는 학업을 폐하고 이완시키는 일입니다. 지금부터 재외 유신들로 사적으로 서재를 설치하여 가르치는 자는 타 주의 교수로 흩어서 정하지 말고, 생도도 강제로 향학에 나가지 않도록 하며, 감사와 수령은 더욱 권면하고 부지런히 각자가 평안히 거하면서 講學하게 하여 풍화를 이루소서.

元典의 학교정책에 대한 權近의 비판은 하나의 정책을 실행하는 가운데서 발생하는 현실적인 문제점들을 언급하는 듯하다. 그러나 그의 비판은 주의 깊게 이해해야 한다. 우선 타 주의 교수로 삼아 가족과 헤어지고, 생업을 폐하게 하여 재지업유들이 모두 모면하려고만 한다는 부분이다. 원래 개혁파 사류의 방안은 재지사족의 불법적인 피역은 금지하는 대신 수령·교수·군관·숙위제도 등을 통해 이들의 등용문을 확대하여 장기적으로는 이들을 중앙정계로 흡수하여 정계개편을 수행하는 것이었다.

그러나 이들이 정계에서 물러나면서 이들의 구상도 깨어지고, 많은 제도가 다시 중앙의 공신, 세가 중심으로 운영되기 시작했다. 그렇게 되자 재지사족들의 불평은 높아질 수밖에 없었다. 그리고 그들 중 상당수는 장래성도 보장되지 않는 敎授官 임명을 달가워하지 않게 되고, 예전처럼 지방사회에서의 특권을 회복해 줄 것을 요구하게 되었을 것이다.

향교 생도에 관한 언급도 마찬가지이다. 권근은 지방학교는 오직 향교만 인정하는 제도를 부정하고 각자가 편리한 대로 학업에 정진할 수 있게 하자고 말하지만, 지방 私塾을 인정하게 되면 과거응시를 향교생도에게로 제한하는 정책을 시행할 수 없게 된다는 것은 뻔한 이치이다.

이 상소의 결과로 태종대에는 국가에서 교관을 파견하는 지역은 州府까지로 제한하고, 군현 단위의 향교는 모두 學長 즉 私塾에 맡기게 되었던 것 같다.

> 本曹에서는 주와 부에는 敎授官을 파견하고, 郡縣에는 학장을 둡니다.[66]

이것은 태종 14년 古阜郡守 柳雄寧이 올린 상소의 일절이다. 그는 이 상소에서 군현 단위의 교육을 학장에게 일임했는데, 학장은 관인이 아니므로 임무에 소홀하여 군현의 학교가 유명무실하게 되었다고 하고, 그 대책으로 문관 六品官 이상이 각기 스승이 될 만한 자를 천거하여 資階를 주어 파견하자고 하였다. 그러나 이 안에 대해 육조당상은 모두 학장에게 관작을 주는 것은 관작의 남설이라고 반대하였다.[67] 이 논의는 권근 상소 이후 국가의 군현 향교에 대한 인식을 잘 보여준다. 『高麗史』에서 고려 말에 군현 단위로 교관을 파견했던 사실을 숨기고 주부에 학당과 州府에 儒學教授官을 두었던 사실만 기록한 것도 어쩌면 이 당시 국정 운영자들의 생각을 합리화하기 위한 행위였을 가능성도 있다고 생각된다.[68]

이처럼 군현 향교의 구조가 완전히 달라짐에 따라 元典의 학교제와 과거제는 기저에서부터 흔들리게 되었다. 앞에서 살펴본 대로 다음 해인 태종 8년부터 생원의 漢城試 응시를 허용하고, 정원을 조정하는 등 과거제에서 변화가 일기 시작하는 것은 이 같은 향교정책의 수정이 과거제의 수정과 관련되어 진행되었음을 보여주는 것이다.

태종 초반에 시행한 이상과 같은 개정 조치들은 얼핏 보면 체계적이고 근본적인 조치였다기보다는 부분적이고, 산만하게 진행된 것처럼 느껴진다. 더욱이 개정안들은 학교제보다는 과거제에 초점이 맞추어져 있어 학교제와는 큰 상관이 없는 것처럼 느껴지기도 한다. 그러나 이렇게 된 이유는 과거는 4년마다 돌아오는 것이므로 당장에 필요한 조항부터 시급하게 개정해야 했기 때문일 것이다. 그러나 이들이 鄭道傳派가 추구했던 학교 중심의 과거제와 그것이 지향하는 정치관, 소수 문벌귀족의 득세를 견제하고 전국의 지방사족을 관료로 등용한다는 구상을 용납할 수 없었던 만큼 학교제에 대한 본격적인 개혁을 시작하는 것은 시간문제였다.

2) 外學制의 시행과 훈구세력의 특권 강화

태종 5년에서 17년 사이에 일어난 학교제와 과거제의 개정작업으로 학교 생도만이 과거에 응시할 수 있다는 원칙이 무너졌다. 과거 합격 정원이 鄕試는 동결되거나 축소된 반면, 漢城試와 館試 위주로 증원되었다. 그런데 이 과정에서 묘한 변화를 겪은 곳이 성균관이었다. 元典의 c-5) 규정 즉 四書五經에 통달했으나 과거에 두 번 낙방한 자는 급제를 주자는

---

66) 『太宗實錄』 卷27, 太宗 14年 6月 癸卯, 2 : 19.

67) 위의 주.

68) 군현 단위로 교관을 파견하는 정책은 이후 여러 차례 복잡한 논의를 거쳐 세종 원년에 비로소 500호 이상의 군현에 교관을 파견하기로 결정되었다. 이것은 鄭道傳의 아들 鄭津의 건의였다(『世宗實錄』 卷6, 世宗 元年 11月 乙卯, 2 : 345 ; 『世宗實錄』 卷50, 世宗 12年 10月 庚寅, 3 : 167). 군현 단위의 교관 파견이 이 때야 비로소 시작된 것으로 설명하는 연구가 있는데, 실제로 이 조치는 시행이 아니라 복구였다. 교관파견 방식과 교관의 직제는 이후 여러 번 수정을 거쳐 『經國大典』에 수록된다. 그러나 관료제적 입장에서 보면 이 규정들의 의미는 元典의 구상과는 상당히 다른 것이었다. 이 문제는 좀더 상세한 고찰과 설명을 요구하므로 본고에서는 일단 논외로 하였다.

방안의 가장 큰 수혜자는 아무래도 성균관 생원들이었을 것이다. 그러나 이 방안이 폐기되고, 과거응시자격자가 대폭 확대됨에 따라 경쟁률이 높아졌다. 얼핏 생각하면 元典 규정의 폐기는 성균관 생원들에게는 꽤 불리하게 작용한 듯하다.

그러나 다른 면으로 보면 元典 방안의 폐기로 가장 큰 특혜를 본 집단이 성균관 생원이었다고도 할 수 있다. 그들은 이제 정원 30명의 館試만이 아니라 漢城試나 향시에도 응시할 수 있게 되었다. 館試 정원도 50명으로 늘었고, 漢城試 정원도 20명에서 40명으로 늘었다. 객관적으로 보아도 학생들의 수준은 물론이고 교육 여건이나 교사의 수준 자체도 성균관은 향교나 학당과는 비교가 되지 않게 높았다는 점을 고려하면 태종조의 과거제 개정은 성균관 생원들에게는 급제의 문호가 네 배 이상 넓어진 것이다.

이처럼 과거제가 성균관 생원에게 유리하게 전개되고 있던 태종 11년 11월에 外學制라는 새로운 제도가 시행되었다. 이 제도의 기안 책임자는 당시 禮曹參議였던 許稠였다.[69] 그 내용은 다음과 같았다.

> 예조에서 外學制를 올리었다. 啓聞은 이러하였다. "송나라 제도에 나라 남쪽에 外學을 세워 천하의 貢士를 받아서 행실과 才藝가 表的에 맞은 뒤에 太學으로 승진시키고 國子祭酒로 학사를 총괄하여 다스리게 하고, 그 관속은 太學博士 正錄을 감하여 外學으로 돌리었습니다. 이제 五部學堂을 빌건대, 이 제도에 의하여 成均館으로 하여금 司를 나누어 가르치게 하고 6품 두 사람으로 教授官을 삼고, 7품 이하 5인으로 訓導를 삼아 반드시 下批하여 그 직임을 오로지하게 하소서. 무릇 학문의 道는 마땅히 시간을 아껴야 하는 것이니, 교수·훈도를 아울러 본사의 임무를 면하게 하고 조회에 참석하는 것도 또한 成均館의 예에 의하여 매월 초하루 외에는 조회에 나오는 것을 허락하지 마소서."
>
> 또 말하였다. "예전에 10세가 되면, 外傅에게 나갔으니, 원컨대 10세 이상으로서 학당에 나오게 하고 15세가 되어 소학의 공부가 성취되면 차례로 성균관에 승진시키고, 성균관에는 항상 1백 사람을 양성하여, 만일 궐석이 있으면 本曹官이 성균관원과 함께 학당에 나가서 읽은 것을 강하여 세 곳을 통하는 자는 승진 보충하게 하소서."
>
> 또 말하였다. "勸課하는 법을 또한 송나라 제도에 의하여 성균관으로 하여금 그 學을 총괄하여 다스리게 하여, 성균관식에 의하게 하고, 성균관의 分教學堂은 오로지 교훈만을 위임하여 다른 사무는 겸하지 말게 하소서." 임금이 그대로 따랐다.[70]

---

69) 『世宗實錄』 卷87, 世宗 22年 12月 壬寅, 許稠 卒記, 4 : 257~258.

70) 『太宗實錄』 卷22, 太宗 11年 11月 癸酉, 1 : 610, "禮曹上外學制 啓曰 宋制國南建外學 以受天下貢士 行藝中率 然後升于大學 以國子祭酒總治學事 其官屬減 大學博士正錄歸于外學 今五部學堂 乞依此制 使成均館分司 而教以六品二員爲教授官 以七品以下五人爲訓導 必須下批 以專其任 凡學問之道 當惜分陰 其教授訓導 並免本司之任 其叅朝 亦依成均館例 每月初一日外 不許赴朝 又言 古者十歲 出就外傅 乞以十歲以上 令赴學堂 及其十五小學之功已就 則以次升于成均 成均常養百人 如有其闕 本曹官同成均館員 詣學堂 講所讀三處 通者升補 又言勸課之法 亦依宋制 使成均總治 其學令 依成均館式 成均館分教學堂 則專委教訓 毋兼他務 從之."

결론적으로 말하면 이 안은 송나라 수도에 설치했던 外學을 본받아서 한성에 설치한 학당을 성균관의 分司로 삼아 성균관원을 교관으로 파견하고 성균관 진학에 특혜를 주자는 것이었다.

그런데 許稠의 방안은 말이 外學制이지 내용 면으로 보면 송의 外學制와는 취지가 전혀 다른 것이었다. 許稠가 말하는 송의 外學制란 곧 송의 三舍法으로 王安石이 추진하여 건립한 것이다. 三舍法은 송의 수도에 三舍를 건립하고 전국의 향학에서 학생을 선발하여 채우는 제도였다. 三舍는 학생의 성적에 따라 배분하는데, 처음에는 外舍에 들어가고 다시 성적에 따라 內舍로 다시 內舍에서 上舍로 진급하게 했다. 上舍에 들어간 학생은 우리 나라의 鄕試 격인 解試와 이들을 수도에 모아 놓고 시험하는 禮部試를 면제하고 바로 會試에 응시할 수 있게 했다.

학생은 관비로 생활하게 했다. 학생 수는 처음에 外舍 600, 內舍 200, 上舍 100인이었는데, 神宗 원풍 2년에 外舍 2000, 內舍 300, 上舍 100명으로 증원하였다. 이들은 80동의 건물에 나누어 1동에 30인씩 수용하였다.[71]

이 내용을 보아 알 수 있듯이 송의 三舍法는 내용적으로는 명나라의 과거제나 鄭道傳·趙浚의 구상과 일맥상통하는 것으로 궁극적으로는 과거제와 학교제의 일치를 지향하는 것이었다. 그러나 許稠의 外學制는 실제로는 서울의 학당 생도들에게 성균관 진출에 특권을 부여하는 것으로 송의 三舍法과는 전혀 다른 것이었다.

許稠의 건의는 『經濟六典』 續典에 수록되었다.[72] 단 세종 8년에 편찬한 新續六典에는 내용이 조금 수정되어 "성균관원이 부족하면 가히 스승이 될 만한 자를 택하여 軍職을 주어 겸대하게 한다"는 규정이 중간에 첨가되었다.[73] 이것은 세종 4년의 조치를 채택한 것이다.[74] 또 학당 입학연령이 許稠의 안에서는 10세였는데, 新續六典에는 8세로 바뀌어 수록되었다. 입학연령을 8세로 바꾸자는 건의는 태종 13년 成均館 大司成 權遇 등이 올린 상소[75]에서 찾을 수 있다. 아마도 이 때 權遇 등의 상소를 받아들여 敎旨로 내리고, 『經濟六典』의 규정도 수정한 것 같다.

이후 학당 생도에게 성균관 진학에 특혜를 주는 제도는 더욱 발전하였다. 세종 11년에 성균관 정원을 이전의 100명에서 200명으로 증원하면서 아예 성균관을 上齋와 下齋로 나누어 上齋에는 생원, 진사시 합격자 100명, 下齋에는 학당 升補者 100명을 두게 했다.[76] 즉 성균관 생원 절반을 학당에서 충당하게 한 것이다. 이 방식은 『經國大典』까지도 이어졌다. 上齋

---

71) 李光麟, 「鮮初의 四部學堂」, 『역사학보』 16, 1961 ; 傅樂成 저, 辛勝夏 역, 『중국통사』, 宇鍾社, 1981, 686~687쪽.

72) 『經濟六典輯錄』 28~29.

73) 위의 주.

74) 『世宗實錄』 卷18, 世宗 4年 12月 乙未, 2 : 515.

75) 『太宗實錄』 卷25, 太宗 13年 6月 丁丑, 1 : 675.

76) 『世宗實錄』 卷44, 世宗 11年 6月 壬寅, 3 : 187.

生과 下齋生의 대우나 권리는 똑같았다.

실제 학생 수가 어떠했는지 알 수 없으나 『경국대전』의 규정으로 향교생도의 정원은 14,950명인 데 반해 학당의 정원은 불과 400명이었다.[77] 학당 출신들이 다 升補試를 거쳐 성균관으로 진학하는 것이 아니고 생원시에 급제하여 성균관에 들어갈 수도 있었다는 사실과 학당의 교원들은 성균관에서 직접 충당하여 향교의 교원들과는 비교할 수 없을 정도로 우수했다는 사실까지 감안하면[78] 성균관 생원 절반을 학당 升補者에게 배당한 것은 엄청난 특권이었다.

학당 생도 중에서도 문음자제에게는 다시 門蔭升補의 혜택이 추가되었다. 태종 13년에 올린 權遇의 상소에서 학당 생도 중에서 2품 이상관의 자제로 15세 이상이 된 자는 식년에 관계 없이 시험을 쳐서 국학에 올라가게 하자고 건의했다. 정부는 이를 3품 이상 자제로 확대하고, 시험방법도 더 쉽게 해서 四書一經을 粗通한 자로 하였다.[79] 과거도 보지 않고 겨우 四書와 一經을 강독하는데, 그것도 평가의 최하등급인 粗通만으로 성균관 생원이 되게 한 것은 엄청난 특권이었다. 이 상소의 일절이던 소학 입학연령을 수정한 안이 新續六典에 수록되었고, 실제 이 제도가 시행된 것으로 보아 이 방안도 新續六典에 수록되었을 가능성이 높다.

세종 15년 이전에 門蔭升補의 대상은 더욱 확대되었다. 세종 15년 8월에 4祖 내에 3품 이상관, 의정부, 육조, 대간의 관직을 지낸 자의 아들은 모두 升補試조차 거치지 않고 국학에 입학한다는 기록이 있다. 이것은 너무 심하다 하여 당시 大司成이던 權採도 下齋生 정원 100명 중 30명만 門蔭升補生에게 할당하자는 건의를 할 정도였다.[80] 그러나 이 방안은 채택되지 않았다.

이상의 내용을 정리하면 태종조에 학교제와 과거제와의 연계가 무너지면서 대신 과거제도는 성균관 생원들에게 유리하게 개정되었다. 이와 함께 당시의 집권층은 한성거주민의 자제를 교육하는 학당을 성균관의 分司로 삼고, 그들에게 성균관 입학의 특혜를 주는 外學制가 시행되었는데, 학당 생도 중에서도 문음자제와 3품 이상의 고관자제들에게는 더욱 특별한 특권을 주어 성균관 정원의 반 이상을 이들에게 할당했다. 태종조의 과거제 개혁과 학당 생도에게 주는 門蔭升補制의 시행에 모두 權近의 동생이며 成均館 大司成으로 재직하던 權遇가 주동적인 역할을 하고 있다는 사실도 주목할 부분이다. 그것은 이 두 시책이 제

---

77) 李成茂, 「한국의 과거제와 그 특성」, 『과거』, 124쪽.

78) 鄭道傳·趙浚의 개혁안과 그 후의 추세를 비교할 때 향교에 파견하는 교원의 자질과 대우 문제도 큰 차이가 난다. 세종 때에 군현 단위로 교관을 파견하는 시책을 복구하기는 하지만 敎授官의 품계나 자격요건은 대폭 낮추었다. 그것은 이 시대에 경관에 비해 외관을 차별하기 시작한 것과 마찬가지로 정계의 핵심으로 진출할 수 있는 관직의 수효를 가능한 한 낮추어 지방사족의 정가 진출을 억제하고, 소수의 훈구세력이 대를 이어 정권을 차지할 수 있게 하려는 의도가 있었기 때문이다.

79) 『太宗實錄』 卷25, 太宗 13年 6月 丁丑, 1 : 675.

80) 『世宗實錄』 卷61, 世宗 15年 9月 庚寅, 3 : 514.

각기 시행된 것이 아니고, 분명하고 뚜렷한 목적과 연계성을 가지고 시행된 것임을 드러내 준다.

『經國大典』에서는 이상의 내용들이 조금 수정되어

> 생원·진사가 부족하면 四學 생도 중에서 나이가 15세 이상이고, 小學과 四書一經에 통한 자나 有蔭嫡子로서 소학에 통한 자나 일찍이 文科 生員 進士試, 鄕試, 漢城試에 합격한 자를 뽑아서 보충한다. 朝士로서 입학하기를 원하는 자도 또한 들어 준다.[81]

라는 규정으로 정리되었다. 대체로 『經濟六典』의 규정을 그대로 받아들였지만 上齋生과 下齋生의 할당비율이 없어지고, 다만 생원·진사가 부족한 경우에 학당 생도를 선발한다고 규정한 점이 달라졌다. 하지만 이것이 태종·세종조의 추세와 역행하여 학당 생도들에 대한 특권을 축소시킨 것이라고 볼 수는 없을 것 같다.

오히려 이 때는 훈구세력의 기반이 안정되고, 忠義衛·忠讚衛 등을 통해서 훈구자제들은 과거를 보지 않아도 관리가 될 수 있는 길이 많이 열려 있었다. 그렇기 때문에 고관자제들은 성균관에 거주하기를 즐겨하지 않아 생원의 수가 항상 부족한 상태였다. 그러므로 굳이 정원제를 운영하지 않아도 자신들의 특권을 누릴 수가 있었으며, 학당 생도에 대한 할당제를 운영함으로써 괜히 지방사족들의 반발감을 유발할 필요가 없었기 때문이라고 생각된다.

그러나 단종 때부터 진사시가 부활하여 생원 200명과 함께 진사 200명도 선발하는 등 『經國大典』 단계에는 주변 사정이 좀더 복잡하게 변하였다. 『經國大典』의 규정은 『經濟六典』 단계의 추이와 정확하게 일치시켜 고찰하기는 곤란할 때도 있다. 이 문제에 대해서는 좀더 세밀한 고찰을 필요로 한다고 생각된다.

결 론

고려 후기에 발생한 개혁논의 중에 학교제와 과거제의 개혁방안도 등장하였다. 그 중에서도 李穡은 학교제와 과거제를 일치시켜 학생들에게만 과거응시자격을 허용하고 학교 수업 과정을 제대로 이수한 자에게는 최소한 급제의 자격은 부여하자는 새로운 방안을 제시하였다. 그러나 대신 그는 향교와 학당의 생도는 모두 12公徒를 거치게 하고, 그 연속선상에서 座主-門生 제도를 온존시킴으로써 과거를 통해 배출되는 신진세력들을 기성의 문벌귀족의 휘하로 편제함으로써 고려 전기의 안정된 정치체제를 그대로 유지하고자 하였다.

李穡의 방안은 성공하지 못했지만, 이러한 노력으로 성균관이 재건되고 과거의 비중이 높아졌다. 이 추세는 조선에도 이어져 조선에서는 과거제가 관료 등용의 제일의 관문이 되

---

81) 『經國大典』 禮典 生徒 成均館.

었고, 과거 준비 과정에서 학교가 차지하는 역할은 거의 절대적인 것이 되었다. 특히 성균관의 역할은 절대적이었다. 15세기의 과거급제자 통계를 보면 성균관 출신이 거의 85%를 차지한다는 통계도 있다.[82] 그만큼 15세기의 과거제에서는 성균관의 비중이 높았다는 의미이다. 이것은 고려 말부터 진행되어 온 학교제와 과거제 개혁이 이룬 성과였다고 할 수 있다.

그러나 그 내용을 보면 조선 초기의 학교제와 과거제 개혁 과정에서는 상이한 입장과 개혁안이 존재하고 있었다. 鄭道傳·趙浚으로 대표되는 급진개혁파는 李穡의 방안을 수용하여 학교제와 과거제를 일치시키는 개혁을 구상하였다. 그러나 그들은 李穡의 구상과는 달리 소수 귀족이 국가운영을 장악하는 체제를 거부하였다. 그러므로 그들은 座主-門生 제도를 철폐하고, 새로운 과거와 학교제를 통해 지방의 재지사족들을 적극적으로 정가로 끌어들이려고 하였다. 이를 위하여 지방의 사숙을 모두 철폐하고 향교를 중심으로 하는 강력한 향교 부흥책을 추진하였다.

이것은 지방에서 재지사족의 불법적인 특권을 제지하는 동시에 그들에게 과거와 관리임용의 문호를 확대함으로써 장기적으로는 정계를 개편하고 관료제의 구조를 바꾸려는 구상이었다.

그러나 그들의 계획은 실패했다. 결과적으로『經國大典』체제로 정착한 학교제와 과거제는 李穡과 온건개혁파의 지향을 따라간 것이었다. 그러나 그들은 李穡이 주장했던 학생에게만 과거응시자격을 주고, 성균관을 수료하면 급제 자격을 주자는 방안조차도 거부했다. 대신 그들은 누구나 과거에 응시할 수 있도록 하되, 실제로는 성균관 생원들에게 매우 유리하게 규정을 고쳤다. 이와 함께 한성에 설치한 학당 생도에게 성균관 입학에 특권을 부여하고, 그 중에서도 3품 이상관의 자제들에게는 더욱 큰 특권을 부여하게 했다.

그 결과 여전히 성균관이 과거급제자의 주류를 이루게는 되었지만, 그것이 元典의 구상과 같이 학교제와 과거제 간에 균일한 결합을 통해 달성한 것은 아니었다. 반대로 15세기 성균관의 위상 강화는 성균관의 교육환경을 차별적으로 높이고, 성균관 입학 과정에서 학당 생도들 그 중에서도 고관자제들에 대해 대단한 특혜를 부여함으로써 성균관을 지적인 엘리트만이 아니라 최고 문벌가의 자제들을 교육하는 곳으로 만들었기 때문이다.

또한 이들의 정책은 과거에서 향교의 역할은 더욱 형편없게 만들었다. 여기에다 地方私塾의 설립을 허용하고 교관의 대우마저 낮추어 버렸으므로 향교의 교육 여건과 비중, 향교 교관의 자질은 저하되고, 지방사족 자제들의 과거급제를 더욱 어렵게 하는 결과를 초래했다. 그 결과 향교나 지방의 학교교육은 관리 양성보다는 교화나 유학 보급, 보다 현실적으로는 지방사족들이 재지적 특권을 확보하는 수단으로 이용되기 시작했다. 그렇기 때문에 16세기부터 향교가 피역처가 되기 시작하고, 지방사족들이 수령의 통제를 받는 향교보다는 서원을 그들의 거점으로 이용하기 시작한 것은 어쩌면 당연한 귀결이었다고 할 수 있을 것이다.

---

82) 宋俊浩,「이조 생원진사시의 연구」,『국회도서관』10, 1970, 37쪽.

朝鮮初期 '軍官'의 機能變化

尹 薰 杓*

1. 緖論

논문 제목상의 '軍官'이란 '武官' 또는 '將校'의 일반을 의미하는 것이 아니라 『經國大典』에 규정되었던 바 지방군 지휘관 가운데 특정 부류를 가리키는 용어이다.[1] 다시 말해 보통명사가 아닌 고유명사로서의 '軍官'을 뜻한다.

이는 '口傳軍官''啓請軍官''率行軍官'으로도 불리는데, 節度使가 천거하여 口傳에 의해 임명받은 뒤 率行한데서 그 명칭이 유래되었다. 한편 節度使 밑에서 군사를 지휘하는 까닭에 '裨將'이라고도 했다.[2] 그러므로 고유명사로의 '軍官'이란 그 명칭이나 유래를 통해 알 수 있듯이 지방군의 최고급 지휘관 휘하에서 그를 보좌하는 역할을 수행하면서 병사들을 직접 통솔했던 하급 지휘관이었다.

물론 '軍官' 이외에도 병사들을 통솔하는 직책이 있었으나 그 수나 역할 등에 있어 다른 어느 것에 비해 비중이 컸던 만큼, 지방군 운용상의 기간적 존재였다고 일컬어지고 있다.[3]

'軍官'은 이미 高麗에서도 설치되어 있었다. 그리고 기능면에서도 朝鮮의 그것과 근본적인 차이가 있는 것은 아니었다. 하지만 고려와 조선의 군사제도, 특히 지방군제의 편성원리면에서 구별되는 점이 적지 않았기 때문에 '軍官'의 존재 양태나 기능에 있어서도 유사성만큼이나 차별성도 상당했다. 그러므로 '軍官'의 기능변화에 대한 검토를 통해 고려에서 조선 지방군제로의 전환이 지니는 의미를 이해해 보고자 한다.

조선에 들어와 새로 만들어졌거나 설치된 것을 검토하여 전환의 의미를 파악하는 것이

---

* 한성대학교 강사

1) 韓沽劤等, 『譯註 經國大典 註釋篇』, 1986, 580쪽.
2) 吳宗祿, 「朝鮮初期 兵馬節度使制의 成立과 運用(上)」, 『震檀學報』 59, 1985, 111쪽.
3) 韓沽劤等, 『譯註 經國大典 註釋篇』, 1986, 580쪽.

중요하나 이미 기존에 존재했었던 것들의 기능변화를 고찰하는 것도 또한 긴요하다.

그러므로 본고에서는 고려말의 '軍官'이 수행했던 기능을 당시 지방군제 뿐만 아니라 사회구조의 특질과 연관시켜 파악해보고, 그것이 조선에 들어와서 계속된 군제개편작업을 통해 어떤 식으로 변화해갔는지를 고찰하고자 한다. 그리고 이를 조선초기 지방군제의 편성원리가 고려의 그것에 비교해서 어떠했는지를 이해하는 하나의 단서로 삼고자 한다.

고려에서 조선으로의 지방군제 변화상을 고찰했던 연구성과는 대단히 풍부하다. 그로 인해 그 대체적인 윤곽은 이미 밝혀졌다. 그 과정에서 '軍官'에 대한 고찰도 세밀하게 이루어졌다.[4] 그런데 지금까지의 지방군제 연구가 대개 국가권력의 집중강화, 이는 곧 중앙권력의 철저한 지방침투로 이해하는 식으로 진행되었기 때문에 중앙의 대리자로서의 지방군 지휘관들이 더 많이 파견되어, 그리고 좀더 철저하게 지방민을 지배한 결과, 당시 사회의 여러 과제들을 해결할 수 있었으며 외적도 물리치게 되었다는 결론에 이르는 경우가 많았다.

하지만 지방군에 대한 중앙 통제력을 강화하는 것과 더불어 개편 작업을 통해 그 구성원들의 기능에 변화을 줌으로써 소기의 목적을 달성하려고 했던 조치들에 대해서는 상대적으로 관심을 덜 두었던 것으로 생각된다. 이로 인해 사회구조의 변동과 관련해서 지방군제 구성원들의 기능변화에 대해서는 소홀하게 취급하는 경향이 있었다.

본고에서는 이러한 문제의식을 염두에 두고서 특히 '軍官'의 機能 變化에 초점을 맞추어 고찰하되 고려말부터 조선초기에 이르기까지 지방군제 편성방식의 변모상 및 그 의의도 검토해 보고자 한다.

2. 高麗末 朝鮮成立初 地方軍制의 改編과 '軍官'

(1) 高麗末 '軍官'의 實態

다음의 자료는 비록 朝鮮의 '軍官'에 관한 것이지만, 왕조교체 직후에 내린 개편 조처의 하나로서 高麗의 '軍官'과 직접 연결된 것으로 볼 수 있어 매우 주목된다. 그것은 太祖 3年(1394) 3月에 올린 都評議使司狀으로,

各道都節制使率行軍官 宜定其數 兵馬使知兵馬使副使各一 判官伴黨各三 從之[5]

라 하였다. 위 조처는 조선에 들어와 처음으로 各道의 都節制使가 거느리고 떠났던 '軍官'

4) 대표적인 연구성과로 吳宗祿, 「朝鮮初期 兵馬節度使制의 成立과 運營(上)」, 『震檀學報』 59, 1985 및 吳宗祿, 「朝鮮初期 兩界의 軍事制度와 國防體制」, 高麗大博士學位論文, 1992, 45~49쪽 등을 들 수 있다.

5) 『太祖實錄』 卷5, 太祖 3年 3月 乙巳, 1冊, 60쪽.

의 數를 규정했던 것인데, 그 내용이 高麗의 兩界 兵馬使機構 규정과 거의 일치하고 있어 특히 중요하다.[6] 다만 兵馬錄事가 伴黨으로 되어 있는 것이 다를 뿐, 나머지는 대체로 일치하기 때문에 기존 연구 성과에서도 매우 중시해서 다루었다.[7]

都節制使는 各道의 군사책임자인 節度使의 전신인데, 원래는 高麗 恭讓王 元年(1389)에 都巡問使를 개칭한 것이다.[8] 그런데 위 기사로서 도절제사가 처음으로 파견되었을 당시부터, 즉 恭讓王代 이미 率行軍官으로 兵馬使 이하를 거느리고 파견되었음을 알 수 있다. 그리고 그것은 이번에는 都節制使의 전신인 都巡問使가 兵馬使를 '軍官'으로 솔행했다는 사실에 의해 다시 한번 확인된다. 즉,

> 都統使崔瑩 擧(趙)浚爲體覆使 浚至 召都巡問使李居仁 數其逗遛之罪 斬兵馬使兪益桓[9]

했다. 위에서 體覆使 趙浚에 의해 참수당한 兪益桓은 都巡問使 李居仁이 거느렸던 兵馬使임이 분명하다. 동시에 그는 도순문사가 거느렸던 '軍官' 가운데 하나였을 것이다.[10] 도순문사가 직접 거느리던 '軍官'에 속한 병마사가 아니라면 위와 같은 상황에서 최고 지휘관을 대신하여 책임을 지고 참수될 까닭이 없었다.

직속 상관이었던 도순문사가 전쟁터에서 멈칫거리고 제대로 싸우지 못한 죄를 지었는데, 그를 대신해서 병마사가 참수당했다는 사실은 그의 역할이 무엇이었는지를 짐작하게 해준다. 즉, 그는 전투에서 도순문사를 보좌하며 군대를 통솔하는 중추적 기능을 담당했다.

이러한 '軍官'으로서의 병마사 존재 및 위상, 그가 담당했던 역할은 상관이 설사 도순문사에서 도절제사로 개칭되었다고 해서, 또한 왕조가 교체되는 상황이었다고 하더라도 크게 달라지지 않았을 것이다. 그것은 兵馬使 아래 知兵馬使·副使·判官·伴黨 등도 마찬가지였을 것으로 추정된다.

都節制使·都巡問使의 率行軍官 構成이 兩界 兵馬使機構와 거의 같았다는 것은 고려전기 이래로 적어도 道別 군사책임자에게는 그 정도의 하부체계가 갖추어져 있었던 것이 하나의 관례였음을 의미한다.

하지만 고려전기에 兵馬使는 평상시 兩界에만 파견되었을 뿐이며, 그 외 지역에는 출동하지 않았다. 그러나 후기에 이르러 지방군제의 운영원리가 변모하기 시작했다. 그 중에는

---

6) 『高麗史』 卷77, 百官志 2, 外職, 兵馬使, 中冊, 696쪽.
兵馬使 成宗八年 置於東西北面 兵馬使一人 三品 玉帶紫襟 親授鈇鉞 赴鎭專制閫外 知兵馬使一人 亦三品 兵馬副使二人 四品 兵馬判官三人 五六品 兵馬錄事四人

7) 吳宗祿, 「朝鮮初期 兵馬節度使制의 成立과 運用(上)」, 『震檀學報』 59, 1985, 84~85쪽.

8) 『高麗史』 卷77, 百官志 2, 外職, 節制使, 中冊, 697쪽.
恭讓王元年 改都巡問使爲都節制使 元帥爲節制使 或帶州府之任 先是 巡問元帥 皆以京官口傳 至是 是用除授 以專其任

9) 『高麗史』 卷118, 列傳, 趙浚, 下冊, 588쪽.

10) 吳宗祿, 「高麗後期의 軍事 指揮體系」, 『國史館論叢』 24, 1991, 240쪽.

양계만이 아닌 전국에 걸쳐 道單位 군사 지휘체계가 자리잡아가고 있었던 것도 포함되었다. 초창기에는 임시적인 使行 수준에 머물렀으나, 14세기말에 이르러 軍政을 수반하면서 지방군을 지휘하는 최고 직책으로 都指揮使·指揮使가 파견되었으며, 점차로 그 위상이 확고해졌다. 恭愍王, 禑王代에 이르면 元明交替로 인한 대륙정세의 불안, 홍건적·왜적의 침입, 거기에 고려 내부의 진통 등으로 빚어진 사회혼란으로 인해 군대가 상시적으로 동원되었고, 평상시에도 이들을 지휘하기 위해 각종 지휘관이 파견되었다.[11] 그런 상황에서 都巡問使를 대표로 하는 지방군 지휘체계가 확고히 자리잡았다.[12]

각도에 지휘관이 파견되었던 것과 더불어 그 휘하에서 軍令傳達 등을 위시하여 군사 관계의 업무를 보필하는 鎭撫所와 首領官, 또는 錄事 등의 행정실무를 담당했던 기구나 인원을 설치하는 체계도 서서히 확립되었다.[13] 그리고 군사를 직접 지휘하는 元帥들은 '裨將'이라 부르는 하급 지휘관들을 여러 명 거느렸는데, 이들은 대개 兵馬使, 知兵馬使 등의 직함을 띠기도 했다. 그리고 앞서 검토했던 기사를 통해 都巡問使도 '軍官'으로서 兵馬使를 거느렸다. 그 내용은 앞서 보았듯이 전기의 兩界 兵馬使機構와 거의 같은 것이었다.

그런데 당시 각도 최고 지휘관과 '軍官''裨將'의 하급 지휘관 사이에서 공적인 지휘체계보다는 오히려 사적인 관계에 의해 통솔되는 경향이 더 강했다. 심지어 국가마저도 이를 인정하는 형편이었다. 다음의 史料는 그 같은 사정을 잘 보여준다.

> 以(李)禧爲楊廣道安撫使　(鄭)准提爲全羅道安撫使兼倭人追捕萬戶　以禧伴倘六十七人　准提伴倘八十五人 皆授添設職 又令密直司書給空名千戶牒二十 百戶牒二百[14]

위에서 첨설직을 제수받았던 伴倘들은 각각 楊廣道安撫使와 全羅道安撫使로 임명된 李禧, 鄭准提의 麾下士들이었다.[15] 그런데 伴倘들은 이미 道安撫使에 임명되기 전부터 그를 따르던 사병과 같은 존재들이었다.[16] 그러다가 섬기던 사람이 道安撫使로 승진하자 그에 힘입어 첨설직을 제수받고 정식으로 관직 신분에 오르게 되었다. 그리고 이 첨설직 제수를 통해 양자간의 사적인 관계가 한층 더 돈독해졌을 가능성이 매우 높았다.

그런데 위의 '伴倘'이 朝鮮 太祖 3年 都評議使司狀의 各道都節制使 率行軍官 중에 '伴黨'으로 표기되어 나오고 있다.[17] 그러므로 첨설직을 제수받았던 伴倘들은 대체로 道安撫

---

11) 吳宗祿, 「高麗後期의 軍事 指揮體系」, 『國史館論叢』 24, 1991.
12) 吳宗祿, 「高麗末의 都巡問使」, 『震檀學報』 62, 1986.
13) 吳宗祿, 「高麗後期의 軍事 指揮體系」, 『國史館論叢』 24, 1991, 219쪽.
14) 『高麗史』 卷83, 兵志 3, 船軍, 恭愍王 23年 1月, 中冊, 831쪽.
15) 위 기사와 같은 내용을 기술하고 있는 『高麗史』 卷113, 列傳, 鄭地條(下冊, 495쪽)에는 '伴倘'이 '麾下士'로 되어 있다.
16) 韓嬉淑, 「朝鮮初期의 伴倘」, 『歷史學報』 112, 1986, 11쪽 ; 鄭杜熙, 「高麗末 新興武人勢力의 成長과 添設職의 設置」, 『李載龒博士還曆紀念韓國史學論叢』, 1990, 287~288쪽.
17) 伴倘을 伴黨이라고도 쓴다(韓嬉淑, 「朝鮮初期의 伴倘」, 『歷史學報』 112, 1986, 5쪽).

使의 '率行軍官' 대우를 받으면서 하급 지휘관 역할을 수행했을 것이다. 그 숫자가 67명, 85명에 달한다는 점이 문제가 될 수 있겠으나 바로 그 때문에, 즉 고려말에 지나치게 많은 인원을 한꺼번에 率行시켰기 때문에 조선에 들어와 태조 3년에 인원을 제한하는 조치를 취했던 것으로 이해한다면 큰 무리가 없다.

결과적으로 李禧와 鄭准提는 道安撫使로 임명되자 한꺼번에 67명, 85명이라는 많은 수의 '軍官'을 率行하며 도임했다. 비록 왜구와의 전투가 화급을 요하는 문제였고, 그 때문에 船軍의 建設이라는 중차대한 과제를 안고 떠난 것이기는 하지만 태조 3년의 都評議使司狀에 나오는 숫자와 비교했을 때 그 수가 굉장했음을 알 수 있다. 더구나 위 사료를 보면 '軍官'의 대우를 받게 된 伴倘에 대해 국가가 직접 관여하기보다는 道安撫使에게 스스로 처리하도록 맡겼던 것이 분명하다. 특히 伴倘의 數가 67대 85로 차이나고 있는데, 그것이 楊廣道와 全羅道의 道勢 差異를 반영하는 것으로 보기 곤란하므로 국가가 정해주었던 것이라 보기 어렵다. 결국 道安撫使들이 요청했던 것을 국가가 그대로 수용했다고 여겨진다.

따라서 위 예를 통해 高麗末에 이르면 각도 지휘관과 그 휘하사 출신의 率行軍官의 사이에 사적인 유대관계가 한층 더 확고해지면서 또한 국가마저도 그에 기초하여 지방군제를 재편성해서 외적을 물리치려는 정책을 추진했음을 알 수 있다. 그러나 이는 군대를 한층 더 私兵化시키는 결과를 초래했는데, 당시 이미 '牌記'라고 하여 官에서 군사를 등록시키지 않고 여러 장수들이 각기 군대를 모집해서 점거하고 있는 형편이었다. 특히 大將 중에 崔瑩・邊安烈・池龍壽・禹仁烈 등은 幕僚士卒 가운데 자신의 뜻대로 행동하지 않는 사람이 있으면 욕설을 퍼붓거나 혹은 매질을 가하여 죽음에 이르는 경우까지 있을 정도였다.[18)]

즉, 大將들이 국가기구들로부터 아무런 제지도 받지 않은 채 휘하 군대를 마음대로 다스릴 수 있는 권한까지 지니고 있었다. 그러므로 이런 상태에서는 '幕僚士卒' 가운데 기간적 존재였을 '軍官'들이 국가의 통수체계보다는 大將들에게 우선적으로 충성했을 것이다. 역으로 大將들도 휘하 '軍官'들의 절대적인 복종을 바탕으로 자신의 위신을 최대한으로 발휘할 수 있었다. 심지어 국가의 통수체계도 大將과 '幕僚士卒' 사이의 사적인 유대를 인정하고, 그에 의거하여 운영되었다고 할 정도였다.

사병화가 통수체계에 혼란을 주었던 것은 물론 나아가 정치계 및 사회에 여러 문제를 일으켰는데, 사태를 극도로 악화시킨 것은 체제의 기저가 되었던 수조지분급제와 관련되어 진행되었다는 점이다. 다시 말해 사병화가 직접적으로는 군대조직 및 정치계의 혼란에서 발생했으나, 그 기저에 당시의 수조지분급제 문제가 깔려 있었다는 점이 심각했다.

주지하듯이 '田柴科'로 대변되는 수조지분급제는 고려말에 이르러 커다란 혼란에 처했다. 그로 말미암아 체제 전체가 흔들리면서 군사분야까지도 어지러워졌다. 아래로 군인층으로

18) 『太祖實錄』 卷1, 總書, 1冊, 9쪽.
高麗末 官不籍兵 諸將各占爲兵 號曰牌記 大將若崔瑩・邊安烈・池龍壽・禹仁烈等 幕僚士卒 有不如意者 詬罵無所不至 或加榜棰 至有死者 麾下多怨望

부터 위로는 국방재정까지 크게 위태롭게 했다. 이는 곧 국방력 약화로 이어져 외적의 무수한 침입을 허용하여 사회 불안을 증폭시켰다.19)

심지어 왜구를 막기 위해 출동한 부대가 군량이 부족하여 부득이하게 철수하는 일도 발생하였다.20) 그리고 恭愍王 12年(1363)에는 부원배들이 元의 도움으로 고려의 왕위를 빼앗으려고 德興君을 앞세워 쳐들어오자 이를 막기 위해 군대가 출동했는데, 이때 수많은 군인들이 식량과 의복이 없어 추위와 굶주림에 떨다가 엄청난 손실을 당했다.21)

사정을 더 나쁘게 만든 것은 왜구의 극심한 발호로 漕運이 완전 불통 상태에 빠진 점이다.22) 하지만 군대의 출동은 계속되어야 했기 때문에 그 재원 마련을 위해 국가는 비상조치를 내릴 수밖에 없었다. 먼저 諸寺田租를 거두어 軍須에 충당하기도 했으며,23) 功臣田租의 ⅓, 寺社田租의 절반, 兩殿에 소속된 宮司田에서 과렴을 제외한 나머지 것은 모두 軍需로 돌렸다.24) 심지어 私田租의 절반을 거두어 군량에 대비하도록 했다.25) 하지만 당시 私田主라고 해서 사정이 좋았던 것은 아니었다. 가뜩이나 어려운 가운데 田租의 절반마저 가져갔다는 것은 참기 어려운 일로 불만이 속출했을 것이다.

그러나 그 같은 임시조처를 취했음에도 불구하고 군수물자는 제대로 조달되지 못했다. 禑王 9年(1383) 8月에 李成桂가 올린 安邊之策에 의하면,

> 又諸衙門諸元帥 所遣之人 群行傳食 剝膚椎髓 民不忍苦 失所流亡 十常八九 軍之糧餉無從而出26)

하는 실정이었다. 위에서 諸元帥들이 보낸 사람들이 무리를 이루어 기식하면서 백성들을 혹독하게 수탈했다는 것은 단지 위신을 내세워 私慾을 채우겠다는 의도도 있었겠지만 그 근본 요인은 재정의 부족에서 파생되었다고 할 수 있다. 그것은 諸元帥와 더불어 여러 衙門에서도 사람을 보냈다는 점에서 미루어 짐작된다.

만약 諸元帥가 보낸 사람들이 불법적인 행위를 했다면 당연히 衙門이 나서서 저지했을 것이다. 반대로 衙門에서 나온 사람들이 법에 어긋나게 民을 수탈하여 軍餉을 궁핍하게 만

19) 安秉佑, 「高麗의 屯田에 대한 一考察」, 『韓國史論』(서울大) 10, 1985 ; 徐鍾泰, 「高麗後期 軍需田에 대한 一考察」, 『高麗末·朝鮮初 土地制度史의 諸問題』, 1987 ; 金玉根, 「軍事費 - 軍需」, 『高麗財政史研究』, 1996 ; 尹薰杓, 「高麗末 國防財源 調達體系의 改編」, 『實學思想研究』 13, 1999.
20) 『高麗史』 卷39, 世家, 恭愍王 7年 5月, 上冊, 779쪽.
21) 『高麗史節要』 卷27, 恭愍王 12年 12月, 707쪽.
22) 高麗末에 이르러 漕運이 완전히 불통되었던 기간은 禑王 2年(1376)부터 恭讓王 2年(1390)에 이르기까지라 한다(崔完基, 「朝鮮前期 漕運試考」, 『白山學報』 20, 396~397쪽).
23) 『高麗史』 卷133, 列傳, 禑王 1年 9月, 下冊, 868쪽.
24) 『高麗史』 卷82, 兵志 2, 屯田, 禑王 2年 閏9月, 中冊, 814쪽.
25) 『高麗史』 卷82, 兵志 2, 屯田, 禑王 13年 11月, 中冊, 814쪽.
26) 『高麗史』 卷135, 列傳, 禑王 9年 8月, 下冊, 911쪽.

들었다면 당연히 諸元帥의 진영에서 가만있지 않았을 것이다. 양자가 공히 여러 사람들을 보내 백성에게 수취했다는 것은 결국 재정체계가 극도로 혼란한 상태에 봉착했음을 의미한다.

그런데 諸衙門·元帥가 사람을 보내 民을 수취했다는 것이 李成桂의 安邊之策에 나오는 東北面에 국한되었던 문제는 아니었다. 禑王 14年(1388) 7月 大司憲 趙浚等이 올린 上書에 따르면,

> 兼幷之家 收租之徒 稱兵馬使副使判官 或稱別坐 從者數十人 騎馬數十匹 陵轢守令 摧折廉使 飮食若流 破費廚傳 自秋至夏 成群橫行 縱暴侵掠 倍於盜賊 外方由此凋弊[27]

라고 하였다. 위에서 兼幷之家의 收租之徒들이 兵馬使·副使·判官, 혹은 別坐라고 칭했다는 것이 전혀 근거 없이 지어낸 이야기라고 보기 어렵다. 따라서 반드시 그렇게 稱했던 실례들이 존재했을 것이다. 이와 더불어 李成桂가 安邊之策에서 거론했던 바의 諸衙門·元帥들이 재정조달을 위해 휘하 인원들을 파견해서 民으로부터 수취하는 일이 東北面에만 국한되어서 일어났던 사실이 아니라는 점을 상기시키고자 한다. 즉 諸衙門·元帥의 所遣之人은, 元帥의 경우 趙浚等의 上書에 따르면, '兵馬使·副使·判官'으로 볼 수 있으며, 別坐는 衙門에서 파견했던 사람들이 주로 칭했던 직책이었을 가능성이 많다.

그러므로 兼幷之家에서는 당시 元帥나 衙門에서 사람을 파견해서 재정을 조달하는 방식을 그대로 모방하여 收租之徒들로 하여금 '軍官''別坐' 등을 사칭하도록 했던 것으로 해석된다. 이것이 하나의 田地에도 주인이 7~8명에 달했다는 당시 상황에서 收租權 行使의 경쟁 상대자 및 이에 저항했던 전호층, 그리고 지역민을 보호하려던 지방관들을 억누를 수 있는 최선의 방법이었을 것이다.

그런데 무슨 근거로 元帥들이 사람을 보내 직접 민으로부터 수취했는가? 그것은 부족한 국방재원을 보충하기 위해 功臣田, 寺社田, 宮司田 및 私田의 田租 일부를 軍需로 돌렸던 조치와 연관이 있다고 본다. 당시 왜구들은 때와 장소를 가리지 않고 빈번하게 침입했다. 심지어 내륙 60~70리에 달하는 곳까지 깊숙이 진격하는 것은 예사였으며, 간첩까지 활용하는 실정이었다.[28] 따라서 왜구를 방어하기 위해서는 군대가 불시에 출동해야 했고, 빨리 다른 지역으로 이동해야 했다. 그러므로 정상적인 절차를 밟아 田租를 수취해서 軍需를 조달하기란 대단히 힘들었다. 그러므로 元帥들은 휘하 '軍官'인 兵馬使·副使·判官 등을 동원해서 직접 民으로부터 수취했을 것이다. 그러므로 兵馬使·副使·判官 등은 '軍官'으로서 단지 군대만 지휘했던 것이 아니라 민으로부터 군수물자를 직접 조달하는 역할도 수행해야 했다. 다시 말해 '軍官'은 하급 지휘자이면서 동시에 收租權의 行使等을 통해 때로는 군수

27) 『高麗史』 卷78, 食貨志 1, 田制, 田柴科, 禑王 14年 7月, 中冊, 716쪽.
28) 『高麗史』 卷112, 列傳, 偰遜 附偰長壽, 下冊, 457쪽.

조달자도 되어야 했다.

수조지분급제에 기초해서 국방재원을 조달했던 고려에서는 대개 전시, 또는 군대의 출동시 이런 방식으로 필요한 물자를 충당했을 것이다. 다시 말해 그와 같은 관행이 元帥와 兵馬使·副使·判官 등의 率行軍官 사이에 사적인 관계가 확고해진 뒤부터 시작되었거나 정치질서의 혼란으로 국가기구의 감독이 소홀해진 틈을 타 유래되었던 것이 아니라 이미 그 사회구조 속에 배태되어 있었다. 특히 고려말에 이르면 상황이 변하면서 간혹 일시적으로 시행되었던 것이 아니라 아예 상례화되기에 이르렀다.

그런데 고려후기에 들어오면서 상례화와 더불어 군조직의 사병화가 점증하고 수조지분급제의 운영이 마비되면서 그 방식에 편승해서 발생했던 폐해가 크게 확대되었다는 점이 더 크게 문제가 되었다. 그 전형적인 예가 대몽항쟁기에 활약했던 金方慶의 경우에서 발견된다. 金方慶은 都元帥로서 막강한 권력을 갖고 있으면서 전국의 州郡에다가 농장을 설치했으며, 그의 麾下將士들은 內廂이라 일컬으며 날마다 그의 문에 몰려들었고, 그의 세력에 붙어서 위엄을 빙자하는 자들이 中外에 횡행했지만 이를 금하지 못했다.[29] 이는 군대의 최고 지휘자가 전국에 걸친 농장에서 收租를 비롯한 각종의 수취에 內廂을 동원하였음을 보여주는 대표적 사례라 할 수 있다. 마치 군수물자를 조달할 때처럼 휘하장사, 곧 '軍官'들을 전국에 걸쳐 있던 개인 농장에 수취하는 일에 동원하되, 설사 법과 관례에 어긋나는 행위가 일어날지라도 전혀 상관하지 않았다는 것이다. 그것은 군의 조직과 관례를 사적인 경제기반을 구축하는데 활용하는 상황이 벌어지고 있음을 보여준다.

결과적으로 고려말의 '軍官'은 단지 하급지휘관으로만 기능하지 않았으며, 대민수취에도 깊숙이 관여하게 되었다. 다시 말해 최고 지휘관과 그 휘하 하급 지휘관, 즉 '軍官' 사이에 사적인 유대가 강화되는 것과 더불어 국방재정의 기저를 이루던 수조지분급제의 운영이 마비되면서 양자가 서로 얽혀 마침내 사회 모순을 야기하는 요소로 등장했다. 특히 군대 통솔상의 문제, 즉 사병화의 요인이 되었을 뿐만 아니라 사회경제적인 혼란, 그 중 수취체제에 폐단을 일으키게 되었다. 따라서 시급한 개혁조치가 필요했는데, 이는 단지 지방군 조직에만 국한되어서는 곤란하고 필연적으로 그 기저가 되는 운영원리까지도 개편해야만 되었다.

(2) 地方軍制 改編作業의 推進과 '軍官'의 機能變更

군사조직의 차원을 넘어서 그 운영원리까지도 개편하게 되었던 결정적 계기는 위화도회군이후 급진개혁파사대부들의 등장이었다. 전제를 비롯하여 통치체제에 관한 전면적인 개편작업이 추진되었는데, 지방군제의 경우 다음의 조치가 중요하다.

---

29) 『高麗史節要』 卷19, 忠烈王 3年 12月, 514쪽.
金方慶 …… 又受虎頭金符 爲都元帥 權傾一國 田園遍州郡 麾下將士 日擁其門 附勢假威者 橫行中外 而不之禁

> 恭讓王元年 改都巡問使爲都節制使 元帥爲節制使 或帶州府之任 先是 巡問元帥 皆以京官口傳 至是 是用除授 以專其任 置經歷·道事 四年 罷經歷·道事 置掌務錄事[30)]

위 조치는 恭讓王 元年(1389)에 각도의 최고 지휘관을 都巡問使에서 都節制使로 바꾸면서 명실공히 그 지위에 합당한 인사방침을 마련하고, 특히 經歷과 都事를 그 下部機構로 설치하는 것으로서 이 시기 지방군제 개혁에서 자못 중대한 의의를 갖는다고 할 수 있다.[31)]

그런데 經歷과 都事를 설치한 이유에 대해서는 그 동안 소홀히 취급했다. 이전에는 掌務錄事가 있었는데, 무엇 때문에 經歷과 都事로 대체했던 것일까? 정확한 이유를 설명해주는 자료가 발견되지 않았기 때문에 짐작하는 수밖에 없다. 우선 고려말 掌務錄事의 역할에 대해 다음 史料의 검토해서 파악해 보도록 하자.

> (禹)仁烈丹陽人 出身都評議錄事 歲己亥紅賊來寇 以韓邦信爲元帥 仁烈爲掌務 一日元帥分兵于從事軍官 仁烈請受之 元帥曰 掌務任簿書耳 何受兵爲 固請 元帥許之[32)]

위에서 己亥年, 즉 恭愍王 8年(1359)에 홍건적을 방어하기 위해 출동했던 元帥 韓邦信 밑에서 掌務(錄事)로 있던 禹仁烈은 원래 임무였던 簿書, 곧 문서를 작성하는 일 대신에 군대를 지휘했다. 그리고 뜻밖의 군공을 세우면서 元帥 韓邦信의 추천으로 監察御史로 승진했다.[33)]

이 과정에서 주목되는 점은 掌務錄事는 원래 문서를 작성하는 것이 임무였으나, 때로는 元帥의 허락을 받고 군대를 지휘하기도 했다는 것이다. 물론 외적 침입의 위급한 상황에서 취한 부득이한 조치로 볼 수도 있으나, 그 모든 과정이 元帥의 자의적인 결정으로 이루어졌다는 사실이 각별하다. 다시 말해 元帥는 掌務錄事로 하여금 군대를 지휘하게 했고, 또한 군공을 세웠다고 포상을 조정에 건의하여 관철시키기도 했다. 그리고 이 사실에 대해 누구로부터도 아무런 제재조치를 받은 바 없었다.

그러므로 掌務錄事라도 본래 임무가 아닌 군대를 지휘하는, 마치 '軍官'과 같은 기능을 수행할 수 있었다. 동시에 이를 계기로 해서 元帥와 사적으로 긴밀히 연결되기도 했다. 특히 掌務錄事로 군대를 지휘했던 禹仁烈은 마침내 崔瑩·李成桂 등과 더불어 휘하에 牌記를 거느렸던 유명한 大將 중의 한 사람으로 성장했다.[34)] 본래 武官出身이 아니었던 禹仁烈이 우연한 기회에 군대를 지휘하면서 대표적인 武將으로 성장했던 것이다. 이는 정해진 제도와 규정을 통해 이루어진 것이 아니라 元帥의 자의적 결정에 힘입은 것이다.

---

30) 『高麗史』 卷77, 百官志 2, 外職, 節制使, 中冊, 697쪽.
31) 吳宗祿, 「朝鮮初期 兵馬節度使制의 成立과 運營(上)」, 『震檀學報』 59, 1985, 80~81쪽.
32) 『太宗實錄』 卷5, 太宗 3年 4月 丁卯, 1冊, 263쪽.
33) 『太宗實錄』 卷5, 太宗 3年 4月 丁卯, 1冊, 263쪽.
34) 『太祖實錄』 卷1, 總書, 1冊, 9쪽.

그런데 都巡問使에서 都節制使로 개편되면서 掌務錄事 대신 經歷·道事를 설치했던 것은 하부기구까지도 함께 개혁하고자 했음을 의미하며 결국 종전에 비해 그 위상을 크게 높이려 했음을 알려준다. 혼란에 빠진 각도의 행정 및 군사체계를 바로잡기 위해 각각 按廉使, 都巡問使로 일원화하면서 전임관으로 격상시키고, 經歷·道事를 하부기구로 설치했던 것이다.

經歷·道事는 各道의 觀察使, 都節制使 뿐만 아니라 중앙의 都評議使司와 三軍都摠制府에도 恭讓王 때 새로이 설치되었다. 그 이유에 대해, 금전과 곡물의 출납을 담당했던 都評議司의 錄事가 白牒으로 사무를 처리해서 猥濫된 일이 많이 발생하므로 이때 처음으로 經歷·道事를 설치해서 출납을 장부에 기록하도록 했다고 한다.[35] 관서의 수입, 지출 등 재정과 관련해서 발생했던 폐단을 제거하기 위해 經歷·道事를 설치했음을 알 수 있다. 그런데 都評議使司의 經歷에는 三四品, 道事에는 五六品의 文臣이 각각 임명되도록 했다. 三軍都摠制府의 經歷도 四五品, 都事에는 五六品이 임명되었다. 文臣으로 차정한다는 기사는 없으나 대체로 都評議使司에 준했을 것이며, 더구나 그 임무로 보아 武臣이 맡았을 것으로 보이지 않는다.

都評議使司, 三軍都摠制府의 경우로 미루어 都節制使의 經歷·道事도 文臣品官이 임명되었을 것이며, 재정을 위시해 장부의 기록 및 관리를 책임졌을 것이다. 그러므로 經歷·道事의 인사 및 업무와 관련된 사항은 都節制使라도 관여할 수 없었다. 다시 말해 도절제사로의 개칭과 전임관으로의 격상을 통해 비록 그 위상이 높아졌다고 하더라도, 중앙에서 별도로 파견한 文臣出身의 經歷·道事들을 마음대로 다스릴 수 없었고 오히려 그들에 의해 견제를 당할 수도 있었다.

이전의 都巡問使, 또는 元帥들이 거느렸던 '軍官', 掌務錄事들은 비록 軍事와 民事를 나누어 맡도록 구분되어 있었으나, 워낙 자의적으로 통솔되다 보니 실제로 그 업무분담 자체가 무시되는 일이 발생했다. 앞서 보았듯이 '軍官'들이 收租에 동원되기도 했으며 掌務錄事가 군대를 지휘하기도 했다.

그러나 文臣品官의 經歷·道事들이 배치된 이상 그런 일은 일어나기 어려웠다. 자연히 재정 등의 民事에 관여하는 것이 불가능하게 된 '軍官'들은 軍事만 전담했다. 都節制使도 '軍官'을 통해 군대를 자의적으로 통솔할 수 있었으나 재정 등의 民事에 관해서는 經歷·道事들로부터 협조를 받아야 했다.

改革派士大夫들은 각도의 군대는 위상이 높아진 都節制使에 의해 일원적으로 통솔되도록 했으나 재정만큼은 文臣品官의 經歷·道事들이 처리하도록 하고 그것이 중앙과도 연결되는 체계를 구축하고자 했다. 그렇게 되면 元帥 등이 휘하의 '軍官''掌務錄事' 등을 이끌고

---

35) 『高麗史』 卷117, 列傳, 鄭夢周, 下冊, 572쪽.
又以金穀出納 都評議司錄事 白牒施行 事多猥濫 始置經歷都事 籍其出納

군사와 재정을 자의적으로 처분하여 군의 통수체계를 혼란시키며 각종 민폐를 야기하는 것을 근절할 수 있다고 보았다. 이는 곧 지방군 조직의 사병화를 방지하는 장치이기도 했다.

그러나 恭讓王 4年(1392) 4月에 節制使의 經歷・道事가 혁파되고 다시 掌務錄事가 파견되었다. 그와 동시에 觀察使를 혁파하고 按廉使를 회복하는 등 지금까지 추진해왔던 여러 개혁조치들이 원상복구가 되고 옛 제도가 회복되었다.[36] 이러한 조치는 구세력들의 급진개혁조치에 대한 강력한 반발을 의식해서 일시적으로 후퇴했던 것으로 이해되고 있다.[37]

하지만 掌務錄事가 회복되었다고 해서 모든 것이 과거의 체제로 복귀하는 것은 아니었다. 그것은 급진개혁파가 주도했던 田制改革이 科田法으로 법제화되면서 그에 따라 여타 분야에도 상당한 파급 효과가 발생했기 때문이다. 地方軍制의 경우 '軍官'이 수조권의 행사를 위해 직접 파견되었다든지, 掌務錄事가 元帥의 자의적인 결단에 의해 군대를 거느리고 전투에 나서는 일 따위가 쉽게 재발되지 못했을 것이다. 하지만 여전히 미진한 부분이 남아 있어 朝鮮에 들어와서 체제개편 작업이 즉시 재개될 수밖에 없었다.

재개된 개혁에는 물론 地方軍制도 포함되었고, 그것은 '軍官'에도 영향을 주었다. 太祖 3年(1394) 3月 都評議使司의 狀을 통해 各道 都節制使가 率行하는 '軍官'의 定員이 정해졌다. 이때 앞서 언급했듯이 兵馬使・知兵馬使・副使 각 1명씩, 判官・伴黨 각 3명씩을 거느릴 수 있도록 규정되었다.[38]

그런데 이렇게 도절제사의 솔행군관수를 규정한 이유는 무엇일까? 그것은 바로 前月, 즉 太祖 3年 2月에 鄭道傳等이 건의했던 군제개혁방안과 깊은 관계가 있다. 주지하듯이 太祖代에는 鄭道傳이 군제개혁을 주도하였다. 특히 그는 義興三軍府에서 군의 통수권을 통합해서 운영하되 兵權이 한 사람에게 집중되는 것을 방지하기 위해 통수체제를 發命權者, 發兵者, 掌兵者로 나누되, 오직 掌兵者만이 실질적으로 군대를 거느리도록 했다.[39] 이때 지방군에 대해서

> 各道州郡之兵 亦命兵馬使以下掌之 節制使以時糾察兵馬使之勤慢 則體統相維 兵雖聚而無不戢之患[40]

하도록 했다. 위에서 各道의 州郡兵은 兵馬使以下가 관장하고 都節制使는 단지 그들을 규찰할 뿐이며 휘하에 군대를 직접 거느리지 못하게 했다. 이로 인해 위급한 때가 아닌 이상 都節制使가 군대를 손수 통솔하지 못하게 되었다.

---

36) 『高麗史節要』 卷35, 恭讓王 4年 4月, 912쪽.

37) 高麗末 觀察使의 설치문제를 검토했던 연구성과에서도 대체로 이와 비슷한 결론을 내리고 있다. 이인재, 「高麗末 按廉使와 都觀察黜陟使」, 『역사연구』 2, 1993, 66쪽을 참조할 것.

38) 『太祖實錄』 卷5, 太祖 3年 3月 乙巳, 1冊, 60쪽.

39) 尹薰杓, 「麗末鮮初 軍制改革의 推移」, 延世大博士學位論文, 1996, 145~146쪽.

40) 『太祖實錄』 卷5, 太祖 3年 2月 己亥, 1冊, 59쪽.

만약 위 방안 그대로 실행된다면 都節制使의 역할은 크게 변모하게 된다. 그것은 지휘관이라기 보다 오히려 감독관 내지 감찰관에 가깝게 되었다. 그리고 이는 곧 그 휘하에 소속되어 있던 '軍官'들의 기능에도 영향을 주게 되었다. 즉, '軍官'들이 하급 지휘관으로서 군대를 이끌고 전투에 투입되기보다는 오히려 평소 州郡兵의 근무 및 관리 상태라든가, 훈련의 숙지 여부 등을 고찰해서 보고하는 일에 주력해야 했다.

그렇게 되면서 '軍官'의 기능이 변모하게 되었는데, 이로 말미암아 먼저 정원에 대한 조정이 단행되었다. 이제 '軍官'이 군대를 전부 지휘하는 것이 아니었기에 한꺼번에 다수의 인원들이 파견되어야 할 필요성이 적어졌다. 이에 都節制使의 率行軍官數를 새로이 규정하게 되었던 바, 아마도 이전보다 인원이 큰 폭으로 감축되었을 가능성이 컸다. 결국 鄭道傳이 주도했던 군제개혁으로 都節制使의 역할이 변모하게 되자 그에 따라 率行軍官의 정원 및 기능도 달라져야 했다.

하지만 鄭道傳의 개혁에 대한 반발이 적지 않았기 때문에 이를 실천하는 과정에서 상당한 진통이 따랐다. 특히 都節制使의 掌兵權을 박탈하는 것은 커다란 논란을 불러일으켰을 사항이었으므로 그에 따른 후속조치가 필요했다. 이에 太祖 6年(1397) 2月 都節制使의 직무를 정하는 조치가 취해졌다.[41] 여기서 농한기 군대훈련과 유사시에 군사를 징발하여 대처하는 것, 그리고 군대 동원·군기와 갑옷의 관리 부실·노약 군인의 징발 등의 문제를 일으킨 守令, 摠牌, 頭目을 律에 따라 논죄한 뒤 觀察使에게 보고하도록 했다. 그리고 觀察使에게는 제구실을 못하는 都節制使를 규찰해서 보고하여 논죄할 수 있는 권한을 부여했다.[42] 그런데 이는 비록 都節制使가 觀察使로부터 규찰을 받는다고 하더라도, 州郡兵을 총지휘하고 수령의 군사업무까지도 감독할 수 있게 됨으로써 군사책임자로서의 위치는 오히려 더 확고해졌다고 볼 수 있다. 그러므로 鄭道傳이 주창했던 개혁방안과는 다소 거리가 있었다.[43]

그러나 불과 3개월 뒤인 太祖 6年 5月에 兩界를 제외한 各道의 都節制使가 혁파되었다. 그 대신 南方 5道의 연변에는 鎭이 설치되어 僉節制使가 파견되었으며, 그에 대한 勤慢의 고찰은 觀察使가 담당하도록 했다.[44] 이 조치에 대해 鄭道傳等이 추진했던 군제개혁의 결과라는 견해가 제기되어 주목된다.[45] 그런데 都節制使가 혁파됨으로써 그 휘하에 '軍官'들의 率行도 역시 중단되었을 것이다. 하지만 都節制使를 대신해서 실질적인 지휘관이 된 僉節制使가 홀로 부임하지 않았을 것이고, 어떤 식으로든 '軍官'을 率行했을 것이다. 하지만 문제는 僉節制使의 率行軍官들이 都節制使의 경우처럼 兵馬使·知兵馬使·副使·判官·

---

41) 『太祖實錄』 卷11, 太祖 6年 2月 甲午, 1冊, 100쪽.
42) 吳宗祿, 「朝鮮初期 兵馬節度使制의 成立과 運營(上)」, 『震檀學報』 59, 1985, 82쪽.
43) 尹薰杓, 「朝鮮初期 外方武班의 褒貶制」, 『實學思想硏究』 10·11, 1999, 321쪽.
44) 『太祖實錄』 卷5, 太祖 3年 3月 乙巳, 1冊, 60쪽.
45) 吳宗祿, 「朝鮮初期 兵馬節度使制의 成立과 運營(上)」, 『震檀學報』 59, 1985, 83쪽.

伴黨 등으로 구성되며 각기 정원이 정해져 있었던 것과 같은 완비된 체계를 갖추었을 것인가의 여부이다.

都節制使에 비해 위상이 떨어지고, 관할 영역도 크게 축소되었기 때문에 '軍官'數 감축은 필연적이며, 그 서열체계도 매우 단순해졌을 것이다. 특히 僉節制使의 率行軍官으로 兵馬使・知兵馬使가 파견되었다고는 상정하기 힘들고, 기껏 副使・判官・伴黨 등으로 구분했을지 모르겠다. 하지만 이러한 체제는 오히려 번거로움만 더해줄 것이므로 단순히 軍官, 伴黨으로 구별했을 가능성이 높다. 다시 말해 '軍官' 내부의 엄격한 서열이 사라지면서 서로 대등한 위치에서 임무에 임했던 것으로 보인다.

비록 남방지역에 한해 都節制使를 혁파하고 僉節制使로 하여금 그를 대신했는데, 이는 그 휘하의 '軍官' 기능에도 큰 변화를 가져왔다. 앞서 高麗末에는 도절제사의 지시를 받아 군대를 지휘하면서 수조권 행사에도 참여했다. 이는 民에 대한 직접적인 支配도 가능하게 했다. 하지만 이제부터는 節制使를 보좌하며 군의 관리상태를 점검하거나 훈련 등을 맡아 보았다. 물론 유사시 군대를 지휘했을 것이나, 실질적인 掌兵權이 축소되었기 때문에 전에 비해 통제의 폭이 상당히 좁아졌을 것이다. 그야말로 순수하게 하급 지휘관으로만 활동하게 되었다.

3. 地方軍制의 再編과 '軍官'의 變化

(1) 地方軍制 改編의 方向轉換과 '軍官'의 變貌

1398년 王子亂으로 鄭道傳 등이 제거되고 定宗이 太祖를 이어 즉위하면서 정권이 교체되었다. 이때 권력을 장악했던 太宗系列은 지금까지 추진해왔던 군제개혁의 방향을 대폭적으로 바꾸었다. 먼저 諸道의 都節制使制를 부활하고, 그 하부기구도 정비했다. 定宗 卽位年(1398) 9月 왕명에 따라 都評議使司에서는,

> 定諸道節制使道受料之數 軍官伴黨十五 從人十五 大小馬各十五匹 留營軍官五十 從人五十 大小馬各五十匹 軍器打造工匠三十七名[46]

했다. 위의 조치로 해서 都節制使制의 復活과 더불어 兵營體制가 처음으로 규정되었다.[47] 그런데 주목되는 점은 率行軍官과 留營軍官의 인원수를 구분해서 기록하고 있는 것이다. 그 동안 막연하게 구분했던 것이 지금부터 확연히 분별되면서 그 기능 차이가 분명해졌다.

---

46) 『太祖實錄』 卷15, 太祖 7年 9月 戊戌, 1冊, 138쪽.

47) 閔賢九, 『朝鮮初期의 軍事制度와 政治』, 1983, 183쪽 ; 吳宗祿, 「朝鮮初期 兵馬節度使制의 成立과 運營(上)」, 『震檀學報』 59, 1985, 84~85쪽.

留營軍官이 營軍으로서 都節制使營을 경비하는 것이 주임무였다면,[48] 率行軍官은 적어도 그 같은 일은 맡지 않았을 것이다.

그리고 率行軍官의 兵馬使・知兵馬使・副使・判官・伴黨 등으로 되어 있었던 내부 서열도 사실상 보이지 않게 되었다. 위의 사료 내용만으로는 이때 처음으로 되었는지, 아니면 太祖代부터 이미 그랬는지 분명하지 않다. 다만 太祖代 都節制使가 혁파되고 僉節制使가 대신했을 때 率行軍官의 기능이 변모되면서 그에 따라 내부서열도 별다른 의미를 갖지 못했던 것이 아닐까 추정된다. 그러다가 都節制使가 부활하면서 '軍官'도 다시 率行했으나 이미 성격이 변했던 만큼 내부 서열은 사실상 의미를 잃었던 것이 아닌가 한다.

또 하나 분명해진 것은 '軍官'들은 率行과 留營을 막론하고 일정한 料를 道로부터 지급받았다는 점이다. 이를 高麗末 '軍官'의 운영체제와 비교해 보았을 때 큰 변화가 일어났음을 알 수 있다. 즉 元帥府가 직접 收租權을 행사하면서 '軍官'들을 이에 동원했을 때에는 국가기구로부터 料를 지급받는 것과 같은 일은 아마도 일어나지 않았을 것이다. 그리고 料를 받았다는 것은 곧 '軍官'들이 국가의 재정체계에 직결되었음을 의미한다. 이제 경제적 대우에 관해서는 都節制使가 아니라 국가기구의 통제를 받게 되었다.

이는 '軍官'이 최고 지휘관과의 사적 관계 보다 오히려 공적인 행정체계에 직결되는 쪽으로 변모되고 있음을 보여준다. 또한 그것은 수조권 행사에 입각한 재원조달체계가 더 이상 기능하지 못하게 되면서 그에 따라 지휘통솔체제도 변화하고 있음을 의미하는 것이기도 했다.

그런데 '軍官'이 받았던 料의 재원에 대해 太宗 7年(1407) 10月 西北面都巡問使 李龜鐵은,

> 其伴儻軍官從人糧料 亦以軍糧支備 似違國家節用之意 願乞軍官伴儻從人糧料 用公衙祿俸所餘 不足然後 乃用軍糧補乏[49]

하도록 했다. 위 사료의 '軍官'에는 率行軍官도 포함되었을 것이 확실하다. 여기서 지급받아야 할 糧料에 대해 從人 등과 마찬가지로 公衙祿俸 가운데 남은 것으로 충당하고 모자랄 경우에 한해 軍糧에서 보충하라는 것은 기본적으로 지방재정분으로 해결하되, 부족하면 중앙재정분에서 충당하는 것을 의미했다. 결국 '軍官'의 料는 일차적으로 지방재정에서 처리하도록 되었다.[50]

---

48) 吳宗祿, 「朝鮮初期 兵馬節度使制의 成立과 運營(上)」, 『震檀學報』 59, 1985, 83쪽.

49) 『太宗實錄』 卷14, 太宗 7年 10月 戊子, 1冊, 418쪽.

50) 慶源都護府의 경우를 보면, '政府六曹奉旨 議慶源都護府可行事件 …… 一 兵馬使廩祿及軍官從人糧馬料 先將鏡城倉米穀題給 幷皆從之(『太宗實錄』 卷34, 太宗 17年 9月 丁卯, 2冊, 187쪽)'라고 하여 이웃의 鏡城에서 가져와서 충당하기도 했다. 이는 임시적인 조치로 보이며, 기본적으로는 자기 고장에서 처리했을 것으로 추정된다.

'軍官' 문제를 포함한 군제개혁은 태종대에 들어와서도 계속되었다. 그에 따라 國王을 정점으로 그 아래에 發兵을 맡았던 摠制들과 掌兵을 책임진 護軍들이 마치 피라미드형태처럼 포진하는 統帥體系를 전국에 걸쳐 구축하고자 했다.[51] 이에 입각해서 太宗 8年(1408) 7月 議政府에서는 各道 都節制使의 軍官數를,

> 鷄林安東道尙州晋州道全羅道忠淸道東西北面都巡問使各十人 江原道豊海道吉州慶源泥城江界各七人 咸州靑州安州及各鎭兵馬使各五人[52]

으로 정하였다. 定宗 卽位年에 都節制使가 부활되었을 때에는 일률적으로 15人으로 정했는데, 이때부터는 10人, 7人, 5人으로 급을 나누어 파견했다. 대체로 방어상 중요하며 인구가 많고 물산이 풍부했던 下三道와 兩界의 都節制使는 10人, 江原・豊海道 都節制使와 兩界의 전략요충지 兵馬使에는 7人, 兩界 후방지역 및 나머지 各鎭 兵馬使에는 5人으로 정하였다. 그러므로 같은 都節制使와 兵馬使라 하더라도 관할지역에 따라서는 솔행군관 수에서 차이가 났다.

都節制使・兵馬使 뿐만 아니라 水軍僉節制使・萬戶들도 '軍官'을 率行했다. 다시 太宗 7年 10月 西北面都巡問使 李龜鐵의 建議를 보면,

> 竊見本道 或有以節制使 而兼牧使 水軍僉節制使萬戶 而兼縣令監務 只率一二奴僕 獨自赴任者 其件儻軍官從人糧料 亦以軍糧支備 似違國家節用之意[53]

한다고 했다. 위 사료를 의하면, 西北面水軍僉節制使・萬戶들은 이미 전부터 '軍官'을 거느렸으며, 縣令・監務도 兼해 民政도 아울러 관장했음을 알 수 있다. 따라서 兩界의 수군지휘자들도 육군과 마찬가지로 '軍官'을 솔행하며 守令職을 겸했다. 아마도 이 체제가 太宗 8年 7月에 '軍官'의 액수를 정했던 조치와 더불어 全國으로 확대 실시되었던 것 같다.

그것은 곧 太宗 8年 7月에 各道의 都節制使・兵馬使・觀察使・都巡問使들에게 이른바 兼牧이라 해서 그 지역 수령을 겸하게 했던 제도가 전국에 걸쳐 확대 실시되었다는 사실을 통해 확인된다. 이때 雞林安東道兵馬都節制使가 雞林府尹을, 晉州尙州道兵馬都節制使는 判昌原府事를 겸했다.[54] 그 밖의 都節制使, 兵馬使, 都巡問使들도 모두 兼牧했다.[55] 원래 兩界 都巡問使만 兼牧했던 것이 전국으로 확대되었다. 하지만 兩界 이외의 兼牧은 태종 12년 10월에 폐지되었고, 그 뒤 드물게 예외적으로 시행되었을 뿐이라 한다.[56]

---

51) 尹薰杓, 「麗末鮮初 軍制改革의 推移」, 延世大博士學位論文, 1996, 175~177쪽.
52) 『太宗實錄』 卷16, 太宗 8年 7月 癸亥, 1冊, 446쪽.
53) 『太宗實錄』 卷14, 太宗 7年 10月 戊子, 1冊, 418쪽.
54) 『太宗實錄』 卷16, 太宗 8年 7月 己未, 1冊, 445쪽.
55) 『太宗實錄』 卷16, 太宗 8年 7月 甲寅, 1冊, 445쪽.

이렇게 잠시 동안 전국에 걸쳐 兼牧이 실시되었던 이유는 명확하지 않다. 다만 軍政과 民政을 밀접하게 결합시켜 전국에 걸친 일원적 통치체제를 강화하려는 시도로서 추진했던 것은 아닐까 추정해 볼뿐이다. 이때 觀察使를 비롯하여 적어도 兼牧의 대상이 될만한 지역의 地方官들도 軍政에 직접 관여하도록 조처했던 것 같다. 그것은 그들도 '軍官'을 率行했음을 알려주는 자료가 있기 때문이다. 즉,

各道府尹·判大都護府事·判牧事·判都護府事 軍官三人 各除其一 從兵曹之啓也[57)]

하게 했다. 이를 통해 都節制使·都巡問使가 겸임하지 않았지만, 그래도 兼牧이 될만한 지역의 지방관들이 모두 '軍官'을 거느렸음을 알 수 있다. 처음 3人이었다가 兵曹의 요청에 따라 2人으로 감축시켰다는 것은 太宗 8年의 10人, 7人, 5人으로 정원을 정했던 조치와 관계가 있음을 말해준다. 즉 3人이었다는 것은 5人 바로 아래 급에 해당된다고 볼 수 있기 때문이다.

그러므로 府尹·府使·牧使의 軍官率行은 이미 太宗 8年부터 시행되었을 가능성이 매우 높으며, 이를 통해 그들도 휘하의 군대를 통제할 수 있었다. 즉 軍政官이 民政에 간여하는 것과 마찬가지로 民政官들도 軍政에 참가했다. 하지만 '軍官'의 정원 규정을 통해 그 기능 차이는 분명히 했다. 즉, 도절제사, 병마사들은 다수의 '軍官'을 솔행함으로써 軍政에 주력하고, 민정관들에게는 소수만을 배당해서 상징적, 또는 최소한으로 개입하게 만들었다. 즉, 민정관들은 국방 임무에 충실하기 보다 지역의 치안유지 등 사회안정에 힘쓰도록 했다.

그런데 위에서 兵曹의 建議에 의해 府尹等의 '軍官'數를 줄인 것은 재정문제와 함께 그들의 기능변모와도 직접적인 관련이 있다. '軍官'數를 줄이기 직전인 太宗 16年(1416) 8月에 司諫院에서,

各道節制使 口傳鎭撫 多至十員 各率僕馬 靡費有弊 且因營造 容或營私 自今 依舊差首領官 專掌月課軍器 鎭撫唯治軍卒 又減鎭撫數 而以其廩 給充首領官祿俸 …… 上曰 …… 翼日以啓 餘亦允兪[58)]

했다. 위 사료에서 '口傳鎭撫'는 口傳軍官, 즉 率行軍官을 가리킨다. 많으면 10員에 달한다고 했는데, 이는 앞서 太宗 8年 7月에 정한 下三道와 兩界都節制使의 率行軍官數 10人과 일치한다.[59)]

56) 吳宗祿, 「朝鮮初期 兵馬節度使制의 成立과 運營(上)」, 『震檀學報』 59, 1985, 85~86쪽.
57) 『太宗實錄』 卷32, 太宗 16年 9月 庚寅, 2冊, 133쪽.
58) 『太宗實錄』 卷32, 太宗 16年 8月 己卯, 2冊, 131쪽.
59) 吳宗祿, 「朝鮮初期 兵馬節度使制의 成立과 運營(上)」, 『震檀學報』 59, 1985, 112쪽 註)186 및 吳宗祿, 「朝鮮初期 兩界의 軍事制度와 國防體制」, 高麗大博士學位論文, 1992, 47쪽 註)196을 참조할 것.

위 사료에 의하면, 口傳鎭撫, 즉 率行軍官들은 애초에 군졸을 다스리는 일과 함께 군기 제작에도 직접적으로 간여했다. 이미 定宗 卽位年 9月 都評議使司에서 兵營體制를 규정할 때 軍器打造工匠 37名이 소속되어 있는 것이 확인되었는데, 아마도 率行軍官들이 이들 工匠들을 인솔하여 무기를 제작했던 것으로 보인다. 그 과정에서 '軍官'들은 자신들의 지위를 이용 工匠들을 사사로이 부리며 私物을 만들거나 제작할 때 들어가던 각종 재료들을 횡령했던 것으로 보인다. 그리고 戰鬪馬가 아닌 자신의 僕馬를 양육하는 비용도 대개 公物로서 충당했을 것이다. 이에 司諫院에서는 그 같은 폐단을 근절한다는 구실로 '軍官'들로 하여금 軍卒을 통솔하는 일만 맡고, 군기제작을 비롯하여 그 밖의 다른 사무에는 간여하지 못하게 했다. 그리고 이를 제도적 차원에서 방지한다는 명목으로 중앙에서 임명하는 首領官을 회복시키고, '軍官'의 감축을 건의했다. 國王도 이를 승인했으나 '軍官'의 감축은 府尹・府使・牧使에 국한해서 이루어졌을 뿐, 都節制使・都巡問使에 대해서는 실행되지 않았다. 실질적인 군대통솔권이 약화되는 것을 우려했기 때문이리라.

그러나 분명한 것은 首領官이 복구되어 군기제작을 비롯한 재정에 관련된 사항을 처리했고, 軍官들은 오로지 軍卒만을 통솔하게 되었다는 사실이다. 首領官의 파견은 앞서 검토했던 바 高麗 恭讓王 1年 12月에 經歷・都事를 보냈던 것으로부터 시작되었다. 주로 文臣品官들이 임명되어 장부의 기록 및 관리 등 재정을 책임지면서 都節制使들을 견제하는 역할을 담당했다. 이후 首領官은 여러 요인으로 말미암아 置廢를 거듭했는데, 그 때마다 掌務錄事가 대신하곤 했다. 하지만 임무의 장악력이나 위상에 있어서는 掌務錄事는 經歷・都事의 首領官에는 미치지 못했다. 따라서 首領官을 복구시켜 '軍官'이 담당했던 일까지 간여했다는 것은 종전과 비교할 수 없을 만큼 철저하게 제도화된 역할분담과 함께 상시적인 감독체제를 확립하려고 했다고 할 수 있다.

아무튼 首領官의 복구와 임무 이관으로 해서 비록 '軍官'이 대폭 줄어든 것은 아니었으나, 그 기본임무 및 기능에 있어서는 상당한 변화가 초래되었을 것임에 틀림없다. 그 뒤에도 首領官은 置廢를 거듭했으나,[60] '軍官'의 기능은 크게 달라지지 않았다. 일례로 世宗 14年(1432) 5月 慶尙道監司는 도내 兵馬都節制使・左右道處置使道의 掌務錄事는 營中의 軍士給料와 雜物을 관장하는 일과 告課公事를 맡고 있을 뿐이니, 지금부터 掌務錄事를 폐지하고 公事는 營中의 有職鎭撫로 하여금 告課하게 하고, 雜物은 청렴하고 부지런한 口傳軍官과 留營鎭撫로 하여금 관장하게 할 것을 건의했으나 公事告課와 糧料出納 등의 사무는 매우 중요한 것이라 口傳軍官이나 留營鎭撫에게 맡기는 것은 옳지 않다는 이유로 거부되었다.[61] 이것으로 해서 실제 首領官의 치폐와 상관없이 '軍官'의 기능이 바뀌지 않았음을

60) 世宗 1年 2月에는 掌務錄事가 대신했다가 世宗 5年 12月 다시 首領官을 설치했고, 世宗 18年 2月에는 兩界를 제외하고 모두 혁파했다가 世祖 3年 2月에 다시 두었는데, 이때에는 都事만 파견했다. 그 뒤 兩界를 제외한 나머지 지역의 都事가 언제 폐지되었는지는 확실하지 않다고 한다(吳宗祿, 「朝鮮初期 兵馬節度使制의 成立과 運營(上)」, 『震檀學報』 59, 1985, 112쪽 註 171).

알 수 있다. 즉, '軍官'은 군기제작이나 재정과 관련된 사항은 간여하지 못하게 되고 오로지 軍卒들을 통솔하는 하급 지휘관으로만 기능하게 되었다.

이와 더불어 주목되는 것이 觀察使・節制使로 하여금 甲士・內禁衛等의 禁軍들을 率行하지 못하게 했던 조치였다. 太宗 10年(1410) 6月 義興府에서 啓하여,

> 又各道觀察使節制使 毋得請以甲士率行 已有著令 況內侍衛內禁衛 不可私從於人 今後奉旨率行 亦皆禁之 以嚴宿衛 從之[62]

하게 했다. 위에서 甲士等을 '率行'한다는 것에는 '軍官'으로 가는 것도 포함되었다. 이는 당시 편찬 중이던『續六典』에 법제화되었다.[63] 太宗初期 禁軍을 강화하기 위해 여러 兵種을 창설하고 精銳武士들을 선발하였다. 이때 甲士・內禁衛・內侍衛・別侍衛等이 설치되었다. 이들을 '軍官'等으로 率行하지 못하게 했던 것은 곧 중앙의 실력 있는 武士들을 어떤 형태로든 都節制使들이 거느리고 외방으로 나가는 것을 허용하지 않겠다는 의도였다. 이로 인해 대체로 禁軍에 비해 실력이 떨어지는 인물들이 주로 '軍官'으로 임용되었으며, 前銜들이 많았다.[64] 특히 前銜들에게는 科田法 조문에 따라 힘들게 '居京城衛王室'하는 것보다 '軍官'으로 파견되어 軍功을 세워 포상으로 관직을 받는 것이 유리할 수도 있기 때문이다.[65]

이는 태종대 군제개혁의 목표가 중앙을 정점으로 한 일원적인 통수체제를 구축하고자 했음을 잘 보여준다. 都節制使 이하 육군과 수군, 그리고 주요 거점지역의 지방관을 망라하여

---

61)『世宗實錄』卷56, 世宗 14年 5月 甲戌, 3冊, 392쪽.
慶尙道監司啓 道內兵馬都節制使左右道處置使道掌務錄事 但掌營中軍料雜物及告課公事而已 請自今 革掌務錄事 公事則令營中有職鎭撫告課 雜物則令廉勤口傳軍官及留營鎭撫掌之 下政府諸曹同議 僉曰 公事告課粮料出納等事甚重 而使口傳軍官留營鎭撫掌之未便 宜仍舊

62)『太宗實錄』卷19, 太宗 10年 6月 甲子, 1冊, 555쪽.

63) 甲士等의 禁軍을 '率行'하는 것을 금지시킨 조치는 다음과 같이 정식으로 법제화되었다. 즉 '續典 大小出使人員 毋得請率內禁別侍衛甲士以行(『世宗實錄』卷73, 世宗 18年 閏6月 乙酉, 4冊, 18쪽)'이다. 그에 관해서는 연세대학교국학연구원편,『經濟六典輯錄』, 1993, 211~213쪽을 참조할 것.

64) 이에 대한 증거로 '工曹參議張友良上書曰 …… 一 口傳赴防軍官 皆以前銜 久戍邊圉 或十年 或二十年 甚者幾至於三十年 役役勤勞 不顧家事 其情可惜 其功可賞 敍用之法 雖在令典 未有實效 徒爲文具而已(『世宗實錄』『世宗實錄』卷64, 世宗 16年 4月 戊辰, 3冊, 559쪽)'의 기사를 들기도 한다(吳宗祿,「朝鮮初期 兩界의 軍事制度와 國防體制」, 高麗大博士學位論文, 1992, 46쪽 註 193). 그러나 10년, 20년, 심지어 30년을 근무하는 軍官은 率行軍官이 아니라 留營軍官에 해당할 것이다. 왜냐하면 率行軍官은 그들을 인솔하는 都節制使・兵馬使의 임기가 있기 때문에 장기간 한 곳에서 근무한다는 것이 곤란했다. 그러나 '率行''留營'을 막론하고 前銜들이 다수를 차지했을 것이며, 이는 船軍에서도 마찬가지였다. 즉, '全羅道水軍都安撫處置使尹得洪 使錄事錢丁理馳啓 …… 又令軍官前司直鄭崇立率兵船四艘追之 又捕賊船一艘 斬首十三級 ……(『世宗實錄』卷25, 世宗 6年 9月 壬辰, 2冊, 622쪽)'에 의해 확인된다.

65) 口傳으로 임명된 '軍官'은 비록 除授에 비할 바가 아니었지만, 간혹 軍功을 세워 포상으로 관직을 받을 수 길이 열려 있었다(『世宗實錄』卷51, 世宗 13年 1月 丁卯, 3冊, 287쪽).

급에 따라 率行軍官의 정원을 정했던 것은 일원적인 통수체제를 구축하되 지역적 특성을 고려하여 그 次序를 분명히 하고자 함이었다. 즉, 종전처럼 일률적으로 보내는 것이 아니라 등급을 매기고 차등을 둠으로써, 이를 기초로 지방군 조직도 전국에 걸쳐 마치 피라미드와 같은 통수체계가 구축되도록 했다. 그 과정에서 '軍官'은 군기제작이나 재정과 관련된 사항은 간여하지 못하게 되고 오로지 軍卒들을 통솔하는 하급지휘자로서의 기능만 수행하도록 성격이 변모되었다. 그리고 동시에 甲士・內禁衛等을 '軍官'으로 率行하는 것을 금지시킴으로써 禁軍에 비해 질적으로 한 등급 낮은 인물들로 충당되도록 했다. 그것은 곧 중앙의 실질적 우위를 보장하려는 의도였다.

그러나 太宗代에 확립되었던 체계는 世宗代에 들어와서 조금씩 변동되었다. 그 주된 요인중의 하나는 북방개척과 관련해서 벌어졌던 野人과의 빈번한 충돌 때문이었다. 정예군사의 투입이 불가피해지자 世宗初期부터 內禁衛・甲士들을 兩界로 파견했다.[66] 드디어 世宗 18年(1436) 閏6月에 이르러 『續六典』의 법조문을 개정해서 平安・咸吉 兩道의 都節制使와 僉節制使 및 연변의 守令들에게는 內禁衛・別侍衛・甲士의 인솔을 허용했다.[67] 그것은 곧 禁軍들을 率行軍官으로 거느릴 수 있게 되었음을 의미했다.

이것이 下三道로 확산되어 점차 禁軍을 '軍官'으로 率行하는 일이 늘어나게 되었다. 이로 말미암아 중앙의 숙위가 허술해졌다. 그러자 왜구의 침입이 대폭 줄어들었기 때문에 방어가 시급한 兩界와는 차이가 크다고 해서 世宗 23年(1441) 7月에는 이를 금지하는 조치를 다시 내렸다. 다만 사변이 일어나 부득이할 경우에는 率行하는 것이 허락되었다.[68]

그리고 정원 규정도 몇 차례 개정되었지만, 사실상 제대로 지켜지지 않았다. 이 역시 兩界에서 비롯되었다. 본래 都節制使는 10人, 吉州・慶源・泥城・江界가 7人, 咸州・青州・安州 및 各鎭兵馬使가 5人이었다.[69] 하지만 太宗 17年(1417) 慶源에 3人을 늘려 10人으로 만들었던 것을 시작으로,[70] 世宗 16年에 咸吉道 會寧・寧北鎭節制使는 10人, 그리고 孔州節制使는 6人으로 정해졌다.[71] 계속해서 慶興에는 7人, 各堡萬戶에게 3人, 심지어 判官조차도 1人을 배정했다.[72] 4군개척과 관련해서 평안도에서도 함길도와 비슷한 양상이 벌어졌다. 이렇게 되자 兩界 都節制使의 '軍官'도 늘어나서 15人이 되었다.[73]

하지만 장수들은 규정을 제대로 준수하지 않은 채 마구 '軍官'들을 솔행시켜 심지어 수십명씩 거느리기도 했다. 이로 말미암아 재정 궁핍까지 일어날 정도였다.[74] 이에 世宗 22年 9

66) 『世宗實錄』 卷18, 世宗 4年 10月 壬辰, 2冊, 507쪽 ; 『世宗實錄』 卷24, 世宗 6年 4月 己酉, 2冊, 591쪽 ; 『世宗實錄』 卷59, 世宗 15年 1月 壬申, 3冊, 439쪽.
67) 『世宗實錄』 卷73, 世宗 18年 閏6月 乙酉, 4冊, 18쪽.
68) 『世宗實錄』 卷93, 世宗 23年 7月 癸丑, 4冊, 351쪽.
69) 『太宗實錄』 卷16, 太宗 8年 7月 癸亥, 1冊, 446쪽.
70) 『太宗實錄』 卷34, 太宗 17年 9月 丁卯, 2冊, 187쪽.
71) 『世宗實錄』 卷66, 世宗 16年 11月 丁酉, 3冊, 603쪽.
72) 『世宗實錄』 卷89, 世宗 22年 4月 乙酉, 4冊, 280쪽.
73) 『世宗實錄』 卷90, 世宗 22年 9月 壬寅, 4冊, 315쪽.

月 平安・咸吉道 都體察使였던 皇甫仁의 건의에 의해 다시 정했다. 이때 『兵典謄錄』의 '軍官' 정원에 관한 법조문을 수정했는데, 兩道의 都節制使의 軍官은 15人・都鎭撫 2人, 閭延節制使 10人・判官 2人, 江界節制使 7人・判官 2人, 慈城・理山・朔川・碧潼 등은 각각 5人으로 정하고, 昌城節制使는 10人으로, 義州節制使는 7人으로 했다. 慶源・會寧節制使는 각각 10人・兼判官은 각각 3人으로 하고, 鍾城僉節制使는 5人・兼判官은 3人으로 했다. 慶興・甲山은 각각 5人으로 정했다.[75] 그리고 鏡城은 10人이었다.[76]

그럼에도 불구하고 邊將들은 저마다 상황이 심각하다며 率行軍官의 數를 늘려 달라는 건의를 계속하였다.[77] 그에 맞서 일부 정부당국자나 監司들은 원래 이 지역이 척박해서 수입이 매우 적고, 또한 이를 보충하기 위해 南道에서 물자를 수고롭게 운반해야 하므로 비용절감을 위해 '軍官'數를 줄여야 한다고 주장했다. 대표적인 예로 世宗 25年(1443) 6月 咸吉道觀察使 鄭甲孫은 會寧等 5鎭의 軍官 72人에게 從人 1名과 말 1匹씩을 지급했던 바, 이들에게 1년간 쌀 864石과 콩 1,036石 12斗를 주었던 관계로 지역 재정이 크게 악화되었으며, 여기에 장마철을 당해 외적 침입이 줄어들게 되므로 그 數를 감축해야 한다고 건의해서 이를 관철시켰다.[78] 平安道에서도 일시적이지만 都節制使를 혁파하고 監司가 겸임하면서,[79] 江界・朔州・義州 등지의 '軍官'을 줄였다.[80]

그러나 '軍官'數의 감축은 쉽지 않았다. 그것은 임용에 관해 邊將들의 자의권이 인정되었고, 그 주변에 가기를 자원하는 무리들이 집결했기 때문이었다. 이는 특히 태종부터 세종중엽에 이르는 시기에 행해졌던 군제개편과 밀접한 관계가 있었다. 당시 中央軍 擴張期라고 할 정도로 甲士가 정비되는 것과 더불어 많은 兵種이 새로이 만들어졌다.[81] 이에 유능한 武士들이 다수 선발되어 입속했다. 하지만 이로 인해 여러 문제가 파생되었다. 특히 한정된 재원으로 많은 인원을 대우해야 했기 때문에 상당한 어려움이 수반되었다. 정부는 번갈아 근무하며 근무 중에만 녹봉을 받는 遞兒職을 확대해서 적은 재원으로 다수 인원을 授職하도록 했다. 그리고 世宗 18年(1436)에 正・從9品의 武散階를 신설하고 循資法을 강화하여 엄격한 절차에 따라 승진하도록 했다. 이로 인해 관리들의 진급이 매우 늦어지게 되었다.[82]

이 때문에 커다란 타격을 받은 부류 중의 하나가 中央兵種에 속했던 禁軍들이었다. 특히 이들은 대부분 遞兒職을 제수받았기 때문에 경제적으로나 진급면에서 正職者들에 비해 매

---

74) 『世宗實錄』 卷89, 世宗 22年 4月 乙酉, 4冊, 280쪽.
75) 『世宗實錄』 卷90, 世宗 22年 9月 壬寅, 4冊, 315쪽.
76) 『世宗實錄』 卷92, 世宗 23年 4月 乙亥, 4冊, 339쪽.
77) 『世宗實錄』 卷90, 世宗 22年 9月 壬寅, 4冊, 315쪽.
僉議啓 平安咸吉兩道 近因防禦最緊 都節制使與各鎭大小邊將 臨時啓聞 帶行軍官調習馬之數猥濫
78) 『世宗實錄』 卷100, 世宗 25年 6月 乙酉, 4冊, 479쪽.
79) 『世宗實錄』 卷120, 世宗 30年 6月 丁卯, 5冊, 73쪽.
80) 『世宗實錄』 卷123, 世宗 31年 3月 戊戌, 5冊, 122쪽.
81) 閔賢九, 『朝鮮初期의 軍事制度와 政治』, 1983, 127~133쪽.
82) 李成茂, 「兩班과 官階組織」, 『朝鮮初期 兩班硏究』, 1980.

우 불리했다.[83] 이 같은 체제에서 탈출구를 노리던 많은 禁軍들이 '軍官'으로 파견되기를 갈망했다. 왜냐하면 '軍官'으로 근무하면 매 1일에 到 2씩을 받고, 사변을 당해 갑옷을 입게 되면 到 15를 받도록 법으로 정해져 있었기 때문이다.[84] 따라서 中央에서 遞兒職을 받아 都目마다 교체되는 것보다, '軍官'으로 나가면 진급에 필요한 근무일수, 즉 司到를 단기간 내에 많이 받을 수 있어 훨씬 유리하였다. 그리고 '軍官'에게는 料와 함께 從人 및 馬匹을 주었으며, 그에 따른 운용비도 모두 국가에서 부담하였다. 이로 말미암아 경제적으로 中央에서 근무하는 것보다 이득이 되었다. 더구나 '軍官'으로 가게 되면 청탁을 하거나,[85] 威勢를 假托해서 州郡을 侵漁하는 등의 수법으로[86] 부수입도 올릴 수 있었다. 이 때문에 禁軍들이 대거 '軍官'으로 빠져나갔다.

특히 그들 중에는 邊將과 私的으로 연결되었던 인물들이 다수를 차지했다. 즉, 그의 子姪・族親이거나,[87] 心腹之人들인 경우가 많았다.[88] 이로 인해 武才가 없으면서 죄를 지어 職牒을 박탈당한 자가 유력한 장수의 '軍官'이 되어 要路에 통하는 계제를 삼으려는 일[89]이 벌어지는 등 그 부작용이 적지 않았다.[90] 이러한 폐단을 근절하기 위해 먼저 능력이 없는 자의 '軍官' 임명을 막으려고 世宗 25年(1443) 12月 兵曹에서는,

> 請自今 以名載武才錄者 及再中都試一二等者 抄錄置簿 每當邊將之行 必令自薦口傳 禁其請率他人[91]

하도록 했다. 이미 그 이전부터 武才가 탁월하여 대중이 모두 알고 있는 者를 가려 보내도록 했으나 실질적인 효과를 거두지 못했다.[92] 그러므로 보다 구체적인 임용기준을 설정했

---

83) 李成茂, 「兩班과 特殊軍」, 『朝鮮初期 兩班研究』, 1980.

84) 『世宗實錄』 卷93, 世宗 23年 7月 癸丑, 4冊, 351쪽.
議政府啓 內禁別侍衛甲士等軍士 大小邊將 毋得率行 唯於咸吉平安兩道 防禦最緊 許令帶去 每一日 給到二 應變着甲 給到十五 已曾立法

85) 『世宗實錄』 卷102, 世宗 25年 12月 乙酉, 4冊, 529쪽.

86) 『文宗實錄』 卷7, 文宗 1年 5月 乙巳, 6冊, 386쪽.

87) 『文宗實錄』 卷7, 文宗 1年 5月 乙巳, 6冊, 386쪽.

88) 『世宗實錄』 卷73, 世宗 18年 閏6月 癸未, 4冊, 7쪽.

89) 崔井安은 儒生出身으로 諫官이면서 妻叔父인 李興의 奴婢文券을 위조하고, 또 都官 官員에게 청탁해서 文券을 受理했다가 발각되어 職牒을 박탈당했던 사람이었다. 그런데 平安道都節制使인 李蕆에게 연줄을 대서 '軍官'이 되어 要路에 통하는 계제로 삼아 職牒을 돌려 받고자 기도하다가 발각되기도 했다(『世宗實錄』 卷74, 世宗 18年 8月 庚午, 4冊, 26쪽).

90) 洪有江은 武科出身으로 수령에 재직 중일 때 기생을 가까이하여 파직되었다. 하지만 金宗瑞의 '軍官'이 되어 다시 정계로 진출했다가 대간으로부터 탄핵을 당하기도 했다(『文宗實錄』 卷4, 文宗 卽位年 11月 戊申, 6冊, 315쪽).

91) 『世宗實錄』 卷102, 世宗 25年 12月 乙酉, 4冊, 529쪽.

92) 『世宗實錄』 卷90, 世宗 22年 9月 壬寅, 4冊, 315쪽.
其軍官 依已曾受教 擇衆所共知武才卓異者赴防 從之

다. 이에 武才錄에 이름이 올라 있거나,[93] 거듭해서 都試에 1, 2等으로 합격된 者로 한정지었다.[94] 다시 말해 이는 武才를 객관적인 절차에 따라서 검증받은 인물에 한해 '軍官'에 임용하라는 지시였다. 따라서 이 조치가 제대로 실천된다면 앞으로 武才가 없거나 검증받지 못한 사람은 邊將이 원해도 '軍官'에 임용될 수 없었다. 이어서 兵曹는

> 其遞代期限 依已曾受教 毋過期年 如有請托仍留者 則己身及將帥 並皆論罪 其周年已滿之後仕到 勿許并錄 從之[95]

하도록 했다. '軍官'의 임기는 期年, 즉 1년을 넘지 못하도록 하고, 만약 청탁 등의 방법을 이용해서 그 이상 머무르면 당사자는 물론 邊將도 처벌하며 근무일자도 계산에 넣지 말도록 했다. 이는 將帥와 사적으로 연결된 '軍官'이 장기간 머물면서 진급에 필요한 근무일자를 단기간에 획득하는 동시에 경제적인 혜택마저 독점해 버리는 폐해가 일어나지 않도록 방지하고자 함이었다. 하지만 그 폐습은 쉽사리 제거되지 않았다.[96]

그것은 결국 태종, 세종 연간에 걸쳐 군제개편을 통해 통수체제의 집권화를 추진하는 과정에서 다수의 무사들을 중앙에 결집시켰던 통수체제의 운영상 모순에서 비롯되었다. 그 체제를 유지하는데 많은 재원이 소요되자 체아직으로 전환하거나 진급절차를 엄격하게 만드는 등의 방법을 써서 비용을 줄이는 노력을 시도했다. 이로 인해 타격받았던 禁軍들 중에서는 자연히 탈출구로 '軍官'을 택하는 者가 늘었다. 동시에 장수들도 사적으로 친근하면서 능력있는 인물을 적극적으로 率行하고자 했다. 또한 정부에서도 北方等地의 전투에서 승리

---

93) 武才錄은 이름 그대로 國家가 武才가 있는 사람의 명단을 파악해서 기록한 것으로, 世宗 16年頃에 처음 그 명칭이 보인다(林用漢, 「朝鮮初期의 守令制 硏究」, 慶熙大學校博士學位論文, 80쪽). 처음에는 매 3년마다 三軍都鎭撫와 六曹判書, 議政府大臣들이 忠義衛·別侍衛·內禁衛·三軍甲士·訓鍊觀·成衆愛馬 중에서 인재를 선발하여 작성하였다. 그러나 그 객관성과 공정성에 문제가 있다고 해서 世宗 23年에 스스로 同類 중에서 東·西班 5品부터 無職者에 이르기까지 武才와 文吏를 구비한 者를 나이와 父外祖職銜을 기록해서 3명씩 추천하도록 했다. 그런 다음 추천된 자 3명은 다시 작성자들의 심사를 거쳐 武才錄에 이름이 오르도록 했다(『世宗實錄』 卷92, 世宗23年 2月 乙未, 4冊, 335~336쪽).

94) 都試는 매년 春秋로 시행되던 武班의 試取制로서, 太祖 4年에 처음 실시되었지만, 世宗 2年에 이르러 제도로서 정비되기 시작하였다(韓沽劤等, 『譯註經國大典註釋篇』, 韓國精神文化硏究院, 593쪽). 그런데 특히 京外의 軍士, 東西班의 從三品以下者, 閑良을 승진시키거나 武班·軍職에 서용 또는 遞兒職에 서용 및 무예를 향상하는, 즉 武班·閑良·軍士를 奬勸하는 제도였다(한충희, 「朝鮮初期都試硏究」, 『韓國學論集』(啓明大) 13, 1986, 234쪽).

95) 『世宗實錄』 卷102, 世宗 25年 12月 乙酉, 4冊, 529쪽.

96) 대표적인 사례로 癸酉靖難 때 살해되었던 金宗瑞의 殘黨들을 제거하는 과정에서 발생하였던 소위 李澄玉의 亂 당시 그의 '軍官'들이 처벌받은 사건을 들 수 있다. 당시 咸吉道都節制使였던 李澄玉은 金宗瑞의 黨이라는 이유로 해임되자 위기의식을 느껴 후임 都節制使였던 朴好問을 살해했는데, 이때 그의 '軍官'들도 주저없이 참가하였다. 결국 亂이 진압된 뒤 '軍官'들은 모두 처벌당했다(『端宗實錄』 卷10, 端宗 2年 1月 丙子, 6冊, 666~667쪽 ; 『端宗實錄』 卷11, 端宗 2年 4月 甲午, 6冊, 680쪽). 그 만큼 將帥와 그 '軍官' 사이에 사적인 관계가 돈독했음을 보여주고 있다.

하기 위해 이런 관행을 허용했다. 마침내 '軍官'은 禁軍等의 출세나 경제적인 이득을 얻는 통로로 자주 이용되었다. 더불어 유력한 장수들과 연계된 존재들만 출세하게 되면서, 이를 통해 특정 장수 및 휘하 '軍官'들 사이에 私的인 관계가 형성될 수도 있었다.

그 같은 문제점을 제거한다는 명목으로, 그리고 그를 위해 전국에 걸친 일원적 체제를 확립하겠다는 목표하에서 다시 한번 개편작업이 시도되어야 할 필요성이 제기되었다.

(2) 軍事地帶化의 實施와 '軍官' 機能의 樣態

대대적인 군제개편이 文宗代에 들어와 재개되었고, 세조 연간에 이르러 五衛 및 鎭管體制가 확립되었다. 특히 지방군 조직에 있어 먼저 兩界에 설치된 軍翼道의 體制를 全國으로 확장했다. 이를 통해 남방지역도 군사조직에 포함되어 군사지대화되었으며, 守令들도 모두 군지휘관을 겸하게 되었다. 따라서 지방군 조직이 획일화되었다. 이에 기반하여 군익도 체제는 진관체제로 바뀌면서 전영역을 완전히 망라하게 되었다.[97]

진관체제로의 개편이 갖는 특징 중의 하나는 양계의 군사조직이 南方에 영향을 미쳐 그대로 적용되었다는 점이다.[98] 이는 '軍官'에도 반영되었다. 종전 下三道 여러 營鎭과 浦의 '軍官'들은 대개 權知直長・令史・別軍等의 雜職 去官人들로 구성되었다. 따라서 본래 武才를 지니지 못한 방어 업무와는 무관했던 사람들이었기 때문에 防戍가 허술해지고 국가재정만 허비할 뿐이라는 비난을 받았다.[99] 이에 대해 '軍官' 중 1명은 전직 관리 중에서 武才가 있는 인물로 임명하되 都鎭撫라고 칭하며 나머지는 下番 京軍士 중에서 자원한 사람으로 충당하되 兩界와 마찬가지로 근무일자를 계산하여 到를 지급하자는 주장과[100] 그렇게 되면 장차 세력 있는 사람에게 청탁하는 무리들이 차지하게 되어 폐단이 커지므로 그 前대로 閑散人 중에서 武才가 있는 사람을 뽑아서 거느리고 가도록 하자는 의견으로 대립되었다.[101]

그 중에서 前者의 견해가 일부 수정되어 다음과 같이 시행되었다.

> 天順元年九月日受教 下三道諸營鎭諸浦邊將 帶去軍士 並以下番軍士有武才者 從自願依兩界例 口傳率行 司到於兩界減半[102]

위에서 天順 元年은 곧 世祖 3年이며, 邊將이 帶去하는 軍士란 내용상 都節制使等이 率

97) 閔賢九, 『朝鮮初期의 軍事制度와 政治』, 1983, 243~249쪽.
98) 閔賢九, 『朝鮮初期의 軍事制度와 政治』, 1983, 246쪽.
99) 『世祖實錄』 卷6, 世祖 3年 1月 辛巳, 7冊, 171쪽.
100) 『世祖實錄』 卷6, 世祖 3年 1月 辛巳, 7冊, 171쪽.
101) 『世祖實錄』 卷6, 世祖 3年 2月 己未, 7冊, 179쪽.
102) 『世祖實錄』 卷11, 世祖 4年 1月 己丑, 7冊, 250쪽.

行하는 '軍官'을 의미한다. 그러므로 설사 청탁하는 무리들로 채워지는 경향이 있다고 하더라도 일단 武才를 지닌 下番京軍士들로 충당했다. 다만 국경의 방어 임무에 종사했던 兩界에 비해 일이 수월했기 때문에 승진에 필요한 근무 일수, 즉 司到의 計算은 절반으로 축소시켰다. 그리고 곧 바로 나머지 도에 대해서도 이와 똑같이 조처했다.

今江原黃海京畿諸營鎭諸浦軍官 亦依此例率行 司到於兩界減三分之二[103]

하도록 했다. 위에서 '此例'란 바로 앞서 언급했던 世祖 3年 9月 受敎에 나오는 例였다. 물론 그 원형은 兩界의 그것이었다. 그런데 江原・黃海・京畿로 파견되는 '軍官'은 下三道에 비해서도 더 헐겁다고 판단되었기 때문에 근무일수의 계산을 더 낮게 책정했을 뿐, 그 나머지는 동일했다.

진관체제가 확립되면서 '軍官' 역시도 전국에 걸쳐 동일한 예가 적용되었다. 다만 근무의 강도에 따라 승진에 필요한 司到의 계산만 다르게 실시했다. 그런데 이렇게 양계의 예를 下三道, 그리고 江原・黃海・京畿로 확대해서 시행했던 이유는 무엇일까? 1차적으로 남방지역의 국방력 강화, 특히 倭寇의 侵攻에 대한 대비가 중요한 요인이 되었다 한다.[104] 그러나 왜구의 침공은 세종대 후반이후 거의 보이지 않을 정도로 감소했다.[105] 그럼에도 여전히 잠재적인 위협이 되었기에 그에 관한 확실한 방비책으로 확대, 시행했다고 볼 수도 있을 것이다. 이와 더불어 세조 정권의 수립과 그에 따른 정책의 변화도 함께 고려해 보아야 한다고 생각한다.

주지하듯이 세조 정권은 강력한 중앙집권화를 추구했다. 특히 중간의 농단을 제거해야 한다는 명목으로 중앙에서 직접 民을 파악하는 장치를 마련한다던가 하는 정책을 실시했다. 그 과정에서 종친, 훈신, 척신 등이 주요 지지기반으로 떠올랐다.[106] 반면에 중앙에서 탈락하거나 밀려난 사대부층이나 토호세력들의 불만도 적지 않게 쌓였다. 그리고 정부 시책으로 부담이 늘어난 일부 지방민들도 그 때문에 반발하기 시작했다. 그에 대한 하나의 징표로서 이 시기에 들어와서 이전과 달리 도적이 보다 다양화되고 급격히 팽창하여 점차 群盜化하고 公權力에 정면으로 대항하는 경우가 빈발했던 점을 들 수 있다.[107] 물론 이것 하나가 전반적인 사회 분위기를 대변한다고 보기 어려우나, 아무튼 강력한 중앙집권화 시책의

---

103) 『世祖實錄』 卷11, 世祖 4年 1月 己丑, 7冊, 250쪽.

104) 閔賢九, 『朝鮮初期의 軍事制度와 政治』, 1983, 245쪽.

105) 신석호, 「여말 선초의 왜구와 그 대책」, 『국사상의 제문제』 3, 1959.

106) 金泰永, 「朝鮮초기 世祖王權의 專制性에 대한 一考察」, 『韓國史硏究』 87, 1994.

107) 李正守, 「조선초기 도적발생과 국가적 대응」, 『한국중세사연구』 창간호, 1994, 271~275쪽. 15세기 전반기에는 도적활동이 주로 자연적인 재해의 영향을 받아 발생하는 경우가 많았으나 후반으로 가면서 점차 사회적인 영향을 받는 측면으로 변화한다는 지적이 제기되었다(한희숙, 「15세기 도적활동의 사회적 조명」, 『역사와 현실』 5, 1991). 바로 그 분수령이 되는 시기가 곧 세조대였다고 한다.

추진에 따른 문제점 제기와 반발은 상당했던 것으로 추정된다.

결국 거센 반발과 도전을 억누르며 집권화 시책을 계속하기 위해서는 군사력 강화가 선결 과제였으며, 그 일환으로 兩界의 類型이 전국으로 확대되는 가운데 '軍官' 역시 그에 따랐다. 종래 下三道 및 江原·黃海·京畿道의 '軍官'은 雜職 去官人과 같이 武才를 갖추지 못한 인물들이 대개 충당되었다. 그러나 오히려 그 때가 더 倭寇가 빈번하게 출몰했다. 그런데 왜구의 侵攻이 줄어든 시기에 이르러서 잠재적인 위협이 염려된다며 '軍官'에 雜職 去官人 대신 武才를 검증받아야 入屬할 수 있었던 京軍士들로 채웠다는 사실은 외적에 대한 방어력을 강화시키는 것 이상의 조치가 내포되었음을 의미한다. 어떤 면에서 군사력의 강화를 통한 지방의 철저한 통제를 이룩하려고 했던 것이 아닌가 한다.

더욱이 이전처럼 閑散人 중에서 武才가 있는 사람을 선발하는 것이 아니라 반드시 京軍士라는 특정층에서만 뽑도록 명시했다는 사실은 임명에 있어 개인적 능력 이상으로 그의 사회적 배경을 중시했음을 의미한다. 그리고 임용 절차에서도 自願과 薦擧의 과정을 거치므로 자연히 邊將에 주로 임명되는 중앙정계 인사들과 가까운 사람들이 다수 충당되었을 것이다. 즉, 중앙에 직속한 軍士들이 곧 전국으로 파견되어 하급지휘관으로 활동하는 체계가 확립되었다.

한편 兩界에서는 세조대부터 '軍官'을 주로 內禁衛들로 충당했다. 그 이전에도 內禁衛가 '軍官'으로 임용된 예가 있었으나, 이때에 이르러 그 비중이 크게 증대되었다. 洪允成이 북방의 변란을 진압하기 위해 內禁衛 100명을 인솔하여 출동했던 것이 계기가 되어,[108] 그 뒤 兩界의 節度使들은 계속해서 內禁衛들을 '軍官'으로 채웠다. 그 인원이 30명[109], 또는 35명에 달한 적도 있었다.[110] 이로 말미암아 內禁衛의 유능한 사람들은 모두 뽑혀나가고 무능자만 자리를 지키는 등의 이유로 해서 侍衛가 허술해졌다는 주장이 제기되기도 했다.[111] 이렇게 될 수 있었던 요인은 무엇보다 內禁衛의 定員이 설치 당시 60~70명에서, 세조·성종대에는 190~200명으로 크게 늘어났기 때문이었다.[112] 하지만 정원의 증가만으로 설명이 충분한 것은 아니었다.

成宗代 內禁衛將을 역임했던 具謙은 兩界에 軍士를 나누어 지키려면 반드시 '軍官'을 將으로 삼아야 하는데, 武才가 없는 者에 대해서는 아래에서 心服하지 않기 때문에 內禁衛를 보내지 않으면 안 된다고 말하고 있다.[113] 心服하지 않는다는 것은 실제로 군사를 거느

---

108) 『成宗實錄』 卷54, 成宗 6年 4月 庚寅, 9冊, 214쪽. 洪允成은 世祖 6年 2月에 咸吉道助戰元帥가 되어 部將 4명, 壯士 50명과 本道의 甲士로서 番上한 者 50명을 거느리고 출동했던 적이 있었다(『世祖實錄』 卷19, 世祖 6年 2月 庚戌, 7冊, 366쪽). 아마도 이때 거느렸던 壯士가 곧 內禁衛로 보인다. 그런데 壯士 50명·甲士 50명과 內禁衛 100명이라고 하여 그 數에 있어서는 차이를 보이고 있다. 어디에서 착오가 발생했는지는 확실치 않으나, 洪允成이 거느렸던 壯士가 內禁衛였음이 확실하다.

109) 『成宗實錄』 卷54, 成宗 6年 4月 庚寅, 9冊, 214쪽.

110) 『成宗實錄』 卷48, 成宗 5年 10月 己丑, 9冊, 152쪽.

111) 『成宗實錄』 卷1, 成宗 卽位年 12月 壬申, 8冊, 448쪽.

112) 車文燮, 「鮮初의 內禁衛」, 『朝鮮時代軍制硏究』, 1973.

리며 일선 방어 임무에 나설 때 軍士들이 '軍官'이라고 해서 무조건 복종하지 않았다는 당시의 사정을 전하고 있다. 비록 중앙집권적인 통수체제가 강화되었다고 하더라도 무조건 복종하는 풍조가 이미 사라진 이상 하급지휘관으로 능력이 있는 者, 특히 內禁衛를 파견해야 된다는 점을 분명히 했다.

그리고 兩界에서 節度使의 위엄을 과시하기 위해서는 일정수의 軍官을 거느려야만 했다. 심지어 평안도의 경우 재정 형편 등으로 '軍官'의 數를 줄이는 것보다 아예 한 명의 節度使를 혁파하는 편이 좋다는 주장이 제기될 정도였다.[114] 따라서 節度使가 道의 主將으로 군림하기 위해서는 상당수의 능력있는 '軍官'들을 率行하는 것이 필요했다.[115]

뿐만 아니라 장차 장수가 될 사람들은 兩界의 山川形勢에 대해 자세히 알 필요가 있기 때문에 內禁衛를 '軍官'으로 보내야 한다는 건의도 있었다.[116] 설사 侍衛가 허술해지는 문제가 있더라도 일정수의 內禁衛는 앞날을 대비해 兩界의 '軍官'으로 파견해야 한다는 것이다. 다만 그 비율을 어느 정도로 정할 것이냐에서 '軍官'의 절반을 內禁衛로 채우도록 했다.[117] 그러므로 兩界의 '軍官'은 侍衛軍의 최정예 부대이며, 국왕을 측근에서 호위하던 內禁衛가 주로 파견되는 곳이 되었다. 물론 이는 국경의 방어력을 강화하려는 조치이지만, 최정예 禁軍의 파견을 통한 그 지역에 대한 직접적인 통제력의 행사라는 측면도 간과할 수 없다. 어차피 內禁衛는 중앙으로 복귀할 것이고, 장차 다시 邊將이 되어 파견될 것인데, 이 과정을 통해 중앙의 그 지역 통제력을 높일 수 있었다.

세조대 이후 군제개편과 관련해서 전국에 걸친 통일적인 지방군 조직이 확립되는 것과 동시에 下三道에도 반드시 시험을 거쳤거나 아니면 시험을 치른 者에 한해 '軍官'을 보내도록 제도화되었다.[118] 兩界 역시 內禁衛等과 같은 試取者들로 임명되도록 했다. 결과적으로 어떤 형태로든 시험을 거친 사람이 '軍官'이 되도록 했으며, 이는 약간의 수정을 거쳐 『經國大典』의 軍官條에 다음과 같이 법제화되었다.

> 軍官 以武科及下番別侍衛甲士 鎭將各薦 兵曹考覈啓差 周年乃遞[119]

먼저 대상자를 武科及第者・別侍衛・甲士로 한정했다는 것은 반드시 시험을 거친 者만을 '軍官'에 임용하려던 원칙이 마침내 법제화되었음을 의미한다. 그런데 別侍衛・甲士들

113) 『成宗實錄』 卷54, 成宗 6年 4月 庚寅, 9冊, 214쪽.
114) 『成宗實錄』 卷3, 成宗 1年 2月 癸酉, 8冊, 472쪽.
115) 節度使가 위엄을 보여 주어야만 하는 대상에는 우리 측 인물뿐만 아니라 野人도 포함되었다(『成宗實錄』 卷76, 成宗 8年 2月 癸未, 9冊, 421쪽).
116) 『成宗實錄』 卷1, 成宗 卽位年 12月 壬申, 8冊, 448쪽.
117) 『成宗實錄』 卷1, 成宗 卽位年 12月 壬申, 8冊, 448쪽.
118) 『成宗實錄』 卷54, 成宗 6年 4月 乙酉, 9冊, 213쪽.
119) 『經國大典』 卷4, 兵典, 軍官

은 대체로 試取者로 구성된 兵種中에서 정원이 제일 많았다.[120] 또한 當番이 아닌 下番으로 규정해서 '軍官'으로 파견된다고 하더라도 侍衛에는 영향을 주지 않도록 했다.

그리고 鎭將이 각각 천거하되 兵曹가 고찰해서 최종적으로 王命으로 임명되도록 하여 대개 일반 관리들과 비슷한 절차를 거친 것처럼 보인다.[121] 하지만 그 과정에서 鎭將의 '軍官' 自薦權에 대해서는 아무도 간섭할 수 없도록 했으며, 심지어 兵曹까지도 함부로 관여하지 못하도록 원칙을 세웠다.[122] 그러나 署經等을 실시하지 않았기 때문에 일반 관료들과의 차이는 분명했다. 반면에 천거권을 통해 鎭將과 '軍官' 사이의 관계는 그만큼 더 밀접하게 되었으며, 이는 중앙에서도 인정하는 관행이 되었다.[123]

또한 '周年乃遞'라고 해서 1년이 지나면 교체하도록 했다.[124] 이는 前例를 그대로 법제화했다. 다만 승진을 위한 근무일수의 계산은 종전처럼 兩界를 1로 계산하면, 下三道는 ½, 江原·黃海·京畿는 ⅓로 계산하는 것 대신에 元仕 및 別仕로 바꾸었다. 元仕는 入直·行巡에 지급하되, 別仕는 侍衛·習陣 등을 비롯해서 赴防·越境斥候·赴戰 등에 적용하였다. 따라서 국왕을 측근에서 호위했을 때에는 元仕를 지급했으나 나머지 근무에 대해서는 別仕를 주되 그 임무수행의 어려움에 따라 數를 늘리거나 줄이는 등의 방법을 채택했다.[125]

그런데 '軍官'으로서의 근무는 別仕를 받았던 것으로 보이며, 이는 遞兒에는 합산되나 加階에는 계산되지 않았다. 다시 말해 遞兒는 元仕와 別仕를 합산했으나, 加階에는 元仕만 계산했다.[126] 다만 忠順衛·正兵等은 예외로 別仕도 아울러 계산했으나,[127] '軍官'에 임용되는 甲士·別侍衛等은 이에 해당되지 않았다. 이렇게 해서 '軍官'으로서 근무했던 日數는 加階에 계산되지 않았던 것으로 추정된다.

---

120) 中央의 上層良人 以上의 試取者들로 구성되었던 諸兵種 중에서 甲士가 14,800名으로 제일 많았고, 그 다음 別侍衛 1,500名 순이었다(閔賢九, 『朝鮮初期의 軍事制度와 政治』, 1983, 163쪽). 武科及第者가 다소 의외인데, 世祖代에 들어오면, 정치적인 이유 등으로 해서 대량으로 합격자를 뽑았다. 심지어 世祖 6年에는 한 해동안 1,800여명의 급제자를 배출하였다. 따라서 武科에 합격했다고 해서 모두 관직자가 되는 것은 아니었다(尹薰杓, 「朝鮮初期武科制度研究」, 『學林』 9, 1987 參照). 그러므로 일단 '軍官'에 입속시켜 활용해가면서 성적이 우수한 자에 한해 관리가 될 수 있는 길을 열어주려고 했던 것으로 보인다.

121) 成宗 22年(1491) 5月부터는 子·壻·弟·姪 등을 '軍官'으로 추천할 경우 兵曹에서 試才를 실시한 다음에 啓聞하도록 했다(『成宗實錄』 卷253, 成宗 22年 5月 乙巳, 11冊, 45쪽).

122) 『中宗實錄』 卷7, 中宗 3年 11月 甲辰, 14冊, 288쪽.
(李)希曾又曰 邊將自望其軍官 而兵曹棄其自望 以所知者差之 且軍官未箇滿者 兵曹預差他人 非徒有違於法 實弄權之漸

123) 『中宗實錄』 卷29, 中宗 12年 8月 丙午, 15冊, 303쪽.
領事鄭光弼曰 …… 且下敎軍官之事 或以一時將帥信任 而兵曹亦難於奪其心腹爪牙 而仍口傳也 ……

124) 그러나 鎭將이 중도에서 물러나게 되면, 率行軍官도 함께 그만 두어야 했다. 그러므로 임기 1년을 채우지 못하는 경우도 많았다(『成宗實錄』 卷188, 成宗 17年 2月 戊戌, 11冊, 99쪽).

125) 『經國大典』 卷4, 兵典, 軍士給仕

126) 『經國大典』 卷4, 兵典, 番次都目

127) 『經國大典』 卷4, 兵典, 番次都目

이어서 軍官條의 細註에

> 兩界雖當番差之 兩界節度使則 內禁衛亦差 數則臨時取旨 兩界及濟州三邑則 不差本道人[128]

라고 했다. 兩界에는 當番者도 보내도록 했는데, 다른 곳에 비해 그만큼 방어의 중대성을 고려한 결과였다. 그리고 內禁衛도 兩界節度使의 率行軍官에 한해 파견하도록 했다. 하지만 그 數는 그 때마다 왕명에 따르도록 했는데, 이는 과도하게 內禁衛를 솔행시켜 侍衛가 허술해지는 것을 방지하기 위함이었다. 成宗 卽位年에는 절반까지 보낼 수 있다고 했으나,[129] 법제화하는 과정에서 그 때마다 상황에 따라 인원을 정하는 것으로 변경되었다. 시위가 우선되어야 한다는 취지였다.

한편 兩界와 濟州에는 本道出身者들은 보내지 않도록 했다. 두 지역은 중앙에서 멀리 떨어져 있으며, 동시에 방어상의 필요에 의해 강력한 군대를 주둔시켜야 했는데, 만일 그 지역 출신자를 '軍官'으로 내려보내면, 혹시 문제를 일으킬지도 모른다는 우려에서 이를 미연에 방지하기 위함이었다. 두 지역의 출신자들이 중앙에서 벼슬살이하거나 시위하는 것은 권장했던 반면, 출신지로 부임하거나 파견되는 것은 법으로 금지시켜 철저한 중앙집권화를 꾀했다고 할 수 있다.[130]

『經國大典』에 법제화되었던 '軍官'의 정원을 보면, 즉 節度使가 파견되는 主鎭에는 5명인데, 여기에 永安·平安道에는 5명을 더해 모두 10명씩으로 했다.[131] 그리고 僉節制使等이 머물렀던 巨鎭은 3명인데, 富寧·慶源·會寧·鍾城·穩城·慶興·甲山·江界·義州·麟山·滿浦·濟州鎭은 2명을 더해 모두 5명이 되었다. 이는 兩界 및 濟州를 강력한 방어력을 구축해야 하는 특수지구로 보고 그에 맞게 '軍官'의 정원을 늘려 배정했음을 의미한다.

北靑 이외 判官이 있는 곳에는 각각 2명씩을 더두었다. 그리고 지역단위 군사조직의 말단인 諸鎭과 永安·平安道의 虞候에게는 각각 2명씩을 배정했다. 그러나 巨鎭·諸鎭 중에서도 軍士가 배치되지 않았던 無軍鎭에는 '軍官'을 두지 않았다.[132] 이는 지휘 통솔할 鎭軍이 없으므로 '軍官'이 특별히 하는 일이 없는 상태에서 오히려 재정만 축냈기 때문이었

---

128) 『經國大典』 卷4, 兵典, 軍官

129) 『成宗實錄』 卷1, 成宗 卽位年 12月 壬申, 8冊, 448쪽.

130) 甲子年, 즉 燕山君 10年(1504)에 本道人도 '軍官'에 임명되기도 했으나, 中宗 1年(1506)에 『經國大典』의 법조문대로 복귀했다(『中宗實錄』 卷1, 中宗 1年 12月 丁巳, 14冊, 104쪽).

131) 觀察使가 節度使를 겸임하는 경우 원칙적으로 '軍官'을 率行할 수 있었다. 일례로 외적의 침입이 상대적으로 적었던 忠淸·黃海道觀察使도 節度使를 겸하면 '軍官'을 거느리기도 했다(『燕山君日記』 卷41, 燕山君 7年 8月 庚戌, 13冊, 449쪽). 그렇다고 반드시 거느렸던 것은 아니었고 상황에 따라 그 솔행여부가 중앙에 의해 결정되었다(『中宗實錄』 卷14, 中宗 5年 4月 乙巳, 14冊, 432쪽).

132) 『經國大典』 卷4, 兵典, 軍官

다.[133]

그런데 '軍官'에는 무과급제자 및 경군 출신으로 군대를 지휘하는 사람만 있었던 것은 아니었다. 『經國大典』에 따르면, 主鎭 가운데 永安南道의 '軍官'에는 女眞通事 1명이 정원에 포함되어 파견되었다. 그리고 巨鎭 중에 義州·渭原·理山·碧潼·昌城·滿浦에는 각각 女眞通事 1명, 濟州에는 倭通事 1명이 포함되었다.[134]

通事를 '軍官'으로 파견했던 것은 成宗 9年을 전후한 시기로 보이는데, 평안도 일부 고을에 野人이 왔을 때 통역할 인물이 없어 매우 불편했기 때문에, 그들과의 소통을 위해 보낸다는 것이 근본 취지였다.[135] 한편 이들은 그 지역에 설치된 女眞學 生徒들을 교육시키는 일도 겸해서 맡아보았다.[136] 濟州에서도 倭船이 자주 정박하자 비슷한 시기에 '軍官'에 倭通事를 充差하도록 했다.[137]

이렇게 通事를 '軍官'으로 差送했다는 것은 여러 이유가 있을 것이나, 野人·倭人과의 접촉을 통해 정보를 탐지하거나, 포로의 심문 및 야인거주 지역으로 進攻할 경우 등에 필요했기 때문이 아닌가 한다. '軍官' 본연의 임무는 절도사의 통솔 아래 군사들을 지휘하는 일이었다. 그리고 절도사의 명령을 各鎭에 전달하고 또 국방태세를 점검하거나, 鎭·堡·口子 등에 배치되어 방어 업무에 임하기도 했다. 또한 野人地域을 體探, 즉 적진을 침투하여 정보를 수집하는 활동도 수행했는데,[138] 이것을 위해서는 通事의 配定이 필수적이었다고 여겨진다. 다시 말해 '軍官'의 임무가 오직 군대를 지휘하는 것뿐만 아니라 적의 동태 및 정보 파악 등의 일에도 관여해야 했기 때문에 특별히 通事들로 差任했던 것으로 보인다.

'軍官'들은 초창기 鎭撫所를 구성하였던 것으로 추측되었다.[139] 그런데 중앙의 鎭撫所가 都總府로 바뀌면서 그 뒤 各鎭에서도 거의 보이지 않는다.[140] 그 다음에 節度使營에는 軍官廳이 설치되어 있었던 것으로 나타나는데,[141] 아마도 이 곳이 '軍官'들이 모여 일을 처리하던 기구가 아닌가 싶다. 그리고 '軍官'도 자체적으로 서열이 매겨져 있었던 것으로 추정되는데, 都尉軍官,[142] 또는 行首軍官[143]이 首席이 아니었을까 한다.[144] 그러나 이는 高麗와

---

133) 예를 들어 慶尙道 安東은 큰 고을로써 巨鎭에 속하지만 내륙 깊숙이 자리잡고 있어 방어에 긴급한 곳이 아니었기 때문에 군사가 없어서 '軍官'도 두지 않았다(『世祖實錄』 卷17, 世祖 5年 7月 庚寅, 7冊, 337쪽).

134) 『經國大典』 卷4, 兵典, 軍官

135) 『成宗實錄』 卷93, 成宗 9年 6月 甲辰, 9冊, 612쪽.

136) 『成宗實錄』 卷95, 成宗 9年 8月 壬辰, 9冊, 636쪽.

137) 『成宗實錄』 卷94, 成宗 9年 7月 己丑, 9冊, 634쪽.

138) 吳宗祿, 「朝鮮初期 兩界의 軍事制度와 國防體制」, 高麗大博士學位論文, 1992, 47쪽.

139) 吳宗祿, 「朝鮮初期 兩界의 軍事制度와 國防體制」, 高麗大博士學位論文, 1992, 47쪽.

140) 실록상에는 대체로 成宗 15年 12月을 끝으로 해서 거의 나타나지 않는다(『成宗實錄』 卷173, 成宗 15年 12月 甲戌, 10冊, 658쪽).

141) 『中宗實錄』 卷19, 中宗 8年 12月 壬戌, 14冊, 702쪽.
臺諫啓前事 又啓曰 慶尙道節度使柳繼宗 飮酒荒淫 或至飮酒於軍官廳 荒亂無統 ……

142) 『中宗實錄』 卷14, 中宗 1年 12月 丁巳, 14冊, 104쪽.

朝鮮의 太祖初에 兵馬使・知兵馬使・副使・判官・伴黨의 순서로 되어 있었던 都節制使 率行軍官의 構成과는 원리면에서 크게 달랐다고 생각된다. 즉, 먼저 首席과 次席 및 그 아래 서열이 제도상으로 명확하게 공인되었다는 점에서 차이가 크다. 더구나 兵馬使라는 직명은 최상급 지휘관을 지칭하는 것으로 휘하에 하급지휘자들을 거느리며, 동시에 여타 조직의 지휘자들도 함께 다스릴 수 있는 권한이 주어졌다고 생각된다. 따라서 '軍官'에 접두어를 덧붙여 표기된 首席者와는 격이 달랐다고 할 수 있다.

한편 '軍官'의 주요 임용 대상층이 변하면서 그들에 대한 대우도 바뀌었다. 앞서 언급했듯이 定宗 卽位年에 都節制使가 복구되면서 다시 率行하게 되었던 '軍官'은 伴黨・工匠等과 더불어 料를 받았다. 하지만 이제 武科及第者・內禁衛・別侍衛・甲士들이 주로 임용되었기 때문에 이전과 같이 給料로 대우하기가 곤란했다. 그러므로 兩界 節度使의 '軍官'들은 '一年受四等實職之祿 同是王事'[145]라고 해서 일반 관료와 똑같이 녹봉을 받았다.[146] 이로 인해 '軍官'이 雜職 去官人等이 잠시 머무르던 그런 곳이 아니라 정식 관직체계의 일원으로 포섭되었다.

이로 인해 '軍官'의 위상이 갑자기 높아진 것은 아니었지만, 적어도 武班으로 출세하기 위해서는 대개 거쳐가는 자리가 되었다. 京軍士로 선발되거나 武科及第者가 '軍官'을 거쳐 萬戶・守令等에 오르고,[147] 그것을 발판으로 삼아 고위직으로 진출할 수 있었다.[148]

이에 점차로 諸鎭의 '軍官'조차 權貴를 통하지 않고서는 되기 어렵다는 이야기가 거론되었다.[149] 이는 당시 末職이라도 출세하려면 권세가에 연결되지 않으면 안 된다는 풍조를 개탄한 것에서 비롯되었지만, '軍官'이 陞進의 階梯로서 이용되었음을 뜻하기도 했다. 마침내 '軍官'은 邊將의 心腹이나 子弟들로 채워졌는데, 심지어 그 같은 임용실태가 '人之常情'에 의해 이루어졌기 때문에 문제가 될 것이 없다는 지적이 나올 정도였다.[150] 하지만 그 같은 관계는 한편으로 각종 폐해를 일으키는 요인이 되었다. 예를 들어 主將이 불법으로 조성했

143) 『中宗實錄』 卷19, 中宗 8年 12月 甲寅, 14冊, 701쪽.

144) 吳宗祿, 「朝鮮初期 兩界의 軍事制度와 國防體制」, 高麗大博士學位論文, 1992, 48쪽.

145) 『成宗實錄』 卷130, 成宗 12年 6月 壬子, 10冊, 226쪽.

146) 심지어 告身을 不准했다고 해서 春等에 받았던 祿俸을 반납하라는 조치를 司諫院으로 당했던 '軍官'도 있어 일반 관료와 동일했음을 알 수 있다(『成宗實錄』 卷229, 成宗 20年 6月 乙巳, 10冊, 486~487쪽).

147) '軍官'의 명단 및 진출로가 명확하게 파악되지 않기 때문에 주로 개개인의 출세 과정에 대한 분석을 통해 그 개략적인 승진 통로를 짐작할 수밖에 없다. 그런데 성종 때의 崔興孫은 처음에 內禁衛가 되었다가 武科에 급제해서 '軍官'을 거쳐 萬戶・守令이 되는 길을 걸었다(『成宗實錄』 卷224, 成宗 20年 1月 癸酉, 11冊, 432쪽). 아마도 이러한 경로가 당시 武班들의 일반적인 진출 경향이 아니었던가 싶다.

148) 장국종, 『조선정치제도사(2)』, 1990, 150~152쪽.

149) 『成宗實錄』 卷210, 成宗 18年 12月 戊辰, 11冊, 269쪽. 심지어 '幕僚軍官'이라 칭하면서 특정 宰相과 밀접한 관계를 유지하며 계속하여 왕래하는 경우도 생겼다(『燕山君日記』 卷52, 燕山君 10年 3月 庚寅,13冊, 601쪽).

150) 『成宗實錄』 卷188, 成宗 17年 2月 戊戌, 11冊, 99쪽.

던 땅의 경작을 감독하거나,[151] 작은 문제로 마구 사람을 해치거나,[152] 빈번한 내왕과 사사로운 짐의 운송 등으로 驛路를 곤핍하게 만들기도 했다.[153] 그 밖에도 여러 가지 사고를 일으켜 '軍官'하면 종종 폐단을 일으키는 존재로 인식되기도 했다.[154]

그럼에도 불구하고 邊將과 그 '軍官'에 관련된 적극적인 제재조치는 마련되지 않았다. 다만 兩界의 경우 節度使와 口傳軍官들이 별도로 鎭撫所를 개설하여 각종 민폐를 끼치는 것 따위를 막기 위해 判官으로 하여금 그에 반드시 참여시켜서 논의를 거친 뒤에 일을 행하도록 함으로써 상호 견제하도록 만들었다.[155] 그리고 이를 좀더 효과적으로 실시하기 위해 武才를 지닌 文臣을 判官으로 임명하는 것을 모색했다.[156] 그러나 그에 해당하는 인물을 쉽게 구할 수 없는데다가 軍事를 알지 못하는 文臣은 오히려 武臣만 못하다는 의견에 따라 文武를 교대로 파견하였다.[157] 그 결과 武臣들도 대거 判官으로 파견되었는데, '軍官'과 같은 부류였기 때문에 별다른 견제조치를 취하거나 부정을 방지하고 고발하는 일이 드물었다.[158] 따라서 큰 성과가 있었다고 보기 어렵다. 기타 다른 지방에서는 이마저 제대로 추진되지 않았다.

그러므로 邊將과 연계해서 '軍官'들이 일으키는 폐해는 쉽게 근절되지 않았다. 그렇다고 그 담당구역의 軍民들이 고발하거나 고소하는 것이 쉽게 허락되지 않았다. 때때로 중앙에서 파견했던 관리 및 기구들이 서로 견제하는 차원에서 민폐를 저질렀다고 보고해서 처벌하는 것은 인정했으나, 아래로부터 또는 토착민들의 그에 대한 訴冤은 엄격하게 제한되었다.

결과적으로 주로 하급지휘관의 역할을 담당했던 '軍官'에 대한 邊將의 自薦權이 『經國大典』이 편찬되고 그에 입각해서 운영하는 과정에서도 그대로 허용되며 보호받았다. 그렇기 때문에 '軍官'은 心腹이나 子弟들로 충원되었으며, 그로 인해 사적인 관계가 돈독하게 유지될 수 있었고, 또한 이것이 각종 폐해의 요인이 되기도 했다. 하지만 중앙에서는 그러한 관행을 인정했다. 어차피 邊將과 '軍官' 사이에 그러한 관계가 성립되지 않는다면 전투와 같은 결정적인 순간에 서로 협력하지 못해 결국 제구실을 할 수 없게 된다고 인식했기 때문이

151) 『世祖實錄』 卷27, 世祖 8年 1月 丁酉, 7冊, 504쪽 ; 『中宗實錄』 卷6, 中宗 3年 9月 壬戌, 14冊, 279쪽.
152) 『世祖實錄』 卷24, 世祖 7年 4月 己卯, 7冊, 458쪽 ; 『世祖實錄』 卷24, 世祖 7年 6月 壬辰, 7冊, 470쪽 ; 『世祖實錄』 卷25, 世祖 7年 9月 甲子, 7冊, 489쪽 ; 『成宗實錄』 卷253, 成宗 22年 5月 甲辰, 12冊, 43쪽.
153) 『燕山君日記』 卷12, 燕山君 2年 2月 壬子, 13冊, 70쪽 ; 『燕山君日記』 卷49, 燕山君 9年 4月 辛巳, 13冊, 556쪽 ; 『中宗實錄』 卷21, 中宗 9年 12月 己酉, 15冊, 49쪽.
154) 『成宗實錄』 卷174, 成宗 16年 閏4月 癸卯, 11冊, 12쪽 ; 『成宗實錄』 卷233, 成宗 20年 10月 甲寅, 11冊, 532쪽 ; 『成宗實錄』 卷247, 成宗 21年 11月 癸未, 11冊, 663쪽 ; 『成宗實錄』 卷263, 成宗 23年 3月 壬申, 12冊, 152쪽 ; 『中宗實錄』 卷25, 中宗 11年 7月 丙戌, 15冊, 197쪽.
155) 『世祖實錄』 卷4, 世祖 2年 5月 乙未, 7冊, 134쪽.
156) 『成宗實錄』 卷264, 成宗 23年 4月 辛丑, 12冊, 165쪽.
157) 『燕山君日記』 卷50, 燕山君 9年 8月 乙未, 13冊, 571쪽.
158) 『中宗實錄』 卷7, 中宗 4年 1月 壬子, 14冊, 305쪽.

다. 오히려 그러한 사적 관계를 토대로 해야만 위급시 군대가 제실력을 발휘하며 무엇보다 충성심을 계속해서 유지할 수 있다고 보았다.

다만 邊將과 그 '軍官' 사이의 관계가 정치적인 위협이 되는 것을 방지하는 차원에서 자격제한을 가하거나, 임명과정에서 반드시 중앙의 허락을 받도록 했다. 특히 兩界와 濟州 같은 곳은 그 고장 출신이 임용되지 못한다는 법조문을 마련하기도 했다. 그리고 성분조사와 엄격한 절차를 거쳐야만 승진하게 만든 제도도 또한 중요하게 작용했다. 물론 이것으로 충분한 것은 아니었으나, 적어도 私兵化가 되는 것은 방지할 수 있다고 보았다.

그런데 麗末과 같이 私兵化가 재현되는 것을 방지했던 것은 기본적으로 인사절차나 고과과정의 여러 조항이 아니라 그 基底의 變化라고 할 수 있을 것 같다. 즉 麗末의 收租權 行使에 입각해서 맺어진 元帥와 '軍官' 사이의 관계가 私兵化의 基盤을 제공했다면, 조선 초기에 들어와 收租權이 점차적으로 해체되었기 때문에 그 같은 사태의 재현이 일어나기 어려웠다.

그리고 고려말 군대의 여러 다양한 업무를 맡아서 수행했던 것과는 달리 주로 하급지휘관으로서만 활동하게 되었던 '軍官'의 機能變化도 결정적으로 작용했다. 그것은 역할분담과 함께 자체적으로 상시적인 견제 및 감독체계가 수립되었기 때문이다. 하지만 自薦權의 行使, 心腹·子弟 등으로 구성되었던 것 따위를 통해 구축되었던 邊將과 '軍官' 사이의 사적인 유대는 계속해서 지방군사조직의 운영과 그 유지에 있어 중요한 장치가 되었다. 그리고 이것을 통해 중앙세가들은 군대의 운영에 깊숙하게 관여할 수 있는 체제가 마련되었다.

4. 結論

口傳軍官, 率行軍官으로도 불렀던 '軍官'은 비록 지방군 하급지휘관의 한 부류이지만, 군대 운용상에 기간적인 요소로서 매우 큰 비중을 점하였다. 그런데 '軍官'의 機能이 부각되기 시작했던 것은 고려후기 사회변동에 따라 地方軍制가 변모하면서였다.

종전에는 地方軍 組織이 兩界 위주로 편성되었으나, 후기에 오면 사회혼란을 수습하는 한 방편으로, 내외의 강력한 도전에 적극적으로 대응하기 위해 全國으로 확장되었다. 이때 各道에 걸쳐 최고위 군사지휘관들이 상시적으로 설치되었고, 그에 따라 '軍官'의 派遣도 확대되었다.

그러나 '軍官'은 단지 최고 지휘관을 率行하여 군대를 직접 통솔하는 하급지휘관으로만 활동했던 것은 아니었다. 특히 군사조직의 사병화가 심화되고, 수조지분급제의 운영이 마비되면서 군수조달이 힘들어지자 이를 타개하기 위해 元帥府를 비롯하여 군사조직이 직접 나서야 하는 상황이 도래하면서 '軍官'의 機能은 더욱 확대되었다. 이에 元帥府가 주도했던 收租權 行使에 직접 참여했다. 이로 말미암아 '軍官'은 최고지휘관에게 인사상의 문제뿐만 아니라 본질적인 생존, 특히 경제적인 면에서도 긴밀히 연결될 수밖에 없었다.

그리고 군대의 기강유지, 각종 장부 관리, 또한 무기를 비롯하여 여러 물품의 제작 등등 군에서 행하는 일에 대부분 참가해야 했다. 물론 별도로 掌務錄事 등을 두어 업무 분담을 꾀했으나 실질적으로 최고지휘관의 자의권 안에 놓여져 있기 때문에 큰 효과는 기대하기 어려웠다.

다양한 업무를 수행하기 위해서는 '軍官'내에서도 그 서열이 체계적이고 엄격해야 했다. 따라서 兵馬使·知兵馬使·副使·判官·伴黨 등의 체계를 받아들이고 그대로 계서화됨으로써 조직내의 명령계통이 확고하게 되었다.

그러나 '軍官'이 최고지휘관과 사적으로 연결되고 그에 입각해서 군대가 운용되며, 수조권 행사에 직접 참가했다는 것은 결과적으로 공권력을 취약하게 만들고 통치체제를 마비, 심지어 붕괴시키는 요인으로 작용했다. 특히 군의 사병화를 더욱 촉진시켰다. 따라서 시급한 개혁이 필요했다. 그러나 '軍官'에 국한시켜 볼 때 완전히 혁파하는 것은 곤란했으며 그 機能을 크게 변화시켜야 했다. 왜냐하면 당시 지방군제의 편성원리상 '軍官'의 완전한 혁파는 있을 수 없기 때문이었다. 다만 그 機能을 적절하게 변화시킬 필요가 있었다. 그것은 일단 다양한 업무를 맡거나 처리하는 체제를 해체시키고 특정한 임무에만 종사하는 식으로 전개되어야 했다.

'軍官'機能의 변화를 통해 문제를 해결하고자 시도했던 것은 위화도회군이후 급진개혁파 사대부가 등장하면서였다. 그들은 田制改革과 더불어 軍制도 개편했는데, 특히 지방군도 都巡問使, 元帥를 都節制使, 節制使로 바꾸면서 지휘권을 일원화시켰다. 동시에 經歷·都事의 首領官도 설치했다. 文臣品官들이 임명된 首領官들은 재정을 맡게 했다. 따라서 '軍官'은 더 이상 재정에 관여할 수 없게 되었고, 전제개혁으로 말미암아 수조권 행사에도 참여할 수 없었다. 그리고 '軍官'은 하급지휘관으로 군대를 직접 통솔하는 것 이외에도 별다른 機能을 하지 못하게 했다. 그러나 구세력의 반발 등으로 작업은 지속되지 못했다. 그러나 시급한 현안 과제를 해결해야 했기 때문에 朝鮮에 들어와 재개되었다.

조선성립초 군제개편을 주도했던 것은 鄭道傳이었다. 그는 지방군제에서 都節制使의 실질적인 掌兵權을 박탈하고 주로 감독·감찰관의 역할을 수행하도록 만들었다. 그렇게 되면 '軍官'도 戰時가 아니면 군대를 전부 통솔하기 어려웠다. 하지만 강력한 반발로 그대로 시행되지 못했다. 그럼에도 불구하고 都節制使가 혁파되고 僉節制使가 대신 파견되었는데, 그 과정에서도 '軍官'은 계속 率行했을 것이나, 掌兵權의 축소로 직접적인 통제의 폭이 좁아져 이제 하급지휘관만으로 활동하게 되었다. 이로 인해 '軍官'내 兵馬使·知兵馬使·副使·判官의 서열체계가 더 이상 기능하지 못하게 되었을 것이다.

王子亂으로 鄭道傳等이 제거되고 정권이 교체되면서 군제개편의 방향도 전환되었다. 특히 정권은 장악한 태종계열은 곧 도절제사를 부활하고 '軍官'도 率行시켰다. 하지만 '軍官'의 서열은 회복되지 않았으며, 從人과 더불어 料를 받도록 했다. 料는 국가재정에서 지급하는 것으로, 이제 경제적으로도 都節制使가 아니라 국가의 통제를 받게 되었다. 따라서 수조권 행사에 더 이상 참여하지 못하게 되면서 최고 지휘관과의 사적 관계보다는 공적인 체계에 직결되는 쪽으로 변모되었다.

太宗은 즉위하면서 國王을 정점으로 그 아래에 發兵을 맡은 摠制들과 掌兵을 책임진 護軍들이 피라미드형으로 포진하는 統帥體系를 全國에 걸쳐 구축하고자 했다. 이에 맞추어 지방군제에 관한 여러 조치가 단행되었는데, 그 중 하나가 各道 都節制使들의 '軍官'數를 조정했던 것이다. 종전처럼 일률적으로 보내는 것이 아니라 중요도에 따라 급을 나누어 파견했다.

그리고 '軍官'機能도 더욱 제한해서 軍卒을 통솔하는 임무에만 전념하고, 군기제작과 같은 일에는 간여하지 못하게 했다. 그리고 태종 초기부터 추진했던 중앙 시위군제의 개편작업에 따라 크게 확장되었던 禁軍들은 法으로 '軍官'으로 率行하는 것을 금지시켰다. 도절제사들이 최정예 무사들을 거느리고 외방으로 나아가 못하게 했다.

이러한 개편작업에 의해 지방군의 경우 중요도에 따라 각지에 군사력를 배치하되 그 次序가 분명히 드러나도록 했다. 그리고 어떤 경우라도 중앙군에 버금가는 실력은 갖추지 못하게 했다.

그러나 태종대의 체제는 세종대에 들어와 다시 개정되었다. 먼저 북방개척의 활발한 추진으로 兩界에 강력한 군사력을 갖추어야 했기 때문에 法을 개정해서 禁軍들도 '軍官'으로 率行할 수 있도록 했다. 한편 '中央軍擴張期'를 맞이하여 출세에 어려움을 겪던 禁軍들도 '軍官'으로 파견되기를 열망했다. 이로 인해 邊將들과 연계된 자들이 우선적으로 나가게 되자 여러 폐해가 발생하였다. 이런 폐단을 막으려고 실력있는 자들이 파견될 수 있도록 제도적인 장치를 마련했다. 즉 武才錄에 기재되었거나 都試等에서 좋은 성적을 기록한 인물들로 한정해서 파견하고자 했다.

하지만 '軍官'이 禁軍等의 출세나 경제적인 이득을 얻는 통로로 이용되면서, 유력 장수와 그 '軍官'들 사이에 私的인 관계가 형성될 소지가 커졌다. 그 같은 문제점을 제거한다는 명목으로, 다시 全國에 걸쳐 일원적 통수체계를 확립한다는 구실로 개편작업이 재개되었다.

대대적인 군제개편이 세조대 본격적으로 재개되어 『經國大典』에서 일단락을 지었다. 그 과정에서 양계의 체제가 전국으로 확대되어 군사지대화가 되는 진관체제가 확립되었다. 이때 '軍官'도 法에 의해 內禁衛를 비롯하여 別侍衛·甲士, 武科及第者들이 임용되도록 했다.

鎭將이 천거하되 兵曹가 고찰해서 최종적으로 王命으로 임명되도록 했는데, 그 과정에서 鎭將의 '軍官' 自薦權에 대해서는 심지어 兵曹까지도 관여하지 못하도록 했다. 그 대신 內禁衛等의 신분이나 지위가 확실한 者들로 임용대상층을 한정해서 혹시 발생할지도 모르는 부작용을 방지하고자 했다. 또 兩界·濟州에는 本道人은 差定되지 않도록 했다.

또한 '軍官'의 정원은 방어상, 지역적 특성을 고려해서 배정하되, 兩界·濟州에는 일부

인원을 通事로 채웠다. 그것은 野・倭人과의 의사소통을 위한 것이나, 기타 정보수집 등도 고려되었을 것이다. 그러므로 '軍官'은 기본적으로 하급지휘관으로 기능했지만, 그 밖에 정보 수집 등에도 관여했던 것으로 보인다. 그렇다고 해서 고려말과 같이 여러 가지 업무를 복합적으로 처리하는 것은 아니었다. 이미 분야별로 나누어져 각자 분담 받은 임무를 수행하는데 그쳤다.

주임용 대상층의 변화와 더불어 종전과 같은 給料가 아닌 祿俸을 지급받았다. 그리고 武班으로 출세하기 위해서는 거쳐가야 하는 자리가 되었다. 이로 인해 '軍官'이라 하더라도 權貴와 연결되지 않으면 될 수 없다는 말까지 나왔다. 마침내 邊將의 心腹이나 子弟들로 채워졌는데, 그 같은 풍조가 '人之常情'이라고 이야기될 정도였다. 거기에는 위급시 軍이 제 구실을 발휘하기 위해서는 어쩔 수 없다는 인식이 깔려 있었다. 특히 邊將의 '軍官'에 대한 自薦權은 사적인 관계를 강화시키는 중요한 요소였다. 이로 인해 집권적 통수체제가 강화될수록 중앙세력가에 연결된 人物들이 邊將으로 주로 나아갔기 때문에 그것을 통해 세가는 군대운용에도 깊숙이 관여할 수 있게 되었다.

그럼에도 불구하고 高麗末과 같은 私兵化가 진행되지 않았던 것은 무엇보다 收租權 行使가 차단되었기 때문이다. 이와 함께 '軍官'의 機能이 특정 임무, 즉 주로 하급지휘관으로 활동하는데 국한되었으며, 나머지는 각각 다른 분야의 인원이 담당하도록 해서 서로 견제, 감시하는 체계가 수립되었다는 점이 대단히 중요하다. 그러므로 설사 '軍官'과 邊將 사이에 사적인 관계가 형성되었다고 하더라도 군조직의 사병화가 곧 바로 재현되기에는 난관이 많았다.

朝鮮初 衙前 '知印'의 運營 原理

崔 鍾 鐸*

1. 序論

조선초 知印은 京外의 관청에 두루 존재한 衙前이다. 경아전 지인은 錄事와 더불어 各司吏典으로 불리는 이른바 하급 서리와 구분되는 대표적 상급 서리, 즉 成衆官의 하나다. 鄭道傳의 『朝鮮經國典』 補吏條에 三都監・三軍의 錄事, 都評議使司의 知印・宣差는 모두 士人으로 임명하고, 掾吏・典吏・書吏・令吏・司吏 등은 良家子弟로 충원하였다고 하는 내용을 통하여, 지인의 위상을 짐작할 수 있다. 그러나 世祖 12년을 전후한 관제 개혁에서 녹사・지인・선차는 녹사로 통일되고, 연리・전리・서리・영리・사리 등은 書吏로 일원화되면서 결국 지인은 소멸하게 된다.

지금까지 경아전의 연구 경향은 상급 서리(성중관)를 일괄하여 그 入仕 과정과 임기 및 승진・대우에 관한 글이 있고,[1] 또 성중관 중에서 녹사에 대한 개별적 연구가 있지만,[2] 녹사와 대등한 입장에 있던 지인에 관한 연구는 거의 없는 실정이다. 지인은 그 명칭의 의미로 보아 印信을 관장하는 아전으로 이해할 수 있다. 실제로 고려시대 지인은 인신의 次知(책임자)라고 하는 기록도 있다.[3] 이에 고려말 이래로 등장한 경아전 지인은 인신 관장의 역할을 하였는지, 그 용례를 통하여 고찰해 본다. 이것은 조선초 지인의 역사적 연계성을 파악하려는 목적이기도 하다. 조선초 경아전 지인은 주로 議政府・六曹・宣差房 등에 설치되어 있었지만, 이 중에서 가장 중요한 것은 의정부의 지인이다. 의정부 지인은 군현통치와 관련있는 外任을 담당하고 있었다. 본고에서 지인이라는 경아전에 주목한 배경도 바로 여기에 있다. 그래서 의정부 지인의 외임이 중앙집권적 군현지배에 어떤 방식으로 작용하

---

* 상지대학교 강사

1) 韓永愚, 「朝鮮初期의 上級胥吏와 그 地位」, 『朝鮮前期 社會經濟硏究』, 乙酉文化社, 1983.

2) 申解淳, 『朝鮮前期의 京衙前硏究』, 성균관대학교 박사학위논문, 1986.

3) 『掾曹龜鑑』 권1, 吏職名目解, "麗制掾屬 有通事・知印 通事如今通引 主通謁引接之事也 知印次知印信之謂也."

는지 논하여 보기로 한다.

한편 조선초 外衙前 지인, 즉 通引은 戶長·記官·將校와 마찬가지로 전형적인 향리다. 그러나 종래의 연구는 호장·기관에 집중되고 武任의 향역을 수행하는 장교·통인에 대해서는 거의 도외시하여 왔다. 이에 통인의 향역에 대하여 장교와 비교 검토하는 방법으로 살펴보고자 한다.

2. 高麗末 知印의 用例

고려말 知印은 먼저 京外衙前이 아닌 京官의 핵심 요직의 하나로 존재하였다. 중앙관직으로서의 지인과 직접 관련이 있는 직제는 必闍赤이다.

> 公의 휘는 穡이요, 字는 穎叔이며 호는 牧隱이다. …… 乙未年(恭愍王 4年) 봄에는 王府 必闍赤을 삼고 批目 쓰는 일을 관장하게 하니 儒林들이 榮選이라 하였다. …… 정유년(恭愍王 6년) 試國子祭酒·知閣門事·中大夫로서 知印尙書를 삼으니 이는 必闍赤의 長이라 그 선발은 더욱 영광스러운 것이었다.[4)]

必闍赤의 長을 知印尙書라 하였던 것이다. 여기서 지인상서는 王府知印이라고도 하였지만,[5)] 정식 명칭은 王府知印尙書인 것 같다.[6)] 왕부지인상서는 왕부에 설치된 여러 必闍赤 중에서 首長을 지칭하는 것이다. 그러면 必闍赤은 어떤 官制인가 하는 의문이 제기되는데, 여기에는 직제를 달리하는 두 계통이 있었다. 그 하나는 高宗 12年(1225)에 최씨정권의 제2대 집정인 崔瑀(怡)가 자신의 私第에 政房을 설치하고, 文士를 선발하여 여기에 속하게 하고는 이들을 필자적이라 한 것이다.[7)] 즉, 정방의 文士를 필자적이라 하였던 것이다. 또 다른 필자적은 忠烈王 4년(1278)에 新置된 것이다.

> 새로 必闍赤을 설치하고 朴恒·金周鼎·廉承益·李之氐를 이에 임명하고, 또 內僚 鄭承伍 등 5人을 申聞色으로 삼았다. 옛 제도에 모든 나라의 일은 宰樞 회의에서 承宣으로 하여금 아뢰게 하여 왕의 旨를 들어 실시하였는데, (金)周鼎이 건의하기를, "지금 宰樞가 이미 많아서 정사를 논의하기에 적합하지 않으니 必闍赤을 別置하여 機務를 맡기고, 또 內僚 모두에게 啓事하게 할 수 없으니 그 사람으로 택하여 申聞色으로 삼고 그 나머지는 파하시오"라 하여 (廉)承益·(李)之氐를 시켜서 王을 諷諫하여 이 법을 만든 것이다. 이로부터 (朴)恒 등이 항상 禁中에 모여 機務를 參決하니, 別廳宰樞라 불렀는데 祖宗의 舊制가 아니므로,

4) 『牧隱文集』, 行狀(『高麗名賢集』 3), 217쪽.
5) 『牧隱文集』, 神道碑(『高麗名賢集』 3), 222쪽.
6) 『世宗實錄』 권53, 世宗 13년 8월 己亥 12-1.
7) 『高麗史』 권129, 列傳42, 崔忠獻附 崔怡.

사람들이 모두 불평하였다.[8]

同王 4년 左副承旨 金周鼎의 건의로 必闍赤을 신치하고, 여기에 朴恒・金周鼎・廉承益・李之氐 등을 임명하여 국가의 기무를 參決하게 하였던 것이다. 이들 필자적은 정방의 文士와는 구분되는 것으로, 왕권의 강화를 위하여 국왕 직속으로 설치한 기구의 구성원이다.[9] 따라서 필자적은 정방의 文士를 지칭하는 것과 국왕 직속기구의 성원을 지칭하는 王府의 필자적이 있다. 韓脩가 忠定王의 命으로 政房 秘闍赤(必闍赤)이 된 例,[10] 혹은 孔俯가 禑王 2년(1376)에 급제하고 箚子房 必闍赤으로 9년 동안 근무한 사례[11] 등은 바로 정방에 소속된 필자적을 말하는 것이다. 반면 李穡이 공민왕 4년 왕부필자적이 되어 批目 쓰는 일을 관장한 예, 혹은 權近이 18세에 登第하여 왕부필자적이 되었다고 하는 사례[12] 등은 바로 왕부 소속의 필자적이다.

그리고 왕부 필자적의 首長을 知印尙書라고 하는 것처럼 정방 필자적의 수장 역시 지인상서라고 하였다.

> 成石璘의 字는 自修이고, 昌寧人이다. …… 王이 보고 큰 그릇으로 여기어 命하여 箚字房 必闍赤으로 삼았으며, 典理佐郎・典校副令을 역임하였다. 왕이 말하기를, "石璘은 글씨를 잘 쓰고 사물에 정통하다"고 하여 승진시켜 知印으로 삼고, 典理摠郎에 옮겼다. 辛旽에게 아부하지 않으므로 旽이 이를 미워하여 왕에게 참소하였으므로, 내쳐 海州牧使가 되었다.[13]

恭愍王이 成石璘을 큰 그릇으로 여겨 箚字房(箚子房), 즉 政房의 필자적으로 임명하였고, 그 후에는 글씨를 잘 쓰고 사물에 정통하다고 하여 지인으로 승진시킨 바가 있었는데, 辛旽의 참소로 지인에서 海州牧使로 좌천되었던 것이다. 여기서 지인은 王府의 지인이 아니라 정방의 지인이 분명하다. 그 근거는 다음의 사료에 있다.

> 처음에 成石璘이 箚子房의 知印이 되어 辛旽에게 아부하지 아니하니 旽이 왕에게 讒訴하여 (林)樸으로 대신하게 하였다. …… (林樸이) 지인이 됨에 손수 班簿를 잡고 高下를 品第하되 親舊之人은 일찍이 薦引하지 아니하고, 宦官・宮妾은 모두 하고자 하는 바를 얻었고 왕의 뜻을 잘 맞추었다.[14]

---

8) 『高麗史節要』 권20, 忠烈王 4년 冬10월.
9) 朴龍雲, 「高麗後期의 必闍赤에 대한 검토」, 『李基白先生古稀紀念韓國史學論叢(上)』, 일조각, 1994, 869~870쪽.
10) 『高麗史』 권107, 列傳20, 韓康傳附 韓脩.
11) 『太宗實錄』 권32, 太宗 16년 10월 乙丑 20-1.
12) 『高麗史』 권107, 列傳20, 權呾附 權近.
13) 『高麗史』 권117, 列傳30, 成石璘.
14) 『高麗史』 권111, 列傳24, 林樸.

箚子房(政房)의 지인으로 있던 成石璘이 신돈의 참소로 물러나고 林樸이 이를 대신하였다는 것이다. 결국 成石璘은 정방 필자적의 한 구성원으로 있었지만, 그 후 능력을 인정받아 정방의 수장인 지인으로 승진하였던 것이다. 이러한 과정에 대해 成石璘의 문집에서는 다음과 같이 서술하고 있다.

> 公의 諱는 石璘이고 字는 自修이다. …… 玄陵(恭愍王)이 (성석린을) 一見하고 器重이라고 심히 여기고, 書札의 임무를 전담하게 하였다. …… 玄陵이 또 이르기를 成某 詞翰은 神과 같다. 사물에 정통한지 이미 오래이므로 知印尙書로 삼을 만하다고 하여 곧 명하였다.15)

위 사료에서 공민왕이 성석린을 器重이라 여기고 書札을 전담하도록 한 것은 정방의 필자적에 임명한 사실을 말한 것 같은바, 정방의 필자적이 어떤 임무를 맡고 있었는지 그 단면을 알 수 있다. 이것은 왕부의 필자적이 되어 批目 쓰는 일을 관장한 李穡의 경우와 비교가 된다. 그리고 성석린을 사물에 정통하다고 하여 지인상서에 임명한 것을 보면 정방 필자적의 수장을 지인상서라고 하였음을 알 수 있다. 따라서 王府와 정방 필자적의 首長은 모두 知印尙書라 하였던 것이다.

그런데 왕부의 지인상서는 원칙적으로 국가의 기무를 參決하는 조직의 수장이고, 정방의 지인상서는 班簿를 잡고 高下를 品第하는 것처럼 銓注權을 담당하고 있었으므로, 양자의 직임은 서로 구분된다. 그러나

> 忠宣王이 오로지 謹愼한 자를 선택하여 王府知印을 삼았으나, 忠肅王은 (安)珪로서 選部散郎으로 삼아 銓注를 맡게 하자 時議가 이를 비난하였다. 그 후 代言에 제배되고 이어 銓選을 맡았다.16)

라고 하여 忠肅王이 選部散郎 安珪를 王府知印으로 삼고서 전주를 맡겼다고 하는 것을 보면, 왕부의 지인상서도 인사권을 관장하고 있었음을 알 수 있다. 이것은 왕부와 정방의 지인상서의 직임 차이에 대해 의문을 갖게 하는 내용이지만, 좀더 세밀한 검토를 해 보면 그 의문은 쉽게 해소된다. 위 사료에서 選部散郎으로서 왕부지인을 역임한 安珪가 그 후에 代言에 제배되어 전선을 맡았다고 하였는데, 여기서 대언의 제배 시기는 충숙왕 7년 정방을 復置할 때다.17) 곧 안규는 충숙왕 초기에 왕부지인에 임명되어 전주권을 담당하였고, 그 후 同王 7년 정방을 復置하면서 대언으로서 전주를 장악하였던 것이다. 이에 안규가 왕부의 지인상서로서 전주권을 행사한 것은 정방의 혁파 기간이었다. 따라서 왕부의 지인상서가

15) 『獨谷集』, 行狀(『韓國文集叢刊』 6), 57쪽.
16) 『高麗史』 권124, 列傳37, 安珪.
17) 『高麗史節要』 권24, 忠肅王 7년 12월, "復置政房 以代言安珪 掌銓注."

인사권을 행사하였다면 그것은 정방 혁파 시기의 일시적 기능으로 생각된다. 이러한 점에서 왕부와 정방의 지인상서는 서로 구분되는 것이 아닌가 한다.

이상에서 고려말 知印尙書는 왕부의 필자적 首長과 정방의 필자적 수장이라는 두 계통의 직제가 있었다는 것과 그들의 직임 차이에 대해서 논하였다. 그러면 왕부와 정방을 막론하고 지인상서가 印信・符信의 관장과 어떤 관련이 있는지 궁금하다. 일부에서는 忠惠王 즉위년에 정방의 별칭인 知印房을 설치하였다는 사료에 주목하여, 이 시기의 지인방 설치는 정방의 新置가 아니라 정방의 기능에 인신을 맡는 임무가 추가된 것을 의미한다고 해석하였다.[18] 만일 이것이 사실이라면 정방의 지인상서와 印信 관장 사이에 어떤 연관성을 고려해 볼 수 있다. 그러나 昌王代에 정방을 尙瑞司로 개칭한 이후, 상서사에서 符印・除拜 등의 일을 관장하면서도 그 어디에서도 지인의 직제가 보이지 않는 것은 이상하다. 그리고 왕부지인상서의 명칭은 지인방의 설치 이전인 충선왕대에 이미 나타나고 있고, 또 왕부지인과 印信 관장 사이의 관련성도 분명하지 않다. 뿐만 아니라 지인상서의 명칭은 창왕 이후 사료에 나타나지 않으며, 조선초에는 지인이 京官으로 존재하지도 않았다.

이와 같이 京官인 지인상서와 符印과의 관계가 모호하다면 京衙前 知印의 경우는 어떠한지 살펴보자. 고려말 경아전으로서 지인이 설치된 관부는 宰樞所(도평의사사)・門下府 등을 들수 있다. 도평의사사의 지인은 다음에 거론되므로 여기서 생략하고, 다음 문하부의 지인은 충선왕대에 2人을 설치한 일이 있었다.[19] 그런데 충렬왕 34년에 충선왕이 承旨房을 印信司로 개칭하고, 이 인신사에서 왕부인신을 관장하게 하였다.[20] 따라서 충선왕대는 인신을 관장한 관청이 별도로 존재한 만큼, 이 시기에 설치한 문하부의 지인은 인신의 관장과 거의 무관한 것으로 여겨진다.

다음으로 고려말 軍制 개편과 더불어 등장한 지인이 있었는데, 萬戶府의 知印이 바로 그것이다. "巡軍萬戶府 知印이 王旨를 위조하여 兵卒 10人을 놓아 주었으므로 목을 베어 돌리었다"[21]라고 하는 것을 보면, 만호부 지인은 王旨를 보관 또는 관리하는 임무를 담당한 것이 아닌가 한다. 그리고 禑王 6년 倭船 5백 척이 鎭浦에 상륙하여 3道를 침략하다가 全羅 雲峯縣에서 이성계에 의해 섬멸되었는데, 이 때에 이성계는 知印 金鞠을 보내어 捷報한 일이 있었다.[22] 여기서 보면 지인은 該當 兵營의 軍情을 국왕에게 馳報하는 역할을 수행하고 있었음을 알 수 있다. 兵營 知印의 이러한 기능은 조선초에 그대로 전승되었다.

결국 고려말 知印의 用例는 京官 및 文武任의 아전으로 두루 사용되고 있었지만, 그 명칭이 시사하는 의미와 달리 지인은 印信의 직임과는 거의 무관하였던 것 같다. 지인의 기능

---

18) 金潤坤, 「麗末鮮初 尙瑞司」, 『歷史學報』 25, 1964.
19) 『高麗史』 권76, 志30, 百官1, 門下府.
20) 『高麗史』 권77, 志31, 百官2, 諸司都監各色 ; 『增補文獻備考』 권222, 職官考9, 尙瑞院.
21) 『高麗史節要』 권33, 辛禑 14년 4월.
22) 『高麗史』 권126, 列傳39, 邊安烈.

은 해당 아문의 성격과 역할에서 찾아보아야 할 것이다. 이러한 점에 유념하면서 다음 장에서는 조선초의 가장 대표적 知印인 議政府 지인에 대해서 논하기로 한다.

3. 議政府 知印의 外任과 郡縣統治

조선초 錄事와 더불어 대표적 상급 서리의 하나인 의정부 知印은 고려말 都評議使司에서 유래하였다. 우왕 6년(1380)에 崔迤가 都評議의 知印 출신으로 郎將兼糾正에 임명된 예를 보면,[23] 적어도 도평의사사의 아전으로서 지인은 우왕 6년 이전에 이미 설치되어 있었음을 알 수 있다. 이러한 지인은 위화도 회군 후 개혁세력이 실권을 장악하면서 개편되었다. 昌王時 종전의 知印 二十人을 양분하여 十人은 지인으로 삼고, 나머지 十人은 宣差로 삼고, 宣差는 使外를 맡게 하였던 것이다.[24] 여기서 선차가 담당한 使外는 郡縣의 일을 말하는 것 같다. 충선왕 원년(1309) 10월에 都評議使는 사헌규정과 도평의 錄事 각 1人을 경상・전라・충청・交州・西海道에 分遣하여 提察使(按廉使)와 수령의 姦利를 廉問하도록 한 일이 있었다.[25] 이처럼 도평의 녹사가 朝官과 함께 군현에 파견되어 외관의 비행을 탐문하고 있었는데, 이러한 도평의 녹사의 임무가 창왕대에 이르러 도평의 선차로 교체된 것이 아닌가 한다. 이것은 조선초 도평의(의정부) 녹사가 주로 공문서의 취급관리, 등사 및 연락보고의 일을 담당하고,[26] 외관에 대한 감찰은 녹사가 아닌 지인에 의해서 이루어지고 있는 점에서 그러하다. 다만, 조선초 지인과 선차의 직임은 분명하게 구분되지 않았다. 이 점에 관해서는 다음에 구체적으로 언급될 예정이다.

조선 건국 직후 도평의사사가 의정부로 개칭되었으나, 지인・선차의 운영에는 근본적 변화가 없었다. 다만, 太宗代에 오면서 왕권강화의 목적으로 의정부 署事制度를 폐지하고 六曹의 署事制度를 시행하면서, 의정부 소속의 지인・선차는 녹사와 더불어 개편되는 변화가 있었는데, 그 구체적 내용은 다음과 같다.

> 의정부에서 아뢰기를, "錄事와 知印・宣差는 원래 都堂의 아전이므로 명칭은 비록 다르나, 元典에는 모두 都評議使司에 屬하였사온데, 지난 갑신년에 六曹에서 署事할 때에, 녹사는 架閣庫에 移屬시키고, 지인・선차는 宣差房 知印이라고 명칭하였다가 병진년에 다시 본부로 하여금 署事할 때에, 녹사는 본부에 환속시키고 知印은 그대로 고치지 않았습니다. 청하건대, 지인・선차도 元六典에 의하여 본부에 還屬시키고, 그 六曹에 分送하는 것도 역시 녹사의 예대로 하게 하시오." 從之.[27]

---

23) 『世宗實錄』 권33, 世宗 8년 7월 壬寅 3-1.
24) 『高麗史』 권77, 志31, 百官2, 諸司都監各色.
25) 『高麗史』 권33, 世家33, 忠宣王 元年 10월.
26) 申解淳, 『朝鮮前期의 京衙前研究』, 성균관대학교 박사학위논문, 1986, 17~19쪽.

위 사료에서 전반부의 내용은 태종 4년(甲申) 六曹署事時 의정부 녹사를 架閣庫에 移屬시키고, 知印·宣差는 선차방 지인으로 별도 독립시켰다는 것이고, 후반부의 내용은 의정부 서사제도의 부활에 따라 세종 18년(丙辰)에 녹사를 의정부에 환속시켰지만, 지인은 고치지 않았으니 지인·선차를 의정부에 환속하자는 것으로, 결국에는 이러한 건의가 同王 21년 4월에 수용되었다는 것이다. 그러나 이러한 내용에는 사실과 다른 점이 있다. 먼저 전반부에 나오는 의정부 녹사와 지인·선차의 개편 시기에 관한 문제인데, 그것은 太宗 4년(甲申)이 아니라 同王 14년 4월로 생각된다. 이것은 太宗 14년 4월에 "1. (의정부) 錄事는 府中에 10명을 그대로 두고, 그 밖에는 모두 가각고에 붙이고…… 1. 지인은 10명을 그대로 둔다"[28]라고 하는 내용에서 단적으로 입증된다. 그리고 여기서 주목되는 것은 의정부 지인·선차 중에서 지인 10명을 그대로 存置하고, 宣差만 선차방 지인으로 별도 편성한 점이다. 이것은 의정부 녹사와 지인·선차의 개편 이후의 내용에서 드러난다. 즉 太宗 14년 8월에 의정부 녹사는 10명에서 5명으로 다시 줄었으나, 지인은 10명을 그대로 유지하고 있는 것[29]이 바로 그것이다. 결국 의정부 지인·선차의 개편 시기는 태종 14년 4월이고, 그 내용은 지인 10인에 대해서는 그대로 남겨두고 선차만 선차방 지인으로 이속시킨 것이었다.

다음으로 논란의 대상이 되는 것은 의정부의 서사제도가 부활되면서 지인·선차-실제로는 선차-를 세종 21년 4월에 의정부로 환속하자는 주장이 수용되었는지의 여부다. 만일 선차방 지인으로 편성된 의정부 선차가 本府로 환속되었다면, 의정부 지인·선차는 최소한 10인 이상의 정원을 유지하고 있어야만 할 것이다. 그러나

> 의정부에 아뢰기를, "……(知印은) 元數 30人 안에 六曹에 각각 3人, 府에 10人, 本房에 2人인데, 상시로 아침 저녁으로 勤仕할 뿐만 아니라 때없이 명령을 받아 분주하여 어렵고 괴로움이 다른 곳보다 갑절이나 더한 까닭으로, …… 청하건대 이제부터는 差年이 십 년 이상이고, 啓功郞으로 三十朔이 이미 찬 사람 중에서 근로한 공이 있어 추천할 만한 자에게는 혹 2년을 뛰어서, 혹 1년을 뛰어서 본부에서 함께 의논 啓聞하여 거관하게 하소서" 하므로 따르다.[30]

위 사료에서 세종 27년 현재 지인의 구성을 보면 六曹의 지인이 18人, 의정부 지인이 10人, 본방의 지인이 2人으로 되어 있다. 육조의 지인 18인은 태종 14년 육조에 처음 지인을 설치할 당시의 정원이다.[31] 그리고 本房은 宣差房을 말하는 것 같다.[32] 결국 의정부의 서

---

27) 『世宗實錄』 권85, 世宗 21년 4월 庚寅 4-1·2.
28) 『太宗實錄』 권27, 太宗 14년 4월 庚申 25-1·2.
29) 『太宗實錄』 권28, 太宗 14년 8월 戊申 11-1.
30) 『世宗實錄』 권108, 世宗 27년 6월 辛酉 19-1·2.
31) 『太宗實錄』 권27, 太宗 14년 5월 癸酉 29-1 ; 권28, 太宗 14년 8월 戊申 11-1.
32) 『世宗實錄』 권111, 世宗 28년 正月 乙未 10-2.

사제도가 부활되어 선차를 본부에 환속하는 조치가 실현되었다면, 의정부 지인은 선차를 포함하여 10인 이상이 되어야 하는데, 실제로는 그 이전과 동일하게 10인에 지나지 않는다. 그리고 선차방 지인이 2인에 불과한 것도 의문이다. 이에 대한 해답은 두 가지의 경우로 추론해 볼 수 있다. 하나는 태종말 또는 세종초의 어느 시기에 의정부 지인 10인마저도 전부 혹은 대부분을 선차방 지인으로 이속시킨 것이 아닌가 한다. 세종 초에는 의정부 지인 대신에 주로 선차 지인이 거론되고 있기 때문이다. 그래서 의정부의 서사제도가 회복되자 선차방 지인 중에서 10인을 의정부 지인으로 환속하고, 선차방에는 2인만 남겨 두고 나머지를 모두 혁파한 것이 아닌가 한다. 만일 이것이 아니라면 세종 21년 4월 선차방 지인의 의정부 환속이 거의 시행되지 아니하고 도리어 선차방 지인의 인원만 감소되어 2인만 남게 되었을 가능성도 있다. 이 두가지 중에서 어떤 추측이 사실에 일치하는지 판단하기 모호하지만 분명한 사실은 조선초 의정부 지인이 세조 12년 정월에 혁파되기까지 대체로 10인을 중심으로 운영되었다고 하는 점이다.

그러면 의정부 지인은 군현 통치와 관련하여 어떤 직임을 담당하고 있었는지 보자. 먼저 지인은 王命을 각 지방에 일제히 알리는 임무를 지니고 있었다. 즉 국왕이 전국에 걸쳐 敎書를 내리면 지인은 그 교서를 각 도의 관찰사에게 전달하였고, 그러면 관찰사는 이를 각 군현에 유포하여 왕명이 모든 군현에 두루 미치게 하였던 것이다.[33] 여기에는 지인이 일부 道의 관찰사에게 특정 사안에 대한 王旨를 전송하는 일도 포함된다.[34] 그런데 조선초 관찰사·병마사 등의 외관에게 傳旨하는 일은 지인·선차를 불문하고 담당하고 있었다. 앞서 언급한 태종 14년 의정부 지인·선차의 개편 이전에 이미 양자는 모두 외관에게 諭書를 전송하는 역할을 맡고 있었다. 태조 6년 宣差 權專은 都觀察使·都節制使에게 倭를 잡지 못하면 죄를 용서할 수 없다는 왕지를 전송한 바 있었는데,[35] 이것은 선차의 傳旨 임무이다. 반면 비슷한 시기에 지인이 외관에게 전지한 경우도 있다. 태종 6년 知印 元郁이 京畿 都觀察使에게 전지한 예,[36] 그리고 同王 10년 知印 李道가 東北面 都宣撫處置使 柳廷顯에게 전지한 예[37] 등이 바로 그것이다. 그러므로 조선초 지인과 선차는 外任을 이행하는 과정에서 직임의 구분이 분명하지 않았던 것 같다. 여하튼 지인·선차는 왕명을 각 군현에 유포하는 일차적 책임을 맡고 있었던 만큼, 중앙집권적 군현 지배의 교량 역할을 하였음에 의문의 여지가 없었을 것이다.

다음으로 들 수 있는 지인의 또 다른 외임은 민심을 曉諭하는 일이다. 태종 11년 5월 동북면 都巡問使가 北戎의 變을 보고하자, 왕은 水兀狄哈이 다른 野人과 결탁하는 것을 염

33) 『世宗實錄』 권16, 世宗 4년 5월 戊午 5-1.
34) 『端宗實錄』 권8, 端宗 元年 10월 戊申 28-2.
35) 『太祖實錄』 권11, 太祖 6년 4월 庚戌 13-2.
36) 『太宗實錄』 권12, 太宗 6년 10월 庚寅 30-2.
37) 『太宗實錄』 권19, 太宗 10년 6월 丙申 58-1.

려하여 知印과 前護軍 金同介를 보내어 招撫하게 하고, 그 변을 살피게 하였다.[38] 여기서 전호군 김동개의 파견은 그가 수올적합의 족속이었기 때문이고, 지인은 정부를 대표하는 입장에서 동북면에 파견되었을 것이다. 의정부 지인이 직접 민심을 수습하는 양상은 다음에서도 찾아볼 수 있다. 태종 9년 4월 동북면 安邊郡에 기근이 들고, 다른 한편에서는 군사가 쳐들어온다는 訛言이 나돌아 서로 도망하여 숨는다는 소문이 있자, 조정에서는 議政府 知印을 보내어 효유해 안심시키고 淮陽倉의 곡식을 운반하여 기민을 賑貸하도록 하였다.[39] 따라서 知印은 동요하는 민심을 진정시켜 군현 통치의 안정적 기반을 구축하는 데 일정한 기여를 하였던 것이다.

한편 지인은 교서의 전송 혹은 민심의 효유보다 좀더 적극적인 방법으로 군현 통치에 참여하고 있었다. 그것은 농사의 작황, 파종의 상황, 가뭄과 기근의 형세, 이재민의 실태 등을 파악하는 임무다. 의정부 지인 徐濟와 安謹孫을 경기에 보내어 파종과 구황 등의 일을 자세히 살피게 한 것,[40] 또는 의정부 지인을 경상·강원도에 나누어 보내어 水災 상황을 살피게 한 것,[41] 그리고 지인을 경기 좌우도에 나누어 보내어 각 군현의 品官戶에 穀種을 공급해 주도록 하고 이어서 파종하는 것을 살피게 한 것[42] 등은 그 대표적 경우다.

그런데 지인은 군현에 파견되어 단순히 민간의 실태만 파악하는 데 머물지 않았다. 지인은 기민의 상황을 살피는 과정에서, 수령이 백성을 救恤하는 勤慢의 정도를 동시에 파악하여 보고하였던 것이다.[43] 이에 수령이 진휼을 소홀히 하다가 지인에게 적발되면 문책을 면치 못하였다. 예컨대 端宗 2년 4월 金城 縣監 申允甫는 適期에 진휼하지 아니 한 과실이 지인에게 적발되어 의금부의 추국 대상이 되었다. 농사의 흉작 혹은 기민의 발생 원인으로는 천재지변의 경우도 있지만, 그 이면에는 수령의 태만으로 더욱 악화되는 경우도 있을 수 있고, 또 재난 발생 이후 수령의 대체 능력에 문제가 생기는 경우도 있는 만큼, 지인이 민간의 실태를 파악하게 되면 거기에는 항상 수령의 책임론을 제기할 조건이 잠재해 있는 것이다. 이에 수령은 물론 관찰사도 啇前에 불과한 지인을 함부로 대할 수 없었다. 지인이 수령·관찰사에 대해 私感을 품고 중앙에 허위보고 하더라도 수령·관찰사는 좌천 혹은 파직에 이를 수 있는 것이다.

> 이보다 앞서 전라도 관찰사 金連枝가 아뢰기를, "道內가 失農하였으니, 청컨대 義倉의 곡식을 나누어 주게 하시오"라고 하였으므로 즉시 知印 權璐를 보내어 살펴보게 하였는데, 김연지가 권노를 좀 박대하였다고 하여, 권노는 이것을 마음에 품고 돌아와서 아뢰기를, "禾穀

38) 『太宗實錄』 권21, 太宗 11년 5월 丙寅 18-2, 19-1.
39) 『太宗實錄』 권17, 太宗 9년 4월 甲午 25-1.
40) 『世祖實錄』 권7, 世祖 3년 5월 丙寅 33-2.
41) 『世祖實錄』 권1, 世祖 元年 7월 乙未 37-1.
42) 『世宗實錄』 권116, 世宗 29년 4월 丙午 4-1.
43) 『世宗實錄』 권3, 世宗 元年 正月 庚戌 1-2.

이 풍년이었습니다"라고 하여, 드디어 김연지의 잘못 아뢴 죄를 핵문하였다.44)

전라도 관찰사 金連枝가 도내의 失農을 중앙에 보고하자 정부에서 知印 權璐를 파견하여 살펴보게 하였는데, 이 때에 관찰사와 지인 사이에 갈등이 생겨 지인 권노는 풍년이 들었다고 허위보고를 함으로써, 정부에서는 오히려 관찰사 김연지가 실농이라고 잘못 보고하였다는 죄목으로 핵문하였던 것이다. 이것은 관찰사가 衙前 知印을 무시할 수 없는 현실적 입장을 분명하게 입증해 주는 것인 동시에 지인이 관찰사도 처벌받게 할 수 있는 지위에 있는 것임을 보여주는 사건이다. 따라서 농사 또는 구황의 실태를 파악하는 지인의 기능은 외관을 통제하는 하나의 방편으로 활용되었던 것이다.

그런데 정부에서는 농사·기근·진제 등의 현황을 파악하기 위해서 지인뿐만 아니라 朝官, 즉 敬差官을 파견하기도 하였다. 경차관은 수령의 救荒에 대한 能否를 고찰하고, 아울러 監司와 더불어 진휼을 함께 관장하는 입장에 있었으므로,45) 지인보다는 훨씬 강력한 집권적 통치 형태의 실현을 위한 제도적 장치였다. 지인이 주로 군현의 실정과 거기에 대응하는 수령, 관찰사의 태만을 조사하여 보고하는 입장에 있었고, 반면에 경차관은 외관과 더불어 직접 진휼에 참여하거나 혹은 군현을 순시하면서 태만한 수령을 直斷할 수 있는 입장에 있었다. 즉 경차관은 구황에 불능한 수령에 대해 三品 이상이면 啓聞하여 科罪하고, 四品 이하면 공신과 그 자손을 불문하고 모두 범한 죄의 경중에 따라 杖一百 이하에 처하며, 그리고 이러한 사실을 감사에게 이문하여 殿最의 증빙 근거로 삼도록 하였다.46) 결국 지인은 기근의 실태와 거기에 대처하는 수령의 능력을 탐문하여 보고하는 일을 맡고 있었다면, 경차관은 무능한 수령을 바로 직단하거나, 外官과 함께 구체적인 진휼정책을 실시하는 임무를 지니고 있었던 것이다.47)

지인과 경차관의 역할은 이러한 차이가 있었지만, 양자의 업무 사이에는 일반적으로 상호 보완적 관계를 이루고 있었다. 예를 들어 관찰사가 本道의 기근을 중앙에 보고하면, 정부에서는 먼저 지인을 보내어 그 정확한 실정을 조사하여 보고하게 하고, 그 후 상황의 정도에 따라서 경차관을 파견하여 그 본연의 임무를 수행하게 하였던 것이다. 그러나 지인과 경차관이 반드시 이러한 절차를 거치면서 파견된 것은 아니었다. 감사의 요청에 바로 경차관을 파견한 이후에 지인을 내려보내는 일도 있었다. 즉, 세종 18년 12월 경상도에 이미 경차관을 파견하여 감사와 더불어 진휼을 독려하였지만, 다시 知印 韓可久를 보내어 그 실태를 살피게 하였다.48) 여기서의 지인은 경차관 파견 이후의 진제 상황을 조사하기 위해 파견

44) 『端宗實錄』 권7, 端宗 元年 7월 癸未 12-1.
45) 『世宗實錄』 권116, 世宗 29년 4월 辛丑 2-2.
46) 『世宗實錄』 권76, 世宗 19년 正月 癸卯 6-2, 7-1.
47) 敬差官에 대해서는 아래 논문 참조. 鄭鉉在, 「朝鮮初期의 敬差官에 對하여」, 『慶北史學』 1, 1979 ; 金武鎭, 『朝鮮初期 鄕村支配體系硏究』, 연세대학교 박사학위논문, 1990, 121~142쪽.
48) 『世宗實錄』 권75, 世宗 18년 12월 己丑 27-2.

된 것이다. 이 과정에서는 外官 및 경차관도 지인의 審檢 대상에 포함될 개연성을 지닌다.

한편 지인은 경차관과 함께 군현에 파견되는 경우도 있었다. 世宗 26년 5월 황해도 延安府人 高泂이 本道의 기근을 狀告하자, 사헌부에서 流離하는 백성을 敬差官 한 사람으로 구휼할 수 없다고 건의한 바, 이에 지인 2인과 진휼 경차관 李達을 보내어 규찰하게 하였다.[49] 여기서 지인은 경차관과 함께 군현을 나누어 각각 진휼 업무를 이행하는 것인지, 아니면 지인이 경차관을 따라다니면서 보조 임무를 수행하는 것인지의 여부는 분명하지 않다. 아마도 지인의 본래 기능이 구체적인 진휼 정책을 시행하는 주체가 아니라 그 실태를 조사하여 보고하는 것이라는 점을 감안하면, 후자의 경우로 추측된다. 따라서 기근이 심각하여 경차관 혼자서 그 업무를 감당하기 어려운 경우에는 지인을 동시에 보내어 경차관을 보좌하도록 하였던 것이다.

이상에서 지인과 경차관의 역할 차이 및 그 상호 관계에 대해서 논하였다. 그러면 다음에는 정부에서 조관을 파견하는 장치가 마련되어 있었는데도 불구하고 아전인 지인을 중첩적으로 군현의 실태 파악에 동원한 의도가 어디에 있었는지 살펴본다. 이에 대해서는 먼저 다음의 사료가 주목된다.

> 의정부에서 아뢰기를, "만약 朝官을 全羅道 · 慶尙道에 보내어 그 饑饉의 형편을 살핀다면 지금 농사철을 당하여 번거롭고 소요스러운 폐단을 일으킬까 두려우니, 청컨대 宣差知印을 보내시오." 從之.[50]

조관을 보내어 기근의 형편을 조사하게 되면 민폐가 우려된다고 하여 선차지인을 파견하고 있다. 이것은 민간의 폐해를 염려하여 조관 대신에 지인을 기근조사에 동원한 것이다. 이러한 조치는 수령을 규찰하는 일에도 적용된다.

> 1. 行臺를 발하여 보내는 것은 국가의 법전이어서 태종 때에는 매양 보내어 按行하여 때없이 적발하였는데, 지금 민간에 폐가 있다 하여 이 법을 행하는 것을 없애고 무릇 擲簡할 일이 있으면 매양 知印을 보내는데, 지인과 감찰을 비교하면 그 폐해가 다만 말 한 필, 사람 하나 더할 뿐입니다.[51]

행대 감찰이 지방관을 규찰하는 과정에 민폐를 야기한다는 폐단이 있었기 때문에 지인을 대신 보내는 차선책을 모색하였던 것이다. 결국 지인은 민간의 폐를 최소화할 수 있는 이점을 지니고 있었던 관계로, 군현의 실태 파악에 적극 활용되었던 것이다.

그리고 知印은 민폐의 방지뿐만 아니라 군현의 實情을 좀더 정확하게 살필 수 있는 부수

---

49) 『世宗實錄』 권104, 世宗 26년 5월 辛酉 14-2.
50) 『端宗實錄』 권6, 端宗 元年 6월 壬寅 43-2.
51) 『世宗實錄』 권118, 世宗 29년 10월 11일 2-2.

적 효과도 있었다.

> 政府에 傳旨하였다. "내가 듣자니, 근자에 온천으로 거동하고자 하였을 때, 경기·충청도 州縣의 백성들에게 聚斂하여 소요를 일으켰다고 하니, 마땅히 청렴 정직한 사람을 파견하여 그 연고를 찾아 묻게 하라." 政府에서 獻議하였다. "민약 顯官을 보낸다면 소문이 먼저 이르게 되어 그 실정을 얻지 못할까 염려되니, 몰래 지인을 보내어 閭閻에 출입하면서 그 정상을 살피게 하시오." 從之.[52]

은밀하게 군현의 실정을 파악할 때에 조관을 보내면 사전에 비밀이 누설되어 소기의 목적 달성에 장애가 될 수 있으므로, 이에 대한 대안으로 知印을 파견하였다는 것이다. 따라서 지인을 군현의 실태 파악에 동원한 의도는 朝官의 파견으로 야기되는 폐단을 시정·보완하는 차원에서 마련되었던 것이며, 그 궁극적 목적은 군현 통치의 효율성을 극대화하려는 데 있었다.

4. 外衙前 知印과 將校의 相異性

조선초 외아전의 지인은 戶長·記官·將校와 함께 향리의 대표적 존재였다. 그런데 지인은 일명 通引이라고도 하였는데, 『輿地圖書』에서는 대부분의 군현에 지인으로 기록되어 있고, 일부 군현에서만 통인으로 등재되어 있다.[53] 그러나 조선초의 『실록』에서는 양계의 일부 지역을 제외하고는 통인의 명칭만 등장하고 있으므로, 외아전 지인을 통인으로 명명하는 것이 타당할 것이다.[54] 통인은 대체로 장교와 대등한 입장에 있었는데 그 지위는 호장·기관보다 下位에 위치한다. 태종대 향리의 笠制를 정비하면서 호장·기관은 平頂巾을 썼으나, 將校와 通引은 各司吏典 및 平人과 구별하기 위해 신분적 지위의 격하를 상징하는 黑漆方笠을 쓰게 하였다.[55] 이것은 장교·통인을 호장·기관보다 낮은 지위로 인식하는 현실적 결과다. 장교와 통인은 武任의 향역을 이행하는 점에서 서로 유사하지만, 그들의 직임 차이는 분명하게 존재하였다. 따라서 양자의 직임 차이를 비교 검토하면 통인의 실체는 자연스럽게 드러날 것이다.

---

52) 『太宗實錄』 권24, 太宗 12년 9월 更子 16-1.

53) 北村秀人, 「高麗末朝鮮初期の鄉吏」, 『朝鮮史研究會論文集』 13, 1976, 75쪽 ; 金俊亨, 「朝鮮後期 蔚山地域의 鄕吏層 變動」, 『韓國史研究』 56, 1987, 39쪽.

54) "麗制掾屬 有通事·知印 通事如今通引 主通謁引接之事也 知印次知印信之謂也"(『掾曹龜鑑』 권1, 吏職名目解)에서 보면, 고려시대에 이미 掾屬(衙前)으로 通引(通事)·知印을 각각 구분하여 직임 차이를 설명하고 있다. 그러나 여기에 나오는 통인·지인은 외아전이 아닌 京衙前을 말하는 것 같다. 실제로 고려시대 경아전은 통인과 지인을 각각 구분하여 설치하였다(『高麗史』 권76, 百官1, 門下府 참조). 반면 고려와 조선시대의 외아전은 통인과 지인을 구분하여 설치한 것 같지는 않다.

55) 『太宗實錄』 권29, 太宗 15년 4월 庚辰 19-1 ; 권31, 太宗 16년 正月 乙巳 2-1.

조선초의 장교와 통인은 모두 고려에서 유래하였다. 고려시대 각 군현에는 역할을 달리하는 두 직제의 장교가 있었다. 그 하나는 戶長·正(記官) 이상의 향리가 통솔하는 지방군의 장교이고, 다른 하나는 호장·정과 더불어 향리 세계를 영도하는 순수한 外吏로서의 장교다. 여기서 주목하는 것은 물론 후자다. 고려 전기 將校(外吏)는 戶長 - 正 - 史와 구별되는 존재였다.

(肅宗 7년) …… 不監檢者에 대해 개성에서는 五部員吏·別監·里正이, 외방에서는 色員·長吏·將校·衙前이 決罪한다.[56]

여기서 지방의 色員·長吏·將校·衙前이 보이는데, 색원은 담당관원 즉 外官을, 長吏는 戶長 - 正 - 史를 말하고, 장교는 지방군의 지휘관이 아니라 순수한 외리이고, 아전은 통인 등의 다른 外吏를 말하는 것 같다. 외리의 하나인 장교의 사례는 다음에서도 찾아볼 수 있다.

新及第者가 州에 들어오는 날 州官은 먼저 將校와 伶人을 近境에 보내고, 다음에 州吏를 거느리고 五里亭에 나가 公服을 갖추고 番卓 및 拜位를 설치한다.[57]

위 사료에서 州官(守令)이 신급제자를 맞이하기 위해 州郡의 近境에 보낸 장교는 지방군의 지휘관이 아니라 外吏임에 분명하다. 여기서 장교의 임무 중에 하나가 신급제자를 영접하는 것임을 알 수 있다. 이러한 임무는 조선초 州郡의 경계에 나가 大小使臣을 영송하는 장교의 임무와 거의 유사하다. 고려시대 장교의 역할이 조선초에 그대로 전승된 것이다.

한편 고려시대의 통인에 대해서는 사료 부족으로 그 역할을 파악할 길이 없다. 다만 무인정권기 神宗 3년 8월에,

慶州의 李義旼의 族人이 이미 放還되어 州吏와 더불어 틈이 생겨 각투하여 서로 죽이었으나, 의민의 족인이 이기지 못하였다. 이 때에 按察使 田元均이 州에 들어와 능히 제어하지 못하였다. 이에 防守·別將·通引이 모두 피살되고, 元均은 두려워 곧 다른 읍으로 달아났다.[58]

라고 하는 것과 같이 李義旼의 族人과 경주민 사이의 갈등으로 경주의 房守·別將·通引이 모두 피살되었다고 하는 내용을 통하여, 통인의 존재를 확인할 수 있는 정도다. 장교와 통인의 직임 차이에 대해서는 조선초의 경우를 통하여 유추할 수밖에 없을 것이다. 이에 조

56) 『高麗史』 권85, 志39, 刑法2, 盜賊.
57) 『高麗史』 권68, 志22, 禮10, 新及第進士榮親儀.
58) 『高麗史』 권21, 世家21 神宗 3년 8월.

선초 장교와 통인에 대해서 구체적으로 논하여 보기로 한다.

조선초 장교의 수는 아무리 작은 군현이라 하여도 최소한 4名 이상은 되었다. 그 근거는

將校 迎送于地境 二品以上 四人 三品堂上官 六品以下 二人 七品以下 一人[59]

이라고 하는 것처럼, 2품 이상의 京官이 지방에 파견되면 4인의 장교가 邑의 경계에 나아가 迎送한다는 것에 있다. 이러한 여러 명의 장교 중에 1인의 首吏가 있었는데, 그 명칭은 지역에 따라 都令(領), 別正(將) 등으로 달리 지칭된 것 같다. 경주의 경우는 장교의 首吏를 別將이라 하였다. 장교는 향리 가운데에서 주로 武才가 있는 자를 선발하여 충원한 것 같다. 完山 將校 李末冲은 武才가 있었는데, 국왕의 畋所를 살피는 과정에서 이를 잘 처리하였다고 하여, 향역을 면하고 京軍의 衛士에 제수된 바 있었다.[60] 장교는 지방에 파견되는 大小使臣의 迎送과 國王의 畋所를 살피는 일을 보조하기도 하였지만, 다른 한편으로는 무력을 배경으로 군현의 기강을 바로잡는 역할도 하고 있었다. 이것은

判右軍都摠制府事로 致仕한 趙庸이 죽다. 용은 경상도 眞寶縣 사람이다. 고려의 갑인년 과거에 급제하여 典校·注簿·三司都事에 제수되고, (외방에) 나가서 鷄林府判官이 되었다. 계림부에는 未收된 國貢이 많아서 吏民이 弊를 입고 있었는데, (庸)이 營庫에 저장한 어물을 팔아서 충당하였고, 또 豪家 중에서 백성의 어량을 빼앗고 세력을 믿어 방자한 자가 있어도 관에서 금단하지 못하였는데, 庸이 와서 將吏를 풀어 收捕하여 다스렸다.[61]

라고 하는 것처럼 경주에서 豪民이 백성의 어량을 빼앗는 불법을 자행하여도 관청에서 능히 엄단하지 못하였는데, 趙庸이 判官으로 부임하여 將校(將吏)의 무력적 수단을 동원하여 호민을 治罪하였다는 것에서 알 수 있다.

그리고 장교는 外賊의 내침과 같은 사건이 발생하였을 때에 전투에 참가하기는 하였지만, 그러나 이 과정에서 중심적 책임을 맡고 있었던 것은 아니었다. 향리 중에서 외적의 침략에 대비하여 직접적으로 방어 임무를 수행해야 하는 것은 장교가 아니라 兵房이었다. 成宗 21년 正月 順天 多老浦 등지에 倭船이 상륙하여 마음대로 노략질하고 人物을 살해하는 사건이 일어나자, 조정에서는 전라좌도 水軍節度使 禹賢孫·虞侯 曺益文, 順天府使 金守貞·順天 兵房記官 李薰 등이 방어하는 조치를 사전에 수립하지 못한 책임을 물어 모두 엄히 처벌한 일이 있었다.[62] 이것은 有事時 郡縣에서 외적의 침략에 대비하여 방어책을 강구하고 백성의 생명과 재산을 수어할 직접적 임무가 수령과 병방에게 있음을 보여주는 것

---

59) 『經國大典』 권3, 禮典, 京外官迎送.
60) 『太宗實錄』 권26, 太宗 13년 9월 癸卯 28-2.
61) 『世宗實錄』 권24, 世宗 6년 6월 辛未 34-2.
62) 『成宗實錄』 권236, 成宗 21년 正月 戊午 5-1.

이며, 동시에 병방과 장교의 업무 한계를 이해할 수 있는 좋은 근거가 된다.

다음은 조선초 通引에 대한 설명인데, 이에 앞서 먼저 조선 후기 통인에 관한 연구 성과를 보면, 통인(지인)은 15세 이하의 어린 향리자제로 선발되어 酒掃·筆墨紙地·布席等事의 가벼운 官衙의 잡역을 담당하였다고 한다.[63] 그러나 조선초 통인(지인)은 나이 어린 향리자제로 선발되지는 않은 듯하며, 또 관아의 가벼운 잡역보다는 좀더 비중있는 직임을 맡고 있었다. 조선초 통인의 중요한 역할은 수령의 신변을 호위하는 것, 특히 수령이 항상 차고 다니는 發兵符를 수위하는 것이었다. 成宗 8년 4월 寶城 記官 朴萌·朴耈가 郡守 趙衷孫을 해치고자 通引 永貞으로 하여금 發兵符를 훔치게 한 일이 있었다.[64] 이것은 통인이 수령의 發兵符를 수호하는 소임을 맡고 있었음을 강력히 시사해 주는 것이다. 통인이 수령의 발병부를 지키는 임무를 수행하고 있었다면, 수령과 호장의 印信을 守衛하는 책임 또한 통인에게 있었던 것이 아닌가 한다.

그리고 燕山君 甲子年(1504)에 급제한 柳雲이 일찍이 忠淸御史가 되어 公州에 이르러 숙박할 때, 공주 수령이 通引을 보내어 衛宿하게 한 점으로 보아,[65] 통인이 사객의 위숙을 맡고 있었음을 알 수 있다. 그리고 다음의 사료는 통인(지인)의 또 다른 기능을 말해주고 있다.

> 李居敬 三嘉戶長 福富의 후예다. 永樂 庚子(世宗 2) 知印으로서 衙子를 陪從하고 庭試에 赴擧하러 가던 도중에 沃川 喚仙亭에서 衙子는 店舍에서 휴식하고 居敬은 홀로 정자에 올랐는데, (그 때에) 정자의 주인 崔判事가 마침 낮잠을 자다가 꿈에 용이 亭檻에 있어서 깨어 이상하게 여겨서 사람을 시켜 살펴보게 하니, 居敬이 홀로 난간에 의지해 있었다.[66]

이 사료는 三嘉戶長 李福富의 후예인 居敬이 世宗 2년 知印으로서 衙子를 배종하고 庭試에 赴擧하기 위해 上京하는 도중에 일어난 일화다. 여기서 庭試는 京城에서 실시하는 生員 또는 文科의 復試를 말하는 것 같고, 衙子는 生員·文科의 鄕試에 합격한 향리자제인 것 같다. 따라서 知印은 復試에 부거하기 위해 상경하는 향리자제[貢生]를 배종하는 임무를 맡고 있었음을 알 수 있는데, 여기에는 수령의 자제도 포함될 것이다. 이에 通引(知印)은 상경하는 수령의 자제 및 貢生을 배종하는 일에도 종사하고 있었던 것이다. 결국 통인은 장교와 반대로 주로 관아의 발병부·印信 및 주요 인물들에 대한 守衛에 치중하고 있었던 것이다.

한편 양계의 일부 지역에는 南道의 通引과 구분되는 知印이 존재하고 있었는데, 주로 主

63) 金俊亨, 「朝鮮後期 蔚山地域의 鄕吏層 變動」, 『韓國史硏究』 56, 1987, 39쪽.
64) 『成宗實錄』 권79, 成宗 8년 4월 丙辰 12-1.
65) 『大東野乘』 권10, 己卯錄 補遺(卷上), 柳雲傳.
66) 『掾曹龜鑑』 권3, 觀感錄, 李居敬.

事와 나란히 등장한다. 그 설치 지역은 평안도의 平壤府·義州·寧邊·江界·昌城·閭延과 咸吉道의 咸興 등이다. 여기서 평양·의주·영변·함흥 등은 土官制가 시행되고 있는 지역이다. 土官制下에서는 토관이 행정의 감독자라면, 知印·主事는 그 下僚로서 행정실무의 담당자였다.[67] 물론 지인·주사는 반드시 토관제와 결부되어 운영된 것은 아니다. 토관이 설치된 군현이라도 지인·주사가 존재하지 않는 경우도 있고, 그 반대의 군현도 있기 때문이다. 知印의 정원은 평양부·함흥부가 40명, 의주가 20명, 영변, 강계, 창성, 여연이 각각 15명이다. 이러한 지인은

> 知印과 六房은 京衙前인 錄事의 예에 따르고, 主事는 書吏의 예에 따라서 근무 일수가 차면 加階하여 거관하도록 하고, 토관직을 준다.[68]

라고 하는 것에서 보면, 六房, 즉 記官과 대등한 지위에 있었음을 알 수 있다. 이것은 남도에서 通引이 기관보다 下位에 위치하는 것과 좋은 대조를 이룬다. 대체로 양계의 六房은 거관하여 6품 土官을, 주사는 7품 토관에 제수되었다.[69] 그렇다면 지인은 육방과 동일하게 六品 土官에 제수되었을 것이다. 다만 토관제가 시행되지 않은 강계·창성·여연 등의 지인은 영변의 토관에 임명되었다.[70] 그리고 지인·주사가 만일 오랫동안 勤仕하여도 거관하지 못하거나, 年老하여 職事를 감당하지 못하는 경우에는 散官 또는 影職을 주어 거관하게 하였다.[71] 지인·주사는 대개 本邑人으로 충당되지만 그렇지 않은 지역도 있었다. 평양지인은 모두 本府人이 아니라 諸邑에서 立役한 사람으로 番上에서는 知印이 되고, 下番해서는 防戍之卒이 되는 형태로 운영되었다.[72] 특히 평양은 다른 지역과 달리 文字를 아는 자는 知印主事라 하고, 문자를 알지 못하는 자는 校尉知印이라 하였다.[73]

다음 知印의 임무를 보면, 軍情을 馳報하거나 進上을 奉進하는 일을 맡고 있었다고 한다.[74] 그러나 여기서 군정의 치보는 節制使營에 소속된 知印의 소임과 중복되는 것이므로,[75] 府에 소속된 지인은 군정보다 민정의 치보에 더 많은 비중을 두었을 것이다. 지인의 민정 치보에서 중요한 것 중 하나가 내왕하는 사신의 동정을 보고하는 것이다. 義州 知印

---

67) 吉田光男, 「十五世紀 朝鮮の土官制」, 『朝鮮史研究會論文集』 18, 1981.
68) 『經國大典』 권1, 吏典, 土官職.
69) 『世宗實錄』 권119, 世宗 30년 正月 乙巳 5-1 ; 『世祖實錄』 권11, 世祖 4년 2월 丙辰 19-2.
70) 『世宗實錄』 권86, 世宗 21년 7월 庚戌 5-1. 참고로 강계의 土官은 세종 24년에 설치되었으므로 同王 21년 당시에는 토관이 없는 지역에 해당되는 바, 강계의 지인에게는 영변의 도관을 제수하였던 것이다.
71) 『世祖實錄』 권5, 世祖 2년 9월 甲戌 8-1 ; 『成宗實錄』 권71, 成宗 7년 9월 辛酉 5-1.
72) 『成宗實錄』 권61, 成宗 6년 11월 辛未 9-2.
73) 『文宗實錄』 권6, 文宗 元年 3月 辛亥 24-1.
74) 『世祖實錄』 권5, 世祖 2년 9월 甲戌 8-1.
75) 兵營 知印의 軍情 馳報에 대해서는 다음 사료 참조. 『世宗實錄』 권77, 世宗 19년 5월 乙未 16-2 ; 『世祖實錄』 권19, 世祖 6년 2월 戊午 17-1.

金泰山이 明나라 사신 姜玉, 金輔가 3월 24일에 의주를 출발하여 4월 초 9일에 入京할 것이라는 내용을 傳聞한 것이 그것이다.[76] 지인은 남도와 양계를 막론하고 모두 설치되어 있었지만, 그 사회적 지위와 역할에 있어서는 이러한 차이가 있었던 것이다. 이상과 같이 양계의 일부 지역에 知印·主事를 설치한 목적은 辺民에 대한 위로책의 일환이었다. 함길도 鏡城府는 世宗 18년 節制使의 本營으로 土官을 설치하였으나,[77] 節制使의 軍營이 鍾城府로 이동하면서 경성부의 토관은 폐지되는 상황에 이르게 되자, 이에 경성민을 위로하는 차원에서 富居縣의 例에 따라 吏屬을 지인·주사라고 하였던 것이다.[78]

5. 結論

이상에서 조선초 京外衙前 知印의 직임을 전제로 그 운영 원리를 살펴보았다. 그 내용을 요약 정리하면 다음과 같다.

고려말 지인은 京官의 핵심 요직의 하나인 知印尙書, 그리고 門下府와 都評議使司의 아전 및 巡軍府·軍營의 아전 등으로 존재하였다. 그러나 이러한 지인은 그 명칭의 시사하는 의미와 달리 印信 次知와는 거의 무관하다. 경관의 지인상서는 고려 말에 한시적으로 운영된 직제로서 역사적 연속성도 없었다. 고려말 지인 중에서 그 명맥을 유지하여 조선으로 계승된 것은 도평의사사의 지인과 군영의 지인 정도다.

조선초 의정부(도평의사사)의 지인은 중앙집권적 군현통치체제를 강화하는 과정에서 일익을 담당하고 있었다. 우선 의정부 지인은 敎書를 각 지방에 전송하여 왕명이 전국에 두루 미치게 하는 교량 역할을 하였다. 또한 지인은 동요하는 민심을 진정시켜 군현통치의 안정적 기반 구축에 일정한 기여를 하였다. 한편 지인에게는 농사의 작황·기근·진제 등의 상황을 파악하는 임무가 있었는데, 이것은 아전에 불과한 지인이 수령·관찰사의 失政을 摘奸하는 것이므로, 결국에는 외관 통제의 수단이 되었다. 민간의 실태를 파악하는 임무는 朝官 즉 敬差官에게도 있었지만, 지인을 파견할 경우 민폐를 최소화할 수 있고, 또한 은밀한 방법으로 군현의 실정을 좀더 정확하게 조사할 수 있는 이점이 있었다. 따라서 이러한 지인의 역할은 궁극적으로 군현 통치의 효율성을 극대화하려는 것이다.

외아전 지인 즉 通引은 군현에서 장교와 더불어 武任의 향역을 담당하고 있었지만, 양자의 직임에는 분명한 차이가 있었다. 장교가 중앙에서 파견한 사신을 영송하는 일과 국왕의 畋所를 살피는 일 및 무력적 수단을 통한 豪民의 收捕 등과 같이 관아의 밖에서 치안·호위의 역할을 하였다면, 通引은 관아 내에서 수령의 官印·發兵符를 守衛하는 일, 사신의

76) 『世祖實錄』 권45, 世祖 14년 3월 丙戌 41-2.
77) 『新增東國輿地勝覽』 권50, 鏡城都護府 建置沿革.
78) 『世宗實錄』 권125, 世宗 31년 9월 庚寅 22-1·2.

객사를 수위하는 일, 상경하는 수령과 그 자제 및 貢生을 陪從하는 일 등을 담당하였다. 한편 양계의 일부 군현-평양·의주·영변·강계·창성·여연·함흥-에는 南道의 通引(知印)과는 성격을 달리하는 知印이 설치되어 있었다. 이러한 지인은 六房(記官)과 대등한 지위에 있었고, 그 임무는 중국 사신의 동정을 보고하는 일과 같은 民情 馳報, 그리고 進上을 奉進하는 일 등이었다. 이러한 점에서 양계 일부 군현과 南道의 통인(지인)은 서로 구분된다.

제 3 부
中世의 社會와 經濟

高麗 戶長制의 成立과 戶長層의 形成

강 은 경*

1. 머리말

高麗社會에서 戶長은 鄕吏制의 최고위직으로서, 州·府·郡·縣 등 지방행정구획의 邑司[1]를 중심으로 지방통치기구를 형성하였다.

이제까지는 鄕吏에 관한 포괄적인 연구가 주류였으며, 戶長과 戶長層을 특별히 주목한 연구는 그리 많지 않았다.[2] 이는 현재 남아 있는 대부분의 자료가 중앙정부의 입장에서 정리된 것으로, 지방통치구조에서 戶長을 비롯한 鄕吏職 자체에만 관심을 가졌기 때문이다. 반면에 그러한 체제가 형성되었던 배경으로서 지방 토착세력의 다양한 존재 형태는 간과되었다. 戶長層을 언급한 대부분의 경우도 '戶長職을 할 수 있는 계층'이 아니라 '戶長職에 있는 자'로서 다루어졌다.

하지만 鄕吏制를 정비하는 과정을 면밀히 분석해 보면, 중앙정부가 지방세력의 다양성을 반영하여 '家風'에 따라 鄕吏職의 初職과 승진과정을 구별하였음을 알 수 있다. 鄕吏職을 맡은 지방세력의 내부에는 몇 가지 계층이 존재했으며, 호장층은 그 중 최고의 상층을 이루었다. 따라서 高麗時期 지방통치구조의 성격을 파악하기 위해서는 戶長뿐 아니라 '戶長職에 오를 수 있는' 계층, 즉 戶長層에 관한 새로운 이해가 필요하다.

---

* 연세대학교 강사

1) 邑司라는 명칭은 이수건, 「高麗時代 '邑司' 연구」, 『국사관논총』 3, 1989, 59쪽의 견해를 따름.

2) 戶長에 관한 본격적인 연구는 최근에 이루어지기 시작했으며, 다음의 논문을 들 수 있다. 李樹健, 「朝鮮朝 鄕吏의 一硏究 - 戶長에 대하여 -」, 『文理大學報』 3, 영남대, 1974 ; 姜恩景, 「高麗後期 戶長層의 變動과 '兩班·鄕吏戶籍'의 整理」, 『東方學志』 97, 1997 ; 『高麗後期 戶長層의 變動 硏究』, 연세대학교 박사학위논문, 1997. 12 ; 「高麗後期 戶長層의 變化와 '世宗實錄地理志'의 土姓·亡姓」, 『東方學志』 99, 1998 ; 「高麗初 州官의 形成과 그 構造」, 『한국중세사연구』 6, 1999 ; 尹京鎭, 「고려전기 鄕吏制의 구조와 戶長의 직제」, 『韓國文化』 20, 서울대, 1997 ; 「고려전기 戶長의 기능과 外官의 성격」, 『국사관논총』 87, 1999 ; 김갑동, 「고려시대의 戶長」, 『韓國史學報』 5, 고려사학회, 1998.

이를 위해서 먼저 戶長制의 성립이 당시 사회에서 어떤 의미가 있었는지 파악하고자 한다. 戶長職이 처음 제도화한 것은 성종 2년의 吏職 改編 때였다. 이는 단순한 吏職名의 개정이 아니었다. 고려가 통일한 지 거의 50년이 흘렀고, 신라말 이래 다양했던 각 지방의 통치기구가 堂大等·大等 체제를 거쳐 최종 戶長·副戶長 체제로 정리된 것이다. 이렇게 정리된 戶長·副戶長 체제는 지방통치체제에서 어떠한 의미를 갖는지 살펴보려 한다. 여기에는 戶長이 중심이 되었던 邑司의 역할 또한 분석할 필요가 있다. 이를 통해 戶長制의 성격을 살펴보려 한다.

그런데 戶長은 鄕吏라면 누구나 오를 수 있는 鄕吏職은 아니었다. 문종대의 기록에는 戶長職에 오를 수 있는 집안이 제한되었음을 시사하는 부분이 있다.3) 그럴 경우 戶長職은 제한된 몇몇 집안에 세습되기 마련이고, 그에 따라 鄕吏職을 담당하는 지방세력 중에서도 戶長職까지 오를 수 있는 하나의 계층, 즉 戶長層이 형성될 수 있었다.

하지만 戶長層이 鄕吏制만을 매개로 하여 하나의 계층으로서 유지될 수 있었던 것은 아니다. 여기에는 정부의 다양한 제도적인 뒷받침도 있었다. 이와 관련하여 其人·貢擧制·地方軍의 將校職 등의 규정을 분석하고자 한다. 이 같은 규정을 통해 高麗政府가 戶長層에게 준 혜택의 의미를 파악하고자 한다.

2. 戶長制의 成立과 邑司

1) 成宗 2년 吏職改編과 戶長制의 성립

鄕吏制에서 戶長이라는 吏職이 공식 언급된 것은 高麗 成宗 2년의 吏職 改編 때였다. 이전까지 각 지방은 다양한 지방통치기구를 가지고 있었는데, 대체로 村主와 沙干을 근간으로 하였고 堂大等·大等은 巨邑인 몇몇 州官에만 나타났다. 여러 지방세력이 州官을 형성하는 과정에 참여하는 형식이 大等이었으며, 大等의 회의체 아래에는 실무기구로서 新羅 執事省에 해당하는 부서를 비롯하여 여러 部가 있었다. 高麗初의 州官은 중앙에 필적할 만한 통치기구였다. 고려정부는 堂大等·大等 체제를 慶州와 같이 다른 巨邑에도 적용시키려고 했다. 이후 堂大等·大等 중심의 州官 構造는 짧은 시간에 신라와 후백제의 지배지역까지 확산될 수 있었다.4)

戶長制 역시 성종 2년에 일제히 실시된 것 같지는 않다.

가-(1) 至正二十一年辛丑正月日 慶州司首戶長行案

……太祖統合三韓敎是時 率領百官 郊迎順命 始終輔佐敎等用良 新羅乙良 京號不

---

3) 『高麗史』 권75, 選擧志3 鄕職, 문종 5년 10월, 中, 654쪽.

4) 이상은 강은경, 「高麗初 州官의 形成과 그 構造」, 『한국중세사연구』 6, 1999 참조.

動 東京留守官, 州號乙良 慶州爲等如 說排敎是旀 千丁已上乙 束給敎是遣 堂祭十乙 爻定敎是良,
光宗朝良中 堂祭乙段 號戶長 爻八乙 制定敎事是置□□□□□ 首戶長姓名乙 順音可施行 流傳爲臥乎等□□□□ 審難便爲置有良이 一任爲乎 所不喩是旀…… (『慶州府戶長先生案』[5])

(2) 成宗二年 改州府郡縣吏職 以兵部爲司兵 倉部爲司倉 堂大等爲戶長 大等爲副戶長 郎中爲戶正 員外郎爲副戶正 執事爲史 兵部卿爲兵正 筵上爲副兵正 維乃爲兵史 倉部卿爲倉正[6]

(3) 顯宗九年 定凡州府郡縣千丁以上 戶長八人 副戶長四人 兵正副兵正各二人 倉正副倉正各二人 史二十人 兵倉史各十人 公須食祿史各六人 客舍藥店司獄史各四人 五百丁以上 戶長七人 副戶長二人 兵正副兵正倉正副倉正各二人 史十四人 兵倉史各八人 公須食祿史各四人 客倉藥店司獄史各二人 三百丁以上 戶長五人 副戶長兵倉正副兵倉正各二人 史十人 兵倉史各六人 公須食祿史各四人 客舍藥店司獄史各二人 百丁以下 戶長四人 副戶長兵倉正副兵倉正各一人 史六人 兵倉史 各四人 公須食祿史各三人 客舍藥店史各一人 東西諸防禦使鎭將縣令官千丁以上 戶長六人 副戶長兵倉正副兵倉正各二人 史十人 兵倉史各六人 公須史各四人 客舍藥店司獄史各二人 百丁以上 戶長四人 副戶長以下同千丁以上州縣 百丁以下 戶長二人 副戶長兵倉正副兵倉正各一人 史六人 兵倉史各四人 公須客舍藥店司獄史各二人[7]

(4) 顯宗十三年四月 崔士威奏 鄕吏稱號混雜 自今 諸州府郡縣吏仍稱戶長 鄕部曲津驛吏只稱長 從之[8]

(5) ……예전에 堂大等 金芮宗이라는 사람이 있었는데, 州里의 豪家이며 鄕閭의 冠族이었다. …… 그 從兄 堂大等正朝賜丹銀魚袋 金希一 등이 還願을 위해 이를 이어서 드디어 三十段의 鐵筒을 鑄成하였다.……
當寺令 釋紬 大德, 檀越兼令 金希一 正朝, 金守宗
大等, 金釋希 大等, 金寬謙 大等, 監司 上和尙 信學,
前侍郎 孫熙 柰, 前兵部卿 慶柱洪 柰, 學院卿 □朋
寔 柰未, 前司倉 慶奇俊 大舍, 學院郎中 孫仁謙, 鑄大□□
峻豊三年 三月 二十九日 鑄成 (「龍頭寺鐵幢記」[9])

5) 허홍식 편, 『한국중세사회사자료집』, 아세아문화사, 1972, 59~62쪽.
6) 『高麗史』 권75, 選擧志3 鄕職, 中, 653쪽.
7) 『高麗史』 권75, 選擧志3 鄕職, 中, 653쪽.
8) 『高麗史』 권75, 選擧志3 鄕職.
9) 허홍식 편, 『韓國金石全文(中世上)』, 아세아문화사, 1984, 374~376쪽.

戶長制의 실시에 관한 기록으로는 사료 가-(1)의 『慶州府戶長先生案』[10]의 서문과 사료 가-(2)의 『고려사』 選擧志의 기사가 전부이다. 두 기사를 비교해 보면 戶長制의 실시 시기에 관해서 약간의 차이가 있다. 사료 가-(1)은 고려 太祖가 통일 후 1千丁 이상을 묶어 堂大等[11] 10명을 두었고, 光宗朝에 堂大等을 戶長으로 부르고 그 수는 8명으로 제정하도록 했다고 되어 있다. 반면에 사료 가-(2)는 성종 2년에 堂大等을 戶長으로 고쳤다고만 기록하고 있다. 그리고 사료 가-(3)의 『고려사』에는 戶長의 정원은 현종 9년에 정했는데, 1천 정 이상의 州府郡縣은 戶長 8명을 두도록 되어 있다. 여기서 戶長制의 실시 과정에서 그 수효는 일치하지만 戶長制의 실시와 戶長 정원의 규정 시기에는 차이가 있음을 알 수 있다. 이러한 기록의 차이는 어디서 오는 것일까.

사료 가-(1)은 고려 공민왕 10년(1361)에 당시 慶州司의 首戶長 李弼 등이 작성한 것으로 비록 후대의 기록이긴 하지만, 邑司 운영의 주체였던 鄕吏들의 기록이라는 점을 충분히 고려해야 한다. 사료 가-(2)와 사료 가-(3)이 중앙정부의 입장에서 기록된 국가정책 차원의 기록이라면, 사료 가-(1)은 지방사회 자체의 실제적인 기록이라고 할 수 있다. 특히 '堂祭'라는 표기는 '堂夰'을 그대로 베끼는 과정에서 일어난 誤記로 보이는데, 이를 통해 사료 가-(1)은 당시까지 慶州司에 전해온 기록을 그대로 옮기려 했던 기록자의 입장을 잘 알 수 있다.

이를 근거로 적어도 경주에서는 광종대에 戶長制가 실시된 것으로 보는 것도 타당하다.[12] 반면에 같은 시기에 사료 가-(5)의 청주에서는 堂大等 - 大等制가 여전히 존재하였다. 일부 지역에서 실시되던 堂大等 - 大等制가 점차 확산되어 갔듯이 戶長制 역시 그러한 과정을 밟았고, 그 결과 같은 시기에 서로 다른 제도가 공존했던 것으로 보인다.[13]

호장제가 확산되었던 계기는 成宗 2년의 吏職 改編이었다. 이 때는 12牧을 설치하고 外官을 파견하는 등, 地方 土着勢力에 대해서 서서히 규제를 시작하던 때였다. 아울러 戶長制를 전국적으로 시행하려고 했다. 하지만 성종 2년에도 戶長制가 전국적으로 시행되었는지는 의문이다. 사료 가-(4)의 顯宗 13년 4월 기사에서 崔士威가 鄕吏의 호칭이 혼잡하니

---

10) 여기에는 충렬왕 7년(1281)부터 조선 숙종 39년(1731)까지 경주부의 首戶長을 역임한 이들을 기록했는데, 432년간 총 256명이 수록되어 있다.

11) 원문에는 '堂祭'라 되어 있으나 이는 堂夰, 즉 堂大等의 오기로 보았다. 이에 관해서는 강은경, 「고려초 州官의 형성과 그 구조」, 『한국중세사연구』 6, 1999 참조.

12) 이러한 견해를 처음 밝힌 논문은 李純根의 「高麗初 鄕吏制의 成立과 實施」(『金哲埈博士華甲紀念史學論叢』, 지식산업사, 1983)이다. 『慶州府戶長先生案』의 序文을 근거로 하여, 高麗 太祖代에 이미 丁數에 따른 堂祭(堂大等)가 있었고 특히 慶州에서는 光宗代에 堂祭를 戶長으로 고쳤다는 주장을 한 바 있다.

13) 이에 관해서 윤경진, 『고려 군현제의 구조와 운영』, 서울대학교 박사학위논문, 2000, 116~122쪽에서는 각 지역별로 邑司의 구조가 달랐는데, 이 중 대표적인 형식이 堂大等 - 大等 체제였고 각 지역에는 이에 상응하는 직제가 있었던 것으로 보았다. 따라서 성종 2년에 堂大等을 戶長으로, 大等을 副戶長으로 바꾸도록 했던 것은 지역에 따라 堂大等과 大等에 상응하는 다양한 직제를 戶長과 副戶長으로 통일했던 것으로 이해했다. 그리고 戶長의 전신을 堂大等보다는 大等일 것으로 추정했다.

州・府・郡・縣吏는 '戶長'으로, 鄕・部曲・津・驛吏는 '長'으로 칭하자고 건의하고 있다. 이는 顯宗 9년에 지방제도의 대대적인 정비가 이루어졌음에도 여전히 鄕吏의 호칭이 통일되지 않았음을 드러낸다. 그만큼 鄕吏制의 정비는 매우 긴 시간이 걸리는 일이었다.

어떻든 성종 2년에 戶長・副戶長 등으로 개칭함으로써, 고려의 지방통치기구가 堂大等 중심에서 戶長 중심으로 바뀌었다. 吏職名이 하위 명칭으로 改定되었다는 자체가 이전 체제와는 달랐음을 의미한다.

성종 2년 이전의 지방통치기구가 나타나 있는 자료가 사료 가-(5)이다. 이것은 光宗 13년(962)에 세운 淸州 龍頭寺 철당간의 설립 경위와 그 참여자의 명단을 적은 글이다. 淸州 지역은 成宗 2년에 개칭되었다는 '司倉'의 칭호를 이미 사용하였고 규정에 보이지 않는 '學院卿'도 있었다. 즉 成宗 2년에 개정된 鄕吏職制는 각 土着勢力이 임의로 쓰던 官職名을 하나의 원칙 아래 전국적으로 통일시킨 것이며,[14] 개칭된 관직명에는 '司倉'처럼 기존에 쓰이던 것도 포함되었다.

또한 사료 가-(5)에서 철당간 건립에 참여한 인사 중 前侍郎・前兵部卿・前司倉 등 전직자가 많고 그에 상응하는 현직자가 없는 것으로 보아, 이 사료에 淸州 지방의 모든 지방세력이 망라된 것은 아니다. 그런데 堂大等은 1~2명이고 大等은 3명으로 나타난다. 大等이 모두 堂大等 金希一・金芮宗과 같은 姓氏이므로 실제로 淸州 지역의 大等은 이보다 더 다수였을 것이다. 따라서 淸州의 지방통치기구에는 소수의 堂大等과 그보다 많은 다수의 大等이 있었음을 추측할 수 있다. 이는 사료 가-(3)에서 顯宗 9년에 제정된 鄕吏 정원에서 戶長이 4~8명이고 副戶長이 2~4명인 것과 대조된다.

사료 가-(1)의 경주의 사례에 비추어 보면, 堂大等의 수가 戶長의 수와 크게 다르지 않았을 것으로 추정된다.[15] 그렇다면 成宗代에서 현종대에 걸쳐 추진된 吏職의 정비 과정에서 堂大等은 그대로 유지되었던 반면, 다수의 大等은 소수의 副戶長으로 축소된 것으로 볼 수 있다. 鄕吏 정원에 대한 규제는 그만큼 국가의 통제력이 邑司에 미쳤음을 뜻한다. 그 방향은 堂大等의 지위는 유지시키되 그 이하는 대폭 축소시키는 것이었다. 戶長・副戶長 체제는 이전의 堂大等・大等 체제와는 그 성격이 달랐다.

成宗 2년의 吏職 改定은 질적인 변화도 있었지만, 이전 체제의 성격이 상당히 남아 있었다. 그 한 예가 郎中・員外郎이다.[16] 成宗 2년의 戶長 중심의 체제에서는 戶正・副戶正으

14) 李純根, 「高麗初 鄕吏制의 성립과 실시」, 1983, 210~218쪽 참조.

15) 이에 대하여 李勛相, 「高麗中期 鄕吏制度의 變化에 대한 一考察」, 『東亞硏究』 6, 1985, 315~317쪽에서는 堂大等 1인의 독자적 지배력 행사로 해석하면서, 顯宗 9년(1081)의 鄕吏 정원 중 戶長이 다수인 것은 다수의 戶長들로 鄕吏의 상층부를 재편하여 堂大等 1인의 독자성을 견제하려는 의도로 보기도 한다. 하지만 대개는 당시에 관행되었던 제도를 추인, 정비한 것으로 보아야 하지 않을까 생각한다.

16) 河炫綱, 「지방세력과 중앙통제」, 『한국사 5』, 1975, 76~78쪽에서는 戶長의 직속으로 있던 郎中・員外郎은 중앙의 廣評省에 있는 관직명으로, 지방세력가의 지배체제에서 廣評省에 해당하는 기구를 상정한 바 있다. 또한 堂大等・大等・郎中・員外郎이 동일 계열이라는 사실은 吏職 개정에서 각각 戶

로 개칭되어 兵正・副兵正이나 倉正과 동일하게 보이지만, 堂大等 중심의 체제에서는 兵部・倉部와는 달리 堂大等 직속이었다. 고려초 州官에서 이들은 堂大等 휘하에서 실무를 담당하는 執事省의 구성원이었다.[17] 그렇기 때문에 戶長・副戶長 체제에서도 戶正・副戶正은 鄕吏 公服이나 그 승진 규정에서 차별되었다.[18]

成宗 2년의 吏職 改編은 堂大等・大等 중심의 州官을 戶長 중심으로 개편하되, 그 체제는 계승하도록 한 것이다. 이를 통해 高麗初의 다양한 州官을 전국적으로 하나의 체제로 통일하려 했다.

戶長 중심의 吏職으로 개편한 이후, 중앙정부는 戶長에 대해서는 副戶長과도 확연히 구별하여 대우했다. 적어도 戶長은 중앙의 관리에 준하는 대우를 받았다.

가-(6) 是年(顯宗 9년)判 諸道外官戶長擧望時 考其差年久近 壇典行公年數 具錄申省 方許給牒[19]
考本邑陳省 給攝戶長・正朝戶長・安逸戶長帖[20]

(7) 穆宗元年三月 判 諸州縣戶長 年滿七十屬安逸[21]
穆宗元年三月 賜郡縣之安逸戶長職田之半[22]

(8) (顯宗)十六年二月 判 諸州縣長吏 病滿百日 依京官例 罷職收田[23]
文宗三十五年二月 制 諸州縣長吏武散階者 小喪依制給暇 以下 以導信義 葬時給暇[24]

사료 가-(6)에 나타나듯이 戶長은 중앙의 尙書省에서 공식으로 職牒을 받도록 하였는데, 攝戶長부터 그 대상이었다. 처음부터 戶長에 임명되는 것이 아니라 攝戶長을 거쳐 戶長에 이르는 일정한 단계가 있었음을 나타낸다. 이러한 승진의 절차는 戶長이 하나의 관직으로

長・副戶長・戶正・副戶正이 되어 '戶'자의 공통성을 가진다는 점에서도 파악할 수 있다고 하였다.

17) 강은경, 앞의 논문, 1999 참조.

18) 鄕吏 公服이 별도로 정해진 것은 顯宗 9년에 마련된 '長吏公服'에 대한 규정이었다. 『高麗史』 권72, 輿服志 冠服 長吏公服, 中, 565쪽에 "顯宗九年 定長吏公服 州府郡縣戶長紫衫 副戶長以下兵倉正以上緋衫 戶正以下司獄副正以上綠衫 竝靴笏 州府郡縣史深靑衫 兵倉史諸壇史天碧衫 無靴笏"이라 하여 鄕吏 公服은 鄕吏職制에 따라 5단계로 나뉘었는데, 여기서 戶正과 副戶正의 公服은 兵・倉正보다 한 단계 아래의 綠衫이었다. 이상 鄕吏 公服에 관해서는 강은경, 「高麗時期 鄕吏 公服制」, 『한국사상과 문화』 4, 1999 참조.

19) 『高麗史』 권75, 選擧志3 鄕職.

20) 『經國大典』 卷1, 吏典 鄕吏條, 165쪽(아세아문화사, 1983 영인본).

21) 『高麗史』 卷75, 選擧志3 鄕職.

22) 『高麗史』 卷78, 食貨志1 田制 田柴科.

23) 『高麗史』 卷75, 選擧志3 鄕職.

24) 『高麗史』 卷64, 禮志6 五服制度 凶禮.

취급되었음을 뜻한다. 반면에 副戶長 이하는 職牒의 대상이 아니었다. 이들은 鄕吏職制에서 단순히 戶長의 아래 직위에 있는 것이 아니라, 관리로서 대우받지 못한다는 근본적인 차이가 있었다.

戶長에게는 職牒을 준 만큼 그에 따라 職田도 주었다. 사료 가-(7)에 따르면 戶長이 70세가 되면 安逸戶長이 되고 職田의 반을 보장받았다. 한 번 戶長이 되면 70세까지 그 지위와 함께 職田이 유지되었고, 이후에 安逸戶長으로 은퇴해도 職田이 보장되었다.

職牒과 職田을 받는 戶長은 정부의 규정에 따라 邑司에 근무할 의무가 있었다. 戶長은 질병으로 인한 휴무가 제한되었으며, 각종 喪葬時의 휴가 기일도 별도로 정해졌다. 사료 가-(8)에서 戶長이 질병으로 1백일 이상 자리를 비우게 되면 그 직책을 파하고 아울러 職田도 몰수하도록 하였다.[25] 당시 중앙의 관리들은 자신의 질병으로 관청을 비우는 것에 대하여 엄격히 규제를 받았다. 질병으로 휴가를 청하면 태의감의 진찰을 받은 후 휴가를 받을 수 있었으며, 그 휴가기일은 100일을 넘지 못하도록 하였다. 만일 그 이상이 되면 관직에서 파하도록 하였다.[26] 각 郡縣 邑司의 戶長에게도 京官과 마찬가지로 바로 이러한 규정을 적용한 것이다.

또한 戶長의 소상에는 규정에 의한 휴가를 주도록 하였다. 당시 중앙의 관리들은 상사를 당하면 휴가를 주되 大祥·小祥에는 7일간, 禫祭에는 5일간, 忌日 제사와 매달 초하루 및 보름 제사에 1일의 휴가를 받을 수 있었다.[27] 이에 비해 戶長에게는 武散階를 가진 자에 한하여 小喪에 휴가를 주도록 하였다. 그나마 戶長 이하는 장례 때만 휴가를 주도록 하였다. 사실 성종대에 관리들에게 각종의 제사에 참여할 수 있도록 휴가를 준다는 규정이 이미 정해졌음에도 문종대에 지방에 재직중인 外任官에게 대상제 휴가를 주겠다고 한 것으로 보아,[28] 성종대의 규정은 중앙에 있는 관리들에 한한 것임을 알 수 있다. 지방에 있는 관리들에 대한 규정은 이후 차츰 이루어졌다.

이와 같이 鄕吏職에서도 戶長은 중앙정부가 직접 관리하던 대상이었다. 그리고 그 이하의 鄕吏는 戶長에게 맡겼던 것으로 보인다.

가-(9) 麗朝十八年 羅王金傅降 除國爲慶州 使傅爲事審 知副戶長以下官職等事 然則 戶長

25) 사료 가-(8)에 나오는 諸州縣의 長吏는 戶長을 가리킨다. 윤경진, 「고려전기 戶長의 기능과 外官의 성격」, 『국사관논총』 87, 1999, 70~76쪽 참조.

26) 『高麗史』 卷84, 刑法志1 公式 官吏給暇, 宣宗 3년 2월에 外官에 새로 임명된 자가 몸이 아파 휴가를 청하면 常參 이상은 태의감이 진찰한 후 휴가를 주도록 하였으며, 『高麗史』 卷84, 刑法志1 公式 職制, 宣宗 10년 判에 휴가를 청하여 1백일 된 자는 '解官'하라고 되어 있다. 또한 『高麗史』 卷84, 刑法志1 公式 官吏給暇, 睿宗 4년에 6품 이상이 아프다고 하면 10일간의 휴가를 주고, 7품 이하는 태의감이 진찰한 후 휴가를 주되 모두 1백일이 넘지 못하도록 하였다.

27) 『高麗史』 卷64, 禮志6 五服制度 참조. 이에 따르면 小祥祭는 장례를 치른 후 13개월에, 大祥祭는 25개월에 지내며 禫祭는 27개월에 지낸다고 되어 있다. 휴가 규정은 성종 15년에 정해졌는데, 이와 동일한 기사가 『高麗史』 卷84, 刑法志1 公式 官吏給暇 기사에 있다. 이러한 다양한 휴가는 부모상일 경우였다.

28) 『高麗史』 卷64, 禮志6 五服制度 凶禮, 문종 33년 8월조.

之尊於事審也明矣 (『掾曹龜鑑』 卷1, 吏職名目解)

사료 가-(9)에 따르면 太祖 18년에 新羅王 金傅를 慶州의 事審으로 삼고 副戶長 이하 官職 등의 일을 주장하도록 했는데, 이러한 事審의 역할은 副戶長 이하를 관장한다는 점에서 戶長과 동일했다. 따라서 향리들의 기록인 위의 『掾曹龜鑑』에서는 이러한 國初 戶長의 地位가 事審보다 존귀하다고 기록하였다.[29)]

2) 邑司의 구성과 戶長

邑司는 고려의 지방통치에서 실제적인 관청의 구실을 했으므로, 이를 위해 다양한 부서를 갖추었다. 주요 부서로 司兵・司倉을 들 수 있고, 그 밖에 公須・食祿・客舍・司獄・藥店 등 다양한 부서들이 있었다. 이 중 사병・사창의 책임자인 병정・창정은 다른 기관의 책임자보다 상대적으로 직급이 높았고, 호정・부호정 등은 소속 부서가 별도로 언급되지 않았다. 호정・부호정 등은 고려초 州官에서 집사성의 기능을 계승하여 여전히 戶長의 직속기구로 존재했기 때문이다.[30)]

戶長과 그 예하 직속기구는 각 邑司에서 중요한 일을 의결, 처리하였다. 다음은 顯宗代 경산부의 임내였던 若木郡司의 사례이다.

나-(1) 郡百姓 光賢이 天僖 3年(顯宗 10) 10月에 國家의 覇業이 길이 흥하고 큰 기틀이 永固하며 긴 세월 보존하여 寶祚가 무궁히 이어지고 長吏 등이 이로 인해 災殃이 없고 福壽가 더하기를 기원하면서 …… 石塔 5層을 이루고자 하였다. 太平 2年(顯宗 13) 5月 7日에 身病으로 죽자, 同生兄 副戶長 禀柔가 公山의 新房依止修善僧 覺由에게 勸善하여 食 102石으로 받게 하였다.
太平 3年 6月, 淨兜寺에 安置하기로 결정하였다.……
太平 7年 12月, 僧俗等 1천여 명을 戶長 柳瓊이 左徒, 副戶長 承律이 右徒로 나누었다.
太平 10年 12月 7日, 寺의 마땅한 곳에 세우기로 결정한 牒을 작성하였다.…
12月 12日, 正位□ 隊正 嵩函・式奐이 一品軍 21명으로 五尺石을 堀取하여 세움.

29) 顯宗 9년에 마련된 '長吏公服'을 보아도 戶長은 중앙관리에 비견되는 존재였다. 戶長의 公服은 紫衫으로 중앙의 최고 官品에 해당하는 服色었다. 그에 비해 당시 文宗代부터 파견되기 시작했던 縣令・縣尉는 각각 7품 이상이거나 8품직이었으므로(『高麗史』 卷77, 百官志2 外職, 中, 696~701쪽), 이들은 綠衣・木笏만 허용되는 지위였다. 이 정도의 지방관이 각 郡縣의 戶長을 세습, 독점하고 있는 戶長層을 어느 정도나 제어할 수 있었는지 짐작할 수 있다.

30) 河炫綱, 「高麗初期의 地方統治」, 『韓國中世史研究』, 1988, 190~194쪽에서는 이 기구를 兵・倉部보다 상위의 부서로서 태봉시대부터 있었던 廣評省과 같은 기구로 추측하고, 堂大等을 侍中으로, 大等을 侍郎으로 이해하였다.

시주자 명단 : 戶長 柳瓊·神彦
副戶長 肯礼·叔光, 副戶長 禀柔, 副戶長 承律, 副戶長 賢質
戶正 成允·漢器
正 　 寵雄·眞漢, 副正 元白·智白·師行·順男
官史 元道·洪漢
兵正 佐宜, 副兵正 元行
散員 積宜, 隊正 式奐 (淨兜寺五層石塔造成形止記[31])

(2) 太平 3年(顯宗 14) 6月, 淨兜寺에 安置하기로 결정
郡司戶長 仁勇校尉 李元敏
副戶長 應律·李成·禀柔·神彦
戶正 宏運, 副戶正 成寵, 官史 光策

(3) 太平 10年(顯宗 21) 12月 7日, 寺의 마땅한 곳에 세우기로 결정한 牒 작성
郡司戶長 別將 柳瓊
攝戶長 金甫, 戶正 成允, 副戶正 李希, 書者 承福

淨兜寺 5층석탑은 顯宗 22년(1031)에 若木郡에 세워진 것으로, 사료 나-(1)에는 그 건립 경위가 상세히 적혀 있다. 이 탑은 顯宗 10년에 郡百姓 光賢이 발원했는데, 顯宗 13년에 光賢이 죽자 同生兄 副戶長 禀柔가 다시 건립을 주도하여 顯宗 22년에 완성된 것이다. 그 과정에서 顯宗 14년 6월에 5층 석탑을 淨兜寺에 安置하기로 결정하는 데 참여한 邑司의 구성원이 기록되어 있으며, 또 淨兜寺에 탑을 세우기로 한 顯宗 21년 12월 7일자 牒에는 邑司에서 문서를 작성한 사람들이 기록되어 있다. 그 상세한 내용을 사료 나-(2)와 나-(3)으로 각각 분리하였다.

탑의 건립을 발원한 郡百姓 光賢은 副戶長 禀柔의 同生弟라고 하므로, 副戶長 禀柔와 같은 신분에 속하는 사람이었다. 同生兄 禀柔가 副戶長을 맡았기 때문인지 본인은 鄕吏職을 갖지 못했고, 따라서 '百姓'으로 불렸다.[32] 또 그 발원의 내용도 국가의 무궁함과 長吏의 복을 비는 등 개인적인 공사가 아니라 지방사회 전체를 위한 기원을 담았다. 그렇기 때문에 郡百姓이 발원했음에도 同生兄인 副戶長 禀柔는 물론이고 若木郡의 전체 鄕吏 조직이 참여하여 일을 추진하였다.

사료 나-(2)는 향리 전체가 참여하는 이 사업을 결정한 若木郡司의 鄕吏組織이다. 顯宗 14년에 석탑을 淨兜寺에 安置하기로 결정하는 데 참여한 邑司의 구성원은 郡司戶長 仁勇

31) 許興植, 『韓國中世社會史資料集』, 아세아문화사, 1972, 62~65쪽 ; 許興植, 『韓國의 古文書』, 민음사, 1988, 64~89쪽.
32) 이 때의 百姓은 이우성, 「麗代 百姓考」, 『역사학보』 14, 1961에서 말하는 말단의 村落支配層이 아니라, '鄕吏職이 없는 자'를 의미하는 것으로 보아야 한다.

校尉 李元敏, 副戶長 應律·李成·禀柔·神彦, 戶正 宏運, 副戶正 成寵, 官史 光策 등이다. 郡司戶長 1명, 副戶長 4명, 戶正 1명, 副戶正 1명, 官史 1명으로 구성되어 있다. 邑司의 주요 부서의 책임자인 倉正·兵正은 제외되어 있고, 戶正 계열만 참여하고 있다. 邑司에서도 주요한 사업을 의결하는 조직은 戶長과 그 예하 직속기구였음을 알 수 있다.

또한 시주자 명단에는 正·副正, 兵正·副兵正의 鄕吏職과 散員·隊正 등의 將校職이 보이긴 하지만, 그 밖에 公須·食祿·客舍·藥店·司獄正 등은 전혀 보이지 않는다.[33] 副戶長이 4명인 것으로 보아 若木郡은 1千丁 이상의 巨邑에 해당한다. 若木郡이 비록 屬縣이고 지역에 따라 다소의 차이가 있다 하더라도, 公須·食祿·客舍·藥店·司獄正이 동일한 지위의 직책이었다면 이렇게 전혀 언급되지 않을 수 있을까. 한 郡縣의 주요한 의사결정이나 사업을 진행하는 것은 철저히 戶長 중심으로 이루어졌다고 해도 별 무리가 없을 듯하다.

또한 사료 나-(1)에서 주목되는 것은 당시 각 郡縣의 戶長이 복수로 규정되어 있음에도, 邑司에서 실무를 주도하는 戶長은 한 명이라는 점이다. 若木郡에서도 顯宗 21년에 확인되는 戶長이 柳瓊·神彦 2명이지만, 邑司의 의사결정 과정에는 柳瓊만이 참여하고 있다. 戶長 柳瓊은 顯宗 18년에 僧俗 1천 명을 이끌고 공사를 주도하였고, 神彦은 顯宗 14년에 副戶長으로 邑司의 구성원이었다. 따라서 戶長 柳瓊은 神彦보다 먼저 戶長職에 올랐고, 首戶長의 역할을 한 것으로 볼 수 있다. 顯宗 14년의 郡司戶長 李元敏과 顯宗 21년의 戶長 柳瓊은 仁勇校尉 또는 別將 등 武散階나 將校職을 띠고 首戶長과 같은 지위에서 고을의 주요 사업을 주관했다. 이는 首戶長이 제도화하기 전에 이미 그 단초가 있었음을 보여준다.[34] 지방관이 없는 郡縣에서 首戶長은 지방관의 역할을 했을 것이다.

戶長과 그 직속기구는 邑司에서 주요 문서의 작성과 관리의 책임도 가지고 있었다. 사료 나-(3)은 顯宗 21년에 작성된 牒인데, 여기에는 郡司戶長 別將 柳瓊, 攝戶長 金甫, 戶正 成允, 副戶正 李希, 書者 承福 등이 기록되어 있다. 이들이 이 문서 작성에 관여하였다. 여기에도 戶長 1명과 戶正 계열만이 언급되어 있다.

邑司 조직의 이러한 성격은 高麗後期에도 변함없이 유지되었다.

나-(4) 慶州司 戶長正朝 李弼

33) 이들도 郡縣司에 소속되어 실무를 담당하긴 했으나, 戶長層이 아니었기 때문에 시주자 명단에 끼지 못한 것 같다. 이 중 客舍正은 조선 후기까지 존속하였다. 이상은 「安東府安逸班謄錄」, 32쪽 및 「慶州府司安逸房考往錄」, 118~119쪽(영남대 민족문화연구소 편, 『朝鮮後期 鄕吏關係資料集成』, 1990 영인) 참조.

34) 李勛相, 「고려중기 鄕吏制度의 변화에 대한 일고찰」, 『東亞研究』 6, 1985에서는 上戶長制度가 신설되는 것은 睿宗代 監務 파견과 함께라는 추정을 하고 있다. 하지만 이러한 양상은 鄕吏制가 성립하기 이전에도 있었다. 光宗 13년에 세워진 清州 龍頭寺 鐵幢竿의 건립 때에 大等은 4~5명이었는데, 일을 주도하는 堂大等은 한 명이었다. 이러한 堂大等이 후대의 上戶長에 해당하는 역할을 했던 것으로 보인다.

戶長正朝 金學
戶長正朝 崔益
戶長正朝 金光叔
攝戶長 金諫
攝戶長 金
攝戶長 李
攝戶長 朴
副戶長 孫
副戶長 崔
副戶長 崔
副戶長 金
戶正
戶正
副戶正
副戶正
詔文州史 孫
(至正二十一年辛丑正月日 慶州司首戶長行案[35])

사료 나-(3)이 고려 전기의 자료인 데 비해, 사료 나-(4)는 高麗末 恭愍王 10년(1361) 때 慶州司의 首戶長 行案을 작성한 책임자들의 명단이다. 자료를 보면 '慶州司首戶長行案'을 작성할 때도 戶正 계열이 중심이 되었는데, 바로 이 문서의 작성과 보관의 책임을 진 기구이다. 다만 다른 것은 正朝戶長·攝戶長 등 戶長級 전원이 참여했다는 점이다. 이는 首戶長 명단의 작성이라는 매우 중요한 일이었기 때문이 아닌가 한다.

또한 이 문서는 비록 『고려사』에 남아 있는 공문서 서명 양식과는 정반대의 형식을 취하고 있긴 하지만, 공문서 서명 규정을 나름대로 지킨 공식 문서였다. 본래 공문서 서명 양식에는 낮은 관직에서 고위직으로 올라 감에 따라 內位와 성명을 다 쓰는 경우, 姓과 서명을 하는 경우, 서명만 하는 경우로 구별되어 있었다.[36] 사료 나-(4)의 문서는 상위의 戶長正朝 4명과 攝戶長 1명은 성명을 다 쓰고 攝戶長 3명과 副戶長 4명은 姓만 썼으며, 호정·부호정은 직위만 쓰고 있다. 이러한 문서 작성 양식을 통해서도 고려시기 邑司의 운영은 戶長에게 임의로 맡겨진 것이 아니라, 전국적인 행정체계 속에서 운영되었음을 알 수 있다.

그런데 이 명단의 순서는 이들의 서열에 따른 것이었다. 위의 戶長 명단 중 姓名이 기록된 자들은 거의 모두 『慶州戶長先生案』의 首戶長 명단에 나온다. 그리고 명단의 순서가 이들이 首戶長을 맡은 순서와 일치하고 있다.[37] 따라서 攝戶長 金諫은 攝戶長 중에서 가장

35) 許興植, 『韓國中世社會史資料集』, 59~62쪽.
36) 『高麗史』 卷84, 刑法志1 公式公牒相通式 참조. 이 규정이 언제 제정되었는지 나타나 있지 않지만, 중앙기관 사이에, 또는 지방기관 사이에 문서가 유통될 때 모두 이 양식을 적용하도록 하였다.

앞에 이름이 놓여 있으므로 攝戶長 중에서 가장 상위이며, 또 戶長正朝와 같이 성명을 함께 기록한 것으로 보아 비록 攝戶長이지만 그 서열은 戶長正朝와 같았음을 나타낸다. 같은 戶長職에도 그 안에는 나름대로 서열이 있었다.

또한 1천 정 이상의 郡縣에는 戶長 정원이 8명이었는데, 사료 나-(4)에서 경주의 邑司에도 戶長正朝 4명, 攝戶長 4명 등 모두 8명의 戶長이 보인다. 그렇다면 '慶州司首戶長行案' 작성에는 경주 邑司의 모든 戶長이 참여한 셈이다. 즉 邑司의 중요한 일에는 모든 戶長이 참여하였고 그 결정 과정은 합의체적인 성격을 띠었다고 볼 수 있다.

3. 戶長層의 형성 과정

1) 戶長層의 형성

高麗初 邑司는 실제적인 지방관청의 역할을 담당하였고, 각 지방의 戶長들은 그 邑司를 운영하는 주체로서 중앙의 관리와 같이 규정에 따른 대우와 규제를 받았다. 이러한 戶長職에 오를 수 있는 집안은 제한되어 있었다.

다음은 잘 알려져 있듯이 고려정부가 당시 지방의 토착세력을 鄕吏制로 편제해 가는 과정에서 鄕吏職의 승진단계를 규정한 내용이다. 아울러 高麗社會에서 지방세력의 차등을 드러내는 기록이기도 하다.

다-(1) 文宗五年(1051)十月判 諸州縣吏 初職後壇史 二轉兵倉史 三轉州府郡縣史 四轉副兵倉正 五轉副戶正 六轉戶正 七轉兵倉正 八轉副戶長 九轉戶長 其公須食祿正准戶正副正准副兵倉正 客舍藥店司獄正准副戶正 副正准州府郡縣史 以家風不及戶正副兵倉正者 差之 若累世有家風子息 初授兵倉史 其次初授後壇史[38]

사료의 승진규정은 兵正・倉正・戶正 계열을 중심으로 9단계로 나뉘어 있다. 그 밖에 各司의 正・副正은 戶正과 副兵正・副倉正을 기준으로 삼아 구별하였다.[39] 그런데 누구나 初職을 後壇史에서 시작하여 戶長에 이르는 것은 아니었다. 같은 토착세력이더라도 '家風'[40]에 따라 初職이 달랐다. '累世有家風子息'이면 두 번째 단계인 兵史・倉史부터 시작

37) 이 부분은 본고의 뒷부분에서 자세히 다루었음. 뒤의 <표> 참조.

38) 『高麗史』 卷75, 選擧志3 鄕職, 中, 654쪽.

39) 여기서 兵・倉正이 아닌 戶正이 기준이 된 것은, 당시 兵・倉正이 副戶長보다 한 단계 낮은 서열이지만 거의 같은 지위로 취급되었기 때문인 것 같다. 이는 顯宗 9년의 鄕吏服制에서 副戶長과 兵・倉正이 동일하게 緋衫으로 규정된 것에서도 짐작할 수 있다.

40) 蔡雄錫, 『高麗時期 '本貫制'의 施行과 地方支配秩序』, 서울대학교 박사학위논문, 1995, 103~106쪽에서는 '家風'을 本貫 지역에서 명망을 바탕으로 한 지배층으로서의 家格으로 보았고, 朴恩卿, 「高麗時代 事審官의 性格」, 『高麗時代 鄕村社會研究』, 1996, 100~106쪽에서는 향촌사회내 豪族을 중심으로

하지만, 그에 못 미치는 '其次'는 첫 번째 단계인 後壇史에서 출발하게 되어 있다.

이러한 구별은 初職에만 적용되는 게 아니었다. 각 邑司의 휘하에는 실무를 담당하는 다양한 부서가 있었는데, 그 부서에 따라 正·副正의 직위가 달랐다. 公須司·食祿司의 경우 그 副正은 副兵倉正에 준하였지만 그 正의 직위가 戶正에 해당한다고 되어 있다. 戶正은 별도의 부서를 이루고 있지 않으므로 각 부서의 기준은 兵司·倉司라고 할 수 있다. 즉 公須司·食祿司의 正은 兵司·倉司의 正보다 한 단계 아래에 해당한다. 또한 客舍·藥店·司獄司의 경우 그 正은 副戶正에, 副正은 州府郡縣史에 준한다고 되어 있어, 公須司·食祿司보다 한 단계 아래에 해당한다. 이를 정리해 보면 邑司는 戶長 직속에서 邑司 전반의 실무를 담당하는 호정 계열이 별도로 존재하고, 각 분야의 일을 담당하는 各司가 나름대로 서열을 갖추고 있었다. 各司에서는 兵司·倉司가 가장 상위의 부서였고 公須司·食祿司가 그 다음의 지위였으며, 客舍·藥店·司獄司가 가장 낮은 지위에 있었다.

그런데 본 규정에서 이러한 公須·食祿·客舍·藥店·司獄(司)의 正·副正에는 '家風이 戶正·副兵倉正에 미치지 못한 자'를 임명한다고 되어 있다. 하지만 公須·食祿(司)의 正·副正은 戶正·副兵倉正과 그 직급은 동일하였다. 동일한 지위의 鄕吏職이라도 戶正·副兵倉正을 맡는 자들과 그 밖의 부서를 맡는 자들은 '家風'에 따라 구별되었다.

戶正·副兵倉正을 맡는 자들이 各司의 正·副正보다 '家風'이 우월했다면, 이들이 바로 初職을 兵·倉史에서 시작하는 '累世有家風子息'임에 틀림없다. 그리고 戶正·副兵倉正 등의 鄕吏職은 이들 '累世有家風子息'만이 맡을 수 있는 鄕吏職이었다. 文宗 5년의 승진규정은 바로 '累世有家風子息'을 중심으로 정리된 것이었고, 이들이야말로 최종 戶長까지 할 수 있는 계층이었다. 반면에 後壇史에서 출발한 자들은 같은 正·副正이라도 公須·食祿·客舍·藥店·司獄司의 鄕吏職에 제한되었다.[41] 高麗의 지방세력은 '家風'에 따라 크게 두 부류로 구별되었고, 그것이 鄕吏職의 승진규정으로 나타난 것이다.

이러한 규정은 정부가 일방적으로 만든 것이 아니라, 당시 지방사회의 관례가 반영된 것이다. 고려가 통일된 지 120년, 각 지방세력은 호족적 성격이 약화되었고, 그간 지방사회에서 잡은 기반에 따라 '累世有家風子息'과 '家風不及者'로 구분되었다. 최종 戶長까지 이를 수 있는 자들은 '累世'에 걸쳐 家風을 유지한 집안이었고, 그 집안의 자손은 당연히 戶長職까지 오를 수 있었다.[42] 그리하여 郡縣마다 몇몇 집안이 '累世有家風'의 집안으로서 戶長

자연스럽게 형성되어 인정되고 있던 신분질서로 보았다.

41) 羅恪淳, 「高麗鄕吏의 身分的 特性과 그 變化」, 『史學研究』 45, 1992, 63쪽에서는 이를 郡吏系와 戶長系의 차등으로 이해하였다.

42) 후대의 자료이긴 하지만 고려말 조선초의 戶口單子나 戶籍, 戶長先生案 등을 보면 戶長職은 각 집안에서 거의 세습되고 있었다. 대표적인 사례가 『慶州戶長先生案』, 88~89쪽의 戶長正朝 李秀民의 사례이다. 李秀民은 庚辰年(1460) 2월 12일에 開印行公하는데, 賤妾對坐로 인해 長子인 記官 希元戶에서 迎印하였다는 기록이 있다. 首戶長의 有故時에 首戶長의 職印을 맞이하는 공식행사를 다른 戶長이 아닌, 현재 記官인 長子가 代行했음을 알 수 있다. 그것은 首戶長의 職도 각 가문에서 세습되었기 때문인 것 같다.

職을 대대로 이어갈 수 있었다. '累世有家風'의 집안은 이러한 戶長職의 세습을 통해 戶長層이라는 하나의 계층을 형성하여, 지방사회에서 그 지위를 더욱 공고히 할 수 있었다. 반면에 '累世有家風'의 집안에 못 미치는 '家風不及者' 또는 '其次'는 戶正 계열이나 兵司・倉司의 鄕吏職을 제외한 各司의 鄕吏職을 담당하면서 『世宗實錄地理志』의 '次吏層'을 형성하였다.[43]

사료 나-(4)에서 살펴본 '慶州司首戶長行案'은 고려사회에서 일부 지방세력이 戶長職을 독점적으로 이어가고 있음을 잘 보여준다. 그 구체적인 양상을 살펴보기 위해 다음과 같이 사료 나-(4)의 '慶州司首戶長行案' 서문에 姓名이 기록된 자들을 『慶州戶長先生案』과 비교해 보았다.

<표> 1361년 慶州司의 首戶長 현황[44]

戶長 명단	首戶長 역임 시기	가 계
戶長正朝 李弼	1355년 1359년 1362년	父 戶長芮, 祖 戶長正朝暉, 曾祖 副戶長幹, 高祖 副戶長大與, 5代祖 副戶長世才, 外祖 兵正李守
戶長正朝 金學	1361년	父 副戶長仁, 祖 副戶長元鼎, 曾祖 戶長正朝貞孝, 外祖 戶長鄭甫
戶長正朝 崔益	1361년 1367년	父 副戶長之玉, 祖 權知戶長冲茂, 曾祖 戶長松, 外祖 權知戶長李桂
戶長正朝 金光叔(一名 君子)	1363년 1369년 1374년 1376년 1379년 安逸戶長	子 戶長正朝 金漢良, 父 副戶長 道, 祖 戶長中尹 益暉. 曾祖 戶長公器, 外祖 戶長鄭習圭, 妻父 戶長 金旦
攝戶長 金諫	首戶長 역임 기사는 안 보임. 安逸戶長	子 副戶長 關, 孫 戶長 公, 曾孫 首戶長 金塋(1447), 孫妻父左右衛 保勝別將 金萬興

위의 표는 1361년 경주사의 戶長職을 가지고 있었던 사람들에 대하여 그 首戶長 역임 시기와 가계를 『慶州戶長先生案』에서 살펴본 결과이다. 攝戶長 金諫을 제외하면 이들은 1361년 이전이나 혹은 1361년 당시에, 또 그 이후라도 모두 首戶長을 역임하였다. 이들의 四祖는 거의 대부분이 戶長 또는 副戶長이었고, 그 후손도 호장직을 계속 이어갔으며 상당수는 수호장을 맡았다.

대표적인 사례로 李弼과 金光叔의 경우를 들 수 있다. 확인 가능한 자료상으로 이 집안은 5대조부터 부호장을 하다가 그의 祖에 이르러 호장정조가 되었다. 그의 父는 호장이었지만 父와 형제인 李蘭이 1330년에 수호장을 한 것으로 보아, 이 때쯤이면 경주 호장층에서

43) 戶長層과 次吏層의 차이에 관해서는 姜恩景, 「高麗後期 戶長層의 變動과 '世宗實錄地理志'의 土姓・亡姓」, 『東方學志』 99, 1998, 57~66쪽 참조. 高麗後期 '古籍'을 기본 자료로 편찬된 『世宗實錄地理志』에는 '古籍' 이전의 모습을 드러내는 표현들이 곳곳에 남아 있는데, 人吏姓이나 土姓과는 차등적으로 구별되는 百姓姓이나 次姓・次吏姓 등이 바로 次吏層에 해당되지 않을까 생각한다.

44) 「慶州戶長先生案」, 『韓國中世社會史資料集』, 64~85쪽.

도 상당한 세력이 있는 집안이 되었음을 알 수 있다. 그 결과 李弼 자신도 수호장을 세 차례나 맡을 수 있었다. 金光叔도 1363년부터 1376년까지 네 차례에 걸쳐 수호장을 맡았다. 그의 가까운 선대에는 수호장을 맡았던 기록이 없으나, 그의 아들 金漢良은 몇 차례 수호장을 한 기록이 있다. 그에 비해 攝戶長 金諫은 그 자신은 首戶長을 역임하지 않았더라도 그 자손이 모두 戶長·副戶長職에 올랐고, 그 증손 金瑩이 1447년에 首戶長職을 맡았다.

적어도 慶州司의 首戶長을 맡은 집안에서는 그 四祖가 戶長·副戶長이 아닌 경우가 거의 없었다. 예외인 경우에도 지방군의 別將이거나 兵正이 있었고, 고려 말에는 貢士 또는 檢校職·同正職인 경우가 몇몇 있을 뿐이다.

따라서 향리직에서 戶長職의 세습에 대한 규정은 없었지만, 각 郡縣에서 戶長職에 오를 수 있는 사람은 몇몇 집안에 제한되어 실질적으로 세습되었다. 그리고 戶長職의 세습화를 통해 戶長層이 형성될 수 있었다. 고려 각 지방사회에서는 戶長層이 각 郡縣마다 형성되어 邑司의 주요 구성원이 되었고, 읍사는 고을의 의사결정 기구로서의 역할을 담당하였다.

2) 戶長層의 관직 진출

高麗社會에서 戶長層은 鄕吏職을 통해 지방통치체제에 참여할 뿐 아니라, 관직에 진출할 수 있는 일정한 통로가 마련되어 있었다. 그 대표적인 사례가 貢擧·其人·一品軍 將校職 등에서 鄕吏職者에게 주는 혜택이었다. 여기서는 鄕吏 직위에 따른 자격을 일일이 규정하였는데, 이는 지방세력 중에서도 鄕吏職을 수행하는 자들에게만 혜택을 주겠다는 의도로 보인다. 이 제도들은 대체로 鄕吏職이 중앙정부에 의해 제도화되었던 文宗代에 이루어졌다.

지방에서 중앙관직으로 진출할 수 있는 가장 확실한 길은 과거를 통한 것이었으며, 중앙정부는 지방세력이 과거에 응시할 수 있도록 각 지방에서 貢擧를 하도록 하였다.

다-(2) 文宗二年十月判 各州縣副戶長以上孫·副戶正以上子 欲赴製述·明經業者 所在官試貢京師 尙書省國子監審考 所製詩賦違格者 及明經不讀一二机者 其試貢員科罪 若醫業須要廣習 勿限戶正以上子 雖庶人 非係樂工·雜類 並令試解[45]

위의 사료는 文宗 2년(1048)에 정한 각 州縣에서 貢擧할 때의 규정이다. 이에 앞서 顯宗 15년에 諸州縣의 歲貢을 1千丁 이상이면 3명, 5百丁 이상이면 2명, 그 이하는 1명으로 정하고 界首官이 시험쳐 선발하여 서울에 보내면 국자감에서 다시 시험하여 입격한 자는 科擧를 보도록 허가하고 나머지는 本處로 돌려보내도록 한 바 있다.[46] 그런데 界首官의 시험이 제대로 시행되지 않았던 모양이다. 文宗 2년에는 국자감에서 다시 시험을 보아 부자격자는

45) 『高麗史』 卷73, 選擧志1 科目1, 中, 590쪽.
46) 『高麗史』 卷73, 選擧志1 科目1, 顯宗 15년 12월, 中, 590쪽.

科罪하겠다는 방침을 밝히고 있다. 이는 界首官과 결탁하여 쉽게 진출하는 것을 통제하려는 의도였다고 생각한다.

지방사회에서 界首官과 결탁하여 貢擧를 받는 자들은 어떤 계층이었을까. 文宗 2년의 규정에서는 歲貢의 대상을 副戶長 이상의 孫과 副戶正 이상의 子로 구체적으로 명시하여, 貢擧의 대상을 명확히 하였다. 그 한계로 명시된 副戶長과 副戶正은 戶長層 내에서의 직위의 차별이며, 副戶正 이상이라고 해서 그와 같은 직위인 公須・食祿・客舍・藥店・司獄正 등까지 포함하는 것은 아닌 듯하다. 비슷한 시기 문종 5년의 규정인 사료 다-(1)에서 公須・食祿・客舍・藥店・司獄正의 鄕吏職을 '累世有家風子息'에 못 미치는 '家風不及者'가 했다면, 이러한 차등의 기준은 여기서도 적용되었을 것이다. 같은 家風의 副兵倉正이 제외되고 있는데, 鄕吏 職位가 같다고 해서 '家風不及者'에게 동일한 기회를 주었다고 보기는 어렵기 때문이다.

지방사회에서 戶長層이 貢擧를 통해 중앙관직으로 진출하는 것은 그리 어려운 일이 아니었다. 그 결과 仁宗 18년(1140)에는 明法科에 貢士의 지원을 금하자는 건의가 나오게 된다. 당시 明法科는 律令만을 읽게 하므로 급제하기 쉽고, 급제하면 지방관직에 임명하므로 兩班 子弟와 貢士가 다수 지원하였다고 한다.[47] 특별히 貢士의 지원을 금하려고 한 것은 이들이 戶長層 출신으로 쉽게 貢擧되었기 때문이다. 즉 歲貢의 대상을 戶長層으로 하되, 그 중에서도 鄕吏職이 副戶正 이상인 자들에 한해서 貢擧의 특혜를 주었다고 생각한다. 戶長과 함께 사실상 최고 상위 鄕吏職을 이루는 副戶長에게는 그 孫까지 貢擧의 자격을 주었고, 그 이하 兵倉正・戶正 및 副戶正에게는 그 자식에게만 貢擧의 자격을 주었다.

醫業의 경우 이전에는 戶正 이상으로 제한하여 명경・제술과보다 그 자격이 더 엄격했다. 이는 醫業을 통해 관직을 쉽게 얻을 수 있었기 때문이다.[48] 문종대에는 그 제한을 없애고 庶人이라도 樂工・雜類에 연계되어 있지 않으면 시험에 응시하도록 하였다. 여기서 戶正 등의 鄕吏職을 가진 자는 庶人과 구별되는 계층이었는데, 文宗代에 鄕吏職에 따른 각종 관직진출의 특혜가 마련되자 醫業에서는 더 이상 제한을 두지 않았음을 알 수 있다.

戶長層에게는 貢擧를 통한 과거 응시가 아니더라도 관직에 진출할 수 있는 공식 통로가 또 있었다. 그것은 其人을 통한 同正職의 획득이었다.

다-(3) 國初 選鄕吏子弟 爲質於京 且備顧問其鄕之事 謂之其人

文宗三十一年判 凡其人 千丁以上州 則足丁年四十以下・三十以上者 許選上 以下州 則半足丁勿論兵倉正以下・副兵倉正以上富强正直者 選上 其足丁限十五年 半丁限十年 立役 半丁至七年 足丁至十年 許同正職 役滿加職[49]

---

47) 『高麗史』卷73, 選擧志1 科目1, 仁宗 18년 윤6월, 中, 593쪽.

48) 『高麗史』卷75, 選擧志3 鄕職, 恭愍王 12년 5월, 中, 654쪽.

49) 『高麗史』卷75, 選擧志3 其人, 中, 652쪽.

(4) 謹按淸道郡司籍 …… 正豊六年辛巳(本朝毅宗卽位十六年也)九月 郡中古積裨補記准 淸道郡前副戶長禦侮副尉李則楨戶 在古人消息及諺傳記載 致仕上戶長金亮辛 致仕戶長旻育 戶長同正尹應 前其人珍奇等 與時上戶長用成等言語 時太守李思老 戶長亮辛年八十九 餘輩皆七十已上 用成年六十已上……[50]

본래 其人이란 鄕吏의 子弟를 중앙에 불러올려 '其鄕之事'를 顧問하게 한 자들이었다. 顯宗代까지만 해도 其人·百姓이 事審官을 擧望했다고 하므로, 그 자문의 역할이 매우 컸음을 짐작할 수 있다.[51] 그러나 각 郡縣에 外官이 파견되면서 차츰 그 역할이 축소되었는데, 이러한 상황에서 文宗 31년(1077)에 其人의 자격에 관한 규정이 나왔다.

其人의 자격은 1千丁 이상의 고을과 그 이하로 나누어 정했는데, 1千丁 이상이면 足丁으로 나이가 30세에서 40세 사이의 사람이어야 하지만, 1千丁 이하의 고을은 半丁·足丁 상관 없이 兵·倉正 이하, 副兵倉正 이상의 富强正直者로 選上하도록 하였다. 이 문맥으로 미루어보면 이전에는 1千丁 이상과 이하의 구별 없이 兵·倉正 이하, 副兵倉正 이상의 足丁을 대상으로 했음을 추정할 수 있다. 따라서 현재에도 1千丁 이상의 고을에서는 其人의 대상이 副兵倉正 이상에서 兵·倉正 이하의 足丁으로, 나이도 30세에서 40세 사이로 제한되었다. 副兵倉正 이상에서 兵·倉正 이하라면, 사료 다-(1)에서 소위 '累世有家風子息', 즉 戶長層만이 가능한 鄕吏職이었다.

이러한 기준은 초기에는 당연한 조건이었는데, 문종대에 이르면 1千丁 이하의 고을에서는 조건에 맞는 사람을 選上하는 것이 어려웠던 모양이다. 그 결과 文宗 31년의 判이 나오게 되었다. 즉 1千丁 이상의 고을은 예전대로 시행하되, 1千丁 이하의 고을은 그 기준을 완화시켜 주었다. 그래서 半丁도 가능하게 되었다. 1千丁 이하의 고을의 戶長層에는 半丁도 포함되어 있었다.

사료 다-(4)는 당시 지방의 읍사에서 其人의 지위가 어떠했는지 잘 나타난 자료이다. 이 자료는 淸道郡司籍에서 발견된 이야기를 옮긴 글이다. 毅宗 15년에 청도군에 있는 古積裨補記를 준거하였다고 하므로 淸道郡司의 존재를 짐작할 수 있다. 당시 淸道郡司에는 前副戶長·禦侮副尉 李則楨과 致仕上戶長 金亮辛, 致仕戶長 旻育, 戶長同正 尹應과 함께 前其人 珍奇 등이 있었다. 물론 이들은 대개 70세 이상의 인물로서 대부분 현직에서 물러난 원로로 보인다. 하지만 이들은 郡의 중요한 일에는 여전히 참여하였다.

---

50) 『三國遺事』 卷4, 寶讓梨木, 185쪽(최남선 편, 서문문화사).

51) 『高麗史』 卷75, 選擧志3 事審官, 顯宗 10년(1019) 判, 中, 652쪽에 "凡差事審官 從其人百姓擧望 其擧望雖小 如朝廷顯達累代門閥者 竝奏差"라 하였다. 즉 事審官의 임명은 其人百姓의 擧望에 따르는 것이 통례였는데, 이제 '朝廷顯達累代門閥者'도 아울러 奏差하도록 했던 것이다. 이는 其人의 역할이 차츰 축소되었음을 의미한다. 하지만 『高麗史』 卷73, 選擧志1 科目1 睿宗 11년(1116) 11월 判, 中, 591쪽에 "遭父母喪者 屬部·坊·里典 及本鄕其人·事審官處問覈"이라 하여, 睿宗代까지도 其人은 그 고을의 중요한 일에 事審官과 함께 자문했음을 알 수 있다. 其人의 地位는 여전히 事審官에 필적하였다.

여기에 珍奇라는 사람이 '前其人'이라고 기록되어 있다. 珍奇는 중앙에서 其人을 한 사람인데, 다시 지방에 내려와 郡司의 논의에 참여하고 있었다. 其人이 淸道郡의 최고 원로인 前副戶長·致仕上戶長·致仕戶長·戶長同正 등과 함께 의논에 참여할 수 있다는 것은 其人의 지위가 이들과 동등했기 때문에 가능했을 것이다.

其人이란 戶長層에서도 상위 鄕吏職者가 담당했던 중앙에 대한 役이었다.[52] 따라서 그들에게는 그에 상응하는 혜택이 주어졌다. 足丁은 15年을, 半丁은 10年을 立役하되 足丁이 10年, 半丁이 7年이 지나면 同正職을 주었고, 役이 끝나면 加職하도록 했다. 따라서 其人은 지방사회의 戶長層이 중앙의 관직을 얻을 수 있는 한 방편이 될 수 있었다.[53]

科擧 응시 및 同正職과 아울러 戶長層이 관직을 얻을 수 있는 또 하나의 방편은 지방군의 將校職이었다. 역시 文宗代에 지방의 一品軍 將校職의 자격이 규정되었는데, 여기에서는 戶長層의 가풍에 못 미치는 次吏層에게도 기회가 주어졌다.

> 다-(5) 文宗二十三年三月判 諸州一品 別將則以副戶長以上 校尉則以兵倉正·戶正·食祿正·公須正 隊正則以副兵倉正·副戶正·諸壇正 試選弓科而差充[54]

文宗 23년(1059)에 一品軍의 將校를 弓科를 試選하여 差充하되, 이에 응시할 수 있는 자격을 제한하였다. 別將은 副戶長 이상이어야 하고, 校尉는 兵倉正·戶正·公須正·食祿正, 隊正은 副兵倉正·副戶正·諸壇正 등이 응시할 수 있었다. 여기서 一品軍의 지휘권자인 別將은 戶長·副戶長만이 가능했고, 그 밖의 將校職에는 좀더 많은 鄕吏職者가 응시할 수 있었다. 사료 다-(1)에서 말하는 '家風不及戶正·副兵倉正者', 즉 次吏層이 차정되었던 公須正·食祿正 및 諸壇正에 이르기까지 正級 이상의 鄕吏職者면 將校職 선발에 응시할 수 있었다.

이러한 一品軍의 將校職은 사료 다-(1)에서도 확인된다. 僧俗等 1천여 명을 戶長 柳瓊과 副戶長 承律이 나누어 거느렸는데, 戶長 柳瓊은 바로 뒤에 郡司戶長 別將이라는 직함으로 나온다. 一品軍의 최고 지휘권자인 別將은 邑司에서 首戶長의 역할을 하던 戶長이 겸했음을 알 수 있다. 또한 戶長 柳瓊과 함께 僧俗을 거느렸던 副戶長 承律도 역시 一品軍의 將校職을 띤 게 아닐까. 당시에 적어도 4명의 副戶長이 있었는데도 承律이 戶長과 함께

---

52) 金成俊, 「其人의 성격에 대한 고찰(下)」, 『歷史學報』 11, 1959, 87~88쪽에서는 비교적 하급 鄕吏에서 선정한 것으로 보았다. 다만 10~15년씩 役을 지게 한 것은 鄕吏의 이용가치를 나타낸다는 지적을 하였다.

53) 金光洙, 「高麗時代의 同正職」, 『歷史敎育』 11·12合, 1969, 172~173쪽에서는 鄕吏의 同正職·檢校職 除授를 官人 身分의 취득으로 이해하였다. 이는 고려 말에야 나타나는 현상이 아니라, 고려 초부터 豪族型 지배층이 官人型 지배층으로 전화하는 과정이었다고 보았다. 그러나 145~146쪽에서는 그 관직이 鄕吏 계통의 同正職으로서 중앙의 吏職이 아니었을 것으로 추정하였다. 어떻든 이러한 同正職의 취득은 이후 중앙 實職에 나아갈 수 있는 발판이 되었을 것이다. 金光洙, 「高麗時代의 胥吏職」, 『韓國史硏究』 4, 1969 참조.

54) 『高麗史』 卷81, 兵志1 兵制, 中, 779쪽.

일을 나누어 맡은 것을 보면, 副戶長에서도 서열이 높았던 것으로 보인다. 鄕吏職에 따른 지방군 將校職도 戶長層 내부의 서열에 따라 가질 수 있었다.

이상에서 살펴보았듯이 당시 고려정부는 지방세력 중 특히 호장층에게 관직 진출의 다양한 기회를 부여함으로써 호장층이 향리직을 지속적으로 담당할 수 있도록 제도적인 보장을 하였다. 그 결과 이는 호장층이라는 하나의 계층을 재생산할 수 있는 기반이 되었다.

4. 맺음말

이상에서 고려시기 각 군현의 호장층이 법적으로 세습화의 보장이 없었음에도 어떻게 하나의 계층을 형성하고 유지하여, 고려 지방통치체제의 한 축을 담당할 수 있었는지 살펴보았다.

고려의 戶長·副戶長 체제는 지방통치체제가 정비되는 가운데 成宗 2년 吏職 改編을 계기로 등장하였는데, 이전의 堂大等·大等과 같이 지방의 유력한 토착세력을 중심으로 이루어졌고 堂大等 直屬의 조직은 그대로 유지되었으나, 그 性格이나 地位가 상당히 변화한 것이었다. 정부는 鄕吏職의 최고직인 戶長에게 중앙 관리와 마찬가지로 대우하여, 職牒과 職田을 주었으며 휴가기일과 休務도 제한했다. 戶長은 각 郡縣의 실질적인 지배자였다. 事審官이 副戶長以下官職等의 일에 한해 주장할 수 있었던 것이나, 父나 親兄弟가 戶長인 자는 事審官에 임명하지 못하도록 한 것도 바로 이러한 사정을 반영한 것이었다.[55]

지방사회에서 이러한 戶長職까지 승진할 수 있는 집안은 제한되어 있었고, 이들은 高麗社會에서 戶長層을 형성했다. 戶長層은 중앙정부의 차별적인 法制 속에서 貢擧·其人·지방군 將校職 등을 통해 관직을 획득할 수 있는 각종 특혜를 받았다. 이를 통해 더욱 기반을 공고히 할 수 있었고, 그만큼 차등도 심화되었다. 이러한 토착세력의 차등화는 국가가 유력한 성씨를 파악하는 데서도 드러나, 13세기 '古籍'에서 土姓으로 통합되기 이전에 각 郡縣의 지방세력은 人吏姓과 次吏姓·百姓姓 등으로 구별되어 파악되었던 것이다.

하지만 호장층은 법적인 신분으로 보장된 것은 아니었다. 다만 고려의 통치구조의 필요에 따라 국가가 여러 제도적인 장치를 마련함으로써 유지될 수 있었다. 따라서 그 통치구조가 본격적으로 변화하기 시작하는 고려 후기 사회에서는 이들도 변화하지 않을 수 없게 된다. 고려 후기 호장층의 대대적인 변화는 바로 이러한 선상에서 이해되어야 한다.[56]

---

55) 『高麗史』 卷75, 選擧志3 事審官, 太祖 18년, 中, 652쪽 및 顯宗 初年 判, 中, 652쪽 참조. 이와 관련해서는 李純根, 「高麗時代 事審官의 機能과 性格」, 『高麗史의 諸問題』, 1986 ; 朴恩卿, 「高麗時代 事審官의 性格」, 『仁荷史學』 3, 1995/『高麗時代 鄕村社會研究』, 일조각, 1996 재수록 참조.

56) 고려 후기 호장층의 변화에 관해서는 이미 다음의 논문을 통해서 밝힌 바 있다. 姜恩景, 「高麗後期 戶長層의 變動과 '兩班·鄕吏戶籍'의 整理」, 『東方學志』 97, 1997 ; 『高麗後期 戶長層의 變動 研究』, 연세대 박사학위논문, 1997 ; 「高麗後期 戶長層의 變化와 '世宗實錄地理志'의 土姓·亡姓」, 『東方學志』 99, 1998.

高麗前期 雜類의 범위와 雜類層의 성격

오 일 순*

1. 머리말

고려시대 중앙관청에는 使令이나 從者, 刑官 卒徒, 수위 등 다양한 역할을 담당하면서 雜類라 통칭되는 사람들이 있었다. 雜類에는 電吏, 所由, 注膳, 幕士, 驅史, 門僕, 杖首, 大丈 등이 있으며 未入仕職으로서 이들이 입사할 때는 雜路에 한정되어 제도적으로 吏職에서 시종해야 하는 신분적인 제약을 받고 있었다는 점은 기왕의 연구[1]를 통해 알려져 있다. 고려 전기의 雜類는 胥吏와 함께 吏屬職을 구성하였지만 品官으로 나아갈 수 있는 胥吏와 달리 流外雜職으로 나아갈 뿐이고, 자손에 이르기까지 각종 제한 규정의 대상이 되었던 점에서 특수한 신분 지위를 가지는 것으로 주목된다.

잡류와 그 자손에 대한 규제는 주로 과거 응시 금지나 仕路에 대한 제한으로 나타나는데, 다른 한편 이와 상반되는 기록도 함께 『高麗史』에 전하기 때문에 정확한 실상을 이해하는 데 어려움이 있다. 고려시대의 잡류에 대해 제대로 이해하기 위해서는, 상호 모순되는 것처럼 보이는 기록들을 면밀히 검토하는 작업과 함께 고려 일대를 통해 그 성격이 어떻게 변화해 가는지 하는 점에 유의해야 할 것으로 생각된다. 이러한 관점에서 필자는 고려 후기에 잡류직이 점차 일반 良人이 담당하는 身役으로 변화되는 것에 대해 살펴본 적이 있는데,[2] 여기서는 고려 전기의 잡류에 대해 기존 연구 성과를 토대로 몇 가지 문제에 대해 정리해보려고 한다.

먼저 雜類의 범위에 더 추가할 것은 없는지, 종래 잡류의 일종으로 여겨 온 丁吏는 그 계통이 다른 것이 아닌지 하는 점에 대해 살펴보려고 한다. 丁吏와 잡류의 관계에 대해 주목하는 이유는, 잡류에 관한 기록이 극히 적은 상황에서 丁吏에 관한 기록이 잡류의 성격을 이해하는 자료로 이용되어 왔기 때문이다. 다음으로, 잡류층의 성립 조건이 되는 職役의 世

* 연세대학교 강사
1) 洪承基, 「高麗時代의 雜類」, 『歷史學報』 57, 1973, 59~96쪽.
2) 오일순, 「高麗後期 雜類層의 변동과 雜類職의 身役化」, 『실학사상연구』 10·11, 1999, 151~188쪽.

傳과 관련해서 田柴科 토지의 지급과 仕路 제한에 주목하고 이와 관련된 각종 규정에 대해 재검토하며 아울러 잡류층의 신분 지위에 대해서도 생각해 보려고 한다.

2. 雜類와 丁吏

고려 전기의 잡류로 기록에 나타나는 것은 電吏, 所由, 注膳, 幕士, 驅史, 門僕, 杖首, 大丈 등이다.[3] 이들 가운데 電吏・驅史는 使令・從者의 역할을 담당하고, 所由・杖首・大丈은 刑官 卒徒, 門僕은 관청의 출입문 수위, 注膳은 식사 준비, 幕士는 張設의 임무를 맡은 것으로 알려져 있다.[4] 雜類 중『高麗史』百官志 吏屬항에 기록되어 있는 것은 中書門下省 소속의 電吏 180人과 門僕 10人, 刑部 소속의 杖首 26人, 御史臺의 所由 50人, 尙舍局의 幕士 40人, 供驛署의 幕士 40人, 守宮署의 幕士 50人 등이고,[5] 明宗 때 西京에 電吏 25人을 배치한 기록이 있다.[6] 注膳은 吏屬항에 보이지 않지만 尙食局에 속한 雜路 8인이 注膳과 관련된 것으로 추측되고, 尙衣局의 吏屬인 注衣 1인도 잡류로 이해된다.[7] 驅史와 大丈은『高麗史』百官志에 보이지 않는데, 大丈은 그 명칭으로 보아 杖首와 비슷한 刑官 卒徒로 추측되고 있다.[8] 또 驅史에 대해서는 다른 기록을 통해서, 이들이 관리들에게 분급되어 從者의 역할을 담당하고 여러 관청이나 궁원에도 소속되었던 것을 알 수 있다. 驅史는 驅使, 丘史로 기록되기도 하고 驅從, 丘從으로도 불렸다.[9]

고려 전기 잡류의 범위에는 이외에 螺匠을 포함시킬 수 있을 것이다. 螺匠에 대한 기록은 忠烈王대 이후 巡軍 소속의 나장에 대한 것이 많다. 하지만 明宗 26년(1196) 무렵 監倉使 휘하의 螺匠에 대한 기사가 있는 것으로 보아[10] 원간섭기 巡軍이 설치되기 이전에도 존재했음을 알 수 있다. 또『高麗史』兵志 撿點軍 항목 중에 街衢監行을 담당하는 螺匠이 있는 것을 보면,[11] 文宗대에 설치되는 街衢所에도 刑官 卒徒로서 螺匠이 배치된 것으로 생각된다. 螺匠은 고려 전기 雜類의 종류를 나열한 기록에 그 모습이 보이지 않지만, 所由・杖首와 비슷한 형관 졸도로서 고려 전기 雜類의 범위에 포함시킬 수 있을 것이다.[12]

---

3)『高麗史』卷75, 選擧志3 限職, 中冊, 641~642쪽, "(文宗)十二年五月 …… 戊子年制 電吏所由注膳幕士驅史門僕子孫……" ; "(肅宗元年)七月 判 …… 注膳幕士所由門僕電吏杖首等雜類……" ; "仁宗三年正月 判 電吏杖首所由門僕注膳幕士驅史大丈等子孫……."

4) 洪承基, 「高麗時代의 雜類」,『歷史學報』57, 1973, 61~63쪽.

5)『高麗史』卷76, 百官志1, 中冊, 659~684쪽.

6)『高麗史』卷77, 百官志2 外職 西京留守官, 中冊, 698쪽.

7) 洪承基, 앞의 글, 1973, 61~65쪽.

8) 洪承基, 위의 글, 63쪽.

9) 오일순, 앞의 글, 1999, 162쪽.

10)『高麗史節要』卷13, 明宗 26年 4月, 357쪽.

11)『高麗史』卷83, 兵志3 撿點軍, 中冊, 820쪽.

12) 螺匠을 고려 전기의 잡류에 포함시킬 수 있으리라는 점에 대해서는 오일순, 앞의 글, 1999, 181~182

그 밖에 麗末 기사에서 幕士와 함께 거론되는 注選도 雜類의 일종으로 추측된다. 注選에 대한 기록으로는 昌王 즉위년(1388) 10월 憲司에서 올린 상서문에서 幕士와 함께 혁파를 건의한 것이 있고,[13] 朝鮮 太祖 원년(1392) 7월 下敎한 내용 중에 역시 幕士와 함께 혁파하라는 것이 보일 뿐이다.[14] 고려 전기 注選의 존재를 알려주는 기록을 찾아볼 수 없지만, 그 명칭이 注膳·注衣와 흡사한 점이나 幕士와 함께 혁파가 논의된 점으로 보아 雜類의 일종으로 볼 수 있지 않을까 한다. 昌王 즉위년 기사에서 '司設幕士注選'이라 한 것을 보면 당시 注選은 幕士와 함께 司設署에 소속되어 있었던 것으로 보인다. 『高麗史』 百官志에 尙舍局(후의 司設署)의 吏屬으로 幕士 40人이 기재되었을 뿐 注選에 대한 기록은 없지만, 注選은 幕士와 함께 尙舍局에 소속된 雜類의 일종으로 볼 수 있지 않을까 한다.

이렇게 보면 고려 전기 雜類에는 이미 알려진 바 電吏, 所由, 注膳, 幕士, 驅史, 門僕, 杖首, 大丈, 注衣 외에도 螺匠과 注選을 포함시킬 수 있을 것이다. 이들 잡류직은 말단이속직으로서 電吏, 驅史 등 使令 역할의 비중이 컸다. 그런데 모든 使令이 다 雜類職이었던 것은 아니었다. 雜類職에 포함되지 않는 使令 중에서 대표적인 것으로 丁吏를 들 수 있다. 丁吏는 종래 대체로 잡류의 하나로 이해하였다.[15]

丁吏의 성격과 관련해서 다음 기록이 주목된다.

> (忠烈王)二十二年五月 中贊洪子藩條上便民事 …… 一諸州縣及鄕所部曲人吏 無一戶者多矣 外吏依勢避役者 悉令歸鄕 丁吏亦令減數歸還 …… 一出使人員 將丁吏上守 所至州縣 皆有贈遺 謂之例物 亦令禁止 王嘉納[16]

이는 충렬왕 22년(1296) 洪子藩이 올린 便民18事 중 일부이다. 홍자번은 여러 州縣과 鄕

쪽 참조.

13) 『高麗史』 卷84, 刑法志1 職制, 中冊, 850~851쪽, "十月 憲司又上書曰 …… 其人分隸各處 役之如奴隷 至有逋亡者 主司督京主人 日徵闕布人一匹 主人不能償之 直趨州縣 倍數督徵 州郡凋弊 願自今一切罷去 使還鄕里 其各殿之役 以近日革罷倉庫奴婢代之 各司之役使者 亦以辨正都監屬公奴婢充之 司設幕士注選之屬 亦皆革去 以安民生." 『高麗史』의 趙浚傳과 『高麗史節要』에는 大司憲 趙浚 등이 올린 상서문으로 같은 내용이 기록되어 있다.

14) 『太祖實錄』 卷1, 太祖 元年 壬申 7月, 1冊, 22쪽, "一外吏上京從役 如其人幕士注選軍之設 自有其任 法久弊生 役如奴隷 怨讟實多 自今一皆罷去."

15) 洪承基, 앞의 글, 1973, 64~68쪽 ; 劉承源, 「朝鮮初期의 雜職 - 掌樂院의 雜職」, 『震檀學報』 51, 1981/『朝鮮初期身分制硏究』, 을유문화사, 1987, 346쪽 ; 申解淳, 「朝鮮前期의 西班京衙前 皂隷,羅將, 諸員」, 『大東文化硏究』 21, 1987, 184쪽. 필자도 丁吏를 雜類로 본 적이 있는데(「高麗時代의 役制構造와 雜色役」, 『國史館論叢』 46, 1993, 68쪽), 여기서 수정하고 싶다. 한편, 丁吏는 下典으로 이해되기도 하였는데(金光洙, 「高麗時代의 胥吏職」, 『韓國史硏究』 4, 1969, 10쪽), 다음 기록에서 丁吏와 諸司下典이 함께 나오는 것을 보면 下典은 아닌 것으로 생각된다. 『高麗史』 卷82, 兵志2 屯田, 中冊, 812쪽, "(忠烈王九年)三月 令諸王百官及工商奴隷僧徒 出軍糧有差 …… 白丁抄奴所由丁吏諸司下典獨女官寺奴婢 十斗."

16) 『高麗史』 卷84, 刑法志1 職制, 中冊, 843쪽.

所部曲에 人吏가 한 집도 없는 곳이 많으니 外吏로서 권세가에 의탁하여 避役하고 있는 자들을 모두 귀향시키고 丁吏도 그 수를 줄여서 귀환시킬 것을 건의하였다. 아울러 당시 出使人員들이 丁吏上守를 데리고 이르는 주현마다 贈遺를 받으며 '例物'이라 하니 이를 금지할 것도 건의하였다.

여기서 주목되는 것은 당시 향리 부족 문제를 해결하기 위해서 향리로서 避役하고 있는 자들을 귀향시킬 것과 함께 丁吏도 그 수를 줄여서 귀환시킬 것을 건의하고 있는 점이다. 丁吏는 지방에서 서울로 올라와 使令으로 役使되었던 것인데, 이들 중 일부를 귀환시키는 것이 향리 부족을 해결하는 하나의 방안으로 논의되고 있음을 보면 이들도 향리출신으로 생각된다.

『高麗圖經』에는 丁吏에 대해 다음과 같은 기록이 있다.

> 丁吏皆丁壯之人 初置吏者也 舊說轉爲頂禮 蓋是語音訛謬 自此升補爲吏 由吏而後授官 自令官而下 各給丁吏 以備使令 視官品而爲多寡之差 其常執事 則文羅頭巾 人使至則加幘 每貴臣 從者一二人 唯伴官屈使從者 與使副所給 一等服飾耳[17]

이는 '丁吏'라는 항목에 수록된 내용이다. 丁吏는 '初置吏者'로 이로부터 승보하여 吏가 되고 이후 授官하는 자인데, 令官 이하에게 丁吏를 주어 使令에 대비토록 하였다는 것이다. 즉, 仁宗代에 宋人 徐兢이 파악한 바에 의하면 丁吏는 使令職을 하고 있는 '初置吏者'이고 吏職을 거쳐 官人이 될 수 있는 사람들이었다.

『高麗圖經』의 기록은 고려를 잠시 방문한 중국 사신에 의한 것이므로 그 내용을 그대로 사실로 믿기는 어렵지만, 丁吏에 대해 '由吏而後授官'하는 자로 본 점이 주목된다. 고려 전기 지방향리로서 上京從役하며 일정 기간 立役 후 同正職을 받아 관직에 진출하는 존재로는 其人을 들 수 있다.[18] 그런데, 『高麗圖經』에서는 정리에 대해서도 일정 기간 입역 후 관직에 진출할 수 있었던 것처럼 기록되어 있는 것이다. 실제로 丁吏 입역 후에 관직에 나아가는 사례가 있었는지는 알 수 없지만, 丁吏에게도 其人과 마찬가지로 그러한 기회를 주도록 되어 있었던 것으로 생각해 볼 수 있지 않나 한다.

丁吏를 향리 출신으로 上京從役하는 자라고 이해한다면, 其人과 어떤 관계에 있었던 것일까. 其人은 고려 초에는 향리 자제를 서울에 볼모로 삼은 것으로 그 고을의 일에 대해 자문하는 역할을 하였는데, 文宗代의 其人 選上 규정에 의하면 戶長層 출신의 상위 향리직자에서 選上토록 하였다.[19] 其人이 이처럼 상층 향리층인 호장층 출신이었다고 한다면 丁吏

---

17) 『高麗圖經』 卷21, 皂隷 丁吏.

18) 『高麗史』 卷75, 選擧志3 其人, 中冊, 652쪽, "文宗三十一年判 凡其人 千丁以上州 則足丁 年四十以下 三十以上者許選上 以下州 則半足丁勿論 兵倉正以下 副兵倉正以上 富强正直者選上 其足丁限十五年 半丁限十年立役 半丁至七年 足丁至十年 許同正職 役滿加職."

19) 姜恩景, 『高麗後期 戶長層의 變動 硏究』, 연세대학교 박사학위논문, 1997, 29쪽 참조.

는 하층 향리층 출신이 아닐까 생각된다. 其人은 고려 후기 향리의 지위 하락과 함께 官府의 使令役에 동원되기도 하는 등[20] 丁吏와 비슷한 처지에 놓이는 것으로 보인다. 하지만 丁吏의 경우에는 그 役이 더욱 천시되어 麗末鮮初에는 身良役賤으로 인식되었다.

鮮初의 기록에서 丁吏는 鹽干, 津尺, 驛子와 함께 高麗朝 이래의 身良役賤者로 이해되었는데, 高麗朝에는 身良役賤者의 身役이 그 女孫에게는 강제되지 않아서 丁吏의 딸이 '良夫'에게 시집가면 '良人'이 된다고 하였다.[21] 丁吏는 身良役賤者로서 이처럼 '良夫' '良人'과 일단 구별되어 설명되었다. 身良役賤者는 '身良'임이 인정되면서도 일반 良人과는 구별되는 존재로서, 일반 양인과 노비의 중간에 위치하고 있었다고 하겠다.

한편, 『高麗圖經』에는 丁吏를 관노예로 설명한 부분도 있다. '給使' 항목에서는 관원에게 지급된 丁吏와 驅使에 대해 설명하면서 丁吏는 관원행차시 앞에서 말을 어거하고 給使는 巾甁을 잡고 뒤따른다고 하면서 모두 官奴隷라고 하였다.[22] 여기서 丁吏와 구별해서 설명하고 있는 給使는 그 뒤의 기록으로 보아 驅使를 말한 것으로 생각된다.

驅使(驅史)로 불린 사람들 중에는 관원이나 小吏가 그들의 奴를 從者로 삼은 경우도 있었겠지만,[23] 고려 전기 정부에서 관원에게 지급한 驅使(驅史)는 雜類로서 이를 官奴隷로 본 것은 잘못된 것이라 하겠다. 구사와 마찬가지로 丁吏도 官奴隷로는 생각하기 어렵고 '由吏而後授官'하는 자라는 앞서 '丁吏' 항목의 설명이 더 사실에 가까운 것이 아닌가 한다.

고려시대의 丁吏는 관원의 使令으로서 兵馬使를 수행하였고,[24] 이외에도 지방에 파견되는 宰臣, 按廉使 등 出使人員을 수행한 것을 기록을 통해 확인할 수 있다.[25] 鮮初의 기록을 통해서는 丁吏가 兩府와 司諫院의 행차에 喝道하는 일을 담당한 것을 알 수 있는데, 이러한 丁吏는 태종 14년(1414) 4월에 이르러 혁파되고 그 일은 皂隷가 대신하게 되었다.[26]

20) 『高麗史』 卷83, 兵志3 工役軍, 中冊, 831~832쪽, "忠宣王元年三月 …… 其人者 主宮室修營官府使令之役 郡縣吏之子 必經是役然後 得補吏職."

21) 『太宗實錄』 卷27, 太宗 14年 正月 己卯, 2冊, 1쪽, "前朝之制 身良役賤者 皆不役其女孫 丁吏驛子之女 嫁良夫卽爲良人 嫁同類乃立其役 鹽干津尺之女亦同 水軍女孫 宜與干尺之女同."

22) 『高麗圖經』 卷22, 雜俗1 給使, "給使之賤 視官品而爲多寡之數 國相 丁吏四人 驅使三十人 令官倍之 前有靑蓋持之在數十步外 乘馬 許二人控馭 自是而降 前不張蓋控馬不許用二人 民庶乘馬 唯自執鞭馭而已 丁吏多前驅 給使執巾甁從物後隨 列卿而上 丁吏三人 驅使二十人 正郎 丁吏二人 驅使十五人 員郎以上 丁吏一人 驅使十人 初品共給三人 皆官奴隷也 世代相承爲之."

23) 오일순, 「高麗後期 雜類層의 변동과 雜類職의 身役化」, 『실학사상연구』 10·11, 1999, 165~166쪽.

24) 洪承基, 앞의 글, 1973, 64쪽.

25) 丁吏가 지방에 파견되는 宰臣을 수행한 것은 『高麗史』 卷68, 禮志10 嘉禮 外方城上錄事謁宰臣及外官迎宰臣儀, 中冊, 502쪽에서 "宰臣出廳南向坐 錄事入謁 次隨使丁吏入謁 其官員長吏以次入謁"이라 한 데서 알 수 있다. 또 按廉使를 수행한 것은 충렬왕 24년 정월 忠宣王 즉위교서에서 "一忽只鷹坊尙乘巡馬宮闕都監阿車赤等 當新員赴任之時 遽徵封送 因而取斂於民 一切禁斷 乃至按廉及諸別銜 抄與丁吏 亦不得贈與"(『高麗史』 卷84, 刑法志1 職制, 中冊, 844쪽)라 한 데서 짐작할 수 있다. 또 충렬왕 19년에는 慶尙道按廉使가 丁吏에게 살해된 일도 있었는데 이 丁吏도 按廉使를 수행하고 있었던 것으로 보인다(『高麗史』 卷30, 世家 忠烈王 19年 正月, 上冊, 556쪽).

26) 『太宗實錄』 卷27, 太宗 14年 4月 丁卯, 2冊, 13쪽. 태종 17년에는 丁吏를 혁파하고 두었던 皂隷를 喝道로 개칭하였다(申解淳, 「朝鮮前期의 西班京衙前 皂隷,羅將,諸員」, 『大東文化硏究』 21, 1987, 185

그리고, 혁파된 丁吏는 그 해 8월에 樂工으로 배정되었다.[27] 이후 예전 丁吏로서 樂工에 定屬된 자는 연령순으로 매년 2인씩 除役시키고 출신지 守令으로 하여금 그 一族 중 可當者를 뽑아 올리도록 되어 있었는데, 수령이 可當者가 없다는 구실로 전혀 上送하지 않아서 문제가 되었다.[28] 세종 7년(1425)에는 丁吏 출신의 樂工에 대해서 60세에 비로소 除役하도록 하고 除役 1년 전에 丁吏로 하여금 자신의 '一族子支' 내에서 1인을 선정하게 하여 대역시키는 自代法이 마련되었다.[29]

선초 丁吏 혁파 과정을 보면, 丁吏에 대해 엄격한 世傳律이 적용되는 사실이 주목된다. 丁吏는 身良役賤者로서, 비록 혁파되어 樂工으로 배정된 후에도 그 자손 중 한 명에게 樂工 役을 世傳하도록 강요되었던 것이다. 麗末에는 其人役도 苦役化하여 奴隷처럼 役使된다고 표현될 정도였는데[30] 丁吏의 지위는 이보다 더욱 낮아져서 그들이 담당한 役은 賤役으로 생각되고 役의 世傳이 강요된 것으로 보인다.

고려 말에 丁吏가 賤視되었던 것은 다른 기록을 통해서도 짐작된다. 禑王 13년(1387) 明나라 제도를 따르는 冠服제도 개정이 있었는데, 丁吏에 대해서는 所由・抄奴와 함께 그 頭巾과 帶를 예전 元나라 제도 그대로 사용하도록 두었다. 그 이유에 대해서는 이들이 微賤하기 때문에 고치지 않은 것이라고 하였다.[31] 微賤하다고는 했지만 이들의 지위가 동일한 것은 아니었다. 所由는 雜類職의 하나로 고려 말 당시 일반 양인이 담당하는 身役으로 변화되었고, 抄奴는 大內使令奴였으며, 丁吏는 일반 양인과 노비의 중간에 위치한 身良役賤者였다. 抄(抄奴)는 왕명을 받들고 出使하는 內侍가 데리고 다녔으므로 그런 점에서 出使人員을 수행하는 丁吏와 함께 논의의 대상이 되기도 하였다.[32] 그런데, 所由와 丁吏의 지위 하락 현상은 14세기에 비로소 일어난 일은 아니다. 1262년 작성된 尙書都官貼의 내용 가운데 奴婢의 父로 丁吏, 所由가 나타나는 것으로 보아[33] 이미 13세기 중엽 이들이 婢夫가 되기도 할 정도로 그 사회적 지위가 낮았음을 짐작할 수 있다. 이처럼 丁吏는 所由와 함께 지위가 점차 하락되었지만, 所由가 일반 良人의 身役化한 데 비해 丁吏는 한 단계 더 낮은 身良役賤者로 인식되었다. 所由 등의 雜類職이 고려 후기에 점차 일반 양인을 身役

쪽).

27) 『太宗實錄』 卷28, 太宗 14年 8月 丁未, 2冊, 30쪽.

28) 劉承源, 「朝鮮初期의 雜職 - 掌樂院의 雜職」, 『震檀學報』 51, 1981/『朝鮮初期身分制硏究』, 을유문화사, 1987, 355쪽. 『世宗實錄』 卷27, 世宗 7年 2月 庚申, 2冊, 655쪽.

29) 劉承源, 위의 책, 355쪽.

30) 『高麗史』 卷84, 刑法志1 職制, 中冊, 850~851쪽.

31) 『高麗史』 卷72, 輿服志1 冠服通制, 中冊, 567쪽, "(禑王)十三年六月 始革胡服 依大明制 …… 巡軍螺匠 團領皂衣纏帶 唯所由團領皂衣 丁吏黃衣 抄紫衣 其頭巾與帶 仍元制 以其微賤不改(抄者 大內使令奴之名 常著紫衣烏巾 內侍奉命出使者 率行)."

32) 『高麗史』 卷84, 刑法志1 職制, 中冊, 844쪽, "一忽只鷹坊尙乘巡馬宮闕都監阿車赤等 當新員赴任之時 遽徵封送 因而取斂於民 一切禁斷 乃至按廉及諸別銜 抄與丁吏 亦不得贈與."

33) 許興植, 「1262년 尙書都官貼의 分析(下)」, 『韓國學報』 29, 1982, 76쪽.

으로 징발하여 충당하여간 것과는 달리, 丁吏는 驛子나 津尺과 함께 身良役賤者로서 취급되고 身役의 世傳이 강제되었던 것이다.

이상에서 고려 전기 雜類의 종류에 이미 알려진 바 電吏·所由·注膳·幕士·驅史·門僕·杖首·大丈·注衣 외에도 螺匠·注選을 들 수 있고, 그간 雜類의 하나로 생각해 온 丁吏는 비록 맡은 일은 使令으로서 雜類와 비슷하지만 外吏로서 上京從役하는 者로 보인다는 점에 대해 검토해 보았다.

3. 雜類層의 성격

고려 전기의 雜類는 관료기구의 말단에 위치한 吏屬職으로서 주로 기능적인 업무에 종사하면서, 사무직이라 할 胥吏와는 구별되고 있었다. 胥吏와 雜類는 함께 이속직을 구성하였으나, 서리직이 品官仕路에 연결되어 있는 데 비해 잡류는 殿驅官, 堂引, 堂直, 監膳, 典食, 典設, 堂從, 供膳, 酒食, 供設, 掌設, 注藥 등 流外雜職에 나아갈 수 있을 뿐이었다. 未入仕職인 雜類는 入仕線을 넘어 동일계 吏職으로 나아가며 이를 雜路라 하였는데, 이들은 제도적으로 吏職에서 시종해야 하는 신분적인 제약을 받고 있어서 대표적인 吏族으로 이해되어 왔다.[34]

고려 전기 雜類職에 종사하는 사람들은 그 입사로를 雜路로 제한받고 있어서 대개 그 자손에게 雜類職을 世傳시키며 하나의 신분층을 이루었던 것으로 생각된다. 그런데 雜類의 아들이 父業을 계승하도록 강제되었는지에 대해서는 알 수 없다. 고려 전기 각종 자격 제한 규정에서 잡류와 함께 언급된 樂工의 경우에는, 문종 7년 判文에서 아들 중 한 명은 의무적으로 父業을 계승하도록 강제되었으며 나머지 아들도 잡류직에 동원하도록 하였다.[35] 하지만 雜類는 비록 종종 樂工과 함께 거론되었지만 樂工보다는 나은 지위에 있었던 것으로 생각되므로, 雜類에게 樂工과 같은 世傳律이 적용되었다고 할 수는 없다. 다만 고려전기 雜類는 田柴科 토지를 지급받았지만 兩班으로 진출하는 길이 봉쇄된 상황에서 대체로 이 田柴科 토지를 매개로 雜類職을 世傳하며 잡류층을 형성하였을 것으로 생각된다.

고려 전기 잡류층의 존재는 이처럼 田丁의 지급과 仕路의 제한이라는 두 가지 조건을 배경으로 한 것으로 설명할 수 있다. 이제 이 두 가지 조건에 대해서 살펴보려고 한다.

먼저, 잡류에게 지급된 田丁에 대해서 살펴보면, 고려 전기의 雜類는 兩班, 胥吏 등과 나란히 田柴科 토지를 받았다. 잡류가 전시과 지급 규정에서 확실한 모습을 드러내는 것은 문종 30년(1076)의 更定田柴科에서이다. 그런데 景宗 원년(976) 始定田柴科 규정에서 雜類는

34) 洪承基, 「高麗時代의 雜類」, 『歷史學報』 57, 1973, 75~82쪽.

35) 『高麗史』 卷75, 選擧志3 銓注 限職, 中冊, 641쪽, "文宗七年十月 判 樂工有三四子者 以一子繼業 其餘屬注膳幕士驅史 轉陪戎副尉校尉 限至曜武校尉."

보이지 않지만 田 15결을 지급받는 '其未及此年科等者'에 해당되었던 것으로 추측되고, 그 후 穆宗 원년(998)의 改定田柴科에서는 제18과에 殿驅官, 堂引 등의 流外雜職이 보이고 '不及此限者'에게는 田 17결을 지급하고 있으므로 雜類는 여기에 포함되었을 것이다.[36] 文宗 30년 更定田柴科 규정에서 잡류는 제18과 田17결을 받았는데 流外雜職으로 入仕하면 액수가 단계적으로 늘어나 殿驅官에 이르면 최고 25결의 田地를 받도록 되었다.[37]

田柴科 토지는, 肅宗代 李永의 사례에서 확인되는 바와 같이 田柴科 지급대상 범위를 벗어나지 않으면 職役이 바뀌어도 자손에게 연립시키는 것이 허용되었다.[38] 그런데, 雜類와 雜類 자손은 田柴科 토지를 받은 직역층 중에서 유독 다른 職役으로 이동하는 데 제약을 받았다. 雜類와 雜類 자손은 대체로 仕路가 雜路로 제한됨으로써 職役의 대가로 받은 田柴科 토지를 職役과 함께 世傳하였던 것으로 생각된다.

다음으로, 고려 전기 雜類와 雜類 자손에 대해 어떻게 仕路를 제한하였는지 살펴보기로 한다.

雜類는 기왕의 연구에서 밝혀진 바와 같이 未入仕職인 잡류직에서 벗어나 入仕할 때 雜路로 그 승진이 제한되었다.[39] 그런데, 잡류 자손이 고려 전기에 과거에 응시할 수 없었는지에 대해서는 논란이 있고, 잡류와 그 자손이 나아가는 仕路에 대해서도 몇 가지 문제가 있으므로 이하에서 자세히 살펴보고 싶다.

먼저, 고려 전기 잡류 자손에 대해 과거 응시가 금지되었던 것은 다음 判文을 통해 알 수 있다.

> (靖宗)十一年四月 判 五逆五賤不忠不孝鄕部曲樂工雜類子孫 勿許赴擧[40]

靖宗 11년(1045) 判하기를 五逆, 五賤, 不忠, 不孝, 향, 부곡, 악공, 잡류 자손은 과거에 응시하는 것을 허락하지 않는다고 하였다. 여기서 과거 응시가 금지된 대상에 대해서는 종래 대개 五逆, 五賤, 불충·불효한 자와 향·부곡민, 악공, 잡류의 자손으로 이해해 왔는데,[41] 최근 부곡민은 良人이며 고려시대의 良人은 과거에 응시할 수 있었다는 의견이 제기되면서 이 判文에 대해서도 해석을 달리하는 견해가 나왔다. 즉, '五逆, 五賤, 不忠, 不孝'는 '향, 부곡, 악공, 잡류 자손'을 수식하는 내용이라고 보아, 五逆, 五賤, 不忠, 不孝의 죄를 범하지 않

36) 姜晋哲, 『高麗土地制度史硏究』, 1980, 38~46쪽. 이후 德宗 3년 '兩班及軍閑人田柴科'를 改定하였다고 『高麗史』 食貨志는 전하고 있는데(中冊, 709쪽), 구체적인 내용에 대한 기록이 없어서 잡류가 어떠한 대우를 받고 있었는지 알 수 없다.
37) 『高麗史』 卷78, 食貨志1 田制 田柴科, 中冊, 710쪽.
38) 오일순, 「高麗後期 雜類層의 변동과 雜類職의 身役化」, 『실학사상연구』 10·11, 1999, 156쪽 참조.
39) 洪承基, 앞의 글, 1973, 69~77쪽.
40) 『高麗史』 卷73, 選擧志1 科目1, 中冊, 590쪽.
41) 許興植, 『高麗科擧制度史硏究』, 일조각, 1981, 80쪽.

은 향, 부곡, 악공, 잡류의 자손은 과거에 응시할 수 있었다는 것이다.[42] 이에 대해서 적어도 '五賤'을 죄의 종류로 해석하기는 어렵다는 점이 지적되었다.[43] 또 '불충·불효'의 죄를 범한 향·부곡민, 악공, 잡류의 자손은 과거에 응시할 수 없도록 규제하여 그렇지 않은 부곡민, 악공, 잡류 자손은 과거에 응시할 수 있도록 하고 또 이러한 죄를 범한 일반 군현민의 자손은 과거에 응시할 수 있도록 허용했다는 것도 자연스럽지 않다. 고려시대에 不忠·不孝罪는 극히 무거운 형벌로 징벌하는 범죄로서 大赦가 내려져도 赦免대상에서 제외되었다.[44] 不孝罪 중에서도 최악이라 할 惡逆의 범죄를 저지른 사람은 참형이나 교형 등 극형을 받았고, 감형되어 歸鄕된 자라 하더라도 그 자손에 이르기까지 國子學, 太學, 四門學에 입학할 수 없도록 하는 규제도 있었다.[45] 不忠·不孝罪를 지은 자는 鄕·部曲人, 樂工, 雜類가 아니라도 그 자손에 이르기까지 과거에 응시할 자격을 박탈한 것으로 이해해야 할 것이다. 또 문종 7년 判文에서 악공의 아들 중 한 명은 의무적으로 父業을 계승하고 나머지도 잡류직에 동원한 것을 보면,[46] 악공의 자손에 대해서는 적어도 문종 7년(1053) 당시 과거 응시 자체가 금지되었다고 볼 수 있다.

이렇게 보면 위의 靖宗 11년 判文은 역시 五逆, 五賤, 不忠不孝罪를 범한 자와 鄕·部曲人, 樂工, 雜類 자손의 과거 응시를 금지한 것으로 보아야 할 것으로 생각된다. 악공, 잡류 자손은 靖宗 11년(1045) 과거에 응시할 수 없도록 규제되었고 이러한 금지조처는 문종 2년 鄕貢에 관한 判文에서도 확인된다.

> 가) 文宗二年十月 判 各州縣副戶長以上孫 副戶正以上子 欲赴製述明經業者 所在官試貢京師 尙書省國子監審考 所製詩賦違格者及明經不讀一二机者 其試貢員科罪 若醫業 須要廣習 勿限戶正以上子 雖庶人 非係樂工雜類 並令試解[47]

문종 2년(1048) 10월 判하기를 각 州縣 副戶長 이상 손자와 副戶正 이상 아들로 제술·명경업에 응시하고자 하는 자는 소재관이 시험쳐 보고 서울에 천거하면 尙書省 國子監[48]

---

42) 朴宗基, 『高麗時代 部曲制硏究』, 서울대학교출판부, 1990, 50쪽.
43) 朴龍雲, 「과거제」, 『한국사(13)』, 국사편찬위원회, 1993, 405쪽.
44) 李熙德, 「高麗律과 孝行思想에 대하여」, 『역사학보』 58, 1973/『高麗儒敎政治思想의 硏究』, 일조각, 1984, 246~247쪽.
45) 李熙德, 위의 책, 245~246쪽 참조. 『高麗史』 卷74, 選擧志2 學校, 中冊, 626쪽, "仁宗朝式目都監詳定學式 國子學生 …… 大學生 …… 四門學生 …… 三學生各三百人在學以齒序 凡係雜路及工商樂名等賤事者 大小功親犯嫁者 家道不正者 犯惡逆歸鄕者 賤鄕部曲人等子孫及身犯私罪者 不許入學." 특히 여기서는 입학 금지대상을 雜路에 관계된 자, 惡逆을 범하여 歸鄕한 자, 賤鄕部曲人 등 자손과 身犯私罪者로 표현하여 惡逆을 범한 鄕部曲人, 雜路人으로 해석할 여지가 없다.
46) 『高麗史』 卷75, 選擧志3 銓注 限職, 中冊, 641쪽, "文宗七年十月 判 樂工有三四子者 以一子繼業 其餘屬注膳幕士驅史 轉陪戎副尉校尉 限至曜武校尉."
47) 『高麗史』 卷73, 選擧志1 科目1, 中冊, 590쪽.
48) 이는 '尙書省 소속의 國子監'으로 해석된다(朴龍雲, 「고려시대 과거의 고시와 체계에 대한 검토」, 『한

에서 심사하되 그 지은 詩賦가 격에 어긋나거나 明經에서 한두 机도 읽지 못할 경우에는 그 試貢員을 죄줄 것이며, 의업과 같은 것은 널리 학습시킬 필요가 있으므로 비록 庶人이라도 樂工·雜類에 관계되지 않은 자는 다 시험보게 한다는 것이다. 물론 이 判文은 악공·잡류의 과거 응시 자격 자체를 논한 것은 아니고 鄕貢에 관한 것이지만, 악공·잡류의 자손은 鄕貢에서 제술업·명경업은 물론 醫業에도 응시할 수 없도록 규제하고 있었다.

이상 살펴본 바와 같이 고려 전기 잡류 자손에 대해서는 靖宗 11년(1045) 赴擧 不許, 문종 2년(1048) 향공의 대상에서 의업에조차 응시할 수 없도록 명시하여 적어도 靖宗·文宗代에는 잡류 자손의 과거 응시 금지 규정이 유효했다고 생각된다. 그럼에도 불구하고 고려 전기 잡류 자손이 과거에 응시할 수 있었다는 주장이 상당한 설득력을 가지는 이유는 바로 다음에 보이는 康師厚의 사례 때문이다.

> 子淵等又奏 製述業康師厚 十擧不中例 依甲午年赦當脫麻 然師厚儒林郎堂引上貴之曾孫 堂引是驅史之官 戊子年制旨 電吏所由注膳幕士驅史門僕子孫 工於製述明經律書算醫卜地理學業登科 或兵陣之下成大功者 許陞朝行 又准丙申年別制 上項人子孫 蒙恩入仕者 合依父祖仕路量授 今師厚不宜脫麻 叅知政事金顯等奏 師厚曾祖上貴職雖堂引 得兼儒林郎 父序應擧十度 亦得脫麻入仕 師厚十載螢雪之功 不可不念 伏望亦許脫麻 從子淵等議[49]

문종 12년(1058) 5월에 李子淵 등이 상주한 내용은 다음과 같다. 製述業의 康師厚는 十擧不中例에 따라 甲午年赦에 의해 脫麻해야 하지만 그는 儒林郎 堂引 康上貴의 증손으로 堂引은 驅史의 官이다. 戊子年制旨에 電吏, 所由, 注膳, 幕士, 驅史, 門僕의 子孫은 製述, 明經, 律書算醫卜地理業에 登科하거나 전쟁터에서 大功을 세운 자는 朝行에 오르는 것을 허용한다고 하였고 또 丙申年別制에서는 상항인 자손으로 蒙恩入仕者는 父祖 仕路에 의해서 헤아려 제수하도록 하였으니 강사후는 탈마할 수 없다는 것이다. 이에 대해 叅知政事 金顯 등은 강사후의 증조 강상귀는 職이 비록 堂引이지만 儒林郎을 겸하였고 그 아버지 역시 十擧不中으로 이미 탈마 입사하였으니 脫麻를 허락해야 한다는 것이다. 이 때 문종은 이자연의 의견에 따르도록 하여 脫麻를 허락하지 않았다.

문종 12년(1058) 당시 堂引 강상귀의 증손인 강사후는 이미 제술업에 10번이나 응시하고 있었고 갑오년 赦에 의해 十擧不中例에 따라 탈마해야 하지만 그 출신이 문제되었다. 또 그의 아버지는 이보다 앞서 十擧不中例의 적용을 받아 탈마하였다. 堂引은 '驅史之官'이라 한 바와 같이 雜類인 驅史가 나아가는 流外雜職이었는데, 이러한 堂引의 증손인 康師厚가 문종 12년 당시 이미 제술업에 10번이나 응시하고 있었다. 또 그의 아버지는 堂引의 손자로서 역시 제술업에 10번이나 응시하여 十擧不中例가 적용되어 이미 脫麻하고 있었으며,

---

국사연구』 61·62합, 1988/『高麗時代 蔭敍制와 科擧制 硏究』, 일지사, 1990, 185쪽).

49) 『高麗史節要』 卷5, 文宗 12年 5月, 137~138쪽.

1058년 당시에도 강사후의 제술업 응시 자격은 아무런 문제가 되지 않았고 다만 탈마를 허락할 것인지 그것만이 문제되고 있었다. 이와 같은 강사후의 사례는 靖宗 11년(1045) 判에서 잡류 자손의 과거 응시가 금지되었지만, 그 이전은 물론 그 이후에도 잡류 자손이 제술업에 응시하고 있었던 좋은 예로 제시되는 것이다.

먼저 여기서 거론되고 있는 규정들에 대해 검토해 보고 싶다. 이자연이 들고 있는 규정은 다음의 세 가지이다.

① 戊子年制旨 : 電吏所由注膳幕士驅史門僕子孫 工於製述明經律書算醫卜地理學業登科 或兵陣之下成大功者 許陞朝行
② 甲午年赦 : 十擧不中 脫麻
③ 丙申年別制 : 雜類子孫 蒙恩入仕者 合依父祖仕路量授

여기에서 먼저 무자년・갑오년・병신년이 각각 언제인가 하는 것이 문제가 되겠다.

먼저 갑오년과 병신년은 각각 문종 8년(1054)과 문종 10년(1056)으로 추측된다. 甲午年赦의 내용에 포함되어 있는 '十擧不中 脫麻'를 시행하려는 과정에서 문제가 된 것이기 때문에 이 갑오년은 문종 12년(1058)에서 가장 가까운 갑오년인 문종 8년(1054)이 될 것이다. 『高麗史』의 選擧志 恩例 조항에는 '十擧不中 脫麻'의 사례가 기록되어 있는데 문종 8년 기록은 보이지 않는다. 하지만, 문종 8년 이전 갑오년은 성종 13년(994)인데 그 후 목종 즉위년(997) 교서에서 '十擧不中 脫麻' 조처를 내리고 있는 것을 보면[50] 이 갑오년은 문종 8년(1054)임에 틀림없다. 또 丙申年別制의 내용은 잡류 자손 蒙恩入仕者에 대해 父祖仕路를 헤아려 제수하라는 것인데, 이 丙申年도 문종 12년에서 가장 가까운 丙申年인 문종 10년으로 생각된다. 문종 10년에는 雜路人의 자손에 대한 仕路 제한 규정이 발표된 것을 다른 기사에서 확인할 수 있는데(사료 나), 丙申年別制는 이 규정과 관련이 있는 것으로 보인다.

다음으로 雜類 자손으로 등과한 자와 전쟁터에서 큰 공을 세운 자는 朝行에 오르는 것을 허락한다는 戊子年制旨에 대해서는, 역시 가장 가까운 문종 2년(1048) 戊子年의 制旨가 아닐까 한다.[51] 이 戊子年에 대해서는 성종 7년(988)으로 보는 견해도 있다.[52] 만약 이 戊子年을 성종 7년으로 본다면 성종대에는 아직 잡류 자손에 대한 과거 응시 금지 규제가 없었고 따라서 잡류 자손으로 등과한 자에 대해서 朝行에 오르도록 허용한 것으로 볼 수 있다. 이렇게 보면 잡류 자손은 鄕貢 醫業에도 응시할 수 없도록 한 문종 2년 戊子年의 判과 충돌하지 않아서 오히려 설명이 쉬워질 수도 있겠다. 그렇지만 이자연이 말하는 戊子年은 함께 언급하고 있는 갑오년・병신년과 마찬가지로 당시로부터 가장 가까운 戊子年 즉 문종 2

50) 『高麗史』 卷74, 選擧志2 科目2 恩例, 中冊, 615쪽.
51) 朴龍雲, 『高麗時代 蔭敍制와 科擧制研究』, 일지사, 1990, 236쪽.
52) 朴宗基, 『高麗時代 部曲制研究』, 서울대학교출판부, 1990, 48쪽.

년(1048)일 가능성이 더 높아 보인다.

이 무자년을 문종 2년(1048)으로 본다면, 바로 이 해는 잡류에 관계된 사람은 제술·명경업은 물론 醫業에도 응시할 수 없다고 하는 判(사료 가)이 내려간 해였다. 즉, 문종 2년(1048)에는 잡류 지손에 대한 두 가지의 서로 상반되는 조처가 취해진 것이 된다. 하나는 잡류 자손은 의업도 볼 수 없도록 한다는 것이고 다른 하나는 잡류 자손으로 登科한 자는 朝行에 오르는 것을 허용한다는 것이다. 잡류 자손으로 登科한 자는 朝行에 오르는 것을 허용한다는 戊子年制旨를 문종 2년(1048)의 조처로 보는 경우, 이 때에 와서 잡류 자손의 과거 응시를 전면 허용한 것으로 이해되기도 한다.[53] 靖宗 11년(1045)의 禁令이 내린 이후에도 실제로는 잡류 자손의 과거 응시를 묵인하다가 문종 2년(1048)부터는 정식으로 허용한 것으로 이해하는 것이다. 그런데 같은 해인 문종 2년 10월에 내린 鄕貢에 관한 判(사료 가)에서 잡류에 관계된 사람은 제술·명경업은 물론 醫業에도 응시할 수 없다고 하고 있는 것은 어떻게 이해해야 할까.

일단 문종 2년의 戊子年制旨와 사료 가)의 판문, 이 두 기사를 모두 인정하고 가능한 설명을 찾아보면 잡류 자손으로 등과한 자는 朝行에 오르는 것을 허락한다는 戊子年制旨에 대해 다음과 같이 생각해 볼 수 있다. 첫째는 戊子年制旨를 靖宗 11년(1045) 잡류 자손 과거 응시 금지 규제가 나오기 이전에 이미 등과한 자에 대한 조처라고 보는 것이다. 잡류 자손에 대해서 과거 응시를 금지하는 규제가 靖宗 11년(1045)에 처음 만들어졌다면 그 이전 등과한 자에 대한 처리가 문제될 것이고 3년 후인 문종 2년(1048)에 戊子年制旨를 내려 이미 등과한 자에 대해서는 朝行에 오를 수 있도록 허락한 것으로 볼 수 있기 때문이다. 둘째는 잡류 자손 중에서 과거에 응시할 수 있었던 특별한 경우에 대한 조처라고 보는 것이다. 여기서 康師厚의 경우 靖宗 11년 잡류 자손 과거 응시 금지 규제가 발표된 후에도 계속해서 제술업에 응시하고 있었다는 점이 주목된다. 堂引 강상귀의 증손 강사후는 문종 2년(1058) 당시 이미 제술업에 10번이나 응시하고 있었으며 과거 응시 자체에 대해서는 아무도 문제 삼지 않았다. 그의 탈마를 반대하는 이자연도 이에 대해서는 문제 삼지 않고, 다만 戊子年制旨를 들어 '登科'한 경우에만 朝行에 오르도록 한 것이기 때문에 '十擧不中 脫麻'의 예를 적용시킬 수 없다고 하였다. 그렇다면 강사후의 사례는 특수한 예로 볼 수 없을까. 강사후는 그의 증조부가 비록 당인이지만 정9품의 文散階인 儒林郎을 겸하고 있었고 그의 탈마를 주장한 김현은 바로 이 점을 강조하였다. 고려시대의 文散階는 文班만의 散階가 아니라 文班과 武班 모두의 散階였는데,[54] 雜類와 流外雜職에 대해서는 강상귀가 문산계를 가진 유일한 사례로 거론된다.[55]

---

53) 朴龍雲, 앞의 책, 1990, 236쪽.

54) 朴龍雲, 「고려시대의 文散階」, 『진단학보』 52, 1981/『高麗時代 官階·官職 硏究』 고려대 출판부, 1997, 66~68쪽.

55) 旗田巍, 「高麗の武散階 - 鄕吏·耽羅の王族·女眞の酋長·老兵·工匠·樂人の位階」, 『朝鮮學報』

그러나 유외잡직이 일반적으로 문산계를 받고 있었는지 의문이다. 강사후의 탈마를 주장하는 근거로 강상귀가 堂引이지만 儒林郎이라는 문산계를 겸하고 있다는 점을 들고 있는 것을 보면 유외잡직에 문산계를 주는 것은 이례적인 일이 아닌가 한다. 堂引 강상귀는 儒林郎이라는 文散階를 가지고 있었고 그런 연유로 그 자손이 製述業에 응시할 자격을 가지게 된 것은 아닐까. 강사후는 비록 驅史의 官인 堂引의 증손이었지만, 그 증조부는 文散階를 받았고 그의 父도 이미 脫麻하고 있는 특수한 사례로 보인다. 또 김현은 강사후의 아버지가 이미 脫麻入仕하고 있었던 점도 들면서 강사후의 脫麻를 주장하였는데 강사후의 아버지가 脫麻入仕할 당시에는 문제가 되지 않았다가 이 때 와서 문제 삼는 것도 주목된다. 잡류 자손에 대한 규제가 靖宗, 文宗代에 들어와 특히 더 강조되고 있는 것으로 생각된다.

戊子年制旨에 대해 이러한 해석이 가능하다면, 靖宗 11년의 判文이나 文宗 2년의 判文(사료 가)에서 보이듯이 잡류 자손은 적어도 靖宗·文宗대에는 원칙적으로 과거 응시가 금지되었다고 이해해도 좋을 것이다. 잡류 자손에 대해 과거 응시가 전면 허용되는 것은 인종 3년(1125)에 이르러서인 것으로 생각된다.[56]

한편, 고려 전기 잡류와 잡류 자손이 문반으로 진출하는 것을 막으려는 노력은 과거 응시를 금지하는 데 그치지 않고 이들이 蒙恩入仕할 때에도 적용되었다. 잡류 자손은 문종 10년(1056) 丙申年別制에서 "雜類子孫 蒙恩入仕者 合依父祖仕路量授"라 하여, 몽은입사하는 경우에도 父祖의 仕路에 의해 헤아려 제수하도록 규제되었다. 잡류 자손은 몽은입사할 때에도 雜路로 제한된 것인데, 다만 外孫의 경우에는 仕路 제한이 완화 적용되었다. 이는 다음 判文을 통해 알 수 있다.

나) (文宗)十年十二月 判 雜路人子孫 從父祖曾祖出身仕路 外孫許屬南班 若祖母之父係雜路者 許敍東班[57]

문종 10년(1056) 12월 判하기를 雜路人 자손은 父, 祖父, 曾祖父의 출신사로에 따르도록 하는데 外孫의 경우에는 南班에 속하는 것을 허락하고 祖母의 아버지가 잡로에 관계된 경우에는 東班에 서용하는 것을 허락하였다.

문종 10년은 바로 丙申年으로, 이 판문은 앞서 이자연이 거론한 丙申年別制와 관련있는 것으로 생각된다. 이 문종 10년의 判文은 잡류의 親孫에 대해서는 曾孫에 이르기까지 雜路를 벗어날 수 없도록 하는 규제를 확인하면서 外孫에 대해서는 그 규제를 완화 적용하여 南班에 속하는 것을 허락하고 그 다음대인 陳外曾孫에 이르러서는 東班에 서용하는 것을 허락하였다. 그런데 잡류 자손에 대한 仕路 규제는 몽은입사의 경우에도 적용되었을 것이

21·22合, 1961/『朝鮮中世社會史の硏究』, 法政大學出版局, 1972, 410쪽.

56) 오일순, 「高麗後期 雜類層의 변동과 雜類職의 身役化」, 『실학사상연구』 10·11, 1999, 153쪽 참조.

57) 『高麗史』 卷75, 選擧志3 限職, 中冊, 641쪽.

다. 李子淵이 거론한 丙申年別制의 내용에서는 잡류 자손으로 몽은입사하는 자는 父祖의 仕路에 의해 헤아려 제수하도록 하라고만 되어 있으나, 外孫의 경우에는 이러한 규제가 느슨하게 적용되었던 것이다. 즉, 문종 10년(1056) 당시 잡류 자손의 과거 응시가 여전히 금지되어 있는 상황에서 蒙恩入仕하는 경우에도 잡로인의 親孫에 대해서는 子, 孫, 曾孫에 이르기까지 雜路를 벗어날 수 없도록 규제하였던 것이다.

그런데 잡류 자손으로 전쟁터에서 큰 공을 세운 경우 즉 軍功[58]을 세운 경우에는 朝行에 오르는 것이 허락되기도 하였다. 이는 앞서 康師厚의 사례에서 언급한 戊子年制旨에 포함된 내용이다. 잡류 자손으로 軍功을 세운 경우 朝行에 오르는 것을 허용한 문종 2년 戊子年制旨와, 잡류 자손이 몽은입사할 때 雜路로 제한한다는 문종 10년의 丙申年別制는 어떻게 해석해야 할까. 문종 12년 康師厚의 脫麻 여부가 문제되었을 때 문종 10년의 丙申年別制와 함께 문종 2년의 戊子年制旨를 함께 언급하는 것을 보면 戊子年制旨는 당시에도 유효한 것으로 생각할 수 있다. 즉 문종 10년(1056)에 잡류 자손이 蒙恩入仕할 때 일반적인 경우는 잡류 親孫은 雜路를 벗어날 수 없도록 제한하면서도 軍功을 세운 경우에는 朝行에 오르는 것을 허락하고 있었던 것이 아닌가 한다.

사정이 어떻든 실제로 잡류는 특별한 공로를 이유로 品官職에 제수되기도 하였다. 1095년 10월에 肅宗이 왕위에 오른 직후 내규모의 論功行賞을 행하여 躐等遷官者가 수백 명에 달하고 工商皂隷로서 顯職에 超授된 者도 있었는데 有司에서는 감히 이에 대해 이의를 제기하지 못했다고 한다.[59] 숙종은 武力을 이용해서 獻宗의 禪位를 받는 형태로 왕위에 올랐고, 따라서 즉위후 논공행상의 범위가 넓었던 것이다. 여기서 '皂隷'란 말단이속직으로서 雜類를 가리키는 것으로[60] 숙종의 즉위과정에서 공을 세운 雜類들이 顯職에 초수된 사례가 있음이 짐작된다.

하지만 이듬해인 숙종 원년(1096)에는 잡류가 蒙恩入仕할 때 南班에만 허락하도록 하는 조처가 발표되었다.

> (肅宗元年)七月 判 注膳幕士所由門僕電吏杖首等雜類 雖高祖以上三韓功臣 只許正路南班 限內殿崇班 加轉[61]

肅宗 원년(1096) 7월에 判하기를 잡류는 비록 高祖 이상이 삼한공신일지라도 다만 正路南班에만 허락하고 內殿崇班에 한정하여 加轉토록 한다는 것이다. 正路에 대해서는 다양한 해석이 있어서[62] 이를 '科擧에 응시할 수 있는 門路를 열어주는 것'으로 이해하기도 하

58) 『高麗史』 卷75, 選擧志3 銓注 限職, 中冊, 641쪽에서는 康師厚의 사례를 언급하면서 戊子年制의 내용 중 '兵陣之下成大功者'를 '成軍功者'로 표현하였다.
59) 『高麗史節要』 卷6, 獻宗 元年 10月, 169쪽.
60) 오일순, 앞의 글, 1999, 164쪽.
61) 『高麗史』 卷75, 選擧志3 限職, 中冊, 642쪽.

지만, '정통의 남반'이라는 해석을 따르고 싶다. 『高麗史』에는 赦令이 내릴 때 관원들에게 次第同正職을 가하는 기록이 여러 번 확인되는데, 이 때 관원들을 총칭해서 '文武兩班及南班正雜路凡有職者'[63](예종 3년), '文武兩班南班雜路凡有職者'[64](고종 40년), '文武正雜凡有職者'[65](충렬왕 8년), '文武兩班正雜路凡有職者'[66](충렬왕 24년, 충선왕 즉위교서)라고 한 것이 보인다. 여기서 '문무양반 남반정잡로'가 '문무양반 남반잡로', '文武正雜' 등으로 표현되고 있음을 확인할 수 있다. 즉 문무양반을 제외하고 보면 '南班正雜路'를 때로는 '南班雜路'로 혹은 아예 南班을 말하지 않고 '正雜'이라고 표현하고 있는 것이다. '正雜' 즉 正路와 雜路는 곧 南班正路와 雜路로 보아야 할 것으로 이 正路를 '과거에 응시할 수 있는 門路'라고는 할 수 없을 것이다. 따라서 이 숙종 원년 判이 삼한공신의 후손으로 잡류직에 있었던 사람들에게 과거 응시를 허락하는 것이었다고는 해석할 수 없다. 다만 正路南班을 허락하여 정7품의 內殿崇班에까지 승진을 허락한다는 것이다.

그런데 '비록 高祖 이상이 삼한공신일지라도 다만 正路南班에만 허락하고'라는 구절은 얼른 이해되지 않는데, 이는 肅宗이 즉위한 후 내린 赦令과 관계가 있는 것으로 보인다. 숙종은 獻宗 원년(1095) 10월 왕위에 오르고 11월에 赦令을 내리는데 그 속에는 三韓功臣의 內外孫으로 無職者는 戶마다 한 명씩 入仕를 허락하는 조처가 포함되어 있다.[67] 삼한공신의 후손을 入仕시키는 은전을 베푼 것인데 그 대상은 無職者로 되어 있다. 하지만 삼한공신의 후손 중에는 雜類職에 있는 자도 있어서 이들에 대해서 어떻게 할 것인가 하는 문제가 생기게 되었고 이에 대한 결정이 바로 위의 숙종 원년(1096) 判으로 생각된다. 즉 삼한공신의 후손으로 일반 無職者가 아닌 雜類인 경우에는 南班에만 허용한다는 것이다. '비록 高祖 이상이 삼한공신일지라도'라는 구절은 그 入仕의 은전을 베푸는 대상을 말한 것으로 보인다. 비록 삼한공신의 玄孫 혹은 玄孫의 子 등 먼 후손에 해당할지라도 당시 雜類에 소속된 공신 후손을 남반에 한하여 入仕하도록 조처한다는 것이다.[68]

이 숙종 원년(1096)의 判文은 그 전해의 赦令에 포함된 삼한공신의 후손을 入仕시키는

62) 正路에 대해서 '정통의 仕路'라는 의미로 이해하여 正路南班은 '정통의 南班'으로 보기도 하고(조좌호, 「麗代南班考」, 『동국사학』 5, 1957, 13쪽), '科擧로 出身할 수 있는 正코스'라고 하여 正路는 위로 南班은 아래로 붙여서 해석해야 할 것이라는 견해도 있다(李丙燾, 「고려남반고」, 『논문집 - 인문사회과학편』 12, 서울대학교, 1966, 163쪽). 또 正路를 서리직의 사로로 이해하기도 한다(洪承基, 「신분제도」, 『한국사 15』, 국사편찬위원회, 1995, 44쪽).

63) 『高麗史』 卷12, 世家, 睿宗 3年 2月, 上冊, 254쪽.

64) 『高麗史』 卷24, 世家, 高宗 40年 6月, 上冊, 481쪽.

65) 『高麗史』 卷29, 世家, 忠烈王 8年 5月, 上冊, 606쪽.

66) 『高麗史』 卷33, 世家, 忠烈王 24年 正月, 上冊, 671쪽.

67) 『高麗史節要』 卷6, 獻宗 元年 11月, 170쪽, "太祖代及三韓功臣內外孫無職者 戶許一人入仕."

68) 삼한공신의 후손이 雜類에 속한 경우가 있었던 것은 새삼스러운 일은 아니었다. 성종 원년(982) 崔承老 상서문 가운데에도 "삼한공신 자손이 매번 宥旨를 받을 때마다 포상 錄用한다고 하면서도 아직 官爵을 받지 못하고 皂隷에 섞여 있는 자도 있다"고 하면서 "공신의 등차에 따라 그 자손을 錄用할 것"을 건의하고 있다(『高麗史節要』 卷2, 成宗 元年 6月, 48쪽). 여기서 皂隷란 雜類職을 말한 것이다.

문제와 관련해서 나온 것이지만 雜類가 蒙恩入仕할 때 南班에 한정해서 허락한다는 원칙을 확인한 것으로 보인다. 즉, 숙종 즉위 직후 당시 특수한 상황 하에서 잡류를 顯職에 초수한 일이 있었지만, 정권이 안정되면서 잡류 출신이 蒙恩入仕하는 경우 南班으로 그 사로를 한정하고 掖庭局의 7품직인 內殿崇班에서 그치도록 하였던 것이다. 잡류가 몽은입사할 때 南班에 한정해서 허락한 숙종 원년(1096)의 判文은, 앞서 살펴본 문종 10년(1056) 잡류의 자손이 몽은입사할 때 外孫에 한해서만 南班 진출을 허용한 것에 비해 仕路 제한 규제가 점차 완화됨을 보여준다. 이러한 잡류 자손에 대한 仕路 제한 규정은 얼마 지나지 않아 인종 3년(1125)에 잡류 자손의 과거 응시가 전면 허용되면서 의미를 잃게 된다.

이상에서 살펴본 바와 같이 12세기 인종대 이전까지 잡류와 그 자손은 양반으로 진출하는 길이 차단되어, 국가로부터 직역의 대가로 받은 전시과 토지를 매개로 대체로 잡류직을 世傳하면서 잡류층을 이루고 있었다고 하겠다.

다음으로 고려 전기 잡류의 신분 지위에 대해 생각해 보면, 먼저 그들이 말단이속직인 잡류직을 世傳하고 있었다는 점에서 吏族이라고 말할 수 있다.[69] 아울러 雜類는 庶人의 범주에 포함되는 존재였다. 잡류가 庶人으로 파악된 것은 문종 2년 鄕貢에 관한 判文(사료 가)에서도 알 수 있다. 醫業의 경우 비록 庶人이라도 樂工・雜類에 관계되지 않은 사람이면 응시할 수 있도록 한다는 것으로 보아, 잡류는 庶人의 범주에 포함되는 존재로 이해된다.

그런데, 잡류는 庶人이지만 관직체계 내에 포함되어 있었기에 庶人在官者에 속했다.『高麗史』에는 庶人在官者에 관한 기록이 몇 군데 보인다. 禑王 14년(1388) 趙浚의 1차 田制改革案에서는 侍中으로부터 庶人在官者에 이르기까지 祿科田柴의 지급대상으로 언급되었고[70] 恭讓王 2년 8월에 頒行된 士大夫家祭儀에서는 1・2품의 관원, 3~6품의 관원, 7품 이하 관원에서 庶人在官者에 이르는 세 등급으로 나누고 있다.[71] 이 두 기록은 고려 말의 것이지만 고려 전기에도 庶人在官者라는 범주가 있었다. 顯宗 11년 親子가 없는 祖父母 忌日에 관리들에게 휴가를 주도록 하였는데 庶人을 제외한 文武入仕人이 그 대상이 되었다.[72] 給暇는 관인을 대상으로 휴가를 주는 것이므로 여기의 庶人은 庶人在官者일 것이다. 이 때 文武入仕人에 한해서 給暇하도록 제한하고 庶人在官者는 給暇 대상에서 제외하고 있는데, 이를 통해 庶人在官者는 文武入仕人과는 구별되는 존재로서 비록 在官者이지만 여전히 庶人신분인 사람들임을 알 수 있다.

---

69) 洪承基, 「高麗時代의 雜類」, 『歷史學報』 57, 1973, 78~82쪽.

70) 『高麗史』 卷78, 食貨志1 田制 祿科田, 中冊, 714~718쪽, "祿科田柴 自侍中至庶人在官 各隨其品 計田折給 屬之衙門 當職食之."

71) 『高麗史』 卷63, 禮志5 吉禮小祀 大夫士庶人祭禮, 中冊, 411~412쪽, "八月庚申朔 頒行士大夫家祭儀 …… 一品至二品 …… 三品至六品 …… 七品至庶人在官者 菜二楪 果一楪 魚肉各一器 羹飯盞匙筯並同."

72) 『高麗史』 卷64, 禮志6 凶禮 百官忌暇, 中冊, 430쪽, "顯宗十一年閏六月 制 無親子祖父母忌日 除庶人外文武入仕人 並給暇一日兩宵."

한편『牧民心書』에서는 고려시대의 庶人在官者에 대해 언급하면서 主史・令史 등 胥吏職과 함께 電吏・門僕・杖首 등의 雜類職을 들고, 고려시대에는 小吏에 대해 考功이 있었다고 설명하였다.[73] 고려 전기의 잡류는 考功이 행해지고 정해진 승진 규정에 따라 유외잡직으로 진출하며, 胥吏와 함께 庶人在官者의 범주에 포함되는 존재였다고 하겠다.[74] 그런데, 고려 후기에 이르면 雜類職은 점차 一般良人의 身役化해 가고 이러한 추세는 조선 초기까지 이어지는데,[75] 이처럼 잡류직이 일반 양인의 身役으로 변한 후에는 이들을 '庶人在官者'의 범주에 넣기 어려울 것으로 생각된다.

고려 전기 정부는 잡류를 兩班軍閑人田柴科의 지급대상에 포함시키고 그 仕路를 제한함으로써 전시과 토지를 매개로 잡류직을 안정적으로 확보하려 하였다. 雜類는 대체로 자손에게 그 職役을 世傳하였고 그런 점에서 吏族이라 부를 수 있는 존재였다. 고려 전기 잡류직의 상당 부분은 이처럼 특정 집안에서 世傳하는 인원으로 충당할 수 있었으리라고 생각되는데, 부족한 부분에 대해서는 白丁 자원자로 충원한 것으로 보인다. 고려 초에 처음 잡류직이 성립되었을 때에도 일반 백성 중에서 자원하는 자로 충당하였을 것인데, 이후 전시과제도와 관제의 정비에 따라 잡류에 대한 전시과 토지 지급과 승진 규정이 마련되고 점차 雜類職을 世傳하여 갔을 것이다. 白丁이 잡류직 충원 대상이 되었으리라는 점은 靖宗 11년(1045)에 군인 선발을 피하여 '內外 白丁人子'들이 丘史(驅史)를 사칭한 일에서 짐작된다.[76] 이 때 15세 이상 50세 이하의 白丁人子를 구사로 사칭하여 名籍에 追錄하거나 문서를 조작하는 주체는 아문이나 궁원 등으로 되어 있지만, 白丁 자신도 이를 이익으로 여겼던 상황에서 이루어진 일로 생각된다.

또, 鄕吏 자손 가운데 잡류직에 충보되는 경우도 있었을 것이다. 拓俊京은 그 선조가 谷州吏로서 胥吏가 되려 했으나 '家貧不學'하여 될 수 없었는데, 肅宗이 鷄林公이었을 때 그 府에 나아가 從者가 되었다고 한다.[77] 척준경이 되었다는 鷄林公府의 從者는 驅史가 아닐까 한다. 향리층 출신인 척준경이 胥吏가 되려 한 것은 鄕吏의 3子 중 1子를 胥吏로 從仕함을 허락하는 고려의 제도에 의거한 것이다.[78] 척준경은 그 후 樞密院 別駕가 되고 軍功

---

73) 丁若鏞,『牧民心書』第4卷, 吏典六條, 第六條 考功,『譯註 牧民心書 2』, 다산연구회, 1979, 158쪽.

74) 조선시대에도 庶人在官者가 있었는데, 여기에는 掖隷・吏胥・軍伍에 속한 세 부류가 있다고 하며 대개 中人으로 이해되고 있다. 조선시대의 庶人在官者에 대해서는 韓永愚,『朝鮮時代 身分史研究』, 집문당, 1997, 66~67쪽 참조.

75) 오일순,「高麗後期 雜類層의 변동과 雜類職의 身役化」,『실학사상연구』10・11, 1999 참조.

76)『高麗史』卷81, 兵志1 五軍, 中冊, 777쪽, "(靖宗)十一年五月 揭榜云 國家之制 近仗及諸衛 每領設護軍一 中郎將二 郎將五 別將五 散員五 伍尉二十 隊正四十 正軍訪丁人一千 望軍丁人六百 凡扈駕內外力役 無不爲之 比經禍亂 丁人多闕 …… 京中五部坊里 除各司從公令史主事記官有蔭品官子有役賤口外 其餘兩班及內外白丁人子 十五歲以上 五十歲以下 選出充補 …… 其間諸宮院及兩班等 以丘史賤口 拘交造飾求請者 宮院則所掌員 兩班則勿論職之有無 依例科罪 諸衙門詐稱通粮丘史 追錄名籍 知情規避者 亦皆科罪."

77)『高麗史』卷127, 列傳 拓俊京, 下冊, 767쪽.

78)『高麗史』卷106, 列傳 嚴守安, 下冊, 348쪽, "嚴守安 寧越郡吏 身長有膽氣 國制吏有子三 許一子從

으로 현달하기에 이르렀는데 그가 별가라는 상급 서리직으로 나아간 것은, 이미 언급한 바 숙종 즉위 후 이루어진 논공행상에서 잡류들이 顯職에 초수된 상황과 관련 있을 것이다. 척준경의 사례는 향리의 三丁一子를 胥吏에 보임하는 제도 운영과정에서 '家貧不學' 등의 이유로 서리가 될 수 없는 경우 驅史와 같은 雜類職으로 나아가는 경우가 있었음을 보여주는 것으로 생각된다.

잡류직에는 이외에 樂工의 아들이 소속되기도 하였다.

> 文宗七年十月 判 樂工有三四子者 以一子繼業 其餘屬注膳幕士驅史 轉陪戎副尉校尉 限至曜武校尉[79]

문종 7년(1053) 10월 判하여 樂工의 아들 중 한 명은 父業을 이어 악공이 되도록 하고 나머지는 注膳・幕士・驅史에 속하게 하며 陪戎副尉(종9품 下의 武散階), 陪戎校尉(종9품 上의 武散階)를 거쳐 曜武校尉(정6품 上의 武散階)에서 제한한다는 것이다. 11세기의 기록에서 잡류와 악공은 모두 庶人에 포함되며 과거 응시에 규제를 받는 계층으로서 함께 언급되는 경우가 많았는데, 문종 7년에는 악공의 아들을 注膳, 幕士, 驅史 등의 잡류직에 소속시키는 조처가 취해지고 있다. 여기서 잡류직에 소속된 악공의 아들에게 武散階를 사여하는데 정6품 上의 武散階인 曜武校尉에서 제한하고 있다. 악공의 아들로서 잡류직에 소속된 사람들은 잡로를 따라 流外雜職으로 나아가는 것이 아니라 武散階를 받도록 한다는 것으로, 악공의 아들이 잡류직에 충원되더라도 다른 雜類職者와 구별하려 한 것으로 보인다. 잡류는 兩班軍閑人田柴科를 받는 대상이었으나 악공은 그렇지 않았다. 악공은 武散階 수여대상이었으며 武散階田柴科 지급 규정에 大匠, 副匠 등의 工匠과 함께 御前部樂件樂人이 田 17결을 받도록 되어 있었다.[80] 즉, 악공의 아들이 잡류직에 충원되더라도 武散階를 받아 승급하며 그에 따라 무산계전시과를 지급받도록 하는 것이 원칙이었다. 이들은 여전히 악공 신분으로서 임시로 잡류직에 동원되고 있었던 것으로 생각된다. 고려시대의 樂工은 신분상 庶人이었으나 강한 世傳律의 규제를 받았다. 이러한 樂工의 아들이 注膳, 幕士, 驅史에 소속되더라도 兩班軍閑人田柴科 토지를 받는 雜類層에 편입된 것은 아니었다.

11세기의 기록에서 雜類와 樂工은 모두 庶人으로 과거응시에 규제를 받는 계층으로서 樂工의 자손이 注膳, 幕士, 驅史 등 雜類職에 소속되기도 하는 등 그 성격이 비슷한 점이 많다. 그러나 樂工이 武散階田柴科 지급대상인 데 비해서 雜類는 兩班軍閑人田柴科 지급대상이었고 樂工보다는 나은 위치에 있었다고 생각된다. 그런 점에서 樂工의 아들이 雜類

仕 守安例補重房書吏."

79) 『高麗史』 卷75, 選擧志3 銓注 限職, 中冊, 641쪽.

80) 旗田巍, 「高麗の武散階 - 郷吏・耽羅の王族・女眞の酋長・老兵・工匠・樂人の位階」, 『朝鮮學報』 21・22合, 1961/『朝鮮中世社會史の硏究』, 1972, 398~402쪽 참조.

職에 보충되어도 다른 雜類職者와는 구별하였던 것이다.

4. 맺음말

이상에서 검토한 내용을 정리하면 다음과 같다.

먼저 고려시대 雜類의 종류로는 電吏, 所由, 注膳, 幕士, 驅史, 門僕, 杖首, 大丈, 注衣 등이 있음은 이미 알려져 있는데 여기에 螺匠과 注選을 추가하고, 종래 雜類의 일종으로 생각해 온 丁吏에 대해서는 지방 향리 출신의 上京從役者일 것으로 추측해 보았다. 丁吏는 其人과 달리 하층 향리층 출신의 上京從役者로 보이는데, 고려 후기 향리의 지위가 전반적으로 하락하면서 丁吏의 役은 더욱 苦役化하여 身良役賤者로 파악되었다. 고려 후기 잡류직은 점차 일반 양인이 담당하는 身役으로 변화되었는 데 비해 丁吏는 身良役賤者로 취급되는 것을 보아도, 丁吏와 雜類는 구별해서 보아야 할 것으로 생각된다.

고려 전기의 雜類는 未入仕職으로서 이들이 입사직으로 나아갈 때는 雜路를 통해서 승진하여 流外雜職에 제한되었다. 雜類는 兩班, 胥吏 등과 함께 田柴科 토지를 받았는데, 雜類와 그 자손은 대체로 仕路가 雜路로 제한됨으로써 職役의 대가로 받은 田柴科 토지를 職役과 함께 世傳하였다.

잡류에 대한 仕路 규제는 잡류 본인에 대해서뿐 아니라 그 자손에 대해서도 적용되었다. 먼저 잡류 자손은 靖宗 11년(1045)의 判文에 보이듯 과거에 응시할 수 없도록 규제되었다. 文宗代에 잡류 자손이 과거에 응시한 康師厚의 사례가 있는데, 강사후는 驅史의 官인 堂引의 증손이었지만 그의 증조부인 康上貴가 儒林郎이라는 文散階를 받았다는 점에서 특수한 경우로 보아야 할 것이다. 靖宗 11년(1045)의 判文에서 잡류 자손은 鄕·部曲民, 樂工 자손과 함께 과거에 응시할 수 없도록 규제되었는데, 이어 文宗 2년(1048)의 判文에서도 樂工 자손과 함께 鄕貢에서 제술·명경업은 물론 醫業에도 응시할 수 없도록 규제되었다. 적어도 靖宗·文宗대에는 雜類 자손에 대해 원칙적으로 과거 응시를 금지하였던 것이다.

잡류 자손에 대한 사로 제한은 과거에 응시할 수 없도록 하는 것 외에 蒙恩入仕할 때에도 적용되었다. 文宗 10년(1056) 丙申年別制에서 잡류 자손은 몽은입사할 때 父祖의 仕路 즉 雜路로 제한되었다. 이에 대해 보다 자세한 내용을 전하는 문종 10년 判文에 의하면 잡류의 親孫과 外孫을 구별하여 外孫의 경우에는 仕路 제한이 완화 적용된 것을 알 수 있다. 즉, 잡류의 親孫은 父·祖父·曾祖父의 출신사로인 雜路를 따라야 하지만, 外孫의 경우에는 南班에 속하는 것을 허락하고 그 다음 대인 陳外曾孫에 이르러서는 東班에 서용하는 것을 허락하였던 것이다.

雜類 본인에 대한 仕路 제한 규제는 그 子孫의 경우보다 더 엄격했을 것이지만, 肅宗 즉위 후 이루어진 논공행상에서는 雜類로서 顯職에 超授된 자도 있었다. 그렇지만 곧 이어

숙종 원년(1096) 判文에서 잡류는 비록 高祖 이상이 三韓功臣일지라도 南班에 한해 허락하도록 하였다. 雜類가 蒙恩入仕할 때 南班에 한해서 허락한 것은 문종 때 잡류 外孫에 한해서만 南班을 허락한 것에 비하면 규제가 보다 완화되는 경향을 보인다. 잡류의 외손뿐 아니라 잡류 본인에 대해 남반 진출을 허용하고 있기 때문이다.

다음으로, 고려 전기 잡류의 신분 지위에 대해 생각해 보면, 그들이 말단이속직인 잡류직을 대체로 자손에게 世傳한다는 점에서 吏族이라고 할 수 있다. 아울러 雜類는 庶人의 범주에 포함되는 존재였다. 고려전기 잡류는 庶人신분으로서 관직체계 내에 포함되어 考功이 이루어지고 정해진 승진 규정에 따라 流外雜職으로 나아가고 있었으므로 胥吏와 함께 庶人在官者로 인식되었다.

고려 전기 정부는 雜類에 대해 田柴科 토지를 지급하고 그 자손에 이르기까지 仕路를 제한하여 職役을 世傳하도록 하였다. 잡류직 담당자는 이러한 방식으로 확보하는 것을 원칙으로 삼았지만, 부족한 인원에 대해서는 白丁이나 하층 향리층 가운데서 충원하기도 하였다. 또 문종대에는 樂工의 아들 중 父業을 계승하는 한 아들을 제외하고 注膳, 幕士, 驅史 등 잡류직에 종사하도록 하는 조처를 취하기도 하였다. 잡류는 종종 樂工과 함께 언급되었지만 樂工보다는 나은 지위에 있어서, 잡류직에 동원된 樂工의 아들에 대해서는 武散階로 승급하게 하여 다른 雜類職者와 구별하였다.

이상 살펴본 바와 같이 고려 전기의 雜類는 일정 범위의 말단이속직을 총칭할 뿐 아니라, 그 자손에게 職役을 世傳하면서 吏族으로서 하나의 신분층을 이루었다. 吏族으로서의 雜類層을 성립시키는 조건은 雜類에 대한 田柴科 토지 지급과 그 자손에게까지 적용된 仕路 제한 규정이라 할 수 있다. 그런데, 仁宗 3년(1125)에 이르러 잡류 자손의 과거 응시가 전면 허용되었다. 또 毅宗대 이후 기록에서 雜類 출신으로 隊正을 거쳐 西班職으로 나아가는 사례가 나타나는 것으로 보아 고려 중기 이후 雜類와 그 자손에 대해 仕路를 雜路로 제한하는 규제들이 의미를 상실해 간 것을 알 수 있다. 이처럼 잡류와 그 자손에 대한 仕路 제한이 철폐되고 雜類職 世傳의 매개가 되었던 전시과 토지의 운영에 어려움이 생기면서, 雜類職 담당자의 성격에도 변화가 나타났다. 이제 잡류직은 특정 집안에서 世傳하는 職役이 아니라 일반 良人이 담당하는 身役으로 변해 갔던 것이다.

高麗前期 銀幣制度의 成立과 그 性格

이 경 록*

1. 머리말

화폐는 생산물을 교환하는 수단으로 사회적 노동분화의 산물이다. 일반적으로 화폐는 물품화폐 - 칭량화폐 - 명목화폐 - 신용화폐의 순서로 발전한다. 칭량화폐는 그 자체가 생산물로서의 사용가치를 갖는 점에서 명목화폐보다는 덜 발전된 형태지만, 각 생산물 간의 직접적인 물물교환보다는 등가형태가 보편화된 점에서 물품화폐보다는 발전된 형태다. 전근대 사회에서는 화폐로서의 안정성이 확보되지 못하고 다른 화폐를 흡수할 정도의 우위성을 가지지 못했기 때문에 이들 화폐가 혼용되는 경향이 강하다.

동양의 화폐에 대한 인식은 노동분화와 교역과정에서 파생된 자연발생적 성격을 인정하면서도 화폐는 국가에서 주조하는 것이라고 강조하는 데 특징이 있다. 화폐가 추위를 막거나 굶주림을 면하는 데 직접 영향을 미치는 것은 아니지만 先王은 화폐를 이용해 財貨를 지키고 民事를 제어하여 天下를 다스렸다는 것이다.[1)] 『高麗史』 食貨志 貨幣條의 서문에서도 화폐제도는 정치의 우선 과제로 國用과 民力을 넉넉히 하기 위한 것이라고 지적하였다.[2)] 이러한 논리에는 造幣權을 국가에서 장악해야 한다는 전제가 깔려 있으며 국가 재정의 확보수단이자 대민 통제의 집행수단으로 화폐정책을 입안하게 된다.

고려에서는 金, 銀, 銅錢, 鐵錢, 布, 米, 楮貨, 大明錢 등이 화폐로 사용되었는데, 교역 과

---

* 연세대학교 의과대학 동은의학박물관 학예연구사

1) 『管子』 卷22, 國蓄73(四部叢刊正編 18), "以珠玉爲上幣 以黃金爲中幣 以刀布爲下幣 三幣 握之 則非有補於煖也 食之 則非有補於飽也 先王 以守財物 以御民事 而平天下也." 『通典』·『通志』·『文獻通考』에서는 모두 『管子』를 인용하여 貨幣論을 전개하고 있다.

2) 『高麗史』 卷79, 志33, 食貨2, 貨幣, "貨幣之制 爲國所先 盖以贍國用 而裕民力也." 화폐에 대한 이러한 인식은 조선 역시 마찬가지였다. 『磻溪隨錄』 卷4, 田制後錄(下), 錢幣, "錢貝之不行 非不可行 是人不行耳 苟上之人 眞知利害 而決意行之 勿促勿搖 則期以數年 如渠開水流 自然興行 國富民裕 變荒僻惰窳之地 而爲華夏文物之鄕 永爲萬世之利矣."

정에서 널리 유통된 것은 銀, 布, 米 등이었다. 고려시대 화폐에 대한 연구는 銅錢에서 시작되었다. 銅錢은 국가에서 주조를 담당한 화폐제도라는 점에서 주목을 받았는데 주전정책이 도입될 수 있었던 사상적 배경, 국내외 경제동향과의 관계, 국가체제 속에서의 화폐의 성격 등에 대한 논의가 이루어졌다.[3] 이와 함께 화폐가 통용되는 공간인 상업에 대한 연구가 진행되었음은 물론이다.[4]

고려에서 사용한 다양한 화폐 가운데 銀을 소재로 한 것이 碎銀과 銀甁인데, 특히 은병은 자연발생적으로 등장한 쇄은을 국가체제 속으로 편입시키려 한 화폐정책의 산물이기 때문에 주목된다. 현재 銀幣制度만을 주제로 한 논문은 1편 정도에 불과하며 다른 화폐와 함께 언급하고 있는 것이 대부분이다.[5] 銀의 공급과 관련해서는 생산기반인 銀所에 대한 연구가 있어, 생산자들이 편제되고 銀이 수취되는 구조에 대한 이해가 이루어졌다.[6]

기존 연구에서 보이는 銀幣(銀甁)에 대한 대체적인 견해는 다음과 같다. 고려의 상업·유통체제는 재화를 둘러싼 수취자와 생산자의 관계를 반영하여 이원적으로 구성되어 있으며, 전자가 후자의 잉여를 흡수하기 때문에 재화수취자의 유통경제가 발전하는 반면 재화생산자의 유통경제는 부진을 면치 못하였다고 한다. 화폐에도 이 같은 이원적인 상업구조는 반영되었으며 널리 유통되었던 銀甁은 재화수취자, 즉 지배층 중심의 화폐를 의미한다는 것이다. 이러한 이원적인 상업구조론은 상업 부문을 고려사회 전반의 구조와 관련시켜 하나의 일관된 시각으로 이해한다는 점에서 높이 평가할 수 있다. 하지만 이러한 인식에는 화폐제도 전반에 대한 연구, 국가의 화폐정책에 대한 심도있는 이해가 뒷받침되어야 하는데, 아직까지 은폐제도 자체의 성립 및 운영 과정과 거기에 내재되어 있는 변화의 계기에 대한

---

3) 秋浦秀雄, 「高麗肅宗朝に於ける鑄錢動機に就て」(上·中·下), 『靑丘學叢』 7, 8, 9, 1932 ; 白南雲, 『朝鮮封建社會經濟史(上)』, 改造社, 1937/하일식 옮김, 이론과실천사, 1993 ; 金庠基, 「大覺國師 義天에 對하여」, 『國史上의 諸問題』 3, 국사편찬위원회, 1959/『東方史論叢』, 서울대출판부, 1974 재수록 ; 金三守, 「高麗時代의 經濟思想 - 貨幣 信用 資本 및 利子·利潤 思想 - 」, 『숙대 논문집』 13, 1973 ; 李景植, 「16世紀 場市의 成立과 그 基盤」, 『韓國史硏究』 57, 1987 ; 李泰鎭, 「韓國社會經濟史 연구의 현황과 과제」, 『제30회 전국역사학대회 발표요지』, 1987 ; 蔡雄錫, 「高麗前期 貨幣流通의 기반」, 『韓國文化』 9, 1988 ; 蔡雄錫, 「高麗後期 流通經濟의 조건과 양상」, 『金容燮敎授停年紀念韓國史學論叢 - 韓國 古代·中世의 支配體制와 農民 - 』, 지식산업사, 1997.

4) 金東哲, 「고려말의 流通構造와 상인」, 『釜大史學』 9, 1985 ; 홍희유, 『조선상업사(고대·중세)』, 과학백과사전종합출판사, 1989 ; 徐聖鎬, 「高麗 武臣執權期 商工業의 전개」, 『國史館論叢』 37, 1992 ; 전병무, 「고려 충혜왕의 상업활동과 재정정책」, 『역사와 현실』 10, 1993 ; 李貞信, 「고려시대의 상업 - 상인의 존재형태를 중심으로 - 」, 『國史館論叢』 59, 1994.

5) 柳子厚, 『朝鮮貨幣考』, 理文社, 1940 ; 田村專之助, 「高麗の貨幣銀甁の形態及び性質について」, 『浮田和民博士記念 史學論文集』, 六甲書房, 1943 ; 李能植, 「麗末鮮初의 貨幣制度(一)」, 『震檀學報』 16, 1949 ; 金柄夏, 「高麗時代의 貨幣流通」, 『慶熙史學』 3, 1972 ; 金柄夏, 「高麗朝의 金屬貨幣 流通과 그 視角」, 『東洋學』 5, 檀國大附設 東洋學硏究所, 1975 ; 채태형, 「고려시기의 금속화페에 대하여」, 『력사과학』 2, 1987 ; 須川英德, 「高麗から李朝初期における諸貨幣 - 錢·銀·楮貨 - 」, 『歷史評論』 516, 1993.

6) 金炫榮, 「고려시기의 所에 대한 재검토」, 『韓國史論』 15, 서울대, 1986 ; 田炳武, 「高麗時代 銀流通과 銀所」, 『韓國史硏究』 78, 1992.

이해는 미흡한 편이라 할 수 있다.

이 글은 고려 전기의 銀幣制度를 화폐제도의 발전이라는 측면에서 검토한 것이다. 銀幣制度는 銀幣가 교역 과정에서 가치척도와 유통수단으로 기능하고 필요에 따라 가치저장수단, 지불수단, 무역 결제수단으로서도 기능하는 화폐제도다. 구체적으로 銀幣는 稱量貨幣로서 그대로 이용된 碎銀과 이것을 국가에서 法定貨幣로 공인한 銀甁을 동시에 가리키며,[7] 좁은 의미로는 숙종대 국가의 은병 주조를 통해 성립한 화폐제도를 가리키지만 넓은 의미로는 쇄은이 화폐로 통용되고 있던 숙종대 이전으로 거슬러 올라간다. 필자는 碎銀까지 포함하는 銀幣 연구를 통해 고려시대의 화폐제도나 상업구조에 대한 이해의 폭을 넓힐 수 있으며 더 나아가 銀幣라는 당시 화폐제도의 한계와 은폐제도를 둘러싼 국가, 지배층, 일반민 사이의 긴장관계가 좀더 분명해지리라 생각한다.

본문에서는 은병 주조 이전에 銀이 화폐로 이용되었던 상황을 먼저 살펴보고, 숙종대 화폐정책의 내용 및 銀幣制度만이 시행되는 과정과 함께 은폐제도가 성립할 수 있었던 배경과 목적을 검토하였다. 아울러 은폐제도의 동향과 은병의 성격 분석을 통해 은폐제도에 내재된 변화의 계기 및 실제 전개 과정을 살펴보았다.

2. 銀甁 鑄造를 통한 銀幣制度의 成立

1) 銀甁 鑄造 이전의 銀幣 使用

銀은 白銀이나 白金이라고도 불렀으며[8] 고려 국초부터 국내외를 막론하고 화폐로 이용되었다.[9] 定宗代에는 동여진과의 말[馬] 무역에서 銀注子·銀鉢 등을 지불하였다.[10] 성종

7) 충렬왕 15년(1289)의 柳璥 사망기사에 의하면 銀甁을 銀幣라고 지칭하고 있음을 알 수 있다(『高麗史節要』 卷21, 忠烈王 15年 11月, "中贊致仕柳璥卒 …… 蒙兵之侵 沆以三陟山城未固 欲徙之 郡人 以銀甁三十 遺璥 請不徙 璥却不受 …… 璥謂沆曰 三陟山城之徙 關利害 尤重 邑人 安土重遷 嘗餽我銀幣 我不敢受"). 한편 銀幣의 단위로 斤과 兩이 사용되는 경우가 많다. 예를 들면, 충렬왕 4년(1278)에 鳳州屯田 千戶 朴蒙古大에게 銀幣 5斤을 하사했다는 기록이 있다(『高麗史』 卷28, 世家28, 忠烈王1, 忠烈王 4年 4月 乙丑, "鳳州屯田千戶朴蒙古大 以良馬一匹·橐駝一頭來見 王賜銀幣五斤紵布十匹"). 銀甁은 일반적으로 口나 事를 단위로 사용하므로 이 기사의 銀幣는 碎銀을 가리킨다. 이 글에서 사용하는 '銀甁'은 숙종 6년에 국가에서 화폐 용도로 주조하기 시작한 물품을 가리키며, 銀藥甁·銀酒甁처럼 사치품이면서 귀금속화폐로 유통될 수도 있는 물품은 제외한다.

8) 『高麗史節要』에는 盧克淸이 원래 銀 9斤에 매입한 집을 玄德秀에게 白銀 12斤에 팔게 되자("其妻受郎中玄德秀白銀十二斤 賣之") 3斤은 돌려주니 현덕수가 銀을 절에 시주했다("遂施銀佛寺")는 기사가 있다(『高麗史節要』 卷13, 明宗 15年 4月). 이 기사는 『高麗史』 卷99, 列傳12, 玄德秀에도 실려 있는데, '白金 十二斤'이라고 표현하였다. 銀·白銀·白金이 같은 의미로 사용되었음을 알 수 있다.

9) 고려 이전에도 金銀이 귀금속화폐로서 이용된 기록은 적잖이 있다. 신라의 善化公主가 純金 1斗를 노자로 사용하고 백년의 부귀를 황금이 이룰 수 있다고 한 것이나 백제의 薯童이 흙덩이처럼 쌓아 둔 金으로 인심을 얻어 왕위에 올랐다는 기록(『三國遺事』 卷2, 紀異2 武王)은 금은이 화폐로서 통용되고 있던 당시 상황을 반영한다. 금은은 대외관계에서도 화폐로 이용되고 있었다. 예를 들면, 신라 경

9년(990)에는 別將 趙英에게 銀 30兩 등을 하사하였는데,[11] 銀을 일정한 단위인 兩으로 표현한 것으로 보아 銀이 일반적 등가물 즉 화폐로서 기능하고 있음을 알 수 있다. 그리고 성종 12년(993)에 金 500斤으로 쌀을 사들여 常平倉 재원을 마련하도록 한 기사에 의하면,[12] 귀금속화폐인 金이 민간에서 적지않게 유통되는 상황을 짐작할 수 있다. 金보다 낮은 가치를 지닌 銀 역시 교역 과정에서 유통되었을 것이다.

기록상으로 은의 산출은 현종 13년(1022)에 처음 나타난다. 銀鑛이 旌善縣에서 발견되었다고 溟州에서 보고한 것이다.[13] 그러나 이미 銀幣가 유통되고 있었던 것으로 보아 그 이전에도 銀은 산출되었다고 생각된다. 銀의 생산은 예종 3년(1108) 기사의 銅所・鐵所・瓷器所・紙所・墨所나[14] 충렬왕 4년(1278) 기사의 嘉林縣 金所처럼[15] 所를 통해 이루어졌다. 의종대에는 別貢을 제정하여 金銀・鍮銅・器皿을 수취하였으며,[16] 고종 33년(1246)에는 병난을 입은 西海道의 州郡에 徭貢을 7년 동안 감면해 주고 谷州・樹德의 銀貢을 5년간 줄였다.[17] 다른 州郡과 달리 谷州・樹德에서는 銀을 산출하므로 銀貢을 납부하였던 것으로 보인다. 기존의 연구에 의하면, 13개 소 정도의 銀所가 확인되는데 銀戶에 의해 생산된 銀은 태조대 이래 別貢의 형식으로 국가에 수취되고 있었다.[18]

문왕 9년(869)에는 唐에 麩金 100兩・銀 200兩 등을 바치고 당에 유학하는 學生 李同 등에게 책값으로 銀 300兩을 하사하였다(『三國史記』 卷11, 新羅本紀11, 景文王 9年 7月, "遣王子蘇判金胤等 入唐謝恩兼進奉 …… 麩金一百兩・銀二百兩 …… 又遣學生李同等三人 隨進奉使金胤 入唐習學 仍賜買書銀三百兩"). 한편 『高麗史』 高麗世系에 의하면 王建의 선조는 해상무역과 관련이 있다. 여기에 등장하는 錢이나 商船은 중국과의 무역이 성행하였음을 반증하고 있는데, "은주발로 우물을 팠다"(以銀盂掘地)는 기록의 銀은 경제적 부를 반영한 귀금속으로 볼 수 있다.

10) 『高麗史』 卷2, 世家2, 定宗 3年 9月, "東女眞大匡蘇無盖等來 獻馬七百匹及方物 王御天德殿 閱馬爲三等 評定其價 馬一等 銀注子一事 錦絹各一匹 二等 銀鉢一事 錦絹各一匹 三等 錦絹各一匹." 유자후는 이 기사에 나오는 銀注子, 銀鉢幣를 숙종대 은병 주조의 전단계라고 이해하고 있다(유자후, 앞의 글, 80~81쪽).

11) 『高麗史』 卷3, 世家3, 成宗 9年 9月 丙子, "敎曰 …… 趙英 超十等 授銀靑光祿大夫檢校侍御司憲左武侯衛翊府郎將 仍賜公服一襲 銀三十兩."

12) 『高麗史』 卷80, 志34, 食貨3, 常平義倉, 成宗 12年 2月, "置常平倉于兩京十二牧 敎曰 …… 以千金准時價 金一兩直布四十匹 則千金爲布六十四萬匹 折米十二萬八千石 半之爲米六萬四千石."

13) 『高麗史』 卷4, 世家4, 顯宗1, 顯宗 13年 5月 乙亥, "溟州上言 銀鑛出旌善縣." 곧이어 문종 17년(1063)에는 黃金이 翼嶺縣과 西北面 成州의 箺田場地에서 산출되어 貢籍에 올리자는 건의가 있었다. 『高麗史』 卷8, 世家8, 文宗2, 文宗 17年 1月 戊申, "三司奏 翼嶺縣及西北面成州箺田場地 産黃金 請附貢籍."

14) 『高麗史』 卷78, 志32, 食貨1, 貢賦, 睿宗 3年 2月, "判 …… 銅・鐵・瓷器・紙・墨雜所 別貢物色 徵求過極 匠人艱苦 而逃避 仰所司 以其各所別常貢物多少 酌定 奏裁."

15) 『高麗史節要』 卷20, 忠烈王 4年 4月, "嘉林縣人 告達魯花赤曰 縣之村落 分屬元成殿及貞和院將軍房 忽赤巡軍唯金所一村在耳 今鷹坊迷刺里 又奪而有之 我等何以獨供賦役."

16) 『高麗史』 卷19, 世家19, 毅宗3, 毅宗 23年 2月, "又制別貢 金銀鍮銅器皿 山積."

17) 『高麗史』 卷80, 志34, 食貨3, 賑恤, 災免之制, 高宗 33年 5月, "制 以西海道州郡被兵 蠲徭貢七年 又減谷州樹德兩所銀貢五年."

18) 金炫榮, 앞의 글 ; 채태형, 앞의 글, 32쪽 ; 전병무, 앞의 글, 1992, 71~77쪽 참고. 所에서의 원석채취와 은제련법이 어느 정도 수준이었는지는 알 수 없다. 조선 태종 12년에는 金海府에서 實軍 150명이 10

한편 靖宗 7년(1041)에는 州府의 稅貢 항목과 운영에 대한 규정이 만들어졌다.

> 三司에서 "諸道의 外官 員僚는 다스리는 州府의 稅貢으로 1년에 米 300碩, 租 400斛, 黃金 10兩, 白銀 2斤, 布 50匹, 白赤銅 50斤, 鐵 300斤, 塩 300碩, 絲緜 40斤, 油蜜 1碩을 납부하도록 하고 그렇지 못한 자는 現職에서 파면시키자"고 아뢰니, 따랐다.[19]

이 규정에 의하면 外官이 파견된 州府에서는 매년 白銀 2斤을 국가에 납부하도록 되어 있는데, 은이 산출되지 않는 州府에서는 官府에서 직접 교역에 참가하거나 民에게 수취하는 방식을 통해 稅貢에 필요한 은을 확보한 것이 분명하다. 실제로 宣宗代에 金黃元은 京山府를 2년 동안 다스리면서 惠政이 많았지만 바친 銀의 品質이 좋지 않아 파면되었는데,[20] 京山府에서는 銀을 공납하고 있었음을 알 수 있다. 그리고 예종 3년(1108)에는 東西州鎭과 여러 州縣에서 아직 납부하지 못한 銀金을 癸卯年에 한해 모두 면제하였는데,[21] 銀金이 東西 州鎭과 각 주현의 歲貢으로서 이전부터 납부되었음을 추론할 수 있다.

이처럼 은을 산출하는 지역의 경우 所를 이용하여 銀貢을 공납하였고 일반 州府縣의 경우에는 교역을 통해 규정된 은을 확보하여 납부하였다. 제도적인 정비를 거쳐 국가에서는 점차 안정적으로 銀을 확보할 수 있게 되었으며 이 과정에서 銀은 사치품이자 귀금속화폐로 사용되었다. 銀을 다루는 銀匠指諭殿前·銀匠行首校尉 등이 국가에 배속되고[22] 東女眞에 銀器匠을 파견하며[23] 生女眞과의 무역에 해마다 銀幣를 후하게 보냈다는 기록은[24] 은의 확보가 전제되어 있으므로 가능한 일이었다.

문종대에 들어서면서 銀幣는 고액화폐로 더욱 널리 이용되었다. 문종 32년(1078) 기사에 의하면,

일 동안 채취한 鉛 50斤 60兩을 吹鍊하여 十品銀 1兩 1錢 5分, 七品銀 2錢 5分, 鉛 5斤을 얻었다는 기사가 있다(『太宗實錄』 卷23, 太宗 12年 正月 己亥). 그리고 연산군대에 鉛銀分離法이 발명되면서 은 생산이 획기적으로 늘어났다고 한다(柳承宙, 「朝鮮前期後半의 銀鑛業 硏究 - 敬差官制下의 官·民營實態를 中心으로 -」, 『震檀學報』 55, 1983). 하지만 외국에서 유입되는 은에 대한 기록이 그리 많지 않은 것으로 보아 은병의 질료인 은은 고려 국내에서 산출되고 충당되었던 것으로 보인다.

19) 『高麗史』 卷78, 志32, 食貨1, 租稅, 靖宗 7年 1月, "三司奏 諸道外官員僚 所管州府稅貢 一歲米三百碩 租四百斛 黃金一十兩 白銀二斤 布五十匹 白赤銅五十斤 鐵三百斤 塩三百碩 絲緜四十斤 油蜜一碩 未納者 請罷見任 從之."

20) 『高麗史』 卷97, 列傳10, 金黃元, "宣宗聞之 擢爲右拾遺知制誥 未幾 出守京山府 …… 在京山 二年 多惠政 以貢銀品不中 罷."

21) 『高麗史』 卷80, 志34, 食貨3, 賑恤, 恩免之制, 睿宗 3年 2月, "以封王太后 …… 東西州鎭及諸州縣鄕部曲等雜所長吏漏失雜物色徵還及徭貢未收者 限乙酉年 銀金 限癸卯年 並皆放除."

22) 『高麗史』 卷80, 志34, 食貨3, 祿俸, 諸衙門工匠別賜, 文宗 30年, "文宗三十年 定 …… 掌冶署 米十石 銀匠指諭殿前一 和匠指諭內殿前一 七石 銀匠行首校尉二 和匠行首校尉二."

23) 『高麗史』 卷11, 世家11, 肅宗1, 肅宗 7年 11月 丁未, "東女眞盈歌 遣使 請銀器匠 許之."

24) 『高麗史』 卷14, 世家14, 睿宗3, 睿宗 10年 1月, "生女眞 …… 每來朝 以麩金貂皮良馬爲贄 我朝 亦厚遺銀幣 歲常如此."

> 이 때 宋과 절교한 지 오래 되었는데 宋의 使臣 安燾 등이 비로소 이르니 王과 國人이 기뻐하고 경사로 여겨 전례에 따라 衣帶·鞍馬를 선사한 것 말고도 선물한 金銀寶貨·米穀·雜物 등이 헤아릴 수 없었다. 돌아가려 할 때 배에 다 싣지 못하여 얻은 物件을 銀으로 바꾸기를 청하자, 왕이 有司에게 그 청을 따르도록 명하였다. 安燾와 陳睦은 성질이 탐욕스럽고 인색하여 날마다 제공되는 음식을 덜어 값으로 쳐서 銀으로 바꾼 것이 매우 많았다.[25]

고 한다. 이외에도 같은 해에 興王寺의 金塔을 만드는 데 銀 426斤과 金 144斤이 소요됐다는 기사나[26] 문종 36년(1082)에 羅州에서 땅을 파다가 黃金 100兩과 白銀 150兩을 얻었다는 기사[27] 등을 통해 민간에서도 상당량의 은이 유통되고 있었음을 알 수 있다.

그러나 은폐의 유통은 아직 한계가 있었다. 이 시기의 화폐로는 麤布가 대표적이었으며 米가 보조적으로 사용되었다. 태조 원년(918)의 細布 1匹의 값이 米 5升에 이르렀다는 물가 기사에 의하면[28] 布는 가치척도로서 기능하고 있었으며, 목종 5년(1002)에 鑄錢策을 완화하면서 麤布를 계속 사용하도록 하는 기사에서도[29] 麤布가 화폐로 이용되는 사정을 알 수 있다. 布는 현종 20년(1029)에 布貨라고 지칭되고[30] 靖宗 7년(1041)에는 貢布가 세금의 한 항목이 되며[31] 문종 20년(1066)에는 常貢의 일부가 平布로 折納되는 등[32] 민간교역과 국가재정에 널리 이용되면서 화폐로서의 기능이 확대되었다. 그리고 태조 원년(918)에 商客 王昌瑾이 시장에서 거울을 米 2斗에 구입한 기사에서[33] 알 수 있듯이 米貨 역시 교역에 이용되었다. 경종 5년(980)의 借貸法 규정에서, 米 15斗에는 5斗로 布 15尺에는 5尺으로 이자

25) 『高麗史』 卷9, 世家9, 文宗3, 文宗 32年 7月 乙未, "時 與宋絶久 燾等初至 王及國人欣慶 除例贈衣帶鞍馬外 所贈金銀寶貨米穀雜物無筭 將還 舟不勝載 請以所得物件貿銀 王命有司許從其請 燾睦性貪嗇 日減供億之饌 折價貿銀 甚多."

26) 『高麗史』 卷9, 世家9, 文宗3, 文宗 32年 7月, "興王寺金塔成 以銀爲裏 金爲表 銀四百二十七斤·金一百四十四斤."

27) 『高麗史』 卷9, 世家9, 文宗3, 文宗 36年 4月, "羅州牧管下洪原縣民 掘地 得黃金一百兩·白銀一百五十兩 以獻 王曰 天賜也 遂還之."

28) 『高麗史』 卷1, 世家1, 太祖1, 太祖 元年 8月 辛亥, "詔曰 前主 視民如草芥 而惟欲之從 …… 一匹細布直米五升."

29) 『高麗史』 卷79, 志33, 食貨2, 貨幣, 穆宗 5年 7月, "敎曰 …… 近覽侍中韓彦恭上疏 言欲安人而利物 須仍舊以有恒 今繼先朝而使錢 禁用麤布 以駭俗 未遂邦家之利益 徒興民庶之怨嗟 朕 方知啓沃之精詞 詎可棄遺而不納 便存務本之心 用斷使錢之路 其茶酒食味等諸店交易 依前使錢外 百姓等私相交易 任用土宜."

30) 『高麗史節要』 卷3, 顯宗 20年 9月 丁卯, "遂幸海州 蠲塩海今年租稅之半 所歷州縣耆年篤疾 賜酒食布貨有差."

31) 『高麗史』 卷78, 志32, 食貨1, 租稅, 靖宗 7年 1月, "三司奏 諸道外官員僚 所管州府稅貢 一歲 …… 布五十匹 …… 未納者 請罷見任 從之." 이보다 앞서 정종 4년에는 貢平布라는 표현이 보인다. 『高麗史』 卷6, 世家6, 靖宗 4年 7月 甲寅, "金元沖 還自契丹 …… 又詔曰 省所上表 謝恩令朝貢 并進捧金吸瓶·銀藥瓶·幞頭·紗紵布·貢平布·腦原茶 …… 等事 具悉."

32) 『高麗史』 卷78, 志32, 食貨1, 貢賦, 文宗 20年 6月, "判 諸州縣 每年常貢 牛皮筋角 以平布折價代納."

33) 『高麗史』 卷1, 世家1, 太祖1, 太祖 元年 3月, "唐商客王昌瑾 忽於市中 見一人 …… 昌瑾以二斗米買之."

율을 정한 것은[34] 米貨와 布貨가 일반적으로 유통되고 있던 사정을 반영한 것이다. 이 시기까지 고려의 화폐제도는 布貨와 米貨를 주로 이용하였으며 칭량화폐인 碎銀이 일부 유통되는 단계였다.

2) 肅宗代의 貨幣政策과 銀甁의 鑄造

李資義 일파를 처단하고 권력을 장악한 숙종은 헌종의 선위를 받아 즉위하였다. "등급을 건너뛰어 벼슬을 옮긴 자가 수백 명이었으며 工·商·皂隷 역시 뛰어넘어 顯職에 제수된 자가 있었으나 有司가 감히 말하지 못했다"는 기사와[35] 다음 달의 諸色 軍人에게 米布를 차등있게 하사한 기사[36]에 의하면 숙종은 일부 官僚·工·商·皂隷·軍人을 지지기반으로 하였다. 이 가운데 주목되는 것이 상인층인데, 이들이 즉위 과정에서 담당한 구체적 역할은 알 수 없지만 이미 하나의 사회계층을 이루고 있었던 점은 분명하다. 그리고 숙종 9년(1104)에는 別武班을 만들면서 文武의 散官·吏胥에서 商賈·僕隷 및 州府郡縣에 이르기까지 말을 가진 모든 사람을 神騎軍으로 편성하였는데,[37] 상인과 노비도 말을 소유할 정도로 경제적 부를 축적하고 있고 상인이 특정한 계층으로 인식되고 있었다. 이런 배경을 염두에 두면 숙종대의 경제정책은 이들 상인층의 이해관계와 어느 정도 연관이 있음을 추측할 수 있다.[38]

숙종대 경제정책의 특징은 국가에서 화폐주조를 통해 상업에 적극 개입하면서 재정을 확보하는 것이었다. 구체적으로는 소액화폐와 고액화폐로 銅錢과 銀甁을 주조하며, 관료·군인에게 동전을 하사하여 보급하고, 상점을 열고 관리를 파견하여 상업을 적극적으로 장려하는 방식으로 이루어졌다. 화폐에 대해 숙종은 "백성을 부유하게 하고 나라를 이롭게 하는 데는 화폐[錢貨]만큼 중요한 것이 없다"고 하였다.[39] 그러므로 숙종대 경제정책의 핵심은 鑄錢策이라 할 수 있는데, 이 鑄錢策을 이론적으로 뒷받침한 것이 大覺國師 義天의 「鑄錢

34) 『高麗史節要』 卷2, 景宗 5年 4月, "定米布出息 米十五斗 息五斗 布十五尺 息五尺 以爲恒式."

35) 『高麗史』 卷11, 世家11, 肅宗1, 肅宗 卽位年 10月 庚辰, "其餘躐等遷官者 數百人 工商皂隷 亦有超授顯職者 有司莫敢言."

36) 『高麗史』 卷11, 世家11, 肅宗1, 肅宗 卽位年 11月 癸卯, "御神鳳樓 …… 諸色軍人 賜米布 亦有差."

37) 『高麗史節要』 卷7, 肅宗 9年 12月, "始立別武班 自文武散官吏胥 至于商賈僕隷及州府郡縣 凡有馬者 爲神騎軍."

38) 서성호, 앞의 글, 94쪽 ; 이정신, 앞의 글, 126~127쪽 참고.

39) 『高麗史』 卷79, 志33, 食貨2, 貨幣, 肅宗 7年 12月, "制 富民利國 莫重錢貨." 숙종을 이어 즉위한 예종이 用錢策을 둘러싼 신료들의 극심한 반대에 대해 "民不可慮始"란 秦 商君의 표현을 인용하는 것에서도 국가 주도의 강력한 화폐정책이 시행되었음을 다시 한 번 확인할 수 있다. 『高麗史』 卷79, 志33, 食貨2, 貨幣, 睿宗 元年 7月, "睿宗元年 中外臣僚多言 先朝用錢不便 七月 詔曰 錢法 古昔帝王所以富國便民 非我先考 殖貨而爲之也 況聞大遼 近年亦始用錢乎 凡立一法 衆謗從起 故曰 民不可慮始 不意群臣 託太祖遺訓禁用唐丹狄風之說 以排使錢 然其所禁 盖謂風俗華靡耳 若文物法度 則捨中國 何以哉."

論」이었다.

「鑄錢論」에서 의천은 禮俗을 바꾸었듯이 米貨의 폐단도 개혁해야 할 시점이라고 전제하면서, 鑄錢의 이로운 점으로 ① 米에 비해 운반의 수고를 없앨 수 있다는 운반의 편리함, ② 錢을 사용하면 田米에 沙土 등을 섞거나 容器를 속이는 姦狡함을 막으면서 困窮함을 진휼할 수 있다는 화폐로서의 안정성과 진휼 기능, ③ 녹봉의 半을 錢으로 지급하여 漕運은 여유 있어지고 凶荒에 대비할 수 있다는 물가의 조절 기능과 재화의 집중 기능, ④ 보관이 어려운 米布에 비해 錢은 보관이 안전할 뿐더러 賜與하는 데도 편리하다는 저장의 용이함을 들고 있다. 결론에서는 숙종이 주전책을 시행할 자질이 있으며 백성은 화폐를 필요로 하는 상황이므로 과감히 실행한다면 國家와 萬世 蒼生의 福이 될 것이라고 매듭지었다.[40] 요컨대 주전하게 되면 물품화폐의 단점을 제거하게 될 뿐만 아니라 재화를 국가에 집중시켜 물가를 조절하고 곤궁을 진휼할 수 있다는 논리였다.

숙종은 즉위 2년(1097)에 문종대의 융성한 文物·禮樂을 계승하고 民間의 大利를 일으키기 위해 鑄錢官을 설치하고 백성들에게 동전을 통용하도록 하라고 지시했다.[41] 주조된 동전은 민간에서 어느 정도 유통되어, 숙종 6년(1101)에는 鑄錢都監에서 國人이 처음으로 用錢之利를 알아 편리하게 여기니 宗廟에 고하자고 상주하였다.[42]

곧이어 銀甁의 주조가 뒤따랐다. 같은 해 6월 기사에는,

> 詔하기를, "金銀은 天地의 精華이며 국가의 보물이다. 근래에 姦民이 銅을 넣어 盜鑄하고 있으니 지금부터는 銀甁을 쓰면서 모두 標印하는 것을 永式으로 삼고 어기는 자는 重論하도록 하라"고 하였다. 당시 처음으로 銀甁을 화폐로 삼았는데 규정에 銀 1斤으로 만들었고 고려의 地形을 본떴다. 俗名은 闊口다.[43]

---

40) 『大覺國師文集』 卷12. 鑄錢의 다섯 번째 이로운 점은 "우리 나라 風化의 아름다움은 …… 에 못지않다"라고 되어 있는 일실된 부분인데, 현재의 사치하는 풍속을 국가가 錢을 주조함으로써 바로잡을 수 있다는 내용으로 보인다. 「鑄錢論」은 의천이 숙종에게 올린 상소문으로서 숙종 2년에 작성된 것으로 추정되는데(김상기, 앞의 글, 218쪽), 義天이 米貨의 물리적인 결점을 지적하면서 그 폐단을 집중적으로 비판하고 있는 것은 布貨가 사용되지 않아서가 아니라 布보다 米의 폐단이 더 컸기 때문으로 보인다. 숙종대의 주전정책이 왕권강화의 연장선상에 있는 정책이라는 점은 여러 차례 지적된 바 있다(채웅석, 앞의 글, 1988 ; 정용범, 「高麗時代 中國錢 流通과 鑄錢策 - 성종·숙종 연간을 중심으로 -」, 『지역과 역사』 4, 1997 참고).

41) 『高麗史』 卷79, 志33, 食貨2, 貨幣, 肅宗 2年 12月, "教曰 自昔 我邦風俗朴略 迄于文宗 文物禮樂 於斯爲盛 朕 承先王之業 將欲興民閒大利 其立鑄錢官 使百姓通用." 백남운은 이 때 몇 종류의 有文錢이 주조되었다고 지적하였는데, 김병하는 더 나아가 海東元寶였을 것으로 추측하고 있다(백남운, 앞의 글, 제87장 ; 김병하, 앞의 글, 1972, 38~39쪽).

42) 『高麗史』 卷79, 志33, 食貨2, 貨幣, 肅宗 6年 4月, "鑄錢都監奏 國人 始知用錢之利 以爲便 乞告于宗廟."

43) 『高麗史節要』 卷6, 肅宗 6年 6月, "詔曰 金銀 天地之精 國家之寶也 近來 姦民和銅盜鑄 自今 用銀甁 皆標印 以爲永式 違者重論 時始用銀甁爲貨 其制 以銀一斤爲之 像本國地形 俗名闊口."

라고 되어 있다. 이 기사를 보면 은병은 그 때까지 민간에서 자생적으로 유통되었을 1斤짜리 碎銀을 국가에서 제도로 수렴한 것으로 보인다. 그리고 원래는 은병에 표인을 하지 않고 민간의 은병 주조도 허용하였지만, 和銅 盜鑄가 횡행하자 표인을 통해 법제적인 공인을 하고 私鑄를 금지하였다고 생각된다.44) 은병이 주조된 직후 고려에 왔던 孫穆은 『鷄林類事』에서 다음과 같이 기록하였다.

> 교역에서 액수가 많을 경우에는 銀餠을 사용한다. 은병은 모두 무게가 1斤이며 工人들이 만든다. 銀 12兩 半으로 만들고 구리 2兩 半을 넣어 1斤을 만든다. 구리로 工匠의 품삯을 충당한다.45)

이에 의하면, 고액화폐로 銀甁[銀餠]이 사용되었는데 은병은 銀 12兩 半과 구리 2兩 半을 和鑄한 것으로 무게는 15兩이었다. 숙종 6년에 이미 은병의 私鑄가 금지되었으므로 은병을 주조하고 품삯을 받는 工匠은 국가에 고용된 민간의 工匠으로 보인다. 동전 주조를 담당한 鑄錢都監에서 은병까지 주조했을 것이다. 이를 통해 숙종대의 동전주조와 은폐주조라는 화폐정책은 그 모습을 드러내었는데, 숙종은 동전과 은병이라는 칭량화폐를 법정화폐로 규정하여 전면적으로 시행함으로써 문종대의 융성한 정치를 완성하려 하였다.

하지만 일정한 성공을 거두었다고 자평한 동전은 널리 유통되지 못하였다. 이듬해인 즉위 7년(1102) 숙종은 서경에 행차하여 貨泉別監을 파견해 상업을 진흥시키도록 하였는데,46) 화천별감은 동전의 강제 유통을 꾀했을 가능성이 있다.47) 서경에서 돌아온 숙종은 富

44) 『高麗史』 食貨志에서는 6월의 도주금지기사 앞에 "이 해[是年]에 은병을 화폐로 사용하였다"라고 수록하고 있어(『高麗史』 卷79, 志33, 食貨2, 貨幣, 肅宗 6年 6月), 6월 이전에 이미 은병이 주조되었음을 짐작케 한다. 한편, 은병이 등장할 수 있었던 사회적 배경으로 대외무역 활동이나 국내교역에서의 은폐 이용이 활발했고 하사품·사치품·佛具 등으로 널리 사용되고 있었다는 점이 지적되고 있다. 직접적인 계기로는 화폐로 사용되던 은을 盜鑄하자 국가에서 銀甁의 법정화를 시행하게 되었다는 견해가 대부분이다(田村專之助, 앞의 글, 328쪽 ; 채웅석, 앞의 글, 1988, 114~115쪽 ; 전병무, 앞의 글, 1992, 85~91쪽). 특히 須川英德은 은병 주조의 직접적인 계기가 對宋貿易에서 사용될 지불수단의 필요성 때문이라고 이해했다(須川英德, 앞의 글, 1993, 46쪽). 그러나 은병이 등장하는 기사를 살펴보면 선물로 이용되는 사례가 몇 번 있을 뿐, 무역결제수단으로 사용되었음을 직접 확인할 수 있는 기사는 거의 없다. 게다가 조공과 관계된 科斂의 경우에는 銀甁의 과렴이 아니라 銀의 과렴이 주로 나타나고 있다. 그것은 은병은 주로 고려 내부에서 유통되는 화폐이지만 銀은 중국과의 관계에서도 통용되는 세계화폐였기 때문이다. 은병이 국내에서 유통되는 화폐였다는 점은, 은병을 기준으로 하는 물가 기사가 이후 빈번하게 나타나고 은병 가격의 결정을 통해 물가를 조절하려는 화폐정책이 지속적으로 반복되는 사실에서 다시 확인할 수 있다.

45) 『鷄林類事』, "若其數多 則以銀餠 每重一斤 工人製造 用銀十二兩半 入銅二兩半 作一斤 以銅當工匠之直."

46) 『高麗史』 卷79, 志33, 食貨2, 貨幣, 肅宗 7年 9月, "制曰 四民各專其業 實爲邦本 今聞 西京習俗 不事商業 民失其利 留守官其奏 差貨泉別監二員 日監市肆 使商賈咸得懋遷之利."

47) 이에 앞서 문종 30년(1076)의 西京官祿 權務官 규정에는 貨泉務副使·貨泉務判官 등이 있다(『高麗史』 卷80, 志34, 食貨3, 祿俸, 西京官祿, 權務官). 이들 관리는 그 명칭으로 보아 화폐를 관장하는 업무를 맡고 있었던 것이 분명한데, 당시 西京은 分司制度를 취하고 있었으므로(河炫綱, 「高麗時代의

民 利國한다는 명분 하에 鼓鑄法으로 주조한 海東通寶 15,000貫을 宰樞・文武兩班・軍人에게 分賜하는 한편 京城에 左右酒務와 店鋪를 두어 使錢之利를 일으키도록 하였다.[48] 그러나 해동통보는 민간에 수용되지 않았다. 『鷄林類事』에 의하면, "계미년(숙종 8, 1103)에 宋[本朝]을 본떠 鑄錢하여 交易했는데 海東重寶・三韓通寶로 錢額했나"고 한다.[49] 숙종 7년에 만들어진 海東通寶가 유통에 실패하자 숙종 8년에 海東重寶・三韓通寶를 다시 鑄錢한 것이다. 그래도 동전이 널리 유통되지 않자, 이듬해인 숙종 9년(1104)에는 南京으로 행차하여 羣臣 軍士에게 官錢을 차등있게 지급하는 한편 州縣에서 酒食店을 열고 民이 貿易하는 것을 허용하여 錢利를 알도록 하라고 명령하였다.[50] 이러한 강제적인 동전유통정책은 민간의 일상교역에 쓰이는 화폐를 銅錢으로 완전히 대체하려는 데 목적이 있었던 것으로 보인다.

그러나 예종이 즉위하자 주전책은 太祖遺訓을 빙자한 관료들의 반발에 부딪혔으며,[51] 인종 초기에 동전은 府庫에 저장되면서[52] 藥을 구매할 때나 간간이 사용하는 실정이었다.[53] 관료들의 반발과 민간에서의 외면으로 화폐로서의 기능을 잃었던 것인데,[54] 화폐발전단계의 측면에서 보자면 일반 민의 경우 물품화폐단계에 있는데 인위적으로 칭량화폐를 강요하는 데서 나온 결과라고 생각된다. 고려 말의 화폐 논의에서 "우리 나라의 동전[錢]으로는 三韓重寶・東國通寶・東國重寶・海東重寶・東海通寶 등이 중국의 傳籍에 실려 있어 살필 수 있다. 近古에는 또 銀甁을 만들어 화폐로 삼고 布匹과 子母로 계산하여 사용하였다"는 지적이 있는 것처럼,[55] 숙종대 화폐정책으로 만들어진 동전과 은병 가운데 화폐로 계속

西京」, 『韓國中世史硏究』, 一潮閣, 1988) 개경에도 貨泉務副使・貨泉務判官이 담당한 임무를 맡은 관리가 있었을 것이다.

48) 『高麗史』 卷79, 志33, 食貨2, 貨幣, 肅宗 7年 12月, "制 富民利國 莫重錢貨 西北兩朝 行之已久 吾東方 獨未之行 今始制鼓鑄之法 其以所鑄錢一萬五千貫 分賜宰樞文武兩班軍人 以爲權輿 錢文曰海東通寶 且以始用錢 告于太廟 仍置京城左右酒務 又於街衢兩傍 勿論尊卑 各置店鋪 以興使錢之利."

49) 『鷄林類事』, "癸未年 倣本朝 鑄錢交易 以海東重寶三韓通寶爲記."

50) 『高麗史節要』 卷7, 肅宗 9年 7月 辛丑, "駕次峯城縣 出官錢 賜羣臣軍士 有差 時 泉貨之行 已三歲矣 民貧 不能興用 乃命州縣 出米穀 開酒食店 許民貿易 使知錢利."

51) 『高麗史』 卷79, 志33, 食貨2, 貨幣, 睿宗 元年, "中外臣僚多言 先朝用錢不便 七月 詔曰 …… 不意群臣 託太祖遺訓禁用唐丹狄風之說 以排使錢."

52) 『高麗圖經』 卷3, 城邑, 貿易, "中間朝廷賜予錢寶 今皆藏之府庫 時出以示官屬傳玩焉." 원문에서 '朝廷'이 改行되어 있는 것으로 보아 朝廷은 宋을 가리키므로 錢寶는 宋의 화폐를 의미한다. 그러나 창고에 저장되는 형편은 고려의 동전 역시 마찬가지였을 것이다.

53) 『高麗圖經』 卷16, 官府, 藥局, "高麗他貨 皆以物交易 惟市藥 則閒以錢貿易焉."

54) 숙종대 銅錢의 유통이 원활하지 못했던 원인에 대해서는 몇 가지 지적이 있다. 즉 半物品貨幣인 麤布의 광범위한 유통과 下向的인 정책시행(김병하, 앞의 글, 1975), 국가에서 화폐 발행을 통해 농민교역까지 장악하고자 하는 데 대한 반발(이경식, 앞의 글, 1987), 국가수취체제가 현물중심이었고 이원적인 유통구조가 피지배층의 유통경제를 억제했으며 동전이 본관제의 사회구조와 맞지 않은 점(채웅석, 앞의 글, 1988), 동전 사용 계층이 제한되어 있으며 왕권의 강압적인 통화정책과 기존 통화질서 사이의 마찰(정용범, 앞의 글) 등이 지적되고 있다.

55) 『高麗史』 卷79, 志33, 食貨2, 貨幣, 恭讓王 3年 7月, "都評議使司奏 …… 吾東方之錢 如三韓重寶 東

기능하는 것은 銀甁이었다.

은폐제도의 성립은 앞서 언급했듯이 銀鑛 발견이라는 자연지리적 요소와 銀所 발달이라는 생산력 발전의 요소가 전제되었기 때문이다. 이와 함께 은폐제도는, 교역 증가와 유통망 확대에 따라 고액화폐에 대한 사회적 요구가 증가하고 있었기 때문에 성립할 수 있었다.

먼저 은병의 주조가 이루어진 숙종대까지 상인층의 활발한 활동이 보인다. 현종 5년(1014)에는 商旅가 客死하여 姓名·本貫을 알 수 없는 경우에는 所在 官司에서 임시로 매장하라고 下敎했는데,[56] 商旅가 하루 거리 이상의 유통망에 관여하고 있음을 알 수 있다. 문종 12년(1058)에는 "우리 나라는 文物·禮樂이 興行한 지 이미 오래이고 商船[商舶]이 계속 이어져서 珍寶가 날마다 이르고 있다"라는 內史門下省의 上言처럼[57] 商人[船商]의 활동이 이미 전국에 걸쳐 있었다.[58] 아울러 문종 20년(1066)에 諸州縣의 每年 常貢 가운데 소가죽·힘줄·뿔을 平布로 折納하도록 한 조치는 민간의 교역을 더욱 활성화시키는 계기가 되었을 것이다.[59] 문종 33년(1079)에는 破船하였다고 속이고 公私 漕運의 穀米를 사사로이 나누어 쓴 梢工·水手 등에게는 모두 穀米를 징수하라고 判하였다.[60] 여기에 보이는 私漕運이란 표현은 漕運網이 稅穀을 운송하는 국가의 유통망일 뿐만 아니라 私船들도 이

國通寶 東國重寶 海東重寶 東海通寶 載之於中國傳籍 盖可考也 近古 又造銀甁爲貨 皆與布匹 子母相權."

56) 『高麗史』 卷4, 世家4, 顯宗1, 顯宗 5年 6月 庚申, "敎曰 …… 其商旅 死而不記姓名本貫者 所在官司爲之權厝 誌其老壯形貌 勿使疑誤 以爲永式."

57) 『高麗史』 卷8, 世家8, 文宗2, 文宗 12年 8月, "內史門下省上言 …… 況我國文物禮樂 興行已久 商舶絡繹 珍寶日至 其於中國 實無所資." 이에 앞서 성종대의 최승로 상소문에 의하면, "州郡縣과 亭驛津渡의 豪友들이 큰 집을 지어 민폐가 심하니, 尊卑에 따라 집의 제도를 정해 따르게 하고 이미 지은 것은 허물도록 하자"(『高麗史節要』 卷2, 成宗 元年 6月, "正匡行選官御事上柱國崔承老 上書 略曰 …… 近來 人無尊卑 苟有財力 則皆以營室爲先 由是 諸州郡縣及亭驛津渡豪右 競構大屋 踰越制度 非但盡一家之力 實勞百姓 其弊甚多")라고 하였는데, 亭驛津渡의 豪友들 가운데는 상업과 관련되어 있는 사람들이 있는 것으로 보인다.

58) 船商에 대해서는 다음 연구가 참고된다. 김동철, 앞의 글, 14~20쪽 ; 홍희유, 앞의 글, 79~87쪽 ; 서성호, 앞의 글, 97~99쪽 ; 金三顯, 「고려후기 場市에 관한 연구」, 『명지사론』 4, 1992, 82~89쪽.

59) 『高麗史』 卷78, 志32, 食貨1, 貢賦, 文宗 20年 6月, "判 諸州縣 每年常貢 牛皮筋角 以平布折價代納." 숙종은 즉위하여 州縣의 조세를 면제하고 아직 납부하지 못한 徭貢을 癸酉年(1093)에 한해 감면하라는 詔書를 내렸다(『高麗史』 卷80, 志34, 食貨3, 賑恤, 恩免之制, 肅宗 卽位年 11月, "詔 免州縣今年租稅 其徭貢未納者 限癸酉年蠲免"). 徭貢은 아직까지 실체가 명확하지 않은 稅目이다(朴鍾進, 『高麗時代 賦稅制度 硏究』, 서울대 박사학위논문, 1993, 51~52쪽). 그런데 숙종 이전의 왕들이 즉위 후 내린 恩免이 몇 차례 보이는데 여기에는 租稅와 役을 함께 감면한 경우가 많다(『高麗史』 卷80, 志34, 食貨3, 賑恤, 恩免之制의 太祖 卽位年 8月, 成宗 卽位年 8月, 穆宗 卽位年 12月). 만약 숙종 즉위년의 徭貢 蠲免 기사가 前王들의 경우와 같은 내용의 조치였다면, 徭貢은 役과 관련된 성격의 稅目으로 숙종대 이전에 徭役의 성격이 노동력 수취에서 貢物 수취로 변화한 징조로 볼 수 있다. 즉 徭貢이 연체될 수 있는 것은 다른 물품으로 折納하였기 때문이라고 생각된다. 이 추측이 맞다면 절납되는 물품의 종류와 납부형식에 따라 달라지겠지만, 民이 세금 납부와 관련하여 교역 과정에 참여할 수밖에 없고 또 참여하고 있었던 유통망의 존재를 추측할 수 있다.

60) 『高麗史』 卷79, 志33, 食貨2, 漕運, 文宗 33年 1月, "判 公私漕運穀米 梢工水手等 托爲敗船溺水 私自分用者 並令徵之."

용하는 민간의 유통망이기도 하다는 점을 보여주고 있다. 私船은 세곡이 운송되는 2~5월을 제외한 시기에는[61] 상인들의 물자를 운반하는 수단으로 전환되었을 것이다.[62] 숙종대에 들어 이들 상인층은 자신들의 상업활동에 필요한 고액화폐의 필요성을 제기하였던 것으로 보인다. 이렇게 본다면 동전을 주조하여 본위화폐로 설정하고 숙종 6년에 이를 보조하는 고액화폐로 은병을 주소한 것은 경제력의 분화를 반영한 것이었다.

米布를 능가하는 새로운 고액화폐의 필요성이 상인에게만 한정된 것은 아니었다. 은병이 주조된 숙종 6년에는,

> 詔하기를, "짐은 長生庫의 積粟이 많으므로 내어 이자를 취했다. 지금 듣건대 오래 묵어 썩은 곡식을 백성들이 싫어한다고 하니 管勾員으로 하여금 銀과 布로 바꾸어 그 폐단을 제거하도록 하라"고 했다.[63]

고 되어 있다. 화폐로서의 米가 갖는 최대의 단점은 변질되기 쉬워 보관이 어렵다는 것이다. 均質性과 耐久性의 단점 때문에 장기간 저장할 경우에는 銀이나 布로 바꾸어야 하는데, 布 역시 보관이 용이한 소재는 아니므로 내구성에서 탁월한 소재인 銀이 필요했다. 저장된 은이 借貸로 곧바로 이용되었는지 아니면 곡식으로 다시 교역되어 차대에 이용되었는지는 명확하지 않지만, 지출을 전제로 한 저장이라는 점에서 보면 銀幣는 유통구조에 편입되어 있었다. 숙종은 이미 유통되고 있던 銀幣를 국가재정의 운영수단으로 주목한 것이다.

그리고 숙종대 이후의 기록이지만 의종 원년(1147)에는 "兩界에 軍資를 輸運할 때 諸宮院과 權勢家들이 조악한 품질의 匹段布貨·絲銀을 가지고 兩界에 가서 그 道의 別常에게 依付하여 高價로 납입한다"고 지적되었다.[64] 물품 운반이 어려운 양계지역에서는 代納이 허용되었는데 諸宮院과 權勢家들은 고액이어서 운반이 용이한 匹段布貨·絲銀의 납부를 선호했을 것이다.

이처럼 고액화폐의 필요성에 대해서는 국가와 지배층, 상인의 이해관계가 일치하였기 때문에 예종 원년(1106)의 동전 유통에 대한 관료들의 반발에서도 은폐제도에 대한 비판은 없었다. 다시 말하면 물품화폐단계를 뛰어넘는 화폐, 즉 칭량화폐가 상인층 및 지배층에게 필

61) 『高麗史』 卷79, 志33, 食貨2, 漕運, "州郡租稅 各以附近輸諸倉 翌年二月 漕運 近地 限四月 遠地 限五月 畢輸京倉."

62) 선종 3년(1086)에는 풍속이 사치스러워지는데 禁制가 없다는 지적이 많자 先王의 典禮에 따라 모든 衣服·車馬의 品制를 詳定하라고 下詔했는데(『高麗史』 卷10, 世家10, 宣宗 3年 7月 丙寅, "詔曰 朕覽群臣所上封事 多言世俗尙侈靡 莫有禁制 其令所司 與宰臣諸學士風憲長官 據先王典禮 凡衣服車馬品制 斟酌詳定以聞"), 이 기사는 상업활동을 통해 부를 축적한 상인에 대한 규제의 성격도 있었던 듯하다.

63) 『高麗史』 卷79, 志33, 食貨2, 借貸, 肅宗 6年 5月, "詔曰 朕 以長生庫 積粟旣多 出糶取息 今聞歲久粟腐 民或病之 其令管勾員 貿銀布 以除其弊."

64) 『高麗史』 卷85, 志39, 刑法2, 禁令, 毅宗 元年, "御史臺奏 當兩界軍資輸運時 諸宮院權勢 齎品惡匹段布貨及絲銀 就兩界 依付當道別常 高價納之."

요하였으며, 이러한 필요성은 국가재정 운영의 효율성과도 부합하였다. 이러한 일치된 이해관계가 화폐제도로 수렴된 것이 은병이었다. 화폐 사용자들은 은병을 통해 자신들의 경제적 부를 더욱 용이하게 집적할 수 있었던 것이다.

한편, 은병 주조를 통한 은폐제도의 시행에는 국가의 정책적인 목표가 설정되어 있었다. 먼저 국가에서 造幣權을 장악하여 상업을 통제하려 했던 점을 들 수 있다. 義天은 동전을 주조하면 재화를 국가에 집중시켜 물가를 조절하고 곤궁함을 진휼할 수 있다고 주장하였는데 은폐제도라고 해서 화폐정책의 목적이 다르지는 않았다. 이러한 국가주도의 상업정책에 대한 관념은 명종대의 기사를 통해 살필 수 있다. 명종 16년(1186)의 기사에는,

> 內侍院에서 "이제부터는 御膳을 바치는 자에게 술과 과일만을 지급하고 布帛은 사용하지 말자. 布帛은 일정한 제한이 있지만 御膳을 바치는 자는 끝이 없다. 유한한 재화로써 무한한 비용을 지급하는 것은 장구한 계책이 아니다"라고 아뢰자, 詔하기를 "朕은 은혜가 萬物에 미치게 하고 싶으나 그 소망을 이루지 못했다. 그러므로 작은 물건이라도 반드시 후하게 은혜를 베푼다. 布帛이 허비되더라도 이것은 모두 國人이 이익을 입는 것이니 아끼지 말라"고 했다.[65]

고 한다. 그러므로 명종이 西北面兵馬使에게 무역활동을 사주하여 丹絲 500束을 바치게 하고 進獻者・嬖媵에게 內府의 물품들을 厚賜한 것은[66] 재화를 국가에 집중시키고 유통시켜 경제정책을 주도해야 한다는 인식 속에서 나온 것이었다. 그리고 고종 46년(1259)에는 新興倉의 白銀 10斤을 내어 穀種으로 교역하여 貧民에게 지급하였는데,[67] 진휼 재원으로 은폐를 이용하였음을 알 수 있다. 아울러 은병가격의 결정 기사들은[68] 은병이 물가조절 수단임을 보여주는데, 국가에서는 쇄은이 아닌 은병의 가격결정을 통해 물가를 조절하는 형식을 취하였다. 충렬왕 15년(1289)에 상인을 세 등급으로 나누어 과렴하는 것도[69] 상인층을 구체

---

65)『高麗史』卷20, 世家20, 明宗2, 明宗 16年 7月 甲辰, "內侍院奏 自今有進膳者 止給酒果 勿用布帛 布帛有數 而進膳者無窮 以有限之物 供無窮之費 非長計也 詔曰 朕欲澤及萬物 而未遂其願 故因其薄物 必施厚惠 布帛雖費 皆是國人蒙利也 勿以爲吝."

66)『高麗史節要』卷13, 明宗 15年 1月, "西北面兵馬使李知命 獻契丹絲五百束 知命之陛辭也 王召入內殿 親諭曰 義州雖禁兩國互市 卿宜取龍州庫苧布 市丹絲以進 故有是獻 …… 王卽位 悉入內府 賜諸嬖媵 府藏虛竭 徵求兩界 至於如此";『高麗史』卷20, 世家20, 明宗2, 明宗 16年 7月 甲辰, "王自卽位以來 有進膳者 雖微物 輒厚賜布帛 故貪利之徒 至有旁求他方以獻者."

67)『高麗史』卷79, 志33, 食貨2, 農桑, 高宗 46年 2月, "發新興倉白銀十斤 易穀種 給貧民."

68)『高麗史』卷79, 志33, 食貨2, 貨幣, 忠烈王 8年 6月, "都評議使司榜曰 民生之本 在於米穀 白金雖貴 不救飢寒 自今 銀甁一事折米 京城率十五六石 外方率十八九石 京市署視歲豐歉 以定其價";『高麗史』卷79, 志33, 食貨2, 貨幣, 忠烈王 9年 7月, "監察司出牓 舊例銀甁 直米二十石 今改定十石 九月以市人不行貿易 乃許復舊";『高麗史』卷79, 志33, 食貨2, 貨幣, 忠肅王 15年 12月, "資贍司狀申 銀甁之價日賤 自今 上品甁折賓布十匹 貼甁折布八九匹 違者 有職徵銅 白身及賤人 科罪 判可 時 鑄銀甁雜以銅 銀少銅多 故官雖定價 人皆不從."

69)『高麗史』卷79, 志33, 食貨2, 科斂, 忠烈王 15年 2月, "王命群臣 出米有差 諸王・承旨以上 七石

적으로 파악하고 있었기 때문에 가능한 일이었는데, 주조한 은병을 유통시키는 과정에서 상인층의 동향을 파악하였을 것이다. 은폐제도는 경제정책의 매개고리였던 것이다.

또한 은폐제도는 국가재정 확보의 주요 수단이기도 하였다. 화폐의 현실적인 필요성을 "災患에 대비하고 民用에 편리하게 하는 것"이라거나 "1~2년 간의 水旱이나 수십만 軍旅 비용에 대한 대비"라고 지적한 것은[70] 재정확보의 방안으로 화폐제도에 접근하고 있음을 잘 보여준다. 화폐정책으로 재정을 확보할 수 있는 방안은 화폐를 실질가치보다 높은 가격으로 유통시키거나 화폐 자체의 실질가치를 낮추는 것이다. 전자는 抑賣를 통해 상인과 백성들을 수탈하는 것으로 원종대 洪子藩의 상소,[71] 충렬왕대 韓康의 상서,[72] 충선왕의 시장 수탈 금지 교서[73] 등에서 알 수 있다. 국가에서 주조한 은병은 상인들에 대한 抑賣의 주요한 수단으로 이용될 수 있었다. 후자는 和鑄하여 실질가치가 명목가치보다 낮은 화폐를 주조하는 것이다. 앞서 본 바와 같이 銀甁을 만드는 데 銀 12兩 半과 구리 2兩 半을 合鑄하였다는 『鷄林類事』의 기사에서 은병 주조가 재정확보 방안임을 알 수 있다. 銀 대신 구리 2兩 半을 和鑄했을 뿐더러 15兩의 은병 무게는 1斤인 16兩에 못 미치는데도 국가에서는 碎銀 1斤과 같은 가격으로 유통시켜 차액을 노린 것이다.[74] 국가에서는 私鑄를 금지시키고 은병

…… 富商大戶 三石 中戶 二石 小戶 一石."

70) 『高麗史』 卷79, 志33, 食貨2, 貨幣, 恭讓王 3年 7月, "都評議使司奏 …… 自漢至今 代各有錢 若宋之會子 元之寶鈔 則雖變錢法 實祖其遺意 盖亦莫非備災患而便民用也 …… 如有一二年水旱之災 數十萬軍旅之費 則將何以處之."

71) 『高麗史節要』 卷19, 元宗 14年 4月, "以天變放囚 左承宣洪子藩奏 …… 若欲修德 莫如省大府供御之費 禁市肆侵割之害 王默然."

72) 『高麗史節要』 卷21, 忠烈王 22年 2月, "康乃條上曰 …… 工商 所以利用而厚生也 今諸司所需 皆取於市 或抑其估 或終不給直 工商不勝其苦 宜令有司禁之."

73) 『高麗史』 卷79, 志33, 食貨2, 借貸, 忠烈王 34年 11月, "忠宣王 下敎 一 市肆商賈 貿遷有無 資生 在前 迎送國贐宴禮 諸色官 虛給文契 取用百物 不還其直 甚者 公然攬奪 怨讟不少 宜令各司 檢考文契 如數歸還 今後 盡行雇買 不得騷擾."

74) 李瀷은 銀甁에 대해 다음과 같이 기록하고 있다. "우리 나라의 史書를 살펴보니 …… 銀甁은 …… 공민왕 5년에 폐지되었고 銀錢을 사용하였다고 한다. 銀甁은 '白金三品'과 비슷한 종류로, 고려의 地形을 본뜨고 허리 부분을 줄였으므로 甁과 흡사하지만 입은 넓었던 듯 하다"(『星湖僿說』, 萬物門 銀甁, "按東史 …… 銀甁 …… 至恭愍五年 廢而用銀錢 盖白金三品之類 而像地形 殺其腰 故似甁 而濶其口也"). 銀甁과 비슷하다고 연상한 白金三品에 대해, 李瀷은 漢 武帝 때 白金으로 주조한 세 종류의 화폐라고 간단히 내용을 설명하였다. 白金三品에 대해서는 『冊府元龜』에 상세하게 나와 있다. 元狩 4년(기원전 119)에 關東의 貧民 725,000명을 隴西·北地·西河 등으로 이주시켰는데 衣食 지급에 필요한 비용이 부족하자, 有司가 새로 白金과 皮幣를 만들 것을 청하였다. 당시 富商大賈는 축적한 재산으로 封君을 능가하고 있었지만 이 일에는 무관심하였고 화폐로 유통되던 半兩錢은 盜鑄가 심한 상황이었다. 漢 武帝와 公卿들은 錢幣를 새로 만들어 國用을 넉넉하게 하면서 富商大賈를 견제하는 문제를 논의하게 되었다. 有司가 건의하여 실행된 화폐는 銀과 주석[錫]을 合鑄한 것[白金]으로 세 종류로 구분되었다. 가장 무거운 것은 무게 8兩에 가치가 3,000(錢?)으로 책정되었고, 나머지 두 종류는 각각 500(錢?)과 300(錢?)이었으며 그에 상응하여 무게 역시 작았다. 이것을 白金三品이라고 불렀다(『冊府元龜』 卷499, 邦計部, 錢幣1). 고려의 상황과 비슷한 점이 있는 기록이다. 『冊府元龜』는 숙종이 즉위하기 3년 전인 선종 9년(1092)에 고려로 유입되었는데(『宋史』 卷487, 列傳246, 外國3, 高麗 元祐 7年), 의종 5년(1151)에 이 책을 교정하였다(『高麗史節要』 卷11, 毅宗 5年 6月)는 기록으로 보

주조를 전담함으로써 은병 1개당 銀 3兩 半의 이익을 독점하는 셈이었다.[75] 이는 銀甁 1事가 銀 1斤과 같은 가격을 지닌 것으로 간주되는 당시의 실정에 의해 다시 뒷받침된다. 즉 인종 10년(1132) 경성에 기근이 들었을 때의 기사를 『高麗史』 世家에서는 '銀甁一事'라고 하였는데 『高麗史』 五行志에는 '銀甁一斤'이라고 수록하고 있다.[76] 그리고 의종 21년(1167)에는 榜을 내걸어 賊을 고하는 자에게 銀 200斤을 지급하겠다고 하면서 銀甁 200口를 거리에 내걸도록 명령한 기사가 있다.[77] 이 기사에서 銀 200斤과 銀甁 200口의 현상금은 같은 액수를 가리키며 이 때까지도 銀甁 1口는 銀 1斤의 가치를 擬制하고 있는 것으로 보인다. 그러므로 銀甁을 통해 보았을 때, 고려의 화폐정책은 抑賣와 같은 폭력적인 방식이든 和鑄와 같은 인플레이션 정책의 방식이든 수탈적인 구조를 띠고 있음을 알 수 있다.[78]

3. 銀幣制度의 動向과 그 性格

1) 銀幣制度의 動向

銀幣는 정부의 여러 기관에 의해 관리되면서 국가재정을 뒷받침하고 있었다. 예를 들어, 인종 4년(1126)에는 內帑의 銀幣를 척준경의 군사에게 내렸으며[79] 명종 16년(1186)에는 左倉이 비어 녹봉을 지급할 수 없게 되자 典牧司에서 비축한 白金 624斤 등을 빌려 보충했다.[80] 이 기사들에서 보이듯이 銀幣는 內帑·左倉·典牧司 등을 통해 관리되었으며 國用

아 널리 이용되었던 것 같다. 주지하듯이 숙종은 읽지 않은 五經과 子史가 없었다고 평가받을 정도로 博學한 군주였고 즉위 원년 7월에는 文德殿에서 역대로 비장하였던 문서를 열람하기도 하였다. 화폐에 대해 깊은 관심을 가진 숙종은 아마도 白金三品에 대한 기록을 보았을 텐데, 은병 주조의 동기 및 목적과 어느 정도 관련이 있지 않을까 생각한다.

75) 和銅한 은병의 가치를 정확히 알기 위해서는 구리의 가치를 알아야 하는데 이를 알려 주는 자료가 없다. 다만 충혜왕대의 기록에 백관에서 서리까지 2인당 五綜布 1匹을 주고 鍮銅 2斤씩을 징수했다는 기록이 있을 뿐이다. 『高麗史節要』 卷25, 忠惠王 後4年 5月, "王 …… 乃命百官下至胥吏 每二人給五綜布一匹 徵鍮銅二斤 人皆苦之."

76) 『高麗史』 卷16, 世家16, 仁宗2, 仁宗 10年 7月, "京城饑 穀貴物賤 銀甁一事 直米五碩" ; 『高麗史』 卷55, 志9, 五行3, 仁宗 10年 7月, "京城饑 穀貴物賤 銀甁一斤 直米五碩."

77) 『高麗史』 卷18, 世家18, 毅宗2, 毅宗 21年 1月 甲寅, "命有司榜于市曰 有能告賊者 勿論有無職 東班正郎 西班將軍 隨自願除授 公私賤隷 亦許叅職 并給銀二百斤 女則給銀三百斤 王猶慮未得 又命懸黃金十五斤 銀甁二百口於街衢 購捕."

78) 그러나 이러한 방식대로 화폐를 만들어 공급량을 늘인다고 하더라도 화폐가 스스로 가치를 증식하거나 사회적 부를 창출하는 것은 아니다. 이러한 재정확보정책은 화폐가치의 하락에 따른 인플레이션을 수반하므로 실제로는 민간의 富를 수취하는 방안이다. 따라서 민간에서는 이러한 화폐정책에 반대할 수밖에 없게 된다. 백남운과 채태형도 은병의 합주에 따른 수탈적인 성격이 은폐제도의 쇠퇴 원인이라고 지적하고 있다(백남운, 앞의 글, 338~339쪽 ; 채태형, 앞의 글, 33~34쪽). 한편 銀甁은 순은으로 官鑄했는데 僞造銀甁貨가 유통되자 예종 즉위년부터 구리 2兩 半을 넣어 合鑄하게 되었다는 이해가 있다(김병하, 앞의 글, 1972, 33쪽).

79) 『高麗史節要』 卷9, 仁宗 4年 2月, "遂縋內帑銀幣 下賜軍卒."

일반으로 지출되었다.

국가재정으로 이용되기는 지방관서 역시 마찬가지였다. 의종 원년(1147)에 御史臺에서는,

> 兩界에 軍資를 輸運할 때 諸宮院과 權勢家들이 조악한 품질의 匹段布貨·絲銀을 가지고 兩界에 가서 그 道의 別常에게 依付하여 高價로 납입하고 西南지역에서 그 값을 받으므로 西南·兩界의 백성들이 모두 폐단을 입게 된다.[81]

고 상주하였다. 絲銀이 물품으로 교환되고 있는 것으로 보아 兩界에도 銀幣를 사용하는 시장이 존재하고 있었는데, 은폐는 軍資만이 아니라 지방재정에 있어서도 필요한 물품을 구입하는데 사용된 것으로 보인다. 그리고 충렬왕대에 晉州副使 白玄錫이 부임하지 않은채 州吏가 가져온 銀幣를 사용했다는 기록은[82] 지방 관리들도 은폐를 사용하고 있음을 보여준다. 이 기사들에 비추어 볼 때 국가의 법정화폐인 銀甁 역시 지방재정에 이용되었을 것이다.

은병의 필요성은 민간의 교역에서도 마찬가지였다. 『高麗圖經』에서 男女 老幼와 官吏 工伎가 모두 교역에 참여하면서 紵布와 銀甁을 기준으로 물건의 가치를 정한다고 기록한 것은[83] 인종 초기에 이미 은병이 가치척도로서 활발하게 기능하고 있었으며 銀幣 유통에는 尊卑 貴賤의 구별이 없었음을 보여준다.[84] 그리고 원종 4년(1263)에는 使臣으로 파견된 주영량 등이 17명에게 뇌물을 받고 동행하여 상업활동을 하다가 발각되었으며, 이에 17명에게는 銀甁 170口 등을 몰수하고 주영량과 정경보에게는 銀 9斤과 銀 7斤을 각각 징수하였다고 한다.[85] 상인들이 170口의 銀甁을 징수당한 것은 상인들이 은병을 소유하고 유통수단으

---

80) 『高麗史』 卷80, 志34, 食貨3, 祿俸, 明宗 16年 9月, "左倉竭 無以頒祿 借典牧司所蓄白金六百二十四斤布六千匹 將作監布三萬匹 以補之."

81) 『高麗史』 卷85, 志39, 刑法2, 禁令, 毅宗 元年, "御史臺奏 當兩界軍資輸運時 諸宮院權勢 齎品惡匹段布貨及絲銀 就兩界 依付當道別常 高價納之 收價於西南 西南兩界之民 俱受其弊."

82) 『高麗史』 卷107, 列傳20, 權咺, "晉州副使白玄錫 未之任 先用州吏所齎銀幣 到官 重斂御衣對綾羅絲價 私用之."

83) 『高麗圖經』 卷3, 城邑, 貿易, "蓋其俗無居肆 惟以日中爲墟 男女老幼官吏工伎 各以其所有 用以交易 無泉貨之法 惟紵布銀甁 以準其直 至日用微物不及匹兩者 則以米計錙銖而償之 然民久安其俗 自以爲便也."

84) 고려에서도 교역은 대등하게 진행되는 것이 원칙이었다. 본문의 기사들 외에도, 將軍 鄭存實과 紅鞓工 彦光 사이에 白銀 35斤으로 집을 매매하기로 한 기사는 누구나 자유롭게 銀幣를 이용하고 있다는 사실을 보여준다. 『高麗史節要』 卷12, 明宗 13年 8月, "存實買紅鞓工彦光家 論直白銀三十五斤 但輸二十三斤 紿曰 待汝徙家 畢償 彦光曰 一二斤 猶不可 況十二斤乎 遂不徙 存實怒 誣告街衢曰 我家人 將白銀十二斤 過市 彦光成羣 剽奪 請治之 街衢使 雖知其誣 畏存實暴戾 囚彦光及妻奴隣里幾四十餘人 栲問 彦光窘迫 計無所出 賂存實銀十二斤 得釋."

85) 『高麗史』 卷25, 世家25, 元宗1, 元宗 4年 12月 壬戌, "流朱英亮鄭卿甫于島 英亮等 嘗赴北朝時 受人貨賂 帶十七人而行 多行買賣 至是 事覺 沒十七人銀甁一百七十口眞絲七百斤 皆配島 徵英亮銀九斤 卿甫七斤."

로 이용하고 있었기 때문이다.

銀幣의 유통이 개경으로만 한정되는 것은 아니었다. 신종대에 晉州에서 난리를 일으킨 鄭方義는 읍내 銀甁을 많이 거두어 개경의 權貴에게 뇌물로 주고 처벌을 면하려 했으며,[86] 고종 10년(1223)에는 內庫에 있는 銀甁 300개를 경상도·전라도·충청도에 나누어 보내 鎭兵法席을 행하였다.[87] 몽고가 침입했을 때 三陟郡人은 銀甁 30개를 뇌물로 바쳤는데,[88] 東界인 三陟에서 은병이 사용되는 것으로 보아 兩界지역에서도 은병이 유통되고 있었음을 알 수 있다.[89]

이와 같이 개경과 지방을 막론하고 은폐는 국가재정으로서 이용되었다. 뿐만 아니라 누구나 필요한 경우 은폐를 사용하였으며 유통 범위는 慶尙道에서 兩界에 이르는 전국에 걸쳐 있었다. 여기에서 은폐제도는 지배층의 이해만을 반영한 화폐제도가 아니라 고액화폐의 필요성이라는 사회적 요구에 부응한 산물임을 다시 확인할 수 있다.

그 결과 銀幣는 경제력의 상징이 되었다. 명종 16년(1186)에 張彦夫는 반란을 일으키려다 체포되자,

> 현재 권력을 잡은 자들이 貪鄙해서 白銀을 매우 좋아하여 官爵을 판매하고 不法을 행하는 일이 많으므로, 이들의 머리를 베고 입에 銀을 물려 朝野에 널리 보여 모든 사람에게 銀을 탐하면 죽음에 이른다는 것을 알게 하려 했다.[90]

고 하였다. 장언부의 지적에서 銀이 치부의 상징이라는 점을 엿볼 수 있는데, 이러한 상황은 당시 경제구조에서 은이 차지하는 위치를 가늠하게 한다.

국가재정으로서의 은폐 지출은 안정된 은의 유입과 은병의 주조를 전제하고 있다. 그런데 은폐제도가 확립한 이후 생산기반의 측면에서 이를 뒷받침하고 있던 銀所의 해체현상이 나타났다. 기존의 연구에 의하면, 所를 생산단위로 하였던 은 생산은 12세기 후반에 사회 전반의 대규모 유망 및 봉기와 맞물리면서 해체단계에 접어들었다. 은 수요의 확대에 따른 銀所 수탈과 권력기관 및 권세가의 점탈을 당하면서 銀所의 銀은 국가에 직접 수취되지 못

---

86) 『高麗史』 卷128, 列傳41, 叛逆2, 鄭方義, 神宗 3年, "方義脅令視事 多斂邑內銀甁 欲賂朝中權貴 以自免."

87) 『高麗史』 卷22, 世家22, 高宗1, 高宗 10年 9月 戊申, "有旨 兩界五道 鎭兵法席 供費皆出於民 是欺佛欺天 何福之有 爰遣中使 出內庫銀甁三百口 分付諸道 慶尙道二百口 全羅道六十口 忠淸道四十口."

88) 『高麗史節要』 卷21, 忠烈王 15年 11月, "中贊致仕柳璥卒 …… 蒙兵之侵 沆以三陟山城未固 欲徙之 郡人 以銀甁三十 遺璥 請不徙 璥却不受."

89) 三陟은 고려시대에 계속 東界에 속하였다(『高麗史』 卷58, 志12, 地理3, 東界, "自高麗初 至于末年 公嶮迆南 三陟迆北 通謂之東界云"). 東界에서 銀幣가 유통되었다면 北界 역시 마찬가지일 것이다. 앞서 본 의종 원년(1147)의 匹段布貨·絲銀을 兩界에 代納한다는 기사는 이를 방증한다.

90) 『高麗史』 卷20, 世家20, 明宗2, 明宗 16年 1月 癸未, "令同正朴元實 以飛語 告重房曰 校尉張彦夫等八人 謀亂 重房捕詰 彦夫對曰 方今執政用事者 貪鄙酷愛白銀 賣官鬻爵 多行不法 擬斷如此人頭 啣其口以銀 廣示朝野 使人人知貪銀以死也 彦夫竟見殺."

하는 상황이 벌어졌으며 銀 생산 역시 점차 감소하는 추세였다고 한다.[91]

이에 대해 국가는 안정적인 은의 확보를 꾀하였다. 법제적인 측면에서 명종 5년(1175)에는 佛畵 法寶를 그리는 경우를 제외하고는 金銀 장식을 금지하라고 下詔하여 사치품으로 사용되는 金銀의 용도를 제한하였다.[92] 이와 함께 국가에서는 정종대 이래의 稅貢은 물론이고 田租를 통해서도 은을 수취하였으며,[93] 아울러 다양한 방식으로 은의 확보를 꾀하게 되었다.

먼저 벌금을 통해 은을 징수하였다. 희종 원년(1205)에는 林得侯가 宣聖堂을 임의로 매각하자 白金 10斤을 징수하였고,[94] 충렬왕 8년(1282)에는 人物推考別監 李英柱가 "大臣과 內僚들이 田莊을 많이 설치하여 범죄를 짓고 도망한 자들의 소굴이 되어 있으니 銀과 布를 징수하여 國用에 충당하자"고 건의하였다.[95]

科斂을 통해서도 銀은 확보되었다. 과렴은 세수 확대를 위한 임시방편으로 기존의 조세구조를 왜곡시키는 非法的인 것이지만 관례화된 과렴은 국가재정의 일부가 되는 것이다. 의종 21년(1167)에는 全羅州路按察副使인 尹平壽가 銀 80斤을 백성에게서 징수하여 바쳤으며,[96] 원종 5년(1264)에는 各道에 명을 내려 白銀을 과렴하여 盤纏에 대비하였다.[97]

그리고 役官制度와 納粟補官制度를 통해서 은을 확보하였다. 『高麗史』 選擧志에 의하면 役官制度는 어느 시대에 시작하였는지 알 수 없으나 樞密院堂後官 門下錄事權務로 入祿 이상은 누구나 白銀 60~70斤을 바치면 叅職에 除拜될 수 있었는데 고종대에 이미 폐단을 드러내고 있었으며,[98] 충렬왕 원년(1275)에는 國用이 부족해지자 銀을 납부하게 하고 관직을 주었다.[99]

이렇게 볼 때 생산기반인 銀所를 직접 장악했던 이전 시기에는 못 미쳤겠지만, 稅貢과

---

91) 北村秀人, 「高麗時代の'所'制度について」, 『朝鮮學報』 50, 1969 ; 김현영, 앞의 글 ; 徐明禧, 「高麗時代 '鐵所'에 대한 硏究」, 『韓國史硏究』 69, 1990 ; 전병무, 앞의 글, 1992 ; 須川英德, 앞의 글, 1993.

92) 『高麗史』 卷19, 世家19, 明宗1, 明宗 5年 4月 丙寅, "詔曰 …… 若金銀物 飾畵佛像法寶外 亦不得施用."

93) 『高麗史』 卷78, 志32, 食貨1, 租稅, 忠肅王 5年 5月, "下敎 一 …… 今於荒田 徵銀及布 以充貢額."

94) 『高麗史』 卷21, 世家21, 熙宗 元年 6月 甲午, "弘文公徒諸生 訴忠獻曰 本徒及第林得侯 附勢 賣我宣聖堂于將軍金俊 請罪之 數日 憲臺囚得侯獄 徵白銀十斤."

95) 『高麗史節要』 卷20, 忠烈王 8年 9月, "人物推考別監李英柱告王曰 大臣及內僚 多置田莊 爲逋逃淵藪 乞徵銀布 以充國用."

96) 『高麗史』 卷18, 世家18, 毅宗2, 毅宗 21年 1月 甲辰, "全羅州路按察副使尹平壽 獻銀八十斤 平壽割民膏血 以要恩寵."

97) 『高麗史』 卷79, 志33, 食貨2, 科斂, 元宗 5年 7月, "命外方各道 科斂白銀 以備親朝盤纏."

98) 『高麗史』 卷75, 志29, 選擧3, 役官, "役官之制 未知始於何代 樞密院堂後官門下錄事權務八祿以上人費白銀六七十斤 得拜叅職 謂之役官 後因穀貴 無一人請補 勒令衣冠子弟爲之 或辭職 或逃避 高宗四十三年 乃以五軍三官七品爲首者 受大倉粟供辦."

99) 『高麗史』 卷80, 志34, 食貨3, 賑恤, 納粟補官之制, 忠烈王 元年 12月, "都兵馬使 以國用不足 令人納銀拜官 白身望初仕者白銀三斤 未經初仕望權務者五斤 經初仕者二斤 權務九品望八品者三斤 八品望七品者二斤 七品望參職者六斤 軍人望隊正隊正望校尉者三斤 校尉望散員者四斤 散員望別將者二斤 別將望郎將者四斤."

田租를 중심으로 罰金, 科斂, 役官制度·納粟補官制度 등을 통한 은의 수취는 禁令과 함께 은폐제도를 유지하는 물질적인 기반이 되었다. 이렇게 유입된 銀은 銀甁으로 주조되어 국가재정의 일부로서 지출되었는데 정기적으로 하사될 정도였다.[100] 후대에 李穡(1298~1350)이 "우리 나라는 옛날에 錢法이 없었고 오직 銀幣만을 썼다"라고 지적한 것이나[101] 조선 중종대의 기록이지만 南袞이 "고려[前朝]의 賞賜가 모두 銀甁이었던 것은 당시에 은이 많았기 때문이다"라고 지적한 것은[102] 이러한 상황을 적시한 것이다. 요컨대 은 생산의 점차적인 감소 경향에도 불구하고 아직까지는 은폐제도를 안정적으로 운용할 정도로 은이 확보되고 있었다.

2) 銀甁의 限界와 다양한 貨幣의 竝用

앞서 살핀 바와 같이 銀幣는 국가재정으로 이용되었을 뿐만 아니라 尊卑 貴賤을 가리지 않고 전국적으로 사용되었다. 동시에 碎銀, 布貨, 米貨 등이 화폐로서 銀甁과 함께 병용되고 있었는데, 이것은 은폐제도가 내포하고 있는 한계에서 비롯된 것이었다. 이제 銀幣制度에 내재한 변화의 계기부터 살펴보도록 하겠다.

銀甁은 국가에서 주조를 전담한 法定貨幣로서 1斤으로 무게를 통일시켜 가치가 동일한 定量貨幣이다. 碎銀을 이용하던 기존의 은폐제도를 국가의 화폐제도로 재조정했다는 점에서 보면 은병은 은폐제도의 역사적이고 구체적인 구현물이지만, 은병 자체만을 보면 국가가 관리하는 법정화폐이자 정량화폐라는 두 가지 측면을 가지고 있는 것이다. 따라서 은병의 이러한 측면을 살펴보면 碎銀을 포함한 銀幣制度의 성격을 보다 분명하게 알 수 있다.

먼저 은병의 法定貨幣로서의 측면을 살펴보자. 은이 화폐로 등장할 수 있었던 것은 銀이 가지고 있는 均質性과 高額價値性 때문이었으므로 은폐제도가 유지되기 위해서는 쇄은이든 은병이든 그 가치가 보증되어야 한다. 은병의 경우에는 標印을 통해 법정화폐로 공증함으로써 안정된 유통을 법제적으로 뒷받침하고 있었다. 그리고 은병에 내재되어 있는 은폐의 균질성을 깨뜨리는 위협요소는 실질가치를 하락시키는 행위, 즉 和鑄였다. 和鑄는 은폐가 화폐로 사용되어야만 나타날 수 있는 현상이지만 역설적으로 은폐의 가치저하를 초래하여 은폐제도의 안정성을 무너뜨리는 역할을 한다. 盜鑄는 개인이 은폐에 구리·철 등을 和鑄하여 명목가치와의 차액을 노리는 행위로서 은병이 법정화폐로서 명목가치를 인정받고 있을 때 더욱 성행한다. 모든 은병이 같은 비율의 구리를 섞어 주조된다면 무게가 같을 때 은병 간의 가치 차이는 없다. 하지만 구리를 섞은 은병과 은으로만 주조한 은병이 동시에

---

100) 『高麗史』 卷28, 世家28, 忠烈王1, 忠烈王 3年 5月 辛亥, "每暑月 宮闕都監 作松棚於寢殿 例賜銀甁二."

101) 『稼亭集』 卷1, 策問, "本國 舊無錢法 惟用銀幣."

102) 『中宗實錄』 卷25, 中宗 11年 5月 辛丑, "南袞曰 …… 前朝之所賞賜者 皆以銀甁 以其時多銀故也."

통용되어 은병 간의 구성요소의 비율이 달라지게 되면 각각의 은병 가치는 상이해지므로 은병은 법정화폐로서의 성격을 위협받게 된다. 물론 도주는 은병이 만들어지기 전의 쇄은에서도 존재한 문제이므로 쇄은의 도주 역시 은폐제도를 위협한다. 따라서 국가에서는 은폐제도의 안정성을 유지하기 위해 쇄은이든 은병이든 도주를 엄격히 금지하는 것이다.[103] 그런데 和鑄는 국가에 의해서도 행해질 수 있다. 이것은 '개인의 불법적인 도주'는 아니지만 국가의 강제력은 법정화폐의 근간을 무너뜨리는 데 있어서도 강력한 영향력을 발휘하므로 은폐제도 자체를 위협하는 치명적인 결과를 초래한다. 그런데 앞서 보았듯이 銀甁은 만들어지기 시작한 숙종대부터 국가에 의해 和鑄되고 있었다.

한편 은병은 무게가 銀 1斤인 定量貨幣이므로 모든 상품의 가격은 은병 1근 단위로 표현할 수 있어야 하는데, 이것이 불가능할 경우 다른 화폐의 이용을 배제한다면 銀의 통용단위를 세분화하여 이용하게 된다. 그것은 銀幣를 분할하는 것, 즉 碎銀의 이용이다. 귀금속화폐인 은폐는 可分性을 특징으로 하는 칭량화폐이므로 역사적으로는 쇄은이 먼저 출현하였다. 따라서 정량화폐인 은병에 문제가 생길 경우 언제든지 쇄은은 화폐로서 이용될 수 있는 것이다. 그런데 현실에서 은병은 단위가 1斤으로 고정되어 있으므로 모든 교역에 사용될 수 없었다. 따라서 정부에서는 은병과 함께 쇄은의 유통을 허용할 수밖에 없었는데, 쇄은의 유통은 은폐제도 하에서 국가의 造幣權이 완벽하지 않음을 의미한다.

다시 말하면, 和鑄된 은병의 실제가치는 銀 1斤 이하가 되므로 정량화폐인 은병의 지위를 위협하게 된다. 따라서 은병의 법정화폐의 측면에서 기인한 和鑄는 정량화폐에 대한 문제와 통한다. 마찬가지로 쇄은이 이용될 때 법정화폐인 은병의 유통은 그만큼 저해된다. 따라서 은병의 정량화폐의 측면에서 기인한 碎銀의 유통은 법정화폐에 대한 문제와 통한다. 和鑄와 碎銀이라는 현상은 은병으로 대표되는 '국가 주도의 은폐제도'가 가지고 있는 문제로 귀일되는 것이다. 이렇게 본다면 은병 주조를 통한 은폐제도의 성립은 그 자체 내에 변질 가능성을 내포하고 있었다.

실제로 은폐제도가 성립한 이후에도 碎銀이 은병을 보완하며 이용되고 있었다. 앞서 보았듯이 국가재정에서도 쇄은의 기능은 은병의 그것과 다르지 않았는데, 전국의 민간에서는 쇄은이 더 널리 이용되었던 것으로 보인다. 예를 들어 인종대에는 神에게 제사한다는 명목으로 白金 1,000兩을 거둘 정도로 碎銀은 민간에서 유통되고 있었으며,[104] 의종 19년(1165)에는 예성강 사람들이 뇌물을 마련하기 위해 백성들에게 銀 300여 斤을 거두었다.[105] 그리

103) 도주 현상은, 화폐가 기능하기 위해서는 실질가치(교환가치)가 명목가치(가격)로 현상하는 과정을 밟아야만 하며 이 과정에서 두 가치 사이에 괴리가 나타나기 때문에 일어난다. 그러므로 도주는 은폐라는 화폐제도 자체에 원인이 있다. 은이 국외로 유출되지 않더라도 고려정부에서는 和鑄했을 것이며 盜鑄는 일어났을 것이다. 은의 유출로 인한 은폐의 가격상승은 盜鑄를 부추기는 부차적인 요소다.

104) 『高麗圖經』 卷17, 祠宇, "又三歲一大祭 徧其境內 然及期 以祠神爲名 率斂民財 聚白金千兩 餘物稱是."

105) 『高麗史節要』 卷11, 毅宗 19年 4月, "禮成江人 嘗賂白善淵王肅恭榮儀 請以禮成爲縣 善淵等 勸王遊

고 고려 후기의 기록이지만 『老乞大』에 실린 다음 기사는 쇄은이 유통되는 상황을 구체적으로 보여주고 있다.

개경[王京]에 이르러 絹子 1匹은 細麻布 2匹로 판매하는데 銀으로는 1兩 2錢에 해당하고, 鴉靑色 綾子 1匹은 布 6匹로 판매하는데 銀子로는 3兩 6錢에 해당하고, 小紅色 綾子 1匹은 布 5匹로 판매하는데 銀子로는 3兩에 해당하고, 綿子는 4兩을 布 1匹로 판매하는데 銀子로는 6錢에 해당한다.[106]

이 기사는 중국에서 직물을 수입하여 개경에서 판매하는 상황을 설정한 것인데, 상품가격을 布와 銀[銀子]으로 표시하고 있다. 銀幣의 단위로 兩과 錢을 사용하는 점이 주목되는데, 물가 기사의 경우 兩이나 斤을 기준으로 삼는 데 반해 실제 유통에서는 兩과 錢을 기본단위로 이용하고 있다. 인종대까지로 한정할 때 은폐제도의 기본적인 가치비율은 銀 1兩=米 23斗 4升 4合=布 8匹 정도였다.[107] 錢은 兩의 1/10이므로 다시 정리하면 銀 1錢=米 2斗 3升 4.4合=布 0.8匹의 교환비율이 될 것이다. 碎銀은 可分性을 특징으로 하므로 다양한 단위가 이용된 것으로 보이는데, 銀 1錢의 경우에는 布 1匹보다도 가치가 작았던 것이다.[108]

위와 같은 쇄은의 성격에 대해서는 공민왕 5년(1356)의 다음 기사가 참고된다.

諫官이 獻議하기를 "우리 나라는 近古에 碎銀으로 은병의 무게를 달아 화폐로 사용하였으며 五升布로 보조하도록 하였는데 오래 되자 폐단이 나타났다. 銀甁은 날로 변하여 銅으

幸於江 江人 斂民白銀三百餘斤."

106) 『老乞大 朴通事 諺解』, "到王京 絹子一匹 賣細麻布兩匹 折銀一兩二錢 綾子一匹 鴉靑的賣布六匹 折銀子三兩六錢 小紅的賣布五匹 折銀子三兩 綿子每四兩 賣布一匹 折銀子六錢." 『老乞大』는 14세기 중엽이나 후반에 편찬된 것으로 추정되고 있다(위은숙, 「원간섭기 對元貿易 -『老乞大』를 중심으로-」, 『지역과 역사』 4, 1997, 58~61쪽).

107) 『高麗史』 卷80, 志34, 食貨3, 常平義倉, 成宗 12年 2月, "置常平倉于兩京十二牧 敎曰 …… 以千金准時價 金一兩直布四十匹 則千金爲布六十四萬匹 折米十二萬八千石"; 『高麗史』 卷78, 志32, 食貨1, 貢賦, 睿宗 9年 10月, "判 貢中布一匹 折貢平布一匹十五尺 貢紵布一匹 折貢平布二匹 貢緜紬一匹 折貢平布二匹"; 『高麗史』 卷80, 志34, 食貨3, 祿俸, 睿宗 10年, "三司改定祿折計法 大絹一匹折米一石七斗 絲緜小絹各一匹折七斗 小平布一匹折一斗二升五合 大綾一匹折四石 中絹一匹折一石 緜紬一匹折六斗 常平紋羅一匹折一石七斗五升 大紋羅一匹折二石五斗"; 『高麗史』 卷16, 世家16, 仁宗2, 仁宗 10年 7月, "京城饑 穀貴物賤 銀甁一事 直米五碩 小馬一匹 一碩 牸牛一頭 四斗 布一匹 六升."

108) 기존의 연구에서는 은폐를 일반 민과는 유리된 화폐제도로 이해해 왔다. 이러한 인식에는 일반 민이 은폐를 사용할 정도로 잉여를 축적하지 못했고 은폐는 고액화폐라는 전제가 깔려 있다. 그러나 '잉여'란 사회적이고 역사적인 개념으로서 구체적인 상황에 따라 설정되는 상대적인 성격의 범주이며, '잉여의 완전한 수탈'이란 논리적 논의 방식에서나 가능할 뿐 현실에서는 불가능하다는 점에서 일반 민 역시 잉여를 축적하고 있었다고 보아야 할 것이다. 그리고 분명히 구분해야 할 점은 '고액가치성'과 '고액'의 차이이다. 예를 들어 布 125匹의 가치를 지닌 은병 1개는 고액가치성의 화폐이자 고액화폐라고 할 수 있다. 하지만 布 0.8匹의 가치를 지닌 碎銀 1錢은 고액가치성의 화폐이기는 하지만 고액화폐라고 할 수는 없다. 즉 銀 자체는 고액가치성의 화폐일 뿐이지 고액화폐가 아니며, 일정한 무게 이상으로 사용될 때 고액화폐가 된다.

로 되었다. …… 혹은 碎銀을 사용해야 한다고 주장한다. 그러나 민간에서 어지러이 발행되고 標誌가 없다면 화폐제도의 운영권이 국가[上]에 있지 않은 것이니 합당하지 않다"고 했다.[109]

이 기사에서 쇄은은 무게에 따라 이용할 수 있는 칭량화폐이므로 화폐로서 기능하는 데 정량화폐인 은병보다 유리하였으며, 쇄은과 은병의 실질가치가 상이해져 있으므로 쇄은을 기준으로 은병 가격을 결정했음을 알 수 있다. 아울러 표인을 하지 않는 쇄은은 국가의 규제로부터 자유로운 화폐제도, 즉 민간이 주체가 되는 화폐제도라는 것을 알 수 있다.[110] 그러므로 쇄은이 은병과 병용된다는 것은 법정화폐이자 정량화폐라는 은병의 성격이 위협받고 있다는 것을 뜻한다. 碎銀이 널리 이용된다면, 국가는 은병을 매개로 하는 상업정책 나아가 은폐제도의 주도권을 위협받게 될 것이고 銀幣는 내재한 실질가치를 반영하면서 유통되므로 銀甁 和鑄를 통한 재정 수입도 감소될 것이었다.[111]

한편 布貨 역시 화폐로서 실질적인 기능을 하고 있었다. 예종 10년(1115)에는 祿俸 折計法을 改定하여 米 4石의 가치를 지닌 大綾에서 1斗 2升 5合의 가치를 지닌 小平布까지의 직물을 녹봉으로 折給하였다.[112] 이 기사에서는 녹봉으로 米 대신 布를 지급하고 있는데, 이것은 여진과의 전쟁으로 인한 軍糧米 확보 필요성 때문에 米 대신 다른 물품을 녹봉으로 지급하자는 재정운영의 현실론이 직접적인 계기가 되었을 것이다. 당시에 海東通寶는 이미 화폐로서의 기능을 잃어 이용할 수 없었지만, 銀幣 1斤의 가치는 米 25石 정도로 대부분의 관료에게 米布 대신 지급하거나 최소한 병용할 수 있는 여건이었다. 게다가 아직까지는 은의 대규모 국외 유출이 없었으므로 銀幣로 녹봉을 지급하는 데는 문제가 없었는데도 銀甁・碎銀이 녹봉으로 사용되지 않은 것은 왜일까? 여기에서 사용하는 布貨는 五升布가 아니라 米 4石의 가치를 지닌 大綾에서 1斗 2升 5合의 가치를 지닌 小平布까지의 다양한 종류의 직물이라는 점에 주목할 필요가 있다. 이 시기에는 고려 후기에서 나타나듯이 五升布

109) 『高麗史』 卷79, 志33, 食貨2, 貨幣, 恭愍王 5年 9月, "諫官獻議曰 本國 近古 以碎銀權銀甁之重爲幣 而以五升布翼以行之 及其久也 不能無弊 銀甁日變 而至于銅 …… 或曰 宜用碎銀 然散出民閒 而無標誌 則貨幣之權 不在於上 亦爲未便."

110) 碎銀을 국가에서 주조한 銀錢 정도로 이해하는 경우도 있다(白南雲, 앞의 글, 339~340쪽 ; 채태형, 앞의 글, 33쪽 ; 홍희유, 앞의 글, 104쪽 ; 전병무, 앞의 글, 1993, 246쪽).

111) 須川英德은 銀 供給源인 銀所를 국가가 장악하는 시기에는 화폐발행권이 국왕에게 있었지만 12세기 후반 所制度의 해체와 권세가의 鑛脈支配로 碎銀이 등장하였으며 이것은 왕권의 쇠퇴와 銀 사용의 확대를 의미한다고 지적했다(須川英德, 앞의 글, 1993, 44~46쪽). 그러나 앞서 본 바와 같이 인종대에도 일반 백성에게 白金 1,000여 냥을 거둘 정도로 碎銀은 널리 이용되고 있어 국가의 造幣權은 완전하지 않았다. 마찬가지로 所體制가 해체단계에 들어선 이후에도 국가는 앞서 살핀 다양한 방식으로 은을 수취하거나 교역을 통해 은을 매입하였으며, 은병을 계속 주조함으로써 국가재정을 보완했다고 이해된다.

112) 『高麗史』 卷80, 志34, 食貨3, 祿俸, 睿宗 10年, "三司改定祿折計法 大絹一匹折米一石七斗 絲緜小絹各一匹折七斗 小平布一匹折一斗二升五合 大綾一匹折四石 中絹一匹折一石 緜紬一匹折六斗 常平紋羅一匹折一石七斗五升 大紋羅一匹折二石五斗."

(五綜布)로 布貨가 통일되지 못하고 있는 상황이었는데, 다양한 가치의 직물이 화폐로 유통되는 상태였기 때문에 역설적으로 국가에서는 다양한 가치의 특성을 적극적으로 이용하여 銀幣 역할을 대신하고 있었던 것이다. 고려 말기의 화폐논의에서 "近古에는 또 銀甁을 만들어 화폐로 삼고 모두 布匹와 子母로 계산하여 사용하였다"는 기사에[113] 나오듯이 다양한 가치의 布貨가 銀幣와 함께 병용되고 있었다.

그리고 『鷄林類事』의 "稗米로 물건의 값을 정하여 교역하며 나머지는 모두 이것을 기준으로 값의 高下를 정한다"는 기록이나[114] 『高麗圖經』에서 저포와 은병을 보조하면서 米가 작은 단위의 교역에 화폐로 이용한다는 기사에서[115] 알 수 있듯이 米貨 역시 지속적으로 유통되고 있었다.

고려정부에서는 이 같은 다양한 화폐의 병용을 금지할 능력이 없었지만, 화폐정책 역시 은폐제도만을 시행하려 한 것은 아니었다. 원래 본위화폐로 상정된 것은 소액화폐인 銅錢이었으며 은병은 이를 보완하는 고액화폐로 구상되었다. 동전의 유통이 실패로 돌아가자 국가 주도의 화폐세도로서는 은폐제도만이 남게 되었다. 그러나 碎銀을 銀錢과 같은 형식으로 국가의 은폐제도 속으로 포괄하지 못하는 한계를 가지고 있었으며, 동전·은병이 맡아야 할 역할을 布貨와 米貨에게 맡기는 수밖에 없었다.[116] 즉 국가에서는 은병을 주조하여 화폐제도를 장악하려 하였지만 碎銀은 은병의 정량화폐라는 성격을 보완하면서 병용될 수밖에 없었고, 布貨와 米貨는 국가의 화폐제도가 전일화되지 못한 현실에서 재정구조 내로 적극 편입된 것이었다.

그러므로 고려의 화폐제도는 銀幣(銀甁·碎銀)-布貨-米貨의 다양한 화폐가 병존하는 다선적인 구조로 되어 있음을 알 수 있다. 숙종대의 화폐정책이 銅錢·銀甁을 주조하여 造幣權을 장악하고 나아가 화폐제도를 통일하려는 것이었음을 상기하면, 碎銀과 銀甁의 병용은 은폐제도 자체의 한계를 의미하며 다양한 화폐의 병용은 화폐정책의 한계 나아가 상업부문에서 국가권력의 한계를 보여주는 것이다.

---

113) 『高麗史』 卷79, 志33, 食貨2, 貨幣, 恭讓王 3年 7月, "都評議使司奏 …… 近古 又造銀甁爲貨 皆與布匹 子母相權."

114) 『鷄林類事』, "以稗米 定物之價 而貿易之 其他 皆視此 爲價之高下."

115) 『高麗圖經』 卷3, 城邑, 貿易, "蓋其俗無居肆 惟以日中爲墟 男女老幼官吏工伎 各以其所有 用以交易 無泉貨之法 惟紵布銀甁 以準其直 至日用微物不及匹兩者 則以米計錙銖而償之 然民久安其俗 自以爲便也."

116) 은병을 주조하면서 작은 단위의 은폐, 즉 銀錢과 같은 소액 은폐를 주조하지 않은 것은 의문이다. 추측이지만, 숙종대에는 동전 유통이 강력히 추진되고 있었으므로 소액 은폐의 필요성이 절실하지 않았을 것으로 보인다. 그리고 예종대에는 관료들의 반발과 교역 과정에서의 외면으로 소액 은폐를 법정화폐로 이용할 수 없는 상황이었다고 생각된다(채웅석, 앞의 글, 1988 ; 박종기, 「예종대 정치개혁과 정치세력의 변동」, 『역사와 현실』 9, 1993 참고). 아울러 현실적으로 모든 단위의 교역에서 은폐를 전면적으로 이용하기에는 은의 생산이 충분하지 않았을 것이다.

4. 맺음말

이상에서 고려 초기 銀幣制度를 은병 주조 이전의 은폐의 동향, 숙종대의 화폐정책 및 은병 주조에 함유되어 있는 사회경제적 배경, 그리고 은폐제도의 전개 과정과 은폐에 내재되어 있는 변화의 계기 등으로 나누어 살펴보았다. 본문의 내용을 간추리는 것으로 맺음말에 대신하기로 하겠다.

고려 초기부터 銀은 대내외를 막론하고 지불수단, 하사품 등으로 이용되었다. 기록상으로 현종 13년(1022)에 銀鑛이 처음 발견되었으며, 靖宗 7년(1041)에는 지방 州府의 稅貢 항목에 銀이 포함되었다. 은을 산출하는 지역의 경우에는 所를 이용하여 銀貢을 공납하였고 일반 州府縣의 경우에는 교역을 통해 규정된 銀을 확보하여 납부하였다. 국가에서는 제도적인 정비를 거쳐 점차 안정적으로 銀을 확보할 수 있게 되었다.

숙종대 경제정책의 특징은 소액화폐와 고액화폐로 銅錢과 銀甁을 주조하여 화폐제도를 통일시키고 화폐정책을 매개로 상업에 적극 개입하려는 것으로, 숙종은 鑄錢策을 문종대의 정치를 완성하는 정책이라고 인식하였다. 동전은 관료들의 반발과 교역 과정에서의 외면으로 화폐로서의 기능을 곧바로 잃었지만 은병은 별다른 반발 없이 지속적으로 유통되었다. 은병의 유통은 고려의 화폐발전단계가 부분적으로 칭량화폐단계에 이미 진입하고 있었음을 의미하며 동전의 유통 실패는 칭량화폐가 물품화폐를 완전히 대체하기에는 아직 미흡한 단계였음을 의미한다.

은폐제도의 성립은 銀鑛 발견과 銀所 발달이라는 생산력 발전의 요소 외에도, 교역 확대에 따라 성장한 상인층의 고액화폐에 대한 요구가 증가하였기 때문에 가능하였다. 이와 함께 권세가로 지칭되는 지배층과 재정 운영수단으로 은폐에 주목하기 시작한 국가 역시 새로운 고액화폐제도의 필요성에 공감하고 있었기 때문에 성립할 수 있었다. 은폐제도는 성립한 이후 개경과 지방을 막론하고 국가재정으로 이용되었을 뿐만 아니라 尊卑 貴賤의 구별없이 누구나 사용할 수 있었고 유통 범위는 경상도에서 兩界에 이르는 전국에 걸쳐 있었다. 이것은 은폐제도가 지배층의 이해관계를 반영한 화폐제도일 뿐만 아니라 고액화폐에 대한 사회적 요구에 부응한 것임을 의미한다.

한편 은폐제도를 주도한 국가의 입장에서는 造幣權을 장악함으로써 물가조절과 상인층 통제 등의 경제정책을 운영하려 하였으며, 銀甁에 구리 2兩 半을 和鑄하여 그 차액으로 국가재정을 확보하려고 하였다. 이러한 정책적 목표의 추구는 국가와 화폐사용자 사이의 이해관계가 충돌하는 부분이었다. 화폐정책을 둘러싼 이러한 충돌의 근저에는 은병 주조를 통해 성립한 은폐제도가 그 자체 내에 변질의 가능성을 내포하고 있었기 때문이다. 그것은 은병의 법정화폐라는 성격에서 기인한 和鑄였다. 이와 함께 은폐제도의 실제 운영 과정에서 은병의 정량화폐라는 성격을 보완하면서 碎銀이 널리 병용되었는데, 이것은 국가 주도의 은폐제도가 갖는 한계를 보여준다. 布貨와 米貨 역시 국가의 화폐제도가 전일화되지 못한 현실에서 국가재정구조 내로 적극 편입되어 유통되었다.

그러므로 고려의 화폐제도는 銀幣(銀瓶・碎銀) - 布貨 - 米貨의 다양한 화폐가 병존하는 다선적인 구조로 되어 있었는데, 숙종대 화폐정책의 취지와 비교하면 이러한 병존은 상업 부문에서 국가권력의 한계를 보여주고 있다.

高麗時期의 開京市廛

朴 平 植*

1. 序 言

고려시기, 開京은 都城으로서 정치・행정・군사상의 중심 도시였을 뿐만 아니라 최대의 商業都市이기도 하였다. 개경에는 국가의 現物財政運營 원칙에 따라 전국에서 다양한 物産이 租稅와 貢物의 형태로 集注하고 있었으며, 왕실・관인・권세가 등 제 지배층이 소유한 외방 소재 農莊의 所出物들이 운송되고 있었다. 宋商으로 대표되는 주변국 상인들이 왕래하여 외국산 사치품을 교역하던 곳 또한 개경이었다. 집권국가의 수도로서 개경은 이처럼 국내외 각지의 여러 物貨가 集散하고 處分되는 공간, 곧 상업도시로서의 성격을 국초 이래 지니고 있었다. 市廛과 京市로 통칭되는 개경 내의 시장은 개경의 이와 같은 상업도시로서의 역할을 유지・발전시키기 위하여 국가 차원에서 운영하고 관리하던 교역기구였다.

고려시기 개경을 무대로 펼쳐지던 商業의 실태는 零星한 자료의 제약 속에서도 기왕의 연구를 통해 그 槪況은 어느 정도 파악되고 있다.[1] 특히 市廛의 外形的인 面貌와 特性은 그 위치・형태・감독기구・기능 등에 대한 기초적 사실들을 규명해 낸 일련의 연구를 통해서 상당 부분이 해명되어 있는 형편이다.[2]

본고는 이러한 선행의 연구성과를 바탕으로 開京市廛을 集權國家로서 고려 정부가 추진

---

* 서울대학교 강사

1) 白南雲, 『朝鮮封建社會經濟史(上)』, 改造社, 1937, 第12篇 交換經濟의 諸關係 ; 姜萬吉, 「商業과 對外貿易」, 『한국사(5)』, 국사편찬위원회, 1975 ; 金東哲, 「고려말의 流通構造와 상인」, 『釜大史學』 9, 1985 ; 홍희유, 『조선상업사(고대・중세)』, 과학백과사전종합출판사, 1989, 제2장 고려시기의 상업과 화폐유통의 장성 ; 金東哲, 「상업과 화폐」, 『한국사(14)』, 국사편찬위원회, 1993 ; 徐聖鎬, 「韓國中世의 都市와 社會 - 高麗時代 開京의 경우 -」, 『東洋 都市史 속의 서울』, 서울市政開發硏究院, 1994 ; 金東哲, 「상업과 화폐」, 『한국사(19)』, 국사편찬위원회, 1996.

2) 北村秀人, 「高麗時代の京市の基礎的考察 - 位置・形態を中心に -」, 『人文研究』 42-4, 大阪市立大, 1990 ; 北村秀人, 「崔氏政權の成立と京市」, 『人文研究』 44-12, 大阪市立大, 1992 ; 北村秀人, 「高麗時代の京市の機能について」, 『朝鮮史研究會論文集』 31, 1993.

하던 市廛政策과 연관시켜 재검토하고자 한다. 국초 市廛의 造成經緯와 그 推移, 정부의 市廛政策, 京市의 事情 등이 그 주요 내용이 되겠다. 기왕의 연구에서 이에 대한 언급이 없었던 것은 아니지만, 견해를 달리하는 부분이 있고 또 이러한 작업이 선행된 다음에야 고려 후기 개경상업의 발달과 그 주도층 문제 등 개경상업의 동향에 대한 체계적인 검토가 가능할 것이기 때문이다. 그러므로 본고는 시전을 포함하여 개경상업 전반을 商業史의 측면에서 재구성하기 위한 기초작업으로 이루어지는 것이다.

2. 市廛의 造成과 그 推移

전근대 집권국가의 도성에 소재하는 시장은 왕실과 관인층을 위시한 도성 거주민의 日常需要를 조달하는 民間市場으로서의 기능 외에도, 國家需要物의 공급과 國庫剩餘品의 처분을 담당하는 公的인 기능을 아울러 맡게 된다. 도성 시장의 이와 같은 성격 탓에 국가는 그 위치·시설·교역 과정 등 京市 전반에 대하여 管掌과 統制를 기도하기 마련이었다. 奠都 또는 遷都에 따른 新都 건설 과정에서 東洋古來의 '面朝後市'의 원칙이 천명됨은 이러한 사정에서였다.[3] 太祖 王建이 고려를 개창하고 開京으로 천도하기 이전에도, 泰封의 수도 鐵圓에는 이미 市廛이 조성되어 있었다. 태봉 政開 2년(915, 後梁 貞明 원년) 당시, 철원의 市廛에는 唐 상인 王昌瑾이 寓居하고 있었다.[4] 그를 後梁이 아닌 唐의 상인으로 지칭하고 있는 것으로 보아, 王昌瑾은 이전부터 貿易을 위해 태봉을 왕래하다가 唐 멸망(907) 이후 철원 시전에 定住하여 교역에 종사하였던 상인으로 짐작된다. 後三國이 鼎立·對峙하던 시기에도 각국의 수도에 市廛이 조성되고, 여기에 외국상인들까지 왕래하고 있었음을 잘 보여주는 사례라 하겠다.

泰封의 市廛 제도는 고려의 건국과 그에 이은 開京遷都를 경과하면서, 이제 그 소재를 開京으로 옮겨 계승되었다. 태조 2년(919) 王建은 開京定都와 함께 新都에 宮闕을 건설하고 5部와 坊里를 획정하는 등 제반 都城整備事業을 벌이면서, 동시에 市廛을 세우고 있다.

太祖二年 定都于松嶽之陽 爲開州 創宮闕 …… 立市廛 辨坊里 分五部[5]

---

3) 後代이긴 하지만, 조선 건국 이후 한양천도와 함께 이루어진 도성 市廛의 조성 경위에 대해서는 朴平植, 「朝鮮初期 市廛의 成立과 '禁亂'問題」, 『韓國史硏究』 93, 1996/『朝鮮前期商業史硏究』, 지식산업사, 1999(이하 인용은 이 책에 의거함) 참조.

4) 『三國史記』 卷50, 列傳10, 弓裔, "貞明元年(915) …… 先是 有商客王昌瑾 自唐來寓鐵圓市廛."

5) 『高麗史』 卷56, 志10, 地理1, 中冊 252쪽(亞細亞文化社刊 影印本. 이하 같음). 이 태조 2년 市廛造成 기사는 『高麗史』 世家篇과 『高麗史節要』에도 각기 附帶 내용을 조금씩 달리하면서 실려 있다[『高麗史』 卷1, 世家1, 太祖 2年 正月, 上冊 41쪽 ; 『高麗史節要』 卷1, 太祖 2年 正月, 14쪽(亞細亞文化社刊 影印本. 이하 같음)].

태조 2년에 처음 조성된 이들 開京市廛은 그 구체적인 所在나 施設·形態 등에 관한 자료가 전하고 있지 않기 때문에 실체 규명에는 많은 어려움이 뒤따른다.

한편 태조대 이후 개경 시전의 존재가 다시 用例로서 확인되는 것은 그로부터 49년이 지난 光宗 19년(968)의 기록이다. 당시 광종은 그간 추진해 왔던 급격한 왕권강화 과정에서 잇따랐던 희생에 속죄하기 위해 잦은 불교행사를 치르고 있었다. 나아가 그는 이와 관련하여 궁궐 내에서의 屠殺을 금지하면서, 자신의 肉膳마저도 市廛으로부터 매입하여 올리도록 조처하고 있다.[6] 태조대에 조성된 시전은 이와 같이 국초에 설립된 이래 왕실을 비롯한 국가수요의 조달을 담당하면서 개경상업을 주도하고 있었던 것이다.

고려시기, 개경에 조성되어 있던 市廛은 단순히 교역이 이루어지는 일반적인 장소로서의 '市'가 아니라, 일정한 형식의 시설을 갖춘 교역기구로서의 店鋪 곧 商店이나 邸舍를 지칭하였다. 개경시전의 교역시설은 바로 行廊 또는 長廊이라 부르는 형태였다. 교역시설로서 시전행랑이 常設建築物이었던 사실은『高麗史』五行志의 관련 기록에서 우선 확인할 수 있다. 宣宗 3년(1086)의 최초 火災 기사에 이어,『고려사』오행지에는 잦은 시전의 화재 기록이 뒤따르고 있다.[7] 이 때 화재가 일어난 대상은 일반적으로 '市廛' 또는 '市廛行廊'으로 표기되었지만, 睿宗 7년(1112) 9월에는 '京市樓北廊 六十五間火', 明宗 7년(1177) 10월에는 '市廛 三十八間火'로, 또 禑王 13년(1387) 12월에는 '市廛行廊 二十六間火'로 나타나 있다.[8] 곧 시전은 行廊構造를 갖는 常設建物로서 '間'으로 구분되는 교역시설이었던 것이다.

한편『고려사』오행지에는 또한 이 시전행랑 건물의 頹廢에 따른 피해 상황을 전하면서, 이를 '市廊頹 壓死者衆'[9] '市肆廊廡 十餘楹 自頹'[10] '市邊行廊 自頹'[11] 등으로 기록하고 있다. 시전의 행랑이 '楹' 또는 '間'으로 구분되는 상설 건축물이었음이 다시금 확인되는 것이다. 熙宗 4년(1205)과 忠烈王 33년(1307)에 각기 개축·증축되었던 大市左右의 長廊 1,008楹과,[12] 市廛兩旁의 長廊 200間[13] 또한 바로 이 시전의 행랑이었다.

개경의 시전은 이처럼 行廊·長廊構造를 갖춘 상설 교역시설이었다. 고려시기 개경에 조성되어 있던 行廊의 구체적인 소재와 그 구역은 조금 후대의 기록이기는 하지만, 仁宗 元年(1123)에 고려를 다녀간 宋人 徐兢의 見聞錄인『高麗圖經』에서 확인할 수 있다.

自京市司 至興國寺橋 由廣化門 以迄奉先庫 爲長廊數百間 以其民居隘陋 參差不齊 用

6)『高麗史』卷2, 世家2, 光宗 19年 2月, 上冊 62쪽, "禁屠殺 肉膳亦買市廛以進."
7)『高麗史』卷53, 志7, 五行1, 火.
8) 위와 같음, 中冊 202~205쪽.
9)『高麗史』卷53, 志7, 五行1, 水, 毅宗 10年 6月 戊子, 中冊 184쪽.
10)『高麗史』卷54, 志8, 五行2, 木, 明宗 9年 3月 戊子, 中冊 221쪽.
11)『高麗史』卷54, 志8, 五行2, 木, 忠穆王 3年 7月 己未, 中冊 221쪽.
12)『高麗史』卷21, 世家21, 熙宗 4年 7月 丁未, 上冊 432쪽.
13)『高麗史』卷32, 世家32, 忠烈王 33年 6月 丙午, 上冊 666~667쪽.

以遮蔽 不欲使人洞見其醜[14)]

서긍에 따르면, 개경에는 京市司로부터 興國寺橋 구간과 廣化門에서 奉先庫에 이르는 구간에 수백 칸의 長廊이 건설되어 있었다. 당시 서긍은 國城 곧 도성인 개경의 外觀을 묘사하면서, 이들 양 구간에 건설되어 있는 장랑의 용도를 그 배후에 있는 民居의 누추함을 宋 나라 사신에게 보이지 않기 위해 조성한 것으로 파악하고 있다. 그의 이와 같은 개경 장랑에 대한 이해는 다른 곳에서도 반복되고 있다.

王城本無坊市 惟自廣化門 至府及館 皆爲長廊 以蔽民居 時於廊間 榜其坊門 曰永通 曰廣德 曰興善 曰通商 曰存信 曰資養 曰孝義 曰行遜 其中實無街衢市井 至有斷崖絶壁 蓁莽繁蕪 荒墟不治之地 特外示觀美耳[15)]

서긍은 왕성인 개경에 坊市制가 없음을 지적하면서, 다만 廣化門에서 府 및 館에 이르는 구간에 장랑을 조성하여 民居를 遮蔽하고 그 사이 여러 곳에 坊門을 설치하였는데, 이는 도성의 외관을 美麗하게 하려는 목적이라고 하였다.

그의 지적대로 개경에는 皇城의 東門이자 正門인 광화문을 기점으로 하여 그 전면인 동쪽으로 뻗은 도로(『고려도경』에 따르면 이른바 長衢[16)]) 가운데 奉先庫에 이르는 구간과, 광화문에서 남쪽으로 난 도로(『고려도경』에 따르면 이른바 南大街[17)]) 중 京市司가 소재해 있는 十字街에 이르는 구간의 沿道 左右에 긴 행랑 곧 長廊이 조성되어 있었다.[18)] 이들 행랑은 서긍의 표현대로 '本無坊市', 곧 도시구획제도로서의 坊市制[19)]를 본래부터 채택하고 있지 않았던 고려에서, 도시구획을 위한 주요 基幹施設로서 설치한 건축물이었다. 즉 간선

14) 『高麗圖經』 卷3, 城邑, 國城.

15) 『高麗圖經』 卷3, 城邑, 坊市. 『고려도경』의 이 기록을 두고 기왕의 연구에서 다양한 해석이 있어 왔다. 우선 坊市를 都市區劃制度가 아닌 市廛으로 해석하여 방시가 없다는 서긍의 견해를 부정하고, 나아가 永通·廣德 등의 坊門 명칭을 개별 시전의 商號나 市井의 商街名稱, 또는 商街地區로 보는 견해다[白南雲·姜萬吉·金東哲(1985)·홍희유의 앞의 글]. 한편 坊市를 도시구획으로서 坊市制로 해석하고, 영통·광덕 등의 명칭을 그대로 坊門의 명칭으로 이해하는 견해가 최근 제기된 바 있다[北村秀人·金東哲(1993)의 앞의 글].

16) 『高麗圖經』 卷5, 宮殿1, 王府.

17) 『高麗圖經』 卷16, 官府, 臺省.

18) 이에 대해서는 주 1과 2에서 언급한 先學의 여러 연구에 이미 자세한 論證이 있으므로, 그 구체적인 내용은 생략한다.

19) 중국의 坊市制는 方形의 도성지역 내부를 남북과 동서 방향으로 뻗은 간선도로를 경계로 하여 직각으로 구획하되, 그 안에 일반민 거주지역인 '坊'과 상업구역인 '市'를 엄격하게 구분하고, 또 이들 坊과 市 구역에 모두 담장을 설치함으로써 坊門과 市門을 통해서만 간선도로로 출입할 수 있게 만든 도시구획제도다. 정치·군사 도시로서의 성격에 맞추어 채택된 방시제는 역대 중국왕조의 도성구획제도였으나, 唐末에 이르면 붕괴되기 시작하였고 北宋의 수도 開封은 이 제도를 채택하지 않았다. 이에 대한 자세한 내용은 李範鶴, 「宋代의 社會와 經濟」, 『講座中國史(III)』, 지식산업사, 1989 ; 斯波義信, 『宋代商業史研究』, 東京 : 風間書房, 1968 참조.

도로 좌우에 행랑을 건설함으로써 이 도로를 중심으로 펼쳐지는 상업을 비롯한 도시 전체 차원의 중심적 기능과, 순수한 거주구역으로서의 坊이 서로 마찰없이 독자성을 지키며 공존하게 하는 우리 나라의 전형적인 도시구획 방법이었던 것이다.[20] 중국의 도시구획을 염두에 두고 있던 서긍에게 이와 같은 개경의 행랑은 매우 인상적인 것이었고, 때문에 그는 이를 개경의 外觀이나 그 도시구획을 묘사하면서 特記하고 있었던 것이다.

그런데 개경의 간선도로변에 조성되어 있던 行廊은 서긍의 이해와 같이 그 배후의 民居를 은폐하여 도성의 외관을 美麗하게 꾸미려는 목적에 그 용도가 국한된 것이 아니었다. 행랑은 그 자체가 실질적인 用途와 機能을 지니고 있었다. 먼저 廣化門에서 奉先庫에 이르는 구간의 長廊은 바로 이 구역에 집중적으로 소재하던 여러 官府에 부속되어 이용되었던 것으로 판단된다. 서긍에 따르면 皇城의 정문인 광화문 안쪽에는 尙書·中書·門下省 등의 관부가 나열 배치되어 있었고, 광화문 밖 동쪽으로 뻗은 官道에는 그 북쪽에 戶部·工部·考功司·大樂局·良醞局이, 그리고 남쪽에는 兵部·刑部·吏部가 소재하여 각기 그 門이 남북의 도로면으로 향하고 있었다.[21] 이로 미루어 이 구간, 즉 광화문에서 봉선고에 이르는 도로의 양측에 조성되어 있던 장랑은 바로 이들 관부 正門의 左右行廊으로서, 당연히 그 附屬建物로 사용되었으리라 짐작되는 것이다.[22]

한편 長廊이 건설되어 있던 또 다른 구간인 광화문에서 十字街에 이르는 구역은 바로 市廛區域으로서, 그 좌우에 조성되어 있던 행랑은 이들 시전의 교역시설로서 이용되는 건물이었다.[23] 그런데도 서긍은 이 구간의 장랑을 시전의 교역시설로 보지 않았을 뿐만 아니라, 고려의 商業習俗을 전하면서 개경에는 상설점포인 '居肆'가 없다고 斷言하고 있다.[24] 서긍의 이러한 錯誤는 무엇으로부터 비롯된 것일까? 필자는 그 이유를 우리 나라 전통 市廛店鋪의 폐쇄적 시설양식에서 찾고 싶다. 1925년 개성의 상업관습을 조사한 日人 善生永助에 따르면, 종래의 개성 시전은 매우 폐쇄적인 구조를 지니고 있었다. 즉, 입구가 좁은 점포에는 대개 見本品만이 전시되어 있고, 판매물품은 대부분 都家에 부속된 별도의 창고에 보관하고 있었다고 한다.[25] 韓末 미국인 헐버트는, 이처럼 물건을 진열해 놓지 않고 곳간이나 다락에 쌓아 두었다가 고객이 원하는 것을 그때 그때 꺼내 오는 서울의 시전을 '닫아 놓은 점포(closed shop)'라고 표현하기도 하였다.[26]

---

20) 李相棣, 「서울의 都市 形成」, 『東洋 都市史 속의 서울』, 서울市政開發硏究院, 1994, 338쪽.

21) 『高麗圖經』 卷16, 官府, 臺省.

22) 이와 관련하여서는, 조선 태종대에 조성된 漢陽의 行廊 중에서 가장 먼저 완성된 昌德宮 앞 오늘날의 敦化門路 좌우의 행랑이 各司의 朝房으로 이용되고 있던 사례가 참고된다(朴平植, 앞의 「朝鮮初期 市廛의 成立과 '禁亂'問題」, 78쪽).

23) 주 1·2의 앞의 글 참조.

24) 『高麗圖經』 卷3, 城邑, 貿易, "高麗 …… 蓋其俗 無居肆."

25) 善生永助, 『朝鮮人の商業』, 朝鮮總督府, 1925, 14~15쪽.

26) Homer B. Hulbert, *The Passing of Korea*, New York, 1906 (Reprinted by Yonsei University, Seoul, 1969), Chapter XX Domestic and Foreign Trade. 반면, 그는 시전구역의 街路上에서 영업하고 있던

시전의 폐쇄적인 구조는 조선 초기에도 마찬가지였던 듯하다. 세종 11년(1429) 通信使로 日本의 商街를 보고 온 朴瑞生은, 도성 시전의 행랑에 補簷을 설치하여 그 아래의 層樓에 물건을 전시하고 懸板을 내걸음으로써 販賣物種을 쉽게 알 수 있도록 하자고 건의하고 있다.[27] 이 시기 시전행랑은 판매물품을 전시대에 나열하여 외부에서 쉽게 이를 식별할 수 있는 형태의 개방적인 시설이 아니었던 것이다. 조선 후기 도성 시전에 '여리꾼'이라 부르는 거래 중개업자가 필요하였던 것도,[28] 바로 閉鎖的인 建物構造와 販賣慣行 탓에 고객이 직접 필요한 물품을 판매하는 시전을 찾기가 쉽지 않았기 때문이다.

한양 시전의 原型이 개경 시전이었음을 고려하면,[29] 고려시기 개경의 시전 또한 이와 같이 대로변에서 보아서는 그 출입문밖에 보이지 않는 폐쇄적인 구조였다고 생각된다. 따라서 唐代까지 유지되어 오던 역대의 坊市制가 무너지면서 대로변에 매우 개방적인 형태의 점포가 즐비하던 宋나라 開封의 商街 모습[30]에 익숙해 있던 서긍은, 불과 한 달여 개경에 머무르는 동안 이들 행랑이 시전의 商街用 시설물이었던 사실을 미처 파악하지 못한 채 개경에는 '居肆'가 없다고 기록하였던 것이다.

요컨대 고려시기 개경에는 황성의 정문인 광화문에서 동쪽과 남쪽 방향으로 뻗은 大路의 좌우에 長廊이 조성되어 있었고, 그 중 前者는 官府用 건물로 또 後者는 市廛商街用 시설물로 각각 활용되고 있었다. 인종 원년(1123)의 『고려도경』에서 구체적으로 확인되는 이들 행랑, 특히 市廛行廊이 태조 2년(919)에 처음 설립된 시전과 그 위치와 형태에서 일치하는지 여부는 확증할 수 없다. 그러나 태조 2년의 시전 설립이 궁궐을 창건하고 도성 내의 5部와 坊里를 획정하는 등 전면적인 都城整備事業의 일환으로 추진되었음을 고려하면,[31] 이후 그 교역시설에 대한 補修와 改築은 뒤따랐겠지만 국초에 설정된 시전의 所在區域이나 施設形態에 근본적인 변화는 없었던 것으로 여겨진다.

고려시기 시전을 포함한 개경의 行廊造成은 그것이 계획적인 도성 정비사업의 일환으로 추진되었던 만큼, 정부 주도 하에 국가적인 사업으로 이루어졌다. 국초 시전행랑의 조성 과정은 관련 자료가 전하지 않아 그 실태 파악이 어렵지만, 행랑 조성을 위한 정부기구로서 行廊都監의 職制는 11세기 중반 文宗代에 정비되고 있다. 그리하여 소속 관인으로 3품 兼官인 使 1인, 5품 兼官인 副使 1인, 乙科權務인 判官 2인과, 吏屬으로서 記事와 記官 등이 규정되었다.[32] 국초 이래 임시기구로서 유지되어 오던 행랑도감이 문종대에 들어 소속 관

露店을 '열어 놓은 점포(opened shop)'라고 표현하고 있다.

27) 『世宗實錄』 卷46, 世宗 11年 12月 乙亥, 3冊 208쪽(國史編纂委員會刊 影印本. 이하 같음), "乞自雲從街左右行廊 東至樓門 自鐘樓 南至廣通橋 皆構補簷 其下設層樓置物之處 分某間爲某所 以次懸額 令其易知."

28) 漢山居士, 『漢陽歌』(民昌文化社刊 影印本, 1994).

29) 朴平植, 앞의 「朝鮮初期 市廛의 成立과 '禁亂'問題」.

30) 北宋 말기에 張澤端이 淸明節의 開封 풍경을 그린 『淸明上河圖』에 이와 같은 開封商街의 모습이 잘 묘사되어 있다(이재정, 『중국사람들은 어떻게 살았을까』, 지영사, 1999, 255~256쪽 참조).

31) 주 5와 같음.

원의 직제가 조정되면서 재정비된 것으로 생각된다. 이와 관련하여서는 顯宗 2년(1011) 契丹의 2차 침입에 따른 개경의 피해가 주목된다. 당시 "契丹主 入京城 焚燒大廟宮闕民屋皆盡"[33]이라는 기록에서 보듯이, 개경은 태묘·궁궐·민옥 등이 燒盡되는 큰 피해를 입었다. 이에 따라 이후 현종대에는 궁궐의 재건, 외성인 羅城의 축조 공사가 20여 년 이상 계속되었다.[34] 현종대 거란의 침입에서 개경 전체가 이와 같이 큰 피해를 입었다면 市廛을 비롯한 도성 行廊의 燒失이나 피해 또한 예상되는데, 문종대의 行廊職制 규정은 바로 당시 대규모로 이루어진 도성의 行廊再建事業에 즈음하여 마련된 조처라고 생각되는 것이다. 그렇다면 국초에 조성된 시전행랑 또한 이 과정에서 대규모로 재건·개축되었을 것으로 짐작된다.[35]

고려시기 개경 시전은 武臣執權期와 元干涉期를 거치면서 더욱 확대·발전하고 있었다. 이 과정에서 시전행랑에 대한 대규모 改築과 增築 사업이 이어졌다. 국초에 조성되고 11세기 전반 거란의 침입 이후 재건되었던 개경의 시전행랑은, 13세기 초반 崔忠獻의 집권기인 熙宗 4년(1208)에 이르러 대대적이고 전면적으로 개축되기에 이른다. 이를 위해 고려 정부는 먼저 그간 3품의 兼官이 使로서 首長을 맡아 오던 행랑도감의 직제를 개편하여, 2품 이상인 宰樞로 하여금 행랑도감의 別監을 맡게 하고 또 별도로 使와 副使 錄事 등을 둠으로써 그 官格을 승격하는 조처를 취하고 있다.[36] 이후 행랑도감의 주도 하에 5部 坊里의 兩班들로부터 戶斂한 米粟을 재원으로 한 대규모의 시전행랑 改築事業이 후속되었고, 그 결과 광화문에서 십자가에 이르는 1,008楹의 시전행랑이 광화문 내의 大倉·南廊·迎休門 등과 함께 완성되었다.[37]

광화문에서 십자가에 이르는 구간, 이른바 南大街는 바로 국초 이래 설정되어 있던 종래의 시전구역이었다.[38] 따라서 『高麗史』 纂者는 희종 4년에 이루어진 이 구간의 長廊 조성을 두고 '新築'이 아닌 '改營'이라고 표현하였던 것이다.[39] 집권 초기의 政情 불안을 극복하

32) 『高麗史』 卷77, 志31, 百官2, 諸司都監各色, 行廊都監, 中冊 692쪽.

33) 『高麗史』 卷4, 世家4, 顯宗 2年 正月 乙亥, 上冊 88쪽 ; 『高麗史節要』 卷3, 顯宗 2年 正月 乙亥, 75쪽.

34) 朴龍雲, 『고려시대 開京 연구』, 一志社, 1996.

35) 宰樞를 행랑도감의 別監으로 임명하여 그 官格을 높였던 희종 4년에 시전행랑이 대거 개축되었다는 점(주 36·37과 같음) 또한 이러한 추정을 뒷받침한다.

36) 『高麗史』 卷77, 志31, 百官2, 諸司都監各色, 行廊都監, 中冊 692쪽, "熙宗四年 以宰樞爲別監 又置使副使錄事."

37) 『高麗史』 卷21, 世家21, 熙宗 4年 7月 丁未, 上冊 432쪽, "改營大市左右長廊 自廣化門至十字街 凡一千八楹 又於廣化門內 構大倉南廊迎休門等七十三楹 凡五部坊里兩班戶斂米粟 就賃供役 兩班坊里之役 始此."

38) 주 23과 같음.

39) 한편 徐聖鎬는 이 熙宗 4년의 市廛改營 기록을 주 14의 『고려도경』에서 언급한 행랑구간과 관련시켜 음미하면서, 이 때 시전구간이 확대된 것으로 해석하고 있다. 즉 종래 京市司에서 興國寺橋까지였던 시전구역이 희종 4년에 와서 그 북쪽 광화문까지 확장되어 광화문에서 십자가에 이르는 시전구역이 설정되었다는 견해였다(앞의 「韓國中世의 都市와 社會」, 197~207쪽). 그러나 필자는 견해를 달리한다. 먼저 興國寺는 광화문 동남쪽 도로가에 소재하던 사찰로 그 동편으로는 시냇물이 흘러 이를 가로

고 정권의 안정적인 기반을 확보한 희종 초에 執權武人 崔忠獻이 구상하고 추진한 이 전면적인 시전행랑 改營사업은, 재원확보 수단으로서 시전의 유용성에 着目한 최씨정권의 市廛運用 노력의 하나였다.[40]

한편 14세기에 들어서면 시전행랑에 대한 증축사업이 이어지고 있다. 忠烈王 33년(1307) 6월에는 당시 元에 머무르고 있던 忠宣王의 요구에 따라 조성노감의 수도 하에 兵船軍을 董役시켜 시전행랑 200間을 營造하기 시작하였다.[41] 이 공사는 이듬 해인 충선왕 즉위년(1308) 8월에 완수되었는데,[42] 희종대와 달리 '改營'이란 표현을 쓰지 않고 '營造'하였다고 한 데서 미루어 보아, 기왕의 시전행랑에 대한 증축사업이었던 것으로 생각된다. 그 규모를 확인할 수는 없지만, 시전행랑의 증축공사는 禑王 3년(1377)에도 '新作'의 형태로 이어지고 있다.[43] 결국 고려 말기 개경에는 최소한 1,200여 칸 이상의 시전행랑이 조성되어 있었던 셈이다. 그리고 이들 시전행랑 1칸에 寄居하는 상인이 적어도 2~3인 이상이었음을 고려하면,[44] 고려 최말기 개경에는 대략 2,400 또는 3,600여 명 이상의 상인이 시전행랑에 입주하

지르는 橋梁이 놓여 있었고, 정문인 大門이 북에서 남으로 흐르는 이 시내를 향하여 동쪽으로 위치하고 있었다(『高麗圖經』 卷17, 祠宇, 興國寺). 주 14에 보이는 興國寺橋는 바로 이 홍국사 정문앞 다리를 일컫는 것이겠다. 그런데 홍국사의 정문을 둘러싸고는 그 좌우에 '門廊' 또는 '步廊'이라 부르는 행랑이 일찍부터 조성되어 사찰의 경계 기능을 하고 있었다. 靖宗 9년(1043) 5월 이 門廊 21間이 무너져 壓死者가 80여 명에 이르렀으며(『高麗史』 卷54, 志8, 五行2, 木, 中冊 221쪽), 神宗 원년(1198)에 일어난 崔忠獻의 私奴 萬積의 亂 때 봉기군의 집결장소가 바로 이 '興國寺步廊'으로부터 광화문 안 毬庭에 이르는 도로 연변이었다(『高麗史』 卷129, 列傳42, 叛逆3, 崔忠獻, 下冊 794쪽). 皇城의 정문인 광화문에서 남쪽 십자가에 이르는 개경의 간선대로는 이로 보아 황성의 동남쪽에 위치한 홍국사를 끼고 펼쳐져 있었으며, 이 홍국사의 정문 앞에 있던 興國寺橋로부터 十字街에 이르는 구간이 국초부터 시전구역으로 설정되어 있었던 것이다. 반면에 홍국사교로부터 광화문에 이르는 구간의 門廊·步廊은 그 남쪽의 시전행랑과 달리 홍국사의 담장 구실을 하는 사찰의 부속건물이었다. 결국 용도를 달리하고는 있었지만, 광화문에서 십자가에 이르는 南大街 전체의 연변에는 행랑이 조성되어 있었던 셈이다. 때문에 이러한 사정을 알고 있던 서긍은 그 자신의 이해대로 民居의 누추함을 가리기 위한 長廊 구간을 십자가의 경시사로부터 홍국사교까지로 한정하였던 것이다(주 14). 그러나 서긍 자신이 개경의 長廊 구간을 광화문을 기점으로 하여 표현하기도 하였던 것처럼(주 15), 고려시기 시전구역인 興國寺橋로부터 十字街에 이르는 구간은 흔히 광화문에서 시작되는 것으로도 표현되고 있었다. 희종 4년의 行廊改築 구간을 광화문에서 십자가에 이르는 구역으로 표현한 것 또한 그러한 관행 탓이었다. 왜냐 하면 희종 4년 당시에도 홍국사는 의연 그 위치에 소재하고 있었고, 그 6년 전인 신종 원년에는 홍국사의 步廊 역시 확인되기 때문이다. 따라서 희종 4년의 행랑조성은 시전구역의 확대를 포함한 '新築'사업이 아니라, 기왕의 시전행랑에 대한 전면적인 '改營'사업이었던 것이다. 이 시전행랑 개축사업이 무신집권기 시전 발달의 한 증좌였음은 물론이다.

40) 北村秀人, 앞의 「崔氏政權の成立と京市」. 고려 후기 시전행랑의 개축·증축을 포함한 開京商業의 발달과 그 기반, 개경상업의 主導層 문제는 別稿를 통해 다룰 예정이다.

41) 『高麗史』 卷32, 世家32, 忠烈王 33年 6月 丙午, 上冊 666~667쪽, "前王遣左承旨金之兼來啓 令造成都監官桓頤 領兵船軍 與內盈尹康順 護軍李珠 董役營造 市街兩旁長廊二百間 從之."

42) 『高麗史』 卷33, 世家33, 忠宣王 卽位年 8月 乙未, 上冊 678쪽.

43) 『高麗史』 卷133, 列傳46, 辛禑 3年 5月 庚寅, 下冊 877쪽, "新作市廛東廊."

44) 조선 태종 3년(1403) 8월 開京市街의 서쪽 行廊 14~15間이 기울어져 문제되었을 때, 국왕은 여기에 寄居하는 사람이 1칸당 2~3인 이상이 될 것으로 보고 있다(『太宗實錄』 卷6, 太宗 3年 8月 戊午, 1冊 273쪽, "上謂朴錫命曰 市街西廊十四五間傾側 一間居人 豈止二三而已哉"). 이로 미루어 개경의 시

여 영업하는 市廛商人으로 활동하고 있었다고 판단된다.

3. 政府의 市廛干與와 市役

고려시기 시전행랑의 조성과 개축·증축 사업이 국가의 주도 하에 物力과 人力을 동원하여 이루어졌다는 사실은, 이들 시전의 運營과 商活動에 대한 국가의 把握과 干與 역시 정책 차원에서 추진되었을 가능성을 시사한다. 예컨대 개별 시전의 取扱物種, 市廛商街의 配置, 市役 등의 문제다. 現傳 자료가 극히 적기 때문에 고려시기 시전운영의 實際 파악은 대부분 추정에 의존할 수밖에 없다. 먼저 이 시기 시전이 조선의 그것과 같이 '一物一廛'의 원칙에 따라 固有 販賣物種을 가지고 있었는지 여부다. 현재 고려시기의 시전 명칭으로 확인되는 것은 '楮市' '馬市' '豚市' '鹽店' '唐店' 등 다섯 가지 정도이다.

元宗 12년(1271) 2월 그 주변 民家 300여 호가 화재 피해를 입었던 楮市橋[45]는 물론 楮市 인근에 소재하였기 때문에 붙여진 다리 이름일 것이다. 이 다리 부근에 있었을 楮市는 시전 명칭일 터이고, 그 판매물종이 楮 곧 종이였음 또한 분명하다. 후대의 紙廛이겠다.[46] 神宗 4년(1201)에 확인되는 馬市池[47] 또한 그 인근 馬市에서 유래한 명칭이었을 것이고, 馬市는 바로 牛馬를 취급하는 시전이겠다. 13세기 중반 忠惠王은 元 출신 慶華公主의 귀국을 저지하려는 목적으로 이 馬市에서의 馬 賣買를 금지하는 조처를 취하고 있다.[48] 고려말 李穡은 이 馬市의 인근 하천변에서 端午節에 벌어지던 石戰 풍습을 詩로 읊기도 하였다.[49] 시전의 하나로서 馬市의 존재가 거듭 확인되는 것이다. 또한 高宗 12년(1225) 李奎報는 王輪寺 丈六金像[毘盧遮那佛]의 靈驗을 기록한 記文에서, 이 金像을 옮기는 과정에 참여한 豚市商人의 행적을 언급하고 있다. 즉 古老의 傳聞에 따르면, 10여 년의 작업 끝에 成宗 16년(997)에 조성한 이 금상을 왕륜사로 옮기는 과정에서 豚市의 商人輩가 發心하여 推轂하였다는 내용이다.[50] 豚市는 곧 豚類를 취급하는 시전의 명칭이겠다.

忠烈王 2년(1276) 閏3월에 1,000여 호의 民家가 화재 피해를 입은 鹽店洞[51]도 물론 이

전행랑 1칸에서는 통상 최소 2~3인 이상의 상인이 영업하였던 것으로 이해된다.

45) 『高麗史』 卷27, 世家27, 元宗 12年 2月 戊申, 上冊 541쪽 ; 『高麗史』 卷53, 志7, 五行1, 火, 元宗 12年 2月 戊申, 中冊 204쪽, "楮市橋邊民家 三百餘戶 火."

46) 조선 정조대 학자인 韓在濂(1755~1818)이 개성에 관련된 역대의 史實을 모아 纂集한 『高麗古都徵』에서도, 이 楮市를 紙廛이라고 지적하고 있다. 또 그는 紙廛 명칭을 고려 때부터 사용하였을 것으로 추정하고 있다(『高麗古都徵』 卷3, 公廨附 橋梁).

47) 『高麗史』 卷53, 志7, 五行1, 火, 神宗 4年 6月 己卯, 中冊 211쪽, "馬市池 水赤."

48) 『高麗史』 卷89, 列傳2, 后妃2, 慶華公主, 下冊 28쪽.

49) 『牧隱藁』 卷29, 詩, 端午石戰(韓國文集叢刊 4冊), 417쪽.

50) 『東國李相國集』 卷25, 記, 王輪寺丈六金像靈驗收拾記(韓國文集叢刊 1冊), 547쪽, "其古老所傳 章章播在人口者 則方丈六之入于寺也 以大車載之 輓者無慮百萬人 塡咽道路 有豚市商人輩 亦發隨喜心 併力推轂."

곳에 '鹽店'이 있기에 붙여진 洞名일 것이다. 権鹽法이 본격 시행되는 忠宣王代 이전의 기록인 만큼, 여기에 등장하는 鹽店은 후대 権鹽法 하에서 官이 운영하던 鹽鋪[52]와는 다른 民間市廛의 하나로 판단된다. 한편 忠定王 원년(1349) 9월의 화재 기사에 등장하는 唐店[53]은 그 명칭에서 보듯이, 중국에서 들여온 수입품을 판매하던 시전으로 생각된다. 단편적인 자료여서 당시 개경 시전에 머물며 상업에 종사하던 중국 상인의 점포를 지칭한 것일 가능성도 있겠는데, 이 경우에도 그것이 市廛體系 속에서 존재하는 것이기 때문에 필자는 唐物을 취급하는 시전의 하나로 이해하고자 한다. 이상의 시전 명칭들이 모두 고려 후기의 기록에서 확인되는 것이기 때문에 고려 전기의 사정을 확언할 수는 없지만, 이들 사례로 미루어 고려시기 시전은 국초 이래 고유의 판매물종을 가지고 있었고 개별 시전의 명칭 또한 그로부터 유래하고 있었다고 생각된다.

시전이 고유의 판매물종을 지닌 점포였다면, 행랑 조성 이후 진행된 시전의 배치 또한 동일한 物種을 한 區域에 배치하는 일반원칙 아래 추진되었을 것이다. 앞에서 살펴본 楮市橋·馬市池·鹽店洞이라는 고유명칭의 유래에서 보듯이, 개경시전의 紙廛·馬市·鹽店 등은 한 구역에 집중하여 있었다. 이들 품목을 취급하는 시전이 개경내 여러 곳에서 분산되어 개점하고 있었다면 이러한 고유명칭이 불가능하였을 것이기 때문이다. 한편 14세기 최말 개경 시전은 布帛·毛革·器皿·冠服·鞋靴·鞭勒 등을 취급하는 시전이 大市에 각기 점포를 나누어 설치되어 있었고, 牛馬市 또한 항상적인 거래장소를 지정받는 등 業種에 따라 整然하게 구획·정비되어 있었다.[54] 물론 이는 조선 건국 직후 그 주도세력이 추진한 市廛再編의 결과였지만,[55] 그 배경은 고려말 市廛運營體系의 混線에 있었다. 즉 이 시기 왕실을 비롯한 특권세력의 市廛投資와 독점이 증대되면서 업종별 시전배치 원칙이 무너지고 각처에 同一物種을 취급하는 시전이 混在하는 상황[56]을 신국가의 상업정책에 의거하여 재정비하려는 조처였던 것이다. 그리고 이러한 조선 정부의 개경시전 재정비 조처에서 그 整備의 原型이 고려조의 그것에 있었을 것임은 분명하다. 조선 태조는 즉위교서에서 "儀章과 法制는 한결같이 고려의 故事에 의거한다"[57]는 원칙을 천명하고 있기 때문이다.

요컨대 고려시기 정부는 광화문에서 십자가에 이르는 구역에 행랑을 건설하여 시전을 조성하면서, 정책 차원에서 개별 시전의 고유 판매물종을 지정하고 또 이들을 시전 내의 일정

51) 『高麗史』 卷53, 志7, 五行1, 火, 忠烈王 2年 閏3月 庚子, 中冊 204쪽, "塩店洞 一千餘戶 灾."
52) 주 89와 같음.
53) 『高麗史』 卷53, 志7, 五行1, 火, 忠定王 元年 9月 己卯, 中冊 204쪽, "唐店 火."
54) 『太宗實錄』 卷19, 太宗 10年 正月 乙未, 1冊 526~527쪽, "舊京之時 布帛毛革器皿冠服鞋靴鞭勒 分店大市 至市牛馬 亦有常所 其他米穀之類 則各於所居."
55) 朴平植, 「朝鮮前期의 開城商業과 開城商人」, 『韓國史硏究』 102, 1998/『朝鮮前期商業史硏究』, 지식산업사, 1999(이하 인용은 이 책에 의거함), 189~192쪽.
56) 朴平植, 「高麗末期의 商業問題와 捄弊論議」, 『歷史敎育』 68, 1998/『朝鮮前期商業史硏究』, 지식산업사, 1999.
57) 『太祖實錄』 卷1, 太祖 元年 7月 丁未, 1冊 22쪽, "儀章法制 一依前朝故事."

구역에 나누어 배치하고 있었던 것이다. 이러한 시전의 造成과 商街配置는 집권국가로서의 고려 정부가 벌이는 수도 개경의 도시정비상업의 일환이자, 도성상업에 대한 把握과 管理를 위한 기초작업이기도 하였다. 나아가 고려시기 개경 시전의 同業組織 또한 이와 같은 시전의 販賣物種 고정과 商街配置를 기반으로 해서 출현하였을 것으로 짐작된다. 앞서 언급한 王輪寺 丈六金像 移動佛事에 참여한 시전상인의 행적을 두고 이규보는 "以大車載之 輓者無慮百萬人 塡咽道路 有豚市商人輩 亦發隨喜心 併力推轂"이라고 표현하고 있다.58) 아마도 개경의 여러 시전 중에서 이 불사에 豚市(廛)의 상인만이 집단적으로 참여하였던 듯한데, 그렇다면 이들 '豚市商人輩'의 집단적인 불사 참여는 바로 豚市 상인들로 구성된 同業組織의 결정에 따라 이루어진 것으로 보아야 하지 않을까? 이 자료만으로 시전 동업조직의 존재를 확증할 수는 없겠지만, 당시 개별 시전이 고유의 판매물종과 영업구역을 할당받고 있었음을 고려하면 이를 통해 동업조직의 형성 가능성 또한 추정해 볼 수 있다고 생각한다. 시전 商權의 수호와 後述한 市役의 분배를 위해서도 物種別 同業組織이 불가결하였을 것이기 때문이다.

한편 시전의 배치와 그 취급 물종에 대해 고려 정부가 정책 차원의 간여를 하고 있었다면, 시전과 그 상인에 대한 국가의 파악은 선결의 과제였다. 예컨대 조선의 '市籍' '市案' 또는 '廛案'에 해당하는 市廛帳簿의 존재 여부다. 고려 최말인 恭讓王 2년(1390) 4월, 정부는 京市의 工商에 대해 付籍 조처를 내리면서 경시에 寓居하면서도 隱漏한 공상들에 대해서는 主客을 함께 論罪하도록 하고 있다.59) 조선 건국 주도세력들에 의해 추진되었을 이 工商登籍 조처는 고려 후기 시전의 발전과 확대 과정에서 국가의 파악으로부터 누락된 시전 공상들을 통제·장악하려는 방침에서 취해지는 것이었다.60) 여하튼 고려 정부는 京市의 工商을 이전부터 파악하고 있었고, 이는 (市)籍의 형태로 관리되고 있었음을 잘 보여준다 하겠다.

그런데 정부의 시전 파악과 관련하여서는 毅宗 6년(1152) 2월의 判旨에 거명되고 있는 '京市案'의 존재가 주목된다. 京市案에 부쳐진 恣女가 失行 전에 낳은 자식은 6품에서 限職하며 실행 후의 자식은 禁錮한다는 내용이다.61) 내용상으로 보아 失行한 婦女가 등록되는 京市案은 일단 다른 기록에 보이는 '恣女案'62)이나 '遊女籍'63)에 비견될 수 있겠다. 그런데 그 의미가 분명한 恣女案 또는 遊女籍과 달리, 어떠한 형태로든 경시와의 연관이 상정되는

---

58) 주 50과 같음.

59) 『高麗史』 卷85, 志39, 刑法2, 禁令, 恭讓王 2年 4月, 中冊 867쪽, "籍京市工商 其寓居隱漏 不付籍者 主客論罪."

60) 朴平植, 앞의 「高麗末期의 商業問題와 捄弊論議」.

61) 『高麗史』 卷75, 志29, 選擧3, 銓注 限職, 毅宗 6年 2月, 中冊 642쪽, "判 京市案付恣女 失行前所産 限六品職 失行後所産 禁錮."

62) 『高麗史』 卷84, 志38, 刑法1, 戶婚, 睿宗 3年, 中冊 853쪽, "判 有夫女淫 錄恣女案 針工定屬."

63) 『高麗史』 卷102, 列傳15, 李淳牧 附 李需, 下冊 251쪽, "妻亡服未闋 通妻姪之婦 婦謀害其夫 事覺 並流海島 又錄其婦遊女籍."

京市案을 단순히 失行한 부녀가 등록되는 帳籍으로만 볼 수 있을까? 『고려도경』에 따르면 시전을 관할하는 京市司, 곧 京市署에는 300여 명의 女伎가 소속되어 있었다.[64] 이들 女伎들은 경시내에 설치된 公的 施設이었던 酒店에 소속된 사람들로 추정되고 있다.[65] 고려시기 失行 婦女들은 恣女案이나 遊女籍에 登載되어 針工으로 정속되거나 流配되는 외에도, 賤業인 경시내의 주점에 배속됨으로써 이들 주점을 관할하는 경시서의 臺帳에 오르기도 하였던 것이다. '京市案付恣女'들이 곧 이들이었다.

그렇다면 京市案은 경시서의 관할 하에 있던 사람들을 기재한 人別臺帳일 수 있겠다.[66] 그러나 필자는 이 경시안이 단지 인원만을 파악하기 위한 장부로서 人別臺帳이라기보다는 후대의 市案이나 廛案에 해당하는 帳籍이라고 생각한다. 다시 말해 경시안은 시전행랑을 건설하고 여기에 입주하는 시전의 판매 물종과 그 구역을 획정하는 등 시전 운영에 적극 간여하고 있던 고려 정부가, 시전의 把握과 運營을 위해 작성하였던 公的 帳簿라고 여겨지는 것이다. 따라서 그것은 각각의 取扱物種을 보유한 市廛別로 작성되고, 그 시전에서 영업하던 工商人이나 여타의 관계된 人員이 수록되는 형식이었을 것이다. 공양왕 2년 공상인들이 부적되었던 '籍' 또한 바로 이 京市案이었겠다.[67]

국가에서 제공하는 市廛行廊에서 영업하면서 市案으로 파악되고 있던 개경의 시전에게는 그에 상응하는 부담이 강제되었을 것이다. 市役으로서 商稅·責辦·雜役 등의 의무이다. 고려시기의 商稅는 睿宗 원년(1106)에 확인되는 關津稅[68]를 제외하면 그 실체 파악이 어렵고, 고려 최말기에 이르면 상인은 力役과 稅錢이 없는 것으로 云謂되고 있다.[69] 그러나 후자는 고려 최말기의 상황 특히 신국가 개창의 주도세력의 언급이고, 또 상세의 한 유형으로서 關津商稅가 전자에서 분명하게 확인되기 때문에 상인으로부터의 商稅徵收는 이루어졌다고 생각된다. 이 경우, 시안을 통해 체계적으로 파악되고 있던 시전상인 역시, 국가에서 제공받고 있던 행랑에 대한 賃貸料[70]와 人頭稅 또는 營業稅 형식의 商稅를 부담하였을 것으로 판단되나, 더 이상의 확인이 현재로서는 불가능하다.[71]

---

64) 『高麗圖經』 卷40, 同文, 樂律, "女伎 則謂之下樂 凡三等 大樂司二百六十人 王府常用 次管絃坊 一百七十人 次京市司 三百餘人."

65) 北村秀人, 앞의 「高麗時代の京市の機能について」, 217~219쪽.

66) 위와 같음, 218쪽.

67) 조선 건국 이후에도 개성에는 국초부터 市案이 작성되어 관리되고 있었다(朴平植, 앞의 「朝鮮前期의 開城商業과 開城商人」, 195~198쪽).

68) 『高麗史節要』, 睿宗 元年 7月, 187쪽, "今所當罷者 唯關津商稅而已."

69) 『高麗史』 卷79, 志33, 食貨2, 市估, 恭讓王 3年 3月, 中冊 740쪽 ; 『高麗史節要』 卷35, 恭讓王 3年 3月, 884쪽, "中郎將房士良上書曰 …… 竊觀本朝 農則履畝而稅 工則勞於公室 商則既無力役 又無稅錢" ; 『朝鮮經國典』 上, 賦典, 工商稅.

70) 고려시기 개경에서는 가옥의 임대가 관행으로 이루어지고 있었다(『高麗史』 卷100, 列傳13, 白任至, 下冊 226쪽). 따라서 行廊에 대한 국가의 임대료 징수는 충분히 상정된다 하겠다.

71) 조선시기 시전상인은 행랑의 임대료로서 公廊稅와 인두세 형식의 商稅를 부담하고 있었다(『經國大典』, 戶典, 雜稅).

시전상인의 대국가 부담 중에서 왕실을 비롯한 국가의 需要物 조달 의무, 곧 責辦의 市役은 분명하게 확인된다. 이미 光宗代에 시전은 국왕의 肉膳을 공급하고 있으며 그 형식은 賣買의 형태였다.72) 시전의 국가 수요물 조달은 해당 관청에 物品을 납부한 후에 그 내역을 기재한 文契를 지급받고, 차후에 이 문계에 의거하여 物品價를 지급받는 형식이었다.73) 정부내 각 관청은 이러한 시전으로부터의 물자 조달을 위해 담당자를 따로 두고 있었는데, 文宗 9년(1055) 官炭庫를 고의로 불태워 문책당한 '將作監 商人'은 바로 土木과 營繕을 담당하는 將作監의 물자 공급을 책임맡은 사람으로 추정된다.74) 시전의 국가 수요물품 공급은 그 代價가 제대로 지급될 경우 하나의 特權일 수 있었으나, 실제 국가와의 교역은 으레 강제성이 수반되면서 시전상인의 손해를 가져오기 십상이었다. 고려 후기 朝廷에서 크게 논란되는 '市廛抑買'는 바로 이와 같은 責辦에 대한 不給價 현상으로부터 말미암는 사태였다.75)

상세·책판 외에도 개경의 시전상인은 수시로 요구되는 국가의 각종 役에 동원되었다. 倭寇의 노략이 극심하던 禑王 3년(1377) 시전의 商賈들이 海道의 船軍으로 충당됨은 그 한 사례이다.76) 상인들의 軍役 부담 여부가 현재로서는 분명하지 않지만, 고려 전기 肅宗의 즉위 과정에 상인들이 개재하고77) 女眞 정벌을 위해 조직된 別武班에 상인들이 편성되었던 사정,78) 그리고 崔忠獻의 政變 과정에서 募兵 장소가 바로 개경의 市街였던 사실79) 등으로 미루어 보아, 적어도 임시적인 긴급한 군사동원에 시전상인들이 우선 징발되었음은 분명하다 하겠다. 이 외에도 도성에서 요구되는 각종 力役, 예컨대 宮闕·陵·城·行廊 등의 造成이나 修理工事에 이들 시전상인이 징발되었을 가능성 또한 충분하나 자료상의 확인은 어려운 실정이다.

---

72) 주 6과 같음.

73) 『高麗史』 卷79, 志33, 食貨2, 借貸, 忠烈王 34年 11月, 中冊 747쪽, "忠宣王下敎 一市肆商賈 貿遷有無資生 在前迎送國贐宴禮諸色官 虛給文契 取用百物 不還其直 甚者公然攪奪 怨讟不少 宜令各司檢考文契 如數歸還 今後盡行雇買 不得騷擾."

74) 『高麗史』 卷85, 志39, 刑法2, 禁令, 文宗 8年, 中冊 861쪽, "以將作監商人 故燒官炭庫 判決脊杖二十鈒面配島." 이 상인을 토목·영선만이 아니라 상업도 영위하던 將作監에 소속된 상인으로 보거나(홍희유, 앞의 『조선상업사』, 69쪽), 또는 御用商人으로서 장작감에 출입하는 자로 보는 견해도 있다(蔡雄錫, 「高麗前期 貨幣流通의 基盤」, 『韓國文化』 9, 서울大, 1988, 98쪽). 그러나 그 명칭에서 나타나듯이 그는 장작감 소속인이었고 또 장작감을 상업기관으로 보기 어려운 이상, 그는 장작감에 소요되는 物資의 공급을 담당하는 인물이었던 것으로 생각된다. 그 직무와의 관련 때문에 상인으로 지칭되었고 또 실제 상인이었을 가능성도 있겠다. 조선시기에도 각 관청에는 이와 같은 업무를 담당하는 '市色奴子'를 두고 있었다(朴平植, 앞의 「朝鮮初期 市廛의 成立과 '禁亂'問題」, 90~91쪽).

75) 蔡雄錫, 「高麗後期 流通經濟의 조건과 양상」, 『金容燮敎授停年紀念韓國史學論叢(2) 韓國 古代·中世의 支配體制와 農民』, 지식산업사, 1997 ; 朴平植, 앞의 「高麗末期의 商業問題와 抹弊論議」.

76) 『高麗史』 卷83, 志37, 兵3, 船軍, 辛禑 3年 10月, 中冊 831쪽, "出市廛商賈 以充海道之軍."

77) 『高麗史』 卷11, 世家11, 肅宗 卽位年 10月 庚辰, 上冊 221쪽, "制 …… 其餘躐等 遷官者數百人 工商皂隸 亦有超授顯職者 有司莫敢言."

78) 『高麗史』 卷81, 志35, 兵1, 中冊 775쪽.

79) 『高麗史』 卷129, 列傳42, 叛逆3, 崔忠獻, 下冊 789쪽.

4. 京市의 構成과 京市監督

고려시기 개경상업은 국가에서 조성한 行廊에 입주하여 영업하면서 각종 市役을 부담하던 市廛商人이 주도하고 있었다. 그러나 이 시기 개경의 市廛商圈 外廓에서는 여타의 상업세력 또한 활동하고 있었다. 먼저 고려시기 개경에는 민간의 시전 외에도 국가에서 公的 施設로서 운영하는 官營商店들이 개설·영업하고 있었다. 成宗 2년(983) 10월에는 成禮·樂賓·延齡·靈液·玉漿·喜賓 등의 상호를 가진 6개의 관영 酒店이 설치되고 있다.[80] 더 이상의 관계 기록이 없어 이들 酒店의 설치 배경을 추적할 수는 없지만, 그것이 민간의 영업시설이 아니라 국가에서 세운 공적 시설임은 분명하다.

이후 穆宗~肅宗 연간 貨幣流通政策이 進退를 거듭하는 가운데 이들 관영상점들이 다시 언급되고 있다. 穆宗 5년(1002) 7월에는 侍中 韓彦恭의 상소를 받아들여 성종대 이래 추진되어 오던 錢幣流通 방침을 철회하면서, 그간 금지되었던 麤布의 통용을 허락하였다. 이때 목종은 백성들 사이의 사사로운 교역에서는 '任用土宜' 곧 麤布를 포함한 종래의 교역매개물의 사용을 허용하되, 茶店·酒店·食味店 등 諸店에서는 그대로 錢幣를 통용하게끔 조처하고 있다.[81] 전폐유통정책이 중단되는 시점에서 이들 諸店에서만 전폐의 사용을 허용한 이유는, 그간 정책 추진 과정에서 民間에 유포된 鐵錢을 회수하기 위한 조처로 이해된다. 그렇다면 전폐 회수를 위해 錢의 사용을 허가한 이들 茶店·酒店·食味店은 바로 국가의 공적 시설이었을 것으로 추정된다. 그 설치가 기록에서 확인되는 酒店만이 아니라[82] 茶店과 食味店도 그 이전 어느 때인가 국가에 의해 설치된 관영상점이었고, 이러한 연유로 성종 후반 鐵錢鑄造와 함께 추진된 전폐유통정책에서 이들 상점들이 화폐통용을 위한 주요 시설로 이용되다가, 그 정책의 중단과 함께 이제는 유포된 전폐의 회수를 위해 활용되고 있는 것이다.

한편 화폐유통을 다시 강력하게 추진하던 肅宗 7년(1102) 12월, 국왕은 海東通寶 1만 5천 貫을 鑄錢하여 宰樞·文武兩班·軍人들에게 分賜하면서 興錢策의 일환으로 京城에 左右의 酒務를 설치하고 있다.[83] 나아가 같은 왕 9년(1104)에는 각 州縣에 官에서 米穀을 내어 酒食店을 열어 백성들에게 用錢의 이익을 보이도록 命하고 있다.[84] 숙종 7년 개경에 설

---

80) 『高麗史』 卷3, 世家3, 成宗 2年 10月 己亥, 上冊 68쪽, "置酒店六所 曰成禮 曰樂賓 曰延齡 曰靈液 曰玉漿 曰喜賓."

81) 『高麗史』 卷79, 志33, 食貨2, 貨幣, 穆宗 5年 7月, 中冊 736~737쪽, "敎曰 …… 近覽侍中韓彦恭上疏言 欲安人而利物 須仍舊以有恒 今繼先朝而使錢 禁用麤布以駭俗 未遂邦家之利益 徒興民庶之怨嗟 朕方知啓沃之精詞 詎可弃遺而不納 便存務本之心 用斷使錢之路 其茶酒食味等諸店交易 依前使錢外 百姓等私相交易 任用土宜."

82) 주 80과 같음.

83) 『高麗史』 卷79, 志33, 食貨2, 貨幣, 肅宗 7年 12月, 中冊 737쪽, "制 …… 鑄錢一萬五千貫 分賜宰樞文武兩班軍人 以爲權輿 錢文曰海東通寶 且以始用錢告于太廟 仍置京城左右酒務."

84) 위와 같음.

치된 左右의 酒務는 종래 개경에 있던 관영상점인 酒店을, 화폐유통을 다시 강행하면서 그 정책을 뒷받침하는 상업기관으로 삼기 위해 재편한 것으로 이해된다.[85] 이와 같이 酒店·酒務를 비롯하여 茶店·食味店 등은 고려 정부가 개경에 세워 특정한 물품이나 서비스를 민간에 제공하는 대신 그 이익을 회수하는 公的인 시설이었다.[86] 고려 전기 화폐유통을 국가정책상에서 추진할 때마다 으레 이들 諸店이 화폐유통책을 뒷받침하는 상업기관으로 우선 이용되었던 것도 그 때문이다. 그 공적 시설로서의 성격 탓에 官營酒店에는 失行한 婦女들이 배속되어 飮酒·遊宴 등의 서비스를 제공하고 있었는데, 『고려도경』에 언급된 京市司 소속의 女伎들이 바로 이들이었다.[87]

고려시기 개경에서 영업하던 관영 상업시설로는 또한 藥局과 鹽鋪 등이 확인된다. 『고려도경』에 따르면, 普濟寺의 동편에 자리잡은 藥局에는 官員이 배치되어 있었고, 다른 물품의 교역과 달리 藥을 사는 데에는 간혹 錢寶가 사용되기도 하였다고 한다.[88] 이는 관영 酒·茶·食味店에서 錢幣가 통용되고 있던 사정과 동일한 모습으로, 이들 藥局 역시 관영 시설로서 운영되고 있음을 잘 보여주는 내용이다. 忠宣王代 이후 소금 專賣制인 榷鹽法이 실시되면서, 개경에는 4개의 官營 鹽鋪에서 일반 民을 상대로 소금을 판매하고 있었다.[89] 忠肅王 8년(1321)과 같은 왕 後8년(1339)에 이 京中 4鹽鋪에서 판매하는 소금을 權勢家와 담당 吏屬들이 매점하거나 사점함으로써 정작 鰥寡孤獨을 비롯한 개경 거주민의 소금 구입이 불가능한 사태가 문제되는 데서 알 수 있듯이,[90] 이들 개경의 鹽鋪 역시 일반 民人을 상대로 하는 관영 상업시설이었다.[91]

---

85) 榷酤法을 시행하여 국가재정을 보충하였던 중국 宋代에는, 諸州의 城內에 '酒務'를 설치하여 官釀官賣를 담당시켰다. '酒務'는 술 전매제 하에서 그 담당기구였던 것이다(金榮濟, 『唐宋財政史』, 신서원, 1995, 281~289쪽). 그렇다면 숙종 7년에 개경에 설치된 左右의 酒務 역시 술의 전매를 담당하는 관영 상점이었을 가능성도 있겠다. 그러나 고려시기의 각종 기록에 鹽 이외에 국가의 전매사업이 언급되지 않는 것으로 미루어 보아, 숙종대의 酒務는 이전의 酒店을 계승한 것으로 이해된다. 그 기능상의 유사함 때문에 송 榷酤法 하의 '酒務' 명칭이 援用된 셈이다.

86) 北村秀人, 앞의 「高麗時代の京市の機能について」, 217~219쪽.

87) 주 64와 같음.

88) 『高麗圖經』 卷16, 官府, 藥局, "於普濟寺之東 起藥局 建官三等 一曰太醫 二曰醫學 三曰局生 綠衣木笏 日涖爲其職 高麗他貨 皆以物交易 惟市藥 則間以錢寶焉." 서긍이 언급한 이 약국은 그 위치로 미루어 보아 惠民局으로 추정된다(徐聖鎬, 앞의 「韓國中世의 都市와 社會」, 207쪽의 주 40 참조). 한편 『고려사』 오행지에는 宣宗 9년(1092) 3월에 藥店, 곧 위의 藥局과 祭器都監의 樓門에 화재가 일어나면서 인근 市巷의 民家 640호가 함께 불탄 기록이 있다(『高麗史』 卷53, 志7, 五行1, 火, 中冊 201쪽).

89) 『高麗史』 卷79, 志33, 食貨2, 塩法, 中冊 740~741쪽.

90) 위와 같음.

91) 『高麗史』 百官志 諸司都監各色條에는 개경의 상공업과 관련된 관청으로 幞頭店·聚仙店·慶仙店·書籍店 등의 職制가 열거되어 있다. '店'이라는 명칭으로 보아 이들 기구에서도 物品의 제조와 함께 판매를 담당한 것으로 추정할 수 있겠다(홍희유, 앞의 『조선상업사』, 68~69쪽 ; 徐聖鎬, 『高麗前期 手工業 硏究』, 서울대 박사학위논문, 1997, 47~49쪽). 그러나 權務職의 錄事와 吏屬들이 배치된 이들 기구는 주로 국가나 왕실 또는 관인 등 특권지배층의 수요를 공급하는 관청이라는 점에서, 일반 민인을 상대로 하는 다른 관영상점과는 큰 차이가 있었다. 따라서 이들 기구는 京市署의 관할

한편 국초 이래 개경에는 市廛과 官營商店 외에도, 성내 각처에서 零細 小商人이나 도성 거주민 상호간에 교역이 이루어지던 街路上의 市場이 열리고 있었다. 개경의 교환시장을 묘사하고 있는 서긍의 다음 見聞 기록을 보자.

> 高麗 …… 蓋其俗 無居肆 惟以日中爲虛 男女老幼官吏工技 各以其所有 用以交易 無泉貨之法 惟紵布銀甁 以准其直 至日用微物 不及疋兩者 則以米計錙銖而償之 然民久安其俗 自以爲便也[92]

먼저 市街 양측의 行廊이 시전의 상설 교역시설이었던 사정을 파악하지 못한 채, 중국식의 '居肆'가 없다고 한 서긍의 인식이 착오였음은 前述한 대로이다. 日中 곧 한낮에 男女와 老幼, 官吏와 工技 등 다양한 계층의 개경 거주민이 紵布·銀甁·米를 교환수단으로 하여 교역을 진행하던 교환시장을, 서긍은 '虛'로 표현하고 있다. 이 '虛' 곧 '墟'는 중국 송대 陽子江 이남의 江南 지방에서 열리던 村의 정기시장 곧 村市를 이름이었다.[93] 상인만이 아니라 물품의 수요자와 공급자 상호간에 직접 교환이 이루어지던 개경의 이 교환시장은 실제 중국의 농촌시장인 墟와 그 기능이나 외형에서 유사한 바가 있었다. 따라서 이 시장은 朝夕을 마련하기 위한 婦人들의 出市 형태가 주목될 때에는 '日早晩爲市'[94]로, 또 상설 점포가 없이 한낮에 열리던 사정과 관련하여서는 '方午爲市'[95]로도 표현되고 있었다.

이와 같은 場市 형태의 시장은 국초 이래 개경 城內 여러 곳에서 개설되었겠지만,[96] 그 중 가장 큰 시장의 開設 지역은 당연히 市廛이 소재하고 있던 大路의 街路上이었다고 생각된다. 시전행랑이 그 양측에 조성되어 있던 南大街 곧 광화문에서 십자가에 이르는 도로는 개경의 남북을 종단하는 간선도로였고, 이 대로의 가로상에서는 非市廛系의 영세 소상인과 소유물을 판매하고 필요 물자를 구매하려는 개경 거주민들의 교역활동이 국초부터 이

하에 있는 관영 상업시설이라기보다는 국가에서 운영하는 手工業 官廳으로 이해함이 타당하다고 본다.

92) 『高麗圖經』 卷3, 城邑, 貿易. 『고려도경』의 이 기록은 이제까지 고려의 農村市場인 鄕市와 관련되어 해석되면서 주목되어 왔다[白南雲, 앞의 「交換市場의 諸關係」; 李景植, 「16世紀 場市의 成立과 그 基盤」, 『韓國史硏究』 57, 1987/『朝鮮前期土地制度硏究(Ⅱ)』, 지식산업사, 1998]. 그러나 필자는 이 貿易條의 내용을 지방시장만이 아니라 도성을 포함한 고려의 商業習俗 전반에 관한 서긍의 見聞으로 파악하고 싶다. 이 기사 전후에 각각 宋 사신이 왔을 때 개경에서 열리는 '大市'와, 송 나라가 보내준 錢寶가 통용되지 않은 채 府庫에 저장되어 있던 사정에 관한 언급이 있는 점 또한 이러한 해석을 뒷받침한다.

93) 李景植, 앞의 「16世紀 場市의 成立과 그 基盤」.

94) 孫穆 撰, 『鷄林類事』.

95) 『宋史』 卷487, 列傳246, 外國3, 高麗.

96) 『三國遺事』에는 고려 건국 직후 개경에 여러 寺刹이 창건되는 사실을 전하면서, 920년에 乳岩 아래 油市가 섰고 그래서 一然 당대에도 俗言에 '利市' 곧 시장을 '乳下'라고도 부른다는 사실을 전하고 있다(『三國遺事』 卷1, 王曆, 後高句麗). 국가의 시전 조성사업이 시작되었던 919년 직후에 벌써 민간 차원에서 場市 형태의 시장이 성내에 들어서고 있던 사정을 전하는 기록이라고 여겨진다.

루어지고 있었던 것이다. 이른바 '大市'[97]는 이처럼 市廛과 街路市가 함께 영업하고 있던 광화문에서 십자가에 이르는 남대가의 교환시장 전체를 지칭하는 표현이었다. 恭愍王 12년(1363) 갑자기 불어닥친 旋風에 市賈들의 諸物이 공중으로 날아가 巡軍庭에 떨어져 사람들이 다투어 이를 가져갔을 때,[98] 그것은 시전과 시전상인들의 물품이 아니라 바로 路上에서 영업하던 이들 비시전계 영세 소상인들의 상품이었다. 또 恭愍王 20년(1371) 權僧 辛旽의 행차에 侍中 이하 衆臣들이 擁衛함으로써 도로가 막혀 開市가 불가능했던 상인들[99] 역시, 행랑에 입주하고 있던 시전상인이 아니라 그 街路에서 영업하던 비시전계의 소상인이었다고 생각된다.

顯宗 2년(1011) 4월부터 고려 최말 禑王 7년(1377)까지, 30여 차례 이상 그 시행 사례가 확인되는 '徙市' '巷市' 조처[100]의 대상 또한 이들 개경 街路上의 시장이었다. 가뭄에 대한 대책의 하나로 자주 시행되었던 巷市는 시장의 거래를 전면 중단시킨 것이 아니라, 開市 장소를 종래의 大路上 街路에서 시전행랑의 뒤편에 소재하는 巷間으로 옮기는 限時 조처였다. 일시적이기는 하지만 시장을 옮기는 移市·徙市 조처를 두고 '巷市'라는 용어를 주로 사용한 것은 그 때문이었다. 또 이들 시장이 개경 거주민이 朝夕을 비롯한 日常需要를 거래하는 시장이었기 때문에 祈雨行事라고 하더라도 전면 폐쇄할 수는 없었으며, 비가 오거나 일정 기간이 지난 후에는 곧바로 원래의 개시 장소인 南大街의 街路上으로 환원되었던 것이다.[101]

이처럼 店鋪商人으로서 市廛이 국가나 왕실의 수요 또는 귀족·권세가층을 주요 고객으로 하여 사치품을 중심으로 하는 特權·都賣商業의 성격을 가졌다면, 시전 외곽의 零細 小商人들은 일반 개경 거주민의 일상 수요와 관련된 小賣業을 담당하였으며, 또 여기에서는 도성민 상호간의 직접 교역 또한 이루어지고 있었다. 고려시기 개경의 교환시장을 나타내는 用語 가운데 '市廛' '市肆'는 그 前者를, 그리고 '京市'는 이들 市廛과 街路市를 포함하는 개경의 시장 전체를 通稱하는 개념이었다고 생각된다.

京市로 지칭되는 개경의 교환시장, 즉 시전과 관영상점 그리고 가로의 장시에 대한 監督과 管掌 업무는 主務官署인 京市署에서 담당하였다. 시전에 대한 句檢을 관장하였던 京市署에는 穆宗代에 令이 배치되었고, 이후 文宗代에 정7품의 令 1인, 정 8품의 丞 2인, 吏屬으로 吏 3인과 記官 2인이 규정되면서 職制가 정비되었다.[102] 경시서는 成宗 12년(993) 常

97) 『高麗史』 卷21, 世家21, 熙宗 4年 7月 丁未, 上冊 432쪽 ; 『高麗史』 卷137, 列傳50, 辛禑 14年 6月 甲辰, 下冊 955쪽.

98) 『高麗史』 卷55, 志9, 五行3, 土, 恭愍王 12年 閏3月 己卯, 中冊 241쪽.

99) 『高麗史』 卷132, 列傳45, 叛逆6, 辛旽, 下冊 862쪽.

100) 徙市·巷市 조처의 의미 및 그 빈도는 北村秀人, 앞의 「高麗時代の京市の機能について」, 223~226쪽에 잘 정리되어 있다.

101) 이와 달리 弔意·祝意를 표명하기 위해 실시된 停市 조처에서는 市廛과 街路市가 모두 일정기간 동안 폐쇄되기도 하였다(北村秀人, 앞의 「高麗時代の京市の機能について」).

102) 『高麗史』 卷77, 志31, 百官2, 京市署, 中冊 682쪽.

平倉의 운영과 관련하여 처음 자료상에서 확인되나,[103] 그 설치는 시전이 조성되는 국초에 이미 이루어졌을 것으로 생각된다.

京市署의 명칭에서 나타나듯이 경시서는 애초 시전과 가로상의 장시를 포함하는 京市 전체를 그 관장 대상으로 하고 있었다. 그런데 文宗 30년(1076) 街衢所가 설치된 이후,[104] 가로상에서 이루어지던 商行爲에 대한 句檢 업무는 이 街衢所에서도 함께 담당하였던 것으로 보인다. 毅宗代 鄭仲夫의 수하였던 鄭存實은 紅鞓工 彦光의 家屋을 銀 35斤에 사기로 약정하고 우선 23근만 지불한 채 언광에게 이사할 것을 요구하였으나, 언광이 이에 응하지 않자 그를 街衢所에 고발하고 있다. 가구소가 이 사건에 간여하게 된 이유는 그의 家人이 은 12근을 가지고 市街를 지나가는데 언광이 이를 약탈하였다는 정존실의 誣告 때문이었다.[105] 무고 내용이기는 하지만, 市街 즉 시전이 설치된 街路上에서 일어난 약탈 사건의 주관 부서가 가구소였음을 잘 보여주는 사례이다.

『고려도경』에 따르면 시전이 배치되고 가로시가 열리던 南大街에는 大市司와 京市司가 東西를 바라보며 소재하면서 각기 '關政'과 '市政'을 담당하고 있었다.[106] 남대가의 최남단인 十字街 근방에 위치하던 양 官署 중에서 大市司는 街衢所로서 關政 곧 중요한 도로에서 사람과 물자의 유통 상황을 감시하고 검찰하던 기구였으며, 京市司는 京市署로서 市政 곧 시전의 句檢을 담임하던 기구였다.[107] 개경의 주요 간선도로이자 지방으로부터 반입되는 온갖 물자의 경유처였던 남대가에 시전만이 아니라 가로상에서 장시가 열리고 있던 사정 때문에, 그 도로의 人物流通을 관장하던 가구소 또한 도로상에서 벌어지는 불법행위를 단속하는 고유 업무와 관련하여 자연히 京市의 商去來 秩序를 바로잡는 업무에 간여하게 되었던 것이다.

그러나 京市의 주관 관서는 물론 京市署였다. 京市案을 통해 시전의 판매물종과 상인 그리고 여타 관계된 인원까지도 파악하고, 또 이를 관리하는 업무는 경시서의 유일한 고유업무였던 것이다. 度量衡의 감독,[108] 市中 物價의 조정,[109] 京市內 不法 商行爲에 대한 단속[110] 등 경시서의 京市句檢 업무는 이후 고려 후기까지 지속적으로 펼쳐지고 있다. 특히

---

103) 『高麗史』 卷80, 志34, 食貨3, 常平義倉, 成宗 12年 2月, 中冊 760~761쪽, "置常平倉于兩京十二牧 敎曰 …… 以五千石 委上京 京市署糶糴."

104) 『高麗史』 卷77, 志31, 百官2, 諸司都監各色, 中冊 692쪽, "街衢所 文宗三十年置."

105) 『高麗史』 卷128, 列傳41, 叛逆2, 鄭仲夫 附 鄭存實, 下冊 779쪽.

106) 『高麗圖經』 卷16, 官府, 臺省, "大市京市二司 在南大街 而東西相望 所以平關市之政."

107) 이에 대해서는 北村秀人, 앞의 「高麗時代の京市の基礎的考察」, 274~281쪽에서 자세하게 밝히고 있다.

108) 『高麗史』 卷20, 世家20, 明宗 11年 7月 己卯, 上冊 405~406쪽.

109) 『高麗史』 卷85, 志39, 刑法2, 禁令, 元宗 2年 5月, 中冊 863쪽 ; 『高麗史』 卷79, 志33, 食貨2, 貨幣, 市估, 忠烈王 8年 6月, 中冊 739~740쪽 ; 『高麗史』 卷79, 志33, 食貨2, 貨幣, 市估, 辛禑 7年 8月, 中冊 740쪽.

110) 『高麗史』 卷20, 世家20, 明宗 11年 7月 己卯, 上冊 405~406쪽.

시전을 비롯한 개경상업의 발달과 함께 忠宣王代에 들어서면 이를 감독하는 경시서의 職制 또한 점차 확대 강화되고 있었다.[111] 이 과정에서 街衢所나 御史臺 등도 담당 업무와의 연관 속에서 시전 감독에 간여하고 있었으며, 때로 宰樞나 重房과 같은 기구들도 斗斛의 검사나 불법 상행위 단속, 貨幣價 詳定을 통한 물가 均平 등의 사안에 경시서와 함께 참여하고 있었다.[112] 국초 이래 국가 차원에서 조성된 개경의 시전과 관영상점, 그리고 가로상의 장시에 대한 고려 정부의 체계적인 把握은 이들 기구를 매개로 하여 이루어졌으며, 集權國家의 京市政策 또한 이를 통해서 실현되고 있었다.

5. 結 語

고려시기 開京市廛의 造成經緯와 京市의 事情을 정부의 市廛政策과 연관시켜 정리하면 이상과 같다. 이제 그 내용을 요약하고 고려 후기 개경상업의 동향과 관련한 약간의 전망을 덧붙임으로써 본고를 마무리하고자 한다.

集權國家인 고려의 수도 개경에 도성민의 일상수요를 조달하는 民間市場이자 국가수요물의 공급과 국고잉여물품의 처분을 담당하는 公的 機能을 갖는 시전이 처음 조성된 것은 太祖 2년(919) 開京定都 직후였다. 新都인 개경에 궁궐을 건설하고 5部와 坊里를 획정하는 등 도성 정비사업을 벌이면서, 泰封의 鐵圓에 조성되어 있던 시전제도를 이어 시전을 설립하였던 것이다.

고려시기 개경시전은 皇城의 東門이자 正門인 廣化門을 기점으로 東南 방면으로 각기 펼쳐진 간선대로를 따라 그 연변에 건설된 긴 行廊, 곧 長廊의 일정 구간에 조성된 常設店鋪였다. 仁宗 원년(1123)에 고려를 다녀간 宋人 徐兢의 『高麗圖經』에 따르면 개경에는 광화문에서 동쪽으로 奉先庫, 그리고 남쪽으로 十字街에 이르는 대로의 연변에 長廊이 조성되어 있었다. 그 중 전자는 이 구역에 밀집해 있던 각 官府의 부속 건물로 이용되었지만, 후자 곧 광화문에서 십자가에 이르는 이른바 南大街의 左右行廊은 시전의 점포용으로 설정되어 있었다. 인종 원년에 서긍이 목격한 시전행랑이 태조 2년에 설립된 시전과 그 位置와 形態에서 일치하는지 여부를 확증할 수는 없지만, 그간의 補修와 改築에도 불구하고 그 原型은 동일하였다고 판단된다.

시전을 포함한 도성의 행랑은 고려 정부가 行廊都監의 주관 하에 物力과 人力을 동원하여 건설하였다. 국초에 조성된 시전행랑은 顯宗 2년(1011) 契丹의 2차 침입 때 도성의 주요 시설물이 거의 燒盡되는 피해를 보면서 文宗代를 전후하여 대거 재건된 것으로 보인다. 이

111) 金東哲, 앞의 「고려말의 流通構造와 상인」, 21~22쪽.
112) 『高麗史』, 卷85, 志39, 刑法2, 禁令, 明宗 11年 7月, 中冊 862쪽 ; 『高麗史』 卷20, 世家20, 明宗 11年 7月 己卯, 上冊 405~406쪽 ; 『高麗史』 卷79, 志33, 食貨2, 貨幣, 恭愍王 5年 9月, 中冊 737~738쪽 ; 『高麗史』 卷79, 志33, 食貨2, 貨幣, 市估, 忠烈王 9年 7月, 中冊 739쪽.

후 무신집권기와 원간섭기를 거치면서 진행된 개경상업의 발달과 함께 시전행랑 또한 대규모로 改築·增築되어 갔다. 熙宗 4년(1208) 집권무인 崔忠獻은 재원확보와 정권운영을 위한 물질적 기반으로 시전을 運用하면서 시전행랑 1,008楹을 개축하였고, 이후 14세기 초 忠宣王은 200間의 시전을 증축하였으며 禑王代에도 부분적인 신축사업이 계속되었다. 그 결과 고려 말기 개경에는 최소한 1,200여 칸 이상의 시전행랑에서 대략 2,400 또는 3,600여 명 이상의 시전상인이 영업하였을 것으로 짐작된다.

고려 정부는 상업정책의 일환으로 市廛運營에 적극 간여하였다. 고려시기 국가는 '一物一廛'의 원칙에 의거하여 개경내 각 시전의 固有 販賣物種을 지정하였으며, 또 그 물종에 따라 이들 시전을 일정한 구역에 나누어 배치하였다. 현재 확인되는 '楮市' '馬市' '豚市' '鹽店' '唐店' 등의 시전 명칭이 비록 고려 후기의 자료에서 나타나고는 있지만, 이러한 시전의 造成과 商街配置가 집권국가로서 고려 정부가 벌이는 도성 정비사업의 일환이었음을 고려하면 시전의 판매물종 고정과 물종별 배치는 국초 이래 마찬가지였다고 판단된다. 나아가 개별 시전의 物種別 同業組織 또한 이를 기반으로 형성되었을 것으로 추정된다.

시전과 그 상인의 활동을 파악하고 관리하기 위해 고려 정부는 후대의 市案·市籍 또는 廛案에 해당하는 市廛帳簿를 만들어 관리하고 있었다. 毅宗 6년(1152)의 判旨 내용에 언급된 '京市案'은 바로 각각의 取扱物種을 보유한 市廛別로 작성되어 해당 시전의 商人이나 관계 人員까지 수록한 公的인 市廛 帳簿였넌 것으로 여겨진다. 고려 최말인 恭讓王 2년(1390) 경시의 工商人들을 빠짐없이 登載시켰던 (市)籍 또한 이 경시안이었다.

국가에서 제공하는 시전행랑에서 영업하면서 市案으로 파악되고 있던 개경의 시전에게는 그에 상응하는 國役, 곧 市役이 부과되었다. 商稅·責辦·雜役 등의 형태였다. 자료상의 확인이 어렵기는 하지만, 시전상인은 우선 행랑의 賃貸料와 인두세 형식의 商稅를 부담하였을 것으로 추측된다. 왕실을 비롯한 국가의 수요물을 조달하는 責辦의 市役은 국초 光宗代 이래 확인된다. 고려 정부내 각 官廳은 필요 물자를 시전으로부터 조달하기 위해 담당자를 따로 두고 있는 형편이었다. 책판은 그 物品價를 국가에서 지급하는 것이 원칙이었지만, 현실에서는 으레 강제성이 수반되면서 시전상인에게 손해를 강요하기 십상이었고, 이러한 '市廛抑買' 사태는 고려 후기 조정의 큰 懸案의 하나였다. 임시적인 긴급한 軍役 동원이나 여타의 建設·修理 공사에 동원되는 雜役 또한 시전상인에게 부과되고 있었다.

고려시기 개경상업은 시전과 시전상인을 主軸으로 하여 전개되었지만, 京市에는 시전 이외의 상업세력 역시 활동하고 있었다. 먼저 개경에는 민간의 시전 외에도 국가에서 공적인 시설로서 운영하는 官營 商店들이 개설되어 영업하고 있었다. 成宗 2년(983)에 설치된 6개의 酒店과, 이후 정부의 화폐유통 추진 과정에서 확인되는 酒務·茶店·食味店 등이 바로 관영상점이었다. 이들 관영상점은 정부의 貨幣流通政策이 진퇴를 거듭하는 가운데 화폐의 민간통용을 위한 주요 시설로 활용되기도 하였고, 또 그 정책의 중단과 함께 유포된 錢幣의 회수를 위해서도 이용되고 있었다. 이 외에도 경시에서 영업하던 관영상점으로는 藥局과

鹽鋪 등도 있었다. 모두 국가에서 세우고 경시서의 관할을 받으면서 특정한 물품이나 서비스를 민간에 제공하는 대신 그 이익을 회수하던 公的 施設들이었다.

한편 개경에는 성내 각처에서 場市 형태의 시장이 열리고 있었다. 日中 곧 한낮에 다양한 계층의 개경 거주민과 零細 小商人들이 교역에 참여하던 이들 시장은 '方午爲市' '日早晩爲市' 등으로도 표현되었고, 그 중 가장 규모가 큰 시장은 시전구역의 街路上에서 열리던 이른바 '大市'였다. 이 시기 가뭄 대책의 하나로 수시로 취해지던 '徙市' '巷市' 조처는 바로 이 街路市의 開市 장소를 대로변에서 행랑 뒤편의 巷間으로 옮기는 限時措置였다. 요컨대 개경의 幹線大路이자 지방에서 반입되는 각종 물자의 유통경로였던 南大街는 그 양측에 시전과 관영상점들이 위치하고 또 가로상에서 장시가 매일같이 열리는 개경상업의 中心區域이었다.

고려 정부는 이들 京市로 통칭되는 개경의 교환시장을 管掌하고 그 상행위를 監督하기 위해 主務官署로서 京市署를 두고 있었다. 성종 12년(993)에 처음 확인되는 경시서는 실제로는 국초 이래 설치되었을 것이며, 京市案을 통한 시전의 파악과 관리, 度量衡의 감독, 市中 物價의 조정, 不法 商行爲 단속 등을 주요 업무로 하였다. 경시 감독에는 고유 업무와의 연관 속에서 街衢所·御史臺나 宰樞·重房 등의 기구들도 간여하고 있었다. 고려 국가의 상업정책·시전정책은 바로 이들 기구를 통해 구체의 교역 현장에서 실현되고 있었던 것이다.

시전을 포함한 고려시기 개경상업은 이후 무신집권기와 원간섭기를 거치면서 전개되던 국내외 상업의 진전과 함께 일층 확대·발달하고 있었다. 시전행랑에 대한 개축·증축 사업이 이어지는 한편에서 시전에 대한 국가 및 왕실의 침탈이 일상화하여 문제되고, 이들 경시에 대한 특권지배층의 투자와 독점이 증대하던 사정 등은 모두 이와 관련하여 제기되던 상업문제였다. 이 과정에서 이들 상업상의 제반 문제에 대한 고려 정부의 把握과 捄弊方案 또한 다양한 갈래에서 대두하여 논란되기 시작하였다. 이와 같은 고려 후기 개경상업의 발달과 그 기반 및 주도층 문제에 대한 구체적인 분석과 정리 작업은 다음의 숙제로 미룬다.

高麗中期 庶民들의 經濟生活 小考
-徐兢의 『高麗圖經』을 중심으로-

朴 京 安*

머리말

宋 徽宗은 仁宗 원년(1123)에 路允迪과 傅墨卿을 각각 正・副使로 하는 사절단을 高麗에 파견하여 國信物을 교환하였다.[1] 그 일행 가운데 提轄人船禮物官[2]으로 고려에 왔던 徐兢은 이른바 『高麗圖經 : 宣和奉使高麗圖經』을 남겼다. 아쉬웁게도 글과 그림 중에서 현재 보존되어 있는 것은 見聞記에 해당하는 부분이지만, 고려시기에 관한 자료가 절대적으로 부족한 실정에서 그리고 무엇보다도 1차사료에 해당하는 문서라는 점에서 그 중요성은 말할 필요가 없을 정도다.

그러나 『高麗圖經』에 대한 평가는 크게 엇갈려 있다. 한편에서는 외국인에 의한 객관적 평가라는 점을 들어 사료로서의 가치를 중요시하는가 하면 다른 한편에서는 오히려 華夷觀的 世界觀에 의한 高麗史의 왜곡이라는 측면을 강조하기도 한다.[3] 사실 『高麗圖經』의 기

* 광운대학교 및 인천대학교 강사

1) 太祖 이래로 公貿易의 형태로 이루어진 國信物의 교환은 때로 그 규모 면에서 상당한 정도에 달하였다. 다만 麗宋關係를 통해서 보면 國信使의 파견은 遼(契丹)를 견제하기 위한 외교적 목적이 크다고 할 수 있다. 그러나 양국 사이의 문물교류는 대부분 公的貿易보다는 민간에 의한 私的交易을 통해 수행되었으므로 상대적으로 전자의 비중은 그렇게 크다고 할 수는 없다.

2) 國信使 일행은 正使, 副使, 都轄官 그리고 提轄官 등의 순으로 구성되어 있었다. 뱃사람까지 합치면 2백 명이 넘는 규모로서 실질적 사무는 都轄官이 관장하였다. 徐兢이 맡은 提轄官은 인원, 선박과 예물 등을 관리하는 度支官의 하나였다(차주환, 「해제」, 『국역 고려도경』, 민족문화추진회, 1977).

3) 심지어는 항해기록 및 지명과 관련하여 고려라는 나라의 영토가 한반도가 아닌 중국대륙에 있었다고 하는 과감한 결론까지 도출해 내는 경우조차 있다(정용석・김종윤 공역, 「고려도경 해제」, 『선화봉사

록은 엄밀히 말해서 北宋時期 중국인의 正統論的 역사의식을 반영하고 있다고 해야 할 것이다. 뿐만 아니라 불과 한 달 정도의 짧은 기간의 견문이었으며 御府에 바치기 위한 목적으로 쓰여졌던 사실[4]을 생각할 때 서술상의 한계를 무시할 수 없다. 다만 그러한 문제점이 있다고 해서 『高麗圖經』의 사료적 효용가치를 소홀히 할 수는 없는 것이다. 오히려 華夷觀的 판단을 배제하고 적절한 史料批判을 거친다면 당해 사회에 대한 많은 정보를 제공해 줄 수 있을 것이다. 본고에서는 이 점을 감안하여 당시 외국인이 본 고려사회 사람들의 경제생활을 특히 서민들의 삶을 중심으로 생각해 보기로 하였다.

서긍은 서민과 그 생활 전반에 관해서 널리 관찰하였고, 그것을 5권의 편목을 써서 상세하게 기술하였다. 그러나 서긍이 언급한 많은 부분은 주로 松都를 중심으로 한 기사로 되어 있다. 더구나 그 자신 외교사절의 일원이었던 만큼 서민들과 같이 생활할 기회는 거의 없었을 것이다. 따라서 이 기록을 통해서 당시 서민들의 삶을 조망한다는 것은 쉽지 않은 일이다. 그러나 현존하는 사료가 많지 않다는 점을 감안하면 비록 자투리라고 할지라도 가능한 활용하도록 노력해 보는 것도 의의가 있을 줄 믿는다. 특히 仁宗朝는 고려중기에 해당되는 시기로서 귀족문화가 절정에 달했던 시기였으므로 같은 시기의 서민들의 삶을 살펴보는 것은 고려사회의 실상을 이해하는 데에도 도움이 되리라 믿는다.

1. 高麗人들의 산업활동

흔히 중세의 産業은 곧 農業으로 인식되었다. 그만큼 중세 산업에서 농업이 차지하는 비중은 압도적이었다. 그러나 전통적인 직업분류에 따르면, 서긍도 지적하고 있듯이, 고려사회에는 士農工商 즉 儒業, 農業, 手工業 그리고 商業에 종사하는 이른바 四民이 존재하였다.[5]

> 고려의 강역[地封]은 넓지 못한 반면 백성[生齒]은 매우 많다. 四民의 業 중에서 儒를 귀하게 여기므로 그 나라에서는 글을 모르는 것을 수치스럽게 여긴다. 山林은 지극히 많고 넓고 평평한 땅이 적기 때문에, 경작하는 농민은 공장이[工技]를 따르지 못한다. 지방[州郡]의 土産은 다 관가[公上]에 들어가므로, 장사치[商賈]는 멀리 나들이하지 않으며 다만 대낮에 도회지[都市]에 가서 각각 자기가 가지고 있는 것으로 가지고 있지 않은 것을 서로 바꾸는 것으로써 만족하는 듯하다. (『高麗圖經』 卷19, 民庶)

서긍은 강역에 비해서 전반적으로 고려의 인구가 많다는 점을 지적하고 있다. 12세기경

高麗圖經』, 1998).

4) 『宣和奉使高麗圖經』「序」.

5) 물론 그 밖에 海人이라든가 나무꾼 등에 관해서도 언급하고 있다.

고려의 정확한 인구수는 알 수 없으나 210만~550만 명 정도로 추정된다.[6] 송도의 경우는 11세기 초인 현종 6년 무렵에 3만 5천 명 이상으로 알려져 있다.[7] 백성이 많다는 서긍의 지적은 당시 중국에 비하여 상대적으로 인구밀도가 조밀함을 나타낸 것이다. 산림은 많고 넓고 평지가 적다는 표현으로 보아 어렴풋하나마 경지면적당 부양능력을 감안한 것이 아닌가 생각된다.

직업관과 관련하여 고려인들은 儒를 귀히 여긴다고 하였다. 이는 아무래도 통일신라 이래로 유교문화를 수용하고 이를 통해 集權體制를 지향해 온 결과가 아닌가 한다. 서긍은 고려의 農業과 手工業을 비교하면서 경지면적의 협소함을 들어 농민이 공장이를 따를 수 없다는 견해를 펴고 있다. 비록 신분적 한계는 있다고 하더라도[8] 당시 농민에 비해 상대적으로 수공업에 종사하는 장인들의 생활수준이 높았음을 설명해 주는 내용이다. 반면에 商業에 관해서는 극히 제한적 상황 하에서 유통경제가 이루어지고 있는 상황임을 드러내고 있다. 이하 이들 부문별 산업활동에 관련된 기록을 살펴보기로 하자.

1) 農業

고려의 농업에 관해서는 『高麗圖經』의 여러 항목에서 간간이 언급하고는 있으나 그 가운데서도 '種藝'는 주로 농업과 그 조건에 관한 내용을 담고 있다.

> 나라의 강토가 동해에 닿아 있고 큰 산과 깊은 골이 많아 험준하고 평지가 적기 때문에 밭들이 산간에 많이 있는데, 그 지형의 높고 낮음에 따랐으므로 갈고 일구기가 매우 힘들며 멀리서 바라다보면 사다리나 층층계와도 같다. (『高麗圖經』 卷23, 雜俗2 種藝)

고려의 국토와 지형지세에 관해서는, 예를 들면 삼변이 바다로 막혀 있으며 큰 산과 깊은 골이 많아 험준하여 평지가 적다고 하였다.[9] 산을 의지하고 바다를 굽어보며 땅은 척박하고 돌이 많다는 것이다.[10] 이러한 조건으로 인하여 밭들이 산간에 많이 있는데, 그 지형의

6) 고려시기의 인구에 관한 자료는 극히 희박하다. 다만 『宋史』 권487, 高麗傳에서 男女 二百十萬口로서 兵·民·僧이 각각 그 하나라고 하였을 뿐이다. 참고로 통계청의 完成度分析에 의하면 1392년의 인구수는 대략 550만 명이었다(統計廳, 『韓國統計發展史』, 1992). 한편 이호철에 의하면, 조선전기에는 약 70만~80萬戶에 400萬口가 존재하였으며 여기서 농가호수는 약 68萬戶로서 농업인구는 약 340萬口가 존재한 것으로 추정된다고 하였다(李鎬澈, 「호구와 농업노동력」, 『朝鮮前期 農業經濟史』 한국사회연구총서3, 1986, 305쪽).

7) 『宋史』 卷487, 高麗傳, "(大中詳符) 八年 …… 又遣御事民官侍郎郭元來貢 元自言 '本國城無垣牆 府曰開城 管六縣 民不下三五千……."

8) 공장이는 仕路에의 진출에 제한이 있었다(『高麗史』 卷73, 選擧志1 科目).

9) 『高麗圖經』 卷19, 民庶, "高麗地封未廣 …… 山林至多 地鮮平曠" ; 같은 책, 卷23, 種藝, "國封地瀕東海 多大山深谷 崎嶇嵙崒 而少平地."

10) 『高麗圖經』 卷23, 土産, "高麗依山瞰海 地瘠而磽."

높고 낮음에 따랐으므로 갈고 일구기가 매우 힘들며 멀리서 바라다보면 사다리나 층층계와 도 같다고 하였다.

토지 경작형태와 그 원인데 대한 서긍의 해석은 상당 부분 일리가 있는 것이지만 그것이 완전한 답은 될 수 없을 듯하다. 왜냐 하면 이 시기의 농민들은 대개 물대기가 용이한 골짜기를 따라 농사를 지었던 것으로 생각되기 때문이다. 이와 같은 현상은 당시 수리시설의 미비와 같은 농법상의 조건과도 관련이 있는 것으로 보인다.[11] 한편 서긍의 고려 토지제도에 관한 설명은 대단히 주목된다.

> 그 나라 풍속에는 감히 私田을 가질 수 없으며 대략 丘井의 제도와 같아서 官・吏・民・兵에게 등급[秩序]의 높고 낮음에 따라 나라에서 내려준다. 國母・王妃・世子・王女에게는 다 湯沐田이 있다. 매 150步마다 1結로 삼는데 民이 8세가 되면 관에 문서를 내어 땅[田]을 분배받되 結數에 차이가 있고 國官 이하 兵・吏・驅使・進士・工技에 이르기까지 일이 없으면 밭에 일하게 하고, 변방의 수자리에는 쌀을 대어 준다. (『高麗圖經』 卷23, 雜俗2 種藝)

그는 토지제도와 관련하여, 고려의 풍속에는 함부로 私田을 가질 수 없다고 하였다. 또한 (토지제도는) 대략 丘井之制와 같은데 官・吏・民・兵에게 秩序高下에 따라 지급된다고 하였다. 私田 및 丘井之制와 관련된 표현은 국가적 토지소유로 해석될 소지가 있다.[12] 그러나 "감히 私田을 가질 수 없다"는 표현 자체가 곧 토지국유의 의미로 속단하는 것은 문제가 있다. 그리고 위에서 말한 토지분급의 대상자들은 대체로 직역계층으로 이해되기 때문에 '私田'은 私有地가 아니라 收租地로 보는 것이 순리적이다.

한편 매 150步를 1結로 하여 백성[民]은 8세가 되면 서류를 제출하여 토지를 결정[射田]하는데 結數에는 차이가 있다고 하였다. 유감스럽게도 이 점에 관해서는 아직 명확히 설명하기 어렵다. 우선 度量衡의 측면에서 1결을 150보로 삼았다고 하는 내용을 잘 알 수가 없을 뿐만 아니라[13] 또한 토지분급과 관련하여서도 논란의 여지가 있다. 토지국유론적 입장에서는 자연스럽게 국가에 의한 토지분급으로 보겠으나, 토지의 매매・상속・증여 등 토지의 사적소유가 나름대로 발전해 있던 상황 하에서 국가가 임의로 농민에게 토지의 소유권을 지급했을 것으로는 생각되지 않는다. 굳이 국가에 의한 토지분급을 상정한다면 예컨대 田丁制와 관련하여 量田을 통한 擬制的 土地分給이 이루어졌을 가능성을 생각해 볼 수 있지 않을까 한다. 이를테면 編戶均田을 통해 연령별로 토지분급이 차등적으로 이루어지고

11) 선초에 이르러서도, 예를 들면 한강의 지류는 홍수피해가 우려되었을 뿐만 아니라 평시에도 引水시설의 미비로 인하여 농업조건이 불리한 형편이었다(拙稿, 「姜希孟의 家學과 農業經營論」, 『實學思想研究』 10・11合輯, 1999, 369쪽 각주 45 참조).

12) 실제로 『宋史』에서도 비슷한 내용이 나온다(『宋史』 卷487, 高麗傳, "國無私田 民計口授業").

13) 문종조의 기록으로는 1結의 면적이 四方 100步로 추정되고 있다(朴興秀, 「新羅・高麗의 量田法에 관하여」, 『大韓民國學術院論文集』 11, 1972).

이를 통해 조세를 수취하는 형식을 취했을 것으로 생각된다. 그렇다면 8세라는 것은 의제적이나마 서류상 토지를 지급받을 수 있는 최소한의 연령으로도 생각할 수 있을 것이다.[14] 말하자면 역제와 관련하여 보면 직접적 역부담의 대상이라기보다는 예비적 대상자인 셈이다.

그 땅에 적합한 작물은 黃梁・黑黍・寒粟・胡麻・보리・밀이다. 쌀은 멥쌀은 있으나 찹쌀은 없고, 쌀알이 특히 크고 맛이 달다. 소가 하는 일이나 農具는 (중국과) 대동소이하므로 싣지 않는다. (『高麗圖經』 卷23, 雜俗2 種藝)

농사에 적합한 농작물로는 좁쌀[黃梁, 寒粟]・기장[黑黍]・참깨[胡麻]・보리・밀을 들었다. 이는 『宋史』에 실려 있는 기록과도 거의 일치한다.[15] 쌀에 관해서는, 멥쌀은 있으나 찹쌀은 없으며 쌀알이 특히 크고 맛이 달다고 하였다. 梁은 좁쌀의 일종으로 黃梁・白梁・青梁으로 분류되는데, 그 중 黃梁은 알이 굵고 까그라기가 억세며 향기가 나는 메조의 일종이다. 黑黍 역시 메기장의 일종이다. 한편 소를 이용한 농사라든지 농기구는 중국과 대동소이하다고 하였다. 이는 북송의 경우 남송시기와는 달리 밭작물 중심의 농업과 그에 따른 생산도구의 공통성을 보인 것으로 생각된다. 그러나 구체적 특징은 언급하지 않고 있다.[16]

2) 手工業

고려시기 수공업의 높은 기술수준에 관해서는 이미 고려청자라든가 활판인쇄술 등을 통해 잘 알려져 있다. 그러나 수공업종사자들에 대해서는 그 실상이 잘 알려져 있다고 할 수 없다. 조선시기의 경우 수공업은 상업과 함께 末業으로 간주되어 사회적 지위가 낮았다. 이는 유교적 가치관과 밀접한 관련을 갖고 있다. 그러나 비유교사회인 고려는 조선시기와는 다른 양상을 보였을 것으로 생각된다. 따라서 조선사회의 기준을 그대로 고려시기에까지 소급할 필요는 없을 것이다.

고려는 공장이의 기술이 지극히 정교하며, 그 뛰어난 재주를 가진 이는 다 官衙에 귀속되

14) 서긍에 의하면 民은 8세가 되면 서류를 내서 토지를 지급받는다고 하였다. 그러나 『高麗史』 권79, 食貨志 戶口條를 보더라도 "國制 民年十六爲丁始服國役 六十爲老而免役"이라 하였으므로 8歲와 아무 관련이 없다. 그런데 같은 食貨志 田柴科 기록을 보면 鄕職의 경우에 만 70세가 되면 子孫이 遞立할 수 있게 하였으며, 年老身病 軍人의 경우에도 子孫이나 親族이 이을수 있도록 하였다(顯宗 19년 5월 및 文宗 23년 10월 判). 따라서 이와 같은 특별한 경우에는 예외적으로 16세가 못 되더라도 토지를 지급받았을 가능성이 있다. 이와 같은 예외 규정은 비단 직역자들에게만 적용되지는 않았을 것으로 보인다.

15) 『宋史』 卷487, 高麗傳에 의하면, "土宜松柏 有秔・黍・麻・麥而無秫 以秔爲酒"라고 하였다.

16) 위은숙은 고려시기에는 선술쟁기와 더불어 앉은술쟁기가 사용되었고, 中耕除草用 호미로는 주로 짧은 밭호미가 사용되었을 것으로 보았다(위은숙, 『高麗後期 農業經濟硏究』, 혜안, 1998, 310~311쪽).

는데, 이를테면 幞頭所[17]·將作監[18]이 그 곳이다. 이들의 常服은 白苧袍에 검은 巾이다. 다만 신역을 맡아 일을 할 때에는 관에서 붉은 도포[紫袍]를 내린다. 또 듣자니, 글안의 항복한 포로가 수만 명이라 한다. 그런데 그 중 정교한 솜씨를 가진 이를 열에 한 사람 정도로 뽑아 王府에 머물게 하였다. 요즈음 器服이 더욱 공교하게 되었으나, 다만 부화스럽고 거짓스러운 것이 많아 전날의 순박하고 질박한 것을 회복할 수 없다. (『高麗圖經』 卷19, 民庶 工技)

서긍은 고려사회 공장이[工技]의 기술수준이 대단히 높다고 하였다. 그가 말하는 공장이들은 '幞頭所'라든가 '將作監'과 같은 관아에 집단적으로 예속되어 수공업에 종사하고 있었다. 당시에는 이처럼 수공업을 專業으로 하는 官屬 이외에도 役에 징발된 非官屬의 공장이들이 있었는데 이들까지도 국가는 工匠案을 통해 관리하고 있었다.[19] 공장이 가운데는 글안에서 항복한 포로가 상당수 있었는데 적어도 이들의 수효는 수천 명은 되었을 것으로 생각된다. 뿐만 아니라 여진[北虜]의 항복한 졸개 중에도 공장이가 많았다고 하므로 대단히 많은 수의 포로들이 관에 소속되어 수공업에 종사하였음을 알 수 있다.[20]

관속 공장이들의 평상복은 白苧袍에 검은 巾으로 되어 있다. 사회적으로는 천시되었으나 기본적으로는 양인이었다.[21] 일을 할 때에는 관에서 붉은 도포[紫袍]를 내린다고 한 것을 보면 일종의 관인층으로 취급되었음을 보여준다.[22] 특히 기술이 뛰어난 공장이는 武散階 지급 등 향리 수준의 예우가 주어지기도 하였다. 서긍에 의해 농민과 비교된 공장이들은 바로 이들을 지칭하는 것으로 보인다. 이처럼 관에 소속된 공장이들은 당대의 우수한 기술을 보유한 계층이었다. 비록 仕路의 제한은 있었으나 일반 농민들에 비해서는 경제적으로 훨씬 우월한 지위에 있었던 것으로 생각된다.

한편 공장이들은 중앙과 지방에 살며 전적으로 수공업에 종사하는 경우도 있었으나 잠시 役에 동원된 경우도 있었다. 이들 공장이들은 국가적 역부담을 지는 이외에는 자신이 만든

17) 과거에 급제한 사람이 紅牌를 받을 때 쓰는 관을 만드는 곳.
18) 諸寺의 하나로 繕工寺라고도 하며, 토목과 營繕을 맡았다.
19) 이 시기의 工匠은 같은 工匠案에 의해 파악된다고 하더라도 실제로는 여러 계층으로 구분되었다. 예컨대 중앙과 지방의 官衙는 물론 非官屬 공장도 존재한 것으로 보인다. 그 밖에 所나 寺院에도 專業手工業者가 있었다. 이처럼 다양한 계층의 공장의 사회적 지위를 일괄적으로 묶어 취급하는 것은 무리다. 특히 중앙관아에 소속되어 있는 공장은 祿俸에 해당되는 別賜의 대우를 받고 있었으며 이들 가운데는 토지를 지급받는 경우조차 있었다(『高麗史』 卷80, 食貨志3 祿俸 諸衙門工匠別賜 ; 『高麗史』 卷78, 食貨志1 田制 田柴科 武散階田).
20) 『高麗圖經』 卷23, 雜俗2 土產, "…… 극히 좋은 文羅花綾이나 緊絲나 비단[錦]이나 모직물[罽]을 짜는데, 그 동안 여진[北虜]의 항복한 졸개에 공장이[工技]가 많았으므로 더욱 技巧하고 염색도 그 전보다 나았다."
21) 이 시기 공장 안에는 노비출신 수공업자는 배제되어 있었으며, 등록된 대상은 양인 출신의 수공업자들과 농민수공업자들이었다(홍희유, 『조선중세수공업사연구』, 1979, 101쪽).
22) 文宗 30年에 定하기를 300일 이상의 出役을 조건으로 최고 米 20石으로부터 최하 稻 7石에 이르기까지 祿俸에 해당하는 別賜의 혜택을 주었다.(『高麗史』 卷80, 食貨志3 祿俸 諸衙門工匠別賜)

물건을 자유로이 장터에 내다 팔아 생계를 마련한 것으로 보인다.[23)]

3) 商業

일반적으로 조선시기에는 儒敎的 農本主義에 의거하여 상업이 억제된 것으로 이해되고 있으나 상대적으로 고려사회는 비교적 활발했던 것으로 여겨지고 있다. 예컨대『宋史』의 기록에 "上下가 모두 물건을 사고 팔아 이익을 남기는 것으로써 일삼았다"는 내용[24)]을 통해서도 당시 상업행위의 일단을 엿볼수 있다. 國信使의 일행으로 온 서긍은 외교사절의 일원이면서 동시에 공무역의 주체이기도 하였다. 바로 그런 점 때문에 그는 상업행위와 관련된 여러 사실에 관하여 많은 관심이 있었을 것이다.

> 고려의 故事에, 매양 사신이 오게 되면 사람이 모여 큰 저자[大市]를 이루고 온갖 物貨를 나열하는데, 붉고 검은 비단은 모두 화려하고 좋도록 힘쓰고, 금과 은으로 만든 器用은 모두 王府의 것을 때에 맞추어 진열한다고 하나 실제로 풍속이 그런 것은 아니다. 崇寧이나 大觀[25)] 때의 使者는 이런 것을 볼 수 있었는데, 지금은 그렇지 않다. (『高麗圖經』卷3, 城邑 貿易)

사신이 도착할 때마다 큰 장이 형성되고 여기에 온갖 화려한 물품이 등장한다는 내용으로 보아 주로 公貿易과 관련된 거래로 짐작된다. 이 경우 국가는 능동적으로 무역거래가 성사될 수 있도록 장시의 개설과 물품진열 따위의 일에 일정하게 관여하였던 것을 알 수 있다. 그만큼 공무역은 국가적으로도 중요한 거래였다는 뜻이다. 그러나 이와 같은 상업거래의 형성 그 자체는 고려사회의 일반적 풍속은 아니었다. 따라서 일반 서민들의 생활과는 직접적으로 관련이 없었던 것 같다. 그는 고려사회의 상업과 그 형편에 관하여 이렇게 말하고 있다.

> 대개 그 풍속이 상설 점포[居肆]는 없고 오직 한낮에 시장을 벌여, 男女·老少·官吏·工技 들이 각기 자기가 가진 것으로써 交易하고, 돈[泉貨]을 사용하는 법은 없다. 오직 紵·布·銀瓶으로 그 가치를 표준하여 교역하고, 日用의 세미한 것으로 疋이나 兩에 미치지 못하는 것은 쌀로 錙銖(저울눈)를 계산하여 상환한다. 그러나 백성들은 오래도록 그런 풍속에 익숙하여 스스로 편하게 여긴다. 중간에 조정에서 화폐[錢寶]를 내려주었는데, 지금은 모두

23) 앞에서 예문으로 든『高麗圖經』卷19, 民庶 및 뒤에 인용되는『高麗圖經』卷3, 城邑 貿易의 내용을 참조.
24)『宋史』卷487, 高麗傳, "上下以賈販利入爲事 日中爲虛 用米布貿易 地産銅 不知鑄錢 中國所予錢藏之府庫 時出傳翫而已."
25) 모두 송 휘종의 연호.

府庫에 저장해 두고 때로 내다 官屬들에게 관람시킨다 한다. (『高麗圖經』 卷3, 城邑 貿易)

서긍에 의하면, 고려사회에는 상설 점포는 없고 다만 장터가 있을 뿐이었다. 물론 松都의 저잣거리라고 할 만한 곳의 출입문에는 '永通'·'廣德'·'興善'·'通商' 따위의 간판이 있다고 하였으나 그것도 실제로는 허울뿐이라고 하였다.[26] 이와 같은 설명은 태조 2년에 市廛을 설치하였다는 『高麗史』의 기록[27]과 차이가 난다. 그러나 당시의 市廛이 주로 官需品을 조달하고 國庫의 잉여품을 처분하는 어용상점이었던 점을 감안할 필요가 있다.[28] 따라서 평상시의 시전은 한산하였을 것이며 民家와도 차단되어 있었을 것이므로 서긍의 설명은 결코 과장된 것은 아닌 듯싶다. 그의 말과 같이 이 시기의 상거래는 역시 주로 장터에서 벌어졌던 것으로 보아야 할 것이다.

장터에서의 거래는 男女·老少·官吏·工技(공장이) 등이 자신이 갖고 있는 물품과 각기 교환하는 방식으로 이루어졌다고 하였다. 상거래는 신분에 구애되지 않고 상당히 자유스러운 분위기 속에서 이루어진 것 같다. 그러나 거래의 수단으로 화폐가 사용되는 일은 없고 다만 모시라든가 베 혹은 銀甁으로 가치를 정하고, 만일 疋이나 兩에 못 미치는 작은 단위의 것은 쌀로 계산하여 상환하였다고 한다. 그것은 단순한 물물거래와는 다른 것으로서 말하자면 현물화폐의 역할이 중요하였음을 지적한 것이다. 이 경우에 베라든가 은병은 거래의 척도 즉 기준화폐로서의 기능을 갖고 있었고 쌀은 어디까지나 보조화폐로서 기능하였다는 뜻으로 생각된다.[29]

서긍에 의하면, 백성들은 오래도록 그와 같은 풍속에 익숙하여 스스로 편하게 여긴다고 하였다. 이처럼 현물화폐 중심의 상거래는 그 연원이 대단히 오랜 것이었음을 알 수 있다. 이는 한편 생각하면 현물화폐를 통한 거래가 일상 생활에 큰 불편을 느끼지 않을 만큼 물자의 유통과 거래의 규모도 많지 않았음을 나타내는 것이다. 籌算(珠算)이 없이 다만 刻記를 사용할 뿐이라는 아래의 지적도 이를 뒷받침하는 내용이라고 하겠다. 이처럼 고려사회내의 상업활동은 그 규모와 질에 있어서 극히 제약되어 있었다.

고려의 풍속에는 籌算이 없다. 관리가 돈이나 천[金帛]을 출납할 때, 計吏는 나무조각에 칼을 가지고 이를 그으니, 한 물건을 기록할 때마다 한 자국을 긋고 일이 끝나면 내버리고 쓰지 않으며, 다시 두었다가 稽考를 기다리지 아니한다. 그 정치가 매우 간단한 것은 역시

26) 『高麗圖經』 卷3, 城邑 坊市.
27) 『高麗史』 卷1 世家, "(太祖) 二年春正月 定都于松嶽之陽 創宮闕 置三省六尙書官九寺 立市廛 辨坊里 分五部 置六衛."
28) 朴龍雲, 『高麗時代史(上)』, 1985, 239쪽.
29) 北宋에 사신으로 갔던 郭元도 市場거래에서 주로 布米가 사용된다고 하였으나 그 차이점에 관해서는 밝히지 않았다(『宋史』 卷487, 高麗傳, "又遣御事民官侍郎郭元來貢 元自言 本國 …… 方午爲市 不用錢 第以布米貿易").

옛 結繩이 끼친 뜻인가 한다. (『高麗圖經』 卷22, 雜俗2 刻記)

한편 지방의 상업거래에 관해서는 다음과 같이 언급하고 있다. 앞서 인용했던 부분을 다시 들어 보기로 하자.

지방[州郡]의 土産은 다 관가[公上]에 들어가므로, 장사치[商賈]는 멀리 나들이하지 않으며 다만 대낮에 도회지[都市]에 가서 각각 자기가 가지고 있는 것으로 가지고 있지 않은 것을 서로 바꾸는 것으로서 만족하는 듯하다. (『高麗圖經』 卷19, 民庶)

고려나 조선이나 상업과 수취체제와 관련성이라는 측면에서 보면 잉여생산물의 수탈로 인한 상업거래의 위축이라는 공통성도 엿보인다. 위에서 알 수 있는 바와 같이 당시의 상업은 원격지간의 거래보다는 주로 마을과 도회지 간의 근거리 상업에 머무는 경우가 많았을 것으로 추측된다. 사람들이 많이 모여 사는 도회지에서는 일정하게 장터가 있어서 한낮에 주변지역의 주민들이 모여 상호간의 상업거래가 이루어지고 있었던 것으로 생각된다. 이와 같은 場市가 週期的인 것인지의 여부에 관해서는 언급이 없다. 그러나 최소한 鮮初 5日場의 선례를 보여주는 것으로 생각된다. 한편 이와 같은 장시에 가기 위해서는 운반도구가 필요하였을 터인데, 예를 들면 소달구지라든가 말 혹은 곡식을 담기 위해 짚으로 엮은 멱서리[草苫]와 같은 것이 이용되었을 것으로 보인다.[30] 서긍에 의하면 멱서리는 중국에서 布囊을 쓰는 것과 같다고 하였다. 그 형태는 망태기 같은 것으로 풀을 엮어 만드는데, 무릇 쌀·밀가루[麵]·땔나무·숯 등속은 다 그것을 가지고 담는다는 것이다. 특히 산길을 갈 때에 수레가 불편하면 흔히 그것에 담은 것을 노새나 말에 싣고 간다고 하였다.[31]

2. 高麗人들의 國家에 대한 부담

1) 租稅(租賦)

앞에서도 잠깐 언급한 바 있으나 토지소유에 관한 서긍의 설명은 모호한 측면이 있다. 그러나 토지의 사적소유를 바탕으로 조세제도가 운영되었음은 의심할 여지가 없다.[32] 서긍은 조세문제와 관련하여 다음과 같이 말하고 있다.

30) 『高麗圖經』 卷15, 車馬, 牛車 및 같은 글, 雜載.
31) 『高麗圖經』 卷32, 器皿3 草苫.
32) 다만 조세율에 관해서는 고려시기 사적토지소유에 관한 이해의 차이에 따라 의견이 일치되어 있지 않다. 예컨대 李齊賢은 10分의 1稅로 설명하였으나 이를 단지 고려후기적 상황으로 보는 견해도 있다.

州縣의 설치는 …… 오직 西京이 가장 번성하여 성과 시가가 王城과 같다. 또한 3京・4府・8牧이 있고, 또 방어하는 郡 118과 縣鎭 390과, 洲島 3700을 설치하고 모두 守令・監官을 두어 백성을 다스린다. 그런데 牧・守・都護의 청사는 여러 칸이고, 令長은 소재에 따라 거주하는 백성들의 집에 거처한다. 고려의 정사는 租賦 이외의 訟事는 없다. 관직에 있는 사람이 公田으로 비용을 충당할 수 없으면, 부유한 백성에게서 공급받게 된다고 한다. (『高麗圖經』 卷3, 城邑 郡邑)

위의 내용은 대체로 고려의 지방행정에 관해 언급한 부분으로서 중앙정부는 守令・監官을 두어 다스렸다는 것이다. 이들은 국가운영의 물적 토대인 조세의 수취를 포함하여 訟事를 처리하는 일을 맡고 있었을 것이다. 서긍에 의하면 이들이 맡은 송사의 대부분은 租賦에 관한 것이었다. 여기서 서긍은 더 이상의 구체적인 언급은 하지 않았으나 『高麗史』 租稅條의 기록에 비추어 보건대 爭訟의 대부분은 조세수취와 관련된 사항이 아니었을까 생각된다.[33]

한편 그는 관직에 있는 사람이 公田으로 비용을 충당할 수 없으면 부유한 백성에게서 공급받게 된다고 하였다. 여기서 말하는 공전은 公廨田으로 보아 거의 틀림이 없을 터인데, 결국 지방관청이 공해전을 통해 소요비용을 충당하되 부족할 경우에는 그 지방의 토호들로부터 경제적 도움을 받는다는 내용이다. 이러한 내용으로 보더라도 이 시기 향촌사회에는 경제적으로 우월한 위치에 있는 토호들로부터 하층농민에 이르기까지 다양한 빈부격차를 가진 계층으로 분화되어 있었을 것으로 짐작된다. 그렇다면 송사의 많은 부분은 그러한 다양한 계층 간의 분쟁과도 관련이 있을 것이다. 더군다나 토호들이 공권력과 연계를 갖게 되는 한 송사에서의 일반 농민들의 입장은 결코 유리할 수 없었을 것이다. 이와 같은 내용들은 토지국유론적 논리로는 설명될 수 없는 부분이다.

2) 貢賦(戶稅)

여기서 말하는 貢賦는 土産物이나 手工業 제품을 국가에 바치는 稅負擔을 말한다. 이는 州縣을 단위로 하는 집단적 부담으로서 자기가 배속된 中央各司에 할당된 물품을 貢納하는 제도로 알려져 있다. 또한 할당된 목표액은 人丁의 多寡에 따라 편성된 民戶에 分定되어 수취가 실현된다는 점에서 戶稅의 성격을 지닌다.

서긍의 직함인 '提轄人船禮物官'의 내용은 정확히 알 수 없다. 하지만 國信物(貢物과 賜

---

33) 『高麗史』 기록에 의하면, 예종 3년 2월에 諸州縣의 公私田이 부득이한 재해로 경작할 수 없음에도 불구하고 관리가 경작민뿐만 아니라 諸族類隣保人에게까지 稅糧를 거둬 피해를 주는 경우에는 내외 관련 기관의 찰방이 이를 금지시키라는 내용이 있고, 동왕 6년 8월에는 진전 개간과 관련하여 전주와 전호 간의 수확물 분배에 관한 규정이 세워졌으며, 인종 5년 3월에는 백성들로부터 세금을 걷는 데에는 법도가 있으므로 常租調 외에는 함부로 걷지 말 것을 명하였다(『高麗史』 卷78, 食貨1 租稅).

與品)의 교환과 직간접으로 관련되어 있었을 것임은 틀림이 없다. 당시 고려는 宋과의 거래에서 실질적 이득을 취하고 있었으나 역시 다양한 형태의 토산물을 공물로 보내고 있었다. 따라서 서긍은 무엇보다도 고려의 토산물에 대해서도 많은 관심을 갖고 있었다. 예를 들면, "고려는 산을 의지하고 바다를 굽어보며 땅은 토박하고 돌이 많지만 여러 가지 곡물을 비롯하여 베나 모시와 같은 길쌈, 소나 양 따위 축산과 갖가지 해물이 있다"고 하는가 하면, [34] 다른 한편으로는 "지방[州郡]의 土産은 다 官家(公上)에 들어간다"고도 하였다.[35] 바로 이와 같은 토산품의 많은 부분이 貢賦의 형태로 거둬지고 이 중에 일정 부분은 대외거래용으로 취급되었을 것이다.[36] 그 중에 松子・人蔘・硫黄 등은 對宋 교역물품에도 포함되어 있었는데 이에 관하여 다음과 같이 말하고 있다.

> 廣州・楊州・永州 등 3주에는 큰 소나무가 많다. 소나무는 두 종류가 있는데, 다만 다섯 잎이 있는 것만이 열매를 맺는다. 羅州道에도 있으나, 3주의 풍부함만 못하다. 열매가 처음 달리는 것을 솔방[松房][37]이라 하는데, 모양이 마치 모과[木瓜]와 같이 푸르고 윤기가 나고 단단하다가, 서리를 맞고서야 곧 갈라지고 그 열매가 비로소 여물며, 그 房은 紫色을 이루게 된다. 고려의 풍속이 비록 과실과 안주와 국과 적에도 이것을 쓰지만 많이 먹어서는 안 되니, 사람으로 하여금 구토하여 멎지 않게 하기 때문이다.(『高麗圖經』 卷23, 雜俗2 土産)

> 인삼의 줄기는 한 줄기로 나는데 어느 지방이고 있으나, 春州 것이 가장 좋다. 또 生蔘과 熟蔘 두 가지가 있는데 생삼은 빛이 희고 虛하여 약에 넣으면 그 맛이 온전하나 여름을 지나면 좀이 먹으므로 쪄서 익혀 오래 둘 수 있는 것만 못하다. 예로부터 전하기를, 그 모양이 평평한 것은 고려 사람이 돌로 이를 눌러 즙을 짜내고 삶는 때문이라 하였지만, 이제 물으니 그것이 아니다. 삼의 찐 것을 뿌리를 포개서 만들기 때문에 그렇게 된 것이고, 그 다리는 데에도 의당한 법이 있다. 관에서 매일 내놓는 나물에 또한 더덕이 있으니, 그 모양이 크고 그 살이 부드럽고 맛이 있는데 약으로 쓰는 것이 아닌 것 같다.
>
> 또 그 땅이 솔이 잘 자라 茯苓[38]이 나고, 산이 깊어서 流黃[39]이 나며, 羅州에서는 白附子[40]・黃漆이 나는데 모두 土貢이다.(『高麗圖經』 卷23, 雜俗2 土産)

---

34) 『高麗圖經』 卷23, 雜俗2 土産.

35) 『高麗圖經』 卷19, 民庶.

36) 고려에서 송에 보내는 국신물에 관해서는 고려와 송 양측의 기록에 보인다. 그 중 高麗側 기록 중의 일부를 보면 '金銀製品, 비단・견직물 및 布, 종이와 묵, 활과 화살, 말, 蔘, 잣, 香油' 등이 포함되어 있다(『高麗史』 世家 文宗 34年條). 한편 宋側 기록에 의하면, '金器, 銀罽刀劍, 鞍勒馬, 香油, 人蔘, 細布, 銅器, 硫黃, 靑鼠皮 等物'이라 했다(『宋史』 卷487, 高麗傳 天聖 8年條).

37) 솔방울의 寫音인 듯하다.

38) 소나무 뿌리에서 나는 버섯 종류.

39) 玉 혹은 硫黃을 이른다. 우리 나라에서는 硫黃이 나지 않으므로 여기서는 玉을 가리키는 듯하다.

40) 성탄꽃과에 속하는 宿根草로서 바곳이라고도 한다. 유독하여 마취제로 쓰인다.

이처럼 서긍은 잣과 인삼의 생산지와 생김새, 종류, 특성 및 사용처에 관하여 상세히 설명하고 이어서 茯苓, 流黃, 白附子, 黃漆도 소개하였다. 그리고 이와 같은 물품들은 모두 土貢(貢賦)이라고 하였다. 新羅帳籍文書에서 보이는 바와 같이, 이 시기에도 토산물의 생산과 수집을 위한 국가의 감독과 통제가 이루어지고 이에 따른 노동력이 동원되었을 것으로 생각된다.

이 밖에도 공부의 대상이 되는 품목 가운데에는 공장이에 의해 만들어진 수공업제품도 많은 부분을 차지하였을 것이다.

> 고려는 모시[紵]와 삼[麻]을 스스로 심어, 사람들이 많이 베옷을 입는다. 제일 좋은 것을 絁[41]라 하는데, 깨끗하고 희기가 옥과 같고 폭이 좁다. 그것은 왕과 貴臣이 다 입는다. 養蠶에 서툴러 絲線과 織紝은 다 장사치를 통하여 山東이나 閩浙[42] 지방으로부터 사들인다. 극히 좋은 文羅花綾이나 緊絲[43]나 비단[錦]이나 모직물[罽][44]을 짜는데, 그 동안 여진[北虜]의 항복한 졸개에 공장이[工技]가 많았으므로 더욱 技巧하고 염색도 그 전보다 나았다. (『高麗圖經』 卷23, 雜俗2 土產)

위에서 서긍은 직물에 관해서 언급하고 있는데 '絁'와 같은 세모시에 깊은 관심을 표하고 있다. 그리고 중국과 비교하여 양잠의 질은 떨어진다고 하였다. 그러나 文羅花綾, 緊絲, 비단, 모직물의 경우에는 그 기술수준이 상당히 높았으며 이는 여진 포로와 같은 전문적 수공업 집단에 의한 것임을 덧붙이고 있다. 한편 수공업제품 가운데에는 藤尊과 같은 것도 있었다.

> 藤尊은 산이나 섬 지방[州郡]에서 진상하는 것이다. 속은 역시 瓦尊이고 바깥은 藤으로 두루 감았다. 배[舟] 속이 울렁거려 서로 부딪혀도 깨지지 않으며 위에는 봉함이 있는데 각각 州郡의 인장[印文]이 찍혀 있다. (『高麗圖經』 卷32, 器皿3 藤尊)

藤尊은 州郡에서 진상한 것으로서 속은 瓦尊이고 바깥은 藤으로 두루 감아서 배 속이 울렁거려 서로 부딪혀도 깨지지 않았다고 하였다. 또한 그 위에는 봉함이 있는데 각각 州郡의 인장 글씨가 찍혀져 있었다는 것이다. 이는 藤尊이 공장이에 의해 만들어지고 州郡을 통해서 수집되어 貢物로 올라온 것을 나타낸다.

서긍은 지방의 土產은 모두 관가에 바치는 것으로 설명하고 있다. 그 결과 모든 土產은 관가로 들어가므로 장사치는 멀리 가지 않는다고 하였다. 이는 토산품이 국가에 의해 관리

41) 명주(거친 견직물).
42) 지금의 浙江省 福建省. 즉 중국의 남부지방.
43) 매듭에 쓰는 실 같은 것.
44) 모직물의 한 가지.

되고 통제되는 가운데 잉여생산물의 유통 가능성이 소멸되고 있었음을 나타낸 것이다. 이러한 장애요인에 의해 결국 자기가 가지고 있는 것으로 가지고 있지 않은 것을 서로 바꾸는 식의 낮은 단계의 거래수준에서 벗어나지 못하게 되었던 것이다. 아울러 공장이보다도 못한 저급한 수준에 머물러 있던 농민들의 생활수준은 물품에 대한 구매욕구를 발생시키기 어려웠을 것이며 이 또한 상업발전의 중요한 저해요인이 되었던 것이다.

3) 徭役

徭役은 力役, 徭賦라고도 불리는 稅項目의 하나로 국가권력에 의해 백성들의 노동력을 수취하는 것을 말한다. 노동력의 징발은 人丁의 多寡를 기준으로 편성된 9등급의 戶等制에 의하여 이루어졌다. 그러나 각종 職役을 담당한 계층은 여기에서 제외되었다. 『高麗圖經』의 기사 가운데는 在家和尙에 관한 부분이 요역에 해당될 듯하다.

> 在家和尙은 袈裟를 입지 않고 계율도 지키지 않는다. 白紵로 된 좁은 옷[窄衣]에 검정색 깁으로 허리를 묶고 맨발로 다니는데, 간혹 떨어진 신발을 신은 자도 있다. 거처할 집을 자신이 만들며 아내를 얻고 자식을 기른다. 그들은 관가[公上]에서 기물을 져 나르고 도로를 쓸고 개천을 치고 성과 집을 수축하는 일들에 다 종사한다. 변경에 경보가 있으면 단결해서 나가는데 비록 달리는 데 익숙하지 않기는 하나 자못 씩씩하고 용감하다. 군대에 가게 되면 각자가 양식을 마련해 가기 때문에 나라의 경비를 소모하지 않고서 전쟁할 수 있게 된다. 듣기로는 중간에 글안이 고려인에게 패전한 것도 바로 이 무리들의 힘이었다고 한다. 그들은 사실 형을 받고 목숨을 건진 사람들인데, 夷族의 사람들은 그들이 수염과 머리를 깎아 버린 것을 가지고 和尙이라고 이름한 것이다. (『高麗圖經』 卷18, 釋氏 在家和尙)

在家和尙의 신분에 관해서는 구체적으로 확인된 바가 없다. 免役의 특권이 없는 점 등의 정황으로 보아 승려는 아닌 듯하다. 어떠한 이유로 重罰을 받았으나 목숨은 건진 사람(刑餘之役人)으로 설명되어 있다. 수염과 머리를 깎았다는 표현으로 보아서도 巾을 쓰지 않은 죄수임을 짐작하게 한다. 또한 옷차림으로 볼 때, 이들은 白紵의 달라붙은 옷[窄衣]에 신발은 거의 신지 못하였다는 점을 고려하면 대체로 낮은 신분계층으로 생각된다. 그러나 비록 복역중임에도 불구하고 有事時 軍役에 동원되어 출전하였던 사실로 보아 賤民은 아니고 公納의 의무가 있는 良人임을 알 수 있다.[45] 따라서 서긍에 의하면 이들 재가화상은 군역 수행에 필요한 경비 일체를 스스로 부담해야 했다는 것이다.

---

45) 김상기는 여진 혹은 거란계의 특수 족속이 아닌가 했다(金庠基, 『高麗時代史』, 1985, 779쪽).

3. 高麗人들의 살림살이

衣食住와 같은 물질적 조건에 관한 문제는 그 시대 사람들의 기본적인 삶의 질을 표현한다는 점에서 무엇보다도 우선적으로 해명되지 않으면 안 된다. 이를 알지 못한 상태에서는 경제체제에 관한 어떠한 설명도 공허할 뿐이다. 하물며 그 시기의 정치라든가 나아가 관념형태에 이르게 되면 더 말할 나위가 없다. 그러나 지금까지 고려시기에 관한 연구는 이러한 기본적 과제를 너무나도 소홀히 한 측면이 있다. 서긍은 주로 衣食에 관하여 많은 부분을 할애하고 있다.

1) 衣생활

고려시기 사람들의 옷에 관해서는 어떤 소재였고, 옷의 형태는 어떠하였는지 하는 기본적 사항에 관해서조차 명확히 설명되어 있지 않다. 그러나 고구려・백제・신라 삼국시기에는 베천이 농민들의 유일한 옷감으로 되어 있었던 만큼 베천을 짜는 마직업은 거의 농민들의 필수적 생업으로 되지 않을 수 없었다.[46] 『高麗史』를 비롯한 옛날 기록들에 의하면 모시와 베 직조품의 종류는 다양하였다. 베 직조품으로는 7종포, 5승포, 평포, 생마포, 생중포, 생평포, 백포, 백세포, 세중마포, 황마포, 흑마포 등이 있었다. 그리고 모시 직조품으로는 백저포, 홍저포, 흑저포, 황저포 등이 있었으며 모시에 베를 섞어 짠 저마포, 무늬를 넣어 짠 문저포, 가늘게 짠 세저포 등도 있었다. 특히 모시제품은 그 빛이 희고 깨끗한 것이 특징이었으므로 외국사람들은 고려의 모시와 베는 옥과 같이 희다고 높이 평가하였다.[47]

> 농상의 백성은, 농사꾼은 貧富할 것 없이, 장사치는 遠近할 것 없이 그 옷은 모두 白紵로 袍를 만들어 입고, 烏巾에 네 가닥 띠를 하는데, 다만 베의 곱고 거친 것으로 구별한다. 나라의 벼슬아치[國官]나 貴人도 물러가 私家에서 생활할 때면 역시 이를 입는다. 다만 頭巾의 띠를 두 가닥으로 하는 것으로 구별하고, 간혹 거리를 걸어갈 때에도 향리나 백성이 이 두 가닥 띠를 보고는 피한다. (『高麗圖經』 卷19, 民庶 農商)

서긍이 말하는 '농상의 백성(農商之民)'이라면 당시 대부분의 주민으로 보아도 괜찮을 듯하다. 이 시기에 농사꾼들은 빈부에 구애받지 않고 또한 장사꾼들도 가까운 곳에서나 먼 곳에서나 모두 '白紵袍'를 입고 있었다는 것이다. 뿐만 아니라 이는 귀족, 관료들의 경우에도 평상복이었다는 것을 알 수 있다. 말하자면 고려시기의 주민은 모두가 평상복으로서 백저포를 입고 생활하였음을 보여 준다. 이러한 사실은 다음의 기록에서도 확인된다.

46) 홍희유, 『조선중세수공업사연구』, 1979, 17쪽.
47) 홍희유, 위의 책, 145쪽.

사신이 지나가게 되면, 부녀자들이 그 속에서 내다보는데 의복 꾸밈새가 서민들과 다르지 않았다. 어떤 사람이 말하기를 '왕이 놀러 올 때면 그 안의 왕족들이 비로소 비단 옷으로 바꾸어 입는다'고 하였다. (『高麗圖經』 卷3, 城邑 樓觀)

고려는 공장이의 기술이 지극히 정교하며, …… 이들의 常服은 白紵袍에 검은 건이다. 다만 신역을 맡아 일을 할 때에는 관에서 붉은 도포[紫袍]를 내린다. (『高麗圖經』 卷19, 民庶 工技)

위에서 알 수 있듯이 왕족들조차 비단옷은 특별한 옷이었다. 비단옷의 경우는 비단 한 필이 은 열냥에 해당될 정도로 비싸서 일반 서민들이 입기에는 적당치 않았던 것이다.[48] 그렇다면 '白紵袍'란 어떤 종류의 옷이었을까? 이 백저포에 대하여는 현재 銅鏡에 그림이 남아 있을 뿐인데, 두루마기와 비슷하고 허리에 넓은 띠를 두르고 있다고 한다.[49] 글자 그대로의 의미라면 모시로 짠 직물로서 두루마기와 비슷한 형태였을 것이다. 그렇다면 당시 고려인들은 모두가 모시로 짠 옷을 입고 나녔을까?

이 시기의 백저포는 오래 전부터 대외수출품이었다. 그만큼 귀한 직물이었다.[50] 그런데 『高麗史』의 기록에 의하면 다음과 같은 내용이 보인다.

(文宗) 30年 正月에 有司에 命하여 赴防하는 군사들 가운데 빈핍한 자에게 袍袴를 헤아려 지급하도록 하였다. …… 宣宗 元年 11月에 바람이 불고 눈이 와 추위가 매우 심하였다. 왕은 변방의 士卒들이 혹한과 맞서 싸우고 있는 것을 염려하여 乾明庫의 平布 1000餘匹로 征袍都監에 命하여 衣袴를 만들어 나누어 주게 하였다.[51]

'袍袴'와 '衣袴'의 차이는 정확히 알 수 없으나 '袍'에 비해 소매가 좁고 활동적인 옷을 '衣'라 하였다.[52] 위의 내용을 통해서도 알 수 있듯이, 당시 군인들에게 지급된 '衣袴'는 한 겨울에 추위를 막기 위한 방한용이었다. 그런데 그 방한용 옷감의 재료가 다름아닌 '平布' 즉 베옷이었다. 베옷은 얼핏 여름철용으로만 생각되기 쉽지만 이 시기에 군인들은 겨울철에도 입고 다녔던 것을 알 수 있다.[53] 특별한 경우[54]를 제외하고 군인들이 입는 옷은 일반

48) 『宋史』 卷487, 高麗傳에 의하면 "少絲蠶 匹縑直銀十兩 多衣麻紵"라고 하였다.
49) 민족문화추진회(김동욱 역), 『국역 고려도경』, 1977, 123쪽.
50) 조선시기에조차 백저포는 공급이 수요를 따르지 못하였다. 그 원인은 산지가 충청·전라 등 일부 지방으로 국한되었고, 모시가 대외무역에서 중요한 위치를 점하고 있어서 백저포의 징수가 과중했기 때문이다. 웬만한 농가에서는 수월하게 지어 입을 수 없을 만큼 고급옷감에 속해 한때는 법령으로 모시를 사치품으로 규정, 입지 못하게 한 적도 있었다.
51) 『高麗史』 卷81, 兵志1 兵制.
52) 이는 같은 옷이라도 신분에 따른 형태상의 차이를 보이는 것이지만, 군인이라는 특수한 조건과 관련하여 용도에 따른 구별이라고 볼 수 있다.
53) 베옷이라도 겹으로 입으면 생각보다 따뜻하다. 특히 누에고치를 풀 때 발생되는 풀솜은 공기 순환은

농상의 주민들이 입는 옷과 크게 다르지는 않았을 것이다.

모시옷이 수출품으로서 귀한 옷이었다는 사실과 당시 군인의 옷이 베옷이었다는 점을 생각할 때에 서긍이 말하는 백저포라는 것은 일률적으로 흰 모시옷으로 단정할 수는 없다고 본다. 경우에 따라서 귀족들의 경우에는 모시로 된 백저포를 입었을 가능성이 크지만 일반 서민들의 일상복은 아무래도 베옷이 중심이었을 것이다. 또한 누런 빛의 베옷도 여러 번 탈색 과정을 거치면 백색으로 변할 수 있는 만큼, 서긍이 말하는 백저포도 아마 이런 사실에서 생긴 오해가 아닌가 생각된다.

고려 사람들이 이처럼 흰 옷을 입게 된 배경으로는 염료를 쓰지 않는다든가 혹은 꽃무늬와 같은 화려한 복장에 대한 국가적 禁制 따위와도 연관이 있는 듯하다.

> 三韓의 의복제도는 염색한다는 말을 듣지 못하였고, 꽃무늬를 넣는 것을 禁制로 하고 있다. 그러므로 御史를 두고 백성의 옷을 살펴 무늬를 넣은 비단과 꽃무늬를 넣은 비단을 입고 있는 자가 있으면, 그 사람을 죄주고 물건을 압수하므로 백성이 잘 지키어 감히 어기는 자가 없다.(『高麗圖經』 卷20, 婦人)

한편 고려인들은 두건을 쓰고 다녔다. 이 두건 쓰는 풍속은 당나라로부터 들어온 것으로 알려져 있다. 서긍에 의하면, 비단으로 만든 두건은 그 값이 쌀 한 섬이나 되었으므로 서민들은 감히 쓸 엄두를 낼 수가 없었다.[55] 그러나 당시의 죄수들은 두건이 없이 알상투를 하고 다녔으므로 사람들은 하다못해 죽관을 쓰더라도 자신들과 죄수들을 구분하고자 했다는 것이다. 여인들의 경우에는 너울을 쓰는 경우가 있었는데 그 값이 은 한 근과 같았으므로 서민들과는 거리가 먼 차림이었을 것이다.[56] 또한 신발은 계층에 따라 비단, 가죽, 포 등 다양한 형태를 취하였으나 일반적으로는 값싼 草履(짚신)를 신고 다녔다. 이는 앞쪽이 낮고 뒤쪽이 높은 모양으로 전국에서 남녀노소 할 것 없이 다 신는다고 하였다.[57)

잘되면서 온기가 빠져나가지 않는 성질이 있는데, 이를 베옷 사이에 넣는다면 보온 효과가 컸을 것이다.(조언을 해주신 金榮鎭 前농촌경제연구원장님께 감사드린다)

54) 예컨대 급속히 행군하는 군인들은 麤布로 만든 이른바 '縫衣'를 입었다(『高麗史』 卷81, 兵志1 兵制, "八月都兵馬使奏 兵書云 急行軍者着縛絡 今縫衣是也 乞以大盈庫麤布 付征袍都監 製三四千領 分送東北兩界 藏於營庫 有急許着之 制可").

55) 고려의 頭巾(머리에 쓰는 巾으로 鹿胎幘이라 하는 것인데, 4개의 띠가 달려 있다)은 다만 文羅를 중히 여겨 건 한 개의 값이 쌀 한 섬[石] 값이 되어 가난한 백성은 이를 장만하기 어렵다. 또 알상투를 하여 죄수와 다름없는 것은 부끄럽게 생각하였기 때문에 竹冠(삿갓을 말한다. 雨量이 많은 동남아・일본에서도 발달한 관모로서 그 제도는 일정치 않다)을 만들어 쓰는데, 모나기도 하고 둥글기도 하여 전혀 일정한 제도가 없다. 짧은 褐(거친 베옷)을 입고, 아래에는 바지를 걸치지 않는다(『高麗圖經』 卷19, 民庶 舟人).

56) 부인의 머리는, 귀・천이 한가지로 오른쪽으로 드리우고, 그 나머지는 아래로 내려뜨리되 붉은 깁으로 묶고 작은 비녀를 꽂는다. 가난한 집에서는 다만 너울이 없으니, 대개 그 값이 銀 한 근과 맞먹어 살 힘이 미치지 못하기 때문이며, 禁制가 있어서 그런 것은 아니다(『高麗圖經』 卷20, 婦人 賤使).

57) 『高麗圖經』 卷29, 供張2 草履.

2) 食생활

水田農業이 실시된 것은 매우 오래 전의 일이었으나 고려 말에 이르기까지 농업생산의 중심은 여전히 밭작물이었다. 예컨대 고려말 姜蓍는 『農桑輯要』를 농민들에게 널리 보급하고자 하였는데 이는 旱田農業을 바탕으로 하는 農書였다. 이 책을 보급하고자 했음은 그만큼 농서의 실용성이 컸기 때문이다. 서긍에 의하면 고려에는 농작물로서 좁쌀, 기장, 참깨, 보리, 밀 그리고 쌀이 있다고 하였다.

> 그 땅에 黃粱·黑黍·寒粟·참깨[胡麻]·보리·밀 등이 있고, 쌀은 멥쌀은 있으나 찹쌀은 없고, 쌀알이 특히 크고 맛이 달다. (『高麗圖經』 卷23, 雜俗2 種藝)

황량은 白粱·靑粱과 함께 좁쌀의 한 종류로서 알이 굵고 까그라기가 억세며 향기가 나는 곡식이다. 黑黍는 옻기장이라고도 하는데 메기장의 일종으로 보인다. 寒粟도 역시 좁쌀의 한 종류인 듯하지만 정확한 것은 알 수 없다. 그가 언급한 몇 가지 작물을 통해 어떤 특별한 의미를 찾기는 어렵다. 이들 작물 중에는 분명히 들어가 있어야 할 콩종류가 빠진 점, 중국인들이 중요시하는 좁쌀 종류를 무엇보다도 먼저 언급한점 등으로 보건대 대체로 서긍이 관심을 가졌던 곡물을 중심으로 나열한 것이 아닌가 생각된다. 따라서 이 가운데 어느 것이 주식으로 이용되었는지에 관해서는 알 수가 없다. 다만 高麗의 祿俸制度에 의하면, 左倉의 歲로 들어온 곡물 가운데는 米·粟·麥이 주요 비중을 차지하고 있었다.[58] 이들 곡물은, 농민들 입장에서 보면, 주요 조세납부의 대상이면서 동시에 소비의 대상이기도 하였을 것이다. 또한 곡물의 수확시기와 관련하여 『高麗史』의 太廟 기록을 보면, 四월 望에는 보리, 七月 望에는 기장(黍稷)과 좁쌀(粱米), 九月 望에는 쌀(稻米)을 바치도록 되어 있었다.[59] 그런데 당시의 기록을 보면 역시 보리고개에 해당하는 춘궁기가 있었으며[60] 자연조건이 여의치 못할 경우 4월부터 입추에 이르기까지 굶주리는 경우가 많았던 것으로 생각된다.[61]

---

58) 高麗의 祿俸制度는 文宗에 이르러 크게 갖추어졌는데, 左倉의 歲入 米·粟·麥 은 모두 十三萬九千七百三十六石十三斗로서 科에 따라서 지급한다고 하였다.(『高麗史』 卷80, 食貨志3 祿俸)

59) 四월 望에는 보리와 櫻桃를 올리고 七月 望에는 기장(黍稷)과 좁쌀(粱米)을 올리며 八月 望에는 삼베(麻子)를 올리고 九月 望에는 쌀(稻米)을 올리며 十二月 望에는 魚物을 올린다.(『高麗史』 卷61, 禮志 太廟 朔望薦新祈禱及奏告儀)

60) 慶尙·江陵·全羅 三道가 倭寇로 인하여 생업을 잃고 백성이 많이 굶주려 죽는지라 최영이 諸道에 令을 내려 施與場을 설치하여 慈良한 자를 시켜 주관케 하고 官米를 내어 죽을 쑤어 진휼하다가 보리가 익은 후에야 그만두었다.(『高麗史』 卷113, 崔瑩傳) 全羅 慶尙 二道는 연이어 큰 기근이 들었습니다. 今年에는 더욱 심하여 三月에 크게 추웠고 四月에는 비가 안 와 보리가 이삭을 이루지 못하고 종자가 땅에 들어가지 않았으니 우리 백성이 장차 어찌 살아가리까?(『高麗史』 卷20, 尹紹宗傳)

61) 백성이 가난하여 능히 자립할 수 없는 자는 濟危寶로 하여금 보리가 익을 때까지 진휼하고 또한 臨津縣 普通院에서 行人들에게 3개월 동안 施食하라고 하였다. 七年에 有司에 명하여 음식을 준비하여 굶주리는 백성들에게 四月부터 立秋에 이르기까지 주도록 하였다.(『高麗史』 卷80, 食貨志3 賑恤 水

우리 나라는 세계적으로 가장 오래 전부터 쌀을 재배한 지역으로 확인되고 있다.[62] 그만큼 쌀은 일찍부터 우리의 식생활과 밀접한 연관을 갖고 있었다. 그러나 밭작물 비중이 높았던 당시 실정에서 쌀이 주식으로 자리잡을 수는 없었다. 또한 밀도 있기는 하였으나 대단히 귀했던 것 같다.

> 나라 안에 밀이 적어 다 장사치들이 京東道[63]로부터 사오므로 麵 값이 대단히 비싸서 큰 잔치가 아니면 쓰지 않는다. 식품 가운데서도 나라에서 금하는 것이 있으니, 이 또한 웃을 만한 일이다. (『高麗圖經』 卷22, 雜俗1 鄕飮)

이처럼 고려정부는 당시 수입품이었던 밀의 소비를 엄격히 제한하고 있었음을 알 수 있다. 밀이 귀했던 것은 그만큼 국내 밀 재배의 생산성이 낮았기 때문일 것이다. 밀의 소비를 억제한 배경은 수요와 공급에 따른 정부의 물가정책과 관련이 있었을 것으로 생각된다. 왜냐하면 밀의 수입은 쌀이라든가 布와 같은 현물화폐의 대외유출로 나타나게 되어 결국 물가의 폭등을 초래할 염려가 있었을 것이기 때문이다. 한편 서긍은 고려사회에서는 음식문화에 육류 사용이 극히 제한되어 있었던 것으로 설명하고 있다.

> 고려 풍속에 양과 돼지가 있지만 왕공이나 귀인이 아니면 먹지 못하며, 가난한 백성은 해산물을 많이 먹는다. 미꾸라지·전복·조개·진주조개·왕새우·文蛤·붉은게·굴·거북이다리·海藻·다시마는 귀천 없이 잘 먹는데, 구미는 돋구어 주나 냄새가 나고 비리고 맛이 짜 오래즉 싫어진다. 고기잡이는 썰물이 질 때에 배를 섬에 대고 고기를 잡되, 그물은 잘 만들지 못하여 다만 성긴 천으로 고기를 거르므로 힘을 쓰기는 많이 하나 공을 보는 것은 적다. 다만 굴과 대합은 조수가 빠져도 나가지 못하므로 사람이 줍되 힘을 다하여 이를 주워도 없어지지 않는다. (『高麗圖經』 卷22, 雜俗2 漁)

즉 왕공이나 귀인이 아니면 육식을 할 수가 없었으며 가난한 백성들은 대신에 해산물을 많이 먹는다는 것이다. 육식을 못하는 원인은 무엇보다도 가축을 키우고 이를 축력으로 이용하고, 도살용으로 쓸 만한 경제적인 여력이 없었던 데도 원인이 있겠으나 더불어 당시 불교적 인식에도 그 원인이 있었다.

> 고려는 정치가 심히 어질어 부처를 좋아하고 살생을 경계하기 때문에 국왕이나 相臣이 아니면, 양과 돼지의 고기를 먹지 못한다. 또한 도살을 좋아하지 아니하며, 다만 사신이 이르

旱疫癘賑貸之制)

62) 최근 충북대 이융조 교수 팀은 청주지방에서 세계적으로 가장 오래된 볍씨를 발견한 바가 있다.

63) 宋代의 汴京(河南省 開封縣의 古稱, 後梁 및 北宋의 도읍이 있던 곳. 汴梁이라고도 함)에서부터 山東省·河南省까지의 전역을 가리킨다(민족문화추진회(김동욱역), 『국역 고려도경』, 1977, 135쪽 참조).

> 면 미리 양과 돼지를 길렀다가 시기에 이르러 사용하는데, 이를 잡을 때는 네 발을 묶어 타는 불 속에 던져, 그 숨이 끊어지고 털이 없어지면 물로 씻는다. 만약 다시 살아나면, 몽둥이로 쳐서 죽인 뒤에 배를 갈라 腸胃를 다 끊고, 똥과 더러운 것을 씻어 낸다. 비록 국이나 구이를 만들더라도 고약한 냄새가 없어지지 아니하니, 그 졸렬함이 이와 같다. (『高麗圖經』卷23, 雜俗2 屠宰)

서긍은 이처럼 국왕이나 상신이 아니면 양이나 돼지고기를 먹지 않는다고 하였다.64) 이처럼 살생을 경계하는 생활태도는 육식을 꺼리는 음식문화를 낳게 되었던 것이다. 그러나 이러한 현상은 여기에 그치지 않았다.65) 반면에 불교적 인식은 보시를 통한 사회적 구제라는 긍정적 측면을 낳게 했다.

> 王城의 長廊에는 매 10間마다 장막을 치고 불상을 설치하고, 큰 독에 멀건 죽을 저장해 두고 다시 국자를 놓아 두어 왕래하는 사람이 마음대로 마시게 하되, 귀한 자나 천한 자를 가리지 않는다. 僧徒들이 이 일을 맡아 한다. (『高麗圖經』卷23, 雜俗2 施水)

식생활과 관련하여 서긍은 술을 즐겨 마신 것으로 설명하였다. 그런데 서민의 집에서 마시는 것은 맛은 싱겁고 빛깔은 진한데, 아무렇지도 않은 듯이 마시고 다들 맛있게 여긴다66)고 한 점으로 보아 아마도 막걸리 종류로 보인다. 막걸리의 원료는 일반 잡곡은 되지 않고 쌀이나 밀만이 될 수 있다고 한다. 따라서 밀이 대단히 귀했던 당시의 사정을 감안한다면 서민들도 적어도 술만은 쌀막걸리를 마시지 않았을까 생각된다.67) 그 밖에 과일 종류로는 굵은 조생밤, 신맛이 나는 含桃가 있었으며 개암이라든가 榧子가 가장 흔한 것으로 보았다.68)

---

64) 이는 여말 이색의 지적에서도 나타난다. 이색은, "(고려인들은) 스스로의 씀씀이가 매우 소략하여 貴賤이나 老幼를 막론하고 蔬菜라든가 魚脯에 만족할 뿐이다. …… 그러므로 사람들 중에는 굶주려서 외양으로는 자세히 보지 않으면 병석에 누웠다가 바로 일어선 사람으로 보이는 경우가 대부분이다. 喪祭에 이르러서도 소략하여 燕會에 힘쓰지(?) 아니한즉 소나 말을 잡는 것을 野物을 취하는 것으로 만족한다"고 하였다(李穡, 『牧隱文藁』卷9, 農桑輯要後序).

65) 蓮의 뿌리와 花房은 다 감히 따지 않으니, 국인이 이르기를 "그것은 佛足이 탔던 때문이라" 한다(『高麗圖經』卷23, 雜俗2 土産).

66) 고려에는 찹쌀은 없고 멥쌀에 누룩을 섞어서 술을 만드는데, 빛깔이 짙고 맛이 독해 쉽게 취하고 속히 깬다. …… 서민의 집에서 마시는 것은 맛은 싱겁고 빛깔은 진한데, 아무렇지도 않은 듯이 마시고 다들 맛있게 여긴다(『高麗圖經』卷32, 器皿3 瓦尊).

67) 『宋史』 기록에서도 멥쌀로 술을 담근다고 하였다.(앞의 각주 15 참조)

68) 그 과실 중에 밤의 크기가 복숭아만한 것이 있으며 맛이 달고 좋다. 옛 기록에 이르기를 "여름에도 있다"는 것이다. 그 연고를 물으니 "질그릇에 담아서 흙 속에 묻으면 해를 넘겨도 상하지 않고 6월에 또 含桃가 있으나 맛이 시어 초와 같고, 개암과 榧子가 가장 많다"고 한다. 외국에서 오는 것도 있으며, 능금·靑李·참외·복숭아·배·대추 등은 맛이 적고 모양이 작으며, 蓮의 뿌리와 花房은 다 감히 따지 않으니, 국인이 이르기를 "그것은 佛足이 탔던 때문이라" 한다(『高麗圖經』卷23, 雜俗2 土産).

3) 住생활

우리는 흔히 불교사원의 건축물을 통해 각 시대의 건축양식에 관하여 평가를 해 오는 데에 익숙해 있다. 그러나 각 시대마다의 서민주거환경에 관해서는 특별한 이해를 갖고 있지 못하다. 서긍의 경우에서도 이 점은 크게 달라 보이지 않는다. 서긍은 여러 가지에 대해 언급하고 있지만 서민의 주거형태에 관해 언급한 부분은 겨우 한 곳뿐이다. 언급된 곳은 왕성이 위치한 곳이기 때문에 다른 지방에 비해서는 상대적으로 주거조건이 유리했으리라 생각된다.

> 왕성이 비록 크기는 하나, 자갈 땅이고 산등성이어서 땅이 평탄하고 넓지 못하다. 따라서 백성들은 형세의 높고 낮음에 따라서 살기 때문에 마치 벌집과 개미 구멍 같다. 띠풀을 베어다 지붕을 덮어 겨우 풍우를 막는데, 집은 크다고 해도 서까래를 양쪽으로 잇대어 놓은 것에 불과하다. 부유한 집에 이르러서는 다소 기와를 덮었으나, 겨우 열에 한두 집뿐이다. (『高麗圖經』 卷3, 城邑 民居)

서긍이 언급하고 있는 개경은 평탄하지도 넓지도 않고 자갈이 많은 산등성이었다. 따라서 백성들은 그 높고 낮음에 따라서 집을 짓고 살았고 그 때문에 멀리서 보면 마치 벌집이나 개미집처럼 보였다는 것이다. 또한 서민들의 집은 띠로 엮은 초가집이라고 하였다.[69] 여기서 말하는 띠가 볏짚을 잘못 본 것인지는 확실하지 않다. 그리고 집은 아무리 커도 맞배지붕 형태의 단순한 구조를 벗어나지 않은 듯하다. 한편 백성들이 살고 있는 지역에는 고작 열에 한둘 정도의 비율로 기와집이 있었는데 이 곳에는 부유한 사람들이 살고 있었다. 주거조건으로 본다면 지방의 경우 왕경에 비해 결코 좋았을 것으로는 생각되지 않는다. 『高麗史』에 보이는 '民廬', '廬舍'는 서긍이 말하는 바로 그러한 초가집을 가리키는 것이 아닌가 한다.[70] 따라서 京鄕을 막론하고 대부분의 서민들의 집은 단순한 형태의 띠집이었을 것으로 생각된다.

맺음말

經濟史라는 것은 결국 인간의 의식주 문제를 어떻게 해결해 왔느냐 하는 역사다. 그런데 우리 나라의 경우에는 아이러니컬하게도 인간의 삶 자체에 관해서는 외면해 왔다. 자료가 없다는 점을 들 수도 있겠으나 보다 적극적 발굴 노력이 요청되는 시점이다. 서긍이라는 한

69) 이에 관해서는 『宋史』 卷487, 高麗傳에도 같은 표현이 나온다. "開城府 …… 民居皆茅茨 大止兩椽 覆以瓦者 才十二."

70) 『高麗史』에는 재해를 당한 민려에 관하여 언급하고 있는데 그 크기에 관한 언급은 없고 다만 ~區, ~所 정도로만 파악하고 있다.

개인의 견문기록을 통해 고려 중기의 생활상을 밝히기는 대단히 어려운 일이다. 그러나 그가 『高麗圖經』을 쓴 목적 중의 하나는 고려인들의 삶에 대한 관심이었을 것이다. 바로 그런 점에서 『고려도경』은 재조명될 필요가 있으며 본고의 목적도 거기에 있다. 다만 길지 않은 시간에 그것도 서민들의 생활을 직접 체험하기 어려웠으리란 점을 충분히 염두에 두지 않으면 안 된다. 바로 그런 점이 이 글이 갖는 한계가 될 수 있다.

高麗後期 鷹坊의 設置와 運營

李 仁 在*

1. 서론

鷹坊은 1274년(충렬왕 즉위년) 9월에 설치되어 일시적인 置廢를 거듭하면서 1345년(충목왕 1)에 폐지될 때까지 70년 간 존속한 후, 1371~1372년(공민왕 20~21)에 설치와 혁파, 재설치 과정을 거쳐 조선조에 이르기까지 있었던 기관이다. 응방은 원래 원나라 怯薛의 하나인 šibahuči(漢音은 昔寶赤 : 鷹人)와 鷹坊戶 운영의 영향을 받아,[1] 원나라에 대한 매 제공과 고려왕들의 매사냥을 위한 사냥매 조달을 위하여 만들어진 것으로 보이는데,[2] 구체적으로 어떻게 운영되고 또 역사적으로 어떤 역할을 했는가에 대해서는 크게 알려진 바가 없다.

그렇기 때문에 지금까지의 응방에 관한 전문적인 연구에서는 이를 원의 영향력이 일방적으로 고려에 침투해 가는 증거로 파악하거나 충렬왕의 매사냥 취미를 강조하고 응방의 폐정을 살피는 차원에서 제한적으로 다루어 왔다.[3] 응방의 폐정은 고려 후기 사패전이나 농장 운영에 나타난 탈점을 근거로 주장해 왔던 것인데, 최근에는 이와는 달리 기본적으로 사패전 운영상에 나타난 응방의 폐정은 인정하지만, 원간섭기 정치구도를 고려제도의 전통 유

---

* 연세대학교 원주교정 사학과 교수

1) šibahuči를 고려에서는 時波赤으로 音借하였다. 『高麗史』卷77, 百官2, 諸司都監各色, 鷹坊 恭愍王 20年, "設鷹坊其養飼者 名曰時波赤 定四品去官." 元의 昔寶赤 운영에 대해서는 다음 논문이 참고된다. 片山共夫, 「元朝の昔寶赤について」, 『東洋史論集』10, 1982.

2) 이습(이분성)은 윤수같은 자들이 매사냥을 권유하였을 뿐만 아니라 충렬왕 자신도 매사냥을 매우 즐겼다고 서술하고 있다. 『高麗史』卷123, 李汾禧 附李槢, "一日 王與達魯花赤觀獵 槢語人曰 始謂尹秀輩 以鷹鷂市寵 今乃知王自篤好也." 이러한 사실은 충렬왕이 수강궁에서 放鷹했다거나 大屋을 짓고 張恭과 李平으로 하여금 養鷹하게 하였다는 기록으로 알 수 있다. 『高麗史』卷29, 忠烈王 5年 2月 癸卯 ; 8年 5月 甲戌.

3) 지금까지 응방에 대한 연구논문은 다음과 같다. 內藤雋輔, 「高麗時代の鷹坊について」, 『朝鮮學報』8, 1955 ; 鄭鎭禹, 「高麗鷹坊考」, 『淸大史林』3, 1979 ; 朴洪培, 「高麗 鷹坊의 弊政 - 主로 忠烈王대를 중심으로 - 」, 『慶州史學』5, 1986. 특히 원나라의 獻鷂徵求回數, 고려의 獻鷹回數, 원나라 황실의 賜鷹回數, 고려 역대왕의 遊畋回數를 『고려사』에서 추려 내어 정리한 것으로는 다음 논문이 참고된다. 鄭鎭禹, 앞의 글, 1979, 8쪽.

지와 왕권을 통한 원의 간섭으로 상정하면서 충렬왕의 측근세력으로 응방을 평가하는 연구가 나오고 있고,[4] 신분적으로는 응방을 통해 고려 전기 신분제를 변화시키는 하나의 요인으로 설명하는 연구로까지 발전하고 있다.[5] 이들 연구에서는 기본적으로 응방과 응방에 포섭된 鷹坊戶와 응방이 받은 賜田이 고려 후기에 무시 못할 정도로 비중을 차지하였을 것이라는 시각을 깔고 있는 것이 특징이다.

이러한 연구 결과 응방에 관한 많은 부분이 해명되었지만, 아직도 해결해야 할 과제가 남아 있다. 우선 과연 응방이 어느 정도 규모로 설치되었을까 하는 점이다. 막연하게 응방의 규모를 생각하면, 응방의 역사적 역할을 지나치게 높이 평가할 수 있다. 이와 함께 응방의 설치가 고려 왕실과 지배층에게 몽골문화의 이식을 강제하려는 의도가 있는데도 불구하고 이를 이용하려 했던 충렬왕과, 응방 조성에 주도적으로 역할을 했던 세력들의 태도, 응방 조성에 반대했던 세력들의 주장에 대해서도 보다 분명하게 밝혀질 필요가 있다. 논의의 초점을 응방 조성 세력들에 대한 비판에 맞추다 보면, 역시 응방의 역할을 과대 평가할 위험이 있다.

이런 과제를 해결하기 위해서는 설립 초기 응방 조성에 주도적인 역할을 했던 정치세력과 소극적이나마 응방 설치에 반대했던 세력들의 주장을 살펴보아야 한다. 그러므로 본고에서는 충렬왕 즉위 이후 응방 설치와 운영에 주도적 역할을 했던 윤수를 중심으로 응방 설치를 둘러싼 여러 문제점을 살펴본 다음, 응방도감 설치 이후 응방의 역할 변화와 소멸 경위를 살펴봄으로써, 이 시기 응방이 차지했던 역사적 위치를 재조명해 보고자 한다. 이를 통해 몽골문화의 이식과 그를 둘러싼 갈등, 그런 와중에서 등장하는 경제문제 등을 새롭게 파악하는 계기가 될 수 있기를 기대한다.

2. 충렬왕 초기 응방의 설치와 추이

1) 충렬왕 초기 응방의 설치와 확대

응방은 1274년 9월 충렬왕이 즉위한 다음 달에 설치되었다. 조선 후기 문헌에서는 응방이 1275년(충렬왕 1)에 설치되었다고 하였으나,[6] 이에 앞서 충렬왕은 1274년(충렬왕 즉위년) 8월 사대부 자제로서 일찍부터 禿魯花(Turqaq, 質子)가 된 자 가운데 忽赤을 편성하였고,[7]

4) 李益柱,『고려・원 관계의 구조와 고려후기 정치체제』, 서울대 박사학위논문, 1996, 80~81쪽 ; 金塘澤,「충렬왕의 복위과정을 통해 본 賤系 출신관료와 '士族' 출신 관료의 정치적 갈등」,『원간섭하의 고려정치사』, 1998, 9~12쪽.

5) 오일순,『高麗時代 役制의 變動과 雜色役』, 연세대 박사학위논문, 1999, 132~149쪽.

6)『增補文獻備考』卷226, 職官考13, 鷹坊, "忠烈王元年 始置鷹坊 以羅州長興府管內 諸島及洪州曲陽府民力 悉屬鷹坊 其善捕鷹者 所在 皆免徭役 承宣崔文本言 鷹坊 所至虐民逞欲 請勿遣 不從."

7)『高麗史』卷82, 兵2, 宿衛, 元宗 15年 8月 忠烈王卽位, "以衣冠子弟 嘗從爲禿魯花者 分番宿衛 號曰

곧이어 원 황실에 요청하여 독로화 출신인 윤수를 중심으로 응방을 설치하였다고 보아야 한다.[8] 설치 당시 원나라에서 공식 승인한 응방의 규모는 250호였다.[9]

응방호 250호 가운데 일부가 처음 설치된 곳은 전라도 나주 장흥부 관할 내의 諸島와 충청도 홍주 관할 내의 曲楊村이었다.[10] 이 지역은 1275년(충렬왕 1) 5월 고려 응방과 관련하여 첫 번째로 문제가 제기된 곳인데, 당시 문제가 되었던 내용은 다음과 같다.

전라도 안찰사 안전과 장흥부사 신좌선은 장흥 관할 여러 섬에서 이 지역 응방별감을 맡은 오숙부와 방문부가 세력을 믿고 횡포하게 활동하는 데 불만을 품고 이들을 예우하지 않았다. 그러자 오숙부와 방문부는 왕에게 "안찰사와 장흥부사가 수펑을 잘 기르지 않아 죽게 하였다"고 보고하였고, 이에 충렬왕은 장흥부사를 파직시키고 안찰사는 안전에서 노경륜으로 교체하였다.[11] 응방별감과 안찰사·수령이 충돌하여 오히려 후자가 파직, 교체되었던 것이다. 응방 설치 초기에 많은 문제점이 있었겠지만, 이 사건처럼 고려의 정식 지방행정체계를 관할하는 안찰사와 수령이 응방별감의 활동을 곱게 보지 않았던 이유는 무엇일까?

첫째, 응방별감을 파견한 충렬왕의 의도와 기왕에 지방행정체계를 맡아 왔던 지방관 사이의 갈등을 예상할 수 있다. 실제 이 사건에 대해 최문본은 안전과 신좌선 사건 이후 안찰사와 수령들이 문제가 있어도 단속하려 하지 않는다고 지적하였다.[12] 그러나 갈등의 배경에 대해서는 자세하지 않은데, 이에 대해서는 안찰사 교체 후의 다음 기사에서 어느 정도 그 내용을 짐작할 수 있다.

전라도 안찰사가 노경륜으로 교체된 이후인 1275년(충렬왕 1) 11월 총랑 김훤이 전라도

忽赤." 설치 초기의 홀적은 강윤소가 중심이었다. 『高麗史』 卷28, 忠烈王 卽位年 11月 辛卯, "忽赤康允紹等宴王及公主." 독로화에 대해서는 다음 논문이 참고된다. 梁義淑, 「高麗 禿魯花에 대한 硏究」, 『素軒南都泳博士古稀紀念歷史學論叢』, 1993.

8) 응방 설치에는 독로화 출신인 윤수가 중심 역할을 한 것으로 보인다. 안정복과 홍봉한은 『동사강목』과 『증보문헌비고』에서 응방의 설치를 충렬왕 1년 5월로 보고 있지만, 아마도 윤수가 돌아올 때에 이미 응방이 설치된 것이 아닌가 한다. 그렇다면 홀적은 충렬왕 즉위년 8월에, 응방은 즉위년 9월에 이미 설치되었을 것이다(『高麗史節要』 卷19, 元宗 15年 9月, "前親從將軍 尹秀 自瀋陽 挈家而還 王之在元也 秀 以鷹犬得幸 至是自歸" ; 『高麗史』 卷124, 尹秀傳, "忠烈之在蒙古爲禿魯花也 秀以鷹犬得幸 及卽位 秀自瀋陽挈家還 管鷹坊恃勢縱惡 人以禽獸目之"). 그리고 응방 역시 홀적과 마찬가지로 충렬왕이 몽고황실에 요청해서 만들어졌다는 것은 다음 인후의 발언으로 알 수 있다(『高麗史』 卷123, 印侯傳, "侯曰 鷹坊 請於帝而置之 豈宜遽罷").

9) 『元史』 卷101, 兵4, 鷹坊捕獵, "元制 自御位及諸王 皆有昔寶赤 蓋鷹人也 是故捕獵有戶 使之致鮮食以薦宗廟供天疱 而齒革羽毛 又皆足以備用 此殆不可闕焉者也." 원 전체의 응방관 관할 호수는 15,631호이고, 그 가운데 고려가 총괄하는 호수는 250호였다. 內藤雋輔, 앞의 글, 1955, 69~72쪽.

10) 『高麗史節要』 卷19, 忠烈王 元年 5月 ; 『高麗史』 卷99, 崔文本傳 ; 『高麗史』 卷106, 安戩傳 ; 『高麗史』 卷123, 李汾禧傳 ; 『增補文獻備考』 卷226, 職官考13, 鷹坊. 이 가운데 홍주가 언급된 것이 최문본의 관련 기록에만 나오는 것으로 보아, 이 시기 응방과 안찰사·해당 지역 부사가 문제가 된 곳은 장흥뿐이었다고 할 수 있다.

11) 이 기록을 근거로 고려 응방 설치 시기를 충렬왕 원년으로 보았으나, 이미 응방의 활동이 시작된 이후 어느 시점에서 기왕의 안찰사·수령과 충돌하는 사건이 일어났다고 본다면, 응방은 앞서 언급한 바와 같이 충렬왕 즉위년 9월 윤수의 귀국과 동시에 설치된 것으로 보아야 한다고 생각한다.

12) 『高麗史』 卷99, 崔文本傳, "文本言 淑富等 所至虐民逞欲 按察守令 懲安戩辛佐宣之事 莫敢誰何."

에 가려고 수원부 청호역에 이르렀을 때다. 안전을 대신하여 전라도 안찰사로 간 노경륜이 御膳과 私膳을 각각 반씩 서울로 올려보내는 과정에서 물건들이 청호역에 도착했다. 이를 확인한 김훤은 노경륜이 보낸 私膳을 몰수하여 御膳으로 흡수하려 하였다. 그러자 수원부 掌書記였던 노경륜의 사위 김천서가 왕에게 私膳을 다시 노경륜에게 돌려주어야 한다고 하소연하였다. 이에 충렬왕은 노경륜과 김천서의 요구를 받아들여 김훤을 파직하고 양주부사로 좌천시켰다.[13] 그리고 나서 충렬왕은 "관리들이 내 명령에 항거하려 하니, 어찌하여야 하는가?"라고 하였다.[14] 이로 볼 때, 충렬왕이 비록 김훤을 파직시키기는 하였지만 본뜻은 아니었던 듯하다. 오히려 김훤이 충렬왕의 명령에 따라 私膳을 몰수하여 御膳으로 흡수하려 했을 것이다.

둘째, 응방이 설치되어 그 곳에 소속된 사람들의 요역을 면제해 주면, 수령들의 입장에서는 향후 지방행정을 원활하게 수행할 수 없었다.[15] 응방호의 요역을 면제해 주는 것은 元의 응방 운영에서도 일반적으로 적용되었던 원칙이지만,[16] 고려의 요역운영체계에서는 문제가 되지 않을 수 없었다. 고려의 요역은 州郡을 단위로 예하 村의 호구를 헤아려 籍을 만들고, 이를 기준으로 다시 요역을 부과하는 방식으로 운영되었다.[17] 그런데 伊里干이라는 몽골식 마을을 조성하여 응방이라고 하여 마을 단위로 요역을 면제해 주게 되면,[18] 고려의 요역운영체계는 흔들릴 수밖에 없었다.

셋째, 실제 이리간의 조성 비용 역시 만만치 않았다. 원래 응방은 원에서도 유민을 대상으로 鷹坊戶를 편성하는 것이 원칙이었다. 고려에서도 逋民, 즉 유망민을 모아 마을을 만들어 응방을 운영한다는 명분을 내세웠다. 그러나 실제로는 그렇게 하지 않고 이리간을 조성하는 방식으로 운영하였다.[19] 응방 이리간을 조성하기 위해 고려정부는 其人으로 하여금 은과 모시, 가죽, 포를 거두게 하였고, 이에 대해 당시 사람들은 응방의 매는 고기로 기르는 것이 아니라 은과 포로 배를 채운다고 비판하였다고 한다.[20] 이러한 지적이 나올 수밖에 없었던 것은 이 시기 응방 조성이 군현민 가운데 응방호를 차정하는 것에 그치지 않고 이리간

---

13) 『高麗史節要』 卷19, 忠烈王 元年 11月, "分遣部夫使于諸道 摠郎金晅 如全羅道 行至菁好驛 全羅道按察使盧景綸 驛輸內膳于京甚 私膳居半 晅 取私膳 輸之國庫 景綸胥金天緖 適爲水原掌書記 取以爲獻 景綸 又訴於王 王 免晅官 以宋由義代之 尋貶晅爲襄州副使." 菁好驛의 위치는 다음 기록을 참고하였다. 『新增東國輿地勝覽』 卷9, 水原都護府 驛院.

14) 『高麗史節要』 卷19, 忠烈王 元年 5月, "因問汾成曰 官吏 皆欲抗我命 何也."

15) 『高麗史節要』 卷19, 忠烈王 元年 6月, "承宣崔文本言 …… 且屬鷹坊者 悉免徭役 國家 安所調發."

16) 元의 경우에는 유리하여 양인 신분을 잃었다고 판단되거나 양인 호적에서 빠진 사람, 환속한 승려나 도사, 일정한 직업이 없는 사람, 송대 역호였던 사람들이 응방호로 편입되었고, 이들은 地稅나 商稅 등 軍에 내는 6종의 부과 외에는 모두 면제되었다고 한다. 內藤雋輔, 앞의 글, 1955, 69쪽.

17) 朴鍾進, 『高麗時代 賦稅制度研究』, 서울대 박사학위논문, 1993 ; 李貞熙, 『高麗時代 徭役制度研究』, 동아대 박사학위논문, 1994.

18) 『高麗史』 卷124, 尹秀傳, "伊里干 華言聚落也." 伊里干은 몽골어 'iregen'을 우리 식 한자어로 표현한 용어다.

19) 『高麗史』 卷124, 尹秀傳, "初秀等 分管諸道鷹坊 招集逋民 稱爲伊里干."

20) 『高麗史』 卷28, 忠烈王 3年 7月 丙申, "鷹坊猶歛銀紵韋布於其人 私自分之 時人語曰 飼鷹 非肉銀布滿腹."

을 조성하여 촌락 단위를 운영하였기 때문인데, 실제 이리간 조성 비용은 매우 과다하였다. 이들이 모델로 삼았던 이리간 조성 비용의 실제 사례를 살펴보면 다음과 같다.

1279년 4월 고려는 원나라 황제에 재가를 요청하여,[21] 그 해 6월 고려와 원나라의 사신이 왕래하는 길목에 거점을 마련하고 사신 접대에 필요한 일[役使]을 전담시킬 목적으로 伊里干을 조성하였다. 그런데 그 경비가 만만치 않았다.[22] 이 때 이리간을 조성하고자 한 지역은 압록강 이북인 瀋州와 遼陽 사이의 두 곳과 압록강 이남의 두 곳 등 모두 네 곳이었다. 이들 네 곳의 營城 伊里干을 조성하는 데 들어간 인적·물적 지원 규모는 다음 표와 같다.[23]

<표 1> 伊里干의 구성

伊里干 頭目	(擇副戶長·別將 등) 各管 50人	
伊里干 人	100戶(擇 各道 富民 100戶)	5년마다 교체

우선 각 마을은 이리간 두목 2인과 이리간 인 100호로 구성하였는데, 이들은 모두 각 도 富民을 대상으로 徙民한 사람이다. 이들 가운데 부호장이나 별장 경력이 있는 사람으로 두목 두 사람을 뽑아 이리간 두목 1인마다 50인씩을 관할하는 방식으로 마을을 운영하고자 하였다. 이러한 마을을 심주와 요양에 이리간 하나씩, 압록강 이남 동녕부 지역에 하나, 동녕부 이남에 하나씩 4개의 이리간을 조성하겠다는 것이다. 이러한 마을을 조성할 때, 고려가 부담해야 할 비용은 다음과 같다.

<표 2> 伊里干에 대한 지원물자

<table>
<tr><td rowspan="8">심양·요양의 伊里干</td><td rowspan="6">伊里干 民·戶當</td><td>주택 비용</td><td>銀1斤·七綜布50匹</td></tr>
<tr><td>농구 비용</td><td>白苧布3匹·七綜布15匹</td></tr>
<tr><td>양식 비용</td><td>白苧布2匹·七綜布15匹</td></tr>
<tr><td>정착장려금</td><td>紬4匹·緜4斤·六七綜布15匹·毛衣冠皮鞋各2·爐臼1·食器2·農牛2頭·牸牛3頭·馱駝鞍一·油單草席各5</td></tr>
<tr><td>통역 지원</td><td>몽골말과 중국말 통역</td></tr>
<tr><td>단서 조항</td><td>給 兩界亡丁 投化丁 田 各4結 令更者 遞受</td></tr>
<tr><td rowspan="2">頭目</td><td>管領人賜</td><td>銀1斤·白苧布1匹·廣苧廣布各15匹·紬5匹·緜3斤·米15石·馬3匹</td></tr>
<tr><td>歲資 其家</td><td>紬苧布 各3匹·米10石</td></tr>
<tr><td rowspan="8">압록강 이남의 伊里干</td><td rowspan="6">伊里干 民·戶當</td><td>주택 비용</td><td>♠</td></tr>
<tr><td>농구 비용</td><td>苧2匹·六七綜布5匹</td></tr>
<tr><td>양식 비용</td><td>苧2匹·六七綜布7匹</td></tr>
<tr><td>정착장려금</td><td>紬2匹·緜2斤·六七綜布5匹·毛衣冠皮鞋 各2·爐臼1·馬1匹·牛3頭·馱駝鞍1·油單草席各3</td></tr>
<tr><td>통역 지원</td><td>♠</td></tr>
<tr><td>단서 조항</td><td>♠</td></tr>
<tr><td rowspan="2">頭目</td><td>押領官2人</td><td>苧布5匹·紬3匹·緜2斤·廣苧廣布各5匹·米7石</td></tr>
<tr><td>傔者各1人</td><td>苧1匹·米2石</td></tr>
</table>

21) 『高麗史』 卷29, 忠烈王 5年 4月 辛丑, "遣中郎將鄭公宋賢 如元請置伊里干."
22) 『高麗史』 卷29, 忠烈王 5年 6月 癸卯 ; 『高麗史』 卷82, 兵2, 站驛, 忠烈王 5年 6月.
23) 아래 <표> 1·2는 다음 기사에 의거하여 작성한 것이다. 『高麗史』 卷82, 兵2, 站驛, 忠烈王 5年 6月.

당시 심주와 요양, 압록강 이남에 조성하고자 한 이리간에 대한 지원물자 규모는 <표 2>와 같다. 마을 형성지역이 예전에 고려 영토인지 아닌지에 따라 주택 비용과 통역 지원, 단서 조항에 차이가 있고, 특히 압록강 이남 고려지역에 조성하려 했던 이리간이 상대적으로 규모가 작다는 특징이 있지만, 굳이 총 지원량을 계산하지 않더라도 이리간 하나를 조성하는 데 필요한 경비가 만만치 않았다는 것은 충분히 예상할 수 있다.

물론 위 표의 영성 이리간과 우리가 고찰하고자 하는 응방 이리간의 규모가 꼭 같았을 것이라는 증거는 없다. 원에서 정한 응방 250호를 전국 각지에 최소 십여 곳 이상 배정하여 운영하였을 것이라고 가정하고, 영성 이리간 400호가 4곳에 운영되던 것과 비교하면 상대적으로 응방 이리간의 규모가 훨씬 작았을 것이다. 그렇지만 이를 부담해야 하는 군현의 처지에서는 호당 지원 규모가 만만치 않았을 것이고, 이를 책임져야 했던 수령의 반발은 작지 않았을 것이다.

넷째, 王旨의 집행도 문제였다. 당시 응방별감들은 王旨로써 이리간을 조성하고 응방호를 뽑겠다고 하였지만, 실제로는 王旨보다 격이 낮은 宣傳 消息을 이용하였다. 이는 최문본과 이습 등이 王旨의 격보다 한 차원 낮은 宣傳 消息, 즉 承宣이 왕의 지시를 받들어 서류를 만들고 서류 말미에 왕이 서명하는 방식으로 안찰사에게 요청해도 될 것이라는 건의에서 시작되었다.24) 이렇게 되자 오히려 환관을 포함한 內僚들이 영향력을 행사할 수 있는 계기가 되어 문제가 커지게 되었다.25) 승선이나 내료와 관계를 맺으면 왕명을 빙자하여 지방 행정체계를 문란하게 만들 가능성은 얼마든지 있었다.

이상 네 가지 문제점이 있었기 때문에 안찰사·수령과 응방별감이 충돌하였던 것이다. 그러나 이 갈등은 안찰사를 교체하고 수령을 파직하는 충렬왕의 조치로 응방별감이 승리하였다. 이 사건 이후 안찰사와 수령들의 활동영역은 위축되고, 응방별감의 활동은 적극성을 띠게 되었다. 뿐만 아니라 응방에 소속된 응방호까지 응방 이리간에 소속되어 있다고 하여 주변 민호에 권력을 행사하는 문제를 야기하였다.26)

원과 응방 조성 세력들은 이 사건을 계기로 응방 확대에 본격적으로 나섰다. 응방 확대를 위한 토대를 튼튼히 하기 위해 응방 조성을 주도했던 세력들은 원 황제의 권위를 빌리기로 했다. 이러한 작업이 성공하여 1276년(충렬왕 2) 6월 박의와 함께 매를 바치러 원나라에 갔던 윤수27)가 7월에 돌아와 황제의 명령을 전할 수 있었다. 내용은 앞으로 나주(장흥부)에

24) 『高麗史節要』 卷19, 忠烈王 元年 5月, "(汾成) 對曰 僧徒僕隷 凡有所欲 皆托左右 以受宣旨 官吏 無問是非 皆從之 弊豈少哉" ; 『高麗史節要』 卷19, 忠烈王 元年 6月, "初作宣傳消息 舊制 凡命令徵求必下宣旨 自卽位以來 宣旨頻煩 州郡 疲於迎命 李汾成 建白 小事 不足煩宣旨 請令承宣 奉王旨作書 署名紙尾 發下諸道 按察 守令 謂之消息 於時 消息旁午 州郡苦之."

25) 『高麗史』 卷106, 李行儉傳, "忠烈時爲司諫 與監察侍史金弘美等 不署正郎林貞杞·奉議郎高密告身 密妻善釀酒 每以酒媚權幸 因以得官 貞杞等托鷹坊 以王命督署之 不從 王怒 流行儉等于海島" ; 『高麗史』 卷123, 林貞杞傳.

26) 『高麗史』 卷28, 忠烈王 2年 3月 己卯, "以鷹坊人 倚勢虐民 遣中郎將元卿等于諸道 糾治."

27) 『高麗史節要』 卷19, 忠烈王 2年 6月.

원나라 출신 鷹坊子 50인을 보내어 응방 사람들이 주변 사람들을 괴롭히지 못하게 할 것이지만, 고려에서의 응방 관리는 박의에게 맡기겠다는 것이었다.[28] 이 조치는 황제의 명령이라는 형식을 띠었지만, 실제로는 원 조정의 권위를 빌어 고려의 반발세력들을 누르려는 윤수의 요청에 따른 것이었다.

한 달 후인 8월, 실제로 원나라 황제의 명에 따라 미자리 등 7명의 응방자가 파견되자 고려는 그들에게 집과 노비를 주었다.[29] 윤수는 계속하여 왕명으로 원나라에 다시 응방자 파견을 요청하고, 그 결과 11월에 원나라에서 낭가대 등 22명이 파견되었다.[30] 원나라 황제가 약속했던 응방자 50명 가운데 29명이 온 것이다.

원래 원 황제가 지시했던 내용은 응방자 50인을 나주에 보내어 응방 사람들이 주변 민호에 권력을 행사하는 것을 방지하겠다는 것이었다. 그러므로 1차로 파견된 미자리 일행은 나주를 방문하여 원 황제의 명령을 집행했을 가능성이 크다.[31] 그런데 2차로 도착한 낭가대 일행은 경상도 대구에서 경주로 가는 길에 있는 하양과 영주로 파견되었다. 특히 충렬왕은 낭가대 일행을 돕기 위해 윤수와 원경을 동반하게 하였다.[32] 나주에 보내겠다는 응방자 가운데 일부를 경상도에 파견한 것이다.

현지에 도착한 미자리와 낭가대 일행이 수행한 업무 내용에 대해서는 분명한 기록이 없다. 그렇지만 원나라가 고려에 배정된 응방호가 250호고, 1276년(충렬왕 1)까지 나주와 홍주에 일부 응방을 설치했다는 기록이 있는 것으로 보아, 미자리와 낭가대 일행은 아마도 원나라에서 원래 의도했던 250호 규모의 응방호를 고려 각지에 조성하는 일을 하였을 것이다. 이는 응방자 가운데 한 사람인 미자리가 충청도 가림현에서 했던 일을 보면 더욱 분명해진다.

미자리 사건은 가림현에 소속되어 있는 金所를 奪占하고자 했기 때문에 일어났다.[33] 당시 가림현 소속의 촌락들은 제국대장과 정화궁주, 장군방 소속의 홀적과 순군에 나누어 속해 있었기 때문에 金所 한 곳만 남았었다. 그런데 응방 미자리가 金所에 응방 이리간을 조성하려고 하였다.[34] 이렇게 집중적으로 탈점을 당하면 가림현으로서도 원래 부담해야 할 부역을 지기 어렵다. 이런 처지가 되자 가림현에서는 다루가치에게 그 사정을 진정하였

---

28) 『高麗史節要』 卷19, 忠烈王 2年 7月, "言帝遣鷹坊子五十人 處之羅州 凡屬鷹坊者 勿使侵擾 且令朴義 管鷹坊 以秀等請之也."

29) 『高麗史』 卷28, 忠烈王 2年 8月, "元遣鷹坊迷剌里等七人來 王賜宅及奴婢."

30) 『高麗史節要』 卷20, 忠烈王 2年 11月.

31) 미자리 일행이 나주에 간 기록은 찾아볼 수 없지만 2년 후 미자리가 충청도 가림현에서 활동하는 것으로 보아, 미자리 일행이 담당한 지역은 초창기 응방이 설치된 나주와 홍주였을 것으로 추정된다.

32) 『高麗史』 卷124, 尹秀傳, "未幾帝遣鷹坊子郎哥歹等二十人 往慶尙道河陽永州之地 以秀及元卿伴行."

33) 李仁在, 「高麗 中·後期 收租地奪占의 類型과 性格」, 『東方學志』 93, 1996.

34) 이 기록에서 金所를 村으로 표현한 것으로 보아, 미자리는 윤수와 마찬가지로 가림현 금소에 응방 이리간을 조성하려 했을 것이다.

다.[35] 이에 대해 다루가치는 너의 현만 그런 것이 아니라 그런 사례가 많다고 하였다.[36] 원나라에서 파견된 응방자들이 전라도·충청도뿐만 아니라 경상도 지역까지 응방 이리간을 조성하기 위하여 얼마나 적극적이었는가를 알게 해 주는 대목이다.

미자리와 낭가대 일행 등 29명의 응방자들이 응방 이리간 조성에 노력한 결과, 이들이 각각 고려에 도착한 1276년 8월과 11월에서 다음 해 7월까지 근 10개월 동안 전라도와 충청도, 경상도에서 총 205호의 응방호가 조성되었다. 이들은 총 205호의 응방호를 조성하였다고 하였지만, 고려 사람들의 입장에서는 훨씬 많은 응방호가 설치되었다고 느끼고 있었다.[37]

이는 우선 해당 지역에서 전통적인 고려의 호등제에 입각하여 응방호를 차정한 것이 아니라 이리간을 단위로 조성하였기 때문이다. 한 지역에 이리간이 조성되면, 그들이 부담해야 할 요역까지 남아 있는 사람들이 부담해야 했다. 그러므로 부근 민호들 가운데에 응방 이리간에 투속하는 사람들이 많이 생겼다. 뿐만 아니라 응방이 소속되어 있는 군현 사람들은 其人을 통하여 이리간 건설을 지원한 사례에 따라 은과 모시, 가죽과 포를 제공해야 했다. 고려인의 처지에서는 지나친 부담이었다. 이렇게 문제가 제기되자 고려정부는 1277년(충렬왕 3) 7월 王旨에 따라 총 응방호 205호 가운데 102호를 줄이는 조치를 취하였다. 그럼에도 불구하고 당시 사람들은 이 조치를 응방의 폐단 가운데 빙산의 일각을 고쳤을 뿐이라고 평가했다고 한다.

총 응방호의 축소는 원과 응방 조성세력의 응방 확대에 대해 저항하는 세력들을 무마할 목적에서 시행되었을 것이다. 그에 따라 王旨로써 축소정책을 시행하였지만 충렬왕의 본뜻은 오히려 응방 확대에 있었다. 그렇기 때문에 1277년(충렬왕 3) 8월 응방호 축소조치와 이를 적극 관철시키려는 재상들의 요청에 따라 안동의 사록 김정이, 응방은 이미 폐지되었다고 하여 새매를 잡으러 안동을 지나는 산원 전유를 박대하였을 때 충렬왕의 반응이 심상치 않았다.[38] 새매를 잡는 것이 재상들에게 무슨 손해가 있느냐고 반문하고 안동 사록 김정을 파면시키고자 하였던 것이다.

충렬왕의 반발에 대해 이분성은, 김정이 전유를 박대한 것은 전유가 매잡이를 빙자하여 백성들을 괴롭힌 것에 대해 분노한 것일 뿐이라고 변명하여 사건을 마무리지었다.[39] 그러

35) 『高麗史』 卷89, 齊國大長公主傳, "嘉林縣人告達魯花赤曰 縣之村落 分屬元成殿及貞和院·將軍房忽赤巡軍 唯金所一村在 今鷹坊迷刺里又奪而有之 我等何以獨供賦役."

36) 『高麗史』 卷89, 齊國大長公主傳, "達魯花赤曰 非獨汝縣若此者多矣."

37) 『高麗史』 卷28, 忠烈王 3년 7月 丙申 有旨曰, "民屬鷹坊者二百五戶 其除一百二戶 時齊民苦於徵斂爭屬鷹坊 莫記其數而云 二百五戶者妄也 除一百二戶 如九牛去一毛耳 鷹坊猶斂銀·紵韋布於其人私自分之 時人語曰 飼鷹非肉銀布滿腹."

38) 『高麗史節要』 卷19, 忠烈王 3年 8月, "散員田裕 訴于王曰 臣 昨以捕鷂 過安東 司錄 金琔曰 鷹坊已罷 何爲到此 待臣甚薄 疑宰相 移書諸道 以禁鷹鷂 王怒語李褶曰 此事 何損於宰相而禁之乎 欲罷琔對曰 裕 藉捕鷂 侵擾百姓 聞殿下綜鷹鷂 自恐得罪 言此 以試其意耳 王然之."

39) 같은 기록이 『高麗史』 卷123, 李汾禧附 李褶傳에도 실려 있다.

나 이 사건을 통해 당시 재상들 가운데에는 윤수가 주도한 응방 설치 확대에 문제가 있음을 제기한 사람들이 있었음을 알 수 있다. 이에 더하여 앞서 보았던 총 응방호 축소조치는 이들을 무마하기 정책이었음을 재확인할 수 있다.

이러한 반발이 일어나자 응방 설치의 책임을 맡고 있던 윤수는 다시 한 번 원 황실의 권위를 이용하려 하였다. 이를 위해 윤수는 응방 폐지 혹은 축소론으로 흔들리고 있던 충렬왕에게 그 부당함을 완곡하게 간한 다음, 재차 원나라 황제에게 이런 상황을 보고하였다. 그 결과 다시 황제의 명을 받아옴으로써 고려정부는 응방호의 폐지나 축소를 더 이상 거론할 수 없었다.[40] 그리하여 1278년(충렬왕 4) 4월 앞서 가림현 사례에서 본 바와 같이 응방 미자리가 금소에 이리간 마을을 조성하려는 상황이 전개되었던 것이다.

하지만 다루가치로서는 응방 사람들의 권력 남용을 방지해야 한다는 황제의 명령도 지켜야 했다. 그래서 가림현 사람들의 항의에 다루가치는 고려왕에게 청하여 각 도에 관원을 보내어 폐단을 금지시킬 것을 요구하였고, 충렬왕과 이지저는 다루가치가 원에 보고하면 작은 일이 아니라고 하여 김훤을 추고사로 보내 그 실정을 조사하게 하였다.[41] 기왕의 王旨나 宮旨(제국대장 공주의 명령)에 따라 고려에 설치하고자 한 응방 규모(250호) 이상으로 탈점된 인원의 부역을 원상 복구하자는 것이 목표였으나, 이 계획은 제국대장공주의 반대로 중지되었다.[42]

이렇게 응방 치폐나 축소 문제가 잠복되어 있는 상태에서 충렬왕은 1278년(충렬왕 4) 4월 원나라에 갔다. 그리고 원나라와의 외교를 성공적으로 마치고 돌아온 그 해(충렬왕 4) 9월 오숙부를 동계에 보내 해동청을 잡게 하여 동계에 대한 현지조사를 시켰다.[43] 곧이어 10월에는 경상도 각 역에 응방을 설치할 만한 여력이 있는지를 조사하기 위하여 낭장 김흥예를 응방심검별감으로 임명하여 대상지 조사에 착수한 다음,[44] 1279년(충렬왕 5) 3월 그 결과에 따라 기왕에 존재하였던 전라도·충청도 지역에 한정된 이리간을 경상도와 서해도로 확대하였다.[45] 그리고 그 해 4월 조윤통을 동계로 보내, 전국에 응방 이리간을 확장하는 조치를 감행하였다.[46] 이러한 조치에 힘입어 같은 달(4월) 중랑장 정공과 송현을 원나라에 파견하여 이리간 설치를 요청하고,[47] 이에 따라 그 해 6월 심주와 요양, 동녕부 지역과 서해도

40) 『高麗史節要』 卷20, 忠烈王 5年 3月, “初 秀等 分管諸道鷹坊 招集逋民 稱爲伊里干 …… 都兵馬使屢請罷鷹坊 秀等 諷王奏帝 各受聖旨 於是 鷹坊 牢不可罷.”

41) 『高麗史節要』 卷20, 忠烈王 4年 4月. 이 자료가 응방 이리간 조성과 관련이 있다는 것은 다루가치의 이러한 후속조치를 통해서도 알 수 있다.

42) 『高麗史』 卷89, 齊國大長公主傳.

43) 『高麗史』 卷28, 忠烈王 4年 9月 甲申.

44) 『高麗史』 卷28, 忠烈王 4年 10월 甲子, “以郎將金興裔爲慶尙道各驛鷹坊審撿別監.”

45) 『高麗史節要』 卷20, 忠烈王 5年 3月, “以尹秀爲全羅道鷹坊使 遣元卿於慶尙 李貞於忠淸 朴義於西海 稱爲王旨使用別監.”

46) 『高麗史節要』 卷20, 忠烈王 5年 4月.

47) 『高麗史』 卷29, 忠烈王 5年 4月 辛丑.

서북부 지역 네 곳에 이리간 설치에 관한 지원책을 마련함으로써, 전국 각지의 응방과 응방 소속 이리간 조성 목표를 완료하였다.[48)]

2) 응방 확대에 대한 반발과 윤수의 사망

응방 확대에 가장 조직적으로 반발한 곳은 1279년(충렬왕 5) 3월 서해도 왕지사용별감의 자격으로 이 지역 응방 책임을 맡았던 박의가 조성한 옹진현이었다. 서해도에 응방이 조성된 지 1년도 채 못 된 시기인 1280년(충렬왕 6) 3월 원나라에서 파견된 인후와 고천백, 탑납 등이 절령참에 다다르자 옹진과 주변 몇 개 현 사람들은 일부러 이 곳까지 와서 점심을 접대하면서, 탑납에게 응방에 예속되어 국가경비를 부담할 수 없다고 호소하였다.[49)] 이에 탑납은 고려 사람들도 원 황제의 적자이기 때문에 응방과 관련된 폐단을 고쳐야 한다고 하였고, 재상들도 이에 동조하였다. 그러나 충렬왕은 박의 대신 황제의 신임을 받고 있던 回回人을 청하여 오히려 여러 곳에 있는 응방을 관할하겠다는 의지를 천명하였지만, 이 계획은 조인규와 제국대장공주가 만류하여 철회하였다.[50)]

사실 이 시기 충렬왕이 응방을 옹호한 이유는 분명하지 않다. 우선 생각해 볼 수 있는 이유로는 이 시기 응방이 왕을 위하여 여러 차례 연회를 열었기 때문일 수 있는데,[51)] 이는 너무 개인적인 측면이 강하다. 둘째, 원의 이리간 조성정책을 수용할 수밖에 없었던 까닭이 있었을 것이다. 당시 고려와 원의 관계에서 볼 때 어쩔 수 없는 상황이라고도 이해되지만, 충렬왕 4년에 원과의 교섭을 상당히 적극적으로 진행시켰던 점을 생각하면, 원의 요구를 수동적으로 수용하였을 것 같지는 않다.

그렇다면 충렬왕 자신이 응방 설치를 왕권강화의 한 수단으로 삼지 않았을까 하는 점을 생각해 볼 필요가 있다. 앞서 응방 설치 초기 벌어졌던 지방관과 응방별감 사이의 갈등에서도 충렬왕이 왕권강화의 입장에서 해결책을 냈음은 이미 살펴본 대로다. 이는 1279년(충렬왕 5) 윤수와 원경 등을 전국에 배치하던 그 달에 내린 교지를 보면 보다 분명해진다.[52)]

이 교서에서 충렬왕은 우선 권세만 믿고 정치에는 암매한 사람이 다른 사람의 田民들을 함부로 빼앗는 자와 권세 있는 이에게 청탁하여 관직을 얻거나 관품의 순서를 어기고 뛰어

---

48) 『高麗史』 卷29, 忠烈王 5年 6月 癸卯 ; 『高麗史』 卷82, 兵2 站驛 忠烈王 5年 6月.

49) 『高麗史』 卷29, 忠烈王 6年 3月 壬寅朔, "大將軍印侯·將軍高天伯與塔納還自元 塔納至岊嶺站 瓮津等數縣 當供晝食有人告塔納曰 吾邑之民 盡隷鷹坊 孑遺貧民 何以供億 欲還朱記於國家 竢死而已 塔納來責宰相曰 東民獨非天子之赤子乎 困苦至此而不之恤朝廷馳一使 以問何辭以對 宰相白王 請去鷹坊之弊 王怒欲請回回之見 信於帝者以來 分管諸道鷹坊 抑令宰相不敢復言 趙仁規力諫而公主亦言不可乃止." 당시 이들이 일부러 왔다는 것은 옹진이 해주 서쪽 서해바다에 가까이 있고, 절령참은 황주 동남쪽 자비령을 넘는 곳에 있었다는 것으로 알 수 있다.

50) 『高麗史』 卷105, 趙仁規傳.

51) 『高麗史』 卷29, 忠烈王 6年 2月 壬午, "鷹坊享王." 이런 기록은 여럿 보인다.

52) 『高麗史』 卷29, 忠烈王 5年 3月 丙寅.

오르는 자가 있다는데, 만일 이런 관행이 고쳐지지 않는다면 당사자뿐만 아니라 부탁을 받았던 자들도 처벌할 것이라고 하였다. 그리고 원망을 품고 억울하게 된 자는 귀천과 존비를 막론하고 누구든지 글을 써서 나에게 올리고, 만약 사법관리가 그 소송을 접수하고 판결을 지연시킨 일이 있으면 반드시 처벌할 것이며, 여기에는 어떤 용서도 없을 것이라고 하였다. 이 두 조치는 오랜 동안 원나라에서 생활하고 돌아온 충렬왕이 왕권강화책의 일환으로 내렸을 것이다. 그리고 이러한 배경이 있었기 때문에 윤수가 주도한 응방과 이리간 조성에 힘을 실어 주었을 것이라고 생각한다.

어쨌든 충렬왕의 입장이 분명히 확인된 상태였기 때문에 응방 설치 반대세력들은 응방의 총책임자였던 윤수에게 공격의 화살을 돌렸다. 원나라에서 파견된 응방자 일행이 응방을 조성하면서 고려 지방민들과 충돌하였던 것처럼, 윤수 역시 응방 책임자라는 직위를 이용하여 개인적인 부를 축적하였을 가능성은 매우 농후하다. 더구나 응방 조성을 위해 원나라 황제의 지원을 직접 요청하는 지위에 있었던 윤수가 권력을 이용할 수 있던 여지는 더욱 컸다.

윤수에 대한 공격은 1282년(충렬왕 8) 8월 8일 민호를 조사 정리하는 임무를 띤 인물추고별감 이영주가 시작하였다.[53] 이영주가 문제로 삼은 것은 응방과 겁령구, 내수 출신 등 王旨와 宮旨를 받아 활동하는 인물들 모두였다. 이들이 수십 결에서 수백 결에 이르는 賜田을 받아 운영하는데, 四標 내에 있는 일반 민호들의 토지 부세까지 거두어 주현의 부세가 부족하고, 수령들이 법으로 다스리려 하면 왕에게 직접 보고하여 수령을 무고하여 문제가 많다는 것이었다.[54] 그리고 이러한 폐단을 야기한 중심 인물로 염승익과 내료 출신 고종수, 정승익, 이지저와 함께 1279년(충렬왕 5) 왕지사용별감으로 각지에 파견된 응방 책임자들(윤수·이정·박의·원경·박경)을 지목하였다.[55]

이영주의 탄핵에 따라 조정에서는 이들을 국문하려 하였으나,[56] 염승익을 비롯한 거론 인물들이 집단적으로 반발하여 일시적으로 유야무야되는 듯하였다. 그런데 전리좌랑 윤돈

---

53) 『高麗史節要』 卷20, 忠烈王 8年 8月 丁丑, "人物推考別監 李英柱 告王曰 …… 時 鷹坊·怯怜口及內竪賤口 皆受賜田 多至數百結 少不下三四十結 誘民爲佃 凡人田在四至中者 幷收其租 州縣賦稅不輸升合 守令 若繩以法 卽讃王抵罪. 承益及尹秀·李貞·朴義·元卿·高宗秀·李之氐·鄭承伍·朴卿等 尤甚."

54) 이들이 四標 내의 토지에서 齊民招集하고, 幷收其租할 수 있었던 것은 응방의 이리간 마을의 조성이 "與土田 摽定四至"(『高麗史』 卷82, 兵2 站驛 忠烈王 5年 6月)를 원칙으로 했던 것과, 고려의 독자적인 결부제와 작정제가 개별 호의 경작단위인 두락이나 일경을 묶는 방식으로 진행되었기 때문에 가능한 것이었다.

55) 이 기록에서 박경이 응방 관련자라는 것은 다음 기록으로 알 수 있다. 『高麗史』 卷123, 李汾禧傳附李槢傳, "槢言於辭朴卿曰 養鷹者 日殺人家雞犬 宜移養遠地 卿語鷹坊李貞曰 大家 以鷹鷂故多取衆謗盍養之他所."

56) 『高麗史』 卷123, 廉承益傳, "李英柱 括民戶告王曰 聚逋民者 廉承益爲首 將鞫之 承益及諸嬖人 皆怒 衆謗紛然 事遂寢 …… 典理佐郎 尹敦·郎將 吳淑富等 相言 用事臣廉承益 可斬 護軍曹允通聞以告 王命流之 籍田民 分賜宰樞."

과 응방 설치 초기에 별감을 맡았던 오숙부, 1279년 동계의 응방을 맡았던 조윤통 등이 나서서 왕에게 권력을 쥐고 있는 염승익 등이 문제라고 보고하였다. 염승익과 윤수 밑에서 실무를 담당했던 이들이 내부 고발을 한 것이다. 이에 따라 충렬왕도 어쩔 수 없이 해당 인물들을 귀양보내고 田民을 몰수하여 宰樞들에게 나누어 주는 조치를 취하였다.

이 사건으로 충렬왕 즉위년 이후 응방을 주도했던 윤수의 권력 행사에는 많은 제한이 따랐다. 응방을 운영한 경험이 있는 오숙부와 조윤통까지 윤수의 권력을 제한하는 데 나서게 된 것은 윤수가 왕의 총애를 믿고 지나친 행동을 했기 때문이다. 당시 세간에는 윤수와 조영이 궁중연회에서 상 위에 올라 춤을 추고 음란한 짓을 많이 했다는 비난이 자자하였다.[57) 사실 응방 책임자들이 도를 넘게 행동을 한 것은 충렬왕 자신이 이들을 옹호・신뢰했기 때문인데, 이들의 행동에 대해서는 제국대장공주와 세자로 있던 충선왕까지도 상당한 문제로 삼았다. 이영주의 탄핵이 있던 바로 그 날 제국대장공주가 윤수를 책망하여 안남까지 사냥을 유도한 것에 대해 책임을 물은 것도 한 예가 되겠다.[58)]

매 사육에 따른 주변 민호의 피해도 극심하였다. 사실 윤수가 매 사냥터를 안남으로 옮겨 제국대장공주에게 욕을 먹은 사건은 원래 이분성의 건의를 따른 것이다. 이분성이 매를 키우는 데 닭과 개를 너무 많이 잡아먹는 것이 문제가 되니 안남으로 옮겼으면 좋겠다는 의견에 따라 박경이 이정에게 의논하고, 윤수가 결정을 내렸던 것이다.[59)]

그러나 이영주 탄핵사건 이후에도 윤수와 이정, 원경, 박의 등은 다시 충렬왕에게 권유하여 충청도에서 매사냥에 나섰다.[60)] 집중적인 공격을 받고 있던 응방 조성세력의 처지에서는 그럴수록 충렬왕에게 의존할 수밖에 없었을 것이다. 이들의 이런 노력은 오히려 당시 세자였던 충선왕의 비난을 불러왔다. 충선왕은 충청도 매사냥을 주도한 박의를 지적하여 "언제나 매와 개로 임금을 따라다니며 아첨하는 자가 바로 이 늙은 개다"라고 욕설을 퍼부을 정도로 이들에 대해 깊은 반감을 갖고 있었다.

응방 조성세력들이 이렇듯 국내에서 대대적인 비난을 받을 무렵, 원나라에서도 이들에 대한 비난 여론이 일었던 것 같다. 庾賙가 東征軍을 요청하였을 때 원에 독로화로 있던 金忻이 이 문제를 제기하였다. 그러자 유주 역시 윤수와 이정, 원경, 박의 등이 백성들의 재산을 긁어모은 것만 가지고도 군량을 댈 수 있고, 이 일은 고려의 간신을 제거하여 국가를 다시 세우는 일이라고 주장할 정도였다.[61)]

---

57) 『高麗史』 卷32, 忠烈王 34年 7月 史臣贊曰, "柰何驕心遽生 耽于遊畋 廣置鷹坊 使惡小李貞輩 侵暴州郡 溺於宴樂 唱和龍樓 使僧祖英等昵 近左右公主世子言之而不聽" ; 『高麗史』 卷106, 沈諹傳, "又赤鷹坊爭設內宴剪金作花蹙絲爲鳳窮奢極侈不可形言 …… 上將軍尹秀 侍宴殿上登床 戲舞犯禮不恭 大禪師祖英 淫穢無行出入 臥內大駭觀聽 請加黜責以警其餘."

58) 『高麗史節要』 卷20, 忠烈王 8年 8月 丁丑 ; 『高麗史』 卷29, 忠烈王 8年 7月, "是月 以公主久病 禁鷹坊宰牛."

59) 『高麗史』 卷123, 李汾禧傳附 李褶傳.

60) 『高麗史節要』 卷20, 忠烈王 9年 2月.

61) 『高麗史節要』 卷20, 忠烈王 9年 2月.

그럼에도 불구하고 윤수와 이정, 원경, 박의 등은 1283년(충렬왕 9) 3월 각 지역에 착응별감을 파견하여 응방의 강화를 재시도하였다. 그러나 곧이은 윤수의 죽음으로 응방폐지론이 일시적인 힘을 얻게 되었다.[62] 이에 충렬왕은 윤수가 죽고 2개월 뒤인 1283년(충렬왕 9) 5월 나라가 작고 백성은 가난한데다 한재까지 닥쳤으니 응방을 폐지하려 한다는 것을 논의에 부쳤다. 이에 대해 제국대장공주의 겁령구 출신인 인후가 응방 설치는 황제에게 청하여 행한 것이기 때문에 갑자기 폐지할 수 없다는 주장을 폈다.[63] 인후의 문제제기로 응방 폐지 논의는 다시 잠복하게 되고, 대안으로 이전의 별감체제와는 다른 응방도감을 설치하여 문제를 해결하자는 방향으로 의견이 모아졌다.

3. 응방도감의 설치와 응방 역할의 변화

1283년(충렬왕 9) 7월 응방도감이 설치되고, 김주정이 鷹坊都監使, 원경과 박의가 鷹坊都監副使에 각각 임명되었다.[64] 원경과 박의는 이전부터 응방에서 활동한 사람들이고, 김주정은 윤수의 사돈이기 때문에 응방도감이 설치된 후에도 인적 변화는 없었다고 볼 수 있다. 실제 응방도감사가 된 김주정은 왕명이라는 명분 하에 매와 개로써 왕에게 아첨하여 상당한 권세를 누리기도 하였다.[65] 그러나 응방도감은 이전 응방과는 다른 체제로 운영되었다. 원 제도의 영향으로 설치된 초기 응방이 이리간의 조성으로 전통적인 고려의 마을 조성 및 운영체계와 원칙적으로 부딪히는 것이었다면, 응방도감은 고려의 국가운영체계 속에 운영되는 것이었다.[66]

응방이 응방도감으로 개편된 후 생긴 주요 변화의 하나는 응방 책임자의 자격이 달라졌다는 점이다. 종래에는 王旨나 宮旨에 의하여 응방별감이 파견되었으나 이 때부터는 고려의 전통적인 임시관직체계인 都監使로 파견되었다. 또 응방 조성과 운영에 필요한 경제적 기반도 달라졌다. 이전에는 기인의 비용 마련과 응방호의 요역에 의하여 응방 이리간을 조성하는 방식으로 운영되었으나, 이 때부터는 고려국가의 전통적인 재정체계에 포섭되어 좌창의 지휘를 받게 되었다. 左倉의 지휘 하에 있다는 것은, 賜田 본래의 운영원칙을 따르는 것이었다. 그러나 이런 변화가 순탄하게 이루어진 것은 아니다.

1285년(충렬왕 11) 9월 좌창별감 배서가 응방 사람에게 녹을 주지 않았다는 이유로 순마소에 갇혔다.[67] 시기는 정확히 알 수 없지만 좌창별감 김태현도 같은 사유로 순마소에 갇힌

---

62) 『高麗史節要』 卷20, 忠烈王 9年 3月.
63) 『高麗史節要』 卷20, 忠烈王 9年 5月 ; 『高麗史』 卷123, 印侯傳.
64) 『高麗史』 卷29, 忠烈王 9年 7月 戊午, "置鷹坊都監 以金周鼎爲使 元卿·朴義爲副使."
65) 『高麗史』 卷104, 金周鼎傳, "爲鷹坊都監使以鷹犬媚王頗張權勢 語人曰有王命不獲已耳."
66) 『高麗史』 卷76, 百官1 序文, "且都監各色 因事而置 事已則罷 或遂置而不罷." 도감에 관한 전문 연구로는 다음 논문이 있다. 文炯萬, 『高麗 諸司都監各色 硏究』, 동아대 박사학위논문, 1985.

일이 있다.[68] 응방이 도감체제로 재편된 이후에는 좌창 체계의 賜田으로 운영하는 것이 원칙이었겠지만, 전통적으로 좌창 운영을 맡아 왔던 사람들의 입장에서 볼 때에는 응방이 도감체제로 재편되었다고 인정할 수 없었던 것 같다. 그래서 응방 운영자들에게 녹을 지급하지 않았고, 그에 따라 순마소에 갇혔을 것이다.

이러한 갈등은 1286년(충렬왕 12) 3월 응방 폐정에 대한 금령이 내려짐으로써 일단락되었다. 당시 정부에서는 응방이 소속 관원을 동원하여 농민들을 招集하는 일을 금하였고, 猾吏를 유인하여 고을원에 대항하는 일이 있으면 조사하여 서울로 잡아보내라고 하였다. 이 금령을 계기로 좌창 운영자들은 응방을 賜田체계 속에서 운영하는 것을 받아들이게 되었다.[69]

응방도감에 속한 응방인의 역할도 변하였다. 응방도감 설치 이전에는 이리간 마을 조성을 통한 응방호 확보가 주요 역할이었고 왕실 숙위는 부차적인 것이었지만, 이 때에 와서는 왕실 숙위가 주요 역할로 되었다.[70] 숙위가 주 임무가 되었을 때 응방 인원이 어느 정도인지는 명확하지 않지만, 응방사번으로 총칭되는 전체 인원은 번당 50명씩 총 200명 정도였을 것이다.[71]

이러한 변화의 와중에서 1288년(충렬왕 14) 8월 지방에 있던 응방을 폐지하였다가,[72] 6일 만에 다시 설치하는 일도 일어났다.[73] 이 당시 지방 소재 응방의 폐지와 복치는 단순히 중앙의 논의중에 제기된 것만은 아니었을 것이다. 이미 충렬왕 초기 응방을 주도한 인물들이 추구했던 이리간 마을 조성과는 다른 지방 응방 본래의 역할, 즉 지방의 매를 잘 잡는 사람들의 파악으로 응방의 역할을 국한하기 위한 조치의 일환이었을 것으로 생각된다.[74]

---

67) 『高麗史』 卷30, 忠烈王 11年 9月 乙亥, "以不給鷹坊人祿囚 左倉別監裴瑞于巡馬所."
68) 『高麗史』 卷110, 金台鉉傳, "爲左倉別監 判鷹坊事印侯等 搆以不給鷹坊人俸 囚巡馬所."
69) 『高麗史』 卷85, 刑法2, 禁令, 忠烈王 12年 3月 下旨, "今諸院寺社・忽只・鷹坊・巡馬及兩班等 以有職人員 殿前上守 分遣田莊 招集齊民 引誘猾吏 抗拒守令 以至毆攝差人 作惡萬端 下界別銜 不能懲禁." 이렇게 응방이 賜田體系로 운영됨에 따라 수조권 탈점에 나설 수밖에 없게 된다, 그러나 응방에 속하게 한 토지가 어떤 종목의 토지인지는 확인할 수 없다. 李仁在, 「高麗 中・後期 收租權 奪占의 類型과 性格」, 『東方學志』 93, 1996.
70) 『高麗史』 卷82, 兵2, 宿衛, 忠烈王 13年 閏2月, "令忽赤鷹坊三品以下佩弓箭輪次入直."
71) 다음 기록(『高麗史節要』 卷21, 忠烈王 13年 4月 癸酉)에서 왕과 공주가 서해도에 사냥 나갈 당시 사냥에 참가한 기마가 1,500이라는 기록을 근거로 응방에 소속된 사람들이 많았다고 보기도 하나, 이 때에는 홀적과 순군 등도 함께 참가하는 것이 보통이었므로 1,500명을 모두 응방이라고 보기는 어렵다. 오히려 충렬왕 15년 요동 흉년으로 쌀 10만 석을 요구하였을 때 응방 4번이 100석을 부담하였다는 것으로 보아, 아마도 번당 50명씩 200명 정도로 파악하는 것이 어떨까 한다(『高麗史』 卷79, 食貨2, 科斂, 忠烈王 15年 2月, "遼東饑元遣張守智等令本國措辦軍粮十萬石轉于遼東王命群臣出米有差 …… 鷹坊四番一百石"). 이 경우 번당 50명을 상정한 것은 충렬왕 2년 8월 덕수현 마제산에 사냥나갔을 때 홀적과 응방 각각 50명을 거느렸다는 기록을 참고한 것이다(『高麗史節要』 卷19, 忠烈王 2年 8月).
72) 『高麗史』 卷30, 忠烈王 14年 8月 癸亥, "罷外郡鷹坊."
73) 『高麗史』 卷30, 忠烈王 14年 8月 己巳, "復置鷹坊."
74) 이후 東賊 침입 상황에서 홀지・순마와 함께 통일적인 지휘체계 하에 활동하기도 하였다. 『高麗史』 卷81, 兵1, 兵制, 忠烈王 16年 正月, "聞東賊來 諸君宰樞會議 忽只・鷹坊・巡馬 皆合爲一."

이마저도 응방의 문제점을 잘 알고 있던 충선왕이 1298년(충렬왕 24) 즉위하면서, 폐지될 운명에 처하게 되었다. 충선왕은 즉위교서에서 홀지・응방・상승・순마・궁궐도감・아차적 등이 새로 임명되어 부임할 때에 예물을 강요하고, 예물 마련에 필요한 물품들을 민간에 거두어 문제가 많다고 지적하였다. 예물 마련을 위해 임지에 있던 안렴사와 모든 別銜・別抄・丁吏가 고초를 받고 사적으로 물품을 마련하여 증여하는 폐단이 있다는 것이었다.[75]

이후 응방은 충렬왕이 왕위에 복귀하였을 때 다시 설치되었다가 1308년(충렬왕 34) 충선왕이 복위된 이후 관제정비를 통해 재정비되었다. 충선왕은 응방도감의 관직을 鷹坊使 2人(從3品), 副使 2人(從4品), 判官2人 (從5品), 錄事 2人(權務)으로 정하고,[76] 임무는 내승과 함께 왕실 숙위 기능으로 한정시켰다.[77]

이렇게 명맥을 이어 가던 응방이 완전히 폐지된 것은 1344년(충혜왕 후5) 5월이었다. 이제현이 응방과 내승은 백성에게 해가 많아 예전에 이를 없애려고 하였으나 끝마무리가 철저하지 못하였다는 글을 올림으로써 응방 폐지가 최종 결정되었다.[78] 이 정책에 따라 응방에 소속된 사람들을 해산시켰는데, 7품 이하 9품 이상은 홀지 4번에 소속키고, 대정・산직은 나누어 조라치, 팔가치, 순군 4번에 배속시켰다.[79] 그리고 다음 해(1345, 충목왕 1) 응방에 소속된 토지와 인민들을 모두 본처에 돌려주는 조치를 취함으로써 충렬왕 10년 이후 60여 년 동안 근근이 명맥을 이어 오던 응방은 완전히 폐지되었다.[80]

4. 결론

지금까지 고려 후기 응방이 설치된 배경과 변화의 추이를 살펴보았다. 응방은 충렬왕이

---

75) 『高麗史』 卷77, 百官2, 諸司都監各色, 鷹坊, "忠宣王元年罷之後復置" ; 『高麗史』 卷84, 刑法1, 職制, 忠烈王 24年 正月 是年 正月 忠宣王卽位下敎曰, "一忽只鷹坊尙乘巡馬宮闕都監阿車赤等當新員赴任之時遽徵封送因而取斂於民 一切禁斷 乃至按廉及諸別銜抄與丁吏亦不得贈與." 백관지 제사도감각색 응방 항목에 실린 충선왕 원년의 연대는 복위연대가 아니라 즉위연대일 것으로 파악된다.

76) 『高麗史』 卷77, 百官2, 諸司都監各色, 鷹坊.

77) 이후 1325년(충숙왕 12) 9월 이연종을 참소하여 행궁에서 형장을 치는 일을 하기도 하였다. 『高麗史』 卷35, 忠肅王 12年 9月 己酉, "以鷹坊內乘之譏杖中道提察使李衍宗於行宮."

78) 『高麗史』 卷110, 李齊賢傳, "鷹坊・內乘 毒民尤甚者 前已下令革罷."

79) 『高麗史』 卷81, 兵1, 兵制, 忠惠王 後5年 5月, "罷內乘鷹坊會入仕者七品以下九品以上分屬忽只四番隊正散職分屬詔羅赤八加赤巡軍四番."

80) 『高麗史』 卷77, 百官2, 諸司都監各色, 鷹坊, "忠穆王初卽位罷之 以土田・奴婢還本處." 이후 응방은 1371년(공민왕 20) 11월 공민왕이 매사냥이 아니라 매의 용맹스러움을 사랑한다는 명분으로 다시 설치하고자 하였다. 그러나 다음 달 吏部에서 백성들에게 폐를 끼친다고 하여 폐지를 청하여 왕이 수락한 사실이 있는데, 고려말 응방의 존재 형태는 고려 후기의 양상과는 이미 성격을 달리하는 것이라고 판단된다. 공민왕 이후 응방 관련 자료는 다음과 같다. 『高麗史』 卷43, 恭愍王 20年 11月 戊辰, "復置鷹坊 王曰予之畜鷹非爲獵也愛其猛俊耳" ; 『高麗史節要』 卷29, 恭愍王 20年 12月 ; 『高麗史』 卷43, 恭愍王 20年 12月 辛巳(鷹坊廢止) ; 『高麗史節要』 卷29, 恭愍王 21年 11月(鷹坊復置).

즉위하면서 설치되어 충목왕 즉위 후 폐지될 때까지 70년 간 존속한 기관이었다. 응방은 응감도감이 설치된 1283년(충렬왕 9) 7월을 기준으로 이전과 이후 성격이 상당히 달라졌다. 이 점에 착안하여 살펴본 고려 후기 응방 및 응방도감의 설치와 운영에 대해 정리하면 다음과 같다.

첫째, 응방은 1274년(충렬왕 즉위년) 9월 독로화 출신 윤수의 주도로 설치되었다. 설치 당시 원이 인정한 전체 응방호수는 250호였고, 이 중 일부가 전라도 나주 장흥부 관할 내의 여러 섬과 충청도 홍주 관할 내의 곡양촌에 설치됨으로써 시작되었다.

둘째, 설립 초기의 응방 운영은 伊里干이라는 마을 단위로 운영되었다. 이러한 마을 조성에는 많은 비용이 소요되었고 이리간에 속한 사람들의 요역이 면제되었다. 뿐만 아니라 응방별감들이 응방호 설치를 사적으로 이용할 가능성도 있었다. 이에 따라 안찰사와 수령들이 반발하였으나, 충렬왕의 조치로 응방별감이 승리하게 되고, 고려의 지방행정을 맡고 있던 정식 수령들의 활동영역이 축소되었다. 그 결과 응방호들까지 주변 민호에 권력을 행사하게 되고, 원과 부원세력들은 이를 계기로 응방의 확대에 본격적으로 나서게 되었다.

셋째, 원과 응방 주도세력의 응방 이리간 조성에 대해 고려 일각에서는 이를 거부하는 움직임이 있었다. 이를 무마하는 차원에서 1277년 응방호 205호 가운데 102호를 줄이는 조치를 취하고, 응방 규모(250호) 이상 탈점된 인원의 부역을 원상 복구하자는 논의도 있었다. 그러나 원나라와의 외교를 마치고 돌아온 충렬왕은 동계 및 경상도 각 역에 응방을 설치할 만한 여력을 조사하게 하고, 그 결과에 따라 전라도·충청도 지역에 한정되었던 이리간을 경상도와 서해도로 확대하고 조윤통을 동계에 파견하였다. 그리고 정공과 송현을 원에 파견하여 이리간 설치를 요청하고 지원책을 마련함으로써 전국 각지의 응방 이리간 조성계획이 완료되었다.

넷째, 옹진현 사람들의 조직적인 반발을 포함하여 응방의 확대에 대한 반발도 컸다. 응방 설립을 주도한 윤수는 1282년 인물추고별감 이영주의 탄핵으로 전면적인 공격을 받았다. 윤수의 폐단에 대한 적대감이 심화됨에 따라 윤수의 권한도 약화되었다. 이러한 상황에서 1283년 윤수 등은 각 지역에 착응별감을 파견하여 응방의 강화를 재시도하였으나, 윤수의 죽음으로 응방폐지론이 힘을 얻기도 하였다. 그러나 제국대장공주의 겁령구 출신인 인후가 문제를 제기함에 따라 응방폐지론 대신 응방도감의 설치로 해결책을 찾게 되었다.

다섯째, 응방도감은 고려의 국가운영체계 속에 운영되는 것이었다. 응방 책임자는 都監使로 승격되었으며, 응방도감의 경제적 기반 역시 정식 재정체계에 포섭되어 좌창의 지휘를 받게 되었다. 응방인의 역할도 왕실 숙위를 주로 하게 되었으며, 응방 사번으로 총칭되는 전체 인원은 번당 50명씩 총 200명 정도였을 것으로 생각된다.

여섯째, 응방은 1298년 충선왕이 즉위하면서 폐지되었다가 후에 복치되었다. 충선왕이 복위된 1308년 응방도감의 관직은 鷹坊使 2人(從3品), 副使 2人(從4品), 判官 2人 (從5品), 錄事 2人(權務)이었고, 그 역할은 내승과 함께 왕실 숙위 기능으로 한정되었다.

일곱째, 응방이 폐지된 것은 1344년 5월이었다. 폐지를 위한 후속조치로 응방 소속 가운데 7품 이하 9품 이상은 홀지 4번에 소속시키고 대정 · 산직은 조라치 · 팔가치 · 순군 4번에 나누어 배속하였다. 다음 해(1345, 충목왕 1) 응방에 소속된 토지와 인민들을 모두 본처에 돌려주는 조치를 취함으로써 원의 영향을 받아 설립한 응방은 완전히 폐지되었다.

高麗末・朝鮮初의 訴良에 대하여

朴 晉 勳*

1. 序言

訴良이란 賤人의 신분에 있는 사람이 자신의 신분이 良人임을 판명해 달라고 관청에 訴願하는 것을 말한다. 즉 국가기관에 소송을 제기함으로써 국가의 행정처분에 의하여 良人인지 賤人인지 자신의 신분을 판별받는 것이다.[1)]

地主制와 身分制를 근간으로 하는 전근대 농업국가에 있어서 대다수 良人農民의 사회경제적 지위는 매우 열악하였다. 국가에서는 國役을 부담하는 농민계층을 파악・관리하고 나아가 이들의 재생산 기반을 보호하기 위한 여러 가지 조치를 취하고 있었으나, 양인농민층의 몰락은 항상적으로 발생하는 것이었으며 權豪나 勢家 또는 富者 등에 의한 이들 농민층의 壓良爲賤도 항상적으로 이루어지고 있었다. 또한 한편으로 賤人 중에는 避役・逃亡 또는 기타 방법에 의해 身分의 상승을 도모하는 자도 있었다. 따라서 壓良爲賤 또는 신분이 불명확한 상태에 놓이게 된 사람의 訴良도 전근대사회 어느 시기에나 제기되는 문제였다. 그렇지만, 다른 어느 시기보다도 특히 麗末鮮初에 訴良이 가장 적극적으로 이루어졌으며, 큰 사회문제로 대두하였다. 신분제가 하나의 기축이었던 당시의 사회에서 이루어진 이러한 소량의 증대는 고려에서 조선으로의 왕조의 교체와 아울러 중세사회의 내적 변동을 설명하는 하나의 단서가 되리라고 생각한다.

高麗末・朝鮮初에 이루어진 訴良에 대하여 아직까지 본격적인 연구는 이루어지지 않고 있다. 다만, 麗末鮮初 奴婢制를 연구하는 몇몇 논고에서 노비연구의 일환으로 일부 언급이 이루어졌을 뿐이다.[2)] 이러한 연구들에 의하면, 高麗 恭愍王代 紅巾賊의 침입에 의한 公私

---

* 연세대학교 강사

1) 『韓國漢字語辭典』에는 訴良을 “賤人이 良人이라고 관아에 하소연함”이라고 정의하고 있다(檀國大學校 東洋學研究所, 『韓國漢字語辭典』 卷4, 130쪽).

2) 周藤吉之, 「高麗末期より朝鮮初期に至る奴婢の研究」(1~4), 『歷史學研究』 9-1~4, 1939 ; 李樹健, 「朝鮮太宗朝에 있어서의 對奴婢施策」, 『大邱史學』 1, 1967 ; 崔炳云, 「朝鮮 太祖朝의 奴婢의 辨正에

文卷의 亡失 및 戶籍의 不備에 따른 良賤의 混淆, 農莊의 발달에 의한 농민층의 노비화 등이 麗末鮮初 訴良 증대의 원인이며, 이에 대해 조선정부는 良人 증대 및 국역부담자의 확대, 신분질서의 확립 등의 방침 하에서 訴良者에 대한 처리방안을 마련하였다고 지적되고 있다.

이러한 연구성과에 의하여 麗末鮮初 訴良에 대한 어느 정도 推移는 알 수 있다. 그러나 訴良에 관한 일관된 고찰이 필요하다고 생각된다. 따라서 本稿에서는 訴良의 提起와 訴良의 意味에 대해 우선 검토해 보고, 이어 麗末鮮初에 訴良을 제기한 역사적 존재들에 대하여 살펴보려고 한다. 그리고 마지막으로 이러한 訴良者에 대해 당시 정부에서는 어떠한 政策을 수립하였는지를, 高麗末부터 朝鮮 太宗 때까지로 한정하여 검토해 보고자 한다.

2. 訴良의 提起와 訴良의 意味

訴良이란 위에서도 언급한 것처럼 賤人 또는 良·賤이 불명확한 상태에 있는 사람이 자신의 신분이 良人임을 밝혀 달라고 국가기관에 요청하는 것이다. 따라서 訴良은 소량을 제기한 개인의 입장에서는 국가의 推刷를 기다리지 않고 적극적으로 자신의 身分의 辨正을 요구하는 것이었다. 반면 국가의 입장에서는, 國役을 부담해야 하는 양인계층이 賤人 또는 良賤不明의 상태로 되어 國役 부담에서 遺漏되어 있는 것을 적극적으로 推刷·확보하는 것이 아니라, 이들이 訴良을 제기한 연후에야 이에 대처하는 것이었다.

訴良을 제기한다는 것은 원칙적으로 訴良을 제기한 개인의 신분에 관계되는 것이었다. 訴良을 제기한 사람은 국가의 판결에 의하여 從良 또는 從賤이 결정되었다. 그러나, 身分이 혈연을 매개로 결정·세습되고 있는 봉건사회에 있어서, 訴良은 소량을 제기한 일 개인의 문제만으로 그치지 않는 경우가 종종 있었다. 즉 한 사람이 訴良을 제기하여 從良되거나 從賤되는 경우, 이는 그의 자손을 비롯한 姻戚들의 신분까지 결정하기도 하였다. 예를 들어 태종 때 金漢濟의 婢 車衣加의 소생이 訴良하였는데, 이 소량과 연관된 車衣加의 族女 소생이 40여 口에 이를 정도였다.[3] 壓良爲賤되었다고 大駕 앞에서 申訴한 朴尙文의 경우[4] 그의 一族이 부당하게 賤에 속해 役使되고 있었다.[5] 충렬왕 때 李英柱는 都官佐郞 李舜臣의 도움을 받아 金州民 大文의 族黨 근 100명을 壓良爲賤하였으므로, 大文이 王府斷事官 趙仁規에게 訴願하여 그 일을 심사하였으며, 그 결과 국왕이 李舜臣을 투옥하고 李英柱를 철직시켰는데,[6] 이러한 경우도 壓良爲賤이나 訴良이 한 사람의 신분만이 아니라 一

관하여」, 『全北史學』 2, 1978 ; 成鳳鉉, 「朝鮮 太祖代의 奴婢辨正策」, 『忠北史學』 11·12合, 2000.

3) 『太宗實錄』 卷7, 太宗 4年 1月 甲寅條, 1冊, 287쪽.

4) 『太宗實錄』 卷10, 太宗 5年 8月 丁丑條, 333쪽.

5) 『太宗實錄』 卷10, 太宗 5年 8月 壬午條, 1冊, 333쪽.

6) 『高麗史』 卷123, 列傳36 嬖幸1 李英柱, 下冊, 683쪽.

族 전체의 신분에 영향을 주는 문제로 될 수 있음을 보여주고 있다.[7]

따라서, 개인의 신분 나아가서는 一族 전체의 身分을 결정하는 訴良은 쉽게 종결될 수 있는 문제가 아니었다. 그러므로 한 번 訴良이 제기되면, 많게는 10여 년 적게는 5~6년씩 訴良이 계속되는 것이 보통이었다.[8]

그렇지만, 奴婢로 존재하고 있는 자가 訴良을 제기하는 것은 쉬운 일이 아니었다. 전근대 사회에 있어서 奴婢는 토지와 더불어 兩班・士家에게 가장 중요한 경제적 기반이었다. 이러한 노비에 대하여 太宗 12년 河崙은 "本國之俗 役奴婢 食土田 家家有公侯之樂"[9]이라고 하여 奴婢를 역사하고 土田의 租를 먹는데 公・侯의 즐거움이 있다고 한 바 있다. 또한 士家의 盛衰는 土田과 蒼赤의 유무에 달렸다고도 일컬어질 정도[10]로, 奴婢는 양반사대부들에게 중요한 위치를 차지하고 있었다. 지배층이 지배층일 수 있는 가장 중요한 근거는 奴婢의 소유였다.

따라서 노비소유자들은 노비들을 확보・유지하고, 나아가 그 수를 늘리기 위하여 많은 노력을 기울였다. 이들 노비소유자들의 이해관계를 대변하는 국가의 법률에서부터 奴主의 奴婢 소유는 보호되고 있었으며, 노비와 奴主와의 관계는 天地・上下・君臣・父子간의 관계와 마찬가지로 거역할 수 없는 절대적인 질서, 天理인 것으로 규정되었다.[11] 따라서 노비소유자들은 자신 소유의 노비를 手足처럼 부리는 한편으로 노비소유자들은 이러한 노비들을 임금이 백성들을 慈愛로 다스리는 것과 마찬가지로 慈愛로서 다스렸다.

> 백성을 보기를 奴僕같이 하여 항상 이러한 마음을 가지게 되면 다스림의 성과[治效]를 볼 수 있을 것이다.[12]

백성 보기를 奴僕처럼 하여 이 마음을 항상 가지고 있으면 治效를 볼 수 있다는 이 구절에서, 노비소유자들이 노비를 어떻게 대하였는가 하는 점을 엿볼 수 있다. 노비를 대하는 노비소유자들의 태도를 오히려 임금이 본받아야 하고 이러한 노비소유자들의 태도로써 백성들을 대하여야 한다고 지적한 점에서 볼 때, 奴主들이 그들 소유의 奴婢를 얼마나 은혜로써 대하고 있었는지를 알 수 있다.

따라서 신하가 임금에게 충성을 다하는 것처럼 노비들도 그 주인에게 忠을 다하여야 할

7) 노비의 소유권 분쟁에 있어서도 마찬가지였다. 즉, 한 노비의 소유권 문제가 그 노비 전체 一族의 소유권 문제를 결정하는 경우가 종종 있었다. 충렬왕 때 어떤 巨室이 鄕民과 한 여자 노비의 자손 100口를 둘러싸고 다툰 적이 그 한 예다(『高麗史』 卷110, 列傳23 金倫, 下冊, 402쪽).
8) 『高麗史』 卷85, 志39 刑法2 訴訟, 恭讓王 4年 2月, 中冊, 875쪽, "爭訟者 或相爭 或訴良 多者十餘年 小者不過五六年……."
9) 『太宗實錄』 卷22, 太宗 11年 7月 辛酉條, 1冊, 592쪽.
10) 『文宗實錄』 卷7, 文宗 元年 5月 丙辰條, 6冊, 389쪽.
11) 이에 대해서는 池承鍾, 「主奴關係와 奴婢統制」, 『朝鮮前期 奴婢身分研究』, 一潮閣, 1995 참조.
12) 「柳希春」, 『海東雜錄』 卷4(『大東野乘』 卷22), "視百姓如奴僕 恒存此心 則治效可見矣."

것으로 생각되었으며, 노비들이 訴良을 제기하여 주인에게서 벗어나려고 하는 것은 곧 신하가 謀叛을 하는 것과 마찬가지의 행위로 인식되었다. 은혜로써 대우하는 주인에게 벗어나려는 일은 용납될 수 없는 일이었다.

> 대개 主·奴와 君·臣은 한가지이다. 신하된 자가 不忠한 마음이 한 번 싹트면 이는 곧 謀叛이니 용서할 수 없는 죄이며, 종이 된 자가 訴良하려는 마음이 한 번 싹트면 이는 주인을 배반하는 것이니 이 또한 용서할 수 없는 죄이다.13)

위의 글에서 명확히 드러나듯이, 노비가 訴良하려는 마음만 먹어도 이는 주인을 배반하는 것으로 인식되었다. 따라서 공민왕 15년에 公道大義를 표방한 辛旽이 사람들에게 은혜를 베풀어 주려고 賤隷로서 訴良을 제기한 사람들을 모두 다 양민으로 만들어 주었을 때, 이에 대해 "奴隷背主者가 蜂起하였다"고 표현하여, 訴良을 제기한 것을 노예로서 주인을 배반한 것이라고 분명하게 지적하고 있다.14) 이러한 訴良은 主奴간의 질서를 문란하게 하는 것, 나아가 綱常의 윤리를 허물어뜨리고 봉건국가 전체의 질서를 문란하게 하는 것이었다.

그러므로 訴良을 제기한 노비들에 대해서는 가혹한 처벌이 뒤따랐다. 구타는 기본이었고 그 이상의 처벌이 가해졌다. 예를 들어 太宗 때 李澄·李湛·李皎 등은 訴良한 노비를 잡아다가 마음대로 코를 베고 귀를 베기도 하였으나 功臣의 아들이라고 하여 아무 처벌도 받지 않고 있다.15) 세종 때 行司直 林稼는 奴 白同이 背主避役하였다고 무수히 구타하고, 그 양 귀를 자르고 힘줄을 끊어 버리기도 하였다.16) 訴良의 경우도 背主避役의 일종으로 인식되었을 것이므로, 마찬가지 처벌이 행해졌을 것이다. 이러한 것은 公奴婢의 경우에도 마찬가지였다. 태종 때 本宮의 奴 金千은 세 차례나 訴良을 제기하였다가 왕의 노여움을 사, 발뒤꿈치를 끊기는 형벌을 받고 濟州로 내쫓김을 당하였는데 가는 도중에 全州에서 죽었다.17)

이러한 잔혹한 형벌을 받는 것을 넘어서 訴良을 행한 노비가 죽임을 당하는 경우도 비일비재했던 것 같다. 특히 訴良을 제기한 후 從賤의 판결을 받아 주인에게 되돌려질 경우, 그 奴婢는 죽음을 각오해야 했던 것 같다. 태종 14년 6월 訴良한 자가 從賤된 뒤에 그 주인이 함부로 죽이는 것을 금지하고, 司憲府로 하여금 죄를 決斷하게 하는 조치18)가 마련되고 있

13) 『世宗實錄』 卷51, 世宗 13年 3月 己丑條, 3冊, 305쪽, "盖主奴與君臣一也 爲臣不忠之念一萌 便是謀叛 卽是不赦之罪 爲奴者 訴良之心一萌 便是背主 亦是不赦之罪."
14) 『高麗史』 卷132, 列傳45 叛逆6 辛旽傳, 恭愍王 15年 5月條, 下冊, 857~858쪽, "旽外假公義 欲市恩於人 凡賤隷訴良者 一皆良之 於是奴隷背主者 蜂起曰 聖人出矣."
15) 『太宗實錄』 卷28, 太宗 14年 9月 壬戌條, 2冊, 39쪽.
16) 『世宗實錄』 卷31, 世宗 8年 2月 丙寅條, 3冊, 6쪽.
17) 『太宗實錄』 卷28, 太宗 14年 8月 丙寅條, 2冊, 33쪽.
18) 『太宗實錄』 卷27, 太宗 14年 6月 甲辰條, 2冊, 19쪽.

는데, 이러한 법의 제정에서 오히려 당시 訴良한 奴婢를 죽이는 상황의 심각성을 알 수 있다.

따라서, 국가의 禁令에도 불구하고 죽음을 각오하지 않고서는 노비들은 함부로 訴良을 제기할 수 없었을 것이다. 비록 그가 壓良爲賤을 당한 존재로서 원래는 良人이었다고 하더라도, 訴良을 제기하기는 쉽지 않았을 것이다. 또한 訴良의 판결이 나도 쉽사리 奴主에게서 벗어날 수 있는 것도 아니었다. 奴主는 소유권을 포기하려 하지 않았다. 官司에서 訴良으로 판결을 하더라도 仍執하여 放役되는 것을 불허하였으며, 따라서 약자인 訴良者는 寃抑하여 다시 소송을 제기하는 형편이었다.[19] 이는 訴良의 소송이 몇 년씩 계속되게 하는 한 요인이었다. 그러므로 노비들이 訴良을 제기하기 위해서는 奴主들과 상대할 수 있는 어떠한 능력 내지 힘을 가지고 있었야만 하였을 것이다. 특히 奴主들은 당시의 지배계층이었고 勢家·大族일수록 노비의 소유도 많았으므로, 訴良을 제기한 노비들은 이러한 勢家·大族들에 대응할 만한 힘을 가져야만 가능했을 것이다.

한편, 訴良은 원칙적으로 奴婢로 있는 사람이 소송을 제기하여 良人身分을 회복하는 것이었지만, 訴良이 이와 같은 의미로만 이루어지는 것은 아니었다. 訴良은 奴主간의 노비소유권을 둘러싼 분쟁에도 이용되었다. 다음 사례를 주목해 보자.

> 趙夫女의 孫 金漢齊가 또한 형조에서 그 노비를 誤決하였다고 북을 쳐서 申呈하였다. 처음에 漢齊의 祖上의 婢 車衣加의 소생이 訴良하였는데, 刑曹 및 都官에서 모두 從良으로 이를 결정하였다. 車衣加의 族女가 일찍이 李居易의 奴의 妻가 되었는데, 그 소생이 많기가 40여 口에 이르렀다. 그 從良함에 미쳐서 모두 李居易의 奴婢가 되었다.[20]

위는 태종 때 金漢齊라는 사람이 자신 소유 노비의 訴良 문제를 가지고 刑曹와 都官에서 誤決하였다고 申聞鼓를 쳐 직접 왕에게 하소연한 사건이다. 金漢齊가 문제로 삼은 노비는 그의 祖上의 婢인 車衣加의 소생이다. 車衣加는 그의 조상의 婢였으며, 金漢齊는 이 車衣加의 자손들을 물려받아 소유하고 있었던 것으로 보인다. 그런데, 車衣加의 族女, 곧 金漢齊의 祖인 趙夫女 소유의 婢가 李居易가 소유한 奴 大和尙과 결혼[21]한 데서 문제가 발생하였다. 李居易의 奴 大和尙이 金漢齊의 祖 趙夫女의 婢夫가 된 것이었으며, 그 소생은 40여 口에 이를 정도였다.

이는 奴와 婢의 결혼이었으므로 그 소생 40여 구는 賤者隨母의 원칙에 따라 婢의 주인인

---

19) 『高麗史』 卷85, 志39 刑法2 訴訟, 恭讓王 4年 2月, 中冊, 875쪽, "官司 雖得正決 强者仍執而不許 弱者寃抑而更訴 以致爭訟日繁 姦僞日滋."

20) 『太宗實錄』 卷7, 太宗 4年 1月 甲寅條, 1冊, 287쪽, "趙夫女之孫金漢齊 亦以刑曹誤決其奴婢 擊鼓申呈 初漢齊祖上之婢車衣加所生訴良 刑曹及都官 皆從良決之 車衣加族女 曾爲李居易之奴妻 其所生多至四十餘口 及其從良 皆爲居易之奴婢."

21) 『太宗實錄』 卷7, 太宗 4年 1月 甲寅條, 1冊, 287쪽.

趙夫女에게 귀속되고, 金漢齊에게 상속되었다. 그런데 車衣加의 자손이 訴良을 제기하였다. 이는 訴良을 제기한 한 사람에게만 그치는 것이 아니라, 車衣加의 자손 전체의 신분 문제와 걸리는 것이었다. 혈연에 의해 身分이 결정되는 身分制 사회였으므로, 당연히 한 사람의 신분이 良人으로 결정되면 그와 혈연관계에 있는 모든 사람의 身分에 변동이 생기는 것이었다. 따라서 刑曹와 都官에서 訴良을 제기한 車衣加의 자손의 손을 들어 주어 從良으로 결정하자, 車衣加의 자손은 모두 從良되었다. 단, 그 중 車衣加의 族女가 李居易의 奴 大和尙에게 시집을 가서 낳은 자손 40여 구는 從良되지 않았다. 一賤則賤의 원칙에 의해 李居易의 소유로 되었던 것이다.[22)]

이와 같이 金漢齊 소유의 노비가 訴良을 제기할 수 있었던 배경에는 李居易[23)]가 있었던 것으로 생각된다. 訴良을 제기하였다가 죽임까지 당할 수 있는 상황에서 奴婢가 訴良을 제기하기 위하여서는 주인과 상대할 수 있는 어떠한 힘을 가지고 있어야 했을 것이며, 당시 車衣加의 자손들이 訴良을 제기할 수 있었던 현실적인 힘은 李居易에게 있었다고 생각된다. 太宗도 "趙夫女의 婢夫 大和尙이란 자는 李居易의 종이다. 그 여자가 良이라면 그 소생이 모두 이거이의 종이 될 수 있지마는, 조부녀가 옳다면 이거이가 부끄러운 일이다. 만일 이거이 때문에 마땅히 賤으로 할 것을 賤으로 하지 않는다면 어찌 公道이겠는가?"[24)]라고 하여, 이 訴良 소송과 그 판결에 李居易가 관여하고 있지 않나 하는 암시를 하고 있다. 즉 車衣加의 자손들은 李居易에 의지하여 訴良을 제기함으로써 大和尙의 자손 40여 구를 제외하고 訴良의 목적을 달성할 수 있었다고 생각한다.

한편 大和尙의 자손 40여 口도 비록 奴婢 身分에서 벗어나지 못하고 주인만 바뀌었을 뿐이지만, 勢家의 노비는 差役에서 면제[25)]되는 등 여러 가지 이점이 있었으므로 불만이 없

---

22) 고려시대에는 奴가 良人 여자를 취하여 아내로 삼는 것이 엄격히 금지되고 있었다. 『高麗史』 刑法志에 의하면 "奴娶良女 主知情杖一百 女家徒一年 自娶一年半 詐稱良人二年"(『高麗史』 卷85, 刑法2 奴婢, 中冊, 877쪽)이라고 하여 奴가 良女를 아내로 삼는 경우 주인까지 처벌하였다. 그렇지만 奴와 良女와의 소생은 賤으로 결정하였으며, 따라서 이는 특히 고려 후기에 이르러 奴主들이 자기 소유 奴를 양인 여자와 결혼시켜 노비를 확대하는 유력한 방법이 되었다(박진훈, 「高麗末 改革派士大夫의 奴婢辨正策」, 『學林』 19, 1998, 13~14쪽 ; 정현재, 「朝鮮初期의 奴婢法制」, 『慶尙史學』 2, 1986, 12~13쪽). 이에 고려말 개혁파 사대부들은 良賤相婚을 금지하고 그 소생을 良人으로 삼는 방안을 立法하여 奴가 양인 여자를 아내로 삼아 낳은 자식은 양인으로 하는 방안을 강구하기도 하였으나, 실행되지 않았다. 奴와 良女 사이의 소생은 조선시대에 들어와서도 賤人이 되었다. 太宗 원년 7월 27일 權仲和가 賤口와 良女 소생의 결혼을 금지하고, 이미 결혼한 사람은 이혼시키며, 令을 어길 경우 奴主에게까지 죄를 주자는 건의에 따라(『太宗實錄』 卷2, 太宗 元年 7月 甲寅條, 1冊, 210쪽), 8월 1일 判으로 判下 이후 낳은 자식은 身良役賤으로 司水監에 속하게 하였으나 判下 이전에 낳은 자식은 賤人으로 하고 있었다(『太宗實錄』 卷2, 太宗 元年 9月 乙未條, 1冊, 213쪽). 그러나 이 조치는 실제로 시행되지 않았으며, 결국 太宗 5년 9월 良賤相婚은 禁斷하고 그 소생은 屬公하되, 本主가 알지 못하였을 경우에는 本主 소유로 귀결하였다(『太宗實錄』 卷10, 太宗 5年 9月 甲寅條, 1冊, 339쪽).

23) 李居易는 왕자의 난에 참여하고 태종의 즉위를 도운 공로로 定社功臣과 佐命功臣에 연이어 책봉된 사람이다. 그의 아들 李薆가 太祖의 長女 慶愼宮主에게 장가를 가 權勢가 赫赫하였다고 한다(『太宗實錄』 卷28, 太宗 14年 10月 丙子條, 2冊, 40쪽).

24) 『太宗實錄』 卷7, 太宗 4年 1月 甲寅條, 1冊, 287~288쪽.

었을 것이다. 당시 良民들과 奴婢들이 무거운 부담을 피하기 위하여 勢家에 投托하는 일은 흔히 있는 일이었다. 이 大和尙의 자손들도 訴良의 방법을 통해 勢家인 李居易에게 投托한 것이었으며, 반면 李居易는 타인 소유의 奴婢 40여 구를 자기 소유로 할 수 있었다.

이와 같이 訴良을 통하여 타인 소유의 노비를 爭奪하는 것과 관련되는 것으로서 奴妻의 良·賤 신분 문제가 있었다. 奴婢 주인의 입장에서는 奴의 妻의 신분이 무엇이냐에 따라 그 소생의 소유권 귀속이 바뀌는 문제였다. 奴의 처의 신분이 양인이면 奴의 주인이 그 소생을 모두 차지할 수 있었지만, 奴의 처의 신분이 賤人 곧 婢이면 婢主가 그 소생의 소유권을 가졌다. 따라서, 이는 奴의 妻가 자신의 신분이 양인인가 賤人인가 하는 문제를 제기하는 것은 개인의 訴良 문제라기보다는 奴主간의 노비소유를 둘러싼 소유권 분쟁의 의미가 강했다. 태종 12년, 前 戶曹正郎 趙杞生의 奴가 故 三司長史 崔宏의 婢에게 장가들어 두 자식이 있었는데, 조기생이 자기 奴의 良妻의 所産이라 하여 據執하여 使喚하였고, 이에 대해 최굉의 처 安氏가 소송을 제기한 것이 그러한 예가 되겠다.[26] 이외에 奴妻의 良賤 문제는 아니지만, 本宮의 奴 金千이 訴良을 제기하였다가 從賤되었을 때, 다른 사람의 노비를 一族이라고 함부로 칭하여 붙잡아온 자가 심히 많다고 한 기록[27]도 訴良과 연관하여 타인 소유의 노비를 탈점하는 형태의 하나라고 이해할 수 있지 않을까 한다.

3. 麗末鮮初 訴良者의 분석

이 장에서는 구체적으로 訴良을 제기한 사람들이 어떠한 사람이었는가, 그리고 이 訴良을 제기한 사람들을 당시 奴主로서 지배하고 있던 사람들이 어떠한 사람이었는가를 구체적으로 살펴보려고 한다. 이를 위해 우선 다음의 사료들을 검토하기로 하겠다.

(가) 전법판서 金偦가 죽었다. 당시 貞和院妃가 왕에게 총애를 받고 있었는데, 民을 노예로 삼으니 그 民이 전법사에 소송하였다. 그런데 旨로써 정화원비에게 주기로 결정하라고 독촉하여 명령하였기 때문에, 김서와 동료들은 그 원통함을 알면서도 旨를 어기지 못하여 드디어 노예로 결정하여 버렸다.[28]

(나) 金州民 大文이란 자는 族黨이 근 100명인데, 李英柱가 權勢를 믿고 억압하여 奴로 삼으려 하였다. 都官佐郎 李舜臣은 성질이 참소하기를 좋아하는 자로서 이영주의 뜻을 맞추어 붓 끝으로 賤民으로 만드니, 大文이 王府斷事官 趙仁規에게 訴願하였다.[29]

---

25)『世宗實錄』卷57, 世宗 14年 7月 壬申條, 3冊, 402쪽.

26)『太宗實錄』卷23, 太宗 12年 6月 丁丑條, 1冊, 640~641쪽.

27)『太宗實錄』卷28, 太宗 14年 8月 丙寅條, 2冊, 33쪽.

28)『高麗史節要』卷20, 忠烈王 10年 7月條, 537쪽, "典法判書金偦卒 時貞和院妃 有寵於王 認民爲隷 民訴于典法司 有旨督令斷與貞和 偦與同僚 知其寃 不能違旨 遂斷爲隷."

29)『高麗史』卷123, 列傳36 嬖幸1 李英柱, 下冊, 683쪽.

(다) (우왕 원년 10월) 태조의 奴로서 訴良하는 자가 있으니, 天桂는 그 누이인 康祐의 妻와 모여 모의하고 訴良한 사람과 서로 연결하여 난을 일으키려고 했다.[30)]

(라) 前 密直使 金先致가 죽었다. …… 임진년(恭愍王 1, 1352)에 나주에서 판관이 되었는데, 巨室에서 珍島 郡吏를 강제로 賤人으로 만든 자가 있으므로 곧 處決하여 良人으로 만들었다.[31)]

위의 사례들은 고려 후기의 구체적인 訴良 사례들이다. 訴良을 제기한 사람들 및 그들의 상대자, 즉 訴良人들을 당시 지배하고 있던 사람들이 구체적으로 나타나고 있다. 우선 高麗後期에 訴良을 제기한 사람들은 民·金州民 大文·李成桂의 奴·珍島 郡吏 등이었으며, 반면 이들을 지배하고 있던 사람들은 당시 국왕인 충렬왕의 총애를 받고 있던 貞和院妃,[32)] 충렬왕대 대표적인 嬖幸이었던 李英柱, 李成桂와 羅州의 巨室 등이 보이고 있다. 고려의 최고 지배계층이거나 巨室로 표현되고 있는 在地勢力家임을 알 수 있다.

이처럼 소량을 제기한 訴良人들의 상대자가 당시의 최고 지배계층임은 조선 초기에도 마찬가지였다.

(마) 처음에 故 郎將 任之伯의 孫 得光 등이 歸義君 王瑀와 더불어 訴良하였다.……[33)]

(바) 前 政堂文學 郭樞를 平州로 流配보냈다. 郭樞가 前 將軍 田興을 家奴라고 하여 강제로 役使하니, 田興이 憲司에 호소하였다. 헌사에서 그 宗派를 변별하여 보니 良籍인 것이 매우 분명하므로, 郭樞의 壓良한 죄를 탄핵하였다. 임금이 郭樞가 靖安公 翁主의 族父라 하여 용서하고, 다만 平州의 農莊에 流配보냈다.[34)]

(사) 檢校典書 金貴珍은 본래 都官의 奴였는데 음식을 잘 만들기 때문에 왕의 총애를 받았다. 都官에서 그 어머니를 잡아다가 그 근본 바탕을 캐었더니 그 어머니가 자복하기를 본래 都官의 婢였다고 하므로 貴珍을 從賤시켰다. 貴珍이 司憲府에 訴良하였다. 司憲府에서 또 從賤으로 決折하였다.[35)]

(아) 司憲府, 刑曹를 불러서 朴尙文등이 訴良한 일을 辨定하도록 명하였다. 처음에 尙文 등

---

30) 『太祖實錄』 卷1, 總書, 禑王 元年 10月條, 1冊, 7쪽, "(禑王 元年 十月) 太祖奴有訴良者 天桂與其妹康祐妻合謀 連結訴良者 欲作亂……."

31) 『太祖實錄』 卷13, 太祖 7年 3月 己巳條, 1冊, 118쪽, "前密直使金先致卒 …… 壬辰判官羅州 有巨室壓珍島郡吏爲賤者 卽決爲良人."

32) 貞和院에는 嘉林縣의 촌락이 分屬되어 있었다(『高麗史』 卷89, 列傳2 后妃2, 忠烈王 4年, 下冊, 22쪽). 이들 촌락은 정화원을 배경으로 賦役을 바치지 않고 있었으며, 이들은 (가)의 "認民爲隷"된 자들과 마찬가지로 결국 院의 私民·隷民(奴婢)으로 전락하였다고 생각된다.

33) 『太祖實錄』 卷14, 太祖 7年 6月 己未條, 1冊, 128쪽, "初故郎將任之伯孫得光等 與歸義君王瑀訴良……."

34) 『定宗實錄』 卷2, 定宗 1年 11月 丁丑條, 1冊, 159쪽, "流前政堂文學郭樞于平州 樞謂前將軍田興爲家奴 勒令役使 興訴于憲司 憲司辨其宗派 良籍明甚 劾樞壓良之罪 上以樞靖安公翁主之族父 宥之 只流平州農莊."

35) 『太宗實錄』 卷7, 太宗 4年 5月 辛丑條, 1冊, 294~295쪽, "檢校典書金貴珍 本都官奴也 以善烹飪得幸 都官執其母 究其根脚 其母服曰 本都官婢也 故以貴珍從賤 貴珍訴良于司憲府……."

이 大駕 앞에서 申訴하였는데, 임금이 소첩을 보니 良民을 억압하여 賤人을 만들었다고 호소한 것인데, 말이 두 사람의 國舅에 干犯되었다.……[36]

(자) 持平 柳博을 錦州로, 執義 閔渫을 尙州로 유배하고, 掌令 金益精을 파직시켰다. 처음에 吳尙美의 孫子 吳金祿 등이, 憲府에서 訴良狀을 접수하지 않는다고 申聞鼓를 쳐서 하소연하니, 사간원에 내려 이를 핵실하게 하였다.……[37]

(차) 閔氏兄弟가 良人 수백 구를 억압하여 私賤을 만들었으므로, 그 사람이 鼓를 쳐서 申聞하였다. 이에 承政院과 三省으로 하여금 사실을 조사하게 하여 誤決한 官員 金瞻 등을 貶黜하였다.[38]

(카) 本宮의 奴 金千을 濟州에 내쫓았다. 김천이 訴良한 것이 모두 세 차례였으나 사실이 아니었다. 임금이 노하여 발뒤꿈치를 끊어 버리고 제주로 내쫓았는데, 가다가 全州에 이르러 죽었다.[39]

당시 訴良을 제기한 사람들을 지배・역사하고 있던 주인들의 구체적인 예로서 (마)에 보이는 歸義君 王瑀, (바)의 前 政堂文學 郭樞, (아)의 두 사람의 國舅, (차)의 閔氏 兄弟 등과 (사)의 都官 및 (카)의 本宮 등이 위의 사례들에서 보이고 있다.

우선 歸義君 王瑀는 恭讓王의 아우로서, 麻田郡에 거주하면서 王氏의 祭祀를 주관한 인물이었다.[40] 郭樞는 淸州人으로 富貴가 족하였으며, 議政府 贊成事에까지 오른 인물로서 태종 5년 7월 죽었을 때 文良이라는 시호를 받았다.[41] 郭樞는 靖安公 곧 태종의 翁主의 族父였다.[42] (아)에 나오는 두 사람의 國舅는 閔霽와 權弘이었다.[43] 주지하다시피, 閔霽는 그의 딸이 太宗의 妃인 靜妃로서 太宗의 장인이었고, 權弘도 그의 딸을 태종의 嬪으로 들여보낸 인물이었다. 두 사람 모두 당대 최고 권력자의 반열에 있는 사람들이었다. (차)의 閔氏 형제는 閔霽의 아들들이자 태종의 처남들인 閔無咎 형제들을 말한다. 그 외에 公處에 소속되어 있던 사람들에게는 그들이 속해 있는 국가기관인 都官과 本宮이 訴良의 상대 기관이었다.

이와 같이 고려 후기・조선 초기에 訴良을 제기한 사람들을 지배하고 있던 사람들은 貞和院妃와 李成桂, 閔霽와 그의 아들들, 權弘・郭樞 등 당대의 최고 지배층을 필두로 한 국

36) 『太宗實錄』 卷10, 太宗 5年 8月 丁丑條, 1冊, 333쪽, "召司憲府刑曹 命辨朴尙文等訴良事 初尙文等申訴駕前 上覽訴牒 乃訴壓良爲賤 言干兩國舅……."

37) 『太宗實錄』 卷17, 太宗 9年 閏4月 庚申條, 1冊, 485쪽, "流持平柳博于錦州 執義閔渫于尙州 罷掌令金益精職 初吳尙美孫子金祿等 以憲府不接訴良狀 擊鼓 下司諫院覈之……."

38) 『太宗實錄』 卷16, 太宗 8年 10月 乙亥條, 1冊, 455쪽, "閔氏兄弟 壓良人數百口 以爲私賤 其人擊鼓以聞 令承政院三省覈實 乃貶誤決官金瞻等."

39) 『太宗實錄』 卷28, 太宗 14年 8月 丙寅條, 2冊, 33쪽.

40) 『太祖實錄』 卷1, 太祖 1年 8月 丙辰條, 1冊, 26쪽.

41) 『太宗實錄』 卷10, 太宗 5年 7月 己亥條, 1冊, 331쪽.

42) 『定宗實錄』 卷2, 定宗 1年 11月 丁丑條, 1冊, 159쪽.

43) 『太宗實錄』 卷10, 太宗 5年 8月 丁丑條, 1冊, 333쪽 ; 『太宗實錄』 卷10, 太宗 5年 8月 壬午條, 1冊, 333쪽.

가의 지배계층 및 국가기관이었다. 따라서, 이러한 사람들에게 지배되고 있던 사람들이 訴良을 제기하기 위해서는 이러한 사람들에게 대항할 수 있는 무엇인가 힘을 가지고 있어야만 하였다. 이를 위해 우선 訴良을 제기한 사람들을 검토해 보도록 하겠다.

訴良을 제기한 사람들은 (가)의 民, (나) 金州民 大文, (다)의 李成桂의 奴, (라)의 珍島 郡吏, (마)의 任之伯의 孫 得光, (바)의 前 將軍 田興, (사)의 검교전시 金貴珍, (아)의 朴尙文, (자)의 吳尙美의 孫子 吳金祿, (차)의 良人, (카)의 本宮奴 金千 등이 보이고 있다.

우선 (바)의 田興이란 인물은 워낙 미천하여 그 根系를 알 수 없는 인물이었으나, 매우 총명하고 부지런하여 천한 일 가리지 않고 한 인물이었다.[44] 그는 太宗을 潛邸 때부터 섬겨 太祖 7년 왕자의 난이 발생했을 때에는 道鎭撫가 되어 太宗을 侍從하였으며,[45] 태종이 즉위한 후 原從功臣에 봉해진 인물이었다.[46] 따라서, 태종의 翁主의 族父인 郭樞가 전흥을 家奴라고 하여 役使였을 때, 田興이 訴良을 제기할 수 있었던 것은 太宗을 시종하여 따라다녔다는 점이 커다란 요인으로 작용하였을 것이다. 이러한 배경이 없었다고 한다면, 그 根系를 알 수 없을 정도로 미천하였던 전흥으로서는 郭樞가 그를 잡아 役使하였을 때 비록 그가 良人이었다고 하더라도 쉽사리 訴良을 제기할 수 없었을 것이다.

이와 같이 勢力家를 배경으로 하여 訴良을 제기한 인물은 또 있었다. (사)의 검교전서 김귀진이 그 경우이다. 그는 어머니가 都官의 婢였지만, 어느 시기인가에 노비의 신분에서 벗어나 있었다. 음식을 잘 만들어 太宗의 총애를 받았으며, 檢校典書에 올라 있었다. 그리고 그 어머니의 신분이 밝혀져 從賤되었지만, 임금의 총애를 배경으로 訴良을 제기하고 있다. 특히 임금의 뜻을 살피지 못하고 김귀진을 從賤시킨 司憲持平 韓雍은 司諫院에 의해 탄핵까지 당하였다.[47]

한편 婢妾 所生으로서 訴良을 제기한 인물들의 경우이다. 이들도 부친의 세력을 기반으로 訴良을 제기하였다는 점에서 세력가의 세력을 기반으로 하여 訴良을 제기하는 경우와 일맥상통한다고 생각한다. 태종 13년 高麗 侍中 柳廷의 賤妾의 後孫들이 여러 차례 訴良을 제기한 것이나, 河崙의 孼子 河永이 限年의 기한을 어기고까지 訴良을 제기한 것을 왕이 특별히 허락한 것,[48] 판사 崔府의 婢로서 張希傑의 妻가 된 자가 辨定都監에 訴良하였는데 그 여인은 河崙의 딸이었던 것[49] 등이 그러한 경우이다.

이외에 (라)의 珍島 郡吏의 경우도 郡吏였기 때문에 어느 정도 訴良을 제기할 수 있을 만한 힘을 가지고 있었다고 보여진다.

한편 奴主의 정치적 지위의 변동에 따라 그에게 예속되어 있던 사람들이 訴良을 제기하

---

44) 『世宗實錄』 卷39, 世宗 10年 1月 辛丑條, 3冊, 110쪽.
45) 『世宗實錄』 卷82, 世宗 20年 9月 丙午條, 4冊, 164쪽.
46) 『世祖實錄』 卷7, 世祖 3年 4月 丁巳條, 7冊, 196쪽.
47) 『太宗實錄』 卷7, 太宗 4年 5月 辛丑條, 1冊, 294~295쪽.
48) 『太宗實錄』 卷21, 太宗 11年 1月 甲子條, 1冊, 572쪽.
49) 『太宗實錄』 卷28, 太宗 14年 10月 丙申條, 2冊, 43쪽.

는 경우도 있었다고 생각된다. (차)의 閔氏 형제의 사례가 그 예로서 생각된다. 閔無咎를 비롯한 閔氏 형제들이 태종 7년 7월 정치적 숙청을 당하는데,[50] 위의 기사는 1년 정도 지난 8년 10월 閔氏 형제의 죄목 중 하나로 나열된 것이다. 따라서 이 訴良이 정확하게 언제 제기되었는지 분명치 않으나, 閔氏 형제가 실각된 후 제기되었을 가능성이 있다고 생각된다.

이처럼 訴良을 제기한 사람들은 訴良을 제기할 수 있을 만한 정치적 힘을 가지고 있었다. 또한 이들은 그들이 自立할 수 있는 경제적 능력도 가지고 있었다고 보여진다. 前 將軍으로 나오는 田興이라든가 검교전서로 나오는 김귀진, 倉司였던 朴尙文,[51] 故 郎將 任之伯의 孫 得光 등 관직을 가지고 있었던 자들은, 관직과 더불어 자립할 수 있는 경제적 능력도 어느 정도 갖추고 있었을 것으로 보여진다. 珍島 郡吏의 경우도 경제적인 기반이 있었던 것으로 생각되며, 婢妾 所生들의 경우도 勢力家인 父의 능력에 따라 경제적 능력을 갖추었을 것이다.

이러한 정치적 배경을 갖추지 못한 일반 노비들로서 訴良을 제기하는 경우에는 특히 경제적으로 自立할 수 있는 능력을 保持하고 있어야만 訴良이 가능했을 것이다. 재생산 기반을 보유하고 있지 못한 경우, 즉 경제적으로도 예속되어 있는 경우 그가 비록 良人이라고 하더라도 訴良을 제기하는 것은 불가능하였을 것이다. 양인 농민으로서 재생산 기반을 유지할 수 없는 사람들은 오히려 그들의 생계를 유지해 줄 수 있는 勢家나 富者에 투탁하는 경우가 다반사였다. 공민왕 10년 5월 都評議使司가 양인으로서 능히 스스로 먹지 못하는 자는 富人으로 하여금 이를 먹이게 하되 단지 그 良人 一身에 한하여 役使하게 하자[52]는 계책을 올렸을 정도로, 정부에서마저도 '不能自食'하는 몰락농민들은 富豪들에게 의지하여 생계를 유지하게 할 수밖에 없었다. 이러한 자들은 공민왕이 염려한 대로 그들이 의탁한 富人들의 奴婢가 되었을 것이다.[53] 따라서 '不能自食'하는 계층들이 奴婢化하였다고 하여도 현실적으로 訴良을 제기하는 것은 불가능하였을 것이다.

여말선초에는 奴婢로서 자신의 토지를 소유하거나 심지어 奴婢까지 소유하고 있는 자가 있었다. 유명한 이야기이지만, 이미 高麗 明宗 때 평장사 김영관의 家奴 平亮은 見州에 살면서 務農致富하여 權要에게 뇌물을 주어 良民의 신분이 되었으며, 나아가 散員同正의 벼슬까지 얻은 기록이 있다.[54] 太宗 때 富商 左軍奴 佛丁은 麤布 1,500여 필을 소유하고 있었다.[55] 이처럼 재산을 축적하는 노비들이 있었으며, 고려 말에는 사라·능단의 의복과 금

50) 이에 대해서는 金成俊, 「朝鮮太宗의 外戚除去와 王權强化」, 『韓國中世政治法制史研究』, 一潮閣, 1985 참고.

51) 『太祖實錄』 卷11, 太祖 6年 5月 甲子條, 1冊, 106쪽.

52) 『高麗史』 卷39, 世家39, 恭愍王 10年 5月, 上冊, 787쪽, "都僉議使司啓曰 年凶饑莩甚多 無以賑活 良人不能自食者 令富人食而役止其身."

53) 『高麗史』 卷39, 世家39, 恭愍王 10年 5月條, 上冊, 787쪽.

54) 『高麗史』 卷20, 世家20, 明宗 18年 5月 癸丑, 上冊, 413쪽.

55) 『太宗實錄』 卷21, 太宗 11年 1月 壬午條, 1冊, 575쪽.

은·주옥의 장식을 하고 다니는 工商賤隷들까지 생겨나고 있었으며, 이에 대해 신분질서를 어지럽히는 심각한 사태로 인식하고 있었다.[56] 이들 중에는 戶籍의 미비 등을 틈타 '以賤從良'되는 자들도 있었다.[57]

이러한 재산 축적의 가능성은 勢家의 농장을 관리하는 幹事奴僕이나 收租奴들 중에서 높았을 것이다. 恭愍王 5년 6월의 "各處 逆賊의 奴婢들이 達魯花赤이라고 자칭하고, 남의 土田을 빼앗고 양민을 역사시켜 재산을 축적하고 있다"[58]라는 기사에 보이는 達魯花赤이라고 자칭하고 있던 奴婢들이 재산을 축적하고 있었음을 알 수 있다. 이들 達魯花赤이라고 자칭하고 있던 奴婢들은 奇轍 등 이 시기에 숙청된 權豪들의 農莊을 관리하는 幹事奴僕으로 보인다. 구체적으로는 禑王 때 전 밀직부사 趙胖의 白州 땅을 강탈하고, 염흥방이 이 땅을 주인인 조반에게 돌려주었음에도 불구하고 다시 강탈하고 조반을 능욕한 廉興邦의 家奴 李光[59]과 같은 자[60]들이 개인적인 재산을 축적한 존재들이었을 것이다. 대체로 이들 노비들은 本主의 田庄을 관리하고 長利를 良民에게 대여하여 그 利息을 취하는 자가 많았다.[61] 이러한 幹事奴僕 중에서 염흥방의 家奴 李光과 같이 奴主의 실각과 함께 惡奴로서 제거되는 존재들도 있었지만, 한편으로는 奴婢의 신분에서 벗어나는 존재들이 없었다고 할 수는 없을 것이다. 추측이기는 하지만 (다)에 나오는 太祖의 奴로서 訴良한 자가 그러한 간사노복 출신이 아니었을까 생각한다. 그는 訴良 문제를 둘러싸고 太祖와 원한관계를 쌓았고 禑王 元年 10月 李天桂 및 그 누이 康祐의 妻와 연결되어 太祖를 제거하려고 하였는데,[62] 그가 간사노복 정도의 위치가 되었기에 李天桂 및 그 누이 康祐의 妻와 연계되어 '作亂'할 수 있었던 것은 아니었을까 생각된다.

이와 같이 自立할 수 있는 경제적 기반을 가지고 있는 자들만이 訴良을 제기할 수 있었을 것이다. 太宗 때 刑曹都官에서 올린 奴婢事宜에 의하면 大小人員이 奴婢의 奴婢를 役使시키는데, 그 후에 從良하거나 身良水軍에 속했는데도 지난날 옛 주인이 相訟하는 경우가 있다[63]고 하는 것에서 奴婢를 소유하고 있는 奴婢들이 從良되고 있음을 엿볼 수 있다.[64] 특히 이들의 主家가 정치적·경제적으로 쇠퇴한 경우 訴良을 제기하기가 용이하였을

56) 『高麗史節要』 卷35, 恭讓王 3年 3月 房士良 上疏, 884쪽.

57) 『高麗史』 卷79, 志33 食貨2 戶口, 恭讓王 2年 7月, 中冊, 733쪽, "恭讓王二年七月 都堂啓 …… 近年以來 戶籍法廢 不唯兩班世系之難尋 或壓良爲賤 或以賤從良."

58) 『高麗史』 卷81, 志35 兵1 兵制, 恭愍王 5年 6月, 中冊, 783쪽, "五年六月下敎曰 …… 一 各處逆賊之奴 自稱達魯花赤 奪人土田 役使良民 蓄積財産 其令所在官籍沒 以募戍卒."

59) 李光은 廉興邦의 家奴로서, 염흥방의 농장을 관리하는 庄主의 위치에 있었다(『太宗實錄』 卷2, 太宗 元年 10月 壬午條, 1冊, 215~216쪽, "復興君 趙胖卒 …… 時 林堅味廉興邦等 久執政柄 貪饕無厭 奪白州人田數百頃 以其蒼頭李光爲庄主 又奪諸人之田 一年收租 至再至三").

60) 『高麗史』 卷126, 列傳39 姦臣2 林堅味, 下冊, 742쪽.

61) 周藤吉之, 「高麗末期より朝鮮初期に至る奴婢の硏究(2)」, 『歷史學硏究』 9-2, 1939, 67쪽.

62) 『太祖實錄』 卷1, 總書 禑王 元年 10月條, 1冊, 7쪽.

63) 『太宗實錄』 卷28, 太宗 14年 8月 癸丑條, 2冊, 30~31쪽.

64) 죽음을 각오하고 세 번씩이나 訴良을 제기한 (カ)의 本宮奴 金千 같은 경우에도 경제적인 자립의 토

것이다. 人家의 자손이 혹 집이 가난하여 돈이 없어서 혼인의 때를 놓치게 되고, 부모가 죽고 나면 奴婢에게 의탁하는 경우가 있다[65]고 지적되고 있는데, 이러한 상황에서 奴婢가 奴主로부터의 자립을 도모할 가능성이 컸다고 생각된다. 예를 들어 平亮의 妻는 少監 王元之의 家婢였는데 왕원지는 家勢가 빈한하여 가족을 데리고 家婢인 平亮의 妻에게 의탁하였으며, 평량은 良人이 되기 위하여 왕원지 일가를 살해하고 있다.[66]

그렇지만, 이와 같이 재산을 축적한 노비들이 이를 기반으로 노비의 신분에서 벗어나는 경우가 있었다고 하여도, 身分制社會에서 원래부터 奴婢의 신분이었던 자가 訴良을 제기하여 奴婢의 신분을 벗어나기는 쉽지 않았을 것이다. 오히려, 麗末鮮初에 訴良을 제기한 사람들은 高麗後期 이래로 奴婢化한 계층들, 그러면서도 자기의 재생산 기반을 유지하고 있던 사람들이 주류를 차지하고 있었을 것으로 생각된다.

麗末鮮初에는 고려 후기 收租地의 祖業田化와 더불어 奴婢化한 농민들이 존재하고 있었다. 고려 후기 分給收租地인 私田이 국가의 관리통제에서 벗어나 私的으로 世傳되는 것[67]과 더불어 私田의 경작사인 良人佃客農民들도 世傳되었다. 이들 良人佃客農民들은 자기 소유지는 그대로 유지하면서 국가의 국역부담에서 벗어나는 것을 통해 재생산 기반을 유지한 반면 收租權者인 權豪들에게 私的으로 예속되어 있었다. 고려정부는 이들 농민들을 辨正·推刷하기 위한 노력을 계속하였으나, 반면 權豪들은 그들이 隷屬하고 있는 농민들을 조상 대대로 물려받아 役使하고 있는 개인 소유의 祖業奴婢·父祖奴婢로 인식하고 있었으며, 혼인관계·채무·문서위조 등을 통해 법적관계에 있어서도 소유권을 확보해 나가고 있었다.[68]

그러나 收租權的 토지지배관계가 쇠퇴하고 地主佃戶制가 성장하고 있는 고려 말·조선 초기의 상황 하에서, 특히 收租權이 科田法으로 축소되면서 이들 祖業奴婢化한 농민들은 기존의 田主에게서 벗어나려고 하였다. 收租權이 다시 국가의 공적 관리체계 하에 놓이게 되고 所有權적 토지지배가 강화되면서, 이들은 기존 田主의 예속에서 벗어나려고 한 것이다. 이와 더불어 高麗後期 이래 계속된 정치적 변동 및 朝鮮의 성립이라는 정치적인 상황도 기존의 田主에게 예속된 상황을 벗어나려는 이들의 訴良을 가속화시켰다고 생각된다. 예를 들어 (가)의 貞和院妃가 노예로 만든 民은 貞和院에 分屬되어 있던 嘉林縣의 村落民[69]과 마찬가지의 존재로, 收租地의 祖業田化·農莊의 발달과 더불어 私民化한 존재들이었다고 생각된다. (나)의 金州民 大文의 族黨이라든지, (차)의 閔氏 형제가 壓良爲賤하였던 民들, 그 기록이 다른 곳에서 보이지 않는 (자)의 吳金祿도 그러한 존재일 가능성이 크

대가 있었다고 생각된다.

65)『高麗史節要』卷35, 恭讓王 3年 3月, 884쪽.

66)『高麗史』卷20, 世家20, 明宗 18年 5月 癸丑, 上冊, 413쪽.

67) 李景植,「高麗末期의 私田問題」,『朝鮮前期土地制度硏究』, 1986, 7~16쪽.

68) 朴晉勳,「高麗末 改革派士大夫의 奴婢辨正策」,『學林』19, 1998 참조.

69)『高麗史』卷89, 列傳2 后妃2, 忠烈王 4年, 下冊, 22쪽.

다고 생각한다. 특히 朝鮮初期에 訴良을 제기하였으나 良·賤籍 不明으로 관사 使令이나 司宰監 水軍에 定屬되는 일반 訴良人들, 구체적인 인명이 보이지 않는 이들이 고려 후기 收租地의 祖業田化와 더불어 私民化한 존재들이었다고 생각된다.

4. 政府의 訴良者 政策

1) 高麗末~朝鮮 太祖代의 訴良者 政策

訴良이 본격적인 사회문제로 제기된 것은 고려 후기의 일이었다. 고려 후기 私田의 家産化·農莊의 발달과 더불어 많은 농민계층이 壓良爲賤·祖業奴婢化하였으며, 따라서 訴良의 제기도 더불어 증가하였다. 고려정부는 국가체제를 뒤흔드는 문제인 訴良의 증가에 대해 辨定都監 등의 기관을 설치하거나 計點使를 지방에 파견하는 등 이 문제의 해결에 노력하였다. 辛旽의 경우 賤隷訴良者를 모두 良人으로 하는 극단적인 조치를 취하기도 하였다.[70] 하지만 訴良은 壓良爲賤·祖業奴婢化에서 비롯되는 것이었으므로, 祖業奴婢化의 근본 원인인 私田의 家産化 문제를 해결하지 않고서는 訴良의 문제도 해결하기는 어려웠다. 더군다나, 고려정부는 그때 그때 제기되는 訴良마저도 제대로 처리하고 있지 못하였다. 訴良者가 많았으나 담당 부서인 讞部가 이를 제대로 판결하지 못하고 있거나,[71] 심지어 權奸의 무리들이 良民을 拘占하고 父祖가 물려준 노비라고 妄稱하여도 官司가 능히 판별하지 못하고 있는 상황이었다.[72]

이러한 고려 후기 이래의 訴良 문제에 대한 본격적인 해결책이 마련된 것은 恭讓王 4년 2월이다. 趙浚·鄭道傳을 비롯한 개혁파 사대부들은 우선 기존의 私田을 혁파함으로써 良民들의 祖業奴婢化를 차단할 수 있는 기반을 마련한 후, 恭讓王 4년 2월 人物推辨都監을 중심으로 노비변정에 대한 본격적인 정책을 마련하였다.[73] 이 人物推辨都監의 노비변정책에는 訴良者에 대한 다음과 같은 처리방안이 마련되고 있다.

> 이제부터 訴良者는 비록 良籍이 없다고 하더라도 그 賤籍이 不明한 자는 良으로 하고, 本主가 비록 賤籍이 없다고 하더라도 累代로 驅使한 것이 명백한 것은 決給한다. 前年까지 변별하지 못한 장부에 있는 자는 또한 마땅히 良으로 한다.[74]

---

70) 『高麗史』 卷132, 列傳45 叛逆6 辛旽傳, 恭愍王 15年 5月條, 下冊, 857~858쪽.

71) 『高麗史』 卷76, 志30 百官1 都官, 忠宣王 2年, 中冊, 664쪽, "忠宣王二年 以訴良者多 而讞部不能辨 復設都官 置正郎佐郎."

72) 『高麗史』 卷85, 志39 刑法2 訴訟, 恭讓王 4年 2月, 中冊, 875쪽, "權奸之輩 揣知其然 拘占良民 妄稱父祖奴婢 被拘之人 訴良無據 官司亦不能辨 淹延歲月 寃抑滋甚 以傷和氣."

73) 이에 대해서는 朴晉勳, 「高麗末 改革派士大夫의 奴婢辨正策」, 『學林』 19, 1998 참조.

74) 『高麗史』 卷85, 志39 刑法2 訴訟, 恭讓王 4年 2月, 中冊, 875쪽, "自今訴良者 雖無良籍 其賤籍不明

訴良者에 대한 판결 근거는 우선 良籍과 賤籍이었다. 訴良者의 신분을 증명할 수 있는 戶籍 등의 文籍이 확실할 경우 당연히 그 文籍에 근거하여 신분을 판정하는 것이었다. 하지만, 실제로 良·賤籍이 명확한 사람이 訴良을 제기하기는 어려웠을 것이고, 訴良을 제기한 사람들은 많은 경우 良·賤籍이 불명한 상태였을 것이다. 당시 紅巾賊의 침입으로 開城이 함락되면서 개성에 보관되어 있던 戶籍이 망실되었고, 이러한 상황을 틈타 權豪들은 자신들이 장악하고 있는 農民들의 戶籍을 위조할 수 있었다.[75] 특히 戶長들은 印信을 촌락에 移文하고 戶口傳准 및 奴婢文卷에 是非를 묻지 않고 함부로 찍어 주는 상황이었다.[76] 따라서, 良籍이 없거나 또는 良籍과 賤籍이 동시에 존재하는 경우가 다반사로 존재하게 되었다.

여기서 주목할 점은, 訴良者의 신분 변별을 실제 役使의 有無로 판별한다는 점이다. 累代로 驅使한 것이 명백한 자들만 從賤하여 本主에게 귀속시키고, 이외에 良賤이 불명확한 訴良者들은 從良하는 조치를 취하였다. 이러한 조치는 실제 主家에 예속되어 役使되어 온 존재들, 특히 率居하고 있던 존재들에 대해서는 그들을 役使하고 있던 奴主의 기득권을 인정하는 것이었다. 반면, 主家에 대한 예속의 강도가 약하였던 존재들, 즉 직접 驅使되지 않고 外居하고 있으며 자기의 경리를 가지고 있던 존재들에 대해서는 從良을 허용하는 것이었다. 이는 고려 후기 收租地의 祖業田化의 진전과 더불어 私民化·祖業奴婢化되었던 존재들, 그러면서도 자기 경리를 유지하고 있던 존재들에 대해서는 그들을 다시 良民으로 만들어 國役을 부담시키려 하였던 조치였다고 생각된다.

그러나 恭讓王 4년 당시의 정치상황, 奴婢를 소유한 지배계층의 반발 등의 이유로 이러한 訴良者에 대한 처리방안은 시행되지 않고 일단 중지되었다. 하지만, 토지문제가 해결된 상황 하에서 가장 시급히 해결해야 될 과제는 바로 고려 후기에 私民化하였다가 訴良을 제기한 존재들에 대한 처리 문제였다. 따라서, 朝鮮建國 후 太祖가 즉위하자마자, 정확히는 중단된 지 10개월 만에 이러한 訴良者에 대한 처리방안은 다시 재확인되었다.

> 洪武 25년(太祖 1) 12월 27일로부터 이전에 무릇 奴婢로서 訴良한 자는 役使한 지가 이미 오래 되었으면 그대로 從賤하고, 일찍이 役使하지 않은 사람을 노비라 일컬어 강제로 천인을 삼은 사람은 良人이 되는 것을 허락하고, 그 相爭하여 未決한 노비는 그 당시에 得決한 자에게 이를 주게 한다.[77]

者 良之 本主 雖無賤籍 累代驅使明白者 決給 在前載未辨帳者 亦當良之."

75) 『高麗史』 卷85, 志39 刑法2 訴訟, 恭讓王 4年 2月條, 中冊, 876쪽.

76) 『太宗實錄』 卷11, 太宗 6年 6月 丁卯條, 1冊, 360쪽, "各道大小各官 皆有州司印信 戶長掌之 不惟移文村落 作弊多端 若戶口傳准 奴婢文卷印給等事 不問是非 徇私泛濫."

77) 『太祖實錄』 卷2, 太祖 1年 12月 癸酉條, 1冊, 38쪽, "自洪武二十五年十二月二十七日已前 凡奴婢訴良者 役使已久 則仍令從賤 以曾不役使者 稱爲奴婢 勒令爲賤者 許爲良人 其相爭未決奴婢 許於當時得決者給之."

위의 조항 다음에 "至正 辛丑年(恭愍王 10, 1361) 이후의 逃亡奴婢는 이 조항에 해당하지 않는 것으로 한다"[78]는 부가 사항이 붙어 있지만, 訴良者에 대한 위의 처리방안은 기본적으로 恭讓王 4년 2월 人物推辨都監에서 마련한 訴良者 처리방안의 연장선상에서 마련된 것이었다. 이 조항에 良籍과 賤籍에 대한 언급이 없지만, 良籍과 賤籍이 확실한 사람은 그 文籍에 따라 결정된다는 전제 하에서 마련된 것이라고 생각하며, 인물추변도감의 조항에서 표현된 '累代驅使明白者'가 여기에서는 '役使已久者'로 대치되어 있을 뿐이다. 동일한 대상을 표현만 달리한 것으로 생각된다.[79]

그러나 이러한 訴良者에 대한 처리방안은, 고려 후기 이래 良民을 私民化하여 祖業奴婢로 役使하여 오던 奴主 계층의 이해관계를 침해하는 것이었고, 따라서 이 조치에 대한 반발이 제기되었다. 다음 해 3월에 知刑曹事 張演 등이 上言하여, "役使한 지가 이미 오래 되었는데도 得決하지 못한 자도 있고, 또한 得決하였는데도 役使하지 못하는 자도 있어 爭訟이 더욱 번잡하게 되었습니다"[80]라고 하여, 奴主들이 오랫동안 奴婢로 役使해 왔는데도 불구하고 소송에서 승리하지 못하며, 소송에서 승리하였어도 이를 실제로 役使하지 못하고 있다고 한 것이 그것이다.

이에 太祖 4년 12월, 訴良을 비롯한 奴婢問題에 관한 전반의 문제를 해결하기 위하여 奴婢辨定都監을 설치하고 南在·韓尙敬·金希善으로 判事를 삼아 일을 주관하게 하였으며,[81] 6년 7월 辨定都監에서 기존의 조항들을 참고하여 19條의 노비문제 해결방안을 마련하여 제시하였다. 辨定都監이 마련한 訴良者 처리방안은 "무릇 訴良은 비록 良籍이 없어도 賤籍이 不明하고 또한 일찍이 役使하지 않은 자는 從良으로 決折하고, 良籍이 不明하고 累代로 使用한 자는 從賤으로 決折한다"[82]는 것으로서, 恭讓王 4년 2월의 人物推辨都監의 訴良 조항 및 太祖 원년의 訴良 조항을 그대로 계승하여 마련한 것이었다. 그러나 이에 대해 태조는

> 良賤의 일은 賤籍이 명백한 자는 從賤하고, 良에도 賤에도 文籍이 不明한 자는 身良役賤으로 하여 官司의 使令으로 定屬하라.[83]

라고 하여, 訴良者로 良·賤이 불명한 자는 身良役賤으로 정하여 官司의 使令으로 定屬하

78) 『太祖實錄』 卷2, 太祖 1年 12月 癸酉條, 1冊, 38쪽.
79) 이 太祖 원년 12월의 방안에 대해 崔炳云은 노비 소유계층의 입장을 옹호하는 방안이라고 하였다(崔炳云, 「朝鮮 太祖朝의 奴婢의 辨正에 관하여」, 『全北史學』 2, 1978, 121쪽).
80) 『太祖實錄』 卷3, 太祖 2年 3月 丁未條, 1冊, 41쪽, "知刑曹事張演等上言 …… 有役使已久而未得決者 亦有得決而未得使者 爭訟尤煩."
81) 『太祖實錄』 卷8, 太祖 4年 12月 甲辰條, 1冊, 88쪽.
82) 『太祖實錄』 卷12, 太祖 6年 7月 甲戌條, 1冊, 108쪽.
83) 『太祖實錄』 卷12, 太祖 6年 7月 甲戌條, 1冊, 109쪽, "良賤事 賤籍明白者 從賤 於良於賤文籍不明者 許令身良役賤 定屬官司使令."

는 것으로 정하였다. 이에 의하여 訴良者의 처리 방안은 기본적으로 良籍과 賤籍이 명백한 자는 從良과 從賤하되, 良·賤이 불명확한 자에 대하여는 '役使已久'(累代役使)의 有無에 의하여 從良·從賤을 결정하는 방침을 바꾸어 '身良役賤'으로 설정하여 官司의 使令으로 定屬시키는 것으로 하였다. '身良役賤'이란 용어의 최초의 표현이다.[84)]

이에 의하여 從賤되었던 '累代役使者'도 賤籍이 명확하지 않으면 '身良役賤'이란 계층으로 국가의 관리 하에 놓이게 되었다. 반면 '累代役使'하지 않아 訴良되었던 자들은 완전한 良人으로 되지 못하고 이제 '身良役賤' 계층으로 묶이게 되었다. 어쨌든 국가에서는 訴良을 제기한 이러한 존재들, 재생산 기반을 유지할 수 있는 경제적인 능력을 가지고 있는 이러한 존재들에 대하여 站과 같이 인력을 배치할 필요가 있는 국가기관에 定屬시켜 國役, 특히 賤役으로 간주되는 役들을 부담시킬 수 있게 되었다.

이들은 身良役賤 곧 몸은 良人이나 役은 賤한 존재들로, 良·賤의 중간적인 위치에 놓이는 존재였다. 그렇지만 身良이라고 하나 身分의 구별이 명확한 身分制社會에서 결코 良人은 아니었으며 良人과 구별되는 존재였다. 오히려 奴婢처럼 役使되거나, 또는 실지로 奴婢로 役使되기도 하였다.[85)] 따라서, 身良役賤으로 站에 定屬되어 國役을 부담하던 자들이 辨定都監에 訴良을 제기하여 良人이라고 주장하기도 하였다.[86)] 특히 중앙정부의 일원적 관리가 미치지 않는 外方에서는 이들이 奴婢化할 가능성이 높았으며, 국가에서도 賤隷처럼 役使되고 있는 이들이 결국은 奴婢로 될 것을 우려하였다. 따라서

> 지금부터 良籍이 不明한 자는 外方 각 郡에 소속시키지 말고, 京中 各司의 使令과 城門, 院館의 把直 같은 것에 定屬시키는 것을 허락한다.[87)]

라고 하여 국가에서는 이들 身良役賤을 관리하기가 용이한 京中 各司의 使令과 城門·院館의 把直 등에 한정하여 定屬시키게 하였다.

2) 朝鮮 太宗代의 訴良者 政策

鄭道傳이 실각하면서 태조대의 奴婢辨正 방안이 재고되면서, 訴良者에 대한 처리방안도 수정이 가해지기 시작하였다. 우선 定宗 1년 奴婢辨定都監의 決訟을 2월 그믐날까지로 한

---

84) 劉承源, 「朝鮮初期의 '身良役賤' 階層」, 『朝鮮初期身分制研究』, 1987, 210쪽.
85) 太宗 15년 10월 刷卷色에서 올린 聽訟事宜 중에 "一 從前未辨帳施行各司使令定屬之人 役使已久 外方形止案 或以奴婢施行……"(『太宗實錄』 卷30, 太宗 15年 10月 己丑條, 87쪽)이라고 되어 있어, 各司 使令으로 定屬된 사람 중에는 외방 形止案에서 奴婢로 시행하고 있는 자가 있음을 알 수 있다.
86) 『太祖實錄』 卷13, 太祖 7年 4月 庚辰條, 1冊, 119쪽, "宣州站及寧州站屬文契不明者 訴良於辨定."
87) 『太祖實錄』 卷13, 太祖 7年 4月 庚辰條, 1冊, 119쪽, "自今 其良籍不明者 毋屬外方各郡 若京中各司使令城門院館把直 許令定屬."

정하게 하고,[88] 3월에는 奴婢辨定都監을 혁파하고 未決인 것과 誤決한 것은 모두 刑曹 都官으로 이관함[89]으로써 太祖 때 시행하던 奴婢辨正 방안, 아울러 訴良者에 대한 처리방안이 중지되었다. 그리고 定宗 2년 辨定都監이 奴婢를 誤決한 所志를 다시 都監을 세워 속히 平決하게 하여 寃抑을 풀어 주자는 大司憲 權近 등의 상소에 따라, 다시 노비변정도감을 설치하고 태조 때 변정도감이 誤決한 奴婢를 다시 재검토하게 하였다.[90]

하지만, 訴良의 일은 당시 가장 중요한 사회문제였으며, 이는 해결하지 않으면 안 되었다. 訴良은 끊임없이 제기되었다. 당시 申聞鼓를 치는 사람은 모두 奴婢를 誤決한 것과 訴良 때문이라고 할 정도였다.[91] 이에 따라, 태종 5년 의정부에서 영구히 준수할 奴婢決折條目 20條를 올렸으며, 訴良者에 대해서는

> 一. 무릇 良·賤으로 相訟한 자는 良籍이 명백하면 從良하고 賤籍이 명백하면 從賤하며, 良·賤籍이 모두 不明하면 司宰監 水軍에 충당한다.[92]
>
> 一. …… 公處 奴婢의 訴良者는 良籍이 명백하면 從良하고, 賤籍이 명백하지 않으면 비록 舊籍이 없더라도 役使를 이미 오랫동안 한 자는 決折을 움직이지 않는다.[93]

라고 정하였다. 위의 의정부의 방안은 私奴婢로서 訴良한 자와 公奴婢로서 訴良한 자를 구분하여 그 처리방안을 제시하고 있다. 우선 私奴婢에 대해서는 태조 때 訴良者의 처리방안의 기본틀을 따르되, 단 官司 使令에 定屬시키던 良賤이 불명한 자의 처리를 이제는 司宰監 水軍에 충당하게 하였다. 이들도 身良役賤이었다. 이에 따라, 태조 때에는 訴良者 중 良·賤籍이 명확하지 않은 자들을 인력이 필요한 여러 官司에 나누어 定屬시켰던 반면, 議政府의 방안에서는 이들을 司宰監 水軍에 定屬함으로써 중앙정부에서 일괄하여 관리할 수 있게 하였다. 한편 公奴婢의 경우, 賤籍이 불명확한 자라고 하더라도 '役使已久者'는 公奴婢로 삼아 屬公하는 방향으로 가닥을 잡아 되도록이면 公奴婢의 수를 늘리는 방향으로 訴良 문제를 해결하려 하였다. 이 공노비 처리방안은 태종 때 편찬된 법전인 『續六典』(『續集詳節』)에 수록되었다.[94]

이들 司宰監 水軍에 속한 자들은 身良人으로 규정되었지만, 완전한 良人은 아니었고 양

---

88) 『定宗實錄』 卷1, 定宗 1年 1月 甲戌條, 1冊, 143쪽.
89) 『定宗實錄』 卷1, 定宗 1年 3月條, 1冊, 145쪽.
90) 『定宗實錄』 卷4, 定宗 2年 6月 乙未條, 1冊, 176쪽.
91) 『太宗實錄』 卷3, 太宗 2年 3月 戊戌條, 1冊, 228쪽.
92) 『太宗實錄』 卷10, 太宗 5年 9月 戊戌條, 1冊, 335쪽, "一 凡良賤相訟者 良籍明白從良 賤籍明白從賤 良賤籍俱不明 充司宰監水軍."
93) 『太宗實錄』 卷10, 太宗 5年 9月 戊戌條, 1冊, 335쪽, "一 …… 公處奴婢 訴良者 良籍明白則 從良 賤籍不明則 雖無舊籍 役使已久者 不動決折."
94) 『太宗實錄』 卷26, 太宗 13年 12月 丁卯條, 1冊, 701쪽에 "謹按續六典一款"으로 시작하여, 이후 위 公處奴婢의 처리방안이 그대로 기재되어 있다. 이에 대해서는 연세대학교 국학연구원 편, 『經濟六典輯錄』「刑典」 奴婢를 참조할 것.

인과 구별되는 존재였다. 이들은 司宰監 水軍이라는 役處에 예속된 자들이었다.[95] 따라서 良人이 되기 위해 訴良을 제기하였던 이들로서는 만족할 수 없는 것이었고, 이들의 避役 또는 逃亡은 이어질 수밖에 없었다. 그러므로 이에 대한 보완책으로 태종 6년 6월 도피·은닉하여 避役하고 있는 자는 태종 6년 10월 1일까지 現身하도록 하고, 나타나지 않는 자는 전에 相訟하던 자 및 本主의 族親에게 陳告를 허락하여 모두 從賤시키되 반은 陳告한 자에게 상으로 주고 반은 屬公하는 것으로 하였다.[96]

이후 고려 후기 이래로 문제되어 온 노비문제 전체의 해결을 도모하기 위하여 태종 13년 9월 癸未에 刑曹 都官에서 奴婢中分決絶條目을 마련하였다. 이 때 訴良者의 문제에 대해서도 良賤相訟 가운데 아직까지 未決인 것은 전의 판결의 유무를 논하지 말고 모두 司宰監 水軍에 속하게 하는 것으로 하였다.[97] 이와 더불어 노비 주인들 간에 노비소유권을 둘러싸고 문제가 되는 奴妻의 訴良 문제, 즉 奴의 妻가 양인이냐 천인이냐에 따라 그 자손의 소유권 귀속이 奴主에게 가는가 婢主에게 가는가 하는 문제도, 그 相訟 후 자손은 이 때 中分하는 것으로 정하였다.[98]

하지만, 이러한 訴良者에 대한 처리방안은 기본적으로 太宗 5년 의정부에서 정한 방침을 고수하거나 그 연장선상에서 마련되고 있는 것이었다. 이후의 처리방안도 마찬가지였다. 河崙이 訴良者 중 賤籍이 不明한 자를 從良하자고 주장하고,[99] 戶曹에서 賤籍이 없는 자를 水軍에 충당하는 것은 未便하다[100]고 제기하는 등의 반대의견도 있었으나, 태종 13년 11월에는 13년 9월 1일 이전에 呈狀한 良賤相訟의 문제는 良籍과 賤籍이 모두 불명한 자는 乙酉年(태종 5)의 교지에 따라 12월을 기한으로 모두 司宰監 水軍에 소속시키는 것으로 하였으며,[101] 河崙의 주장에 대해서도 良賤籍이 不明한 자는 司宰監 水軍에 소속시킨다는 것은 令典에 실려 있으므로 바꿀 수 없다고 하여 태종 5년 의정부 방안의 준수를 재확인하였다.[102]

이러한 訴良者 처리방안에 의하여 訴良 문제의 해결에 어느 정도 진전을 보았으며, 조선

---

95) 太宗 13년 11월 당시 司宰監 水軍의 실제 수는 911명이었다(『太宗實錄』卷26, 太宗 13年 11月 丁亥條, 1冊, 694쪽). 이 중 訴良을 제기하였으나 良·賤籍이 불명하여 身良役賤으로 司宰監 水軍으로 定屬된 사람이 몇이었는지는 분명하지 않다.

96) 『太宗實錄』卷11, 太宗 6年 6月 甲子條, 1冊, 360쪽. 이들 司宰監에 속한 身良人들이 逃亡·避役한 경우 이들을 陳告하도록 하여 從賤시키는 법은 이후 제도적으로 보완된다. 즉, 太宗 9년 9월 本主가 숨길 가능성도 있으니 여러 사람이 陳告하는 것을 허락하고, 陳告者에게는 3분의 1만을 상으로 주도록 하였으며(『太宗實錄』卷18, 太宗 9年 9月 乙未條, 1冊, 509쪽), 太宗 12년 12월에는 陳告者에게 錢物로서 상을 주는 것으로 고쳤다(『太宗實錄』卷24, 太宗 12年 12月 乙亥條, 1冊, 658쪽).

97) 『太宗實錄』卷26, 太宗 13年 9月 癸未條, 1冊, 687~688쪽.

98) 『太宗實錄』卷26, 太宗 13年 9月 癸未條, 1冊, 688쪽.

99) 『太宗實錄』卷29, 太宗 15年 1月 乙卯條, 2冊, 50쪽.

100) 『太宗實錄』卷31, 太宗 16年 3月 己丑條, 2冊, 104쪽.

101) 『太宗實錄』卷26, 太宗 13年 11月 丁亥條, 1冊, 694쪽.

102) 『太宗實錄』卷29, 太宗 15年 1月 乙卯條, 2冊, 50쪽.

정부에서는 "公私訴良事 一皆辨正"[103]하였다고 할 정도였다. 그러나 한편으로 訴良은 계속되고 있었으며, 정부에서는 이를 "汎濫呈狀"[104]한다고 인식하였다. 정부에서는 이 문제를 매듭지으려 하였다. 이에 태종 13년 9월에는 限年에 이미 呈狀한 良賤相訟 가운데 아직까지 未決인 것은 前決의 有無를 논하지 말고 모두 司宰監 水軍에 소속시키는 것으로 하였으며,[105] 태종 17년 1월 公私奴婢 訴良의 한계를 정하여 丁酉年(太宗 17) 1월 25일 이전에 接狀한 것을 제외하고는 모두 금지하도록 하였다.[106] 그리고 17년 閏5월에는 丁酉年案에 붙인 노비들이 訴良하는 것을 금지하고 위반자는 治罪하도록 하였다.[107] 그리고 태종 17년 9월

> 이 달(9월) 초1일 이전에 公私賤이 訴良하여 끝내지 못한 일은 是非를 묻지 말고 모두 補充軍에 속하게 하라.[108]

라고 하여 公私賤이 訴良하여 끝내지 못한 일은 是非를 분변하지 말고 모두 補充軍에 속하게 하였다. 이처럼 訴良者에 대해 良人인지 賤人인지 판단하지 않고 모두 補充軍에 속하게 함으로써 良人과 賤人이 서로 섞인다는 반론도 제기되었으나,[109] 판결을 끝내지 못한 訴良者들을 이른바 '勿問是非 補充軍'에로 소속시킴으로써, 고려 후기 이래 계속되어 오던 訴良의 문제는 이로써 일단락을 보게 되었다.[110]

5. 結語

이상으로 고려 말에서 조선 초기의 訴良에 대하여, 訴良의 提起 및 訴良의 意味, 訴良者에 대한 검토, 고려 말에서 조선 太宗에 이르는 국가의 訴良政策 등에 대하여 알아보았다. 이하 앞의 내용을 요약함으로써 結語를 대신하려 한다.

訴良이란 賤人 또는 奴婢의 상태에 있는 사람이 자신의 신분이 良人임을 회복해 달라고 국가에 청원하는 것이었다. 訴良은 訴良을 제기한 개인 혼자만의 문제일 수도 있으나, 혈연

---

103) 『太宗實錄』 卷33, 太宗 17年 1月 壬子條, 2冊, 145쪽.
104) 『太宗實錄』 卷33, 太宗 17年 1月 壬子條, 2冊, 145쪽.
105) 『太宗實錄』 卷26, 太宗 13年 9月 癸未條, 1冊, 688쪽.
106) 『太宗實錄』 卷33, 太宗 17年 1月 壬子條, 2冊, 145쪽.
107) 『太宗實錄』 卷33, 太宗 17年 閏5月 辛酉條, 2冊, 165쪽.
108) 『太宗實錄』 卷34, 太宗 17年 9月 戊寅條, 2冊, 188쪽, "今月初一日以前 公私訴良未畢事 勿問是非 皆屬補充軍."
109) 『太宗實錄』 卷34, 太宗 17年 10月 甲辰條, 2冊, 190쪽.
110) 良·賤籍을 판별할 수 없어 司宰監水軍에 속했던 자도, 補充軍이 만들어진 태종 15년 3월 이후 세종 1년 7월까지의 약 4년 사이에 또한 補充軍으로 移屬되었다(有井智德, 「李朝補充軍考」, 『朝鮮學報』 21·22合/『高麗李朝史の研究』, 1985, 16~17쪽).

을 매개로 신분이 결정·세습되는 신분제 사회에서 訴良은 그의 자손을 비롯한 一族 전체의 신분까지도 결정하는 문제일 수가 있었다. 따라서 訴良은 한 번 제기되면 10여 년씩 계속되기도 하였다.

한편, 訴良은 타인의 노비를 탈점하는 방법으로도 이용되었다. 즉 주인이 다른 奴와 婢가 결혼하였을 경우 賤者隨母法에 의해 그 자손의 소유권이 婢主에게 귀속되었지만, 婢가 從良되는 경우 그 자손들은 一賤則賤의 원칙에 따라 奴主에게 귀속되었다. 따라서, 奴主의 세력을 바탕으로 婢가 訴良을 제기하고, 婢의 신분이 良人으로 판명되는 경우 그 자손들은 奴主의 소유로 귀속되었다.

신분제 사회에서, 비록 자신의 신분이 원래 良人이었다고 하더라도 현재 奴婢 상태에 있는 자가 訴良을 제기하는 것은 쉬운 일이 아니었다. 奴主에게 있어서 노비는 주요한 재산이었을 뿐만 아니라, 주인과 노비의 관계는 임금과 신하, 아버지와 자식의 관계와 마찬가지로 綱常의 윤리이자 절대적인 질서 곧 天理였다. 이에 奴主는 奴婢를 慈愛로써 다스렸으며, 이러한 주인에 대해 訴良을 제기하는 것은 곧 주인을 배반하는 것으로서 신하가 謀叛을 하는 것과 마찬가지였다. 그러므로 訴良을 제기한 노비는 가혹한 처벌을 받았으며 심지어 목숨을 잃을 수도 있었다.

특히 訴良者들을 지배하고 있던 사람들은 王室·外戚·巨室 등 고려와 조선의 최고 지배계층 및 국가기관 등이 포함되어 있었다. 따라서, 노비 상태에 있는 자가 訴良을 제기하기 위해서는 奴主에 대응할 수 있을 만한 어떠한 능력을 가지고 있어야 하였다.

우선 訴良을 제기한 사람들 중에는 國王의 총애 등 奴主와 대항할 만한 勢力을 배경으로 하고 있는 경우가 있었다. 婢妾 소생의 경우도 부친의 힘을 기반으로 訴良을 제기하는 경우였다. 이외 奴主의 정치적 지위가 변동할 경우 奴主에게 예속되어 있는 사람들이 訴良을 제기하는 경우도 있었다. 이들 訴良者들은 自立할 수 있는 경제적 능력도 갖추고 있었을 것으로 생각된다.

특히 정치적 배경을 가지지 못한 일반 奴婢들이 訴良을 제기하는 경우에는 경제적으로 자립할 수 있는 능력을 가지고 있어야만 訴良이 가능했을 것이다. 경제적으로 예속되어 있는 경우 訴良은 불가능했을 것이다. 당시 토지를 소유하거나 심지어 奴婢를 소유하고 있는 노비들이 있었으며, 이와 같은 재산 축적의 가능성은 勢家의 農莊을 관리하는 幹事奴僕이나 收租奴들 중에서 높았을 것이다.

그렇지만, 노비들이 비록 재산을 축적하였다고 하더라도 원래 노비의 신분이었던 자가 訴良을 제기하기는 어려웠을 것이다. 따라서 麗末鮮初에 訴良을 제기한 사람들은 고려 후기 이래 奴婢化한 계층들, 그러면서도 자신의 재생산 기반을 유지하고 있었던 사람들이 주류를 이루고 있었을 것으로 생각한다. 麗末鮮初에는 고려 후기 收租地의 祖業田化와 더불어 奴婢化한 농민들이 존재하고 있었으며, 이들은 자기 소유지는 그대로 유지하면서 국역부담에서 제외되고 있었다. 이들은 收租權的 토지지배가 쇠퇴하고 地主佃戶制가 성장하는 고려 말·조선 초기의 상황 하에서, 또한 朝鮮의 성립이라는 정치적 변동상황 하에서 기존의 田主의 예속에서 벗어나려고 시도하였으며, 이는 訴良의 提起로 나타났던 것이다. 이와 같은 유형의 訴良者의 존재가 타 시기와 구별되는 이 시기만의 독특한 점이었다고 하겠다.

訴良이 본격적인 사회문제로 제기된 것은 고려 후기의 일이었다. 그렇지만, 근본적인 대책이 마련된 것은 恭讓王 4년 2월 人物推辨都監에서 奴婢辨定策을 마련하면서부터이다. 이 방책에 따르면, 訴良者는 일단 良籍과 賤籍에 의거하여 판별하되, 累代驅使者를 제외한 文籍 不明者는 良人으로 한다는 것이었다. 役使의 有無에 의하여 從良과 從賤을 결정함으로써, 실제 主家에 예속되어 役使되어 온 존재들에 대해서는 奴主의 기득권을 인정하였다. 반면 主家에 대한 예속의 강도가 약했던 존재들 곧 外居하면서 자기 경리를 가지고 있던 존재들에 대해서는 從良을 허용하는 것이었다. 이는 고려 후기 收租地의 祖業田化와 더불어 私民化된 존재들의 從良을 인정하는 것이었다.

人物推辨都監의 訴良 방안은 朝鮮 太祖가 즉위한 후 곧 재천명되었다. '累代驅使者'가 '役使已久者'로 표현되어 있는 점만이 다를 뿐이었다. 이러한 訴良 방안은 奴主層의 이해관계를 침해하는 것이었으므로 심한 반발을 야기하였다. 이에 노비에 관한 문제 전반을 해결하기 위해 태조 4년 12월 奴婢辨定都監을 설치하고, 6년 7월 19條의 辨定策을 마련하였다. 이 19조에서도 공양왕 4년 및 태조 원년의 訴良 방안을 이어받아 訴良者에 대한 처리방안을 마련하였지만, 결국 良·賤의 文籍이 不明한 자는 身良役賤으로 하여 官司의 使令으로 定屬하는 것으로 결론지어졌다. 국가에서는 이들을 국가에서 필요로 하는 役處에 定屬시켜 國役을 부담시킬 수 있었다. 이들은 身良人으로 간주되었지만 良人과 구별되는 존재였고, 일부 外方에 定屬된 자는 奴婢로 役使되기도 하였다.

이러한 訴良者 처리방안은 鄭道傳이 실각한 후 중단되었다. 그렇지만 당시 가장 중요한 사회문제였던 訴良은 해결하지 않으면 안 되었다. 이에 태종 5년 의정부에서 奴婢決折條目을 마련하면서 訴良者에 대한 대책을 마련하였다. 그 방안은 기본적으로 文籍에 의해서 판명하되, 私賤의 경우 良·賤 불명자는 司宰監 水軍에 定屬하는 것으로, 公賤의 경우 賤籍이 명백하지 않아도 '役使已久'한 자는 公賤으로 屬公하는 것이었다. 司宰監 水軍에 속한 자들도 身良役賤이기는 마찬가지였지만, 이제 이러한 존재들을 중앙정부에서 일괄하여 장악하게 되었다.

이후 태종대의 訴良者에 대한 정책은 의정부 5년의 방안이 기본적으로 준수되었으며, 이러한 방안에 의해 고려 후기 이래 계속된 訴良者 처리는 어느 정도 해결의 진전을 보았다. 太宗 13년 11월 당시 司宰監 水軍의 수는 911명이었다. 그렇지만 한편으로 訴良은 계속되었다. 이에 태종 17년 9월 訴良하여 끝내지 못한 일은 是非를 묻지 말고 모두 補充軍(勿問是非 補充軍)에 속하게 하고, 司宰監 水軍에 定屬된 자들도 補充軍에 移屬시켰다. 이로써 고려 후기 이래 계속되어 오던 訴良의 문제는 일단락을 보게 되었다.

麗末鮮初 對明 馬貿易

김 순 자*

1. 머리말

전근대 우리의 對中國關係史에서 경제적 교류의 내용과 성격을 밝히는 것은 對中國關係의 성격을 이해하는 데 있어 중요한 부분이라고 할 수 있다. 그런데 이제까지의 연구에서는 對淸關係에서 貢物과 回賜品의 규모와 가격을 비교 분석한 것을 제외하면[1] 경제교류의 품목 정도가 밝혀져 있을 뿐, 교역의 규모와 경제적 가치, 교역이 이루어질 경우 지불 수단 등의 문제에 대한 구체적인 분석은 없었다. 그것을 計量할 수 있는 관련 자료를 찾기 쉽지 않다는 것이 주요한 이유였다.

한편, 전근대 동아시아 세계에서의 경제교류는 朝貢冊封關係의 틀 안에서 이루어졌다.[2] 이것은 전근대 동아시아 국가 사이의 경제교류에 있어서 경제적 측면 이외의 것이 포함되어 있음을 의미한다. 그렇다면 朝貢國·冊封國 사이에 이루어지는 경제교류에서 朝貢冊封關係의 외적인 형식, 즉 上下關係는 어떤 영향을 주었는지의 문제가 밝혀진다면 교역의 경제적 성격은 물론, 나아가 朝貢冊封關係까지도 보다 온전히 이해할 수 있을 것이다.

麗末鮮初 시기에 高麗·朝鮮과 明 사이에는 대규모로 말이 교역되었다. 禑王代부터 世

* 인덕대학 강사

1) 全海宗, 「淸代 韓中朝貢關係考」, 『震檀學報』 29·30, 1966/『韓中關係史硏究』, 1970.

2) 본 논문에서는 전근대 한국과 중국왕조와의 관계를 '朝貢冊封關係'란 용어로 표현할 것이다. 高麗(朝鮮)를 포함하여 중국과 주변 국가들 간의 관계를 어떤 용어로 정의할 것인가에 관하여는 '冊封體制論'(西嶋定生, 『中國古代國家と東アジア世界』, 東京大出版會, 1983) 이래 학자들 사이에 많은 논란이 있어 왔다. 중국과 주변의 다른 국가와의 관계는 상대를 인정하는 兩國關係다. 따라서 그 관계를 나타내는 용어는 兩國을 포함하는 것이어야 한다. 중국 주변의 국가가 중국과 관계를 맺는 방법은 朝貢이며, 중국이 주변 나라를 대하는 방법은 冊封을 통하는 것이었다. 그러므로 '朝貢'이 어떤 '관계'를 발생시키려면 朝貢에 대한 대응이 동반되어야 한다. 朝貢과 冊封을 교환함으로써 성립된 관계는 '朝貢關係'가 아니라 '朝貢冊封關係' 혹은 '冊封朝貢關係'라 부르는 것이 타당하다(김한규, 『한중관계사 Ⅰ』, 1999, 26쪽).

宗代에 걸쳐 64년 동안 高麗·朝鮮에서 明으로 11회에 걸쳐 73,945필의 말이 수출되었다. 이러한 교역 규모는 전근대 우리 역사상 단일 품목으로는 유례가 없을 정도로 대규모의 교역이었다.

麗末鮮初의 對明 馬貿易은 高麗·朝鮮과 明 사이의 公貿易이었다.[3] 그러나 이 교역은 朝貢冊封關係에서의 朝貢과 回賜의 형식을 취한 公貿易이 아니라, 처음부터 明이 '매매'를 요구하여 이루어졌다는 점에서 일반적인 公貿易의 범주에 포함되지 않는 독특한 무역 형태였다. 11회의 馬貿易에서 明은 대개 馬價를 지불하였다. 반면, 고려와 조선은 馬貿易을 '교역'의 의미보다는 對明關係에 수반되는 貢物의 일종으로 받아들였다. 馬價를 지불받으면서도 공물의 한 형태로 생각하게 된 이유는 교역이 이루어진 배경과 가격 지불 방법, 馬貿易에 대한 고려·조선 측의 대응 자세 등에서 찾을 수 있다.

麗末鮮初의 對明 馬貿易은 단일 품목으로는 규모가 클 뿐 아니라 장기간 계속되었으며, 다른 경우보다 관련 자료가 상대적으로 많이 남아 있다. 따라서 그 규모와 가격을 비교·분석할 수 있다면 이 시기 對中國 경제교류의 구체적인 내용을 이해하는데 큰 도움이 될 것이다. 나아가 전근대 우리와 중국의 朝貢冊封關係에서 그 성격을 이해하는 데도 도움이 될 것이다.

이러한 문제의식 하에 먼저 이 시기 馬貿易의 규모를 정리하고 明이 고려·조선에 지불한 馬價를 시기별·지역별로 비교·분석하겠다.[4] 馬價를 비교·분석하는 자료로는 『高麗史』·『朝鮮王朝實錄』 등의 官撰史書의 기록과 함께 禑王代 외국어학습서로 편찬된 『老乞大』에 나타난 馬價 기록을 이용하였다. 아울러 『明實錄』과 『弇山堂別集』을 이용하였다. 馬價의 비교·분석을 토대로 하여 이 시기 對明關係에서의 경제교류의 내용을 밝히고, 朝貢冊封關係와의 연관성을 이해하려고 한다.

2. 對明 馬貿易의 규모와 교역 방법

1) 馬貿易의 규모

恭愍王이 시해되고 濟州馬 징발차 파견되어 왔던 明使가 귀국길에 살해되면서 고려와

---

3) 중세 무역의 형태는 국가 혹은 개인 중 누가 무역의 주체가 되는 가에 따라 朝貢貿易, 官貿易, 公貿易, 國家貿易, 私貿易, 個人貿易, 公認貿易 등으로 분류되어 왔다. 그 용어는 통일되어 있지 않으며, 어느 용어를 사용하는가에 따라 연구자마다 개념도 다르게 사용하였다. 全海宗(「中世 韓中貿易形態小考」, 『韓國과 中國』, 1979)은 官貿易·附帶貿易·公認民間貿易·密貿易으로, 朴漢男(『高麗의 對金外交政策 硏究』, 성균관대 박사학위논문, 1993)은 官貿易·使臣貿易·民間貿易으로, 이정희(「고려전기 對遼貿易」, 『지역과 역사』 4, 부산경남역사연구소, 1997)는 使行貿易·公貿易·私貿易·密貿易으로 분류하였다.

4) 馬貿易의 규모에 관해서는 南都泳, 「麗末鮮初 馬政上으로 본 對明關係」, 『東國史學』 6, 1960 참조.

明은 외교적으로 대단히 어려운 시기에 접어들었다. 고려는 禑王의 왕위계승을 인정받기 위하여 계속 노력하였고, 明은 그것을 빌미로 고려에게서 1년에 馬 1,000필, 布 10,000필, 金 100斤, 銀 10,000兩(金·銀 일부는 馬로 환산하여 보냄)씩 5년분을 한꺼번에 수탈해 간 다음 禑王 11년(1385) 9월에 이르러 禑王의 왕위계승을 승인하였다.[5] 이어서 禑王 11년 12월에 禑王 10년분까지 마저 수탈해 간 다음에, 고려는 3년마다 1번 조공, 良騎 50필을 바치는 것으로 明과 합의가 이루어졌다.[6] 이 원칙은 朝鮮 건국 후에도 적용되었다.

明은 元을 몰아내고 중국의 새로운 강국이 되었다고는 하나 전쟁이 일거에 종식된 것은 아니었다. 和林으로 도망간 北元 세력은 金山의 納哈出 등 遼東의 잔여세력과 연대하여 북중국 일대의 광범위한 지역에서 실제적인 위협이 되고 있었다. 明이 納哈出을 정벌하고 歸附한 일부 遺元勢力의 협조를 얻어서 元 順帝의 아들인 脫古思帖木兒를 정복하는 데 성공한 것은 洪武 20~21년 간의 일이다. 그 이후에도 遺元勢力의 변경 침입은 끊이지 않았다. 洪武 말년 이후에는 이들이 새롭게 타타르(韃靼), 오이라트(瓦剌) 두 세력으로 결집하여 明의 서쪽, 서북쪽 변경을 위협하고 있었다.[7] 남쪽으로는 安南을 필두로 明의 통제에 응하지 않고 있었다. 따라서 明은 이들과의 전쟁을 위해 계속적으로 軍馬를 필요로 하였으나, 중국에서는 필요한 만큼의 말이 공급되지 않아 국외에서 말을 사들일 필요가 있었다.[8] 초원지대가 없는 중국은 明 이전 宋代에도 契丹·女眞 등지에서 계속 말을 수입하였다.[9]

明은 말 부족을 해결하기 위하여 말이 많이 생산되는 몽골·여진을 상대로 馬市를 개설하여 운영하였다. 遼東 지방의 開元·廣寧·撫順 등 세 곳에 馬市를 개설하여 烏梁海 등 女眞族을 상대로 布·絹·米 등으로 교역하고, 서쪽의 종족들과는 茶馬司를 설치하여 茶를 매개로 교역하였다.[10] 茶馬司가 설치된 지역은 陝西의 河州·秦州와 四川의 碉門·雅州 등지였다. 貴州에서는 綿布를 매개로 하여 말을 사들였다.[11] 馬市를 운영하는 것은 부족한 말을 국외에서 충당한다는 경제적인 이유뿐만이 아니라, 변방을 침입할 수도 있는 몽

5) 禑王 즉위 후 明이 수탈해 간 貢物에 관하여는 김순자, 「고려말 대중국관계의 변화와 신흥유신의 사대론」, 『역사와 현실』 15, 1995 참조.

6) 『高麗史』 권136, 禑王 12년 7월, [하934①~935②](亞細亞文化社 1972년 影印本, 이하 같음. [ ]안은 影印本 下冊 上-左面을 뜻하며, 다른 곳에서 ①은 上-右面, ③은 下-右面, ④는 下-左面을 뜻한다.), "禮部咨曰 …… 且歲貢之設 中國豈倚此而爲富 不過知三韓之誠詐耳 今誠詐分明 表至 云及用夏變夷 變夷之制 在彼君臣力行如何耳 表至 謂歲貢 云及生民孔艱 使者歸 朕再與之約 削去歲貢 三年一朝 貢良騎五十匹 以資鍾山之陽 牧野之郡 永相保守……."

7) 朴元熇, 「15세기 동아시아 정세」, 『한국사(22)』, 국사편찬위원회, 1995.

8) 王世貞 編, 『弇山堂別集』 권89, 市馬考(『四庫全書』 史部5, 雜史類, 臺灣商務印書館 景印. 이하 같음), "高帝時 南征北討 兵力有餘 唯以馬爲急 故分遣使臣 以財貨於四夷市馬."

9) 이정희, 「고려전기 對遼貿易」, 『지역과 역사』 4, 부산경남역사연구소, 1997, 11~15쪽.

10) 『明史』 권92, 兵4, 馬政. 馬市의 숫자는 永樂 연간 이후 주변 종족에 대한 통제가 어려워지고 그에 대한 수요가 증가하자 늘어나기도 하였다(曺永祿, 「入關前 明·淸時代의 滿洲女直史」, 『白山學報』 22, 1977, 45~51쪽).

11) 『弇山堂別集』 권89, 市馬考.

골과 女眞을 말 교역을 매개로 하여 통제한다는 군사적인 羈縻政策의 성격도 포함하고 있었다.[12] 馬市에서의 교역은 明의 지방군사기구인 衛所官의 칙서를 가진 자에게만 허락되었고 그 밖의 私的 교역은 엄격히 금지되었다. 몽골과 여진을 비롯하여 중국의 물자가 필요한 변경의 종족들은 쉽게 明에 歸附하였다. 뿐만 아니라 馬市에서는 변경을 위협하는 주변 종족의 동향을 탐지하고 회유할 수도 있었다. 永樂 4년(1406)에 烏梁海 등지에 기근이 들자 馬市를 열어 米·絹을 이용해 말을 사들인 것은[13] 식량부족으로 여진족이 明을 침입하는 것을 미연에 방지하고 통제하기 위한 조처였다. 그 2년 후에는 元室의 후예인 本雅失里가 몽골족의 可汗으로 추대되어 明의 서북 변경의 안전이 문제시되자, 규정 외로 馬市를 열어 그 곳의 정세를 탐지하려고도 하였다.[14]

明이 고려·조선에서 말을 수입한 것은 이와 같이 부족한 말을 국외에서 수입하여 충당하는 정책의 일환으로 취해진 것이다. 明이 처음으로 말을 '사겠다'는 의사 표시를 한 것은 禑王 12년(1386) 7월 '3年 1朝 貢馬 50필' 방침을 전달할 때가 처음이다. 明은 이 처음의 요구에서 濟州의 말을 사겠다고 요구하였다.[15] 넉 달 뒤 高麗使臣이 귀국하는 편에 明은 段子·綿布를 보내어 말 5,000필을 사겠다는 의사를 통보해 왔다.[16] 馬 1필의 가격을 어떻게 책정할 것인지도 함께 알려 왔다. 이렇게 하여 시작된 對明 馬貿易은 조선 건국 후 世宗 말년까지 60년 동안 이루어졌다. 麗末에 세 차례 이루어지고 조선 건국 후에 여덟 차례까지 11회였다. 이를 정리하면 <표 1>과 같다.

(가)는 위에서 언급한 대로 禑王 12년 7월에 처음 요구하여 이루어진 교역이다. 明이 교역할 마필 數와 가격에 관해서는 의견이 통일되어 있지 않았던 듯하다. 처음에는 段子 10,000匹, 綿布 40,000匹을 보내어 馬 5,000필을 사겠다 하고, 宰相馬와 官馬·百姓馬의 가격을 다르게 책정하여 통보하였다.[17] 몇 번의 왕래 끝에 5,000필에 馬 등급을 상등·중등·하등으로 나누어 교역하였다.[18] 말은 다음 해 3월부터 6월까지 4개월 간 5運으로 나뉘어 각 運 1,000필씩 운송되었다.

(나)는 (가)가 진행중이던 禑王 12년 12월에 遼東의 元勢力으로서 明에 歸附한 高家奴 등이 紅賊의 遼東 침입시 고려로 유입한 瀋陽流民을 推刷하러 왔을 때 요구하여 이루어졌

12) 曺永祿, 앞의 글, 1977, 45~51쪽.
13) 『明太宗實錄』 권62, 永樂 4년 12월 甲寅 ; 『弇山堂別集』 권89, 市馬考, 永樂 4년.
14) 『明太宗實錄』 권75, 永樂 6년 정월 甲子.
15) 『高麗史』 권136, 禑王 12년 7월, [하934①~②], "鄭夢周還自京師 欽奉宣諭聖旨曰 恁那裏人在前漢唐時節到中國來 因做買賣打細 又好匠人 也買將去 近年以來 悄悄的做買賣 也不好意思再來 依舊悄悄的買賣呵 拿着不饒你如 今俺這裏 也拿些箇布匹·絹子·段子等物 往那耽羅地面買馬呵 恁那裏休禁者 恁那裏人 也明白將路引來做買賣呵 不問水路旱路 放你做買賣 不問遼陽·山東·金城·大倉 直到陝西·四川做買賣……."
16) 『高麗史』 권136, 禑王 12년 11월, [하936②].
17) 『高麗史』 권136, 禑王 12년 11월, [하936②].
18) 『高麗史』 권136, 禑王 13년 6월, [하943①~②].

<표 1> 麗末鮮初 對明 馬貿易 규모[19]

회차	시 기(년 월)	기간	무역 요구량	무역량	비고
(가)	禑王 13. 3 ~禑王 13. 6	4개월	5,000필	5,000필	5運으로 운송
(나)	禑王 12.12 ~禑王 13. 1	2개월	3,000필	3,040필	
(다)	恭讓 3. 6 ~太祖 元.11	18개월	10,000필	9,880필	8運으로 운송
(라)	太祖 3. 6 ~太宗 원. 2	6년 9개월	10,000필	6,000필	9運으로 운송
(마)	太宗 元.10 ~太宗 3. 6	21개월	10,000필	9,548필	8運으로 운송
(바)	太宗 7. 9 ~太宗 8. 2	6개월	3,000필	3,000필	9運으로 운송
(사)	太宗 9.11 ~太宗 10. 2	4개월		10,000필	19運으로 운송
(아)	世宗 3.10 ~世宗 3.11	2개월	10,000필	10,000필	18運으로 운송
(자)	世宗 5. 8 ~世宗 5.10	3개월	10,000필	10,000필	11運으로 운송 退換馬 보충까지 17運
(차)	世宗 9. 5 ~世宗 9. 6	1개월	5,000필	5,000필	9運으로 운송
(카)	世宗 32.1~ 世宗 32.3 이전	3개월이내	2만~3만 필 이상	2,477필	5運까지 보내고 明이 교역중지를 통보하여 중단. 운송처는 北京
합	11회			73,945필	

다.[20] 처음 요구한 규모는 3,000필이었으나 3,040필이 무역되었다. 高家奴 등이 明으로 돌아갈 때 직접 인솔해 간 듯 禑王 13년 3월에 이미 遼東에 도착하여[21] 완료되었다.[22]

(다)는 恭讓王 3년(1391) 4월에 明이 禮部咨文을 보내어 易馬 10,000필을 요구하면서 시작되었다.[23] 明의 요구가 있은 지 두 달 후부터 고려·조선은 8회에 걸쳐 말을 遼東으로 보내었다. 고려 恭讓王 때 8,000필을 보내고, 조선 건국 후 2,000필을 마저 보내었다. 明은 10,000필의 말을 전부 가져간 뒤 遼東에 와서 馬價를 받아가라고 하였다.[24]

---

19) 馬貿易의 규모는 이미 南都泳의 연구에서 밝혀져 있다. 南都泳, 앞의 글, 1960, 55~56쪽 ; 『韓國馬政史』, 1996, 247~251쪽 참조. 단, 마필 數에 있어서는 본고의 계산과 차이가 있다.

20) 『高麗史』 권136, 禑王 12년 12월, [하936③~④].

21) 『明太祖實錄』 권181, 洪武 20년 3월 癸酉, "指揮僉使高家奴等市馬高麗 …… 勅至遼東 適高麗送馬三千四十匹至 勝宗如勅償其直."

22) 필자가 1998년 7월 4일 한국중세사연구회가 주최한 발표회에서 「麗末鮮初 對明 馬貿易」이란 제목으로 초고를 발표하였을 때에는 마필 數 통계에서 (나)의 3,000필을 계산하지 않았다. 이 곳에서 정정한다.

23) 『高麗史』 권46, 恭讓王 3年 4月 壬午, [상891①~②].

24) 『太祖實錄』 권3, 太祖 2년 6월 庚辰條.

(라)는 太祖 3년(1394) 4월 癸酉에 明이 左軍都督府의 咨文을 보내어 馬 10,000필의 교역을 요구함으로써 개시되었다.[25] 6,000필을 보낸 것으로 기록되어 있으며, 중단 여부에 관한 기록은 없다. 그런데 太宗 원년 2월 己未日(30일)에 馬 500필을 보내고[26] 6개월 만에 다시 10,000필의 말을 교역하자고 요구해 왔다.[27]

(마)는 明의 建文帝와 燕王(뒤의 永樂帝)이 帝位 계승전쟁인 靖難의 役 당시 建文帝 측에서 요구하여 이루어졌다.[28] 8개월 동안 7運으로 7,000필을 보낸 상태에서 燕王이 승리하여 중단되었다가[29] 永樂帝 즉위 후에 남은 말 3,000필을 요구하여 13개월 후인 太宗 3년(1403) 6월에 그 중 2,548필을 보내었다.[30] 이 경우는 몇 가지 점에서 다른 경우와 차이가 있는데, ① 말을 보내기도 전에 馬價를 먼저 보내왔으며, ② 말을 '時價대로 교환하겠다'고 표방한 점이다. 그리고 ③ 고려가 요동까지 말을 운송한 것이 아니라 明이 조선에 와서 직접 운송해 갔다는 점이다.

(바)는 明의 漫散軍 추쇄 요구에 대한 計稟使로 파견되었던 偰眉壽가 귀국할 때 明에서 禮部咨文을 보내어 3,000필의 교역을 요구하여 이루어졌다.[31] 용도가 무엇이라고 분명히 밝히지는 않았지만 이 직전에 明軍은 왕위계승 문제로 明과 갈등을 빚은 安南을 정벌한 뒤였다. 조선은 禮部咨文이 도착하기 열흘 전에 明이 馬貿易을 요구한다는 사실을 알고 있었다. 明의 요구가 공식적으로 전달되기도 전에 먼저 進獻官馬色을 설치하고 馬貿易을 준비했다.[32]

(사)는 明이 黎渠河에 完聚하고 있는 韃靼皇帝(北元의 餘衆) 本雅失里를 공격하기 위해 太宗 9년(1409) 10월에 말을 보내줄 것을 요구한 것이다.[33] 明은 摠兵官이 거느리고 전투에 임한 禁衛兵이 전부 사로잡혔을 뿐 아니라[34] 北京이 위협받을 정도로 형편이 급박하였다.[35] 永樂帝는 다음 해 2월에 親征하기로 계획을 세우고 부족한 말을 조선에서 공급받고

---

25) 『太祖實錄』 권5, 太祖 3년 4월 癸酉.
26) 『太宗實錄』 권1, 太宗 원년 2월 己未.
27) 南都泳은 (라)와 (마) 사이에 3,000필이 더 무역된 것으로 보았다(南都泳, 앞의 글, 1960, 55~56쪽 ; 앞의 책, 1996, 248쪽). 그것은 (마)의 太宗 원년 9월 丁亥에(『太宗實錄』 권2, 太宗 원년 9월 丁亥) 明이 10,000필의 馬貿易을 요구할 때 보내 온 兵部咨文에 근거한 추정이다. "朝鮮國에 馬匹이 많이 산출되어 전일에 국왕이 좋은 생각으로 말 3,000필을 바치었는데, 이미 遼東都司에 명하여 官軍에게 주어서 타게 하였다"로 되어 있다. 그러나 이것은 (라) 이후에 太宗 원년 2월에서 10월 사이에 3,000필을 추가로 무역한 것인지 아니면 (라)의 6,000필 중의 일부를 말하는 것인지 분명하지 않다. 實錄에 明이 馬貿易을 요구한 기록이 없는 점, 그 기간이 2월에서 8월 사이로 짧다는 점을 고려하면 (라)의 6,000필 중에서 明이 이미 수령한 것을 가리키는 것으로 보는 것이 타당할 것이다.
28) 『太宗實錄』 권2, 太宗 원년 9월 丁亥.
29) 『太宗實錄』 권3, 太宗 2년 5월 癸未.
30) 『太宗實錄』 권5, 太宗 3년 6월 己酉.
31) 『太宗實錄』 권14, 太宗 7년 9월 庚申.
32) 『太宗實錄』 권14, 太宗 7년 8월 庚戌.
33) 『太宗實錄』 권18, 太宗 9년 10월 己未.
34) 『太宗實錄』 권18, 太宗 9년 10월 庚戌.

자 하였다.[36] 明은 요구하는 마필의 수를 밝히지 않고 형편에 따라 보내주길 원한다고 했으나, 연이어 사신을 보내어 말을 독촉하였다. 조선에서 1만 필을 운송한다는 奏本을 보내고 말이 운송되는 도중에도 2회나 더 독촉하였다.[37] 교역량 10,000필을 보내기로 한 것은 조선이 결정한 것이다.[38] 4개월 만에 10,000필을 보내느라 시일이 매우 촉박했으며, 17・18・19運 각각 423필, 384필, 287필 합계 1,094필은 같은 날에 출발하였다.[39]

(사) 이후 10여 년 동안은 明으로부터 馬貿易 요구가 없었다. 그러다가 世宗 3년(1421) 9월에 이르러 明은 다시 馬貿易을 요구하였다.[40] (아)가 그것이다. 明은 國用에 쓰기 위해 10,000필의 말이 필요하며 馬價를 치르겠다고 했다. '三衛의 達賊이 遼東을 침입했다'는 정세 보고로 보아[41] 韃靼에 대비하기 위한 군사용이었다고 생각된다. 40만 명의 韃靼兵이 瀋陽路에 주둔하고, 明으로 수송하는 조선의 易換馬 400여 필을 강탈할 정도로 韃靼의 兵勢는 성하였다.[42] 明은 馬貿易을 다급히 재촉하였고, 결국 2개월 만에 10,000필을 모두 보내야 했다. 바로 그 다음 해 韃靼을 정벌하기 위해 다시 10,000필의 말을 요구한 것으로 보아서도 明은 위급한 상황이있다.

(자)는 위 (아)의 10,000필을 보낸 지 1년 8개월 만에 다시 10,000필을 요구한 것이다. 韃靼을 정벌하기 위한 軍馬用으로 교역을 요구한 것이었다.[43] 3개월 만에 11運으로 나누어 보냈는데, 退換馬 2,324필을 보충한 것까지 합하면 모두 17運이었다.[44]

(차)는 世宗 9년(1427) 4월 國用에 사용하기 위해 5,000필의 말을 즉시 보내라는 명의 요구에 따라 이루어졌다.[45] 조선은 5~6월 간 35일 만에 退換馬 49필까지 보충하여 모두 운송하였다.

(카)는 韃靼에게 遼東을 침략당하여 군사 1,000명과 馬 8,000필이 사로잡히는 위기를 당하여[46] 조선에 十數萬 兵士를 준비하여 협공하기를 촉구하는 한편,[47] 2만~3만 필 이상의 말을 보내라고 요구에 따라 이루어졌다.[48] 조선은 2만~3만 필을 보낼 수는 없어서 5,000필의 말을 보내기로 하고 諸道에 分定하는 작업까지 마쳤다.[49] 그런데 5運까지 2,477필을 보

35) 『太宗實錄』 권18, 太宗 9년 11월 甲戌.
36) 『太宗實錄』 권18, 太宗 9년 10월 庚戌.
37) 『太宗實錄』 권18, 太宗 9년 11월 甲戌.
38) 『太宗實錄』 권18, 太宗 9년 10월 己未.
39) 『太宗實錄』 권19, 太宗 10년 2월 甲子.
40) 『世宗實錄』 권13, 世宗 3년 9월 辛巳.
41) 『世宗實錄』 권14, 世宗 3년 11월 辛巳 .
42) 『世宗實錄』 권14, 世宗 3년 12월 辛丑.
43) 『世宗實錄』 권21, 世宗 5년 8월 己酉.
44) 『世宗實錄』 권23, 世宗 6년 3월 壬辰.
45) 『世宗實錄』 권36, 世宗 9년 4월 己卯 ; 『明史』 권320, 外國1, 朝鮮, 宣德 2년 3월조.
46) 『世宗實錄』 권125, 世宗 31년 8월 戊申.
47) 『世宗實錄』 권125, 世宗 31년 9월 丙戌.
48) 『世宗實錄』 권127, 世宗 32년 정월 辛巳.

낸 상태에서[50] 明으로부터 마필 進獻을 중지한다는 소식이 전달되었다.[51] 이를 끝으로 하여 對明 馬貿易은 중단되었다.

위에서 살펴본 바와 같이 明은 禑王 13년(1387)~文宗 즉위년(1450)까지 64년 간 총 11회에 걸쳐 73,945필의 말을 사 갔다. 이 중에는 보충된 마필 數도 포함되어 있다. 明은 말이 矮小하다거나 疲弱하다는 등의 이유로 수령을 거부하기도 하였다. 이렇게 거부된 말은 退換馬로 돌아오게 되었고, 고려·조선은 다시 그 수를 채웠다. 退換馬匹 규모는 <표 2>와 같다.

<표 2> 退換馬匹數

분류	무역량	退換馬匹數	비 고
(가)	5,000필	?	추정할 수 없음
(나)	3,040필	0	
(다)	9,880필	920 필	추정치
(라)	6,000필	60 여 필	
(마)	9,548필	1,525 필	추정치
(바)	3,000필	0	
(사)	10,000필	0	
(아)	10,000필	241 필 이상	추정치
(자)	10,000필	2,324 필	
(차)	5,000필	49 필	
(카)	2,477필	0	
합	73,945필		

11회 馬貿易 중에서 (나)·(바)·(사)·(카) 4회의 경우는 退換馬匹이 없었던 것으로 나타나고, 나머지의 경우는 위의 표에 나타난 바와 같다. 아래에서 살펴볼 것은 (가)·(다)·(라)·(마)·(아) 5회다.

먼저 (가)의 5,000필에 대해 退換馬匹 수가 얼마였는지는 알 수 없다. 5,000필은 5運으로 나뉘어 각각 1,000필씩 운송되었다. 그런데 제5運 기사에 의하면, "5運馬 1,000匹과 아울러 退還改換馬를 押領하여 遼東으로 보내었다"로 되어 있다.[52] 이는 그 전 제4運까지 退換馬가 있었다는 사실을 의미한다. 제5運 당시 운송한 退換馬匹은 제4運 1,000필에 대한 것이라고 추정되지만, 몇 필이었는지는 알 수 없다.[53]

49) 『世宗實錄』 권127, 世宗 32년 정월 己丑.

50) 『世宗實錄』 권127, 世宗 32년 정월 丁酉 ; 『文宗實錄』 권1, 文宗 즉위년 4월 壬寅 ; 권2, 文宗 즉위년 7월 辛酉.

51) 『文宗實錄』 권1, 文宗 즉위년 4월 壬辰.

52) 『高麗史』 권136, 禑王 13년 6월, [하943①~②].

53) 池內宏은 「高麗末に於ける明及北元との關係」(『史學雜誌』 29-1~4, 1917/『滿鮮史硏究 - 中世 3』, 1963), 316쪽에서 "第5運 1千은 전부 돌려져 改換되고……"라고 하였다. 위의 논문에서는 출전을 표기하지 않았으므로 어떤 기록을 참조했는지 알 수 없다. 『高麗史』와 『高麗史節要』의 당시 기록에서

(다)의 경우는 明으로 운송한 10,000필에 대해 9,880필의 馬價만을 보내왔으므로 그 차액인 120필이 退換馬匹 수인 것으로 보인다. 그러나 이는 결과일 뿐이고, 退換된 총 마필수는 이보다 훨씬 많았다. 洪武 26년(太祖 2, 1393)에 遼東都司에서 朝鮮 都評議使司에 보낸 문서에 따르면,[54] 退換馬匹은 제7運 1,000필 중에서 64필, 제8運 1,000필 중에서 120필이었다. 그런데 제7運 64필은 보충되었고 제8運은 보충되지 않았기 때문에 결과적으로 明은 총 10,000필 중에서 120필을 뺀 9,880필의 馬價만을 지불하였다. 그렇다면 기록에서 확인되지는 않았지만, 제1~6運 8,000필 중에서도 退換馬는 있었을 것이다. 그 수치를 정확하게 알 수 없지만, 제7·8運의 합 2,000필에서 184필이 退換되었던 것을 평균으로 하여 환산하면 920필이 된다. 그러나 明이 退換시키는 기준이 일정하지 않았으므로 이는 추정치일 뿐이다.

(라)의 경우는 기록에서는 60여 필만 退換된 것으로 나타난다. (마)의 退換馬匹 수도 추정치다. 제7運까지 7,000필을 보내고 남은 3,000필에 해당하는 것으로 제8運으로 보낸 2,548필을 보내었다.[55] 그런데 太宗 3년(1403) 10월 甲子에 明이 보내온 兵部咨文에 의하면 明이 수령한 마필 수는 雜色馬 2,141필이었다.[56] 따라서 그 차액인 407필이 退換馬匹 수였다고 추정할 수 있을 것이다. 이것은 2,548필에 해당하는 것이다. 따라서 제7運까지의 말 7,000필에 대한 것을 이 비율로 환산하여 합하면 9,548필 중 退換馬로 보충된 수는 1,525필 정도였을 것으로 추정된다.[57]

(아)의 경우 退換馬匹 수는 241필로 나타난다. 그런데 실제 退換馬匹 수는 이것보다는 훨씬 많았던 것으로 추정된다. 조선에서 10,000필의 말이 전부 출발한 것은 교역이 이루어진 世宗 3년(1421) 11월이다. 遼東까지 수송중이던 12월 중에 瀋陽路에 주둔하고 있던 韃靼兵에게 易換馬 400필을 빼앗겼다. 이 400필은 위의 241필과는 다른 것이다. 18運 중에서 어느 회차의 몇 필에 대한 易換인지 확인할 수 없다. 그러나 전체 퇴환마가 두 기록에 나타난 것보다 훨씬 많은 수였음은 추정할 수 있다.

이상에서 살펴본 바와 같이 총 11회 동안 退換馬匹 수는 차이가 많았다. 말을 운송하는 과정에서 草料·馬糧 공급 여건은 기후에 크게 영향을 받았다. 요동까지 수천 리 길을 운

는 第5運馬 전부가 改換된 기록을 찾을 수 없다. 논문에서 윗부분에 이어 "押馬官과 함께 點選해서 3등급으로 하여 段子 2,670匹, 布 30,186匹만큼 지불되었다"라는 기록을 근거로 한 것으로 생각된다. 그 기록은 다음과 같다. 『高麗史』 권136, 禑王 13년 6월, [하943①~②], "遣判司宰寺事朴之介 押五運馬一千匹 弁退還改換馬如遼東 都司·延安侯·定元侯·武定侯 同押馬官 點選分爲三等 上等給價段二匹布八匹 中等段一匹布六匹 下等段一匹布四匹." 이 기록은 第5運馬 1,000필을 退還改換馬와 함께 보내었다는 뜻이며, 第5運馬 1,000필이 전부 改換되었다는 것은 아니다.

54) 前間恭作 遺稿, 末松保和 編, 『訓讀吏文』, 國書刊行會, 1975, 64~66쪽, "第七運第八運馬匹依數解來事."

55) 『太宗實錄』 권5, 太宗 3년 6월 己酉.

56) 『太宗實錄』 권6, 太宗 3년 10월 甲子.

57) 『太宗實錄』 권6, 太宗 3년 9월 壬寅조에 의하면 28필을 보충하였다. 이 28필이 여기에 포함되는지 여부는 확인할 수 없다.

송하는데, 겨울이면 추위로 땅과 물이 얼거나 장마가 지면 草料 공급이 원할하지 못하기도 하고, 馬糧도 제때에 공급되지 않아서 말이 병드는 일이 흔한 일이었다. 그래서 출발할 때는 충실한 말이었으나 요동에 도착했을 때는 疲弱한 말이 되기도 하였다. 그런데 동절기에 운송된 (바)·(사)·(아)의 경우를 보면, (바)·(사)의 경우는 각각 3,000필, 10,000필 중 退換馬가 전혀 없었으나, 같은 조건인 (아) 10,000필의 경우는 241필이 넘는 수가 퇴환되었다. 한편 (자)의 경우 요동지방의 장마도 끝난 8~10월의 가을에 운송되었으나 10,000필 중 2,324필이 퇴환된 반면, (차)의 경우는 하절기인 5~6월에 운송되었으나 5,000필 중에서 단지 49필만이 退換되었다.

여기에서 明이 말을 退換시키는 기준이 일정하지 않았음을 알 수 있다. 그때 그때 말을 수령하는 관리가 어떤 기준에 따라 수령하는가에 따라 큰 영향을 받았던 것으로 추정된다. 그래서 말을 退換하기로 결정했다가 조선이 이의를 제기하면 취소하는 경우도 있었다. 이에 대해 고려와 조선은 明 중앙정부에 정식으로 문제를 제기하지는 않았다. 단지 요동에서 말을 수령하는 현지 책임자에게 문제를 제기하는 선에서 그쳤고, 退換된 마필에 대하여는 다시 그 수를 채웠다.

이들 마필은 고려·조선이 요동까지 운송하여 遼東都司에 인계하였다. (마)의 경우 洪武帝의 뒤를 이어 황제위에 오른 建文帝 측이 燕王(뒤의 永樂帝)과 帝位繼承 분쟁으로 軍馬가 급히 필요하여 漢陽에 와서 운송해 갔고, (카)의 경우 요동이 韃靼의 침입을 받아 요동에서 수령할 수 없다고 北京까지 운송해 줄 것을 요구하여 北京까지 운송한 것이 예외적이다. 총 11회에 걸쳐 1회당 3,000~10,000필 규모의 마필이 5~19運으로 나누어져 상당 기간 동안 운송되었다.

이러한 마필 운송에는 馬糧·草料·馬押送官 등 부대비용도 적지 않았다. (사)의 경우 4개월 동안 10,000필을 19運으로 운송했는데, 말을 운송하는 데 필요한 인력은 다음과 같았다.[58]

押送官·護送軍	813명
炊飯軍	70명
騎卜馬	408필
驅人	408명
牽馬軍	5000명

이러한 인력 부담보다 더욱 긴요한 것은 말먹이인 馬料였다. 말무역이 진행되던 시기 요동까지 말을 운송하는 데 드는 馬料가 어느 정도였는지 평균하기는 쉽지 않다. (자)의 경우 10,000필을 운송하기 위한 준비로 콩 1만 1천 석을 비축하게 한 예가 참고되지만[59] 일반적

58) 『太宗實錄』 권19, 太宗 10년 5월 己巳.

인 경우로 보기는 힘들다. 그러나 부대비용은 고려와 조선에서 말을 숫자대로 채우는 기간, 운송 기간, 운송되는 시기의 차이에 따른 여정의 험난과 馬料 공급에 드는 노력의 차이 등에 따라 일정하지 않았다. 따라서 (사)의 경우를 기준으로 하여 산술적으로 계산하기는 어렵다고 생각한다.

이상에서 살펴본 고려·조선과 明 사이의 馬貿易은 明이 국외에서 사들인 전체 馬貿易에서 어느 정도의 비중을 차지하는지 살펴보겠다. 明의 王世貞이 편찬한 『弇山堂別集』 市馬考에는 1374~1571년까지 明이 국외에서 매입한 마필 수와 馬價가 기록되어 있다. 이 市馬考의 기록은 정확하지는 않아, 고려·조선의 경우 (가)~(카)의 11회 馬貿易 중에서 6회는 기록되고 5회는 누락되어 있다. 기록의 정확성 문제는 고려·조선과 明 사이의 馬貿易에만 해당되는 것은 아니며, 다른 지역과 馬貿易을 행한 경우에도 비슷했던 것으로 생각된다. 따라서 明의 馬貿易에서 고려·조선과의 馬貿易이 차지하는 비중을 추정하는 데는 큰 문제가 없으리라고 생각한다. 市馬考에는 1571년까지의 馬貿易이 기록되어 있지만, 조선의 對明 馬貿易은 1450년에 끝나므로 1450년까지의 馬貿易 규모를 살펴보겠다. 아래의 <표 3>은 『弇山堂別集』 市馬考를 정리한 것이다.

<표 3> 1374~1450년 간 明의 말 수입 규모

연도	수입 마필 數	지불 수단	교역 대상지 혹은 주관기관
1374	250	鹽	納溪·白度鹽馬司
	?	綺·紗羅·陶器 외	琉球
1375	?		廣東
1378	1,691	茶	河州·秦州茶馬司
1381	181	茶	河州·秦州茶馬司
	200	鹽·布	納溪·白度鹽馬司
	135	鹽	洮州茶馬司
	181	銀·鹽	慶遠裕民司
	584		河州·秦州·洮州茶馬司, 慶遠裕民司
	565		廣東·四川布政使司
1384	1,300	綿布	貴州
	500		貴州
	560		河州·秦州茶馬司
	400		貴州
	596	茶	四川 碉門茶馬司
1385	6,729		河州·秦州茶馬司, 西南지방 각 衛
1386	2,807	鈔	陝西 河州 등지
	5,000	綺·段·布匹	高麗
	1,912	銀	慶遠裕民司

59) 『世宗實錄』 권21, 世宗 5년 8월 壬戌.

연도	수입 마필 數	지불 수단	교역 대상지 혹은 주관기관
1387	3,040		高麗
	170 餘		四川 雅州・碉門茶馬司
1388	300	白金	四川 烏撒軍民府의 貢馬
	302	白金・鈔	回回
	213	鈔	故元勢力
	8,484	鈔	故元新附番軍
1390	670		
	7,060	鈔	陝西都指揮司
1391	10,000		高麗
	110		貴州
1392	10,340 餘	茶	河州茶馬司
1396	1,095	鈔	回回
1397	1,560	綿布	西藩
1398	13,518	茶	西藩
1403	190		回回
	4,740		哈密
	?		湖廣・四川・雲南・廣西, 西北諸夷
	?		烏梁海
1405	?		遼東・開原・廣寧 馬市
1406	?	米・絹・布	烏梁海
1410	10,000		朝鮮
	7,714	茶	陝西 河州
1412	447	絹・布・鈔	
1420	900		韃靼
1427	5,000		朝鮮
1450	2,477		朝鮮

1374년부터 1450년까지 77년 동안 明은 총 111,921匹의 말을 사들였다.[60] 주요한 교역 대상지는 고려・조선을 비롯하여 明의 西藩・西北藩으로 불리던 回回・韃靼 제 종족과 西南의 貴州, 동북으로 女眞族 烏梁海 등이었다. 琉球에서도 말을 사들인 것으로 보아 明은 국내의 말 부족을 해결하기 위하여 말을 사들일 수 있는 모든 지역에서 말을 수입하였음을 알 수 있다. 明의 부족한 마필 수가 어느 정도였는지 알 수 없지만, 洪武 28년(1395)에 증가한 孳生 馬駒는 9,407필에 불과하였다.[61] 그런데 기록에 나타난 것에 한정하여 보아도 1391・1392・1398・1410년에 1만 필 이상을 수입하고 있어서 국내에서 생산되는 규모보다 수입 마필 數가 더 많았음을 알 수 있다. 이 중에서도 대규모로 말을 수입하는 주요한 지역이 고려・조선이었다.

60) 이 계산에서 교역량이 기록되지 않은 '?'로 표시한 것과 '餘'로 표시한 것은 제외시켰다.
61) 『明太祖實錄』 권243, 洪武 28년 12월 辛亥.

明이 수입한 전체 마필 수 중 고려·조선에서 수입한 마필은 6회에 걸쳐 35,517필이었고, 이것은 전체의 31.7%에 해당한다. 明은 부족한 마필의 1/3을 고려·조선에서 조달하고 있었던 셈이다. 그런데 이 비율은 좀더 높게 보아야 할 것이다. 왜냐 하면 위에서 살펴본 (가)~(카) 11회의 馬貿易 중에서 단기간에 교역량이 가장 많았던 시기는 (라)~(차)에 해당하는 1394~1427년 사이다. 그런데 위의 기록에는 (라)~(차) 7회 중 2회만 포함되어 있다. 이러한 점을 고려하면, 明은 필요한 마필 수의 1/3 이상을 고려~조선에서 조달하고 있었다고 할 수 있을 것이다.

이상에서 살펴본 바에 따르면, 明은 禑王 13(1387)~文宗 즉위년(1450)까지 64년간 총 11회에 걸쳐 73,945필의 말을 사 갔다. 1회 평균 6,722필, 1년마다 1,155필씩 사간 셈이 된다. 그러나 무역량이 매해 일정했던 것은 아니어서, (아)·(자)의 경우처럼 2개월 혹은 3개월 만에 10,000필씩의 말이 무역되기도 했다. 그 규모는 明이 수입한 마필 수의 1/3 이상이었다.

2) 전국의 마필 數와 징발 방법

말은 여러 가지 용도로 사용되었다. 국방의 戰馬, 驛의 驛馬, 외교의 贈送物로 사용되는 외에도, 농사의 노동력, 食用, 무역용, 乘用, 賞賜用, 擊毬用 등으로 사용되었다.[62] 그 중에서도 戰馬·驛馬 용도는 국가를 유지하는 데 항상 중요한 것이었고, 麗末鮮初에는 對明 贈送物로서의 기능이 무엇보다 중요하였다. 그러면 고려·조선이 明의 요구에 따라 이같이 말을 계속 보낼 수 있을 정도로 말을 많이 가지고 있었을까? 고려·조선의 마필 수를 추정해 볼 필요가 있을 것이다. 아울러 1회씩 무역량이 결정될 때 어떻게 그 수를 채웠는지도 살펴보겠다.

① 전국의 마필 數

이 시기 전국의 마필 數를 알려 주는 통계적 기록은 현재 남아 있지 않다. 특히 고려 말에 전국의 마필 수가 어느 정도였는지 추정할 수 있는 기록은 거의 없다. 이와 관련하여 高麗末 騎兵의 숫자를 참고할 수 있을 것이다. 禑王 2년(1376) 전국의 군사를 점검했을 때 騎兵은 14,700명이었다.[63] 禑王 14년(1388) 요동정벌을 단행할 때 동원된 군사는 38,830명인데 그 때 동원된 말은 21,682匹이었다.[64] 요동정벌은 고려의 입장에서는 明을 상대로 한 國運을 건 군사작전이었다. 따라서 그 때 동원된 마필의 규모는 고려가 辦出할 수 있는 최대치에 가까웠다고 보아도 크게 틀리지 않을 것이다.

---

62) 南都泳, 앞의 책, 1996, 133쪽.
63) 『高麗史』 권81, 兵1, 兵制, 禑王 2年 8月, [중786④].
64) 『高麗史』 권137, 禑王 14년 4월 丁未, [하951③~952①].

조선 초기의 마필 數에 관하여는 몇몇 기록을 참고할 수 있다. 世宗 28년(1446) 濟州의 마필 數는 9,780필이었다.[65] 成宗 원년(1470) 司僕寺에서 濟州道를 제외한 지역에서 馬籍에 올라 있는 마필 수를 보고한 바에 따르면 총 13,599필로 되어 있다.[66] 그 50여 년 뒤인 中宗 17년(1522)에는 成宗 때의 馬籍을 참고하여 마필 수를 4만여 필로 보고하고 있다.[67] 燕山君 8년(1502)에는 3만 필, 中宗 17년에는 2만 필로 기록되었으며, 肅宗 4년(1678)에 제작된 「牧場地圖」에 의하면 전국의 마필은 20,213필이다.[68] 제주 이외 지역의 마필 수(牛 포함)는 7,955필이고 제주의 마필 수는 12,258필이다. 이를 정리하면 <표 4>와 같다.

<표 4> 전국의 마필 數

연 도	마필 數		비고
	제주 이외 지역	제주	
世宗 28년(1446)		9,780 필	
成宗 원년(1470)	13,599 필		
成宗代	40,000여 필		中宗 17년 기록에 의거
燕山君8년(1502)	30,000여 필		
中宗 17년(1522)	20,000여 필		
肅宗 4년(1678)	7,955필	12,258 필	「牧場地圖」에 의거. 牛 포함

이에 의하면 마필 수는 成宗 때가 가장 많아서 4만여 필에 이른다. 그 이후 점차 감소하여 중종 때 2만 필 규모가 되며, 이 규모는 임란 이후 조선 후기까지도 계속되었다.

對明 馬貿易은 世宗 32년(1450)을 마지막으로 하여 중단되었다. 明이 처음으로 고려에 濟州馬 2,000필을 요구했을 때 고려는 일시에 2,000필이라는 수를 채울 수 없었다. 濟州에서 징발한 말은 300필뿐이었으므로 나머지 1,700필을 채우기 위해 宗親·宰樞·代言 이상의 관리에게 할당하여 각각 1필씩 징발하는 형편이었다.[69] 그런데 禑王 11년 7월 禑王의 왕위계승을 明으로부터 인정받기까지 고려는 1년에 1,000필에 해당하는 마필을 貢馬라는 명목으로 明에 보내어야 했다.[70] 그리고 禑王 12년에 이르러 明이 5,000필과 3,000필의 馬貿易을 요구했을 때[(가)·(나)] 고려는 각각 4개월, 2개월 만에 그 숫자를 辦出해 내었다. 물론 숫자를 채우기 위해 兩府 대신부터 巫覡·術士까지 모든 신분·계층에서 말을 징발하였다.[71] 그러나 단기간에 8,000필에 달하는 말을 辦出해 내었다는 것을 보건대, 공민왕대

65) 『世宗實錄』 권111, 世宗 28년 3월 癸酉.

66) 『成宗實錄』 권2, 成宗 원년 정월 癸未.

67) 『中宗實錄』 권44, 中宗 17년 2월 丁亥, "御朝講 …… 特進官高荊山曰 考成宗朝馬籍 則其數至四萬餘匹 今則纔二萬餘匹 而亦無可用之馬 …… 濟州三邑之馬視古亦半減……." 『燕山君日記』 권43, 燕山君 8년 3월 乙未條에도 成宗 때의 마필을 4만 필로 보고하였다.

68) 南都泳, 앞의 책, 1996, 236~237쪽에서 재인용.

69) 『高麗史』 권44, 恭愍王 23년 8월 壬子, [상866③].

70) 김순자, 앞의 글, 1995 ; 『麗末鮮初 對元·明關係 硏究』, 연세대 박사학위논문, 1999, 제3장 중 '高麗의 禑王冊封 요청과 對明貢物의 증액' 참조.

이래 말 생산이 계속 증가하지 않았는가 생각된다. 이후 60여 년 간 明은 계속하여 馬貿易을 요구했다. 이에 따라 국내에서는 말 사육이 크게 늘었을 것이다. 太宗・世宗代인 (사)~(차) 4회의 경우에는 2~4개월 만에 10,000필에 달하는 말을 징발하여 교역에 응할 수 있었다. 그런데 世宗 32년을 고비로 갑자기 明과의 馬貿易이 중단되자 일시적으로 국내의 마필 수가 증가했을 것으로 추정된다. 그 결과 성종대의 마필 수가 麗末鮮初 이래 최고에 달했던 것이라고 보인다. 이후로 점차 말 사육은 감소해 간 것으로 이해된다.

그런데 이 기록들로는 明으로 말이 계속 유출되고 있던 세종 32년까지의 전국 마필 수를 알 수 없다. 세종 28년의 기록은 濟州道 목장에 속한 마필만 기록한 것이기 때문이다. 제주도의 마필 숫자가 전국 마필 숫자에서 차지하는 비율은 肅宗 4년(1678)의 경우 61%다. 제주도는 원간섭기 이래 목장이 가장 발달했던 지역이다. 그러나 이 비율을 일반화하여 世宗代 혹은 成宗代에도 적용할 수는 없을 것이다. 만약 세종대에 이 비율을 적용한다면 世宗 28년의 경우 濟州의 마필이 9,780필이므로 전국의 마필 수는 16,032필이 되어야 할 것이다. 이런 규모라면 앞에서 살펴본 것처럼 2개월 혹은 3개월에 1만 필을 明으로 수출한다는 것은 있을 수 없기 때문이다. 또 마필이 가장 많았다는 성종대에도 4만여 필에 불과하였다면, 明으로는 中馬 이상이 수출되었으며 말은 3~4년 이상 길러야 건장한 中馬 이상이 된다는 점을 고려한다면[72] 위의 표에 나타나는 수치가 전국의 마필을 모두 나타내는 것은 아니라고 보아야 할 것이다.[73]

그런 점에서 위의 기록에 나타난 마필 수가 국유목장에 속한 것만을 대상으로 하였다는 점을 유의해 보고자 한다. 개략적으로 그 수치를 표현한 成宗代, 燕山君 8년, 中宗 17년의 경우 외에, 실지 조사를 토대로 한 기록으로 보이는 世宗 28년, 成宗 원년, 肅宗 4년의 경우 모두 목장에 속한 마필만을 계산한 것이다. 민간에서도 乘用이나 농사의 노동력 등의 필요에서 적지 않은 마필을 소유하고 있었을 것이다. 이것들은 여기에 전혀 포함되어 있지 않다. 또한 이들 목장이 국유인지 사유인지에 대해서도 전혀 언급되어 있지 않지만, 사유목장이라면 어떤 식으로든 소유주를 나타내는 방법이 취해졌을 것으로 생각되므로, 이들 자료는 국유목장에 속한 마필만을 계산한 것이라고 생각된다.

이 시기 私有馬가 國有馬가 어느 정도이었는지는 알 수 없다. 국내의 마필 수가 가장 많았던 成宗代의 경우, 전국의 마필은 4만 필보다는 상당히 많았던 것으로 추측할 수 있다. 그러나 그 수가 4만 필의 2~3배에 달했을 것으로 추정하기는 어렵다. (사)의 교역이 끝난 조선 太宗 11년에 司諫院에서 올린 時務 중 "비록 말 한 필이 있는 자라도 모두 官에 바치니……"라고 한 것 이나[74] (자)가 진행중일 때 "지난날 士大夫家에는 말이 두서너 필 이상

71) 『高麗史節要』 권32, 禑王 13년 2월, [813④](亞細亞文化社 1973년 影印本. 이하 같음. ①~④ 표기는 주 6)과 같음).

72) 『世宗實錄』 권37, 世宗 9년 9월 丁亥.

73) 南都泳, 앞의 책, 1996, 232~237쪽에서는 이를 전국의 마필 數로 보았다.

이 있었고, 庶民들도 모두 충실한 말이 있었으나, 지금은 士人의 집에도 한 필에 지나지 못하고, 또한 모두 疲弱하다"는[75] 지적 등은 과장이 포함되어 있음을 감안해도 당시의 현실을 상당히 반영하는 것으로 보이기 때문이다.

고려 때 明이 요구한 (가)·(나)·(다)와 조선 건국 후인 (라) 이후 11회 중 (카)를 제외하고는 언제나 무역량은 明이 요구한 대로 결정되었다. 明이 끊임없이 마필의 무역을 요구하자 그 수를 채우기 위하여 牧馬業은 계속 발전해 왔던 것으로 생각된다. 그러나 국외로 수출되는 양이 생산량보다 많았기 때문에 국내의 마필 수는 감소 추세에 있었다고 보인다. 그러다가 世宗 32년 이후 對明 馬貿易이 갑자기 중단되자 일시적으로 마필 수는 증가하게 되어 成宗代에 최고에 이르렀다가 이후 점차 감소되어 갔다.

② 징발 방법

마필을 수집하는 방법에 관해서는 위의 (가)~(카) 중에서 몇 경우에 기록이 남아 있다. 明이 마필의 무역을 요구하면 먼저 進獻官馬色을 설치하고 무역할 마필 數를 정한다. 무역할 마필 수를 정하는 데에는 1차적으로 明의 요구액이 고려되고 그 다음 軍政的인 면, 조선의 보유 마필 數 등이 고려되었다. (자)의 世宗 5년(1423) 경우, 해를 이어 2만 필을 요구하자 사대부로부터 庶民에 이르기까지 충실한 말이 없게 되었고 또 한정 없는 요구를 계속 들어줄 수는 없다 하여 액수의 반감을 요구하는 방안이 논의되기도 하였으나, 事大의 禮에 충실해야 한다는 명분에서 대체로 요구액을 충족시키는 방향으로 정해졌다.[76]

그 다음에는 道別로 마필 수를 分定하고 일정한 기한 내에 그 수를 채우도록 하였다. 전국에 퍼져 있는 목장말은 물론 서울이나 외지에 있는 時散官으로부터 經師·무당·富居人·工人·商人·軍人·良民 등 모든 신분계층이 징발대상이었다.[77] 각 道는 分定받은 마필을 먼저 道內에 있는 品官에게 分定하고, 부족하면 軍이나 民戶에까지 分定하였다.[78]

各道에 分定한 마필 수의 몇 가지 예를 보면 <표 5>와 같다.

(아)의 경우 分定된 마필 수를 합하면 11,468필이다. 이는 무역해야 할 10,000필보다 1,468필이 많은 숫자다. (자)의 경우 3개월 만에 10,000필을 중국으로 보냈는데, 각 도에 分定한 마필 수는 10,400필이다. (카)의 경우 明은 2만~3만 필의 馬貿易을 요구했으나 그 중에서 5,000필만 무역하기로 결정하였다. 分定된 마필 수를 합하면 5,100필이다. 마필 수가 정해진 수보다 많게 分定되는 것은 退換馬가 있을 경우를 대비한 것이 아닌가 생각된다.

위의 세 경우를 보면, 마필 分定은 대개 道別로 일정한 비율이 있었던 듯한데, 이는 道勢

---

74) 『太宗實錄』 권18, 太宗 9년 11월 壬午.
75) 『世宗實錄』 권21, 世宗 5년 8월 庚戌.
76) 『世宗實錄』 권21, 世宗 5년 8월 庚戌.
77) 南都泳, 앞의 책, 1996, 182쪽.
78) 『世宗實錄』 권13, 世宗 3년 9월 辛巳.

<표 5> 道別 馬匹 分定[79](단위 : 匹)

道別	서 울	개 성	경 기	충청도	전라도	경상도	황해도	함길도	평안도	강원도	합계
(아)	2,047	240	660	1203	1,808	2,172	894	546	856	1042	11,468필
(자)	2,050	250	650	1200	1,350	2,200	800	500	600	800	10,400필
(카)	1,100	100	300	700	1,000	1,400	200			300	5,100필

를 기준으로 했을 것으로 보인다. (아)와 (자)는 모두 10,000필씩인데 전라도의 경우만 450여 필 정도 차이가 있고, 나머지 道는 分定額이 거의 비슷하다. 이는 (자)가 (아)에 준해서 결정되었기 때문이다.[80] 그에 비해서 5,000필인 (카)의 경우 서울・京畿・下三道의 경우 징발 마필 수는 (아)・(자)의 대략 1/2에 가깝다. (카)에서는 平安道・咸吉道가 빠져 있는데, 이 지역은 국경지대이고 특히 평안도는 요동까지 마필 수송으로 가장 큰 피해를 보고 있는 지역이어서 경우에 따라 마필 징발 대상에서 빠지도록 배려했던 것으로 보인다. (사)의 경우 東北面을 제외시킨 예를 참조할 수 있다.[81] 어느 경우나 서울에서 가장 많이 징발되었다. 이는 서울이 지배층의 집단 거주지이기 때문에 그들에게 속한 마필이 많아서였을 것이다.

또 한 가지 주목되는 것은 원간섭기 이후 마필 사육이 국내에서 가장 발달한 곳이었던 제주도가 分定에서 빠져 있는 점이다. 貢馬는 제주에서 조달하는 것이 가장 손쉬운 방법이었을 것이다. 明이 처음 마필 교역을 요구한 禑王 12년 7월에 濟州馬를 지목하였다.[82] (사)의 경우 道別로 마필이 어떻게 分定되었는지 기록을 찾을 수 없지만, 이 시기에 濟州에서 2,000필을 선별하여 육지로 내온 기록이 보인다.[83] 濟州道가 마필을 道別로 分定할 때 다른 道와 구별되어 독립적으로 分定을 받았다면 分定에 나타날 것이다. 그런데 濟州는 道別 分定에서 빠져 있으므로 전라도에 속해서 해당 분량을 분담했을 것이다. (아)와 (자)는 모두 10,000필을 道別로 분정했는데, 道別 分定額이 전라도만 차이가 있다. (아)의 경우 (자)보다 450여 필이 많게 분정된 것은 (아)에서는 전라도에 濟州馬가 포함되었고 (자)의 경우 제주가 빠져 있어서 나타나는 차이가 아닌가 생각된다. 濟州에서는 明에 대한 마필 운송이 끝난 직후에도 品馬라는 명목으로 마필이 육지로 차출되고 있었다.[84]

---

79) (아) : 『世宗實錄』 권13, 世宗 3년 9월 辛巳.
(자) : 『世宗實錄』 권21, 世宗 5년 8월 壬子.
(카) : 『世宗實錄』 권127, 世宗 32년 정월 己丑.
80) 『世宗實錄』 권21, 世宗 5년 8월 壬子.
81) 『太宗實錄』 권18, 太宗 9년 11월 乙亥.
82) 『高麗史』 권136, 禑王 12년 7월, [하934①~②].
83) 『太宗實錄』 권18, 太宗 9년 12월 辛亥.
84) 『太宗實錄』 권19, 太宗 10년 4월 戊戌.

3. 明이 지불한 馬價의 비교

對明 馬貿易의 규모와 가격 결정에 고려·조선은 전혀 관여하지 못했으므로, 가격을 분석하여 이 시기 事大關係의 경제적 측면을 이해하려고 한다. 明과의 馬貿易은 朝貢冊封關係라는 정치적 측면이 전제가 되어 이루어진 무역이었다. 정치적 측면은 '교역'의 성격에 영향을 주었을 것으로 생각되며, 그것은 가격에 반영되었을 것으로 생각된다.

여기에서는 明이 고려·조선에 지불한 馬價가 얼마였는가를 단순히 산술적으로 밝히는 것은 의미가 없다고 생각한다. 앞에서 언급한 것처럼 對明 馬貿易은 고려나 조선의 의도와는 상관없이 明의 일방적인 요구에 의해 이루어진 것이다. 그러나 貢物과는 달리 값이 치러졌다. 이 무역이란 고려·조선과 明이라는 중국왕조 사이의 朝貢冊封關係를 전제로 해서 이루어진 '무역'인 것이다. 그 규모는 전근대 어느 시기보다 컸다. 그래서 朝貢冊封關係에서 이루어진 무역의 경제적 의미를 이해하기 위해서는, 明이 치른 가격이란 것이 당시 고려·조선의 국내 馬價 혹은 明 국내의 馬價와 비교할 때 어느 정도였는지 밝히는 것이 중요하다고 생각한다.

1) 明이 지불한 馬價

위의 <표 1>에 제시된 11회의 馬貿易 모두의 가격을 분석하기는 어렵다. 말 가격이 어떻게 치러졌는지에 관해 매번 정확하게 기록되지 않았기 때문이다. 그리고 馬價가 여러 가지 현물로 지불되어서 하나의 화폐 단위로 환산하기도 어렵다. 그러나 몇몇 경우를 실제 가격과 비교해 볼 수 있다.

11회의 무역 중에서 明이 보내온 馬價를 나타내면 <표 6>과 같다.

먼저 고려 말에 교역이 이루어진 (가)·(나)·(다)의 馬價 지불에 관하여 살펴보겠다. (가)의 5,000필에 대한 馬價가 지불된 것은 禑王 13년(1387) 6월이었다. 馬價는 明이 처음 馬貿易을 요구했을 때부터 5,000필의 교역이 끝날 때까지 몇 번 변화가 있었다.[85] 明은 5,000필의 말을 段子 10,000필, 綿布 40,000필로 교역하겠다고 제시하면서 宰相馬와 官馬·

85) 明이 제시한 馬價는 세 번 변화하였다. 그것을 표로 나타내면 다음과 같다(南都泳, 앞의 책, 1996, 164쪽 참조).

시 기	가 격	비 고
우왕 12년 11월	宰相馬 1匹 : 段子 2匹 綿布 4匹 官馬·百姓馬 1匹: 段子 1匹 綿布 2匹	明이 처음 제시한 가격
12년 12월	馬 1匹 : 段子 2匹 大綿布 8匹	
13년 2월	布 8필, 段子 2필	5000필 馬 교역을 독촉할 때 제시한 가격

<표 6> 明이 지불한 馬價

분류	무역량	馬價	馬1필당 가격
(가)	5,000필	段子 2,670필 綿布 30,186필	상·중·하등 비율 不明 평균 : 段子 0.53필 布 6필
(나)	3,040필	미상	미상
(다)	9,880필	紵絲 9,880필 綿布 9,880필	紵絲 1필 綿布 1필
(라)	6,000필	X	
(마)	9,548필	文綺·絹·綿布 90,000여 필 藥材	文綺·絹·綿布 9필 藥材
(바)	3,000필	? 絹·布 15,000필	絹·布 5필 朝鮮에 전달 여부 不明
(사)	10,000필	絹 30,000필 綿布 20,000필	絹 3필, 綿布 2필
(아)	10,000필	生大絹 49,865필 紅絹 1,601필 藍絹 301필 草綠絹 903필 靑絹 304필 大綿布 35,306필 (布·絹 88,280필)	生大絹 2.75필, 大綿布 1.75필
(자)	10,000필		
(차)	5,000필	미상	미상
(카)	2,477필	銀 300兩 紵絲 30필 羅 30필 闊生絹 100필 (絹 1,060필로 환산)	絹 0.43필 * 回賜 환산 : 闊生絹 1.8필, 綿布 1.2필
합	73,945필		

百姓馬의 가격을 다르게 제시했다. 최종적으로는 3등급으로 나누어 상등마는 段 2匹, 布 8匹, 중등마는 段 1匹, 布 6匹, 하등마는 段 1匹, 布 4匹의 가격으로 샀다. 여기의 布는 綿布다. 상·중·하 등급은 말의 소유주가 宰相인지 혹은 官·百姓인지의 여부에 영향을 받았던 것 같은데 구체적인 사실은 알 수 없다. 明은 5,000필의 馬價로 段子 2,670필, 布 30,186匹을 지불하였다.[86] 5,000필 馬를 段子 10,000필, 綿布 40,000필로 교역하겠다는 처음의 제안에 따른다면, 馬 1필당 段子 2필, 綿布 8필이 된다. 이는 실거래된 경우 상등마의 가격에 해당한다. 상·중·하 등급이 각각 어느 정도 비중이었는지는 알 수 없다. 그러나 하등인 경우도 段子는 1필이 지불되어야 했는데, 5,000필에 대해 실제 지불된 段子가 총 2,670필뿐이고, 綿布는 최소 段子 匹數의 $4 \le x < 8$배 범위에 있어야 하는데 30,186필은 匹數에서 2,670필의 11.3배이므로 段子는 綿布로 환산되어 지불되었음을 알 수 있다. 그런데 상·중·하 등급의 비율을 알 수 없으므로 평균하면 馬 1필당 段子 0.53필, 布 6필이 지불되었

86) 『明太祖實錄』 권183, 洪武 20년 7월 辛卯.

다. 지불된 馬價는 明이 처음 책정한 馬價에서 중등급 이하의 가격으로 지불하였음을 알 수 있다. 고려는 요동까지 말을 운송한 다음 遼東都司에서 등급을 정해 준 데 따라 馬價를 받아왔다.[87]

(나)의 3,040필에 대한 馬價가 어떻게 지불되었는지에 관한 기록은 없다. 그러나 처음 제시한 가격은 (가)와 같은 馬 1필당 大綿布 8필, 段子 2필이었다.[88] 이 가격은 같은 시기에 교역이 이루어진 (가)의 상등급 馬價이며, 요동으로 운송된 3,040필에 대하여 전부 상등급 馬價를 지불했다고 보기 어렵다. 운송된 말의 상태에 관해 明은 '駑弱不堪者 量減其直'라고 했으므로[89] (가)와 같이 상·중·하 3개 등급으로 나누어졌을 것으로 생각된다. 각 등급이 어느 정도의 비중을 차지했는지는 알 수 없다.

(다)는 10運으로 나뉘어 10,000필이 다 운송된 다음인 조선 太祖 2년에 요동에 가서 馬價를 받아왔다.[90] 받아온 馬價는 10,000필 중에서 遼東都司가 실지로 收納한 9,880필에 대하여 紵絲 9,880필, 綿布 9,880필, 도합 19,760필이었다. 馬 1匹당 紵絲 1필, 綿布 1필씩이다.

(라)의 경우 馬價는 지불되지 않은 것 같다. 6,000필을 보낸 뒤 6개월 만에 다시 10,000필의 말을 교역하자고 요구해 올 때 보내온 明의 兵部咨文에는 "조선국에 馬匹이 많이 산출되어, 前日에 國王이 좋은 생각으로 말 3천 필을 바쳤는데……"로만 되어 있을 뿐[91] 馬價 지불에 관한 언급이 전혀 없기 때문이다.

(마)는 明의 建文帝와 燕王(뒤의 永樂帝)이 帝位繼承戰으로 내란중에 있을 때에 建文帝측에서 요구하여 이루어졌다. 明은 마필이 운송되기도 전에 馬價를 먼저 보내왔는데 이는 11회의 馬貿易 중 유일한 사례다. 수레 150량에 실어서 한양으로 보내왔는데, 文綺·絹·綿布 90,000여 필과 약재였다.[92] 여기의 文綺는 易換馬價를 정할 때 기록을 보면 段子임을 알 수 있다.[93] 환산하면, 馬 1필당 文綺(段子)·絹·綿布 합9필과 藥材를 아울러 배분하였다. 90,000여 필 중 文綺(段子)·絹·綿布의 비율이 각각 어떠했는지는 알 수 없다. 藥材의 양도 기록되어 있지 않아서 알 수 없다. 明은 말을 '時價대로 교환하겠다'고 표방했었는데, 다른 경우보다 馬價가 높게 책정된 것을 알 수 있다.

(바)의 경우에는 馬價가 지불되었는지 판단하기 어려운 점이 있다. 조선측 기록에는 馬價가 지불된 기록이 없다. 明측의 기록에는 조선의 貢馬 3,000필에 대하여 絹·布 15,000匹

---

87) 南都泳은 段子 10,000필과 綿布 40,000필이 고려에 전부 지불되었다고 보았다. 그래서 상·중·하 3등급 馬價로 지불하고 남은 차액은 국가의 제반 비용으로 충당되었을 것이라 하였다(앞의 책, 1996, 155~164쪽).

88) 『高麗史』 권136, 禑王 12년 12월, [하936③~④].

89) 『明太祖實錄』 권181, 洪武 20년 3월 癸酉.

90) 『太祖實錄』 권3, 太祖 2년 6월 庚辰·甲申, 馬價段匹緜布給送事(洪武 26년 禮部咨) (前間恭作 遺稿, 末松保和 編, 『訓讀吏文』, 國書刊行會, 1975), 66~67쪽.

91) 『太宗實錄』 권2, 太宗 원년 9월 丁亥.

92) 『太宗實錄』 권2, 太宗 원년 9월 辛丑.

93) 『太宗實錄』 권2, 太宗 원년 10월 戊午.

을 지불한 것으로 되어 있다.[94] 이 기록에 의하면 馬價는 1필당 絹·布 합 5필씩이 된다. 絹과 布의 비율은 아래 (사)의 경우에 비추어 絹 3필, 布 2필이었던 것으로 추측된다. 馬價로 15,000필을 지불하라는 결정이 난 것이 永樂 5년 12월이고, 銀 1,000냥 등을 전달하는 明의 사신이 조선에 도착한 것이 다음 해 4월인 것으로 보아 위의 동일한 使行으로 판단된다. 그런데 明은 이번의 3,000필 馬貿易을 요구할 때 馬價를 지불할 것이라고 약속하였고, 이런 통보에 대해 조선 태종은 洪武帝 당시에 馬價를 전혀 지불하지 않고도 말을 요구했었던 데 비하여 馬價를 지불한다는 것이므로 조선이 마다할 이유가 없는 것이라는 의사를 표명하였다.[95] 따라서 王에 대한 하사품만 기록되어 있지만, 馬價 絹·布 15,000필도 조선에 지불되었던 것으로 추측된다. 明에서 馬價 지불의 결정이 내려진 것은 3,000필의 말이 운송되기 전인 永樂 5년(1407) 12월이고, 조선이 말 운송을 끝낸 것은 다음 해 2월이다.[96] 총 11회의 말 교역 중에서 이번 경우를 제외하면, 明이 帝位繼承戰爭과 같은 국내 정치상 특별한 사정이 있었던 (마) 이외에는 말의 운송이 완료되기 전에 馬價를 지불한 적이 없다는 점을 고려해 볼 때, 그 이후 어떤 사정에 의해 처음 책정했던 馬價가 조선에 전달되지 않았을 가능성도 배제할 수는 없을 것이다. 말 운송이 끝난 것은 太宗 8년(1408) 2월인데, 同 4월에 답례로 태종에게 銀 1,000냥(25兩짜리 花銀 40箇), 紵絲 50匹, 素線羅 50匹, 熟絹 100匹을 보내왔다.[97]

(사)는 10,000필의 말이 다 운송된 太宗 10년(1410) 2월에서 7개월이 지난 다음에 말 10,000필에 대한 값으로 馬 1필당 絹 3필, 綿布 2필로 계산하여 絹 30,000필, 綿布 20,000필을 보내왔다.[98] 世宗 3년(1421)의 (아)의 경우는 말이 전부 운송된 다음에도 馬價가 지불되지 않았고, 明은 거기에 대하여 어떤 해명도 하지 않았다. 그러다가 (자)의 10,000필이 운송된 다음 해에 (아)·(자)의 20,000필에 대한 馬價가 한꺼번에 지불되었다.[99] 馬價는 布·絹 합하여 88,290필이었다.[100] 그 중 生大絹이 49,865필, 紅絹이 1,601필, 藍絹이 301필, 草綠絹

94) 『明太宗實錄』 권74, 永樂 5년 12월 甲申, "朝鮮國王李芳遠貢馬三千疋至遼東 勅保定侯孟善遣送北京苑馬 命戶部運絹·布萬五千疋酬之" ; 『明史』 권320, 外國1, 朝鮮, 永樂 5년 12월조.

95) 『太宗實錄』 권14, 太宗 7년 8월 庚戌.

96) 위의 기록에는 "貢馬三千疋至遼東"으로 되어 있어 이미 말 3,000필이 遼東에 도착한 것으로 되어 있다. 그러나 12월 당시에는 말이 운송되는 도중이었고, 조선에서 다음 해 2월까지 출발한 말이 요동에 도착하려면 운송이 순조롭다 해도 3월이라야 가능했을 것이다. 『明太祖實錄』의 기록을 그대로 믿기 어려운 점이 있다.

97) 『太宗實錄』 권15, 太宗 8년 4월 甲午. 그런데 『弇山堂別集』 권89, 市馬考, 永樂 8년조에는 白金 1,000兩, 紗羅 1,000疋, 絹 500疋을 보낸 것으로 되어 있어서 實錄 기록과 차이가 있다.

98) 『太宗實錄』 권20, 太宗 10년 10월 壬寅. 그런데 馬價는 馬主에게 전부 배분되지는 않았다. 絹 3필 중에서 馬主에게는 1.4필씩 지불되고 나머지 絹 16,000필은 國用으로 사용하였다. 16,000필 중 14,000필은 內資寺·內贍寺·濟用監에 分納시키고, 나머지 2,000필은 兩京에서 민간에 팔았다(『太宗實錄』 권21, 太宗 11년 정월 辛巳, 2월 丁酉).

99) 『世宗實錄』 권23, 世宗 6년 2월 癸亥, 永樂十九年弁今次去取馬共二萬匹價布絹給賜事(永樂 21년 戶部箚付) (前間恭作 遺稿, 末松保和 編, 『訓讀吏文』, 國書刊行會, 1975), 80~82쪽.

100) 아래의 絹·布 필수를 더하면 88,280필이어서 기록과 10필의 차이가 있다.

이 903필, 青絹이 304필, 大綿布가 35,306필이었다. 絹은 총 52,974필[生大絹 : 49,865필, 염색한 絹(紅絹·藍絹·草綠絹·青絹) : 3,109필]인데, 生大絹과 염색한 紅絹·藍絹·草綠絹·青絹은 가격이 다르다. 洪武年間 明의 경우이긴 하지만『老乞大』에 기록된 경우를 보면, 1필당 銀子 3錢인 絹子를 鴉青·小紅으로 염색하는 데에 2錢이 들었다. 紅·藍·草綠·青의 구별에 관계없이 염색하는 데 드는 비용은 같았다고 보면, 염색한 絹子는 염색하지 않은 生絹 1.67필에 해당한다. 이 비율로 환산하면 紅絹·藍絹·草綠絹·青絹 3,109필은 生絹 5,180필이 된다. 따라서 明이 보내온 生絹(生大絹)은 총 55,045필에 해당하며, 이를 馬 1필당으로 환산하면 馬 1필당 生絹(生大絹) 2.75필, 大綿布 1.75필이다.

(차)의 경우에는 馬價가 어떻게 지불되었는지에 관하여는 기록된 바가 없다. 처음에 明에서 國用에 필요하다면서 5,000필의 교역을 요구할 때에는 馬價를 치르겠다고 하였고,[101] 조선에서 馬價를 수령하기 위해 遼東에 사람을 파견하였다고 한 것으로 보아[102] 馬價는 조선에 지불된 것으로 추측된다. 단 그 액수에 관하여는 전혀 알 수 없다. 이 때에도 馬貿易에 대한 답례로 명은 세종에게 白金 1,000兩, 紗羅·錦帛 240疋을 보낸 것으로 되어 있다.[103]

(카)의 경우 明에 보내기로 예정한 말 5,000필 중 2,477필이 北京으로 보내어졌다. 馬價로 銀 300兩, 紵絲 30필, 羅 30필, 闊生絹 100필이 오고, 별도로 回賜라 하여 闊生絹 4,431필, 綿布 2,954필이 왔다.[104] 이 때 보내온 紵絲·羅 각 30필은 織金胸背와 같이 매우 고급품이었다.[105] 이것을 洪武 30년(太祖 6, 1397) 규정에 따라 환산해보겠다. 洪武 30년 규정은 다음과 같다.

---

101)『世宗實錄』권36, 世宗 9년 4월 己卯.
102)『世宗實錄』권38, 世宗 9년 11월 戊申.
103)『弇山堂別集』권89, 市馬考, 宣德 2년조.
104)『文宗實錄』권2, 文宗 즉위년 7월 辛酉. 그런데『弇山堂別集』권89, 市馬考, 景泰 元年조에는 이 외에 '白金 300兩, 紵絲 30疋, 羅 30疋'을 더 보낸 것으로 되어 있어서 實錄 기록과 차이가 있다.
105) 細目은 다음과 같다.『文宗實錄』권2, 文宗 즉위년 7월 辛酉조 참조.

<紵絲 30필의 細目>

織金胸背麒麟紅	2필	織金胸背麒麟青	2필
織金胸背麒麟綠	1필	織金胸背獅子紅	1필
織金胸背獅子青	1필	織金胸背獅子綠	1필
暗花骨朶雲綠	2필	暗花八寶天花雲明綠	2필
暗細花藍	2필	暗細花砂綠	2필
素紅	5필	素青	5필
素綠	4필		

<羅 30필의 細目>

金胸背麒麟紅	2필	織金胸背麒麟綠	1필
織金胸背獅子紅	1필	織金胸背獅子青	1필
素紅	8필	素青	5필
素藍	5필	素綠	5필
素明綠	2필		

銀一兩 (折米)二石 絹一疋 石有二斗 棉布一疋 一石 苧布一疋 七斗 棉花一斤 二斗[106]

銀 1兩은 絹 1.6필이므로, 300兩은 絹 480필이다. 紵絲·羅 각 30필을 絹으로 환산하여 보자. 아래에서 살펴볼『老乞大』에서 段子와 紵絲는 모두 '비단'으로 諺解되었으며 같은 직물을 가리킨다. 紵絲·羅는 어느 정도 오차를 감안하고 계산하겠다. 당시의 시세에서 질 좋은 淸水段子는 柳靑紵絲(유청비단)로도 표현되었는데, 그 1필 가격은 銀子 4兩이고, 織金胸背段子는 1필에 銀子 5兩이었다.[107] (카)의 여러 문양, 색상의 紵絲도『老乞大』의 段子와 같은 것으로 보인다. 30필의 文樣이 동일하게 織金胸背는 아니지만, 어느 정도의 오차를 감안하고 織金胸背紵絲를 기준으로 삼아 환산하면 紵絲 30필은 銀 150兩이며 絹 240필로 환산된다. 羅 30필 역시 240필이 될 것이다. 따라서 馬價로 온 銀 300兩, 紵絲 30필, 羅 30필, 闊生絹 100필은 각각 絹 480필, 240필, 240필, 100필로 환산되므로 합하면 絹 1,060필이 된다. 말이 2,477필이므로 馬 1필당 絹 0.43필이 지불된 것이다. 반면 回賜로 온 闊生絹, 綿布를 馬 1필당 환산하면, 闊生絹 1.8필, 綿布 1.2필이 된다. 따라서 이 경우는 다른 경우와 비교할 때 馬價 자체는 매우 값싸게 지불되었다. 오히려 回賜分이 가격 지불로서 의미가 있다 할 것이다.

이상에서 보면, 총 11회 중 (라) 1회는 馬價가 지불되지 않았고, (바)·(차) 2회는 馬價 지불 여부가 분명하지 않지만 조선으로 馬價가 전달된 것으로 추정해 보았다. 馬價가 지불된 총 10회 중에서 그 가격을 알 수 있는 8회의 경우 지불된 馬價는 일정하지 않음을 알 수 있다. 그러나 64년 동안 이루어진 馬貿易이므로 각 시기의 馬價는 차이가 있었을 것이다.

그런데 고려나 조선은 64년 동안 이루어진 馬貿易에서 馬價를 어떻게 정할 것인가에 관해서는 전혀 관여하지 않았다. (라)·(차)의 경우처럼 明이 아무런 언급 없이 馬價를 보내오지 않거나, 혹은 (아)의 경우처럼 10,000필의 말이 다 운송된 다음 아무런 해명이 없이 다시 10,000필의 말을 보낼 것을 요구하여((자)) 그 10,000필이 다 운송된 다음에 馬價를 보내오거나 간에 전혀 문제를 제기하지 않았다. 즉 馬價는 明이 일방적으로 정하여 보내주거나 말거나 하였다는 것이다. 또 시기가 내려올수록 馬價는 값싸게 지불되었다. 반면 馬價보다는 조선국왕(과 왕비)에게 馬貿易에 대한 답례로 지불하는 回賜가 常例를 넘을 정도로 많이 지불되는 경향이었다.

2)『老乞大』馬價와의 비교

麗末鮮初 고려·조선과 명의 馬貿易은 明의 입장에서는 '매매' 형식을 취하였으나 고려·조선에서는 對明事大에 부수되는 貢物의 일환으로 받아들였다. 즉 對明關係를 유지하

---

106)『明史』卷78, 食貨2, 賦役.

107)『老乞大』下, 24b~27a, 176~181쪽.

기 위해 어쩔 수 없이 응해야 하는 무역이었던 것이다. 국가 간에 치러진 가격 외에 당시의 실제 가격에 대한 기록을 찾는 것은 쉽지 않다. 그런데 고려 말에 譯學書로 편찬된 『老乞大』에는 官의 통제를 받지 않고 私商人들 사이에 北京에서 이루어진 상거래의 가격이 기록되어 있다.[108] 몇 종류의 馬·布 가격이 기록되어 있어서 위에서 살펴본 馬貿易의 가격과 비교할 수 있을 것이다.

『老乞大』의 내용은 중국으로 물건을 팔러 가는 高麗商人이 中國商人을 만나서 동행하면서 여행에서 주고받은 이야기, 즉 旅程·賣買·契約·醫藥·宿泊·飮食·宴會 등에 관한 대화로 이루어져 있다.

『老乞大』의 고려상인은 馬·人蔘·毛施 등을 가지고 北京에 가서 교역하였다. 이 품목은 私商人들의 商販을 금지하자는 당시의 논의를 통해 보더라도 고려의 중요 수출품이었음을 알 수 있다.[109] 조선 太宗 때에 使行員으로 간 자가 타고 간 私馬를 팔아 중국산 綵絹을 사 온 경우도 있어서 말은 중국인이 좋아하는 상품이었음을 알 수 있다.[110] 元간섭기 이래 公貿易은 元의 일방적 약탈이라는 성격을 띠고 있었으나, 私貿易은 비교적 자유롭게 대규모로 이루어지고 있었다.[111] 이러한 전통에 따라 元이 북으로 쫓겨 가고 明이 중국을 통일한 후에도 중국과 고려 사이의 私貿易은 자유롭게 이루어지고 있었음이 『老乞大』의 상인의 예에서도 나타난다.

그런데 『老乞大』가 언제 편찬되었는가에 관해서는 학자들 간에 이론이 있다.[112] 그러나

---

108) 『老乞大』의 冊名 '老乞大'는 'Lao Kitai 또는 Kitat'의 표음으로서 '乞大'는 '乞塔, 起炭, 吉大' 등으로 표기되며 모두 중국을 가리키는 '契丹(Kita)'의 표기라고 한다. '契丹'은 중국의 북방민족이 中華를 가리키는 말이고, '老'는 존칭을 나타내므로 '老乞大'는 '老中國' 또는 '中國通'이라는 뜻을 갖는다고도 한다. 혹은 『老乞大』의 내용이 '漢人'이나 '中國'에 관한 것이 아니고 '漢語'에 관한 것이므로 '眞漢語'로 해석하는 것이 타당하다고도 한다. 鄭光 監修, 國語史資料硏究會 譯註, 「飜譯老乞大 解題」, 『譯註 飜譯老乞大』, 1995, 21~31쪽 ; 梁伍鎭, 『老乞大 朴通事 硏究』, 고려대 박사학위논문, 1998, '書名과 著者에 관한 諸 異說' 참조.

109) 『高麗史』 권46, 恭讓王 3년 5월 己酉, 상893③~④, "以軍資少尹安魯生爲西北面察訪別監 禁互市上國者 初商賈之徒 將牛馬·金銀·苧麻布 潛往遼瀋 買賣者甚衆 國家雖禁之 未有著令 邊吏又不嚴禁 往來興販 絡繹於道 魯生往斬其魁十餘人 餘皆杖配水軍 仍沒其貨 且杖其州郡官吏之不能禁遏者 於是紀綱大行 邊境肅然 無復有犯禁者." 위은숙, 「원간섭기 對元貿易 -『老乞大』를 중심으로-」, 『지역과 역사』 4, 1997, 61~70쪽.

110) 『太宗實錄』 권15, 太宗 8년 3월 戊午, "置南城君洪恕于水原 恕之赴京也 刑曹佐郎金爲民爲書狀官 私賫蘇木以行 爲行臺監察李有喜所糾 打角夫韓仲老私藏細布於進獻方物樻內 及至朝廷 有內使點視方物 見而詰之 恕等無以對 恕又賣所騎私馬 易綵絹而來 至是事覺 憲府劾之."

111) 김한규, 『한중관계사 I』, 1999, 534~535쪽.

112) 閔泳珪는 ① "이제 朝廷이 天下를 통일하였으니, 세간에 쓰는 것은 '한'말이니(如今朝廷一統天下 世間用着的是漢兒言語)"라는 것은 洪武帝의 중원 통일을 말한다는 점 ② 遼東지방에서 達達(몽고)人에 대한 檢察이 비상한 것은 이 지방을 아직 納哈出이 장악하고 있는 시기라는 점, ③ '山東濟寧府東昌高唐'의 郡縣 領屬 관계를 고증하여 洪武 15~18년까지에 해당한다는 점, ④ 물가가 洪武 9년 中原의 통용 시세라는 점에 근거하여 『老乞大』는 洪武 15년(禑王 8, 1382)경에 편찬되었다고 하였다(「老乞大辯疑」, 『人文科學』 12, 연세대 인문과학연구소, 1964/『江華學 최후의 광경』, 1994). 이와 달리 鄭光은 『老乞大』가 항상 『朴通事』와 같이 나온다는 점을 중시하여 『朴通事』의 편찬 연대를 '1352년(공

거기에 나타난 물가가 洪武 9년경의 明(中原) 물가와 일치한다는 사실에는 이론이 없는 것 같다. 洪武 9년 물가는 洪武 30년경까지 기준이 되었고, 洪武 30년의 물가시세는 洪武 말년에서 明 중기까지 계속되었다고 한다.[113]

(가)·(나)·(다)는 洪武 9년(禑王 2, 1376) 이후 洪武 30년(太祖 6, 1397) 이전에 해당하므로 홍무 9년 물가를 적용할 수 있을 것이고, (라) 이후는 홍무 30년 물가를 적용할 수 있을 것이다. 그 규정은 다음과 같다.

洪武 9年 : 銀一兩 錢千文 …… 皆折輸米一石 …… 棉·苧一疋 折米六斗 麥七斗 麻布一疋 折米 四斗 麥五斗
洪武30年 : 戶部定 …… 銀一兩 (折米)二石 絹一疋 石有二斗 棉布一疋 一石 苧布一疋 七斗 棉花一斤 二斗[114]

棉은 木棉을 말하며 綿·綿布로도 쓰인다.[115] 苧는 麻布로서 紵(細麻布)를 말하기도 하는데,[116] 洪武 9년 규정에는 苧와 麻布가 각각 있으므로 細麻布인 紵를 가리키는 것으로 보인다. (가)의 5,000필 마필에 대해 明은

상등 : 段 2匹, 布 8匹
중등 : 段 1匹, 布 6匹
하등 : 段 1匹, 布 4匹

의 가격을 지불하였다. 그런데 위의 규정에는 최상품 견직물인 段子 환율은 나타나 있지 않으며, 홍무 9년 조항에도 絹은 빠져 있다. 그런데 홍무 30년 규정에 의하면 가격은

민 2)에서 멀지 않은 시기'로 추정하고 "두 책이 비슷한 시기에 편찬되었다면 『老乞大』도 14세기 중반에 만들어졌을 것이다"라고 하였다(「飜譯老乞大 解題」, 『譯註 飜譯老乞大』, 1995). 위은숙은 『老乞大』의 원본은 元 順帝 至正 6년(1346, 忠穆王 2) 전후에 편찬되었다고 보았다(앞의 글, 1997, 58~61쪽).

113) 閔泳珪, 앞의 책, 1994, 173~174쪽.

114) 『明史』 卷78, 食貨2, 賦役.

115) 日野開三郎, 「國際交流史上より見た朝鮮の絹織物」, 『朝鮮學報』 48·63·82, 1968·1972·1977/『東洋史學論集』 9, 1984, 329~330쪽. 綿이 木棉이 아니라 紬를 가리키는 경우도 있다고 한다(『渤海國志』, "綿布卽紬也"). 일본 正倉院 西寶庫 南倉에 소장된 '白陵縟綿'이라 墨書된 5~6세기의 요를 조사해 본 결과 그 때 쓰인 솜[綿]은 면화솜이 아니라 누에고치에서 나온 푸솜이었다고 한다[布目順郞, 『絹と布の考古學』, 雄山閣, 1988, 48쪽(조효숙, 「高麗時代 織造手工業과 織物生産의 實態」, 『國史館論叢』 55, 1994, 56~57쪽에서 재인용)]. 견직물인 경우에는 절대로 '布'를 쓰지 않으므로 '綿布'는 분명히 木棉을 가리킨다고 한다.

116) 『毛詩正義』 卷7-1, 陳風 東門之池 제3장, "東門之池 可以漚紵 紵又作苧 [疏] 紵亦麻也."
『周禮注疏』 卷8, 天官 典枲條, "[疏] 白而細疏曰紵."

絹 > 棉 > 苧

이며, 絹·綿을 기본 단위로 해서 각각 환산하면,

絹 1필 ≒ 棉 1.2필 ≒ 苧(紵) 1.7필
棉 1필 ≒ 絹 0.83필 ≒ 苧(紵) 1.4필

이 된다. 絹과 段子의 환율은 나타나 있지 않다. 太宗 원년(1401) 조선의 환율을 원용할 수 있다면, 太宗 원년에

段子 1필 = 官絹 2.3~3필[117]

이었다. 중간값으로 2.7필을 잡아 환산하면

상등마 : 絹 12.0필　　혹은 綿布 14.5필
중등마 : 絹 7.7필　　혹은 綿布 9.2필
하등마 : 絹 6.0필　　혹은 綿布 7.2필

이다. 明은 처음에 馬價로 1필당 段子 2필, 綿布 8필을 상정하고 있었다. 그러나 말 5,000필에 대해 실제 지불된 가격은 段子 2,670필, 綿布 30,186필이다. 위에서 지적한 것처럼 오차를 전제로 하고 환산하면,

段子 2,670필 ≒ 絹 6,141~8,010필, 혹은 綿布 7,370~9,612필
綿布 30,186필 ≒ 絹 25,054필

이므로 絹으로는 31,195~33,064필, 綿布로는 37,556~39,798필이다. 馬 1필당 가격으로 계산하면 絹으로는 6.2~6.6필, 綿布로는 7.5~7.9필이다. 이 추정치는 상·중·하 등급을 불문하고 평균치를 계산한 것이지만, 위에서 환산한 하등마 가격과 근사하다. 明은 처음 馬價로 책정했던 것보다 훨씬 적은 가격을 지불하고, 대부분의 말을 하등급으로 산정하였음을 알 수 있다.

(다)에 대해서는 馬1필당 紵絲 1필, 綿布 1필씩 보내왔다. 紵絲가 麻布인지 『老乞大』에서처럼 견직물인지 분명하지 않다. 馬 1필당 가격을 환산하면, 紵絲를 麻布로서의 苧로 볼

117) 『太宗實錄』 권2, 太宗 원년 10월 戊午. 이 환산비율을 그대로 적용하는 것은 오차가 있을 것이다. 위의 기사에 의하면 段子 1필 = 絹 3필 = 綿 4.5필 , 즉 絹 1필 = 綿 1.5필 비율이어서 홍무 30년의 絹 1필 ≒ 棉 1.2필 환산비와 차이가 있다.

경우 綿布(紵布)로 2필 혹은 絹으로 1.7필이고, 紵絲를 견직물로 볼 경우 絹과 같다고 보면 綿布(紵布)로 2.2필 혹은 絹으로 1.8필이 된다. 즉 綿布(紵布) 2~2.2필, 혹은 絹 1.7~1.8필 범위의 가격인 셈이다.

(가)는 말의 등급이 구분되어 있고 (다)는 말 등급 구분없이 같은 값이 치러져서 가격을 비교하기는 어렵다. (가)와 (다)의 가격을 비교해 보면, (다) 가격은 (가) 가격의 26~34%에 해당한다. (가)와 (다)는 시간상 5년 차이가 있을 뿐인데 (가) 가격은 (나) 가격의 3~4배에 해당한다. 이것은 (가)와 (다)의 馬價를 실제 시세와 관계없이 明이 임의로 책정했다는 것을 의미한다고 하겠다. (가)의 馬貿易이 이루어지던 시기에는 요동의 納哈出이 北元과 연결되어 건재하고 있었으며, 雲南지방을 평정하기 전이었다. (다)의 馬貿易이 이루어지던 시기는 雲南지방을 평정하고 禑王 13년(1387)에 들어 納哈出을 공략하여 마지막 항복을 재촉하던 중이었다. 군사적 수요가 줄어들고 있었다는 점을 고려해도 (가)의 馬價에 비해 (다)의 馬價가 低價임을 알 수 있다.

『老乞大』에는 여러 가지 말 이름이 나오는데,[118] 가장 품질이 좋은 것이라고 생각되는 赤色騸馬(붉은 악대말)의 가격은 銀子 12兩에 달했다.[119] 高麗商人과 동행한 중국상인은 官銀으로 계산해서,

好馬 1疋당 8兩 → 5疋 - 40兩
歹馬 1疋당 6兩 → 10疋 - 60兩

15疋의 말을 합 100兩에 팔았다. 품질이 좋지 않은 말도 1필당 銀子 6냥으로 팔린 것이다.

그런데 조선과 明이 교역할 때의 말은 大·中·下로 나누고 다시 그 각각을 上·中·下 등급으로 나누었다.[120] 그 중 中馬 이상만 明으로 보내었다. 明이 고려에 지불한 馬價가 실제 시세와 비교해서 어떤지 알기 위해서는 여기에서 말하는 好馬, 歹馬가 大·中·下 중 어느 등급에 해당하는지 알아야 할 것이다.

好馬는 高麗商人들이 北京까지 가지고 갔고 中國商人들이 '好馬'로 인정하여 값을 치렀었으므로 大馬에 해당하는 것으로 보아도 큰 차이는 없을 것이다. 歹馬는 北京까지 가지고 간 상품이라는 점을 고려하면 下馬보다는 품질이 좋지 않았을까 생각되지만, '歹'의 낱말 뜻이 '好之反也' 혹은 '殘骨'이며,[121] 『老乞大』에서 '歹'을 '사오나온' 혹은 '잡스런'이라 諺解

---

118) 『老乞大』에 나오는 馬名은 다음과 같다(『老乞大』 下, 7b~8b, 142~144쪽). "青馬, 兒馬, 騸馬, 赤馬, 黃馬, 驁色馬, 栗色馬, 黑鬃馬, 白馬, 黑馬, 鎖羅青馬, 土黃馬, 繡膊馬, 破臉馬, 五明馬, 桃花馬, 青白馬, 豁鼻馬, 騍馬, 懷駒馬, 環眼馬, 劣馬, 牛行花塔步馬, 竄行的馬, 鈍馬, 眼生馬, 撒蹶的馬, 前失的馬, 口硬馬, 口軟馬."

119) 鄭光 監修, 國語史資料硏究會 譯註, 앞의 책, 1995, 166·169쪽.

120) 『太宗實錄』 권2, 太宗 원년 10월 戊午.

121) 『辭海』 中(臺灣 : 中華書局 影印), 2489쪽.

하였으므로[122] 歹馬는 下馬에 속하는 것으로 보겠다. 洪武 9년 시세로,

銀 1兩 ≒ 棉·苧 1.67疋

로 환산된다. 그러면

好馬 1疋 銀 8兩 ≒ 棉·苧 13.4필
歹馬 1疋 銀 6兩 ≒ 棉·苧 10.0필

로 환산된다. 이 가격은 (가)의 大·中·下 馬價 각각 綿布 14.5필, 9.2필, 7.2필 중 大馬, 中馬와 근접하다고 할 수 있다. 大馬의 가격이 私商人 사이 거래에서 매매가 이루어진 好馬보다 高價로 계산되었음이 눈에 띈다. 앞에서 歹馬를 下等馬로 보았지만 이 환산비에 의하면 中馬와 근사하다. 그러나 (가)의 경우 大·中·下馬가 각각 어떤 비율을 차지했는지 전혀 알 수 없으므로 가격 비교는 제한적인 의미밖에 갖지 못한다. 어느 경우를 보아도 (다)의 馬價는 明의 內地 시세보다 대단히 低價로 책정되었음을 알 수 있다.

(라) 이후는『老乞大』와 같이 중국에서 매매가 이루어진 상행위의 가격을 알 수 있는 자료를 찾을 수 없다. (라)~(카) 8회 중 明에서 馬價를 보내온 5회(혹은 6회) 가운데 (마)의 馬價가 다른 경우보다 현저히 高價인 점이 주목된다. 홍무 30년 물가에 의거하여 해당 회차의 絹·綿을 絹으로 환산하면 <표 7>과 같다.

<표 7> 馬價 絹 교환비[123]

회차 구분	(마)		(사)	(아)	(자)	(카) *
	上品	下品				
絹환산비	16.6필	20.0필	4.67필	4.2 필	4.2필	2.8필

* 回賜分 환산

(마)·(사)·(아)·(자)·(카) 5회차의 馬價를 보면, 明이 지불한 가격은 5.9~7.1배의 차이가 난다. (마)에서 (카)로 갈수록, 馬貿易 횟수가 많아짐에 따라 馬 1필당 가격은 내려간 것을 알 수 있다. (바)의 경우 馬價가 전달되었는지 여부가 분명하지 않아서 <표 7>에서 제외하였지만, 明에서 처음 馬價를 絹·布 합 5필씩 책정한 것으로 보이므로 이 추세와 부합한다. (마)의 경우를 보면 絹의 품질이 上品인지 下品인지에 따라 絹 필수는 대략 17~20%의 차이가 있다. 그러나 (사)·(아)·(자)·(카)의 경우 絹이 上品인지 下品인지에 관한

122)『老乞大』上, 24a ;『老乞大·朴通事諺解』, 47쪽 ;『飜譯老乞大』上, 47b ; 梁伍鎭, 앞의 글, 1998, 209~210쪽.
123) 南都泳, 앞의 책, 1996, 255쪽 참조.

기록은 없다. 이 5회차는 시간상으로는 50년에 걸쳐 있다. 그런데 이미 살펴본 것처럼 (마)는 북방의 군사권을 장악한 燕王(뒤의 永樂帝)에게 帝位를 위협받던 建文帝 측에서 군마용으로 급히 요구한 것이었으므로 특수한 상황에서 치러진 가격이며, 明이 조선에 지불하는 일반적인 馬價는 아니다. (사)·(아)·(자)·(카)가 일반적인 馬價라 하겠다. 明은 馬 1필당 絹 2.8~4.67필을 지불하고 말 42,025필을 구입해 갔다.

(마)는 앞에서 살핀 것처럼 말이 운송되기도 전에 馬價로 文綺(段子)·絹·綿布 9만여 필이 조선으로 운송되어 왔으며, 明은 '時價대로 교환하겠다'고 표방하였다. 무역된 총 마필수를 馬價로 환산하면 마 1필당 文綺(段子)·絹·綿布 9필이 된다. 이 회차에 관한 기록에서 당시 조선의 馬價 시세를 추측할 수 있다. 建文帝가 燕王에게 패하기 전이며, 총 8運 중 4運까지 4,000필의 말을 운송했을 때 말 수송차 온 明의 사신은 "얼마 전에 李通事가 兵部에서 '조선에는 말이 많이 나서 段子 4필이면 상등마 1필을 살 수 있다'고 하였는데, 이 곳에 오니 通事가 앞서의 말을 숨기고 도리어 여러 관원과 會議한 끝에, '현재 시세로는 段子 6필이어야 상등마 1필을 얻을 수 있다'"고 하였다.[124] 당시 조선의 말 시세는 段子 4~6필 사이에서 거래되었음을 알 수 있다. 이것은 의정부가 易換馬價를 정할 때 段子 中品으로 환산하여(上品·下品은 생략) 大馬는 상등·중등·하등이 각각 5.0·5.6·6.4필로, 中馬는 상등·중등·하등이 각각 2.8·3.1·3.6필로 정한 것에 근접하다고 할 것이다. '時價대로 교환하겠다'는 것이 사실을 반영하는 것으로 보아야 할 것이다.

그러나 이 환산비는 8運 9,548필의 모든 경우에 해당하는 것은 아니었다. 제8運 2,548필은 건문제가 패하고 영락제가 즉위한 다음에 이루어졌다. 이 때 馬價는 이전 7運과는 달랐다. 上馬는 紵絲 4필, 中馬는 紵絲 3필 가격으로 사 갔는데, 明의 사신은 紵絲 4필당 馬 1필을 산 것을 불평하고 처음 의도했던 대로 紵絲 3필에 살 수 있도록 조처해 주기를 요구하였다.[125]

이상을 정리하면, (가)에 대한 馬價는 明 내지 시세와 근접한 가격이다. (다)는 恭讓王 3년에 시작되어 조선 건국 후까지 계속되었는데 (가) 가격의 26~34% 정도 선에서 가격이 결정되었다. (라) 이후는 明 내지의 馬價를 알 수 없다. 그런데 (마) 이후 馬價는 점차 低價로 지불되는 추세였다. 明으로 中馬 이상만 수출되었으므로 (가)의 상등마·중등마와 가격을 비교해 보면, 각각 (가)의

(사) : 39~61%

---

124) 『太宗實錄』 권3, 太宗 2년 정월 己酉.

125) 『太宗實錄』 권6, 太宗 3년 10월 甲子, "(偰)眉壽賫兵部咨來 咨曰 …… 除已買到遼東馬匹 欽依給軍騎操外 查得元存留馬價買馬二千一百九十三匹 今二次止買到馬二千一百四十一匹 比少買馬五十二匹 審據差陪臣偰眉壽供稱 元存留物貨數內 紵絲九百二十八匹 原計每馬一匹紵絲三匹 該馬三百九匹 今易換到二百五十五匹內 上馬一百六十一匹 每馬一匹用過紵絲四匹 以此比元額小馬五十四匹外餘剩紵絲絹布 又轃買中馬二匹 實小馬五十二匹."

(아) : 35~55%
(자) : 35~55%
(카) : 23~36%

가격으로 馬價가 지불되었다. 明이 중국 본토를 통일하여 안정되면서 馬價가 어느 정도 변하였는지 알 수 없으나, 실제 시세보다 低價로 지불된 경향은 보인다. (카)의 경우 明으로 보내어진 말 2,477필에 대해 馬價로 보낸 銀 300兩, 紵絲 30필, 羅 30필, 闊生絹 100필은 絹으로 환산하면 1,060필이 되지만, 그것은 계산상의 문제일 뿐이다. 織金胸背와 같은 고급직물과 銀을 어떻게 처분해서 馬主에게 배분할 것인지 등의 문제는 전혀 고려하지 않았다. 오히려 馬價보다 回賜分이 더 많다는 것은 明으로서도 '말을 사겠다'고 표방하긴 했으나 어느 정도 貢物로 간주한 것이 아닌가 생각하게 한다.

이상에서 살펴본 바와 같이 明이 고려·조선에 지불한 馬價는 같은 시기 明이 다른 지역에서 말을 매입하였을 경우에 지불한 가격보다 낮았다. 明이 고려·조선과 더불어 주로 말을 사들인 韃靼·女眞에 지불한 馬價와 비교해 보면, 고려·조선에 지불한 馬價의 성격을 이해하는 데 도움이 될 것이다. 아래의 韃靼·烏梁海(兀良哈) 두 곳과 말을 구입한 시기는 각각 1405·1406년에 교역이 이루어진 것이어서 (마)에서 (바)의 馬貿易이 이루어지던 시기에 해당하고, 開平馬市와 遼東馬市의 경우는 각각 1411년과 1417년의 사례여서 (사)에서 (아) 사이에 해당한다. 馬價의 측면에서 본다면, (마)는 帝位繼承戰爭중이던 建文帝 측에서 軍馬를 공급받고자 하여 일반적인 경우와 전혀 다르게 馬價를 고가로 지불하였을 때이므로 기준이 될 수 없다. (바)의 경우 馬와 1필당 가격은 絹 3필, 綿布 2필로서 (사)의 가격과 동일하며, (아)·(자)의 가격도 이를 기준으로 일부 삭감되었다고 볼 수 있다. 따라서 (바)를 太宗初(=永樂初) 朝鮮-明 사이 馬貿易의 기준가로 하여 대비할 수 있을 것이다.

明이 조선에 지불한 馬價는 韃靼과 烏梁海 女眞이나, 혹은 開平馬市, 遼東馬市에서 지불한 馬價보다 현저히 낮은 가격이다. 홍무 30년에 정한 가격에 의하면 絹 1疋 = 米 1石 2斗, 棉布 1疋 = 米 1石이다.[126] 이를 기준으로 하여 綿布로 환산하면 絹 1필 ≒ 棉 1.2필이므로 韃靼馬 下馬는 布 6.4필, 女眞馬 下馬는 布 9.2필, 朝鮮馬는 布 5.6필로 된다. 朝鮮馬價가 韃靼이나 女眞에 지불한 馬價보다 현저히 낮다. 明은 조선에서 馬를 징발하였으나 등급을 불문하고 韃靼 下馬, 女眞 下馬의 88%, 61%에 해당하는 수준의 馬價만을 지불하였다. 이 가격은 上上馬, 上馬를 기준으로 환산하면 더욱 현격하게 차이난다. 上上馬는 제외하고라도 上馬를 기준으로 환산하면, 韃靼 上馬는 布 10.8필, 女眞 上馬는 布 14.4필, 開平馬市의 1等馬는 布 18필이 되므로 朝鮮馬는 韃靼馬, 女眞馬, 開平馬市馬 가격의 52%, 39%, 31%에 해당한다. 1417년 遼東馬市에서 지불한 가격에서 上上馬를 제외하고 上馬, 中

---

126) 『明史』 권78, 食貨2, 賦役.

<표 8> 구입 대상지별 馬價 비교표[127]

구분 / 등급 연도	韃靼馬價	兀良哈馬價	朝鮮馬價	開平馬市	遼東馬市
	1405년	1406년	1409～1410년	1411년	1417년
上上馬	絹 8疋, 布12疋	米15石, 絹 3疋	絹 3疋 綿布 2疋	絹 5필, 布10필	米 5石, 絹 5疋, 布 5疋
上馬	絹 4疋, 布 6疋	米12石, 絹 2疋		1等：布 18疋	米 4石, 絹 4疋, 布 4疋
中馬	絹 3疋, 布 5疋	米10石, 絹 2疋			米 3石, 絹 3疋, 布 3疋
下馬	絹 2疋, 布 4疋	米 8石, 絹 1疋			米 2石, 絹 2疋, 布 2疋

馬, 下馬의 가격을 布로 환산하면 각각 12.8필, 9.6필, 6.4필이 된다. 朝鮮馬價는 등급 구분 없이 布를 5.6필씩 지불하였으므로 遼東馬市에서 거래된 上馬·中馬·下馬 가격의 44·58·88%에 해당한다. 明은 遼東互市에서 구입한 말 중 가장 품질이 낮은 下馬價의 88%에 해당하는 馬價만을 조선에 지불하고 말을 매입해 갔다. 遼東馬市는 (사)와 (아) 중간에 있었는데, (아)의 경우 明이 지불한 馬價는 絹 2.75필, 綿布 1.75필로서 (사) 경우의 絹 3필, 綿布 2필보다 낮은 가격이었다. 따라서 (아)를 기준으로 계산하면 그 가격 차이는 더하게 된다.

이 경우 朝鮮馬가 韃靼馬 혹은 女眞馬보다 현저히 품질이 좋지 않은 것이었을 가능성을 고려해 볼 수 있을 것이다. 그러나 홍무 15년(禑王 8, 1382)경에 편찬된 것으로 추정되는 『老乞大』의 고려상인이 팔기 위해 북경까지 가지고 간 말에는 銀子 12兩에 거래되는 赤色騸馬(붉은 악대말)가 있었고, 이보다는 품질이 떨어지지만 銀子 8兩에 거래되는 好馬가 전체의 1/3에 달했다. 따라서 朝鮮馬가 일괄적으로 韃靼이나 女眞에서 나는 말 중에서 下馬보다 품질이 더 나쁜 것이었다고 단정할 이유는 전혀 없다.

4. 맺음말：馬貿易의 정치적 성격

이상에서 전근대 對中國 公貿易의 특수한 한 형태로서 麗末鮮初 對明 馬貿易의 규모와 가격을 살펴보았다. 明은 禑王 12년(1386) 처음 馬貿易을 요구한 이래 世宗代까지 64년 간 총 11회에 걸쳐 73,945필의 말을 사 갔다. 貢物과는 달리 明은 자기들의 필요에 의해 말을

127) 韃靼馬價：『明太宗實錄』 권40, 永樂 3년 3월 癸丑.
兀良哈女眞馬：『明太宗實錄』 권62, 永樂 4년 12월 甲寅.
朝鮮馬價：(사) 사례.
開平馬價：『弇山堂別集』 권89, 市馬考 永樂 9년조.
遼東馬市：『弇山堂別集』 권89, 市馬考 永樂 15년조.
* 1406년(永樂 4)의 경우 『明太宗實錄』에는 上馬·上馬·中馬·下馬로 구분되어 있고, 『弇山堂別集』 권89, 市馬考 永樂 4년조에는 上馬·次上馬·中馬·下馬로 구분되어 있다. 실록에 '次'가 누락된 것으로 보인다.

사 간 것이며 '값을 치르겠다'고 하였다. 그러나 11회 중 1회 6,000필에 대해서는 馬價를 치르지 않았고, 馬價 지불이 확실한 것은 7회다. 그 중에서 처음인 (가)와 帝位繼承戰爭중이던 (마)의 경우 합 14,548필의 무역에 대해서만 각각 明 內地의 시세 혹은 고려·조선의 시세와 근접한 가격을 지불하였다. 나머지 5회의 무역량 합 말 42,357필에 대해서는 시세보다 훨씬 싼 가격에 사 갔으며, 그 가격은 明이 다른 지역과의 馬貿易에서 지불한 馬價보다 훨씬 낮은 가격이었음을 알 수 있다. 고려·조선은 明의 일방적인 요구에 의해 강제적으로 교역에 응하였으며, 明이 지불한 가격은 고려·조선에 불리한 것이었다. 따라서 麗末鮮初 11회에 걸쳐 이루어진 馬貿易은 교역 형식을 취했으나, 고려·조선의 입장에서는 경제적 측면에서 그 가치를 인정하기 어렵다 할 것이다.

전근대 중국을 중심으로 하는 동아시아 사회에서 국가와 국가 사이의 무역은 경제외적인 요인의 영향을 받지 않고 대등한 위치에서 이루어지는 것은 아니었다. 두 나라의 힘의 우열관계, 국경분쟁 문제, 각국의 내정 상태에 따라 무역의 형태가 결정된다. 따라서 각각의 경우 교역의 성격에는 차이가 있을 수밖에 없었다. 이러한 예는 北宋이 契丹 및 西夏와 전쟁을 피하기 위해 歲幣 혹은 歲賜를 주고 榷場 무역에 응했던 사례에서도 확인된다.[128] 宋의 경우 국경지방에서의 무역은 민생경제의 수요에 응한다는 경제논리에 근거한 것이 아니라, 국방 및 정치적 이익을 고려하여 결정되었다.[129] 군사적으로 열세인 나라가 自國의 안전을 보장받는 수단으로 경제교류를 택하는 것은 宋에서만 택한 정책이 아니었다. 정치적인 목적에서 경제교류가 이루어진 사례는 8세기 신라와 일본의 교역에서도 인정되고 있다.[130] 고려·조선과 明 사이에 이루어진 馬貿易도 이러한 성격을 띠고 있다.

明이 주변의 모든 나라들에 대해서 馬貿易을 요구한 것은 아니다. 洪武 24년(恭讓王 3, 1391)에 西域의 哈梅里王 兀納失이 明에게 馬 互市를 요청했다. 이에 대해 明은 '중국을 엿보려고 한다'는 이유로 거절하였다.[131] 군사적 위험 때문이었다. 다음 해에 哈梅里王은 明의 변경을 침입하였다. 즉 明은 부족한 말을 충당하기 위해 말을 수입했으나 주변의 모든 국가, 종족에 대하여 일관된 정책을 쓴 것은 아니었다. 西域 哈梅里의 경우에서 생각해보면, 明은 고려·조선에 대해 군사적 위협을 받음이 없이 안정되게 말을 공급받을 수 있는 지역으로 생각하고 있었다는 점을 알 수 있다.

---

128) 宋은 1004년 澶淵之盟 이후 契丹에게 해마다 銀 10만 兩, 絹 20만 匹을 歲幣로 보냈고, 1042년에 增幣交涉 이후는 銀·絹을 각각 10만씩 增額하여 보냈다. 西夏에게도 같은 정책을 써서 1044년 이래 해마다 繒 25만 匹, 茶 25만 斤을 歲賜로 보냈다. 이와 같은 歲幣·歲賜는 宋 재정에는 부담이 되는 일이었으나, 이를 대가로 전쟁을 피하고 평화를 유지할 수 있었으므로 당시 皇帝와 집권세력에게 지지받는 정책이었다(朴志君, 『宋代 華夷論 硏究』, 이화여자대학교 박사학위논문, 1990, 163~169쪽 참조).

129) 朴志君, 위의 글, 1990, 179~190쪽.

130) 李成市 지음, 김창석 옮김, 『동아시아의 왕권과 교역』, 1999, 135~137쪽.

131) 『明太祖實錄』 권207, 洪武 24년 2월 戊午, "西域哈梅里王兀納失請馬互市 …… 上曰 夷狄黠而多詐 今求互市 安知其不覘我中國乎 利其馬而不虞其害 所喪必多 宜勿聽 自今至者 悉送京師."

麗末鮮初의 對明 馬貿易에서 경제적인 측면에서 가치를 인정할 수 없다면 그 필요성은 정치적인 데서 찾아야 할 것이다. 明이 馬貿易을 처음 요구하는 禑王 12년(1386) 7월은 禑王의 왕위계승을 明으로부터 승인받기 위해 전례 없이 과다한 貢物을 부담한 뒤였다. 明은 貢物로서가 아니라 布匹·絹子·段子等物을 교환수단으로 하여 매매하겠다고 하였다. 이에 대해 고려는 국내에서 생산되는 말은 숫자가 많지 않으며 矮小하기 때문에 馬價를 받을 수 없다고 하면서 '힘껏 조달하겠다'고 하였다.[132] 이것은 말을 무상으로 보내겠다는 것이며 동시에 明이 요구한 대로 5,000필이나 되는 대규모의 馬貿易에 응할 수 없다는 것이었다. 대가를 받지 않고 貢物 형식으로 말을 보내겠다고 했으나, 이는 明의 馬貿易 요구를 거절한 것이라고 할 수 있을 것이다.[133]

이에 대해 明은 布 8匹, 段 2匹 가격으로 교역하겠다는 것을 거듭 강조하면서 馬貿易을 요구하였다. 동시에 高麗가 浙江·京師를 정탐하였다는 것과, 3년에 貢馬 50필은 前貢에 비교하면 몇 백 분의 일에 불과한데도 그 품질이 낮다고 항의하면서 고려의 조공을 거부한다고 통보하였다.[134] 이것은 국교를 단절하겠다는 것으로서 馬貿易 요구를 거부한 고려를 압박하는 방법이었다. 이를 통보받은 고려는 다음 달인 禑王 13년 3월부터 1,000필씩 5회에 걸쳐 5,000필을 모두 遼東으로 운송하였다. 이것은 고려가 馬貿易에 대한 明의 요구를 수용하였음을 나타낸다. 明이 국교단절을 무기로 다시 고려를 압박하자, 이 문제로 다시 明과의 관계가 악화되는 것을 피하려 한 고려정부가 馬貿易에 응하기로 방침을 바꾼 것이다.

동시에 이루어진 (가)·(나) 2회의 馬貿易 이후 明은 恭讓王 3년에 이르러 다시 10,000필의 馬貿易을 요구해 왔다((다)). 이 때는 고려와 明 사이에 鐵嶺以北 영토 할양 요구에 촉발된 遼東征伐이 시도되었다가 李成桂가 주도한 威化島回軍으로 明 공격이 미연에 끝났을 때였다. 威化島回軍 후 고려에서는 정치계가 급격하게 변동되고 있었다. 明의 禮部咨文을 근거로 廢假立眞論이 발표되고 禑王·昌王의 廢立과 李穡을 비롯한 反李成桂측 정치세력이 대거 숙청되었다. 그 동안 明에서는 전혀 사신을 파견해 오지 않았으며, 고려의 내정에 간여하지 않는다는 방침을 누차 밝히고 있었다. 정치세력의 숙청과 권력이동은 明의 권위를 근거로 하여 이루어지고 있었으나, 明은 여기에 간여하지 않았으며 李成桂 측의 정권장악은 마무리되어 가고 있었다. 이럴 때 明이 다시 10,000필의 馬貿易을 요구해 온 것이다. 이후 (다)에서 (카)에 이르기까지 明의 馬貿易 요구는 조선에서 거절된 적이 없다.[135] 규모뿐 아니라 그 가격에 관하여도 조선은 明의 요구를 그대로 수용하였다.

132) 『高麗史』 권136, 禑王 12년 12월, 하936③, "遣典客令郭海龍如京師 奏曰 小邦所産馬匹不多 且又矮小 何敢受價 今來欽奉聖旨 容當盡力措辦 伏候明降."

133) 姜尙雲, 「麗明(韓中) 國際關係 硏究」, 『中央大論文集』 4, 1959, 259~260쪽.

134) 『高麗史』 권136, 禑王 13년 2월, 하937④~938④.

135) (카)의 경우는 明이 2만~3만 필의 교역을 요구하였으나 5,000필을 보내기로 결정하여 明의 요구를 그대로 수용하지 않은 유일한 예다. 이 경우는 5運까지 2,477필을 보낸 상태에서 明으로부터 마필 進獻을 중지하라는 통보로 중도에 그쳤다.

말은 軍政에 가장 긴요한 것이었으며, 마필 수는 곧 騎兵의 숫자를 의미하는 것으로 이해되고 있었다.[136] 고구려가 隋·唐의 침입을 물리친 것이나 고려 때에 丹兵과 紅賊의 침입을 격퇴한 것도 山川之勢나 將帥가 능해서뿐만이 아니라 좋은 말이 있었기 때문이라고 할 정도로[137] 당시 정부에서는 계속되는 말 유출을 국방을 취약하게 하는 심각한 문제로 인식하고 있었다. 더구나 麗末鮮初는 요동의 정세가 안성되지 않아서 국방 문제는 가장 심혈을 기울여야 하는 문제였다. 게다가 明은 몇 개월이라는 짧은 기간에 10,000필이나 되는 말을 요구하였기 때문에 조선으로서는 그 양을 공급하기 어려웠다. 따라서 明의 요구를 그대로 수용할 수 없다는 의견이 당연히 나올 수 있었던 것이다.

그러나 明의 요구를 거부할 경우 (가)의 경우에서처럼 明은 사신왕래 거부와 국교단절 등의 방법으로 압박해 왔다. 따라서 고려·조선에서 明의 요구를 거부한다는 것은 對明關係의 악화를 의미하는 것이었고, 이는 곧 국경에서의 긴장으로 이어지는 것이었다. 保國之道 측면에서 明의 요구를 거부하는 것은 麗末 이래 택하기 어려운 방법이었다.

이에 따라 明이 요구한 교역량을 축소하는 쪽으로 대안이 제시되었다. 世宗 3년에 10,000필을 무역해 간((아)) 明이 2년 뒤인 世宗 5년에 다시 10,000필의 교역을 요구해 왔다((자)). 이에 대해 吏曹判書 許稠와 兵曹判書 趙末生은 半에 해당하는 5,000필만 응하자는 대안을 제시하였다.[138] 6代言이 모두 찬성하였다는 것으로 보아 관리들 일반의 생각도 같았다고 생각된다. 이러한 고민은 馬貿易이 요구될 때마다 반복되었다. 그러나 조선 건국 후 明과의 朝貢冊封關係가 정상화되어 국경이 안정된 것을 事大에 충실한 결과라고 의미를 부여하고 있던 조선정부에서는 馬貿易과 같은 明의 요구를 수용하는 것을 事大之禮에 충실한 것이라고 의미를 부여하였다.[139] 그에 따라 馬貿易은 明의 요구대로 결정되어 집행되었다. 明이 보내는 馬價를 받는 것조차 事大에 어긋나므로 돌려보내어야 한다고 주장하는 경우도 있었다.

60여 년에 걸쳐 고려·조선이 明의 일방적인 馬貿易 요구에 응할 수밖에 없었던 이유는

---

136) 『世宗實錄』 권21, 世宗 5년 8월 庚戌, "稠又曰 中國 去年求馬一萬匹 今又求一萬匹 本國之馬比舊爲減 又未强壯 …… 軍政莫急於馬 而擇實馬二萬匹以獻 則是減二萬騎兵也."

137) 『太宗實錄』 권18, 太宗 9년 11월 壬午.

138) 『世宗實錄』 권21, 世宗 5년 8월 庚戌.

139) 『太宗實錄』 권3, 太宗 2년 4월 癸丑, "內書舍人李之直·左正言田可植上疏 論事 …… 一 軍政所須莫過於馬 今朝廷先以賞賜 繼以易馬 是啗之以利 欲得良馬 非天王所以待諸侯之道也 殿下 以事大之誠 不敢違命 而使臣民皆得賣買 分運進獻 禮則然矣 然以褊小之土 有限之馬 塡無窮之欲 則臣等恐馬盡而力虧矣 如有緩急 將何以哉 …… 願除已易馬匹外 勿令易換 所餘馬價 悉還上國 其綾羅段子進上服御外 一皆禁斷"; 『太宗實錄』 권18, 太宗 9년 11월 壬午, "司諫院上時務數條 …… 一 國之所重者 兵也 兵之所重者 馬也 故周制掌兵之官 不曰司兵 而曰司馬 馬之於國 其用重矣 我國家壤地褊小 馬亦有限 自高皇帝至于建文所獻之馬 不知其幾萬匹 今者上國又求馬匹 其數甚多 有司程督雖有一馬者 皆納於官 如此則國將無馬 言之可爲流涕矣 唐之太宗·隋之煬帝皆不克而還 丹兵·紅賊寇我而先亡 此非惟山川之險 將帥之良 亦以有馬故也 臣等謂以事大之禮言之 不可不獻 以宗社之計言之 不可多獻 又安知今日求之而明日不求耶 伏惟殿下以事大之禮 宗社之計 參酌施行."

朝貢冊封關係의 안정과 거기에서 얻어지는 권력의 정당성, 즉 정치적인 동기에 있었다. 그래서 馬貿易 자체를 '교역'의 의미보다는 事大에 부수되는 貢物로 인식하기도 하였다. 明은 馬價를 지불하지 않는 경우도 있었는데, 고려·조선이 여기에 전혀 이의를 제기하지 않은 것은 이를 貢物의 일종으로 받아들였기 때문이다. 따라서 明이 馬價를 지불하는 경우에는 오히려 긍정적으로 받아들이기도 하였다.[140] 국내의 마필이 줄어들어 국방이 허술해지는 문제, 마필을 할당하여 징수하는 과정에서 생기는 문제, 농업노동력으로서의 마필 부족 문제 및 遼東까지 마필을 수송하는 과정에서 농민들이 받는 피해 등은 朝貢冊封關係의 틀 안에서 對明關係를 유지하기 위해 감수해야 하고 감수할 가치가 있는 일이었다고 생각한 것이다. 對明關係의 정상화를 통해 얻어지는 정치적 안정은 '지성으로 事大한 결과'이며 保國之道로서 평가되었다. 즉 麗末鮮初의 對明 馬貿易은 明과의 관계를 정상화하고 이를 토대로 정권의 정당성과 국경에서의 군사적 긴장을 완화시키기 위한 수단이었다고 하겠다.

140) (바)의 요구가 전달되었을 때 太宗은 洪武帝 당시에 馬價를 지불하지 않았을 경우에도 말을 보낸 적이 자주 있었음을 언급하면서 즉시 進獻官馬色을 설치하여 馬貿易을 준비하였다. 『太宗實錄』 권14, 太宗 7년 8월 庚戌, "計稟使書狀官鄭穉來 …… 又帝御西角門 命眉壽曰 爾國産馬之地 歸報爾王 良馬三千匹 汝可將來 朕以戶部布絹送于遼東 當酬其直 …… 上聞之曰 是何言也 帝謂我如此 而於陪臣且厚接之 豈敢方命 在高皇帝時 雖不賜其直 獻馬數矣 況今將賜其直乎 卽置進獻官馬色 以叅贊議政府事柳亮·工曹判書柳龍生·摠制金繼志爲提調."

麗末鮮初 新興士大夫의 婚姻制度 改革論

崔 淑*

1. 序論

麗末鮮初에는 정치・경제・사회・사상의 제 영역에서 중요한 변혁이 모색되었다. 蒙古와의 전쟁, 元의 간섭으로 말미암은 대외적인 모순 속에서 고려사회는 집권적 관료체제의 동요와 더불어 소수 지배층의 私的 권력이 한층 강화되고 있었다. 지배신분 내부의 경제적 불균등과 정치권력의 독점이라는 모순구조의 혁파를 주장하면서 새로운 지배세력으로 부상한 新興士大夫들은 富와 權力의 재분배를 위한 제반 개혁방안을 추진하였다. 이들은 麗末 朱子學을 수용하여 체제개혁을 이념적으로 뒷받침하면서, 종래의 사회적・정치적 관습과 유제를 새롭게 정비해 나가는 가운데 法制와 儀禮를 수립하려고 하였다.[1] 그리고 禮制改革의 핵심으로서 婚姻制 개혁을 모색하였다. 이들은 지배층이 혼인을 통해 정치적 지위, 신분적 특권, 경제적 기반을 형성・유지・확대하고 있음을 주목하면서 당대의 혼인문제를 사회문제화시켰다.

婚姻이란 男女가 夫婦關係를 맺고 인정받는 사회적인 儀式이다. 혼인은 가족을 형성시키며, 당대의 혼인제도는 그 사회의 특성을 반영한다. 그 동안 혼인제 연구의 성과들을 통해서 그 양상과 변천의 추이를 개괄할 수 있었으나,[2] 麗末鮮初의 혼인 양상이 내포한 사회적 배경과 의미가 별반 주목받지는 못했다. 혼인제의 변화는 당대의 사회・사상적 배경과

---

* 미성중학교 교사

1) 金駿錫,「儒敎思想論」,『金容燮敎授停年紀念 韓國史學論叢(1) 韓國史 認識과 歷史理論』, 지식산업사, 1997, 481쪽.

2) 혼인제에 관하여 본고에서 참고한 주요 논문은 다음과 같다. 崔淑卿・河炫綱,『韓國女性史 : 古代-朝鮮時代』, 이대출판부, 1972 ; 張炳仁,『朝鮮初期 婚姻制硏究』, 서울대 국사학과 박사학위논문, 1993 ; 이순구,『朝鮮初期 宗法의 수용과 女性地位의 변화』, 한국정신문화연구원 한국학대학원 박사학위논문, 1994 ; 權純馨,『高麗時代 婚姻制度 硏究』, 이화여대 사학과 박사학위논문, 1997.

밀접히 연관되어 나타나는 현상이라는 문제의식에서, 본고는 당시 사회개혁을 주도하였던 鄭道傳 등 신흥사대부의 혼인제 인식과 논의를 주목하였다. 고려 혼인제에 대한 그들의 인식을 통해 당대 혼인의 실상을 살피고, 婚俗批判論의 의미를 찾아보고자 한다. 또한 혼인제 개혁논의를 통해서 禮制 論議의 성격을 검토하고자 한다. 이를 통해 一夫一妻制의 강화와 親迎制 실시라는 혼속상의 변화 추세를 이해하고, 새로운 가족질서의 성격을 파악할 수 있을 것이다.

2. 高麗의 婚姻制에 관한 認識

1) 婚姻의 '紊亂'相 : 棄妻·多妻의 문제

新興士大夫로서 麗末鮮初의 정치·경제적 개혁을 주도하였던 鄭道傳은 朱子學的인 이념의 토대 위에서 법제를 개혁하고 새로운 국가체제를 수립하고자 하였다. 公權이 일원화된 집권적 정치체제의 확립을 목표로 한 사회질서의 개혁은 『朱子家禮』를 기준으로 모색되고 추진되었다.[3] 그는 기존의 佛敎나 巫俗에 기초한 禮制나 禮俗에 대신해서 『朱子家禮』의 四禮를 중심으로 일상의 생활의식을 정립함으로써 가족질서와 사회질서를 유지하고자 하였다.

鄭道傳은 『朝鮮經國典』에서 冠婚喪祭를 禮의 가장 큰 것이며, 풍속을 순수하게 하고 질서를 바로잡는 근간으로서 주목하였다.[4] 「禮典」에서 冠禮, 婚禮, 喪制, 家廟를 조목별로 설명하고 사대부층의 家禮 시행과 준수를 강조하였다. 그 중 『朝鮮經國典』 禮典 婚姻條는 麗末의 혼인 문제에 대한 직접적이고 강도높은 비판이었다.

> 禮記曰 男女有別 然後父子親 父子親 然後義生 義生然後禮作 禮作然後萬物安 男女者人倫之本 而萬世之始也 故易首乾坤 書記釐降 詩述關雎 禮謹大婚 聖人之重之也如此[5]

위에서 鄭道傳은 『禮記』에 있는 구절을 인용하여[6] 男女가 有別한 후에 父子가 親해지며 義가 생기고 禮가 이루어지며 萬物이 편안해진다고 하였다. 따라서 남녀란 人倫의 근본

---

3) 麗末鮮初 朱子學의 수용과 정착이라는 차원에서 당시의 禮사상과 儀禮를 살펴본 다음의 연구가 참고된다. 高英津, 「15, 16세기 朱子家禮의 시행과 그 의의」, 『韓國史論』 21, 1989 ; 李範稷, 『韓國中世禮思想硏究 - 五禮를 중심으로 -』, 一潮閣, 1991 ; 池斗煥, 『朝鮮前期 儀禮硏究』, 서울대출판부, 1994 ; 都賢喆, 「高麗末期 士大夫의 四禮 認識」, 『歷史敎育』 65, 1998.

4) 『三峰集』 권7, 朝鮮經國典(上), 禮典, 家廟(『韓國文集叢刊』 5), 431쪽ㄷ, 426쪽ㄴ, "伊川先生曰 冠婚喪祭 禮之大者也" ; 禮典, 總序, "冠婚喪祭 所以一風俗 此皆政事 施爲之得其序也."

5) 『三峰集』 권7, 朝鮮經國典(上), 禮典, 婚姻(『韓國文集叢刊』 5), 430쪽ㄹ.

6) 『禮記』 권11, 郊特牲(保景文化社 編, 『禮記』), 337~338쪽.

이며 萬世의 시작이라고 보았다. 이어서 『史記』의 생각을 원용하여[7] 『易經』에서 乾·坤卦를 첫머리에 두고, 『書經』 堯舜篇에서 釐降을 말하며, 『詩經』의 關雎篇을 기술한 것과 『禮記』에서 大婚을 삼가한 것은 성인이 이를 중요하게 여겼던 때문이라고 하여 예로부터 婚姻의 중요성을 강조하고 있음을 상기시켰다. 다시 말해 男女의 구별을 전제한 연후에야 親·義·禮가 이루어지며 萬物이 편안해질 수 있다는 것이 혼인론의 출발이었다.

그런데 인륜의 근본이며 만세의 시작인 혼인이 麗末에 어떠한 양상으로 전개되었다고 생각했던 것일까?

> 自三代以來 國之興廢 家之盛衰 皆由於此 而近來婚姻之家 不論男女德行之如何 苟以一時之貧富而取捨之 又其相求也 不暴則秘 媒此而聘彼 如商賈之售貨 無附遠厚別之意 或興獄訟 或被侵陵[8]

정도전은 麗末 婚姻樣相을 '紊亂'하다고 인식했다. 즉 혼인하는 집안이 남녀의 덕행을 따지지 않고 貧富만을 선택기준으로 삼는다는 것과, 혼인 과정을 비밀로 하여 여러 사람에게 중매하고 혼인하기를 장사꾼이 물건을 파는 듯하여 附遠하여 구별을 두터이 하는 뜻이 없다는 것이다. 그는 혼인이 貧富에 좌우되고 출세지향적으로 변질되어 가는 양상은 가족질서의 '紊亂'을 의미하며 이는 명백히 주자학적인 가족질서에 위배되는 것이라고 인식했다. 특히 이러한 입장은 여말 지배층의 혼인상에 대한 사대부층의 비판적 인식을 대표하여 도출된 것이었다. 그런데 혼인으로 인해 獄訟을 일으키거나 침해를 입기도 했다는 이 지적은 당시 실제의 혼인 양상과 무관한 일은 아니었던 것으로 보인다.

고려 후기 사회에서 혼인은 富와 權勢를 얻는 신분상승의 통로로 적극 이용되고 있었다. 예를 들어 문벌이 單寒했던 文公仁의 경우는 侍中 崔思諏의 사위가 되는 등 귀족과 連姻을 맺어 마음대로 豪奢하였다고 하여,[9] 출세의 디딤돌로 혼인관계를 맺었음을 엿볼 수 있다. 이러한 경향은 상당히 만연했던 것으로 보이는데 청렴하고 강직하기로 명성이 높았던 參知政事 金之淑의 두 딸은 오히려 가난하여 출가하지 못하고 여승이 되는 기이한 일도 생기고 있었다.[10] 또한 군졸 출신인 池奫은 李仁任·林堅味와 함께 권력을 잡고 이를 배경으로 30명의 첩을 거느렸는데 오직 富者만을 취하였다.[11] 그가 王重貴의 妻를 취하고자 했던 것도 재산 때문이라고 했듯이[12] 富의 확보를 위해 수차례 혼인관계를 맺고 있었다. 마찬가

---

7) 『史記』 권49, 外戚世家19(成文出版社 編, 『史記集解』, 台北), 448쪽 ; 『漢書』 권97, 外戚傳序67(成文出版社 編, 『漢書』, 台北, 1971), 2101쪽.
8) 『三峰集』 권7, 朝鮮經國典(上), 禮典, 婚姻(『韓國文集叢刊』 5), 430쪽ㄹ.
9) 『高麗史』 권125, 列傳38, 姦臣1, 文公仁, 下冊 708쪽ㄴ.
10) 『高麗史』 권108, 列傳21, 金之淑, 下冊 372쪽ㄷ.
11) 『高麗史』 권125, 列傳38, 姦臣1, 池奫, 下冊 728쪽ㄱ~731쪽ㄹ.
12) 『高麗史節要』 권30, 辛禑 2年 12月, 760쪽ㄷ.

지로 權守平의 경우 가난하여 牽龍 자리를 포기하게 되자 친구들은 세태를 따라 처를 버리고 재혼하기를 권하였다.[13] 그는 糟糠之妻를 버리는 일은 차마 할 수 없는 일이라고 거절하였지만 당시 쉽게 처를 버리고 富貴를 취하기 위하여 改娶하는 일이 만연하였음을 알 수 있다.

이와 같이 富貴를 구하는 혼인의 풍조는 정략적인 목적과 맞물려 麗末 사회적인 혼란기에 더욱 만연했던 것으로 확인된다. 왕의 즉위와 폐위가 거듭되고 附元勢力의 득세와 측근세력의 형성 속에서 정치적 생명을 부지하기 위한 여러 방편이 모색되면서 通婚의 길은 가장 손쉬운 세력획득의 수단이 되기도 했다. 따라서 離婚과 再婚이 서슴없이 행해지는 등 안정적인 혼인질서가 무너지는 상황이 속출하였다. 左常侍 權衡은 딸을 密直商議 全信의 아들에게 시집보냈다가 집안이 불초하자 이혼시키고 忠肅王에게 바쳐 壽妃가 되었다.[14] 또한 李英柱는 忠烈王의 총애를 받는 庶女에게 재혼하여 서슴없이 棄妻를 행하였다.[15] 당시에는 주로 왕, 왕의 측근세력, 權貴家, 附元勢力이나 元皇室을 혼인대상으로 삼아 적극적으로 정치적인 출세와 안녕을 도모하는 현상이 빈발하였던 것이다.[16] 원래 妻는 七出의 사유가 있으면 내칠 수 있으나 三不去의 경우에는 규제되었고,[17] 刑法志 戶婚條에도 "父母와 의논하지 않고 이유없이 처를 버린 자는 停職付處한다"고 하여,[18] 함부로 棄妻하는 행위는 도덕적인 지탄과 함께 처벌을 받았다. 그럼에도 불구하고 이처럼 부와 권세를 얻기 위한 棄妻·再婚은 麗末로 갈수록 多妻의 성행과 함께 만연해지고 있었다.

당대의 金石文이나 族譜의 世系를 추적해 보면 多妻의 사례를 상당히 확인할 수 있는데, 대개 恭愍王 末年에서 禑王 年間에 집중되어 나타나고 있다.[19] 이 기록들에서는 又娶·先娶·後娶 혹은 四娶·三娶·再娶·室 등으로 여러 妻들이 同等하게 기재되었고, 상당한 지위의 사대부 가문 출신인 처가 여러 명 있었던 것도 볼 수 있다. 이러한 多妻竝畜은 법제적으로 공인되어 행해진 것은 아니었으나 麗末 정치·사회의 현실에 편승해 더 두드러지게 나타난 것은 확실하다.[20]

---

13) 『高麗史節要』 권16, 高宗 37年 7月, 433쪽ㄴ.
14) 『高麗史』 권89, 后妃2, 壽妃權氏, 下冊 31쪽ㄷ.
15) 『高麗史』 권123, 列傳35 嬖幸1, 李英柱, 下冊 682쪽ㄴ.
16) 戒松, 李光時, 金深 등의 예가 그러하다(『高麗史節要』 권24, 忠肅王 元年 3月, 607쪽ㄱ ; 『高麗史』 권122, 列傳35, 宦者, 方臣祐, 下冊 665쪽ㄹ ; 『高麗史』 권104, 列傳17, 金周鼎附 金深, 下冊 304쪽ㄴ).
17) 權純馨, 앞의 글, 1997, 121쪽 ; 『唐律疎議』 권14, 戶婚, 妻無七出(劉俊文 點校, 『唐律疎議』, 台北 : 中華書局), 267쪽.
18) 『高麗史』 권84, 志38, 刑法1, 戶婚, 元宗 13年 正月, 中冊 853쪽ㄷ.
19) 張炳仁은 金石文의 혼인사례 196건을 검토하여 多妻竝畜의 가능성이 높은 사례는 9건이라고 분석하였다(張炳仁, 앞의 글, 1993, 28~34쪽). 본고는 이를 참고하였다.
20) 多妻가 성행하게 된 직접적 계기는 元의 多妻制의 영향이 컸던 것으로 보인다(許興植, 「고려 女性의 지위와 역할」, 『韓國史市民講座 15』, 1994, 76~77쪽). 한편 朴褕 상소와 金琿의 기사는 충렬왕대의 庶妻制 실시 논의 과정을 보여주는 사례인데, 여론의 악화와 金琿의 간통사건이 기화가 되어 중지되었다(『高麗史』 권106, 列傳19, 朴褕 ; 권103, 列傳16, 金慶孫附 金琿 ; 『高麗史節要』 권19, 忠烈王 元

婚姻은 양 가문의 이해관계가 합치된 위에서 相互補完을 위하여 행해졌지만, 門閥間 連婚 위에서 多妻를 하는 당사자에게는 더 확고한 姻戚으로서의 연결망과 정치적 지위를 보장하는 것이었다. 특히 고려의 혼인은 男歸女家婚을 기반으로 하여 妻系·母系 등 다양한 계보를 통해 지위와 특권을 세습할 수 있었고,[21] 이는 제반 기득권 소유가 多妻者에게 집중된다는 의미이기도 하다. 따라서 신흥사대부들은 이를 주목하고, 권력에 의탁한 潘福海나 康允忠의 다처 행위는 비윤리적 행위로 크게 지탄하였다.[22] 또한 麗末에는 大小人員으로 京外에 두 妻를 병축하는 자, 혼인했다가 先妻와 다시 결합하는 자, 먼저 妾을 취하고서 후에 妻를 취하는 자, 먼저 妻를 취하고 후에 妾을 취하는 자, 또 일시에 세 妻를 竝畜한 자가 있었다고 보았다.[23] 이들은 妻妾을 두거나 多妻竝畜이 널리 행해지고 있었다는 점에 주목했고, 이를 綱常倫理에 직접적으로 저촉된다고 비판했다. 부부는 인륜의 大綱임을 강조하면서, 고려에서는 이러한 禮制가 문란해졌다는 것이다.[24] 즉 지배층의 多妻竝畜은 국가의 定制가 아니며, 다처병축으로 인해 기강이 해이해지고 풍속이 어지러워졌다고 생각하였다.[25]

그런데 이러한 비판의 배경으로 당시 多妻의 성행이 사회에 미친 영향을 간과할 수 없다. 麗末鮮初에 일어났던 다수의 爭訟問題는 다처의 자식들 간에 벌어진 문제이기도 하였다. 당시에는 封爵이나 蔭敍 등의 지위 상속뿐만 아니라 土地와 奴婢 다툼이 父子·兄弟·姻戚 간에 빈번하게 벌어지고 있었다. 禑王 14년 趙浚 상소를 보면,[26] 版圖司나 典法司, 守令과 按廉使가 本職을 폐할 정도로 田訟과 私田을 둘러싼 소송이 번거롭다고 하였다. "骨肉은 도리어 路人이 되고 同列은 변하여 仇敵이 된다"고 할 정도로 형제나 족친들 사이의 獄訟 문제는 심각하였다. 이러한 상황은 계속 이어져 骨肉之親의 爭訟으로 門中이 갈라지고 집안이 나뉘어져 원수같다고 인식되었다.[27] 이렇게 한 집안 내에서 訴訟이 번다했던 것은 여러 妻 사이의 지위나 재산다툼, 妻들의 子息 간이나 父母·子息 간의 분쟁 등이 큰 부분을 차지했다고 보인다. 麗末 妻妾의 구별이 명확치 않은 상태에서 더군다나 父系·母系·妻系 쪽의 특권이 계승되는 사회에서는 형제·족친 간의 상속 다툼이 복잡하게 전개될 소지가 많았던 것이다.[28]

年 2月 ; 권20, 忠烈王 6年 6月).

21) 男歸女家婚에 기반한 사회운영 형태에 대해서는 3장 1절 참고.

22) 『高麗史』 권124, 列傳37, 嬖幸2, 潘福海, 下冊 706쪽ㄴ~707쪽ㄱ ; 『高麗史』 권124, 列傳37, 嬖幸2, 康允忠, 下冊 694쪽ㄴ.

23) 『太宗實錄』 권33, 太宗 17年 2月 庚辰, 2冊 150쪽ㄹ.

24) 『太宗實錄』 권27, 太宗 14年 6月 辛酉, 2冊 23쪽ㄹ, "夫婦人倫之大綱 前朝之季 禮制紊亂 紀綱陵夷 大小人員 京外兩妻 任然並畜."

25) 『別洞集』 권2, 李澹嫡妾分揀陳言(『韓國文集叢刊』 8), 277쪽ㄴ, "前朝之季 士大夫竝畜二三妻 非國家定制 是乃綱紀陵夷 毁敗風俗之致然也."

26) 『高麗史』 권78, 志32, 食貨1, 祿科田, 辛禑 14年 6月, 中冊 714쪽ㄹ.

27) 『太祖實錄』 권8, 太祖 4年 11月 戊子, 1冊 87쪽ㄴ.

실제 신흥사대부는 禮儀의 敎化가 행해지지 못하고 부부의 의리가 무너져 有妻娶妻者나 妾爲妻者가 생겼다고 하면서, 이로 인하여 妻妾이 서로 訟事하는 단서가 되었다고 탄식하였다.[29] 당시 妾이 先娶를 이유로 嫡妻임을 주장하거나, 혹 남편이 임의로 妻로 삼아 "人情惑於庶妾 棄嫡妻 不慮子孫承重子 恒多有之"[30]하다는 비판이 두루 확산되었던 것이다. 따라서 이러한 사회적인 문제의 발생을 방지하기 위해서는 고려와는 다른 혼인질서의 확립이 새롭게 요구되고 있었다.

바로 이러한 사회분위기가 신흥사대부들의 婚俗批判論이 제기된 배경이었다. 富나 정치적 출세를 위한 혼인, 棄妻·多妻의 성행, 妻妾分別이 모호한 상황에서 발생한 각종 사회문제 등을 禮制의 '紊亂'으로 비판한 그들의 입장은 실상 자신들의 정치·사회적 기반에서 연유한 것이었다.

2) 血緣中心 政治運營과 婚俗批判論

고려후기 권문세족은 상호간의 통혼을 통해 강고한 세력을 형성해 나갔다.[31] 또한 혈족

---

28) 忠惠王代 尹宣佐는 "今之兄弟 多不相能者 由是爭也"라고 하여 당시의 자녀 간 재산분쟁이 만연했음을 알 수 있다(『高麗史』 권109, 列傳22, 尹宣佐, 下冊 386쪽ㄱ). 鮮初에도 형제나 內外族 간 쟁송사건이 상당히 많았다(『太祖實錄』 권7, 太祖 4年 4月 丁卯, 1冊 76쪽ㄹ ; 권8, 太祖 4年 11月 戊子, 1冊 87ㄷ ; 『太宗實錄』 권2, 太宗 元年 9月 壬子, 1冊 213쪽ㄹ ; 권7, 太宗 4年 1月 甲寅, 1冊 287쪽ㄹ ; 권24, 太宗 12年 12月 丁巳, 1冊 657쪽ㄱ).

29) 『太宗實錄』 권25, 太宗 13年 3月 己丑, 1冊 665쪽ㄴ, "前朝之季 禮義之化不行 夫婦之義首紊 卿大夫士 惟欲之從 情愛之惑 有妻娶妻者有之 以妾爲妻者亦有之 遂爲今日妻妾相訟之端."

30) 『太宗實錄』 권26, 太宗 13年 9月 丁丑, 1冊 686쪽ㄴ.

31) 다음 <표 1>은 元干涉期부터 麗末까지로 한정하여 고려 후기 宰樞를 포함한 5품 이상의 고급관인을 15명 이상 배출한 家門을 추출하여 그 通婚圈을 분석하여 작성한 것이다(金光哲, 『高麗後期 世族層研究』, 1991, 216쪽 世系圖 ; 朴龍雲의 家門研究와 世系圖 참조).

<표 1> 元干涉期-麗末 有力 世族들의 通婚關係

	파평 윤씨	공암 허씨	황려 민씨	안동 김씨	안동 권씨	남양 홍씨	전주 최씨	청주 한씨	광주 김씨	평양 조씨	경주 이씨	순흥 안씨
파평윤씨		○	○		○					○	◎	○
공암허씨	◎		▲	▲	▲	▲				○		
황려민씨		○		◎	○	○	○					○
안동김씨		○	◎				○	○			◎	
안동권씨		○				○				○	◎	
남양홍씨	○	○			◎			○	◎	◎		
전주최씨			○		○							
청주한씨	○			○							◎	○
광주김씨				○		◎						◎
평양조씨		○	○	○	○	○					○	
경주이씨	◎			○	◎		○	◎	○	○		
순흥안씨	○		◎	◎			○		■		○	

* ○는 한 번, ◎는 이중, ▲는 삼중, ■는 사중의 통혼관계를 표시함.

관계로 얽힌 이들은 정치적으로 서로를 비호하면서 결속하였다. 다음과 같은 공민왕의 비평은 이러한 麗末의 정치상황을 잘 보여준다.

> 嘗以謂世臣大族 親黨根連 互爲掩蔽 草野新進 矯情飾行 以取名望 及其貴顯 自恥門地單寒 連姻大族 盡棄其初 儒生儒而少剛 又有門生座主同年之號 黨比徇情 三者 皆不足用也[32)]

이는 문벌간의 혼인관계, 학문적 유대관계를 통한 정치세력으로의 결집에 대해 비판하고 경계한 내용이다. 이를 통해 볼 때 당시, 世臣大族의 거듭된 通婚은 親黨을 형성하고 긴밀히 연결되어 서로를 비호하면서 각종 사회문제들을 야기했음을 알 수 있다. 더군다나 이러한 상황을 타개할 草野의 新進들은 貴顯이 되면 스스로 세족들과 連姻을 맺어 신분상승을 추구함으로써 기존세력으로 편입되었고, 儒生은 門生・座主・同年을 칭하면서 黨을 만들고 私情을 따르고 있었다.

실제 공민왕의 개혁정치 추진 과정에서 대표적인 附元勢力으로 지목되어 숙청당한 奇轍세력은 姻親으로 묶인 族黨이 그 세력의 핵심을 이루고 있었다.[33)] 또한 麗末 대표적인 권문세족이자 정치집단은 禑王代 李仁任・林堅味・廉興邦 일파였다. 中外要職을 장악했던 李仁任黨의 핵심은 혼인을 통하여 父系・母系・妻系 쪽으로 다양한 인척관계를 맺으며 강고하게 연결된 세력이었다. 우왕 14년 林堅味와 廉興邦이 처단될 때의 기록을 보면, 父子・兄弟・女壻・姪뿐만 아니라 孽子・孼女婿 外 다양한 姻族들이 이중・삼중 연결되어 결집해 있었다.[34)] 이들은 麗末 官職除授와 田土分爭에서 횡포를 자행하는 등 국가체제에 심각한 무리를 일으켰다. 政房의 提調가 되어 정권을 장악하고 賂物과 親疎에 따라 銓注와 添設이 범람하였다.[35)]

이러한 權臣 李仁任의 횡포에 대해 尹紹宗은 신흥사대부의 입장을 극명하게 표명하였다. 그는 同列들과 함께 상소하여 당시의 파행적인 정치운영을 신랄히 비판하였다.[36)] 먼저 言官과 要職에 私親들이 포열하여 姻亞乳臭들이 국가의 祿을 축내고, 王室보다 私門이 우위에 있는 모순을 지적하였다. 또한 "私情에 좌우되어 公義를 해치고 人慾을 추구하여 天

---

32) 『高麗史節要』 권28, 恭愍王 乙巳 14年 12月, 715쪽ㄹ.

33) 『高麗史』 권131, 列傳44, 叛逆5, 奇轍, 下冊 844쪽ㄱ. 특히 奇轍・盧頙・權謙은 元皇室과 혼인을 도모해 권세를 누렸던 인물로서, 혼인을 통해 권귀화한 자라고 비판받았다(『高麗史』 권131, 列傳44, 叛逆5, 盧頙, 下冊 847쪽ㄴ ; 權謙, 下冊 848쪽ㄴ).

34) 『高麗史』 권126, 列傳39, 姦臣2, 李仁任, 下冊 737쪽ㄴ. 李仁任 族黨勢力에 관한 것은 盧明鎬, 「高麗後期의 族黨勢力」, 『李載龒博士還曆紀念 韓國史學論叢』, 한울, 1990, 216~218쪽 참조.

35) 『高麗史』 권126, 列傳39, 姦臣2, 李仁任, 下冊 735쪽ㄴ.

36) 『高麗史』 권126, 列傳39, 姦臣2, 李仁任, 下冊 738쪽ㄴ~740쪽ㄷ, "兩府百司 藩鎭守令 咸出其門 言官要職 列其私親 …… 姻亞乳臭 工商賤隷 坐耗天祿 …… 國之人 知有私門 不知有王室矣 …… 仁任當國 徇私情而害公義 窮人欲而滅天理."

理를 훼손한다"고 하면서 왕조의 정당한 家法을 파괴했다고 공격했다. 다시 말하면 尹紹宗은 기존의 문벌들이 相互通婚으로 강한 혈연 연결망을 형성하고 광범한 族黨中心의 정치운영을 통해 사회모순을 가중시키고 있음을 비판한 것이다. 公的으로 운영되어야 할 정치가 私親·私門에 의해 장악되어 私的인 이익을 위해 운영됨으로써 국가 공권력이 일원화되지 못하고, 각종 사회·경제적 폐단이 방치되었다고 생각했던 것이다.

아울러 당시 私田改革을 주도하면서 혁신적인 사회개혁을 추진했던 趙浚도 公卿士大夫의 幼弱한 자제나 姻婭親戚들에 의한 정치운영에 대해 강력히 반발하였다.[37] 그는 周王室이 父兄의 연고로서 유약한 자제를 벼슬시켜 天祿과 天工을 비웠다는 예를 『春秋』에서 인용하면서, 이들은 자기의 家가 있음만 알고 社稷이 있음을 모르는 小人에 불과하다고 보았다. 따라서 幼弱子弟는 비록 등용하여도 東班 九品 이상은 제수하지 말고 이를 어기는 자는 父兄을 처벌할 것을 주장했다. 또 왕에게는 사사로이 賞과 爵을 주어서는 안 된다고 요구하였다. 나아가 당대 정치계의 행태가 賂物의 다소나 順從 여부에 따라 관직의 고하와 생사가 좌우되고, 權門만을 좇아 天工에 충실하지 못하다고 비판했다. 이처럼 幼弱子弟들이 현달할 수 있었던 것은 혈연에 의한 私的인 인맥이 크게 작용한 때문이었다. 조준이 비판한 姻婭親戚의 정치운영이란 혈연망에 입각하여 정치권력이 독점화되었던 현실 상황에 대한 공격이었던 것이다.

尹紹宗과 趙浚의 비판을 통해서 혼인이란 지배층의 세력권 구축과 기득권 확보·유지의 주요 수단이었음을 알 수 있다. 특히 蔭敍·封爵같은 지위가 女系를 통해서 계승되는 체제에서는[38] 가문과 가문을 연결짓는 혼인이 훨씬 중요한 의미를 갖고 있었다. 따라서 이와 같은 정치운영은 신흥세력의 결집에 있어서도 주요한 변수가 되었다. 戶長層에서 과거를 거쳐 원제과에 발탁되면서 출세한 李穀 역시 가난하고 문벌이 없는 집안이나 궁벽한 시골의 선비는 스스로 출세할 수 없고, 반드시 靑雲의 知己가 이끌어 줄 때야 뜻을 펼 수 있다고 하였다.[39] 또한 한미한 사대부 출신이었던 吉再는 先祖의 業德의 有無로 貴와 賤이 구별되는 현실을 크게 한탄하였다.[40] 그는 公卿의 자제는 저절로 후한 봉록과 벼슬이 더해지지

---

37) 『高麗史』 권118, 列傳31, 趙浚, 下冊 590쪽ㄹ, 597쪽ㄷ, "願自今 公卿士大夫幼弱子弟 不許拜東班九品以上官 其有冒受者 罪其父兄 …… 潛邸之舊 畏上帝而不敢私以賞 戚里之親 畏上帝而不敢私以爵 …… 姻亞必欲進 …… 唯行諂佞 以盜富貴 知有其家 而不知有社稷者 小人也."

38) 封爵相續에서는 功臣이나 文武常參官 이상의 父母·妻에게뿐만 아니라 子·壻·姪에게도 봉작이 수여되었다. 또한 蔭敍制에서도 承蔭받는 혈족은 定規蔭敍의 경우 子, 內孫과 外孫, 姪과 甥, 婿와 收養子의 순서였으며, 特賜蔭敍에서도 子, 孫과 壻, 姪과 甥 등의 순이었다(『高麗史』 권75, 志29, 選擧3, 凡蔭敍條, 中冊 643쪽ㄴ). 이렇게 內孫과 外孫의 차별이 조금도 없고, 外孫과 婿의 순위가 姪과 甥보다 앞서는 것은 女系를 통한 정치진출의 기회가 상당히 비중이 있다는 뜻이다.

39) 『稼亭集』 권8, 與同年趙中書崔獻納書(『韓國文集叢刊』 3), 148쪽ㄱ.

40) 『冶隱先生言行拾遺』 上, 先生遺文, 後山家序(『高麗名賢集』 4), 489쪽 ; (한국정신문화연구원 편, 『冶隱集』), 34쪽, "自古公卿之子 …… 旣生而君知之 旣長而君命之 祿秩之厚 不期而至 官爵之貴 自然而加 其知之也 如此其易 其貴之也 如此其足 此無他 祖宗積累之勳 豫養之恩故也 庶人之子 …… 其功業之著而後 有司知之 有司知之而後 朝廷聞之 朝廷聞之而後 君用之 其知之也 如此其難 其達

만, 庶人의 자제는 자신의 몸으로 功業을 쌓은 후에야 비로소 朝廷에 등용될 수 있다고 하였다. 빈곤함을 이기고 심성을 연마해 공업을 드러낼 때까지 庶人의 영달이 이처럼 더딘 상황, 즉 신분으로 인해 규정된 정치적 운명과 한계성을 토로하였던 것이다. 이는 혈연에 입각한 신분질서하에서 공적인 정치기준이 상실되었던 현실에 대한 개탄이었다.

이처럼 능력있는 인재가 등용될 수 없는 현실, 姻婭親戚들로 구성된 族黨세력이 득세하는 정치구조는 개혁을 지향하는 신흥사대부의 진출과 세력확대에 장애가 되는 체제문제로 인식되었다고 할 수 있다. 상대적으로 열세한 사회경제적 기반을 가진 이들은 지배층의 階級內婚 자체를 전면적으로 부정할 수는 없었지만, 공적인 정치체제 운영이라는 명분론으로 혈연에 입각한 당시의 정치 형태를 공격했던 것이다. 이 점이 혼인문제가 정치운영의 문제로 대두되는 이유다.

그런데 혼인을 매개로 한 私的인 정치운영은 비단 世臣大族만의 문제는 아니었다. 대다수 사대부는 공민왕의 지적처럼 구세력에 대결하고 혁신적 대안을 만들기보다는 오히려 혼인을 통해 기존체제로 흡수·통합되는 상황이었다. 李齊賢은 그 대표적인 인물이라고 생각된다. 이제현의 집안은 父 檢校政丞 李瑱대에 현달하여 그의 당대에 크게 번창한 듯하다. 이제현은 3명의 명문가 부인을 두어 가문을 번성시켰다.[41] 또 아들 李瑞種은 洪侑와 金松柱의 딸과 혼인했으며, 李達尊은 白頤正의 딸과, 李彰路는 韓公義와 金昇의 딸과 혼인하였다. 이제현의 딸이 공민왕비인 惠妃가 되고, 사위는 任德壽·李係孫·金希祖·朴東生·宋懋·金南雨·李有芳 등이며, 손자들이 연달아 奇氏와 혼사하는 등[42] 모두 당대 최고의 名門·權貴家 내지는 新興勢力과 두루 통혼하여, 혼인이야말로 가문의 起興과 維持에 기저가 되고 있었다.

더욱 흥미로운 일은 座主門生의 관계가 때로는 인척관계의 형성에 직접적인 영향을 주어 정치인맥이 더욱 복잡해졌다는 점이다. 부자지간에 준하는 座主와 門生의 관계가 이중·삼중의 師弟關係를 형성하거나, 나아가 혼인으로 결부된다면 私的關係의 확산이나 파벌의식은 더욱 조장될 수도 있었다.[43] 14세에 성균시험에 장원급제한 이제현의 경우에는 병과에 급제할 당시의 知貢擧였던 侍中 權溥가 사위로 삼았다.[44] 이제현은 당대 권세가 權溥 집안과 문생 관계뿐만 아니라 혼인으로 중첩된 관계를 형성하여, 권세가와의 혼인이 그

之也 如此其遲 此無他 功業始基於一身 無積累之漸豫養之恩故也.”

41) 이제현의 3명의 부인은 權溥의 딸 吉昌國夫人 權氏, 朴居實의 딸 壽春國夫人 朴氏, 徐仲麟의 딸 瑞原郡夫人徐氏다(『益齋亂藁』 권10, 鷄林府院君, 諡文忠李公墓誌銘(『韓國文集叢刊』 2), 614쪽ㄴ).

42) 『高麗史』 권110, 列傳23, 李齊賢, 下冊 419ㄱ~ㄷ ; 『益齋亂藁』 권10, 鷄林府院君 諡文忠李公墓誌銘(『韓國文集叢刊』 2), 614쪽ㄴ~615쪽ㄷ.

43) 座主·門生 관계는 정치행보를 좌우하는 결정적 요소였다(『高麗名賢集』 3, 牧隱詩藁, 651쪽 ; 『高麗名賢集』 4, 56쪽). 특히 이제현을 중심으로 광범한 문생이 결집되었고 이들의 폐단이 지적되기도 했다(『高麗史』 권110, 列傳23, 李齊賢, 下冊 419쪽ㄱ ; 『高麗史節要』 권28, 恭愍王 戊申 17年 4月, 724쪽ㄹ).

44) 『益齋亂藁』 권10, 鷄林府院君 諡文忠李公墓誌銘(『韓國文集叢刊』 2), 612쪽ㄷ.

의 정치적 성장에 유리한 배경이 되고 가문의 번성을 가져온 계기가 되었음을 짐작할 수 있다.

사제관계였던 李穡(韓山李氏)과 權近(安東權氏)의 경우에도 이색의 세 번째 아들 李種善이 권근의 딸과 통혼하여 종선을 비롯한 그 孫代가 조선왕조 초기부터 현달의 길을 걸을 수 있었다. 權呾의 문생 崔誠之는 權呾의 손자이자 權溥의 아들인 權謙을 사위로 맞아 가문의 위세를 높였고, 李尊庇는 그의 좌주이자 정방의 전임관인 柳璥의 손자 柳仁明을 사위로 삼는 등 좌주문생이 그 당대는 아니라 할지라도 다음 대에서 통혼관계를 형성하여 유대를 강화한 일은 빈번하였다고 생각된다.

李齊賢·李穡 등 사대부층은 구체제를 비판하면서 정계에 등장했지만, 婚姻과 座主門生制로 얽혀 기존체제에 다시 흡수되어 개혁세력으로서의 한계를 보였다. 혈연을 매개로 하는 族的·私的 관계가 出仕나 관료제 운영의 중요한 기준이 된다면 구래의 지배관계를 인정하고, 기존의 관계를 청산하는 개혁에 소극적일 수밖에 없었다.[45] 이처럼 명문대가들의 폐쇄적인 통혼권 구축에 신진세력이 포섭되고 族黨과 座主門生關係가 강고하다면 객관적이고 공적인 정치체제를 저해할 소지가 있었다. 결국 尹紹宗·趙浚·吉再 등 신흥사대부의 문제의식은 이러한 정치사회구조를 비판한 것이며, 婚俗批判論은 이러한 혈연 중심의 정치운영 속에서 증폭된 것이었다. 따라서 당대의 모순을 해결하기 위해 정치체제 개편을 추진했던 이들은[46] 기층적인 사회원리를 형성하는 혼인제도에 대하여 새로운 논의를 전개하기 시작하였다.

3. 麗末鮮初의 婚姻制 改革論議

1) 嫡長子中心의 家族秩序와 一夫一妻制의 강화

고려의 혼인제를 비판적으로 인식한 신흥사대부들은 주자학적인 가족질서에 입각한 새로운 혼인제의 개혁을 추진하였다. 이러한 논의의 단초는 먼저 宗室內 嫡庶之分의 문제로 대두되었다. 고려의 宗室 封君은 嫡庶의 구별없이 아들과 먼 족속에게 전부 주어지고 있었다. 종래 近親婚에 입각한 왕실 구성원들을 다시 封君하면서 일률적인 代數에 의해 봉군을 相續시켜 결과적으로 宗親이 확대되자,[47] 왕실 구성에 대한 처리가 쟁점화되기 시작했다.

---

45) 都賢喆, 『麗末鮮初 新·舊法派 士大夫의 政治改革思想 硏究 - 李穡·鄭道傳의 政治思想의 비교연구를 중심으로 - 』, 연세대 사학과 박사학위논문, 1996, 74~82쪽.

46) 신흥사대부들은 합리적인 인사를 위한 선거제와 과거제 등 정치제도의 정비를 추진하였다. 또한 座主門生制의 사적이고 개인적인 성격을 '以公擧爲私恩'이라고 하여 혁파하자고 주장하였다(『太祖實錄』 권1, 太祖 元年 7月 丁未, 1冊 22쪽ㄴ ; 『三峰集』 권7, 朝鮮經國典(上), 禮典, 貢擧(『韓國文集叢刊』 5), 429ㄴ).

47) 金基德, 「高麗時期 王室의 構成과 近親婚」, 『國史館論叢』 49, 1993, 20~24쪽.

이에 대하여 공양왕 3년 8월 憲司에서는 "聖人이 禮를 제정하여 嫡庶之分을 엄격히 하였으니, 嫡子라야 父의 爵을 承襲할 수 있으며 支子는 줄 수 없다"는 원칙을 먼저 공언하였다.[48] 만약 宗子가 子가 없이 죽으면 衆子의 次子가 襲爵할 수 있다는 규정을 덧붙이면서 종실의 봉작 문제를 다음처럼 지적하였다.

> 本朝王子之後 不論嫡庶 不辨親踈 一皆封爵 實非古制 …… 今父在而其子不論多少 皆得封君 不惟嫡庶無等 有乖於禮 亦難以有限爵祿 封無窮之子孫也 …… 其封君之後 許令長子襲爵 其族屬踈遠而已封君者 悉收告身 其中擇有才幹者 於文武隨才任用 以遵先王之制 以別宗族之親[49]

이 기사를 보면, 麗末 왕실의 문제는 王子의 후예면 嫡庶·親疎나 子의 多少를 논하지 않고 모두 封君하여 嫡庶의 차등이 없었을 뿐만 아니라 한정된 爵으로 無窮한 자손을 봉한다는 점으로, 이는 현실적으로 곤란한 문제였음을 알 수 있다. 왕실이 확대되면서 爵의 남발 현상이 발생하지 않을 수 없었고, 앞으로는 작위 수여의 기준을 엄격히 하겠다는 것이었다. 다시 말해 아들 중에서 正派長子에게만 封君을 계승시키고, 그 族屬은 疎遠케 하겠다는 주장이다. 또 족속 가운데 친소가 먼 자는 告身을 회수한다는 방침을 세웠다. 물론 이 중에서 유능한 자는 문무관직에 임용시킴으로써 종족의 친소를 적절히 구별하여 나머지 자식들에 대한 안배도 고려하자는 것이지만, 결국 봉작 자체는 장자에게만 襲爵하겠다는 것이다. 무분별하게 확대되어 갔던 宗室의 봉작문제에 대해 封爵의 제한이라는 면에서 嫡長子 중심의 수여 방안을 마련한 것으로서, 이는 宗室內 嫡庶之分의 강화를 의미했다.

일반 사대부가에서도 妻의 封爵을 누구에게 할 것인가의 문제가 논의되었다. 공양왕 3년 8월 都評議使司에서는,

> 凡婦人 須自室女爲人正妻者 得封 父無官嫡母無子 而次妻之子有官者 許封嫡母 其次妻雖不得因夫受封 所生之子有官者 當從母以子貴之例 受封縣君[50]

이라고 하여, 부인은 반드시 室女로서 남의 正妻가 된 자라야 封함을 얻을 수 있다고 했다. 만약 父가 관직이 없고 嫡母가 자식이 없어 次妻의 아들이 관직을 가진 경우에는 嫡母를 封하도록 한다는 원칙을 밝혔다. 이것은 嫡母 중심으로 봉군을 수여하겠다는 것이다. 다만 次妻는 비록 夫로 인하여 封해질 수 없다고 하더라도 所生子가 벼슬이 있는 경우에는 母가 子로써 貴하게 되는 예에 따라 縣君에 封해진다고 하여 원칙과는 별도로 次妻에 대한 봉작

48) 『高麗史』 권75, 志29, 選擧3, 銓注 封贈, 恭讓王 3年 8月, 中冊 648쪽ㄴ~ㄷ.
49) 앞의 주와 동일.
50) 『高麗史』 권75, 志29, 選擧3, 銓注 封贈, 中冊 649쪽ㄱ.

도 주어질 수 있다고 했다. 즉 고려사회에서 妻가 여러 명 있는 상황은 봉작 문제에서도 복잡한 문제를 야기했던 것이다. 이에 대해 신흥사대부는 처들 가운데에서도 嫡妻와 次妻의 구별을 명확히 하고, 그 가운데 嫡妻 중심의 작위수여 원칙을 수립해 나간 점이 이 시기에 변화된 특징이었다.

그리고 太祖代에 오면 부인은 반드시 室女로 남의 正妻가 된 자라야 봉해질 수 있다고 재차 규정하였다. 비록 正妻에 해당되어도 원래 室女가 아니면 봉작하지 않으며 그 세계에 허물이 있음이 명백한 자는 비록 正妻라도 봉작하지 않는다는 것이었다.[51] 아울러 夫가 죽고 改嫁한 자는 봉작을 추탈한다고 하였다. 다시 말해 正妻이자 室女여야 하며 改嫁者는 안 된다고 하여 원칙이 한층 강화되었다고 볼 수 있다.

이 시기 妻의 封爵이나 門蔭의 수여 대상을 재정립하는 과정에서 명확히 一妻 곧 正妻를 설정하고, 여타의 妻와 妾을 배제하는 방식으로 나아갔던 것이다. 正妻를 설정한다는 의미는 여러 처들 가운데 嫡妻를 우위로 설정하기 시작한다는 뜻이며, 이것은 이후 妻妾分辨論의 단초에 해당한다. 嫡妻가 강조되는 가내질서는 곧 嫡庶分辨을 하여 衆子들 가운데 嫡子를 명확히 하고 나아가 적장자를 중심으로 세운다는 뜻으로, 기존의 친속구조를 변화시키는 현상이었다. 그런데 多妻로 인한 문제는 단순히 종실이나 사대부가의 봉작 같은 지위 상속에만 국한된 문제가 아니었다. 妻妾分辨이 명확하지 않은 상태에서 발생하는 여타의 爭訟問題 등을 해결하기 위해서도 효과적인 가내질서의 수립이 요청되었던 것이다.[52] 사대부가에서는 家系相續과 封爵 및 土地·奴婢의 相續과 承重의 특권을 효과적으로 안배하기 위해서 嫡庶分辨과 같은 名分을 내세워 강조하기 시작했다.

고려사회에서는 신분이 미천한 賤妾을 제외하면 妻妾의 分揀이 분명하지 않았다. 그러나 이러한 多妻 양상은 禮無二嫡[53]이라는 유교적인 혼인형태와는 부합하지 않았다. 앞서 논했던 嫡妻·嫡庶分辨을 통한 嫡長子 중심의 질서 강화는 혼인제에 있어서는 一夫一妻制로 정책화되었던 것으로, 그 입법화 과정에서 다음이 주목된다.

太宗 2년(1402) 禮曹는 『禮記』를 모범으로 삼아 혼인제를 개혁하자고 주장하였다. 이는 정도전의 혼인론이 『禮記』에 근거를 두었던 것과 일맥상통하는 면이었다. 禮曹에서는 "「昏義」를 살펴보니 卿大夫가 一妻二妾, 士가 一妻一妾을 두는 까닭은 繼嗣를 넓히고 淫泆을 방지하기 위함이었다"라고 전제하면서 다음과 같이 혼인제 개혁론을 폈다.

---

51) 『太祖實錄』 권9, 太祖 5年 5月 丙子, 1冊 92쪽ㄹ, "凡婦人受封者 須室女 爲人正妻者 得封 雖係正妻 原非室女者 不許封爵 止許稱某官某妻某氏 其世係有咎明白者 雖正妻 不許封爵 無封爵明文而擅稱者 痛行理罪 夫亡改嫁者 追奪封爵."

52) 麗末鮮初에는 부인들 간의 지위다툼, 배다른 자녀 간의 재산다툼 등과 더불어 兄弟·內外姻戚間 爭訟이 다반사로 일어나고 있었다. 주 28) 참고.

53) '禮無二嫡'은 "禮諸侯不再娶 於法無二嫡"(『春秋左傳』 註疏)에 의거한 주장인데, 이를 줄여 통칭되었다(『太宗實錄』 권33, 太宗 17年 2月 庚辰, 2冊 150쪽ㄹ). 『世宗實錄』에는 "禮諸侯不再娶 大夫無二嫡 此古今不易之定理也"라고 했다(『世宗實錄』 권30, 世宗 30年 5月 癸巳, 5冊 64쪽ㄹ).

> 前朝之制 婚禮不明 嫡妾無制 多或至於踰數 以至僭亂 少或至於闕數 以至絶嗣 其不循先王之典 以紊大倫 非細故也 惟我國家 凡所施爲 動遵成憲 婚姻之禮 尙循舊弊 非所以正始之道也 伏望殿下 …… 卿大夫士 亦依定制 致不絶嗣 毋或踰越 以正人倫之本 如有違者 憲司糾理[54]

이에 따르면 고려에서는 혼례가 명확치 않고 嫡妾의 제도가 없어 踰數에 이르러 僭亂하게 되거나, 闕數에 이르러 絶嗣하게 되었다고 보았다. 따라서 妻妾의 수에 제한이 없는 당시의 혼례를 定制, 즉『禮記』「昏義」의 규정대로 개정하자고 주장하였다. 卿大夫는 一妻二妾, 士는 一妻一妾을 두게 하여 一夫一妻制를 수립하자는 제안이었다. 이제부터는 一夫一妻制를 확립하여 인륜의 근본을 바로잡으며, 만일 이를 어기는 경우 국가차원에서 처벌하겠다는 것이다. 여기서 혼인례가 舊弊를 좇아 正始의 道가 아니라는 지적은 고려사회에서 多妻의 성행과 다처간 嫡妾의 구별이 없었던 상황을 비판한 말이다. 이러한 多妻風潮를 척결하고 一夫一妻制를 수립한다는 의미는 妾制는 용인하되 正妻는 1인으로 한정하여 家의 紀綱을 바로잡겠다는 것이었다. 따라서 一夫一妻制의 강조는 이후 有妻娶妻하거나 以妾爲妻하는 행위를 규제하겠다는 제안이었다.

이러한 一夫一妻의 법제화는 妻妾分揀의 기준을 세우기 위해 치열한 논쟁을 거치면서 보강되었고, 嫡庶分別로 정착되었다.[55] 우선 多妻들 가운데 嫡妻를 구별하고 여러 衆子들 가운데 嫡子를 설정하였고, 점차 嫡妻 외에는 모두 첩이며, 嫡子와 妾子를 분별하는 것으로 진전되어 나갔다. 다시 말해 신흥사대부는 一夫一妻制와 妻妾分別의 강화를 통해 전대의 혼인 '문란'상에 대한 대안을 마련해 나갔던 것이다. 이는 嫡妻·嫡長子 중심의 질서를 명분으로 확립하여 家·社會·國家를 보다 宗法的인 질서 하에 편제하려는 것이라고 할 수 있다.

2) 親迎制 실시론

신흥사대부가 '문란'으로 비판했던 제반 현상에 대한 논의는 男歸女家婚에 대한 비판으로 귀결되었다. 그리고 선초 혼인제와 관련된 국가의 정책은 親迎制 추진을 목표로 전개되었다. 이러한 논의의 단초를 제시했던 鄭道傳의 생각은 다음과 같다.

> 親迎禮廢 男歸女家 婦人無知 恃其父母之愛 未有不輕其夫者 驕妬之心 隨日以長 卒至

54)『太宗實錄』권3, 太宗 2年 正月 辛卯, 1冊 222쪽ㄹ.

55)『太宗實錄』권25, 太宗 13年 3月 己丑, 1冊 665쪽ㄱ ; 太宗 14年 6月 辛酉, 2冊 23쪽ㄹ. 鮮初에 진행된 有妻娶妻(重婚) 禁止 법제화 과정을 둘러싼 제 논의에 대해서는 裵在弘,「朝鮮前期 妻妾分揀과 庶孼」,『大丘史學』, 1991 ; 張炳仁, 앞의 글, 1993, 38~58쪽 ; 이순구, 앞의논문, 1994, 44~56쪽 참고.

反目 家道陵替 皆由始之不謹也[56)]

정도전은 男歸女家婚俗으로 인해 부인이 자기 부모를 믿고 남편을 경멸하거나 교만하고 투기하여 마침내 반목하는 지경에 이르렀다고 비판하였다. 그리고 이것은 親迎의 禮가 폐지된 때문이라고 전제하였다. 그는 부인이 남편을 가볍게 여기고 방자한 것은 친정의 세력을 배경으로 가능한 일이며 그 이유가 男歸女家婚에 연유한다고 보아, 당시의 혼속이 가내의 질서를 역행하게 한다는 우려를 드러내었다.

실상 고려는 男歸女家婚[57)]을 하고 있었다. 이는 혼인 후 妻邊居住의 생활이 자연스럽게 이루어짐을 말하며, 이러한 형태에서는 妻邊과 母邊을 중요시하는 친족관계망과 사회체제가 형성되기 마련이었다.[58)] 또한 여자가 부모를 봉양하게 되어[59)] 자연히 여자에게도 재산을 분배할 수밖에 없는 상속제가 만들어졌고,[60)] 이러한 재산의 남녀 균분상속은 男歸女家婚과 밀접히 연결되어 하나의 사회관습을 형성하였다. 富뿐만 아니라 蔭敍(蔭職・功蔭田柴)와 봉작이라는 특권이 妻를 통해 획득될 수 있는 구조에서 가문과 가문을 연결짓는 혼인은 단순한 가계계승의 차원을 넘어서는 중대한 의미를 갖는다.

결국 정도전은 사회질서의 근간이 혼인제의 운영과 긴밀히 연결되어 있다는 사실을 인식하고, 이처럼 지금의 혼인 양상에 대한 불만을 강하게 표시했던 것이다. 앞 장에서 婚俗의 '문란' 현상이라고 지적한 富나 정치적 출세를 위한 혼인, 棄妻・多妻의 확산 등은 女系를 중시한 구래의 혼인제와 밀접한 관련을 맺을 수밖에 없었고, 이러한 혈연관계가 세력화되어 정치운영의 폐단을 도모한다고 인식한 신흥사대부에게 男歸女家婚은 혁파되어야 할 핵심과제로 부각되었던 것이다. 그리고 이러한 문제의식에서 새로운 혼인제와 禮制의 개혁방안이 모색되었다.

정도전은 "한 시대가 興하게 되면 그 시대의 制度가 있게 된다"라고 하여, 조선왕조의 禮

---

56) 『三峰集』 권7, 朝鮮經國典(上), 禮典, 婚姻(『韓國文集叢刊』 5), 431쪽ㄱ.

57) '男歸女家婚'의 용어는 '壻留婦家婚' '率壻制' 등으로도 불린다. 다만 '歸'의 의미가 사위가 처갓집에 영구히 머문다는 뜻으로 오인될 수 있으나, 경제적 연고와 개별 家의 사정에 따라 다양한 거주와 이주가 가능하였던 것으로 보인다. 여기서는 당시 사료에서 지칭하는 男歸女家婚이라는 용어를 사용하였다.

58) 이러한 친족구조를 '兩邊的 傍系家族' '非段階的 父系優位社會'(崔在錫, 「高麗時代의 家族과 親族」, 『韓國家族制度史硏究』, 一志社, 1983 ; 「가족제도」, 『한국사』 25, 1994, 250쪽), '兩側的 親屬'(盧明鎬, 『高麗社會의 兩側的 親屬組織 硏究』, 서울대 국사학과 박사학위논문, 1988) 등으로 부르고 있다.

59) 『高麗史節要』 권25, 忠肅王 後4年 閏12月 ; 李奎報, 『東國李相國集』 권37, 祭文, 祭外舅大府卿晉公文, 14쪽ㄱ.

60) 麗代 사유지의 상속이 자녀에게 均分되었던 대표적인 사례는 다음과 같다. 인종대 李之氐(『高麗史』 권95, 李子淵附 李之氐傳), 무신집권기의 李奕蕤(同上 李奕蕤傳), 충혜왕대 尹宣佐의 균분상속 사례(『高麗史』 권109, 尹宣佐傳), 孫抃의 재판사례(『高麗史』 권102, 孫抃傳), 李承休 外家의 토지상속 사례(『動安居士集』, 雜著, 葆光亭記) 등이다. 鮮初까지도 국가에서는 여자의 재산권을 인정하였다(『世宗實錄』 권2, 世宗 卽位年 11月 己酉, 2冊 276쪽ㄹ).

制를 새롭게 개정하고자 하였다. 또 "우리 동방 禮儀의 풍속은 箕子로부터 시작되었고 고려의 文章制度는 중국을 본받았지만 土俗은 아직 완전히 변화되지 못한 것도 있다"61)라고 비판하면서 고려의 문물제도를 중국의 제도에 맞게 고쳐야 한다고 주장하였다. 즉 舊來의 傳統과 習俗 위에 바탕한 토속적인 관행을 朱子의 禮論에 입각하여 정비하고자 했던 것이다. 특히 冠婚喪祭를 『朱子家禮』에 따라 모두 변경시켜 일상생활의 禮制로서 확립하고자 노력했으며, 禮의 핵심을 序라고 전제하였다.62) 이렇게 주자의 禮를 제대로 세워 풍속을 한결같이 해야 한다는 신념으로 「朝鮮經國典」 禮典 婚姻篇을 저술했던 것이다.63)

그런데 정도전이 추구했던 夫婦의 인륜이란 다음과 같은 의미였다.

> 君子之道 造端夫婦 王者之化 始自閨門 隱微之際 所係甚重 帷薄不修 男女無別 人道亂而王化泯矣 其何以爲國家哉 古昔聖王 爲禮以節其情欲 爲刑以制其淫邪 所以興至治而美風俗也64)

그는 君子의 道의 단서란 夫婦에게서 이루어지는 것이고, 王者의 교화는 閨門에서 출발하는 것이므로, 男女간에 無別하다면 人道가 문란해지고 王化가 민멸될 것이라고 보았다. 따라서 禮로써 바로잡고 刑으로써 징계하여 情欲과 淫邪를 억제한 위에서, 국가의 至治를 일으키고 풍속을 아름답게 해야 한다고 역설하였다. 이러한 입장을 토대로 혼인을 「禮典」에서 다루고 犯姦의 슈을 「憲典」에서 엄격히 재론하였던 것이다. 그는 혼인문제를 男女有別=夫婦有別의 문제로 파악하고, 이러한 인륜의 확립이야말로 국가의 기강을 수립하는 근본이 된다고 생각했다. 즉 '男女有別'을 기반으로 가족질서를 수립하여[父子親] 국가의 안정을 확립하려는[萬物安] 생각은 당시 체제개혁의 토대를 유교적인 윤리·도덕의 재정립을 통해 마련하려는 입장이라고 할 수 있다. 부부가 인륜의 근본으로 국가의 理亂을 좌우한다는 일반적인 생각에서 한 걸음 나아가65) 정도전은 朱子學의 名分論에 입각하여 남녀관계를 三綱五倫으로써 적극 긍정하고, 정치·사회질서 내부의 위계적 인간관계를 정당화했던 것이다. 상하의 명분이 확실한 남녀관계의 수립을 중시한 것은 이것이 현실 질서의 원천이라고 인식하였기 때문이다.

鮮初에 논의되었던 혼인제 자체의 개편은 親迎制 실시론으로 요약할 수 있다. 그렇다면 친영제 도입은 어떠한 의미를 담고 있는 것일까? 親迎에 대하여 『禮記』에서는 "男子親迎

---

61) 『三峰集』 권8, 朝鮮經國典(下), 憲典, 儀制(『韓國文集叢刊』 5), 438쪽ㄷ.
62) 『三峰集』 권7, 朝鮮經國典(上), 禮典, 總序(『韓國文集叢刊』 5), 426쪽ㄱ.
63) 『三峰集』 권7, 朝鮮經國典(上), 禮典, 婚姻(『韓國文集叢刊』 5), 431쪽ㄱ.
64) 『三峰集』 권8, 朝鮮經國典(下), 憲典, 犯姦(『韓國文集叢刊』 5), 440쪽ㄷ.
65) 『周易』 권24, 序卦傳(下)(保景文化社 編, 『周易』), 652쪽에는 "有天地然後有萬物 有萬物然後有男女 有男女然後有夫婦 有夫婦然後有父子 有父子然後有君臣 有君臣然後有上下 有上下然後禮義有所錯 夫婦之道不可以不久也"라고 하고 있다.

男先於女 剛柔之義也 天先乎地 君先乎臣 其義一也"라고 설명하고 있다.[66] 곧 親迎이 남녀의 先後관계, 剛柔를 뜻하는 것이며 이러한 관계는 天地나 君臣과 마찬가지 원리라고 하였다. 아울러『朱子家禮』의 婚儀는 議婚·納采·納幣·親迎의 四禮가 바탕이었다. 이러한 중국의 親迎制는 宗法의 질서체제와 결합되어 중국사회를 유지해 왔던 혼인제도였다. 따라서 조선에서의 親迎制 실시는 주자학적 宗法秩序가 관철되는 사회체제를 건설하기 위한 핵심적인 제도개혁이라고 할 수 있었다.

男歸女家婚을 親迎制로 전환시켜야 한다는 혼인제 개혁론은 정도전의 실각에도 불구하고 국가적으로 주요한 사안으로서 지속적으로 爭論化되었다. 이는 선초 정치개혁을 주도한 인물들의 생각이 정도전의 구상과 합치하거나 확산된 것으로 보이며, 그 연장선상에서 혼인제 개혁에 관한 논쟁이 가열되었던 것이다. 태종 14년 婢妾所産의 限品敍用法을 의논하는 중에 제기되었던 다음의 혼인 논의를 통해 親迎制 시행의 의미가 보다 구체화되었다.

> 中國禮義所自出婚姻之禮 正以陰從陽 女歸男家 生子及孫 長於內家 人知本宗之重 父良者皆良 吾東方典章文物 皆法中國 唯婚姻之禮 尙循舊俗 以陽從陰 男歸女家 生子及孫 長於外家 人不知本宗之重 母賤者皆賤 至以祖父骨肉 稱爲婢妾所産 皆役使 其不知輕重甚矣[67]

이 논의는 중국과 우리 나라의 혼속을 비교하여 그 차이를 강조한 말이다. 중국의 禮義는 婚姻의 예에서 비롯된 것으로 陰이 陽을 따라서 女歸男家한다고 하였다. 이는 親迎을 말한다. 親迎은 男家로 시집가서 자손을 낳아 기르는 것이며 결과적으로 本宗의 소중함을 알게 하고, 父가 良人이면 자식도 良人일 수밖에 없는 혼인방식이었다. 반면 조선의 典章文物은 중국을 본받으면서도 혼인례만은 舊俗을 유지했다. 따라서 남자가 여자집으로 장가가서 자손을 外家에서 길러 本宗의 중요성을 알지 못한다고 하였다. 당시의 사대부는 구래의 혼인제가 陽이 陰을 따르는 문제점을 안고 있다고 지적하고, 本宗인 男系 중심의 혼인례를 기반으로 家가 운영되어야 한다고 역설했던 것이다. 물론 강하게 토착화된 혼속의 관행 자체는 쉽게 바꿀 수 있는 것이 아니었다. 그럼에도 불구하고 男歸女家婚俗에 대해 남녀를 상하의 원리에 맞추어 陽이 陰을 좇아서는 안 된다라는 부정적인 견해를 계속 표방했던 것이다.[68] 또한 위의 기사 끝 부분에서는 祖父의 골육인데도 母를 따라 신분이 정해지는 것은 부당하고 父를 따라야 한다는 당위를 내세워서, 고려의 從母法이나 一賤則賤의 원칙이 존속하는 사회원리를 宗法의 논리로 비판하였다. 親迎의 입장에서 보면 本宗을 따르지 않고

---

66)『禮記』권11, 郊特牲(保景文化社 編,『禮記』), 338쪽.
67)『太宗實錄』권27, 太宗 14年 1月 己卯, 2冊 1쪽ㄴ.
68) 17세기 후반 柳馨遠도 "士大夫家因陋苟簡 壻留婦家 故不曰娶妻 而曰入丈 是陽反從陰"(明文堂 編,『磻溪隨錄』, 續篇(上), 婚禮, 485쪽ㄴ)이라고 하여 당시 陽이 陰을 따르는 혼속이라고 비판하였다.

母를 따라 신분이 정해지는 것은 輕重을 구별하지 못하는 잘못된 제도라는 것이다.

이렇게 정부에서 제기한 親迎論은 표면적으로는 陰이 陽을 따라야 한다는 명분으로 정식화되었다. 신홍사대부는 親迎을 男歸女家婚과 대비되고 구별되는 사회체제 형성의 토대로서 받아들였고, 이는 정도전의 혼인제 인식과 맥을 같이하는 것이었다. 이들은 女系中心의 男歸女家婚俗이 男系中心의 주자학적인 가족질서와는 상반되는 것으로 인식하였다. 따라서 男歸女家婚을 親迎으로 전환시키려는 논의는 男女有別의 인륜질서를 확립한다는 윤리·도덕의 차원에서 명분화된 것이었지만, 이는 나아가 혼인을 매개로 운영되는 사회구조의 根幹을 바꾸는 문제로 확대되고 추진될 수 있는 핵심사안이었던 것이다.

이러한 親迎制 실시는 이후 朝鮮前期 禮制改革論의 핵심과제로서 그 시행이 지속적으로 논의되었다.[69] 婚俗의 변화가 이처럼 어려울 수밖에 없었던 이유이자 사대부들이 그 시행을 끈질기게 요구할 수밖에 없었던 까닭은 男歸女家婚이 질서의 근간이 되어, 혼속이 여타의 禮制에 미치는 영향이 강하다는 것을 인식하고 있었기 때문이다.[70] 親迎論은 女系 쪽의 제반 권리와 영향력을 男系·本宗 위주의 혈연망으로 단일화하여 기존의 가족·사회 운영원리를 전환시키자는 개혁론이었다. 즉 신홍사대부는 혼인을 매개로 한 친족관계의 재편, 나아가 사회운영체계의 전환을 꾀하였던 것이다.

4. 結論

이상으로 麗末鮮初 신홍사대부의 婚姻制에 대한 인식을 살피고, 婚姻制 改革論의 성격을 새로운 가족질서의 수립이라는 면에서 검토해 보았다. 이상의 내용을 요약하여 결론에 대신하고자 한다.

고려는 전래의 男歸女家婚에 기반하여 父邊뿐만이 아니라 母邊·妻邊이 중요한 친속관계를 형성하고, 女系를 통해서도 富貴나 蔭敍·封爵과 같은 기득권을 획득할 수 있는 사회체제였다. 이러한 구조 위에서 麗末鮮初 지배층의 棄妻·多妻는 富와 신분상승의 통로로 행해졌다. 또한 妻·妾의 구분이 모호했던 상황에서 多妻는 兄弟·姻戚·骨肉 간의 복잡한 쟁송사건과 연관되어 사회문제를 일으켰다. 정도전 등 신홍사대부는 이러한 혼인 양상을 禮制의 '紊亂' 양상으로 공격하면서 사회문제화하였다.

아울러 麗末 權門世族은 階級內婚을 통해 통혼권을 구축하고, 정치·경제적 기득권을

69) 결국 鮮初 국가에서 권장한 禮制 가운데 가장 늦게 변화를 보인 것은 婚俗이었다. 절충적 형태인 半親迎이 정착되는 것도 中宗代를 거쳐 明宗代에 이르러서였다(『中宗實錄』 권24, 中宗 11年 2月 丁巳, 15冊 140쪽ㄹ ; 『增補文獻備考』 권89, 禮考36, 私婚禮(以文社 編, 『增補文獻備考』 中), 112쪽ㄹ).

70) 婚姻은 財産相續과 喪服制나 奉祀權 등과 불가분의 관계를 가졌기 때문에 주자학에 입각한 가족질서를 수립하는 데 男歸女家婚은 근본적인 장애이자 개혁의 대상이었다(이순구, 앞의 글, 1994, 67~68쪽).

세습받으면서 族黨으로 결집되었다. 신흥세력의 다수는 대귀족과 連婚하여 흡수되거나, 座主門生 관계까지도 혼인으로 연결되었다. 이에 대하여 族黨을 私門·私親으로 보면서 公義를 어지럽힌다고 공격한 尹紹宗의 견해나, 公卿士大夫의 幼弱子弟나 姻婭親戚들의 횡포에 대한 趙浚과 吉再의 비판은 私的인 정치운영의 폐단에 대한 문제제기였다. 즉 이들은 通婚關係를 통해 구축될 수 있는 정치·사회 세력의 閉鎖性과 이에 따른 사회적 폐단을 공격한 것이었다.

이와 같이 棄妻·多妻의 성행과 血緣中心 정치운영을 문란과 폐단으로 인식한 신흥사대부들에게 朱子學은 체제개혁의 名分이자 志向이 되었다. 이들은 주자학의 이념을 '家'를 통해 실현하고자 했으며, 一夫一妻制와 嫡庶分辨이라는 혼인정책을 추진하였다. 正妻의 중시는 여타의 처와 첩을 배제하는 방식일 뿐만 아니라 嫡長子를 중심으로 가내질서를 세운다는 것이었다. 따라서 복잡한 爭訟問題나 封爵 혹은 家系相續 등의 문제는 嫡統의 강조로 명분화되었다.

나아가 혼인제도 자체의 개혁, 즉 親迎制 실시가 논의되었다. 신흥사대부는 陽이 陰을 따르는 男歸女家婚이란 男女無別의 상황을 조장하는 것으로서, 이러한 女系中心의 婚姻制가 바로 婚俗 '紊亂'과 밀접한 관련이 있다고 인식했다. 또한 男歸女家婚이 여타의 禮制(相續·喪服制·祭禮)와 불가분의 관계를 가졌기 때문에 朱子의 禮論을 시행하는 데 근본적인 장애이자 개혁의 대상이라고 생각했다. 따라서 구래의 혼속이 안정적인 사회질서를 어지럽힌다고 비판하면서, 親迎制 실시를 추진하였다. 親迎制 논의는 男系 위주의 단일한 혈연망을 강조함으로써 차츰 女系 쪽의 권리와 영향력을 축소시키고, 家와 親族構造의 재편을 의미하는 것이었다.

婚俗의 변화는 매우 더디고 쉽게 바꿀수 있는 것이 아니었음에도 불구하고 婚姻制 개혁이 지속적으로 쟁점화되었던 것은 단순히 외형상의 習俗을 변화시키려는 것이 아니라 이것이 사회체제를 개혁하는 근간이기 때문이었다. 요컨대 신흥사대부는 婚姻制 비판과 개혁론을 통해 전시대와 구별되는 朱子學的 名分論에 입각한 家族·社會·國家體制로의 전환을 모색했던 것이다.

제 4 부

中世社會의 變動과 그 對應

17세기 銅錢流通論과 貨幣政策의 分化

白 承 哲*

1. 序言

17세기 朝鮮社會에서는 여러 가지 측면에서 銅錢을 鑄造하여 유통시킬 수 있는 제반 조건이 형성되고, 이와 관련된 국가의 政策的인 실행이 요구되었다. 兩亂 이후 전쟁으로 인한 피해를 복구하는 과정에서 나타나기 시작한 각종 사회경제적 변화와 이를 기반으로 한 상품화폐경제의 발달에 따른 결과였다. 당시 상품의 교역에서는 여러 가지 物品貨幣가 널리 사용되고 있었지만, 기존의 물품화폐는 양란 이후 전개된 사회경제적 변동과 상업발달을 담보할 만한 기능을 수행하기에 부적합한 점이 많았다. 경제활동이 활발해지고 상업이 발달하면서, 민간이나 정부를 막론하고 안정적인 가치를 지닌 法定貨幣에 대한 요구가 증대해져 갔다. 지주나 상인, 부농층은 물론 일반 소농층에 이르기까지 상품교역과 부의 축적을 위해 안정적인 價値를 지닌 法定貨幣를 꼭 필요로 하였고, 정부 또한 民生安定과 국가의 財政確保를 위해 상품유통경제를 더욱 발전시키고 이에 대한 국가의 장악력을 아울러 확대할 수 있는 수단을 필요로 하였다. 이러한 상황 하에서 17세기 관료・유학자들은 銅錢에 주목하여 다양한 입장에서 동전의 鑄造・流通을 주장하고 이를 정책에 반영하려고 노력하였다. 정부 또한 이들의 건의를 받아들여 다양한 유통정책을 수행하여 마침내 이를 정착시키고 있었다.

지금까지 동전의 주조와 유통에 관해서는 정부의 貨幣政策, 貨幣原料問題, 實學者들의 貨幣制 改革思想 등에 대한 많은 연구[1]가 이루어져 조선 후기 貨幣史의 시기구분을 시도

---

* 연세대학교 강사

1) 이 시기 화폐유통사에 대한 연구성과에 대해서는 다음과 같은 글이 참조된다. 吳美一, 「조선후기 상품유통 연구현황」, 『韓國中世社會解體期의 諸問題(下)』, 한울, 1987 ; 元裕漢, 「朝鮮後期 貨幣經濟發達과 그 影響」, 『朝鮮後期 社會經濟史 硏究入門』, 민족문화사, 1991 ; 高東煥, 「상품유통경제의 발전」, 한국역사연구회 엮음, 『한국역사입문(2)』, 풀빛, 1995.

할 만큼 진척되었고, 각 시기별 화폐유통정책의 내용과 의의가 밝혀지고 있다.[2] 나아가 화폐유통권의 확대 과정과 배경, 金納化의 배경과 전개 과정, 화폐유통과정에서 나타난 錢荒 현상에 대한 고찰을 통하여 화폐유통문제를 상품화폐경제의 발달과 연관시켜 해명하고자 하는 연구도 시도되었다.[3] 이를 통하여 화폐유통권의 확대와 금납화가 상품유통경제의 발전에 수반하는 역사적 현상이라는 것, 그리고 錢荒 현상의 본질은 상품유통경제의 발전에 따른 화폐의 불균등 축적으로 인한 것임이 밝혀지게 되었다. 그리고 실학자를 비롯한 당대 지식인들의 貨幣觀에 대한 일련의 연구가 이루어져 당대인들의 화폐에 대한 인식도 밝혀지고 있다.[4]

이상의 연구성과를 통하여 우리는 조선 후기 화폐의 주조와 유통에 관한 전반적인 흐름을 상품유통경제의 발전과 연결시켜 이해할 수 있게 되었다. 그럼에도 불구하고 화폐정책과 관련된 연구를 살펴볼 때, 화폐제도 그 자체의 정착이나 유통 과정에서 나타나는 폐단의 釐正문제, 국가의 재정운영 수단에 초점을 맞춤으로써 화폐정책이 갖는 의미가 축소된 감이 있다. 당시 국왕을 비롯한 정국 운영자들의 경우 화폐는 경제정책, 특히 商業政策을 수행함에 있어 그들이 지향하는 경제체제를 실현하는 중요한 수단으로 인식하고 있었다. 따라서 이들의 화폐정책론과 그 정책을 평가하는 데 있어 그들이 지향하는 경제체제와 운영주체 및 지향을 염두에 둘 때 올바른 평가가 이루어질 수 있다고 생각한다. 실제로 이 시기 정부의 銅錢流通政策은 정권을 장악한 黨派에 따라 미묘한 차이를 보이고 있다.

주지하다시피 17세는 양란으로 인한 조선왕조체제의 위기상황에 직면하여 다양한 國家再造論이 제기되고, 이를 정책으로 수행하기 위한 노력이 전개되던 시기였다. 그리고 그 방략은 정치·사회·경제 각 분야의 세세한 부분에까지 각 당파에 따라 큰 차이를 보이고 있었다.[5] 특히 經濟構造問題와 관련하여 첨예한 대립양상을 보여주고 있는데, 당시 화폐는

2) 元裕漢, 『朝鮮後期貨幣史硏究』, 韓國硏究院, 1975 ; 宋贊植, 『李朝의 貨幣』, 한국일보사, 1975.

3) 錢荒과 租稅金納化에 대해서는 다음과 같은 연구가 참조된다. 元裕漢, 「李朝後期 貨幣流通에 대한 一考察 - 錢荒問題를 中心으로 -」, 『韓國史硏究』 7, 1972 ; 李載允, 「18世紀 貨幣經濟의 發展과 錢荒」, 『學林』 18, 1997 ; 方基中, 「17·18세기 前半 金納租稅의 成立과 展開」, 『東方學志』 45, 1984 ; 「朝鮮後期 軍役稅에 있어서 金納租稅의 展開」, 『동방학지』 50, 1986 ; 「금속화폐의 보급과 조세금납화」, 『한국사(33)』, 국사편찬위원회, 1997.

4) 當代 지식인들의 貨幣思想에 관한 연구로는 元裕漢에 의해 이루어진 다음과 같은 연구가 참조된다. 元裕漢, 「金堉과 銅錢」, 『史學會誌』 8, 1965 ; 「農圃子 鄭尙驥의 貨幣政策論」, 『編史』 2, 1968 ; 「英祖의 銅錢通用禁止試圖」, 『史學會誌』 12, 1969 ; 「星湖 李瀷의 否定的 貨幣論 - 李朝社會 解體過程의 側面的 考察로서 -」, 『歷史學報』 48, 1970 ; 「磻溪 柳馨遠의 肯定的 貨幣論」, 『柳洪烈華甲論叢』, 1971 ; 「燕岩 朴趾源의 貨幣制改革論」, 『史學會誌』 19, 1971 ; 「茶山 丁若鏞의 發展的 貨幣論」, 『歷史敎育』 14, 1971 ; 「朝鮮後期 貨幣流通構造 改善論의 일면 - 柳壽垣의 현실적 貨幣論을 중심으로 -」, 『歷史學報』 56, 1972 ; 「燕岩 朴趾源의 貨幣思想」, 『月刊貨幣界』, 1974 ; 「18세기 前半期 中堅官僚 柳壽垣의 貨幣思想」, 『月刊貨幣界』, 1974 ; 「潛谷 金堉의 貨幣思想」, 『編史』 5, 1974 ; 「18세기 前半期 農村儒生 李日章의 貨幣思想」, 『韓國學報』 4, 1976 ; 「實學者의 貨幣思想 發展에 대한 고찰 - 金銀貨의 通用論을 중심으로 -」, 『東方學志』 23·24, 1980 ; 「潛谷 金堉의 貨幣經濟思想」, 『弘大論叢』 11, 1980 ; 「實學者의 貨幣經濟論」, 『東方學志』 26, 1981.

이러한 경제문제와 관련된 중요한 구성요소 중 하나가 되고 있었다. 따라서 관료·유학자들의 화폐론이나 화폐정책의 수행 과정에서 나타나는 각 당파의 정책 또한 예외가 될 수 없다고 생각한다.

이에 본고에서는 17세기 관료·유학자들의 화폐론이 당시에 전개되었던 國家再造論·國家再造方略의 지향과 어떤 관련이 있으며, 구체적인 화폐정책의 수행 과정에서 어떻게 차별적으로 나타나는가를 밝혀 보고자 한다. 이를 위하여 우선 관료·유학자들의 銅錢流通論이 대두하는 배경과 그 입장을 살펴보고, 그것이 정책으로 수용되어 정착하기까지의 과정을 살펴보고자 한다. 그리고 동전의 주조 유통과 관련하여 나타나는 각 당파의 화폐론과 유통정책이 어떤 입장에 있으며, 이를 통해 나타나는 갈등이 국가재조방략과 어떤 관련성을 갖고 있는가를 살펴보고자 한다.

2. 銅錢流通論의 擡頭와 그 背景

1) 銅錢流通의 필요성

銅錢의 필요성은 무엇보다도 먼저 현실의 商品流通經濟 내에서 제기되고 있었다. 17세기 후반까지 조선사회에서는 法貨로 공인된 名目貨幣가 不在한 가운데 여러 가지 物品貨幣가 유통되고 있었다. 농민적 화폐인 麤布를 비롯하여 조선 전기 이래 法定貨幣로 공인된 5升 綿布 및 고액 화폐인 銀貨가 그것이다. 그러나 이러한 물품화폐들은 상품유통경제가 일정 정도 궤도에 오른 17세기 후반 이후 다양한 조건으로 인하여 상품유통경제의 발달을 더디게 하는 장애 요인으로 작용하고 있었다.

15세기 후반에 등장한 麤布는 농업생산력의 점진적인 발전과 더불어 농촌에서의 상품유통이 점차 활성화되는 가운데 16세기부터 농민들이나 都市貧民들의 소규모 거래에 널리 이용되면서 조선왕조의 法貨인 5升 綿布를 밀어내고 점차 화폐로서의 지위를 굳혀 가고 있었다. 麤布와 비교할 때 5승 면포는 織造가 쉽지 않을 뿐만 아니라, 그 생산목적 자체가 衣服으로 사용하기 위한 것이기 때문에 화폐로 사용하기에는 그 양이 부족하였다. 그리고 그 價値도 1匹에 米 4~5斗에 이르는 高價이기 때문에 소액거래에 사용하기에는 가치가 너무 컸다.[6] 따라서 5升 면포는 소액의 거래가 중심인 농민층의 상업활동에서는 널리 이용되지 못하고 주된 화폐로서의 지위를 麤布에게 내어주게 되었다.

5) 國家再造論의 내용과 전개에 관해서는 金容燮, 『朝鮮後期農學史研究』, 1988, 111~113쪽 ; 『(增補版)朝鮮後期農業史研究(2)』, 1990, 160·411쪽 ; 金駿錫, 『朝鮮後期 國家再造論의 抬頭와 그 展開』, 연세대학교 대학원 사학과 박사학위논문, 1990 참조.

6) 李民宬, 『紫巖集』 卷4, 對或問, 癸亥(1623, 仁祖 1), "我朝 以木綿爲通行之貨 …… 蓋織造不易 而衣服是資 則生之者固已不敷矣 一疋直米四五斗 則用之似重."

17세기 후반 이래 유통경제 내에서 麤布의 기능이 점차 위축되는 현상이 나타나고 있었다. 麤布는 원래 16세기적인 농업생산력과 유통경제의 수준에 照應하여 나타난 것이기 때문에 소규모 거래의 편리를 위해 등장한 것이었다. 따라서 이 시기 商業的 農業 및 農村手工業의 발달에 따라 장시에서의 상품판매가 양적으로 증가하고, 농민들의 교역이 부의 확대재생산을 위한 시장판매 형태를 띠게 되면서 畜藏수단을 결여한 추포의 한계가 드러나기 시작하고 있는 것이다.

이 시기 농촌사회 내에서 상업적 농업과 관련하여 성장하고 있는 竝作地主, 經營地主, 經營型富農 등을 비롯하여, 상업자본의 축적이 필요했던 私商層의 경우 안정된 축적수단이 더욱 필요하였을 것이다. 그런데 추포는 이 시기 교역에서 요구하는 蓄藏機能이 결여되었고, 升數와 長短에 차이가 있어 화폐로서의 均質性 확보가 어렵다는 등의 약점을 지니고 있었다.[7] 또한 추포는 國家의 면포 수취가 점차 '升細尺長'化하면서[8] 租稅收取나 財政運營에서 전면적으로 排除되었을 뿐만 아니라,[9] 公認되지 못한 화폐로서 流通禁止 대상이었기 때문에 그 사용영역이 점차 위축되고 있었다.[10]

17세기 후반에 麤布의 가치는 급격히 하락하게 되었고,[11] 이를 가치척도의 수단으로 사용하던 市場의 물가가 높아져 상품유통의 장애가 되었다.[12] 따라서 物價安定과 상품유통경제의 발전을 위해서도 추포를 대체할 수 있는 새로운 화폐의 등장이 요구되었다.

한편 안정된 화폐의 존재에 대한 필요성은 銀貨를 통해 일부 채워지고 있었다. 즉 조선 전기 이래 대외무역의 결제수단으로 통용되던 銀貨가 임진왜란을 계기로 점차 국내의 대규모 교역에서도 이용되다가,[13] 17세기 후반에는 소소한 물화의 교역에까지 그 유통범위를 넓혀 가고 있었다. 서울에서의 상황이지만 柴炭·蔬菜 등과 같은 소소한 物貨의 교역에도 銀貨가 있어야 가능하다고 할 정도로 유통범위가 넓어져 추포의 유통영역에까지 침투하고

---

7) 『顯宗改修實錄』 卷9, 顯宗 4년 10월 壬寅, 37책 345.

8) 당시 각종 租稅制度를 통해 수취하던 綿布의 升尺이 높아지고 있는 경향에 관해서는 宋時烈의 다음과 같은 지적이 참고된다. 宋時烈, 『宋子大典』 卷16, 疏箚 請收布升尺一依當初事目箚, 辛酉 정월, "國家前後失信於民者多矣 其中大同綿布 最其甚者也何者 當初大同之創設也 故相臣金堉爲定規例 米則可食而已 綿布則其細五升 其長三十五尺云 而下送見樣布於各邑 民皆喜悅矣 不幸後來漸失其舊 米至於玉白 而玉白之外 不可以有加 故米之弊則有限 而至於綿布 則年增歲加其細 至於八升 其長至於四十五尺 其爲失信於民 莫大於是 是故小民相謂曰 將必至十升五十尺而後已."

9) 『肅宗實錄』 卷14, 肅宗 9年 1月 庚午, 38책 625.

10) 李敬輿, 『白江集』 卷12, 備局請禁市上麤木啓, "我國本不行錢幣之法 惟以綿布爲市上行用之貨 從前木品 自有定式 京外民庶 以此貿遷之外 製爲衣裳 近年以來 人心漸巧 木品極麤 …… 雖在豊年 一匹之價 不直一斗之米 至於一馱薪蒭 一壺濁酒 亦捧一端 市上百物踊貴之患 率由於此 殆如唐宋亂世 楡莢鵝眼之弊 廛肆物貨幾乎不行 誠非細慮."

11) 『磻溪隨錄』 卷4, 田制後錄(下), 行錢幣, 86쪽. 磻溪는 이 시기 6升 正布 1疋의 값이 麤布 30필에 해당한다고 지적하고 있다.

12) 金堉, 『潛谷遺稿』 卷7, 請出米貿布 兼行販救啓, 辛卯(1651), "我國本無遊貨 只以米布 隨處而用米布民之所以衣身而餬口者也 一日不可無 而近來麤斷之綿布 本無可用處 物價騰踊 商賈失業."

13) 韓明基, 「17세기 초 銀의 流通과 그 影響」, 『奎章閣』 15, 1992, 3~12쪽 참조.

있었다.[14] 이러한 현상은 유통경제가 발달하면서 이에 종사하는 사람들이 추포에 비하여 훨씬 안정된 富의 축적수단인 銀貨를 선호하면서 나타난 현상이라 할 수 있다.

그러나 은화는 국내 생산량이 적어 대부분 외국에서 수입되는 것이어서 유통에 필요한 절대량이 부족하였다. 그리고 그 가치가 크기 때문에[15] 소규모 거래가 중심인 지방 場市에서의 상품유통에까지 이용되기에는 어려운 점이 많았다.[16] 이처럼 17세기 후반의 경제상황은 상품유통경제의 발달에 따라 대량의 교역에서 소규모 거래에 이르기까지 손쉽게 사용할 수 있으면서도 안정적인 價値尺度, 交換手段, 支拂手段 및 富의 축적기능을 수행할 수 있는 一般的 等價形態의 名目貨幣 流通이 절실한 상황이었던 것이다.

2) 銅錢流通論의 대두

동전유통의 필요성은 17세기 전반 임진왜란으로 파괴된 국가경제의 재건문제와 관련하여 정부 내에서 본격적으로 제기되었다. 인조반정 직후 정부는 임진왜란으로 인한 파괴를 재건하기 위한 비용과 淸의 침략에 대비하기 위한 막대한 군비지출로 인해 극도의 재정궁핍에 허덕이고 있었다. 金藎國은 당시의 국가재정이 蕩竭된 상황을 "마치 朝夕을 마련하기 어려운 집에 빚쟁이들이 契券을 들고 문에 연달아 들어와 가득 찬" 것과 같다고 비유하기도 하였다.[17] 이러한 상황 하에서 당시 국가재정을 담당하고 있던 관료들을 중심으로 위기상황을 타개하기 위한 제 방안이 모색되어 정책으로 입안되고 있었다. 이들은 국가경제의 궁핍과 민생의 불안이 농업중심의 경제정책에서 기인한 것으로 파악하고[18] 財貨를 축적하는 방안으로 務本補末論[19]에 입각하여 농업과 상업을 아울러 진흥시키는 것이 필요하다는 점을 역설하였다.[20] 그리고 이를 실천하기 위한 정책수단으로 銅錢을 鑄造하여 流通시키는 방안을 제시하였다. 17세기 전반에 활동하던 務本補末論者들은 다음과 같은 이유에서 동전유통정책의 시행을 강조하고 있었다.

첫째는 화폐의 不在가 상품유통경제의 발전을 가로막는 결정적인 요소가 되고 있다는 점

14) 『備邊司謄錄』 卷34, 肅宗 4年 閏3月 24日, 3책 349.
15) 『備邊司謄錄』 卷34, 肅宗 4年 正月 24日, 3책 339 ; 肅宗 4年 閏3月 24日, 3책 349.
16) 『孝宗實錄』 卷17, 孝宗 7年 9월 庚午, 36책 67.
17) 『仁祖實錄』 卷10, 仁祖 3年 10月 壬寅, 34책 44~45.
18) 李民宬, 『紫巖集』 卷4, 對或問, 癸亥(1623, 仁祖 1), "四民之中 惟農最苦 而我國之法 凡于賦役 專出於農 是以農民日瘁 而逐末之徒 遊手而食者 殆十分之七 以三養七 固已病矣."
19) '務本補末論'은 '末業인 商工業을 振興시켜 本業인 農業을 보완[以末補本]'한다는 의미로서, 조선 전기의 務本抑末論에서 한말의 商業立國論으로 이행하는 단계적 변화 과정에서 16세기 말경에 나타난 새로운 商業論을 지칭하는 용어로 사용하였다. 자세한 것은 백승철, 「16世紀 末-17世紀 初 商業觀의 變化와 商業政策論-」, 『國史館論叢』 68, 1996 참조.
20) 崔晛, 『訒齋集』 卷4, 丁卯胡變後疏(關東方伯時), "臣以爲養兵之道 必畜財用 財用之畜 亦多其方 本末俱擧 方可足食."

에서였다.[21] 이들은 당시 화폐 역할을 하고 있던 물품화폐인 綿布는 동전과 비교할 때 다음과 같은 점에서 커다란 차이가 있는 것으로 보았다. 즉 綿布는 織造가 쉽지 않고 의복의 자료가 되는 것이기 때문에 流通될 수 있는 양이 많지 않으며, 그 가치가 커서 사용하기에 불편하다는 것이다. 그리고 휴대와 운반이 불편하고 耐久性이 없어서 유통 과정에서 썩거나 磨耗되어 못쓰게 되기 때문에 화폐로서 부적당하다는 것이다.[22] 뿐만 아니라 면포는 生産 자체가 自然條件에 달려 있어 한 번 흉년을 만나면 無貨之國이 될 정도로 通貨量의 조절이 힘들다는 점 등 많은 단점을 가지고 있었다.[23] 이에 비하여 동전은 입거나 먹을 수 없지만, 교역하기 쉽고 운반이 편리한 장점이 있으며 오래 저장해도 좀이 슬거나 腐敗할 걱정이 없으니 동전과 면포는 화폐로서 비교가 되지 않는다는 것이다.

이들은 동전을 주조하여 유포시키기만 하면 유통은 자연스럽게 이루어질 수 있는 것으로 생각했다. 즉 李民宬은,

> 지금의 계획은 구리와 철을 거두어서 設局하고 鑄錢하여, …… 度支에 저장해 두었다가 州郡에 나누어 보내어 米의 貴賤을 보아서 그 가격을 올리고 내립니다. 또한 租 庸 貢物을 (동전으로) 收納하게 하면 民들이 다투어 구입해 갈 것입니다. 위로는 宮室로부터 밖으로는 州郡에 이르러, 巨室勢家에 이르기까지 모두 錢을 사용하면 임금이 좋아하는 바를 백성이 어찌 따르지 않겠습니까. 지금 開城은 銅鐵로써 화폐를 만들고 平壤은 麤木으로써 화폐를 사용하는데, (이는) 모두 官으로부터의 명령이 아닌데도 통용되니 朝家의 명령에 무슨 방해가 있겠습니까.[24]

라고 하여, 동전을 주조하여 州郡에 내려보내 米價의 貴賤을 보아 그 값으로 지불하고 租・庸・調(貢物)를 수납하게 하면 민이 다투어 사갈 것이며, 宮室로부터 州郡과 巨室勢家에 이르기까지 모두 동전을 사용하면 백성들은 자연스럽게 따라갈 것으로 주장하였다. 이

---

21) 이러한 務本補末論者들의 입장은 柳夢寅이 "民之爲生 賴於通貨 今者行旅之適莽蒼者 人馬之食 一馬難支 若是而望商旅之出吾路 得乎"(柳夢寅,『於于集 後集』卷5, 安邊三十二策 其二十八 用錢幣)라고 하여 상인들의 활동이 부진한 이유가 화폐를 사용하지 않기 때문이라고 지적한 글에서 잘 나타난다.

22) 李民宬,『紫巖集』卷4, 對或問, 癸亥(1623, 仁祖 1), "我朝 以木綿爲通行之貨 而其不及錢貨則明矣 何以言之 蓋織造不易 而衣服是資 則生之者固已不敷矣 一疋直米四五斗 則用之似重 一駄之載 未滿百疋 則運之亦難 而朽腐磨破殊 非耐久之物 豈若錢貨之 寒不可衣飢不可食 而簞食壺漿 亦可易辦 則用之甚便矣 百千萬緡 可載一駄 則運之不難矣 積貯不蠹 霑濕不腐 而常爲通行之物 有同泉源之流 此古今所以重是貨也."

23) 李好閔,『吳峯集』卷11, 行銅錢議, "我國未有通貨 只用粟布 一經衣食 便爲耗絶 且菽粟花麻 豊歉不常 一遭凶事 卽爲無貨之國."

24) 李民宬,『紫巖集』卷4, 對或問, 癸亥(1623, 仁祖 1), "今之計收聚銅鐵 設局鑄錢 …… 積貯度支 分派州郡 視米之貴賤 以上下其價 而且以爲租庸貢物之所輸 則民爭貿之矣 上自宮禁 外至州郡 至於巨室勢家 皆以錢爲用 則上之所好 民安有不趨之理乎 當今開城則以銅鐵爲貨 平壤則以麤木爲用 皆非自官令之 而行用無礙乎 朝家之所令哉."

같은 주장은 당시 開城이나 平壤에서 백성들이 스스로 銅鐵이나 麤布를 貨幣로 사용하고 있는 것을 보고, 백성들이 상업활동을 위해 화폐를 절실하게 필요로 하고 있음을 인식한 데서 나온 것이었다.

둘째, 화폐의 주조와 유통은 국가의 재정문제와 민생안정을 동시에 해결할 수 있는 수단이 된다는 것이다. 銅錢의 鑄造는 名目價値와 實質價値의 차이에서 발생하는 鑄錢利益을 국가에 줄 수 있다는 점에서 국가재정을 보충할 수 있는 직접적인 수단이 될 수 있다.[25] 務本補末論者들 역시 주전을 통해 국가재정의 직접적인 보충이 가능할 것이라고 생각하였다.[26] 그러나 務本補末論者들이 동전 주조를 통해 얻고자 한 것은 鑄錢利益만이 아니었다. 보다 더 근본적인 이유는 사용가치가 없는 銅錢을 유통시킴으로써 당시 화폐로 사용되고 있는 米·布의 사용가치를 회복시켜 빈약한 농업생산으로 인해 절대량이 부족한 米·布의 사용을 원활하게 할 수 있다는 인식에서였다.

臣僚들에게 錢幣의 行用與否에 관한 책문을 작성해 올리라는 국왕의 명령에 대하여 權得己는 동전유통의 필요성을 다음과 같이 지적하고 있다. 그는 화폐의 역할이 民에게 가장 긴급한 용도가 있는 衣食의 유통을 막히지 않고 통하게 하여 항상 足하게 하는 것이라고 파악하였다.[27] 그리고 중국과 조선이 '一富一貧'한 차이가 있는 것은 土地나 科斂 勤慢의 차이에 있는 것이 아니라 '以財裕民'하는 제도가 그 道를 얻지 못한 점, 즉 화폐유통의 有無에 기인한 것이라고 주장하였다.[28] 요컨대 화폐의 역할은 衣食의 유통을 편리하게 하는 것인데, 衣食으로 사용되어야 할 米·布가 화폐로 이용되어 백성들이 가난하다는 지적이다.

이러한 인식은 17세기 후반 이후 화폐유통의 필요성을 누구보다도 강조하고 의욕적으로 유통정책을 펼쳤던 金堉에게서도 잘 나타나고 있다. 그는,

> 지금 公私가 모두 비고 民力이 이미 다하여 凶年이 들면 죽음을 면할 수 없는 처지입니다. 豊年이 들면 (화폐로 유통시켜) 米布를 낭비하니 이는 通行하는 貨幣가 없는 탓입니다.[29]

---

25) 이 시기 鑄錢을 통해 국가가 얻는 이익은 名目價値의 약 50%선에 달하는 것으로 추정되고 있다(元裕漢, 『朝鮮後期貨幣史硏究』, 1975, 제3장 참조).

26) 李民宬, 『紫巖集』, 擬陳平攘城修築 錢貨復立疏, "當此兵興之日 民窮財渴之際 廣鑄錢貨 派送列邑 減價而賣之 則民爭趨之如水就下 自官獲財豈不優且厚哉."

27) 權得己, 『晩悔集』 卷1, 殿策, "民用之所急 而無衣食之用 助衣食以爲用者 幣也 是以寒然後爲之衣 飢然後爲之食 二者之滯而不行 然後有錢以通之 錢者 所以通二者之利 而使之流行而常足者也."

28) 權得己, 『晩悔集』 卷1, 殿策, "夫錢貨流通而人給家足者 中國之民也 幣貨不行而終蹙且貧者 東方之氓也 是其一富一貧 非以土地之殊 苟非科斂勤慢之有異 亦必有理財裕民之不得其道者矣 …… 臣以爲生民之困窮 固由於錢貨之不幸 而錢貨之不行 亦由於法制之未盡."

29) 金堉, 『潛谷遺稿』 卷4, 兩西請用錢疏 丁亥(1647, 인조 25) 12月 開城留守時, "方今公私虛竭 民力已盡 凶年則不免死亡 樂歲則浪費米布 此乃無遊貨之所致也."

라든가

> 우리 나라는 본래 通行하는 화폐가 없이 米布를 그때 그때 사용합니다. 그런데 米布는 백성들의 衣服과 飮食이어서 하루라도 없으면 안 되는 것입니다.[30]

라고 하여 사용가치를 지닌 現物인 米布가 화폐로 이용되어 낭비되고 있다고 지적하면서 동전유통의 필요성을 강조하고 있다.

한편 貨幣流通論은 수취체제의 釐正과 관련해서도 제기되었다. 인조 연간 李民宬은 중국 漢代의 筭口之法을 모방한 口錢法을 제시하였다. 그가 제시한 이 방안은 동전유통을 확대하고 또 신역의 폐단을 변통하는 두 가지 목적을 동시에 달성할 수 있는 방법이었다. 즉 귀천을 막론하고 口數를 계산하여 賦錢을 받아들이고 贖罪나 賞職에 모두 錢貨를 사용한다는 것이다. 이렇게 하면 백성들은 첫째 納布를 위해 織造하는 勞苦가 없고, 둘째 官吏나 軍兵의 頒祿과 軍餉을 銅錢으로 지급하여 刷馬의 弊가 사라질 것이며, 셋째 물건을 운반할 때는 돈을 주고 사람을 고용하거나 수령의 新舊迎送에 돈을 정급하게 되어 민생은 휴식을 취하고 州縣이 殘罷하지 않으며 國家財用은 여유롭게 된다는 것이다.[31]

金堉 또한 동전유통을 大同法과 연계시킴으로써 大同綿布의 수취 과정에서 米・木의 가격 차이 때문에 발생하는 忠淸道 山郡民들의 부담을 줄이는 방안을 제기하기도 하였다.[32] 宋時烈 또한 綿布 수취 과정에서 벌어지는 폐단, 즉 良布 수탈을 막기 위한 방안으로서 代錢納을 허용할 것을 주장하며 鐵錢의 鑄造까지 가능하다고 주장할 정도로 동전유통을 民生安定의 한 방안으로 인식하였다.[33] 동전이 갖고 있는 가치척도의 不變的인 기능을 활용함으로써 농민들의 부담을 균등하게 하고, 또 관리들의 중간수탈을 방지할 수 있다는 면에서 동전유통을 부세수취제도의 釐正을 위한 수단으로 생각하고 있는 것이다.

이처럼 다양한 측면에서 동전유통의 필요성이 제기되고 있지만, 무엇보다도 중요한 문제는 17세기 상업인구의 증가 및 交易機構와 交易網의 발달이 상품유통에 대한 국가의 통제력을 감소시키고 있다는 사실이다. 유통경제의 장악을 위해서는 貨幣나 商人 등 교역 과정에 매개하는 존재들을 장악하는 것이 시급히 요구되는 실정이었다. 그런데 당시 새롭게 발전하는 교역체제 내에서 주된 화폐로 사용되던 麤布는 농민의 직접 생산물이기 때문에 貨

---

30) 金堉,『潛谷遺稿』卷7, 請出米貿布 兼行販救啓, 辛卯(1651, 효종 2), "我國本無遊貨 只以米布 隨處而用 米布 民之所以衣身而餬口者也 一日不可無."

31) 李民宬,『紫巖集』卷2, 擬陳平攘城修築 錢貨復立疏, "勿論貴賤 計口賦錢 略如漢制筭口之法 而贖罪賞職 皆用錢貨 則民豈有不樂趨者哉 …… 每一易錢 官獲其利 民間亦無杼柚之勞 人之悅之 萬萬倍矣 且頒祿給料軍餉 皆以錢叅半 友給一路 刷馬之弊 民不堪苦 若凡物輸運 以錢雇直 新舊迎送 計道里遠近 以錢定給 則民生自此息肩 州縣不至殘破 而國家財用沛乎 有餘裕矣."

32) 金堉,『潛谷遺稿』卷5, 論令湖西山邑鑄錢箚 甲午(1654, 孝宗 5).

33) 宋時烈,『宋子大全』卷16, 疏箚 二疏.

權이 이들의 손에 분산되어 있는 상황이었다. 17세기 이후 布納租稅로 수취되는 綿布가 '升細尺長'하는 경향에서 보이듯이 麤布가 국가의 조세수취 대상에서 제외됨에 따라 이러한 상황은 더욱 심화되었다. 麤布를 매개로 하여 이루어지는 민간의 상품유통에 대해서는 국가가 전혀 통제력을 행사할 수 없는 처지였다. 따라서 '貨權在上'을 실현할 수 있는 국가 주조화폐를 유통시켜 상품유통경제에 대한 통제권을 확보할 필요성이 있었다.

이러한 필요성은 인조 3년 戶曹判書 金藎國의 다음과 같은 주장에서 살펴볼 수 있다.

> (錢幣는) 쥐고 있어도 따뜻한 데 보탬이 되는 것이 아니고, 먹어서 배부름에 보탬이 되는 것도 아니지만, 先王이 이것 한 가지로 人事를 다스리고 天下를 평정하였습니다. 穀物은 백성이 먹는 것이니 官에 쌓아 두면 백성들이 굶게 되고, 綿布는 백성들이 (몸을) 가리는 것이니 위에서 취하면 아래가 춥게 됩니다. 錢은 사용할 데 없는 것이지만 人主의 權柄이 되는 것이니 天下에 유행하도록 하여 不衣不食의 화폐로 삼아야 합니다.[34]

즉 화폐라는 것은 비록 '不衣不食之物'이지만 '御人事平天下'하는 '人主의 權柄'이라는 것이다. 국가는 이러한 화폐를 유통시켜 貨權在上을 실현함으로써 상품유통경제를 장악하고 국가의 의도대로 이를 조절할 수 있는 통제력을 갖게 되는 것이다. 즉

> 만일 곡식의 가격이 비싸면 官이 곡식을 방출하고 값이 싸면 돈을 내어 곡식을 사들입니다. 항상 偏僻하거나 涌貴하지 않게 한다면 便民을 지극하게 할 수 있을 것입니다.[35]

라고 하듯이 穀價가 높아지면 곡식을 내어 銅錢을 사들이고, 동전이 귀하면 이를 내어 穀食을 사들이는 등, 국가가 화폐를 통하여 穀價를 조절할 수 있다는 것이다. 이처럼 국가는 화폐유통을 통해 모든 物價의 調節權을 행사하고 나아가 전체 상품유통에 대한 統制·調節權을 행사할 수 있게 되는 것이라 하겠다.

이상과 같이 17세기 조선사회 내에서 유통경제의 발전을 촉진하고 국가재정과 민생의 窮乏을 해결하기 위한 수단으로서, 그리고 상품유통경제에 대한 국가의 통제력을 복구할 필요성에서 銅錢의 鑄造와 流通이 시급하게 요구되고 있었던 것이다. 그리고 이는 17세기 정부가 동전유통을 통하여 달성하고자 하는 목적이기도 하였다.

---

34) 金藎國, 『後瘳先生集』 卷1, 雜著 戶曺判書時上箚(乙丑, 1625), "造錢幣 …… 握之則非有補於縕也 食之則非有補於飽也 而先王以此一物 御人事而平天下 蓋穀者民之所食 積於官則私餒 帛者民之所蔽 取於上則下寒 至於錢則無用之器 而人主之權柄 故使之流行天下 爲不衣不食之幣."

35) 李民宬, 『紫巖集』 卷2, 擬陳平攘城修築 錢貨復立疏, "而若値穀貴之日 則自官出穀 減價以貿錢 錢貴之日 則自官出錢 減價以貿穀 常令不得偏有涌貴 則其爲便民 胡可勝旣."

3. 銅錢流通政策의 展開와 定着過程

1) 仁祖·孝宗年間 銅錢鑄造와 流通政策

17세기 전반 정부의 화폐정책은 물품화폐를 구축하고 국가가 발행권을 행사하는 鑄造貨幣 즉 銅錢을 상품유통경제 내에 정착시키는 데 초점이 모아지고 있었다. 조선 후기 名目貨幣인 동전의 유통정책[36]이 본격적으로 시작된 것은 17세기 前半인 1625년(仁祖 3)의 일이었다. 이 해 정부는 호조판서 金藎國의 건의에 따라 궁핍한 국가재정을 보완하기 위한 조치의 하나로 동전을 발행하기로 결정하고,[37] 11월에는 仁慶宮에 鑄錢廳을 설치하여 본격적인 鑄錢事業에 착수하였다.[38] 그러나 鑄造量의 부족[39]과 곧이어 발발한 丁卯胡亂으로 인해 중단되어 실현되지 못하였다.

丁卯胡亂으로 중단되었던 鑄錢事業은 1633년(인조 11) 10월에 다시 시작되었다. 정부는 이전에 주전한 것과 倭貢으로 수입된 銅 수만 근으로 加鑄하자는 호조의 건의를 받아들여 주전청을 설치하였다.[40] 이 때 발행된 동전은 중국의 萬曆通寶를 모방하여 朝鮮通寶라 命名하였고, 銅錢 1文의 가치는 米 半升으로 折價하였다. 그리고 동전을 널리 보급하기 위한 방안으로 公家가 받는 木綿·米穀 등의 3~4분지 1을 동전으로 받도록 하고, 三司의 收贖과 各司의 作紙價를 모두 동전으로 받도록 하였다. 이와 아울러 公家가 市中에서 사들이는 물건의 값이나 상으로 내리는 물건은 元數를 참작하여 동전으로 지급하게 하였다. 다만 외방까지 동전이 유통되지 못하는 실정에서 田稅나 三手糧과 같은 중요 세입을 갑자기 代錢納하도록 할 경우, 먼 지방 백성들이 졸지에 동전을 마련하기 어려운 점을 감안하여 이를 유보하였다. 이러한 유통정책은 국가와 민간 사이의 賦稅徵收 및 국가의 財政運營에 동전의 사용처를 넓힘으로써 민간인들에게 동전의 가치를 인식시키려는 정책이었다.

이후 정부의 동전유통정책은 1635년(인조 13) 7월에 상평청에 의해 종합, 보완되었다.[41] 이 때 제시된 동전유통정책의 특징은, 지금까지 부세수취나 국가의 재정운영 과정에서 발생하는 公私間의 거래에 중점을 두었던 유통정책에서 벗어나, 민간인들의 상거래에까지 동전 유통을 확대하려고 한 것이었다. 小小한 柴炭·菜蔬에서 소와 같이 중요한 상품의 賣買에 동전을 사용하도록 함으로써 상거래에 동전을 매개하도록 한 것, 또 상품수송의 루트가 되

36) 17세기 동전유통정책의 실시 과정에 대해서는 元裕漢, 『朝鮮後期 貨幣史硏究』, 1975, 25~29, 84~90, 141~153쪽 ; 宋贊植, 『李朝의 貨幣』, 1975, 12~62쪽 참조.

37) 『仁祖實錄』 卷10, 仁祖 3年 10月 壬寅, 34책 44~45.

38) 『仁祖實錄』 卷10, 仁祖 3年 11月 壬戌, 34책 48.

39) 이 시기는 국가의 禮葬과 中國使臣의 迎送이 계속되어 匠人들의 동원이 어려웠기 때문에 인조 4년 윤6월까지 겨우 600貫, 즉 6000兩의 동전이 주조되었고 한다(『仁祖實錄』 卷13, 仁祖 4年 閏 6月 戊午, 34책 118).

40) 『仁祖實錄』 卷28, 仁祖 11年 10月 甲戌, 34책 534 ; 『仁祖實錄』 卷28, 仁祖 11年 11月 壬辰, 34책 536~537.

41) 『仁祖實錄』 卷31, 仁祖 13年 7月 壬戌, 34책 604.

는 八道의 直路에 錢鋪를 설치하여 동전유통의 지방거점을 마련하도록 한 것 등은 정부가 동전유통을 민간 상거래를 기반으로 확대하려는 의도를 잘 보여주고 있다. 그런데 민간인들의 상거래에까지 동전유통을 확대하기 위해서는 중앙정부에 의해 주조되는 것만 가지고는 절대적으로 부족하였다. 이에 정부 관료들 사이에서 私鑄를 허용해야 한다는 견해가 제기되기도 하였다.[42] 그러나 동전유통을 위한 정부의 노력은 다음 해 1636년(인조 14) 丙子胡亂으로 말미암아 다시 중단되고 말았다.

정부의 동전유통정책은 효종이 즉위한 직후인 1651년(孝宗 2) 金堉의 강력한 주장에 의해 상평청에서 동전유통을 위한 제 방안을 마련하면서 재개되었다.[43] 이 결과 동전유통은 都城 내에서 어느 정도 성과를 거둔 것으로 보인다. 도성 상인들은 상평청으로부터 동전을 다투어 받아다가 사용하였고[44], 그 결과 도성 내에서는 동전이 아니면 교역이 이루어지지 않는 상황이 나타나고 있었다. 즉 1652년(孝宗 3) 修理都監에서

> 요즘 시장에서 錢貨가 아니면 쌀을 살 수 없는데, 무명을 錢貨로 바꾸어 쌀을 사는 일은 승려로서 가능한 일이 아닙니다. …… 戶曹가 수백 석의 쌀을 내어 平市署 관원으로 하여금 특별히 市場을 개설하게 하여 승려들이 가진 무명을 바꿀 수 있게 해 주십시오.[45]

라고 하여 修理의 역에 동원된 僧軍들이 동전을 준비하지 못하여 식량을 마련하기 어려운 사정을 호소하고 있다. 이는 도성 내에서 모든 물화의 교역에 동전이 매개되고 있음을 보여주는 것으로, 정부의 강력한 동전유통정책이 효과를 거두고 있음을 알 수 있다. 金堉은 이에 힘입어 동전을 지방에까지 유통시키기 위해 1653년(孝宗 4) 京畿 大同米 8斗 가운데 1두를 錢貨로 대신 거두도록 건의하여 허락을 얻어 내었다.[46] 그리고 영남과 호남 지방에서 동전을 주조하도록 요청[47]하는 한편, 호서지방에 대동법을 확대하는 방안의 하나로 大同木을 동전으로 대납하게 하는 조치를 취할 것을 주장하였다.[48]

그런데 金堉이 주도하는 정부의 동전유통정책은 여러 가지 무리가 뒤따르고 있었다. 우선 銅錢 鑄造量이 절대적으로 부족하였다는 사실이다. 효종 연간에 주조된 동전의 총량은 中人 10家의 재산에 불과한 數十萬貫에 지나지 않는다고 평가될 정도로 全國에 유통시키기에는 부족한 양이었다.[49]

다음으로 銅錢의 편리함에 대한 백성들의 인식이 아직 미흡한 상태에서 전개된 정부의

42) 『仁祖實錄』 卷31, 仁祖 13年 9月 壬戌, 34책 611.
43) 『孝宗實錄』 卷7, 孝宗 2年 11月 癸酉, 35책 514.
44) 『備邊司謄錄』 卷15, 孝宗 3年 1月 26日, 2책 255~256.
45) 『備邊司謄錄』 卷15, 孝宗 3年 2月 12日.
46) 『備邊司謄錄』 卷15, 孝宗 3年 1月 26・27日, 2책 255~256.
47) 『備邊司謄錄』 卷15, 孝宗 3年 1月 26・27日, 2책 255~256.
48) 金堉, 『潛谷遺稿』 卷5, 論湖西山邑鑄錢箚(甲午).
49) 『孝宗實錄』 卷15, 孝宗 6年 12月 癸亥, 36책 38.

지나친 督責은 시장질서를 혼란시키고 동전유통정책에 대한 民의 불신을 초래하고 있었다. 1652년(孝宗 3) 李萬雄은 정부의 무리한 行錢策을 다음과 같이 비판하고 있다.

> 어리석은 백성이 단지 菽粟의 먹을 것과 布帛의 입을 것만을 알고 錢貨가 衣食의 源泉임을 모르고서 말하기를 "錢文이라는 것은 배가 고파도 먹을 수 없고, 추워도 입을 수 없는데 무엇을 하기 위하여 반드시 사용하게 하는가. 유통하는 貨幣로 말하면 麤布 역시 錢文과 같은 것이고 이것이 입지 못하고 먹지 못하는 것임은 마찬가지다. 어찌하여 얻기 어려운 것을 유통시키고 얻기 쉬운 것을 금하는가" 하고 서로 말을 전하여 의혹을 일으켜 市肆의 교역이 거의 이루어지 못하고 있습니다. 그런데 麤布의 禁令을 짐짓 완화하여 錢貨와 병행시켰더니 백성들이 모두 錢文을 이용하지 않고 추포를 이용하면서 말하기를 "속담에 高麗政令이 3일을 못 간다 하더니 과연 그렇구나" 합니다. 이는 대개 빨리 실시하려고 서두르기만 하고, 점차적으로 실시하지 않은 것과 從前에 政令이 역시 信義가 없었던 점에 연유한 것입니다.[50]

동전이 아직 麤布와의 경쟁에서 우위를 차지하지 못한 가운데, 정부의 성급한 督責과 일관성없는 정책이 동전에 대한 신뢰를 떨어뜨리고 있는 것이다.

한편 동전유통을 담당한 하급 관리들의 失策과 作弊는 백성들의 불신을 가중시키고 있었다. 정책의 시행 초기부터 동전유통에 관여하는 관리들의 무리한 督責이 문제로 지적되고 있었다.[51] 金堉은 行錢을 독려하기 위해 상당한 액수의 銅錢과 銀貨를 吏胥 출신인 行錢別將에게 주어 지방에서의 換錢業務를 담당하도록 하였다.[52] 그런데 지방에 파견된 行錢別將들은 전시효과만을 노려 백성들에게 동전의 유통을 지나치게 강요하는 경향이 많았다. 즉 1654년(孝宗 5) 金壽恒의 보고에 의하면, 兩西에 파견된 行錢別將들이 백성들에게 50文의 동전을 휴대하고 다니도록 하고 휴대하지 않은 자는 죄를 주기 때문에, 백성들이 동전을 사용하기 위해서가 아니라 처벌을 면하기 위해 차고 다니는 일이 벌어지고 있다는 것이다.[53]

동전유통에 대한 반대론자들의 비판과 현실적인 유통성과의 부족에 직면하여 1655년(孝宗 6) 金堉은 行錢法을 전면적으로 개정하여 동전유통을 위한 제 방안을 정비하였다. 당시 개정된 行錢事目의 내용을 살펴보면 다음과 같다. 첫째, 京畿 大同米 收納分 중 1斗는 항상 동전으로 代納하게 하고 穀貴時에는 2斗를 代錢納하도록 하였다. 둘째, 京畿와 兩西에 鋪子를 설치하여 외방의 동전유통 거점으로 활용하도록 하였다. 셋째, 司憲府, 刑曹, 漢城府 등 三法司와 藏隷院의 贖布는 銅錢과 布를 절반씩 내도록 하고, 各司의 貢物價는 1/5

50) 『孝宗實錄』 卷8, 孝宗 3年 4月 辛丑, 35책 540.
51) 『孝宗實錄』 卷10, 孝宗 4年 3月 庚午, 35책 620~621.
52) 『孝宗實錄』 卷12, 孝宗 5年 3月 丙戌, 35책 668 ; 『孝宗實錄』 卷16, 孝宗 7年 4月 庚申, 36책 53.
53) 『孝宗實錄』 卷12, 孝宗 5年 4月 丙辰・辛酉, 35책 667~668.

을 代納하게 하며, 각사의 雇役과 戶曹, 兵曹의 料布는 1/3을 동전으로 지불하도록 하여 동전의 收納과 支出의 균형을 맞추도록 하였다. 그리고 지금까지 米布를 기준으로 정했던 銅錢價를 가치변동이 거의 없는 銀價를 기준으로 折定하도록 하는 '銀錢相準法'을 실시하여 銀 1냥에 동전 600文으로 정하고, 米·布는 銀價의 高下를 참작하여 米 1升은 錢 4文, 銀 1兩은 米 1石으로 折定하였다. 또 동전의 훼손을 엄격히 금하여 鑄造된 동전이 줄어드는 것을 막도록 하였다.[54]

이전의 行錢策과 비교해 볼 때, 위 節目에서 주목되는 점은 銅錢價의 기준을 米에 두었던 종전과는 달리 銀을 기준으로 하였다는 점이다. 이는 銀貨의 가치를 통해 銅錢價値를 안정시킴으로써 동전에 대한 民의 불신을 막기 위한 조치였다. 그러나 이 때는 이미 정부 내에서 동전원료의 부족과 상품유통경제의 미발달을 내세워 동전유통이 아직 시기상조임을 지적하는 의견이 강하게 대두되고 있었다.[55] 그리고 동전유통정책을 적극적으로 뒷받침하던 효종도 "行錢六年 旣無分寸之效 國家財産 日益凋耗"[56]라 하여 회의를 보이는 등 전반적인 반대론이 대세를 이루어 가고 있었다. 따라서 金堉에 의해 재정비된 行錢策은 제대로 시행되지도 못하고 1656년(효종 7)에 또다시 중단되고 말았다.

2) 肅宗年間의 貨幣政策과 銅錢流通의 定着

17세기 前半인 仁祖·孝宗 연간 계속된 정부의 노력에도 불구하고 실패를 거듭하던 동전유통정책은 17세기 후반 유통경제의 급격한 발달을 바탕으로 정착의 好機를 맞게 되었다. 1678년(肅宗 4) 1월 許積은

> 我國은 본래 通行하는 貨幣가 없는데 근년 이래 錢(銀?)으로 통화를 삼았습니다. 이에 나무와 채소의 값에 이르기까지 또한 모두 銀을 사용하는데, 銀은 我國에서 나는 것이 아니어서 사람마다 얻을 수 있는 것이 아닙니다. 銀이 나올 길은 좁고, 쓰는 용도는 많아서 僞造하는 폐가 금일에 이르러 더욱 심하게 되었습니다. 銅錢은 천하에 통용하는 화폐인데 우리 나라만 막혀 전에 여러 번 통행시키고자 하였으나 행하지 못했습니다. 요즘 物貨가 不通하여 人情이 모두 行錢을 원하며 大臣 모두가 便益하다고 하니, 이는 가히 행할 수 있는 때인 까닭입니다. 즉시 행하는 것이 마땅합니다.[57]

---

54) 『孝宗實錄』 卷15, 孝宗 6年 12月 癸亥, 36책 38.

55) 당시 화폐유통을 반대하는 논자들이 내세우는 이유는 동전의 원료인 銅이 국내에서 생산되지 않았고, 백성들이 가난하여 대부분의 필요한 물화를 자급자족하거나 교역을 하더라도 物物交換이 일반적이기 때문에 銅錢이 아직 불필요하다는 점을 들고 있다(李敬輿, 『白江集』 卷11, 應旨箚).

56) 『孝宗實錄』 卷17, 孝宗 7年 9月 庚午, 36책 67.

57) 『備邊司謄錄』 卷34, 肅宗 4年 正月 24日, 3책 339.

라고 하여 지금이 여러 조건으로 보아 동전유통을 정착시킬 수 있는 가장 적절한 기회라 하여 行錢의 실시를 제의하였다. 이러한 許積의 의견에 대해 숙종 또한 동전유통이 이익은 있으나 해가 없고, 民情과 群意가 원하니 속히 시행하는 것이 옳다[58]고 하여 동전을 주조하기로 결정하였다. 그리고 같은 해 3월에 이르러 어느 정도 鑄錢이 이루어지자 備邊司에서 行錢節目을 마련하여 정식으로 동전을 사용하도록 결정하였다.[59] 이 때의 行錢節目은 1655년(孝宗 6)에 金堉이 개정한 行錢節目을 모방한 것으로 그 중요 원칙을 살펴보면 다음과 같다. 첫째 銅錢價値를 銀을 기준으로 銅錢 400文을 銀 1兩으로 折定하며, 둘째 각 衙門에서 鑄錢한 동전은 우선 市廛에 무이자로 분급하여 市廛出物은 반드시 동전을 사용하여 교역하도록 하고, 셋째 代錢納은 三司의 各樣贖木과 賑恤廳 還上에만 허용한다는 것 등이었다.

이상과 같은 行錢節目은 市廛을 중심으로 한 서울의 특권상업을 중심으로 동전을 유통시키는 한편 銀錢相準에 의해 동전의 가치를 보장하도록 하며, 민간유통을 촉진하기 위해 代錢納을 시행한다는 것이다. 代錢納의 범위를 축소한 것은 동전이 널리 유포되지 않은 상태에서 이를 급하게 시행하여 강요하면 도리어 동전유통에 대한 거부감이 생기고 商人들에 의한 銅錢防納을 초래할 우려가 있다는 許積의 견해에 따른 것이었다.[60] 이러한 절목을 바탕으로 시행된 동전유통정책이 어느 정도 성공을 거두었다고 생각한 정부는 肅宗 4년 6월 鑄造量을 늘리기 위해 먼저 平安道와 全羅道의 監・兵營에서 鑄錢하도록 하고, 기타 다른 監營은 그 便否를 물어 결정하도록 하였다.[61]

동전정책의 성공이 점차 확실해지면서 정부는 더욱 鑄錢에 박차를 가하게 되었고 鑄錢의 원료인 銅이 부족한 현상이 나타나게 되었다. 이에 정부는 동전의 名目價値를 두 배로 높여 銀 1냥을 동전 200文으로 개정하고, 鍮器의 제작을 금지하여 銅을 절약하려고 시도하였다.[62] 그와 아울러 백성들이 가지고 있는 鍮器를 바치게 하여 이를 銅錢으로 제작하여 교환해 주었다.[63] 그런데 이러한 錢價의 개정은 民의 불신을 초래하여 백성들이 동전유통을 꺼리는 사태에 직면하게 되었다.[64] 이에 정부는 鑄錢을 맡은 각 관서는 수시로 날짜를

58) 肅宗은 동전유통의 필요성에 대해 강한 신념을 가지고 있었던 것으로 보인다. 숙종 5년 주전 원료가 부족한 상황에 직면하자 숙종은 "錢文은 실로 한 나라에 流通하는 貨幣이다. 백성들도 역시 즐겨 따른다고 하니 계속 주조하여 그 효과를 책임지고 보아야 할 것이다. 다만 銅鐵이 우리 나라에서 산출되지 않기 때문에 그 鑄造하는 일이 停止될 때가 많으니, 참으로 애석하다. 이제 大內에 저장한 구리 1백 근을 賑恤廳에 보내어 모자라는 데 보태 쓰도록 하라"고 하여 銅錢流通에 대한 강한 信念을 보이고 있다(『肅宗實錄』 卷8, 肅宗 5年 1月 乙卯, 38책 402).

59) 『備邊司謄錄』 卷34, 肅宗 4年 閏3月 24日, 3책 349.

60) 『備邊司謄錄』 卷34, 肅宗 4年 正月 24日, 3책 339.

61) 『備邊司謄錄』 卷34, 肅宗 4年 6月 4日, 3책 361.

62) 『備邊司謄錄』 卷35, 肅宗 5年 2月 3日, 3책 405.

63) 『備邊司謄錄』 卷35, 肅宗 5年 2月 19日, 3책 410.

64) 『備邊司謄錄』 卷35, 肅宗 5年 2月 20日, 3책 411~412.

정하여 民間에서 布木이나 銀貨를 받고 銅錢을 發賣하고,[65] 지금까지 면포나 은화로 받던 兵曹의 騎步兵 價布와 漢城府의 公私徵債 및 각 衙門의 發賣價, 戶曹의 모든 價本을 銅錢으로 받도록 하였다. 그리고 훈련도감과 진휼청에서 각각 米 500石을 내어 돌아가며 時價보다 1錢당 2升을 더하여 發賣하도록 하였다.[66] 改定된 銅錢價를 국가가 보장해 준다는 점을 백성들에게 인식시켜 동전유통정책의 시행 여부에 대한 불신을 해소하기 위한 조치였다.

이러한 조치에도 불구하고, 정부가 규정한 銅錢價値는 제대로 지켜지지 않았고 不信은 커져만 갔다. 이에 정부는 錢文의 가치하락을 막고 지방으로 동전을 分散・流通시키기 위해 그 동안 시행을 유보하였던 租稅 代錢納을 확대하지 않을 수 없었다. 肅宗 5년 4월 작전규정이 제정되어 大同米・布의 일부, 各司奴婢身貢, 騎步兵 價布를 비롯한 각종 身布는 民願에 따라 동전으로 代捧하도록 하였다. 各樣 綿布의 作錢價는 豊凶과 木綿의 貴賤에 따라 加減하도록 하였다.[67] 그리고 중앙에서 주조한 동전을 선편으로 湖西와 嶺南 등 각 지방에 運送하여 지방에서 동전을 쉽게 구할 수 있도록 조치하였다.[68] 이러한 조치는 동전이 서울에서만 유통되고 있기 때문에 錢價가 하락하고 있다는 판단에 근거하여 동전유통을 지방으로 확대하기 위한 것이었다.

그러나 정부의 노력에도 불구하고 지방으로의 유통확대는 별로 이루어지지 않은 가운데, 서울의 銅錢價는 하락을 거듭하고 있었다. 1679년(肅宗 5) 9월 市中의 銅錢價는 銀 1兩에 400文으로 하락하였다. 公私錢價의 이와 같은 차이는 유통질서에 혼란을 초래하여 동전의 通行이 막히는 사태가 벌어지게 되었다. 조정에서는 錢價의 再改定 문제를 놓고 격렬한 논란을 벌였으나 결론을 내지 못하고, 결국 國王의 결단에 의해 동전 400文을 銀 1兩으로 결정하였다.[69]

국왕의 결단으로 錢價는 원래대로 환원되어 公私間에 일치하게 되었다. 그러나 錢價의 재개정은 동전유통정책에 대한 백성들의 不信을 촉발하는 계기가 되었다. 지방에서 주조한 동전이 그곳에서 통용되지 못하고 서울에 와서 쌓여 市中의 동전가치는 法定價의 절반인 銀 1兩에 800文으로 폭락하였다. 정부는 다시 麤布를 방출하여 市中의 동전을 환수하여 가치를 조절하는 한편, 1680년(肅宗 6) 2월에 지방관청에서의 銅錢鑄造를 허가하지 않기로 결정하였다.[70]

肅宗 6년 庚申換局으로 西人政權이 들어서면서 동전유통정책은 일대 전환을 가져오게 되었다. 錢價問題에 대한 기본정책의 改定이 이루어지게 되었다. 이 해 5월 右議政 閔鼎重

65)『備邊司謄錄』卷35, 肅宗 5年 2月 19日, 3책 410.
66)『備邊司謄錄』卷35, 肅宗 5年 2月 20日, 3책 411~412.
67)『備邊司謄錄』卷35, 肅宗 5年 4月 9日, 3책 421~422.
68)『備邊司謄錄』卷35, 肅宗 5年 10月 6日, 3책 451.
69)『備邊司謄錄』卷35, 肅宗 5年 9月 15日, 3책 446.
70)『肅宗實錄』卷9, 肅宗 6年 2月 癸亥, 38책 432.

의 건의에 따라 조정에서는 동전유통 방안에 대한 검토가 진행되는 가운데 金錫胄가 다음과 같은 두 가지 중요한 방안을 제시하였다.[71] 우선 지금까지 고수되어 오던 '銀錢相準' 원칙을 폐기하였다. 즉 '銀은 銀 시세대로, 錢은 錢 價値대로 시장 물가의 高下에 일임'하도록 하여 銅錢價를 시장가격에 맡기도록 하자는 것이었다.

다음으로 全州·公州·淸州 등에 가게를 설치하여 백성들과 物貨를 매매하도록 하여 동전유통의 기반을 지방으로 확대하는 정책을 시행하였다. 이는 민간교역과 관련된 동전유통의 기반을 市廛에서 地方場市로 확대하여 당시 새롭게 성장하고 있는 유통기구를 통해 동전을 확산시키려는 것이었다. 따라서 이 조치 이후 동전유통을 지방으로 확대하기 위한 여러 가지 작업이 추진되었다. 1681년(肅宗 7) 1월 閔鼎重의 건의에 따라 각각의 鑄錢衙門으로 하여금 주전에 박차를 가하여 주전량을 늘리도록 하였다.[72] 그리고 許積의 건의로 중단했던 지방관청의 주전도 다시 재개하여, 이후 中央과 地方官廳에서 대대적인 銅錢鑄造가 이루어지게 되었다.

이러한 대대적인 주조사업과 더불어 정부는 作錢上納을 점차 늘려 감으로써 지방에서의 동전유통을 확대시켜 나갔다.[73] 作錢上納 즉 代錢納의 시행은 동전의 지방유통을 확산하는 데 결정적인 역할을 하고 있었다. 이 시기 代錢納은 肅宗 5년에 만들어진 규정에 의해 大同布와 각종 身役의 布納分 등 주로 布納을 중심으로 시행되었다. 그런데 代錢納이 시행될 경우 대부분 국가가 정한 면포의 詳定價가 市價보다 낮은 선에서 결정되고 있었다.[74] 예컨대 1682년(肅宗 8) 兵曹가 作錢價는 木 1匹당 8錢인데 時價가 1냥을 넘기 때문에, 외방의 납포하는 자들이 本木을 가지고 와서 서울에서 銅錢으로 바꾸어 그 나머지를 제하고 納付하고 있다고 보고하였다.[75] 조세부담자의 上納 綿布의 求得은 일반적으로 市場을 통해서 이루어지고 있었기 때문에 作錢價가 時價보다 낮을 경우 그만큼 농민들에게 상대적으로 이익이 되는 것이라 할 수 있다. 특히 綿荒으로 인해 심한 木貴 현상이 발생하여 木綿價가 상승할 경우 이러한 차이는 더욱 커지게 된다. 綿荒이 발생할 경우 주요 綿業地帶에서도 木價가 作錢價를 상회하여 농민들이 作錢을 원하는 경우도 있었다.[76] 그리고 作錢上納을 행할 경우 관리들의 點退로 인한 농간이 없어지고 雇馬의 비용이 절감되는 등과 같은 이점도 있었다.[77]

---

71) 『肅宗實錄』 卷9, 肅宗 6年 5月 辛亥, 38책 453.

72) 『肅宗實錄』 卷14, 肅宗 9年 1月 乙卯, 38책 619 ; 『備邊司謄錄』 卷37, 肅宗 9年 1月 15日, 3책 604.

73) 이 시기 代錢納의 전개에 관해서는 宋贊植, 앞의 책, 1975, 82~116쪽 ; 方基中, 앞의 논문, 1984, 158~169쪽 참조.

74) 이 시기 정부에 의한 作錢價가 1필에 2냥 5전으로 肅宗 31년까지 면포의 시가는 항상 作錢價를 상회하고 있다. 그 차이가 클 때는 두 배까지 차이가 나는 경우도 있었다(方基中, 앞의 논문, 1984, 160~161쪽 참조).

75) 『備邊司謄錄』 卷36, 肅宗 8年 正月 6日, 3책 476.

76) 『承政院日記』 卷339, 肅宗 16年 正月 15日, 18책 26 ; 『承政院日記』 卷380, 肅宗 24年 9月 12日, 20책 258.

作錢上納이 확산되면서 동전은 급격히 三南地方으로 확대되어 1691년(肅宗 17)에는 尙州・禮泉・大邱 등 경상도 지역에까지 그 영역을 넓히고 있었다.[78] 이 점에서 볼 때, 대체로 1690년대 이후에는 三南地方 전역에 동전이 유통되었던 것으로 추측된다. 이로써 동전은 法定貨幣로서는 물론 민간의 각종 교역이나 財富의 축적을 위한 수단으로서 명실상부한 지위를 갖게 되었다.

4. 貨幣論의 分化와 銅錢流通政策의 葛藤

앞에서 본 바와 같이 17세기 후반 정부의 동전정책은 유통경제의 발달을 위한 동전의 보급이란 측면에 초점이 맞추어져 있었다. 그런데, 그런 가운데서도 동전유통의 정책적 목표와 관련하여 각 당파 간에 견해 차이가 노정되고 있었다. 이러한 견해 차이는 당시의 관료・유학자들의 貨幣觀에 기인한 것이지만, 궁극적으로는 당시에 전개되고 있던 國家再造方略을 실현하기 위한 정책수행의 문제와도 관련되어 나타나고 있었다.

당시 西人=老論 계열은 양란으로 인한 조선왕조체제의 위기상황을 타개하기 위한 방략으로 貢案・兵制 등 賦稅制度의 釐正을 통해 국가권력과 지배층의 과도한 대농민 수취를 완화하여 소농경영의 최저생산을 보장하고 이를 바탕으로 성립된 지주제의 골격을 유지하는 가운데 지주 즉 양반 사대부 중심의 國家再造를 완결지으려는 개량적인 입장을 견지하고 있었다. 따라서 이들은 경제운영의 주체 또한 양반지주층으로 설정하여 이들이 중심이 되는 경제정책을 구상하고 있었다. 이에 비하여 近畿南人(이하 南人으로 줄임)들의 경우 賦稅制度는 물론 토지제도 자체까지도 개혁함으로써 대토지소유・지주제를 해체시키고 소농경제를 안정시키는 한편, 종래 君主權과 民 사이에 매개되었던 향촌내 사적지배를 배제하고 국가의 공적 지배력(國王權)을 강화함으로써 조선 봉건사회를 개혁하려는 변법적 입장을 취하고 있었다.[79] 이와같은 각 당파의 국가재조방략은 당연히 경제운영의 중요한 열쇠가 되는 화폐문제에도 투영되고 있었다.

화폐정책을 입안하고 실현하는 자세에 있어서 남인과 서인=노론의 경우 다음과 같은 차이점을 보여주고 있다. 남인들은 동전유통을 통하여 상품유통을 발전시키는 것과 동시에 '貨權在上論'의 입장에서 국왕・국가의 상품유통경제에 대한 管理・統制權을 강화하는 것을 우선시하였다. 이에 비하여 西人=老論들은 화폐는 '便民을 위한 手段'이라는 관점에서

---

77) 李聃命, 『靜齋先生文集』 卷3, 光州牧使 李華鎭上疏回啓, "諸色身布 以錢文上納 而訓局所造錢文 運送嶺下賣買事 則諸色身布 以錢代納 則捧上之際 無點退之患 上納之時 減雇馬之債 果爲便益 用布處已多 則不可全捧錢文 故布錢各半備納之意 曾已行會各道."

78) 『備邊司謄錄』 卷45, 肅宗 17年 11月 14日, 4책 426.

79) 近畿南人과 西人=老論의 國家再造論의 차이에 대해서는 金駿錫, 『朝鮮後期 國家再造論의 抬頭와 그 展開』, 연세대학교 대학원 사학과 박사학위논문, 1990 참조.

화폐정책의 시행 목적으로 상품유통경제의 발전을 최우선으로 하고, 貨權在上의 실현을 부차적인 것으로 보아 국왕·국가의 상품유통경제에 대한 管理統制를 가능한 한 최소화하려는 방향으로 정책을 전개하고 있었다. 17세기 후반 南人과 西人=老論의 이러한 동전유통과 관련된 정책의 차이는 다음과 같은 두 가지 측면으로 나타나고 있었다.

첫째는 貨幣鑄造權과 관련하여 鑄錢主體를 누구로 할 것인가 하는 문제다. 17세기 전반기까지 국가의 화폐정책은 銅錢을 보급시키는 데 중점을 두고 시행되었기 때문에 鑄錢管理問題는 그렇게 중요한 문제로 제기되지는 않았던 것 같다.[80] 앞에서 본 바와 같이 中央, 地方을 막론하고 여건이 허락하는 한 모든 관청에 주전을 허용하여 鑄造量을 확대하는 데 급급하였다. 그런데 동전의 유통이 어느 정도 정착된 이후 주전관리문제를 둘러싸고 각 당파의 정책시행에 차이가 나타나고 있었다.

남인들의 경우 대체적으로 '貨權在上論'에 입각하여 가능한 한 鑄錢權을 國王의 직접적인 통제 하에 두려는 경향을 보이고 있다. 鑄錢事業이 본격적으로 진행되던 초기에는 남인들도 일시에 많은 양을 주조하기 위해 지방관청에 대한 주전을 허용하기도 하였다. 그러나 鑄錢事業이 어느 정도 진척된 이후에는 가능한 한 鑄錢權의 일원화 원칙을 재확인하는 입장을 보여주고 있다. 이는

> 錢은 無用한 것이나 쉽게 富貴를 바꿀 수 있다. 富貴는 人主의 操柄이다. 만약 백성으로 하여금 人主와 더불어 操柄하도록 한다면 좋지 않다.[81]

라든가 혹은 "鑄錢者 國之重寶 決不可人人秉其利源"[82]이라는 주장에서 보이듯이 화폐의 주조와 유통에 관한 모든 권한과 책임은 국왕의 몫이 되어야 한다는 '貨權在上論'에 근거를 둔 것이었다. 이에 따라 남인들의 執權期에는 대체로 戶曹나 常平廳 등 국가재정을 총괄하는 중앙관청에서 鑄錢을 전관하도록 하였다. 본격적인 동전유통정책이 시작되던 초기 단계인 1680년(肅宗 6) 지방관청의 주조로 화폐유통에 혼란이 일어나자 정부는 許積의 주장에 따라 지방관청의 주조사업을 일체 금지하도록 결정한 바 있다.[83] 그리고 1693년(肅宗 19)에는 영의정 權大運이 여러 衙門에서 사사로이 鑄造를 허락하여 亂雜한 폐단이 많으니 한 衙門으로 하여금 동전 주조를 전관하게 하자고 한 주장에 따라 이후에는 戶曹가 전관하도록 결정하였다. 그리고 돈을 사사로이 주조한 자는 絞刑에 처하게 하는 등 엄중히 다스리도록 하였다.[84] 불가피하게 지방관청에 동전 주조를 허락할 경우에도 鑄造期間과 鑄錢爐의

---

80) 元裕漢,「朝鮮後期의 金屬貨幣流通政策 - 17世紀 前半의 銅錢流通試圖期를 中心으로 -」,『東方學志』13, 1972, 97~134쪽.
81)『磻溪隨錄』卷8, 田制後錄攷說(下), 田制, "錢者 無用器也 而可以易富貴 富貴者 人主之操柄也 令民爲之是與人主共操柄 不可長也."
82)『備邊司謄錄』卷47, 肅宗 19年 7月 4日, 4책 530.
83)『肅宗實錄』卷9, 肅宗 6年 2月 癸亥, 38책 432.

숫자를 규정하고 감독을 철저히 하도록 하였다. 예컨대 1691년(肅宗 17) 勅需와 軍費調達을 위해 開城府에 동전 주조를 허가하면서 주조기간을 5개월, 鑄錢爐를 20대로 제한하고, 주조한 銅錢의 품질을 戶曹에서 검사하여 粗惡化를 방지하였다.[85]

西人=老論들은 필요에 따라 鑄錢權을 중앙 각 衙門이나 지방관청에 위임하고, 때로는 私鑄錢도 허용하는 등 貨幣鑄造權을 중앙으로 一元化하는 정책에 반대하는 鑄錢政策을 시행하고 있었다. 즉 1681년(肅宗 7) 정권을 장악한 西人=老論들은 그 전해에 許積의 건의에 따라 지방관청에 주조권을 허용하지 않는다는 결정을 번복하여 중앙·지방 관청에서 대대적인 주전사업을 전개하였다. 이들은 동전유통의 보급을 효과적으로 수행하기 위해서는 中央 戶曹와 각 道 監司와의 협력이 필요하다고 판단하고 각 지방의 주전관청에 동전 주조를 허가하였다.[86]

1681년(肅宗 7) 1월 西人=老論 政權下에서 御營廳의 주전을 시작으로 1685년(肅宗 11) 9월 軍器寺의 鑄錢에 이르기까지 중앙 및 지방 관청에 의해 대대적인 주전사업이 진행되었다.[87] 그리고 숙종 20년 甲戌換局으로 정권을 재장악한 후에도 역시 南人政權이 鑄錢權을 戶曹로 일원화한 조치를 폐기하고, 1695년(肅宗 21)부터 1697년(肅宗 23)까지 救荒과 財政不足을 이유로 중앙 각 아문이나 지방관청에서 鑄錢事業을 대대적으로 전개하였다.[88]

한편 西人=老論들은 경비부족 혹은 동전주조량을 증가시킬 목적으로 민간인에 의한 都給鑄造, 즉 私鑄를 허용하기도 하였다. 화폐유통을 처음 시도하던 인조 연간에 동전유통의 필요성을 강조하여 관료들에 의한 民間私鑄를 허용하자는 주장이 제기된 바 있었지만 備邊司의 반대로 시행되지 못한 바 있다.[89] 孝宗 연간에 이르러 銅錢鑄造量을 확대하기 위한 방편으로 민간에 주조를 허용해야 된다는 견해가 이전보다 훨씬 강하게 대두되었다. 1651년(孝宗 2) 우의정 韓興一의 發議로 민간인에 의한 주조를 허가하는 문제가 제기되어, 비변사의 찬성과 좌의정 李時白 등의 동조로 국왕의 裁可를 얻게 되었다.[90] 이 시기 동전유통에 가장 적극적인 입장을 보이고 있던 金堉은 "旣許私鑄 則因便官鑄 何有所妨"[91]이라 하여, 민간인에 대한 鑄錢의 허용은 물론 중앙정부의 허가를 받지 않은 지방관청의 銅錢鑄造도 장려하고 있다.[92] 유통확대에 필요한 동전을 일시에 마련하기 위한 방안으로 제기된

---

84) 『肅宗實錄』 卷25, 肅宗 19年 7月 乙巳, 39책 281.
85) 『備邊司謄錄』 卷45, 肅宗 17年 10月 24日, 4책 421.
86) 『承政院日記』 卷281, 肅宗 7年 1月 16日, 14책 966.
87) 元裕漢, 『朝鮮後期 貨幣史研究』, 1975, 86~89쪽 참조.
88) 『備邊司謄錄』 卷49, 肅宗 21年 11月 21日, 4책 740
89) 『仁祖實錄』 卷31, 仁祖 13年 9月 壬戌, 34책 611.
90) 『孝宗實錄』 卷7, 孝宗 2年 7月 甲申, 35책 496.
91) 金堉, 『潛谷遺稿』 卷4, "聞嶺南曾已鑄錢中止 令因實錄奉安之行 聞監司權堣 方爲鑄錢云 此亦臣之所勸也."
92) 金堉은 이러한 관점에서 慶尙監司 權堣에게 鑄錢을 권유하였다고 한다. 金堉, 『潛谷遺稿』 卷4, "聞嶺南曾已鑄錢中止 令因實錄奉安之行 聞監司權堣 方爲鑄錢云 此亦臣之所勸也."

것이지만, 이러한 방안을 제시하는 인사들은 대부분 西人 계열에 속하는 것을 볼 수 있다.

동전유통이 정착되어 가던 肅宗代 西人=老論 집권기에도 銅錢 鑄造量의 확대나 鑄錢經費 부족을 이유로 민간인에게 주전사업을 맡기는 경우가 많았다. 1695년(肅宗 21)에 監營의 經費調達을 위해 鑄造許可를 받은 江原監營에서는 富豪나 商賈의 재력을 유치하여 銅錢을 주조하고자 하였다.[93] 그 방법은 이들에게 銅錢을 주조하게 하고 소정의 세금을 징수하는 都給制를 활용하고자 하였다.[94] 당시 鑄錢 利益은 대체로 50%선에 이르는 막대한 것이었기 때문에,[95] 銅錢을 都給받을 경우 높은 이윤을 취할 수 있었다. 따라서 公私兩利를 내세운 도급주전은 화폐주조에 대한 이익을 富豪(지주층)·富商 등에게 넘기는 것이라 할 수 있다. 물론 이들이 관청의 허락을 받지 않은 私鑄(盜鑄)를 허용한 것은 아니지만, 민간인의 都給鑄造를 허용하는 조치는 국가에 의한 銅錢鑄造權의 全一的인 행사를 부분적으로 부정하는 것이라 할 수 있다.

둘째로 貨幣의 가치 결정에 관한 문제다. 南人들의 경우 銅錢價値를 국가가 강제로 折定하려 한 데 대하여, 西人들은 이를 市場에 맡겨야 한다는 입장을 보이고 있다. 이는 物貨의 輕重을 조절하는 권한 즉 상품유통에 대한 管理權을 누가 장악하는가 하는 문제와 관련하여 중요한 의미를 지닌 문제였다.

1678년(肅宗 4) 南人들은 行錢節目의 주요 원칙 중의 하나로서, 銅錢가치를 銀을 기준으로 정하여 銅錢 400文(4兩)을 銀 1兩으로 折定하고, 이를 기준으로 쌀 10斗를 錢 400文으로 하는 '銀錢相準'의 원칙을 제시하고 있다.[96] 이는 公的인 出納에 적용되는 錢價를 규정한 것으로, 국가가 銅錢의 가치를 銀價와의 折定을 통해 銅錢 가치를 규정함으로써 이로써 칭량되는 모든 物貨의 輕重權, 즉 物價 調節權을 장악한다는 '貨權在上論'의 원칙에 따른 규정이었다. 이러한 원칙에 따라 숙종 5년 정부는 銅鐵의 부족으로 鍮器의 값이 올라 동전을 녹여 鍮器를 제작하는 사태가 나타나자, 銀 1냥에 400문이던 錢價를 200냥으로 올려 銅錢의 가치를 두 배로 切上하기도 하였다.[97] 이 결과 銅錢價 切上을 미리 알았던 자들은 은화를 내어 銅錢을 사들여 倍蓰의 이익을 남겼다고 한다.[98] 그리고 이 원칙에 따라 남인정권 하에서는 米로 지급하던 貢物價나 賑恤米를 市價와 관계없이 정부가 折定한 가격에 따라 동전을 지급하기도 하고, 지방의 米와 銅錢의 교환 비율을 市價와 관계없이 정부가 정하기도 하였다.[99]

---

93) 『備邊司謄錄』 卷49, 肅宗 21年 10月 2日, "以事則江原監營 元無物力 …… 盖欲收聚富豪商賈之財而鑄錢."
94) 『備邊司謄錄』 卷49, 肅宗 21年 11月 21日, 4책 740.
95) 이 시기 鑄錢利潤에 대해서는 元裕漢, 앞의 책, 1975, 108쪽 참조.
96) 『備邊司謄錄』 卷34, 肅宗 4年 閏3月 24日, 3책 349.
97) 『備邊司謄錄』 卷35, 肅宗 5年 2月 3日, 3책 405.
98) 『備邊司謄錄』 卷35, 肅宗 5年 2月 19日, 3책 410.
99) 『備邊司謄錄』 卷35, 肅宗 5年 10月 16日, 3책 454~456 ; 『備邊司謄錄』 卷35, 肅宗 5年 12月 23日, 3책 469. 이 때 정부는 서울에서는 米 1石을 1兩 5錢으로 계산하는가 하면, 호남과 영남에서는 錢文 1錢을

代錢納을 허용하도록 한 각양 身布의 作錢價도 국가가 일정한 교환가를 규정하고 풍흉에 따라 임시로 加減함으로써 면포에 대한 錢價의 기준을 유지하려고 하였다.[100] 銅錢價의 상품에 대한 교환비율을 국가의 통제하에 두려는 남인들의 정책은 '利權在上論' '貨權在上論'의 입장에서 銅錢의 유통 과정에 대해서도 국가의 정책적 장악력을 지속적으로 행사하려는 의도라 할 수 있다.

이와는 반대로 西人=老論들은 銅錢價를 市場物價에 맡기는 정책을 실시하였다. 1680년(肅宗 6) 庚申換局으로 정권을 잡은 西人=老論들은 銀錢相準의 원칙을 폐기하고, 銀은 銀의 가치대로 銅錢은 銅錢의 가치대로 市場物價의 高下에 일임하도록 하였다.[101] 銀錢相準의 폐지는 국가가 장악하고 있던 物貨의 輕重權, 즉 물가조절권을 포기하고 시장에 맡긴다는 의미를 지닌 조치라 할 수 있다. 西人=老論들이 이러한 조치를 취할 수 있었던 것은 그들이 화폐를 市場價에 의해 貴賤이 조절되는 百物中의 하나로 보는 관점에 기인한 것으로 보인다. 이는 閔惟重의 다음과 같은 말에서 확인할 수 있다.

> 大抵 物貨의 流行은 때에 따라 貴하고 賤함은 당연한 것입니다. 이를테면 銀이나 쌀은 때에 따라 값이 오르기도 하고 내리기도 하여 본래 일정한 가격이 없는데, 오직 錢文은 朝廷에서 隨時貴賤함을 불문하고 일정한 法制로 劃斷하여 만약 위반자가 있으면 重刑을 베푸니 백성이 어찌 원망하지 않겠습니까.[102]

즉 모든 物貨의 유행이 때에 따라 貴하고 賤한 것인데, 이는 화폐도 마찬가지라는 것이다. 따라서 전문을 특별히 취급하여 貴賤을 법제로 획단하는 조치는 잘못이라는 것이다. 화폐가 군주의 물화에 대한 操柄權을 체현하는 특별한 존재라는 인식을 부정하고 있다. 西人=老論의 이러한 貨幣觀은 물화의 貴賤 輕重의 조정은 시장 기능에 맡겨 두어야 하는 것으로 君主가 관여할 바가 아니라는 입장을 분명히 하는 것, 즉 군주의 상품유통에 대한 개입을 막는 논리에서 나온 것이라 할 수 있다.

그런데 동전 발행량이 절대적으로 부족한 상황 하에서 이처럼 국가가 동전가치를 결정하는 권한을 포기할 경우, 일단 상품유통경제에 투입된 동전을 이용한 物價의 輕重權은 銅錢을 축적하고 있는 사람들의 손에 들어가기 마련이다. 그리고 당시의 경제적 현실 속에서 많은 동전을 축적할 수 있는 경제적 능력을 가진 계층은 대부분 地主·富商大賈가 될 것은 필연적인 사실이다. 이 점은 동전이 유통된 직후, 지주층이 穀物交易에서 자신들이 축적한 동전을 이용하여 穀物賣買와 高利貸를 병행하여 막대한 이익을 올릴 수 있었던 점에서 잘

米 1斗 2升(米 1石은 1兩 8錢)으로 折定하는 등 차이를 두고 있다.

100)『備邊司謄錄』卷35, 肅宗 5年 4月 9日, 3책 422.

101)『肅宗實錄』卷9, 肅宗 6年 5月 辛亥, 38책 453~454.

102)『承政院日記』卷276, 肅宗 6年 5月 18日, 14책 689.

나타난다. 즉

> 鄕谷의 土豪들은 靑苗 穀貴한 때에 곡물로써 貿錢하여 貧戶에 꾸어 주고 가을에 그 본전과 이자를 받아 다시 곡식으로 바꾼다. 富戶는 이로써 앉아서 五六倍의 이익을 거두나, 貧者는 더욱 지탱할 수 없으니 해가 되는 것이 세 가지다.[103]

라고 하는 바와 같이 鄕谷 土豪들이 穀貴之時에 以穀貿錢하고 이 돈을 農民들에게 高利貸로 대여하여 5~6배의 이득을 취하고 있다는 것이다. 穀物賣買에 5~6배의 이익을 올리는 것이 가능했던 것은 이들이 곡물과 동전을 동시에 장악하고 있었기 때문이다. 그런데 앞에서 錢價를 400文에 銀 1兩에서 200文에 銀 1兩으로 높이자 銀貨를 축적하고 있던 사람들은 앉아서 절반의 손해를 보았던 것처럼, 국가가 곡물에 대한 동전의 교환가를 조작하여 강제력을 행사하게 되면 동전을 축적하고 있는 지주층은 일시에 막대한 손해를 볼 수도 있는 것이다. 따라서 西人=老論들이 錢價를 市中價格에 맡기는 정책을 시행한 것은, 많은 동전을 축적하고 이를 이용하여 市場의 穀價를 마음대로 조절하고 있던 地主·富商들에게 유리한 조치라 할 수 있다.

요컨대 화폐정책을 수행하는 과정에서 나타나는 이 같은 각 당파의 정책적 차이는 화폐를 '御人事而平天下'할 수 있는 人主의 權柄이라는 인식 하에 이를 통하여 상품유통경제에 대한 國王·國家의 간여를 강화하려는 南人들의 입장과, 화폐를 百物中의 하나라고 규정하여 상품유통을 操柄하는 국왕의 권한을 부정하는 西人=老論들의 입장 차이에서 나온 것이라 하겠다.

5. 結語

지금까지 17세기 銅錢流通論이 대두하게 되는 배경과 정부의 정책수행 과정 및 그 과정에서 드러난 貨幣論과 貨幣政策의 갈등을 살펴보았다. 16세기 후반 이래 '務本補末論者'들은 화폐의 부재가 상품유통경제의 발전을 가로막는 결정적인 요소가 되고 있다는 인식 하에 동전유통의 필요성을 절감하고 있었다. 그리고 현실의 경제상황 또한 상품유통경제의 발전에 따라 안정된 가치를 지닌 동전의 鑄造와 流通이 요구되고 있었다. 17세기 이후 전개된 화폐정책은 국가가 法定貨幣인 동전을 유통시킴으로써 교역을 편리하게 하고 상품유통경제의 발전을 촉진시킨다는 목적을 가지고 있었다. 나아가 동전유통을 통하여 물화의 輕重을 조절하는 權限을 보유함으로써 상품유통경제를 일정하게 국가의 관리·통제 하에 두려고 시도하였다. 이런 의미에서 볼 때, 화폐정책은 가장 중요한 상업정책의 하나라고 할

---

103) 『肅宗實錄』 卷29, 肅宗 21年 12月 戊戌, 39책 404.

수 있다.

仁祖年間에서 肅宗年間에 이르는 오랜 기간 동안 동전의 주조와 유통이 시도되었고, 마침내 肅宗年間에 이르러 동전유통이 정착되었다. 이 과정에 동전유통정책의 목적과 실현 방안을 놓고 '貨權在上'의 원칙에 입각하여 모든 鑄造와 유통 과정에 국가의 主導權이 관철되어야 한다는 南人 측의 입장과, 便民·유통경제의 발달을 우선하는 西人=老論의 입장이 대립·갈등하고 있었다. 南人 執權期에는 '貨權在上'의 원칙 하에 鑄錢事業을 戶曹나 혹은 特定衙門이 專管하도록 하는 한편, 화폐의 가치를 국가가 일정하게 규정하는 조치를 취하였다. 반면에 西人=老論 執權期에는 貨權在上을 부정하면서 銅錢鑄造를 外方 官廳에까지 확대 허용하고, 화폐의 가치를 市場에 맡기도록 하였다.

각 당파의 화폐정책 수행 과정에서 나타나는 이러한 차이는 17세기에 전개된 국가재조방략의 차이에서 비롯된 것이었다. 銅錢의 주조 및 유통과 관련하여 나타난 각 당파의 貨幣論과 政策의 차이는 특히 국가재조의 주체문제와 연결된 중요한 문제였다. 南人들이 주장하는 貨權在上論과 그에 따른 화폐정책은 國家再造의 주체를 國王으로 설정하고, 국왕이 국가경제 운영의 열쇠가 될 수 있는 화폐의 鑄造와 價値決定 및 流通過程에 이르기까지 모든 권한을 행사해야 한다는 입장이었다. 이와 같은 화폐정책은 국가가 화폐를 통하여 상품유통경제에 직·간접으로 관여하여 현실경제의 주도권을 잡고 있는 양반지주층을 견제하고 小·貧農層의 이익을 위한 정책수행의 가능성을 열어 놓는 정책이라 할 수 있다. 반면에 西人=老論은 국가재조의 주체가 臣僚 즉 양반지배층이라는 관점에서 화폐주조권의 分散과 화폐가치의 市場委任을 주장하고, 그러한 정책을 수행함으로써 결과적으로 현실경제의 주도권을 갖고 있는 양반지주층에게 유리한 조건을 제공하는 화폐정책이 되는 것이라 하겠다.

朝鮮後期 量案의 기능과 역할

崔 潤 晤*

1. 序論

조선 후기 量田事業은 양란 이후 폐허가 되어 버린 전 국토의 토지를 재조사하는 데 최우선의 목적을 두었다. 그것은 토지에 대한 所有者를 다시 확정하고 그를 통해 納稅者를 확인하는 과정이기도 했다. 양전사업을 통한 王土에 대한 국가의 擬制的 土地支配야말로 私的土地所有를 전제로 한 조세 수취의 전 과정으로 표현되고 있었다. 그리고 그것이 가능하기 위해서는 개별 토지에 대한 사적 토지지배자로서의 起主 파악이 선행되어야 했다.

본고에서는 우선 量田 과정 전반이 經界 확정을 통해 이루어지고 있었다는 점을 주목했다. 경계 확정은 각 토지의 境界를 바로잡는다는 단순한 의미에서 출발하지만 더 나아가서는 각 토지의 권리자를 확정하고 해당 토지의 지배권자에게 조세를 부과하는 과정까지를 포함한다. 곧 토지에 대한 국가의 지배력 행사의 대상을 확정하고 그에 맞는 조세부과 과정 전반을 의미했다. 때문에 "仁政은 반드시 經界로부터 시작된다"는 孟子의 토지관은 동양에 있어 토지·조세 개혁의 원리로 기능하고 있었으며 그 때마다 논의의 중심에 등장하고 있었다. 그렇지만 경계를 말하는 경우 각 논자마다 서로 다른 의미로 사용하고 있었다는 것을 주목할 필요가 있다. 그러한 방법 중 한 가지가 井田法도 方田法도 아닌 量田法을 통한 經界策이었으며 조선국가의 양전사업을 전통적인 방법을 통해 해결하고자 하였다.

두 번째로 이 같은 量田=經界策의 산물인 量案의 기능과 역할을 검토함으로써 토지조사사업의 목적을 보다 분명히 밝혀 보고자 한다.

국가적 차원에서 시행된 조선 후기의 갑술년(1634)·경자년(1720)의 量田事業은 당시기 당면 과제를 어떠한 방법으로 해결하려 했는지를 잘 보여주었다. 이 같은 양전사업의 핵심을 담고 있는 것이 量田事目으로서, 비교적 완형으로 남아 있는 1717년(숙종 43)의 丁酉事目에는 당시 토지조사사업을 어떠한 방법으로 수행하고 있었는지가 잘 드러나 있다. 그 대

* 연세대학교 강사

강은 조선 초부터 전통적으로 실시되어 온 量田法의 형식이지만 내용 면에서는 당시기 발달된 토지소유 방식을 반영하는 선에서 재정리되고 있었다. 즉 20년마다 시행되는 것으로 규정되어 있는 量田=經界策으로서[1] 매 시기마다 비중 있게 논의되던 바로 그것이었다.

한편 양전의 결과 작성된 量案은 문서로서 대단히 중요한 위치를 지닌다. 그럼에도 불구하고 양안의 소유권대장과 소세대장으로서의 기능과 역할은 완성된 문서형식을 갖춘 것이 아니었기에 여러 가지 방식으로 보완되었다. 왜냐 하면 조선시기의 양전사업이 20년마다 규칙적으로 시행된 것이 아니었기 때문이며 따라서 매년 변동하는 토지 관련 정보를 담을 수 없었기 때문이다. 그렇다면 왜 양전사업이 이같이 변칙적으로 시행되었으며 그러한 양전사업을 통해서도 국가의 토지지배는 가능했을까를 구명해 볼 필요가 있다.

그 동안의 양안에 대한 연구는 이 같은 양전사업의 시대적 성격을 밝히는 데 중요한 역할을 했다. 우선 양안의 연구를 통해 조선 후기 사회변동과 관련하여 토지소유가 발전하고 있었다는 점이 밝혀졌고 이는 곧 조선 후기의 내적 발전의 결과물이라는 점이 강조되었다.[2] 이후 양안의 토지조사 기능에 대해 주목하고 그것을 근대적 토지개혁과 관련해서 연구하게 된 것은 대한제국기의 토지조사사업에 관한 재검토의 필요성에서 촉발된 것이다.[3] 조선 후기의 양안과 지주제의 관련성을 통해 양안의 기능이 지주제에 어떠한 영향을 미치고 있었는지가 사례로써 검토되었고,[4] 또한 제반 토지문서 가운데 토지매매 문기는 양안의 기록과 긴밀한 관계를 갖고 작성되었다는 연구를 통해 양안이 실생활에도 크게 영향을 미치고 있다는 점도 확인되었다.[5] 이외에도 公簿로서의 양안이 갖는 한계를 지적한 연구도 있어[6] 양안 연구에 참고된다.

行審冊 분석을 통해 양안의 종합적 기능과 역할이 어떻게 분화되어 나타났는지를 밝히는 작업도 이루어졌는데, 행심책이야말로 양안을 그대로 베껴내 매년 行審·踏驗한 결과를 기재하고 그것을 토대로 깃기[衿記]를 작성하였다는 것이다.[7] 행심책의 존재는 이같이 양안의 토지소유와 수세행정을 보완하고 있었고 양안을 완성시킬 수 있었던 하나의 보조 장부였던 것이다. 한편 양안의 기능과 역할에 대해 주목한 연구는 아니지만 깃기에 대한 연구가 8結作夫制와 관련하여 이루어짐으로써,[8] 향촌 내 수세행정 전반에 걸친 윤곽이 밝혀졌다. 향후 양안의 조세대장으로서의 역할이 어떻게 깃기로 분화되었는가에 초점을 맞추어 보완

1) 『經國大典』 戶典 量田, "凡田分六等 每二十年改量成籍 藏於本曹本道本邑."
2) 金容燮, 『朝鮮後期 農業史硏究 I』, 一潮閣, 1970 ; 『증보판 朝鮮後期 農業史硏究 I』, 지식산업사, 1995.
3) 한국역사연구회 근대사분과 토지대장연구반, 『대한제국의 토지조사사업』, 민음사, 1995.
4) 김건태, 「갑술·경자양전의 성격 - 칠곡 석전 광주이씨가 전답안을 중심으로 -」, 『역사와 현실』 31, 1999.
5) 吳仁澤, 「朝鮮後期의 量案과 土地文書」, 『釜大史學』 20, 1996.
6) 李榮薰, 「量案의 성격에 관한 재검토」, 『朝鮮後期社會經濟史』, 한길사, 1988, 제1부 제1장.
7) 崔潤晤, 「朝鮮後期 量案과 行審冊」, 『역사와 현실』 36, 2000. 6.
8) 李榮薰, 「朝鮮後期 八結作夫制에 대한 硏究」, 『韓國史硏究』 29, 1980.

될 필요가 있다.

이 같은 연구성과를 바탕으로 양안의 기능과 역할이 점차 드러나기 시작했다. 본고에서는 量案의 기능과 역할에 대해 다시 한 번 주목하면서 그것이 세분화되기 이전에는 어떠한 방식으로 존재했는지를 추적하는 방법을 이용하기로 했다. 즉 분화되어 나름대로의 개별 문서로서 기능하기 이전의 양안은 다분히 종합적이며 복합적이라는 점을 통해 시계열적으로 그 문서의 발전상이 정리될 수 있다고 보았다. 그러한 특징을 통해 18세기 시대상을 명확히 읽어 낼 수 있는 것은 물론이다. 量案이 17~18세기 현실에서 소유권대장으로서의 역할과 조세장부로서의 기능과 역할을 동시에 어떻게 수행하고 있었는가를 밝히는 것이 본고의 궁극적인 목적이다.

2. 量田과 經界策

양전사업은 經界로부터 시작되며 仁政의 출발점이라고 해 왔다. 그렇다면 경계를 확정짓는다는 것은 무엇을 의미하고 있으며 왜 인정의 출발점이 되었을까. 조선시기에 사용된 경계란 용어의 용도를 살핌으로써 양전의 사회경제적 의의를 보다 분명히 해 볼 필요가 있다.

양전의 역사적 성격을 살피기 위해 조선 후기 최대의 양전사업이었던 1634년과 1720년의 갑술·경자양전을 중심으로 살펴보자. 현존하는 조선시기 양안 중 가장 많이 남아 있는 것은 1720년의 庚子量案이다. 이 때 작성된 양안으로 현존하는 것은 전라·경상 양도의 13개 군현에 지나지 않지만,[9] 17·18세기 사회상뿐 아니라 이전과 이후 조선사회의 성격을 보여주는 중요한 자료가 되고 있다. 1634년 갑술양전 이후 1720년 경자양전으로 마무리된 대표적인 양전사업은 양란 이후 철저히 파괴된 사회경제 토대를 다시 일으켜 세우고자 했던 데서 시행된 사업이라는 점에서 주목된다.

이 시기 양전을 통해 만들어진 양안은 어떠한 내용을 담고 있을까? 그 핵심은 17~18세기 경계와 관련한 여러 가지 논의와 연관이 있다.

우선 역대 왕들의 정치에 있어 경계는 모든 정치의 출발이 되고 있다는 점을 전제로 하고 있었다. 예컨대 경자양전을 단행한 숙종 역시 양전을 거행하여 經界를 바르게 하라면서 비망기를 내릴 때, "『孟子』에 '仁政은 반드시 經界에서 비롯한다' 하였으니, 경계를 바루는 것이 王政의 先務이다"라고 하였다.[10] 인정이란 모름지기 경계에서 출발하니 토지제도와 조세수취를 바로잡을 때 경제적 토대인 토지로부터 파생되는 문제를 해결할 수 있다는 것이다.

9) 남해·비안·상주·예천·용궁·의성 등 경상도 6개 군현과 고산·전주·남원·능주·순천·임실·화순 등 전라도 7개 군현이다.
10) 『肅宗實錄』 권23, 숙종 17년 7월 辛巳, 39-250.

이 같은 經界는 시행방법에 따라 다음과 같은 세 가지 방법을 통해 해결되고 있었다. 즉, 井田을 통한 경계책, 方田을 통한 경계책, 量田을 통한 경계책이 그것이다.

① 신이 삼가 살펴보건대 井田法이 폐지된 이후로 富民이 兼幷하는 폐단이 이미 오래 되었습니다. 이 때 삼남의 전답을 改量하여 稅를 정하였으니 어찌 장한 일이 아니겠습니까? 그러나 조정에서는 다만 均田의 허울만 되뇌일 뿐 균전의 실상은 구하지 못하고 있습니다.[11)]

② 여덟 번째는 經界를 바르게 하는 것이니, 우리 나라의 量制는 처음에 매우 소략하였는데, 六等으로 고친 후에 조금 균등하게 되었다가 …… 작년 兪集一의 方田法은 …… 실로 간사함을 막는 妙法이 될 것이다.[12)]

③ 賦稅가 균등하지 않는 것은 經界가 바르지 못하기 때문이다.[13)]

①의 견해는 숙종대 경자양전이 끝난 후 그것을 평가하는 자리에서 나온 견해로서 井田=經界策이라고 할 수 있다. 정전법이 무너진 이후 토지겸병이 심화되고 그에 따라 농민의 恒産은 무너지면서 토지로부터 나오는 세는 모두 지주의 주머니로 들어가는 가운데 국가의 세입은 줄어든다는 것이다. 삼남의 전답을 개량하여 비로소 국가의 재정을 다시 일으킬 수 있었지만[14)] 문제는 해결되지 않고 양전의 결과에 대해 농민의 원망이 커지고 있다는 것이다. 즉 均田의 이름만 빌어 농민을 속이고 있고 실제 농민에게는 어떠한 이익도 돌아가지 않는다는 원망이다.

정전법을 실행하기 어렵다는 논의는 정부의 정책 입안자들에 있어서는 일반적인 견해였다.[15)] 정전법·균전법 등에 관한 논의는 계속되었지만, 정전법을 시행한다는 것은 현실적으로 불가능하다는 결론으로 귀결되기 마련이었다.[16)] 세종의 공법 제정 때도 助法 정전론에 관한 논의는 일단 제외시킨 채[17)] 貢法에 입각한 田制改革이 이루어졌다.[18)] 이후 朝鮮朝 田制의 기본틀은 공법에 의해 유지되었고 공법의 전제개혁 개혁 방식은 이후 조선 전 시기를 관통하게 되었다. 18세기 후반 정조대에 이르러서도, 토지가 좁고 산과 계곡이 대부분

---

11) 『景宗修正實錄』 권1, 경종 즉위년 10월 己亥, 41-337.

12) 『肅宗實錄』 권37, 숙종 28년 8월 庚寅, 39-695.

13) 『肅宗實錄』 권32, 숙종 24년 1월 甲申, 39-482.

14) 경상도·전라도·충청도 3도의 田畓을 改量하여 경상도의 田稅는 총 26만 2천 결이고, 전라도는 24만 5천 5백 결이고, 충청도는 16만 3백 결을 얻었다는 것을 성과로 들고 있다(『景宗實錄』 권2, 즉위년 10월 己亥, 41-138). 그러나 이 같은 양전의 결과는 景宗代에 들어 비판되는 가운데 英祖代에는 재조정될 필요성이 거론되었다.

15) 다음 글에서도 알 수 있듯이 조선 전기 이래의 토지개혁 논의에서도 그러한 입장이 잘 드러나 있다. 李景植, 「朝鮮前期의 土地改革論議」, 『韓國史研究』 61·62합집, 1988. 10(『朝鮮前期土地制度史研究 II』 재수록) ; 金泰永, 「朝鮮前期의 均田·限田論」, 『國史館論叢』 5, 1989.

16) 金容燮, 앞의 글, 1990 ; 앞의 글, 1989.

17) 『世宗實錄』 권35, 세종 9년 3월 甲辰, 3-65.

18) 崔潤晤, 「世宗朝 貢法의 原理와 그 性格」, 『韓國史研究』 106, 1999.

이어서 井田의 經界를 設施하기 어렵다는 것을 전제하면서 그 문란한 이유를 豪右들이 모두 제것으로 만들었다는 비판이 계속된다.[19] 그런데 이때 국가는 균전이나 양전 논의를 일체 거론치 않고 있으니 농민을 구제할 길이 없다는 것이다. 농사지을 땅을 빼기고 자신의 전토를 소유하고 있지 못하니 힘을 다하려 해도 방법이 없다는 것이다.[20]

위와 같은 정전법 논의에 있어서 경계가 의미하는 것은 방법상 正正方方한 토지구획에 의해 농민에게 恒産을 마련해 주는 것임을 알 수 있다. 그런데 우리 나라에서 실행키 어려운 정전법은 물론이고 균전이나 양전의 방법도 제대로 시행되지 못하고 있다는 것이다. 이러한 논의의 배경에는 정전제가 표방한 토지 획정과 분급체제에 대한 理想을 전제한 뒤 그것을 현실화시키지 못하는 상황에서 量田이라는 현실적인 방법만이라도 행해져야 한다는 생각이 깔려 있다.

②의 견해는 유집일의 방전법을 말하는 것으로서 方田=經界策이라고 할 수 있다. 우의정 申琓이 箚子와 함께 8條의 冊子를 바치면서 1702년에 전면에 등장하게 된 것이다. 여기에서 그는 우선 우리 나라의 量制인 양전법이 매우 소략하여 경계를 바르게 하지 못했고, 세종대 田分 6등으로 개혁하여 조금 균등하게 되었지만 여전히 田制가 문란할 수밖에 없는 상황을 말하고 있다. 그가 제시한 방법은 바로 유집일의 방전법을 근거로 한 것이었다.[21] 방전법은 정전법을 시행할 때 가장 어렵다고 한 구획정리, 즉 논두렁·밭두렁을 새로 만드는 것이 아니라 뚝[墩]을 쌓아 표식을 만들어 토지 파악을 쉽게 하는 것이다. 돈대를 설치하고, 360步 간격으로 표지를 세워 기준을 삼는 방식으로 하여 사방 1里를 1井으로 삼는다. 이런 방식이면 몇 일 만에 전 토지를 측량할 수 있을 것이라는 것이다. 이 같은 방전법은 전국의 토지를 손바닥 들여다 보듯이 地籍圖로 그려 내고 그것을 국가는 관리만 하면 된다는 것이다. 이에 은결이나 누결 등 국가의 수취대상에서 빠져나가는 토지는 있을 수 없다는 것이다. 이를 八道에 두루 시행한다면, 수백 년 동안 문란해진 경계를 정돈할 수 있을 것이라고 생각하였다.

방전법의 목적은 국가의 정확한 토지파악과 획기적인 토지관리에 있었다. 그러나 이러한 방법은 대토지소유자들의 반대에 부딪혀 실패로 돌아가고 말았다. 반대 이유는 국가가 농민을 생각하고 均賦稅를 실현하기 위해 경계책을 펼치는 것이 아니라 增結만을 목적으로 하고 있다는 것이다. 방전법이 아니라 기존의 量田法을 통한 문제 해결을 원하고 있는 것이다.

③의 견해는 가장 일반적이고 현실적인 견해로 자주 등장하며 양전론을 통해 문제를 해결하려는 양전=경계책이다. 대개의 경계의 뜻은 이러한 내용으로 쓰이고 있으며 전통적으로 경계 문제를 해결하는 방법으로서 이 같은 양전법을 채택하고 있었다. 이른바 균부세의 방법으로서의 양전=경계책[22]이 경계책 가운데 가장 현실적인 방법론이라고 믿고 있었기

19) 『正祖實錄』 권5, 정조 2년 6월 壬辰, 45-27.
20) 『正祖實錄』 권5, 정조 2년 6월 壬辰, 45-27.
21) 崔潤晤, 「肅宗朝 方田法 시행의 역사적 성격」, 『國史館論叢』 38, 1992.

때문이다. 즉 "定經界 均賦稅"하는 방법을 통해 당면 과제를 해결하려 하고 있었던 것이다. 이 같은 방법은 양안이나 행심책의 내용과 형식에 그대로 반영되어 나타났다. 본고에서도 주로 살피는 양전은 바로 이 같은 내용을 갖는 경계책이다. 양전론으로의 귀결은 ②와 ③ 같은 근본적인 대책을 수반하는 방법이 제기되었지만 벽에 부딪힌 결과 마련된 것이기도 하다.

이러한 ①·②·③의 井田=經界策, 方田=經界策, 量田=經界策이라는 세 가지 방법을 통해 확인할 수 있는 경계의 내용은 다음과 같이 요약될 수 있다. 그것은 인정을 펼치는 데 경계가 우선이며, 그것은 정전법이나 방전법에 의한 방법은 문제가 많거나 불가능하다는 것, 그리고 양전법에 의해 부세를 균등히 하는 것에 초점이 모아진다. 방법상으로는 양전법이 채용될 수밖에 없으며, 양전을 통해 달성해야 할 목표는 농민에게 토지를 분급해 줄 수 있는 방법이 없기 때문에 마지막 방법으로서 현실의 토지소유관계를 인정한 가운데 경계를 분명히 하는 정도에 둘 수밖에 없었다. 이는 결국 토지를 많이 소유한 자에게는 많은 조세를 부과하고 토지가 적은 농민에게는 적게 부과한다는 균부세의 목표임을 알 수 있다. 이시기 지배방식의 특질이 양안에서도 잘 나타나 있는 것이다.

3. 量案의 기능

양전사업이 경계를 확정하고 제반 토지지배관계를 명확히 하려는 목적을 달성하기 위해 조사되었다면 그 결과물인 양안에는 이러한 내용과 형식이 담겨 있었을까? 이에 대한 답을 얻기 위해 경자년 양안의 기재양식과 양전사목에 대한 분석을 통해 그 내용을 검토해 보기로 하자.

우선 경자양안의 형식을 통해 경계책과 관련된 내용을 추적해 보기로 하자. 全州府의 「己亥量田(康熙 59, 1719)導行帳」의 형식으로 정리된 양안[23]은 다음 쪽과 같은 형식으로 기재되었다.[24]

①에서는 양전시행 연월일과 군현명을 적고, ②에서는 1719년 당시 천자문 가운데 '合'이라는 字號로부터 측량한 今量으로서 舊量(1634년 甲戌量田)과 구분하되, 伊北面 伊作里 앞들녘[前坪]에서 시작했다는 것을 보여준다. ③의 첫 칸은 地番 '第一'의 토지로서, 6등전

22) 이와 같은 양전론의 배경으로서 '均賦稅' 논리는 다음의 글이 참고된다. 金容燮, 「朱子의 土地論과 朝鮮後期 儒學」, 『延世論叢』 21, 1985 ; 「朝鮮後期 土地改革論의 推移」, 『東方學志』 62, 1989(이상 『增補版 朝鮮後期農業史研究Ⅱ』, 일조각).

23) 『全羅右道全州府己亥量田導行帳』(규 15035) 全州府 編, 20책.

24) 양안 서식은 세로쓰기 정렬방식으로서 15칸, 즉 15필지가 한 면에 정리되어 있으나 여기에서는 편의상 가로쓰기 정렬방식으로 표를 그렸다. 사례로 이용한 伊北面의 경우 총 85개 字號에 약 4667필지, 453결 31부 3속의 전답이 실려 있다.

①

康熙五十九年 月 日 全羅右道全州府 己亥量田導行帳

②

今量合字 伊北面 伊作里 前坪

③

第一　肆等直田南北長捌拾壹尺 東西廣貳拾參尺	拾負貳束	東北金自龍松田南伊西 地界西同人田	起主金潤可

④

西犯二作肆等梯田南北長柒拾尺 北大頭貳拾肆尺 南小頭捌尺	陸負貳束	西伊西界路東南 同人田北金自龍松田	起主同人

가운데 4등 直田의 長廣尺을 표시하여 周尺으로 환산한 넓이를 알게 해 준다. 두 번째 칸에는 結負를 적고, 세 번째 칸에서는 동서남북 四標를 표시하여 해당 토지의 상대적 위치를 표시한다. 네 번째 칸에서는 起主를 적는다. ④는 두 번째 지번을 적어야 하나 첫째 지번의 金潤可 토지내 새로 起耕을 했거나 또는 分作하여 2필지로 나눈 경우 새로 지번을 매기지 않고 2작, 3작, 4작의 형식으로 적는 경우이다. 이 토지는 앞의 토지를 기준하여 西犯하니 서쪽으로 犯入했다는 것을 알 수 있다. 나머지는 마찬가지로서 기주는 역시 앞의 김윤가이다. 위와 같은 형식으로 한 面 단위로 책을 만들며 많으면 2책으로 하든가, 적으면 두개 면을 1책으로 만든다. 이 같은 양안의 형식은 道 단위로 차이점을 보이기도 하고, 파견된 均田使나 해당 지역의 監司·守令에 따라 조금씩 다르다.

경자양안 작성의 지침인 양전사목을 통해[25] 양안은 어떠한 기능을 하고 있었는가를 살펴보자. 경자양전을 위한 양전사목은 1717년(숙종 43)의 丁酉事目에 의해 그 대강이 마련되었으며 이후 마련된 私節目까지 포괄하여 양안의 기능과 역할을 담고 있다. 경자양전의 사목은 이미 1700년(숙종 26) 양전 논의 때부터 거론되나 마무리되지 못한 채 1716년(숙종 42)에 다시 양전 논의가 시작되면서 1717년(숙종 43, 강희 56)에 삼남양전 방침이 재확인되기에 이르렀다. 당시 호판였던 권상유에 의하여 작성된 量田事目[26]이 현재 전하는 康熙丁酉

25) 『新補受教輯錄』 戶典 量田에는 숙종 43년(丁酉, 1717)의 양전사목 13개 조항과 숙종 46년(庚子, 1720)의 2개 조항, 그리고 영조 31년(乙亥, 1755)의 1개 조항 등 총 16조항이 실려 있다. 『典錄通考』 戶典 量田에도 新補受教된 15항목을 포함하여 총 18항목이 실려 있어 『新補受教輯錄』의 양전사목을 몇 가지 순서가 바뀐 그대로를 다시 확인할 수 있다. 『度支志』 外篇 권4, 版籍司 田制部2 量田式에 실려 있는 숙종 44년 戊戌年의 조항 5개 항과 『量田謄錄』(규장각)의 「庚子慶尙左道均田使量田私節目」 23개 조항도 참고된다.

양전사목이다.[27] 그러나 1717년의 양전 방침은 미증유의 흉작과 전염병으로 1719년(숙종 45)으로 연기되었고 1720년(숙종 46, 경자, 강희 59)에 이르러서야 양전이 종료되었다. 이 같은 己亥·庚子量田은 1717년 양전사목 마련부터 토지측량과 量案 즉 量田導行帳이 완성된 1719~1720년까지의 짧은 기간이었지만 그 논의 과정은 오랫동안 계속되어 왔던 것을 알 수 있다.

이 때 국가의 입장에서 가장 중요한 것은 양안으로부터 조세 부담자를 확인하기 위해 소유권자를 확정하며 그를 통해 해당 토지의 조세량을 부과하는 일이다. 즉 起主의 성명을 파악해 내는 동시에, 四標와 田形을 통해 토지의 境界를 명확히 하고, 나아가 전국 토지의 비옥도[田品等第]를 조정하여 結負數에 따라 조세를 확정하는 세 가지 사항으로 정리해 볼 수 있다. 곧 후대의 토지대장과 지적도, 공시지가로의 발전 형태이다.[28] 물론 이 같은 기능은 조선 후기 양안에 종합적이고 복합적인 형태로 응축되어 그 기능과 역할을 다하고 있었지만 여기에서는 세 가지 과정을 나누어 하나 하나를 개별적으로 살펴보자.

① 所有權 확정 기능

첫 번째로 들 수 있는 양안의 기능 가운데 가장 중요한 토지소유권에 대한 보존과 확정 기능을 살펴보자. 조세부담자이며 동시에 소유주로서의 起主에 대한 규정을 통해 양안의 소유권대장으로서의 성격을 확인할 수 있기 때문이다.[29]

Ⅰ-1. 凡田四標及主名 懸錄於量案 而毋論陳起量滿五結 則用一字號標之(用千字文 而字內以一二三爲次第)[30]

Ⅰ-2. 陳田並皆懸錄主名 無主處亦以無主懸錄 量後願爲起耕者 呈本曹受立案 然後依法永作已物 無文籍 僞稱已物欲爲懸主於量案 査覈現露 則論以冒占之罪 全家徙邊[31]

---

26) 『肅宗實錄』 권60, 숙종 43년 9월 계유, 40-677.

27) 『新補受敎輯錄』 量田條 참조.

28) 양안의 세 가지 기능은 근대적 토지소유가 성립하는 가운데 분화되어 갔다. 우리 나라의 경우에는 광무 연간의 양전지계사업(1899~1904년)을 획기로 일단계 정리되었고, 일제하 해방후를 거쳐 현재에 이르게 되면서 지금의 완전히 분화된 모습을 갖추게 된다. 현재의 토지 1필지에 대한 가치 평가는 土地臺帳·地籍圖라는 地籍公簿와 地價 公示를 통해 이루어진다. 즉 양안이 이 같은 토지대장·지적도·공시지가 확정이라는 절차를 통해 세가지 문서로 분화되며, 후술하듯이 土地·建物登記簿를 더하여 네 가지 문서로 분화되면서 一物一權的 토지권리를 규정하고 있다. 오늘날의 不動産登記法은 이 같은 양안의 종합적 기능에 대한 내용을 담고 있다.

29) 오늘날의 토지대장으로 분화하여 나가기 이전 단계의 기능이라고 할 수 있다.

30) 『度支志』 外篇 권4, 版籍司 田制部2 量田式의 肅宗 44년(戊戌) 항목으로서, 『續大典』 戶典 量田의 細注에는 다음과 같이 세분화되어 실려 있다. "相訟田地已決者 以決得人懸主 未決訟者 姑以時執懸主 而推後査卞 勿以量名爲拘 ○ 陳田亦皆懸主 無主處 以無主懸錄 無文籍僞稱已物懸主者 杖一百遠地定配 ○不干之人 乘其本主在遠 暗錄已名於他人田地者 杖一百流三千里."

31) 『典錄通考』 戶典 量田 ; 『新補受敎輯錄』 戶典 量田.

Ⅰ-3. 改量時 久遠田畓之訟 卽決者 趁時處決 定其主客 從實懸量 而有未及詳査 難處於遽決者 姑以時執懸量 而從容査卞 果有本主 則勿以量名爲拘 卽爲推給 如有不干之人 乘其本主在遠 暗錄己名於他田畓 以爲日後橫占之計者 全家徙邊[32]

Ⅰ-4. 結負欺隱之弊 多出於土豪 而畏其全家之律 例以奴名爲佃夫 而量田時 主戶知情欺隱者 則各其主戶 勿論朝官 斷以全家之律[33]

Ⅰ-1에서는 起主를 양안에 현록하되 四標와 함께 표시하여 경계를 분명히 하고 있다. Ⅰ-2에서 확인할 수 있는 것은 진전의 경우에는 陳主라고 하고, 無主地인 경우에는 無主라고 한다. 만일 무주지를 양전후 起耕하려고 하는 자는 호조에 立案을 제출한 연후 자기의 소유지[永作己物]로 만들 수 있다. 소유권 취득 과정에 대해서도 立案을 통한 방법을 명확히 제시해 놓고 있다. 그런데 Ⅰ-3에서 확인할 수 있는 것은 본 소유주가 먼 곳에 있는 不在地主이기 때문에 田畓訟이 일어나는 경우가 잦았는데 이 때는 양안에 時執한 자를 임시로 달아 놓고 후에 판결이 나는 대로 바꾸도록 하라는 조항이다. 한편 기주를 모두 소유주로 보기에는 어려운 경우가 나타나는데, Ⅰ-4의 조항이 그것을 보여준다. 즉 은결은 대개 지방의 토호로부터 나오는데 은결에 대한 全家徙邊律의 적용을 두려워한 토호들이 奴名을 佃夫로 하여 代錄하는 경우이다. 이 같은 경우 노명이 기주로 등재되어 있더라도 실제 소유주가 아닌 것은 분명하다.

이러한 경우가 많아지자 기주에 대한 기재방식을 명확히 하고자 1820년 순조 연간에는 다음과 같은 조항을 추가하여 제반 폐단을 방지하고자 하였다. 士夫와 양민, 공사천을 기주로 현록하는 방식을 규정한 것으로서 다음과 같다.

Ⅰ-5a. 曾前田案中 士夫不書名 只書奴名 混而難辨 今則二品守監司以上 書其姓某職某奴某 正三品以下 悉書姓名及奴名 良民具姓名 公私賤只書其名[34]爲乎矣 本主在於遠地 時作者非其奴僕 則別以主某人 時作某人是如懸錄 各樣位田屯田牧場等處 則各隨其所稱書塡爲齊[35]

Ⅰ-5b. 量田四標之書以人名者 雖是舊制 而常漢名字 旣多相同 從以賣買 土無常主 則所錄人名 非久變幻 靡所的從 今番段四方犯標 皆以某字第幾田 某字第幾畓懸錄 以爲永久無變 據一憑五之地爲齊[36]

Ⅰ-5a에서처럼 단지 노명을 기록하는 폐단을 없애고자 양반의 경우에는 2품 守監司 이상은 姓과 직역, 노명을 기록하고, 3품 이하는 성명과 노명, 양민은 성명을 모두 쓰고, 공사

32) 『典錄通考』 戶典 量田 ; 『新補受敎輯錄』 戶典 量田.
33) 『典錄通考』 戶典 量田 ; 『新補受敎輯錄』 戶典 量田.
34) 『純祖實錄』 권23, 순조 20년 3월 癸未, 48-160 ; 『量田事目』(연세대)
35) 『量田事目』(庚辰 5月, 純祖 20) 吏關草.
36) 『量田事目』(庚辰 5月, 純祖 20) 吏關草.

천은 단지 이름만을 쓰도록 하였다. 그리고 부재지주인 경우 時作이 지주의 노복이 아닌 경우에는 主와 시작을 모두 기록하도록 하였다. 한편 Ⅰ-5b에서처럼 양민[常漢]인 경우 이름이 같아 토지매매가 이루어지면 주인이 바뀌게 되면서 기록한 인명은 정확치 않게 되니 사방 범표에 자호지번까지 기록하면 영구토록 해당 토지는 바뀜이 없을 것이라는 것이다.

이 같은 과정에서 확인할 수 있는 것은, 起主란 입안을 통해 소유주로 등재된 자인 기주, 진주 또는 무주를 내용으로 하는 자로서 해당 토지에 대해 권리를 행사하는 자라는 점이다. 경상도 지역의 경자양안에서는 양반의 토지소유가 직역과 함께 노명이 기록되고 있어 그러한 국가의 의도가 관철되고 있었다.[37] 국가는 기주에 대해 토지소유권을 보장해 주고자 하였다. 그것의 궁극적 목표는 조세 수취에 있다. 납세자와 소유권자를 일치시켜 감으로써 국가는 수세를 원활하게 하고 소유자의 입장에서는 자신의 소유권을 보호받을 수 있도록 하는 것이다. 국가는 그러한 장치로서 입안을 통한 기주의 확정, 그리고 사표 기재를 통한 토지소유자 확정 과정을 마련하고 있었다. 향후 소유권분쟁이 일어났을 때 양안이 기능하는 것은 이 같은 법규정에 준해서였다.

한편 이러한 국가의 의도와는 달리 향촌에서는 노비를 소유한 양반의 경우 奴婢名이나 戶名으로 代錄하는 관행이 있었으며 나아가 分戶別産하거나 合戶를 통해 자신의 토지를 관리하는 경우도 고려하지 않을 수 없다. 기주와 소유권 관계가 절대적으로 일치하지만은 않는다는 점이다. 그것을 국가 차원에서는 은결과 관련 있다는 점에서 어떠한 방법이든 實名을 노출시키고자 하였으나 개인 소유주 차원에서는 달랐다. 왜냐 하면 노명이나 호명을 통해 양안에 기재하더라도 소유권을 행사하는 데 아무런 문제가 없다는 점에서 실명을 밝히지 않고 있었다.[38] 이러한 관행은 臺帳에 본명을 노출시키는 것을 천시하는 풍습에서 연유했다고 알려져 있으며, 나아가 자신의 토지를 보호하는 방편으로서 실명을 밝히지 않는 경우도 있다. 나아가 자신의 토지를 관아에 빼앗길 것을 염려하여 노비명으로 숨기는 경우도 있다고 한다.[39] 양안 상의 이 같은 관행은 양안이 갖고 있는 시대상을 반영하는 것으로

---

37) 전라도 지역의 경자양안에는 어떠한 이유에서인지 명확치 않지만 직역이 생략된 채 기록되어 있는 경우가 많아 신분에 따른 토지소유 분석이 어렵게 되어 있다. 전주부 薍田面 분석이 참고된다(金容燮, 「量案의 硏究」, 1960 ;『증보판 朝鮮後期農業史硏究 Ⅰ』, 1995 참조).

38) 양안의 기주가 양안 상에 分戶되거나 合戶 형태로 기록된 경우가 있음은 소유권 추적에 있어 고려될 부분이다(김용섭, 앞의 책, 1995, 102~121쪽). 한편 대록, 분록, 합록된 경우가 많기 때문에 양안은 그대로를 믿을 수 없으며 虛簿에 지나지 않는다는 부정적인 견해도 나와 있다. 예컨대 李榮薰 敎授의 「光武量田의 歷史的 性格 - 忠淸南道 燕岐郡 光武量案에 관한 事例分析 -」, 『近代朝鮮의 經濟構造』, 比峰出版社, 1989 ; 「光武量田에 있어서 '時主' 파악의 실상 - 忠淸南道 燕岐郡 光武量案의 사례분석 -」, 『대한제국기의 토지제도』, 민음사, 1990이 그것이다.

39) 이러한 농촌관행은 지방마다 다르며 명확치 않다. 「官三雇三校三等に關する事項」(국편)이라는 보고서에 의하면 官衙・雇馬屯・鄕校 등의 土地에 '三'이라는 대표적인 문자를 사용하여 상징적으로 표현하듯이, 토지문기에서 실명 대신 노비명을 사용하는 경우도 유사한 동기에서 나타난다는 것이다. 즉 각지 都書員의 보고를 종합해 보면 대체로 양반의 경우 실명 사용을 천시하여 대신 자신의 소유를 상징하는 대상을 설정한다는 것이다. 이외에도 자신의 토지를 보호하기 위한 목적도 있다고 보고하고

서 이 시기 문서의 특징이기도 하다. 곧 양안 문기의 종합적 성격이라고 할 수 있다.[40]

② 量田圖의 기능

양안의 두 번째 기능으로서 토지의 위치와 경계를 표시하는 量田圖 기능에 대해 살펴보자. 양전도는 토지대장과 함께 소유권을 증명할 수 있는 중요한 地籍의 하나이다.[41] 즉 아래와 같은 양전사목의 규정이 그와 같은 것을 잘 보여준다.

Ⅱ-1. 凡田四標及主名 懸錄於量案 而毋論陳起量滿五結 則用一字號標之(用千字文 而字內以一二三爲次第)[42]

Ⅱ-2. 各樣田形 打量時 只以人所易知方田直田梯田圭田句股田名色 推類打量 以爲便易之地 若田形不分明處 以方田直田裁作打量 斜缺處別作田形打量 而只以五名色懸錄打量[43]

Ⅱ-3. 打量時 監官等 以起爲陳 以陳爲起 田形失實 循私落漏 用意妄冒者 每一負杖一十 至杖一百而止 通計滿一結者全家徙邊 佃夫之符同用奸者 亦爲一體定罪[44]

Ⅱ-4. 田畓之宛然全庫 用意落漏於田案者 勿論負之多少 任使與佃夫 並刑推後 全家徙邊 田畓仍爲屬公[45]

Ⅱ-5. 各邑成冊末端 必書解負人姓名 更加叩算 果有差着 勿論用情無情 一依事目內 量田監官落漏妄冒者例 每一負杖一十 至杖一百而止 通計滿一結者 用全家徙邊之律(康熙丁酉量田事目)(肅宗四十三年丁酉)[46]

Ⅱ-1은 앞에서도 살펴보았듯이 四標로서 해당 토지의 상대적 위치를 표시했다. 동서남북

있다.

40) 종합적이라는 뜻은 오늘날의 토지대장, 지적도, 공시지가와 토지등기부로 분화되기 이전 네 가지 문서의 역할을 하고 있다는 점을 말한다. 특히 양안의 토지대장으로서의 기능은 1914년「土地臺帳規則」(조선총독부령 제45호)으로 분화되면서 토지의 소재, 지번, 지목, 地積, 地價, 소유자의 주소·씨명 또는 명칭, 質權·전당권·지상권의 내용을 등록하도록 하고 있다. 전면 개정된「地籍法」(1975.12.31 법률 제2801호)에서는 토지대장의 등록사항을 토지의 소재, 지번, 지목, 면적, 소유자의 성명 또는 명칭·주소·주민등록번호(국가·지방자치단체·법인 또는 법인 아닌 사단이나 재단 및 외국인은 그 등록번호), 기타 내무부령으로 정하는 사항을 기재하고 있다. 토지대장은 지적도·임야대장·임야도 및 數値地籍簿와 함께 地籍公簿라 하여 지적법에서 관리되고 있다(地籍法 제2조 용어의 정의 참조).

41) 오늘날의 地籍法에서는 地籍公簿라 하여 토지대장·임야대장을 포함하여 지적도·임야도 및 數値地籍簿를 지칭하고 있으며 지적대장 및 도면을 통해 해당 토지를 확인할 수 있다(地籍法 제2조 용어의 정의 참조).

42)『度支志』外篇 권4, 版籍司 田制部2 量田式의 肅宗 44년(戊戌).

43)『度支志』外篇 권4, 版籍司 田制部2 量田式의 肅宗 44년(戊戌).

44)『典錄通考』戶典 量田 ;『新補受敎輯錄』戶典 量田.

45)『典錄通考』戶典 量田 ;『新補受敎輯錄』戶典 量田.

46)『典錄通考』戶典 量田 ;『新補受敎輯錄』戶典 量田.

의 주변 토지를 포함하여 해당 지번까지 5개의 토지를 묶어 표시함으로써 그 위치를 알게 한다. 그와 같은 토지의 위치는 다시 字號地番으로 표시됨으로써 마무리되게 된다. 해당 토지의 자호지번과 사표의 결정은 양전 때 이루어지는데, 양전 방향은 대체로 관아 또는 객사를 중심으로 우회하면서 그 때마다 犯入하는 방향을 적고 四標를 기록하는 방식이었다. 사표를 기재하는 것은 해당 지번의 토지에 대한 위치 확정과 권리자를 파악하는 데 있다. 국가의 토지관리 방식에 있어 개인 소유권을 확정해 주고 그것을 바탕으로 收租했다는 것을 보여준다. 사표를 통해 해당 지번의 토지를 확정하는 것 외에 전답 도형을 양안에 기재했다. 방법은 Ⅱ-2에서 보듯이 숙종 경자양전 단계까지만 하더라도 전답도형을 그려 넣지 않고 단지 기본 5형[方田・直田・梯田・圭田・句股田]을 중심으로 長廣 척수를 기재하는 데 그쳤다. 이후 광무양전 단계에 이르면 전답 도형을 양안에 그려넣는 방식으로 발전하게 된다.[47] 전답 도형을 통해 境界[48]를 분명히 하고자 하였던 것이다.

양안에서의 사표와 전형은 양전도의 역할을 대신했던 것으로 볼 수 있다. 量田圖로서 魚鱗圖나 地籍圖가 국가의 양전사업에 채용된 경우는 발견되지 않지만 구암 韓百謙(1552~1615)의 箕田圖[49]나 숙종조 1700년 兪集一(1653~1724)의 方田圖,[50] 丁若鏞의 魚鱗圖,[51] 1884년 趙汶의 三政圖,[52] 한말 丘井量圖,[53] 1897년 兪鎭億의 量尺網圖[54]로 제안된 지적도는 모범적인 사례로 그 전형을 이루고 있다. 이 같은 지적도의 특징은 전국 토지를 낱낱이 국가가 파악하고 관리할 수 있다는데 있다. 또한 그것이 나온 배경에는 진전이나 은루결로 인한 제반 폐단을 이정하는 데 있다고도 할 수 있었다.

예컨대 양전사업에 있어 고의로 누락시키는 경우 엄벌에 처하라는 지시가 내려올 정도였다. Ⅱ-3이나 Ⅱ-4에서 보듯이 감관 이하 서리나 佃夫가 서로 짜고 은결이나 진전을 만들어 내는 사례가 많았기 때문이었다. 지적을 완성하는 데 있어 5결마다 1자호로서 字號地番을 완성한다는 원칙 아래 해당 토지를 일목요연하게 관리할 수 있게 되었다. 만일 필지가 나뉘거나[55] 새로 지번을 매기는 경우[56]가 나타난다면 이전의 자호지번은 계승되지 않고 바

---

47) 일제하 「課稅地見取圖」나 현재의 「地籍圖」는 전답도형과 사표가 발전한 형태이다. 일정한 축적으로 전국 토지의 지적을 작성하였으며 1918년 조선총독부령 제75호로써 토지대장 규칙을 개정할 때 토지대장 등본의 발행은 물론 지적도 등본도 발행할 수 있도록 규정하고 있다. 해방후 「地籍法」 제10조의 지적도 및 임야도 등록사항에는 토지의 소재, 지번, 지목, 경계, 기타 내무부령으로 정하는 사항을 기재하고 있으며 地籍圖 확인을 통해 토지대장의 지번을 확인해 낼 수 있다.

48) 오늘날에는, 境界라 함은 地籍圖나 林野圖 위에 地籍測量에 의하여 地番別로 劃定하여 登錄한 線 또는 數値地籍簿에 登錄된 座標의 連結을 말한다(地籍法 第2條 용어의 정의).

49) 『久菴遺稿』 上, 箕田遺制說.

50) 崔潤晤, 앞의 글, 1992.

51) 『經世遺表』 제8권, 地官修制 田制10 井田議2.

52) 「三政圖說」(연세대학교 소장본).

53) 『丘井量法事例弁圖說』.

54) 『田案式』 方田條例.

55) 양안의 二作, 三作 등으로 分作되는 경우가 그러하다. 예컨대 舊量에서는 1作이던 것이 나뉘어 2, 3

꿔게 되는데, 물론 이 같은 상황이 계속된다면 혼란을 초래하지 않을 수 없기 때문에 대대적인 양전사업이 행해지기를 기다려 재정리되었고, 그 때까지는 단지 지번 아래 一作, 二作 등과 같은 순으로 分作되던 토지를 기재하고 있었다.

이 같은 보완 과정을 거쳐 地籍公簿로의 발전이 도모되었던 것을 알 수 있다. 따라서 18세기 초의 경자양안이 公簿로서 완성되기 위해서는 앞에서 검토했던 양안 상의 起主에 대한 권리 확정 과정과 양안 상의 모든 토지가 은루결 등의 명목으로 누락되지 않고 地籍에 모두 포괄되기를 기다려야 했다. 이 시기 양안이 갖는 지적공부로서의 시대적 성격이라고 할 수 있다.

③ 土地評價의 기능

양안의 중요한 세 번째 기능으로서 토지의 가치를 평가하는 田品等第에 대해 살펴보자. 그것은 양안 상의 田品과 結負, 長廣尺數의 기재를 통해 토지생산성을 측정하는 방법으로 이루어지고 있었다. 그와 같은 기준은 조선 전 시기에 걸쳐 토지평가의 기준이 되었던 結負制를 통해 마련되고 운용되어 왔다.[57] 아래의 양전사목에 그러한 결부제 운용방식이 잘 나타나 있다.

Ⅲ-1. 凡田分六等 每二十年改量成籍 藏於本曹本道本邑[58]

Ⅲ-2. 諸道田畓 從前累經檢量 等數高下 旣已從實懸錄於量案中 此則前後宜無異同 今番改量時 則量後加起之處 等數高下 一從土品施行 而至於曾前量案所在 田畓等第 勿爲昇降 其中或有不得已釐正者 各邑一從里中公論 抄報監營 自監營別爲摘奸 詳知其實狀 然後始許改正 而同改正庫員字號等第成冊 一件亦爲上送本曹 以前頭摘奸時憑考之地 土豪輩如有夤緣冒僞 有所現露 則都監官以下及佃夫 並繩以 全家之律 該邑守令亦爲從重論罪(依大明律制違 杖一百)[59]

Ⅲ-3. 凡田竝用一等尺打量 各等遞降 解負結負 每等一負減一束五把 一等尺實積爲十負 則二等田爲八負五束 至六等田爲二負五束 餘等倣此(肅宗四十四年戊戌)[60]

Ⅲ-4. 量田尺數 從遵守冊定式 以一等磨鍊造作 兩端烙印 下送監營 使之依此造作行用量繩

作이 되면 각기 主名이 있을 것이니 이전의 合錄으로 인해 뒤섞여 어지러운 폐단이 있어서는 안 된다고 하여, 원래 第次에서 1字를 내려 '二作', '三作'이라고 實數에 따라 차례로 기록하여 구별하도록 하고 있다(『量田謄錄』 庚子慶尙左道均田使量田私節目).

56) 加耕田이나 隱漏結을 量案에 入錄시키는 경우가 이에 해당한다.

57) 조선 결부제의 완성에 대해서는 다음의 글이 참조된다. 金容燮, 「結負制의 展開過程」, 『韓國中世農業史硏究』, 지식산업사, 2000 ; 崔潤晤, 앞의 글, 1999 ; 李榮薰, 「『田制詳定所遵守條畫』의 制定年度」, 『古文書硏究』, 1996.

58) 『經國大典』 量田 戶典.

59) 『典錄通考』 戶典 量田 ; 『新補受敎輯錄』 戶典 量田.

60) 『度支志』 外篇 권4, 版籍司 田制部2 量田式의 肅宗 44년(戊戌).

> 麻索草索沾濕露水 則交急短縮 必致地小負多之寃 以水濕不縮之物 如竹索杻色之類 造作打量[61]

Ⅲ-1과 Ⅲ-2에서 보듯이 결부제 하의 전품 규정은 세종 貢法 이래 전답의 비옥도를 6등분하여 사용해 왔다. 이 때 전품은 되도록이면 올리거나 내리지 말도록 규정하고 있다. 만일 함부로 고치는 경우는 엄벌에 처하고 있었다. 이 같은 토지 비옥도는 다시 Ⅲ-3에서처럼 長廣 척수를 곱하여 解負함으로써 면적이 다시 환산되게 된다. Ⅲ-4에서 보듯이 양전척은 일체 遵守冊에 기반하여 一等尺 단위로 量繩을 만들어 측량하였으며 물에 젖더라도 줄어들지 않는 竹索이나 杻索으로 만들도록 하였다.

해당 토지에 대한 평가, 더 정확히는 토지생산성을 평가하는 방법으로서의 결부제는 중세 전 시기를 거치면서 발달해 왔다. 전국의 토지를 6등분하여 전분6등제를 운용하는 방법이었다. 물론 국가의 입장에서는 같은 토지라도 풍흉에 따라 토지생산량이 달라진다는 것을 전제로 年分法을 적용하여 수취하였다. 세밀한 계산방식을 통해 결부제를 운용하고 그를 통해 해당 토지에 대한 평가를 할 수 있었으니 양안이야말로 중세국가의 조세대장으로서의 기능을 지속적으로 수행하고 있었다고 할 수 있다. 결부제를 통해 국가는 전국 토지를 일목요연하게 파악할 수 있었고, 당해 연도의 풍흉에 따른 생산량과 수취량을 장악할 수 있었다.

한편 결부제를 통해 해당 토지의 토지생산성을 파악하고 그에 알맞는 조세 부과를 행할 수 있었던 것에 비해, 농촌에서는 어떠한 방식으로 해당 토지에 대한 평가를 행하고 있었는가를 살펴볼 필요가 있다. 농촌에서는 結負制 외에 斗落制를 통해 해당 토지의 생산성을 파악하는 것이 관행이었다. 전품 6등에 의한 6등의 비옥도 파악방식과 조세 부과 방식에 비해 두락이라는 전통적인 생산량 평가 방식을 여전히 병용하고 있었던 것이다. 결부제가 국가 차원의 공식적인 생산성 파악 방식이었다면, 두락제는 민간 차원의 개별적이고 지역적인 생산성 파악 방식이라고 할 수 있다.

토지매매는 이와 같은 결부제나 두락제 등에 의해 해당 토지에 대한 생산성 평가가 이루어지고 있었고 그에 따라 매매가격이 결정될 수 있었다. 매매 관행은 국가의 공식적인 결부제 외에 실제 농촌의 斗落이라든가 해당 지역의 비옥도 등에 따라 다시 환산되기도 했던 것이다. 이 같은 점 때문에 양안 상의 결부는 비록 해당 토지에 대한 전국 차원의 기준에 비추어 6등급으로 나누어지고 있었지만, 민간에서는 그와 같은 기준만으로 매매가격을 결정하지는 않았다. 토지에 대한 가치 평가에 있어 국가 차원에서 대체적인 윤곽만을 마련한 결부제 방식에다가 민간의 두락제를 결부한 방식이 병용되었던 것이다. 이러한 점은 국가가 마련한 6등분 구분방식이 세밀하지 못하다는 것을 보여주며 보완될 필요가 있다는 것을

---

61) 『典錄通考』 戶典 量田 ; 『新補受敎輯錄』 戶典 量田.

보여준다. 국가가 전국의 토지를 보다 효율적으로 관리하기 위해서는 토지등급을 더욱 세밀화시킬 필요가 있다.[62]

결부제 방식의 토지평가는 중세 전 시기에 걸쳐 조세 수취의 근거가 되었으며 나아가 토지 매매상의 기준을 마련할 수 있었다. 그러한 예가 매매문기에 기록된 양안의 자호지번과 결부수라고 할 수 있다.[63]

지금까지 양안의 기능에 대해 세 가지로 나누어 살펴보았듯이 그 기능과 역할 면에서 종합적이고 복합적이라고 할 수 있다. 즉 ① 소유권, ② 양전도, ③ 토지평가라는 세 가지 기능이 중첩되어 복합적으로 표현된 것이 양안이라고 할 수 있으며 그것이 각각의 역할을 담당하던 것이 조선 시기의 현실이었다. 다음과 같은 圖表를 통해 양안의 기능을 정리해 볼 수 있다.

<圖表 1>

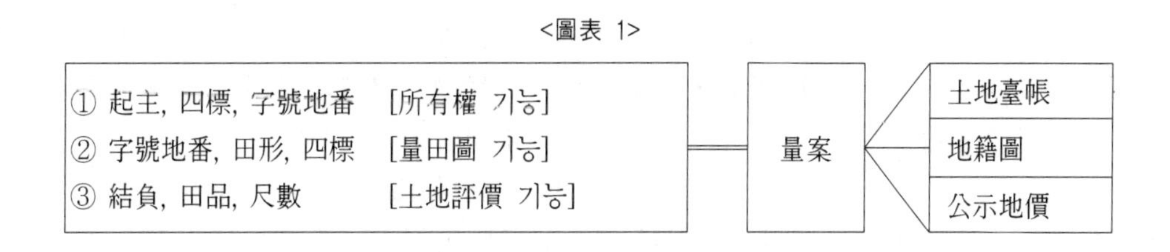

위의 도표에서 볼 수 있듯이 양안의 기능은 오늘날의 토지대장과 지적도, 공시지가의 기능으로 분해되어 세분화되었다. 조선시기의 양안이 갖고 있던 기능이 비록 각 분야마다 완전한 역할을 다하지는 못했다 하더라도 당시 제반 문서의 형식은 이미 갖추고 있었다고 할 수 있다. 이 같은 점을 바탕으로 ①의 소유권 기능은 그대로 토지대장으로 확대 발전하였으며, ②의 양전도 기능은 지적도로 세밀화되었고, ③의 기능은 공시지가 마련의 근거가 될 수 있었던 것이다. 따라서 양안이라는 하나의 문서가 세 가지 기능을 완전히 담당할 수는 없었다 하더라도 그 모태가 되고 있었던 것을 알 수 있다.

4. 量案의 역할

양안의 세 가지 기능을 바탕으로 양안이 어떠한 역할을 맡고 있었는가를 살펴보자. 곧 세 가지 기능이 토지에 대한 소유권대장으로서의 역할과 조세대장으로서의 역할로 어떻게 분화 발전되고 있었는가에 대한 분석이다.

---

62) 오늘날의 토지평가는 「地價公示 및 土地등의 評價에 관한 法律」로 규정되어, "土地의 適正價格을 評價·公示하여 地價算定의 基準이 되게 하고, 土地·建物·動産등의 鑑定評價에 관한 사항을 정함으로써 이의 적정한 價格形成을 도모"하고 있어 세분화되어 운영되고 있다.

63) 吳仁澤, 앞의 글, 1996.

첫 번째로 양안의 소유권대장으로서의 역할을 이해하기 위해 양안의 소유권 보존과 확정 기능이 어떻게 표현되고 있었는가를 살펴보자.

양안의 公簿로서의 기능과 역할은 국가가 개인의 소유권을 어떠한 방식으로 보호해 줄 수 있는가와 관련이 있다. 그것은 사적 소유권자의 입장에서는 개별 토지에 대한 지배권의 성격을 보여주는 것이며 그것을 어떻게 보존할 수 있는가의 문제와 관련이 있다. 곧 개인의 토지소유권 획득 과정과 그에 대한 권리 실현 방법이 국가의 보호를 받을 수 있었는가와 밀접한 관련이 있다.

우선 기주의 기재방식에 대한 논의는 앞에서 살펴보았기 때문에 여기에서는 기주의 권리 부분에 초점을 맞추어 살피기로 한다. 곧 기주의 권리가 얼마나 행사될 수 있는가의 문제로서 그것이 소유권이라면 국가로부터 어떻게 보호받을 수 있었을까?

토지의 권리를 확정하는 데 있어 우선되는 것은 기주이기 때문에 기주에 대한 규정을 주목해 보자. 앞의 자료 Ⅰ-1에서 Ⅰ-5까지 살펴보면 기주의 표현 방식이 다양한 것을 발견할 수 있다. Ⅰ-1의 '主', Ⅰ-2의 '陳主'·'無主', Ⅰ-3의 '時執'·'本主'·'量名', Ⅰ-4의 佃夫가 그것이다.[64] 여기에서 주·진주·무주·본주는 분명 양안 상의 기주이며 이들은 Ⅰ-2에서 볼 수 있듯이 호조에 입안을 내어 자신의 소유지[永作己物]로 만든 경우이다. 한편 Ⅰ-3의 時執은 양전이 행해지던 시점에서 파악된 양명을 당분간 기주로 올리는 경우로서 양전 이후 소유권 판결이 나면 확정을 하는 경우이다. Ⅰ-4의 佃夫는 主戶인 토호들이 자신의 토지를 숨기기 위해 奴名을 기주로 올리는 경우로서, 자신의 姓과 직역을 함께 기재했다면 별 문제가 없겠지만 노명만 올렸다면 이 때의 기주를 소유자로 보기 어렵다. Ⅰ-3이나 Ⅰ-4의 규정은 기주를 판단하기 어렵거나 기주가 아닌 경우에 대한 처벌을 논하고 있다. 양전이 20년마다 행해지기 어려운데다가 입안을 통해 소유권을 획득할 수 있었고, 또한 이 같은 소유권도 매매를 통해 계속 바뀌는 현실에서 되도록이면 소유권자를 기주로 파악해 두는 것이 국가의 公簿로서의 기능을 극대화시킬 수 있었기 때문이다. 비록 기주를 소유주로 파악해 내지 못하는 경우가 있더라도 양안은 소유권을 정당화할 수 있는 법률상의 근거를 제공하는 權原으로 만들어 가고자 했던 지배층의 의지를 읽을 수 있다.

양안상 기주의 소유권 획득은 일반적으로 매매, 상속, 증여, 개간 등의 방법에 의한 것이었는데 17세기 이후 '起耕者爲主'라는 법규정[65]을 통해 볼 수 있듯이 개간으로 소유권을 획득해 가는 경우가 많았다.[66] 그러나 입안만 제출해 놓고 경작하지 않는 경우나 심지어는 그

64) 양안 상의 主 규정에 대해, 본고와는 논지가 다르지만 세세한 부분에까지 자세히 검토한 李榮薰 敎授의 다음과 같은 연구가 참조된다. 「量案 上의 主 規定과 主名 記載方式의 推移」, 『조선토지조사사업의 연구』, 1997, 제1장 ; 「朝鮮佃戶考」, 『歷史學報』 142, 1994 ; 「朝鮮前期 名字 考察 - 16세기 土地賣買明文으로부터 -」, 『古文書硏究』 6, 1994 ; 「光武量田에 있어서 '時主'파악의 실상 - 忠淸南道 燕岐郡 光武量案의 사례분석 -」, 金鴻植 외, 『대한제국기의 토지제도』, 민음사, 1990 ; 「光武量田에 있어서 '時主'파악의 실상(ii) - 京畿道·忠淸南道 光武量案 事例分析 -」, 『省谷論叢』 23, 1992.

65) 『續大典』 戶典 田宅, "閑曠處 以起耕者爲主."

러한 입안을 매매하는 행위에 대해서는 '侵占田宅律'로 처벌하고 있다.[67] '立案者爲主'에 대해서는 제한을 가하고 있는 것을 볼 수 있다. 조선 초기 이래 墾田을 중시하던 것처럼 이 시기에도 起耕田을 확보하려는 국가의 의지를 엿볼 수 있다.

경자양안에 나타난 기주의 기재 방식도 이 같은 양상을 잘 보여준다. 즉 아래의 표에서 볼 수 있듯이 耕作地는 陳主·無主, 家垈地는 垈主로 표시되며 이들의 소유권 연혁을 추적할 수 있도록 舊主와 今主를 표시함으로써 陳主라 할지라도 舊陳主와 今陳主[68]를 모두 파악하고 있었다. 매매, 상속 등의 사유로 인해 구주와 금주가 모두 연결되지는 않는 경우가 있다 하더라도 소유권자를 연속적으로 파악하고자 했던 국가의 의지를 읽을 수 있다.

<圖表 2> 庚子量案에서의 起陳구분과 起主 표시

		起陳 구분	舊今 구분
경상도	南海縣	起主·陳主	없음
	比安縣	起主	起主의 舊主·今主
	尙州牧	起主·陳主	起主의 舊主·今主
	醴泉郡	起主·陳主	起主·陳主의 舊主·今主
	龍宮縣	起主·陳主·垈主	起主의 舊主·今主
	義城縣	起主·陳主·垈主	起主·陳主의 舊主·今主
전라도	高山縣	起續陳	起主·陳主의 舊主·今主
	南原縣	起陳	陳主의 舊主·今主
	綾州牧·順天府	起續陳	陳主의 舊主·今主
	任實·全州·和順	起陳	陳主의 舊主·今主

그러나 이 같은 국가의 의지가 실효를 거두기 위해서는 양안이 20년 마다 작성될 필요가 있었고 그 때마다 소유주가 추적될 필요가 있었다. 실제는 그렇지 못한 것이 양전의 실상이었다. 때문에 양안 상의 소유권에 대한 연속적인 파악은 이루어질 수 없었다. 그 역할은 개인이 소유하고 있는 토지매매 문기라든가 입안을 통해 권리 확인이 가능했고 이것으로도 확인이 안 될 때는 소송이 확대될 수 밖에 없었다. 경우에 따라 다르겠지만 입안을 중심으로 판결이 나지 않을 경우에는 결국 토지 권리의 출발점인 양안 상의 소유권 확인으로까지 이어지게 되는 경우도 나타나게 된다.[69]

결국 양전사업이 행해지던 시점에서의 소유권자를 파악하고 그에 대해 그 권리를 인정해

66) 李景植, 「17世紀의 農地開墾과 地主制의 展開」, 『韓國史硏究』 9, 1973.

67) '侵占他人田宅者'의 경우 田地 1畝, 家屋 1간 이하는 笞 50에 처하고 每田地 5畝, 家屋 3간에 罪 1등을 가중하되 杖80 徒2년에서 그친다고 규정하고 있다(『大明律直解』 戶律 田宅 盜賣田宅).

68) 舊陳이란 양전사업 이전부터의 陳田이었지만, 今陳이란 時起田 가운데 査陳이라 하여 陳田으로 인정되지 못한 채 '白地應稅'하는 경우이다(「量田踏驗節目」, 『烏山文牒』 己卯 8月日 傳令, "量舊陳 則如前懸錄爲旀 時起中陳處 入於査陳者 査陳是如懸錄爲旀 未及於査陳 而卽今白地應稅者 今陳是如懸錄爲乎矣……").

69) 吳仁澤, 앞의 글, 1996.

줄 수는 있었지만 그러한 기능을 계속할 수는 없었다. 소유권을 확정하고 보존해 주는 기능 면에서 양안이 가질 수밖에 없던 한계라고 할 수 있다. 그 역할은 따라서 입안이나 입지, 문기 등의 제반 토지문서에 넘길 수밖에 없었다.

그러기 위해서는 立案이나 立旨, 또는 文券·文記·文契 등의 보조 문서가 별도로 기능하고 있었다는 점을 동시에 살펴볼 필요가 있다. 이들 문서에 대한 정확한 관계 설정을 통해 양안의 역할을 정확히 살필 수 있다. 아래 도표는 소유권을 취득하는 과정에서 양안과 제반 문서가 어떠한 관련을 맺고 있는가를 잘 보여준다.

<圖表 3>

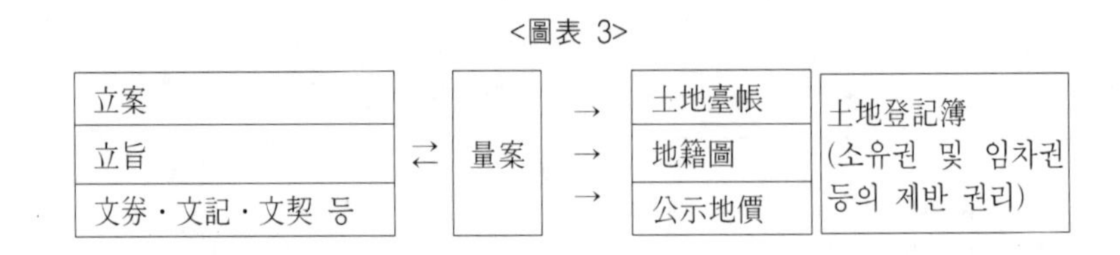

위에서 살펴보았듯이 양안의 소유권 보존 기능은 제반 문서에 의해 보완되고 있었으며 그것이 오늘날 세분화되면서 토지대장·지적도·공시지가 및 토지등기부로 발전하였다고 할 수 있다. 제반 토지문서는 이같은 양안 상의 起主나 자호지번, 전품, 결부를 등사하여 권리의 근거로 삼고 있었다. 그것이 가능했던 것은 양안에 소유권 보존의 기능과 양전도로서의 기능, 그리고 토지평가의 기준이 마련되고 있었기 때문에 가능했으며, 그러한 것은 公簿로서의 위치를 높여 줄 수 있었다. 한편 양안이 오래 되어 기능을 다하지 못할 때는 立案이나 매매문기의 기록 내용이 보완되고 있었던 점에서 쌍방간의 관계는 상호 보완적이기까지 하다.

立案은 관에서 발급하는 문서형식으로서[70] 개인의 토지·가옥·노비 등의 매매 양도의 사유가 발생했을 때 이를 공증해 주는 문서이다.[71] 임란 때 文券이 많이 유실되자 1601년(宣祖 34, 辛丑) 王命으로 立案을 다시 내주도록 조치를 취하기도 했다.[72] 입안이 강력한 공증력을 가지며 지속적으로 효력을 발생하던 것에 비해 立旨는 일시적인 효력을 갖는 문서였다. 입지는 흔히 토지나 노비문기를 다시 만들기 위해 관에 所志를 내면 所志의 하단에 판결의 결과를 쓰고 立旨를 성급한다는 題音을 쳐서 官印을 찍어 발급해 주던 문서형식

70) ◦『經國大典』 戶典 賣買限條, "田地家舍賣買限十五日勿改 并於百日內告官受立案 奴婢同."
◦萬曆 己亥 1599年 承傳 ;『受敎輯錄』 戶典 賣買, "自壬辰五月以後 戊戌十二月以前賣買文記 雖未及斜出 證參明白者 皆許施行."
◦順治 庚子 1660年 承傳 ;『受敎輯錄』 戶典 賣買, "田畓賣買 依法文 官斜立案"
◦『續大典』 戶典 賣買限, "田地家舍奴婢賣買 納請用作紙(相見刑典)後 立案成給."

71) 『經國大典』 禮典 立案式에 의하면 입안 절차는, 당사자인 買受人이 賣渡人의 所在官에 立案을 申請하면 堂上官,堂下官의 서명과 財主·證人·筆執을 檢覈하여 官에서 입안을 발급해 주었다.

72) 『受敎輯錄』 刑典 文記.

이었다. 입지를 받으면 입안에 대신하는 결정적인 증거자료로 사용될 수 있었다.[73] 이외에도 文券·文記·文契 등 토지나 노비 등의 재산과 권리에 관계되는 문서 역시 소유권을 증빙하던 문서로 통행되고 있었다. 賣買文記나 和會文記 등이 대표적인 문서형식으로서 개인 간의 토지나 노비매매 또는 상속·증여 때 작성되었다.

이와 같이 20년 양전 원칙이 지켜지지 못하게 되자 양안의 기능과 역할은 국가 차원의 公簿로서 기능하기 위해 어쩔 수 없이 그 역할을 여타 문서에 위임하게 되었다. 소유권 보존과 확정 기능은 양안 외의 입안이나 개별 차원의 문서를 통해 상호 보완되고 있었던 것이다. 그러한 역할을 바탕으로 후대 土地臺帳과 地籍圖, 公示地價 原簿가 작성될 수 있었고, 이들 삼자는 별도로 역할을 맡기보다는 상호 보완적인 형태로 기능하게 되었던 것이다. 곧 양안이라는 하나의 양식이 담당하고 있던 것을 바야흐로 세 가지 양식이 동시에 담당함으로써 완결되게 된다.

한편 이들 세 가지 양식과 더불어 해당 토지에 대한 상세한 권리를 표현한 것이 오늘날의 土地登記簿이다.[74] 이것은 양안 상에서도 이미 그 맹아 형태가 보이고 있다.

곧 所有權 및 耕作權·賭地權 등이 그러한 권리형태로서 경자양안에서는 民田의 경우에는 기주만이 표시되고 있어 이 모든 것을 살필 수 없다. 단 宮房田의 경우 收租權을 중심으로 권리상의 중첩된 양상이 표현되고 있어 다소 복잡하지만 소유권과 경작권을 중심으로 한 제반 권리를 확인할 수 있다. 1종 有土인 경우와 2종 有土, 無土의 경우가 소유권과 경작권을 중심으로 2중, 3중으로 얽혀 있다.[75] 이 시기 양안에 기록된 권리 표현방식의 특징이라고 할 수 있다.[76]

耕作權에 대해서는 국가의 공적 영역이 아니라 사적 영역이기 때문에 개인적 차원의 문제로 돌리고 있었다. 즉 양안 상의 民田의 경우 作人을 별도로 파악하고 있지 않았기에 개별적인 지주제 경영은 확인될 수 없다. 때문에 耕作權에 관한 기록을 보기 위해서는 별도의 개인적 추수기나 지주 경영문서를 통해서만 확인이 가능하다. 기주에 대한 소유권을 중심

73) 朴秉濠, 『韓國法制史特殊研究』, 韓國研究圖書館, 1960, 57~79쪽.

74) 「不動産登記法」 第2條의 登記할 事項에 따르면, 登記는 所有權, 地上權, 地役權, 傳貰權, 抵當權, 權利質權, 賃借權 등의 제반 권리의 設定, 保存, 移轉, 變更, 處分의 制限 또는 消滅에 대하여 이를 한다고 규정하고 있다. 따라서 등기부에는 이 같은 제반 권리가 표시되어 언제라도 추적이 가능하다.

75) 1종 유토의 경우 토지소유권이 宮房에 있으며 宮房 - 作人의 방식으로 구조화되고 있으며, 2종 유토의 경우 民有地이지만 開墾·折受나 投託에 의해 사실상의 소유권이 궁방으로 넘어가면서 宮房 - 中畓主 - 作人으로 구조화되었다. 또한 無土의 경우는 民有地로서 3~4년(정조대 이후 10년)마다 번갈아 가면서 조세를 궁방에 납부하던 토지였다.

76) 광무 연간의 양안에 이르러서야 이 같은 권리가 표시되기 시작했다. 時主와 時作이 동시에 기재되고 있을 뿐 아니라, 양전사업에 있어 地契 발행을 통해 토지소유권을 인정해 주는 절차는 징세대장으로서의 기능, 즉 토지소유권부의 기능을 보다 확대하였던 것이다. 이 같은 기능을 登記簿의 소유권 보호방식으로 볼 수 있다(金容燮, 「光武年間의 量田地契事業」, 『韓國近代農業史研究 下』, 一潮閣, 1968, 336쪽 ; 崔元奎, 「大韓帝國期 양전과 官契發給事業」, 한국역사연구회 근대사분과 토지대장연구반, 『대한제국의 토지조사사업』, 1995).

으로 양전사업을 진행시켰고 국가의 입장에서는 그만큼 기주 곧, '起耕者爲主'를 중심으로 한 진전 개간정책을 고수했던 결과였다.

그러나 궁방전은 收租權을 매개로 성립한 경우이기 때문에 경작권자를 파악하고 있었다. 궁방전이나 둔전 등의 경우 중답주 형태의 지주가 존재하며 이에 대한 표시방식은 일반 민전의 양안과 달랐다.[77] 양자를 동시에 표시하되, '主'와 '作'을 통해 기주와 시작을 파악하였던 것이다. 경우에 따라서는 2중, 3중 내지 4중의 권리가 중첩된 경우까지 발전해 갔다.[78] 곧 절수권을 통해 해당 토지를 지배하였던 국가기관과, 실제의 사적 토지소유자인 기주, 그리고 경작자인 시작을 동시에 포괄함으로써 조세수취권과 토지소유권 그리고 경작권에 대한 권리를 동시에 표현하고자 했던 것이다. 기주의 권리가 그대로 상존하는 가운데 절수된 경우에 대한 국가의 파악방식이라고 할 수 있다. 이 같은 방식은 광무양전에 이르면 일반 민전에도 적용되어 田畓主와 함께 時作을 동시에 파악하게 된다. 경우에 따라 結戶를 별도로 파악하여 조세부담자를 함께 표시하는 경우로까지 발전하기에 이르렀다.[79]

이 같은 제반 권리의 표현은 곧 소유권에 대한 권리 외에 여타 권리가 분화하던 것을 국가가 파악하고 나아가 보호할 수 있는 방법을 강구하게 되는 과정이라고 할 수 있으나 조선후기의 양안에는 보이지 않는다. 국가가 토지소유권을 法認하고 그것에 대해 소유권 증서를 발행한 것은 대한제국 시기에 이르러서였다. 이 시기 개인의 소유권은 국가적 차원에서 법인되고 그러한 선상에서 권리를 인정받은 것은 아니었다.

이같이 해당 토지에 대한 소유권의 상세한 규정은 마련되지 않았고 또한 그것에 대한 등기 역시 이루어지지 않고 있었으니[80] 곧 소유권 행사에 있어 국가 차원의 확인 과정이 준비되지 않았던 것을 알 수 있다. 이 때문에 입안이나 입지, 매매문기 등을 통해 권리를 보존하고 확인하는 과정이 별도로 존재하였던 것이다. 만일 입안이나 매매문기가 소유권분쟁을 해결하는 근거가 되지 못하면 최종적으로는 양안의 소유권에까지 소급하여 그 연원을 추적하여 해결하고 있었던 것은 물론이다. 그러한 점에서 양안은 제반 토지문서와 밀접한 관련성을 맺는 한편, 토지에 대한 권리를 확인하고 추적할 수 있는 근거를 마련하고 있었다는

---

77) 金容燮, 「司宮庄土에서의 時作農民의 經濟와 그 成長 - 載寧餘勿坪庄土를 中心으로 - 」, 『亞細亞硏究』19, 1965(『증보판 朝鮮後期農業史硏究 I 』, 1995 재수록) ; 朴廣成, 「宮房田의 硏究」, 『인천교대논문집』 5, 1970 ; 朴準成, 「17·18세기 宮房田의 확대와 所有形態의 변화」, 『韓國史論』 11, 서울대 국사학과, 1984 ; 李榮薰, 『朝鮮後期 社會經濟史』, 한길사, 1988 ; 都珍淳, 「19세기 宮庄土에서의 中畓主와 抗租」, 『韓國史論』 13, 1985 ; 李政炯, 「17·18세기 궁방의 민전 침탈」, 『釜大史學』 20, 1996.

78) 愼鏞廈, 「李朝末期의 '賭地權'과 日帝下의 '永小作'의 關係 - 小作農賭地權으로의 成長과 沒落에 대하여 - 」, 『經濟論集』 Ⅵ-1, 1967 ; 金容燮, 「韓末에 있어서의 中畓主와 驛屯土地主制」, 『東方學志』 20, 1978 ; 裵英淳, 「韓末驛屯土調査에 있어서의 所有權 紛爭」, 『韓國史硏究』 25, 1979.

79) 최윤오·이세영, 「光武量案과 時主의 실상 - 충청남도 온양군 양안을 중심으로 - 」, 『대한제국의 토지조사사업』, 제4장 ; 최원규, 「대한제국기 量田과 官契發給事業」, 『대한제국의 토지조사사업』, 제3장.

80) 부동산등기에 관한 법규정으로서 1912년 제령 제9호로 제정된 「朝鮮不動產登記令」은 폐지되고 「不動產登記法」(1960.1.1 법률 제536호)으로 바뀐다.

점에서 그 역할의 중요성이 드러난다.[81]

두 번째로 국가의 공식 문서로서의 量案이 公簿로서 기능할 수 있기 위해서는 위와 같은 소유권 보존 기능 외에 조세대장으로서의 역할을 어떻게 맡고 있었는가를 살필 필요가 있다. 곧 양안의 조세대장으로서의 기능과 역할에 대한 측면을 정리할 필요가 있다.

양안에는 전답의 비옥도, 즉 토지생산성을 통해 해당 토지에 대한 가치를 평가할 수 있는 田品과 結負・尺數가 기재됨으로써 收稅의 근거자료가 되고 있다. 이 같은 기록을 중심으로 양안은 조세대장으로서의 역할을 수행할 수 있었으며 아래의 도표가 그러한 양상을 잘 보여준다.[82]

<圖表 4>

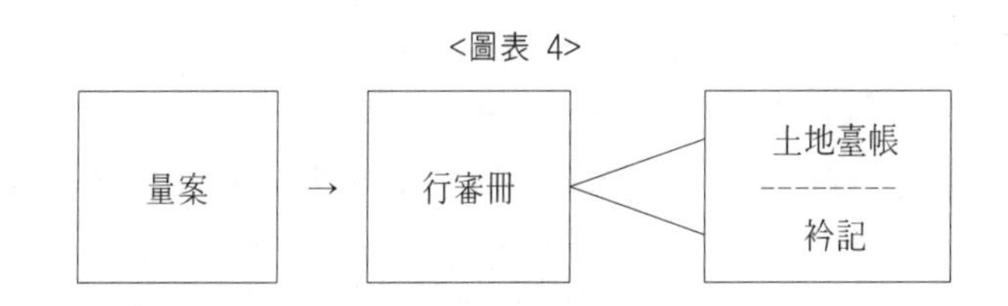

수세대장으로서의 역할 역시 행심책을 통해 양안이 재생산되면서 토지대장 또는 깃기라는 별도의 田政문서로 만들어지면서 가능했다. 특히 행심책의 역할은 양안을 거의 그대로 등사해 냄으로써 양안의 기능과 역할을 재생산해 내고 있다는 점에서 중요하다. 게다가 행심책은 매년 작성됨으로써 양안의 한계를 보완할 수 있었다. 특히 깃기라는 수세대장이 만들어지기 위해서는 양안이나 행심책이 필요했다. 양안이 20년 마다 만들어지지 못하면서 그 역할을 다할 수 있었던 것은 행심책이었으며, 그것을 바탕으로 양안이 재생산되었을 뿐 아니라 깃기라는 납세자 중심의 조세대장이 만들어질 수 있었던 것이다. 양전사업에 커다란 문제가 없는 한 만들어진 양안은 이 같은 역할을 통해 자신을 재생산하고 있었다.[83]

이 같은 점에서 양안은 그 역할을 다하고 있었으며, 비록 완결된 문서로서의 위치를 지니지는 못했지만 그 順機能을 주목해 볼 때 대단히 중요한 문서라는 것을 확인할 수 있었다.

5. 結論

양안은 조선 후기 사회경제적 위기에서 마련된 量田=經界策의 결과물이다. 이것은 方田法이나 井田法을 통한 經界策이 실현 불가능하다는 것을 배경으로 마련된 방법으로서 조선의 전통적인 토지조사사업이기도 하다. 양전사업의 목적은 토지분배를 통해 농민에게

81) 吳仁澤, 앞의 글, 1996.
82) 崔潤晤, 앞의 글, 2000. 6.
83) 崔潤晤, 앞의 글, 2000. 6.

恒産을 마련해 주는 데까지는 미치지 못했으나 '定經界 均賦稅'하는 방법을 통해 사회경제적 토대를 마련하고 있었다는 것을 알 수 있다.

이 같은 양전사업은 양전 시점에서나마 농업 현실을 명확히 파악함으로써 토지지배 방식의 근거를 만들어 놓고자 했다. 그것의 정확성과 신뢰성이 의심된다면 양안은 토지에 대한 권원으로 기능할 수 없었기 때문이다. 따라서 농촌사회 내 사정을 정확히 반영하지 않을 수 없었고 그것의 변동을 수용해 내기 위해 제반 문서가 동시에 가동하고 있었다. 따라서 양안에는 당시기 토지소유의 사적 지배 형태가 명확히 파악되어 있었고 그것을 결부제를 통해 개별 토지와 기주를 연결시켜 수취해 내고 있었던 것이다.

양안의 종합적 기능과 역할은 오늘날 여러 가지로 분화된 문서양식을 통해 확인이 가능하다. 그러한 양안은 크게 소유권대장으로서의 측면과 조세대장으로서의 측면으로 나누어 검토할 때 그 기능과 역할이 분명히 드러난다. 그것은 양전사목에서도 잘 나타나 있듯이 소유권 보존과 확정 기능, 양전도의 기능, 그리고 토지평가의 기능 세 가지를 통해 잘 드러나며, 이 같은 기능을 바탕으로 완전하지는 못하지만 두 가지 역할을 맡고 있었던 것이다. 소유권대장으로서의 역할과 조세대장으로서의 역할이 그것이다.

전자의 소유권대장으로서의 역할은 기주에 대한 기록 방식과 자호지번, 사표, 전형을 통해 확인되고 있었다. 특히 기주에 대한 파악은 단순히 조세부담자로서의 기주가 아니라 토지소유권자로서의 기주를 확인함으로써 국가의 소농민보호책을 마련할 수 있는 토대를 마련하고자 했다. 이 같은 노력은 기주의 토지를 중심으로 주변 사방의 사표를 확인하고 전형을 그려 넣는 형태로 발전했고 이는 비록 양전도로 발전하지는 못했지만 국가적 토지지배 방식의 18세기적 형태라고 이해할 수 있다. 이것은 나중에 토지대장과 지적도로 발전하였으며 이를 통해 公簿로서의 위치를 완결시키게 된다.

제반 문서와 관련해서는 양안 상의 자호지번이 매매문기 등의 문서에 그대로 기재됨으로써 양안의 역할이 수평적으로 보존되고 있었을 뿐 아니라 행심책에 의해 양안의 기재 내용이 등재되어 매년 확인됨으로써 양안의 역할과 기능이 재생산되었던 것이다. 행심책은 양안을 등사한 것으로 양안의 양식을 그대로 보존하고 있었다. 특히 행심 답험 때는 전답주는 물론 시작인까지 기록해 넣음으로써 소유권자는 물론이고 경작자까지 파악하려는 시도가 나타났다. 이러한 시도는 문서로서의 완결성을 기하기 위한 것으로서 비록 개별적으로는 입안과 매매문기, 분재기 등을 통해 자신의 사적소유가 확인되더라도 양안이나 행심책을 통해 그것을 면밀히 파악하려는 국가의 의지가 엿보인다. 그러면서도 동시에 公簿로서의 양안과 행심책은 입안과 매매문기, 분재기를 통해 그 역할을 다할 수 있었다는 점 때문에 그 기능 면에서 종합적이지만 완결성을 보이지는 못했다.

후자의 조세장부로서의 역할은 결부수와 장광척수를 통해 근거가 마련되고 있었던 점에서부터 시작되었다. 그러나 이 같은 기능 역시 보조 장부가 필요했다. 매년 변화하는 農形을 반영하기 위해서는 또 다른 수세장부가 필요했으며 이 역시 행심책의 답험 과정을 바탕으로 마련될 수 있었다. 특히 행심 답험 때 전답주 및 시작인 양자를 모두 파악함으로써 국가의 조세수취에 만전을 기하고 있었던 것은 시작인의 조세부담 양상이 보편화되면서 나타난 파악 방식으로 볼 수 있다. 양안의 자호지번 순대로 재조사된 것이 행심책이라면, 깃기책으로의 정리 방식은 납세자를 중심으로 재정리함으로써 납세자를 정확히 확정하는 작업이었다. 따라서 깃기책을 정리하기 위해서는 행심책에서의 시기결 및 유래진잡탈·면세전이 조사되어야 했으며, 중앙정부의 급재를 반영하는 선에서 납세액을 확정하고 있었다.

18세기 국가의 토지관리 방식과 수세 행정의 특징상, 양안이 갖는 종합적 기능과 역할은 비록 완결성을 갖지는 못했지만 그것을 바탕으로 소유권을 확인해 갈 수 있었고 나아가 조세수취를 위한 제반 절차를 마련하고 있었다. 분화하기 이전의 양안은 한 번 만들어지고 그 기능을 다하는 것이 아니라 행심책을 통해 계속 재생산되고 있었다. 즉 양안을 통해 조사되던 사항은 모두 행심책에 반영되게 되었으며 반대로 행심책에 조사된 매번의 변동사항은 다시 양안에 반영되고 있었기에 그것이 가능했다.

따라서 양안의 기능과 역할은 행심책을 통해 토지대장으로서의 소유권장부로 분화 발전하거나, 행심책의 기록 내용을 바탕으로 납세자별 깃기로 분화되이 조세대장으로서의 역할을 담당하는 두 가지였다고 할 수 있다. 양안이 비록 스스로는 완결되지 못했다 하더라도 여타 보조 문서로 분화됨으로써 조선국가의 公簿로서 자리할 수 있었던 것이다. 이는 당시기 문서체계와 그것이 가능했던 조선 사회구조의 특징을 반영하는 것이다. 양안은 여전히 당시기 최고의 국가문서로서 제반 소유권 및 조세 행정에 영향을 미치고 있었으며 그 역할은 아무리 강조해도 지나치지 않을 것이다.

柳馨遠의 高麗時代 認識
-制度에 對한 見解를 中心으로-

조 성 을*

1. 序言

柳馨遠은 중국과 우리 나라 역대 제도에 대하여 깊이 연구하였다. 이것은 그의 개혁사상을 전개하기 위한 기초 작업이었다. 따라서 역대 제도 가운데 동시대인 조선시대의 제도에 대하여 가장 깊이 연구를 진행하였다. 그러나 이에 앞서 그는 고려시대 제도에 대하여도 비교적 깊이 있는 연구를 행하였다. 이것은 고려시대 제도의 문제점이 조선시대에도 그대로 연결되고 있다고 생각하였기 때문이다. 또 고려시대 제도에 대한 자료가 앞선 시기에 비해 상대적으로 잘 남아 있었던 것도 비교적 충실한 연구가 이루어질 수 있었던 요인으로 생각된다.[1]

실학자들의 우리 나라 역대 제도 인식에 대한 연구는 그들의 개혁사상을 이해하는 데 도움을 줄 수 있으며 조선 후기 역사학의 발전 과정을 이해하기 위하여도 필요한 작업이다.[2] 또 이에 대한 연구는 오늘날 우리들이 우리 나라 역대 제도를 연구하는 데에 어떤 지침이나

* 아주대학교 교수

1) 유형원의 역사인식에 대한 기존의 연구로는 다음의 논고가 있다. 박인호,「유형원의 동국지리지에 대한 일 고찰」,『청계사학』6, 1990 ; 양보경,「반계 유형원의 지리사상」,『문화지리역사』4, 1990 ; 김준석,「유형원의 역사이론의 전개와 그 성격」,『조선후기 역사이론의 전개와 그 성격』(제25회 한국사 학술세미나), 국사편찬위원회, 1999. 10. 위 논문들 가운데 박인호와 양보경의 것은 유형원의 역사지리 인식에 대한 것이다. 중국과 한국의 역대 제도에 대한 유형원의 인식에 관하여는 김준석의 논문 가운데 제2장『반계수록』의 이념과 前史 인식 제2절 고려·조선·중국 前史의 인식과 政制의 연구에서 처음으로 정리되었다. 그러나 유형원의 역사이론과 인식의 전체를 다루는 일환으로 언급되어 간단하게 되어 있다.

2) 졸고,「조선후기 역사학의 발달」(『김용섭교수 정년기념 한국사학논총 1 - 한국사 인식과 역사이론 -』, 지식산업사, 1997) 가운데 제4장 역사지리학의 전개와 사회경제사 연구의 발달 제2절 사회경제사 연구의 발달에서 조선 후기 실학자들의 우리 나라 사회경제사(제도사) 연구의 흐름을 간략히 정리하였다.

도움을 줄 수 있다고 생각된다. 본고에서는 유형원의 우리 나라 역대 제도에 대한 인식 가운데 먼저 고려시대에 대한 것을 먼저 살펴보기로 한다.[3]

이를 위한 자료는 『磻溪隨錄』에 수록되어 있다. 『반계수록』에서는 「田制」, 「敎選之制」, 「任官之制」, 「職官之制」 등 제도개혁론을 체계적으로 서술한 다음 그 개혁론의 타당성을 입증하기 위해 각 개혁론 뒤에 攷說을 붙였으며 주로 여기에 중국과 우리 나라 역대 제도에 대한 언급이 있다. 그러나 책의 체제로 보아 자료상 문제점이 없지 않다. 본고에서는 우선 자료상의 문제점을 살펴본 다음 고려시대 여러 제도에 대한 그의 인식을 고찰하고, 마지막으로 그의 고려시대 제도에 대한 연구가 그의 제도사 인식에서 차지하는 위치 및 다른 실학자들과의 연관 관계, 오늘날 우리에게 갖는 의미에 대하여 생각해 보기로 한다.

2. 資料의 檢討

유형원은 32세에 전라도 부안으로 내려가 학문에 전념하며 20년 간의 여생을 이 곳에서 보냈다. 여기에서 저술한 것이 『磻溪隨錄』이다. 『반계수록』은 그의 생전에는 거의 주목을 받지 못하다가 사후 100년이 지나서야 세상에 알려지고 주목되었다. 1741년에는 승지 梁得中이 영조에게 이 책을 추천하였고 이후 洪啓禧의 청으로 예문관에서 3부를 찍어 사고에 보관하게 하는 한편, 경상도 대구 감영에서 간행하여 신하들에게 배포하도록 하였다. 이리하여 1770년(영조 46)에 이르러 세상에 배포되어 널리 알려지게 되었다. 이 때 간행된 것이 26권 13책의 목판본이며 1783년 보유편인 郡縣制가 대구 감영에서 간행되었다. 1974년 경인문화사에서 부록 자료를 추가하여 영인되었고 충남대학교에서 1962~1967년 한장경에 의한 번역본이 출간되었으며 북한사회과학원에서도 완역본이 출간되었다. 총 26권 13책으로 이루어진 이 책의 체제를 보면 다음과 같다.[4]

제1·2권 : 田制　　제3·4권 : 田制後錄
제5·6권 : 田制攷說　　제7·8권 : 田制後錄攷說
제9·10권 : 敎選之制　　제11·12권 : 敎選攷說

---

3) 이것은 한편으로는 조선시대 제도에 대한 그의 인식을 살피기 위한 선행 작업이며 다른 한편으로는 졸고, 「유수원의 고려시대 인식」(『실학사상연구』 10·11합집, 1999. 3)에 연속되는, 실학자를 비롯한 조선 후기 학자들의 고려시대 인식에 대한 지속적 연구의 일환이다. 조선 후기 학자들의 고려시대 인식에 대한 연구는 이들의 조선시대에 대한 인식을 이해하는 데 도움을 줄 수 있다. 또 이들의 중국의 역대 제도에 대한 인식에 관하여도 연구할 필요가 있다. 이것이 우리 나라 제도에 대한 이해와 밀접히 관련되고 그 전제가 되기 때문이다.

4) 수록이라는 저서의 제목에서도 생각할 수 있듯이, 유형원은 반드시 『반계수록』이 완벽한 체제를 갖도록 구상하지 않았을 수도 있다. 본고에서는 영조 46년(1770) 목판본 『반계수록』 및 1773년 보유편을 합해 간행한 영인본의 것을 자료로 사용하였다(명문당, 1982). 본고에서 인용되는 쪽수는 이 영인본의 것을 따랐다.

제13권 : 任官之制	제14권 : 任官攷說
제15・16권 : 職官之制	제17・18권 : 職官攷說
제19권 : 祿制	제20권 : 祿制攷說
제21권 : 兵制	제22권 : 兵制後錄
제23권 : 兵制攷說	제24권 : 兵制後錄攷說
제25・26권 : 續篇 : 奴隸, 奴隸攷說 등	보유 : 郡縣制

위의 체제에서 보면 전제 (및 전제 후록), 교선지제, 임관지제, 직관지제, 녹제, 병제 (및 병제후록), 노예(노비) 제도를 먼저 제시하고 이들에 대하여 각기 고설을 덧붙이고 있음을 알 수 있다. 앞서 언급한 바와 같이 「전제」, 「교선지제」, 「임관지제」, 「지관지제」, 「녹제」 등에서는 각기 제도에 대한 개혁론이 제시되었고 각각에 대한 고설에서는 이 개혁안의 타당성을 입증하기 위하여 유교 경전과 중국 및 우리 나라의 역대 제도에 대하여 고찰하였다.

이러한 『반계수록』의 저작 연대에 대하여 천관우는 처음 연구에서는 늦어도 부안에 내려간 지 6년 뒤인 38세(1659년, 현종 즉위년)에 시작하여 43세(현종 4년)까지는 완성된 것으로 추정하였다가, 나중에 皤溪先生年譜에 의거하여 저작의 완성 연대의 하한선을 50세 때인 현종 11년(1670)으로 수정, 보완하였다.[5] 원래 논문에서의 연대 하한 설정은, 호남 전체에서의 대동법 시행이 결정된 것이 현종 4년(43세) 3월이고 『반계수록』에서 아직 호남에서 대동법이 전체적으로는 시행되지 않았다고 한 데서 그렇게 추정한 것이다. 천관우는 대동법이 호남 전체에 시행된 이후에도 유형원이 대동법에 대한 원래 원고를 수정하지 않았다고 하였다.[6] 이런 점에서 보아도 『반계수록』이 과연 완성된 저작인가 하는 의심을 갖게 한다. 더욱이 『반계수록』은 필사본으로만 전해지다가 그의 사후 100년이 지나서야 영조 때 정부에 의하여 간행되었다. 정부 간행의 저본이 과연 완벽한 것인지, 그리고 정부의 간행 과정에서 문제되는 부분의 삭제 또는 수정이 없었는지도 생각해 볼 문제다. 『반계수록』에 대한 필사본이 일부 현존하는 것으로 전해지고 있으므로 앞으로 이를 검토해야 할 필요가 있다.

위와 같은 문제점 때문에 『반계수록』의 각 고설에 수록된 고려시대에 대한 자료가 그가 제시한 각각의 개혁안에 대하여 바로 일대일로 대응되는 것은 아니며 각각의 개혁안에 관련되는 고려시대 제도가 제시되지 않은 경우도 있다. 고려시대의 경우 이렇게 된 것은 원래 이미 유형원 당시에 고려시대의 제도와 관련된 자료가 적었기 때문이기도 하다. 유형원이 고려시대의 제도에 대하여 주로 이용한 것은 『고려사』, 특히 여기에 수록된 여러 志다. 그러나 『고려사』에 자료가 남아 있는 경우에도 고설에 수록되지 않는 항목들이 있는 것으로 생각된다.

---

5) 천관우, 「반계 유형원 연구」, 『근세조선사연구』, 일조각, 1979, 233쪽.

6) 위와 같음. 이 밖에 『반계수록』에는 誤字와 같은 문제점이 있는 것으로 느껴진다. 우선 인용문을 그 출전과 대조하는 작업이 필요하다. 또 『大學衍義補』라든가 『通典』과 같은 類書를 인용하였을 때 어디까지가 인용인지를 명확히 해야 하며 按說의 경우 누구의 것인지 분명하게 가려 내어야 한다.

자료상의 문제점을 보다 구제척으로 살펴보면 첫째, 職官之制 즉 관직제도에 대하여 「職官攷說(上)」에서 중국 明나라 관직제도를 언급한 뒤에 "尙書中書省樞密院沿革附"를 기술한 다음 역사적 연혁의 검토를 마치는 것으로 끝났을 뿐, 우리 나라 관직제도의 연혁을 설명하는 攷說을 덧붙이지 않았다. 둘째, 任官制度와 관련해서는 고려시대 등 우리 나라 제도에 대한 언급이 없다.

한편 고려시대 등 우리 나라와 중국의 역대 제도에 대한 언급은 개혁론을 제기한 곳에서도 부분 부분 언급되어 있다. 이하에서는 『반계수록』에 나타난 고려시대 제도 관련 자료를 망라하여 각기 항목별로 나누어 검토하기로 한다.

3. 土地, 科擧, 官職 制度에 對한 認識

본 장에서는 유형원의 고려시대 제도에 대한 인식 가운데 田制(토지제도), 選擧(과거)제도, 職官(관직)제도에 대하여 다루기로 한다. 이 가운데 먼저 고려시대 전제, 즉 토지제도에 대한 인식을 살펴보기로 하겠다. 유형원은 韓百謙의 箕田遺制說에 근거하여 고려시대에 앞서 우리 나라 평양에서 箕子에 의해 殷나라 식의 제도가 실행된 것으로 보았다. 즉 유형원은 유교 경전에 언급된 토지제도에 대한 논의의 말미에서 다음과 같이 언급하였다.

> 本國韓氏(百謙) 箕田遺制說 曰 平壤箕子田 在含毬正陽兩門外者 區劃分明 其制皆爲田字形 田有四口 …… 因以思之 噫 此蓋殷制也 …… 箕子殷人 其劃野分田 宜倣宗國 其與周制不同[7]

한백겸에 따르면 기자의 토지제도는 周나라의 井田制의 井字 구획(9구획)과 달리 田字 구획(4구획)이며 이 견해를 유형원은 그대로 받아들였음을 알 수 있다. 유형원이 이 견해를 받아들이는 이유는 우리 나라에 이미 기자 때부터 주나라의 정전제에 비견되는 토지분급 제도가 존재한 것을 갖고 자신이 주장하는 토지개혁의 근거로 삼기 위해서이다. 즉 우리 나라는 원래 기자에 의해 토지분급 제도가 있었으므로 자신이 주장하는 토지개혁의 당위성이 보다 강화될 수 있다. 또 주나라와는 다른 田字形 구획에 근거해 자신의 토지개혁론도 이와 같은 방식으로 주장하였다.[8]

유형원은 기자 이후 삼국, 통일신라의 토지제도에 대하여는 언급하지 않았다. 「전제고설」에서 중국의 토지제도를 논한 데에 이어 우리 나라의 토지제도를 논할 때 바로 다음과 같이

7) 『수록』 권5, 전제고설(상), 11.

8) 한백겸의 箕田論은 정약용에 의해서는 부정되었다. 그는 『경세유표』에서 井字形 토지구획에 입각한 정전제 개혁론을 주장하였다. 箕田論 및 이에 대한 이후의 논의에 대하여는 다음의 논문이 참고된다. 박시형, 「기전론 시말」, 조선과학자동맹 편찬, 『이조사회경제사』, 노농사, 1946.

고려시대의 토지제도에 대한 언급으로 시작하였다.

> 高麗田制 大抵倣唐制 括墾田數分膏瘠 自文武百官至府兵閑人 莫不科受 身沒並納之於公 唯府兵年滿二十始受 六十而還 有子孫親戚遆田丁[9]

여기에서 보면 유형원은 고려시대의 토지제도를 당나라의 제도 즉 均田制를 모방한 것으로 이해하고 있음을 알 수 있다. 그리고 고려는 이 균전제를 실시함으로써 부강할 수 있었다고 보았다.[10] 이것은 토지개혁의 당위성을 주장하기 위한 근거로 언급된 것이라고 할 수 있다.

그러나 유형원은 당나라와 고려의 균전제는 다음과 같은 폐단이 있다고 보았다.

> 然其法不以地爲主 而以人爲本 故籍丁給田 差科多端 給田之制 不無人多地少 地多人少之弊 旣給之後 又不無今剩後欠 今欠後剩之弊 …… (唐及高麗之制 以人爲本 計丁給田 故有人與田相爲多寡之弊 此雖似相近 而實與古法不相合)[11]

이에 따르면 균전제의 토지분급은 사람(노동력)을 기본으로 한 것이어서 사람은 많은데 땅은 적거나 땅은 많은데 사람은 적은 폐단이 생겨났다고 하였다. 유형원의 토지개혁론은 토지를 기본으로 한 것으로 그의 개혁론의 타당성을 주장하기 위해 위와 같은 비판을 한 것이다.

한편 유형원은 균전제에 근거한 고려의 토지제도가 다음과 같이 고려 중기 이후 붕괴되는 것으로 이해하였다.

> 麗史論曰 太祖旣一三韓 首正田制 分給臣民 國有定制 士庶安業 …… 毅明以降 權奸擅國 逮事胡元 誅求無厭 科斂萬端 戶口日耗 叔季失德 版籍不明 田柴之科廢 而爲私田勢家世族爭相兼弁 田連阡陌 標以山川 良民盡入於巨室 而國以陵夷[12]

위의 자료는 고려사의 논찬인데 이를 비판 없이 그대로 인용한 것은 유형원이 이 견해를 그대로 따르고 있는 것으로 볼 수 있다.[13] 이에 따르면 고려 의종과 명종 이후 간신의 천단과 원간섭기 이후의 가렴주구로 전시과가 폐지되고 토지겸병이 극도로 심해진 것이 된다.

---

9) 『수록』 권6, 전제고설(하), 118.
10) 『수록』 권1, 전제(상), 6, "唐世均田之制 亦近古意 麗朝用之 以致富强."
11) 『수록』 권1, 전제(상), 6.
12) 『수록』 권6, 전제고설(하), 119.
13) 유형원은 다른 곳에서도 다른 사람들의 견해를 많이 인용하고 있는데, 그들에 대한 비판이 없는 경우는 대체로 그들의 견해를 그대로 따른 것이다. 즉 타자의 견해를 인용하여 자신의 견해를 표명한 것이라고 할 수 있다.

따라서 고려말 조준 등이 토지개혁을 주장한 것은 다음과 같이 매우 타당한 것이었다고 평가하였다.

麗末憲官 趙浚等上書 請復田制曰 …… 國家割膏腴之地 以祿四十二都府 甲士十萬餘人 其衣糧器械 皆從田出 故國無良兵之費 卽三代藏兵於農之遺意也 …… 今按浚等之論 其意未必一出於公 而其言則實不易之論[14)]

위와 같은 주장은 자신이 생각하는 토지개혁의 정당성을 뒷받침하기 위한 것이라고 생각된다. 다만 유형원은 고려말의 과전법 실시 자체에 대하여는 아무런 언급이 없이 바로 이어 조선시대의 田稅制度, 즉 結負制에 대하여 언급하였다.[15)]

다음으로 유형원은 고려시대 토지제도와 관련하여 田稅, 즉 토지세 제도에 대하여 언급하였다. 그는 "又按制田莫善於頃法 莫不善於結法"이라고 하여 전세제도는 頃畝法이 가장 좋고 결부법이 가장 나쁜 것이라고 하였다.[16)] 그는 결부법에 대하여 다음과 같이 주장하였다.

或者以爲 本國自三韓以來 通用此法 今難容議 是不然嘗觀麗太祖之言曰 泰封王 以民從欲 一頃之田 租稅六石 又朴英規傳云 太祖旣平神劒 賜英規田千頃 則結負之名 似出於其後 又高麗文宗時所定 量田步數 諸等之廣皆同 而賦稅隨地品有輕重 則地有濶狹之規 必是創於麗氏中葉以後 非自三韓而然也[17)]

즉 이에 따르면, 혹자가 말하듯이 우리 나라의 결부제는 三韓 이래 조선시대까지 지속되었던 것이 아니라 고려 중엽 이후 생겨난 것이 된다. 이 역시 결부제를 폐지하고 경무법을 실시해야 된다는 그의 주장을 역사적으로 정당화하기 위한 것이라고 할 수 있다.

고려시대 전세의 비율에 대하여는 고려 초에는 10분의 1이었으나 시대에 따른 변동이 있었으며 자료의 부족으로 확실히 알기가 어렵다고 하였다.

白文寶上箚曰 國田之制 取法於漢 十分稅一耳 (今按 麗時稅法 前後屢變 史無明文今不能詳 然白文寶箚子觀之 其初則以十一爲率耳)[18)]

---

14) 『수록』 권6, 전제고설(하), 121.
15) 이것은 유형원이 과전법 실시에서 토지개혁을 수반하지 않은 데 대해 불만을 가졌으나 이를 바로 표현하기 어려웠기 때문이 아닌가 추측되기도 한다. 이는 그가 조선의 토지제도를 다룬 서두에서 "國朝田制附(此書 本以明公田之制 後世私田 則固無可論 唯本國結負之法 有異於中朝頃畝 故附載其得失云)"이라고 한 것[『수록』 권6, 전제고설(하), 111]에서 그렇게 추정할 수 있다.
16) 『수록』 권1, 전제(상), 12.
17) 『수록』 권1, 전제(상), 12.
18) 『수록』 권6, 전제고설(하), 119. 한편 고려시대 전세와 관련하여서는 다음과 같은 이제현의 주장도 인

한편 전세제도와 관련해서 우리 나라의 화폐제도에 대하여도 "本國貨幣附"라는 제목으로 체계적으로 정리하였다.[19] 여기에서 고려시대 화폐제도에 대하여 다음과 같이 언급하였다.

> 高麗成宗十五年 始令用鐵錢
> 穆宗五年 侍中韓彦恭言 使錢禁麤布 駭俗興怨罷之
> 肅宗七年 始命行錢……
> 十年王薨而睿宗立 羣臣多言 先朝用錢不便 王曰 錢法 古昔帝王 所以富國便民 非先王貨息爲之也 …… 然竟罷之[20]

즉 고려 성종 15년에 처음 鐵錢을 쓰게 하였으며 목종 5년에 추포 대신 錢을 사용하게 했다가 원망이 일어나 그만두었고, 숙종 7년에 錢을 사용하게 했으나 숙종 10년 그가 서거하고 예종이 등극하자 불편하다는 주장으로 다시 폐하였다는 것이다.

이렇게 고려시대에 화폐유통이 실패한 원인에 대하여 유형원은 다음과 같이 언급하였다.

> 高麗肅宗之不得行 亦有以也 夫泉貨 本以無用易有用 上之所導而流行之者也 不導其流焉能自行 導之行資何也 旣入之復出之之謂也 肅宗不思其本 而徒給宰樞軍士 設左右酒坊 恃此而欲其行 則未知所以行者也 苟能御賦稅參半而收之 於祿賜參半而須之 則不待多言而自然行矣[21]

즉 그는 고려시대에 화폐유통이 실패한 것은 유통을 위한 방법을 잘 생각해 내지 못하였기 때문이라고 하고, 이 문제는 조세 수취에서 절반을 화폐로 받고 관리의 祿도 절반을 화폐로 주면 자연히 잘 해결될 것이라고 하였다. 즉 고려시대 화폐유통의 실패를 租稅金納化를 위한 자신의 주장을 정당화하기 위한 것으로 이용한 것이다.

한편 조세 수취와 관련하여 고려시대의 戶籍法에 대하여 다음과 같이 언급하였다.

용하였다. "李齊賢曰 藤文公問井地於孟子 孟子曰仁政必自經界始 …… 三韓之地 非四方舟車之會 無物産之饒 貨殖之利 民生所仰 只在地力 而鴨綠以南 大抵皆山 肥膏不易之田 絶無而僅有也 經界之政 若慢則其利害比之中國相萬也 太祖繼新羅衰亂 泰封奢暴之後 萬事草創 日不暇及 止爲口分之法 歷四世 (景宗作田柴之科 雖有疏略 亦古者世祿之意 至於九一而助 什一而賦 與夫所以優君子小人 則不可論也) 後世屢欲理之 終於苟而已矣 盖其初不以經界爲急 撓其源而求流之淸 何可得也 惜乎當時君臣 未有以孟子之言講究法制 啓迪而力行之也"[『수록』 권6, 전제고설(하), 119~120]. 이에 따르면 이제현은 고려초 경종 때에도 미처 10분의 1세를 시행하지 못했다고 생각한 것으로 해석되기도 한다. 다만 유형원이 이 자료를 인용한 것은 전세제도에 대한 관점에서기보다는, 토지개혁 주장의 근거로 삼기 위한 것이므로 큰 문제는 없다고 생각된다.

19) 『수록』 권8, 전제후록고설(하), 156 이하.

20) 『수록』 권8, 전제후록고설(하), 156.

21) 『수록』 권8, 전제후록고설(하), 157.

高麗末憲官啓曰 近來戶籍法壞 守令不知其州之戶口 按廉不知一道之戶口 …… 鄕吏百姓 流亡四散 州郡空虛者 戶口不籍之流禍也 願今當量田 審其耕作之田 以所耕多寡定其戶上中下成籍

又都堂啓曰 舊制戶口必於三年一成籍 近來戶籍法廢 願倣舊制施行 其無戶籍者 不許出告身 (按後世 以戶定役 故分爲上中下等戶 若以田出兵 則但明其戶口而已 不必立三等之名也)[22]

여기서 유형원은 고려말 憲官의 啓에서 호구를 경작토지의 다과를 기준으로 상중하 3등으로 나누자고 한 것에 대하여 호구만을 밝히고 3등급을 둘 필요는 없다고 하였다. 그 근거는 역의 부담을 토지에 의거해 지우는 데 두었다. 위에서 보면 고려말 헌관의 말에 대하여 아무런 비판이 없는 것으로 보아 유형원은 고려 말의 戶等制를 토지소유의 다과를 기준으로 한 3등호제로 파악한 것으로 이해된다. 다만 고려 중기까지의 호등제에 대하여 그가 어떻게 파악하였지는 알 수 없다. 고려말 호등제에 대한 비판 역시 호등제 폐지를 위한 그의 주장과 연결되어 있다.

한편 전세의 운송과 관련되는 고려시대의 漕運에 대하여 유형원은 다음과 같이 이해하였다.

按高麗初 南道水郡 置十二倉以便漕運 其在沿海者十 而本朝只置若干海倉 未知其故 盖麗自毅明以降 國亂無政 祖宗之制 鮮有不廢 至其季世 倭寇縱橫 劫掠海邑 南道租稅 多從陸路而運 …… 國初承其弊 沿邑爲墟者 尙多未復 其未盡設海倉者 想亦以此 厥後因循以迄于今[23]

즉 고려 초에 南道의 水郡에 12창을 두었는데 의종과 명종 이래 국정이 문란해져 조종의 제도가 거의 다 무너지고 왜구가 해변을 노략질하자 남도의 조세가 육로를 통해 오게 되었으며 조선 초에 이르러서도 해변의 漕倉을 제대로 회복하지 못한 것이 그대로 유형원 당시에까지 이르게 되었다는 것이다. 이것은 연해에 조창을 지어야 한다는 주장을 뒷받침하기 위해 제시된 것이다.[24]

끝으로 고려의 조세제도와 관련하여 유형원은 고려시대의 常平倉제도에 대하여 언급하였다.

---

22) 『수록』 권3, 전제후록(상), 54~55.

23) 『수록』 권3, 전제후록(상), 56.

24) 고려시대의 조창에 대하여 그 명칭을 유형원 당시의 것과 병기하였으며 판관제도를 둔 것 및 각 조창에서 경창에 운반해 와야 하는 기한에 대하여도 언급하였다. 『수록』 권3, 전제후록(상), 56, "高麗漕倉(高麗之成宗朝 凡州郡關驛江浦之號不雅者 皆改之 故並著前號而識之) 麗初南道水郡置十二倉 忠州曰德興 …… 倉置判官 州郡租稅 各以附近輸諸倉 翌年二月漕運 近地限四月 遠地限五月 畢輸京倉."

> 按高麗時置常平倉于兩京十二牧 以年豊歉行糶糴 民有餘則斂之以輕 民不足則散之以重 …… 而今但京城外 八方無一邑設行者 甚是闕典也 按還上之法 不可謂無益於人 而其益甚微 其害甚巨 …… 言漢常平法也 誠能行之 善無過此[25]

즉 유형원은 고려시대에는 개경과 평양 외에 12목에 상평창을 두어 물가를 조절하였는데 조선시대에는 서울 외에 한 곳도 상평창이 없는 것은 잘못이며 還上(환곡)의 법은 이익은 적으나 해는 많다면서 상평법을 실시하면 還上의 폐단이 없을 것이라고 하였다. 고려시대에 지방 12목에 상평창이 있었던 것이 환자 대신 상평창을 두자는 주장의 근거로 사용되고 있다.

다음으로 고려시대의 選擧, 즉 科擧制度에 대하여 유형원이 어떻게 이해하였는가 살펴보기로 한다. 우리 나라의 과거제도에 대하여 유형원은 敎選攷說(하)에서 "本國選擧制附"라는 제목 아래 체계적으로 정리하였다. 본국선거제부 서두에서 그는 고려시대 이전의 관리 선발 상황에 대하여 다음과 같이 말하였다.

> 按本國在箕子設敎八條之時 其選衆用賢 必有簡實之法而上焉無徵 逮至三國 日事侵爭 荒蒙無足論 然其大槩 選人以騎射 用人以才略戰功 新羅並合後至元聖王始定讀書出身之法[26]

이에 따르면 우리 나라에는 기자가 八條法禁을 실시하였을 때 이미 관리선발 방법이 있었을 것이나 증거할 자료가 없으며, 삼국시대에는 족히 말할 만한 것이 없으나 騎射와 才略, 戰功으로 선발하였을 것이고, 통일신라 원성왕 때에 이르러 독서출신의 법(독서삼품과)을 실시했다고 하였다.

이어 고려시대 과거제도에 대하여 다음과 같이 언급하였다.

> 高麗太祖 首建學校 而未有科擧之制 光宗用雙冀言 …… 始以科擧選士 自是文風稍興 而倡以浮華之文 遂成弊習 其法大抵倣唐制有製述(或稱進士)明經二科 …… 其進士則試以詩賦頌及時務策 而所常用者詩賦 明經則以易書詩春秋等 皆用帖括口問 …… 其設場或比年或間歲 未有定期 其取士無定額 中世以前 或七八人 或十餘人 仁宗以後 或取三十七八人或二十八九人 而例多取三十三人[27]

여기서 유형원은 고려 건국 초에는 학교만 설립되고 과거제도는 없었는데 광종 때에 쌍기의 진언에 의해 문장시험을 위주로 한 당나라 과거제를 모방한 進士와 明經의 과거제도

---

25)『수록』 권3, 전제후록(상), 76~77.
26)『수록』 권20, 교선고설(하), 246.
27)『수록』 권20, 교선고설(하), 246~247.

가 실시되어 문풍이 점차 일어나게 되었지만 浮華한 문장의 폐습도 이에 기인한 것으로 이해하였다. 아울러 고려시대에는 과거 시행이 정기적이지 않고 선발인원도 일정하지 않았다고 하였다.

이러한 초기의 과거제도에 대하여 다음과 같이 고려 후기에 여러 차례 개혁논의 또는 개혁조치가 행해졌다고 하였다.

> 忠肅王時 李齊賢朴孝修典擧 奏革詩賦用策問 然以後亦不能行
> 恭愍王時 始用元朝鄕試會試殿試之制 定爲常式(前此或有親試 而無殿試常制
> ○辛禑時李穡知貢擧 復用策問 令擧子未二十自不許赴擧 然徒有其法而不能行)[28)]
>
> ○又有所謂國子監試者 德宗時始置 稱進士試(其後或稱成均試) 試以詩賦 忠宣王廢之 忠肅王以九齋朔試代之 旣而稱擧子試 恭愍王謂 監試所取 例皆童蒙 非經明行修之士 無益國家 罷之 …… 又有陞補詩 毅宗始置 稱生員試 試以詩賦經義[29)]

이에 따르면 충숙왕 때에 이제현 등이 과거과목으로 詩賦 대신 策問을 하자고 건의하였으나 시행되지 못하였고, 공민왕 때 원나라의 과거제도에 따라 鄕試·會試·殿試가 항구적인 제도가 되었으며, 우왕 때에 이색이 다시 과거과목으로 책문을 사용하고 20세 미만인 자는 과거에 응시하지 못하게 하였으나 그 법만 있을 뿐 시행되지는 못하였다고 하였다. 아울러 고려에는 덕종 때에 시작된 國子監試가 있어 詩賦로 시험하였으나 충선왕 때 폐지되었다가 충숙왕 때 구재삭시로 대체되었으며, 이윽고 擧子試라고 칭해졌는데 공민왕이 합격자가 모두 연소자로서 經明行修의 선비가 아니라 국가에 도움이 없다고 하여 폐지했다고 하였다. 또 陞補試가 의종 때 실시되어 생원시라 칭해졌는데 詩賦와 經義로 시험했다고 하였다.

유형원은 위와 같이 고려의 과거제도가 문장을 위주로 하여 이것이 부화한 문풍을 만드는 원인이 된 것으로 이해하였다. 고려시대 과거제에 대한 이러한 그의 인식은 조선시대 과거제에 대한 비판과 직결된다. 즉 그는 "本朝科目 大抵仍高麗之制 試以論表(或賦)策 …… 明經則訟四書三經"[30)]이라고 하여 조선의 과거제도가 고려의 제도를 답습하여 문장을 중시하고 明經科는 단지 四書三經을 암송하는 것이라고 하였다. 조선의 과거제도에 대한 이러한 비판은 과거제를 폐지하고 학교를 통한 추천제로 가자는 그의 개혁론의 근거가 된다.

한편 유형원은 고려말 무과시행에 대하여 다음과 같이 언급하였다.

---

28) 『수록』 권20, 교선고설(하), 247.
29) 『수록』 권20, 교선고설(하), 247.
30) 『수록』 권20, 교선고설(하), 247.

恭讓王時 都評議使司奏 本朝只取文科 不取武科 …… 請以戊寅己亥年設武科 其試取給牌 一如文科矣 試以諸家兵書及武藝 取三十三人 永爲定式 武科自此始[31]

즉 유형원은 고려조에는 원래 문과만 있고 무과는 없다가 고려말 공양왕 때에 그 試取와 給牌를 문과와 같이 항구적인 법식으로 하자는 都評議使司의 상주에 따라 시작된 것으로 이해하였다.

다음으로 고려시대 관직제도에 대한 그의 인식에 대하여 살펴보기로 한다. 유형원은 "設官分土 乃經理天下之大綱大紀也"[32]라고 하여 관직제도를 토지제도와 더불어 천하를 다스리는 대강령으로 이해하였다. 또 "按古者設官分職 各專其任而已"라고 하여[33] 관직제도의 이념은 각기 그 임무를 전담하는 데 있다고 하였다. 그리고 이러한 전담제도가 다음과 같이 점차 겸직제도로 바뀌어 갔다고 보았다.

兩漢亦未聞有兼職之事 自唐以來 始有兼領 宋因五代之弊諸司例多兼職 官紀紊亂 莫極於此 至於本國官制 則大抵倣宋以後而爲之 以故大典職官 書以他官兼者 十居六七 所以今日官無責任之弊 至於斯也 苟泝古今而觀其效驗 則其可法可監者 當自見矣[34]

즉 漢나라 때까지는 전담제도가 유지되었으나 唐나라 이후 겸직제도가 생겨나기 시작하여 宋나라 때 극도에 이르렀는데, 우리 나라 관제가 대체로 송나라 이후의 제도를 모방한 것이어서 경국대전의 10중 6, 7이 겸직으로 되어 있다고 하였다. 아울러 유형원은 조선 후기 당시 관리가 무책임하게 된 폐단이 바로 여기에서 기인한다고 하였다. 이것 역시 겸직제도를 철폐하려는 그의 개혁안을 뒷받침하기 위한 것이다.

유형원은 전제와 教選之制에 대하여는 역대 중국에서의 변혁의 추이를 설명한 뒤에 攷說을 두어 우리 나라 제도 변혁의 추이를 설명하였다. 그러나 앞서 언급한 바와 같이 職官之制, 즉 관직제도에 대하여는 「職官攷說」(상)에서 중국 明나라 관직제도에 대한 언급 뒤에 "尙書中書省樞密院沿革附"를 기술하고 역사적 연혁의 검토를 마치는 것으로 끝났을 뿐, 우리 나라 관직제도의 연혁을 설명하는 攷說은 덧붙이지 않았다. 「직관고설」(하)에서는 바로 '外官'으로 시작하였다. 이 부분에 어떤 자료상의 누락이 있지 않은가 하는 생각이 들기도 한다. 또 「직관고설」(하)에는 外官 외에 官數, 品秩, 封爵, 總論, 吏隷附 등의 항목이 있는데 여기에 대하여도 각 항목과 관련된 우리 나라 역대 제도에 대한 언급이 없다. 여기서도 자료의 누락이 있지 않는가 하는 생각이 든다.[35]

---

31) 『수록』 권20, 교선고설(하), 247.
32) 『수록』 권17, 직관고설(상), 338.
33) 『수록』 권16, 직관지제(하), 320.
34) 『수록』 권16, 직관지제(하), 320.
35) 이것은 원래 우리 나라 관직제도에 대한 자료가 남아 있지 않았기 때문이거나 또는 우리 나라 관직제

다만 「직관고설」(하)의 말미의 "吏隷附"에서 "高麗顯宗時 定州縣鄕吏"[36]라 하고서 각 등급의 邑에 대하여 호장, 부호장 등 향리의 숫자를 기록하였다. 아울러 「직관지제」(하)에서는 조선시대의 병조 宣傳官의 혁파를 말하면서 이것에 대하여 고려 말에 시작된 것을 조선이 잘못 답습한 것이라고 하였다.[37] 조선시대 제도의 개혁을 위하여 그 제도의 유래가 된 고려시대 제도의 잘못을 아울러 지적한 것이라고 하겠다.

한편 유형원은『磻溪隨錄』補遺篇에서 郡縣制 개혁을 논하였는데 그 서두에 고려시대 군현제와 관련된 다음과 같은 언급이 있다.

> 今按 高麗時 以元中書省言 本國官繁民弊 故以梁山郡 併于密陽 則本國之地小邑多 亦天下之所知也 然高麗之時 乍合一郡 以塞人責而已 他國以爲言 而本國不知推而行之 以經邦國 可勝歎哉 併省之策 正在今日(宋史云 高麗郡邑之小者 或只百家 民居皆茅茨 大止兩椽 覆以瓦者 才十二 則東方殘弊之由 非唯元人言之 宋人亦認之矣 豈可在本國而不自念耶)[38]

이에 따르면 원간섭기에 원나라가 고려에 대하여 관직은 많고 인민은 적다고 비판하자 양산군을 밀양군에 합한 일이 있는데, 이것은 미봉책에 지나지 않으며 이런 현상은 이미 宋나라에서 알고 있었다는 것이다. 즉 고려가 인민에 비해 군현의 숫자가 많은 것을 인민이 피폐해진 원인으로 보고, 이것이 조선에도 이어진다고 하고서 조선 후기 당시 군현제 개혁의 당위성을 주장한 것이다. 이 역시 고려제도에 대한 이해가 현실 제도의 개혁과 연결되는 것이라 하겠다.

앞서 언급한 바와 같이 任官制度와 관련해서는 고려시대 등 우리 나라 제도에 대한 언급이 없다. 체제상 불비한 부분이라고 생각된다.

4. 祿俸, 軍事, 奴婢 制度에 對한 認識

이번 장에서는 고려시대의 祿制(녹봉제도), 兵制(군사제도), 奴婢制度에 대한 유형원의 인식을 고찰하기로 한다. 먼저 고려시대의 녹봉제도에 관한 유형원의 인식이 어떠하였는가

도가 중국 송나라 이후의 답습이라고 보았기 때문이라는 생각도 해 볼 수 있다. 그러나 조선시대는 물론 이전의 시대 가운데 적어도 고려시대에 관한 한 관직제도에 대한 자료는 유형원 당시 남아 있었다.

36) 『수록』 권18, 직관고설(하), 362.

37) 『수록』 권16, 직관지제(하), 328~329, "宣傳官當罷之 中國歷代無如此設官者 高麗末始有宣傳消息 本朝因以有之者 宣御命當使以近臣 若傳令急事 則以內禁衛士擇使可也 若形名則本是兵部所掌 尤不當以新出武士主之也."

38) 『수록』, 보유 권1, 군현제, 528.

살펴보기로 한다. 이에 대하여 유형원은 「祿制攷說」에서 다음과 같이 언급하였다.

> 高麗祿制 (按高麗十五斗爲一石 與中國十斗有異 國朝至今因而不改 鄭麟趾曰 高麗祿俸之制 至文宗始備 以左倉歲入米粟麥 總十三萬九千七百餘石 隨科准給 內而妃主宗室百官 外而三京州府郡縣 至雜織胥吏工匠 凡有職役者 皆有祿)[39]

여기서는 정인지의 말을 인용하여 고려시대에는 잡직과 서리, 공장에 이르기까지 직역자는 모두 녹봉이 있었다고 하였다. 조선시대에 향리 등에 대하여 녹봉이 없고 이것이 부패의 원인이 되었는데 유형원은 이들에게도 녹봉을 주자는 주장을 하기 위해 고려시대의 사례를 인용한 것이다.

위의 인용문에 이어 유형원은 고려시대 中書尙書令門下侍中 이하 지방의 副將에 이르기까지 각 관직의 歲米, 즉 녹봉을 모두 기록하고 그 뒤에 다시 國朝祿制라 하여 조선시대의 녹봉을 기록하였다.[40] 이것은 고려와 조선의 녹봉을 비교하도록 하기 위한 것인데, 고려에 비해 조선의 것이 매우 적다. 고려의 최고 관직자인 중서상서령문하시중의 세미가 400석인 데 비하여 조선의 최고 관직자인 정1품의 세미가 90석이었고, 임진왜란 이후에는 녹봉이 더 줄어 1품이 겨우 60여 석을 받게 되었다고 하였다. 유형원이 고려시대 녹봉의 수치에 대하여 정리한 것은 조선 관직자의 녹봉을 올림으로써 부패를 막으려 한 생각을 뒷받침하기 위한 것이라고 볼 수 있겠다.

다음으로 고려시대의 병제에 대한 유형원의 인식에 대하여 살펴보기로 한다. 고려시대 병제에 대한 기록은 「병제고설」에서 중국 역대의 병제를 설명한 뒤에 이어진다. 그 서두에서 유형원은 다음과 같이 말하였다.

> 高麗兵制 大槩倣唐府兵之制 太祖置六衛 …… 有三十八領 領各千人 令民二十爲兵給田六十而免還其田 遞子孫親戚連立[41]

이에 따르면 고려의 병제는 대체로 당나라 부병제를 모방한 것으로 民이 나이 20이 되면 토지를 주어 군역을 지게 하고 60이 되어 면하게 되면 그 토지를 환수하여 다시 자손 또는 친척에게 연립하게 한다는 것이다. 이것은 토지개혁을 통하여 민에게 토지를 급여하는 것을 전제로 군역을 지게 하려는 그의 軍役改革案을 역사적으로 뒷받침하려는 것이라고 할 수 있다.

군인에 대한 고려의 토지 급여 수량에 대하여는 공민왕의 말을 인용하여 "恭愍王嘗曰 國

---

39) 『수록』 권20, 녹제고설, 387.
40) 『수록』 권20, 녹제고설, 387~389.
41) 『수록』 권23, 병제고설, 453.

家以田十七結(按高麗田結 比今結 大小有異) 爲一足丁 古者田賦之遺法也"라 하여[42] 17결을 준 것으로 이해하였으며 고려시대 결의 면적이 조선과 다르며 아마도 더 큰 것으로 보았다. 또 "恭愍王嘗曰 …… 凡軍戶所連立爲人所奪者 許陳告還給 後又曰 近世田制紊亂 兵不得受田 殊實選軍之意 其復舊制 然皆竟無施行"이라는 구절을 인용하였다.[43] 즉 17결을 주는 고려시대의 군사제도가 고려 후기 토지제도의 문란과 더불어 붕괴한 것으로 이해한 것이다.[44]

한편 유형원은 고려의 병제와 관련하여 고려시대 驛제도에 대하여 다음과 같이 관심을 기울였다.

> 右所定驛馬驛吏卒之數 姑爲量擬如此 ……(高麗時驛分爲六等以定丁戶 第一科七十五丁 …… 第六科七丁 然前朝置驛都數 與卽今有多少 此又宜審思而精量之也)[45]

즉 그는 고려시대 驛에 6등급이 있었다고 하고 각 등급에 배당된 丁戶의 숫자를 정리하였다. 이것은 위 인용문에서 보듯이 자신의 개혁안에서 역졸 등의 숫자를 정하는 참고자료로 삼기 위한 것이었다.

아울러 고려말 驛 운영의 폐단에 대하여도 다음과 같이 지적하였다.

> 按高麗末 行省巡軍忽赤等 以不緊公事 乘驛橫行 閑散雜流 亦以私事騎私馬 受公券 站驛橫行須索供給 論者謂 參上囚從人 參外囚當身收所持私馬 各驛定屬
>
> 今內外官司 無不濫乘 至於宦官將校胥吏輩 到底侵剝 須索供給 其弊尤甚 宜令衣此施行[46]

즉 고려말 관리들이 급긴한 공사가 아닌데도 역마를 타거나 개인 일로 개인의 말을 타면서도 역에 나타나 물자공급을 요구하는 일이 많자 참상관이 그 수행원을 구속하고 참외관의 경우는 그 자신을 구속하자는 의논이 있었다고 하고서, 유형원 자신의 시대에 이런 폐단이 극도에 이르렀으므로 이 의논을 따라 시행하자고 주장하였다. 이 역시 고려 말의 폐단과 그 해결책을 근거로 하여 자신의 개혁안을 주장한 것이라고 하겠다.[47]

---

42) 『수록』 권23, 병제고설, 453.

43) 『수록』 권23, 병제고설, 453~454.

44) 공양왕 때 헌관의 상소에서는 고려 토지제도와 군사제도가 문란해진 시기가 원나라 때부터라고 하여 보다 구체적으로 언급하였다. 『수록』 권23, 병제고설, 454, "恭讓王時 憲司上疏曰 本朝四十二都府 盖唐之府兵衛兵也 契丹虎視天下 太祖絶之而莫敢旁窺者 而軍政得其宜也 …… 又曰 …… 自事元以來 文恬無嬉 禁衛無人 乃增立近侍諸衛 皆設護軍以下官而祿之 於是祖宗之制 皆爲虛設 而徒費天祿 食四十二都府 五員十將尉正之祿者 非幼弱子弟 卽工商賤隷 豈祖宗之意哉."

45) 『수록』 권22, 병제후록, 440.

46) 『수록』 권22, 병제후록, 444~445.

47) 유형원은 위 인용문의 논자의 주장과 유사한 다음과 같은 주장도 인용하였다. 『수록』 권22, 병제후록,

한편 고려 병제와 관련하여 유형원은 다음과 같이 고려시대에 兵車가 사용된 것에 주목하였다.

> 高麗顯宗時 契丹主自將步騎四十萬 氷渡鴨綠江 都統使康兆出通州(今宣川) 以備之分軍爲三以劍車排陳 丹兵至 合攻之 無不摧靡
> 宣宗時 西北面兵馬使柳洪 請造兵車藏之龜州 以備不虞 制可 …… 按車之用 大矣[48)]

이에 따르면 고려 현종 때 거란의 임금이 직접 군사를 거느리고 쳐들어왔을 때 康兆가 劍車를 사용하여 적을 모두 무찔렀으며 선종 때에는 귀주에 병거를 배치하여 적의 침략에 대비했다고 하였다. 이 역시 군방을 위해 병거를 사용하자는 유형원 자신의 주장을 역사적으로 뒷받침하려는 것이다.

또 유형원은 고려 병제와 관련하여 水軍에 대하여도 다음과 같이 언급하였다.

> 恭讓王時 都堂啓曰 召募海邊人民 三丁一戶 定位水軍 諸道濱海之田 不收租稅 以養水軍妻子從之 按 本國舊無水軍 舟師之設 盖始於此[49)]

즉 고려말 공양왕 때에 해변의 인민을 3정 1호로 편성하였으며 이것이 우리 나라 수군의 기원이 된다는 것이다. 이렇게 고려말 수군 창설에 주목하는 것은 조선의 수군을 강화하자는 그의 생각과 관련이 있다.

그러나 유형원은 沿海에 鎭堡를 많이 설치하는 것에 대하여는 다음과 같이 반대하였다.

> 高麗時 田祿生 出按全羅道 奏曰 倭寇以來 一道置戍 多至十八所 軍將虐州郡以立威 役戍卒以濟私 遂使凋弊逃散 …… 不若罷諸戍 令州郡謹烽火 嚴斥候 以應變 如不得已 當審其要害 省其戍所 則民力舒而軍餉節矣 今按此言深獲利害之實 雖不得盡罷鎭將 而委諸守令 不可不擇要害省鎭堡 非唯舒民力節軍餉而已 實固國禦敵之道也[50)]

이에 따르면 고려말 왜구에 대비하여 鎭堡를 많이 설치하였으나 이것이 민폐가 막심하였다는 것이다. 이런 민폐를 없애기 위해 고려말 田祿生이 아주 중요한 곳만을 제외하고 여러 진보를 폐지하고서 봉화 제도를 잘 마련하는 것으로 대신하자는 주장을 하였다. 유형원은 바로 자기 시대의 폐단을 시정하기 위해 이것을 언급한 것이다. 자신의 개혁안에 대하여 고

445, "麗季諫官上書曰 …… 願自今州郡庶務 一委巡問按廉 以責其成 雜冗使命 不許發遣 朝廷文字皆以懸鈴行移 非軍情緊急重事 不給驛馬 非乘驛馬者 不得入諸郡各驛以受廩給 違者主客皆罷職不敍 使各道巡問按廉 一法朝廷 此制不敢違越 違者痛理之."

48) 『수록』 권20, 병제후록, 433.

49) 『수록』 권23, 병제고설, 454.

50) 『수록』 권20, 병제, 397.

려말의 경험과 그 구폐책을 통해 역사적으로 뒷받침하려는 것이라고 할 수 있다.

끝으로 고려시대 제도에 대한 유형원의 인식 가운데 노비제도에 관한 것을 살펴보기로 한다. 노비제에 대한 언급은 『반계수록』 속편(하)의 "奴隷" 항목에 체계적으로 정리되어 있다. 여기에서 그는 고려시대 노비제도에 대하여 다음과 같이 언급하였다.

> 按奴婢之名 本起於罪人 沒入無罪而使爲奴婢 古無此法也 …… 本國奴婢之法 不問有罪無罪 唯按其世系而百代爲之奴 …… 未知此法何時作俑 而盖漸盛於高麗之初(三國以前 雖有奴婢而唯以犯罪贓益沒入及戰鬪被俘 而似是無世世爲賤之事 麗祖統合時 克敵討叛 多以虜獲給功臣爲奴婢 仍使世世爲奴) 至於本朝 則制法又驅人入賤 有入無出 故賤者漸多十居八九 良人漸少僅存一二[51]

이에 따르면 유형원은 우리 나라에서는 삼국 이전에는 노비가 있기는 하였으나 범죄, 전쟁 포로에 의한 것이었으며 대대로 노비로 삼는 법은 없었던 것으로 생각하였다. 그러다가 王建이 후삼국을 통일할 때 포로를 공신에게 준 것을 세습노비로 삼게 됨에 따라 노비세습제가 번성하게 되었으며, 조선시대에 이르러 극성을 부리게 되었다는 것이다. 이것 역시 노비세습제의 폐지를 주장하는 그의 개혁안을 역사적으로 뒷받침하려는 것이라고 할 수 있다.
한편 유형원은 다음과 같이 고려시대에는 노비에게 토지를 주지 않는 규정이 있었다고 하였다.

> 麗制雖有賤口不受田之文 非唯理所不當 亦勢所不行者(盖奴婢本是同戶作役之人 而本國外居別戶者 皆是奴婢故如此)[52]

그는 위에서 보듯이 노비에게 토지를 주지 않는 것은 이치에도 맞지 않고 형세상으로도 시행할 수 없는 것이라고 하였다. 이것은 노비에게도 토지를 분급해야 한다는 그의 토지개혁론에 따른 것이다. 고려시대의 역사적 사실을 그의 개혁이념에 입각하여 비판한 것이라고 하겠다.

5. 結語

이상에서 고려시대 제도에 대한 유형원의 인식을 몇 가지 항목으로 나누어 살펴보았다. 그러면 이것이 우리 나라 제도사 전반에 대한 그의 인식에서 어떤 위치를 차지하고 있는지 살펴보기로 한다. 그는 고려 이전 우리 나라의 제도에 관하여 箕子가 殷나라 식의 토지제도

51) 『수록』 권26, 속편(하), 노예, 506.
52) 『수록』 권20, 병제, 408.

를 평양에 실시하였다는 주장 및 기자가 관리선발제도를 갖고 있었을 것이라는 추정 외에는 거의 언급하지 않고 고려 이전에는 제도가 매우 불비한 것으로 이해하였다. 따라서 그는 우리 나라의 제도는 대체로 고려시대부터 갖추어지기 시작한 것으로 이해하였다고 볼 수 있다.

유형원은 이런 고려의 제도를 조선의 제도와 비교하면서 여기에서 나타나는 문제점을 근거로 그의 개혁안을 제기하였다. 토지제도의 경우, 고려에 균전제와 같은 토지분급제가 시행된 것이 조선시대에 비하여 고려가 강성한 이유로 보았다. 또 결부제는 고려 전기에는 없던 것이 고려 중기 이후에 생겨 조선에 계승된 것으로 보았다. 과거제도의 경우는, 고려에서 문장을 중시하던 폐단이 조선에 그대로 계승된 것으로 보았다. 관직제도의 경우는, 고려와 조선이 송나라 이후의 겸직제도를 답습하여 폐단을 낳은 것으로 이해하였다.

녹제의 경우는, 고려시대의 녹봉이 조선시대에 비해 훨씬 많고 모든 관리에게 준 점에서 조선시대보다 우월한 것으로 이해하였다. 병제의 경우는, 고려시대에는 군역자에게 토지가 분급되었다고 하면서 과전법에서는 농민에의 토지분급이 이루어지지 않았다고 생각한 것으로 여겨진다. 노비제의 경우는, 고려 초에 세습이 본격적으로 시작되었고 이것이 조선에 들어와 더욱 악화된 것으로 이해하였다. 따라서 조선이 고려보다 나은 점은 없고 고려가 조선보다 나은 점들이 있으므로 유형원은 전반적으로 조선이 고려에 비해 제도적으로 더 나빠진 것으로 생각하였다고 볼 수 있다.

다음으로 고려시대 제도에 대한 인식과 다른 실학자들의 그것과의 관계를 살펴보기로 한다. 『반계수록』에서의 우리 나라 제도에 연구는 이익·정약용 등 후대 실학자들의 우리 나라 역대 제도에 대한 인식에 영향을 주었으며 그들로 하여금 우리 나라 역대 제도를 연구하게 하는 자극제가 되었다. 李瀷의 경우, 유형원의 『磻溪隨錄』이나 정약용의 『경세유표』와 같은 체계적인 저술은 없으나 『성호사설』 등에서 우리 나라의 역대 제도에 대하여 많이 언급하였으며, 여기에는 유형원의 영향이 있다. 유수원은 『迂書』에서 자신의 개혁론을 전개하기에 앞서 우리 나라 역대 제도 전반에 대한 고찰을 행하고, 이어 고려시대의 여러 제도에 대하여 체계적으로 정리하여 그 문제점을 지적하였다.[53] 유수원이 직접 유형원의 『반계수록』을 보기는 어려웠을 것으로 생각되지만 양자 사이에는 상당한 유사점이 느껴진다.[54] 정약용의 『경세유표』는 전체 체제와 발상에서 『반계수록』의 많은 부분을 계승하여 발전시켰다. 특히 개혁론의 타당성을 입증하기 위해 각 개혁론 뒤에 고설을 붙여 해당 분야의 중국과 우리 나라 역대 제도를 비교·고찰하는 방식이 그대로 정약용의 『經世遺表』에 계승되었

53) 졸고, 「유수원의 고려시대 인식」, 『실학사상연구』 10·11합집, 1999. 3 참조.
54) 유수원은 1694년에 출생하여 1755년에 역모혐의로 사형을 당했으며 迂書의 집필 완성 시기는 1737년으로 추정된다(원유한, 「조선후기 화폐운영 개선론의 일면 - 유수원의 현실적 화폐론을 중심으로 - 」, 『역사학보』 56, 1972). 『반계수록』은 앞서 언급한 바와 1670년에 성립되었지만 100년 간 필사본으로만 전해지다가 1770년에야 간행되었다. 당색이 소론인 유수원이 기호남인계 학자의 필사본을 얻어 보기는 매우 어려웠을 것이다.

다.

다음으로 고려시대 제도에 대한 유형원의 인식이 오늘날 우리에게 갖는 의미에 대하여 살펴보기로 한다. 위에서 살펴본 고려시대 제도에 대한 인식을 유형원은 대체로 두 가지로 이용하였다. 하나는 고려시대의 좋은 제도를 근거로 조선 후기 당시의 제도를 비판하면서 개혁안의 역사적 근거로 삼는 것이고, 다른 하나는 조선시대의 잘못된 제도의 연원을 고려시대에 유래하는 것으로 보면서 양자를 아울러 비판하여 개혁안의 타당성을 주장하는 방식이었다. 유형원에게 있어서 역사 연구는 그 자체로 그치는 것이 아니라 개혁안을 뒷받침하는 근거로 삼아야 한다는 매우 실천적인 목표를 갖고 있었다. 이 점에서 우리는 오늘 우리의 역사연구에 대하여 반성할 점이 있다고 생각한다.

다음으로 우리의 근대역사학은 부분적으로 조선 후기 실학의 역사학에서 영향을 받았지만 대체적으로는 조선 후기까지의 우리의 역사 기술방식 또는 역사연구와는 단절된 상황에서 발전하여 왔다. 우리는 유형원을 포함한 조선 후기의 우리 역사학을 고찰함으로써 이러한 단절을 극복할 수 있는 한 방안을 찾을 수 있을 것으로 여겨진다. 특히 실학의 역사학은 우리 나라에서의 비판적 역사학의 출발이라고 할 수 있다. 이 가운데 고려시대 제도 등 우리 나라 역대 제도에 대한 연구는 유형원으로부터 시작되었다.[55] 이것은 오늘날 우리의 제도 연구에 구체적으로 많은 시사를 줄 수 있을 것으로 생각되며 자료의 한계를 가진 고려시대의 경우 더욱 그럴 수 있을 것이다.[56]

55) 조선 후기 고려시대에 대한 연구는 兪啓의 『麗史提綱』과 洪汝河의 『彙纂麗史』에서 비롯되었다. 그러나 이들은 모두 성리학의 명분론·정통론의 각도에서 고려시대 역사에 접근하여 제도에 대한 구체적인 관점은 찾아보기 어렵다(졸고, 「조선후기 역사학의 발달」, 『한국사 인식과 역사이론』, 지식산업사, 1997, 13쪽 이하 참조). 그러나 유계의 『여사제강』의 경우, 제도 자체에 대한 언급이 있으며 민생안정의 강조라든가, 현실개혁에의 관심이 보인다. 한편 유형원에 앞서서 고려시대의 제도를 정리한 『고려사』의 여러 志라든가 정도전 등 여말선초 학자들의 고려시대 제도에 대한 인식을 어떻게 보아야 할지도 문제다. 『고려사』의 志는 연구라기보다는 자료 정리라는 차원에서 볼 수 있다. 다만 여기서도 撰者의 견해는 별도로 정리할 수 있을 것이다. 그리고 여말선초 학자들의 고려시대 제도에 대한 인식은 비판적인 관점에서의 언급이기는 하지만, 조선 후기 실학자들만큼 체계화된 연구라고 보기는 어렵다고 생각된다. 그러나 이들 문제에 대하여는 별도의 검토가 필요하다.

56) 그러나 유형원의 고려시대 연구가 오늘, 우리의 연구수준에서 볼 때 적지 않은 문제가 있을 수 있다. 유형원을 비롯한 조선 후기 학자들의 고려시대 인식을 오늘 우리의 고려시대 연구수준에서 어떻게 평가할지, 또 우리에게 어떤 시사를 줄 수 있는지에 대하여는 이들의 고려시대 인식을 후일 종합적으로 비교·검토할 때 고찰해 보기로 한다.

朝鮮後期 肅宗代 老·少論 대립의 論理
-甲戌換局 직후를 중심으로-

김 용 흠*

1. 서론

兩亂 이후의 朝鮮後期는 흔히 중세사회 해체기로 인식되어 왔다. 移秧法 보급 등 農法의 변동으로 대표되는 농업생산력의 발전과 지주제 확대, 상품화폐경제의 성장과 그로 인한 급격한 농민층 분화, 봉건적 신분제의 동요 등은 집권적 봉건국가의 체제적 위기를 심화시켰던 것이다. 이러한 중세 봉건사회의 해체 과정은 동시에 근대사회를 지향하는 발전 과정이기도 하였다. 농촌에서는 농민층 분화에 의해서 無土不農之民이 광범위하게 창출되어 賃勞動者로 전락한 것과 동시에 饒戶·富民으로 불리는 經營型富農·庶民地主가 등장하였는가 하면, 상업에서는 私商都賈, 수공업에서는 私匠, 광업에서는 德大 등 신흥 계층이 등장하여 자본주의적 경제관계가 발생·발전하고 있었다.[1]

이러한 사회경제적 변동은 당시 지식인이었던 官人·儒者들의 사상과 이들에 의해 운영되는 정치에도 영향이 미치기 마련이었다. 당시까지 이들을 지배하고 있던 朱子學 思想만으로는 이처럼 급격하게 변화하고 있는 현실에 적절하게 대응하기 어렵다는 인식이 점차 확산되어 갔다. 따라서 관인·유자들 사이에서는 주자학을 변용시키거나, 陽明學·古典儒學 등 凡儒敎思想, 나아가서는 老莊思想·西學 등 非儒敎思想까지 포함하는 다양한 사상들을 탐색하고 연구함으로써 변화하고 있는 현실과는 모순되는 집권적 봉건국가의 체제 개혁을 모색하는 경향이 나타났다. 官人·儒者들 일각에서 나타난 이러한 사상 경향은 朱子

* 연세대학교 강사

1) 국사편찬위원회 편, 『한국사(33)』, 1997 참조.

學만을 唯一思想으로서 고수하고자 하는 보수적인 봉건 지배층과의 대립 갈등을 유발하게 되었다. 이 시기에 이러한 사상적 대립이 정치에 반영되어 나타난 것이 바로 '黨爭'이었다.[2] 따라서 黨爭에는 중세사회가 해체되고 근대사회를 전망하는 사회경제적 움직임이 어떤 형태로든 반영될 수밖에 없었다. 朝鮮後期 政治史를 內在的 發展論의 시각에서 설명하려면 이에 대한 규명이 우선적으로 요청된다고 하겠다.[3]

본고에서는 이러한 문제의식에 입각하여 肅宗代 후반의 정치를 분석해 보고자 하였다. 잘 알려진 바와 같이 肅宗代는 朋黨間의 대립이 격화되어 '換局'이 반복된 시기였다. 여기에는 조선 후기의 사회변동을 정치적으로 수렴하려는 정파와 그것을 거부하는 정파 사이의 대립이 반영되어 있다고 보고자 하였다. 당시에 나타난 '蕩平'論과 蕩平策을 둘러싼 대립은 바로 그러한 시각에서도 접근할 수 있는 것이었다. 특히 甲戌換局 이후는 붕당간의 대립으로 인하여 초래된 왕조국가와 지배체제의 위기를 타개하기 위한 노력으로서 '蕩平'策이 실천에 옮겨진 시기이기도 하였다.

庚申 - 己巳 - 甲戌年의 세 번의 환국을 겪고 난 숙종대 후반의 정국은 이러한 반복되는 환국을 탈피할 수 있는 새로운 정치질서의 모색이 요구되고 있었으며, 이것은 기존의 붕당간 무한 대립의 폐해를 절감하고 있던 숙종을 비롯한 당시 정치인들의 공통된 인식이기도 하였다. 그것은 '蕩平'에 대한 명시적 내지는 묵시적 합의로 표현되었다. 그러나 그것은 쉬운 일은 아니었다. 모두 입으로는 '탕평'해야 한다고 말하지만, 실제에 있어서는 자신과 당파의 이익을 우선하고, 그 名分과 義理를 절대화하여 관철시키는 것을 '탕평'이라고 생각하기 쉬웠다. 기존의 정치적 이해관계와 그것을 뒷받침하고 있던 朱子學的 政治思想의 변화 내지 극복이 없이는 '蕩平'이란 실현될 수 없는 것이었다.

甲戌換局 이후 當局者로서 '환국'을 탈피하여 새로운 정치질서를 모색하고 있던 南九萬·崔錫鼎 등 少論 黨人들은 당시의 정치적 난국을 타개하고 '蕩平'을 실현하기 위해서는 기존의 주자학적 정치사상을 대표하고 있던 名分義理論의 변화가 불가피하다고 보고 있었다. 그것은 갑술환국 직후의 정치적 현안이었던 王妃 교체 문제, 世子 보호 문제, 己巳南人의 처벌과 등용 문제, 그리고 庚申換局을 전후하여 당쟁의 고질적 병폐로서 자리잡고 있던 偵探政治 내지는 報復政治의 극복 문제 등의 현안을 해결하기 위해서는 필연적으로 요구되는 사상적 변화였다. 그러나 이러한 노력은 朱子學的 名分義理論을 절대화시킴으로써

---

2) 이러한 조선 후기 정치와 사상의 흐름을 '國家再造'論의 시각에서 인식하고자 하는 시도가 최근 정리된 논고로서 발표되어 참고된다. 金駿錫, 「兩亂期의 國家再造 문제」, 『韓國史硏究』 101, 1998①.

3) 조선 후기의 '당쟁'을 이러한 시각에서 연구할 것을 제창한 최근의 논고로는 金駿錫, 「탕평책 실시의 배경」[국사편찬위원회, 『한국사(32)』, 1997]이 있다. 조선 후기 정치사에 대한 지금까지의 연구동향은 다음과 같은 연구사 정리가 있어 참고된다. 李成茂, 「朝鮮後期 黨爭硏究의 方向」, 『朝鮮後期 黨爭의 綜合的 檢討』, 한국정신문화연구원, 1992 ; 鄭萬祚, 「朝鮮時代의 士林政治」, 『韓國史上의 政治形態』, 一潮閣, 1993 ; 尹熙勉, 「朝鮮後期」, 『歷史學報』 140, 1993 ; 朴光用, 「조선후기 정치사 연구동향(1989~1994)」, 『韓國史論』 24, 국사편찬위원회, 1994 ; 이재철, 「朝鮮後期 政治史의 硏究動向과 '고교' 국사교과서의 敍述」, 『歷史敎育』 67, 1998.

자신들의 이익을 지키고자 하는 노론 당인들의 집요한 반발에 직면하고 있었다. 이에 대하여 어떤 논리로 정국을 정상화시키고, 변화하는 현실에 발맞추어 모순된 국가체제를 개혁할 것이냐가 少論 蕩平策에 주어진 과제가 되었다.

이 시기에 제기되고 실천에 옮겨진 탕평론이나 탕평책은 단순한 政局運營論으로만 치부할 일은 아니었다. 그것은 당시 당쟁을 유발하고 격화시킨 '朋黨論'으로 대표되는 朱子學的 政治運營論을 극복하기 위한 官人·儒者들의 고심의 산물이었다. 조선 후기의 변화하는 현실에 발맞추어 體制의 '改革' 또는 '變通'을 시도하기 위해서는 우선적으로 주자학적 정치론으로부터 탈피할 것이 요구되었다. 아울러서 國王과 臣僚들 및 臣僚들과 臣僚들 사이에서는 새로운 관계 정립이 필요하였다. 그 과정은 기존 정치질서의 계승과 부정, 연속과 단절을 내포하는 것이었다. 또한 이것은 기존의 정치질서를 전면적으로 부정하는 혁명이 아니었으므로, 부정과 배척이 아닌 타협과 화해의 논리를 개발하지 않으면 안 되었다. 그리고 숙종대 환국이 반복되는 정치상황 속에서 정치적 현안을 어떤 시각에서 바라보고 어떻게 해결하려고 하는가 라는 정치적 입장은 '保守'와 '進步'로 직결될 수밖에 없었다. 탕평책은 '制度政治圈' 내에서 어떻게 개혁을 도출해 낼 수 있는가를 보여주는 시금석이기도 하였던 것이다.

여기서는 갑술환국에서 병신처분까지 숙종대 후반의 정국 동향을 염두에 두면서, 당시의 정치적 현안을 놓고 少論 黨人들이 어떻게 탕평책을 실천에 옮기려고 하였는가를 살펴보고자 하였다. 숙종대 후반의 정국 동향 및 이 시기의 탕평론에 대해서는 최근에 이르기까지 여러 편의 논고가 발표되었다.[4] 그러나 탕평론이 당시의 구체적인 정치 현실 속에서 어떻게 실천에 옮겨졌으며, 그것의 역사적 성격이 무엇이었는가에 대한 분석은 아직 이루어지지 않았다고 생각된다. 여기서는 갑술환국 직후의 정치적 쟁점과 관련하여 탕평책이 실천에 옮겨지는 가운데 당시에 정계에서 활동하였던 老論과 少論 黨人 사이에 전개된 대립의 논리를 분석하여 肅宗代 후반에 少論 黨人들이 구상하였던 蕩平論의 내용과 그 역사적 성격의 일단을 드러내 보이고자 하였다. 숙종대 후반에 소론 당인들에 의해 제기되고 실천에 옮겨진 탕평론의 기조는 이후 英·正祖代 蕩平論으로 계승·발전되었다고 생각되므로, 이 시기의 탕평책을 분석하는 것은 18세기 정치사 이해뿐만 아니라 朝鮮後期 政治史를 '發展'의 관점에서 이해하는 데서도 관건이 된다고 생각된다.

---

4) 金相五, 「懷尼師生論의 是非와 丙申處分에 대하여」, 『論文集』 1, 전북대 문리대, 1974 ; 鄭奭鍾, 『朝鮮後期社會變動硏究』, 一潮閣, 1983 ; 李銀順, 『朝鮮後期黨爭史硏究』, 一潮閣, 1988 ; 鄭景姬, 「肅宗代 蕩平論과 '蕩平'의 시도」, 『韓國史論』 30, 서울대 국사학과, 1993 ; 禹仁秀, 「朝鮮 肅宗代 政局과 山林의 機能」, 『國史館論叢』 43, 1993 ; 禹仁秀, 「朝鮮 肅宗朝 南溪 朴世采의 老少仲裁와 皇極蕩平論」, 『歷史敎育論集』 19, 1994 ; 朴光用, 『朝鮮後期 '蕩平' 硏究』, 서울대 박사학위논문, 1994 ; 鄭景姬, 「숙종 후반기 탕평 정국의 변화」, 『韓國學報』 79, 1995 ; 李熙煥, 『朝鮮後期黨爭硏究』, 國學資料院, 1995 ; 金駿錫, 「탕평책 실시의 배경」, 『한국사(32)』, 국사편찬위원회, 1997 ; 金駿錫, 「18세기 蕩平論의 전개와 王權」, 『東洋 三國의 王權과 官僚制』, 국학자료원, 1998②.

2. 王妃 교체 문제 : 國王責任論과 閔妃義理論의 대립

肅宗代의 거듭되는 '換局'이 國王 肅宗에 의해 주도된 것이며, 그것이 國王權을 강화시키기 위한 것이라는 점은 모든 논자가 인정하고 있다. 仁祖反正 이후 서인과 남인 사이에 당쟁이 격화되면서 顯宗代에 이르러서는 왕권이 상대적으로 매우 취약한 상태에 있었다.[5] 특히 이 시기에 형성된 宋時烈의 世道政治論은 朱子 道統主義에 입각한 전형적인 臣權 中心 政治論이었다.[6] 이러한 상황에서 숙종은 왕권을 유지하기 위한 하나의 방편으로서 정권을 주도하는 붕당을 교체하는 '환국'이라는 극단적인 수단을 사용하였던 것이다.[7]

甲戌換局 역시 숙종에 의하여 주도되었다. 숙종은 己巳換局 이후 南人 정권의 정국운영에 대하여 많은 불만을 가지고 일찍부터 남인들을 제거하고 서인들을 등용하려는 복안을 가지고 있었다고 한다.[8] 그 원인이야 어쨌든 갑술환국으로 인하여 왕비가 다시 교체되고 정권을 담당하는 정치세력 역시 바뀌었으므로, 정국을 정상화하기 위해서는 관련자에 대한 처벌과 그것의 논리화 작업이 시급한 정치적 현안이 되었다. 우선 王妃가 張氏에서 閔氏로 다시 바뀌어 민비가 復位된 것에 대하여 어떻게 볼 것이냐의 문제, 己巳年 이전부터 이미 己巳南人과 정치적 행보를 같이하고 있던 張希載로 대표되는 張氏 一門에 대한 처리 문제, 그리고 무엇보다도 己巳換局으로 정국을 주도하였던 己巳南人들이 庚申換局 이후의 당국자들이었던 宋時烈・金壽恒을 비롯한 西人 政治家들을 죽음으로 몰고 간 것에 대한 책임 소재를 규명하고 처벌하는 문제, 나아가서는 갑술환국의 직접적 도화선이 되었던 '偵探政治'와 여러 가지 告變事件을 어떻게 처리할 것인가 등등의 정치적 현안들이 일관된 논리 속에서 처리되지 않으면 안 되었다. 갑술환국은 정치 주도 세력의 교체를 초래하였으므로, 새로이 정국을 담당한 서인 내지 노론과 소론이 당시에 산적해 있던 여러 가지 사회・경제적 민생 현안을 해결하기 위해서는 이러한 정치적 현안에 대한 해결이 우선적으로 이루어져야 했다.

우선, 가장 민감하고도 심각한 현안은 왕비가 '교체'된 것으로 볼 것이냐 '복위'된 것으로 볼 것이냐의 문제였다. 숙종의 입장에서는 기사남인의 정국 운영에 대하여 불만을 가지고 갑술환국을 주도하였으므로, 남인 중심의 정국에서 서인 중심의 정국으로 주도 세력을 교체하는 과정에서 왕비의 교체는 불가피한 선택이었다. 張氏는 南人과 연결되어 있고, 閔氏는

---

5) 鄭萬祚, 앞의 글, 1993, 235쪽 참조.

6) 金駿錫, 『朝鮮後期의 黨爭과 王權論의 추이』, 『朝鮮後期 黨爭의 綜合的 檢討』, 韓國精神文化硏究院, 1992 참조. 숙종은 세자 시절부터 송시열의 위세가 왕권을 위축시킬 정도였음을 의식하고 있었다고 한다. 鄭弘俊, 『조선중기 정치권력구조 연구』, 고려대 민족문화연구소, 1996, 92쪽 참조.

7) '붕당정치의 동요'라는 시각에서 '환국'에 특히 주목하여 정리한 최근의 논고가 있어 참고된다. 홍순민, 「붕당정치의 동요와 환국의 빈발」, 『한국사(30)』, 국사편찬위원회, 1998.

8) 정석종, 앞의 책, 1983, 122~124쪽 ; 이영춘, 『朝鮮後期 王位繼承 硏究』, 集文堂, 1998, 290쪽 참조. 이 부분에 대해서는 뒤에서 상론하게 될 것이다.

西人, 특히 老論과 연결되어 있었기 때문이다. 따라서 환국 이후에도 장씨에게 왕비의 지위를 그대로 유지하게 하는 것은 궁중 내부의 역학 관계에서는 물론이고, 신료들의 향후 정치적 향배와도 관련하여 엄청난 위기를 자초할 위험성을 안고 있었다. 그런데 이 문제를 만약 왕비의 '교체'라고 본다면, 이것은 장씨와 민씨를 대등하게 보고 그들의 잘못 때문에 '교체'되었다는 논리가 성립되며, 모든 것은 국왕의 책임과 권리로 귀결될 일이었다. 그러나 만약 이것을 민비의 '복위'라고 본다면, 민비는 죄가 없었는데, 기사남인의 음모 또는 선동과 국왕의 잘못으로 인하여 민씨가 왕비의 자리에서 쫓겨났다가 다시 제 자리로 돌아온 것이 된다. 이것은 향후의 정국 운영과 권력 구조와도 직결되는 문제였다. 물론 이 문제는 숙종이 서인을 향후 정국 운영의 주체로 설정하였으므로 '복위'로 결론이 났고, 스스로의 잘못을 여러 차례 표명하지 않을 수 없었지만, 그 과정이 결코 순탄하게 진행될 수는 없었던 것이다.

갑술환국 당시에 소론 당인들 사이에는 장씨에서 민씨로 왕비가 '교체'되었다는 관점이 분명하게 존재하였다. 즉 숙종이 장씨를 왕비에서 희빈으로 강등시키자, 소론 당인 徐文重 등이 상소하여 간쟁하려고 朴泰尙 등과 의논하고, 朴世采 門人인 宋光淵에게 편지를 보내어 상소에 참여할 것을 요구하였다가 거절당하자 그만둔 일이 있었다.[9] 徐文重은 "9년과 6년, 아들이 있고 아들이 없는 것은 어느 것이 重하고 어느 것이 輕한가?"라고 말하였는데, 이는 "민비와 장씨가 왕비로 있었던 것은 세월이 오래고 짧은 차이가 있기는 하나 왕세자가 있으므로 장씨가 도리어 중하다는 뜻이다"라고 『肅宗實錄』(이하 『實錄』으로 줄임) 편찬자가 해석하고 있는데, 당시 소론 일각의 관점을 반영한 것으로 보아서 무리가 없을 것같다.

다음 날 승정원에서는 숙종에게 갑자기 왕비를 교체하는 '變節'을 만나 '놀라고 당황스러움을 형용할 수 없다'고 하면서, '壼位陞黜'을 大臣과 함께 의논하여 결정하는 것이 '大禮에 결함이 없고 後世에 할 말이 있을 것'이라고 건의하여 숙종의 허락을 받았다.[10]

이에 대하여 며칠 뒤 영의정으로 배명한 南九萬은 승정원의 건의를 극력 비판하였다.[11] 우선, 장씨를 降號한 것은 민씨가 복위됨으로써 두 왕비가 있을 수 없어서 그런 것이지 죄가 있어서 廢黜시킨 것은 아니므로, '壼位陞黜'이란 표현은 잘못이라면서 承旨들을 推考하라고 요구하여 숙종의 승인을 받아냈다. 이것은 장씨로부터 민씨로 왕비가 '교체'되었다는 관점을 분명히 한 것으로 여겨진다. 다음, 승정원이 壼位陞黜을 '모여서 의논하여 결정하자'고 한 것 역시 잘못이라고 하였다. 즉 신하들을 시켜 '會議'하게 하는 것은 '아들이 어머니를 의논하는 것'이고, '신하가 임금을 의논하는 것'으로서 '천하에 이런 도리는 없다'고 하면서,

---

9) 『肅宗實錄』 권26, 숙종 20년 甲戌 4월 己卯(12일)[1970년 國史編纂委員會刊 『朝鮮王朝實錄』(影印縮刷版) 39집 301쪽(이하 39-301로 표기), 23쪽 ㄱ면(판심 쪽수, 우측면. 이하 23ㄱ으로 표기)]. 이 때 徐文重은 南九萬에게도 편지를 보내어 같이 상소할 것을 청하였으나 거절당하였다고 한다. 『朝野信筆』 권3, 南桐巢甲戌記事, 4쪽 ㄱ~ㄴ면(이하 4ㄱ~ㄴ으로 표기)[『朝鮮黨爭關係資料集(1)』, 驪江出版社, 1983, 517쪽] 참조.

10) 『肅宗實錄』 권26, 숙종 20년 甲戌 4월 庚辰(13일), 39-301, 23ㄱ~ㄴ.

11) 『肅宗實錄』 권26, 숙종 20년 甲戌 4월 甲申(17일), 39-302, 24ㄱ~ㄴ.

숙종에게도 이런 일은 '신하들에게 물을 일이 아니다'고 못박아 말하였다. 이것은 왕비 '교체' 문제에 대한 국왕의 권한과 책임을 분명히 한 것으로 생각된다. 즉, 남구만 역시 장씨와 민씨를 상대화시켜서 보되, 국왕의 선택을 존중한다는 입장이었다.

그는 장씨 역시 '名號가 이미 정하여지고 坤極에 正位'하였으며, '신하된 자들이 또한 이미 君母로 섬겼다'는 점을 인정하고, 이제 '降號'하는 '變節'을 당해서 '신하의 마음이 어찌 己巳年(민씨가 장씨로 교체되는 것)과 다르겠느냐'고 하면서, '신하의 의리'로는 '또한 죽음으로 쟁집해야' 마땅하다고 보았다.[12] 그러나 이제 閔妃가 이미 復位된 마당에 禧嬪의 降號에 대하여 다시 다툰다면 이는 한 나라에 두 尊位가 있는 것이 될 것이므로, '이것이 오늘날 신하가 이미 복위를 경축하고 또 강호를 슬퍼하여 당황함을 형용할 수 없고 놀라서 안정하지 못하고, 또 감히 아뢸 바가 있을 수 없는 까닭'이라고 하였다. 이처럼 그는 왕비의 '교체'는 국왕의 선택 문제이므로 신하들이 개입할 사안이 아니라고 보고 있었다. 예컨대 갑술년 민비 복위를 인정하면서도 기사년의 민비 폐출은 기사남인의 잘못이 아니라 국왕이 책임져야 한다는 논리, 즉 '國王責任論'이었다.

물론 이러한 해석은 노론 일반의 정서와는 맞지 않는 것이었다. 노론 당인의 입장에서 볼 때, 己巳年의 일은 '尊卑易位 倫彛失序'한 것으로서, '임금에게는 德을 잃은 것이고, 뭇 신하에게는 매우 통탄할 일'이지만, 甲戌年에 '민비가 복위되고 장씨가 강호된 것'은 '임금에게는 성덕이고 뭇 신하들에게는 경사'이므로, '감히 견주어 논할 수 없는 것'이었다. 그런데 남구만이 '당황하고 놀라서 죽음으로 쟁집할 義理가 있다'고 한 것은 南人들이 다시 득세할 때를 염두에 둔 '私意'에서 나온 '反常悖理'한 짓이라고 하였다.[13] 그런데도 소론 일반이 앞다투어 南九萬을 推重하여 그 세력을 움직이기 어려웠고, 숙종이 남구만의 말을 따라 마침내 당당한 조정에서 '討罪正法之大義'가 '廢而不擧 閼而不行'하게 하였으니 그 죄는 誅戮을 면할 수 없다고까지 말하였다. 말하자면 노론 당인들은 閔妃에 대한 신하로서의 義理를 '彛倫,' 즉 人倫의 차원에서 주장하고 있었던 것이다. 우리는 노론의 이러한 논리를 '閔妃義理論'이라고 부르고자 한다.

이러한 노론 당인들의 南九萬에 대한 비난을 통해서 왕비의 '교체'냐 '복위'냐의 문제가 '己巳南人'에 대한 평가 내지 처벌의 문제와 깊이 연관되어 있음을 알 수 있다. 즉 민비가 '복위'되었다는 입장에 선다면, 기사년 남인들은 모두 逆賊으로 규정되어 대대적인 숙청을 피할 수 없게 된다. 그렇게 되면 '장차 搢紳이 거의 남아나지 못하게 되어 宗社가 반드시

12) 남구만의 이 말은 뒤에 노론 당인들이 명분의리론에 배치된다고 남구만을 비판할 때마다 거론되었다. 그러나 이것은 남구만의 본심으로 보아야 할 것 같다. 남구만은 기사년에서 갑술년까지의 남인정권을 부정하지 않았다. 즉 그가 한중혁의 처벌을 건의하는 箚子에서 "獄官雖有前後之變易 朝廷自是一朝廷"이라고 한 것은 당시의 남인정권과 그 전후의 서인정권을 연속선상에 있다고 본 것을 말한다. 『肅宗實錄』 권27, 숙종 20년 甲戌 7월 庚午(4일), 39-337, 21ㄱ. 이것은 노론 당인들의 인식과는 크게 다른, 중요한 차이점으로 간주된다.

13) 『肅宗實錄』 권26, 숙종 20년 甲戌 4월 甲申(17일), 39-302, 24ㄴ.

따라서 멸망할 것'이기 때문에 南九萬 등이 이것을 염려하여 '蕩平으로써 우러러 경계하고 平恕로써 스스로 힘쓰고자 하였던 것'이니, '이것도 또한 시국을 구제하는 要道와 국가를 위한 深慮에서 나온 것'이라고 『肅宗實錄補闕正誤』(이하 『補闕』로 줄임) 편찬자는 주장하였다.[14]

여기서 서인과 남인 사이에 반복되는 환국으로 표현된 극한 대립을 해소하는 방안으로서 남구만이 '국왕의 선택'과 '국왕의 권한과 책임'을 내세우고 있는 것이 주목된다. 이것은 蕩平論과 王權論의 관계를 암시하고 있다. 즉 노론의 閔妃에 대한 義理論을 부정하지 않으면서도, 남인에 대한 처벌을 완화시키고 공존을 모색하기 위해서는 국왕의 권한과 책임을 강조할 수밖에 없었던 것이다.[15] 이처럼 왕비 교체 문제에서 '國王責任論'으로 표출된 남구만의 왕권론은 이후 그의 政論의 대원칙으로 작용하였으며, 이는 仁祖反正 이후 西人 계열의 官人·儒者들 일각에서 강화되고 있던 주자학적 명분론에 입각한 臣權論의 흐름을 차단내지 억제하는 의미를 지니고 있었다.[16] 따라서 갑술년 이후의 정국은 少論의 國王責任論과 老論의 閔妃義理論의 대립을 대전제로 하여 전개되었다.

3. 張希載·張禧嬪 처벌 문제

1) 世子保護論과 老論義理論의 대립

甲戌年 張希載의 처벌 문제와 辛巳年 張禧嬪의 처벌 문제는 세자의 지위를 위협하게 될 것이므로, 숙종 이후의 후계자 구도 문제와 관련하여 또한 처리하기가 쉽지 않은 문제였다.[17] 集權的 封建制 社會에서 專制君主의 지위는 내용상으로는 어떠하든지 간에 형식상으로는 정국 운영의 최고 책임자로서 절대 권력을 행사하는 것으로 관념되어 있었다. 따라서 조선왕조가 비록 양반 사대부층의 정치적 합의의 산물로서 출발하였으므로 왕권에는 일정한 제약이 따를 수밖에 없었지만,[18] 그렇다고 해서 국왕 지위의 절대성이 명분이나 실제에 있어서 부정될 수는 없는 일이었다. 실제로 조선왕조에서는 국왕의 개인적 역량 여하에 따라서 국왕권의 강약이 좌우되고 있었다. 특히 숙종과 같이 개인적으로 국왕권의 확립을 위하여 노력하는 왕에게는 명분상으로나마 존재하는 국왕 지위의 절대성은 결코 포기할 수

14) 『肅宗實錄補闕正誤』 권26, 숙종 20년 甲戌 4월 甲申(17일), 39-325, 1ㄴ.
15) 『肅宗實錄』 권26, 숙종 20년 甲戌 4월 癸巳(26일), 39-304, 29ㄴ~30ㄱ.
16) 朝鮮後期 王權論과 臣權論의 대립에 대해서는 金駿錫, 앞의 글, 1992에 자세하다.
17) 장희재와 장희빈에 관련된 사실 관계는 李熙煥, 앞의 책, 1995, 161~170쪽 ; 鄭會善, 「景宗朝 辛壬士禍의 發生 原因에 대한 再檢討」, 『宋俊浩敎授停年紀念論叢』, 1987, 174~184쪽 참조. 張氏 집안에 대한 연구로는 金良洙, 「朝鮮後期 中人집안의 活動硏究」(上·下), 『實學思想硏究』 1·2, 1990·1991이 있어 참고된다.
18) 金駿錫, 앞의 글, 1992.

없는 권한으로 인식되는 것이 당연한 일이었다.

그러나 이러한 국왕의 권한은 국왕 개인의 노력만으로 안정되는 것은 아니었다. 후계자가 확실해져야만 그를 둘러싼 여러 가지 정치적 음모를 배제하고 국왕권이 안정될 수 있었다. 그러나 인현왕후 민씨는 세자를 생산하지 못하여 후계자 구도를 모호하게 만든 결정적 하자를 안고 있었다. 이것이 장희빈이 아들을 낳은 뒤 기사환국으로 남인이 집권하게 되는 중요한 원인이었다고 본다.

그런데 이제 갑술환국으로 다시 서인이 집권하고 민비가 복위된 상황에서 장희빈의 아들인 세자가 매우 위태로운 상황에 처하게 된 것은 필지의 사실이었다. 더구나 장희재는 기사환국 당시에 이미 남인들과 정치적 행보를 같이하였고, 갑술환국 이후에도 여러 가지 정치적 음모와 관련된 그의 죄상이 속속 드러나는 과정에 있었으며 장희빈은 辛巳年 이후 민비를 巫蠱한 죄상이 숙종의 친국에 의해 밝혀지기에 이르렀으므로, 민비가 '복위'되었다는 입장에서 본다면 이들이 극형에 처해져야 한다는 것은 주자학적 명분의리론을 떠나서도 지극히 분명한 사안이었다. 그러나 그것은 세자의 지위를 위태롭게 하여 왕권을 위협하게 될 것이라는 데 문제의 심각성이 있었다.

甲戌換局 직후에 張希載를 참작 처리하자고 먼저 주장한 것은 국왕 숙종이었다. 숙종은 장희재가 國母(즉 민비)를 謀害하고, 임금을 속이고 誣獄을 일으킨 두 가지 죄가 크기는 하지만 세자의 至親이므로 참작 처분해야 할 것이라고 하면서 대신들의 논의에 부쳤다. 이에 대하여 南九萬은 처음에는 장희재를 법대로 처단하자고 주장하였다. 세자가 장희재에 대해서는 그 '親'은 '輕'하고 그 '罪'는 '重'하니 만약 세자가 長成하였다면 반드시 '以義滅親'의 請이 있을 것이라고 하였다.[19] 다만 세자가 아직 어려서 사리분별이 없고, 外姓至親으로는 다만 張希載 한 사람뿐이니, 숙종이 측은하고 애처롭게 여겨 대신에게 묻게 되었을 것이라고 국왕 숙종의 심정을 헤아리고 있었다. 숙종은 장희재에 대하여 특명으로 사형을 감면하여 절도에 안치하고 엄하게 栫棘을 가하도록 하였다. 이에 대해서 三司를 중심으로 노론당인들이 반발한 것은 물론 재야 유생의 상소도 이어지고 있었다.[20]

그럼에도 불구하고 장희재의 처벌이 장희빈과 세자에게 미칠 해독을 염려하여 숙종이 자신의 뜻을 굽히려 하지 않자 南九萬은 장희재를 처벌하자는 '守法之論'에 대하여 복종하지 않을 수 없지만 '爲國家深思過慮'가 不得不 나오지 않을 수 없다고 말하면서 여러 신하들에게 묻기를 청하였다. 그러자 鞫廳을 맡고 있던 申汝哲·李世白은 법대로 처벌할 것을 주장하였고, 三司의 金弘楨·兪集一·承旨 金構 등은 더 형벌을 시행하여 심문할 것을 주장

19) 『肅宗實錄』 권26, 숙종 20년 甲戌 5월 丁巳(20일), 39-309, 39ㄴ~40ㄱ. 우리는 여기서 남구만의 본래 입장이 장희재를 처단해야 한다는 것이었음을 확인해 둘 필요가 있다. 남구만이 이후 장희재에 대한 처벌을 완화시키자고 생각을 바꾸게 된 것은 숙종의 의중을 파악하고 나서의 일이었다. 『藥泉集』 卷31, 答朴左相, 甲戌 윤5월 20일, 8쪽(판심 쪽수) ㄱ(우측면)~ㄴ(좌측면)[影印標點 韓國文集叢刊(이하 '叢刊'으로 줄임) 132책, 民族文化推進會, 1994, 518쪽].

20) 이희환, 앞의 책, 1995, 162~163쪽 참조.

하였다. 그럼에도 불구하고 숙종은 남구만이 말한 '爲國家深思過慮'를 '爲國家深思遠慮'라고 받으면서 參酌 處分할 것을 고집하였다.[21]

南九萬은 이러한 숙종의 고집이 이유있는 것이라고 보았다. 만약 장희재에 대한 처벌을 노론이 주장하는 대로 張禧嬪에 대하여 전혀 '慰安'하는 뜻이 없음을 보인다면 궁중의 생리상 세자에게 무슨 일이 일어날지 예측할 수 없으며, 이런 일은 帝王家에 늘 있는 일이라고 하였다. 따라서 숙종이 이러한 일에 대하여 '長慮却顧'하여 '曲爲之防'을 미리 만들어 두는 것은 '他日難言之事'에 대비하는 것이니, 이 일에 대해서는 臣子된 도리로서 死生禍福을 돌아보지 말고 '竭誠致力'해야 될 일로 보았다.[22]

사실 이것은 궁중 내부 문제로만 그치는 것이 아니었다. 갑술환국으로 민비가 복위된 마당에 민비와 연결된 노론 당인들의 위세가 조정을 지배하고 세자를 위협할 위험성은 누구나 예측할 수 있는 일이었다. 갑술환국에 즈음하여 숙종 역시 이것을 가장 염려하여 맨 먼저 '强臣兇孼'로서 '動搖國本者'는 逆律로 논하겠다고 선언하고 있는 데서도 알 수 있다.[23] 少論 측에서 볼 때, 老論은 본래 勳戚 大家들로서 '천지를 뒤흔드는 힘'이 있는데다가 金春澤의 민비 복위음모 이후로는 더욱 宮禁과 쉽게 연결될 수 있는 길이 열려서, 어린 세자는 깊은 궁중 婦寺들의 손에 맡겨져 至誠으로 보호할 방도가 없는 채 방치되어 있는 상황이었다. 따라서 당시 소론 당인들은 세자가 처한 상황을 '非言語之所可形', '非智力之所可防'이라고 보았다.[24]

이 때 南九萬이 '屈公法犯衆怒'하면서도 의연하게 천하의 비방을 스스로 감당하면서 '必殺無赦之罪人'인 張希載를 용서해 준 것은 不逞之輩에게 禍心이 생기는 것을 막고, 세자의 동기간의 친척들에게 禍가 서로 미치지 않게 하며, 세자를 侍御하는 가운데 侵侮가 가해지지 않게 하고, 母子間의 애정을 서로 의지하여 편안하게 함으로써 좌우에서 분에 넘치는 희망을 품는 것을 저절로 끊어지게 만들었다. 따라서 당연히 죽어야 할 죄를 減律하였으면서도 이미 복위된 중전 민씨에게는 하등의 손실이 미치지 않게 하였으니, 이것은 '消亂於未然之前'하여 '增重於至危之儲位'함으로써 국세를 반석같이 안정되도록 한 것이었으므로, 남구만의 당시 '苦心忠慮'는 '褊量淺見'으로는 측량할 수 없는 것이었다고 보고, 소론 당인들은 당시의 남구만을 옛날의 '社稷之臣'에 가깝다고 평하였다.[25]

이러한 숙종과 남구만의 처분에 대하여 幼學 朴尙絅을 비롯한 持平 鄭澔, 應敎 金夢臣 등이 반발하자 남구만은 장희재가 "진실로 國母(민비)를 모해한 말이 있다면 살아날 수 없을 것"이라고 말하여, 장희재의 애초 죄안에서 '謀害國母'를 제거하도록 유도하자, 숙종은

---

21) 『肅宗實錄』 권26, 숙종 20년 甲戌 윤5월 戊辰(2일), 39-313, 47ㄱ.
22) 위와 같음.
23) 『肅宗實錄』 권26, 숙종 20년 甲戌 4월 戊辰(2일), 39-296, 13ㄴ.
24) 『肅宗實錄補闕正誤』 권26, 숙종 20년 甲戌 윤5월 戊辰(2일), 39-326, 3ㄱ.
25) 위와 같음.

'말을 지어낸 자는 閔黯이고 말을 전한 자는 張希載'라고 정리하고, 그를 減死하여 圍籬安置하도록 하였다.[26] 여기서 閔黯이 만들어 낸 말이란 '廢妃(민씨)와 貴人(김씨)이 銀貨를 내어' 換局을 도모하였다는 것이다.[27]

이에 대하여 노론 당인들은 '人心은 陷溺되고, 義理는 晦索되었다'고 반발하였다.[28] 李畬는 南九萬 등이 '事勢'를 주장하지만, '義理'는 '天地之常經'이고 '古今之通宜'로서 '三代相因而不能易者'라고 하였다.[29] 宋相琦는 이러한 숙종의 처분이 '公論'을 거스르고 '屈國家三尺之常典'하여 '擧國民生 皆將失望'하게 되었다고 하였으며,[30] 李健命은 '私恩伸', '王法屈'하여 '王章不嚴 國綱解紐'해져서 '民無固志 士無恒心'[31]하게 되었다고 비판하였다. 茂長幼學 姜敏著는 閔黯과 張希載를 『春秋』에서 말하는 亂臣賊子로 규정하고, 이들을 처벌하지 않는 것은 '天理人倫'을 거스르는 짓이라고 비판하였다. 나아가서 그는 法이란 '天下之公'이므로, '雖人主 不可容私'라고 말하여, 法을 國王權보다 상위에 두어야 한다고 주장하는 것도 마다하지 않았다.[32]

이에 대하여 소론 당인들 역시 장희재를 처형하는 것이 '法'이고 '經'이며 '大義'임을 인정하고 있었다. 그러면서도 장희재와 장희빈 및 세자와의 관계를 고려하여 세자를 보호해야 하는 현실을 어떻게 논리화할 것인가가 문제였다. 朴世采는 張希載를 살려주는 것이 비록 '常法大義'는 아니지만 또한 '人情事理'로 보아서는 있을 수 있는 일이라고 주장하였다.[33] 南九萬은 '日後之慮 隱而未形 經常之法 顯於目前'이라고 당시의 상황을 정리하고, 자신의 주장이 '權道'로써 '常法'을 폐한 것이어서 노론 언관들이 주장하는 '正論'을 이기기가 어렵다고 말하면서 숙종에게 그 輕重을 헤아려서 '以權濟經'할 것을 바라고 있었다.[34]

남구만이 세자 보호를 위해 제시한 '以權濟經'論에 대하여 노론 申懷은 '權'이라는 것은 聖人만이 할 수 있는 일이므로 賢人 이하는 '權'을 말해서는 안 되며, 더구나 '大倫大法之所在'에 대해서는 비록 聖人이라도 '權'을 행할 수 없다고 반박하였다. 그가 볼 때 당시의 상황은 '經法'이 행해지지 않고, '本領'이 먼저 무너져서 '衆心波蕩 民志不定'하기 때문에 국가가 제대로 다스려지지 않고 있었으며, 이러한 상황은 숙종이 그렇게 만든 것이라고 국왕마저도 비판하였다. 이러한 노론 당인들의 주장을 숙종이 '黨論'이라고 공격하자 '倫常之義 經於天地 是非之心 本乎秉彛 何與於黨論'이라고 반박하면서, 大義를 밝히고 大法을 행하여 公議를 펴야 한다고 숙종을 압박하였다.[35] 노론 측에서 볼 때는 오히려 일종의 좋지 못

---

26) 『肅宗實錄』 권26, 숙종 20년 甲戌 윤5월 戊子(22일), 39-322, 64ㄱ.
27) 『肅宗實錄』 권26, 숙종 20년 甲戌 윤5월 戊辰(2일), 39-312, 45ㄱ.
28) 『肅宗實錄』 권26, 숙종 20년 甲戌 윤5월 丁丑(11일), 39-315, 51ㄴ.
29) 『肅宗實錄』 권26, 숙종 20년 甲戌 윤5월 乙未(29일), 39-324, 69ㄴ.
30) 『肅宗實錄』 권27, 숙종 20년 甲戌 6월 戊午(22일), 39-334, 15ㄱ.
31) 『肅宗實錄』 권27, 숙종 20년 甲戌 10월 辛丑(7일), 39-352, 52ㄴ.
32) 『肅宗實錄』 권27, 숙종 20년 甲戌 6월 辛亥(15일), 39-331, 10ㄱ~ㄴ.
33) 『肅宗實錄』 권27, 숙종 20년 甲戌 6월 丁巳(21일), 39-333, 13ㄴ.
34) 『肅宗實錄』 권27, 숙종 20년 甲戌 12월 戊戌(5일), 39-361, 70ㄴ~71ㄱ.

한 무리들이 걸핏하면 남구만의 말을 인용하여, 그것을 하나의 구실로 삼아 뒷날의 말하기 어려운 화의 기틀을 만들고 있다는 것이다.[36] 옳고 그른 것이 명백하고 쓰고 버리는 것이 지극히 공정하면, 감히 자기의 나쁜 점을 감싸지 못하고 자연히 함께 옳은 데로 돌아갈 것이니, 黨論이고 黨論이 아니고는 논할 바가 아니라고 하면서, 숙종이 노론 당인들의 주장에 대하여 옳고 그른 것도 분변하지 않은 채 먼저 그 마음을 의심하여 乖激하다고 하고, 반드시 傾軋한다고 하면서 老論의 黨論으로 몰아부치는 것은 '의심해서는 안 될 곳까지 의심하기에 이른 것'이라고 국왕의 태도를 비판하였다.[37]

장희재 처벌 문제에 대해서 소론 당인들 모두가 일치된 견해를 가지고 있는 것은 아니었다. 장희재를 살려줘야 한다고 주장한 것은 주로 南九萬·柳尙運·尹趾完 등 소론 大臣들이었으며, 소론 言官들은 노론과 같이 그의 처형을 주장하였다. 대신 중에서도 朴世采는 남구만의 '국가를 위한 깊은 근심'은 이해하면서도 처음의 생각을 바꾸어, 장희재를 법대로 처벌하지 않는 것은 '세자에게 올바른 도리를 바라지 아니한 것'이므로, 숙종이 결단을 내려 臺諫이 論啓한 대로 장희재를 처형한다면 中宮과 世子, 그리고 禧嬪이 모두 편하게 여길 것이라고 하였다.[38] 소론 臺官 金弘楨은 南九萬이 장희재에 대하여 용서해야 할 사정이 있고 왕법을 굽힐 수도 있다고 생각한 것이 아니라, 다만 국가를 위해 우려를 너무 지나치게 하다가 마침내 失刑을 면하지 못하게 된 것이니, 이는 大臣이 할 수 있는 일이 아니라고 하면서, 南九萬의 처지를 위해서라도 숙종이 결단을 내려 王法대로 國賊을 討罪할 것을 주장하였다.[39] 심지어는 南九萬의 수제자인 崔錫鼎과 그의 아우 崔錫恒 역시 노론 당인들과 함께 장희재의 처형을 숙종에게 거듭 청하였다.[40]

그럼에도 불구하고 '世子保護'를 명분으로 자신의 견해를 고집하던 숙종은 辛巳年에 민비가 죽은 뒤, 장희빈이 민비를 巫蠱한 사실이 밝혀지자 자신의 입장을 바꾸어 장희재를 사형에 처하고, 장희빈에게는 자진하라는 명을 내렸다. 이 때 숙종이 내세운 명분 역시 '國家를 위하고 世子를 위한' 것이었다. 이에 대해서는 당시 領相으로 있던 崔錫鼎이 세 번의 箚子로 그것을 저지하고자 하였다. 그는 '君臣父子 竝列倫常'이나 '恩義經權·互爲輕重'이라고 하면서,[41] '宗社大計'를 위하여 그가 내세운 논리 역시 세자 보호를 위한 '屈法而全隱'이었다.[42] 崔錫鼎은 中國과 先朝의 고사를 두루 예로 들면서, 왕실 안의 일은 恩惠로 義理를 덮어버리는 것이니, 天倫에 관계되는 것은 용서하고 덮어주는 것을 귀하게 여기기 때문이

35)『肅宗實錄』 권28, 숙종 21년 乙亥 2월 壬寅(10일), 39-367, 4ㄴ~5ㄱ.
36)『肅宗實錄』 권28, 숙종 21년 乙亥 2월 己未(27일), 39-369, 8ㄱ.
37)『肅宗實錄』 권28, 숙종 21년 乙亥 3월 辛巳(20일), 39-370, 11ㄱ~ㄴ.
38)『肅宗實錄』 권27, 숙종 20년 甲戌 7월 乙酉(19일), 39-339, 26ㄱ.
39)『肅宗實錄』 권27, 숙종 20년 甲戌 12월 戊午(25일), 39-364, 75ㄱ.
40)『肅宗實錄』 권30, 숙종 22년 丙子 4월 丙申(11일), 39-418, 25ㄱ.
41)『肅宗實錄』 권35, 숙종 27년 辛巳 9월 辛亥(27일), 39-613, 17ㄱ.
42)『肅宗實錄』 권35, 숙종 27년 辛巳 9월 癸丑(29일), 39-615, 22ㄴ.

라고 하였다. 그는 '父爲子隱'이라는 孔子의 말을 인용하고 '爲親者諱'는 '春秋之義'이기도 하다면서, 장희빈의 죄가 아무리 크더라도 春宮을 위하여 諱하는 것은 '不悖於經訓'하니, 세자를 보호하기 위하여 희빈을 용서하는 것은 '考之前代', '推之今日'하더라도 '理勢'가 그러하다고 하였다.

이러한 최석정의 논리에 대하여 소론 당인들은 대부분 동조하였다. 尹趾善은 '희빈이 세자를 낳아서 기른 공적은 凡人이 앞서 세운 공로와 비교할 바가 못 된다'고 하면서, 왕세자가 私親에 대하여 '義'는 비록 가벼우나 '恩'은 무거우니, '情'과 '法' 사이에서 융통성을 보여 세자를 보호할 것을 생각해야 한다고 강조하였다.[43] 工曹判書 嚴緝은 '參以經權 並施恩法' 하는 것 또한 '隨時處變之義'라고 하면서, 숙종이 討罪를 서두르다가 세자에게 소홀히 하면 장차 타일의 무궁한 후회를 초래할 것이라고 경고하였다.[44] 輔德 兪命雄, 弼善 鄭維漸, 司書 李台佐 등은 연명으로 상소하여 옛날부터 帝王家에서는 간혹 처리하기 어려운 변고를 당하면 '以恩掩義 務得其道'하는 일이 많았다고 하면서, 깊이 먼 장래를 염려하여 세자를 극진히 보호하는 방도를 다하여 '恩義情法'이 '竝行而不悖'하게 할 것을 말하였다.[45]

朴世采 門人이면서 점차로 老論과 정치적 행보를 같이한 申琓 역시 숙종이 세자 보호를 소홀히 생각한다고 비판하였다. 그도 역시 옛날부터 帝王이 事變을 당하면 '斟酌於經權之際'한 것을 깊이 유의해야 한다고 말하였다.[46] 노론 당인들도 장희빈에 대한 숙종의 처분을 즉석에서 노골적으로 추종한 것은 아니었다. 左議政 李世白은 이로 인해 세자가 놀라서 손상되는 것은 '勢所必至'라고 하였고, 李畬·金昌集 등 역시 희빈과 관련된 옥사를 '參酌處分'하는 것이 좋겠다고 하였으며,[47] 玉堂의 權尙游와 李觀命은 장희빈을 自盡케 하라는 숙종의 명령을 받들 수 없다고 하였다.[48]

그러나 숙종은 이번에도 자신의 주장을 굽히지 않았다. 숙종은 최석정의 두 번째 箚子에 대하여 '義理晦索 國不爲國'이라고 비판하고, 세 번째 차자에 대해서는 '護逆'도 '逆'이라고 하면서 崔錫鼎을 中途付處하였다. 申琓이 '諸臣들의 우려하는 마음이 崔錫鼎과 다르지 않다'고 최석정을 비호하자, 숙종은 '오늘날 신하들이 누군들 春宮을 보호할 마음이 없겠는가'라고 하면서 최석정이 역적을 營救하여 반드시 이기고야 말려고 하니 '春秋討逆之義'가 어디에 있느냐고 반문하였다.[49] 南人인 姜鋧이 이전의 '爲世子深長慮'라는 下敎와 모순된다고 반박하자, 지금은 그들의 죄가 쌓여 甲戌年 초에 드러나지 않았을 때와 비교할 수 없다고 하였다.[50] 그리고 李台佐·沈枰 등을 비롯한 소론 언관들이 최석정을 구원하자, '黨論이

43) 『肅宗實錄』 권35, 숙종 27년 辛巳 9월 癸丑(29일), 39-615, 22ㄱ.
44) 『肅宗實錄』 권35, 숙종 27년 辛巳 10월 甲寅(1일), 39-617, 25ㄴ.
45) 『肅宗實錄』 권35, 숙종 27년 辛巳 10월 乙卯(2일), 39-619, 29ㄱ.
46) 『肅宗實錄』 권35, 숙종 27년 辛巳 10월 丙辰(3일), 39-620, 32ㄱ.
47) 『肅宗實錄』 권35, 숙종 27년 辛巳 9월 辛亥(27일), 39-613, 17ㄴ~18ㄱ.
48) 『肅宗實錄』 권35, 숙종 27년 辛巳 10월 辛酉(8일), 39-622, 35ㄴ.
49) 『肅宗實錄』 권35, 숙종 27년 辛巳 10월 甲寅(1일), 39-617, 25ㄱ.

나날이 성해져서 義理가 晦索되었다'면서 '자기 黨與를 비호하는 데 급급하여 방자하게 제멋대로 굴며 거리낌이 없다'고 少論의 黨論으로 몰아서 비난하였다. 그리고 재차 승정원에 '장희빈을 自盡하게 하라'고 하교하였다. 이에 대하여 徐文重·申琓·李畬 등이 다시 세자를 위한 참작 처리를 탄원하자, 숙종은 자신의 처분이 '종사를 위하고, 세자를 위한 것'임을 다시 확인하였다. 그리고 갑술년에 장희재를 살려 둔 이래 丙子年부터 변괴가 끊이지 않아서[51] 결국 國母를 謀害하는 데까지 이르렀으니, 장희빈을 살려둔다면 '훗날 뜻을 얻어 그 黨與를 심은 뒤에는 국가의 근심이 이루 다 말할 수 없게 될 것'이니 '지금 만약 결단하지 않으면, 오늘 입시한 신하들도 반드시 나의 말을 생각하고 후회할 것'이라고까지 말하고는, '세자는 어질고 효성스럽지만, 그 어미는 악하니, 그 禍가 더욱 처리하기 어려운 것이 될 것'을 두려워한다고 말하였다.[52]

숙종이 장희빈을 賜死시키자는 논리가 노론의 名分義理論과 합치되자, 노론의 소론에 대한 공세가 거세질 것은 당연한 일이었다. 掌令 尹弘离는 崔錫鼎이 '春秋大義'를 생각하지 않는다고 배척하고, 그를 옹호하는 李台佐에 대해서는 '단지 (최석정을) 비호할 줄만 알고,' '義理는 생각하지 아니한다'고 비판하였다. 正言 黃一夏는 소론 당인들이 세자 보호를 위해 제출한 '經權'論에 대하여 '執權易 守經難'하다고 비판하였고, 持平 李東彦은 辛巳年 逆獄은 그 根源이 있다고 하면서 南九萬·尹趾完·柳尙運 등 갑술년 이후 소론 당국자들의 행적을 일일이 나열하면서 공격하였다.[53] 이로써 南九萬과 柳尙運을 처벌하라는 상소가 兩司 合啓로 빗발치듯이 제출되었다.[54] 이를 숙종이 수용하지 않자 持平 李東彦은 '倫紀'는 '宇宙之棟樑'이고, '刑政'은 '國家之大柄'이라고 하면서, 남구만 등이 이를 '斁敗紊亂'시켰으므로, 이들이 '正道로 君父를 섬기지 못한 죄'를 다스리지 않는다면 '倫綱不振 朝廷不正 國勢不尊 人心不服 百度日虧 義理復晦'하여 '四方無從令之勢'하다고 주장하면서 合辭의 啓請을 따를 것을 촉구하였다. 이에 숙종은 자신이 남구만의 마음을 아는데, 그는 결코 이해를 돌보는 사람이 아니고, 또한 적을 비호한 적도 없지만, 갑술년에 장희재를 용서하여 오늘날의 禍變이 초래되었으니, 대신이 일을 그르친 죄를 다스리지 않을 수 없다면서 파직을 명하였다.[55]

이후 노론 당인들이 南九萬과 崔錫鼎을 비롯한 소론 당인들을 공격하는 논리의 중심에는 명분의리론이 자리잡고 있었다. 남구만이 파직되자마자 노론 당인들이 양사 합계로 남구만과 유상운의 官爵을 削奪하고 門外黜送시킬 것을 주장하면서 내세운 것 역시 '春秋之

50) 『肅宗實錄』 권35, 숙종 27년 辛巳 10월 己未(6일), 39-620, 32ㄴ~33ㄱ.
51) '병자년'의 일이란 業同獄을 말한다. 이에 대한 자세한 내용은 이희환, 앞의 책, 1995, 163~165쪽 참조.
52) 『肅宗實錄』 권35, 숙종 27년 辛巳 10월 辛酉(8일), 39-622, 36ㄱ.
53) 위와 같음.
54) 『肅宗實錄』 권35, 숙종 27년 辛巳 11월 乙酉(2일), 39-645, 1ㄱ~ㄴ ; 戊子(5일), 2ㄴ~3ㄱ.
55) 『肅宗實錄』 권35, 숙종 27년 辛巳 11월 己丑(6일), 39-647, 6ㄱ.

法'이었다.

> 兩司合啓曰 天下之惡 莫極於亂逆 春秋之法 莫嚴於討賊 爲人臣者 苟昧沐浴之義 則其不可逃罪於倫綱也 決矣[56)]

즉, 장희재는 역적인데, 남구만 등이 갑술년 이후 그를 비호하여 신사년의 일이 일어났으므로, '討賊'보다 더 엄한 것이 없는 '春秋之法'을 어겼으니 마땅히 더욱 무겁게 처벌해야 한다는 논리였다. 여기서 나타난 것처럼 당시 노론 당인들은 늘 '春秋之法'을 '倫綱'과 동일시하였다.

나아가 노론 당인들은 국왕이 이것을 분명하게 하는 것을 '建極'이라고 이해하였다. 李晩堅은 名分義理論에 관계된 '大論'을 누군들 모르겠는가마는, 私意에 얽매여서 다른 주장을 하게 된다고 하면서, 국왕이 위에서 '建極'하여 '大公至正'한 道로써 是非을 분별한다면 신하들 사이에서는 자연히 '消融保合'하여 국가의 福이 될 것이라고 하였다.[57)] 숙종이 이들의 요구를 받아들여 南九萬과 柳尙運을 中途付處시키자, 이들은 남구만 등을 변론하는 少論言官들을 '黨論'과 '私意'에서 나온 것이라고 공격하면서 '護私黨輕朝廷之罪'로 파직할 것을 요구하여 숙종의 동의를 받아냈다.[58)]

당시에 노론 당인들은 갑술년 이후의 소론 주도의 정국을 '朋黨'의 폐단과 연관시켜 비판하면서 국왕 숙종에게도 그 책임의 일단이 있다고 주장하였다. 持平 金栽는 숙종이 즉위한 이후 환국이 반복되었던 것은 국왕의 처분이 한쪽에 치우쳐 반목하는 풍조를 조장하였기 때문이라면서, 그로 인해서 朋黨 가운데 또 朋黨이 생겨서 밤낮으로 생각하는 것이 오직 同類를 비호하고 異類를 배척하기에만 힘써서, 국가의 안위와 백성의 休戚은 잊고 있으니, 이러고도 나라가 망하지 않은 것이 다행이라고 하였다. 갑술년 초에 장희재를 살려두고자 한 것은 숙종 자신의 의지였음에도 불구하고 金栽는 그것이 남구만의 一身의 利害를 위한 계책에서 나온 것이라고 규정하고, 그로 인해서 갑술년 이후 8년여 동안 이익을 탐하는 풍조가 나날이 성해지고, 討罪之典이 나날이 무너졌다고 소론 주도의 정국 운영을 비판하면서, 義理가 없어지고도 나라가 망하지 않는 일은 없다고 경고하였다.[59)] 이것은 노론이 고수하고자 하는 명분의리론을 거스르는 어떤 세력과도 같이 정국을 운영할 수 없다는 의지를 명백하게 표명한 것이었다. 따라서 노론 당인들이 생각하는 '建極' 또는 '皇極',[60)] 즉 '蕩平'은 '春秋大義'로서의 '討逆之典'을 '宇宙'의 '棟樑'이자 '天地'의 '常經'으로서 인정하는 사람만

---

56) 『肅宗實錄』 권35, 숙종 27년 辛巳 11월 壬辰(9일), 39-649, 9ㄱ.
57) 『肅宗實錄』 권36, 숙종 28년 壬午 5월 癸巳(12일), 39-681, 21ㄱ~ㄴ.
58) 『肅宗實錄』 권36, 숙종 28년 壬午 5월 甲午(13일), 39-681, 22ㄴ.
59) 『肅宗實錄』 권36, 숙종 28년 壬午 윤6월 丁未(27일), 39-690, 7ㄴ.
60) 『肅宗實錄』 권42, 숙종 31년 乙酉 11월 庚寅(30일), 40-179, 44ㄴ, "同副承旨 任埅 上疏 …… 若能益明義理 以嚴是非 益究惠澤 以濟民生 益建皇極 以公用舍."

을 정치에 참여시키자는 것이었음이 분명해졌다.

그러나 숙종은 신사년 이후 명분의리론에서는 노론과 그 취향을 같이하였지만, 실제 정국 운영에서는 노·소론을 보합하여 정국의 주도권을 장악하고자 하였다. 신사년 장희빈의 賜死를 저지하고자 하는 세 번의 차자로 중도부처되었던 崔錫鼎은 이듬해 초에 석방되었고,[61] 그 해 말에 南九萬과 柳尙運이 석방되는 것과 함께 判中樞府事로 서용되었으며, 癸未年에 다시 영의정에 임명되었다. 이에 대하여 노론 당인 金普澤은 역시 '大倫'과 '大義'를 내세워 남구만과 최석정을 탄핵하면서, '護逆大臣'에게서 무엇을 취할 것이 있겠느냐고 비난하였다.[62] 이에 崔錫鼎은 자신이 신사년에 주장한 것은 法外로 은혜를 베풀어 세자를 보호하기 위한 '時中之一義'에서 나온 것이었다고 말하였다.[63] 이것은 김보택이 '傳法護黨之私計'라고 반박하고 있는 데서도 알 수 있듯이, 南九萬이 말한 '以權濟經'論과 일맥상통하는 것이었다.

소론 당인들은 노론 당인들이 '春秋大義'를 내세우면서 소론을 공격해 오는 것에 대해서는 '名義爲穽'說로 맞대응하였다. 즉 李墩은 義理란 억지로 이름 붙일 수 있는 것이 아니라 '天理人心之所安者'라고 하면서, 갑술년에 남구만이 역적 장희재의 사형을 감면한 것은 원대한 생각과 苦心에서 나온 것이고 결단코 다른 뜻이 없었는데, 名分과 義理를 핑계대어 궁벽한 시골의 무식한 무리로 하여금 연속해서 상소하도록 하여 남구만을 조정에서 편안히 있지 못하도록 만들었으며, 辛巳年에 崔錫鼎이 세 번 차자를 올려서 장희빈을 구원한 것은 세자를 보호하기 위한 것이었을 뿐 다른 뜻이 없는 참된 마음임을 상하가 모두 아는 바인데, '名分과 義理의 罪網'에 몰아넣는다면 어찌 원통하지 않겠으며 또한 어떻게 인심을 복종시키겠느냐고 항변하였다. 따라서 그는 갑술년 이후 국정을 담당하였던 少論 大臣들을 처벌한 논리는 모두 '名義爲穽', 즉 명분의리론을 내세워서 죄과에 몰아넣은 것이었다고 비판하였다.[64] 소론 언관 李聖肇는 노론 당인들의 이러한 행태를 '假借名義二字 作一禦人之覇柄'이라고 표현하기도 하였다.[65] 즉 노론 당인들이 명분의리론을 핑계 삼아서 권력 장악의 수단으로 삼고 있음을 비판한 것이다.

이러한 소론 당인들의 주장에 대하여 노론 언관 李禎翊은 '春秋遺義'를 내세우면서, 南九萬 등을 처벌한 것은 士林의 公議인데 소론 당인들이 '拒公議而濟己私'하여 오늘날 名義가 晦索되기에 이르렀다고 비판하고, 숙종에게 '春秋大法'을 지켜서 是非를 바르게 하고 義理을 밝혀야만 붕당의 폐단이 사라질 것이라고 주장하였다.[66] 교리 李宜顯은 李聖肇가 말한 '名義禦人之說'은 李墩이 말한 '名義爲穽'說과 같은 것이라면서 엄중한 처벌을 요구하여,

---

61) 『肅宗實錄』 권36, 숙종 28년 壬午 1월 丁亥(5일), 39-671, 1ㄱ.
62) 『肅宗實錄』 권38, 숙종 29년 癸未 5월 丙午(2일), 40-24, 48ㄱ.
63) 『肅宗實錄』 권38, 숙종 29년 癸未 5월 壬戌(18), 40-26, 52ㄱ.
64) 『肅宗實錄』 권41, 숙종 31년 乙酉 윤4월 甲午(1일), 40-150, 42ㄱ.
65) 『肅宗實錄』 권42, 숙종 31년 乙酉 7월 乙丑(4일), 40-161, 8ㄴ~9ㄱ.
66) 『肅宗實錄』 권42, 숙종 31년 乙酉 6월 甲寅(22일), 40-160, 7ㄴ~8ㄱ.

李聖肇는 결국 削奪官爵되었다.[67]

이처럼 갑술환국 이후 약 10여 년 간 장희재와 장희빈을 처벌하는 문제는 정국변동의 주요한 지레로 작용하였다. 당시에 정국을 담당한 南九萬·崔錫鼎 등 소론 당국자들은 세자 보호를 명분으로 이들에 대한 극단적 처벌에 반대하였다. 이를 위하여 이들은 '事勢', '以權濟經', '時中之義' 등의 논리를 제시하였다. 이에 대하여 노론 당인들은 '義理', '常法', '春秋大義' 등을 내세우며 소론 당인들을 공격하였다. 이러한 대립의 와중에서 국왕 숙종은 처음에는 남구만 등의 주장에 따라서 장희재의 처벌에 반대하였다가, 辛巳年 민비가 죽은 다음에는 老論의 명분의리론을 수용하여 장희재와 장희빈을 모두 사형에 처하였다. 그러면서도 그는 老·少論을 보합하여 정국을 운영함으로써 정국의 주도권을 놓치지 않으려 하였다. 따라서 이후 老·少論 간의 대립은 더욱 격화될 수밖에 없었으며, 특히 숙종이 노론의 명분의리론을 수용함으로써 위기에 처한 세자의 처지 문제가 정국변동의 주요 현안으로 부상하게 되었다.

2) 經權論과 守法論 대립의 성격

그렇다면 여기서 갑술환국 이후 약 10여 년 간 노·소론 간 대립의 논리가 갖는 역사적 성격이 무엇인가를 음미해 보기로 하자. 肅宗代 老論 黨人들이 자신들의 당론으로서 내세운 명분의리론은 두말 할 것도 없이 朱子學的 名分義理論이었다. 명분론이란 원래 공자 정치사상의 핵심이었던 正名論에서 유래된 것이다. 孔子는 『周禮』를 척도로 하여 명분을 바르게 하는 것을 '正名'이라고 말하였는데, 여기서 名分은 사람들이 차지하고 있는 정치적 지위와 신분등급을 의미하는 것이었다.[68] 이러한 '正名'으로서의 명분론은 이후 人倫論과 綱常說로 발전하였으며,[69] 그 뒤 '春秋大義' 또는 '大義名分' 등으로 표현되는 가운데 君臣의 義를 강조해서 北宋時期에는 君主의 절대성을 보증하는 논리로 정착되었다.[70] 명분론이 이처럼 宋代에 이르러 君臣關係를 설명하는 논리로 원용된 이유는 그 시기의 지배층이었던 사대부 계층이 君臣間의 상하관계를 기축으로 해서 일체의 인간·사회관계를 上下의 分으로 확정시키려고 하였기 때문이다. 또한 이것은 당시 지배적이었던 현실의 봉건적 토지소유관계 위에서 성립되는 地主佃戶制의 생산관계를 관철시키려는 논리이기도 하였다.[71] 南宋의 朱子는 이러한 명분론을 宇宙·人性에 일관되는 법칙으로서의 '理'로까지 높임으로써 宋學的인 宇宙論·人性論과 名分論을 연결하여 하나의 사상체계에 포섭되는 주

67) 『肅宗實錄』 권42, 숙종 31년 乙酉 7월 乙丑(4일), 40-161, 9ㄱ.
68) 任繼愈 편저, 전택원 옮김, 『中國哲學史』, 까치, 1990, 65쪽 참조.
69) 中國孔子基金會 編, 『中國儒學百科全書』, 北京 : 中國大百科全書出版社, 1997, 103쪽 人倫說 및 105~106쪽 綱常說 참조.
70) 武內義雄, 『中國思想史』(岩派全書 73), 1967, 247쪽 참조.
71) 守本順一郎, 『東洋政治思想史研究』, 東京 : 未來社, 1967, 116~118쪽.

자학을 완성시켰다. 실로 주자학은 명분론을 기축으로 구축된 역사적 사상체계였다.[72] 결국 명분론이란 "東洋中世의 自然法思想, 즉 理氣論·人性論의 철학적 기반 위에서 上下·尊卑·貴賤에 따라 階梯化함으로써 그 社會關係를 上下關係로 秩序化하려는 封建的 思惟樣式"이었으며,[73] 의리론은 이러한 명분론적 사회질서를 유지하기 위한 '道德修養 準則'으로서 제시된 것이었다.[74]

이러한 주자학적 명분의리론은 麗末鮮初의 사회변동기에 양반사대부 계층에 의해 집권적 봉건체제를 재편 강화시키는 이데올로기로서 수용되었고,[75] 16세기에 이르러 봉건적 사회체제를 保守·安定시키는 體制肯定의 觀念形態이자 思惟樣式으로서 정착되기에 이르렀다.[76] 이와 함께 조선왕조에는 '朋黨'을 기축으로 하는 정치질서가 정착되었음은 잘 알려진 바와 같다.[77] 이 시기 조선의 양반 사대부들은 현실 문제를 항상 명분론의 차원에서 파악하는 경향이 지배하고 있었다. 말하자면 사회신분제와 地主佃戶制를 기반으로 한 봉건사회 내부의 신분계급적인 모순을 社會倫理, 또는 人倫이나 綱常의 문제로 인식하고 또 해결해 가려고 한 것이다.[78] 그러한 兩班支配層의 명분론적 지향은 이미 16세기 후반의 사회변동과 그로 인해 초래된 변화하는 현실과는 괴리되어 가고 있었다. 16세기 말 17세기 초 倭亂과 胡亂, 즉 兩亂으로 인한 조선왕조의 체제적 위기는 그러한 양반 사대부들의 사상적 한계와 결코 무관한 것이 아니었다.

아무튼 양란으로 인해 집권적 봉건체제의 위기에 직면한 정부와 지배층은 전후 수습, 지배체제의 재정비를 위하여 적극 나서지 않을 수 없었다. 전후 복구책은 '恒産論' 차원에서 농업 기반의 원상 회복을 모색하는 방향과, '명분론' 차원에서 주자학 이념에 입각한 人倫·道德 재건의 방향이라는 두 개의 축을 중심으로 수행되었다.[79] 그러나 왕조의 중흥, '國家再造'의 길은 결코 순탄하지 않았다. 그것은 더구나 경제와 민생의 재건보다는 朱子學 名分論의 확립에 치중하는 경향을 띠어 갔다. 그럴수록 현실 문제는 심각해지고 체제 위기는 심화되었다. 이에 官人·儒者層 일각에서는 주자학 명분론에 회의하면서 현실을 있는 그대로 직시하고 실제적으로 해결해 가려는 인식 태도가 싹트고 있었다. 조선 후기의 사회변동, 구래 집권체제의 모순이야말로 이러한 사상적 전환을 선도하는 객관적 근원적 조건이었음은 물론이다. 그리고 倭亂의 전후 수습 과정에서 야기된 胡亂은 그러한 전환을 더욱 촉진시키는 계기가 되었다. 이러한 사상적 흐름이 朝鮮後期 '國家再造'論으로 표방되었던 두 개의

---

72) 守本順一郎, 위의 책, 1967, 133쪽.
73) 金駿錫, 「朝鮮前期의 社會思想」, 『東方學志』 29, 1981, 190쪽.
74) 中國孔子基金會 編, 앞의 책, 1997, 112~115쪽 仁義論 참조.
75) 김훈식, 「여말선초 민본사상과 명분론」, 『애산학보』4, 1986 ; 都賢喆, 『高麗末 士大夫의 政治思想研究』, 一潮閣, 1999, 258~259쪽.
76) 金駿錫, 앞의 글, 1981.
77) 崔異敦, 『朝鮮中期 士林政治構造研究』, 一潮閣, 1994.
78) 金駿錫, 앞의 글, 1981, 190쪽.
79) 金駿錫, 「탕평책 실시의 배경」, 『한국사(32)』, 국사편찬위원회, 1997, 22~31쪽.

政治思想, 즉 改革的 農民的 입장을 대변하는 古典儒學派의 土地改革論과 君主中心 政治論 및 改良的 地主的 입장을 대변하는 正統 朱子學派의 賦稅制度 釐正論과 臣權中心 政治論으로 수렴되어 갔음은 이미 밝혀진 바이다.[80]

이렇게 본다면 갑술환국 이후 주자학적 명분의리론을 둘러싼 소론과 노론의 대립은 이러한 사상적 두 경향이 현실정치에 일정하게 반영된 것으로도 볼 수 있다. 老論 黨人들은 주자학적 명분의리론과 閔妃에 대한 의리를 절대화시켜서 고수해야 한다는 '守法論'을 주장하였다. 이들은 이것을 왕권보다도 우위에 놓고 있었다. 따라서 그들의 주장은 臣權中心 政治論의 표출이라고 볼 수 있다. 남구만으로 대표되는 少論 黨人들은 민비에 대한 신하로서의 의리는 인정하지만 세자 보호를 위하여 '以權濟經'할 것을 주장하는 '經權論'을 전개하였다. 세자 보호 문제는 국왕권의 강화와 직결되는 문제였다. 따라서 소론 당인들은 왕권 강화를 통한 정국의 안정이 주자학적 명분의리론을 고수하는 것보다 중요하다고 보고 있었다. 이것은 결국 王權中心 政治論의 한 표현으로도 볼 수 있다.

노론 당인들은 당시의 사회적 혼란의 원인이 주자학적 명분의리론의 쇠퇴에 있다고 보고 있었다.[81] 결국 이들은 조선시기 양반지배층 일반이 지니고 있던 명분론적 지향의 연장선상에 있었다. 이들은 소론 당인들이 제기한 經權論을 인정하지 않았다. 앞서 살펴본 바와 같이 노론 당인 黃一夏는 '執權易 守經難'이라 하여 '權'에 대한 부정적 인식을 드러냈다. 나아가서 申懷은 '權'이란 聖人만이 할 수 있는 일이므로 賢人 이하는 '權'을 말해서는 안 되며, 더구나 '大倫大法之所在'에 대해서는 비록 聖人이라도 '權'을 행할 수 없다고 하여 사실상 '權'의 존재 가능성 자체를 부정하였다. 이것은 宋時烈 이래 老論 政治論의 定論이었다. 그는 士의 책무의 일환으로서 保合說이나 權變說을 배격하고 경계할 것을 강조해 마지않았던 것이다.[82]

사실 이것은 중국 宋代의 程朱學派보다도 보수적인 주장이었다. 程頤나 朱熹는 비록 漢代의 '反經合道'說은 부정하였지만, '權卽是經'(程頤) 또는 '常卽守經 變卽行權'(朱熹)이라 하여 '權'을 인정하였다.[83] 그렇지만 朱子가 말하는 '權'은 그의 명분의리론을 벗어날 수는 없었다. 그는 '經'이란 '萬世常行之道'이고, '權'은 부득이할 때 쓰는 것인데, '須是合義'할 것을 요구하였다.[84] 또한 그는 '經'이란 三綱五常의 '根本大法'임을 분명히 하였으며, '權'이란 '那常理行不得處 不得已而有所通變的道理'[85]라고 하여 '經'과 '權'을 동시적으로는 존재할 수 없는, 상호 배타적인 것으로 이해하였다. 그의 제자인 陳淳 역시 그러한 관점을 계승하여 '權只是濟經之所不及者'라고 말하였다.[86] 이것은 '經' 곧 朱子學的 名分義理論을 절대

80) 金駿錫, 『朝鮮後期 國家再造論의 擡頭와 그 展開』, 연세대 박사학위논문, 1990, 487쪽.
81) 『肅宗實錄』 권27, 숙종 20년 甲戌 10월 辛丑(7일), 39-352, 52ㄱ~ㄴ.
82) 金駿錫, 앞의 학위논문, 1990, 284~285쪽 참조.
83) 葛榮晋, 『中國哲學範疇史』, 黑龍江人民出版社, 1987, 360쪽.
84) 『朱子語類』 권37, 『論語』 19, 子罕篇下, 可與共學章(黎靖德 編, 北京 : 中華書局, 1986, 989~990쪽).
85) 『朱子語類』 권37, 『論語』 19, 子罕篇下, 可與共學章(위의 책, 990쪽).

적이고 고정불변의 것으로 파악하는 관점에서 연유한 것이었다.

남구만 등의 '以權濟經'論은 이러한 程朱學派의 經權論보다는 진일보한 것이었다. 남구만은 기본적으로 '義理無窮 事變亦多'[87]하므로, 經과 權에는 '各有所主'[88]라는 관점에서 그것을 분간하는 기준은 '時義'에 있다고 보았다.[89] 즉 己巳年에는 後宮 張氏가 강성하였으므로 臣子들은 마땅히 '以扶護壼位爲主'하여야 하였지만, 甲戌年에는 상황이 이와 다르므로 '以扶護儲宮爲主'로 하여야 한다는 것이다. 남구만이 말하는 갑술년 당시의 상황이란 장씨가 왕비에서 희빈으로 격하됨으로써 초래된 세자의 어려운 처지였다. 앞서 살펴본 바와 같이 남구만은 이를 '日後之慮 隱而未形 經常之法 顯於目前'이라고 표현하고, 이러한 상황에서 세자를 보호하기 위해서는 '權道'로써 '常法'을 廢할 수도 있다고 보았다.[90] 이러한 남구만의 생각은 漢代의 '反經合道'說에 가까운 것이었다. 즉 '經'과 '權'에는 '相對相反'적 측면만이 아니라 '道'에 합치되기만 한다면 '相反相成'적 측면도 존재한다는 것을 인정하는 사고인 것이다.[91]

辛巳年에 崔錫鼎이 주장한 '時中之義'는 남구만이 말한 '時義'의 다른 표현이었다. 그가 君臣父子는 竝列倫常이나 '恩義經權 互爲輕重'할 수 있다고 말한 것은 經과 權의 '相反相成'적 측면을 지적한 것이다. 그는 장희빈이 비록 용서할 수 없는 죄를 지었다고 하더라도 '春宮誕育之恩'을 생각해서 '屈法而全恩'하는 것은 '今日處變之道'에 어긋나지 않는다고 하면서, '參量理勢'하고 '折衷經權'하여 '春宮保安之道'를 다해야 할 것이라고 주장하였다.[92] 그 후 그는 이를 '保安國本'이라고 표현하면서, '國家安危'와 연결시켜 파악하고, 당시에 세자를 보호하기 위해 '法外恩貸'하는 것은 '時中之一義'였다고 하였다.[93]

이처럼 남구만이나 최석정 등이 漢代의 '反經合道'說에 가까운 '經權論'을 동원하여 주자학적 명분의리론을 굽혀 가면서까지 세자를 보호하고자 한 것은 '國家安危'를 중시하는 사고 속에서 나온 것이었다. 이들이 '國家'를 위하여 '國本'인 世子를 보호해야 한다고 본 것은 당시의 사회적 모순과 정치적 난국을 타개하기 위해서 국왕권을 강화시켜야 한다는 '君主中心 政治論'의 한 형태였으며, 兩亂 이후 형성된 恒産論 계통의 國家再造論과 사상적 맥락을 같이하는 것이었다. 그리고 이것은 명시적으로 주자학을 부정한 것은 아니었지만, 결국에는 주자학적 명분의리론의 相對化, 내지 주자학적 정치론을 탈피하는 방향으로 나아

86) 김영민 옮김, 『北溪字義(하권)』, 예문서원, 1993, 208쪽.
87) 『肅宗實錄補闕正誤』 권30, 숙종 22년 丙子 12월 甲辰(22일), 39-444, 8ㄱ.
88) 『肅宗實錄補闕正誤』 권26, 숙종 20년 甲戌 6월 庚子(4일), 39-326, 3ㄴ.
89) 『黨議通略』 肅宗朝[『朝鮮黨爭關係資料集(2), 麗江出版社, 1983, 953쪽, 下ㄴ], "南九萬曰 天下之事當觀時義所在 己巳之事 後宮隆盛 臣子當以扶護壼位爲主 今日之事異於是 又當以扶護儲宮爲主 旣以扶護爲主 宜無所不用其極耳."
90) 『肅宗實錄』 권27, 숙종 20년 甲戌 12월 戊戌(5일), 39-362, 71ㄱ.
91) 葛榮晋, 앞의 책, 1987, 357쪽.
92) 『明谷集』 卷17, 請屈法而全恩箚(叢刊 154, 189~190쪽).
93) 『明谷集』 卷17, 因金普澤疏陳情請罪疏, 13~14쪽(叢刊 154, 195~196쪽).

가지 않을 수 없었다. 이렇게 본다면 장희재와 장희빈의 처벌 문제를 둘러싸고 전개된 老·少論 사이의 일련의 정치적 대립은 中世 封建的 政治思想 내지 政治秩序를 고수할 것이냐 아니면 이를 넘어서서 당시에 나타나고 있던 중세 해체기의 제반 사회변동을 적극적으로 반영하는 새로운 정치사상 내지는 정치질서를 모색할 것이냐, 즉 우리 나라 중세 해체기에 나타난 정치에서의 保守와 進步의 대립의 한 양상이기도 하였던 것이다.

4. 換局 主謀者 처리 문제 : 公論政治와 偵探政治의 대립

갑술환국의 직접적 도화선이 되었던 偵探政治 문제에 대해서, 남구만 등 소론 당인들은 민비 복위를 위한 음모에 가담하였던 金春澤과 韓重爀 등 서인 무뢰배들의 처벌을 강력하게 주장하였다. 소론 당인들은 민비의 복위는 국왕 숙종의 개인적인 각성에 의한 것이지 몇몇 음모꾼들의 힘으로 된 일이 아니라고 보고, 이들이 자신들과 같은 서인 당색이지만(김춘택은 노론, 한중혁은 소론), 이들을 처벌하지 않는다면 정치적 음모에 의한 환국이 끊임없이 반복되어 정국 불안이 해소될 기약이 없을 뿐만 아니라 궁극적으로는 국왕권 자체도 위협받을 것으로 보았다.

잘 알려진 바와 같이 갑술환국 자체는 두 차례의 告變事件이 계기가 되었다.[94] 南人側에서 사주한 咸以完의 고변과 西人側에서 사주한 金寅의 逆告變이 그것이다. 함이완의 고변은 남인 측에 의해 서인들의 민비 복위 음모를 빙자하여 서인들을 일망타진하는 데 이용하려 한다는 것을 명분으로 갑술환국이 이루어졌으므로 그의 처벌에 異論이 있을 수 없었다. 김인의 역고변은 함이완의 고변으로 위기에 처한 서인들의 남인측 공세에 대한 대응이라는 측면이 강하였다. 갑술환국으로 서인이 집권하였지만 김인의 고변 내용에 대해서는 숙종 역시 '현저한 것이 없는 일'이라고 인정하였으므로, 남구만이 그의 처벌을 주장하는 것에 대하여 숙종은 순순히 수긍하였다.[95] 문제는 함이완의 고변에 등장하는 金春澤과 韓重爀 등을 어떻게 처리할 것이냐에 있었다. 숙종은 이들에 대한 처벌에 소극적이었던 것이다.

金春澤은 西人-老論 학통의 태두격에 해당되는 金長生의 후손이자 숙종의 國舅(첫 번째 왕비인 仁敬王后 김씨의 父)인 金萬基의 직계 손자였다. 그의 집안은 숙종대에 조정에서 활동한 사람들만 해도 金益勳, 金萬基(祖父), 金萬重, 金萬埰, 金萬謹, 金鎭龜(父), 金鎭圭(叔父) 등 그의 先代는 물론이고 그의 형제 金普澤, 金雲澤, 金民澤 등이 모두 2품 이상 卿의 반열에 들었고, 그의 4촌 형제 金陽澤은 英祖朝에 영의정까지 지낸 말 그대로 老論 勳戚을 대표하는 핵심 가문이었다.[96] 韓重爀의 경우는 집안에 대해 알려진 것이 없지만, 그

94) 이에 대한 자세한 것은 이희환, 앞의 책, 1995, 131~160쪽 참조.

95) 『肅宗實錄』 권27, 숙종 20년 甲戌 7월 庚午(4일), 39-336, 20ㄱ. 金寅의 고변이 갑술환국의 도화선이 되었다는 이희환(앞의 책, 1995, 143쪽)의 주장은 노론측 당론서인 『丹巖漫錄』에 근거한 것으로서 신빙하기 어렵다.

의 父 韓構가 숙종대 전반에 淸職을 두루 역임하였으며 己巳換局 당시에 承旨로 관직을 마쳤다. 그는 庚申年 이후 한때 金錫胄 등 공신세력과 밀접하게 지내다가 자주 구설수에 올랐으며,[97] 김석주가 죽은 뒤에는 少論 黨人으로 활동하였다. 이들 두 사람이 갑술환국을 모의하는 일에 깊이 관여된 것은 이미 밝혀진 바와 같으며, 특히 이들은 국왕 숙종과도 긴밀하게 연결을 가지고 환국을 준비하였던 것 같다.[98]

南九萬은 이들 중에서 韓重爀 등은 반드시 처벌해야 한다는 입장이었다. 그는 숙종과 갑술환국 관련자들의 처벌을 논의하는 자리에서 특별히 한 통의 箚子를 올려 한중혁 등의 죄를 논하였다. 여기서 남구만이 문제삼은 것은 '詗察', 즉 정탐정치였다. 그는 이것이 '庚申年 金錫胄'에게서 시작되어 갑술년까지 이어졌다고 보았다.[99] 이는 庚申年과 壬戌年에 淸城府院君 金錫胄가 光城府院君 金萬基, 金益勳 등과 함께 譏察과 告變을 통하여 南人과 宗親 등을 제거한 사건을 말한다.[100] 당시 이러한 정탐정치와 남인에 대한 가혹한 처벌을 반대하는 소장파 관인들이 형성되어 서인이 노론과 소론으로 분당되었다는 것은 잘 알려진 사실이다.

남구만은 김석주가 한 일이 부득이한 일이었고 약간의 성과도 없지 않았지만 '人心과 世道에 이루 말할 수 없는 해를 끼치는 일'이어서, '그 마음은 비록 국가에 충성하고자 한 것이지만 그 일 자체는 公議에 배척받아 마땅한 일'이었다고 하였다. 기사년에 남인이 집권해서는 이들의 '詗察'을 極罪로 다스려 濫刑酷律을 가하였는데, 이번에는 閔黯 등이 다시 동일한 방법으로 '온 세상 사람 절반을 모두 법망 속에 몰아넣으려고 했다'는 것이다. 그리하여 만약 이런 풍습을 통렬하게 끊어버리지 않는다면 국가는 반드시 구제되지 못하고 멸망하게 될 것이니, 社稷을 위한 근심이 어찌 통곡하면서 눈물을 흘리는 데 그치겠느냐고 하였다.

따라서 남구만은 당시 제일건의 큰 일은 이러한 정탐정치를 일소하는 데 있다고 보았다. 그런데 韓重爀의 일당인 康晩泰·崔格·李時檜 등 세 사람 모두를 '壼位의 복위를 도모했다'는 것으로 結案한 것이 문제라는 것이다. 남구만은 '이것이 어떤 일이라고 그들이 감히 도모한단 말이냐'고 반문하고, 만약 민비의 복위가 조금이라도 이들의 도움으로 이루어진 일이라면 '聖上의 덕에 누가 됨을 어찌 이루 다 말할 수 있겠는가'라고 말하여, 숙종이 국왕으로서의 권위를 확립하고 환국과 관련되었다는 세간의 의심을 씻어 버리기 위해서도 이들

96) 車長燮, 『朝鮮後期閥閱研究』, 一潮閣, 1997, 291쪽 참조.
97) 『肅宗實錄』 권15, 숙종 10년 甲子 2월 丁巳(21일), 38-680, 14ㄴ~15ㄱ.
98) 정석종, 앞의 책, 1993, 94~130쪽 ; 이희환, 앞의 책 1995, 131~144쪽 참조. 정석종은 소론 측의 환국 기도를 강조하고 있고, 이희환은 노론 측의 환국 기도를 강조하고 있다. 갑술환국 당시에 한중혁 등은 邊遠 定配되고 김춘택 등은 석방된 것으로 보아, 김춘택이 보다 더 숙종과 긴밀하게 환국을 준비하였던 것 같다.
99) 『肅宗實錄』 권27, 숙종 20년 甲戌 7월 庚午(4일), 39-336, 20ㄴ.
100) 姜周鎭, 『李朝黨爭史研究』, 서울대 출판부, 1971, 261~293쪽 참조.

을 엄히 처벌해야 할 것이라고 암시하였다.

그렇지만 남구만의 이러한 논리는 숙종은 물론, 특히 노론 일반의 정서와는 맞지 않는 것이었다. 즉 당시 노론 내부에서는 강만태 등은 남인이 죽이려고 한 사람인데, 이제 서인이 집권하여 이들을 죽인다면 남인들이 하려고 한 일을 대신해 준 격이 되고, 더구나 이들이 민비의 복위를 위하여 노력했으므로 그 名分과 義理가 올바르니 이들을 처벌해서는 안 된다는 논리가 당연한 것으로 받아들여졌던 것 같다.[101] 이것이야말로 '黨爭'的 사고의 전형이었고, 명분의리론에 입각하여 南人을 滅絶의 대상으로 간주하는 老論 일반의 정서였다. 더구나 만약 정탐정치 명목으로 한중혁을 처벌한다면 노론의 핵심인 김춘택 역시 무사할 수 없을 것이라는 현실적인 이유도 작용하였다고 보여진다.

숙종 역시 이들과 비슷한 생각을 갖고 있었다. 남구만이 이러한 건의를 하기 전, 右議政 尹趾完이 배명하여 閔黯에게 '起誣獄' 한 가지 일은 거론하지 않는 것이 좋겠다고 말하였는데, 이는 김춘택과 한중혁 등의 음모는 사실이었으니, 이들을 처벌해야 한다는 말이었다. 이에 대하여 숙종은 '민암의 기만하고 무함한 죄상은 죽어도 남는 죄가 있다'고 하면서, 강만태 등은 역모를 하려고 했던 것은 아니며 '坤宮을 追復하려고 한 것'이라고 비호하였다. 이에 윤지완은 '中宮의 復位는 주상께서 깨달아서 시행한 것'이라고 강조하고, "이것이 어찌 저들이 감히 도모할 일이겠습니까? 그 말은 참으로 절통함이 심합니다"라고 대답하였다.[102]

남구만이 제시한 논리 역시 윤지완과 마찬가지였다. 즉 민암이 강만태를 죽이려고 한 것은 민비의 복위가 그들에게 해롭기 때문이고, 지금 강만태를 죽이려고 하는 것은 민비의 복위가 그들이 도모한 것이라고 한다면 국가에 치욕이 미치고 무함이 숙종에게 돌아가기 때문이라는 것이다. 이에 덧붙여 남구만은 한중혁 등의 공초에 조정의 여러 신하들이 거론되어 있을 뿐만 아니라 자신도 역시 숙종의 密旨를 받은 사람 속에 들어 있고, 자신의 庶從弟 南終萬 역시 환국을 도모하기 위해 銀을 모은 부류에 끼여 있어서, 이들을 처벌하지 않는다면 '추악한 치욕'을 씻어 버릴 수 없을 것이라고 하였다.[103] 남구만은 자신처럼 하찮은 사람도 혐의에서 벗어나 결백해지기를 원하는데, 국왕인 숙종이 어찌 이를 덮어 두고 어둠침침하게 한다는 譏弄을 감수하겠느냐고 이들에 대한 엄격한 수사와 처벌을 촉구하여, 결국 숙종의 승낙을 받아내었다.

이로써 우리는 少論 蕩平論의 역사적 성격의 일단을 감지할 수 있다. 즉, 한중혁과 김춘

---

101) 『肅宗實錄』 권27, 숙종 20년 甲戌 7월 庚午(4일), 39-337, 21ㄱ~ㄴ. 여기서 남구만은 '或者'의 말이라고 하면서 이러한 논리를 소개하고 이를 비판하고 있다.

102) 『肅宗實錄』 권26, 숙종 20년 甲戌 윤5월 乙未(29일), 39-324, 68ㄱ~ㄴ.

103) 密旨가 내려졌다고 거론된 사람은 南九萬과 金錫衍이고[『肅宗實錄』 권26, 숙종 20년 甲戌 4월 戊辰(1일), 39-296, 12ㄴ], 李時掉의 공초 중에 거론된 조정 대신은 崔錫鼎과 李濡이다(정석종, 앞의 책, 1983, 119쪽). 남구만과 윤지완의 이러한 주장으로 미루어 실제로 密旨가 南九萬 등에게 내려졌다고 보기는 어려울 것 같다.

택을 처벌할 필요가 없다는 논리 속에는 주자학적 명분의리론에 바탕을 둔 君子小人論에 입각한 朱子一朋黨論이 깔려 있었다. 노론 당인들은 이러한 논리에 입각하여 민비에 대한 義理를 절대화하고, 여기에 해를 미친 남인들은 '名義' 罪人이므로 조정에서 공존할 수 없는 존재이며, 이들을 제거하기 위해서는 정탐정치와 같은 파행적인 정치행위조차도 정당화될 수 있다고 보았다. 이에 대하여 남구만 등 소론 당인들이 이들의 처벌을 고집한 이유는 '國家'와 '國王의 권위'를 위해서는 정탐정치와 같은 파행적인 정치행위는 어떤 이유로도 정당화될 수 없다고 생각하였기 때문이다. 그리고 정탐정치는 서인 측에서 먼저 시작하였으므로 남인과 서인이 잘못하기는 마찬가지니, 남인 모두를 名義罪人으로 몰아서 처벌하는 것은 잘못이라는 논리가 도출될 수 있었다. 여기서 다시 한 번 탕평론이 왕권론과 결합할 수밖에 없는 사정이 확인된다. 당시의 관인·유자 일반을 사로잡고 있던 절대적 논리인 주자학적 명분의리론을 극복하는 매개체는 국가와 국왕권이었다. 즉 주자학적 명분의리론을 강조하게 되면 臣權中心 정치론을 주장하게 되고, 朱子의 君子一朋黨論에 빠져들어 '黨爭'을 종식시킬 수 없게 된다. 국가를 중심에 두고 생각하는 國王中心 정치론, 즉 蕩平論만이 이것을 극복할 수 있는 유일한 대안이었던 셈이다. 이를 위해서는 주자학적 명분의리론은 국가와 국왕에게 그 절대적 지위를 양보해야만 하였다. 결국 소론 탕평론의 대두는 서인 내부의 관인·유자 사이에서 당시의 변화하고 있는 현실과는 동떨어져서 격화되고 있는 정치투쟁을 극복하기 위해 주자학적 명분의리론의 비중 내지는 지위를 변화시키지 않을 수 없다는 것을 인식하게 되었음을 의미한다고 해도 좋을 것이다.

이렇게 본다면 한중혁과 김춘택의 처벌 여부는 소론 탕평책의 성공을 가늠하는 관건이 되고 있음을 알 수 있다. 그러나 숙종은 한중혁의 처벌에 대하여 소극적인 입장을 견지하고 노론은 적극적으로 반대하였으므로, 당시 당국하고 있던 소론으로서도 이들을 적극적으로 처벌하기 어려운 분위기였다. 남구만이 이들을 처벌해야 된다는 상소문을 박세채에게 먼저 보여주니 박세채가 '大驚變色'하여 말하기를 '그렇다면 김춘택을 장차 어찌하려고 그러느냐'고 묻자, 남구만은

> 김춘택의 죄는 한중혁과 같지만 차이점도 있다. 한중혁은 국청에서 편지가 발각되었고, 김춘택은 아직 문서로 드러난 증거가 없다. 그래서 같이 正罪할 것을 청할 수는 없지만, 그렇다고 하여 김춘택을 顧藉하여 한중혁을 顯戮할 수 없다고 하는 것이 어찌 가능하겠는가.

라고 말하여 박세채를 '憮然'하게 만들었다.[104] 소론이 當局하고서도 한중혁을 처벌하지 못한 것은 김춘택 때문이었음을 알 수 있다. 갑술환국 초에 노론은 김춘택에 의지하여 '專權'

---

104) 『晦隱集』 卷4, 先考遺事, 15~16쪽, "公曰春澤之罪與重爀一而二 而重爀則旣有手筆之見露於鞫廳 春澤則姑未有發於文書者 故雖不得並請正罪 而何可顧藉於春澤 反不得顯戮於重爀乎 朴相憮然而還."

을 도모할 정도로 그의 위세는 대단하였던 것 같다.[105] 남구만의 상소에 대하여 박세채가 깜짝 놀랄 정도였으니, 다른 소론 당인들이야 말해서 무엇하겠는가? 그리하여 당시 鞫廳에서는 康晩泰에게 모든 죄를 뒤집어씌워서 처형하는 것으로 마무리짓고자 하였다.[106]

이에 남구만은 鞫廳에서 드러난, 이들이 환국을 모의하는 과정에서 주고받은 편지를 다시 거론하면서, 이것으로 볼 때 '한중혁이 銀을 모아 謀議를 한 정황은 自服을 기다리지 않고도 알 수 있다'고 주장하고, 한중혁을 治罪해야 되는 이유를 다음과 같이 정리하였다.

> 한중혁 등을 치죄하자고 청하는 이유는, 聖明에 대한 中外의 疑惑을 풀어 버리고, 坤宮復位의 正大함을 밝히며, 朝廷 士大夫에 대한 千古의 恥辱을 씻어 버리기 위해서니, 이것은 옛사람이 말한 朝廷을 日月과 같이 높이고자 하는 뜻입니다.[107]

그리고 그의 父 韓構를 '謀議宗主'로 규정하고, 그들이 "겉으로는 '민비 복위'라는 大義에 假托(外托大義)하고 있지만 그 죄는 실상 聖躬을 속이는 것으로 귀착된다"라고 주장하여, 한중혁은 의금부로 하여금 다시 국문하게 하고 한구는 極邊遠竄시키라는 숙종의 명령을 이끌어 내었다.[108] 여기서 남구만이 한중혁을 처벌하자고 주장하는 것이 '尊朝廷'으로 집약되는 국가와 국왕의 권위 확립에 있음을 다시 확인할 수 있다. 이렇게 해야 민비의 복위가 정대해지고, 갑술환국 이후에 집권한 서인 정권도 '정치적 음모로 집권하였다'는 치욕에서 벗어나 '尊朝廷'이 실현될 수 있다는 그의 명분은 명석판명한 것이어서 노·소론을 막론하고 드러내 놓고 반대할 수는 없는 것이었다.

그렇지만 한중혁이 自服하지 않는 상황 속에서 그에 대한 수사는 지지부진하여 결말이 나지 않은 채 해를 넘기고 있었다. 시간이 지날수록 노론 측에서는 한중혁 처벌에 대한 반감이 확산되었던 것 같다. "한중혁의 마음이 坤宮의 복위에 있는데, 이것은 곧 大義가 있는 바이니, 그 밖의 '過惡'은 깊이 죄줄 수 없다"는 남구만이 인용한 혹자의 말과 같이 이들이 내세우는 것은 민비 복위라는 '大義'였다.[109] 이러한 노론 측의 태도는 남구만이 장희재와 남인에 대한 처벌에 반대할수록 격화되었다. 김춘택과 한중혁의 '죄는 죽이지 않을 수 없다'

105) 『晦隱集』 卷4, 先考遺事, 15쪽, "甲戌初 …… 若老黨則全欲倚春澤專權 詿誘一世 動於浮議者 或以爲結怨老黨 將有大利害."

106) 정석종, 앞의 책, 1983, 122~128쪽. 여기서는 소론 집권층이 한중혁과 관련되어 있었기 때문에 강만태에게 억지 자백을 강요하여 처형한 것으로 파악하였다. 그렇다면 남구만 등이 한중혁을 집요하게 처벌하려고 했던 사실은 설명이 되지 않는다.

107) 『藥泉集』 卷8, 請更推韓重爀竄韓構箚 甲戌 10월 1일(叢刊 132, 41~42쪽) 참조.

108) 남인측 黨論書에서는 남구만이 김춘택의 세력을 두려워하여 그를 덮어 주려고 한구를 '謀議宗主'로 몰아갔다고 파악하였다. 『朝野信筆』 권3, 南桐巢記金春澤事(앞의 책, 516쪽 2ㄴ) 참조. 이것은 남구만이 그 증거가 뚜렷한 한중혁의 처벌을 주장하여 관철시킴으로써 김춘택의 처벌을 유도하여 가는 이후의 과정을 보면 사실과 맞지 않음을 알 수 있다.

109) 『肅宗實錄』 권29, 숙종 21년 乙亥 10월 戊申(19일), 39-399, 24ㄴ.

는 것을 인정하면서도 장희재·민암·이의징 등 남인들에 대해서는 '한결같이 엄폐하고 덮으면서' 유독 이들만 '극력 법대로 하자는 의논을 고집'하므로 사람들이 복종하지 않는다고 남구만을 비판하는 『實錄』의 사평이 이러한 노론측 입장을 잘 보여준다.[110] 그렇지만 노론 역시 한중혁을 드러내 놓고 비호할 입장은 못 되었다.

그런 상태에서 숙종은 이듬해 己巳南人을 疏決하는 자리에서 한중혁 등을 酌處하려다가 南九萬·申翼相·尹趾善 등의 반발로 유보하였지만,[111] 결국 감형시켜 절도 정배하였다.[112] 그러자 비로소 소론 언관들의 탄핵이 나왔으며,[113] 드디어 한중혁과 함께 김춘택의 죄가 논의되기 시작하였다.[114] 이에 노론 측에서는 김춘택이 한중혁과 같지 않음을 주장하지 않으면 안 되었다.[115]

남구만은 남인 소결에 대한 노론의 반발로 일시 辭職하였다가 숙종에 의해 다시 영의정에 임명되자 자신의 진퇴를 걸고 한중혁의 처단을 주장하여 비로소 숙종의 '按法處斷'하라는 답을 끌어내었다.[116] 그렇지만 이튿날 승정원에서는 '한중혁이 실정을 털어 놓는 것도 기다리지 않고 지레 먼저 按法하는 것은 常法에 어긋남이 있다'고 覆逆하고, 사간원에서 또 다투어서 즉시 시행되지는 못하였다.[117] 그러나 한중혁을 치벌해야 한다는 것은 이로써 기정사실이 되었다. 다만 그 처벌 방법을 놓고 즉시 처단하려는 숙종과 刑推한 뒤 처단할 것을 주장하는 신료들 사이의 대립으로 양상이 바뀌었다. 물론 소론 내부에서도 남구만처럼 즉시 처벌할 것을 주장하는 사람이 없었던 것은 아니었다. 正言 李師尙은 김춘택과 함께 한중혁의 죄를 동시에 거론하였고,[118] 副提學 吳道一은 장희재와 한중혁을 같이 거론하면서 한중혁을 즉시 처벌할 것을 주장하였다.[119] 그렇지만 소론 내에서는 한중혁을 엄하게 刑推한 뒤에 처단할 것이냐, 지금까지 드러난 증거로 즉시 처단할 것이냐에 대해서는 의견이 일치되지 않았던 것 같다. 그리고 노론 측에서는 앞서 본 바와 같이 한중혁에 대한 처리에 시간을 끌려는 입장이었다.

남구만이 업동옥에 대한 처리 잘못으로 영의정에서 사임하고 난 뒤, 노·소론은 번갈아 가면서 한중혁을 엄히 국문한 뒤에 처단해야 한다고 주장하여, 즉시 처단할 것을 주장하는

110) 『肅宗實錄』 권27, 숙종 20년 甲戌 7월 庚午(4일), 39-337, 22ㄱ.
111) 『肅宗實錄』 권28, 숙종 21년 乙亥 5월 壬戌(1일), 39-376, 23ㄴ.
112) 『肅宗實錄』 권28, 숙종 21년 乙亥 5월 乙亥(14일), 39-378, 26ㄱ.
113) 『肅宗實錄』 권28, 숙종 21년 乙亥 5월 丙子(15일), 39-378, 26ㄱ.
114) 『肅宗實錄』 권29, 숙종 21년 乙亥 7월 乙酉(25일), 39-390, 5ㄱ.
115) 『肅宗實錄』 권29, 숙종 21년 乙亥 8월 癸卯(14일), 39-392, 9ㄱ.
116) 『肅宗實錄』 권29, 숙종 21년 乙亥 10월 戊申(19일), 39-400, 25ㄱ.
117) 『肅宗實錄』 권29, 숙종 21년 乙亥 10월 己酉(20일), 39-400, 25ㄴ. 이 때 노론 당인들은 남구만의 한중혁을 즉시 '正刑'하라는 주장에 대하여 일단 시간을 벌기로 작정하여 이러한 臺啓가 나왔던 것 같다. 『晦隱集』 卷4, 先考遺事, 16쪽 참조.
118) 『肅宗實錄』 권30, 숙종 22년 丙子 正月 戊辰(11일), 39-408, 5ㄱ~ㄴ.
119) 『肅宗實錄』 권30, 숙종 22년 丙子 正月 甲申(27일), 39-412, 13ㄱ~ㄴ.

숙종과 대립하는 형세가 다시 해를 넘기면서 전개되었다.[120] 그리하여 한중혁을 빨리 처단하라는 숙종의 명령에도 불구하고[121] 禁府에서 한중혁・최격・이시회를 취조하여 결국 모두 자복하지 않고 죽고 말았다.[122]

이러한 상황 전개는 김춘택에게는 매우 위협적인 것이었음이 틀림없다. '한중혁의 일'이란 김춘택이 사실 '드러나지 않게 이를 주관한 정절이 낭자'하여 당시에 거의 공공연한 비밀이었기 때문에[123] 한중혁의 처벌이 곧 김춘택의 처벌로 이어지는 것은 시간 문제였다. 이렇게 되기 전까지 그와 그의 집안이 가만히 있었던 것은 아니었다. 그의 숙부 金鎭圭가 숙종 21년에 남인 소결을 주장하는 남구만을 탄핵한 것이라든가,[124] 幼學 姜敏著를 사주하여 남구만이 장희재를 비호하는 것을 대의명분을 내세워 비판하는 상소를 올리도록 한 것들이 그것이다.[125] 그렇지만 이런 정도로 한중혁을 처벌해야 한다는 조정 분위기를 돌려 놓기에는 역부족이었다.

궁지에 몰린 김춘택이 시도한 것은 역시 음모에 의한 告變이었다. 소위 '李榮昌 옥사'가 그것이다. 이 옥사는 이절・兪選基 등의 上變과 前僉使 洪箕疇의 上變으로 구성되어 있는데, 이영창 등이 소위 張吉山의 무리와 함께 역모를 꾀했다는 내용이었다.[126] 그러나 이것은 실체가 없는 일이었는데, 金春澤 집안에서 그 기미를 염탐하고 역모로 유도하여 고변하게 한 것으로 밝혀졌다.[127]

이를 계기로 하여 소론 언관들의 金春澤 탄핵이 본격화되었다. 大司諫 朴泰淳은 "지금 당장의 큰 폐단은 黨論보다 더한 것이 없는데, 한두 세력있는 집안의 清議에 비방받는 자가 근거없는 말과 방자한 의논으로 반드시 조정을 어지럽히려 한다"고 하면서 李健命과 金春澤을 지목하였다. 그는 김춘택이 "훈척의 자식으로 불량배들과 교분을 맺어 간사하고도 외람된 온갖 정상이 드러났다"고 하면서 李榮昌 옥사를 그가 지휘한 정황을 지적하고, 그대로 두면 '국가를 흉하게 하고 집안을 해롭게 할 것'이니 그를 처벌해야 한다고 상소하였다.[128]

---

120) 『肅宗實錄』 권30, 숙종 22년 丙子 8월 壬子(29일), 39-431, 50ㄱ, 正言 趙泰東(소론) ; 『肅宗實錄』 권30, 숙종 22년 丙子 9월 壬申(19일), 39-432, 52ㄱ, 大司諫 黃欽(노론).
121) 『肅宗實錄』 권31, 숙종 23년 丁丑 3월 辛酉(10일), 39-451, 13ㄱ.
122) 『肅宗實錄』 권31, 숙종 23년 丁丑 3월 丙寅(15일), 39-451, 14ㄴ.
123) 『肅宗實錄補闕正誤』 권29, 숙종 21년 乙亥 7월 乙酉(을유), 39-405, 1ㄱ.
124) 『肅宗實錄』 권28, 숙종 21년 乙亥 6월 庚子(10일), 39-382, 34ㄱ~ㄴ.
125) 『肅宗實錄』 권29, 숙종 21년 乙亥 11월 庚辰(22일), 39-402, 29ㄴ~30ㄴ. 이 상소가 김춘택의 사주를 받았다는 직접적인 증거는 없지만, 남구만이 한중혁을 처벌하자는 세 번째 상소에 대한 대응이라는 점은 『補闕正誤』의 사평을 통해서 알 수 있다. 『肅宗實錄補闕正誤』 권29, 숙종 21년 乙亥 11월 庚辰(22일), 39-406, 2ㄱ. 이외에도 갑술년 이후 연달아 誣告한 獄事가 있었는데, 김춘택이 모두 참여하고 관계된 흔적이 있다고 하였다. 『肅宗實錄補闕正誤』 권31, 숙종 23년 丁丑 5월 甲午(15일), 39-480, 2ㄴ.
126) 『肅宗實錄』 권31, 숙종 23년 丁丑 正月 壬戌(10일), 39-446 3ㄱ~6ㄱ.
127) 『肅宗實錄補闕正誤』 권31, 숙종 23년 丁丑 2월 丁酉(16일), 39-480, 1ㄴ.
128) 『肅宗實錄』 권31, 숙종 23년 丁丑 5월 辛卯(12일), 39-459, 29ㄱ.

물론 숙종은 이것을 수용하지 않았다. 이에 사헌부와 사간원에서 소론 당인들의 상소가 몇 달에 걸쳐서 계속되는 가운데, 노론 당인 尹弘离가 이를 수용할 것을 건의하자 숙종은 여러 신하들에게 하문한 뒤, 이들의 청을 수용하는 형식으로 定配하도록 명하였다.[129)]

이로써 갑술환국을 모의하였던 서인측 주모자들이 환국 이후 4년 만에 모두 처벌받은 셈이 되었다. 한중혁은 금부에서 형장에 죽었고, 김춘택은 갑술환국과 직접적으로는 관계가 없는 일로 정배되었다. 이것은 남구만으로 대표되는 少論 蕩平策의 일정한 성과로 평가되어도 좋을 것이다. 韓重爀과 金春澤이 죄가 없다고 보는 입장은 민비에 대한 의리를 절대화시키고, 南人을 名義罪人으로 몰아서, 이들을 제거하기 위해서는 정탐정치든 음모정치든 정당화될 수 있다고 보는 것이다. 이러한 입장의 근저에는 朱子學的 名分義理論과 朱子의 君子一朋黨論이 깔려 있었으며, 노론 당인들은 이것을 절대화시켜 국가나 국왕권보다도 우선시하고 있었다. 따라서 이는 결국 臣權中心 政治論이 될 수밖에 없었다. 한중혁과 김춘택을 처벌해야 한다고 보는 입장에서는 민비의 복위는 국왕의 결단에 의해 이루어진 일로 간주하고, 음모정치나 정탐정치는 근절되어야 할 정치 행태로 보았다. 즉 이는 주자학적 명분의리론보다 국왕권을 우선시하고, 서인이나 남인이나 같은 士類라는 입장이었다. 이로써 주자학적 정치론을 극복하고 蕩平을 실현시키기 위해서는 王權中心 政治論이 필연적으로 요청된다는 것을 확인할 수 있다.

偵探政治는 '公論政治'라는 士林政治의 중요한 명분을 부정하는 것이었다. 勳戚의 정치간섭 배제와 함께 公論政治는 훈구파에 대항하는 과정에서 소위 '士林派'가 표방한 중요한 명분이었으며, 이의 실현은 한국 중세 정치의 발전으로 간주할 수 있다.[130)] 그런데 그것은 주자학적 명분론과 이에 기초한 주자학적 정치론에 입각한 '公論'정치였다. 그 시기가 주자학과 주자학적 정치론이 정착되는 단계였기 때문이다. 즉 당시의 在地士族 또는 士林의 '公論'은 '국왕과 신료 사이의 권력 균형과 사림층 전체의 권익 균점을 보장'하기 위한 것이라는 한계가 있었다.[131)]

어쨌든 17세기 官人·儒者들에게 公論政治는 정국 운영의 대전제였다. 그런데 서인과 남인 사이의 당쟁이 격화되면서 庚申年 當局한 西人 내부에서는 南人을 제거하기 위해서라면 훈척과의 결탁도 용인할 수 있고, 정탐정치도 가능하다고 보는 일군의 관인·유자들이 등장한 것이다. 이것이 사림정치의 대원칙을 지키려는 관인·유자들의 반발에 직면한 것은 지극히 당연한 일이었다.

즉 서인이 노론과 소론으로 분당된 것은 庚申年 이후 金錫胄·金益勳의 南人 처벌에 가탁한 정탐정치 문제에서 비롯되었다. 경신환국이 김석주의 음모와 관련이 있음은 이미 잘

129) 『肅宗實錄』 권31, 숙종 23년 丁丑 10월 庚午(23일), 39-472, 56ㄴ.

130) 崔異敦, 「공론정치의 형성과 정치 참여층의 확대」, 『한국사(30)』, 국사편찬위원회, 1998, 231~242쪽 참조.

131) 金駿錫, 앞의 글, 1998②, 253쪽 참조.

알려진 바지만, 金錫冑의 지휘 하에 金益勳에 의해 저질러진 소위 '壬戌三告變'[132]은 士林이 내세우는 公論政治에 대한 심각한 위협이었고, 官人·儒者의 自己否定이었으며, 정치문화의 후퇴를 의미하는 것이었다. 이에 서인 내부의 일부 소장 관인·유자들이 정탐정치와 이를 자행하고 있는 훈척에 대하여 비판하고 나섰고, 이는 다수 士類의 심정적인 지지를 받고 있었다.[133]

그런데 서인 내부에서 士林의 衆望을 모으고 있던 宋時烈이 勳戚을 지지하고 나섰다.[134] 그가 '오늘날 勳戚이 功은 있으나 罪는 없다'고 한 것은 훈척과 그들의 정탐정치를 명백하게 긍정한 것이었다. 仁祖反正 이후 金長生 - 金集으로 이어지는 西人 山林의 정통 계승자로 자타가 공인하는 宋時烈이 '士林'政治의 대원칙을 저버리고 勳戚과 정탐정치를 긍정한 이유가 무엇일까? 그것은 본인이 죽음에 임박해서 토로했듯이, '崇正學 闢異端'과 '守朱子尊周統'으로 요약되는 그의 사상적 입장에서 나온 것이었다.[135] 그는 尹鑴로 대표되는 南人을 '異端'이자 '斯文亂賊'으로 보고 배척하기 위해서는 훈척도 정탐정치도 용납할 수 있다는 입장이었다. 즉 주자학적 명분의리론을 절대화한 唯我獨尊의 배타의식에서 나온 것이었다. 결국 송시열과 그를 추종하는 老論 黨人들은 16세기 사림이 훈구와 대립하는 과정에서 수립한 공론정치와 주자학적 정치론 중에서 주자학적 정치론을 고수하기 위해 공론정치를 부정한 셈이었다.

17세기 후반의 상황에서 西人에 속한 관인·유자들이 송시열에 반기를 든다는 것은 매우 어려운 일이었다. 그것은 엄청난 정치적 박해를 각오하지 않으면 안 되었다.[136] 그럼에도 불구하고 少論 당인들이 분기되어 나온 것은 훈척의 정치 관여와 정탐정치는 어떤 이유로도 정당화될 수 없다는 입장의 표현이었다. 결국 이들은 선배 士林의 政治·思想的 遺産 가운데 주자학적 정치론보다는 公論政治를 선택한 셈이었다. 여기서 주자학적 명분의리론을 상대화시킬 수 있는 단초가 열렸던 것이다.

따라서 만약 사림정치가 '공론정치에 입각한 정치참여 폭의 확대'를 꾀하는 진보성을 담보하고 있었다고 한다면 사림정치의 진보성을 견지하고자 한 것이 少論이었고, 그것을 부정하고 주자학적 의리론을 고수하고자 하는 노론은 보수적 정치세력이었다고 보아도 좋을 것이다. 송시열로 대표되는 西人 - 老論의 정치론은 士類 내부에서조차 자신들의 정치기반을 축소시키는 사림의 자기부정의 논리였던 것이다. 갑술환국 직후의 노론과 소론의 대립이 한국 중세 정치사에서 보수와 진보의 대립이 되는 所以를 여기서도 발견할 수 있다.

---

132) 洪順敏, 「肅宗初期의 政治構造와 '換局'」, 『韓國史論』 15, 서울대 국사학과, 1986 참조.
133) 禹仁秀, 앞의 글, 1993, 137쪽 참조.
134) 金駿錫, 앞의 글, 1990, 295쪽 참조.
135) 金駿錫, 위의 글, 300쪽 참조.
136) 예를 들면 朴世堂 가문의 경우가 대표적이다. 이에 대해서는 김용흠, 「朝鮮後期 老·少論 分黨의 思想 基盤」, 『學林』 17, 연세대, 1996, 66~76쪽 ; 金駿錫, 「西溪 朴世堂의 爲民意識과 治者觀」, 『東方學志』 100, 연세대, 1998, 145~154쪽 참조.

그러나 기사환국 이전까지 소론 당인들은 이것을 王權論과 결부시켜 사고하지는 못하였다. 갑술환국 이후 南九萬 등이 한중혁과 김춘택의 처벌을 주장하는 가운데 이들의 偵探政治가 國家와 國王의 권위에 해롭다고 주장한 것은 주자학 정치론을 극복하는 논리가 왕권론을 통해서 마련될 수 있음을 보여준 것으로서, 이것은 少論 蕩平論이 '환국'을 통하여 한 단계 진일보하고 있음을 보여주는 것으로 보아도 좋을 것이다. 말하자면 少論 蕩平論 내에는 公論政治와 王權論이 결합되어 있었다고 볼 수 있다. 한국 중세사회 해체기에 중세 봉건적 정치사상과 정치질서를 극복하는 논리는 이러한 과정을 거치면서도 형성되어 가고 있었던 것이다.

5. 己巳南人 처리 문제 : 破朋黨論과 朱子一朋黨論의 대립

갑술환국 직후 또 하나의 정치적 현안 문제가 기사남인들을 어떻게 처벌할 것이냐의 문제였다. 기사년에 집권한 남인들은 경신년과 임술년에 서인 훈척에 의해 자행된 남인 숙청에 대한 보복으로서 송시열과 김수항을 비롯한 100여 명에 이르는 서인들을 죽이거나 처벌하였고, 李珥·成渾의 文廟黜享으로 서인 학통을 뿌리째 부정하였다.[137] 뿐만 아니라 이들에게는 인현왕후 민씨의 폐출을 방조한 혐의가 두어졌다. 그런데 다시 한 번 환국이 이루어져 서인이 재집권하였으므로, 기사남인에 대한 대대적인 보복적 숙청이 예상되었다.

그러나 갑술환국 직후의 소론 당국자들은 남인에 대한 보복적 숙청을 매우 경계하였다. 이미 여러 차례에 걸쳐 환국이 반복적으로 일어난 상황에서, 또다시 남인들을 모두 名分과 義理의 죄인으로 몰아서 처벌하는 것은 남인들의 반발을 불러일으키고 당쟁을 고질화시켜 국가의 존립을 위태롭게 할 것이기 때문이었다.[138] 南九萬은 먼저 이 문제에 대한 숙종의 책임있는 태도를 요구하였다.

> 국가가 불행하여 수십 년 이래로 네 번 조정이 바뀌었는데, 바뀔 때마다 誅戮이 으레 행해졌으므로, 사람마다 두려워서 스스로 위태로워하고, 한 나라가 반으로 갈라져서 서로 원수가 되었습니다. 臣이 외람되게 큰 은혜를 입어 다시 높은 자리를 더럽히게 되니, 세상 사람들이 모두 뒷날 죽을 사람이라고 지목합니다. 장차 어떻게 인심을 진정시켜 나라의 일을 하겠습니까? 지금의 계책으로는 전일의 한 일을 모두 돌이키지 않을 수 없을 것인데 …… 기사년의 일은 신하들이 홀로 한 일이 아니라 국가의 처분에서 나온 것이니, 대간의 말이 이러하더라도 주상께서는 의당 "이것은 내 허물이다. 어찌 신하들의 죄가 될 뿐이겠느냐?"고 말하셔야 합니다. 이어서 그 죄를 너그러이 줄이게 한다면 인심이 감동하고 후세에서 흠앙하는 것이 어떠하겠습니까 ?[139]

137) 이희환, 앞의 책, 1995, 103~121쪽 참조.
138) 『肅宗實錄補闕正誤』 권26, 숙종 20년 甲戌 4월 壬辰(25일), 39-326, 2ㄱ~ㄴ.

즉 남구만은 반복되는 환국으로 인한 보복적 숙청의 악순환을 종식시키기 위해서는 우선 그 책임을 국왕이 지고 나서야 된다고 본 것이다.

그리고 소론 당국자들은 기사남인에 대하여 남인 당색 전체가 아니라 그 주모자만을 처벌하기 위한 논리를 만들어 내는 일에 고심하였다. 尹趾完의 차라리 '經'을 어기더라도 濫刑이 있어서는 안 된다는 주장이나 南九萬의 '情跡論' 및 柳尙運이 말한 '首唱者와 追從者'의 구분 등은 그래서 나온 것이었다.

윤지완은 갑술환국 이후 우의정으로 배명한 자리에서, 숙종이 즉위한 지 20여 년 동안 불행히도 조정이 여러 번 변화를 겪어서 여러 신하들이 많이 죽었는데, 그 사람들의 邪正과 賢愚는 차치하고 저쪽 편이 들어오면 이쪽 편이 죽고 이쪽 편이 들어오면 저쪽 편을 살해하여 출중한 인물들이 많이 죽었다고 하면서, 인재가 나는 것은 한계가 있는데, 刑戮과 災禍가 계속 이어져 나라가 텅 비게 되었으니, 장차 누구와 더불어 정치를 하겠느냐고 한탄하였다. 그래서 그는 온 나라 사람이 모두 죽여야 된다고 하는 사람에 대해서는 용서하지 말고 죽이되, 죽여도 그만 안 죽여도 그만인 사람에 대해서는 '차라리 經을 어기더라도 濫刑의 근심이 있어서는 안 된다(宜致寧失不經之意 無濫刑之患)'고 하였다.[140)]

남구만은 金寅의 逆告變書에서 거론된 李玄逸과 李義徵을 처벌함에 있어서 '情跡'論을 전개하였다.

> 李玄逸의 跡은 죄주어야 할 것이 두 가지이나 그의 情이 의심스럽고, 李義徵의 情은 죽어야 할 일이 한없이 많고 또 온 나라 사람들이 모두 죽여야 된다고 하지만, 그 跡이 현저하지 못합니다. 金寅은 상변하기는 했지만, 또한 끝내 죽음을 면하기 어렵습니다.[141)]

즉 李玄逸에 대해서는 김인의 고변 내용은 믿을 만한 것이 없고, 단지 己巳年의 상소문[142)] 가운데 민비에 대하여 '自絶于天'이라 하였고, '彼'字를 중궁에게 쓴 것[跡]은 그 죄가 결코 살 수 없는 것이나, 다만 그 본 뜻[情]이 당시의 폐비 민씨를 별궁에 옮기고 廩料를 주게 하자는 것이니, 그 실정은 침해하려는 뜻이 없었다는 것이다. 그러니 민비를 침해한 사람들과 죄를 같게 한다면 혹 원통해할 것이라고 하자 숙종이 수긍하였다. 李義徵은 행신이나 처사가 본시 閔黯과 다를 것이 없고, 기사년부터 나랏일을 그르친 것이 곧 민암과 이의징의 소위이기 때문에 온 나라 사람들이 죽여야 한다는 것이고, 단지 金寅의 고발 때문만은 아니라고 하였다. 그러나 김인의 고변 내용은 증거가 없으므로, 이의징의 情은 본래 살 도리가 없지만, 그 跡은 逆謀했다고 주장할 만한 것이 없다고 하였다. 이에 남구만은 李玄逸

139) 『肅宗實錄』 권26, 숙종 20년 甲戌 4월 癸巳(26일), 39-304, 29ㄴ~30ㄱ.
140) 『肅宗實錄』 권26, 숙종 20년 甲戌 윤5월 乙未(29일), 39-324, 68ㄴ.
141) 『肅宗實錄』 권27, 숙종 20년 甲戌 7월 庚午(4일), 39-336, 20ㄱ.
142) 『肅宗實錄』 권21, 숙종 15년 己巳 9월 丁巳(24일), 39-200, 32ㄱ~ㄴ.

은 極邊圍籬安置, 李義徵은 絶島圍籬安置로 감률하여 숙종의 동의를 받았다.[143] 노론 언관 韓聖佑가 李義徵은 사형을 면할 수 없다고 다투었지만, 숙종은 따르지 않다가 해를 넘긴 을해년 초, 노론 언관들의 장희재와 이의징에 대한 탄핵이 계속되자 숙종은 申翼相·尹趾善·趙泰采 등의 의견을 묻고 賜死에 처하였다.[144]

갑술환국 1년 뒤 旱災와 霜災에 대한 대책을 논의하는 자리에서 南九萬·柳尙運·申翼相이 청대하여 남인 疏釋을 건의하였다. 이 때 柳尙運은

> (金壽恒과 宋時烈을 죽이라는) 卿宰의 상소에 참여한 사람[145]은 首唱者와 追從者를 구분하여 처벌이 削黜에 그쳤는데, 論啓한 臺官은 그 죄상이 卿宰의 상소보다 가벼울 것 같은데도 도리어 投畀의 처벌을 당하였으니, 輕重이 倒置된 듯합니다. 가벼운 처벌을 받은 사람에게 지금 그 刑律을 追加할 수는 없지만, 죄상은 가벼운데도 중벌을 받은 사람은 마땅히 疏釋하는 방도가 있어야 할 것입니다.[146]

라고 말하여 죄의 경중을 가려서 疏釋하되, 가능하면 처벌을 완화하고자 하였음을 알 수 있다.

물론 老論 黨人들은 이러한 조치에 불만이 많았다. 그들이 볼 때 己巳年의 왕비가 교체된 일은 '尊卑易位 倫彝失序'한 것이었다.[147] '君臣父子之倫'은 '亘宇宙而不隳'한 것이므로, 당시 당국한 己巳南人의 '無母之罪'는 '實通天地'한 것이다.[148] 따라서 이들에게는 '快正王法'해야 하는데, 소론 당국자들이 '不嚴討罪之典'하여 '違道蔑法'한 일을 저질러서, 드러내놓고 南人들에게 '市恩要後'하는 計策으로 삼고 있다고 鄭澔는 비판하였다.[149] 李健命은 이들이 '取容於當世 圖免於後時'하여 '王章不嚴 國綱解紐'해졌다고 하였고,[150] 金鎭圭는 소론 당인들이 '事事而寬恕 言言而原恕'하여 '君臣父子'의 '大倫大義'에 소홀하다고 성토하였다.[151] 갑술환국 만 3년 뒤에 남구만 등이 주도하여 대대적인 疏決이 이루어졌는데, 이것을 비판하는 『實錄』 史評에서, 남구만이 '禍를 두려워하고, 福을 맞이하려고 …… 名義와 彝倫을 저버려서' 당당한 '禮儀之國'이 하루아침에 '夷狄禽獸'가 되었으니, '늙은 奸臣(=남구만)이 惡을 용납하고 일을 그르친 죄는 사형을 시켜 시체를 저자에 버리더라도 오히려 나라 사람들에게 謝罪할 수 없을 것'이라고 극언하였다.[152]

---

143) 『肅宗實錄』 권27, 숙종 20년 甲戌 7월 辛未(5일), 39-337, 22ㄴ.
144) 『肅宗實錄』 권28, 숙종 21년 乙亥 正月 甲申(22일), 39-366, 2ㄴ.
145) 『肅宗實錄』 권20, 숙종 15년 己巳 윤3월 乙丑(28일), 39-171, 42ㄴ~43ㄱ.
146) 『肅宗實錄』 권28, 숙종 21년 乙亥 4월 庚申(29일), 39-376, 22ㄴ.
147) 『肅宗實錄』 권26, 숙종 20년 甲戌 4월 甲申(17일), 39-302, 24ㄴ.
148) 『肅宗實錄』 권26, 숙종 20년 甲戌 4월 壬辰(25일), 39-303, 27ㄴ.
149) 『肅宗實錄』 권26, 숙종 20년 甲戌 윤5월 丁丑(11일), 39-319, 58ㄱ~59ㄱ.
150) 『肅宗實錄』 권27, 숙종 20년 甲戌 10월 辛丑(7일), 39-352, 52ㄱ~ㄴ.
151) 『肅宗實錄』 권28, 숙종 21년 乙亥 6월 庚子(10일), 39-382, 34ㄱ~ㄴ.

이것은 君臣父子의 倫理를 宇宙와 自然의 理法으로 간주하는 주자학적 명분의리론의 표현이었으며, 이러한 綱常論이 華夷論으로까지 확장되어 있음을 볼 수 있다. 己巳年에 國母인 閔妃의 폐출을 방조한 己巳南人은 바로 이러한 명분과 의리를 저버렸으므로 엄하게 討罪해야 하는 '名義罪人'이며, 이들을 처벌하는 것이야말로 '王法'이고 '紀綱'이었다. 그런데 甲戌年 당국한 少論 黨人들이 이들에 대한 討罪를 게을리하는 것은 이후 국면이 다시 바뀌더라도 살아날 길을 도모하기 위한 것으로서, 그 죄는 죽어도 남음이 있다는 것이다.

이처럼 노론 당인들은 주자학 명분론에 입각하여 南人의 존재를 근본적으로 부정하였다. 기사년에 賜死당한 金壽恒의 아들 金昌協은 南九萬에게 편지를 보내어 '天理'에 입각한 '天討'를 요구하였다.[153] 그는 기사남인을 '兇徒'라고 칭하고, 이들은 己卯士禍를 주도한 南袞·沈貞이나, 乙巳士禍를 주도한 李芑·許磁·林百齡과 같은 무리라고 하였다. 따라서 당시에 이들을 죽이지 못한 것을 '痛恨'으로 여기는 것은 '天下萬世之公議'였고, '一家之私怨'에 그치는 일이 아니었듯이, 김수항이 죽은 것 역시 자기 집안 '一家之事'가 아니라고 하였다. 김창협은 자신의 父인 金壽恒의 죽음을 은근히 趙光祖의 죽음과 동렬에 놓고 있었다. 말하자면 자신들만 趙光祖로 대표되는 '士林'의 정통을 계승한 것이고, 남인은 '士林'을 탄압한 '勳舊'와 같은 역적이라는 것이다.

노론 당인들이 기사남인을 이렇게 보는 것은 기사년 민비의 폐출이 근본적으로 '흉악한 무리들의 종용으로 말미암아 성립된 일'이라고 보기 때문이었다. 즉 戊辰年(1688) 겨울에 閔黯·李義徵의 무리들이 어두운 밤중에 장희재의 집에 출입하면서 모의하여 왕비를 폐위시키는 조처가 있게 된 것이며, 숙종의 잘못은 단지 漢나라 光武帝나 宋나라 仁宗이 한 것처럼, 帝王이면 늘 있을 수 있는 일이라고 보았다. 따라서 '己巳年의 黨人들은 모두가 李爾瞻이요 鄭仁弘'이라고 규정하였다.[154] 그러므로 사대부로서 조금이라도 '名節'이 있는 사람이라면 어찌 차마 李爾瞻·鄭仁弘과 같은 사람들에게 무릎을 꿇고 추종할 수 있으며, 또한 어찌 차마 張氏를 신하로서 섬기는 것을 마음에 달갑게 여겨 부끄러워하지 않을 수 있겠느냐고 하였다.

戊寅年에 崔錫鼎이 남인을 등용하려고 하자, 金昌翕은 崔錫鼎에게 편지를 보내어 다음과 같이 말하였다.

> 彼果宵人也 則我爲寃而彼罪可誅 我若非賢非正 則彼有執而我敗固當 要之不可兩存於天地之間[155]

---

152)『肅宗實錄』권31, 숙종 23년 丁丑 4월 癸酉(24일), 39-457, 25ㄱ.
153)『農巖集』卷17, 與南相書, 1~5쪽(叢刊 162), 58~60쪽.
154)『肅宗實錄』권28, 숙종 21년 乙亥 5월 壬申(11일), 39-377, 25ㄱ~ㄴ.
155)『三淵集』卷22, 與崔相錫鼎, 25쪽(叢刊 165), 467쪽.

김창흡은 我와 彼, 즉 서인과 남인은 '不可兩存於天地之間'의 존재로 보았다. 그런데 소론은 이들에 대하여 '겉으로는 외면하면서 은밀하게 비호(陽睽而陰比者)'한다고 김창흡은 의심하였다. 庚申年에서 己巳年까지는 '암암리에 찬조하였고(幽贊之)', 기사년 남인이 집권해서는 '몰래 술잔을 들고 서로 경하하였으며(竊酌酒而相慶)', 甲戌年에는 '머리를 풀고 구원하는 데 급급하여(汲汲被髮而營救)', 남인과 '同其謀而分其利'한 것이라고 지목하였다.[156] 그리하여 자신의 父 金壽恒은 남인에 대하여 '犯鋒而請討之'하고 '奉命而按治之'하였는데, '今之坐廟堂者'는 '護逆而育賊'하고 '愛身而後君'한다고 소론 대신들을 비난하였다. 김창흡은 최석정에게 '先人이 閣下에게 미움받은 일이 무엇이며, 저 兇徒들이 閣下에게 德을 입힌 일은 무엇이냐'고 반문하고, '所戕害先人者'는 남인이 아니고 바로 '최석정 자신(是則當體便是)'이라고 몰아세웠다.[157]

소론 측에서는 기사남인들이 簒逆을 釀成한 자취는 辛巳年에 閔章道와 閔彥良의 공초를 기다려 비로소 발단된 것이고, 그 당시에 있어서 진실로 자기의 失職을 근심하여 군주의 과오를 바로잡지 못한 죄가 없는 것은 아니나, 곧바로 李爾瞻·鄭仁弘의 시대로 처리할 수는 없는 것으로 보았다.[158] 따라서 甲戌年 獄事의 근본은 모두가 黨私의 잘못된 풍토에서 나온 것인데, 이것을 조사하는 사람이 만일 엄중한 체통을 구실로 삼아 보복을 자행했다면 한쪽의 사람들은 아마 남아날 수 없었을 것이다. 이에 南九萬 등이 능히 공평한 마음으로 사실을 조사하여 일체를 黨習의 알력으로 돌리고 두세 명의 괴수 이외에는 모두 관대하게 처리하여 蔓延되지 않게 하였으니, 비록 죄를 징벌하는 법전에는 불쾌한 것같지만 그 세상의 禍를 구하고 나라의 명맥을 부지한 공로는 가리울 수 없다는 것이다.[159]

그런데 黨人 가운데 두세 사람의 大家가 기사년의 관련된 사람들에 대해서 깊은 원한을 품고 있어 형세를 타고 보복하려고 하였는데, 그것이 대신의 공평무사한 논리에 제동이 걸리게 됨을 면하지 못하자, 분노심을 다른 데로 옮기고 감정이 누적되어 반드시 중상모략을 하려고 한다는 것이다.[160] 기사년에 김수항이 죽은 일은 진실로 지극히 원통한 일이었고, 當國했던 모든 奸凶들이 본시 士類들에게 화를 입힌 죄가 없는 것은 아니지만, 이는 이미 黨同伐異하고 보복하는 私心에서 저지른 것이었으니, 조정으로서는 다시 베어 죽임을 일삼음으로써 잘못을 본받아 禍亂을 증가시켜서는 안 되는 일이었다.[161] 따라서 노론 당인들은 '私黨의 보복'만을 알고, '國家의 大體'는 모른다고 비판하였다.[162]

이러한 논리에 입각한 소론의 탕평책은 갑술년에 숙종의 뜻을 얻어 비교적 성공적으로

156) 『三淵集』 卷22, 與崔相錫鼎, 23쪽(叢刊 165), 466쪽.
157) 『三淵集』 卷22, 與崔相錫鼎, 23~27쪽(叢刊 165), 467~468쪽.
158) 『肅宗實錄補闕正誤』 권28, 숙종 21년 乙亥 5월 壬申(11일), 39-386, 1ㄴ.
159) 『肅宗實錄補闕正誤』 권26, 숙종 20년 甲戌 4월 癸巳(26일), 39-326, 2ㄴ.
160) 『肅宗實錄補闕正誤』 권26, 숙종 20년 甲戌 4월 乙未(28일), 39-326, 2ㄴ.
161) 『肅宗實錄補闕正誤』 권27, 숙종 20년 甲戌 10월 丁酉(3일), 39-364, 1ㄴ.
162) 『肅宗實錄補闕正誤』 권28, 숙종 21년 乙亥 4월 庚申(29일), 39-386, 1ㄴ.

진행되어 옥사를 마무리짓고, 만 1년이 지난 뒤에는 旱災대책을 명분으로 대대적인 疏決을 단행하여 權大運 등을 석방하였다.163) 그 바로 직후에 우의정 申翼相은 箚子를 올려서, '지금 죄를 짓고 귀양간 사람들'에 대하여 廟堂과 主司의 신하들이 모두 함께 '會議'하여 '名義'에 得罪한 사람을 제외하고는 한결같이 曠蕩의 恩典을 받게 하자고 제안하였다.164) 南九萬은 숙종에게 敎書를 내려 자신을 책망하고 중외에 포고하여, 죄를 입은 사람들을 경중을 따지지 말고 모조리 함께 疏釋한다면 하늘이 감동할 것이라고 하였다.

> 여러 사람들의 죄는 성상의 분부를 받들지 않은 것이 없으니, 성상의 스스로 반성하는 도리로써 말한다면 마땅히 자신에게로 돌려야 할 것이며, 다른 사람만 전적으로 나무랄 수가 없을 것입니다. 그 가운데는 반드시 가장 극심하게 간사한 자가 있을 터인데, 이는 신 등은 알지 못하는 바이며, 주장께서만 홀로 아시는 것입니다. …… 그 외의 여러 사람들에 대해서는 마땅히 큰 은택을 내려야 할 것입니다. 조정이 누차 변경됨에 따라 서로를 탓하며 원망하고 있으니, 신의 생각에는 이 일의 염려스러움이 天災보다 심하다고 여겨집니다. …… 지금 만일 마음깊이 스스로 자책하며 빨리 큰 은택을 내리신다면, 아마 피차의 色目이 광대한 德化 속에 용해되어 당파의 관습이 깨끗이 사라질 것입니다.165)

남구만의 이 말은 소론의 蕩平論이 국왕의 권한과 책임을 강조하는 王權論과 함께 破朋黨論에 입각해 있다는 것을 분명하게 표명한 것이었다.

이에 숙종은 三公과 備邊司·義禁府의 堂上官과 三司의 여러 신하들을 불러서 賓廳에서 會議하여 죄인을 疏決할 것을 명하였다. 그러나 삼사의 여러 신하들이 引避하고 참석하지 않아서 이 회의는 열리지 못하였다.166) 이에 右議政 申翼相은 '君命이 막혀 시행되지 않고, 나라의 체모는 여지없이 무너졌다'고 하였고, 노론 측에서는 '君命에 행하지 못할 것이 있으면, 三司에서 다투어 고집하는 것이 義'라고 하였다.167) 숙종은 '君命을 있으나마나하게 여긴다'고 가장 먼저 引避한 持平 魚史徽를 체직시킨 뒤, 다음 달 초 3일에 다시 회의를 열 것을 명하였다. 여기에 正言 朴見善이 다시 다투자, '恩典은 바로 임금의 큰 권한(恩典是上之大柄)'이라면서, 罷職시킬 것을 명하였다.168) 己巳南人 疏決에 대한 贊反을 두고 少論 王權論과 老論 臣權論의 대립이 극명하게 표출되고 있음을 볼 수 있다.

이러한 우여곡절을 거쳐서 재차 소결을 단행하여 睦林一 등 다수의 己巳南人이 석방되

163) 『肅宗實錄』 권28, 숙종 21년 乙亥 5월 壬戌(1일), 39-376, 23ㄴ.
164) 『肅宗實錄』 권28, 숙종 21년 乙亥 5월 丁丑(16일), 39-378, 27ㄱ. 신익상이 이런 주장을 하게 된 이유는 당시에 이루어진 疏決이 '책임 면하기에 가깝다(疏決近於塞責)'고 본 때문이었다. 『藥泉集』 卷16, 右議政申公墓誌銘(壬午), 4ㄱ(叢刊 132), 194쪽 참조.
165) 『肅宗實錄』 권28, 숙종 21년 乙亥 5월 辛巳(20일), 39-379, 28ㄱ~ㄴ.
166) 『肅宗實錄』 권28, 숙종 21년 乙亥 5월 壬午(21일), 39-379, 29ㄱ.
167) 『肅宗實錄』 권28, 숙종 21년 乙亥 5월 癸未(22일), 39-379, 29ㄴ~30ㄱ.
168) 『肅宗實錄』 권28, 숙종 21년 乙亥 6월 壬辰(2일), 39-380, 31ㄴ.

었다.[169] 이에 副應敎 金鎭圭가 상소하여, '近日時議'가 '君臣母子之大倫大義'를 소홀히 하고 '權干의 죄를 聖躬에 책임지운다'고 소론 대신들을 공격하자, 숙종은 '그들의 本意는 蕩平之道를 다하고자 한 것에 불과하다'면서, '大義'를 내세워 대신을 '脅持'할 계책으로 삼는다고 罷職시켰다.[170] 그렇지만 이 때문에 南九萬이 領議政에서 사임하였으며, 이후 소론 당인들에 의한 金鎭圭·金春澤 叔姪에 대한 탄핵이 본격화되었음은 위에서 언급한 바와 같다.

그 해 10월에 재차 숙종의 신임을 받고 다시 영의정에 임명되자, 남구만은 영의정의 진퇴를 걸고 앞서 거론한 韓重爀의 처단과 함께 己巳南人의 '開宥'와 '收拾'을 건의하였다. 남구만은 환국이 반복되어 죽고 죽이는 악순환이 계속되고 있다고 당쟁의 폐단을 다시 한 번 환기시킨 뒤, "오늘의 '時勢'와 '國事'를 가지고 헤아리건대, 여러 번 반복된 覆敗의 전철을 痛懲하고 猛省하지 않을 수 없다"고 하면서, '情犯之差輕者'는 '開宥'하지 않을 수 없고, '才用之可紀者'는 점차로 '收拾'하지 않을 수 없다고 하였다. 그는 이것을 '蕩蕩平平'의 경지로 나아가기 위한 것이라고 말하였다. 그는 大臣의 職責은 '簿書期會之間'에만 있는 것이 아니라, '正君心', '正朝廷', '正四方'에 있다고 하면서, '蕩滌黨論'하고 朝廷을 '公平'하게 하는 것이 饑饉이나 盜賊에 대한 대책보다 앞서는 일이라고 말하였다.[171] 이러한 남구만의 건의는 숙종의 동의를 받아서 실천에 옮겨져, 이후 南人 疏決은 여러 차례에 걸쳐서 시행되었다.[172]

남인 등용 문제는 갑술년에 吏曹判書 柳尙運이 이미 제기하였다. 유상운은 李珥와 成渾의 文廟從祀에 반대하였다고 등용되지 못하고 있던 蔡彭胤·蔡明胤 형제를 說書에 의망하였는데 注書 추천에서 삭제된 것은 너무 심한 일이라고 말하자, 숙종이 이에 대해 남구만에게 물었다. 그러자 남구만이

> 당파가 갈린 뒤에 번복이 無常합니다. 성상께서 보시기에는 臣子 아닌 사람이 없으니, 조정에서 사람을 임용할 적에는 오직 현명 여부만을 논해야 할 것입니다. 어찌 局面이 바뀐 것 때문에 일체 모두 버리고 배척할 수 있겠습니까? 진실로 이런 예대로 한다면 당파의 화가 그칠 날이 없을 것이니, 유상운의 말이 옳습니다.

하니, 숙종이 옳게 여겼다.[173]

기사남인의 등용에는 崔錫鼎이 적극적이었다. 숙종 24년에 右議政 崔錫鼎이 己巳南人의 疏釋과 임용을 청하자, 숙종은 吳始復·尹以濟·兪夏益·申厚載·權愈·李瑞雨 등의 서

---

169) 『肅宗實錄』 권28, 숙종 21년 乙亥 6월 丙申(6일), 39-381, 33ㄱ~ㄴ.
170) 『肅宗實錄』 권28, 숙종 21년 乙亥 6월 庚子(10일), 39-382, 34ㄱ~ㄴ.
171) 『藥泉集』 卷9, 陳二事疏(乙亥 10월 19일), 33~35쪽(叢刊 132), 64~5쪽.
172) 정경희, 앞의 글, 1993, 146~147쪽 참조.
173) 『肅宗實錄』 권27, 숙종 20년 甲戌 11월 壬辰(28일), 39-361, 69ㄴ.

용을 명하였다.174) 이들은 앞서 언급한 바와 같이, 金壽恒과 宋時烈을 죽이라는 소위 '卿宰의 상소'에 참여한 사람들이었다. 이에 대해서 노론 대관의 탄핵이 계속되었지만 숙종이 들어주지 않았는데, 李畬가 나서서

> 지금 吳始復 등 여섯 사람은 그 죄가 國體에 크게 관계됩니다. …… 己巳年의 禍는 己卯·乙巳士禍에 비하여 더욱 심하였으니, 先王의 顧命을 받든 元臣(金壽恒을 말함)과 3조에 걸쳐 예로써 존경하던 큰 선비(宋時烈을 말함)를 吳始復 등이 한 번의 상소로 얽고 무함하여 끝내 차례로 화를 입혔던 것인데 …… 지금 만약 이 무리들을 거두어 쓴다면 결국에는 蕩平하고 建極하는 본의에 어긋나게 될 것이니, 빨리 臺諫의 啓請을 윤허하시어 公議를 후련하게 하여 주소서.

라고 말하자, 숙종은 이들의 서용을 철회하지 않을 수 없었다.175) 당시에 崔錫鼎의 蕩平策이 남구만의 그것을 계승하여 기사남인에 대하여 '한두 사람의 흉악한 우두머리를 제외하고는 蕩滌調用하고자 하는 것'이었는데,176) 李畬가 己巳南人의 수용을 '蕩平', '建極'의 본의에 어긋난다고 반대한 것은 결국 소론 탕평책을 정면으로 거부한 것이었다.

이들이 蕩平을 반대하는 논리는 모두 朱子學的 名分義理論에 기초하고 있었다. 즉, '억지로 保合하는 것은 義理에 맞지 않는다'거나 '陰陽淑慝'의 구분은 엄하게 하지 않을 수 없다,177) 또는 鄭澔가 '明刑政而正義理'를 주장하는 것178) 등에서도 잘 나타난다. 특히 鄭澔는 栗谷 李珥의 君子小人論을 인용하여 '辨邪正明是非之說'을 주장하였다. 老論 黨人들의 이러한 주장은 잘 알려진 바와 같이 宋時烈의 是非明辨的 君子小人論을 반복한 것에 불과하였으며,179) 이것은 '崇正學 闢異端'과 '守朱子 尊周統'으로 요약되는 宋時烈의 朱子 道統主義的 입장에서 연원한 것으로서, 이들이 말하는 '辨邪正明是非'의 기준은 모두 주자학적 명분론이었다.

여기서 朱子學的 名分義理論을 고집하게 되면 蕩平이 이루어질 수 없다는 것을 다시 확인할 수 있다. 물론 少論 黨人들 역시 주자학적 명분의리론을 부정한 것은 아니었다. 단지 이들은 朱子學的 名分義理論이 국가의 존립 또는 국왕권과 충돌할 경우에는 그것을 고집할 수는 없다는 입장이었다. 말하자면 중세적 지배 이데올로기로서의 주자학적 명분론이 상대화된 것이었다. 또한 이들은 老論 黨人들이 주장하는 명분론이 그들의 私的이고 黨派的 利益을 분식하는 수단이라는 것을 간파하고 있었다. 노론 당인들이 '名分과 義理에 관한

---

174) 『肅宗實錄』 권32상, 숙종 24년 戊寅 2월 辛未(26일), 39-486, 11ㄱ.
175) 『肅宗實錄』 권32상, 숙종 24년 戊寅 4월 壬戌(18일), 39-489, 16ㄴ~17ㄱ.
176) 『肅宗實錄補闕正誤』 권32상, 숙종 24년 戊寅 4월 壬戌(18일), 39-502, 2ㄱ.
177) 『肅宗實錄』 권27, 숙종 20년 甲戌 10월 庚戌(16일), 39-354, 56ㄴ.
178) 『肅宗實錄』 권27, 숙종 20년 甲戌 12월 乙未(2일), 39-361, 70ㄱ.
179) 정만조, 「朝鮮時代 朋黨論의 展開와 그 性格」, 『朝鮮後期 黨爭의 綜合的 檢討』, 韓國精神文化硏究院, 1992, 136쪽 참조.

論을 만들어(作此名義之論)' 소론 대신들을 공격하는 것은 '言在此而意在彼 實爲私而非爲公'이라는 지적이나,[180] '보복하려는 私心을 가지고 大臣의 공평무사한 의론'에 대하여 '명분과 의리를 빌어 논죄(借名義而罪之)'하려 든다고 비판하는 『補闕』의 사평[181]은 그러한 소론 당인들의 시각을 반영한 것이었다.

6. 결론

朝鮮後期 肅宗代 후반, 즉 甲戌換局에서 丙申處分에 이르는 기간은 탕평책이 처음으로 실천에 옮겨진 시기였다. 당시의 정국을 담당했던 노론과 소론은 西人이라는 공통된 기반에서 나왔고 아직 적대적인 관계는 아니었으므로, 蕩平이 실현될 가능성이 높았던 시기였다. 그러나 결과적으로는 대립이 격화되어 감에 따라 노론과 소론이 각기 서로 다른 정치세력으로 뚜렷하게 분립되는 시기이기도 하였다.

이처럼 정치적 대립이 격화된 것은 봉건제 해체를 지향하는 조선 후기 사회변동에 대하여 당시 사회를 주도하고 있던 官人·儒者들의 대응 방안이 서로 달랐기 때문이었다. 갑술환국 이후 약 10여 년의 老·少論 대립은 그 사상적 차이를 명료하게 보여주었다. 그것은 이 시기의 정치적 쟁점과도 관련하여 우선 주자학적 명분의리론을 고수할 것인가, 아니면 그것을 변화시켜서라도 정치질서를 정상화시킬 것인가의 논쟁으로 표출되었다.

먼저 왕비를 교체된 것으로 볼 것이냐 복위된 것으로 볼 것이냐의 문제에서 드러난 國王責任論과 閔妃 義理論의 대립은 王權論과 臣權論을 가름하는 핵심적인 문제였다. 왕비 '교체'의 관점은 이것을 기본적으로 '국왕'의 선택의 문제로 본다. 따라서 이로 인해 초래된 정치의 파행은 국왕의 '책임'이기도 하다는 입장이다. 여기서는 왕비가 민씨냐 장씨냐에 대한 당론적인 입장은 배제된다. 이것이 少論 王權論의 출발점이었다. 이에 대하여 왕비가 '복위'된 것으로 보는 노론의 입장은 민비에 대한 의리를 朱子學的 名分義理論으로 분식한 것이었고, 이것을 국왕권보다도 우선시한 臣權論의 표출이었다.

다음 甲戌年의 張希載와 辛巳年의 張禧嬪 처벌 문제는 이것의 연장선상에 있었다. 만약 이것을 주자학적 명분의리론에 입각하여 처리한다면 숙종의 후계자인 세자의 지위를 위협하여 정국 불안의 뇌관으로 작용할 위험성을 안고 있었다. 이에 대하여 당시에 정국을 담당하고 있던 南九萬·崔錫鼎 등 소론 당인들은 '經權論', '時中之義' 등을 내세우면서 장희재와 장희빈에 대한 처벌을 완화하여, 세자를 보호해야 한다는 논리, 즉 世子保護論을 폈다. 이것은 결국 朱子學的 名分義理論을 굽혀서라도 왕위계승의 위기를 해소함으로써 국왕권을 안정시켜야 된다는 논리였다.

---

180) 『肅宗實錄補闕正誤』 권27, 숙종 20년 甲戌 12월 乙未(2일), 39-365, 2ㄴ.
181) 『肅宗實錄補闕正誤』 권28, 숙종 21년 乙亥 5월 辛巳(20일), 39-387, 2ㄱ.

이에 대하여 노론 당인들은 '討逆之義'는 '天地之常經'이고 '古今之通誼'임을 내세우면서, 장희재와 장희빈을 法대로 처벌할 것을 주장하였다. 朱子學的 名分義理論에 입각한 老論義理論을 고수하고자 한 것이다. 이들은 소론 당인들이 주장하는 '經權論'에 대하여, '權'이란 聖人만이 할 수 있는 일이며 더구나 '大倫大法'에 대해서는 聖人도 權道를 행할 수 없다고 비판하고, 法이란 '天下之大公'이므로 국왕도 어떻게 할 수 없다는 守法論을 주장하였다. 이는 결국 朱子學的 名分義理論을 王權보다도 우위에 두는 臣權中心 政治論의 극명한 표출이었다. 즉 그 과정에서 나타난 經權論 대 守法論의 대립은 王權論과 臣權論의 대립의 또 다른 표현이었다.

셋째로, 갑술환국의 직접적 도화선이 되었던 偵探政治 문제에 대해서, 南九萬 등 소론 당인들은 민비를 복위하기 위한 음모에 가담하였던 金春澤과 韓重爀 등 서인 무뢰배들의 처벌을 강력하게 주장하였다. 소론 당인들은 민비의 복위는 국왕 숙종의 개인적인 각성에 의한 것이지 몇몇 음모꾼들의 힘으로 된 일은 아니라고 보고, 이들이 자신들과 같은 서인 당색이지만(김춘택은 노론, 한중혁은 소론), 이들을 처벌하지 않는다면 정치적 음모에 의한 환국이 끊임없이 반복되어 정국 불안이 해소될 기약이 없을 뿐만 아니라 국왕권 자체도 위협받을 것으로 보았다. 정탐정치에 대한 부정은 사실 서인 내부에서 소론 당인들이 분리되어 나온 중요한 명분 중 하나이기도 하였다. 이에 대하여 노론 당인들은 이들이 역적인 남인을 물리치고 민비를 복위시킨 공로를 인정하여야 한다는 입장이었다. 당시 남구만 등 소론 당인들이 이들을 엄격하게 처벌하려 하자, 張希載·閔黯·李義徵 등 남인에 대해서는 죄가 이미 나타났는데도 한결같이 처벌을 완화시키려 하면서 韓重爀과 金春澤에 대해서만 법대로 처벌하자는 의논을 고집한다고 비판하였다.

이처럼 정탐정치를 배격할 것인가 인정할 것인가의 문제는 士林政治에 대한 긍정과 부정, 연속과 단절의 문제가 내포되어 있었다. 소론 당인들은 사림의 '公論政治'는 계승하되, 朱子學的 名分論은 극복해야 한다는 입장이었다. 이에 대해 노론 당인들은 朱子學的 名分論을 고수하기 위해서는 公論政治도 저버릴 수 있다는 입장이었다. 여기서 노론과 소론의 입장은 '保守'와 '進步'로 선명하게 분화되어 나타났다.

이 문제는 소론과 노론의 남인에 대한 인식의 차이를 반영하는 것이기도 하였다. 노론 당인들은 기사환국으로 왕비가 바뀐 것은 전적으로 기사남인의 정치적 음모의 산물로 보고 있었다. 따라서 기사남인 전체를 왕비에 대한 신하로서의 名分과 義理를 저버린 대역 죄인으로 보고, 이들을 타도하기 위해서는 어떤 수단과 방법이라도 정당화될 수 있다는 입장이었다. 이에 대하여 소론 당인들은 기사년의 일에 대하여 비록 남인들의 잘못이 없는 것은 아니지만, 근본적으로 국왕의 선택에 의해 왕비가 바뀐 것으로 보아야 한다는 입장이었다. 따라서 기사환국이나 갑술환국으로 인한 왕비의 교체와 그로 인한 정국 불안에 대한 책임을 국왕이 면할 수 없다고 보았다. 여기서 소론 당인들이 주장하는 왕권중심 정치론이 단순하게 국왕에게 무소불위의 절대권력을 부여하여 국왕의 자의적인 정국 운영을 허용하려는 것이 아니라 정치의 중심으로서의 국왕의 권한과 책임을 동시에 강조하고 있는 것임을 알 수 있다. 따라서 소론 당인들은 정탐정치나 음모정치가 사림의 공론에 의한 정상적인 정치 질서를 교란시키고 국왕권을 위협하는 행위이므로 엄중하게 처벌해야 한다는 입장이었다.

이것은 물론 네 번째 문제인 남인들의 처벌과 등용 문제와도 결부되어 있다. 갑술환국 직후의 소론 당국자들은 남인에 대한 보복적 처벌을 매우 경계하였다. 이미 여러 차례에 걸쳐 환국이 반복적으로 일어난 상황에서, 또다시 남인들을 모두 名分과 義理의 죄인으로 몰아서 처벌하는 것은 남인들의 반발을 불러일으키고 이들을 조정에 발붙이지 못하게 함으로써, 국가의 존립을 위태롭게 할 것으로 보았다. 따라서 소론 당국자들은 기사남인에 대하여 남인 당색 전체가 아니라 그 주모자만을 처벌하기 위한 논리를 만들어 내는 일에 고심하고 있었다. 南九萬의 '情跡論'이나 柳尙運이 首唱者와 追從者로 구분하여 처벌해야 한다는 것, 또는 尹趾完이 차라리 '經'을 어기더라도 濫刑이 있어서는 안 된다는 주장은 그래서 나온 것이었다. 갑술환국 이후 1년이 지난 시점에서 남구만은 기사년의 일에 대한 책임을 국왕 개인에게 돌리고, 모든 기사남인을 석방하자고 건의하였다. 당시의 소론 당인들은 이것이 '建極', '蕩平'의 길이라고 누누이 강조하였다. 나아가서 기사남인을 비롯한 영남 남인의 등용을 줄기차게 주장하였다. 이것은 결국 破朋黨論에 입각한 調劑論을 주장한 것으로 볼 수 있다.

노론 당인들은 이러한 소론 당인들의 주장이 名分과 義理를 저버리고, 왕법과 국가기강을 해치는 일이라면서 강력하게 반발하였다. 심지어는 소론 당인들이 남인을 용서하려고 하는 것은 뒷날 다시 번복될까 하는 염려에서 나온 것으로서, 스스로 '흉도'들에게 아첨하여 앞날의 화를 면해 보려는 짓이라고까지 공격하기를 서슴지 않았다. 아울러 소론 탕평론을 비판하고 陰陽淑慝의 구분을 분명하게 하여 辨邪正明是非할 것을 주장하였다. 따라서 '蕩平'을 주장하는 노론 당인일지라도 남인을 법대로 처벌하자고 주장한다면 이것은 결국 反蕩平論으로 귀결될 수밖에 없는 일이었다. 실제로 노론 당인들은 朱子一朋黨論에 입각한 君子小人論을 주장하고 있었다.

결국 갑술환국 뒤에 南九萬·崔錫鼎으로 대표되는 少論 黨人들에 의해 실천에 옮겨진 蕩平論은 國王責任論, 經權論, 破朋黨論 등을 포함하고 있었다. 여기에 대하여 老論 黨人들은 閔妃 義理論, 守法論, 朱子一朋黨論 등에 입각한 反蕩平論으로 맞서서 대립하였다. 이것은 양란 이후 형성된 '國家再造'論의 두 계열이었던 恒産論 대 恒心論, 王權論 대 臣權論의 대립과 대응되며, 동시에 朝鮮後期 政治史에서 進步와 保守의 대립을 보여주는 것이기도 하였다.

당시에 소론 당인들이 이처럼 王權論, 經權論, 破朋黨論 등에 입각하여 탕평책을 추진하고자 한 궁극적 의도는 양란 이래 변화하고 있는 현실을 제도로 수렴하려는 變通論의 실현에 있었다. 이들은 李珥와 成渾 이래 西人 '更張'論의 흐름을 계승하여 정치·경제·사회·국방 등과 관련된 전반적인 제도 개혁을 모색하였다. 말하자면 탕평책은 이러한 자신들의 변통론을 구현하기 위한 조건이자 수단이었다. 그들이 분명하게 의식한 것은 아니었지만, 이러한 변통론의 방향은 탕평책을 구현하기 위한 새로운 정치세력의 육성을 지향하였다. 그러나 이러한 그들의 시도는『經國大典』체제를 고수하고자 하는 노론 당인들의 '守法'論에 의해 저지되고 있었다.[182] 갑술환국 초기 소론 대신 중심으로 추진된 탕평책은 소론 당인들의 지지와 후원 속에서 추진될 수 있었다. 여기에 비록 같은 봉건적 정치세력이었지만 노론에 비하여 소론에게 상대적 진보성이 부여될 수 있는 이유가 있었다. 이러한 숙종대 후반 소론 탕평론의 기조는 英祖代 '緩論' 蕩平 추진의 원류로서 작용하였고, 그 탕평의 원칙은 正祖代에도 기본적으로는 계승되었다고 생각된다.

182) 이에 대한 자세한 내용은 별도의 논고를 통해서 다루고자 한다.

朝鮮後期 새로운 經書解釋과 그 政治思想
-尹鑴의 『大學』 解釋과 君主學을 중심으로-

정 호 훈*

1. 序言

조선시기 사상사의 전개 과정에서 17세기는 주목을 요하는 시기다. 朱子學의 政治論, 朱子學의 世界觀을 부정하고 새로운 사유체계를 수립하려는 움직임과 그것을 독자적인 經書解釋으로 수렴하는 작업이, 이 시기에 들면서 이전과는 비교할 수 없을 정도로 활발하게 나타나고 있었다. 주자학의 의미와 역할을 절대화하고자 하는 노력이 꾸준히 모색되는 상황 위에서였다. 주자학에 대한 비판과 그를 극복하기 위한 활동은 國定敎學으로서의 주자학의 현실 지배력, 곧 주자학의 정치적 역할을 정면에서 거부하는 일이었다. 이 때의 이러한 동향을 두고 학계에서는 그간 反朱子學 혹은 脫朱子學의 모색이라고 평가해 왔다.

조선후기 사상계에서 주자학을 벗어나려는 노력은 주자학의 정치사회적 입장에 대한 비판과 부정 의식에서 나오는 것이었지만, 한편으로 그 노력을 촉진하고 가속화한 데는 주자학의 논리와 방법에 배치되는 사상을 적극 수용, 학습한 사실이 밑바닥에 놓여 있었다. 이 시기 유자들은 주자학 이외의 여러 사상을 참고하고 소화하면서 주자학과는 성격을 달리하는 새로운 사유체계, 학문론을 마련했던 것이다. 현실의 제 경험을 특정 이론과 사상 체계 속에서 용해시키며 보다 새로운 思惟의 地坪을 확장해 나가는 양상이었다. 陽明學은 그 가운데서도 크게 영향을 끼친 사상이었다.

양명학은 주자학과는 다른 방법과 시각으로 세계를 파악하고 인간사회의 운영방식을 모색한 사유체계였다. 그 기본 성격은 주자학과는 달리, 절대 定理의 객관적 理法을 설정하지 않는 점에 있었다. 양명학에서 나타나는 사유의 유연성과 포용성, 상대주의적 요소는 이 같

* 연세대학교 강사

은 성격이 발현된 것이었다. 그런 점에서 양명학은 老莊이나 法家와 같은 諸子學, 佛敎·天主敎와 같은 종교사상, 『孝經』이나 『周禮』와 같은 古經典의 영역으로 들어갈 수 있는 통로로서의 역할을 쉽게 수행할 수도 있었다. 양명학을 수용하고 그 이념을 자기 것으로 삼는 儒者·學人이라면, 여타 사상과 사유를 소화하고 체계화할 수 있는 방법과 능력을 보다 창조적으로 개발할 수 있을 터였다. 양명학의 수용과 그것의 체계적 이해는 조선후기 사상의 성격과 체질을 근저에서 변화시킬 요소였다 할 것이다.

조선의 官人·儒者 들이 양명학을 접하기 시작한 것은 16세기 중엽부터였으며, 17세기 들어서는 이를 바탕으로 독자적인 경서 해석, 독자적인 이론체계를 모색하는 수준에까지 이르렀다.[1] 18세기에 다양하게 전개되는 實學의 논리와 방법도 이미 17세기 양명학을 소화하고 이를 독자적인 이론으로 체계화하는 과정에서 단초를 마련하고 있었다.[2]

양명학은 明나라로부터 전래한 선진 문화, 선진 사조였다. 조선의 지식인들은 그 새로움에 신기해하거나 경악하면서 이 새로운 사유를 배격하기도 하고 또 적극 소화하기도 하였다. 대체로 이를 辨斥하고 비판하는 분위기였는데, 이 같은 상황 속에서 일부 유자·지식인들이 수행한 양명학의 적극적 이해는 조선의 사상계에 전혀 새로운 성질의 사유를 배양하는 일이었다. 많은 변화가 일어나리라는 것은 충분히 예견되는 사실이었는데, 17세기 중후반에 이르면 그 축적된 힘은 새로운 경서 해석과 그에 기반한 새로운 학문론·정치론을 모색하는 차원까지 진전하였다.

윤휴의 독자적인 『大學』 이해는 이 시기 조선학계가 양명학을 수용하고 해석하여 새로운 사유체계를 마련하는 주체적 노력의 일단을 잘 보여준다. 『大學』이라는 경전 자체가 주자학과 양명학의 經學 배경을 이루는 책이었거니와, 윤휴는 이 『대학』 해석을 통하여 자신의 독자적인 학문체계의 기초를 놓고자 하고, 이를 양명학의 방식을 활용하는 가운데 성취하고 있었다. 윤휴의 생각은, 주자학이 갖는 정치 학문론의 한계를 벗어날 수 있는 요체는 『대학』에 대한 올바른 해석에 있으며, 이를 위해서는 양명학의 『大學』 해석을 적절히 참고하는 것이 필요하다는 것이었다.

그간 윤휴의 경서 해석의 성격에 대해서는 여러 가지로 검토가 행해졌다. 대체로 윤휴의 경서 해석은 주자학의 理氣心性論의 학문론과 관련해서 갖는 관념성을 탈피하여 유학의 '실천적 성격'을 강조하였다는 것이 그간의 평가였다. 양명학과의 친연성을 염두에 두는 한편, 주자학에 비해 '실천성'이 두드러지게 나타난다는 이해였다.[3] 실제 윤휴의 경서 연구,

---

1) 이 시기 陽明學 이해 양상과 그 정치적 성격에 대해서는 다음의 글을 참고할 수 있다. 尹南漢, 『朝鮮時代의 陽明學 硏究』, 1982 ; 吳性鍾, 「朝鮮中期 陽明學의 辨斥과 수용」, 『歷史敎育』 46, 1989 ; 松田弘, 「朝鮮 陽明學의 特質과 그 論理 構造 - 鄭霞谷과 王陽明의 비교에 의한 검증 - 」, 『韓國學報』 25, 1981 ; 丁斗榮, 「18세기 '君民一體' 思想의 構造와 性格 - 霞谷 鄭齊斗의 經學과 政治運營論을 중심으로 - 」, 『朝鮮時代史學報』 5, 1998.

2) 劉明鍾, 「北學派와 陽明學」, 『哲學硏究』 20, 1975 ; 徐鍾泰, 『星湖學派의 陽明學과 西學』, 서강대 박사학위논문, 1995.

경서 이해에서 '談天說性'의 형이상학적이고 고원한 논의가 배제되고 있으며 이 점에서 실천적이라고 할 수도 있지만, 그러나 이것만으로는 그 성격을 충분히 드러낸다고 할 수는 없다. 왜냐하면, 주자학은 理氣心性論을 근거로 하는 '實踐性'을 아주 강하게 확보하고 있었으며, 그 실천성은 적어도 조선왕조 성립 이래로 양반 사대부들의 생활과 정치활동에서 실현되고 있었다. 17세기 이후로 주자학의 절대주의화가 강화되는 일도 주자학 특유의 실천성 속에서 이루어지고 있었으며, 그것은 그 나름의 필연성과 현실성을 지니고 있었다.[4] 그런 점에서 윤휴의 反朱子的 經書解釋의 특성을 실천성에 있다고 파악하는 일은 그것이 가진 의미를 한 면에서만 볼 가능성이 크다 하겠다. 오히려 주자학의 실천성을 상정하고 이것과 윤휴의 경서 해석에서 드러나는 실천성의 성격 차이를 살피는 것이 더 필요할 것이다.

경서 해석은 인식·실천론의 문제를 다루면서도 한편으로는 학문론·정치론과의 연관성 속에서 이루어지고 있었으므로, 그 실천성이란 곧 정치적 성격을 강하게 지니고 있었다. 윤휴가 경서 이해를 통하여 이루고자 하는 정치론의 성격·지향을 드러내는 일이 중요하다 하겠다. 이를 위해서는 경서 해석에서 견지되었던 學問·爲政 활동의 주체, 그 방법 등을 예의 주시, 검토해야 할 것이다.

이 점과 관련하여, 윤휴가 활동했던 17세기 중·후반 조선이 처한 현실과 정치사상적 과제를 윤휴의 경서 해석이 어떻게 반영하는가를 점검하는 것도 유의할 점이다. 이 시기는 兩亂을 계기로 증폭되는 사회적 모순과 『經國大典』 체제의 붕괴 국면에 직면하여 國家再造를 위한 노력이 활발히 이루어지고 있었다.[5] 學派·政派別로 그 지향하는 노선과 방략이 상이하게 모색되고 있었는데, 윤휴의 경서 해석도 이러한 국가재조를 위한 정치사상적 작업의 일환이었다. 그런 점에서 윤휴의 경서 해석은 이 시기의 과제를 반영하여 國家論의 의미를 지니고 있다고도 할 것이다.[6] 『大學』의 해석과 관련해서도 이 같은 점들을 유의해야 할 것이다.

윤휴의 양명학 소화와 경서 해석은 같은 시기 少論系 양명학자 鄭齊斗의 작업과 쌍벽을 이루는 보기 드문 작업이었다. 그러나 양자가 양명학을 이해하고 소화하는 방식에서는 많은 차이를 보이고 있었다. 그 이유는 여러 가지였겠지만, 일단은 양자의 학문적 전통과 배경에 주목할 필요가 있을 것이다. 윤휴의 경서 해석은 北人·南人의 학문전통 위에서 행해

---

3) 이 같은 연구성과로는 다음 논문을 들 수 있다. 劉明鍾, 「尹白湖와 丁茶山」, 『哲學硏究』 27, 1979 ; 安秉杰, 「大學古本을 통해 본 尹鑴의 經學思想硏究」, 『民族文化』 11, 1985 ; 劉永姬, 『白湖 尹鑴 思想硏究』, 고려대 박사학위논문, 1993.

4) 金駿錫, 「17세기 畿湖 朱子學의 동향 - 宋時烈의 '道統' 계승 운동 - 」, 『孫寶基博士停年紀念韓國史學論叢』, 1988.

5) '國家再造'의 개념과 정책, 이념에 대해서는 다음 연구를 참조할 수 있다. 金容燮, 『增補版 朝鮮後期農業史硏究(2)』, 1990 ; 金駿錫, 『朝鮮後期 國家再造論의 擡頭와 그 展開』, 연세대 박사학위논문, 1990 ; 吳永教, 『朝鮮後期 鄕村支配政策의 轉換 - 17세기 國家再造와 관련하여 - 』, 연세대 박사학위논문, 1992 ; 白承哲, 『朝鮮後期 商業論과 商業政策』, 연세대 박사학위논문, 1996.

6) 정호훈, 「尹鑴의 經學思想과 國家權力 强化論」, 『韓國史硏究』 89, 1995.

지고 있었으며, 鄭齊斗는 少論 일반의 학문을 견지하고 있었다. 동일하게 외래의 사상을 수용하면서도 이를 체계화하는 데는 학문적 입지가 중요하게 작용했던 것이다. 윤휴의 경서 해석의 성격을 구명하고자 할 때, 충분히 고려해야 할 점이다.

2. 陽明學的『大學』理解와 禮法主義

1) 古本『大學』의 긍정과 陽明學의 방법론

윤휴가 남긴 경전 주해는『大學』으로부터『禮記』,『尙書』에 이르기까지 四書·六經 대부분을 포괄하고 있다. 여기에서는 전 내용과 체계를 문제삼아 독자적인 次第 설정을 하는 경우부터 부분적이고 逐字的인 해석에 머물기까지 다양한 작업이 이루어졌다. 그러나 그 해석은 체계와 내용에서 일관된 원리 하에 재편·조직되어 있었다. 그 가운데서도『大學』에 대한 연구는『孝經』과 더불어 그의 학문세계를 지탱하는 핵심적 작업으로 이루어졌다.[7]

윤휴가 대학 해석과 관련하여 작성한 글은「古本大學別錄」,「大學全篇大旨按說」,「大學後說」의 세 편이 남아 있다.[8] 이 글들은 모두 윤휴 50대에 작성되었는데,『효경』이나『중용』 등의 해석에 비해 늦게 이루어진 편이다.[9] 따라서 온 생애에 걸쳐 연찬한 그의 학문론·정치론이 압축되어 있을 것으로 추측되는데,『대학』이란 경전이 이 시기 사상에서 차지하는 비중을 염두에 둔다면 윤휴의『대학』 해석은 그의 학문론의 중추를 세우는 일이었음을 알 수 있겠다.

윤휴의『대학』 이해는『大學章句』를 부정하고 古本『大學』의 체제를 인정하는 가운데 성립하였다. 윤휴는 二程子 이후 朱子의 改定本만이 맥락이 분명하여 '天下不刊之書'가 되기에 충분하다고『대학장구』를 긍정하는 태도를 취하면서도, 오히려 고본『대학』의 체제에 입각한 해석이 경전에 내포된 微意를 제대로 파악하는 것이며 경전으로 전수되는 聖人의 근본취지를 잃어버리지 않는 일로 보았다.[10] 이런 점에서「古本大學別錄」을 비롯한 여러 논문은 얼핏 주자의『대학』 해석을 보완하기 위해 만든 것으로 이해할 수 있으나, 실상은 주자의 견해를 인정하지 않는 가운데 주자와는 다른 방식의 학문체계를 모색하려는 노력의 소산이었다.

주지하다시피 주자학을 경학적으로 보증하는 것은『大學』,『中庸』,『論語』,『孟子』의 사서였다. 朱子는 四書에 대한 앞 시기 학자들의 주석을 자신의 性理論에 따라 통일적인 체

7) 윤휴는 유교의 원리를 事天과 事親의 개념을 축으로 이해하려고 했는데,『大學』과『中庸』은 事天 이념을,『孝經』은 事親의 이념을 대표하며, 事親과 事天은 상통하므로『中庸』·『大學』·『孝經』은 동일한 비중을 갖는 경전이라고 파악했다. 이에 대해서는 정호훈, 앞의 글, 1995 참조.

8)『白湖全書(下)』卷37, 讀書記 : 大學, 1501~1536쪽.

9) 尹鑴의 경서 연구와 저술에 대해서는 정호훈, 앞의 글, 1995 참조.

10)『白湖全書』卷37, 古本大學別錄, 1501쪽.

제로 정리하고, 『大學』→『論語』→『孟子』→『中庸』의 순으로 이루어지는 학습체계를 확립했다. 이 가운데 주자가 특히 심혈을 기울인 책은 『大學』과 『中庸』이었다. 先儒들의 주석에 많이 의존했던 『論語』·『孟子』와 달리 두 경전에 대해서는 전적으로 자기 의견을 가지고 새로이 分章·斷句하고 주석을 붙였다. 앞의 두 책이 '集註'였음에 비해 뒤의 경우에는 '章句'로 명명된 것도 이 때문이다. 주자는 『중용』의 해석을 통하여 우주·인성론을 확립하고, 『대학』의 해석을 통하여 우주·인성론과 도덕실천론을 통일시킴으로써 이들 경전을 주자학 체계 내에서 가장 중요한 것으로 위치지웠다. 그리하여 『大學』은 '初學入德之門', 곧 유교의 개략을 알 수 있는 경전으로서, 『中庸』은 『大學』·『論語』·『孟子』 학습을 거친 후 비로소 이해할 수 있는, 天人合一의 理를 담고 있는 책으로 인식되었다. 말하자면 두 책은 주자학의 始와 終이었다.[11]

주자는 고본 『대학』이 闕誤·錯簡이 심해 구성이 완전하지 못하고 文意가 제대로 드러나지 않는다 하여 전체 목차를 재구성하고, 내용을 보충하여 經 1장, 傳 10장으로 된 『대학장구』를 완성했다. 三綱領·八條目을 제시한 經과 이를 순차적으로 설명한 傳으로 된 체제였다. 이 책은 고본 『대학』에 비할 때 새로운 창작이라 할 정도로 변화가 컸던바, 가장 큰 특색은 강령의 '親民'을 '新民'으로 바꾸어 이해하고, 格物致知傳을 보완하여 제5장으로 설정한 점이다.[12]

『대학장구』에서 『대학』의 체제를 완전히 바꾼 것은 주자학의 세계관·정치론에 기초하여 학문론의 체계를 세우기 위함이었다. 주자는 親民의 '親'은 '新'의 誤字라는 程子의 견해를 전적으로 수용, 親民을 新民으로 바꾸었다. 이는 爲政 주체의 修己와 治人은 明德의 확립을 기반으로, 舊惡에 물든 民들을 새롭게 하는 것, 곧 新民의 과정 속에서 가능하다는 생각에 근거한 것이었는데,[13] 주자학에서 군주 혹은 위정자와 민인의 관계를 어떻게 설정하고 있는지를 잘 보여주는 대목이다.

格物致知傳에는 주자 학문론의 정수가 응축되어 있으며, 주자가 가장 공을 많이 들인 부분이었다. 주자는 『대학』 앞부분의 "大學之道"의 내용에 이어 나오는 "此謂知本 此謂知之至也"라는 문장에서 앞구절은 衍文이며 뒷구절은 格物致知傳의 결론이나 이 앞에 따로 闕文이 있다고 보아 格物致知傳을 새로 만들고 삼강령 다음의 傳 5장으로 설정했다. 이를 格物致知 補亡傳이라 한다. 이후 주자의 학문론을 추종하지 않는 논자들은 늘 새로운 格物致知傳을 시비의 근거로 삼았으며, 反朱子學적인 논의도 여기서 출발하고 있었다.

---

11) 東京大 中國哲學敎室 編, 전남대 東洋哲學敎室 역, 『中國哲學思想史』, 1976, 153~157쪽.

12) 주자의 『大學章句』에 대한 연구로는 다음을 참고할 수 있다. 梁大淵, 「大學 體系의 硏究」(上, 下), 『成大論文集』 10, 12, 1965 ; 李東熙, 「朱子의 『大學章句』에 대한 辨證硏究」, 『民族文化』 9, 1983 ; 李東熙, 「朱子의 大學章句에 대한 硏究」, 「東洋哲學硏究」 2, 1985 ; 佐野公治, 『四書學史の硏究』, 1988 ; 李紀祥, 『兩宋以來大學改本之硏究』, 民國77.

13) 『大學章句』, 新民 朱子註, "新者革其舊之謂也 言其自明其明德 又當推以及人 使之亦有以去其舊染之汚也."

주자의 대학 이해가 이러하다면, 윤휴의 고본『대학』을 긍정하는 태도는 주자학의 방법론・학문론을 정면에서 문제삼은 것이었음을 추측할 수 있겠다. 윤휴의『대학』이해의 특색은 먼저,『대학』의 구조와 체계를 이해하는 측면과 관련하여 다음과 같이 정리할 수 있다. 첫째, 윤휴는 고본『대학』의 錯簡說・佚失說을 인정하지 않았다. 고본『大學』의 원 체제와 구성은 아무런 문제가 없으며 주자의『대학장구』에서 착간이라고 했던 내용은 모두 무리없이 해석될 수 있다고 이해한다. 특히 주자가 문제로 삼은 경문의 마지막 구절인 "此謂知本 此謂知之至也"에 대해 전혀 궐문이 없는, 전체 경문을 총결하는 문장이라고 인정했다.[14] 둘째, 고본『대학』의 구성에 대해서는, 주자의 經傳說을 원용하여 그 성격과 순서를 정하였다. 주자는 고본『대학』의 체계를 나름대로 재편, 經 1장과 傳 10장으로 재구성하였다. 윤휴도 고본『대학』의 원 체제를 따르면서도 그 구성과 관련해서는 經傳說을 따랐다. "大學之道"에서 "此謂知本 此謂知之至也"에 이르기까지는 經이며, 그 이하는 經의 綱目을 설명하는 傳이 된다고 본다. 經에서 설명하는 明明德・親民・至於至善은 綱이 되며, 格物・致知・誠意・正心・修身・齊家・治國・平天下의 여덟 조목은 目이 된다.『대학장구』에서 경의 내용을 3강령 8조목으로 설정하는 것과 동일하다.[15]

셋째, 傳의 구성에 대해 윤휴는 傳은 모두 6장으로 이루어져 있으며, 誠意, 明明德・親民・至善, 正心, 修身, 齊家, 治國에 관한 순으로 구성되어 있다고 파악했다. 이 같은 구성에서 보이는 특징은 먼저, 고본『대학』에서는 원래 格物致知傳이 설정되어 있지 않았다고 파악하는 점을 들 수 있다. 주자가 格物致知傳이 일실되었다고 보고 補亡章을 만든 것에 대비된다. 윤휴의『대학』이해의 특징이 매우 잘 드러나는 부분이다. 다음으로 誠意傳이 傳의 첫머리에 놓이며, 明明德・親民・至於至善의 傳은 바로 다음에 설정된다. 誠意傳이 가장 중요하다는 의미인데, 이것이 傳의 첫머리에 놓이는 이유를 윤휴는 正心・修身에서 治國平天下에 이르기까지 모두 誠意가 기본이 되기 때문이라고 설명한다. 말하자면 성의는 전 학문과정을 규정하는 기본이 되는 셈인데, 윤휴의『대학』이해에서 성의가 중심이 됨을 알 수 있다.

3강령을 설명하는 傳은 한 章으로 묶어 파악하였다. 3강령의 傳을 따로 일일이 설정했던『大學章句』와 구별된다. 윤휴는 또한 格物致知傳과 마찬가지로 '平天下' 항목은 傳이 설정되어 있지 않다고 이해했다. 이와 같이 格物致知傳과 平天下傳의 始終을 설정하지 않는 데서 성인의 깊은 뜻을 엿볼 수 있다고 한다.[16]

이 같은 체제는『대학장구』에 비할 때, 3강령을 각기 설명하지 않고 하나의 절로 설명한 점, 格物致知傳과 平天下傳이 없다고 본 점, 성의전을 傳의 제일 첫머리에 둔 점 등에서 차이가 나는데, 이 가운데 핵심적인 것은 格物致知傳을 설정하지 않고 誠意傳을 傳의 첫 장

---

14)『白湖全書(下)』卷37, 古本大學別錄, 1503쪽.
15)『白湖全書(下)』卷37, 古本大學別錄, 1503~1514쪽.

으로 둔 데 있다. 윤휴는 격물치지전이 설정되지 않은 것은 성인이 '不言之敎'를 보인 것이며,[17] 성의전이 제일 첫머리에 오는 것은 誠意가 학자가 가장 먼저 착수해야 할 일[18]이었기 때문인 것으로 이해했다.

요컨대 윤휴가 파악하기에 고본『대학』의 원문은 錯簡도 佚失도 없는 완벽한 구조를 가지고 있었다. 따라서 衍文이나 闕文이 없는 것은 당연했으며, 새로이 내용을 보완할 필요도 없었다. 윤휴는 이같이 고본『대학』의 원문 구조를 인정하면서도, 章節의 구성과 관련해서는 주자의 성과를 충분히 원용하여 經과 傳으로 분리하여 이해했다. 그러나 고본『대학』의 구조를 인정하는 데서 확인하듯, 윤휴는 格物致知傳이 원래 설정되어 있지 않으며, 誠意傳이 傳의 첫머리에 놓인다고 보았다.『대학』의 爲學體系에서 格物致知보다는 誠意가 중심이 되어야 한다는 이해였다. 이 점이 윤휴『대학』이해의 가장 큰 특징이라 할 것이다. 여기에서 그의『대학』이해, 나아가 經學思想이 주자학보다는 陽明學의 사유와 친연성이 더 큼을 짐작케 된다. 내용에 대한 검토는 별도로 이루어져야 겠지만,『대학』체계의 이해와 연관해서는 윤휴는 양명학의 방식을 따르고 있었다.

널리 알려진 대로, 宋明代 성리학의 발전 과정에서 학설상의 이견이나 대립이 일어날 때 그 단초를 이루고 논의의 핵심이 되었던 것은『대학』의 구성에 관한 문제였다.『대학』이 '格物致知'로부터 '治國平天下'에 이르기까지 治者의 학문론·정치론을 수미일관하게 정리하고 있다는 이해는 이 시기 사상계가 일반적으로 동의하는 생각이었으므로, 논의는 무엇보다『대학』의 爲學體系를 어떻게 설정할 것인가 하는 문제를 중심으로 일어났다. 논쟁의 핵심은 위학 방법의 선후관계 내지는 주종관계에서 知的 探究를 중심으로 할 것인가, 내면의 덕성 함양을 주로 할 것인가 하는 점이었다.『中庸』의 '尊德性'·'道問學'의 방법론에서 무

---

16) <『大學章句』와 윤휴의「古本大學別錄」의 체제 비교>

<table>
<tr><th colspan="2">古 本</th><th colspan="2">古 本 別 錄</th><th colspan="2">大 學 章 句</th></tr>
<tr><td rowspan="2">제1단</td><td rowspan="2">三綱領</td><td rowspan="2">제1절</td><td rowspan="2">經文：三綱領, 八條目, 本末</td><td>經一章</td><td>三綱領, 八條目, 本末</td></tr>
<tr><td>傳五章</td><td>格物致知</td></tr>
<tr><td rowspan="6">제2단</td><td rowspan="6">誠意의 細論</td><td>제2절</td><td>傳文：誠意</td><td>傳六章</td><td>誠意</td></tr>
<tr><td rowspan="5">제3절</td><td rowspan="5">傳文：明德
傳文：新民
傳文：至善
傳文：終始, 本末</td><td>傳三章</td><td>至至善 해석의 말미</td></tr>
<tr><td>傳首章</td><td>明明德</td></tr>
<tr><td>傳二章</td><td>新民</td></tr>
<tr><td>傳三章</td><td>至至善</td></tr>
<tr><td>傳四章</td><td>本末</td></tr>
<tr><td>제3단</td><td>正心 修身</td><td>제4절</td><td>傳文：正心 修身</td><td>傳七章</td><td>正心 修身</td></tr>
<tr><td>제4단</td><td>修身 齊家</td><td>제5절</td><td>傳文：修身 齊家</td><td>傳八章</td><td>修身 齊家</td></tr>
<tr><td>제5단</td><td>齊家 治國</td><td>제6절</td><td>傳文：齊家 治國</td><td>傳九章</td><td>齊家 治國</td></tr>
<tr><td>제6단</td><td>治國平天下</td><td>제7절</td><td>傳文：治國</td><td>傳十章</td><td>治國 平天下</td></tr>
</table>

17)『白湖全書(下)』卷37, 古本大學別錄, 1508쪽, "傳之不言格致 蓋以不言示矣 其意微矣"; 1518쪽, "言之爲敎 不若不言之爲敎深也 傳者之意 正欲學者於此 深求而自得之 以自蹈乎感通之域 其意固躍如也."

18)『白湖全書(下)』卷37, 古本大學別錄, 1507쪽, "最先下手之地."

엇을 중시할 것인가와도 통하는 이 같은 이해상의 대립에서 주자학에서는 格物致知를 지적 탐구와 연관하여 중시하였고, 象山學 또는 陽明學에서는 誠意를 보다 중심적인 방법으로 설정하였다. 주자가 『大學章句』에서 格物致知 補亡傳을 따로 설정하고 전 체제를 재구성한 일이나, 왕양명이 고본 『대학』의 본래 체제를 긍정하는 가운데 자신의 학설을 立論한 것도 모두 그 정당성을 추구하기 위함이었다.[19] 양 사상 사이의 단절성 또는 계승성에 관한 논의는 차치하고라도, 이 같은 차이는 어쨌든 사상의 지향과 특성을 규정하는 결정적인 요인이었다. 형식상으로 말하면, 고본 『대학』을 경전으로서 인정할 것인지의 여부가 양명학과 주자학을 나누는 요목이었던 것이다.[20]

고본 『대학』의 체계에 기초해서 학문론을 구축하고자 했던 윤휴의 입장은 일단은 주자학적이라기보다는 양명학적이라 할 수 있겠다. 물론 그의 格物致知나 誠意에 대한 해석이나 全 爲學構造로 보아서는 반드시 양명학을 답습했다고 할 수 있는 것은 아니지만,[21] 대체적인 방향은 양명학의 해석을 따르고 있었다. 이 점은 윤휴의 경학사상이 주자학의 학문론·세계관을 근본적으로 문제삼아 이루어졌으며, 그 방향은 그 일치 여부와는 별도로, 주자학의 폐단 또는 주자학의 한계를 비판하며 나온 사유와 맥락을 같이하고 있었음을 보여주는 것이라 하겠다. 이 점은 『대학』 내용에 대한 해석과 연관하여 보다 자세히 살필 수 있겠다.

2) 事天學의 學問論과 禮法主義

『大學章句』의 체계를 부정하여 古本 『大學』을 완전한 구조를 갖춘 책이라 파악하는 윤휴의 태도는 실상 주자학의 학문론을 근저에서 부정하고, 독자적인 사유체계를 세우려는 노력의 일환이었다. 이 과정에서 윤휴는 양명학의 방법, 양명학의 세계관을 활용하고 있었다.

주자학의 학문론은 理氣心性論에 기초하여 성립하였다. 이의 주된 특징은, 외부 객관세계에 대한 지식을 인식 주체의 心性에서의 道德性 확립을 위한 전제로 여기고, 이것의 추구를 핵심으로 설정하는 점에 있었다. 객관세계에 대한 지식을 心性에서의 도덕성으로 환원시키는 구조였는데, 여기서 객관세계에 대한 지식을 얻는다는 것은 절대의 理를 획득한다는 의미였다.[22] 朱子는 이 같은 과정을 거칠 때 氣稟에 좌우되는 人欲을 제거하고 天理를 회복할 수 있다고 여겼다. 어떠한 惡에도 물들지 않은 先天의 德性을 회복할 수 있는 것도 이 같은 지식의 획득이 완벽하게 이루어질 때 가능하다는 것이었다.[23]

---

19) 王陽明이 남긴 고본 『대학』 주석은 다음 글에서 확인할 수 있다. 『王陽明全集』 卷7, 大學古本序 ; 『王陽明全集』 卷32, 大學古本傍釋.

20) 山下龍二, 「中國思想と藤樹, 『日本思想大系 29 : 藤樹』, 1977, 405쪽.

21) 제2장 2절 참조.

22) 주자학에서 理란 天人間을 규정하는 원리이며, 인륜·사회윤리의 객관 타당한 所以然·所當然으로 이해되고 있었으므로, 豁然貫通하여 理를 완벽하게 체인하는 일이야말로 인식·실천에서 근본이 되는 일이었다.

주자가 『大學章句』에서 格物致知傳을 설정하고 그것의 의미를 강조한 것도 이러한 인식론 위에서 나온 것이었다.[24] 주자는 經文의 '致知在格物'을 '格物을 통하여 致知가 이루어진다'고 하여 格物이 致知에 우선한다고 이해한 위에, 格物을 '事物의 理를 窮知하는 것'으로 규정했다. 이럴 경우 致知는 事事物物에 내재하는 理를 완벽히 인식하는 것으로 이해된다.[25] 知天, 知人, 事親 修身의 모든 일은 이 같은 格物致知의 귀결이었으며,[26] 三綱領의 하나로 제시되는 '明德을 밝히는 일'도 이와 같이 格物을 통하여 事事物物의 理를 窮盡할 때 가능한 일이었다. '存天理遏人欲'의 목표도 여기서 완성되며, '天人合一'도 이로써 가능해진다는 것이었다. 결국 주자학의 인식론・학문론은 외부의 事事物物에 대한 완벽한 지식의 추구를 일차적인 과제로 설정하고 이를 다시 心性上에서의 人欲除去와 天理回復을 위한 근거로 활용하는 데 그 초점이 있었다. 心性 내부에 先天的으로 존재하는 잠재된 理는 이 과정에서 외부의 定理에 일치되고 수양 주체는 결국은 완벽한 도덕인의 면모를 지니게 되어 있었다. 그것은 요컨대, 2단계로 이루어지는 지식 획득과 도덕성 확보의 과정이었다.[27] 여기서 외부의 定理란 모든 존재를 규율하고 근거짓는, 초월성을 지닌 絶對의 理였으므로, 格物・致知의 과정을 거치며 인간의 심성상에서 天理를 확보하고 도덕성을 확립한다고 생각하는 것은 초월적인 理 개념으로 인간을 규율한다는 태도였다. 인간의 자유로운 감정과 욕망에 대한 부단한 외적 강제가 필요하다는 생각도 이러한 학문론과 연관되어 이루어진 것이었다.

윤휴는 주자의 이러한 방법론은 외부의 理, 定理를 중시함으로써 주체가 가진 능동성・진실성・자율성을 잃게 하며, 明德・新民과 관련해서 풀어야 할 눈앞의 급선무보다는 萬物에 헛되이 마음을 허비하게 하는 폐단을 가져온다고 보고 있었다. '談天說性'하는 일도 이러한 데서 나오는 폐단이었다.[28] 주자의 해석을 떠나 『대학』의 의미를 새로이 해석할 필요가 제기되는 것인데, 윤휴는 자신의 해석이 성인의 본래 마음을 따르는 것이며, 이 해석을

---

23) 『大學章句』 "大學之道 在明明德 在親民 在至於至善"의 주자 주.

24) 본래 『大學』에서는 修己治人의 과정을 誠意 正心 修身 齊家 治國 平天下로 계서적으로 이루어진다고 파악하고, 이의 출발점을 致知와 格物로부터 설정하고 있었다. 致知와 格物은 誠意 正心 修身 齊家 治國 平天下를 이루기 위한 기초였다. 따라서 致知와 格物을 수행하는 방식을 어떻게 설정하느냐에 따라 학문론의 성격・방향이 결정될 것이었다.

25) 『大學章句』, 致知在格物條의 朱子 註, "致 推極也 知猶識也 推極吾之知識 欲其所知 無不盡也 格至也 物猶事也 窮至事物之理 欲其極處 無不到也."

26) 이를테면 『中庸章句』 26장의 知天・知人에 대한 주자의 해석은 이를 극명하게 보여준다. 주자는 知天→知人→知身의 구도를 설정하고, 知天 곧 理의 체인이 이루어지면("知天是物格知至 得箇自然道理"), 知人・修身의 理를 자연 얻을 수 있다고 본다(『中庸章句』, "知天是起頭處 能知天 則知人事親修身 皆得其理矣"). 이는 『大學』의 이해에서 格物・致知가 窮理로 해석되는 것과 통한다.

27) 주자의 이러한 방법론은 현 존재를 氣質・氣稟에 좌우되는 악적인 존재로 파악하여 일단 부정한 이후, 인간이 가진 선천의 도덕성을 회복한다는 구조를 지니고 있다. 절대 理를 규준으로 인간을 부정하고 규율하는 성격이 여기서 드러나는 것으로 볼 수 있다. 그 때 그 부정과 규율이란 상하주의를 견지해 나가는 과정에서 아주 중요한 의미를 지닐 것이다.

28) 『白湖全書(下)』 卷37, 古本大學別錄, 1520쪽.

통하여 주자학의 폐단을 극복할 수 있다고 확신하고 있었다. 윤휴의 새로운『대학』해석은 다음 몇 가지로 정리할 수 있다.

윤휴는 格物을 정의하기를, '明德新民에 관한 사항을 精意 感通'하는 일로 파악하였다. 物은 '明德新民之事'를 가리키고, 格은 '誠敬 感通' 혹은 '精意 感通'의 의미를 지닌다는 것이다. 이 때의 格이란, 학문하는 처음에 誠敬과 思辨의 功力을 기울여 物理를 마음 속에 感通하는 것으로, 마치 제사에서 神明과 格하는 것과 동일한 성격을 지니는 것으로 이해되었다.[29]『詩經』과『書經』에서 언급되는 格도 이 의미와 상통하였다.[30] 이를테면 天人感通·神人交際이라 할 때의 感通과 같은 의미라 할 것이다. 致知는 이 같은 格物 과정 속에서 이루어지는데, 是非之心 혹은 良知를 확충하는 일로 이해되었다. 良知란 맹자가 말한 바 '所不慮而知者', 곧 선천의 지적 능력을 의미하였다.[31]

윤휴가 格物·致知論을 이같이 설정하는 데는 다음과 같은 점이 전제되어 있었다. 우선 致知와 格物을 한 가지 일로 파악하는 점이다. 윤휴는 양자를 선후관계가 아니라 동시적인 차원에서 파악했다. 格物 이후에 致知가 형성되는 것이 아니라, 格物하면 곧 致知가 되고, 致知는 곧 格物에서 이루어지는 관계에 있다는 것이다. 經의 본문에서 '致知在格物'이라 하여, 여타 조목과 달리 양자의 관계를 '先'으로 연결하여 표현하지 않는 이유도 여기에 있었다.[32]

윤휴는 이러한 格物·致知는 明德·新民의 전 영역을 대상으로 이루어진다고 이해했다.『대학』에서 이야기하는 '誠正修齊治平'의 일은 모두 격물치지의 대상이라 함이었다.[33] 그러므로 따로 格物致知傳을 설정하게 되면, '格物'과 '明德 新民의 일'을 익히는 것을 두 가지 사실로 여겨, 知·行을 구별해서 보고 緩急의 순서를 잃어 버리며 '談天說性'하게 됨으로써 결국에는 아무것도 얻지 못하게 될 것이라는 생각이었다. 格物致知傳을 따로 설정하지 않는 이유는 바로 여기에 있었다.

요컨대, 윤휴에게 있어서는 格物을 통하여 '明德新民之事'를 感通한다는 것은 주체가 가

---

29)『白湖全書(下)』卷37, 古本大學別錄, 1502쪽, "今按格 精意感通之義 從上文學字而來 學問之始 誠敬之力 思辨之功 使物理感通於心 如齋祀之格於神明也 故謂之格";『白湖全書(下)』卷37, 大學後說, 1525쪽, "經曰 致知在格物 格者 誠至而通也 物者 明德新民之事也."

30)『白湖全書(下)』卷37, 古本大學別錄, 1502쪽, 格物의 주, "詩之昭格曰奏格 書之格于文祖于上帝 易之王格有家有廟 皆誠敬感通之義也."

31)『白湖全書(下)』卷37, 古本大學別錄, 1502쪽, "致因其知而推極之 孟子所謂知皆擴而充之 程子所謂以類推也 知者 心之知覺辨於事理者 孟子所謂 是非之心 人皆有之 人之良知所不慮而知者";『白湖全書(下)』卷37, 古本大學別錄, 1519쪽, "蓋知者人之固有也 致者推極之謂也 因其所已知而推致之有近思切問推廣良知之義."

32)『白湖全書』卷37, 大學古本別錄, 致知在格物의 尹鑴註, "言在物不言先者 物格於彼而知達於此也."

33)『白湖全書(下)』卷37, 古本大學別錄, 1520쪽, "物者明德新民之事也 故言明新而不言格致 則大學開卷修濟治平之事 莫非格致之地也 若是 則所謂格致者 與事其固一體也 功運於不言之外矣 既言格致又言其事 則無乃使學者有知行之異觀 緩急之失序 而終有談天說性 處下窺高 輕自大而卒無得之弊乎 此又今日末學之大戒也."

진 良知를 확충하며 이루어지는 일이었다. 그것은 곧 주체의 내적인 知識－선천의 知的 能力을 배양하는 일, 달리는 주체의 本原을 함양하는 일이었다.[34] 여기서 명덕의 개념도 주자의 이해와는 많이 달라질 것이 자명한데, 윤휴는 명덕을 '孝悌의 마음'이라 이해했다.[35]

이 같은 윤휴의 해석은 『大學章句』의 인식론·실천론에 비하여 여러 모로 다른 특성, 의미를 지니고 있었다. 우선, 인식 실천의 과정에서 중심이 되는 것은 先天의 지적 능력, 良知의 함양에 있다고 보는 점이다. 윤휴는 이것을 다음의 두 가지 방법, 곧 학문·공부를 통한 지식의 습득과 愼獨·謹獨의 戒愼恐懼를 통하여 이룰 수 있다고 보았다.

학문을 통한 지식의 습득이란 기본적으로 格物의 영역에 속하는 일이었다.[36] '格者正學問之事'[37]라 함이었다. 지식의 획득·확장과 연관된 일인데, 그러면서도 이것은 본원의 함양, 곧 先天의 지적 능력을 배양하는 일과 무관하게 이루어지는 것은 아니라고 파악했다.[38] 格이란 본시 '反己存省 眞積力久'의 의미를 지니고 있었다.[39]

한편, 誠·敬의 태도에 기반한 수양은 良知의 배양에서 중심이 되는 사항이었다. 윤휴는 愼獨·謹獨의 戒愼恐懼와 같은 일을 통해서 良知의 배양이 본격적으로 이루어지는 것으로 이해했다. 愼獨이란 良知를 살피는 일인데, 인간의 마음[心]은 良知가 발동하는 곳으로, 善惡이 절로 드러나 思慮하지 않아도 그 好惡를 알 수 있는 능력을 가지고 있으므로 선악의 意思를 잘 판단하고 적절히 통제한다면 선천의 良知가 함양된다는 것이다. '存天理 遏人欲'의 명제도 여기서 실현 가능했다. 그것은 본심이 가진 선천의 덕성을 속이지 않고 확충하는 일이었다.[40] 愼獨은 성의의 구체적인 방법으로 傳文에서 제시되고 있었다.

윤휴는 신독을 기초로 이루어지는 성의는 正心의 시초며, '修濟治平'의 방법을 근본에서 규정할 뿐 아니라 더불어 格物致知도 이에서 벗어나지 않는다고 파악했다.[41] 성의는 학문

34) 여기서 윤휴는 왕양명 학문의 기본 방법인 '致良知'라는 개념을 일체 사용하지 않는다. 어떤 이유인지 모르겠으나, 내용상으로는 왕양명의 致良知說과 동일하였다. 왕양명의 致良知說에 대해서는 楊國榮 저, 김형찬 외 역, 『양명학』, 1994, 2장 참조.

35) 明德에 대한 윤휴의 언급은 다음과 같이 다양한데, 주자가 "明德者 人之所得乎天而虛靈不昧 以具衆理 而應萬事者也"라고 정의한 것을 포괄하면서도 확장하여 孝悌로 파악하는 특성을 보인다. 『白湖全書(下)』 卷37, 古本大學別錄, 1501쪽, "其得於天而光明正大者 謂之明德 蓋指人心之靈明洞察 管乎萬理者而言之" ; 『白湖全書(下)』 卷37, 古本大學別錄, 1508쪽, "明德者 心之本體也" ; 『白湖全書(下)』 卷37, 古本大學別錄, 1510쪽, "民皆有孝悌之心 所謂明德也."

36) 『白湖全書(下)』 卷37, 古本大學別錄, 1518쪽, "然所謂格物者 亦學問之初 致知之事爾 未及誠正自修之功也."

37) 『白湖全書(下)』 卷37, 古本大學別錄, 1519쪽 ; 『白湖全書(下)』 卷37, 古本大學別錄, 1518쪽, "然所謂格物者 亦學問之初 致知之事爾 未及誠正自修之功也."

38) 윤휴에 따르면 격물은 두 가지 형태로 이루어지면서 결국에는 한 가지 일로 수렴된다. 『白湖全書(下)』 卷37, 古本大學別錄, 1517쪽, "格物之道有二 一則欲收放操存齊莊靜一而使本原昭曠 而物來知至 一則欲審問精思 研幾極深 使眞積力久而入於神化 此皆物理感通之道也 然則是二者 實窮理明善之大方也."

39) 『白湖全書(下)』 卷37, 古本大學別錄, 1519쪽.

40) 『白湖全書(下)』 卷37, 古本大學別錄, 1504쪽, 誠意傳의 "所謂 誠其意者 無自欺也 如惡惡臭 如好好色 此之謂自謙 故君子 必愼其獨也"의 주.

의 기초였던 셈인데, 誠意傳을 傳의 첫머리에 두고 격물치지전을 따로 설정하지 않는 이유도 이 때문이었다.

두 번째, 格物의 대상, 곧 인식의 대상을 明德 新民을 실현할 수 있는 구체적인 일로 한정하며, 이에 대한 탐구와 지식 획득을 心 내부의 理를 확립하기 위한 근거로 활용하지 않는 점이다. 자연, 內面의 德性을 함양하여 도덕성을 갖추는 일과 '明德新民事'에 관한 지식을 확보하는 일을 분리하여 이해하게 될 터였다. 선천의 도덕성을 갖추는 일은 良知의 확충을 통하여 이루어졌으므로, 객관세계에 대한 지식의 확보가 도덕성 확립의 전제가 되는 것은 아니었다. 그러므로 明德 新民의 일에 대한 지식은 이제 객관의 定理에 대한 해명·탐구가 아니라 明德 新民에 관한 일 그 자체로서 독립될 것이었다. 여기서 지식의 획득과 축적이 絶對 理의 추구로부터 벗어나며, 말 그대로 명덕 신민의 實務 實事를 대상으로 하는 것임을 알 수 있겠다. 지식획득의 목표와 방법의 변환이 이루어지고 있는 것이다.

셋째, 主體가 외부의 절대 理에 종속, 규정당하는 측면이 약화되는 점이다. 良知의 확충을 致知와 연관하여 이해하는 점은 다른 의미로는 도덕성·실천성의 근거를 외부의 定理에서 구하지 않고 주체가 가진 내적인 덕성으로부터 구하는 일이었다. 이것은 다른 의미로는 외부의 정리를 근거짓는 理本體論에 규정당하지 않고, 내적인 독자적 판단에 따라 행동할 수 있는 자유를 확보한다는 말이 된다. 양지의 확충으로 귀결되는 성의를 중시하는 일은 곧, 개별 주체의 영역을 벗어나 존재하는 絶對 理가 가진 절대의 규정성을 일각에서 무너뜨리는 일이 된다 하겠다.

넷째, 주자학에 비하여 주체의 능동성을 강조하는 측면이 강했던 윤휴의 생각에는 주자학이 가진 부정적인 인간관을 벗어날 요소가 내재되어 있었다. 주자의 인간 파악은, 주체의 氣質的 要素를 끊임없이 통제하고 규율하며 부정하는 가운데 先天 本然의 덕성을 회복할 수 있다는 수양관과 연관하여 극히 부정적으로 이해되고 있었다. 理·名分의 개념으로 현실의 제 요소를 통제하고 추동하며 상하적인 질서를 수립, 유지해 가는 방식이었다. 理·名分은 상하주의·계층주의의 속성을 지니고 있었던 점에서, 주자의 부정적 인간관은 상하·계층 질서를 엄격히 수립하자는 논리에 다름아니었다. 윤휴의 긍정적 인간관은 그러므로, 상하적 질서 자체를 부정하는 것은 아니었지만 주자학의 엄격한 상하주의를 벗어날 소지가 매우 컸다.[42)]

이와 같이 윤휴의 『대학』 이해와 해석은 주자학의 학문론을 핵심에서 문제삼아 이루어진 것이었다. 그것은 왕양명과 그 後學의 주자학 비판이 그러하듯이, 외부의 定理에 대한 究明과 이해로부터 도덕성 확보의 근거를 구하는 것이 아니라, 본래 가진 선천적 도덕성, 곧 良知를 함양하는 일을 중점 추구하고, '談天說性'의 고원하고도 형이상학적인 문제가 아닌 明

---

41) 『白湖全書(下)』 卷37, 古本大學別錄, 1505쪽.

42) 이 점은 3장에서 논의하는바, 學問의 主體를 어떻게 설정할 것인가, 治國平天下의 구체적인 방도를 어디에서 구할 것인가 하는 문제와 직접 연관된다 하겠다.

德 新民의 인간사 일반에 관한 사항을 탐구하려는 태도를 근본으로 하고 있었다. 윤휴의 방법은 陽明學과 근저에서 일치하고 있었다. 특히 윤휴가 孝悌를 명덕으로 이해하고, 孝悌의 실천을 학문활동에서 가장 중요한 것으로 설정하며, 『孝經』을 강조하였던 점[43]은 양명학의 핵심을 포착, 수용한 것이라 할 것이다. 왕양명은 良知를 효제로 이해하고 있었고, 王艮이나 羅汝芳과 같은 泰州學派의 후학도 이를 계승, 孝 孝悌를 강조하였다.[44]

그러나 윤휴의 학문론은 이처럼 양명학의 방법과 지향을 적극 원용하여 이루어졌지만, 그 실제 내용에서는 윤휴만의 독자성을 강하게 지니고 있었다. 『대학』의 학문론과 관련하여, 事天學과 禮法主義를 결합시키는 데서 이를 확인할 수 있다.

윤휴는 誠意・愼獨을 기초로 하는 자신의 학문을 事天의 개념, 논리로 규정하고 있었다. 『大學』과 『中庸』의 성격을 '事天'의 학문으로 설명하는 다음의 언술은 그 선명한 표현이다.

> 『中庸』은 事天의 도를 설명했으며 『大學』은 그 조목이다. …… 事天의 道란 戒愼이 日用의 百行에 근본하여 행해지고, 萬物의 位育이 천지의 궁극에까지 이르는 것이다.[45]

『중용』과 『대학』의 두 경전은 표리관계에 있으며 상호 부족한 내용을 보완하는 역할을 한다고 이해하고 있었던 윤휴는 이와 같이 事天의 개념을 매개로 양 경전의 성격을 파악하고 있는 것이다.[46]

여기서 윤휴가 사용했던 事天이란, 수양 주체가 天命으로부터 결코 떠날 수 없음을 알고 수련하는 일, 곧 天命의 본성을 회복하고자 하는 일이었으며, 戒愼恐懼의 자세와 태도는 그 구체적 방도였다.[47] 이와 같이 계신공구의 태도를 事天의 개념으로 설명하는 것은, 우선 이러한 수양이 기본적으로 天 혹은 주재자를 대상으로 경건하게 종교적 자세를 취하면서 이루어진다는 이해에 다름아니었다. "一則曰上帝 二則曰上帝 欽哉欽哉 洋洋乎達于上下 如

43) 윤휴는 『孝經』의 경전으로서의 의의가 『大學』, 『中庸』에 버금 간다고 보고 그 내용과 외연을 확대하는 데 많은 노력을 기울였다. 「孝經章句考異」・「孝經外傳」・「孝經外傳續編」 등 여러 편의 글은 그러한 작업의 성과였다(『白湖全書』 卷38~40). 「孝經章句考異」는 今古文 『孝經』, 朱子의 『孝經刊誤』를 참고하여 체제를 재구성하되, 今古文 『孝經』의 이념을 그대로 수용한 『孝經』 자체에 대한 주석서이며, 뒤의 두 편은 『孝經』과 관련되는 경전의 편목・논설을 찬집한 책이다.

44) 양명학의 역사적 특질을 孝悌 관념과 연관하여 파악하는 시각은 守本順一郎・岩間一雄의 연구에서 확인할 수 있다. 王艮은 매일 『孝經』을 읽었으며, 「孝箴」・「孝悌箴」 등을 지었다(山下龍二, 「中國思想と藤樹」, 『中江藤樹』, 1977, 404~405쪽). 羅汝芳도 明德을 孝悌라 규정하고, 효제의 실천이 양지의 배양에서 가장 중요한 공부가 된다고 생각했다(배영동, 『明末淸初思想』, 1992, 95~100쪽).

45) 『白湖全書(中)』 卷27, 雜著, 漫筆(下), 1154쪽, "中庸言事天之道 大學是其條目也 …… 事天之道 戒愼本乎日用 而位育極乎天地."

46) 『白湖全書(下)』 卷37, 古本大學別錄, 1515쪽, "二書實相表裏."

47) 『白湖全書(下)』 卷36, 中庸朱子章句補錄, 1463쪽, "道之所以不可離者 天命也 …… 唯君子知其不可離而修之 所以事天也 戒愼恭懼 君子畏天之心 修道之事 所謂敎也" ; 『白湖全書(下)』 卷36, 中庸朱子章句補錄, 1499쪽, "第十章 此章因戒愼恐懼之義 以論天命之性者也 首言君子立心爲己之義 次言愼獨之事 次言戒愼恐懼之事 皆所以事天也."

在其左右"[48]의 자세가 여기에 해당한다 할 것인데, 格을 '天人感通' '神人交際'와 연관하여 誠意 感通으로 이해하는 것도 바로 여기서 나오고 있다.

또한 이와 같이 事天의 개념으로 수양론의 성격을 규정하는 데는, 事天의 주체를 君主 一人으로 한정하여 이해하는 사정과 연관되어 있었다. 윤휴는 군주란 事天의 작업을 통하여 天命을 이해하고, 『大學』·『中庸』의 修身·平天下, 致中和·萬物位育의 과업을 수행해 나가는 주체로 파악하고 있었다.[49] 말하자면 事天은 군주의 존재와 연관하여 설정된 개념으로, 군주는 事天·戒愼恐懼의 노력을 통하여 자신에게 주어진 고유의 責務를 다한다는 것이 그 실제 내용이었다. 윤휴의 경전 해석이 양명학의 영향을 받으면서도, 그와는 성격을 달리하는 측면은 여기에 있다 할 것이다. 여기서 그의 사상을 事天學이라 이름지을 수 있겠다.

윤휴의 사천학 학문론은 주자학이나 양명학의 사유와는 달리 천명·윤리 도덕 규범의 실현 주체로 군주를 설정하는 특성을 갖는다 할 것인데, 이 같은 바탕 위에서 윤휴는 天命으로 표상되는 바 윤리·도덕 규범이 전 사회적으로 실행되는 데는 禮法의 外在 規範의 실천이 전제된다고 파악했다. 예법이란 達道[50]의 다른 이름인바, 달도의 실천을 통하여 天命·大本의 실현이 이루어진다 함이었다.[51]

이와 같이 달도·예법의 실현이 性·天命 실현을 위한 전제가 된다고 파악하는 것은 도덕성의 근거를 개개인의 心性 내부에서가 아니라 外在의 규범으로부터 구한다는 의미였다. "心德在乎明人倫"[52]이라거나 또는 "名倫齊禮 所以扶持人心之中也"[53]라는 바대로, 人心에 내재화된 도덕성은 인륜의 실천, 곧 禮의 외적인 규범으로 규율, 발현되는 것이었다. 여기서 事天學의 禮法主義는 도덕적 완성과 그에 바탕한 윤리규범·사회질서 확립의 입각점을 개인 차원에서가 아니라 국가 또는 국가로 대표되는 공권력의 범주에서 설정하고 있음을 확인할 수 있다.[54] 禮法이란 곧 국가권력의 다른 표현이었기 때문이다. "政成而道行"[55]

---

48) 『白湖全書』 卷33, 雜著.

49) 이 점은 3장에서 후술한다.

50) 『白湖全書(下)』 卷36, 雜著, 中庸朱子章句補錄, 1485쪽, "聖人之所謂道者 五倫九經之外 無他道也 此所謂天下之達道也." 그런데 여기서 九經은 "禮者下文所謂九經是也"[『白湖全書(下)』 卷36, 雜著, 中庸朱子章句補錄, 1480쪽]하는 바대로 禮를 의미했다.

51) 『白湖全書(下)』 卷36, 雜著, 中庸朱子章句補錄, 1478쪽, "盖聖人觀會通 以行其典禮 因人心之秉彛不可已者 以制爲禮法 使之各伸其意 弁行而不悖焉 此所以爲天下之達道也." 다음 자료도 이를 잘 보여준다. 『白湖全書(下)』 卷36, 雜著, 中庸朱子章句補錄, 1476쪽, "達通也 因人心之所同然 而制爲禮法 …… 故上下貴賤 莫不遂其分之當爲 皆可以通行其禮 所謂天下之達道也."

52) 『白湖全書(下)』 卷36, 雜著, 中庸朱子章句補錄, 1480쪽.

53) 『白湖全書(下)』 卷40, 雜著, 孝經外傳續篇(上), 皐陶謨, 1596쪽.

54) 禮法主義 이념은 이 시기 北人系 南人 일반이 공유하는 정치론이라 할 수 있다. 許穆이나 柳馨遠, 尹鑴 모두 학문의 중심을 예법의 실천에서 구하였다. 이에 대해서는 다음 연구를 참조할 수 있다. 金駿錫, 「許穆의 禮樂論과 君主觀」, 『東方學志』 54·55·56합집, 1987 ; 金駿錫, 「柳馨遠의 變法觀과 實理論」, 『東方學志』 75, 1992 ; 정호훈, 「尹鑴의 經學思想과 國家權力 强化論」, 『韓國史研究』 89, 1995.

한다는 인식이었다. 때문에 다음의 언급도 가능하게 된다.

> 安民이란 먼저 五典의 가르침으로 이끌고 이어서 五禮의 制度로 가지런히 하는 것이니, 이에 백성은 항상 天理 속에서 행동하게 될 것이다. 이것을 온전히 하여 德으로 삼으면 이에 賞을 내리고, 이것에 어긋나 죄를 지으면 형벌을 내린다. 政事라는 것은 刑賞에 근거하여 治民의 일을 거론하는 것을 말한다.[56]

이와 같이 예법을 매개로 이루어지는 事天學의 체계는 본질적으로 종교적 성향을 지니고 있었다. 天을 인격적으로 이해하고 그 힘에 의지하려는, 중국 고대 사상에서의 天人感通論에 유사한 면모였다. 윤휴는 漢代 혹은 先秦 思想에 많은 관심을 가지고 있었는데, 이것도 그러한 측면에서였을 것이다.[57] 이렇게 본다면, 事天學은 定理라는 객관적인 理法을 체인하고 실천한다는 논리를 주된 내용으로 하는 주자학과 달리, 외재의 天에 인간이 心情으로 다가가는 것을 설정하는 사유체계라 할 것이다. 어쨌든 이 같은 요소는 왕양명의 사상에서는 희박했었으며 少論系 陽明學에서도 제기되지 않고 있었는데,[58] 윤휴의 經學 이해에 강하게 나타나는 특질이라 할 것이다.

윤휴의 事天學적인 학문론은 아마도 北人系 南人의 학문전통 속에서 이루어진 것이라 할 수 있다. 윤휴의 선배였던 韓百謙이나 李睟光, 혹은 許筠 등은 明代의 다양한 학문 조류를 왕성하게 소화하고 있었는데, 이들은 그 결과로 이미 주자의 학문·정치론과는 성격을 달리하는, 外在的 禮法을 중시하는 학문체계를 확립하고 있었다.[59] 윤휴의 작업은 그러한 전통을 계승하는 가운데 양명학의 방법론을 적극 소화하고 이를 독자적인 경서 해석으로까지 진전시키고 있었던 것이다.

3. 君主學 體系와 '天下一家' 政治理念

---

55) 『白湖全書(下)』 卷37, 古本大學別錄, 1482쪽.

56) 『白湖全書(下)』 卷40, 雜著, 孝經外傳屬編(上), 皐陶謨, 1595쪽, "安民者 先之以五典之敎 以導之 繼之以五禮之制 以齊之 斯民莫不安行乎天理之中矣 全此者爲德 於是乎有賞 悖此者爲罪 於是乎有刑 政事 則因刑賞以擧凡治民之事者言之也."

57) 정호훈, 앞의 글, 1995.

58) 鄭齊斗 양명학의 특성에 대해서는 尹南漢, 앞의 책, 1982 ; 鄭斗榮, 앞의 글, 1998을 참고할 수 있다.

59) 윤휴의 당색은 南人이었지만 정치 학문적 뿌리는 北人으로서, 이수광 등 북인계 학인의 사상을 공유하고 있었던 것으로 보인다. 許筠·韓百謙·李睟光의 사상에 대해서는 다음 논고가 참고된다. 尹熙勉, 「韓百謙의 학문과 東國地理志 저술 동기」, 『震檀學報』 63, 1987 ; 鄭求福, 「韓百謙의 史學과 그 영향」, 『진단학보』 63, 1987 ; 임영택, 「蛟山 許筠 - 허균 사상에서의 인간화의 인식과 저항성 - 」, 『李乙浩정년기념 實學論叢』, 1975 ; 姜周鎭, 「芝峯과 政治思想」, 『韓國學』 20, 1979 ; 潘潤弘, 「芝峯 李睟光의 政治經濟思想」, 『史學硏究』 25, 1975 ; 李萬烈, 「芝峯 李睟光 硏究(2) - 그의 社會思想을 중심으로 - 」, 『숙명여자대학교논문집』 15, 1975.

1) 聖學의 분화와 君主學 체계

고본『대학』의 체계에 근거하여 주자학과는 다른 방식으로 독자적인 학문론을 마련하려 했던 윤휴는『대학』에서 제시하는 바 학문의 주체를 주자와는 다른 방식으로 설정하고 있었다.

학문의 성격이 바뀐다면, 자연 정치의 방식과 정치 주체의 성격도 달라질 것이다. 유가사상에서는 학문의 목적을 사회·국가를 경리하기 위한 방향을 설정하고 그를 학습하는 수양주체의 능력을 기르는 데 두고 있었으므로, 학문론은 기본적으로 정치론이었다. 위정의 주체, 위정의 핵심은 무엇이며, 권력의 권원은 어디에서 연원하는가 하는 정치적인 문제는 학문론의 주된 주제이기도 했다. 실제로 윤휴는 주자학과는 다른 방식으로 학문의 주체와 학문의 실현방식을 설정하고 있었다.

주자는『대학』을 三代 시절, 大人 곧 成人이 '대학'이라는 學宮에서 공부할 때 익히던 내용을 담은 책이었다고 그 성립을 이해하였다. 주자에 의하면, 이 때 이 책의 내용을 익힌 대상에는 군주의 元子와 衆子, 公卿大夫·元士의 적자, 庶民의 俊秀者가 포함되어 있었으며,『대학』에는 小學에서 제시하는 바의 '灑掃應對之節'을 익힌 후 15세 이상의 대인이 되면 익히는 고급 수준의 학문이 실려 있었다고 한다. 말하자면『대학』은 군주, 공경대부의 귀족, 서민 등 신분의 고하를 막론하고 大學이라는 학궁에서 나이 든 大人들이 배우는 책이라는 의미를 지니고 있다는 것이 주자의 이해였다.[60]

그러나 윤휴는『대학』이 大人, 곧 成人을 위한 학습서인 것을 부정했다.『대학』이란 명칭은 '學問의 道'가 크다는 데서 나온 것이지, 대인의 학궁인 '대학'에서 배우는 책이기 때문에 이 같은 명칭이 붙은 것은 아니라는 것이 그의 이해였다. 곧 "大學之道 言學之道大也 如學記所謂大學之法是也"[61]라 함이었다. 오히려『대학』은 '대학'·'소학'의 범위를 넘어서 '대학'과 '소학'의 학문체계를 통관하는 성학의 총론서로서의 성격을 지녔다.[62]

윤휴가 보기에 三代 時期, 小學·大學과 같은 學宮에서의 교육과 학습은 이 책과는 무관하게 이루어지고 있었다.[63] 윤휴는 소학은 "掃灑應對 誦習訓詁之事"를, 대학은 "君臣之義 朝廷之禮 臨民之道 爲政之體 大本大元 大經大禮"와 같이 천하의 국가에 충분히 시행할 수 있는 爲政에 필요한 大經大禮를 익히는 곳으로 이해하고 있었다.[64] 대학의 학궁에서 굳이 이 책을 배울 필요는 없었다는 것이다.

---

60)『大學章句』, 序.

61)『白湖全書(下)』卷37, 古本大學別錄, 1501쪽.

62)『白湖全書(下)』卷37, 大學全篇大旨按說, 1516쪽, "提網羅維 總論聖學之凡 以貫乎學之大小者."

63)『白湖全書(下)』卷37, 大學全篇大旨按說, 1516쪽, "大學者 大人之學也 子之言大學 以道之大言之 何也 曰 古者 固有小學大學學宮之別 …… 至大學 則乃教以君臣之義 朝廷之禮 臨民之道 爲政之體 大本大元 大經大禮 足以是於天下國家云爾 非必操是書而爲教也."

64)『白湖全書(下)』卷37, 大學全篇大旨按說, 1516쪽.

윤휴의 『대학』 이해는, 이 책을 배우는 주체가 일반적인 대인, 성인이 아니라는 전제에서 비롯하였는데, 그는 이 책에서 제시하는 바 修己治人論의 실천 주체를 군주로 설정하고 있었다. 이를테면, 明德과 新民의 양 강령을 중심으로 제시되는 대학의 목표와 방법이 "옛 聖王이 행하던 것으로서 後王이 마땅히 따라야 할 사항"[65]이라 이해한 것은 그가 군주가 『대학』에서 제시하는 바의 학문의 주체임을 긍정하는 모습이었다. 또한 책 이름 『大學』에서의 '大'의 의미를 "大學의 道는 그 峻德을 밝혀서 사방을 밝게 하고 上下를 格하게 하는 것이므로, 大라고 이름한 것이다"[66]라고 해석하는 것 역시 『대학』 학문론의 주체가 군주임을 상정하고 있는 것이라 할 것이다. 峻德, 곧 明德을 밝혀서 사방에 밝게 비추고 상하를 感通하게[格]할 수 있는 존재는 다름아닌 君主였기 때문이다. 『大學後說』에서는 格物에서 平天下에 이르기까지의 修己·治人과 관련한 요목을 군주에게 초점을 맞추어 구체적으로 설정하였는데,[67] 이도 모두 『대학』이 군주의 학문이라 여긴 데서 온 일이었다.

『대학』의 학습 주체를 주자학과 달리 군주로 설정한 것은 적지 않은 의미를 지니고 있었다. 이는 앞질러 말한다면, 독립된 君主學으로서 『대학』의 학문체계를 이해하는 일이었다. 말하자면, 윤휴의 대학 이해는 주자학에서 聖學을 君主·士大夫學으로 일원적으로, 군주 사대부 구별없이 성취할 수 있는 것이라 여기던 사고를 벗어나[68] 군주학과 사대부학으로 학문의 영역을 분리시키고 성학의 주체를 군주에게로 한정시킨 '君主學'의 獨立化라고도 할 수 있었다.

주자의 학문론은 군주를 비롯한 治者 일반의 학문론과 동일한 성격을 지니고 있다는 데서 출발하고 있었다. 『대학』의 학습 주체를 成人 일반에서 구하는 이해 방식은 '格物致知'의 학문이 누구에게나 필요하며, 또 이를 성취할 수 있다는 관점에서 나온 것이었다. "학문을 통하여 성인이 될 수 있다"는 性理學의 근본 명제에 기반한 사유였다. 주자는 『대학』에서 제시하는 修己治人論이 군주에게 적용되는 방법론이라는 것을 인정하는 한편, 이를 학문의 일반론으로서도 설정하고 있었다. 이러한 생각은 세계 운영의 주체를 사대부 일반으로 상정하고 있는 그의 世界觀·政治論으로부터 연원하는 것이었다.

학문과 수양 주체로 군주를 설정하는 윤휴의 『대학』 이해에서 우리는 군주·사대부의 학

---

65) 『白湖全書(下)』 卷37, 古本大學別錄, 1502쪽, "前聖之所行 後王之所宜法也."

66) 『白湖全書(下)』 卷37, 古本大學別錄, 1516쪽, "大學之道 明其峻德 至于光被四表 格于上下 故謂之大也."

67) 이를테면, "誠意 正心之方"에서 '戒逸欲' 外 5항목을 들고, '戒逸欲'으로는 "好名之戒 怠荒之戒 縱暴之戒 邪惑之戒"를 들었다. 그리고 怠荒之戒에 대해서는 "若宮室臺池貨財珍恠聲樂酒色倡優狗馬花石禽荒游蕩逸豫之類"(『白湖全書』 卷37, 大學後說, 1526쪽)를, '縱暴之戒'에 대해서는 "若淫刑黷武急役重斂變更叢脞之類" 등이 해당한다고 보았다. 윤휴는 국왕이 이와 같이 경계해야 할 점들을 잘 지켜 낸다면, 다음의 경지 곧 "致愼於方寸之間 而天下蒙其福"함에 이를 것이라 여겼다.

68) 조선사회에서 주자학이 士大夫學이면서도 君主學의 복합적 성격을 가지며 기능하는 사정에 대해서는, 金駿錫, 「朝鮮後期의 黨爭과 王權論의 推移」, 『朝鮮後期 黨爭의 綜合的 檢討』, 1994에 자세하다.

문에서 군주와 사대부의 학문으로의 분리가 일어나는 것을 확인하게 된다. 聖學 主體는 군주가 되는 셈인데, 이럴 경우 여타의 신분계급과 성학의 학습은 별다른 관계가 없다는 것이 윤휴의 이해였다. 실제 윤휴는 經筵에서의 군주의 학습과 관련하여, 군주의 학문은 그 규모나 내용에서 士庶의 그것과 구별하여 이루어져야 함을 강조하기도 하였다.

이러한 수양 주체의 변화는 교육체계 전반에도 영향을 미쳐, 각급학교에서의 학습 내용 및 성격도 달라지기 마련이었다. 『대학』이 군주 성학과 관련된 것이므로, 소학이나 대학과 같은 學宮에서 굳이 이 책을 가지고 학습할 필요가 없게 되는 것이다. 앞서 본 바와 같이 윤휴는 소학은 "掃灑應對 誦習訓詁之事"를, 대학은 "君臣之義 朝廷之禮 臨民之道 爲政之體 大本大元 大經大禮"와 같이 爲政에 필요한 大經大禮를 익히는 곳으로 규정하였다.[69] 군주의 성학과 小學, 大學에서의 일반 학문의 학습은 동일한 내용・과정을 갖는 것이 아니라 분리되어 있었던 것이다.

요컨대, 윤휴의 성학에 대한 이해와 그 학문 과정에 대한 이해는 학문의 자연스런 분화를 상정하는 일이었다. 그것은 이를테면 군주학[聖學]과 一般學으로의 분화로 명명할 수 있을 터인데, 소학과 대학에서는 일반 민인의 교육－전문 관료들의 지식을 함양하는 데 필요한 교육을 담당했을 뿐 성학의 학습과는 상관이 없었다.[70] 이와같이 된다면, 그러한 분화가 갖는 의미는 작은 것이 아니었다. 우선 爲政 擔當者－관료들의 학습 내용은 그들에게 요구되는 전문적인 지식과 능력을 함양하는 것으로 한정하게 될 터였다. 聖學에의 책무는 그들에게 주어진 것이 아니므로, 그 학습 내용이 실제 事實・實務를 익히는 데 집중하게 될 터였다. 심성론적인 경향을 갖는 주자학에서의 학습・수양이 非現實的・非實務的이라고 비판받는 상황을 고려한다면, 이 같은 분화는 학문의 전문화・실용화를 불러일으키면서 그 수준을 한 단계 더 끌어올리는 계기가 될 수 있을 것이다.[71]

더불어 군주학의 성립은 세계 운영의 주체는 군주임을 확인하는 데서 나온 것인데, 학문적으로 군주 지위의 獨尊性, 君權의 絶對性을 보증하는 근거가 된다 할 것이다. 주자학의 君臣共治의 정치론이 군주와 신민 일반을 구별하지 않는 학문론과 밀접하게 연관되는 점을 염두에 둘 때, 윤휴의 군주학은 정치・사회 운영의 절대 주체로서 군주를 인정하는 것임을 짐작해 볼 수 있다. 17세기 들어 君權과 臣權의 길항과 대립이 격화되는 상황 속에서 치열하게 전개된 군권강화를 둘러싼 이론작업이 윤휴의 경우, 이와 같은 경서 해석으로까지 진

69) 『白湖全書(下)』 卷37, 大學全篇大旨按說, 1516쪽.

70) 관료의 학습은, 君主를 보좌하여 人民을 다스리는 그들의 책무를 가장 훌륭하게 수행할 수 있는 지식과 교양을 쌓는 일이라 볼 수 있을 것이다. 이와 같이 관료의 학문과 군주 성학을 분리하는 윤휴의 생각은 그의 과거제 개혁론－공거제 시행론과 궤를 같이하는 것이라 볼 수 있다(정호훈, 「白湖 尹鑴의 現實認識과 君權强化論」, 『學林』 16, 1994 참조).

71) 윤휴가 이 같은 생각을 갖는 데는 서양에 대한 지식도 작용했던 것으로 보인다. 윤휴는 서양학문은 文科學・理科學 등 모두 5개 분야로 나뉘어져 있다고 알고 있었는데, 서양에서의 학문이 그 영역과 대상에 따라 방법과 지향을 달리하며 발달하고 있던 점에 대해 최소한의 지식은 갖고 있었던 셈이라 할 것이다.(『白湖全書(中)』 卷36, 甲辰日錄, 1382쪽)

전되고 있음을 확인할 수 있겠다.

윤휴는 실제 君權과 국가의 公權을 강화하고 이를 바탕으로 조선사회가 닥친 위기와 모순을 타개해 나갈 수 있다고 인식하고 있었다. 양란을 전후한 시기 조선사회에 요구되었던 국가재조의 과제를 해결한다고 할 때, 사림・양반 사대부가 주도하는 방식으로는 그를 적절히 수행할 수 없으며, 강화된 군주권으로 신료 사대부 일반이 가진 제 특권을 제한하는 가운데 위기를 해소하는 방식이 적절하다는 것이었다. 윤휴는 禮訟에서 斬衰三年說을 제기하여 군주의 지위를 극단적으로 강조했으며, 戶布法・五家作統法 등의 정책을 실행하며 富國强兵을 추구하였다.[72] 이러한 방향은, 그가 北伐의 실천을 직접 내세움으로써 여타 남인계 官僚・政論家들과는 현실 인식에서 불일치하는 면모를 드러내기도 했지만, 남인 일반이 가진 군권강화론의 맥락 위에서 나온 것이었다. 그런 점에서 『대학』을 군주학으로서 이해하는 일은 군권강화론의 경학 기반을 『대학』을 통하여 마련하는 일이라 할 수 있을 것이다. 윤휴는 그의 군주권 강화론－국가권력 강화론의 경학적 근거로서 『대학』을 주목하고 독자적인 체계를 세우려 했던 것이다.[73]

2) '天下一家' 政治論 : 國家의 人民 보호와 古制・古法의 시행

古本『대학』에서 제시하는 바 學問・爲政의 주체가 군주라는 전제 위에서 군주학의 확립을 도모했던 윤휴의 생각은, 정치의 주체로서 군주의 위상과 역할을 새로이 규정하는 면모를 지니고 있었다. 새로운 학문론은 새로운 정치론으로 이어지고 있었다. 17세기 후반의 조선사회의 상황과 연관하여 살핀다면, 그것은 상징적인 형태로나마 절대적인 지위와 권한을 부여받는 君主의 힘을 적극 활용하여 새로운 정치를 펼쳐 나갈 방도를 어떻게 모색할 것인가 하는 의도와도 연관되어 있었다. 국가재조를 둘러싼 한 논리와 방법이 이와 같이 구체화되고 있었다 할 것이다.

윤휴는『大學』의 해석에서 정치의 대원칙, 방향을 천하 혹은 국가를 하나의 家庭－家族으로 생각하는 논리, 곧 '天下一家論'의 견지에서 설정하고 있었다. 이에 의하면, 군주는 天

---

72) 吳永敎, 앞의 글, 1990 ; 정호훈, 앞의 글, 1994 참조.

73) 君主學의 경학적 바탕은『대학』뿐만 아니라『孝經』・『中庸』에도 있었다. 윤휴의 경학은『大學』・『中庸』・『孝經』・『周禮』등 전 경서 해석을 통관하는 것이었으며, 이 점에서는 윤휴의 경서 해석－경학사상의 특성을 군주학의 위학체계－학문체계로 정리해야 할 것이다. 군주학과 사대부학의 독자적 영역을 설정했던 윤휴의 생각이 갖는 의미는 무엇일까? 이를 우리는 중세적 학문체계가 분해되고 해체되는 양상의 일단으로 이해해 볼 수 있지 않을까? 이와 연관하여, 茶山 丁若鏞도『대학』의 학습 주체를 군주학 차원에서 이해하였다는 데 주목할 수 있다. 정약용은 명확하게,『대학』은 군주의 큰 아들, 곧 왕위를 계승할 존재가 익힐 내용을 담고 있는 책으로 이해하였다(『大學公義』卷1). 이로써 보면, 정약용은 윤휴를 계승하는 선에서『대학』을 이해하고 학문관을 마련했다고도 할 수 있을 터인데, 조선 후기 實學의 학문론이 가지는 성격・의미를 이와 같이 군주학의 독립이란 측면에서도 충분히 이야기할 수 있겠다.

地를 부모로 섬기며, 이른바 중국을 一家로, 四海를 一家로 삼는 존재였다.[74] "有天下者 以天下爲家 有一國者 以一國爲家 有一家者 以一家爲家"[75]라는 그대로였다. 이 같은 생각 속에서는 군주와 민은 君과 臣民의 관계이면서 부모와 자식의 관계로 유비될 것이었다. 군주는 정치적 首長임에도 민의 생존을 책임지는 부모로 파악되며, 君臣·君民의 정치적 관계는 擬制 血緣關係를 이루었다. 군주는 국가라는 家의 家父長이며, 民은 그 家의 자식이 될 터였다. 그러므로 군주가 백성 아끼기를 자식 아끼듯 해야 한다는 것은 자연스러운 일[76]이었으며, 그런 점에서 민의 부모라는 마음을 가지는 것은 德을 얻는 중요한 일이었다.

'天下一家論'으로 설정하는 정치의 세계에서 요구되는 윤리덕목은 기본적으로 두 가지였다. 하나는 孝悌의 마음이었다. 사회 전 성원의 관계를 가족의 혈연관계로 파악할 때, 가족 사이에 이루어지는 孝悌의 마음이 중시됨은 자연스런 일이었다. 앞서 본 대로 윤휴는 孝悌를 明德으로 이해하여 修己 治人의 전 과정을 관통하는 핵심적인 덕목이라고 이해했다. 명덕은 "靈明하게 通察하고 萬理를 관섭하는 人心"이면서도 한편으로는 효제의 마음이라는 것이다. 이러한 효제는 누구에게나 선천적으로 부여된 덕성이었다. 그런 점에서 효제의 실천은 명덕을 밝히는 일에 다름 아니었는데, 윤휴는 이러한 효제의 사회적 실현은 군주가 솔선수범하여 실천하면 일반 민인들이 이를 본받아 자신이 가진 효제를 실천하는 데서 이루어진다고 보았다. 民의 孝悌란, 군주의 효제 행위에 감화받아 이루어진 자연스럽고 자율적인 행위란 이해였다. 윤휴가 『孝經』의 경전으로서의 역할을 중시하여, 주자와는 다른 방식으로 『孝經』의 의미를 천착하고 『孝經』 관련 글을 편집하였던 것도 모두 효제가 갖는 의미를 중시하고 이를 적극 펼치고자 한 의도에서 나온 것이었다.

孝悌는 이미 공자가 모든 행동의 근본으로 규정한 바 있던 儒家 최고의 윤리덕목이었다.[77] 그러나 후대 유학이 발전하는 과정에서 '효제'의 의미와 가치는 다양하게 변화하였는데, 宋明代에 이르러 효제의 비중은 사상별로 확연한 차이를 드러내고 있었다. 朱子學에서 孝悌는 『小學』의 핵심 덕목으로서 유교 학습의 기초 항목으로 강조되고 있었지만, 사상 전체계로 본다면 하위의 부차적인 개념이었다.[78] 그러나 양명학에 이르러 효제는 그 의미가 재강조되었으며, 良知의 본질이 효제로서 이해되기에 이르렀다. 王畿나 羅汝方과 같은 陽明 後學들도 효제를 바탕으로 자신의 학문세계를 펼치고 있었다.[79] 특히 이들은 明德을 효제로 이해하는 독특한 시각을 지니고 있었다. 주자학과 양명학에서 이와 같이 효제를 달리

74) 『白湖全書(下)』 卷37, 大學後說, 1532쪽, "所謂王者 父事天 母事地 仁者以中國爲一家 四海爲一家者也."
75) 『白湖全書(下)』 卷41, 雜著, 讀書記, 1644쪽, "有天下者 以天下爲家 有一國者 以一國爲家 有一家者 以一家爲家 故天子祭百神 諸侯祭四境 士大夫祭祖禰 此所謂類也."
76) 『白湖全書(下)』 卷37, 古本大學別錄, 1509쪽, "愛民之心當如愛子."
77) 『論語』, 學而, "君子務本 本立而道生 孝弟也者 其爲仁之本與."
78) 金駿錫, 「조선전기의 사회사상 - 소학의 사회적 기능분석을 중심으로 - 」, 『東方學志』 29, 1981.
79) 앞의 주 43 참조.

평가하는 것은, 주자학이 사회적 관계를 혈연관계로서가 아니라 名分的·上下的으로 파악하려고 했고 양명학에서는 사회관계를 혈연관계로서 파악하려고 했던 사정과 연관되어 있었다.[80]

한편, '天下一家'의 擬制血緣에 기초한 정치론에서는 효제와 더불어 '恩惠'가 중요한 덕목으로 간주되었다. 부모가 부모로서의 역할을 제대로 한다 함은 자식을 충분히 養育하는 것을 전제로 하였다. 이것은 다른 측면에서는 부모가 자식에게 은혜를 베푸는 행위였다. 앞의 효제가 자식이 행하는 효도 행위라면, 양육을 통한 은혜의 시행은 부모의 책무였다. 이럴 경우 효제는 은혜의 시행을 매개로 그 의미가 형성되는 것이라 할 것이며, 부모와 자식은 養育의 조건에 기초하여 그 관계를 형성·유지해 나간다고 할 것이다. 이와 같다면, 天下一家의 이념 속에서 君·民 양자 관계는 일방적·무조건으로 맺어진다기보다는 양육 혹은 은혜의 시행이라는 조건 속에서 이루어지는 것이라 할 수 있다.[81]

이와 같이 '天下一家論'을 설정하고 군주와 민인의 孝悌 실천에서 爲政의 근거를 모색하는 윤휴의 방식은, 학문론의 성격 변화가 그러하듯이 주자학의 治國論·治國方式을 크게 벗어나고 있었다. 그 첫 번째로 들 수 있는 점은 위로부터 이루어지는 규범주의적 교화론으로부터의 탈피다. 잘 알려진 대로 주자학에서는 정치의 요체를 위로부터의 규범의 확립과 그를 통한 敎化의 실천에 두었는데, 그 과정은 위정자의 被治者에 대한 엄격한 統制·敎導를 통하여 이루어지는 것으로 설정되었다. 이를테면, 『대학장구』에서 '親民'을 '新民'으로 바꾼 것은 그러한 이해를 잘 드러내는 대목이다. '新民'은 위정자가 여러 惡에 물든 民을 도덕적 인간으로 새롭게 진작시키고 변화시키는 의미를 지니고 있었다.[82] 이러한 이해는 백성 혹은 피지배층을 항상 교화시켜야 할 피주체, 舊惡에 물들어 있는 존재로 파악하는 人間觀에서 비롯하는 것이었다. 더불어 이 같은 시각에서는 중앙정부로부터의 명분질서·상하질서의 통일적 유지와 파악을 중시하는 측면도 내재되어 있었다.[83]

'治國' '平天下'는 이와 같은 '新民'의 과정을 거치며 이루어지는 일이었다. 주자의 해석으로는, 모든 사람을 도덕적으로 군주·국가 질서에 통합하는 것이 治國·平天下를 실현하는 것이었다. 달리 말해 국가가 한 사람도 놓치지 않고 국가의 法과 道德 체계로 장악하고 포섭할 때 平天下가 이루어진다는 것이었다. 개인의 도덕과 사회의 질서는 이 같은 과정을 거

80) 朱子學과 陽明學의 성격에 대해 이 같은 점을 중심으로 파악하는 학자는 일본의 守本順一郎·岩間一雄이다. 두 사람은 주자학에서 양명학으로의 사상전환이 갖는 정치적·역사적 의미를 봉건사상 해체의 1단계(2단계는 淸朝 考證學으로 봄)라는 측면에서 파악하려고 하는데, 양명학에서 효제를 강조한 의미에 주목하고 거기에서 문제 해결의 실마리를 풀어 내려고 하였다(守本順一郎, 『東洋政治思想史硏究』, 1966 ; 岩間一雄, 『中國政治思想史硏究』, 1990). 본 연구는 이들의 논리를 완전 긍정하지는 않지만, 많은 시사를 받았다.

81) 岩間一雄, 「民衆の思想と呪術の園」, 『中國の封建的世界像』, 1982, 107~110쪽.

82) 『大學章句』, 新民 朱子註, "新者革其舊之謂也 言其自明其明德 又當推以及人 使之亦有以去其舊染之汚也."

83) 小野和子, 「儒教イデオロギにおける正統と異端」, 『(岩波講座4) 世界歷史(12)』, 1971, 383~385쪽.

치며 확립될 터인데, 주자는 이 같은 '平天下'의 효과로 도덕과 법 규범으로부터 한 명의 逸脫者도 존재하지 않는 상태, 곧 군주가 "한 사람도 놓치지 않는"[84] 결과가 일어난다고 이해하고 있었다.

『대학』의 治國平天下章에서 제시하는 '絜矩之道'도 같은 맥락으로 이해되었다. 주자는 '絜矩'란 "矩로써 재어 方正하게 하는 것"이라 하여, 治人의 모든 대상이 도덕적으로 비슷한 경지에 이르도록 위로부터 강제하고 견인하는 것이라 파악하였다. '矩'란 외적 규범이요, 方正하게 되는 것은 그 효과였던 것이다.[85] 요컨대, 주자의 治國平天下論은 상하질서의 엄격한 수립·유지를 기초로 治國과 平天下가 이루어진다는 내용으로 이루어져 있으며, 그 점에서 상하주의·계층주의를 엄격하게 견지하고 있었다.

明德을 효제로 설정하는 윤휴는 정치의 역할을 주자와는 정반대로 상정하고 있었다. 윤휴는 治國이 平天下의 전제가 된다 함은 明德을 천하에 밝히는 데서 가능하다는 의미를 지닌다고 이해하고, 이를 다음과 같이 풀었다. 곧, 군주가 모든 사람이 효제의 마음을 가졌다는 것을 알고, 이러한 효제의 마음을 준거로 백성들에게 공평히 베풀어서 각각 그 가진 소원을 얻을 수 있게 하면 천하에 明德을 밝힐 수 있으며, 平天下를 이룰 수 있다고 함이었다.

> 백성은 모두 효제의 마음을 지니고 있으니, 이른바 明德이다. 위에서 행하면 아래에서 응하니, 이른바 그 아버지를 공경하면 아들이 기뻐하고, 그 형을 공경하면 그 동생이 기뻐한다는 것이 이것이다. 군자가 이 마음을 같이 가지고 있는 것을 알고 이 마음을 헤아려 백성들에게 공평히 베풀어 각각 그 원하는 것을 얻게 하면, 이것을 일러 천하에 명덕을 밝히는 것이라 한다.[86]

강제적인 힘에 의해서가 아니라 민의 자발성과 자율성을 기대하는 태도와 방식이었다. 윤휴는 '絜矩之道'의 의미도 이와 연관한다고 이해했다. 그가 보기에 '絜矩之道'란, 『論語』에서 제시하는 바 忠恕의 의미를 지니었다.[87] 위로부터의 강제·조정보다는 治者와 被治者, 君主와 民이 상호 처한 처지와 입장을 헤아려 관계를 풀어 간다는 뜻이었다.

둘째, 앞의 사항과 직접 연관되는 것으로 民의 사회적 재생산을 국가가 적극 보장한다는 이념을 강조하고 있는 점이다. 윤휴는 백성에 대한 교화가 원활하게 이루어지고 민인들이 그 교화에 적극 참여할 수 있는 조건으로 국가에서 恒産의 여건을 적극 마련해 주는 것이

---

84) 『大學章句』, 治國平天下傳의 朱子 註, "不可使有一夫之不獲."
85) 『大學章句』, 治國平天下傳 朱子 註.
86) 『白湖全書(下)』 卷37, 古本大學別錄, 1510쪽, "所謂平天下 – 有絜矩之道也"의 주, "民皆有孝悌之心 所謂明德也 上行之則下應之 所謂敬其父則子悅 敬其兄則弟悅也 君子知其同有是心 以心爲度 平施於物 使之各得其願 此謂明明德於天下者也 謂之平者 平均齊一 無一物不得其所也."
87) 『白湖全書』 卷37, 古本大學別錄, 1521쪽.

필요하다고 생각하였다. 恒産 이후에 恒心이 이루어진다는 사고였다.[88] 이 점은 '治國平天下'傳의 다음 구절에 대한 해석에서 극명히 나타난다.

是故君子先愼乎德 有德此有人 有人此有土 有土此有財 有財此有用[89]

이 구절은 '絜矩之道'를 설명한 문장 다음에 나오는데, 군자가 백성의 인심을 얻고 국가를 경영하는 문제를 다루고 있다. 주자의 『대학장구』에서는 여기서 用을 財와 연관지워, 재물의 활용 정도로 해석하였다.[90] 국가의 재정운용이란 의미와 연관된 이해였다.

윤휴는 이를, 民人의 경제적인 안정이 이루어진 연후에 在上者의 교화, 在下者의 도덕적 興起가 이루어지는 일인 것으로 해석했다. 군주가 백성의 부모라는 마음을 가지고 백성 보기를 자식과 같이 대하면, 백성도 부모와 같이 군주를 대한다는 전제 위에서였다.

덕이란 백성의 부모로서 갖는 마음이다. 군주가 백성을 자식처럼 여기면 백성은 군주를 부모처럼 본다. 이른바 '有德此有人'이다. 用은 事와 같은 의미니, 창고가 가득 차고 의식이 풍족한 연후에, 위에 있는 사람이 노인을 노인으로 공경하고 연장자를 연장자로 섬기는 교화를 미루어 나갈 수 있고, 아랫사람은 효제하는 마음을 얻을 수 있으니, 이것이 이른바 事다.[91]

결국 윤휴의 孝悌論에 기초한 治國 구상은 국가의 경제안정책과 도덕교화책을 동시적으로 수행할 것을 강조하는 내용을 지니고 있었으며, 도덕교화책도 국가의 위로부터의 일방적 강제와 통제보다는 民의 自律性을 강조하는 측면이 강했다. 도덕교화를 모든 것의 중심에 두되 규범주의적 교화론을 펴는 주자학과는 성격을 달리한다고 하겠다. 국가가 민의 경제적 안정책을 도모한다는 사고는, 아마도 국가가 부모와 같은 위치에서 부모의 마음을 가지고 民에게 경제적 시혜를 베푼다는 의미일 것이다. 중국 고대 사상에서 德의 의미를 시혜·은혜·사랑과 연관하여 이해하기도 했었는데, 여기서도 그와 유사하게 민에 대한 경제적 안정책의 마련이라는 측면에서 德을 이해하고 있음을 확인할 수 있겠다.[92]

이러한 이해는 한편으로는 민의 사회적 성장을 보다 강하게 의식한 요소도 있었다. 民人

88) 『白湖全書』 卷37, 古本大學別錄, 1513쪽.

89) 『大學章句』, 平天下傳. 다음과 같이 번역할 수 있다. "그러므로 군자는 먼저 덕을 삼간다. 덕이 있으면 사람이 모이고, 사람이 모이면 토지가 있다. 토지가 있으면 재물이 있고, 재물이 있으면 쓰임이 있다."

90) 『大學章句』, 治國平天下傳의 朱子 註.

91) 『白湖全書』 卷37, 古本大學別錄, 1520쪽, "德者爲民父母之心也 人君視民如子 則民視君如父母矣 所謂有德此有人也 用猶事 倉廩實衣食足 然後 在上者可以推老老長長之化 在下者得以遂其興悌興孝之心 所謂事也."

92) 『春秋左氏傳』이나, 『韓非子』, 『莊子』, 『管子』 등의 책에서 이와 같이 덕을 시혜 혹은 은혜를 베푸는 일과 연관해서 해석한 것을 많이 볼 수 있다(小野澤精一, 「德論」, 『中國思想槪論』, 1987).

이란 굳이 외부적인 강제가 없이도 자발적인 의지와 노력으로 사회의 질서, 곧 五倫으로 표상되는 국가질서를 지켜나갈 수 있는 존재라는 것이 『대학』의 해석에서 견지했던 윤휴의 생각이었다. 여기에는 외적 규정과 강제에 제한받고 敎導되는, 沒主體의 수동적・피동적 존재로부터 그 선천의 능력을 자율적・능동적으로 실현할 수 있는 존재로 이해하는 인간관의 진전이 전제되어 있다고도 할 것이다.

윤휴는 이러한 일이 이루어지면, 民은 그 은혜에 보답하여 자신이 가진 능력을 최대로 발휘, 그 직분과 임무를 다할 수 있을 것이라고 여기고 있었다. 어쩌면 '天下一家'의 정치론이 갖는 의미가 여기에 있을런지도 모르겠다. 정치・사회적인 격변이 일어나고 모순이 격화되는 가운데 나타나는 민의 동요와 국가질서의 붕괴와 같은 위기적 상황을 타개해 가는 데는 엄격하게 위로부터의 명분질서와 기강을 세우는 일을 강조하기보다 민의 경제적 안정을 도모함과 동시에 그들의 자발적 충성과 복종을 이끌어 내는 것이 효과적일 수 있었다.

요컨대, 윤휴는 『대학』의 해석을 통하여 군주・국가가 인민을 경제적으로 적극 보호할 것을 강조하는 한편, 民人이 자율적이고 자발적으로 도덕을 실천할 수 있다는 점을 강조하였다. 이 같은 이해는 군주・국가가 가진 인민보호의 기능을 민의 재생산과 연관하여 보다 적극적으로 강조한 측면을 지녔다 할 것이다. 윤휴에 의하면 平天下란, 일반 민인이 생활의 안정과 그 원하는 바를 얻을 수 있으며, 그 가진 도덕성을 최대로 실현할 수 있는 사회로 이루어지는 것이다. "平均齊一 無一物不得其所"[93]한 사회가 바로 이 사회의 모습이었다. 『대학』에서 제시하는 바 군주의 명덕을 밝히고 민의 명덕의 밝히는 것은 이로부터 가능할 일이었다.[94]

윤휴의 이러한 정치론은 국가의 민에 대한 시혜와 보호 속에 백성들의 온전한 삶의 유지가 이루어지는 도덕공동체적인 이상사회를 지향하고 있음을 보여준다 하겠다. 신분・계급의 차별이 해소된 평등사회는 아니었지만, 옛 三代사회의 모습이나, 양명학자들이 추구했던 '大同社會'가 윤휴에게는 이와 같이 이해되었을 것이다.[95] 그러나 이러한 사회의 실현은 실상은 윤휴가 살고 있던 당대 사회의 현실을 그대로 추인하는 가운데서는 불가능한 일이었다. 전란의 여파로 신분제와 지주제의 모순이 격화되며 생활기반의 파탄이 일어나던 현실에서, 일반 民人들이 자신의 職分과 地位를 지키며 온전한 삶을 이루는 일이란 불가능했던 것이다. 국가체제의 보호나 民人의 정상적인 생활을 보장하기 위해서는 그러므로 비상한 개혁이 필요했던 것인데, 윤휴는 이러한 개혁을 이루기 위해서는 고대사회의 古制・古法을

93) 『白湖全書(下)』 卷37, 古本大學別錄, 1510쪽, "所謂平天下 - 有絜矩之道也"의 주, "民皆有孝悌之心 所謂明德也 上行之則下應之 所謂敬其父則子悅 敬其兄則弟悅也 君子知其同有是心 以心爲度 平施於物 使之各得其願 此謂明明德於天下者也 謂之平者 平均齊一 無一物不得其所也."

94) 『白湖全書(下)』 卷37, 古本大學別錄, 1502쪽, "國治而後 天下平"의 주, "平猶均也 使民安其生 獲其願 各有以遂其老老慈幼之心 不惟上之明德及乎天下 而天下之人 亦皆明其明德矣 所謂平均也."

95) 양명학의 大同社會論에 대해서는 金守中, 『陽明學의 '大同' 社會意識에 관한 硏究 - 王守仁・王艮・何心隱을 중심으로 - 』, 서울대 박사학위논문, 1991 참조.

적극 실현해야 할 것이라 보았다. "效法乎古之明明德者之事"라 함이었다.[96]

고제·고법에 관심을 기울이고 이를 원용하여 變法策을 마련하려는 태도는 이 시기 北人系 南人 儒者들에게 일반적이었다. 許穆이나 柳馨遠의 정치론은 그 대표적인 경우였다.[97] 윤휴가 주목한 古制·古法은 대체로 『周禮』나 西漢의 制度와 法이었다. 『大學後說』이나 『漫筆』, 『公孤職掌圖說』[98] 등에서 그 대체를 살필 수 있다. 윤휴는 그 구체적인 방안까지는 적극 마련하지 않았지만, 兵農合一, 文武合一, 科擧制 혁파와 貢擧制 施行, 鄕村社會 鄕村民에 대한 국가의 齊一的 장악 등과 같은 원칙에 입각하여 제반 법제가 마련되고 실행되어야 할 것으로 생각하였다.[99] 군주권 혹은 국가의 公權을 강화하고 이를 바탕으로 全 民을 齊一的으로 포괄하며 경제적 재생산을 보장하는 그러한 사회를 지향한 구상이었다.

4. 結語

윤휴의 『대학』 이해는, 그의 만년의 온 경험과 사상을 온축한 가운데서 이루어진 것이었다. 주자학이나 양명학의 체계에서 그러하듯이, 윤휴는 『대학』을 통하여 학문론의 골격을 세우려 했다. 윤휴의 『대학』 해석은 주자학·양명학의 본질에 해당하는 주제를 문제삼으며, 두 사상의 磁場 내에서 이루어지고 있었다. 그런 점에서 윤휴의 『대학』 해석은 『대학』 자체의 차원을 넘어 宋·明代 사상 전반에 걸친 이해와 연관되어 있다 하겠다.

윤휴는 주희의 『대학장구』 체제를 부정하고, 고본 『대학』을 錯簡이나 佚失이 없는 완벽한 것으로 인정하였다. 양명학이 고본 『대학』을 바탕으로 성립하였던 것과 마찬가지 양상이었는데, 윤휴가 주자학보다는 양명학의 문제의식을 더 인정했던 것이라 볼 수 있겠다.

그의 『대학』 해석에서 드러나는 인식 실천론의 특징은 다음과 같이 정리할 수 있다. 첫째, 格物의 의미에 대해 윤휴는 明德·新民의 일을 '精意 感通'하는 것으로 파악했다. 格物을 事事物物의 定理를 窮盡하는 것으로 해석하는 『대학장구』의 이해와 비교하면, 철저하게 修己·治人의 문제로 인식의 대상·내용이 제한되는 특성을 갖는다. 두 번째, 인식 실천의 과정에서 중심이 되는 것은 先天의 지적 능력, 良知의 함양에 있다고 보는 점이다. 윤휴는 愼獨·謹獨의 戒愼恐懼와 같은 일을 통해서 良知의 배양이 본격 이루어지는 것으로 이해했다. 이러한 이해는 格物을 精意感通으로 이해하는 점과도 통한다. 세 번째, 명덕의 내용을 孝悌로 이해하는 점이다. 事事物物의 理를 궁진해야 심성 내에 갖추어진 선천의 덕성

96) 『白湖全書』 卷37, 大學全篇大旨按說, 1519쪽, "格者正學問之事 所以誠存敬養 學問思辨 以效法乎古之明明德者之事也."
97) 이에 대해서는 金駿錫, 앞의 글, 1990에 자세히 분석하고 있어, 참고할 수 있다.
98) 『白湖全書(下)』 卷27~30.
99) 정호훈, 앞의 글, 1994.

이 완벽하게 복원된다는 주자학에 비해, 主意的·主情的 면모를 가지고 있으며 그 실천성을 일상의 생활 속에서 간이하게 확보하는 특성을 가지고 있었다. 네 번째는,『대학』의 학문 주체를 君主로 설정하는 점이다. 윤휴는『대학』이란 책은 君主·士庶 가릴 것 없이 성인이 되는 나이에 익히는 책이라는 주자의 이해와는 달리, 군주의 학문을 규정한 경전이라고 이해했다. 이는 爲政의 주체로서 군주의 역할을 크게 강조하는 점이다. 다섯 번째, 군주 혹은 국가가 민에 대한 교화와 더불어 민의 재생산을 적극 보장해야 할 것으로 강조하였다. 윤휴는 '天下一家'의 정치론에 근거하여, 군주의 정치는 부모가 자식을 양육하듯이, 민을 보호하고 교육하며 이루어져야 하며 이를 위해서는 도덕적 교화와 경제적 보호가 동시에 실현되어야 한다고 여겼다.

이러한『대학』이해는 인식·실천론상 혹은 정치이념의 측면에서 여러 가지 의의를 지니고 있었다. 우선, 인간의 인식과 실천의 기준으로 객관의 定理를 설정하던 시각을 탈피하여, 인간이 내면에 가진 先天의 덕성과 善 意志를 강조하는 관점을 제시한 점이다. 이는 초월적이며 초경험적인 주자학의 理 本體論을 인정하지 않는 태도의 소산이었는데, 주자학의 도덕 절대주의를 벗어날 수 있는 여지를 마련할 가능성이 컸다. 둘째, 主體가 외부의 절대 理에 종속, 규정당하는 측면이 약화되는 점이다. 良知의 확충을 致知와 연관하여 이해하는 점은 다른 의미로는 도덕성·실천성의 근거를 외부의 定理에서 구하지 않고 주체가 가진 내적인 德性으로부터 구하는 일이었다. 이것은 다른 의미로는 객관의 定理에 규정당하지 않고, 내적인 독자적 판단에 따라 행동할 수 있는 자유를 확보한다는 말이 된다. 良知의 확충으로 귀결되는 성의를 중시하는 일은, 곧 개별주체의 영역을 벗어나 존재하는 절대 理가 가진 절대의 규정성을 일각에서 무너뜨리는 일이 된다 하겠다. 셋째, 주자학에 비하여 주체의 능동성을 강조하는 측면이 강했던 윤휴의 생각에는 주자학이 가진 부정적인 인간관을 벗어날 요소가 내재되어 있었다. 주자의 인간 파악은, 주체의 氣質的 要素를 끊임없이 통제하고 규율하며 부정하는 가운데 先天 本然의 덕성을 회복할 수 있다는 수양관과 연관하여 극히 부정적으로 이루어지고 있었다. 理·名分의 개념으로 현실의 제 요소를 통제하고 추동하며 상하적인 질서를 수립·유지해 가는 방식이었다. 理·名分은 상하주의·계층주의의 속성을 지니고 있었던 점에서, 주자의 부정적 인간관은 상하·계층 질서를 엄격히 수립하자는 논리에 다름아니었다. 윤휴의 긍정적 인간관은 그러므로, 상하적 질서 자체를 부정하는 것은 아니었지만, 주자학의 엄격한 상하주의를 벗어날 소지가 매우 컸다. 넷째, 윤휴는『대학』을 君主學을 제시하고 있는 경서로 이해했다. 종래 주자학에서『대학』을 군주나 사대부 일반의 聖學書로 파악한 것에 비해, 군주만의 독자적인 학문체계를 담고 있는 책으로 보는 견해였다. 이러한 생각은 군주와 사대부 일반의 지위와 역할을 절대적으로 구분한 데서 오는 것이었는데, 군주학과 일반 학문과의 구별이 여기서 일어나는 것도 확인할 수 있겠다. 이는 동시에 君權强化論의 학문적·경학적 근거를『大學』에서 구하는 일이었다고도 할 것이다. 다섯째, 윤휴의『대학』해석은 국가가 民의 재생산을 적극 책임져 그 삶을 보다 풍요

롭고도 안정되게 해야 한다는 견해를 적극 제시하고 있었다. '爲民父母之心', '家天下論'과 같은 儒家의 오랜 생각을 다시 적극 강조한 경우였다. 주자학에서 정치의 기능과 역할을 민에 대한 교화와 엄격한 통제, 구속에 중점을 두어 설정한 데 비하면, 이러한 생각은 그 역할과 기능을 전혀 다른 각도에서 설정했던 것이라 할 것이다. 민의 자발적·능동적 도덕 실현을 강조하는 의식과 연관하여 살핀다면, 윤휴의 국가관은 주자학에서의 국가관에 비하여 한 단계 진전된 것이라고도 할 것이다.

이 같은 윤휴의 『대학』 이해와 해석은 주자학의 학문론을 핵심에서 문제삼아 이루어진 것이었다. 그것은 王陽明과 그 後學의 주자학 비판이 그러하듯이, 외부의 定理에 대한 究明과 이해로부터 도덕성 확보의 근거를 구하는 것이 아니라, 본래 가진 선천적 도덕성, 곧 良知를 함양하는 일을 중점 추구하고, '談天說性'의 고원하고도 형이상학적인 문제가 아닌 明德·新民의 인간사 일반에 관한 사항을 탐구하려는 태도를 근본으로 하고 있었다. 윤휴의 방법은 양명학과 근저에서 일치하고 있었다. 특히 윤휴가 효제를 '明德'으로 이해하고, 효제의 실천을 학문활동에서 가장 중요한 것으로 설정하며 『孝經』을 강조한 점은 양명학의 핵심을 포착·수용한 것이라 할 것이다. 왕양명은 良知를 효제로 이해하였고, 王艮이나 羅汝芳과 같은 泰州學派의 후학도 이를 계승, 孝 孝悌를 강조하였다.

그러나 윤휴의 학문론은 양명학의 방법과 지향에 크게 영향받고 있었지만, 실제 내용에서는 그만의 독자성을 가지고 있었다. 事天觀과 禮法主義를 결합하여 체계화한 학문론이 이를 잘 보여준다. 윤휴는 자신의 학문론을 事天學의 성격을 갖는다고 여겨 종교적 성향을 강하게 부여하는 한편, 그러한 학문 정치론의 주체는 철저히 君主여야 한다고 생각했다. 군주는 사대부 일반과 달리 獨尊의 지위를 갖는다고 상정하고, 그 修己와 治人의 이념·원리를 제공하는 경전이 『대학』이라고 이해했던 것이다. 이 같은 이해는 '天下一家'의 정치론 위에서 君民關係를 擬制血緣關係로 파악하고, 君과 民 양자의 관계를 養育과 孝悌의 실천이라는 측면에서 규정하게 하는 근거이기도 했다. 윤휴는 군주는 부모의 마음으로 정치를 수행해야 하며, 그러기 위해서는 민의 경제적 재생산이 적극 보장되어야 할 것으로 생각했다. 그 구체적인 방도에 대해서는 중국 고대의 이상적 古制·古法을 원용하여 모색해야 할 것으로 보았으나, 어쨌든 국가의 민에 대한 양육정책이 필요한 것으로 여겼다. 민의 효제의 실천, 곧 사회규범, 국가질서에 대한 복종은 그러한 조건 위에서 이루어질 일이었다.

군주를 爲政의 주체, 학문의 주체로 설정한 윤휴는 한편으로, 爲政의 방도를 禮法과 같은 외재 규범의 실행에서 구하고 있었다. 이는 개별 주체에 의한 理法의 체득, 욕망의 통제와 같은 인식·실천이 학문론의 핵심이 아니라고 여기는 학문태도와 연관하는 점이기도 한데, 윤휴는 군주로부터 주어지는 예법의 실천을 통하면 개별 구성원의 도덕성의 완성, 전체 사회·국가질서의 수립이 수월하게 이루어지리라고 생각하였다. 이러한 생각은 양명학과도 달랐으며, 동시기 少論系 陽明學者 鄭齊斗의 그것과도 많은 차이를 보였다.

윤휴의 『대학』 해석은 17세기 중·후반 조선사회의 주자학 비판과 지양이 양명학의 이해에 기초하여 이루어지는 사실을 구체적으로 보여주는 사례라 하겠다. 또한 조선에서의 양명학 수용과 해석의 한 특성을 보여주기도 한다. 윤휴가 양명학에 영향받는 가운데 독자적인 경학체계를 개척하며 지향했던 것은, 군주 독자의 학문체계를 수립하는 일과 국가의 인민에 대한 보호와 양육의 역할을 강조한 점에서 찾을 수 있다. 여러 차례의 진란을 거치며 民人의 생활과 국가재정이 극도로 곤핍해지고, 身分制와 地主制를 둘러싼 갈등이 격화되어 새로운 질서의 재조가 요구되는 격변의 상황에서, 윤휴는 이 같은 어려움을 타개해 나가는 데는 군주의 권한을 강화하고 국가의 인민보호와 양육의 기능을 확대하는 것이 무엇보다 필요함을『대학』해석을 통하여 제시했던 것이다. 이 같은 방향 위에서, 그는 조선사회가 안고 있는 제반 문제를 해결할 수 있는 방안으로 三代의 古制·古法을 원용하여 현실에 적절한 법제를 마련해야 할 것으로 구상하고 있었다.

이와 같이 살피면, 윤휴의 반주자적『대학』해석은 양반 사대부의 정치적 지향과 이해를 반영하는 주자학의 학문론에 대한 비판에 근거해서 이루어진 것이었다. 그 해석은 17세기 조선의 정치사상사적 과제와도 연관하여, 군주권 혹은 국가권력을 강화, 그를 중심으로 조선사회가 안고 있는 제반 모순과 문제를 해결하자는 방향성을 지니고 있었다. 禮法을 매개하여 군주정치를 실현할 수 있다는 생각은 그 구체적인 방도로 제시된 것이었다. 윤휴의 이러한 해석은, 주자학이 綱常名分 질서의 확립·유지를 사회운영의 대전제로 설정하고 사대부를 비롯한 지배세력 개개인의 심성상에서의 도덕성의 실현(성인화)을 매개로 이를 실현할 수 있다고 여긴 것과는 달리, 사회운영의 핵심을 국가의 禮法秩序의 수립과 그 준행에서 구하는 방식이었다. 이러한 변화는, 군주의 권한을 강화하는 가운데 사대부 일반의 지위와 역할을 억제하고, 일반 民人의 전체적 지위를 향상하며, 객관의 禮法을 기초로 사회를 운영한다는 의미를 지니고 있었다. 주자학자들과 정면에서 충돌할 수밖에 없는 요인이 바로 여기에 있었다 할 것인데, 조선사회에서 주자학의 중세사상을 벗어나 새로운 사회운영론을 마련하는 방향을 이 같은 점과 연관하여 생각해 볼 수 있겠다.

윤휴의『대학』해석은 그의 학문론의 중추를 세우는 일이었다. 그는 이러한 작업과 연관하여『中庸』혹은『孝經』에 대한 주석을 진행하였다. 모두『대학』에서 제시되는 개념과 문제를 축으로 그 의미를 새롭게 조명하였다. 얼핏 허약해 보이지만, 그의 경서 해석은 17세기 조선사상계가 갖는 정치사상사의 핵심적인 과제를 포괄, 반영하며 하나의 체계를 이루며 발전하고 있었던 셈이다. 윤휴가 새롭게 세우려던 문제의식은, 英·正祖의 君權强化策에서 유사하게 현실화되는 면모를 확인해 볼 수 있지만, 실제 그 핵심은 星湖 李瀷과 그의 후학들의 작업을 거쳐, 茶山 丁若鏞에게로 집대성되고 있었다. 京南系 星湖學派의 學者들은 윤휴가 계발한 새로운 사유를 혹은 변화시키고 혹은 더 한층 진전시키며 풍부한 學的 體系로 조직해 나갔다.

英祖代 前半期 星湖學派의 學問과 實踐
-李瀷과 吳光運의 從遊關係를 중심으로-

원 재 린*

1. 머리말

李瀷(1681~1763)을 宗主로 하여 형성된 성호학파는 조선 후기 내재적 발전 과정에서 초래된 중세사회 전반에 걸친 동요에 직면하여 인간과 사회 그리고 국가를 새롭게 인식할 수 있는 사상체계 마련을 위해 학문연구에 몰두하였다. 이익과 그의 문인들은 朱子性理學 중심의 학문체계에 懷疑하면서 經學을 비롯한 歷史·地理·算學·博物學·西學 등 다양한 영역에 걸친 학술활동을 통해 중세사회체제를 전면적으로 재검토하고, 그 운영 과정에서 파생되는 모순들을 극복해 나아갈 수 있는 학문전통을 수립하였다. 그리고 安鼎福(1712~1791)·李孟休(1713~1751)·李家煥(1742~1801)·丁若鏞(1762~1836) 등 주요 문인들의 仕進이 이루어지고 있었다. 이는 현실문제에 대한 학문적 접근이 정치참여라고 하는 실천의 영역으로 확대되고 있음을 의미하는 것이다. 그 과정에서 당대 근기남인계 정치세력을 대표하였던 淸南系 주요인사들과 從遊關係를 형성하였다.[1)]

---

* 명지대학교 강사

1) 성호문인들과 종유관계를 맺었던 인사들로는 蔡濟恭(1720~1799)·李獻慶(1719~1791)·丁範祖(1723~1801) 등을 들 수 있다. 우선 채제공의 경우 20대 초반부터 안정복과 학문적 교류관계를 맺고 있었으며[『順庵集』 권15, 與樊巖蔡伯規書(『順庵全集』 1, 驪江出版社, 1984)], 차세대 청남계 지도자로 지목받고 있었던 이가환과 정약용을 정치적으로 후원하였다. 이헌경의 경우 이익과 직접적인 교유관계는 맺고 있지 않았지만 성호문인이었던 안정복 등과 주요 정치현안을 대한 의견을 교환하고 있었다[『艮翁先生文集』 권13, 書, 答安順菴書(景仁文化社, 1994), 79쪽]. 또한 이가환과도 문학적으로 교류관계를 형성하였다(위의 책 권3, 詩, 次李定州家煥韻三首, 243쪽 ; 위의 책 권6, 詩, 送庇仁李使君家煥, 463쪽 ; 위의 책 권8, 詩, 和李承旨家煥花江謫中見視二十八韻, 106쪽 ; 위의 책 권13, 書, 與李定州家煥別紙, 81쪽). 정범조 역시 李潛의 손자인 李森煥(1729~1813)과 종유하였다[『海左集』 권19, 序, 贈李子木序(羅州丁氏 軒干公派宗會, 1996), 404쪽].

이처럼 성호문인과 청남계 정론가들 간에 종유관계가 성립될 수 있었던 것은 무엇보다도 이익의 학문경향에 공감했기 때문이다. 청남계의 경우 비록 이익과 직접적인 학문 師承관계를 맺고 있었던 것은 아니었지만 近畿南人의 학문전통을 계승하는 가운데 이익의 학문을 追崇하고 있었다.[2] 다음으로 당대 정치상황이 주목된다. 英・正祖代 蕩平정국에 직면하여 청남계는 당시 정국변화에 적절히 대응하는 한편 서인・노론계의 정치운영 방식에 적극 대처하기 위해서 자파의 정치론 형성에 주력하였다. 이를 위해 근기남인계로서 학문적 기반을 공유하였던 성호문인들과의 유대가 자연스럽게 이루어질 수 있었던 것이다. 이 같은 상황을 염두에 두면서 청남계 정론가들의 학문관과 정치론, 정치활동의 사상사적 의미를 파악하기 위해서는 이들을 청남계 출신 성호문인으로 규정하고, 그 내적・외적 조건들에 대한 검토가 필요한 것이다.[3]

본고에서는 이를 구명하기 위한 작업의 일환으로서 영조대 전반기 청남계를 대표하는 정치가로 활약했던 吳光運(1689~1745)의 학문관과 탕평론을 이익의 그것과 관련하여 살펴보기로 하겠다. 오광운이 주목되는 이유는 그의 정치적 후계자였던 蔡濟恭(1720~1799)이 성호학파로서의 면모를 확정짓고 있었기 때문이다. 즉, 그는 청남계를 표방하는 가운데[4] 李滉(1501~1570)으로부터 이익에게로 계승되는 근기남인계 학통을 정립하였다.[5] 따라서 그에 앞서 영조대에 활약한 오광운과 이익과의 관계가 주목되는 것이다. 더욱이 오광운이 동시기 청남계 인사들 가운데 유일하게 幼年 시절 이익의 仲兄인 李潛(1660~1706) 문하에서 수학하면서 직접적으로 이익과 종유관계를 맺고 있었다.[6] 즉, 이익과 오광운은 학문적 토대와 政派로서의 이해관계를 같이하면서 각자의 처지에 따라서 영조대 전반기 탕평정국에 적극적으로 대응하는 모습을 보여주고 있다. 이에 오광운의 학문관과 탕평론 형성에 있어서 이익과의 종유관계가 미쳤을 영향에 더욱 관심을 갖지 않을 수 없다. 이 점을 본격적으로 규명하기 위해 우선 양자의 정치적 기반이 되었던 청남계의 형성 과정을 정리해 보겠다. 즉, 숙종・경종대 정국변동에 대응하는 과정에서 발생된 남인의 분기 양상을 살펴보고, 그 정치사적 의미에 대해 재조명해 보겠다. 다음으로 이익과 오광운의 학문관과 그 토대 위에 마련된 탕평론의 제 특징들에 대해서 검토해 보겠다. 이를 통해 이익의 학문활동과 오광운의 정치활동이 갖는 의미를 재고해 보도록 하겠다.

---

2) 채제공은 이익을 직접 방문한 후 그의 학문에 대해 "學問則去文而務實"이라고 평가하였다[『樊巖集(下)』 권51, 墓碣銘, 星湖李先生墓碣銘(景文社, 1976), 1024쪽]. 정범조는 이익의 道學과 文章에 대해서 '近世宗師'라고 평가하였다(위의 책, 404쪽).

3) 최근 정치사적 관점에서 이익의 탕평론을 당대 남인 정치세력과 관련하여 이해하려는 연구 가 나오고 있다. 朴光用, 『朝鮮後期 '蕩平' 硏究』, 서울대학교 박사학위논문, 1994, 93쪽 ; 金成潤, 『朝鮮後期 蕩平政治 硏究』, 지식산업사, 1997, 82쪽 참조.

4) 『正祖實錄』 권26, 12년 12월 癸丑, 46冊 22쪽.

5) 『樊巖集(下)』 권51, 墓碣銘, 星湖李先生墓碣銘, 1024쪽.

6) 『藥山漫稿』 권15, 序, 剡溪遺稿序(韓國文集叢刊 211), 47쪽.

2. 肅宗·景宗代 近畿南人系 分岐와 淸南세력의 등장

17세기 중반 이래 근기남인계는 兩亂으로 초래된 국가적 위기상황을 극복하기 위해 자파의 학문전통에 근거하여 現實救弊策을 마련하였다. 이를 현실에 관철시키기 위해 적극적인 정치활동을 전개하였다. 이러한 노력은 甲寅禮訟(1674) 결과 남인의 예론이 수용되면서 실현될 수 있었다. 이 때 활약했던 대표적인 정치가로서 許穆(1595~1682)·許積(1610~1680)·尹鑴(1617~1680)를 들 수 있다.[7] 이들은 숙종대 초반부터 정국운영의 주도권을 둘러싸고 西人과 정치적으로 대립하였다. 이 과정에서 남인은 宮禁세력과의 연계 문제, 즉 對서인 대응방식을 둘러싸고 상호 갈등하면서 마침내 淸南·濁南으로 분기되었다.[8] 탁남계는 허적과 權大運(1612~1699)을 영수로 하면서 閔熙·閔黯·睦來善·權大載·吳始福 등의 인사들이 참여하였다. 한편 청남계는 허목·윤휴를 중심으로 吳挺昌·吳挺緯·張應一·李台瑞 등의 인사들로 구성되었다.[9] 대체로 허적 세력은 주로 현종대부터 관료로서 성장한 인물들이 많아 관료적 성격이 강하였으며, 허목과 윤휴 세력은 산림 출신으로서 논의를 준절히 하는 청론을 주창하는 자들로 구성되었다.[10] 이 때 이익의 부친 李夏鎭(1628~1682)은 청남계로서 윤휴와 학문적·정치적 입장을 같이하면서[11] 그의 정계진출을 성사시키는데 일조했을 뿐 아니라 송시열에 대한 공세를 강화하는 등 활발한 정치적 활동을 펼쳤다.[12] 이 같은 활동으로 인해 그는 후대 오광운에 의해 허목의 의중을 받았던 인물로 평가받기도 하였다.[13]

이후 청남과 탁남은 정치운영 방략에 있어서 異見을 보이면서 상호 대립과 연계를 반복하였다. 특히 당시 정국 주도의 관건이었던 兵權 장악을 둘러싼 軍門의 置廢와 그 실권자의 교체 문제에 있어서 西人 勳戚 출신인 金錫胄(1634~1684)와 더불어 상호간의 반목을 거듭하였다.[14] 동시에 戶布論 등과 같은 사회경제책의 시행을 둘러싸고 대립하였다.[15] 이러한 과정에서 남인과 긴밀한 관계를 맺고 있던 宗室 인사들이 연루된 三福사건이 일어나게 되었다.[16] 곧이어 발생한 허적의 庶子 許堅의 역모사건으로 남인세력은 정계에서 축출

---

7) 『肅宗實錄』 권1, 즉위년 11월 辛酉, 38冊 218쪽 ; 『肅宗實錄』 권2, 원년 정월 辛酉·丁卯, 38冊 230·232쪽 ; 『肅宗實錄』 권2, 원년 5월 己卯, 38冊 276쪽.
8) 『肅宗實錄』 권3, 원년 4월 壬辰·戊申, 38冊 264·266쪽 ; 李建昌, 『黨議通略』(朝鮮光文會, 1912), 28~29쪽.
9) 『肅宗實錄』 권4, 원년 6월 辛酉, 38冊 287쪽.
10) 고영진, 「17세기 후반 근기남인학자의 사상 - 윤휴·허목·허적을 중심으로 -」, 『조선시대 사상사를 어떻게 볼 것인가』, 풀빛, 1999, 297~298쪽 참조.
11) 『肅宗實錄』 권2, 원년 정월 乙丑, 38冊 231쪽 ; 『肅宗實錄』 권4, 원년 6월 辛酉, 38冊 288쪽. 이하진과 윤휴의 관계는 원재린, 「星湖 李瀷의 人間觀과 政治改革論」, 『學林』 18, 1997, 59~60쪽 참조.
12) 『肅宗實錄』 권4, 원년 4월 辛酉, 38冊 267쪽.
13) 『藥山漫稿』 권15, 序, 六寓堂集序, 52쪽.
14) 洪順敏, 「肅宗初期의 政治構造와 換局」, 『韓國史論』 15, 1986, 168~180쪽 참조.
15) 고영진, 앞의 책, 310~318쪽 참조.

되었다(庚申換局, 1680).[17] 이후 남인계는 己巳換局(1689)을 통해 일시적으로 정치력을 회복하기도 하였지만 甲戌換局(1694)으로 숙종대 초반 정국을 주도하는 정치세력으로서의 면모를 상실하게 되었다.

근기남인의 정치적 패배는 곧 그들이 주장했던 정책들과 이를 통해 관철시키고자 했던 개혁목표의 좌절을 의미하는 것이다. 이 시기 남인계 주요 정론가였던 허목과 윤휴에 의해 제기된 정책들을 살펴보면 다음과 같다. 허목은 六經에 근거한 禮法主義에 입각하여 尊君卑臣論을 제기하였다. 또한 집권 관인 儒者들의 일각에서 농민경제의 현실은 차치한 채 尊華攘夷 혹은 崇明保恩의 명분론에 집착해서 제기했던 북벌론에 대해 반대하였다. 대신 소농민경영을 잠식하여 公民을 은닉하고 조세 수입을 감소시키는 비리 불법의 최대 온상이었던 宮房·衙門屯田과 軍役制 혁파를 주장하였다. 즉, 保民觀·民産防止論에 입각하여 自營小農經營의 확립을 전제로 하는 체제안정책을 추구했던 것이다.[18] 한편 윤휴는 孝治論과 法後王論에 근거하여 붕당정치로 인한 신료 내부의 분열과 대립을 해소함으로써 국가권력의 강화를 도모하였다. 이와 함께 五家作統法과 紙牌法, 戶布法 등의 法制를 통하여 全民에 대한 국가의 濟一的 장악과 民의 경제적 재생산기반을 보증하고자 하였다.[19] 비록 이들은 구체적인 정책방안에 있어서 견해 차이를 보이고 있었지만 반주자학적 학문에 기반하여 각자의 개혁론을 마련하고 있었다는 점에서 사상적 동질성을 보여주었다. 또한 이렇게 마련된 정책들을 통해 정치적으로 君權 중심의 국가운영체제의 정립과 양반 사대부층의 정치·경제적 특권과 독점을 견제하려 했고, 경제적으로 지주전호제 개혁을 통한 자영소농경제를 확립하려 했던 점에서 일치된 정책목표를 보여주었다. 따라서 숙종 후반 이후 남인계에게는 자파의 정책목표를 재달성하기 위한 정치적 계기를 마련하고, 이들 통해 정치세력을 재정비하는 것이 주요한 과제로 부과되었다.

당시 남인계는 서인 내 老·少 분기 이후 소론계가 제시한 南人收合策에 의거하여 일부 인사들이 준용되기도 하였다.[20] 그러나, 본격적인 정치재기를 위해서 남인세력은 장차 자신들의 정치적 후원자로 인식되었던 禧嬪 張氏와 그의 소생인 東宮(=景宗) 문제에 관심을 기울이게 되었다. 즉, 갑술환국 이후 더 이상 정치세력으로서 정국을 주도할 명분과 정치력을 상실하게 된 남인의 입장에서는 동궁 보호 문제야말로 차후 정치력 회복의 중요한 관건이었다. 이 점은 숙종 32년(1706) 9월 李濳의 상소에 잘 반영되었다. 당시 仁顯王后의 죽음(1701)과 관련하여 희빈 장씨에 대한 처벌이 노론에 의해 제기되면서 남인계는 그 害가 세자에게 돌아올 것을 우려하여 그를 보호하기 위한 노력을 기울였다.[21] 청남계를 대표하여

16) 『肅宗實錄』 권9, 6년 4월 癸亥, 38冊 437쪽.
17) 『肅宗實錄』 권9, 6년 4월 4월 甲子, 437쪽.
18) 金駿錫, 「許穆의 反北伐論과 農民保護對策」, 『島巖柳豊淵博士華甲紀念論文集』, 1991 참조.
19) 鄭豪薰, 「尹鑴의 經學思想과 政治社會 改革論」, 연세대학교 석사학위논문, 1993 참조.
20) 鄭景姬, 「肅宗代 蕩平論과 '蕩平'의 시도」, 『韓國史論』 30, 1993, 134, 145~154쪽.
21) 『肅宗實錄』 권44, 32년 9월 壬申, 40冊 228쪽.

이잠은 상소문에서 세자를 모해하려는 金春澤을 제거하지 않으면 宗社가 위태롭다는 내용과 함께 元子 定號時 소극적인 자세를 보였던 송시열을 비판하였다. 또한 名義의 강화를 통해 君臣關係를 명확히 구분짓고, 군주 주도의 정국운영 원칙을 강조하는 등 자파의 정치적 입장을 대변하였다. 이처럼 세자 보호 문제에 적극적으로 대응하였던 남인계는 마침내 경종이 즉위(1720)하게 되면서 본격적으로 정계에 진출할 수 있었다.[22] 이후 延礽君의 世弟 책봉에 이은 聽政 문제[23]로 촉발된 辛丑換局(1721)을 계기로 金一鏡(1662~1724) 등 소론계와 연계를 통해 정국을 주도해 나아갈 기회를 얻을 수 있었다.[24] 바로 이 때 남인계는 다시 한 번 정국대처 방안을 둘러싸고 門外派·門內派·跨城派로 분화되었다.[25] 이 중 문외파에는 沈檀(1645~1730)·權以鎭(1668~1734)·李仁復(1683~1730)·吳光運·李重煥(1690~1752)·姜樸(1690~1742) 등의 인사들이 참여하였다. 이들은 청남을 계승하여 庚申·己巳 연간의 남인 집권층의 의리를 반성하면서 戚臣·宦官·宮妾들과 연결되어 정권을 유지하려 했던 허적과 泗川 睦·驪興 閔·晉州 柳씨 가문과의 차별화를 선언하였다. 또한 허적과 윤휴의 신원운동을 청의가 아니라고 배척하면서 청론을 주도하였다.[26]

이처럼 경종대 형성된 문외파는 허목을 宗長으로 하는 청남을 표방함으로써 숙종대 환국의 빌미를 제공하였던 탁남과의 결별을 통해 차별화를 시도하였다. 이는 정계복귀에 필요한 정치적 명분을 쌓는 것이며, 동시에 노론의 정치적 공세를 저지할 수 있는 구체적인 방안이었다. 더 나아가 허목에 의해 제기되었던 개혁전통을 계승한다는 의지를 천명한 것이기도 하였다.

한편 숙종·경종대 청남계 형성 과정에서 주목되는 점은 이하진과 이잠, 이중환 등 驪州 李氏 가문 출신 인사들이 깊이 관여하고 있었다는 사실이다. 이들은 기본적으로 반주자학적 학문관과 정치론에 입각하여 정론을 주도하는 입장에 서 있었다. 당연히 청남계로서는 앞으로의 정국운영 과정 속에서 여주 이씨 가문의 협조와 참여가 기대되었던 것이다.

3. 李瀷과 吳光運의 從遊關係와 學問觀

22) 이 시기 남인들도 재상급으로 沈檀을 필두로 洪萬朝·權重經, 당상관급 權以鎭·李仁復이 발탁되고, 당하관 이하로 權護·蔡彭胤·吳光運·姜必慶·權斗經, 참하관으로 姜樸·趙德隣·洪景輔 등이 등용되면서 남인계에게 유리한 정국으로 상황이 반전되었다(朴光用, 「李重煥의 정치적 위치와 擇里志 저술」, 『震檀學報』 69, 1989, 129쪽).

23) 『景宗實錄』 권4, 원년 8월 戊寅~乙酉, 41冊 169~172쪽 ; 『景宗實錄』 권5, 원년 10월 丁卯, 41冊 174쪽.

24) 『景宗實錄』 권5, 원년 12월 壬戌, 41冊 185·187쪽.

25) 南夏正, 「桐巢漫錄」(『黨爭史料集』 第一輯, 旿晟社, 1981), 684쪽 ; 『下廬先生文集』 권18, 遺事, 寬谷金先生遺事(景仁文化社, 1994), 317~318쪽 ; 유봉학, 「18세기 南人 분열과 畿湖南人 學統의 성립」, 『한신대학교 논문집』 1, 1983/『조선후기 학계와 지식인』, 신구문화사, 1999, 24~27쪽 재인용.

26) 유봉학, 위의 책, 1999, 25쪽 ; 朴光用, 앞의 글, 1989, 130~132쪽.

영조대 초반 청남계는 乙巳處分(1725)으로 노론정권이 성립되면서 일시적으로 정계에서 물러나게 되었다.[27] 정치적 주도권을 장악한 노론은 柳鳳輝(1659~1727)·趙泰億(1675~1728)·李光佐(1674~1740) 등 소론 대신들에 대한 처벌을 강력히 요구하였고,[28] 이에 영조는 丁未換局(1727)을 단행하였다. 정미환국으로 이광좌를 중심으로 한 소론정권이 성립하면서[29] 청남계 인사로서 심단이 工曹判書에, 副校理에 강박, 持平에 오광운이 특별 敍用되었다.[30] 여전히 남인세력은 노소 간의 대립 과정 속에서 소론이 入朝할 때 부수적으로 등용되고 있었다. 그러나, 이들의 등용이 趙文命(1680~1732)·宋寅命(1689~1746) 등 소론이 제기한 탕평론[31]과 이를 수용한 국왕의 결정에 의해 이루어졌다는 점에서 앞으로 전개될 탕평정국에서 그 역할이 기대되는 것이다. 더욱이 이 해 이익(당시 47세)은 조정으로부터 繕工監 監役으로의 천거를 받았다.[32] 이번 천거가 그의 명성을 듣고 이루어졌다는 점에서 鄕擧法에 의거하여 재야의 學德 높은 山林의 등용이라는 취지에서 단행되었던 것이다. 이익을 추천했던 擧主의 신원에 대해서는 밝혀진 바 없다. 하지만 통상적으로 거주 자격이 조선 후기 이래 중앙 및 지방요직에 있는 관료들로 제한되었다는 사실[33]과 이익에 대한 천거가 山林의 등용, 즉 학문적 소양에 기준하고 있다는 점에서 현직 관료들 가운데 이익과 학문적 배경이 같거나 최소한 그의 학문 경향에 동조하는 인사에 의해서 이루어졌을 가능성이 크다. 자연히 학문전통을 달리했던 노론계 인사들은 제외될 수밖에 없다. 따라서 거주의 범위는 이익과 학문적 소양을 같이하면서 당시 관료로서 활동하고 있었던 인물로 축소될 수 있다. 이러한 조건을 갖춘 거주의 신원은 다름 아닌 당시 소론정국에 참여하고 있었던 청남계였을 가능성이 큰 것이다. 그리고 이들 가운데에서 특히 오광운은 지평으로서 거주 자격을 갖추었음은 물론 청남계 인사들 가운데 유일하게 어린 시절부터 이익과 종유관계를 맺고 있었다. 앞서 언급한 바와 같이 오광운은 개인적으로 이잠에게서 학문을 사사받았다.[34] 당시 이익은 이잠에게 기탁해 있었고, 그의 문하에서 학문을 연마하였다. 따라서 이 시기 양자 간의 직접적인 학문교류가 예상된다. 이들의 종유관계는 이익이 부친과 중형의 문집 간행시 오광운에게 서문을 부탁한 사실[35]로 미루어 보아 지속적으로 유지되고 있었다. 그 관계는 이익이 자신과 가문의 처지를 가식없이 털어 놓을 만큼 친밀하였다.[36] 이러

27) 『英祖實錄』 권4, 원년 3월 庚子, 41冊 479쪽.
28) 『英祖實錄』 권6, 원년 6월 己卯, 41冊 525쪽 ; 『英祖實錄』 권11, 3년 6월 甲寅, 41冊 638쪽.
29) 『英祖實錄』 권12, 3년 7월 乙卯, 41冊 640쪽.
30) 『英祖實錄』 권12, 3년 7월 乙卯·辛酉, 41冊 640·642쪽.
31) 『英祖實錄』 권12, 3년 7월 壬申, 41冊 647쪽.
32) 『星湖先生全集(下)』, 附錄 卷1, 家狀(景仁文化社, 1974), 626쪽.
33) 鄭求先, 『朝鮮時代 薦擧制度硏究』, 초록배, 1995, 37~38쪽.
34) 『藥山漫稿』 권15, 序, 剡溪遺稿序, 47쪽.
35) 『藥山漫稿』 권15, 序, 剡溪遺稿序, 47쪽·六寓堂集序, 52쪽 ; 『星湖先生文集(上)』 권15, 書, 答吳永伯, 274~275쪽.
36) 『星湖先生文集(上)』 권15, 書, 答吳永伯光運 丙辰, 274쪽.

한 종유관계는 인간적 유대 관계에서뿐 아니라 각자의 학문관 형성에 적지 않은 영향을 끼쳤던 것으로 보인다. 이 점은 양자의 학문관에서 드러난 특징들을 통해서 확인할 수 있다.

우선 이들은 학문하는 기본자세로서 기존 학설에 대한 懷疑를 강조하고 있다. 이익은 의심을 하지 않으면 얻는 것이 견고하지 못하다고 하면서[37] 회의를 통한 自得을 강조하였다.[38] 그리고 회의와 자득을 통해 달성하고자 했던 학문의 목표는 言句의 말단적인 것에만 집착하지 않고 실천하는 데 있음을 분명히 하였다.[39] 이러한 태도는 오광운에게서도 확인된다. 그는 심지어 孔子조차도 의심할 수 있다고 보았다.[40] 즉, 古人의 마음을 얻기 위해서라면 성현의 말씀일지라도 회의를 갖고 그 본의를 이해할 필요가 있다는 것이다. 이 같은 회의정신은 자연스럽게 기왕의 유교경전에 대한 재해석의 계기를 제공하였다.

이익과 오광운은 모두 공자와 六經學에 주목하였다. 이익은 주자학을 넘어서 本原의 學으로의 복귀라는 의미에서 洙泗學을 지향하였다.[41] 이 때 의거해야 할 주요 경전은 육경이었다. 이 점은 "선생을 만난 이후 六經 이외에는 모두가 진부한 말이고 一身 밖의 등한한 일이었다"고 한 안정복의 述懷에서 확인할 수 있다.[42] 또한 그는 文籍들이 고루 갖추어진 三代와 西京 시대를 만나지 못하여 육경의 본뜻을 이해하지 않은 채 말라빠진 찌꺼기만 읽고 있는 당대의 학문 경향을 통탄하였다.[43] 이러한 견지에서 그는 '謹守規矩'한 西人의 학문 태도를 비판하였다.[44]

오광운 역시 육경을 문장의 근본으로 이해하고 이것이 확립될 때 理達할 수 있다고 보았다. 즉, 육경에 담긴 성인의 말씀[文]을 통해 이치에 통달하여 道에 이를 수 있다는 것이다. 이 때 理達할 수 있는 문장은 육경뿐만 아니라 諸子百家까지도 포괄하였다.[45] 그가 경전 학습을 통해 얻고자 한 것은 성인의 도를 실천하여 행동으로 옮기는 것이었다.[46] 그 구체적인 실현 방안으로 오광운은 三代의 制度와 法制를 강조하였다. 그는 『磻溪隨錄』 序文에서 柳馨遠(1622~1673)의 道器一元論을 계승하여[47] 정전제와 같은 삼대의 제도·법제를 현실에 구현할 때 비로소 삼대지치가 회복될 수 있다고 파악하였다.[48] 즉, 성인이라 할지라도

37) 『星湖全書』 4, 疾書, 中庸疾書 後說(驪江出版社, 1984), 645~646쪽.
38) 『星湖先生文集(下)』, 附錄, 家狀, 617쪽.
39) 『星湖先生文集(下)』, 附錄, 墓碣銘幷書, 632~634쪽.
40) 『藥山漫稿』 권11, 雜著, 程叔子廢嫡孫立己子辨, 507쪽.
41) 『星湖先生全集(上)』 권21, 書, 答尹幼長 庚辰, 383쪽(韓㳓劤, 『星湖 李瀷 硏究』, 서울대학교출판부, 1980, 36쪽에서 재인용).
42) 『順菴集』 권3, 與邵南尹丈書(『順菴全書』 1), 63~64쪽.
43) 『星湖僿說(下)』 권22, 經史門, 劉向·班固(慶熙出版社, 1967), 165쪽 ; 『星湖僿說(上)』 권10, 人事門, 眞派嫡傳, 327쪽.
44) 『順菴集』 권16, 雜著, 函丈錄(『順菴全書』 1), 355~356쪽.
45) 『順菴集』 권42, 諡狀, 贈資憲大夫吏曹判書行嘉善大夫司憲府大司憲兼弘文館提學同知春秋館事藥山吳公諡狀, 859쪽 ; 『藥山漫稿』 권11, 雜著, 文指, 515쪽.
46) 『藥山漫稿』 卷11, 雜著, 誡學者, 510쪽.
47) 『藥山漫稿』 권15, 序, 磻溪隨錄序, 49쪽.

도를 실현시켜 줄 政制와 문물의 제도적 뒷받침이 없다면 통치의 실효를 기대할 수 없다는 것이다. 그런데 여기서 한 가지 주목되는 점은 삼대의 정제와 법제를 현실에 그대로 관철시키지 않고 있다는 점이다. 즉, 그는 만약 형세의 변화로 삼대의 유제를 현실에 적용할 수 없는 상황이라면 삼대의 고제에 집착할 것이 아니라 "順天時而通世變"에 따라 삼대 법제에 관철된 安民(=保民)을 이룬 제도를 선택해야 한다는 논리를 제시하고 있다. 그는 통치방식으로서 봉건제와 군현제를 비교하면서 삼대가 侯伯制를 통해 통치의 안정을 이루었듯이 漢代 역시 군현제를 통해 人情의 안정을 구현하였다고 보았다. 이에 그는 군현제 역시 성인의 도에 부합되는 제도라고 평가하였다. 이 때 그 선택기준으로 삼대의 器에 내재되어 있었던 公의 실현에 주목하였다.[49]

이러한 관점은 이익에게서도 확인된다. 그는 古今의 興亡盛衰는 時勢의 나아가는 바에 의해 이루어지는 것으로 파악하였다.[50] 그는 고금의 成敗에 대한 평가 기준으로 시세를 잘 만나는 것을 가장 중시하였다.[51] 이 때 시세를 만난다는 것은 形勢에 따라 무의지적으로 대응하는 것이 아니라 造命論을 통해 강조하고 있듯이[52] 형세 변화에 인간이 능동적으로 대응하는 것임을 분명히 하고 있다. 이처럼 시세 중심의 도기일치적 현실인식을 갖고 있었던 그는 봉건제를 인습하면서도 당대 현실을 고려하여 군현제의 牧·守의 의의를 병행한 漢代 軍國制를 국가통치방식으로 수용할 것을 주장하였다.[53]

이상에서 언급한 학문관의 공통점들로 인해 양자 간의 종유관계가 주목되는 것이다. 즉, 유년 시절 이잠을 매개로 하여 시작된 이들의 관계는 각자의 학문관에서 나타나는 특징들을 설명해 줄 수 있는 최초의 단서인 셈이다. 더 나아가 정미환국이 단행되었던 그 해 추진된 이익의 천거자로서 오광운이 유력한 인물로 지목되는 것이다. 즉, 소론 주도의 정국에서 고군분투하고 있었던 오광운으로서는 당시 정국 상황에 능동적으로 대처해 나갈 수 있는 정치론 마련이 시급한 과제였다. 이에 자신을 정치적·학문적으로 후원해 줄 인사와의 연계가 절실하였다. 여기에서 현실문제에 관심을 갖고 구체적인 방안을 제안하고 있었던 이익과의 연계가 예상되며, 실제 양자 간에는 당시의 정국 현황에 대한 의견교환이 이루어지고 있었다.[54]

이익이 청남계의 정치적 입장을 대변해 온 여주 이씨 가문 출신이라는 점에서 그의 영입은 상당한 정치적 의미를 띠는 것이었다. 비록 그가 중형의 杖殺사건 이후 科擧를 廢하고

---

48) 『藥山漫稿』 권14, 雜著, 史評(下), 38쪽 ; 『英祖實錄』 권57, 19년 4월 甲午, 43冊 97쪽.
49) 『藥山漫稿』 권14, 雜著, 史評(下), 36쪽, "……封建郡縣之得失 惟當以公決之."
50) 『星湖僿說(下)』 권27, 經史門, 陳迹論成敗, 417쪽.
51) 『星湖僿說(下)』 권20, 經史門, 讀史料成敗, 96쪽, "余故曰天下之事 所値之勢爲上 幸·不幸次之 是·非爲下."
52) 『星湖僿說(上)』 권3, 天地門, 造命, 87쪽.
53) 『星湖僿說(下)』 권26, 經史門, 封建, 373~374쪽.
54) 『星湖先生文集(上)』 권15, 書, 答吳永伯光運 丙辰, 274쪽.

은거하였다 하더라도 家傳받은 정치적 지향은 그대로 견지하고 있었다. 그러나 이익의 정치참여는 당시 이잠과의 親緣관계로 인한 노론의 정치적 공세가 예견되는 상황에서 현실적으로 어려웠던 것이다. 이보다는 오히려 학문활동에 전념하는 가운데 자연스럽게 현실문제에 관심을 갖는 학인들로 하여금 자신의 정국인식과 타개 방안을 채용해 나갈 수 있는 기회를 제공하는 것이 더 현실적이었다.

이상과 같은 양자의 관계를 보다 명확하게 규명하기 위해서는 이익과 오광운이 제안했던 정치론에 대한 분석이 필요하다. 즉, 양자의 현실 정국인식과 정치운영론에 대해 살펴봄으로써 그 토대가 되었던 학문관이 갖는 의미와 종유관계의 지속 여부를 재확인할 수 있을 것이다. 또한 이를 통해 이익과 오광운의 종유관계가 영조대 전반기 청남계에게 주어진 탕평론 마련이라고 하는 정치적 과제를 해결하는 과정에서 더욱 강화되고 있음을 확인할 수 있을 것이다.

4. 李瀷의 立法中心 政治論과 吳光運의 蕩平論

오광운이 본격적으로 자신의 탕평론을 改進한 시점은 戊申亂(1728) 직후였다.[55] 즉, 무신난 진압에 공을 세운 오광운은 영조의 신임을 받게 되었고,[56] 이를 계기로 소론의 탕평론을 반박하면서 자신의 견해를 개진하였다.[57] 그는 老少聯政體制 유지를 위해 소론이 제기한 조제보합적인 탕평을 비판하였다. 대신 그는 각 당에서 名流로 지칭되는 自好者를 임용할 것을 주장하였다. 이 때 자호자는 기본적으로 자신을 단속함이 아주 엄하며 공사를 맡아서도 부지런한 자로 규정하였다. 이어서 비록 당습의 병통됨에서 완전히 벗어나지 못했다 하더라도 居家時 뇌물을 받지 않고, 在官시 쟁쟁한 업적이 능히 드러나며, 事君시 말하기 어려운 바를 숨기지 않는 등 군주를 위해 服務하는 관료로서 갖추어야 할 기준을 제시하였다.[58] 또한 그는 신하들이 임금을 섬기는 데 필요한 의리에 대해 열 가지 사례를 들어 구체적으로 설명하였다.[59] 이 때 관료의 자격을 준별하는 주체는 군주였다. 즉, 군주는 각 색목 중 관료의 자격을 갖춘 자호자만을 임용하고, 이들로 하여금 蕩平의 陶冶를 融化하게 하는 것이다. 그러면서도 그는 융합과 조화라고 하는 탕평의 취지를 살리기 위해 자호자의 범주에 포함되지 않는 인사들까지 각자의 재능에 따라 활용할 것을 제안하였다.[60] 군주가 관료

55) 『藥山漫稿』 권10, 雜著, 變亂時記事(韓國文集叢刊 210), 496~501쪽.

56) 『英祖實錄』 권62, 21년 7월 辛卯, 43冊 188쪽 ; 『英祖實錄』 권35, 9년 7월 庚辰, 42冊 362쪽 ; 『英祖實錄』 권21, 5년 정월 병인, 42冊 101쪽, 3월 甲寅, 42冊 112쪽.

57) 『英祖實錄』 권21, 5년 3월 乙卯, 42冊 112쪽 ; 『英祖實錄』 권34, 9년 5월 辛丑, 42冊 353쪽 ; 『英祖實錄』 권45, 13년 9월 壬寅, 42冊 569쪽 ; 『藥山漫稿』 권6, 雜著, 嶺南按覈使回論事疏(韓國文集叢刊 210), 438~439쪽.

58) 『藥山漫稿』 권6, 雜著, 嶺南按覈使回論事疏, 439쪽.

59) 『藥山漫稿』 권11, 雜著, 誠爲人臣者, 513쪽.

임용 대상자들에 대하여 자호자로서의 조건을 갖추었는지 是非를 판별한 후 각자의 분수에 맞게 임용하되, 탕평의 효과를 높이기 위해 소인까지도 포용하는 탕평관을 견지하였던 것이다.[61] 이처럼 오광운은 당파적 이해관계를 떠나 관료로서 갖추어야 할 객관적 기준을 제시함으로써 청남계 인사들이 정계에 준용될 수 있는 계기를 마련하고자 했던 것이다.

이 같은 탕평 방식은 이익에게서 보다 분명히 나타나고 있다. 그도 오광운과 마찬가지로 탕평을 표방하면서도 黨利黨略에 얽매여 종국에는 蕩平黨으로 변모된 소론의 방식을 비난하였다. 즉, 세력균형의 차원에서 노소보합적 調用에만 집착하는 방식은 본래의 탕평의 의미를 상실한 것으로 판단하였다. 이러한 폐해를 극복할 수 있는 방안은 군주가 權度에 따라서 각 당파 내에 혼재되어 있는 군자소인을 구별하여 등용하는 것이었다.[62] 이 때의 선별기준은 自作한 義理가 아니라 객관적으로 인정할 수 있는 법에 의거하였다. 즉, 군주가 객관적인 통치규범으로써 법을 세우고, 그것에 의거하여 통치한다면 당쟁의 풍속은 바뀌게 될 것이다.[63] 그는 붕당 소멸을 위한 궁극적인 방안으로서 입법을 통한 방식을 제시하였던 것이다. 이 때 입법의 주체는 군주였다. 모든 명령은 군주로부터 나오고 국정운영에 필요한 실무는 신료들에게 분속되는 것이다.[64] 이를 위해 우선 군주는 '萬物同仁'할 수 있는 인물을 선정하여 補相으로 임명한다. 비유컨대 군주는 대장으로서 軍事의 전반적인 사항을 주관하듯이 정무를 총괄하고, 재상은 군주의 명령을 충실히 집행하는 中軍에 해당되는 것이다.[65] 다음으로 보상은 앞서 지적한 바와 같은 기준으로 百僚와 州牧들을 임명한다. 이렇게 해서 選任된 중앙의 百僚과 지방의 州牧들에게는 한마음 한뜻으로 군주를 높이고 백성을 보필하는 책무가 부여된다.[66] 이익은 바로 이 같은 통치구조 속에서 군주가 그 法을 믿고 신하들은 직책에 힘쓰며, 어진 이가 등용될 때 국정운영은 자연스럽게 이루어질 것이라고 보았다.[67]

이처럼 이익은 기본적으로 탕평을 통한 붕당 혁파라고 하는 정책목표의 실현을 위해 입법을 강조하였다. 이 때 법은 군주를 중심으로 한 哲辟 - 良相・賢輔 - 백료・주목의 일사분란한 집권체제를 이끌어 나갈 수 있는 객관적 통치규범이었던 것이다. 당연히 이를 현실정치에 관철시키기 위해서는 '尊主補民'의 역할을 수행할 인재와 왕권강화가 전제되어야 하는 것이었다. 이러한 이익의 주장은 당대 현실정치에 적극 참여하였던 오광운의 탕평론에 반영되었다.[68] 그러나 오광운의 견해는 己酉處分(1729)을 계기로 辛壬獄事에 대한 절충을

60) 『藥山漫稿』 권6, 雜著, 嶺南按覈使回論事疏, 439쪽.
61) 『藥山漫稿』 권10, 雜著, 變亂時記事, 501쪽.
62) 『星湖僿說(上)』 卷9, 人事門, 朋黨, 308~309쪽.
63) 『星湖僿說(上)』 卷9, 人事門, 朋黨, 308~309쪽, "……故曰 立法爲上 法立於上 而風易於下."
64) 『星湖僿說(上)』 卷7, 人事門, 君逸臣勞, 218쪽.
65) 『星湖僿說(上)』 卷11, 人事門, 備邊司, 392쪽.
66) 『星湖僿說(上)』 卷16, 人事門, 回否爲泰, 575쪽.
67) 『星湖僿說(下)』 卷23, 經史門, 懷王後主, 212쪽.
68) 오광운 역시 붕당을 소멸시킬 탕평 방안으로서 군주의 立法制事 문제에 관심을 갖고 있었다[鄭豪薰,

통해 정치적 명분을 획득한 소론 주도의 탕평정국에서는 수용되지 못하였다. 즉, 노소연정 체제의 유지를 위해 雙擧互對·兩治兩解의 원칙에 입각하여 노·소론을 調用하는 상황 속에서[69] 오광운의 견해는 근기남인계 정치론의 일단을 대변하는 것일 뿐 정국운영에는 반영될 수 없었다. 하지만 당시 주요한 국정현안에 대해 자신의 정론을 가지고 적극 대응해 나아갈 수 있었다는 점은 정치세력으로서의 면모를 한층 강화시키고 있었음을 의미하는 것이었다.

그의 탕평론이 본격적으로 적용되게 된 것은 庚申處分(1740)을 거치면서부터였다.[70] 경신처분을 통해 신임옥사에 연루된 노론 4대신 중 金昌集(1648~1722)·李頤命(1658~1722) 마저 伸冤됨으로써 신임옥사에 연루된 노론 4대신이 모두 복권되었다. 기유처분을 통해 확정된 쌍거호대나 양치양해에 입각한 소론계 탕평방식은 더 이상 유효한 정국운영의 수단이 될 수 없었다.[71] 이러한 정국의 변화에 대응하여 오광운은 가장 먼저 경신처분에 대한 정치적 입장을 표명하였다. 그는 영조의 왕위승계의 정통성을 천명하고, 金龍澤·金一鏡 등을 閔黯에 대비시키는 三黨俱逆의 논리를 내세움으로써 상대적으로 청남계의 立朝 명분을 보강하였다.[72] 이어서 그는 위엄과 權柄을 보유한 군주가 調劑主人으로서 군사소인을 엄격히 구별하여 군자를 서용함으로써 建極을 이룰 것을 거듭 촉구하였다.[73] 이러한 그의 견해는 영조의 마음을 흡족하게 하였고, 곧바로 대사헌에 특별 제수되기까지 하였다.[74] 이후 그는 자신의 정치론을 관철시키기 위해 大蕩平論을 주장한 노론계 元景夏(1686~1761)와의 연계를 모색하였다.[75] 이로 인해 그는 新黨을 조성한다는 혐의를 받기도 했지만 이를 계기로 주요 정치가로 주목받게 되었다.[76] 이후 오광운은 국왕권 강화를 위해 경신처분의 내용을 확정짓는 데 정치적 노력을 기울였다.[77] 그는 원경하와 더불어 三手逆案을 毁去하고 世人의 의혹을 풀기 위해 大誥를 내릴 것을 적극 주장하였다.[78] 영조는 오광운의 제의를 수용하였다. 즉, 임인옥은 誣案이므로 凶案을 소각하고, 被罪人은 伸冤하되 김용택 등 주동자 5인만을 逆으로 단정하여 別案에 둔다는 사실을 기술한 辛酉大訓(1741)이 반포되었다.[79]

이처럼 오광운은 경신처분을 계기로 소론 탕평파의 세력이 약화된 틈을 이용하여 자신의

「18세기 政治變亂과 蕩平政治」, 『金容燮敎授停年紀念韓國史學論叢(2)』, 1997, 566~567쪽 참조].

69) 鄭萬祚, 「英祖代 中半의 政局과 蕩平策의 再定立」, 『歷史學報』 111, 1986, 218~219쪽.
70) 『英祖實錄』 권51, 16년 정월 壬子, 42冊 651쪽 ; 『英祖實錄』 권51, 16년 5월 戊午, 42冊 662쪽.
71) 鄭萬祚, 앞의 글, 1986, 98~99쪽 참조.
72) 鄭萬祚, 위의 글, 1986, 102~103쪽.
73) 『英祖實錄』 권52, 16년 7월 己丑, 42冊 674쪽.
74) 『英祖實錄』 권52, 16년 7월 己丑, 42冊 674쪽.
75) 鄭萬祚, 앞의 글, 1986, 94~97쪽.
76) 『桐巢漫錄』 권3, 671~672쪽 ; 『英祖實錄』 권54, 17년 9월 壬申·甲戌, 43冊 32쪽 ; 『英祖實錄』 권97, 37년 5월 乙丑, 44冊 67쪽.
77) 鄭萬祚, 「英祖代 초반의 蕩平策과 蕩平派의 活動」, 『震檀學報』 56, 1983, 32쪽.
78) 『英祖實錄』 권54, 17년 9월 甲戌, 43冊 32쪽 ; 鄭萬祚, 앞의 글, 1986, 106쪽.
79) 『英祖實錄』 권54, 17년 9월 乙酉·辛卯, 43冊 34~36쪽.

탕평론을 정국운영에 관철시키기 위한 구체적인 정치활동을 전개하였다. 그 일환으로 임인옥과 관련된 영조의 혐의를 제거하는 신유대훈을 성사시킴으로써 탕평의 주체인 왕권을 강화시킬 수 있었다. 이로써 자신의 탕평론을 실현시킬 수 있는 가능성을 한층 제고시켰다. 이후 그는 영조에게 탕평론을 통해 구현하고자 하는 국가운영체제에 대한 견해를 제시하였다.[80] 그가 지향한 최종 목표는 理勝한 삼대사회의 구현이었다. 이 때 理는 심성론 차원에서 인간사회에 보편적으로 관철되는 도덕적 가치규범으로서뿐 아니라 사회변혁의 차원에서 구체적인 제도와 법제를 통해 구현되는 삼대의 도[保民]를 의미하는 것이었다. 이를 위해 우선할 과제로서 그는『반계수록』서문에서 토지소유의 균등화와 공유화를 전제로 한 井田制의 시행과 이에 따른 민의 재생산 기반의 확보를 강조하였던 것이다.[81] 그리고 이러한 국가체제를 운영해 나갈 권력구조로서 理인 君主가 氣인 臣下를 통솔하는 집권체제를 영조에게 進言하였다.[82]

이처럼 이익의 입법 중심의 정치론과 이를 현실에 관철시키려 한 오광운의 탕평론은 18세기 정국 상황을 고려하는 가운데 17세기 이래 근기남인계 정책목표의 재실현을 위해 마련되었던 것이다. 따라서 여기에는 근기남인의 개혁전통을 계승하면서도 탕평정국에의 적용 가능성을 높이기 위해 고안된 현실인식과 대응논리가 내재되어 있었다. 이러한 점이 이익의 정치론과 오광운의 탕평론에서 주목해 보아야 할 특징이라 할 것이다.

5. 맺음말

18세기 들어서 근기남인계는 17세기 중반 이래 제기되었던 국가운영 전반에 걸친 체제개혁방안과 이를 통해 관철시키고자 했던 정책목표를 재달성하기 위한 노력을 기울였다. 이를 위해 시급히 요청되었던 과제는 서인·노론과 정치적 대립의 패배로 초래된 열세의 만회였다. 이에 남인계는 정계 진출을 위한 계기를 마련하기 위해 세자보호에 주력하였고, 경종의 즉위와 더불어 그 목표를 어느 정도 달성하게 되었다. 이 때 남인계는 정국 대응방안을 둘러싸고 숙종대에 이어서 다시 한 번 문외파·문내파·과성파로 분기되기에 이르렀다. 그 가운데 청남을 계승하였던 문외파는 숙종 연간에 서인·노론의 정치공세의 빌미를 제공한 탁남과의 관계를 청산하고 청론을 표방함으로써 정치세력으로서의 면모를 갖출 수 있었다. 이는 숙종대 청남계가 추구하였던 국가개혁방안을 현실에 관철시키기 위한 정치적 조건이 갖추어지게 되었음을 의미하는 것이다.

한편 학문적으로 근기남인계는 조선 후기 내재적 발전 과정에서 초래되고 있었던 중세사

80)『英祖實錄』권57, 19년 2월 壬辰, 43冊 84쪽.
81)『藥山漫稿』권15, 序, 磻溪隨錄序.
82)『英祖實錄』권57, 19년 2월 壬辰, 43冊 84쪽.

회 전반에 걸친 동요에 대응해 나갈 수 있는 새로운 학문체계와 사상 마련을 위한 노력을 기울였다. 이익은 근기남인계의 사상 전통을 계승하는 가운데 주자학적 사유체계에 회의하면서 변화하는 현실 속에서 새롭게 적용될 수 있는 변혁논리와 대응방안을 마련하기 위해 학문연구에 몰두하였다. 그 과정에서 자연스럽게 그의 족인과 남인계 학인들로 구성된 성호학파가 결성될 수 있었다.

이 같은 정치와 학문 분야에 걸친 근기남인계의 노력은 영조대 전반기에 새로운 전기를 맞이하게 되었다. 무신란을 계기로 양반지배층 내부에서는 당쟁의 폐해로 인한 공멸의 위기감이 고조되는 상황 속에서 오광운은 정국의 현안을 해결하기 위한 방안으로 탕평론을 제기하였다. 그의 탕평론이 서인·노론이 주창하는 주자의 붕당론을 극복하는 과정에서 생성되었다는 점에서 그 토대가 되었던 학문기반에 주목하지 않을 수 없다. 즉, 이 시기 각 정파에서 제기했던 탕평론은 기본적으로 해당 학파의 학문적 기반을 토대로 마련되었다. 따라서 오광운의 탕평론 형성 과정에서 근기남인계를 대표하는 학자인 이익과의 연계는 예상 가능한 것이었다.

이미 양자는 청남 출신으로서 유년 시절에 이잠을 매개로 종유관계를 맺고 있었다. 이들의 관계는 이후로도 지속되었으며, 이는 각자의 학문관 형성에 적지 않은 영향을 주었던 것으로 보인다. 즉, 이익과 오광운은 학문인식 태도로서 회의정신을 강조하면서 육경 중심의 경학체계를 확립하였다. 이들이 육경에 주목했던 것은 현실개혁에 필요한 구체적인 전범을 제공받기 위함이었다. 이를 통해 개혁에 필요한 정제와 법제 및 그 속에 관철된 국가운영원리를 채용할 수 있었다. 이러한 학문적 공감대 위에서 양자는 각자가 처한 현실 상황 속에서 근기남인계에게 주어진 정치적 과제인 탕평론의 형성에 盡力하였다. 이러한 관점에서 정미환국이 단행되던 그 해 이루어진 이익의 천거가 주목되는 것이다. 이익에 대한 천거는 정국 상황이나 천거 형태로 미루어, 당시 입조해 있었던 청남계에 의해 추진되었을 가능성이 크다. 설사 천거와 같은 특별한 계기가 마련되지 않았다 하더라도 서신을 통해 확인해 볼 수 있듯이 이 시기 부여된 정치적 과제 해결을 위해 양자의 관계는 보다 강화되고 있었다. 따라서 무신란 직후 오광운이 제기했던 탕평론은 17세기 자파의 국가운영방안을 재실현하기 위해 성호학파가 기울인 정치적·학문적 노력의 결과물이었던 것이다.

학파로서의 면모는 이들의 탕평론에 대한 분석을 통해 보다 분명히 나타난다. 우선 양자 모두 청남계 입장에서 조제보합에 입각하여 노소연정체제의 유지를 도모한 소론탕평의 문제점을 지적하였다. 이들의 탕평론에서 주목되는 점은 관료로서 요건을 갖춘 자호자 혹은 군자를 판정할 수 있는 객관적 기준을 입법화하여 이를 통치규범으로 확정지으려 한 것이다. 그 입법권을 군주가 장악하고 운영할 때 비로소 당쟁을 제거하고 국정을 안정시킬 수 있다고 보았다. 오광운은 이러한 탕평론을 무신란 직후 적극적으로 영조에게 개진하였다. 비록 오광운의 견해는 노소연정체제 하에서 수용되지는 않았지만 지속적인 정치활동을 통해 영조나 다른 정파 소속 탕평론자들의 관심을 끌 수 있었다. 마침내 경신처분으로 소론의 조제보합적 탕평원칙이 흔들리면서 그는 원경하와 함께 대탕평을 표방하였으며, 이로써 자신의 견해를 정국운영에 적극 반영시킬 계기를 마련하였다. 이후 그는 탕평의 주재자로서 영조의 위상강화를 위한 정치적 노력을 기울였으며, 마침내 신유대훈을 선포하는 데 결정적인 공헌을 하게 되었다.

이처럼 오광운에 의해 제기한 탕평론이 정국운영에 일부 반영되는 등 정계 진출에 필요한 여건이 성숙되면서 영조대 후반 이후 정조대 이르러 채제공을 비롯한 일부 성호문인들의 정계 진출이 본격화될 수 있었다. 특히 정조대 채제공은 이익과의 사적인 교유관계를 강조하는 한편, 이익으로 계승되는 남인계 학통을 확정짓고 있었다. 즉, 그는 청남계 정론가로서 공식적으로 성호학파의 면모를 강조함으로써 노론에 맞서 자신의 정치적 입지를 확보해 나가고 있었던 것이다. 이러한 과정을 거치면서 숙종 후반 일시 단절되었던 근기남인계의 개혁 전통은 영·정조대 성호문인의 학문연구와 정치활동을 통해 실현성을 단계적으로 제고시켜 나갈 수 있었다.

朝鮮後期 '地球'說 受容의 思想史的 의의

구 만 옥*

1. 머리말

인류 역사에서 '地球'說이 학문적으로 논의되기 시작한 것은 기원전 4, 5세기경 그리스의 자연철학자들로부터 유래한다. 지구설의 최초의 형태는 과학적인 탐구를 통해 획득된 것이라기보다는 종교적·철학적 신념에 근거를 둔 주장이었다. 과학적인 의미를 갖는 지구설의 등장은 경험세계에 대한 논리적인 탐구를 거치면서 이루어졌다. 예컨대 남북으로 항해를 할 때 태양을 비롯한 천체의 고도가 달라지는 것이라든지, 해변에서 떠나가는 배가 수평선 저편으로 가라앉는 것처럼 보이는 현상 등을 설명해 줄 수 있는 논리적인 방법을 찾게 될 때 지구설은 주목의 대상이 된다. 특히 월식이 태양빛에 대한 지구의 엄폐 현상 때문에 발생하는 것이라는 점을 인식하게 되면, 월식 때 볼 수 있는 지구 그림자의 모양을 통해서 지구설을 과학적으로 증명할 수 있게 된다. 그것은 아리스토텔레스(B.C. 384~322)에 의해 이루어졌다.[1] 그는 월식현상과 남북에 따른 별의 고도차를 통해 지구설을 주장하였던 것이다. 어쨌든 고대 그리스에서 천구와 지구라는 두 개의 球로 이루어진 우주관이 성립된 이후 지구설은 서양의 우주론에서 기본적인 요소로 계승된다.

그러나 동양의 경우에는 이와 달랐다. 동양의 우주론, 특히 중국의 우주론에서 땅은 평면으로 간주되었다. 天圓地方을 주장하는 蓋天說에서는 물론이고, 계란 형태의 우주구조를 설정하고 있었던 渾天說의 경우에도 땅은 의연히 평면이었다. 땅을 평면으로 간주하는 사고는 중국 중심의 세계관[華夷觀]을 구축하는 지리학적 기반으로서 기능하였다. 따라서 일

* 연세대학교 강사

1) 盧禎埴, 「地球球體說 受容의 外來的 影響에 관한 연구」, 『大邱教育大學 論文集』 19, 1983/『韓國의 古世界地圖』(大邱教育大學總長 成哉 盧禎埴博士 退任紀念論文集), 大邱教育大學校 在職同門會, 1998, 233~246쪽에 재수록 ; 로이 포터 엮음, 조숙경 옮김, 『2500년 과학사를 움직인 인물들』, 창작과비평사, 1999, 28쪽.

반적으로 지구설은 중국 중심의 세계관을 극복할 수 있는 과학적·지리학적 근거로 평가된다. 왜냐하면 球形 위에는 고정된 하나의 중심을 설정하는 것이 불가능하기 때문이다. 따라서 지구설을 적극적으로 수용할 경우, 누구나 세계의 중심이 될 수 있다는 '相對主義的 인식'에 도달할 수도 있게 된다. 즉 "만약 지구라는 관점에서 논한다면 각각의 나라가 모두 세계의 중심이라고 말할 수 있다"[2]는 관점이 수립되는 것이다.

지구설을 이야기한 조선 후기의 대표적 학자로는 金萬重(1637~1692), 金錫文(1658~1735), 李瀷(1681~1763), 洪大容(1731~1783) 등이 널리 알려져 있다. 물론 이들이 모두 동일한 관점에서 지구설을 말하고 있는 것은 아니었지만 어쨌든 17세기 후반이 되면 선진적인 학자들 사이에서 지구설이 차츰 상식으로 자리잡게 되었다는 것만은 분명히 확인할 수 있다. 그것은 서학의 본격적인 수용과 지식인 사회 내에서의 전파·확산을 의미하는 것이기도 하다. 이러한 지구설은 1770년에 완성된 『東國文獻備考』「象緯考」에 채용됨으로써 국가 차원의 공인을 받기에 이르렀다.[3]

아래에서는 이상과 같은 사상사적 의미를 갖는 지구설이 어떤 경로를 통해 조선사회에 전파되었으며, 당시 조선의 학자들은 어떤 관점에서 지구설을 수용하게 되었는지를 검토해 보고자 한다. 특히 각각의 논자들이 어떤 경로를 통해 지구설에 접하게 되었으며, 어떤 논리적 근거를 바탕으로 지구설을 수용하게 되었는지, 또 그들은 지구설의 의미를 무엇으로 파악하고 있었으며, 그것은 그들 각자의 사상체계에 어떤 영향을 미쳤는가 하는 점에 논의의 초점을 맞추어 살펴보도록 하겠다.

2. 西學의 傳來와 '地球'說의 수용

1) 西學의 傳來와 '地球'說의 도입

지구설의 수용은 西學의 전래와 밀접한 관련이 있다. 특히 그 가운데서도 서양 지리학과 천문학의 전래는 지구설을 직접적으로 소개하고 있다는 점에서 주목된다. 조선 후기 전통적인 지리인식에 변화를 불러일으킨 서양지리학의 전래는 세계지도와 서양지리서의 전파를 통해 이루어졌다.

조선에 전래된 최초의 세계지도는 利瑪竇(Matteo Ricci : 1552~1610)에 의해 제작된 「坤輿萬國全圖」였다. 그것은 선조 36년(1603) 李光庭과 權憘에 의해 도입된 것으로, 李睟光(1563~1628)의 기록을 통해 확인된다.[4] 「곤여만국전도」는 利瑪竇가 북경에 진입한 이후에

2) 「西洋國陸若漢答李榮後書」, 『雜同散異』(古-0160-12) 22冊, "如以地球論之 國國可以爲中."
3) 『增補文獻備考』 卷1, 象緯考1, 15ㄴ, 上, 24쪽(『增補文獻備考』, 明文堂, 1985·3版의 책수와 쪽수임. 이하 같음).
4) 『芝峰類說』 卷2, 地理部, 外國, 34ㄴ~35ㄱ, 36~37쪽(영인본 『芝峰類說』, 景仁文化社, 1970의 쪽수

제작한 지구설에 바탕을 둔 타원형 지도로 1602년에 간행되었다.[5] 이것은 利瑪竇가 중국에서 제작한 최초의 세계지도인 「山海輿地全圖」와 동일한 계통을 이루는 것이었다. 이 지도의 여백 부분에는 각종 序文·跋文·註記가 붙어 있는데, 利瑪竇는 그 서문에서 "地形本圓球"[6]라고 하여 지구설을 소개하였다.

이수광은 같은 곳에서 「山海輿地全圖」라는 것도 소개하고 있는데, 그것은 「兩儀玄覽圖」로 추정되고 있다. 「양의현람도」는 利瑪竇 세계지도의 결정판으로 1603년에 李應試·馮應京에 의해 판각되었다. 「양의현람도」에서는 "땅과 바다는 본래 원형으로 합쳐져서 하나의 구가 되어 천구의 한가운데 위치한다"[7]라고 하여 분명하게 지구설을 주장하고 있었다. 「양의현람도」가 우리 나라에 전해진 것은 선조 37년(1604) 黃中允에 의해서였다.[8]

이 밖에도 「萬國全圖」(艾儒略), 「坤輿全圖」(南懷仁) 등의 세계지도가 18세기 초까지 조선에 전래되었다. 「만국전도」는 『職方外紀』의 卷首에 실려 있는 타원형 세계지도로서 『직방외기』와 함께 인조 9년(1631)에 鄭斗源에 의해 국내에 도입되었다.[9] 「곤여전도」는 시점을 적도상에 두고 동서 양반구를 별개로 만든 세계지도로서 지도 여러 곳에 지리적 설명을 부기하였는데, 거기에는 '地圓', '地體之圓'과 같은 항목을 설정하여 지구설을 소개하고 있다.[10] 「곤여전도」는 1674년 북경에서 처음 발간되었고, 18세기 초에는 『坤輿圖說』과 함께 조선에 전래되었을 것으로 추정된다.

이상에서 살펴본 세계지도는 모두 지구설에 바탕을 두고 제작된 것이다. 거기에서는 시각적인 표현 외에도 각종 註記를 통해 지구설의 내용과 근거를 설명하고 있는데, 그 기초가 된 것은 물론 利瑪竇의 지구설이었다. 따라서 그의 지구설은 이후에 전래되는 다양한 지구설의 원형이 된다는 점에서 주목할 필요가 있다. 利瑪竇의 지구설이 상세하게 소개된 글은 『乾坤體義』 卷上에 수록된 「天地渾儀說」이다. 그 모두에서 利瑪竇는 다음과 같이 말하고 있다.

> 땅과 바다는 본래 원형으로 합쳐져서 하나의 球가 되어 천구의 가운데 위치한다. 마치 계

임. 이하 같음).

5) 이에 대한 고전적인 연구로는 J. F. Baddeley, "Father Matteo Ricci's Chinese World-Maps, 1584-1608," *The Geographical Journal*, 1917(연세대 귀중본 도서번호 LC 912 B14f) 참조.

6) 「坤輿萬國全圖」 序文(金良善, 「明末淸初 耶蘇會 宣教師들이 製作한 世界地圖」, 『梅山國學散稿』, 崇田大學校 博物館, 1972, 194쪽. 원 논문은 「明末淸初 耶蘇會宣教師들이 製作한 世界地圖와 그 韓國文化史上에 미친 影響」, 『崇大』 6, 1961).

7) 「兩儀玄覽圖」, 註記(金良善, 위의 책, 200쪽), "地與海本是圓形而合爲一球 居天球之中."

8) 黃中允, 『燕行錄』(金良善, 위의 책, 1972, 86~189쪽). 「兩儀玄覽圖」는 黃汝一의 아들 黃中允(東溟)이 1604년 북경에 갔을 때 얻어온 것이라고 한다.

9) 『國朝寶鑑』 卷35, 仁祖朝2, 17ㄴ~18ㄱ, 上, 494쪽(영인본 『國朝寶鑑』, 세종대왕기념사업회, 1980·수정판의 책수와 쪽수임. 이하 같음). '萬里全圖五幅'은 '萬國全圖'를 지칭하는 것이라고 추정된다. 金良善, 「韓國古地圖硏究抄 - 世界地圖 -」, 앞의 책, 1972, 231~233쪽.

10) 金良善, 앞의 책, 1972, 192쪽.

란의 노른자가 흰자 안에 있는 것과 같다. 땅을 일컬어 모나다고 하는 것은 그 德이 靜하여 움직이지 않는 성질을 말한 것이지, 그 형체를 말한 것은 아니다.[11]

그는 땅이 둥글다는 증거로 남북극의 고도변화를 제시하였다. 즉 북쪽으로 250里 올라가면 북극의 고도가 1도 높아지고 남극의 고도는 1도 낮아지며, 반대로 남쪽으로 250리 이동하면 북극의 고도는 1도 낮아지고 남극의 고도는 1도 높아진다는 것이다. 이것은 땅의 형체가 구형이 아니라면 있을 수 없는 일이었다. 따라서 이것을 통해 땅이 구형이라는 사실과 지구상의 매 1도는 250리에 해당한다는 사실을 확인할 수 있다는 것이다.[12]

利瑪竇는 天勢로 山海를 나누어 5帶를 설정하고, 地勢로 輿地를 나누어 5大州로 구분하였다. 전자는 위도의 변화에 따라 발생하는 기후의 차이를 하나의 熱帶와 각각 두 개의 寒帶 및 正帶로 구분한 것이고, 후자는 지구 전체의 대륙을 歐邏巴·利未亞·亞細亞·南北亞墨利加·墨瓦蠟泥加의 다섯 지역으로 구분한 것이었다.[13]

이어서 그는 東西緯線[緯度]과 南北經線[經度]의 설치 및 그 용도에 대해서 설명하고 있다. 위선은 각 지역의 북극(또는 남극) 出地高度가 얼마인가를 나타내기 위하여, 경선은 한 지역과 다른 지역의 시간차가 얼마인가를 나타내기 위하여 설치한 것이다. 따라서 위도가 같은 지역은 그 極出地度數가 같고, 사계절과 주야의 시간 수가 동일하며, 경도가 같은 지역은 시간이 같고 일월식을 동시에 볼 수 있다.[14]

이상과 같은 利瑪竇의 지구설과 거기에 포함된 5帶說·5大州說 및 지구설의 근거로 제시된 남북극의 고도변화, 經緯說 등이 이후 다양한 형태로 제기되는 지구설의 원형을 이루었다. 세부적인 내용에는 조금씩 차이가 있었지만 그 대체적인 모습은 형태를 유지하면서 18세기까지 이어진다고 볼 수 있을 것이다.

세계지도와 함께 서양지리서의 전파는 전통적인 지리인식에 변화를 가져왔다. 그 가운데 조선 후기 지식인들에게 큰 영향을 끼친 것으로는 艾儒略(J. Aleni : 1582~1649)의 『職方外紀』와 南懷仁(F. Verbiest : 1623~1688)의 『坤輿圖說』을 들 수 있다. 『職方外紀』는 1623년에 간행되었으며, 인조 9년(1631) 정두원에 의해서 조선에 전래되었다.[15] 『職方外紀』의 卷首 「五大州總圖界度解」에서 艾儒略은 "天圓地方 乃語其動靜之德 非以形論也 地既圓形則無處非中……"[16]이라고 하여 지구설을 전제로 논의를 전개하고 있다. 땅이 구형이라면 어느 곳도 중심이 아닌 곳이 없다는 그의 발언은 '상대주의적 인식'의 단초를 보여주는 것

11) 「天地渾儀說」, 『乾坤體義』 卷上, 1ㄱ, 787책 756쪽(영인본 『文淵閣 四庫全書』, 臺灣商務印書館, 1983의 책수와 쪽수. 이하 같음).
12) 「天地渾儀說」, 『乾坤體義』 卷上, 1ㄴ~2ㄱ, 787책 756~757쪽.
13) 「天地渾儀說」, 『乾坤體義』 卷上, 2ㄴ~3ㄱ, 787책 757쪽.
14) 「天地渾儀說」, 『乾坤體義』 卷上, 3ㄱ~5ㄱ, 787책 757~758쪽.
15) 『國朝寶鑑』 卷35, 仁祖朝2, 17ㄴ~18ㄱ, 上 494쪽.
16) 「五大州總圖界度解」, 『職方外紀』 卷首, 1ㄴ, 594책 282쪽.

으로 주목된다. 동시에 여기에서는 周天度數와 지구의 經緯度數를 360도로 규정하고, 경위도 1도의 거리는 250里로 설정하였다.[17]

『坤輿圖說』(2卷)은 南懷仁이 작성한 지리서다. 여기에서 남회인은 利瑪竇의 논리를 그대로 채용하여 지구설을 주장하면서, 주천도수와 지구의 경위도수를 360도로, 지구의 매 1도는 250리에 해당하며, 따라서 그 둘레가 90,000리(=250×360)라고 설명하고 있다.[18] 나아가 「地體之圜」, 「地圜」 등의 항목을 통하여 지구설을 논증하고 있다. 특히 「地圜」에서는 月食 현상이 대지가 해와 달의 사이에 위치하여 햇빛이 달을 비추는 것을 방해하기 때문에 일어나는 현상으로, 이 때 지구의 그림자가 달에 투영되는데 그 모양이 원형을 이루는 것으로 보아 대지는 구형이 확실하다고 설명하였다.[19] 이 책은 경종 원년(1722) 兪拓基에 의해 도입된 것으로 추정되고 있다.[20]

『직방외기』와 『곤여도설』은 앞에서 살펴본 세계지도와 마찬가지로 지구설을 기초로 작성된 것이었다. 따라서 그와 같은 내용으로 구성된 세계지도와 서양지리서를 접한 17세기 중반 이후의 조선 학자들은 당연히 지구설의 내용을 인지하게 되었을 것이다.

한편 西洋天文學은 인조 9년(1631년) 7월에 鄭斗源 일행이 明에서 陸若漢(Johanes Rodriquez)에게 서양천문학의 추산법을 배우면서 가지고 온 陽瑪諾(Emmanauel Diaz)의 『天問略』에 의해 처음으로 조선에 전해졌다.[21] 『天問略』은 陽瑪諾의 저서로 1615년 간행되었다.[22] 이 책은 20여 개의 그림과 圖說을 사용하여 서양 중세 천문학인 프톨레마이오스(Ptolemios) 천문학의 개요를 설명한 것이다. 따라서 여기에 소개된 宇宙構造論은 이른바 '十二重天說(十二葱頭說)'[23]이라고 불리는 지구 중심의 有限宇宙論이었지만, 그것은 분명히 지구설을 전제로 하여 작성된 것이었다. 그것은 이 책에 실려 있는 이른바 '12重天圖'에 정확하게 묘사되어 있는 지구의 모습을 통해서 확인할 수 있다.[24] 陽瑪諾은 이 책을 통해 대지가 '圓體'로서 공중에 매달려 있고 그 상하사방에 모두 인간이 살고 있다고 설명하고 있으며, 지구의 둘레는 360도이고 매 1도는 250里라고 하였다.[25]

鄭斗源 일행이 이 때 가져온 물건 가운데는 『천문략』 외에도 『治曆緣起』 1책, 利瑪竇의 天文書 1책, 『遠鏡書』 1책, 『千里鏡說』 1책 등 光學과 天文曆法 관련 서적들이 들어 있었

---

17) 「五大州總圖界度解」, 『職方外紀』 卷首, 2ㄱ~4ㄱ, 594책 283~284쪽.
18) 『坤輿圖說』 卷上, 1ㄴ~2ㄱ, 594책 731쪽.
19) 『坤輿圖說』 卷上, 地圜, 8ㄴ, 594책 734쪽.
20) 兪拓基, 『燕行錄』 卷2(서울 基督教博物館 소장) ; 盧禎埴, 「西洋地理學의 東漸 - 特히 韓國에의 世界地圖 傳來와 그 影響을 中心으로 - 」, 『大邱教育大學 論文集』 5, 1969, 243쪽.
21) 『國朝寶鑑』 卷35, 仁祖朝2, 17ㄴ~18ㄱ, 上 494쪽.
22) 『四庫全書總目提要』 子部, 天文算法類, 卷106, 20ㄱ, 3책 287쪽.
23) 「天有幾重及七政本位」, 『天問畧』, 1ㄱ~ㄴ, 787책 852쪽, "曰敝國歷家 詳論此理 設十二重焉 …… 十二重天 其形皆圓 各安本所 各層相包 如裏葱頭."
24) 『天問略』, 4ㄱ, 787책 854쪽.
25) 『天問略』, 22ㄱ~ㄴ, 787책 864쪽.

다. 이 가운데 利瑪竇의 天文書 1책은 李之藻가 筆述한 『渾蓋通憲圖說』(1607년 刊)로 추측되고 있다.[26] 『渾蓋通憲圖說』은 그 제목에서 알 수 있는 바와 같이 중국의 전통적인 우주론인 渾天說과 蓋天說을 서양의 簡平儀法을 이용하여 통일적으로 설명한 것이다.[27] 이 책은 『天學初函』(1629년)에도 수록되어 있다. 우리가 이 책에 대해서 주목하는 이유는 혼천설과 개천설의 난점을 극복한다고 하는 것은 결국 지구설의 채용에 의해서만 가능하기 때문이다. 李之藻(1565~1629)는 이 책의 서문에서 다음과 같이 말하고 있다.

> 응결되어 떨어지지 않는 것은 운행(하기 때문)이다. 운행하여 멈추지 않는 것은 원이다(둥글기 때문이다). 둥근 것 가운데 모여서 하나의 좁쌀과 같은 것이 땅이 되었다. 땅의 형체 역시 둥글며, 그 덕은 方正하다. 曾子가 말하기를 "만약 '천원지방'이라면 이것은 네 모퉁이를 서로 덮지 못한다"라고 하였고, 坤卦의 「文言」에 말하기를 "지극히 고요하되 德이 方正하다"라고 하였다.……[28]

여기에서 이지조는 지구설의 논리적 근거로 두 가지를 제시하고 있다. 하나는 『大戴禮』에 나오는 曾子와 單居離의 문답이고, 다른 하나는 『周易』 坤卦에 대한 설명이다. 이것은 지구설이 이미 중국에 있었다는 주장이다. 흔히 '중국원류설'의 시작을 黃宗羲나 그것을 계승한 梅文鼎에게서 찾고 있지만[29] 그 원형은 이미 이지조 단계에서 만들어지고 있었던 것이다. 이것은 이후 조선의 유자들이 지구설을 수용하는 논리로서 차용되고 있었다는 점에서 주목된다.

한편 明나라는 17세기 초까지 발행된 天文書를 기초로 서양천문학의 번역사업을 실시하였는데, 이것이 1629~1634년에 걸쳐 이루어진 『崇禎曆書』 135권이었다.[30] 이 작업을 주관한 사람은 徐光啓였고, 李之藻를 비롯하여 鄧玉函(Jean Terrenz : 1576~1630), 羅雅谷(Jacques Rho : 1593~1638), 湯若望(Adam Schall von Bell : 1591~1666) 등의 선교사들이 실무를 담당하였다. 이 책은 明의 멸망으로 그 사용이 좌절되었으나 淸에 의해 그 성과가

---

26) 姜在彦, 『조선의 西學史』, 民音社, 1990, 51쪽. 『渾蓋通憲圖說』이 아니라면 아마도 『乾坤體義』일 것이다. 朴星來, 「마테오 릿치와 한국의 西洋科學 수용」, 『東亞硏究』 3, 1983, 35쪽.

27) 『四庫全書總目提要』, 子部, 天文算法類 卷106, 24ㄴ~25ㄴ, 3책 289~290쪽.

28) 李之藻, 「渾蓋通憲圖說自序」, 『渾蓋通憲圖說・簡平儀說』(叢書集成初編 1303, 中華書局, 1985), 4쪽 ; 徐宗澤, 『明淸間耶穌會士譯著提要』, 中華書局, 1949, 263~264쪽, "且夫凝而不墜者 運也 運而不已者 圜也 圜中之聚 一粟爲地 地形亦圜 其德乃方 曾子曰 若果天圜而地方 則是四隅之不相揜也 坤之文曰 至精而德方 孔曾生周從周 著論若是 謂姬公髀測之書 必槩渾而自爲蓋可哉."

29) 盧大煥, 「조선 후기의 서학유입과 서기수용론」, 『震檀學報』 83, 1997, 144쪽 ; 盧大煥, 「正祖代의 西器受容 논의 - '중국원류설'을 중심으로 -」, 『韓國學報』 94, 1999, 143~144쪽.

30) 『崇禎曆書』 작성의 계기가 된 사건은 崇禎 2년 5월 乙酉朔(1629년 6월 21일)의 日食이었다. 중국에서 종래 사용하던 大統曆과 回回曆에 의한 추산은 오차가 발생하였지만 徐光啓의 西法에 의한 추산은 적중하였다. 이를 계기로 禮部는 改曆을 건의하였고, 徐光啓에게 改曆의 책임을 맡기게 되었다. 이 역서의 1차 進呈은 1631년에 이루어졌다.

흡수됨으로써 1645년 時憲曆이 채택되는 결과를 낳았다. 湯若望에 의해서 『崇禎曆書』가 개편되어 『西洋新法曆書』 100권(또는 『新法算書』라고도 함)으로 간행된 것은 1645년이었다.[31] 『서양신법역서』는 昭顯世子와 金堉 등을 통해 단계적으로 조선에 도입되었다. 仁祖 23년(1645) 소현세자가 淸에서 가져온 天文書[32]와 김육이 가지고 온 湯若望의 天文曆學書는 明의 『崇禎曆書』를 개편한 『西洋新法曆書』였을 것이고,[33] 이들을 통해 조선은 時憲曆 도입의 발판을 마련하였던 것이다.

이 『서양신법역서』에는 지구설을 과학적으로 논증하는 방법이 설명되어 있다. 그것은 卷11의 「測天約說」의 일부인 測地學 4題의 제1제인 '地爲圓體與海合爲一球'라는 항목과 卷14의 「測食畧」 下의 '因月食徵地圓如球'라는 항목을 통해서 살펴볼 수 있다. 전자는 사람들이 지구상의 어느 한 곳에서 북행하거나 남행할 경우 별의 자오선상의 고도가 변화한다는 사실을 통해,[34] 후자는 월식이 발생하는 동서 지역간의 시간차를 통하여[35] 지구설을 증명한 것이다. 또 卷16의 「渾天儀說」에서는 월식 때 달의 가려지는 부분의 형태가 원형임을 증거로 지구설을 논증하고 있으며, 대지 250리=1도를 주장하고 있다.[36]

康熙 61년(1722) 6월 何國宗·梅瑴成 등이 찬진한 『曆象考成』은 이전 시기의 서양 천문역법을 집대성한 것이었다. 그것은 『서양신법역서』를 계승한 것이었고, 동시에 王錫闡(1628~1682)·梅文鼎(1633~1723) 등 중국 학자들의 연구성과도 반영되었다. 특히 매문정의 경우 서양학문의 우수성을 인정하면서도 그 연원을 중국에 두는 이른바 '중국원류설'의 주창자라는 점에서 주목된다.[37] 『역상고성』의 편찬자 가운데 한 사람인 梅瑴成(1681~1763)은 바로 매문정의 손자였다.

『曆象考成』 上編의 卷1에는 「曆理總論」이 실려 있는데 그 하나의 항목으로 '地體'가 설정되어 있다. 이것은 물론 '地球之圓體'에 대한 설명이다. 그런데 여기서 한 가지 주목되는

---

31) 陳遵嬀, 『中國天文學史』 1, 明文書局, 1984, 238쪽 ; 『四庫全書總目提要』, 子部, 天文算法類 卷106, 21ㄱ~22ㄱ, 3책 288~289쪽.

32) 山口正之, 『朝鮮西教史』, 雄山閣, 1967, 37~43쪽.

33) 『增補文獻備考』 「象緯考」의 撰者(徐浩修)는 당시 김육이 사온 책을 『日月五星曆指』와 『渾天儀說』로 추정하고 있는데(『增補文獻備考』 卷1, 象緯考, 曆象沿革, 6ㄱ~ㄴ, 上 19쪽), 이것들은 『西洋新法曆書』에 포함되어 있다.

34) 『新法算書』 卷11, 測天約說 卷上, 測地學 四題, 第1題, 12ㄴ~13ㄱ, 788책 177~178쪽.

35) 『新法算書』 卷14, 測食畧 卷下, 因月食徵地圓如球 第7, 6ㄴ~8ㄱ, 788책 210~211쪽.

36) 『新法算書』 卷16, 渾天儀說 卷1, 7ㄱ, 788책 243쪽 ; 14ㄴ, 788책 247쪽 참조.

37) John B. Henderson, "Ch'ing Scholars' Views of Western Astronomy," *Harvard Journal of Asiatic Studies* 46-1, Harvard-Yenching Institute, 1986, 139~144쪽 참조. 梅文鼎의 저서 『曆算全書』는 그의 사후에 간행된 것(1723년)으로 梅瑴成의 『梅氏叢書輯要』에 수록되었다. 『曆算全書』나 『梅氏叢書輯要』의 조선 전래는 현재로서는 정확하게 확인되지 않는다. 그러나 그 내용이 『曆象考成』에 반영되었다는 점을 감안할 때 『曆象考成』의 전래에 즈음해서 梅文鼎의 이론들은 조선에도 소개되었을 것으로 추측된다[현재 규장각에는 光緖 11년(1885)에 간행된 『梅氏叢書』(奎중4669-1-23 : 표지서명은 『梅氏歷算全書』)가 소장되어 있다]. 실제로 『東國文獻備考』 「象緯考」의 편찬 당시 최신 참고서는 『曆象考成』과 『曆象考成後編』이었다.

점은 이전 시기까지 꾸준히 지속되어 왔던 1도=250리의 원칙이 부정되고 주천도수 1도는 지상의 200리에 해당한다고 설명하고 있다는 사실이다.[38] 영조대의 『동국문헌비고』 「상위고」의 편찬에 채용된 것은 바로 이것이었다.[39]

『역상고성』의 내용이 일부나마 조선에 전해진 것은 영조 원년(1725) 무렵부터라고 볼 수 있다. 이 해에 '新修時憲七政法'을 고쳐 썼다는 기록이 보이는데,[40] 이것은 바로 『역상고성』의 내용을 의미하는 것이기 때문이다. 그러나 이 당시에 『역상고성』 전체가 도입된 것은 아닌 듯하며, 그것은 이후로 계속되는 서적 구입활동을 통해서 확인할 수 있다. 영조 4년(1728) 譯官 高時彦이 얻어 왔다는 方書들은 『역상고성』의 일부일 것이다.[41]

이상에서 살펴본 서양의 천문학서들은 그 제목에서 알 수 있듯이 모두 역법과 관련이 있는 것들이었다. 당시 조선정부에서는 이런 책들을 수입하기 위해 심혈을 기울였다. 그것은 曆法이 갖는 정치사상적 중요성과 함께 이 당시의 서양천문학 도입이 '時憲曆'의 시행이라고 하는 국가시책과 맞물려 진행되고 있었다는 사실을 말해 주는 것이다. 따라서 당시 조선의 학자들에게 서양 천문학의 우주론이라든가 지구설을 포함한 行星論이라는 것은 부차적인 문제였다고 할 수 있다. 따라서 그러한 문제에 관심을 갖고 거기에 사상적 의미를 부여하는 것은 그것을 수용하는 학자 개개인의 입장에 달린 것이었다. 왜냐하면 땅이 평면이든 구형이든, 地球를 중심으로 하든 太陽을 중심으로 하든 曆法의 계산에서는 하등 차이가 없었기 때문이다.

어쨌든 이상의 내용을 통해서 알 수 있는 것은 서양 지리학과 천문학의 전파를 통해서 17세기 초부터 조선의 학자들은 지구설에 접하게 되었다는 사실이다. 따라서 지구설에 대한 빈번한 논의 역시 17세기의 학자들을 통해서 비로소 확인할 수 있게 된다. 17세기 초에는 「坤輿萬國全圖」나 「兩儀玄覽圖」와 같은 세계지도의 전래를 통해서 새로운 세계에 대한 지식을 넓혀 가고 있었다. 이러한 지식을 토대로 17세기 중반 이후 「萬國全圖」나 『職方外紀』와 같은 지도·지리서, 『天問略』·『渾蓋通憲圖說』·『西洋新法曆書』 등의 천문역법서가 전래됨으로써 본격적으로 지구설에 대한 논의가 나오게 되었다. 18세기 전반기에는 「坤輿全圖」·『坤輿圖說』과 같은 지리 관계 서적과 『曆象考成』 등의 천문역법서가 전래됨으로써 지구설은 국가적인 공인을 받기에 이르렀던 것이다.

2) '地球'說에 대한 두 가지 반응 : 비판과 수용

---

38) 『曆象考成』 上編 卷1, 歷理總論, 地體, 5ㄱ, 790책 9쪽, "周天三百六十度 每度當地上二百理."
39) 『增補文獻備考』 卷1, 象緯考1, 天地, 15ㄴ, 上 24쪽.
40) 『增補文獻備考』 卷1, 象緯考1, 曆象沿革, 7ㄱ, 上 20쪽.
41) 『英祖實錄』 卷22, 26ㄱ~ㄴ, 英祖 5년 5월 20일(甲子), 42책 132쪽(영인본 『朝鮮王朝實錄』, 國史編纂委員會, 1970의 책수와 쪽수).

17세기 초까지 조선 학자들의 사유구조를 지배했던 천지관념은 혼천설에 입각한 것이었다. 혼천설에서 땅은 물 위에 떠 있거나 氣 위에 떠 있는 것으로 관념되었다. 이러한 혼천설의 구조에 대해서는 이미 17세기 초부터 반론이 제기되고 있었다. 張維(1587~1637)는 다음과 같이 말하였다.

> 그윽이 생각하건대 하늘이 땅 너머까지 둘러쌌으니 땅의 사방 끝은 하늘과 맞닿게 되며 바닷물은 땅 위에 담겨 있다. 땅의 형체는 복판이 높고, 사방 끝은 낮으므로 높은 곳이 산하와 국토로 되어 사람과 만물이 살며, 그 낮은 곳은 물이 빙 둘러서 바다로 되었다. 바닷물이 비록 깊으나 그 밑바닥은 모두 땅인데, 다만 사람이 능히 측량하지 못할 뿐이다. 여기가 비록 六合의 밖이나 그 이치는 눈앞에 있으니 미루어서 알 수 있다.[42]

여기에서 주목해야 할 것은 장유가 땅이 물 위에 떠 있다고 하는 혼천설의 기본구조에 대해 의문을 제기하고 있다는 점이다. 그것은 구조론의 차원에서 이전부터 제기되어 온 문제이기도 하다. 그러면서도 그는 자신의 이러한 의문에 합당한 새로운 우주구조를 제시하지는 못하였다. 땅의 모습 또한 혼천설의 기본구조를 그대로 승인하고 있는 상태였다. 즉 당시 사람들은 몇 가지 문제점에도 불구하고 여전히 혼천설의 설명 방식을 따르고 있었으며, 거기에 내포되어 있는 '天圓地方'의 관념도 그대로 지속되고 있었다.

이러한 상황에서 '補儒論'의 외피를 둘러싸고 전래된 서양의 과학지식은 조선 사상계에 적잖은 파장을 던져 주었다. 도입 초기에 지구설은 조선의 학자들에게 비판의 대상이었다. 왜냐하면 그것은 일반의 경험과 배치되었기 때문이다. 그와 같은 비판을 우리는 金始振(1618~1667)을 통해서 살펴볼 수 있다. 김시진은 서양의 역법과 지구설에 대해 비판적인 견해를 가지고 있었다.[43] 지구설에 대한 그의 비판은 지구설대로라면 중국과 반대쪽에 사는 사람과 기물은 모두 거꾸로 매달려 있게 되는데 어떻게 그럴 수 있겠느냐는, 경험적 지식에 바탕을 둔 지적이었다. 나아가 그는 王道를 행하는 자가 나타난다면 利瑪竇와 湯若望과 같이 '誕妄無理之言'을 유행시킨 자들은 誅戮을 면치 못할 것이라고 극언하였다.

지구설에 대한 비판은 18세기 초의 崔錫鼎(1645~1715)에게서도 확인된다. 숙종 34년(1708)에 觀象監에서는 湯若望의 赤道南北總星圖를 임금에게 바쳤는데,[44] 이것은 일찍이 전래된 서양 선교사 湯若望의 乾象坤輿圖 가운데 乾象圖만을 병풍으로 만들어 바친 것이었다. 이에 숙종은 坤輿圖마저 작성하여 올리라고 명했고, 이에 따라 건상도와 곤여도를 모두 바치기에 이르렀다.[45] 崔錫鼎은 바로 이 건상도와 곤여도에 대한 자신의 의견을 짧은

42) 『谿谷漫筆』 卷1, 17ㄴ~18ㄱ, 92책 570쪽(영인본 『韓國文集叢刊』, 民族文化推進會의 책수와 쪽수임. 이하 같음).

43) 「金參判曆法辨辨」, 『夢囈集』 乾, 16ㄴ~20ㄴ, 209책 298~300쪽.

44) 『增補文獻備考』 卷3, 象緯考3, 儀象2, 3ㄴ, 上 48쪽, "(肅宗)三十四年 觀象監進湯若望赤道南北總星圖."

글을 통해 밝히고 있는데, 여기서 최석정의 지구설에 대한 입장을 살펴볼 수 있다.

그는 먼저 건상도에 대해서는 과거 우리의 천문도, 예컨대 天象列次分野之圖 등과 비교해 볼 때 정확도 면에서 뛰어나다는 점을 인정하였다. 그러나 곤여도에 대해서는 유보적인 태도를 보이고 있다.[46] 왜냐하면 그것이 지구설에 바탕을 둔 지도였기 때문이다. 그는 다음과 같이 말하고 있다.

> 지금 서양 선교사들의 說은 地球를 위주로 한다. 그 말에 이르기를 "하늘은 둥글고 땅도 또한 둥글다. 이른바 '땅이 네모지다'고 하는 것은 坤道는 靜을 위주로 하기 때문에 그 德이 모나다는 것을 이를 따름이다"고 하였다. …… 그 說은 허황하여 믿기 어려워[宏濶矯誕] 터무니없이 상도에 어그러지는 것 같지만[無稽不經], 그러나 그 학술의 전수는 말미암은 바가 있어 경솔하게 卞破할 수 없는 것이 있으니, 잠시 마땅히 보존하여 異聞을 넓히고자 한다.[47]

최석정은 서양의 천문도에 대해서는 긍정적으로 평가하였지만, 지구설에 대해서는 아직까지 유보적인 자세를 보이고 있었던 것이다. 이상과 같은 사실은 18세기 초까지도 서양의 새로운 천문지식을 수용함에 있어 반론이 만만치 않았다는 사실을 말해주는 것이다. 그러나 같은 시기에 이와는 다른 흐름이 존재하고 있었다. 서양의 천문지식을 적극적으로 수용하려는 사람들이 나타났던 것이다. 김시진의 견해에 대한 南克寬(1689~1714)의 비판[48]은 그 하나의 예에 불과할 뿐이었다.

17세기 후반에 들어서 지구설은 일부 학자들에 의해서 적극적으로 받아들여졌다. 金萬重(1637~1692)은 그 대표적인 인물이었다. 『西浦年譜』[49]에 따르면 그는 이미 32세 때인 1668년(현종 9)에 『儀象質疑』와 『地球考證』을 저술하였다고 한다.[50] 이 두 책은 현재 전하지 않기 때문에 그 구체적인 내용은 알 수 없지만, 『西浦年譜』에 소개되어 있는 내용을 통해서 보면 『儀象質疑』는 주자의 우주론에 대한 의문점과 혼천설의 문제점에 대해 논한 것

45) 李龍範은 崔錫鼎이 모두 湯若望의 제작이라고 서술한 乾象圖와 坤輿圖에 대해, 乾象圖는 湯若望의 「星圖 八幅」이지만, 坤輿圖는 湯若望의 제작이 아니라 利瑪竇의 「坤輿萬國全圖」를 의미하는 것으로 파악하였다. 李龍範, 「法住寺所藏의 新法天文圖說에 對하여 - 在淸天主敎神父를 通한 西洋天文學의 朝鮮傳來와 그 影響 -」, 『歷史學報』 31, 1966, 55~56쪽/李龍範, 『韓國科學思想史硏究』, 東國大學校出版部, 1993에 재수록.

46) 崔錫鼎의 이러한 태도는 다른 곳에서도 확인된다. 「論泰西乾象」, 「論泰西坤輿」, 『明谷集』 卷6, 26ㄴ, 544쪽.

47) 「西洋乾象坤輿圖二屛總序」, 『明谷集』 卷8, 33ㄱ~ㄴ, 153책 585쪽.

48) 「金參判曆法辨辨」, 『夢囈集』 乾, 20ㄴ~24ㄱ, 209책 300~302쪽.

49) 이 책에 대해서는 金炳國・崔載南・鄭雲采 譯, 『西浦年譜』, 서울대학교출판부, 1992를 참조하였다. 이하의 『年譜』의 인용은 전적으로 이 책에 의존하였다.

50) 『西浦年譜』 戊申(府君 三十二歲), 273쪽, "著儀象質疑 …… ○又取西洋國諸言 考論星曆 名曰地球考證 似皆在是年間……."

이며,[51] 『地球考證』은 서양의 여러 학설을 취하여 星曆을 고찰하여 논한 것이라고 한다.[52] 단편적인 서술이긴 하지만 『연보』의 내용을 통해서 알 수 있는 것은 김만중이 주자의 우주론 체계―특히 天文曆法論(天文曆象)―에 대해 의문을 가지고 있었으며, 그것을 대체할 수 있는 우주론으로서 서양의 학설을 채용하고 있었다는 점이다. 이것은 天文曆象에 관한 한 서양 학설의 우위를 인정하고, 그 연장선상에서 時憲曆을 도입하고 있었던 당시의 시대 분위기를 반영하는 것이었다.

김만중의 지구설에 대한 확신은 그의 저술 『西浦漫筆』에 여러 차례 표현되어 있다.

> 오직 서양의 地球說은 땅을 하늘에 표준하여 360도로 구획하였다. 경도는 남북극의 고하를 살피고, 위도는 이를 日月蝕에 증험하여 그 이치가 확실하고 그 기술이 정확하다. 믿지 않아서도 안 될 뿐만 아니라, 믿지 않을 수도 없다. 오늘날의 학사 대부들은 혹은 지구가 둥글다면 둥근 고리에 붙어 사는 것이라고 의심하지만, 이것은 우물안 개구리나 여름 벌레와 같은 견해다. 朱文公[朱子]은 말하기를 "지금 여기에 앉아서 단지 땅이 움직이지 않는다고 한다면, 어찌 하늘이 밖에서 운행함을 알겠으며, 땅이 이를 따라서 돌아가지 않는다 하겠는가?"라고 하였다. 위대한 지식과 통달한 견해가 어찌 이같은 적이 있었는가?[53]

여기서 김만중이 지구설의 증거로 제시하고 있는 "경도는 남북극의 고하를 살피고, 위도는 이를 日月蝕에 증험하여 그 이치가 확실하고 그 기술이 정확하다"고 하는 것은 利瑪竇 이래로 선교사들이 지구설을 설명할 때 상용하던 방법이다. 그런데 김만중의 이해는 잘못되어 있다. 왜냐하면 경도와 위도가 거꾸로 설명되어 있기 때문이다. 지구가 동서로 둥글다는 것은 흔히 시차의 문제로 설명된다. 일출이나 일몰, 일식이나 월식을 관측해 보면 항상 동쪽이 빠르고 서쪽이 느리다(이것은 본래 지구가 서쪽에서 동쪽으로 자전하기 때문에 벌어지는 현상이다). 이것은 대지가 평면이라면 나타날 수 없는 현상이다. 따라서 지구가 동서로 둥글다는 것은 日月蝕에 증험해 보면 확실히 알 수 있다는 것이다. 한편 지구가 남북으로 둥글다는 것은 천체의 고도 변화를 통해 설명된다. 즉 남쪽이나 북쪽으로 이동할 때 천체의 고도에 변화가 생기는데, 이것 역시 지구가 평면이라면 설명되지 않는다. 따라서 지구가 남북으로 둥글다는 것은 南北極을 포함한 천체의 고도를 살피면 알 수 있다는 것이다.[54] 그런데 지구의 동서를 구분하는 것은 경도이고, 남북을 구분하는 것은 위도이다. 따라

---

51) 『西浦年譜』 戊申(府君 三十二歲), 273쪽, "著儀象質疑 有讀朱難渾二目 讀朱下題曰 今之爲窮格之學者 咸取正於朱子 而天文曆象諸說 有讀之而不能曉解處 故錄之如左 以俟博識君子云 難渾下題曰 揚子雲作蓋天八難 以通渾天 蔡邕鄭玄李淳風之徒 皆宗之 殊不知 楚固失矣 齊亦未爲得也 故作六難."

52) 주 49 참조.

53) 『西浦漫筆』 下, 285쪽(洪寅杓 譯註, 『西浦漫筆』, 一志社, 1987의 쪽수임. 이하 같음).

54) 이것에 대한 명쾌한 설명은 熊三拔(Sabbathinus de Ursis : 1575~1620)의 『表度說』(1614년)에 보인다. 『表度說』, 「表度說五題」 第4題, 地本圓體, 787책 811~815쪽 참조. 『表度說』은 李之藻의 『天學

서 김만중의 기술은 "위도는 남북극의 고하를 살피고, 경도는 이를 日月蝕에 증험하여 그 이치가 확실하고 그 기술이 정확하다"라고 바꿔야 한다. 어쨌든 이것은 김만중이 서양의 지구설을 그들의 설명방식 그대로 받아들이고 있었다는 사실을 확인시켜 주는 것이다.

김만중은 지구설을 확신하는 단계에서 한 걸음 더 나아가 그것이 전통적인 우주구조론의 양대 줄기라고 할 수 있는 혼천설과 개천설의 난점을 극복하여 양 설을 통합하게 되었다고 평가하였다.

> 曆象家들의 蓋天說과 渾天說 양 설은 병행하여 서로 통할 수가 없었다. 漢의 楊子雲[楊雄], 張平子[張衡]에서부터 宋의 여러 大儒에 이르기까지 대부분 혼천설을 주장하였으나, 『唐書』 天文志에서는 "만약에 개천설을 따른다면 남방의 도수가 점점 좁아지고, 혼천설을 따른다면 북방의 끝이 점점 높아진다"라고 하였다.[55] 단지 이 한 가지 곤란함은 혼천설이나 개천설 양가가 옛날부터 해결할 수 없는 것이었다. 明의 萬曆年間에 서양의 地球說이 나타나서 혼천·개천설이 비로소 하나로 통일되었으니 역시 한 快事다. 대저 고금의 천문을 말한 사람들은 코끼리를 만지는 데 각각 한 부분만 만진 격이라면, 서양역법은 비로소 그 전체를 만졌다 하겠다.[56]

지구설에 의한 혼천설과 개천설의 회통은 앞서 언급하였듯이 『渾蓋通憲圖說』에서 다루고 있는 내용이다.[57] 따라서 김만중의 이 같은 언급은 『혼개통헌도설』의 내용을 수용한 결과라고 생각된다. 결국 김만중은 당시 조선에 수입되어 유통되고 있었던 『혼개통헌도설』을 비롯한 서양 천문·역법서-『西洋新法曆書』, 또는 그 일부[58]-를 통해 서양의 천문학 지식을 이해하고 수용하였던 것이다.

김만중은 지구설에 대한 확신을 보여주고 있었다. 이것은 그가 서양 천문학의 지식을 받아들인 결과였다. 그러나 지구설이 김만중의 사유체계에 어느 정도의 영향을 미쳤는가 하는 점은 아직까지 미지수다. 그는 적극적으로 지구설을 주장하였지만 그것에 근거한 인식론적 전환을 보여주지는 못하였다. 아직까지 지구설은 천문·역법의 기술적 차원을 넘어서

初函』(1629년)에 수록되어 있다.

55) 원문은 『舊唐書』와 『新唐書』에 다음과 같이 실려 있다. 『舊唐書』 卷35, 志15, 天文(上), "今誠以爲蓋天 則南方之度漸狹 以爲渾天 則北方之極浸高 此二者 又渾蓋之家未能有以通其說也"; 『新唐書』 卷31, 志21, 天文1(영인본 『新唐書』, 中華書局, 1975), 816쪽, "誠以爲蓋天邪 則南方之度漸狹 果以爲渾天邪 則北方之極寖高 此二者 又渾蓋之家盡智畢議 未能有以通其說也."

56) 『西浦漫筆』 下, 283~284쪽.

57) 李之藻, 「渾蓋通憲圖說自序」, 『渾蓋通憲圖說·簡平儀說』(叢書集成初編 1303, 中華書局, 1985), 3~7쪽.

58) 김만중은 淸蒙氣에 대한 설명하면서 그것이 西洋曆法書에 나온다고 하였는데(『西浦漫筆』 下, 316쪽, "若出日之大 則西洋曆法書言 日之初出 離地不高 爲水土淸蒙之氣 掩映而成大……"), 여기서 말하는 서양역법서는 『西洋新法曆書』 또는 그 일부를 지칭하는 것이라고 생각된다. 淸蒙氣差에 대한 설명은 『新法算書』 卷24, 日躔曆指, 論淸蒙氣之差, 9ㄱ~12ㄴ, 788책 370~371쪽 참조.

사상의 영역으로 나아가지 못했던 것이다. 이것은 지구설이라고 하는 것이 그것을 수용하는 주체의 문제의식에 따라 그 의미의 편차가 다양해질 수 있다는 사실을 보여주는 것이며, 동시에 지구설이나 地轉說(地動說)이 동양의 사유체계 내에서 가질 수 있는 파괴력이 서양에 비해 제한적이었다는 의미이기도 하다. 그럼에도 불구하고 김만중의 지구설은 역사적 의미를 갖는다. 대지가 구형이라는 사실을 분명하게 언급하였다는 점에서, 동시에 서양과학의 우수성을 그대로 인정하였다는 점에서 이후 전개될 인식론적 전환의 단초를 연 것이라 평가할 수 있는 것이다.

3. '地球'說의 變容과 易學的 해석

지구설을 수용하는 과정에서 여러 가지 변용이 있었던 것으로 추측된다. 우선 확인할 수 있는 것이 이른바 '六面世界說(無上下六面世界之說)'이다.[59] 그 주장의 요점은 크게 두 가지로 요약된다. 하나는 천지를 통틀어 보면 하늘과 땅은 상하가 없다는 것이며, 다른 하나는 지면의 상하사방은 모두 개별 세계로서 사람과 사물이 모여 살고 있다는 것이다.[60] 李柬(1677~1727)의 견해에 따르면 '六面世界說'은 權尙夏의 문인인 申愈(晦谷)가 제시한 것이었으며, 韓弘祚(巖村)·宋一源·成晩徵(秋潭) 등을 비롯한 많은 사람의 동조를 얻고 있었다.[61] 그런데 '六面世界說'은 利瑪竇에 의해 소개된 서양의 지구설을 근본으로 하여 蔡元定의 학설을 일부 수용하여 申愈가 자기 나름대로의 해석을 곁들여 변용시킨 것이었다.[62] 이것은 당시의 유자들이 서양과학을 수용하는 하나의 형태를 보여준다는 점에서 주목된다.

李柬은 '六面世界說'을 '虛眩之說'이라고 통렬하게 비판하였다. 먼저 '無上下'라는 주장에 대해 물이 아래로 흐른다는 경험적 사실을 통해 반론을 제기하였다. 李柬의 이러한 비판은 천지 사이에 존재하는 사물의 이치에 상하가 없을 수 없다는 기본적 관점에서 나오는 것이었다. 그것은 '天尊地卑'라는 자연에 대한 인식을 현실 사회의 인간관계에 대한 자연학적 근거로 삼는 주자학의 기본틀을 보여주는 것이라 할 수 있다. 다음으로 李柬은 하늘에는 四時가 있을 뿐인데 만약 땅이 육면이라면 春夏秋冬이 각각의 세계에 어떻게 배치될 수 있는가 하는 문제를 제기하였다. '육면세계설'의 주장대로라면 어떤 면의 세계[冬夏相界處]는 춘하추동이 동시에 나타나는 문제가 생긴다는 지적이었다.[63]

---

59) 「天地辨後說」, 『巍巖遺稿』 卷12, 1ㄱ~10ㄴ, 190책 445~449쪽. 李柬이 '六面世界說'에 처음 접한 것은 1705년경이며(「與申伯謙愈別紙乙酉」, 『巍巖遺稿』 卷6, 12ㄴ~15ㄱ, 190책 340~342쪽), 이 글을 작성한 것은 1723년이다.

60) 「天地辨後說」, 『巍巖遺稿』 卷12, 2ㄱ, 190책 445쪽.

61) 「天地辨後說」, 『巍巖遺稿』 卷12, 7ㄴ, 190책 448쪽.

62) 「天地辨後說」, 『巍巖遺稿』 卷12, 6ㄴ~7ㄱ, 190책 447~448쪽.

63) '육면세계설'과 그에 대한 李柬의 비판은 후에 黃胤錫(1729~1791)에 의해 다시 비판되었다. 黃胤錫은 지구설에 입각하여 양자를 비판하고, 마테오 리치에 의해 소개된 지구설은 이치에 합당한 것이라고 주장하였다. 「題巍巖集天地辨六面世界冬夏兩至相配圖乙酉」, 『頤齋續稿』 卷4, 21ㄴ~22ㄱ, Ⅰ책

'육면세계설'은 지구설의 영향을 받은 조선의 학자들이 그것을 자신들의 사유체계 속에서 변용하는 모습을 보여준다는 점에서 당시 서학의 수용태도와 관련하여 주목할 만하다. 그러나 지구설의 수용 과정에서 무엇보다 특이한 것은 지구설을 전통적인 학문체계 속에서, 특히 易學의 체계 속에서 용해시키려고 한 '지구설에 대한 역학적 해석'이었다. 그것은 16세기 이후에 축적된 역학 연구의 성과를 바탕으로, 학파를 막론하여 이루어지고 있었다. 그 대표적 인물이 金錫文·鄭齊斗·徐命膺 등이었다.

老論 洛論系의 대표적 象數學者로 洪大容·黃胤錫 등의 상수학 연구에 많은 영향을 끼친 것으로 평가되는 金錫文(1658~1735)이 『易學二十四圖解』를 저술한 것은 1697년(숙종 23)이었고, 현존하는 『역학이십사도해』가 판각된 것은 그로부터 30년이 지난 1726년(영조 2)이었다. 여기에는 26개의 그림(제2도와 제10도가 2개)이 실려 있는데, 2·3·4·5·17·18·19·20·21·22도의 경우 선명하게 '지구'가 묘사되어 있다. 이것은 김석문의 저술이 지구설을 전제로 하여 작성된 것임을 말해 주며, 이는 당시 유입된 서양의 천문역산학의 정확성을 분명히 인식하고[64] 그것을 적극적으로 수용한 결과였다.

김석문은 시헌력의 도입을 주장한 金堉과 같은 가문(淸風 金氏)에 속해 있었다. 김육이 1645년에 들여온 것이 『서양신법역서』의 일부였다는 점을 상기할 때, 이 때 중국에서 들여온 천문역법서가 김석문의 공부에 활용되었음을 짐작할 수 있다.[65] 김석문이 『역학이십사도해』에서 인용하고 있는 서적이 『恒星曆指』, 『曆指五緯(五緯曆指)』, 『時憲曆法』, 『七政曆指』 등이었다는 점[66]을 고려해 볼 때 더욱 그렇다. 이들 책은 『서양신법역서』에 수록되어 있는 것들이기 때문이다.[67]

김석문은 우주 생성의 과정을 『태극도설』의 논리에 기초하여 太極→太虛→經星→鎭星→歲星→熒惑→日輪→太白→辰星→月輪→地質로 설정하고 있었는데, 태허 안에서 생겨난 것은 둥근 것이 아님이 없다[68]는 기본 전제 아래 지구 역시 태허 안의 물체이므로 그 형체가 둥글지 않을 수 없다고 주장하였다.[69] 太虛 안에서 생긴 것은 上下 八方에 의착할 것이 없기 때문에 그 형체와 본성이 저절로 원형이 되며, 이것은 日月星辰 등의 형태를 통해 알

387쪽(『頤齋全書』, 景仁文化社, 1976의 책수와 쪽수. 이하 같음) ; 「漫錄中」, 『頤齋續稿』 卷11, 9ㄱ, Ⅰ책 542쪽 ; 「漫錄中」, 『頤齋續稿』 卷11, 12ㄱ~ㄴ, Ⅰ책 544쪽.

64) 金錫文은 古曆에 비해 時憲曆이 정확하다는 점을 인정하였다. 「易學二十四圖總解」, 『易學二十四圖解』, 37쪽 14~15행(『東方學志』 16, 1975에 게재된 『易學二十四圖解』의 쪽수와 행수임. 이하 같음), "此等數俱出時憲曆法 …… 古有日月高下徑圍地天遠近之數 而踈漏甚焉 故並舍彼而取此."

65) 閔泳珪, 「十七世紀 李朝學人의 地動說」, 『東方學志』 16, 1975, 미주 8 참조.

66) 『恒星曆指』는 31쪽 14행, 『五緯曆指』는 32쪽 8행과 10행, 『時憲曆法』은 37쪽 14행, 『七政曆指』는 39쪽 14행에 인용되어 있다.

67) 文淵閣 四庫全書에 수록되어 있는 『新法算書』에는 卷24에 「日躔曆指」, 卷28~31에 「月離曆指」, 卷36~44에 「五緯曆指」, 卷56~68에 「恒星曆指」가 들어 있다.

68) 「易學二十四圖總解」, 『易學二十四圖解』, 35쪽 1행, "是故生於太虛者 無不形圓."

69) 「易學二十四圖總解」, 『易學二十四圖解』, 35쪽 5행, "地本太虛中之物 其體不得不圓."

수 있다는 것이었다. 기존의 '地方'의 논리는 지구가 바깥으로 햇빛을 받아 八方에 차이가 있음을 말하는 것일 뿐 바둑판과 같은 네모를 뜻하는 것이 아니라고 재해석하였다.[70]

김석문은 이와 같은 지구설을 바탕으로 하여 티코 브라헤(Tycho Brahe)의 행성구조론을 수용하고 그 위에 자신의 독창적인 지전설을 가미함으로써 우주론에 일대 전기를 마련하였다. 그것은 이미 기존의 연구에서 지적된 것처럼 『太極圖說』의 형이상학적 생성론을 우주·천체운행론으로 재해석함으로써 우주론의 구조적 완결성을 꾀했다는 것으로 요약할 수 있다.[71] 地靜論의 부정과 地轉說의 제창, 左旋說의 부정과 右旋說의 주창은 이러한 구조적 합리성·통일성으로부터 연유한 것이었다.

그러나 이와 같은 성과에도 불구하고 김석문의 우주론은 전통적인 우주론의 범주를 벗어나지 못했다. 그것은 그가 『역학이십사도해』를 저술한 목적이 태극으로부터 시작하여 다시 태극으로 돌아가는 천지만물의 생성·변화를 설명하려고 하였다는 점, 다시 말해 『태극도설』 이래의 성리학적 생성론의 도식을 구조론의 측면에서 뒷받침하려고 하였다는 점에서 그 일차적인 원인을 찾아볼 수 있다.

김석문의 우주론이 갖는 한계는 다음과 같은 두 가지 점에서 지적할 수 있다. 첫째로 그의 우주론은 상수학적 엄밀성을 획득했는지는 모르지만, 이전의 우주론과 질적인 차별성을 보여주지 못하였다. 그가 비판적으로 도입한 서양 천문역산학의 지식들이 인식론상의 전환에 전혀 이용되지 못하였다. 지구설을 적극적으로 수용하였지만 그것을 통한 새로운 세계관의 수립이나 상대주의적 관점의 확보에 대해서는 관심이 없었다.[72] 둘째, 김석문의 우주론은 우주·천지·만물의 본체를 태극으로 설정하고, 그 성격을 여전히 인륜도덕으로 규정하고 있다는 점에서 이전의 우주론과 질적인 차별성을 갖지 않는다. 그의 논리 속에서는 事理와 物理의 분리가 보이지 않는다. 仁義禮智와 같은 윤리적인 범주들과 道理性心 등의 형이상학적 개념들이 天地人物의 본체와 통일적으로 파악되고 있었다.[73]

少論계열에 속하는 鄭齊斗(1649~1736)는 조선 후기의 사회모순을 타개하기 위한 사상적 모색의 일환으로 일찍이 陽明學에 주목하였다. 그가 자신의 생애 후반부에 심혈을 기울인 經學 연구 역시 양명학에 영향을 받아 心學的 성격을 강하게 띠고 있다. 경학 연구의 한

---

70) 「易學二十四圖總解」, 『易學二十四圖解』, 35쪽 5~6행, "所謂地方者 地爲陰物 外受日光而有八方之異耳 非謂如棋局之方也."

71) 金容憲, 「金錫文의 宇宙說과 그 哲學的 性格」, 『東洋哲學硏究』 15, 1995/한국사상사연구회 편, 『실학의 철학』, 예문서원, 1996에 재수록 ; 전용훈, 「김석문의 우주론 - 易學二十四圖解를 중심으로 - 」, 『한국천문력 및 고천문학 ; 태양력시행 백주년기념 워크샵논문집』, 천문대, 1997.

72) 물론 이것은 金錫文의 전체 저술이 확인되지 않은 상태에서 『易學二十四圖解』의 「總解」 부분에 대한 검토만으로 내린 평가이기 때문에 일면적이라는 비판을 면할 수 없다. 저술의 성격상 인식론상의 문제까지 다루지 않았을 수도 있기 때문이다. 그러나 어쨌든 이 저술 안에서는 인식론상의 전환이 확인되지 않는다.

73) 「易學二十四圖總解」, 『易學二十四圖解』, 31쪽 3~5행, "仁義禮智道理性心眞精明虛 是十有二者 異名而同實 其實一而已也 …… 由眞精明虛 見天地人物之體 天地人物 固自眞精明虛中來耳."

부분을 구성하는 역학 연구에서도 이러한 특징은 그대로 나타나고 있다. 정제두에게 있어서 易學은 '氣數星曆學'의 기반이자 심성론의 기반으로서 중요한 위치를 차지하고 있다. 일반적으로 정제두의 역학은 자기 학문의 역학적 원류를 양명학의 역학관[74]에 입각해 요약한 것으로 평가되고 있다. 즉 주자의 역학 해석을 비판하면서 양명학의 主一的 입장에서 河圖와 洛書, 先天과 後天을 體用의 관계로 정리하였던 것이다.[75]

정제두의 문집 『霞谷集』 가운데서 우주론과 관련하여 주목되는 저술은 「河洛易象」, 「先後天說」, 「璇元經學通攷」, 「朞三百說」, 「天地方位里度說」 등이다.[76] 그 제목에서 알 수 있는 바와 같이 이것들은 기본적으로 經學, 그 가운데서도 易學=象數易(先天易)에 대한 탐구에서 출발하여 천문・역법의 영역으로 나아간 것이었다. 그 가운데 지구설을 가장 상세하게 설명하고 있는 것은 「璇元經學通攷」다. 年譜에 따르면 이것은 정제두가 英祖 6년(1730)에 당시 역법이 잘못된 것을 안타깝게 생각하여 이를 바로잡기 위해 저술한 것으로 되어 있다.[77] 그러나 그 논의 내용을 살펴보면 단순히 역법 차원의 문제만을 다룬 것이 아님을 알 수 있다. 그것은 경서 가운데서 천문・역법을 다룬 내용과 그 형이상학적 원리를 설명한 명제들을 앞에 제시하고 그것에 대한 정제두 자신의 해설을 전개시켜 나간 것이었다. 天元故驗篇, 坤厚久成[徵]篇, 忠信道器篇, 說卦則象篇의 네 부분으로 구성되어 있다. 여기에 주로 인용된 경서는 물론 『周易』이었지만 『書經』과 『中庸』의 인용도 찾아볼 수 있다. 결국 이것은 단순하게 서양 역법의 우수성을 인정하고 그것을 그대로 수용한 것이 아니라, 기존의 경학의 틀 속에 서양의 천문역법을 새롭게 짜맞추고자 하였던 것이다.

> 지구[地圜]의 형체는 사방의 둘레가 둥글고[渾然], 그 上下四方의 하늘과의 거리가 30度다. 하늘의 氣를 받음으로써 天元이 이로 말미암아 오르락내리락한다. 그 형태[形]는 다함이 있는 것 같지만, 그 형체[體]는 모나지 않았다. 모나지 않을 뿐만 아니라 하늘과 간격이 없다. 만일 조금이라도 간격이 있다면 치우칠 것이고, 하늘은 반드시 기울어질 것이며, 땅은 반드시 떨어질 것이다.[78]

---

74) 王守仁(1472~1529)의 易學은 기본적으로 義理易에 속하기 때문에 程頤의 『易傳』의 영향을 많이 받았지만, 易理의 해석에서는 心學的 전통에 근본을 두고 있었다. 그는 『周易』을 心易으로 보고, 易의 법칙을 內心 수양의 법칙으로 간주하여 '良知卽易'說을 제출하였다. 王守仁의 '良知卽易'說은 후대 心學派 易學의 발전에 많은 영향을 끼쳤는데, 그 대표적인 예가 王畿(1498~1583)의 易學이었다. 朱伯崑, 『易學哲學史(3)』, 華夏出版社, 216~223쪽 참조.

75) 尹南漢, 「霞谷學의 文獻的研究」, 『朝鮮時代의 陽明學 硏究』, 集文堂, 1982, 326~341쪽 참조.

76) 이 저술들은 대부분 鄭齊斗의 만년 作으로 추정된다(尹南漢, 『朝鮮時代의 陽明學 硏究』, 集文堂, 1982, 340쪽).

77) 「霞谷先生年譜」, 『霞谷集』 卷10, 160책 277쪽, "(英宗大王)六年 …… ○著天元說(先生病曆法乖失著說以正之 亦名璇元故)."

78) 「坤厚久成[徵]篇」, 『璇元經學通攷』 13ㄱ, 『霞谷集』 卷21, 160책 529쪽, "地圜之體 四周渾然 其上下四方 去天皆三十度 以受天之氣 天元由此而升而降 其形於有盡而其體無窮(一作方) 非徒無窮[方]與天無間 若有小間則偏矣 天必傾焉 地必墜焉."

여기서 정제두는 하늘과 땅 사이에는 간격이 없다는 것을 전제로 하고 있다. 간격이 없으려면 하늘의 형체가 구형인 이상 땅도 구형이어야만 했다. 정제두는 서양 천문학의 도입에 따른 주천도수의 변경을 수용하였다. 즉 종래의 사분력 체계 속에서의 주천도수인 365 1/4도를 버리고 360도를 채용하였다.[79] 기존의 주천도수는 태양의 운동을 기준으로 계산한 것으로 실제의 주천도수와는 다르다는 이유를 제시하였다.[80] 이러한 이해는 당시 전래된 시헌력서에 대한 학습을 통해 이루어진 것으로서,[81] 인조대 이후의 시헌력의 도입·시행 과정과 밀접한 관련을 갖는 것으로 판단된다. 그의 지구설은 시헌력 수용의 연장선상에서 이루어진 것이었다. 어쨌든 그가 생각하고 있는 천지의 구조는 지름이 120도(360/3=120)인 천구와 그 가운데 위치한 지름이 60도인 지구로 구성된 것이었다. 따라서 하늘과 땅 사이의 거리는 어디나 30도이며 그 30도를 채우고 있는 것이 바로 대기였다.[82]

> 地圜[地球]은 또한 하늘과 同體다. 地平의 설과 같은 것은 다만 假借해서 말한 것으로서 그 전체를 가리켜 말한 것은 아니다.[83]

정제두는 지구의 개념을 『中庸』의 '博厚'의 개념[84]과 연결하여 설명하고 있다. 만약 땅이 평면이라면 그것은 경험적으로 사방이 넓고 상하가 얇은 모습일 수밖에 없다. 결국 '博厚'한 天地의 道와 일치하려면 땅의 모습 역시 사방과 상하가 똑같아야 한다는 논리였다.[85]

정제두가 지구설의 논거로 삼고있는 것은 지구상에서 남북으로 이동하면 천체의 도수에 변화가 온다는 과학적 사실이었다. 그는 350리=1도설을 주장하고 있었다.[86] 이것은 이전의 250리=1도설이나 당시 새로운 학설로 수용되었던 200리=1도설과도 다른 것이었다. 정제두가 무엇에 근거하여 이런 결론에 도달했는지는 알 수 없다. 그러나 그 방법과 논리는 서양

---

79) 「先後天說」, 『河洛易象』, 『霞谷集』 卷20, 160책 512쪽.

80) 「天元故驗篇」, 『璇元經學通攷』 4ㄱ, 『霞谷集』 卷21, 160책 524쪽, "是從日差 非眞天度本有是數 而日行有此加五日四分日之一也 經以爲六旬有六日者 以朞數計而就歲實言之 非繫於天度 其以日道正度 謂三百六十五度四分之一者 非其度也."

81) 鄭齊斗는 자신의 논점에 대한 근거로서 '時憲七政曆', '時憲' 등을 거론하고 있다. 「天元故驗篇」, 『璇元經學通攷』 4ㄱ, 『霞谷集』 卷21, 160책 524쪽 ; 「坤厚久成[徵]篇」, 『璇元經學通攷』 13ㄴ, 『霞谷集』 卷21, 160책 529쪽.

82) 「天元故驗篇」, 『璇元經學通攷』 10ㄱ, 『霞谷集』 卷21, 160책 527쪽.

83) 「坤厚久成[徵]篇」, 『璇元經學通攷』 13ㄴ, 『霞谷集』 卷21, 160책 529쪽.

84) 『中庸章句』 26章.

85) 「坤厚久成[徵]篇」, 『璇元經學通攷』 13ㄴ, 『霞谷集』 卷21, 160책 529쪽.

86) 「坤厚久成[徵]篇」, 『璇元經學通攷』 13ㄴ, 『霞谷集』 卷21, 160책 529쪽, "地圜南北 行三百五十里 差天一度 是三百五十里 當爲地一度也 卽周十二萬九千六百里也." 여기에 가장 근사한 자료는 『唐書』 天文志에서 발견된다[『舊唐書』 卷35, 志15, 天文(上), "三百五十一里八十步而差一度" ; 『新唐書』 卷31, 志21, 天文1, "大率三百五十一里八十步 而極差一度"]. 그것은 마테오 리치가 '古法'이라고 소개하고 있었던 바로 그것이었다. 「附徐太史地圜三論」, 『乾坤體義』 卷中, 30ㄴ, 787책 777쪽, "唐人云南北相去每三百五十一里八十步而差一度."

천문학의 바로 그것이었다.

徐命膺(1716~1787)은 少論系로서 英·正祖代의 탕평책에 협조하여 노론계열의 인물들과도 밀접한 관계를 유지하면서 정치적·학문적 성취를 이루어 간 인물이었다. 그의 가문은 정조의 지우를 받아 정조대에 소론 가문으로서 최고의 성세를 자랑하였다. 徐命膺→徐浩修(1736~1799)→徐有榘(1764~1845)로 이어지는 이 집안의 학문은 당시의 학계에서 독특한 위치를 차지하고 있었다. 서명응은 당대의 心性論·禮論 위주의 학문 경향과 일정한 거리를 두면서 博學的인 학풍을 보여주었다. 서명응의 학문과 사상은 『保晩齋叢書』를 통해 확인해 볼 수 있는데, 그것은 象數學·經學·農學·天文學·數學·音樂 등을 포괄하는 광범한 것이었다. 이는 당시 중국으로부터 유입된 학문적 성과물들을 적극적으로 수용한 결과였다.

『保晩齋叢書』 가운데서 자연과학적 지식과 관련하여 주목되는 것은 『先天四演』, 『髀禮準』, 『先句齊』 등의 저술이다. 이 저술의 목적은 "言·象·數·意의 네 가지 道로 伏義의 先天 4圖를 부연"(『先天四演』)하는 방법을 밝히고, 본래 표리·경위의 관계인 天象과 天數를 복희의 先天易學을 기준으로 융회관통시켜 三代의 舊法을 회복하고(『髀禮準』), "先天의 象으로 句股의 法을 가지런히 하고, 句股의 法으로써 七政의 운행을 가지런히 하고자"(『先句齊』) 한 것이었다. 저술의 목적에서 알 수 있듯이 이것은 모두 선천역학에 기반하여 도출된 것이다. 따라서 이것들의 사상사적 의미를 알아보기 위해서는 먼저 선천역학(상수학)과 서양과학의 연관성에 대한 서명응의 생각을 정리해 볼 필요가 있다.

서명응은 먼저 역사적으로 상수학의 연원을 추적하였다.[87] 그는 天文象數의 기원을 伏義(包犧)에게서 유래한 것으로 간주하였다. 복희는 天地를 관찰하여[仰觀俯察] 先天方圓圖를 제작하였고, 다시 方圖를 推演하여 盖天儀라는 천문의기를 제작하였고, 句股法을 창시하였으며, 천문역산학[周天曆度]을 수립하였다. 이후 堯舜시대와 夏·商 왕조를 거쳐 周왕조에 이르러 周公이 商高와 句股法을 논하면서 史官에게 명하여 그 문답을 기록하게 하여 『周髀算經』을 만들고, 『周髀算經』에 근거하여 천문을 관측하고 官制를 바로잡아 『周禮』를 만들었다. 결국 『周禮』는 天象에 기준한 것이고 『周髀算經』은 天數에 기준한 것으로 양자는 表裏·經緯의 관계였다. 이렇듯 두 책이 象數에 근거한 것이므로 象數가 밝혀지면 天道 역시 밝아지게 되는 것이었다.

그런데 주나라가 쇠함에 이르러 疇人들이 장차 中原이 어지러워질 것을 알고 외국으로 도망하였고, 秦나라의 焚書로 인하여 『주례』와 『주비산경』은 민간에서 사라지게 되었다. 漢나라 중엽 이후 두 책이 다시 세상에 나오게 되었는데, 『주례』가 周公의 책으로 인정받아 六經의 반열에 오르게 된 것과 달리 『주비산경』은 術家의 책으로 간주되어 인정을 받지 못하였다. 이것이 바로 중국에서 句股法이 발달하지 못한 이유였다. 중국에서 잊혀진 구고법

87) 이하의 서술은 「髀禮準序」, 『髀禮準』 卷首, 1ㄱ~3ㄱ 참조.

은 疇人들에 의해 서양에 전파되었고, 서양인들에 의해 발전된 구고법이 明末에 중국에 유입되었던 것이다. 요컨대 중국이 『주례』로 대표되는 天象을 발전시켰다면, 서양은 『주비산경』으로 대표되는 天數를 발전시켰던 것이다.

그런데 數란 象의 節度이고, 象이란 數의 體段이므로 象이 밝혀지지 않으면 그 數를 다할 수 없는 것이었다. 『주례』와 『주비산경』으로 대표되는 象數는 표리·경위의 관계이기 때문이다. 그런데 당시는 표리·경위의 관계에 있는 상수가 둘로 나뉘어 교섭하지 못하는 상태였다. 서명응은 당시 서양에서 유입된 천문역산학의 문제점을 바로 이것으로 파악하고 있었다. 그들은 天行을 관측하고 曆法을 제작하는 데는 매우 정밀하였지만 그것을 통해 儀禮를 밝히고, 官制를 바르게 하고, 省驗을 베푸는 등 人事의 문제를 논하는 데는 많은 문제점을 지니고 있다는 것이다. 그것은 서양의 천문역산학이 파악하고 있는 天象이 본래의 天象의 모습이 아니기 때문이었다. 결국 서명응의 작업은 이렇게 유리된 天象과 天數를 融會貫通시켜 三代의 舊法을 회복하자는 것이었고, 그 때 기준이 되는 것이 天文象數의 근원이 되는 伏羲의 先天易學이었다.[88] 『보만재총서』가 복희의 先天四圖의 의미를 밝히는 『先天四演』으로부터 시작하고 있는 것은 결코 우연이 아니었다. 『보만재총서』는 '先天'을 主宰綱紀로 하여 편집된 것이었기 때문이다.[89]

서명응의 지구설에 대한 종합적인 견해는 『보만재총서』 卷37에 수록된 『先句齊』 上의 「地圓齊」에 잘 정리되어 있다.[90] 여기에서 서명응은 지구설=地圓之說은 이미 經傳상에 나타나 있는데 사람들이 이해하지 못하고 있다고 주장하였다. 그는 지구설의 근거로 크게 두 가지를 제시하고 있다. 하나는 『大戴禮』로 대표되는 孔門師弟들이 말한 지구설이고, 다른 하나는 『周髀算經』에 나타난 包犧氏의 지구설이었다. 전자는 『大戴禮』에 나오는 曾子와 제자 單居離의 문답을,[91] 후자는 '蓋天說'을 말하는 것이었다.[92] 서명응은 여기에서 "땅의 도는 방정하고 형체는 둥글다"(地之道方形圓)라는 논리를 이끌어 냈다. 이른바 지구설의 '중국원류설'='성인유래설'이었다. 서명응은 『대대례』의 학설을 '孔門의 眞傳'으로, 『주비산경』의 학설을 '包犧의 眞傳'이라고 단정하였다.[93]

---

88) 「髀禮準序」, 『髀禮準』 卷首, 1ㄱ~3ㄱ. 이상과 같은 徐命膺의 학문체계에 대한 인식을 도표로 정리하면 다음과 같다.

<table>
<tr><td>體(道=天道)</td><td colspan="2">先天方圓圖(先天易)</td></tr>
<tr><td rowspan="3">用(象數)
"象數明則道明也"</td><td>『周禮』
(測天文, 正官制)</td><td>『周髀算經』
(蓋天儀, 句股法)</td></tr>
<tr><td>天象</td><td>天數</td></tr>
<tr><td colspan="2">表裏·經緯(數=象之節度, 象=數之體段)</td></tr>
</table>

89) 「保晩齋叢書凡例」, 『保晩齋叢書』 卷首, 1ㄱ, "是書凡十有三種 雖各自爲一書 門戶殊別 肰皆以先天爲之主宰綱紀 故以先天四演冠于首."

90) 「地圓齊」, 『先句齊』 上, 22ㄱ~27ㄴ.

91) 「曾子天圓」, 『大戴禮記』 卷5, 7ㄱ~ㄴ, 29쪽(영인본 『四部叢刊』, 法仁文化社의 쪽수).

92) 『周髀算經』 卷下, 1ㄱ~2ㄴ, 39~40쪽(영인본 『四部叢刊』, 法仁文化社의 쪽수).

서명응은 이와 같은 경전상의 근거를 바탕으로 지구설의 과학적인 증거를 제시하였다. 그것은 南北 이동에 따른 천체의 고도변화와 東西 이동에 따른 시각·계절의 변화 현상이었다.[94] 전자는 남북으로 지구가 둥근 이유를, 후자는 동서로 지구가 둥근 이유를 설명하는 것이었다. 이것은 이미 살펴본 마테오 리치의 지구설 바로 그것이었다. 서명응은 그것을 『주비산경』의 내용과 일치하는 것으로 설명하였던 것이다. 전자는 이른바 '蓋天說'(天象蓋笠 地法覆槃)로, 후자는 '晝夜易處 加四時相及'[95]으로 설명하였다. 서명응은 이러한 지구설에 근거하여 각 지역의 기후차를 위도의 차이로 설명하고 있었다.[96] 이것 역시 마테오 리치의 『乾坤體義』에 의해 소개된 '五帶說'이었다.

서명응은 이상과 같은 지구설을 역학적 원리에 입각하여 재해석하였다.[97] 주목해야 할 것은 이러한 서명응의 작업이 기존의 상수학 체계에 서양의 천문역산학을 끼워 맞추는 식으로 전개된 것이 아니라는 점이다. 오히려 그와 반대되는 경로를 밟기도 하였다. 즉 서양 역산학의 정밀성과 사상사적 가치를 인정한 위에서, 그에 근거하여 기존의 易理를 재해석하는 방향으로 나아가기도 하였다. 예컨대 『周易』「繫辭傳」에 대한 새로운 해석은 그 하나의 예다.[98]

繫辭上傳의 10章에는 "參伍以變 錯綜其數 通其變 遂成天地之文 極其數 遂定天下之象"이란 문구가 있다. 기존의 경학에서는 參伍를 제대로 해석하지 못하였다.[99] 서명응은 이것을 서양의 천문역산학에 근거하여 재해석하였다. 參은 赤道之極(赤極)·黃道之極(黃極)·地平之極(地平極·天頂)의 三極[100]을 뜻하는 것으로, 伍는 赤道와 黃道의 교점으로 이루어지는 四象[101]과 地平極을 의미하는 것으로 보았다.[102] 이에 따라 계사전의 문장은 三極과 二道(赤道·黃道)가 錯綜하여 12宮 24節氣를 이룬 것이 바로 天地之文·天下之象

93) 「地圓齊」, 『先句齊』 上, 22ㄱ~23ㄱ.

94) 「方圓象箋」 7(地圓眞傳), 『先天四演』 卷上, 箋演, 50ㄱ~ㄴ, "且有人南行二百五十里 則北極低一度 南星高一度 北行二百五十里 則南星高[低의 잘못]一度 北極低[高의 잘못]一度 由是一遵盖天周髀之說 以地體爲至圓 而由東至西 隨地定子午線 凡節氣時刻 在東者加四分 在西者減四分 晝夜亦然 錯錯相符 行之屢年 無毫釐差誤 由是觀之 地圓庸詎非眞至不易之理乎."

95) 이에 대한 자세한 설명은 「地圓齊」, 『先句齊』 上, 23ㄴ~24ㄱ의 '各地時差' 참조.

96) 「方圓象箋」 8(日景五載), 『先天四演』 卷上, 箋演, 51ㄱ~52ㄴ.

97) 박권수, 「徐命膺(1716~1787)의 易學的 天文觀」, 『한국과학사학회지』 제20권 제1호, 1998.

98) 經學에 대한 새로운 해석이란 측면에서 『保晩齋叢書』 卷3·4에 수록된 『尙書逸旨』는 주목되는 저술이다.

99) 『周易』 繫辭傳 上, 10章, 註, "參伍錯綜皆古語而參伍尤難曉."

100) 「方圓意箋」 4(三極起中), 『先天四演』 卷上, 箋演, 69ㄱ ; 「極度齊」, 『先句齊』 上, 13ㄴ, "北極卽赤道之極也 又其內二十三度半 卽黃道之極也 又其內各地天頂之午位 卽地平之極也 三極互相游移低昂於天體 以成四時之至變."

101) 四象의 의미에 대해서는 「象限齊」, 『先句齊』 卷上, 9ㄱ~ㄴ 참조.

102) '伍'의 의미는 조금씩 다르게 서술되어 있다. 四象과 日躔을 의미하는 것으로 보기도 하고(「方圓意箋」 4(三極起中), 『先天四演』 卷上, 箋演, 69ㄴ), 천정과 사상으로 파악하기도 하였다(「地圓齊」, 『先句齊』 上, 25ㄱ).

이 된다는 뜻으로 해석되었다.[103] 三極을 이와 같이 정의함으로써 繫辭上傳 2章의 "六爻之動 三極之道也" 역시 '天地人의 지극한 이치'로서의 삼극이 아닌 赤極・黃極・地平極의 삼극으로 재해석되었다.[104]

나아가 서명응은 선천도의 구조도 이러한 천문역산학에 맞추어 수정하였다. 그 대표적인 예가 기존에 天圓地方의 상수학적 원리를 담고 있다고 간주되었던 先天方圓圖의 수정이었다. 서명응은 天下萬事는 모두 先天方圓圖로 귀결된다고 생각하였으며,[105] 천문역산학과 易理를 표리의 관계로 파악하고 있었다.[106] 따라서 지구설 역시 선천방원도를 통해 설명될 수 있어야 했다. 그러나 기존의 선천방원도로는 그것이 불가능했다. 땅을 상징하는 內圖가 정사각형으로 되어 있었기 때문이다. 이에 서명응은 河圖의 가운데 다섯 점을 원으로 보고,[107] 內圖를 회전시켜 方圖가 아닌 圓圖로 재해석함으로써 지구설에 대한 역학적 근거를 마련하였던 것이다.[108]

결국 이러한 서명응의 일련의 시도는 서양과학을 역학체계 속에 단순히 편입시키는 차원을 넘어서 적극적인 서양과학 수용론으로 나아가고 있었다. 그것은 물론 서양과학의 '중국원류설'='성인유래설'이라는 외피를 쓰고 있었지만 뒤집어 보면 서양의 학문을 그 자체로서 인정하고 받아들여야 한다는 논리이기도 하였다. 그것이 외국으로부터 들여온 것이라고 하여 싫어해서는 안 된다는 서명응의 언급[109]은 이러한 그의 자세를 분명히 보여주는 것이다.

이상에서 살펴본 지구설에 대한 역학적 해석이 갖는 사상사적 의미는 무엇일까? 먼저 그것은 기존의 학문체계를 정당화시키려는 시도이기도 하였지만 동시에 기존의 학문체계를 변화시킬 수 있는 논리적 기반이 될 수 있었다는 점에서 의미를 찾을 수 있다. 서학에 대한 역학적 변용은 서양과학이 정밀하다는 객관적 사실을 전제하고 있었으므로, 그것과 기존의 학문체계-象數學을 비롯한 經學 일반-가 모순을 일으킬 경우, 기존의 학문체계는 그것에 맞추어 수정될 수 있었다. 김석문이 천체의 구조와 운행의 원리에 입각하여 『태극도설』을 해설한 것이나 소옹의 원회운세설을 지구의 운동을 중심으로 재정리한 것, 서명응이 새로운 천문역산학의 지식에 바탕하여 『주역』 「계사전」의 내용을 재해석하고 선천방원도를 수정한 것은 그 대표적인 예다. 물론 이것은 견강부회라는 비난을 받을 수도 있다. 기존의 학문체계를 수구하려는 자세에서 자기 학문체계에 정당성을 부여하고자 서양과학을 이용했다는 혐의를 면할 수 없는 것이다. 그러나 기존의 주자학적 경학의 틀 속에 매몰되어 있던 단계

---

103) 「方圓意箋」 4(三極起中), 『先天四演』 卷上, 箋演, 69ㄴ ; 「地圓齊」, 『先句齊』 卷上, 25ㄱ~ㄴ.

104) 「方圓意箋」 4(三極起中), 『先天四演』 卷上, 箋演, 69ㄱ ; 「極度齊」, 『先句齊』 上, 13ㄴ~14ㄱ.

105) 「先句齊序」, 『先句齊』 卷首, 1ㄱ.

106) 「方圓言箋」 6(順數逆數), 『先天四演』 卷上, 箋演, 32ㄱ, "唯曆與易相爲表裏 言曆則(易)亦可知也."

107) 「方圓象箋」 7(地圓眞傳), 『先天四演』 卷上, 箋演, "河圖中五 縱橫成三 窿然至圓 使其外四點 皆指四正 而並無一點爲角於四隅 嗚呼 此其所以示人地體之圓 本自如此 而欲使內圖依此法鋪置也."

108) 「方圓言箋」 4(內圖位置), 『先天四演』 卷上, 箋演, "自漢以後 儒者多爲地方之說所誤 內圖形體 必欲正方不偏 故其爲位置 率皆差誤 不見天地相御之妙 而推之造化動相掣肘."

109) 『髀禮準』, 「髀禮準序」, 2ㄱ, "豈以其出自外國而爲嫌哉."

를 뛰어넘어 새로운 경학의 지평을 열고 그것에 기반하여 각론을 전개할 수 있는 전거를 확보하기 위한 시도라는 점에서 의미를 부여할 수도 있는 것이다.

다음으로 역학적 변용은 그 주체의 입장에 따라 다양하게 전개될 수 있다는 점에 주목해야 한다. 서학까지도 易理 속에 매몰시켜 버리려는 헛된 시도로 빠져버릴 수도 있고, 補儒論에 입각하여 器的 차원에서 서양과학을 제한적으로 수용하고자 하는 자세를 취할 수도 있으며, 그와는 달리 이른바 '중국원류설'을 매개로 하여 적극적인 서학수용론의 논리적 근거를 만들어 갈 수도 있었다. 따라서 역학적 변용이라는 현상적 모습만을 가지고 전체를 동일시하면 그 배후에 담긴 주체의 문제의식이 사상되어 버릴 수 있다. 따라서 우리는 서양과학에 대해 역학적 변용을 시도한 주체의 문제의식과 그에 따라 각각 다른 방향으로 전개된 변용의 내용을 각 논자의 사상적·학파적 입장에 따라 구별해 볼 필요가 있다.[110]

4. '地球'說에 대한 科學的 이해와 認識論의 전환

지구설에 대한 이해는 18세기 중반을 경과하면서 현저한 변화를 보이게 된다. 인식론상의 전환이 나타나고 있었던 것이다. 그것은 특히 정계에서 소외된 재야지식인을 중심으로 나타나고 있었다는 점에서 주목된다. 少論계열과 南人계열의 지식인들, 그리고 老論 내에서 분화된 洛論계열의 학자들이 바로 그들이었다. 이것은 18세기 이후의 조선의 사회변동과 관련하여 그것을 수습·타개하기 위한 사상적 모색의 일환이었다.

南人계열의 李瀷(1681~1763)은 『天主實義』, 『天問略』, 『主制群徵』, 『職方外紀』 등의 책을 통해 지구설에 접하였으며, 이것을 적극적으로 수용하여 인식론적 전환의 자료로 활용하였다. 이익의 文集과 『星湖僿說』에서 검출되는 서학서는 약 20여 종에 이르는 것으로 추정된다.[111] 이 가운데 우리의 주제와 관련하여 주목을 끄는 지리학과 천문역산학 관계 저술로는 「萬國全圖」, 『職方外紀』(1623년 刊), 『坤輿圖說』(1674년 刊), 『乾坤體義』, 『天問略』(1615년 刊), 『治曆緣起』(1645년 刊), 『時憲曆』, 『簡平儀說』(1611년 刊), 『幾何原本』(1607년 刊), 『渾蓋通憲圖說』 등을 들 수 있다. 이익의 부친 李夏鎭은 1678년 陳慰兼進香使로 북경에 파견되었을 때 수천 권의 서적을 구입하여 귀국하였는데,[112] 그 가운데는 西學書도 포함되어 있었을 것으로 추정되며, 이익은 바로 이 책들을 통하여 서양과학에 접하게 되었던 것이다.

이익은 기본적으로 西學과 西敎를 분리하여 이해하고 있었다. 서학에 대해서는 적극적인

---

110) 때문에 16세기 이후 심화된 각 학파의 象數學的 특징과 그에 입각해 전개된 17세기 이후의 西學에 대한 易學的 變容의 상호 관련성 및 다른 학파와의 차이점 등을 밝히는 것이 앞으로의 과제다.
111) 李元淳, 「星湖 李瀷의 西學世界」, 『朝鮮西學史硏究』, 一志社, 1986, 116쪽.
112) 「先考司憲府大司憲府君行狀」, 『星湖全集』 卷67, 19ㄱ, 200책 152쪽.

긍정과 수용의 태도를 보인 반면, 서교에 대해서는 비판적인 태도를 견지하고 있었다. 서학에 대한 우호적인 태도는 서양과학의 우수성에 대한 인정을 바탕에 깔고 있었다. 이른바 '仰觀俯察器數機械之妙',[113] '仰觀俯察推筭授時之妙'[114]가 바로 그것이었다. 이익은 器數의 법은 후대로 내려갈수록 정교해진다는 역사적 인식[115]과 당시 중국의 학문적 능력[志業力量]이 서양보다 뒤떨어져 있다는 현실 인식[116]을 바탕으로 서학수용론을 전개하였다. 특히 서양의 천문역법에 대해서는 그것이 매우 정확하여 중국역법이 미치지 못하니[117] 마땅히 따라야 한다고 주장하였으며,[118] 시헌력의 경우 "성인이 다시 태어난다 해도 이것을 따를 것이다"[119]라고 하여 그 정확성을 인정하였다. 그가 서학의 실용성을 '星曆籌數之法'에서 찾고 있었던 것[120]에서도 서양 천문학에 대한 그의 높은 평가를 읽을 수 있다.

반면에 西敎=天主敎에 대해서는 비판적인 태도를 견지하고 있었다. "歐羅巴天主之說은 내가 믿는 바 아니다"[121]라는 단적인 표현이 그것이다. 그러나 서교의 天主를 儒家의 上帝로 해석한다든지,[122] 『七克』을 유가의 克己之說로 단정하면서 간간이 유학에서 밝히지 못한 것을 밝혔다고 평가함으로써[123] 補儒論的 입장을 견지하였다. 신후담의 천주교 배척에 대해서도 그것이 서학에 대한 깊은 고찰을 배제한 맹목적 배척이 될 위험성이 있음을 경고한 것[124]도 서교의 가치에 대한 이익의 유보적인 자세를 보여주는 것이라 하겠다.

지구설을 비롯한 서양과학에 대한 적극적인 수용은 기존의 천문역법에 대한 비판을 가능하게 하였다. 그것은 주자의 자연학에 대한 비판이었다. 이익은 주자의 "해가 달의 바깥쪽을 지나가서 달의 안쪽을 가릴 때 월식이 일어난다"(日掩月內則爲月蝕)[125]는 월식이론에 대해, 달은 태양빛을 받아 빛을 내는 것으로 지구가 그 가운데서 태양빛을 차단하기 때문에 월식이 발생하는 것이라는 서양의 천문이론에 근거하여 비판하였다.[126] 주자의 역법론 역

---

113) 「答族孫輝祖壬申」, 『星湖全集』 卷33, 33ㄴ, 199책 94쪽.
114) 「跋天主實義」, 『星湖全集』 卷55, 28ㄱ, 199책 516쪽.
115) 『星湖僿說』 卷2, 天地門, 曆象, 43ㄱ~ㄴ, Ⅰ책 52쪽(『국역 성호사설』, 민족문화추진회, 1977의 책수와 原文 쪽수임. 이하 같음), "凡器數之法 後出者工 雖聖智有所未盡 而後人因以增修 宜其愈久而愈精也."
116) 「跋職方外紀」, 『星湖全集』 卷55, 26ㄴ, 199책 515쪽, "中國之士 比諸洋外列邦 固宜大有秀異者 而今於西士之志業力量 反有望洋向若之歎 何如其愧哉."
117) 『星湖僿說』 卷1, 天地門, 中西曆三元, 49ㄱ, Ⅰ책 26쪽.
118) 『星湖僿說』 卷2, 天地門, 日天之行, 48ㄱ~ㄴ, Ⅰ책 54쪽 ; 『星湖僿說類選』 卷1上, 天地篇上, 天文門, 談天, 上책 8쪽(『星湖僿說類選』, 朝鮮古書刊行會, 1915의 책수와 쪽수임. 이하 같음).
119) 『星湖僿說』 卷2, 天地門, 曆象, 43ㄴ, Ⅰ책 52쪽.
120) 『河濱集』 卷2, 內篇, 紀聞篇, "西學則頗有實用處 …… 吾之所謂實用者 取其天問略幾何原本所論星曆籌數之法 前人未發 大有益於世也."
121) 「答安百順丁丑」, 『星湖全集』 卷26, 19ㄴ, 198책 527쪽.
122) 「跋天主實義」, 『星湖全集』 卷55, 27ㄴ, 199책 516쪽.
123) 『星湖僿說』 卷11, 人事門, 七克, 2ㄴ, Ⅳ책 83쪽.
124) 『河濱集』 卷2, 內篇, 紀聞.
125) 『朱子語類』 卷2, 理氣下, 天地下, 周謨錄, 16~17쪽(『朱子語類』, 岳麓書社, 1997의 쪽수), "唯月行日外而掩日于內 則爲日蝕 日行月外而掩月于內 則爲月食."

시 비판의 대상이었다.『左傳』文公 元年條의 '歸餘於終'[127]에 대한 주자의 주석에 대해 그 잘못을 지적하였는데, 이것은 치윤법의 잘못을 지적한 것이었다. 이익은 주자가 역법을 공부하지 않아서 그렇게 된 것이라고 비판하였다.[128] 이것은 결국 "한 글자라도 의심스럽게 여기면 망령이고 이것저것 상고하여 대조하면 죄"[129]라는 주자도통주의로 대표되는 당시의 학문풍토에 대한 비판으로 연결되었다.

이익의 지구설은 내용상으로는 전 시기의 그것들과 크게 차이가 없었다. 그가 참고한 책들이 이전 시기의 그것과 차이가 없었기 때문이다. 지구는 탄환과 같이 둥근 구체이며 그 둘레는 9만 리라고 파악하였다. 9만 리의 계산은 남북으로 250리 이동시 북극 고도가 1도씩 변한다는 사실에 근거하였다.[130] 동시에 그는 지구설의 증거로 서양인들이 항해를 통해 세계를 일주했다는 경험적 사실을 제시하고 있었다.[131] 한편 이익은 子思의 말에 근거하여 바다가 땅을 싣고 있는 것이 아니라 땅이 바다를 싣고 있는 것이라고 주장하였다.[132] 이것은 혼천설에 대한 부정으로 이미 張維에 의해 제기된 바 있었으나, 이제 이익은 지구설을 통해 분명하게 혼천설을 극복하였던 것이다.

땅의 형체가 球形이라고 할 때 일반인의 일상적인 경험과 마찰을 일으킬 수 있는 것은 나를 중심으로 할 때 반대편의 사람이 허공으로 떨어지지 않겠는가 하는 문제다. 오늘날에는 지구의 引力(萬有引力)과 지구의 회전에 의한 遠心力의 합인 重力(gravity)이란 개념으로 이것을 설명하고 있지만, 重力이란 개념이 없었던 당시에는 地球說이 해명해야 할 가장 큰 문제점이 이것이었다. 이익은 '地心論'을 통해 이것을 설명하려고 하였다. 그는 당시에 알 위를 걸어가는 개미의 비유를 통해서 소박하게나마 지구설을 경험적으로 증명하려고 한 논의[133]에 대해 '以非攻非'라고 비판하면서, 그것은 地心論을 통해서만 설명이 가능하다고 주장하였다.[134] 즉 그것은 지심을 향해 상하사방의 모든 힘이 집중되기 때문에 지구 아래쪽에도 사람이 있을 수 있다는 것이다.

이익은 이러한 지구설의 연장선상에서 중국이 세계의 중심이라는 종래의 믿음에 과학적

---

126)「日月蝕辨」,『星湖全集』卷43, 18ㄱ~19ㄴ, 199책 279~280쪽.

127)『左氏春秋傳』, 文公 元年, "先王之正時也 履端於始 擧正於中 歸餘於終."

128)『星湖僿說』卷2, 天地門, 歸餘於終, 44ㄴ, Ⅰ책 52쪽, "今按朱註 不習曆法而然也."

129)『星湖僿說』卷21, 經史門, 儒門禁網, 30ㄴ, Ⅷ책 55쪽, "但曰一字致疑則妄也 考校參互則罪也."

130)『星湖僿說』卷2, 天地門, 地厚, 9ㄱ, Ⅰ책 35쪽 ;『星湖僿說』卷2, 天地門, 日天之行, 47ㄴ~48ㄱ, Ⅰ책 54쪽 ;『星湖僿說類選』卷1下, 天地篇下, 地理門, 地厚, 上책 36쪽.

131)「跋職方外紀」,『星湖全集』卷55, 25ㄱ, 199책 515쪽.

132)「跋職方外紀」,『星湖全集』卷55, 24ㄱ, 199책 514쪽, "子思子語地曰 振河海而不泄 蓋非海之負地 卽地之載海 溟渤之外 水必有底 底者皆地 故謂收載而不泄也." 여기서 子思의 말이란『中庸章句』26章의 "今夫地一撮土之多 及其廣厚 載華嶽而不重 振河海而不洩 萬物載焉"을 가리키는 것이다.

133) 이것은 金始振(1624~1669)의「曆法辨」에 대한 南克寬(1689~1714)의 반론이었다.「金參判曆法辨辨」,『夢囈集』乾, 16ㄴ~24ㄱ, 209책 298~302쪽.

134)『星湖僿說』卷2, 天地門, 地毬, 53ㄱ~ㄴ, Ⅰ책 57쪽 ;『星湖僿說類選』卷1下, 天地篇(下), 地理門, 地毬, 上책 36~37쪽.

비판을 가하였다. "중국은 대지 가운데 한 조각 땅에 불과하다"135)는 그의 발언이나 중국 이외의 지역에서 성인이 출현할 것을 기대한다는 그의 언급136)은 그가 중국 중심적 사고로부터 벗어나고 있음을 보여주는 단초들이었다.

李瀷의 학문을 계승한 李家煥(1742~1801)은 일찍부터 '曆象'에 커다란 관심을 가지고 있었다.137) 그가 역상에 관심을 가졌던 것은 '觀象授時'의 전통적 관념 속에서 그것이 民事와 밀접한 관련을 가지고 있다는 인식 때문이었다.138) 결국 그것은 당시의 현실 속에서 민생안정을 이룩해야 한다는 '보민론'의 차원에서 제기되었던 것이다. 그리고 이러한 역상에 대한 관심은 그 전제로서의 '度數之學'에 대한 탐구로 전개되었다.139) 이가환은 이익과 마찬가지로 '도수지학'은 후대로 내려올수록 정밀해진다고 생각하였으므로,140) '도수지학'에 대한 탐구는 당연히 당시 최고의 수준을 나타내고 있었던 서학에 대한 관심과 수용의 문제로 전이되었다. 그것이 바로 '新法'을 채택하여 기존의 역상체계를 변통하는 문제, 이른바 '正曆象(正曆象之本)'의 논의였다.141)

'정역상'의 논의에서 핵심은 지구설을 비롯한 서양과학의 이른바 '신법'을 수용하여 기존의 역법체계를 바로잡는 것이었다. 그것은 시헌력 체계를 완벽하게 수용하고, 그 체계에 맞추어 각종 천문의기를 수리·제작하고[修曆象之器], 그것을 운용·발전시킬 수 있는 전문가를 양성하는 것[養曆象之才]이었다. 이 때 각 논의의 준거가 되는 것이 지구설을 비롯한 서양과학의 이른바 '신법'이었다. 때문에 이가환은 주야의 장단과 계절의 변화 및 교식원리를 밝히기 위해서는 지구설에 대한 탐구가 필요하며, 세차의 원리를 밝히기 위해서는 『恒星曆指』의 교육이 필요하다고 주장하였던 것이다.142) 지구설의 수용은 그렇게 이루어지고 있었다.

---

135) 『星湖僿說』 卷2, 天地門, 分野, 7ㄱ, Ⅰ책 34쪽.

136) 「答安百順己卯」, 『星湖全集』 卷27, 4ㄱ, 198책 539쪽.

137) 「貞軒墓誌銘」, 『與猶堂全書』 第1集 第11卷, 25ㄱ, 320쪽(영인본 『增補 與猶堂全書』 1, 景仁文化社, 1970의 쪽수임. 이하 같음), "雅好曆象之書 …… 庭藻[李家煥 : 필자]所治者 必曆象之法." 李家煥의 과학사상에 대해서는 崔相天, 「貞軒 李家煥 硏究 -『錦帶殿策』의 분석을 중심으로-」, 고려대 대학원 사학과 석사학위논문, 1981 ; 崔相天, 「李家煥과 西學」, 『韓國天主敎會創設二百周年紀念 韓國敎會史論文集(Ⅱ)』, 韓國敎會史硏究所, 1985, 41~67쪽 참조.

138) 『錦帶殿策』(필사본), 天文策, "臣以爲聖王之所以先曆象者 豈有他哉 重民事也 播獲以時 隩析有期 則民生遂矣."

139) 『錦帶殿策』, 天文策, "雖然爲是三者 有本有原 必先明於度數之學是也 夫所謂度數之學者 非如京房李淳風等牽合占驗之謂也 卽專察物體之分限者也."

140) 『錦帶殿策』, 天文策, "名物度數 年代愈近而靈竅日開 欲一切是古而非今者 非通變之論也 欲從事度數之學者 亦宜兼採新法."

141) 『錦帶殿策』, 天文策, "臣請得更氣其大要而言之 一則曰 正曆象之本也 二則曰 修曆象之器也 三則曰 養曆象之才也."

142) 『錦帶殿策』, 天文策, "合朔時刻 不知東西加減者 臣以爲未達地球之理也 …… 今若講明地球之理 使人人曉然知東西之必須加減 則非但節氣晦朔之皆渴其正於交食曆理 更爲大有裨益也 中星子午 不知歲差推移者 臣以爲不知恒星有東行之度故也 今若講明恒星曆指 使人人曉然知黃道經度之東移而緯度之不變 則歲差定矣."

이처럼 '정역상'의 문제는 당시 가장 발전적이었던 서양과학의 수용문제와 직접적으로 연결되는 것이었고, 때문에 그것은 西學을 邪學·異端으로 규정하는 반대세력과의 사상적 충돌을 피할 수 없었다. 그 충돌을 완화시키고 개혁의 논리를 강화시키고자 제기된 것이 이른바 '중국원류설'이었다. 그것은 정조 연간에 이가환이 처했던 정치적 상황을 미루어 보면 가히 짐작할 수 있다. 1795년 朴長卨이 상소문을 올려 이가환을 탄핵한 바 있는데, 그 죄목 가운데 하나가 바로 '新法'인 '不經之說'=서학의 수용이었다.[143] 이가환의 '중국원류설'은 이와 같은 노론 측의 사상적 공세에 대한 대응의 성격이 짙다. 지구설의 근거로 『대대례』의 曾子와 單居離의 문답, 혼천설,[144] 『周易』 坤卦, 『周髀算經』 등을 제시하고,[145] 淸蒙氣 역시 서양에서 유래한 것이 아니고 晋의 束晳에게서 나온 것임을 강변한 것[146]이 바로 서학 관련 서적을 보았다는 것만으로도 罪案이 되는 당시 상황[147]에 대한 최소한의 대응이었던 것이다.

요컨대 이가환은 시헌력을 비롯한 서양 천문역법의 우수성을 인정하고, 그것에 기반하여 기존의 역상체계를 개혁하고자 하였다. 그 과정에서 발생하는 사상적 갈등을 '중국원류설'이라는 외피를 통해 완화시키고자 하였으나, 주자도통주의를 바탕으로 사상적 공세를 강화하는 노론 측과의 충돌을 피할 수 없었다. 그것은 결국 이가환을 죽음으로 몰고 가는 죄안이 되고 말았던 것이다.[148]

少論계열의 정제두에게서 사사받은 李匡師(1705~1777)는 1755년(영조 31) '乙亥獄事'에 伯父 李眞儒에게 연좌되어 함경도 富寧에 유배되었다. 그는 유배 시절 『斗南集』을 작성하였는데,[149] 여기에 수록된 「讀朱子語類識疑」, 「問朱子天問答一則」, 「天地水火說」, 「天問辨答四條」 등을 통해 그의 자연관을 살펴볼 수 있다.[150] 여기에서 그는 주자의 자연학 체계에 대한 전면적인 재검토를 실시하였는데, 그 가운데 하나로 지구설에 대해 논하였다.

땅의 덕은 모나지만 그 형체는 둥근데, 어찌 뾰족한 곳이 있겠는가? …… 利瑪竇는 "땅의

---

143) 『正祖實錄』 卷43, 4ㄱ, 正祖 19년 7월 7일(丙辰), 46책 586쪽 ; 「貞軒墓誌銘」, 『與猶堂全書』 第1集 第11卷, 20ㄱ, 317쪽.

144) 『錦帶殿策』, 天文策, 11, "地球之說 創聞者駭之 而曾子之答單居離曰 若果天圓而地方 則是四角之不相掩也 渾天說亦謂地如卵黃 則中國亦嘗有是說矣."

145) 『錦帶殿策』, 墜勢策, "曾子地圓之訓 臣以爲曾子之答單居離曰 若果天圓而地方 則是四角之不相掩也 而地方之說 其義則見於坤六二爻之辭 其說則昉於周髀之書 或論其形 或語其德 或施之測量 所以不同也."

146) 「貞軒墓誌銘」, 『與猶堂全書』 第1集 第11卷, 20ㄴ, 317쪽.

147) 「貞軒墓誌銘」, 『與猶堂全書』 第1集 第11卷, 21ㄴ, 318쪽, "若以看書爲一重罪案 則無以自解."

148) 「貞軒墓誌銘」, 『與猶堂全書』 第1集 第11卷, 25ㄱ, 320쪽.

149) 『斗南集』의 작성 경위에 대해서는 鄭良婉, 『江華學派의 文學과 思想(2)』, 韓國精神文化硏究院, 1995, 13~16쪽 참조.

150) 李匡師의 자연관에 대해서는 沈慶昊, 『江華學派의 文學과 思想(3)』, 韓國精神文化硏究院, 1995, 136~155쪽 참조.

형체도 역시 둥글다"고 하였다. 무엇으로 징험할 수 있느냐고 묻자, "일식이나 월식 때 검은 것이 땅의 그림자인데, 일식이나 월식 때마다 4면에서 먹어 들어가는 것이 모두 둥글다"고 하였다. 그 설이 아주 명백하다.151)

여기에서 이광사는 일식과 월식(엄밀히 말한다면 월식의 경우만 해당된다) 때 달에 비추는 것이 지구의 그림자라는 과학적 근거를 가지고 지구설을 주장하고 있다. 이것은 물론 서학을 수용한 결과였다.

이광사는 이익과 마찬가지로 종래의 혼천설에서 주장하여 온 물이 땅을 싣고 있다는 주장-이른바 '地下水載之說'-에 대해서도 지구설을 근거로 부정하였다. 땅에는 상하가 있을 수 없고, 물은 어느 곳에서도 땅을 실을 수 없다는 것이다. 강이나 바다는 땅 가운데 깊은 것에 지나지 않을 따름이었다. 이러한 '無上下'의 주장에서는 땅이 떨어진다는 것은 생각할 수 없다. 떨어진다는 것은 경험적으로 위에서 아래로 떨어지는 것인데, 우주에는 상하가 없으므로 떨어질 것도 없다는 것이다.152)

이광사는 이러한 지구설에 기반하여 중국 중심의 세계관을 부정하는 데까지 나아갔다. 그는 구주가 천지의 한가운데 있지 않다는 사실을 논증하였고, 나아가 중국인들이 가지고 있던 전통적 천지관, 즉 '땅은 동남쪽이 채워져 있지 않아서 모든 강과 물이 그리로 돌아간다'고 하는 인식 역시 중국인의 편협된 사고에 지나지 않는다는 점을 지적하였다.153)

老論 洛論系의 일부 학자들 역시 지구설을 적극적으로 수용하고 있었다. 洪大容(1731~1783)은 종래의 天圓地方說을 부정하고 지구설을 받아들였다. 그는 "땅이란 그 바탕이 물과 흙이며, 그 모양은 원형인데 쉬지 않고 돌며 空界에 떠 있다. 萬物은 그 표면에 의지하여 사는 것이다"154)라고 주장하면서, 月蝕에 대한 과학적 설명을 통해서 지구설을 증명하였다. 월식이란 지구가 달과 태양 사이에 위치할 때 일어나는 현상으로, 月面의 전부 또는 일부가 지구의 그림자에 가려져 지구에서 본 달의 밝은 부분의 일부 또는 전부가 어둡게 보이는 현상이다. 따라서 달의 가려진 모양은 곧 땅의 모습이며, 그 가려진 모양이 둥근 것은 땅의 모양이 둥글기 때문이다. 요컨대 月蝕은 땅의 거울이므로 月蝕을 보고도 땅이 둥근 줄을 모른다면 이는 어리석은 것이라는 지적이었다.155)

---

151) 『斗南集』(古 3428-347), 「讀朱子語類識疑」, "地德方而其體則圓 豈有尖處 …… 利瑪竇曰 地形亦圓 問何以驗 曰 月食時 黑者是地影 而每蝕從四面入者 皆圓 其說甚透."

152) 『斗南集』, 「讀朱子語類識疑」, "地豈有下 水載於何處邪 循地而行 循環至於與此地相反地 其人皆頭戴天足履地 與此地人 足勢相向 如車輻之相輳 其地亦高者爲山 深者爲江海 如此地而已 地豈有上下 水在何處 可以載地邪."

153) 『斗南集』, 天問辨答四條 3條, "天問九州安錯 朱子答曰 九州所錯天地之中 是亦據中國人所見 …… 故上所引地不滿東南 百川水潦歸焉者 亦國中[中國]人所見已."

154) 「毉山問答」, 『湛軒書』, 內集, 補遺 卷4, 19ㄱ, 上책 327쪽(『湛軒書』, 景仁文化社, 1970의 책수와 쪽수임. 이하 같음).

155) 「毉山問答」, 『湛軒書』, 內集, 補遺 卷4, 19ㄴ, 上책 328쪽.

이익이 '지심론'을 통해 중력의 문제를 설명하려고 하였듯이, 洪大容은 '上下之勢'라는 개념을 이용하여 그것을 설명하고자 하였다.156) 즉 지구의 급속한 회전에 의해서 氣가 허공과 땅[天地]에 모이게 되고 여기서 上下之勢가 형성되며, 이러한 上下之勢(地面之勢)에 의해서 땅은 그 위의 萬物들을 끌어당기고 있다는 설명이었다.

나아가 홍대용은 지구설을 바탕으로 하여 중국이 세계의 중심이 아니라고 주장함으로써 기존의 중국 중심적 세계관을 논리적으로 극복할 수 있는 토대를 마련하였다.

> 中國은 西洋에 대해서 經度의 차이가 180度에 이르는데, 中國 사람은 中國을 正界로 삼고 西洋을 倒界로 삼으며, 西洋 사람은 西洋을 正界로 삼고 中國을 倒界로 삼는다. 그러나 사실상 하늘을 이고 땅을 밟는 것은 界에 따라 모두 그런 것이다. 橫界도 없고 倒界도 없으니, 모두 正界인 것이다.157)

여기서 홍대용은 중국을 중심으로 하여 세계를 華와 夷로 구분했던 전통적인 세계관에 대하여 華와 夷란 기준에 따라서 달라질 수 있는 것이라는 사실을 지적하고 있다. 즉 中國이 華(正)고 中國 이외의 지역이 夷(倒)라는 것은 중국을 중심으로 한 기준에서 보았을 때 그러한 것이고, 중국 이외의 다른 지역을 기준으로 하여 세계를 파악한다면 중국도 夷(倒)일 수 있다는 사실을 은연중에 주장하고 있는 것이다. 이 같은 사실은 다음과 같은 직접적인 언급을 통하여 명확하게 확인된다.

> 하늘이 내고 땅이 길러주는, 무릇 혈기가 있는 자는 모두 사람이며, 여럿 중에서 뛰어나 한 나라를 맡아 다스리는 자는 모두 임금이다. 문을 여러 겹으로 만들고 해자를 파서 강토를 조심스럽게 지키는 것은 모두 나라다. 章甫·委貌·文身·雕題는 모두 하나의 습속이다. 하늘에서 내려다보면 어찌 안과 밖의 구별이 있겠는가? 그러므로 각각 자기 나라 사람을 친애하고, 자기 나라 임금을 높이고, 자기 나라를 지키고, 자기 풍속에 안주하는 것은 중국이나 오랑캐나 마찬가지다.158)

이것이 유명한 洪大容의 '華夷一也論'의 핵심적인 내용이다. '天圓地方'이라는 기존의 세계관은 지리적인 발견과 서양세력의 동점에 따라 서서히 부정되어 갔으며, 地球說의 본격적인 도입에 따라 그 논리적인 근거를 완전히 상실하고 있었다. 이상과 같은 홍대용의 지구설은, 球形 위에는 고정된 하나의 중심을 설정할 수 없다는 점에서 중국 중심의 세계관을 극복할 수 있는 과학적 근거가 되었다. 그것은 동시에 관점을 상대화시키면 누구나 중심이 될 수 있다는 점에서 '相對主義的 認識'으로 전개될 수 있는 가능성을 내포하고 있었다. 이

156) 「毉山問答」, 『湛軒書』, 內集, 補遺 卷4, 20ㄴ, 上책 329쪽.
157) 「毉山問答」, 『湛軒書』, 內集, 補遺 卷4, 21ㄴ, 上책 332쪽.
158) 「毉山問答」, 『湛軒書』, 內集, 補遺 卷4, 36ㄴ, 上책 362쪽.

러한 그의 인식은 地轉說과 宇宙無限論에 의해서 더욱 강화된 모습으로 나타나게 되었다.

朴趾源(1737~1805)은 지구설을 주장하는 근거로 두 가지 이유를 들고 있다. 하나는 하늘이 만들어 낸 물건 가운데 모난 것이 없다는 사실이다. 땅 위에 있는 모든 종류의 물건은 말할 것도 없고 하늘에 있는 일월성신도 모두 둥글다는 것이 그의 주장이었다.[159] 박지원이 지구설의 근거로 들고 있는 다른 하나는 홍대용의 경우와 마찬가지로 월식이었다. 월식 때 검게 보이는 부분은 지구의 그림자로서 그것이 둥글다는 것은 곧 땅이 둥글다는 증거가 된다는 사실이다.[160]

그렇다면 이렇게 명백한 증거를 두고서도 왜 사람들은 지구설을 믿지 않는 것인가? 박지원은 '지방설'과 '지구설'의 논점의 차이를 다음과 같이 말하고 있다.

> 땅이 모나다고 생각하는 사람은 義에 입각하여 형체를 인식하려는 것[諭義認體]이고, 땅이 둥글다고 말하는 사람은 형체를 믿고 義는 버린 것[信形遺義]이다. 생각건대 대지는 그 형체는 둥글고 그 의는 모난 것이 아닐까?[161]

이것은 사물 인식의 태도에서 커다란 차이를 보여준다. 즉 기존의 정해진 가치체계와 관념에 입각하여 객관세계를 이해할 것인가, 아니면 객관세계의 과학적인 탐구를 통해 과학적 인식으로 나갈 것인가의 갈림길인 것이다. 주자학적 자연관의 특징은 인간사회의 운행원리=道理와 자연세계의 운행원리=物理를 동일시해서 파악하면서, 자연법칙을 도덕규범에 완전히 종속시키는 것이었다. 이러한 구조 속에서 과학적이고 합리적인 자연인식은 원천적으로 제약을 받을 수밖에 없었다. 박지원의 지구설은 이러한 주자학적 자연관을 해체시키고 과학적인 자연인식으로 나갈 수 있는 단초를 보여준다는 점에서 그 역사적 의의가 있는 것이다.

5. 맺음말

『西洋新法曆書』의 도입(1645년)과 時憲曆의 시행(1653년)은 조선 후기 지구설의 전개에 커다란 계기가 된 사건이었다. 그것은 공식적으로 서양 역법의 우수성과 그것의 바탕이 되는 서양 천문학의 가치를 인정한 것이었기 때문이다. 따라서 시헌력의 도입이 공식화된 이

---

159) 「熱河日記」, 鵠汀筆談, 『燕巖集』 卷14, 7ㄴ, 257쪽(영인본 『燕巖集』, 慶熙出版社, 1966의 쪽수임. 이하 같음), "余曰 天造無有方物 雖蚊腿蠶尻 雨點涕唾 未嘗不圓 今夫山河大地日月星辰 皆天所造 未見方宿楞星 則可徵地球無疑."

160) 「熱河日記」, 太學留館錄, 『燕巖集』 卷12, 86ㄴ, 214쪽, "地膚所傳種種萬物 形皆團圓 無一方者 …… 若謂地方 彼月蝕時 闇虛邊影 胡成弧乎."

161) 「熱河日記」, 太學留館錄, 『燕巖集』 卷12, 86ㄴ, 214쪽, "謂地方者 諭義認體 說地毬者 信形遺義 意者大地其體則圓 義則方乎."

상 그것의 이론적 토대의 하나인 지구설의 수용 역시 불가피하게 되었다. 이에 따라 지구설은 17세기 중반 이후 조선왕조의 역법 수정에 발맞추어 지식인 사회에서 본격적으로 논의되어 18세기 후반의 『東國文獻備考』 단계에서는 국가 차원의 공인을 받기에 이르렀다. 지구설에 찬성하고 그것을 적극적으로 수용하여 자신의 사유체계 속에서 소화시켰던 인물들이 이 시기부터 나타나기 시작한 것은 우연이 아니었다.

도입 초기 지구설에 대한 논의는 당시 정국의 한 축을 담당하면서 시헌력 도입을 주도하였던 西人세력을 중심으로 진행되었다. 少論계열의 金始振·崔錫鼎 등이 지구설에 대해 비판적 검토를 가했고, 老論계열의 金萬重은 지구설을 적극적으로 옹호하였다. 이것은 천문역법에 관한 한 서양과학의 우위를 인정하고, 그 연장선상에서 시헌력을 도입하고 있던 당시의 시대 분위기를 반영하는 것이었다. 그러나 아직까지 지구설은 천문역법의 기술적 차원을 넘어서 사상의 영역으로 진입하지 못하였다. 당시의 官人·儒者들은 과학·기술이 본래적으로 지니고 있는 가치중립성 때문에 별다른 부담없이 서학에 접근하고 있었지만, 그것을 매개로 한 세계관과 인식론의 전환에 대해서는 아직까지 관심을 보이지 않았던 것이다.

17세기 중반 이후 서양의 지도·지리서·천문역법서가 본격적으로 전래되면서 지구설에 대한 논의 역시 본격화되었다. 그 대표적인 예가 17세기 말부터 18세기 후반에 걸쳐 진행된 지구설에 대한 易學的 해석이었다. 그것은 서학의 본격적인 도입에 대한 전통학문의 대응이라는 성격을 띠고 있었다. 그것은 지구설의 과학성·합리성을 인정하면서, 지구설의 원리를 易學으로 대표되는 전통학문의 체계 속에서 해명해 보려는 시도였다. 17세기 초까지 조선의 우주론이 이루어 낸 성과가 易學(先天易=象數易)과 宇宙論의 결합이었다는 점을 염두에 두면 이러한 시도는 이해될 수 있다. 지구설에 대한 역학적 해석의 전개 방향은 그것을 시도하는 주체의 학문적·사상적 입장에 따라 각기 다르게 나타날 수 있었다. 극단적으로 말하면 기존의 학문체계를 옹호하려는 입장에서 전개될 수도 있었고, 반대로 기존의 학문체계를 변화시킬 수 있는 논리적 기반을 마련하고 새로운 학문을 모색하려는 시도로서 수행될 수도 있었다.

少論계열의 鄭齊斗와 徐命膺이 보여주었던 지구설에 대한 역학적 해석과 그에 근거한 새로운 經學의 모색은 다양한 가능성의 한 측면을 보여주는 것이었다. 그들에 의해 기존의 경학은 지구설을 비롯한 서학의 과학성을 근거로 재해석되었다. 왜냐하면 서학에 대한 역학적 해석은 서양과학이 정밀하다는 객관적 사실을 전제로 하고 있었으므로 그것과 기존의 경학 체계가 모순을 일으킬 경우, 기존의 학문체계는 서학의 과학성에 입각하여 수정될 수 있었기 때문이다.

이처럼 지구설에 대한 역학적 해석이 진행되는 한편 18세기 중반 이후에는 서학의 과학성에 대한 확신을 토대로 세계관과 인식론의 전환이 시도되고 있었다. 그것은 정계에서 소외된 재야지식인을 중심으로 나타나고 있었는데, 少論계열과 南人계열의 지식인들, 그리고

老論에서 분화된 洛論계열의 일부 학자들이 바로 그들이었다. 그들은 지구설을 바탕으로 중국 중심의 세계관=華夷觀을 비판하였고, 자연인식에 있어서도 도덕적 가치체계에 입각하여 객관세계를 해석하는 것이 아니라 과학적인 관찰과 탐구를 통해 과학적 인식에 도달하고자 하였다. 나아가 保民論의 차원에서 적극적으로 서학 수용을 주장하게 되었다. 이러한 논의들은 결국 과학·기술의 차원의 넘어 정치·사상·종교 차원의 西教에 대해서까지 관심영역을 확대시키게 만들었고, 그것은 결국 서학을 邪學·異端으로 규정하는 집권 노론세력과의 사상적 충돌을 피할 수 없게 하였다. 이에 대해 진보적 지식인들은 서학의 '중국원류설'='성인유래설'을 통해 반대세력의 사상적 공세를 방어하는 한편 자신들의 주장이 지니고 있는 역사적 정당성과 서학 수용의 사상적 근거를 확보하고자 노력하였다.

요컨대 조선 후기 학자들이 지구설을 비롯한 西學을 수용하게 된 것은 兩亂 이후 조선사회의 내재적 발전 과정에서 심화된 사회모순을 타개할 수 있는 방안을 思想의 차원에서 마련하기 위한 시도, 즉 사상운동의 일환이었다. 따라서 지구설을 비롯한 西學에 대한 수용과 배척의 과정을 통해 당시의 사상계에 내재하고 있던 긴장관계를 살펴볼 수 있다. 조선 후기의 진보적인 학자들은 주자학의 사상적 한계를 극복하기 위해서 주자학 이외의 학문·사상에 대한 관심을 확대시켜 가고 있었다. 그것은 전통적인 학문·사상체계 속에서 계승해야 할 요소들을 찾아내는 작업임과 동시에 새로운 학문·사상의 가능성을 모색해 가는 것이었다. 西學에 대한 관심도 그 가운데 하나였다. 때문에 지구설을 비롯한 서학의 수용 문제는 전파론적 입장에서보다는 조선 후기 학자들의 주체적 수용이라는 관점에서 파악할 필요가 있다. 과학이라고 하는 분야가 기본적으로 가치중립적이고, 지구설을 비롯한 서양과학의 여러 이론들이 동양의 전통적인 사유체계에 미칠 수 있는 파급력은 서양의 그것과는 차이가 있었기 때문에 그것을 수용한 주체의 관점이 무엇보다 중요한 것이다. 다시 말해 서학을 적극적으로 수용하고자 했던 학자들의 사유체계에 대한 검토를 통해서 그들의 문제의식과 서학수용의 목적을 파악해야 하는 것이다.

서학의 도입과 지구설의 수용은 조선 후기의 과학사상·자연인식에 적잖은 영향을 끼쳤다. 조선 후기의 진보적 지식인들은 지구설을 비롯한 서학의 수용을 통해 당시의 학문풍토에 대한 반성을 촉구했고, 그 연장선상에서 세계관과 인식론의 전환을 시도하였다. 따라서 지구설의 수용은 조선 후기 학자들의 주체적인 자각과 반성이라는 측면에서 그 사상사적 의미를 파악할 수 있을 것이다.

제 5 부
近代化의 試鍊

大院君 執權期 當百錢 鑄造流通의 背景과 影響

元 裕 漢[*]

Ⅰ. 머리말

왜란(1592～1598)과 호란을 겪은 이후 성리학 중심의 중세적 가치체계와 농업중심 생산양식 등, 봉건 조선왕조의 『經國大典』的 제반 사회질서의 변질은 급진전되었다. 18세기 20년대부터 그 말에 이르는 英·正祖시대에는 『경국대전』적 봉건사회질서의 해체에 대한 반동으로 제반 국가정책의 목표가 대체로 전통질서를 회복하거나 그 변화를 억제하여 현상을 유지시키려는 데 있었던 것으로 보인다. 정조를 뒤이은 純祖시대, 즉 19세기초부터는 조선사회의 정치적 부패, 경제적 파탄, 사회 및 사상적 불안과 동요 등, 왕조말기적 현상이 더욱 두드러지게 나타나기 시작하였다. 세도정치 하의 중앙관료 및 지방관리의 부정부패, 삼정문란으로 말미암은 국가재정 고갈과 민생의 궁핍화, 각 지방의 농민봉기 및 천주교의 침투 보급 등, 일련의 사실들이 바로 그것이다. 여기에 서세동점 추세에 따른 선진 자본주의 여러 나라의 침략 위협까지 겹쳐서 19세기 60년대에 이르러서 조선왕조는 국내외적으로 일대 위기에 직면하였다.

興宣大院君은 조선왕조가 바로 위기에 직면한 19세기 60년대 초(1864, 高宗 1)에 정권을 잡게 되자 왕권을 강화하는 등 전통적인 중앙집권적 통치체제를 강화하기 위해 안으로 제반 서정개혁과 밖으로 攘夷鎖國策을 적극 추진하였다. 이로써 대원군 집권기의 제반 국가정책 성향은 대체로 과단성 있고 혁신적이었다는 점을 특징으로 들 수 있을 것이다. 이 같은 국가정책 성향의 특수성은 대원군 집권 10년 간의 화폐정책 시행 과정에 반영되었다. 한국화폐사에서 惡貨의 상징처럼 알려진 當百錢을 대량으로 주조유통하고, 법으로 금지된 中國銅錢(淸錢)을 수입유통한 사실이 바로 그것이다.

당백전은 조선왕조가 1678년(숙종 4)에 常平通寶를 유일한 법화로 채택, 통용하기 시작한 이후에 최초로 주조유통된 최악의 鑄貨(銅錢)다. 또한 중국동전의 수입유통은 조선 후기

---

* 東國大學校 歷史教育科 教授

화폐정책 시행 과정에서 볼 때 그 규모가 가장 큰 파격적 조치다. 당백전의 주조유통이나 중국동전의 수입유통이라는 두 가지 사실은 그 동기나 사회경제적 영향이라는 면에서 본질적으로 역사적 성격을 같이하는 문제라 할 수 있다. 그리하여 이 글에서는 대원군 집권기에 시도된 당백전의 주조유통 문제만을 주제로 하여, 당백전 주조유통의 배경과 그 영향이 어떠한 것인가를 분석 고찰하고자 한다. 이로써 대원군 집권기에 시도한 당백전 주조유통이 한국화폐사 발달 과정에서, 또한 대원군 집권기가 한국사 발전 과정에서 점하는 역사적 성격 내지 그 위치를 살펴보고자 한다.

끝으로 이 글은 필자가 이미 발표한 논문[1)]의 내용을 수정 보완하여 재정리한 것이라는 점을 밝히며, 제가의 양찰이 있기를 바란다.

Ⅱ. 당백전 주조유통의 배경

당백전 주조유통의 배경을 살펴보기에 앞서 그 주조유통의 경위를 먼저 개관해야 할 것 같다. 좌의정 金炳學(1821~1879)은 1866년(고종 3) 10월 30일에 당백전 몇 만냥을 주조유통할 것을 제의, 그 주조유통 문제는 결정을 보게 되었다. 그 당시 김병학은 당백전의 주조유통 문제를 제의하면서 그에 대한 時原任大臣과 정부당상의 의견을 수렴해야 할 필요가 있다고 강조하였다. 당백전과 같은 고액전을 주조유통한다는 것은 1678년(숙종 4)에 상평통보를 법화로 통용하기 시작한 이후 그 역사적 선례가 없는 사실로서 화폐정책 운용 과정에서 볼 때 하나의 중요한 조치가 아닐 수 없기 때문이다. 1866년 11월 6일 당백전 주조유통 문제에 관해 각자의 소견을 제시하는 자리에서 시원임대신과 정부당상들 거의 대부분은 당백전 주조유통에 찬성하거나 무정견을 이유로 발언을 회피하였다. 그러나 그들 중 몇 몇 사람만이 당백전을 주조유통할 경우 일확천금을 노리는 무리들이 盜鑄錢, 즉 불법적 화폐주조 행위가 성행하게 되리라는 등의 이유를 들어 당백전보다는 額面價値가 낮은 當五錢이나 當十錢을 먼저 주조 유통하자는 개정안을 조심스럽게 제시하였다.[2)]

조선왕조에 있어 국가의 주요 정책을 결정하는 과정에 여러 신하들의 소견을 수렴한다는 목적에서 이루어지는 소위 중신회의는 하나의 관례적 절차에 지나지 않는 경우가 많았다. 이 같은 경향은 왕권강화 등 국가통치권의 정점화 정도가 심한 때일수록 더욱 현저하게 나타나는 현상이었던 것으로 보인다. 따라서 대원군이 국정을 전단하고 있던 시기에 있어서 당백전 주조유통 문제에 관한 시원임대신과 정부당상들의 의견을 수렴하기 위해 이루어진 모임은 하나의 요식행위에 그쳤을 뿐임을 쉽게 짐작할 수 있을 것이다. 이로써 국왕 고종은

1) 元裕漢, 「當百錢攷」, 『編史』 1, 국사편찬위원회, 1967 ; 「大院君執權期의 貨幣政策에 대한 考察」, 『사회과학연구』 1, 한국사회과학연구회, 1974.

2) 『日省錄』 高宗 3年 10月 30日, 11月 6日.

중신회의를 거쳐, 마침내 호조의 전담관리 하에 禁衛營에서 字號를 '戶大當百錢'으로 한 당백전을 주조하게 하였다.[3)]

1866년 11월부터 시작된 당백전 주조사업은 그 다음 해 4월 15일까지 약 6개월 동안 계속되었다.[4)] 6개월 간 금위영에서 주조한 당백전은 대략 16,000,000냥에 달했다. 당백전은 그 실질가치가 당시 유통된 一文錢 상평통보의 5~6배에 불과한 것인데, 거기에다 명목가치 즉 액면가치만 100배로 높인 악화인 것이다. 같은 수량의 원료를 가지고 당백전을 주조할 경우 종래의 일문전 상평통보를 주조하는 것보다 18배 남짓의 유통가치를 더 많이 조성할 수 있게 된 셈이다. 그런데 그 당시 16,000,000냥이라고 하는 당백전 주조 액수는 국가에서 주조 발행한 것만 말하는 것이고, 실제로 유통계에서 통용되고 있는 수량은 이를 훨씬 상회했을 것으로 짐작된다. 그 당시 전국 각처에서 상당 액수의 당백전이 일확천금을 노리는 무리들에 의해 불법 주조되어 官鑄 당백전과 함께 유통되고 있었기 때문이다.[5)]

위에서 당백전 유통 배경을 살펴보기 위한 전제로서 당백전의 주조 경위를 개관하였다. 그렇다면, 조선왕조는 과연 어떠한 사회경제적 내지 역사적 배경 하에서 1866년 말에 당백전과 같은 고액전을 주조유통하게 되었는가? 대개 다음과 같은 사실들을 직접·간접적인 배경으로 들 수 있을 것이다.

(1) 限定된 原料로써 다량의 流通價値를 造成하기 위해 당백전을 주조 유통하였다. 대원군은 집권 초부터 세도정치에 대한 철저한 반동으로 왕권을 강화하는 등, 중앙집권적 지배체제를 정비하는 과정에서 지방에서 이루어지는 화폐주조 사업을 중단시키는 동시에 국내의 유수한 화폐원료 공급처인 甲山銅鑛을 폐쇄하였다. 이처럼 세도정치 하에 추진된 화폐정책에 대해 부정적인 조치를 단행함으로써 갑산동광의 개발로 어느 정도 완화된 화폐원료 공급난은 한층 더 심각해졌다. 그리하여 화폐원료 공급난을 근본적으로 극복할 수 없는 한 고액전 주조유통의 필요성을 절감하지 않을 수 없었다. 이 같은 고액전 주조유통의 필요성은 대원군 집권 초에 한정된 화폐원료를 가지고 보다 다량의 유통가치를 조성할 수 있는 당백전, 즉 명목가치(액면가치)를 파격적으로 높인 고액전을 주조유통하게 된 직접적 동기가 되었던 것이다.[6)]

(2) 봉건 조선왕조의 중앙집권적 지배체제를 재정비·강화하는 데 소요되는 거액의 재정을 마련하기 위해 당백전을 주조 유통하였다. 왕권이 강화된 영·정조시대를 지나 19세기에 순조·헌종·철종 등 3代를 거치는 동안 봉건 조선왕조는 표면상 전제군주제를 유지해왔다. 그러나 실질적으로는 여러 代에 걸친 나이 어린 군주의 왕위계승으로 왕권은 쇠미해

3) 『日省錄』 高宗 3年 10月 30日, 11月 6日.
4) 『日省錄』 高宗 4年 5月 4日.
5) 元裕漢, 앞의 논문, 1967 ; 앞의 논문, 1974.
6) 元裕漢, 위의 논문, 1967 ; 위의 논문, 1974 ; 「朝鮮後期의 貨幣政策에 대한 一考察 - 高額錢의 鑄用論議를 中心으로 -」, 『韓國史研究』 6, 1971.

지고 양반척족에 의해 전단되는 세도정치 하의 국가정치 문란은 심각한 지경에 이르렀다. 대원군은 홍선군 시절부터 척족 세도와 양반의 발호를 억제하고자 했던 차에 집권하게 되자 세도척족을 정권으로부터 배격하는 한편, 전통적인 중앙집권체제를 재정비하기 위한 왕권강화책의 일환으로 경복궁 중건사업에 착수하였다. 그리고 경복궁 중건의 대사업에 소요되는 막대한 재정을 마련하기 위한 응급조치로 당백전을 주조유통하였다.[7]

(3) 왜란과 호란 이후로 淸·日과의 관계는 안정과 평온을 유지할 수 있었다. 이로써 조선왕조는 실제의 적을 실감하지 못한 채로 소극적인 국방정책을 수행해 왔다 할 것이다. 그러나 18세기 이래로 한반도에 접근해 오기 시작한 서양 자본주의 제국 세력은 전통적으로 폐쇄주의를 추구해 온 조선왕조를 경악케 했고, 이에 새로운 적의 위협을 느끼게 된 왕조당국은 종래의 소극적 국방정책에서 적극적인 정책으로의 방향전환이 불가피하였다. 1866년(고종 3)에 일어난 천주교도 대학살, 대동강에서 미국선의 격파, 강화도에서 프랑스 함대의 격퇴 등, 일련의 사건들이 모두 조선정부가 추진한 적극적인 국방정책의 강력한 발현이었다 할 것이다. 이 같은 적극적 국방정책의 수행, 즉 서양 자본주의 제국의 침략에 대응키 위해 군대를 증모하고 군비를 확장하는 데 소요되는 거액의 군사비 조달방법으로서 당백전을 주조유통하게 되었다.[8] 한편, 위와 같이 서양 자본주의 제국의 군사적 위협에 대처하기 위해서뿐만 아니라, 대체로 일본상인에 의해 서양 공장제 상품이 대량 유입되어 국내 생산계와 유통계를 위협하는 데 대한 화폐정책적 대응으로 당백전을 주조유통한 것으로 짐작되기도 한다.[9]

(4) 19세기 초 이래의 부패한 세도정치 하에 국가의 재정적 기반을 이루는 삼정이 극도로 문란하여 국가재정은 1년 수입으로 1년 지출을 감당할 수 없으리만큼 피폐하였다. 한편 삼정문란을 기화로 한 지방관리의 농민에 대한 박해와 착취가 더욱 심악해지자 그 동안 억압을 숙명처럼 여겨 온 농민 대중이 자신의 운명을 개척하기 위해 폭동을 일으키는 지경에 이르렀다. 1862년(철종 13)에 일어난 진주민란을 비롯하여 거의 전국 각 지방에서 우후죽순처럼 일어난 일련의 민란이 그것이다. 그리하여 대원군은 '一則裕經用 一則爲生靈'이라고 한 것처럼, 고갈된 국가재정을 보완하는 한편 민중생활을 구제하여 동요된 민심을 수람하고자 당백전을 주조유통하였다.[10]

(5) 조선왕조는 17세기 70년대부터 동전(상평통보)을 법화로 유통 보급시킨 이후 화폐경제가 국내 각 지방으로 확대 보급되고 각 계층의 화폐가치 인식이 심화되었다. 그리하여 화폐가치의 실용성을 중심으로 하여 평가하던 종래의 전통적 화폐관이 명목(액면)가치를 중심으로 평가하는 진보적인 화폐관으로의 전환이 주목하리만큼 이루어지고 있었다. 이 같은

7) 元裕漢, 위의 논문, 1967 ; 위의 논문, 1974.
8) 『日省錄』 高宗 3年 10月 30日 ; 元裕漢, 위의 논문, 1967 ; 위의 논문, 1974.
9) 韓沽劤, 「開港 當時의 危機意識과 開化思想」, 『韓國史硏究』 2, 1968.
10) 『黃閣故事』 卷3, 丙寅 10月 30日 ; 元裕漢, 앞의 논문, 1967 ; 앞의 논문, 1974.

사실은 원래 '2錢 5分'으로 규정된 동전 1文(또는 1分)의 무게가 18세기 50년대부터는 그 절반 이상이나 줄어들어 '1전 2분'으로 가벼워졌다는 것을 통해서 알 수 있다. 실용가치가 절반 이상 줄어든 동전, 즉 사실상 명목가치를 두 배 이상 高額化한 화폐가 계속 통용되고 있었다는 사실은, 곧 그 당시 유통경제 내지 사회경제가 내포한 고액전의 수용 가능성이 그만큼 커진 것을 말해 주는 것으로 이해할 수 있다. 이같이 고액전을 수용할 수 있는 그 당시 화폐경제 내지 사회경제적 잠재력은 대원군 집권기에 명목가치를 백 배나 파격적으로 고액화한 당백전의 주조유통을 시도하게 된 보다 본질적인 이유가 되었을 것으로 짐작된다.

한편, 대원군 집권기의 당백전 주조유통은 17세기 70년대 말부터 화폐경제가 점차 확대발전됨에 따라서 18세기 초부터 常平通寶만을 法貨로 채택한 單一 法貨流通體制의 한계를 보완하기 위해 당로자와 실학자들에 의해 거듭 제기 논의된 當二錢·當五錢·當十錢·當百錢 등 각종 고액전의 주조유통론이 실현된 역사적 사실로 이해할 수도 있을 것이다.[11]

(6) 역사적으로 볼 때, 일찍부터 화폐경제가 발달한 중국에서는 각종 고액전이 주조 유통된 사실이 있다. 마찬가지로 19세기 후반에 급증하는 국가재정 수요에 충당하기 위해 각종 고액전을 惡鑄 남발하였다. 이 같은 사실은 대원군 집권기의 조선왕조 당로자들에게 국내에서도 고액전의 주조유통이 가능할 것이라는 신념을 갖게 했고, 이 같은 신념은 당백전 주조유통의 심리적 동기가 되었을 것으로 짐작된다.[12]

(7) 대원군이 제반 국가정책의 입안과 시행 과정에서 보인 특유의 과단성도 당백전과 같은 고액전의 주조유통을 시도하는 계기가 되었을 것으로 보인다. 아무리 그 당시의 국내외 제반 여건이 당백전의 주조유통을 필요로 하고 있다 할지라도, 그것을 단행하기 위해서는 사실상 최고 정책결정권자인 대원군의 결단력이 전제되어 있어야 할 것이기 때문이다.[13]

Ⅲ. 당백전 주조유통의 영향

위에서 살펴본 여러 사실들을 직·간접적 배경으로 하여 1866년(고종 3) 11월에 당백전 주조사업에 착수하고, 같은 해 12월 초에는 당백전의 통용방침을 전국에 공포하였다. 즉 공사 유통계에서 당백전을 당시 유일한 법화로 통용된 常平通寶와 併用키로 하되, 각 관청의 지출과 각 읍의 공납에는 당백전 대 상평통보를 2 대 1의 비율로 병용할 것을 중앙과 지방에 널리 공고하였다. 1877년 1월에 軍器의 補繕을 위해 당백전 20,000냥을 훈련도감에, 10,000냥을 武庫에 지급한 것을 비롯해 대소 군사비로 당백전을 지출하였다. 한편, 충청도에 46,000냥을, 강원도에 15,000냥을 지급하여 지방관청의 경비에 충당하게 하였다. 이 외에

11) 元裕漢, 위의 논문, 1971.
12) 元裕漢, 앞의 논문, 1967 ; 앞의 논문, 1974.
13) 元裕漢, 위의 논문, 1967 ; 위의 논문, 1974.

중앙집권적 통치체제의 재정비 강화 과정에서 격증하는 재정수요를 충당할 목적으로 당백전이 지출되었다. 이처럼 국가의 응급한 재정수요를 충당키 위한 지불수단으로서의 기능을 강조하여 다량의 당백전을 공사 유통계에 투입시키게 되자, 일반 유통계에서의 당백전에 대한 불신감은 더욱 심화되어 원활한 유통을 기대할 수 없게 되었다. 이에 왕조 당국은 당백전의 유통을 확대 보급시키기 위해 각 군영과 각 관청의 각종 上納과 監營·兵營·水營 이하 各邑의 각종 公納을 모두 당백전으로써 納入하게 하였다. 한편 공사거래를 막론하고 1냥 이내는 상평통보, 1냥 이상에는 당백전을 사용하게 하는 동시에, 민간으로부터 良貨 상평통보를 징수하고 惡貨 당백전으로 換納하는 간교한 관리들은 처벌하기로 하였다. 뿐만 아니라 당백전의 유통을 확대 보급하기 위한 다른 한 방법으로 그것의 유통을 보장하는 왕조 당국의 방침을 천명하여 당백전의 公信力을 보강하려는 정책을 시행하기도 하였다.[14]

이와 같이 왕조 당국은 국가권력으로 악화 당백전의 유통에 법적 근거와 경제적 신용을 부여하여 거액의 임시적 수익을 취할 수 있게 됨으로써 중앙집권적 통치체제의 재정비 강화에 소요되는 재정수요를 충당할 수 있었다. 그러나 이같이 당백전 유통보급을 위해 시행한 제반 조치에도 불구하고 당시의 사회경제적 발전은 실질가치와 명목가치의 격차가 파격적으로 큰 악화 당백전을 수용하기에는 미숙한 단계에 있었다. 화폐의 가치를 그것의 실용성에서 찾는 전통적 화폐가치관이 완전히 拂拭되지 못한 당시의 제반 사회경제적 여건 하에서 국가가 보장하는 당백전의 명목가치가 액면 그대로 인정될 수 없었기 때문이다.[15]

당백전의 유통부진은 그것이 가지는 악화로서의 속성 때문이기도 했지만, 그 가치가 폭락한 다른 하나의 중요한 원인은 불과 6개월여 만에 16,000,000냥에 달하는 거액이 주조되어 일반 유통계에 투입되었기 때문이다. 더구나 국가에서 주조 발행한 총액 16,000,000냥 중 14,000,000냥이 민중의 수중에 편재되어 있었기 때문에, 당백전은 국가의 임시적 지불수단에 불과한 것이 아닌가 하는 민중들의 의구심이 당백전의 가치하락을 촉진하였던 것으로 보인다. 뿐만 아니라 당시 거의 전국 각 지방에서 성행된 불법 주조행위에 의해 악주 남발된 당백전의 상당량이 일반 유통계에 첨가, 유입됨으로써 당백전에 대한 일반 민중의 신용 내지 그 가치는 더욱 하락하지 않을 수 없었던 것으로 짐작된다. 이처럼 신용 내지 가치가 하락된 당백전이 일반 민중의 수중에 들어오면 곧 그것을 지출하려 하였기 때문에 화폐의 유통속도가 가속화되어 악화 당백전의 유통가치는 폭락하기에 이르렀던 것이다.[16]

화폐가치의 하락은 상대적으로 제반 물가의 상승을 조장하여 당백전 유통 초기인 1866년 12월경에는 1섬에 7~8냥 정도 하던 쌀값이 44~45냥까지 치솟았다고 하니, 그간 생필품 값이 약 6배나 폭등한 셈이다. 대체로 상평통보가 유통되기 시작한 1678년(숙종 4)으로부터 당백전이 주조유통되기 직전인 1866년(고종 3)에 이르는 188년 간의 물가상승률이 약 2배

---

14) 위와 같음.
15) 위와 같음.
16) 위와 같음.

였던 것에 비해 보면, 단 2년 만에 약 6배까지 폭등했다는 사실은 파격적인 물가상승이라 하지 않을 수 없을 것이다.[17]

당백전을 주조유통한 이후 화폐가치가 폭락함에 따른 제반 물가의 급등은 일반 민중의 경제생활을 극도의 궁핍으로 몰아넣어 생활고로 자살을 기도하는 사람이 생길 정도로 심각하였다. 그리하여 당백전의 주조유통으로 인한 그 당시의 사회경제적 폐단은 "당백전을 유통한 지 2년 만에 士·農·工·商이 모두 병들었다"[18]고 할 만큼, 사회적 신분과 계층을 가릴 것 없이 전체 국민에게 심각한 부정적인 영향을 주었던 것 같다.[19]

뿐만 아니라 당백전을 주조하면 종래의 一文錢 常平通寶를 주조하는 경우에 비해 18배나 더 높은 주조 收益을 취하게 되어 일확천금을 얻을 수 있었다. 그리하여 일반 민중의 射倖心이 조장되어 함경도 깊은 산 속에서나 배 안에서 일확천금을 노리는 당백전 盜鑄行爲, 즉 不法鑄錢이 성행되었다.

거액의 惡貨 당백전이 濫發됨에 따라서 화폐제도 자체가 문란해졌음은 물론 여러 가지 사회경제적 모순과 폐단이 심각하게 일어나게 되자, 당시 국가의 제반 정책을 비판 공격하는 여론이 비등하였다. 이 과정에서 특히 당백진의 惡鑄 남발 문제가 이 공격의 대표적인 표적이 되었다. 그리하여 당백전은 주조유통 6개월여 만인 1867년 4월 주조사업이 중단되고, 1868년(고종 5) 10월 掌令 崔益鉉이 당백전 유통을 금지시키자는 상소를 올린 것을 계기로 하여 마침내 그 유통마저 중단되었다. 한편, 왕조 당국은 유통금지된 당백전을 상평통보 또는 중국동전(淸錢)을 지불하고 換收하여 鐵材로 사용하는 동시에, 당백전의 유통금지로 나타난 거액의 재정적 손실을 보완하기 위해 역시 악화인 중국동전을 다량 수입하여 유통시키기에 이르렀다.[20]

Ⅳ. 맺음말 : 역사적 의의

이상에서 대원군 집권기에 남발한 惡貨 당백전의 주조유통 배경과 그 영향이 어떠한 것인지를 대강 살펴보았다. 그러면 위와 같이 여러 가지 사회경제적 모순과 폐단을 불러일으키는 등 부정적 영향을 미친 당백전 주조유통 문제가 역사적으로 어떻게 평가 인식되어야 할 것인가? 당백전 주조유통의 역사적 의의로서 다음 몇 가지 사실을 지적하여, 이 글의 맺음말에 대신하기로 한다.

먼저, 당백전 주조유통 사실이 한국 화폐사 발전 과정에서 점하는 위치가 어떠한 것인가

17) 위와 같음.
18) 『日省錄』 高宗 5年 10月 10日.
19) 元裕漢, 앞의 논문, 1967 ; 앞의 논문, 1974.
20) 위의 논문.

를 살펴보아야 할 것이다. 흔히, 한국 화폐사상 국가가 정책적으로 금속화폐의 體裁를 일정하게 規格化하여 만들어 사용한 것은 10세기 말(고려 성종 15, 996)에 鐵錢을 주조유통한 사실에서 비롯된 것으로 알려져 있다. 그 이후의 한국 화폐사 발전단계를 각 시대의 화폐정책 내지 유통경제에 나타난 시대적 특징을 중심으로 구분해 보면, 대개 다음 6단계로 나눌 수 있을 것이다. 화폐유통 보급 시도기(10세기 말~16세기 말), 화폐유통 보급기(17세기 초~90년대 말), 화폐유통에 대한 반동기(18세기 초~40년대 초), 화폐경제 확대발전기(18세기 40년대~19세기 60년대) 및 근대 화폐제도 수용기(19세기 60년대~20세기 초)가 그것이다.[21] 당백전의 주조유통은 화폐사 발전 과정에서 볼 때, 상평통보만을 법화로 사용한 전근대적 화폐유통기(17세기 70년대 말~19세기 60년대)의 말기인 동시에, 근대화폐제도 수용기 초에 시도되었다 말할 수 있을 것이다. 즉 당백전의 주조유통은 전근대적 상평통보 유통체제가 근대 금은본위제도로 전환이 모색되는 시기에 시도된 역사적 사실로 평가 인식될 수 있다 할 것이다. 그리하여 흔히 당백전의 주조유통은 전근대적 화폐제도 문란의 발단이 되는 한편, 이러한 문란을 정비 수습하는 과정에서 근대 화폐제도의 수용이 모색되었다고 인식되는 것이다. 이 같은 사실은 다음의 역사적 사실을 통해 알 수 있다. 즉, 당백전 유통금지에 대응한 조치로 1867년(고종 5) 4월 중국동전의 수입유통을 결정하고, 1882년(고종 19)에 근대 은화의 체재를 모방한 大東錢(大東一錢·大東二錢·大東三錢)이란 은전의 주조유통을 시도하고, 이듬해에 서양의 근대 금은본위제도의 수용을 위해 상설 조폐기관으로서 典圜局을 설치하는 동시에 當五錢을 주조 유통하고, 1892년(고종 29) 「新式貨幣條例」(은본위제도)의 수용 시도를 거쳐 1894년에 「新式貨幣發行章程」을 공포 시행함으로써, 마침내 역사상 최초로 근대 은본위제도를 도입 실시하게 되었던 것이다.[22]

또한, 대원군 집권기의 당백전 주조유통이 가지는 역사적 의의가 어떠한 것인가를 살펴보아야 할 것이다. 정치적 측면에서 볼 때, 당백전의 주조유통은 왕권을 강화하는 등 『경국대전』적 중앙집권체제의 재정비 강화를 적극 추구한 봉건 조선왕조의 화폐정책적 결단이라 할 수 있을 것이다. 경제적 측면에서 볼 때, 안으로 17세기 이래로 상평통보만을 法貨로 채택한 단일 법화유통체제의 한계 극복을 필요로 하는 상품생산계와 유통계를 포괄하는 사회경제의 발전과, 밖으로 공장제 상품이 유입되는 등 서양 자본주의 제국의 경제적 침투가 점증되고 있는 위기상황에 대응해서 취해진 화폐정책적 결단이라 할 수 있을 것이다. 군사적 측면에서 볼 때, 전통적으로 동북아를 중심으로 한 국제질서에 새로 편입된 서양 제국이 중국과 일본의 선례를 통해 침략세력으로 확인됨으로써, 서양세력의 침략위기에 대응한 화폐정책적 결단이라 할 수 있을 것이다. 그리고 사상 내지 문화적 측면에서 볼 때, 양란 이후 일본 또는 중국을 통해 직·간접적으로 전래, 파급된 천주교는 성리학 지상주의의 봉건 조

21) 위와 같음.
22) 元裕漢, 「當五錢攷」, 『歷史學報』 35·36, 1967 ; 「典圜局攷」, 『歷史學報』 37, 1968.

선사회에 심각한 도전으로 받아들여졌고, 이처럼 심각한 종교적 내지 문화적 도전에 대응해 취해진 조선왕조의 화폐정책적 결단이 바로 당백전의 주조유통이라 할 수 있을 것이다.

흔히 『大典會通』을 공포 시행한 대원군 집권기를 봉건 조선왕조가 성리학적 통치이념에 기초한 『經國大典』的 제반 사회질서의 재정비 강화를 위해 시도한 마지막 보수반동기로 인식한다. 대원군 집권기의 제반 정치적 성격은, 가까이는 『續大典』과 『大典通編』을 공포 시행한 英祖 · 正祖시대(1725~1800)로, 더 멀리는 『경국대전』을 공포 시행한 成宗朝로의 복귀를 지향한 것으로 이해되고 있다. 그런데 보수반동적 성격을 띤 영조 · 정조시대가 80년 가까이 지속되었는 데 비해, 그 역사적 성격이 본질적으로 공통되는 것으로 보는 대원군 집권기는 10년(1864~1873) 동안만 지속될 수밖에 없었다는 사실의 역사적 의미를 어떻게 이해할 것인가? 중세사회가 근대사회로 이행하는 역사발전 과정에 있어 봉건 조선왕조의 역사 주도력이 그만큼 한계를 드러내고 있음을 의미하는 것으로 이해할 수 있을 것이다. 다시 말해서, 근대를 지향하는 봉건 조선사회의 발전 과정에서 볼 때, 대원군 집권기의 역사적 발전이 영조 · 정조시대의 그것에 비해 급진전되고 있다는 사실을 의미하는 것으로 이해할 수 있는 것이다.

어쨌든 대원군 집권기가 10년 만에 끝나 『경국대전』적인 중앙집권적 지배체제를 재정비 강화하기 위해 추구한 역사적 시도가 좌절됨으로써, 막았던 둑이 터지면 물의 흐름이 한결 거세지듯 봉건 사회질서의 변질 내지 해체가 가속화되었으리라는 점은 쉽게 짐작할 수 있을 것이다. 이로써 대원군 집권기에 惡貨를 남발하여 전근대적 화폐제도가 문란해지기 시작했다고 하는 사실은, 일반적으로 봉건 제 국가의 말기에 급증하는 재정수요를 충당키 위한 악화의 남발로 초래된 화폐제도의 문란상과 본질적으로 역사적 성격을 같이하는 것으로 이해할 수도 있을 것 같다. 이러한 立論이 어느 정도 타당하다면, 한국사의 시대구분론에서 빈번히 제기되는 근대의 시발점을 규정하는 데 있어서 봉건 조선왕조의 전근대적 화폐제도의 문란이 발단되는 대원군 집권기의 역사적 의미를 주목해야 할 것으로 보인다.

동학·천도교의 문명 인식론

김 정 의*

1. 머리말

문화는 공간적 차이, 문명은 시간적 진보의 차원에서 선명하게 구분된다. 그런데 문명은 적어도 문자·도시·종교를 구성 요소로 하고 있다. 그럼 한국은 문명을 이루었는가? 문사와 도시는 확실한데 종교가 취약점은 아닌가? 물론 불교를 집대성하고 성리학을 완성했다는 것은 자랑스러운 일이다. 그런데 어찌된 영문인지 개운치 않다. 왜일까? 아무리 집대성하고 완성했다 해도 그것은 원초적으로 외래수입품이기 때문이다. 여기에 민족자존의 문제가 있는 것이다.

그런데 우리들에겐 동학이라는 종교, 그것도 人乃天이라는 宗旨를 갖춘 고등종교를 갖고 있다. 불교에는 慈悲, 유교에는 仁義, 기독교에는 사랑이 있다. 우리 나라에서는 1860년 최제우가 侍天主에 터한 "사람 섬기기를 한울님 섬기듯 하라"(事人如天)는 경지에 이른 동학을 창도하였다. 동학의 교리를 살펴보면, 동학·천도교는 민족종교를 뛰어넘어 인류구원의 이상을 갖춘 보편적 고등종교임이 명백하다. 그렇다면 한국은 문명의 제 조건을 두루 갖춘 문명단계의 나라라는 사실이 부수적으로 드러난다.

어쨌든 이와 같은 동학사상은 한민족에게 커다란 중심사상이다. 또한 동학의 역사는 창도 후 동학민중혁명운동, 갑진개화운동, 3·1민주혁명을 주도함으로써 한국역사의 중추를 형성하였다. 이 동학의 사상이나 운동에는 현대의 눈으로 보아도 전혀 손색 없는 문명관이 발견된다. 그 문명관은 정신적인 측면과 물질적인 측면에서 모두 근대적 요소를 갖추고 있고 미래지향적이다. 그것은 인간존중, 自然畏敬, 개명진보의 문명관에 잘 나타나 있다. 그러나 동학이 우려한 대로 서구문물이 봇물처럼 유입된 작금 各者爲心이 만연함으로써 인간성은 말살되고, 생태계는 파괴되고, 군사기술·공해산업은 난무하여 지구존망의 기로에 이르게 되었다.

* 한양여자대학 여성인력개발과 교수

이 같은 시점에서 새로운 즈믄해를 맞으며 동학의 문명관을 조망해 보는 것은 인간성을 근원적으로 회복하고, 연결된 고리로서의 생태계에 대한 외경심을 되찾고, 평화산업을 이룩하는 데 일정한 도움이 될 것으로 생각된다.

2. 인간존중 문명 인식론

우리 민족은 오랜 옛날부터 고유사상인 天神信仰을 갖고 고대 - 중세 - 근세를 거치면서 유 · 불 · 선을 수용하였다.[1] 근세 후기에는 西勢東漸의 흐름과 천주교가 전래되는 혼란 속에서 불안과 희망이 뒤섞였다. 이러한 상황에서 민족적인 전통사상의 바탕 위에 이제까지의 모든 종교사상을 수용한 새로운 종교가 탄생했으니 이것이 곧 東學이다. 이는 분명 새로운 文明開闢의 출발을 알리는 신호가 되었다.

동학은 水雲 崔濟愚(1824~1864)가 신(ᄒᆞᄂᆞᆯ님, 한울님, 天主)[2]의 계시를 받아 1860년 4월 5일[3] 창도한 데서 비롯된다.[4] 이 해가 바로 布德 원년이다. 그는 한울님의 말씀을 빌어 동학이 창도되던 당시의 시점을 '개벽 후 오만년'으로 규정하였다. 그리고 창도를 '다시개벽'을 이끌 만고에 없는 無極大道로 확신하였다. 『동경대전』에 의하면 한울님께서 수운에게 天道를 내리면서,

> 나의 마음이 곧 네 마음이니라(曰吾心則汝心也)[5]

라고 깨우쳐 줬다 한다. 수운은 이 말을 듣고 정신에 기운이 들고 밝고 밝은 광명을 얻었다. 그리하여 다음 해에는 무극대도의 이치가 侍天主(한울님을 모신다)임을 터득하고 온 누리에 널리 포덕하기 시작하였다. 포덕한 지 3년째 되던 해(1863) 海月 崔時亨(1829~1898)에게 道統을 전수하고 체포되어 다음 해에 殉道당하였다. 그 동안 수운은 「龍潭歌」, 「敎訓歌」,

---

1) 동학은 한국 고유사상을 기저로 유 · 불 · 선과 기독교 교리까지 수용하여 창도하였다. 그런데 한국 고유사상은 도대체 무엇일까. 그것은 신채호의 소론에 의하면 郎家思想(花郎道)이다. 그런데 이 화랑도도 고유사상에 기저를 두고 유 · 불 · 선을 종합하여 만들었음을 알 수 있다. 여기서 말하는 고유사상을 崔致遠(857~?)은 「鸞郎碑序」에서 '玄妙之道'라고 지적하였다. 그렇다면 '현묘지도'란 과연 무엇일까. 그것이 동학에서 말하는 천신사상과 일맥상통하는 것은 아닐까. 마침 李瑄根은 그의 『화랑도 연구』에서 동학사상이 화랑도에서 연원되었다고 주장하였다. 이제 무엇인가 감이 잡힐 것 같다. 동학의 천신사상이 바로 한국의 고유사상이다. 따라서 그것은 필시 화랑도와 상통하고 더 소급하면 현묘지도, 즉 開天시의 '홍익인간' 내지는 '理化世界'에 가서 맥이 닿지 않을까 생각한다.

2) 동학의 神 호칭은 'ᄒᆞᄂᆞᆯ님(한울님)'이고 한자로 표기할 때 '天主'라고 번역해서 쓴다(표영삼, 「동학의 종교사상」, 『동학연구』 창간호, 경주 : 한국동학학회, 1997, 114쪽).

3) 천도교에서는 최제우가 동학을 창도한 원년을 기원 원년으로 삼고 '布德'이라는 기원을 사용해 오고 있다. 따라서 올해(단기 4333년, 서기 2000년)는 포덕 141년에 해당된다.

4) 오지영, 『동학사』, 영창서관, 1940, 19~22쪽.

5) 「논학문」, 『동경대전』, 28쪽.

「布德文」 등을 펴냈다.[6]

전술한 것처럼 수운이 득도한 기본이념은 시천주 사상이다. 수운은 스스로 시천주 개념을 다음과 같이 설명하였다.

> '侍'라는 것은 안에 신령이 있고 밖에 기화가 있어 온 세상 사람이 각각 알아서 옮기지 않는 것이요, '主'라는 것은 존칭해서 부모와 더불어 같이 섬긴다.[7]

'한울님을 모신다'는 것은 바로 한울님의 전능과 전지가 통할 수 있는 종교의 경지인 것이다.[8] 이 시천주 사상은 제2세 교주 최시형에 의하여 養天主로 재해석되고 人是天[9]을 명제로 하는 事人如天 사상으로 발전되었다.[10] 제3세 교주 義菴 孫秉熙(1861~1922)는 이를 근대적인 개념으로서 人乃天 사상으로 표현하였다.[11]

시천주의 단어가 뜻하듯이 사람은 한울님을 모시고 섬기는 위치에 있으므로 한울님은 항상 사람보다 높고 위대하며 사람은 한울님보다 낮은 존재임이 명백하다. 그러나 동학에서는 한울님을 內在的인 신으로 여겼다.

> 나는 도시 믿지 말고 한울님을 믿었어라. 네 몸에 모셨으니 捨近取遠하단 말가.[12]

수운의 이 표현 안에는 인간의 존엄성과 평등성의 의미가 충분히 함축되어 있다. 수운은 그의 생활에서 평등사상을 실천하였다. 부인도 한울님이라 하여 여성평등 개념을 실천에 옮겼다. 즉 득도 이후 최초의 포교대상을 바로 자신의 부인으로 삼고, 도의 경지에 이르기 위해 부인에 대하여 지극한 공경을 다하였다. 또 두 女婢를 해방시켜 한 사람은 며느리로 삼고 한 사람은 자기 딸로 삼았다.

수운은 이러한 여성에 대한 자신의 인식을 '家和論'으로써 피력하고 있다. 수운의 '가화론'은 가정이 화목해야 도의 경지에 이를 수 있으니 가정의 화순을 위해 노력해야 한다는 것이다. 특히 그는 가도가 화순치 못한 것을 가장의 잘못이라고 보았다. 가정을 버리고서는 도와 덕이 있을 수 없으며 도를 얻기 위해서는 가화가 필수임을 가르친 것이다. 이 때 가정

---

6) 오익제, 「동학사상의 태동」, 『동학혁명100년사(상)』, 동학혁명100주년기념사업회, 1994, 111~112쪽.
7) 「논학문」, 『동경대전』, 34쪽.
8) 최동희, 「한국 전통신앙과 동학」, 『동학혁명100년사(상)』, 동학혁명100주년기념사업회, 1994, 87쪽.
9) "사람이 바로 한울이요 한울이 바로 사람이다. 사람 밖에 한울이 없고 한울 밖에 사람이 없느니라. 마음은 어느 곳에 있는가 한울에 있고, 한울은 어느 곳에 있는가 마음에 있느니라. 그러므로 마음이 곧 한울이요 한울이 곧 마음이니, 마음 밖에 한울이 없고 한울 밖에 마음이 없느니라"(「천지인 · 귀신 · 음양」, 『동경대전』, 268쪽).
10) 황선희, 『한국근대사상과 민족운동 Ⅰ』, 혜안, 1996, 70쪽.
11) 이돈화, 『천도교창건사』, 천도교중앙종리원, 1933, 66쪽.
12) 「교훈가」, 『동경대전』, 142쪽.

의 화순은 남편이 부인에게 성심으로 대함으로써 얻을 수 있고, 이것이 부족하면 더욱 성의를 다하여 부인을 공경함으로써 가화를 얻으라고 강조하였다.[13]

그리고 수운은 "부하고 귀한 사람 이전 시절 빈천이요 빈하고 천한 사람 오는 시절 부귀로세"[14]라고 후천개벽문명을 제시함으로써 민중에게 강한 희망을 안겨주고 인간의 존엄성과 평등을 강조하였다. 즉 班常, 奴主, 嫡庶, 男女의 차별을 부정하는 인간평등사상을 창출한 것이다.[15] 이는 모든 사람이 한울님이니 인간이 누려야 할 권리는 누구도 침해하거나 박탈할 수 없다는 인간존중 문명 인식론에 바탕을 둔 것이다. 그것은 구체적으로 봉건적인 신분차별을 타파한 인간평등사상 내지는 인간존중 문명관을 제고한 것이라 하겠다.[16]

같은 차원에서 최제우는 제자들에게 참된 상하귀천은 富와 교육과 사회적 배경과 지위 같은 것이 아니라 도덕적 인격에 의존해야 하는 것이며, 모든 사람을 동등하게 존경해야 한다고 가르쳤다.[17] 이처럼 당시 민중이 요구하는 열망이 무엇인가를 알고 출발한 동학은 일반 민중으로부터 환영을 받았고 그 기반은 바로 인간존중의 문명 인식론이었던 것이다.

수운은 '시천주' 사상을 계속 키워 나갔다.

> 입도한 세상사람 그 날부터 군자되어, 무위이화될 것이니 地上神仙 네 아니냐.[18]

마음 속에 한울님을 모시는 신자가 되기만 하면 군자나 지상 신선이 될 수 있음을 노래한 것이다. 그는 동학교도들과 작별을 고하고 피신을 하면서도 '시천주'의 기본사상을 "열석자 지극하면 만권 시서 무엇하리"[19]라고 하면서 13자의 呪文[20]을 다음과 같이 설파하여 한울님을 모신다는 강력한 의지를 표명하였다.

> 侍天主造化定永世不忘萬事知[21]

이 13자의 주문 속에는 한울님을 정성껏 받들고 따른다는 敬天과 尊天의 의미가 담겨져 있다.[22]

---

13) 황묘희, 「수운 최제우의 여성관」, 『동학연구』 3, 경주 : 한국동학학회, 1998, 103쪽.
14) 「교훈가」.
15) 황묘희, 앞의 글, 106쪽.
16) 황묘희, 위의 글, 103쪽.
17) 백세명, 『동학사상과 천도교』, 동학사, 1956, 122~123쪽.
18) 「교훈가」.
19) 「교훈가」.
20) 주문은 원래 21자로 되어 있는데 8자로 되어 있는 앞구절(至氣今至願爲大降)과 13자로 되어 있는 뒷구절로 나뉘어져 있다(「논학문」, 『동경대전』).
21) 「주문」, 『동경대전』, 70쪽. "한울님을 모시면 조화가 이루어지고 한울님을 길이 잊지 않으면 만사가 깨달아진다"(최동희, 「한국 전통신앙과 동학」, 87쪽).
22) 우주는 지기로써 구성되었고 인간은 천주를 모시고 있으며 세계는 장차 지혜로운 방향으로 나아간다

'나의 마음이 곧 네 마음이다', '시천주'의 사상을 통해 수운이 드디어 모든 인간을 한울님과 같은 반열에 올려 놓았음을 알 수 있다. 앞서도 언급하였듯이 스스로 여비를 해방하여 며느리와 딸로 삼았던 그의 大覺은 이제껏 인간 이하의 대우를 받아오던 소년과 여성에게도 해방의 소식으로 받아들여졌다. 실제로 해월은 수운의 '事人如天(한울님을 섬기듯 사람을 섬겨라)' 가르침을 소개하고 발전시켜 어린이나 여성에게도 '사인여천'의 이념을 행하였다.[23] 특히 최제우의 가화론을 夫和婦順으로 승화시켰다. 그는 부화부순을 도의 근본으로 여겼는데 이는 부부를 우주의 주체로 보았기 때문이다.[24] 한편 김기전은 어린이에게도 존댓말을 쓰기 시작했고,[25] 방정환은 아예 어린아이라는 명칭을 '어린이'라는 존칭어로 널리 보급하여 모든 이가 어린아이를 '어린이'라고 부르는 풍토를 조성하는 데 크게 기여하였다.[26] 이는 모든 사람을 존경하라는 동학의 이념을 구현한 것에 다름아니다.

이처럼 동학은 '나의 마음이 곧 너의 마음'에서 창도하여 '시천주' 사상을 교리로 삼았으니 '사인여천'은 동학의 당연한 귀결점이 될 수밖에 없었다. 따라서 '사인여천'은 근대적인 인간존중 문명 인식론의 本旨라고 할 수 있다.

3. 자연외경 문명 인식론

自然의 본태는 우주에 저절로 태연스럽게 있을 수밖에 없는 필연적인 모습으로, 여기에 더하지도 않고 덜하지도 않고 있는 그대로 있게 하는 것이다.[27] 그런데 한국은 오랫동안 자연의 본태에 손상을 입히지 않고 인간과 자연이 서로 의지하며 조화를 이루며 살아 왔다.

이러한 자연중심적인 일원론적 비전을 깔고 있는 한국의 전통사상을 축으로 역시 같은 비전을 깔고 있는 유·불·선을 창조적으로 종합하여 창도된 동학은 생태학적 세계관의 모델이 될 수 있는 잠재력을 갖고 있다. 동학은 본질적으로 自然畏敬 문명인식을 지니고 있음이 도처에서 발견되기 때문이다.

우선 동학은 그 교지가 '시천주'이다. 최시형 때 이를 발전시킨 것이 '養天主'다.

> 내 또한 五臟이 있거니 어찌 물욕을 모르리오마는 내 이를 하지 않는 것은 한울을 養하지 못할까 두려워하노라. …… 그러므로 내 평생에 外飾을 피하고 내실을 主하는 것은 오로지 한울을 양함에 유감이 없기를 기함이니라.[28]

[이항령, 「동학의 우주관」, 『동학혁명100년사(상)』, 동학혁명100주년기념사업회, 1994, 195쪽].

23) 오지영, 『동학사』, 대광문화사, 1984, 79쪽.
24) 『해월선생법설주해』, 132쪽.
25) 김석범, 「나의 아버지 소춘 김기전」, 『신인간』 547, 신인간사, 1996, 44쪽.
26) 김정의, 『한국의 소년운동』, 혜안, 1999, 58쪽.
27) 배영기, 「동학과 생명 세계관의 조명」, 『신인간』 588, 신인간사, 1999, 27쪽.
28) 이돈화, 『천도교창건사』, 천도교중앙종리원, 1933, 98~99쪽.

양천주는 한울의 마음을 기르는 것으로 해석할 수 있다. 다시 말하면 최제우의 守心正氣를 마음을 바르게 정하는 것으로 풀이한 것이다.[29] 좀더 구체화하여 보면 수심은 정신적 윤리도덕인 誠에 기준한 마음자세이고, 정기는 한울님과 모든 사물에 대한 禮의 태도로서 敬에 비중을 둔 身的 태도라고 할 수 있는데,[30] 이를 승화시킨 것이 양천주라고 볼 수 있다.

해월은 양천을 위해 以天食天이 필요하다고 설파하였다.

> 이천식천은 천지의 대법이라. 物物이 또한 나의 同胞며, 물물이 또한 한울의 表顯이니 物을 공경함은 한울을 공경함이며, 한울을 양하는 것이니 천지신명이 物로 더불어 推移하는지라, 제군은 物을 食함을 天을 식함으로 알며 人이 來함을 천이 내함으로 알라.[31]

이는 汎天論적 발상으로, 한울로써 한울을 먹는다는 이 매우 역설적인 표현은 한울인 사람이 한울인 물질을 먹는 경지를 일컬음이다. 즉 그는 생명의 물질적 그물망을 이해하고 이를 합리화했던 것이다. 즉 '待人接物'에서 올바른 접물 또는 물질적 관계 형성은 모심에 있고, 모심에는 한울님을 모심만 연상하나 모심의 대상은 한울님뿐 아니라 사람과 사물도 포함된다는 사실을 상기할 필요가 있다는 것이다.[32]

그래서 양천은 무엇보다 우선 먹어야 함을 역설하였다.

> 한울은 사람에 의지하고 사람은 먹는 데 의지하나니, 만사를 안다는 것은 밥 한 그릇을 먹는 이치를 아는 데 있느니라.[33]

이 말은 양천의 정곡을 찌른 것으로 평가할 수 있겠다. 먹지 않고는 살 수 없기 때문이다. 따라서 '생명은 먹거리'라고 할 수 있다. 그리고 밥 한 그릇이 내놓일 때까지를 잠시만 생각해도 食告를 아니할 수 없게 될 것이다. 그래서 동학에서는 식고를 생활화하였다.

뿐만 아니라 동학에서는 三敬사상을 중시하였다. 삼경사상은 敬天・敬人・敬物 사상을 일컫는 것으로, 이 가운데 경천과 경인은 人乃天에서 보는 것처럼 신앙의 대상으로서 당연히 중요시하지만 경물은 그렇게 생각 못하는 경우가 있다. 그러나 경물사상이 한울의 본체인 至氣라는 본질에서 나온 것임을 인식한다면 이 또한 빼놓을 수 없는 중요한 사상임을 알 수 있겠다. 동학의 우주관은 지기에서 비롯되는데 이를 신앙화하면 한울 중심의 시천주요, 철학화하면 인간중심적 天人合一이요, 윤리화하면 십무천 등으로 나타난다고 볼 수 있

---

29) 황선희, 『한국근대사상과 민족운동 Ⅰ』, 혜안, 1996, 77쪽.
30) 황선희, 「동학사상의 인본주의 성격」, 『동학연구』 3, 경주 : 한국동학학회, 1998, 136쪽.
31) 오지영, 앞의 책, 68쪽.
32) 이돈화, 『천도교창건사』, 17쪽 ; 오문환, 「동학의 생명사상, 영생과 생명의 그물망」, 『신인간』 586, 신인간사, 1999, 22쪽.
33) 「양천주」, 『해월신사법설』, "天依人人依食萬事知食一碗."

다. 따라서 경물은 물의 본질을 규명하는 기초가 되는 것이다.[34] 이처럼 최시형은 자연계의 천지만물에 대해서 나무 하나, 풀 포기 하나도 모두 시천주라고 설교하고, 그것을 몸소 실천했다.[35]

최시형은 이러한 경물사상의 실천강령으로 다음과 같은 十毋天을 당부하였다.

1. 한울님을 속이지 말라(毋欺天)
2. 한울님을 거만하게 대하지 말라(毋慢天)
3. 한울님을 상하게 하지 말라(毋傷天)
4. 한울님을 어지럽게 하지 말라(毋亂天)
5. 한울님을 일찍 죽게 하지 말라(毋夭天)
6. 한울님을 더럽히지 말라(毋汚天)
7. 한울님을 주리게 하지 말라(毋餒天)
8. 한울님을 허물어지게 하지 말라(毋壞天)
9. 한울님을 싫어하게 하지 말라(毋厭天)
10. 한울님을 굴하게 하지 말라(毋屈天)[36]

천·인·물의 삼위일체 사상으로 볼 때 십무천은 한울인 자연에 대해 거짓말하지 말고 거만하지 말며, 상처내지 말고 어지럽히지 말며, 죽이지 말고 더럽히지 말며, 주리게 하지 말고 허물어지게도 하지 말며, 싫어하거나 굴복시키지 말 것 등을 標語式으로 제시한 것으로, 오늘날 입장에서도 '자연외경 실천강령'으로 삼아도 손색이 없을 것이다.

또한 최시형은 "천지 즉 부모요, 부모 즉 천지"[37]라고 했고, "부모의 포태가 천지의 포태이고 따라서 사람이 어렸을 때에 어머니의 젖을 빠는 것은 곧 천지의 젖을 빠는 것이요, 자라서 오곡을 먹는 것은 또한 천지의 젖을 먹는 것과 같다"[38]고 하였다. 이와 같이 경·효·성의 대상은 사람만이 아니고 천지만물도 마찬가지여서 부모와 같이 존재하며 함께 먹고 마시고 숨쉬고 입는 것으로 이해하였다. 자연도 이처럼 至氣로 운행하니 어찌 敬하지 않을 수 있겠냐는 것이다.[39]

최시형은 그의 자연외경사상을 다른 표현을 통해서도 매우 이해하기 쉽고 설득력있게 설파하였다. "만물이 시천주 아님이 없으니 능히 이 이치를 알면 살생은 금치 아니해도 자연히 금해지리라"[40] 또는 "제비의 알을 깨치지 아니한 뒤에라야 봉황이 와서 거동하고, 초목

34) 배영기, 앞의 글, 28~29쪽.
35) 신일철, 앞의 책, 112쪽.
36) 홍장화, 『천도교 교리와 사상』, 천도교중앙총부, 1990, 234~235쪽.
37) 「대인접물」, 『해월신사법설』.
38) 「대인접물」, 『해월신사법설』.
39) 배영기, 앞의 글, 29쪽.
40) 「대인접물」, 『해월신사법설』.

의 싹을 꺾지 아니한 뒤에라야 산림이 무성하리라"[41]라고 언급하기도 하였다. 그런가 하면 절묘한 비유법으로 "땅은 어머니의 젖가슴"[42]이라고 말하기도 하였다. 그렇게 본다면 어찌 어머니의 젖가슴인 땅에 쓰레기를 버릴 수 있겠는가? 이 모두를 至氣至命의 차원에서 본 것이다. 더욱이,

> 우리 사람이 태어난 것은 한울님의 영기를 모시고 태어난 것이요, 우리 사람이 사는 것도 또한 한울님의 영기를 모시고 사는 것이니, 어찌 반드시 사람만이 홀로 한울님을 모셨다 이르리오. 천지만물이 다 한울님을 모시지 않는 것이 없느니라. 저 새소리도 또한 시천주의 소리니라.[43]

라고 새소리마저 시천주의 소리라고 말한 것은 환경 내지는 자연생태계의 중요성을 깨우치는 데 더없는 요체라고 생각된다. 「내수도문」에서도,

> 1. 집에 순물이나 아무 물이나 땅에 부을 때는 멀리 뿌리지 말며, 가래침을 뱉지 말며, 코를 멀리 풀지 말며, 침과 코가 땅에 떨어지거든 닦아 없애옵소서. 또한 침을 멀리 뱉고, 코를 멀리 풀고, 물을 멀리 뿌리면 곧 천지 부모님 얼굴에 뱉는 것이니 부디 그리 알고 조심하옵소서.
> 1. 먹던 밥에 새 밥을 섞지 말고, 먹던 국을 새 국에 섞지 말고, 먹던 김치를 새 김치에 섞지 말고, 먹던 반찬을 새 반찬에 섞지 말고, 먹던 밥과 국을 김치와 장과 반찬 등절은 따로 두었다가 시장하거든 먹되 고하지 말고, 그저 먹습니다 하옵소서.
> 1. 朝夕할 때에 새 물에다가 쌀 다섯 번 씻어 안치고, 밥 해서 풀 때에 국이나 장이나 김치나 한 그릇 놓고 하옵소서.
> 1. 금 난 그릇에 먹지 말고, 이 빠진 그릇에 먹지 말고, 살생하지 말고, 삼시를 부모님 처사와 같이 받드옵소서.[44]

라고 하여 생태학적 세계관으로 패러다임의 전환을 예견하면서 위생관념, 환경오염, 음식물 찌꺼기 관리, 근대적 식생활, 환경생활습관의 개선 등에 대한 책임을 강조한 것은 오늘날 우리들의 환경교육의 지침으로 삼아도 무난할 것이다. 이처럼 그는 이미 100여 년 전에 위생사상 내지는 자연외경의 문명 인식론을 적절히 표출하였다. 여기에다 「道訣」에서 언급한 것처럼 모든 자연물은 한울의 造化로 순리대로 움직일 때 비로소 靈物이니 유기체로서 살았다고 할 수 있다고 '영성생명론'을 주창한 것이나,[45] 그러므로 "한 생물도 무고히 해치지

---

41) 「대인접물」, 『해월신사법설』.
42) 「대인접물」, 『해월신사법설』.
43) 「영부 주문」, 『해월신사법설』.
44) 「내수도문」, 『동학서』.
45) 오문환, 「동학의 생명사상, 영생과 생명의 그물망」, 『신인간』 586, 1999, 25~26쪽.

말라. 이는 한울님을 상하는 것이다"라고 자연애호심을 가르친 것은 경청할 만하다.[46] 뿐만 아니라 생명생성의 근원인 물의 중요성도 깨우쳤다. 그래서 모든 儀式의 祭需도 淸水 한 그릇만으로 간소화시켰다.

이같이 후천개벽을 자연외경에서 찾으려는 최시형의 혜안은 새로운 인류문명사의 하나의 큰 획을 그은 役事였음이 자명하다. 드디어 근대적 자연 재발견이 비롯된 것이다.

한편 이돈화는 최제우의 至氣一元論과 베르그송의 생명철학이 인간관에서 맥을 같이하고 있음을 확인하고 근대인의 열망에 인내천 사상이 일조할 수 있음을 표명하였다.[47] 그러나 이원론적인 서구문명은 이를 무시하고 자연정복에 혈안이 되었다가 지금과 같은 지구존망의 위기를 맞이하였다. 따라서 「동학학회 발기 취지문」에서

> 동학은 130여 년 전 이미 서구 근대정신의 자기파멸의 필연성을 내다보았다. 자연에 대한 수탈, 그것에 매개된 인간중심적 가치관, 물질적 동기에 기반한 합리성 등에 의한 인간성의 황폐화와 극심한 사회적 균열과 해체현상은 서구 근대사상에 내재된 본질적 한계의 불가피한 표출이었다. 더욱이 생태계의 훼손에 따른 환경파괴로 인해 인류문명의 지속 가능성에 대한 심각한 회의와 함께 파국적 결말에 대한 두려움에서 벗어날 수 없게 한다. 동학은 이러한 인류문명의 파국적 상황에 대한 대안적 문명의 원천이 될 수 있으며, 다른 한편으로는 분단민족의 화해와 解寃相生의 章典으로 되새김될 수 있다.[48]

라고 선언한 것은, 실로 시의적절한 대안문명의 선언이라고 판단된다. 이제 세계는 한울촌 시대이다. 지구 한 곳이 오염되면 전 세계가 이상기온을 일으켜 전 세계를 덮친다.[49] 최시형은 일찍이 이를 예언했건만 세계는 외면하였다. 그 결과 지구의 기온은 최시형 생존시보다 약 0.7℃ 상승하였다. 0.7℃를 가벼이 볼 수 없는 것은 지구 전체의 평균온도가 지금보다 2℃만 상승해도 남·북극의 빙산이 녹으면서 지구의 1/3이 수몰되기 때문이다. 반대로 2℃가 내려가면 지구는 새로운 빙하시대를 맞아 거의 모든 생물은 멸종의 위기에 처하게 된다.[50]

이제 환경문제는 서양의 기계적·과학적·분석적·도구적·이분법적 생명관으로는 해결이 어려운 지경에 이르렀다. 동학의 천지인합일, 상생적 생명, 경물사상, 영성생명론에 이르지 않고는 병든 지구를 치유하기 난해할 것이다. 이를 해결하기 위해서도 필히 동학의 자연외경 문명 인식론으로 시선을 돌려야 하리라고 생각된다.

---

46) 신일철, 『동학사상의 이해』, 사회비평사, 1995, 112쪽.
47) 이돈화, 『신인철학』, 천도교중앙총부, 1982, 72쪽.
48) 「동학학회 발기 취지문」(1998년 10월 28일 선언)/김정의, 『한국문명사』, 혜안, 1999, 271쪽.
49) 배영기, 앞의 글, 32쪽.
50) 박정기, 『어느 할아버지의 평범한 문명 이야기』, 삶과꿈, 1995, 205쪽.

4. 개명진보 문명 인식론

지난 한 세기 동안 상상을 초월한 한국의 변화가 근대화를 뜻하고, 근대화가 서양화를 의미하고, 서양이 근본적 타자, 즉 이질성을 상징한다면 이 이질성을 어떤 측면에서, 즉 우리가 갖고 있는 무엇에 비추어 설명할 수 있는가? 우리의 근대화가 서양화를 뜻한다면, 우리에게 서양이란 새로운 과학지식과 기술, 의복양식, 교육내용, 민주정치, 자유와 평등사상 등을 뜻할 것이다.[51] 이러한 일반적인 생각은 그 동안 민족 구성원으로서의 자존에 상처를 입혀온 것이 사실이다. 근래 이러한 상처에 대한 대안으로서 우리가 갖고 있는 것에 비추어 이를 설명하려는 움직임이 나타나기 시작했다. 그 선도적인 역할을 한 것이 동학의 재해석이다. 한국적인 것이 가장 세계적이라면 사상에서도 동학사상이 가장 세계적인 사상이 될 수 있다고 여긴 것이다. 때맞춰 일단의 학자들은 근대화의 기점을 제너럴 셔어먼 호 사건(1866)에 두는 북한이나, 강화도조약(1876)에 두는 남한학계 모두 대상국가만 달랐지 외세침략에 두고 있다는 사실에서 문제가 있다고 지적하고 민족적인 근대화의 출발을 동학의 창도(1860)에서 찾고자 하는 경향을 보였다.[52] 이는 분명 진일보된 자세라고 볼 수 있다.

하나의 사회와 문화는 관념적, 즉 사상적일 수밖에 없는 세계관뿐만 아니라 기술적 측면을 반드시 내포한다. 그런데 기술적 측면은 동양이나 서양, 사회주의나 자본주의와 같이 이념을 달리하는 사회에서도 보편적으로 사용할 수 있다. 그렇다면 서양의 과학기술은 서양의 세계관과 분리하여 수용할 수 있는 것이 아닌가?[53] 따라서 동학의 이념을 그대로 지키면서 한국에 필요하다고 생각되는 서양문명을 선별적으로 수용할 수 있는 방도를 모색하였다. 즉 東道西器적인 발상을 한 것이다. 이 때 동학은 창도시부터 이미 최제우에 의해서 造化, 無爲而化, 不然其然[54] 등 일원론적 진보관을 마련해 놓고 있었다. 이처럼 동학은 그들의 전통에서 근원적으로 진보관을 지니고 있었다.

동학은 이 같은 근원적인 진화론에 기저한 개명・진보의 필요성을 일찍부터 제시하고 있었다. 최시형은 '用時用活' 설법에서,

> 대개 도는 용시용활하는 데 있나니 때와 짝하여 나가지 않으면 이는 죽은 물건과 다름이 없느니라. 하물며 우리 도는 만대의 미래에 표준함에 있어서 앞서 때를 짓고 때를 쓰지 않으면 안 될 것은 선사의 가르치는 바다.[55]

---

51) 박이문, 『문명의 미래와 생태학적 세계관』, 당대, 1997, 91쪽.
52) 김정의, 「한국사의 문명사적 인식론」, 『실학사상연구』 9, 무악실학회, 1997, 23쪽.
53) 김정의, 위의 글, 91~92쪽.
54) 온갖 사물은 보이는 바대로의 그러한 측면, 즉 기연이 있고 그렇지 않음을 살펴보면 헤아리기 어려운 측면인 불연이 있다. 기연은 보이는 현상을 말하는 것이고 불연은 보이지 않고 헤아리기 어려운 측면으로서 본체를 가리키는 것이다(정혜정, 「수운의 불연기연과 화엄사상」 초고본, 1999, 6쪽).
55) 이돈화, 『천도교창건사』, 25쪽.

라고 용시용활의 변용 진보관을 토로하였다. 동학은 용시용활론을 원용하여 동학민중혁명운동 때는 보국안민책을 내놓았다. 이를 이어 제3세 교주 손병희는 진보회를 조직하고 갑진개화운동을 통하여 하루에 16만 회원이 일제히 단발을 하고 흰 옷을 검은색으로 염색 착용하는 등 혁신운동을 전개하였다.[56] 또한 1903년에는 '삼전론'을 제창하였다. 삼전론은 눈앞에서 전개되는 무력전쟁의 대결을 보면서 道戰・財戰・言戰, 즉 사상전・경제전・외교전의 세 가지 전쟁을 새로 대두된 '無兵의 난'이라 하여 개화・자강의 국권개혁안으로 제시한 것이다.[57] 그는 이 가운데 언전을 실천하기 위해 동학・천도교의 기관지로 『만세보』를 창간하고(1906), 오세창・이인직 등의 필진을 내세워 개명・진보의 필요성을 구체적으로 계몽하고 나섰다. 그래서 창간호 사설 첫 단락부터 이 사실을 분명히 밝히고 나섰다.

> 萬歲報라 명칭한 신문은 何를 위하여 作함이뇨, 我韓 인민의 지식 啓發키를 위하여 작함이라. 噫라, 사회를 조직하여 국가를 형성함이 시대의 변천을 隨하여 인민 지식을 계발하여 野昧한 見聞으로 文明에 進케 하며……[58]

신문 창간의 목표를 개명진보된 문명을 이루는 데 두었음을 밝히고 있다. 이어서 "전국 2천만 동포의 腦髓를 一朝에 劈開하고 문명한 新空氣를 醍醐와 여히 灌注하여도 기 부족함을 유감됨으로 생각할 시대이라"[59]고 분발하고 있다. 계속해서

> 吾儕는 신문사업을 經紀하는 자이로되 蠅頭細利를 謀取함도 아니오 梁楚聲譽를 희망함도 아니오 但히 인민 뇌수의 문명 공기를 관주코자 하는 熱心的에 流出함이니 오제의 열심은 오제의 筆舌로 自唱키 불가하거니와……[60]

라고 하여 인민의 의식을 개명・진보의 문명사상으로 무장시키고자 하는 『만세보』의 의도를 거듭 천명하였다.

한편 『만세보』는 문명적으로 萬機를 일신한 나라는 반드시 부강해진 것이 현실이니 이들 나라가 어떻게 문명을 이루었는지 그 원인을 알아내고 우리도 개명진보의 방도를 찾을 것을 주장하였다.[61] 또한 진보주의가 자리잡을 수 있도록 사회환경을 조성할 것[62]도 주장하는 등 나라의 문명개화에로의 진보에 매우 적극적이었다. 『만세보』는 기회만 있으면 반상차별 철폐, 준비시대, 국가학, 위생개론 등 정치 내지는 사회계몽의 기사를 게재하여 언론보

56) 이현희, 『동학혁명과 민중』, 대광서림, 1985, 119쪽.
57) 신일철, 앞의 책, 174쪽.
58) 『만세보』 1906년 6월 17일자 사설.
59) 위와 같음.
60) 위와 같음.
61) 『만세보』 1906년 7월 3일자 논설.
62) 『만세보』 1906년 6월 29일자 논설.

국에 적극적이었다. 실제로 범국민운동인 국채보상운동에도 적극적으로 참여하였다. 이토록 『만세보』는 동학사상을 근간으로 개화사상을 접목하여 새로운 동학문명을 변용·창출하고자 진력하였다. 그것은 국가의 진운은 물론 동학의 생동력을 더욱 활성화시키는 데 일정한 기여를 하였다.

이는 20세기 들어 李敦化(1884~1950)가 제창한 '사람성무궁주의'로도 입증된다. '사람성무궁주의'는 한울의 자존·자율적 창조작용과 無爲而化 원리를 진화론에 접목시킨 것으로, 본래부터 인간성의 능력이 무궁하다는 주장이다. 우주는 인간과 일원성 존재로서 대초부터 자기창조 능력에 의하여 점차 현재의 형체와 정신으로 현상화되었기 때문에 사람성 역시 우주의 무궁한 진화위력을 지니게 되었다는 것이다.[63] 이 주장에는 인간의 활동이 진보·향상을 지속해야 한다는 뜻이 내포되어 있다. 또한 이돈화는 인내천에 관한 人間格에 대해,

> 현재 인간 전체 안에서 宇宙格은 볼 수 없고 우주격은 영원한 신비로 전혀 인간 또는 미래인간을 통하여 얼마든지 향상될 만한 격이다. 우리는 이런 의미의 인간격을 가리켜 인내천이라 하는 것이다.[64]

라고 논증하였다. 이러한 인내천에 함의된 변용·진보관은 동학이 서구의 개명·진보관을 능동적으로 수용할 수 있는 이론틀을 제공해 주었다고 생각된다. 간과할 수 없는 것은 인간이 완전한 우주격을 향하여 당연히 진화작용을 계속해야 한다는 논리인데, 인간의 진보·문명관을 근원에서 해명했다는 점에서 주목된다.[65]

그러기에 동학은 기본적인 노선에서는 외래적인 것을 배척하는 입장을 취하면서도 배타적인 국수주의에 빠지지 않고 서구문명에 대해서 개방적이었던 것이다. 이러한 이중성은 서구화에 대한 사상의 혼란 또는 갈등에서 온 것일 수도 있겠으나 오히려 동학의 건전성을 반증한다고 보는 것이 옳겠다. 따라서 서구적 근대화로 자기 변혁을 수행하면서도, 자기 동일성과 연속성을 유지하기 위하여 자기를 상실하지 않고 문명종합적 근대화를 수행하는 길만이 동학의 현대화를 완수하는 것이 되니, 이는 오늘의 천도교에도 타당한 논리가 되겠다.

5. 맺음말

이상에서 동학의 문명 인식론을 조망해 보았다.

동학은 창도 이래 무엇보다도 인간존중 문명 인식론을 발전시켰다. 서구적인 이원론적 인권신장이 아니라 한울과 땅과 인간을 이은 천지인 합일로서의 근원적인 인간존중인 것이

---

63) 황선희, 앞의 글, 148쪽.
64) 이돈화, 『신인철학』, 53쪽.
65) 김정의, 『한국문명사』, 424쪽.

다. 최제우가 득도한 무극대도는 시천주 신앙으로 나타났다. 시천주 신앙은 최시형 때에 이르러 양천주로 발전되고, 이어서 사인여천으로 나타났다. 그리고 손병희 때에 이르러 인내천 사상으로 완성되었다. '사람이 곧 한울이다'라는 높은 경지로 인간을 끌어올린 것이다. 여기서 남녀노소, 신분 간의 갈등이 사라지고 모든 인간을 한울과 같은 반열에 올림으로써 서로 성·경·신으로 경대하는 인간존중 문명 인식론이 확고하게 자리잡게 되었다. 그래서 동학은 신분차별 철폐에 앞장섰고, 또 소년운동·여성운동을 지속적으로 전개하여 인간존중 사회를 만드는 데 신명을 바쳤다.

둘째, 동학은 자연외경 문명 인식론을 발전시켰다. 인간의 생명은 말할 것도 없고 모든 자연물도 경대하는 사회건설을 위하여 그러한 교리를 발전시킨 것이다. 자연과의 연계고리로서 인간을 설정하고, 자연은 정복의 대상이 아니라 천지부모라고 하는 법설에서 보듯이 천지인을 일치시킴으로써 자연외경 문명 인식론을 확립하였다. 특히 최시형은 기회 있을 적마다 자연존중을 설법하였다. 새 소리마저 시천주의 소리로 비유할 정도였다. 뿐만 아니라 땅을 어머니의 젖가슴에 비유하기도 하여 자연외경 문명 인식론의 극치를 이루었다.

셋째로 동학은 개명진보 문명 인식론에도 등한하지 않았다. 동학의 교리인 '무위이화'의 진보관이나 '불연기연'의 정신을 원용한 것이다. 서구적인 세계관이나 기술문명을 매도만 한 것이 아니라 개방적인 차원에서 선별적으로 수용하는 데 의연하게 앞장섰다. 그래서 개화당과 접목하여 현상적으로도 문명개화에 이바지한 것은, 동학은 동학대로 생동감을 유지·확장하고 조국도 근대적으로 문명화시키는 데 기여하였다.

따라서 인간존중 문명 인식론, 자연외경 문명 인식론, 개명진보 문명 인식론 등 동학·천도교의 문명 인식론은 다같이 한국을 총체적인 신문명으로 변화시키는 데 중추적인 역할을 할 것으로 생각된다.

요컨대 동학·천도교의 문명 인식론은 한국인의 자유의지에 의한 선택 여하에 따라서는 새 즈믄해의 미래문명 창출에도 원동력으로 작용할 것으로 전망된다.

1910年代 初 日帝의 페스트 防疫活動과 朝鮮支配

朴 潤 栽*

1. 머리말

1876년 강제적인 국교확대 이후 日帝의 대조선 정책은 조선의 보호국화・식민지화에 목적을 두고 이루어졌다. 일제는 청일전쟁・러일전쟁을 통해 조선에 이해관계를 가지고 있던 열강들을 무력으로 물리치고 조선에 대한 독점적인 지위를 확보하는 한편, 의병운동・문화계몽운동 등 국내 민족운동세력을 진압하면서 조선의 보호국화・식민지화를 진행시켰다. 그러나 의병운동에서 나타나듯이 조선인들은 일제의 침략에 대해 무력으로 저항하고 있었으며, 계몽운동가들은 조선의 자강과 국권회복을 위한 교육계몽사업을 전개하고 있었다. 일천년 넘게 단일한 왕조국가를 유지한 역사에 비추어 이민족의 지배는 결코 용납할 수 없었기 때문이다.

이 때 일제가 자신의 침략논리로 내세운 것이 朝鮮의 近代化論이었다. 자신의 조선지배가 조선에 결코 유해하지 않으며, 오히려 조선의 발전, 근대화에 기여할 것이라는 논리였다. 그리고 그 논리를 뒷받침하는 실례로서 일제의 조선 진출 이후 의료기관이 확장 설치되고, 보건위생사상이 향상되었다는 점을 제시하였다. 중앙의료기관으로 大韓醫院, 지방의료기관으로 慈惠醫院의 설치는 일제의 주요한 시혜정책으로 선전되는 것들이었고, 질병치료를 무당에게 맡기는 모습에서 보이는 조선인들의 유치한 보건위생사상을 향상시키기 위해 취해진 일련의 계몽활동들은 조선의 근대화를 위한 노력으로 포장되었다.[1)]

그러나 일제의 보건의료정책이 의료의 수혜범위를 확대시키고 근대적인 성격을 내포한 것이었다 할지라도 궁극적인 지향점은 영구적 조선지배에 두어져 있었고, 따라서 조선인들에게 긍정적으로 다가올 수 없었다. 더구나 일제는 보건의료정책을 시행함에 있어 개인과

---

* 연세대학교 강사

1) 한말 일제의 의료정책에 대해서는 다음 글들이 참조가 된다. 金承台, 「日本을 통한 西洋醫學의 受容과 그 性格」, 『國史館論叢』 6, 1989 ; 奇昌德, 『韓國近代醫學教育史』, 아카데미아, 1995 ; 신동원, 『한국근대보건의료사』, 한울, 1997 ; 李忠浩, 『日帝統治期 韓國 醫師 教育史 研究』, 國學資料院, 1998.

사회의 건강을 보호·향상시킨다는 목적을 내세워 각 개인의 일상 생활을 통제하는 등 보건의료를 통치수단의 일종으로 활용하였다. 특히 실제적인 보건의료의 관리·감독을 치안업무를 담당하는 경찰이 맡으면서 그 부정성은 더욱 강화될 수밖에 없었다. 일제가 청일전쟁·러일전쟁에서 승리하고 조선을 보호국화하는 단계에 접어들면서 경찰에 보건의료업무가 집중화되어 나갔던 것도 보건의료 분야가 조선인 개개인을 지배·통제하는 데 있어 중요한 역할을 담당할 수 있었기 때문이다.

경찰이 담당했던 보건위생활동 중 가장 대표적인 것이 방역활동이었다. 전염병이 창궐하는 경우 경찰이 주도하는 전염병 예방·치료 조치가 취해졌는데, 이러한 조치들은 진행 과정에서 발생하는 강압성 때문에 조선인들에게 크게 반발을 샀다. 방역활동이 이루어지는 공간은 조선인 각 개인이 일제의 지배를 구체적으로 실감하는 장소였으며, 따라서 일제의 지배를 둘러싼 대립이 발생하는 지점이기도 했다.

이 글은 보건의료 분야 중 하나인 방역활동이 일제의 조선지배에 어떤 역할을 담당하였는지 살펴보는 데 그 목적이 있다. 구체적으로 1910년대 초 북만주 지역에서 발생한 페스트를 방역하기 위해 취해진 일련의 조치들이 일제의 조선지배와 어떤 연관성을 가지는지 살펴보고자 한다. 강점 초기인 1910년대 초 진행된 일련의 방역조치들은 일제시기 동안 전개될 방역조치의 원형을 보여주는 것들이라는 점에서, 일제시기 방역활동의 성격, 그리고 방역활동이 식민지 지배성책에서 차지하는 위치와 의미를 알 수 있는 하나의 단초를 제공할 것이다.

2. 북만주 지역의 페스트 발생과 전파

페스트는 쥐가 가지고 있는 페스트균이 벼룩을 통해 인간에게 전파되면서 발생하는 전염병으로 치사율이 30~50%에 이르는 치명적인 질병이었다. 페스트는 해상무역이 발전하면서 선박을 통한 쥐들의 이동이 자유로워지고, 도시의 형성으로 인해 사람들의 접촉이 빈번해지면서 전 세계로 퍼져 나가기 시작했다.[2] 특히 교통의 발달은 전염병이 급속하고 광범위하게 확산되는 주요 원인이 되었는데 페스트도 예외는 아니었다. 예전에는 수천 리 떨어진 지역에 아무리 극렬한 惡疾이 발생했다 할지라도 내왕이 없으면 두려울 것이 없었지만 교통이 빈번해져 이제 세계는 朝發夕至의 상황이었던 것이다.[3] 더구나 페스트는 다른 전염병과 달리 완전한 치료법이 없고 겨울에도 전파된다는 점에서 커다란 경계의 대상이 되었다.[4]

---

2) KENNETH F. KIPLE eds., *The Cambridge World History of Human Disease*, CAMBRIDGE UNIVERSITY PRESS, 1993, 612쪽.

3) 「防疫의 注意」, 『每日申報』 1911년 1월 26일 1면.

이러한 페스트가 1910년 10월 북만주에서 발생하였는데 그 발병 원인은 마구잡이로 진행된 마못(marmot) 사냥에 있었다. 마못은 덩치 큰 땅굴 설치류로서 털가죽이 모피의 재료로 사용되고 있었다. 1910년 당시 마못의 털가죽은 국제적으로 높은 가격에 팔리고 있었고, 만주족이 세운 청나라가 쇠약해지자 마못 사냥을 통해 단시일 내에 부자가 되고자 하는 중국인 이주자들이 본래 청나라의 발상지로서 신성시되던 만주로 끊임없이 밀려 들어오고 있었다. 약 1만여 명의 아마추어 사냥꾼들이 런던이나 라이프치히의 모피시장 수요를 맞추기 위해 1910년 만주의 철도 연선 마을로 몰려들었는데,[5] 이들은 만주의 유목민들이 수세기 동안의 경험과 고대신화 등을 통해 습득한 사냥 규칙들을 무시했다.[6]

만주의 유목민들은 덫을 이용한 마못 사냥을 금기시하여 항상 활을 쏘아 마못을 잡았고, 만약 마못이 느리게 움직일 경우에는 절대로 손을 대지 않았다. 관습에 따르면 마못 집단이 발병 증세를 보일 경우 유목민들은 '불길한 운명'을 피하기 위해 그 장소에서 천막을 거두고 떠났다.[7] 마못과의 직접적인 접촉을 피함으로써 페스트 전염을 방지하는 사냥법이 관습적으로 전해져 내려오고 있었던 것이다.

그러나 지역사정을 제대로 알지 못하던 사냥꾼들은 병에 걸린 마못을 덫으로 사정 없이 잡았고, 이들 사이에 페스트가 발생한 것은 당연한 결과였다. 哈爾濱시를 중심으로 유행하기 시작한 페스트는 새해를 고향에서 맞으려는 중국인 노동자들이 북만주지역에서 남쪽으로 귀향함에 따라 철도 연선으로 퍼져나가기 시작했다.[8] 페스트 확산을 방지하기 위해 중국 정부는 만주철도의 주요 역에서 중국인 노동자의 승차를 거부했지만 이 방법은 효과적인 방역조치가 되지 못했다.[9] 왜냐 하면 열차표를 구할 수 없게 된 노동자들이 시골길을 따라 퍼져 나갔고, 이에 따라 哈爾濱·長春 등으로 전염병이 전파되었기 때문이다.[10] 더구나 만주지역의 추운 겨울날씨를 피하기 위해 많은 사람들이 한 장소에 머물러 있게 되면서 이들 사이에 페스트는 더욱 빠른 속도로 전파되었다.

페스트는 1911년 봄이 되면서 약화되었지만 그 피해는 엄청나 중국에서는 최소 6만 명 이상의 사망자가 나왔으며,[11] 1911년 4월 奉天에서는 페스트의 국제적 방역을 위해 동양 최초로 국제학술대회가 개최되기도 하였다.[12] 그만큼 페스트는 전 세계적으로 극도의 경계

---

4) 「府民會의 告示」, 『每日申報』 1911년 2월 8일 2면.
5) Carl F. Nathan, *PLAGUE PREVENTION AND POLITCIS IN MANCHURIA 1910-1931*, Harvard University Press, 1967, 1~2쪽.
6) 윌리엄 H. 맥닐 지음, 허정 옮김, 『전염병과 인류의 역사』, 한울, 1998, 171~172쪽 ; 프란체스코 산토얀니 지음, 이현경 옮김, 『쥐와 인간』, 시유시, 1999, 167쪽.
7) 프란체스코 산토얀니 지음, 이현경 옮김, 『쥐와 인간』, 시유시, 1999, 167쪽.
8) 「北里박사의 講話」, 『每日申報』 1911년 2월 28일 3면.
9) 「흑사병과 滿鐵」, 『每日申報』 1911년 1월 18일 2면.
10) Carl F. Nathan, *PLAGUE PREVENTION AND POLITCIS IN MANCHURIA 1910-1931*, Harvard University Press, 1967, 2쪽.
11) WU LIEN-THE, *PLAGUE FIGHTER*, W. HEFFER & SONS LTD., 1959, 33쪽.

대상이었다.

3. 국경지대의 방역활동과 방역제도의 정비

1910년 10월 북만주 지역에서 페스트가 발병하자 日帝는 극도의 경계심을 가지고 페스트의 전파 상황을 관찰하고 있었다. 북만주는 조선과 압록강을 경계로 국경을 접하고 있었으며, 1910년 10월은 일제가 조선을 강점하고 채 2개월도 지나지 않은 시점이었다. 페스트가 중국 노동자들의 남하에 따라 점차 남쪽으로 확산되어 나가기 시작하자 일제는 1910년 11월에 접어들면서 각 지방에 예방경계령을 내렸고,[13] 1911년 1월에 들어서면서 본격적인 방역조치를 취해 나가기 시작했다.

우선 일제는 페스트의 주요한 전파 경로인 항구의 방역을 위해 위생사무를 실질적으로 담당하던 경무총감부의 촉탁을 인천과 신의주에 파견하여 방역설비에 관한 사무를 협의하였다.[14] 이어 1911년 1월 페스트가 북만주 전역으로 확산되자 조선총독부에서는 각 도 경무부에 통첩을 내려 보냈다.[15]

통첩의 첫째 내용은 국경지역의 검역이었다. 압록강 유역이나 서해안은 중국과의 주요한 무역통로였고, 이 곳으로 페스트에 감염된 중국 선박이나 중국인이 입국할 가능성이 있었기 때문이다. 따라서 압록강 연안 및 서해안 지역 중 중국 어선이 기항하는 곳에는 捕鼠器를 비치하여 쥐잡기를 철저히 실시하고, 페스트 전염지역을 경유하여 도착한 중국인에 대해서는 도착 후 10일 간 건강 상태를 관찰하도록 하였다. 기차 주요 정차장에서도 중국인에 대해 건강 상태를 관찰하고 所向地를 조사하도록 했다. 둘째는 급사한 환자에 대한 신고였다. 급성병으로 사망한 환자는 면장이나 동장이 반드시 경찰서에 신고하고, 위험하다고 생각되는 경우는 警察醫를 파견하여 조사하도록 하였다. 혹시 페스트가 이미 조선에 전파되어 사망자가 발생했을 가능성에 대비하기 위한 조치였다.

이러한 통첩에 따라 신의주와 평양 등 주요 기차역에서 기차검역이 실시되었고,[16] 무역항, 특히 중국과 접경지대를 이루는 신의주·인천을 비롯한 주요 항구를 중심으로 쥐의 매상과 세균검사가 실시되었다.[17] 중국인에게는 모두 건강진단을 행하여 건강하지 않다고 판

---

12) 三木榮, 『朝鮮醫事年表』, 思文閣, 1985, 567쪽.
13) 「北滿의 黑死病과 朝鮮」, 『每日申報』 1910년 11월 20일 2면.
14) 「黑死病과 防疫設備」, 『每日申報』 1911년 1월 13일 2면.
15) 「黑死病과 諭達」, 『每日申報』 1911년 1월 15일 2면.
16) 「因疫檢鼠」, 『每日申報』 1911년 1월 15일 2면 ; 「평양의 기차 검역」, 『每日申報』 1911년 1월 24일 2면 ; 「흑사병과 도청의 諭告」, 『每日申報』 1911년 1월 21일 2면.
17) 「因疫檢鼠」, 『每日申報』 1911년 1월 15일 2면 ; 「흑사병과 도청의 諭告」, 『每日申報』 1911년 1월 21일 2면 ; 「총독부공문」, 『每日申報』 1911년 1월 22일 1면 ; 「총독부공문」, 『每日申報』 1911년 1월 24일 1면.

단된 자에 대해서는 상륙을 거절하고 건강한 자라도 일정한 장소에 수용하였다가 확실히 건강하다고 판단된 후 입국을 허락하였다.[18]

중국 정부가 각종 방역조치를 강구했음에도 불구하고 페스트는 점차 확산되어 나갔고, 일제는 여객에 대한 건강검진과 함께 페스트 발병지역을 경유한 선박에 대한 停船뿐 아니라 페스트에 오염되었을지 모를 각종 물품에 대한 禁輸 조치를 시행했다. 중국으로부터 오는 수입품 중 襤褸·弊綿·弊衣·弊紙·弊羽毛·피혁 등 오염의 우려가 있는 물품의 수입을 금지하였던 것이다.[19] 또한 조선에 입항하려는 선박 중에서 禁制品을 적재한 선박이 발견되면 즉시 본국으로 환송케 하였다.[20]

1911년 1월 말에 접어들면서부터는 압록강 일대의 교통을 차단하여 중국과의 인적인 왕래를 전면적으로 금지하는 조치를 취했다. 경무총감의 지시로 義州와 龍岩浦 사이의 지역은 新義州를 제외하고 일체 교통이 금지되었고, 중국 노동자의 상륙 역시 금지되었다.[21] 교통 차단으로 인해 무역활동에 장애가 생겨 국내 경제에 피해를 입힐 가능성이 있었지만 페스트 방역이 보다 중요한 문제였기 때문이다.

일련의 방역조치들이 취해지는 가운데 중국과 직접 국경을 접하고 있는 압록강 지역은 페스트의 전염을 막는 최전선으로 상정되어 경계가 특히 강화되었다.[22] 더구나 페스트가 확산되어 가던 시기가 겨울이었던 까닭에 압록강이 결빙되어 중국과 교통이 가능한 상황이었다. 얼어붙은 압록강을 넘어 중국 노동자들이 쉽게 조선에 입국할 수 있었고, 이들은 조선에 들어오려는 가장 위험한 병독의 매개자로 간주되어 철저한 경계 대상으로 지목되었다.[23]

중국인의 압록강 渡江을 방지하기 위하여 신의주 검역지부를 중심으로 상류로는 碧潼으로부터 하류로는 龍岩浦에 이르기까지 약 3백여 리 사이에 헌병이 파견되고 주민들이 徵募되어 담당 구역을 감시하게 되었다.[24] 駐箚憲兵隊司令部에서는 憲兵 士官·軍醫·看護長 등을 파견하여 압록강 도강을 막기 위한 작업에 참여시켰다.[25] 그러나 이들만으로는 경계

18) 「건강진단의 勵行」, 『每日申報』 1911년 1월 19일 2면. 신의주의 경우에는 여객에게 석탄산을 살포하여 예방에 주의하였고 특히 安奉線 여객에 대해서는 여관에 수용하여 3일 간 머물게 한 후 경찰관이나 의사를 파송하여 엄밀히 건강진단을 행하도록 하였다. 이 때 건강하지 않다고 판단된 자는 격리병사에 수용하였으며 정차장에서는 검역 편의상 送迎者의 입장을 일체 금지하였다. 「신의주 방역 엄밀」, 『每日申報』 1911년 1월 24일 2면.

19) 「흑사병과 통감부」, 『每日申報』 1911년 1월 21일 2면 ; 「病源地 移入品 금지」, 『每日申報』 1911년 1월 26일 2면.

20) 「인천의 선박 검역」, 『每日申報』 1911년 2월 11일 2면.

21) 「총독부공문」, 『每日申報』 1911년 1월 28일 1면 ; 「明石총장의 주의」, 『每日申報』 1911년 1월 28일 2면.

22) 「압록강 방역 완비」, 『每日申報』 1911년 1월 29일 2면.

23) 『朝鮮總督府施政年報(1910年)』, 1912, 327쪽.

24) 「압록강 방역 완비」, 『每日申報』 1911년 1월 29일 2면 ; 「江岸 감시 엄중」, 『每日申報』 1911년 2월 1일 2면.

가 부족하였기 때문에 국경수비를 담당하고 있던 헌병대·경무부에 원조를 요청하여 인원을 보충하였다.26)

당시 중국인들이 국경을 건너오는 것을 막기 위해 얼어붙은 압록강을 하루 종일 지키는 보초들의 수는 1천에서 2천에 이르렀는데, 그 광경이 마치 대전투가 일어나기 전날 같았다는 표현처럼 방역활동은 군사작전을 방불케 하는 것이었다.27) 단순히 군인들만이 동원된 군사작전이 아니라 군인·경찰들이 주민들을 동원하여 실시하는 軍民합동작전이었다. 페스트라는 극악한 敵兵을 격퇴하기 위해 軍民이 합동하여 戰爭을 벌이고 있었던 것이다.

방역활동의 범위는 점차 확대되어 압록강 유역뿐 아니라 러시아 연해주 지역에 거주하는 노동자의 조선 입국을 막기 위해 두만강 유역에도 검역소를 설치하여 검역을 시작하였다.28) 서해안의 경우에도 감시 초소를 둘 필요가 있는 곳은 헌병 순사의 감독 아래 지역 주민들이 동원되어 감시 업무를 돕도록 하였다.29) 인적인 차단에 주력하였던 방역 범위는 점차 확대되어 우편물에 대한 소독, 외국으로부터 수입되는 물품에 대한 소독이 이루어졌고,30) 진남포와 인천 등 주요 항구의 수출입 수속이 정지되었으며 정크선의 입항이 금지되었다.31)

국경지역을 중심으로 일련의 방역조치가 이루어지는 가운데 국경지역 방역활동을 체계화하기 위한 일련의 제도적 장치들이 마련되었다. 1905년 보호조약 실시 이후 식민지 의료체제가 형성되어 나가는 과정에서 페스트 방역을 계기로 방역제도의 체계화가 시도되었던 것이다. 구체적으로 일제강점기 동안 항구 검역을 위한 기본법으로 기능할 「海港檢疫에 關한 件」「海港檢疫手續」 등 각종 규칙들이 제정되었고, 해안 경비를 담당할 水上警察의 기초가 마련되었으며, 주요 항구를 중심으로 검역시설이 갖추어졌다.

해항 검역을 실시하기 위한 근대적인 법규는 이미 대한제국 시기에 마련되어 있었다. 1899년 9월 13일 대한제국 정부에 의해 발포된 「檢疫停船規則」이 그것이다.32) 모두 22조로 구성된 「검역정선규칙」은 지방검역국의 설치, 검역국의 행정관리와 의사의 활동, 避病院의 설치와 운영, 소독 활동 등 제반 검역사무 기구 및 기관의 내용을 분명히 밝힌 것으로 세균설에 입각한 세련된 형태의 체계를 갖추고 있었다.33) 그러나 이 규칙은 공식적인 검역 관련

25) 『朝鮮總督府施政年報(1910년)』, 1912, 327쪽.
26) 「수비대 방역 원조」, 『每日申報』 1911년 1월 29일 2면 ; 「江岸 감시 엄중」, 『每日申報』 1911년 2월 1일 2면 ; 「방역비 請撥」, 『每日申報』 1911년 2월 25일 2면.
27) Carl F. Nathan, *PLAGUE PREVENTION AND POLITCIS IN MANCHURIA 1910-1931*, Harvard University Press, 1967, 28쪽.
28) 「豆滿江岸의 방역」, 『每日申報』 1911년 2월 3일 2면.
29) 『朝鮮總督府施政年報(1910年)』, 1912, 328쪽.
30) 「우편물 소독 電令」 및 「각 세관 물품 소독」, 『每日申報』 1911년 1월 29일 2면.
31) 「朝鮮總督府告示第二十八號」, 『朝鮮總督府官報』 1911년 1월 31일 호외.
32) 「內部令第二十六號 檢疫停船規則」, 『官報』 1899년 9월 16일.
33) 신동원, 『한국근대보건의료사』, 한울, 1997, 238쪽.

법규를 서둘러 마련하고자 하는 의도로 인해 1879년 일본에서 반포된 「검역정선규칙」을 거의 그대로 전재하였고, 따라서 대한제국의 특수한 상황을 반영시켰다고 보기 어려웠다.

더구나 이 규칙은 검역 대상을 콜레라에 한정하고 있었고, 검역 장소 역시 세관지역에 한정된 한계가 있었다.[34] 따라서 일제는 자국에서 시행되고 있었던 「海港檢疫法施行規則」[35]을 모방하여 「해항검역에 관한 건」 「해항검역수속」 등 새로운 검역규칙을 마련하였다. 그러나 이 규칙들은 검역 대상을 콜레라・성홍열・페스트・黃熱로 확대한 점은 있으나,[36] 구체적인 내용에서는 「檢疫停船規則」보다 소략하다.

페스트가 만연한 중국과 강, 바다를 경계로 국경을 접하고 있는 지리적인 특성상 연안지역을 방비하기 위한 경비선의 활동이 요청되고 있었다. 경비선은 항구를 출입하는 선박과 船客의 檢病과 기타 방역을 실행하는 선박으로 대한제국 시기에 목포와 여수에 배치된 어선형 석유발동선 10척이 있었다. 그러나 이 배들은 주로 해적 및 폭도의 소탕에만 사용되어 방역작업에는 적합하지 않았다. 따라서 경찰에서는 선박의 보충을 위해 1911년 1월 이래 수차례에 걸쳐 육군 소속 기선 5척을 빌리고 휘발유 발동선 5척을 구입하여 주요한 항만과 하천에 배치한 후 방역을 담당케 하였다.[37] 이렇게 마련된 경비선이 일제 시기 水上警察의 기초를 이루는 계기가 되었다.[38] 페스트 방역을 계기로 해안 및 항구를 경계할 법적 장치와 행정 수단이 마련되기 시작한 것이다.

검역규칙의 제정과 함께 방역을 위한 각종 시설이 주요 항구 및 세관을 중심으로 갖추어지기 시작했다. 당시 방역시설은 매우 빈약하여 중국과 교통이 빈번하던 인천항의 경우, 페스트가 창궐하던 1911년 1월 시점까지도 전염병 보유자를 수용할 격리소가 없는 상태였다.[39] 방역 관련 법규가 방역활동을 위한 전제라면, 방역시설은 그 법규에 근거하여 실질적으로 방역작업을 시행하는 장소였다. 따라서 방역시설을 설치하기 위한 노력이 이어져 檢疫所・隔離病院・防疫診斷所・檢菌室 등이 페스트 방역을 계기로 각 항구에 건립되기 시작하였다.[40]

이렇게 검역 관련 법규가 제정되고 각 항구를 중심으로 방역작업의 내용이 확대되어 나가면서 1912년 4월 港務官・港務醫官・港吏・港務醫官補・獸醫官補가 증가 배치되었고, 내무부에 속한 위생행정, 세관에 속한 海務警察 및 개항 검역, 농상공부에 속한 동물 검역 등을 경무총감부에서 관장하게 되었다.[41] 그 동안 각 기관별로 분산되어 시행되었던 해항

34) 「海港檢疫の概況」, 『朝鮮彙報』 1918년 1월, 96쪽.
35) 厚生省公衆衛生局, 「檢疫關係法令」, 『檢疫制度百年史』, 1980, 253~254쪽.
36) 「총독부공문」, 『每日申報』 1911년 1월 26일 1면.
37) 「水上警備」, 『朝鮮彙報』 1915년 12월, 129쪽 ; 「방역경비선 파견」, 『每日申報』 1911년 2월 15일 3면.
38) 朝鮮總督府 警務局, 『朝鮮警察之概要』, 1914, 8쪽.
39) 「殺鼠船 구입 교섭」, 『每日申報』 1911년 1월 28일 2면.
40) 「각 해항 검역비」, 『每日申報』 1911년 2월 1일 2면 ; 「廣梁灣 방역 설비」, 『每日申報』 1911년 2월 1일 2면 ; 「咸北의 검역 개시」, 『每日申報』 1911년 3월 18일 2면 ; 「국경 방역 설비 종료」, 『每日申報』 1911년 3월 31일 2면.

검역 업무가 경무총감부로 일원화된 것이다.[42] 경무총감부에서 해항 검역까지 관장하게 된 것은 위생업무의 일원화라는 점에서 효율적인 조치일 수 있었지만, 식민지하 경찰이 대민 지배기구로서 기능한다는 점에서 검역이 단순한 위생업무를 넘어 대민 통제를 위한 도구로 활용될 수 있는 가능성을 내포하는 것이었다.

4. 국내의 방역활동과 조선인 통제

페스트 전파를 막기 위한 방역활동은 주로 페스트가 창궐하고 있던 중국과의 국경지역에서 이루어졌지만, 국내의 주요 지역에서도 페스트 방역을 위한 다양한 조치들이 취해졌다. 혹시 전파되었을지 모를 페스트의 검사 및 각종 방역작업에 조선인들이 동원되고 있었던 것이다.

페스트는 천연두나 콜레라처럼 조선인들에게 익숙한 전염병이 아니었고, 따라서 페스트 예방을 위해서는 우선적으로 페스트의 발생 원인, 전염 경로, 예방 조치 등을 알려 주는 계몽활동이 이루어져야 했다. 구체적으로 각 관청과 주민들에게 페스트 예방을 위한 銘心書가 배포되었고,[43] 페스트 강연회가 열려 조선인들의 참여가 독려되었다.[44] 또한 중앙과 각 지방에 설치된 의료기관인 총독부의원과 자혜의원을 중심으로 방역과 관련된 예방 선전사업이 이루어졌다.[45]

페스트 강연회나 예방 선전사업이 이루어지는 과정에서 주요한 계몽대상은 조선인이었다. 보건의료를 언급할 때 항상 조선인들이 가지고 있던 유치한 위생사상을 비판해 오던 일제가 보기에, 조선인은 페스트라는 새로운 전염병에 대한 세균학적 이해를 갖지 못한 무지한 민족이었을 것이다. 그리고 이 때 조선인들에게 전달된 페스트 관련 내용은 '신지식'이라는 이름으로 선전되었다.[46] 신지식이란 곧 일본인들이 조선에 정착시키고자 했던 근대 서양의학적 지식이었다.[47] 페스트 방역활동이 주요 피해지역인 중국으로 하여금 근대 서양의

41) 「勅令第二十八號」, 『朝鮮總督府官報』 1912년 3월 28일 號外.

42) 경찰이 위생사무를 담당한 것은 1894년 갑오개혁에서 위생국관제와 경무청관제가 반포되면서부터다. 그 후 청일전쟁·러일전쟁에서 일본이 승리하고 조선을 보호국화하는 단계에 접어들면서 경찰에 보건의료 업무가 집중되기 시작하였다. 韓國內部警務局, 『顧問警察小誌』, 1910, 223쪽.

43) 「신의주 방역 엄밀」, 『每日申報』 1911년 1월 24일 2면 ; 「흑사병 豫防注意書」, 『每日申報』 1911년 2월 3일 2면 ; 「흑사병 豫防銘心書 譯刊」, 『每日申報』 1911년 2월 5일 2면 ; 「黑疫 예방연설 刊布」, 『每日申報』 1911년 2월 22일 3면.

44) 「총독부의원 講話」, 『每日申報』 1911년 1월 25일 2면 ; 「仁川民長의 청원」, 『每日申報』 1911년 2월 15일 2면.

45) 「공주의 흑사병 예방 훈유」, 『每日申報』 1911년 2월 17일 3면 ; 「黑疫 예방설명 편찬」, 『每日申報』 1911년 2월 18일 2면.

46) 「滑稽的 청원」, 『每日申報』 1911년 2월 18일 3면.

47) 일본은 메이지 유신 후 서양의학의 도입을 천명했고, 그 중에서도 독일 의학의 수용을 지향하였다. 酒井シヅ, 『日本の醫療史』, 東京書籍, 1982, 391~392쪽.

학의 우수성을 확신케 하는 계기가 되었듯이,[48] 일제는 자신들이 습득하고 있었던 근대 서양의학에 기초하여 페스트 계몽활동을 전개함으로써 근대의학의 우수성을 선전하고, 나아가 근대의학을 우선적으로 수용한 일제의 지배가 조선에 유리하다는 자신의 주장을 되풀이하고자 하였던 것이다.

국내에서 진행된 방역활동 중 중요한 것은 쥐잡기운동이었다. 쥐잡기운동은 각 경찰서를 매개로하여 각 지역 행정단위의 말단에 명령이 전달되면서 진행되었는데, 각 경찰서에서는 그 지역 책임자들을 모아 쥐잡기운동의 필요성과 의미를 설명하고 주민들에게 쥐잡기운동을 적극적으로 벌여 나갈 것을 권고하였다.[49]

쥐잡기운동을 활성화시키기 위해 다양한 방안이 추진되기도 하였다. 상징적인 의미에서 고종과 순종의 거소인 덕수궁과 창덕궁에서 벌인 쥐잡기운동에서는 운동을 격려하기 위해 쥐를 가장 많이 잡은 사람에게 銀盃를 수여하기로 하였다.[50] 한 경찰서에서는 특정 상점과 계약을 맺고 쥐잡는 기구를 할인 판매하도록 권유하였으며,[51] 나아가 각 경찰서를 중심으로 쥐를 잡아오는 사람 중에서 추첨을 하여 현상금을 지급하기로 결정하였다.[52]

쥐잡기운동을 적극적으로 전개해 나감에 따라 쥐를 산과 같이 쌓고 불태우는 것을 보았다는 보고가 있을 정도로 쥐잡기운동은 큰 호응을 얻었다.[53] 쥐가 페스트의 발병원인이라는 점이 입증된 상태에서 쥐잡기운동은 일제의 강요와는 무관하게 조선인 스스로의 보호를 위해서도 수행해야 할 일이었기 때문이다. 그 결과 각 경찰서의 쥐 매상 성적은 양호했고, 결국 경무총감부에서는 쥐의 매상을 1만 5천 마리로 한정한 후 현상금 추첨을 한다는 발표를 해야 했다.[54]

그러나 쥐잡기운동의 실시가 객관적으로 필요함에도 불구하고 일제의 시책에 반발하는 사람들이 있었다. 이들은 경제적인 처지를 고려하지 않은 채 捕鼠器를 사라고 강권하는 것은 공연히 주민에게 손해를 입히는 일이며, 쥐잡기운동을 펼치는 것은 쥐를 필요로 하는 日帝의 이해 때문이라는 생각까지 하였다.[55] 비록 객관적인 사실과는 동떨어진 비판이었지만 위의 사실로 미루어 일제가 시행한 방역활동이 조선인들에게 일방적으로 수용된 것만은 아니었음을 알 수 있다. 특히 조선인의 경제상황을 고려하지 않은 일방적인 조치라는 주장은 일제의 보건의료정책에 대한 적절한 비판이기도 하였다.

쥐잡기운동 외에 급성 전염병에 걸린 환자나 死體에 대한 신고 의무가 강조되었다. 의사

48) 柴山五郎, 「奉天'ペスト'萬國會議決意錄」, 『大日本私立衛生會雜誌(1912年)』, 530쪽.
49) 「鈴木署長의 諭示」, 『每日申報』 1911년 1월 26일 2면.
50) 「兩宮의 捕鼠奬勵」, 『每日申報』 1911년 1월 27일 2면.
51) 「捕鼠器 감가 방매」, 『每日申報』 1911년 2월 11일 3면.
52) 「捕鼠 추첨일」, 『每日申報』 1911년 2월 7일 2면 ; 「제이회 捕鼠 추첨」, 『每日申報』 1911년 3월 21일 2면 ; 「捕鼠 현상 추첨」, 『每日申報』 1911년 4월 23일 2면.
53) 「방역 자위단 근황」, 『每日申報』 1911년 3월 15일 2면.
54) 「捕鼠 一萬五千餘」, 『每日申報』 1911년 2월 14일 3면.
55) 「捕鼠令 오해자에게」, 『每日申報』 1911년 2월 8일 1면.

에게는 경무총감부에서 지정한 질병, 즉 폐렴·뇌막염·늑막염·패혈증·線炎 등에 걸린 환자가 사망했거나 사체를 檢案할 때 관할 경찰서나 헌병대에 신고해야 할 의무가 부여되었다. 의사뿐 아니라 민간인의 신고 의무 역시 강조되었다. 위에서 제시된 질병에 걸려 죽은 사람이 있을 때는 호주가 신고하도록 되어 있었고, 학교나 병원 등 공공 장소에서는 책임자가 신고하도록 되어 있었다. 만일 의사나 민간인이 위에서 지정한 의무 사항을 소홀히 할 경우에는 구류를 받거나 과태료를 물어야 했다.[56]

압록강 등 중국과 접경지역에서 방역활동을 위해 감시소가 설치되고 지역 주민이 동원되었듯이 국내의 주요 지역에서도 방역을 위한 목적으로 자위단이 조직되어 주민들이 그 조직 아래 편입되었다.[57] 자위단은 중국인의 밀입국을 막기 위해 마련된 조직으로 洞里長을 단장으로, 해당 지역의 청년들을 단원으로 하여 조직되어 주야로 중국 선박을 감시하는 임무를 맡았다. 만일 중국 선박을 발견했을 때는 신고하도록 되어 있었으며, 모든 활동은 헌병 순사의 지휘를 따르도록 되어 있었다. 자위단은 감시 활동 외에도 전국적으로 전개되고 있던 쥐잡기운동을 펼치는 단위이기도 했다.[58]

자위단은 헌병 경찰의 지도와 감독을 받도록 되어 있던 점에서도 알 수 있듯이 주민들의 자치적인 조직은 아니었다. 비록 방역을 통해 자신과 거주 지역을 페스트로부터 보호한다는 목적으로 결성된 조직이었지만 주민 스스로의 의지에 의해 조직된 단체는 아니었다. 일제의 의도가 개입되었던 것이다. 나아가 일제는 페스트 방역을 위해 조직된 자위단을 장차 주민들을 조직화하는 단초로서 활용코자 하였다. 위생조합이나 소방조합 등 새로운 단체로의 변용이 모색되었던 것이다.[59] 이러한 모색은 강점 초기 각 개인을 '선량한' 단체에 편입시켜 일제의 지배기구 내에 포섭하려는 조치의 일환으로 방역자위단이 활용될 수 있음을 의미하는 것이었다. 보건위생활동을 조선지배의 하나의 도구로서 활용하려는 시도였던 것이다.

결과적으로 일제의 방역활동은 성공적이었다. 조선에서는 단 한 명의 페스트 환자도 발생하지 않았기 때문이다. 페스트가 발병한 만주·노령 지방에 직접 국경을 접하고 있었고 일제의 표현대로라면 위생시설이 유치한 당시 조선에서 페스트 환자가 한 명도 발생하지 않았다는 사실은 조선을 강점한 일제로서는 능히 세계에 자랑할 만한 일이었다.[60] 그것은 강점을 통해 조선을 근대화시키겠다는 일제의 주장을 정당화시키는 주요한 선전자료가 될

56) 「흑사병과 통감부」, 『每日申報』 1911년 1월 21일 2면.
57) 「방역 자위단 조직」, 『每日申報』 1911년 2월 10일 2면.
58) 「京畿道의 자위단」, 『每日申報』 1911년 2월 17일 2면.
59) 「방역 자위단」, 『每日申報』 1911년 3월 1일 2면. 위생조합은 위생사업의 보급, 전염병 예방, 치료, 전염병 罹病者 중 빈곤한 가족의 생활구제, 사망자 매·화장 등의 사업을 목적으로 창립된 자치조직이다. 그러나 위생조합은 외형적 자발성에도 불구하고 실제로는 일제의 행정적 통제를 위한 하나의 수단에 그쳤다. 조형근, 「식민지체제와 의료적 규율화」, 『근대주체와 식민지 규율권력』, 문화과학사, 1997, 208~210쪽.
60) 朝鮮總督府 警務局, 『朝鮮警察概要』, 1936, 111쪽.

수 있었다. 일제가 조선을 강점한 결과 근대적인 방역활동을 펼칠 수 있었고, 치명적인 페스트 전파를 막을 수 있었다는 선전이 가능해진 것이었다.

1910년 조선 강점을 알리는 총독의 포고에서도 조선 사람들이 天壽를 다 누리지 못하는 것을 안타깝게 여겨 서울과 지방에 의원을 설립하여 은혜를 베풀었다는 점이 강조된 것에서 알 수 있듯이,[61] 일제는 보건의료적인 면에서 시혜성을 강조하고 있었다. 페스트 방역활동에서 시혜성이 다시금 조선인에게 강조될 수 있게 되었다.

그러나 페스트 환자가 한 명도 발생하지 않을 수 있었던 것은 철저히 武斷的인 방역조치의 시행에서 결과된 것이었다. 한 경찰관리의 회고처럼 총칼로 사람의 이동을 차단하는 무단적인 방역조치가 석탄산 등을 뿌리는 다소 유화적인 방역조치에 비해 결과 면에서는 효과적이었다.[62] 그러나 이러한 무단적인 방역조치들은 주민들의 방역활동 동원과 교통의 차단으로 생산활동이나 교역의 중단을 초래한다는 점에서,[63] 지속이 불가능한 단기적일 수밖에 없는 것이었다. 강점 초기 헌병경찰이 치안을 유지하는 강압적인 상황 하에서 시행될 수 있었던 조치들이었던 것이다.

또한 페스트 방역활동에서 주목해야 할 점은 제반 활동들이 갖는 공공성의 강조다.[64] 페스트 예방이 단순히 개인적인 측면에서 건강 보호뿐 아니라 사회의 건강을 지키기 위한 조치라는 점이 강조된 것이다. 즉, 페스트에 걸려 목숨을 잃지 않기 위해서는 일제의 명령을 명심하여 방역에 진력해야 하며 일제가 진행하는 방역사업에도 의무적으로 참여할 것이 선전되었다. 경찰이 방역이라는 명분을 내걸고 각 개인을 단속하는 것도 기꺼이 준수해야 한다고 강조되었던 것이다.[65]

이러한 일제의 선전은 親日派에게서도 그대로 반복되는데 漢城府民會長 趙重應 같은 경우에 방역사업의 大意는 사회 公衆의 위생을 위함이며 사회의 건강을 보호하기 위한 조치이므로 경찰의 주도 하에 이루어지는 여러 조치들을 수용해야 한다고 주장하였다.[66] 페스트 방역조치가 개인을 위한 것이 아니라 사회를 위한 것이고, 그 대상이 조선이라고 할 때 위의 주장들은 조선을 위해 진행하는 일제의 방역활동에 대해 감사하는 마음을 지닐 것을 요구하는 논리로 발전하게 되었다.[67] 조선 강점이 조선의 근대화와 발전을 위한 것이므로 조선인들은 오히려 일제의 침략을 감사히 받아들여야 한다는 논리가 방역활동이라는 구

---

61) 「諭告」, 『朝鮮總督府官報』 1910년 8월 29일.
62) 加藤伯嶺, 「朝鮮警察の今昔」, 『朝鮮』 1934년 9월, 90쪽.
63) 「압록강 방역 완비」, 『每日申報』 1911년 1월 29일 2면 ; 『朝鮮總督府施政年報(1910年)』, 1912, 328쪽. 한말 독자적인 방역 법규를 제정하려는 조선 정부의 의지에 반하여 외국의 공사들이 방역 법규, 특히 해항검역 법규의 제정을 반대한 이유 중의 하나는 조선정부가 방역 법규를 근거로 자유로운 수출입을 제한할 수 있었기 때문이다. 신동원, 『한국근대보건의료사』, 한울, 1997, 120~123쪽.
64) 「府民會의 告示」, 『每日申報』 1911년 2월 7일 2면.
65) 「방역의 注意」, 『每日申報』 1911년 1월 26일 1면.
66) 「府民會의 告示」, 『每日申報』 1911년 2월 7일 2면.
67) 「滑稽的 청원」, 『每日申報』 1911년 2월 18일 3면.

체적인 계기를 통해 그대로 제시된 것이었다.

방역활동이 가지는 공공성에 대한 강조는 일제의 전반적인 지배정책에 대한 공공성의 강조로 이어질 수 있는 것이었으며, 식민지 본국의 이해를 위해 조선민을 지배하기 위한 정책이 조선인을 위한 공적인 사업으로 전화되는 계기로 작용할 수 있었다. 이러한 공공성의 강조는 경찰이나 관리의 지휘가 가지는 선의를 강조하고 나아가 일제의 지배정책에 조선민들을 순응케 하는 효과를 가질 수 있었다.

특히 방역사업의 실행에 있어 경찰이 주도적인 역할을 담당했다는 점을 주목할 필요가 있다. 방역위원회의 책임자가 경무총장이었던 점에서 알 수 있듯이 방역조치의 집행 단위는 각 경찰서였으며, 구체적인 실행 역시 경찰이 주도하고 있었다.[68] 국경지역의 방역사업뿐 아니라 각 지역별로 구성된 자위단의 활동 역시 헌병경찰의 감독 아래 있었다.[69] 방역이 경찰을 중심으로 이루어졌던 것이다.

이 시기 일본의 경우에도 방역사업은 경찰이 담당하고 있었다. 경찰이 방역업무를 담당함으로써 방역조치가 신속하게 집행되고 주민을 강제할 수 있다는 점에서 유리할 수도 있겠지만, 반면에 보건위생지식이 부족하여 실제 방역활동에서 실수를 하거나 무엇보다도 주민을 강제함으로써 반감을 불러일으킬 역효과도 있었다.[70] 경찰이 방역사업을 강제적으로 집행함으로써 불러일으킬 수 있는 역효과는 식민지의 경우 더욱 컸을 것이다. 그러나 일제는 방역활동의 공공성을 강조함으로써 경찰의 방역활동, 나아가 일상적으로 이루어지는 대민 통제 역시 조선과 조선인의 보호를 위한 것이라는 선전을 할 수 있었다.

5. 맺음말

마구잡이로 진행된 마못 사냥으로 인해 1910년 가을 북만주 지역에서 발병한 페스트는 새해를 고향에서 맞으려는 중국인 노동자들이 남쪽으로 귀향함에 따라 철도 연선으로 퍼져나가기 시작했다. 1910년 11월에 접어들면서 각 지방에 예방경계령을 내렸던 일제는 1911년 1월 들어 페스트의 전염범위가 넓어지자 방역을 위한 제반 조치를 취해 나갔다.

여러 조치 중 가장 중요한 것은 국경지역의 방역이었다. 압록강 유역이나 서해안을 통해 페스트에 전염된 중국 선박이나 중국인이 입국할 가능성이 있었기 때문이다. 특히 중국과 국경을 접하고 있던 압록강 지역은 겨울이 되면서 결빙되어 쉽게 중국과 교통이 가능한 상태였다. 입국하는 중국인들의 건강검진을 행하는 수준에서 이루어지던 방역조치들은 1911

68) 『朝鮮總督府施政年報(1910年)』, 1912, 326쪽.
69) 「방역 자위단 근황」, 『每日申報』 1911년 3월 15일 2면 ; 「평북의 방역 자위단」, 『每日申報』 1911년 3월 22일 2면.
70) 厚生省公衆衛生局, 『檢疫制度百年史』, 1980, 35~36쪽.

년 1월 말에 접어들면서 압록강 유역에서 이루어지는 일체의 교통을 차단하고 중국과의 인적인 왕래를 전면 금지하는 수준으로 발전하였다. 특히 중국인의 渡江을 차단하기 위해 이루어지는 경계작업에는 헌병·경찰·지역 주민이 총동원되어, 페스트라는 적병을 물리치기 위한 일종의 군민합동 군사작전과 같은 수준에서 진행되었다. 한편 페스트 방역활동은 방역제도가 정비되는 계기가 되었는데, 구체적으로「海港檢疫에 關한 件」등 항구 검역을 위한 기본 규칙들이 제정되었고, 해안의 경비를 담당할 水上警察의 기초가 마련되었으며, 주요 항구를 중심으로 검역소, 격리병원 등 방역시설이 갖추어졌다.

국내에서 진행된 방역활동 중 중요한 것은 쥐잡기운동이었으며, 모든 방역활동과 마찬가지로 경찰서가 중심이 되어 진행되었다. 중국 접경 등 주요 지역에서는 방역을 위한 목적으로 자위단을 조직하여 주민들을 그 조직 아래 편입시켰다. 자위단은 헌병경찰의 지도를 받는다는 점에서도 알 수 있듯이 자치적인 조직은 아니었으며, 궁극적으로 위생조합이나 소방조합 등으로 재편이 모색됨으로써 강점 초기 식민지의 각 개인을 일제의 지배기구 내에 포섭시키는 수단으로 기능하였다. 보건위생활동을 조선지배의 하나의 도구로서 활용하려는 시도였던 것이다.

일련의 페스트 방역활동의 결과 조선에는 단 한 명의 페스트 환자도 발생하지 않게 되었다. 스스로 無斷的이라고 기술할 만큼 철저하게 진행된 방역활동의 결과였다. 그러나 무단적인 방역활동은 생산활동이나 교역의 중단을 가져온다는 점에서 지속이 불가능한 단기적일 수밖에 없는 것이었다. 강점 초기 헌병경찰이 치안을 유지하는 강압적인 상황 하에서 시행될 수 있었던 조치들이었던 것이다.

또한 주목해야 할 것은 페스트 방역 과정에서 일제가 공공성을 강조했다는 점이다. 페스트 예방이 단순히 개인적인 측면에서 건강 보호뿐 아니라 사회의 건강을 지키기 위한 조치라는 것이었다. 페스트 방역조치가 개인을 위한 것이 아니라 사회를 위한 것이고, 그 대상이 조선이라고 할 때 이러한 주장은 조선을 위해 진행하는 일제의 방역활동에 대해 감사하는 마음을 지닐 것을 요구하는 논리로 발전하게 된다. 특히 경찰이 방역사업을 강제적으로 집행함으로써 조선인들의 반감은 더욱 커질 수 있었다. 그러나 일제는 방역활동의 공공성을 강조함으로써 경찰의 방역활동, 나아가 일상적으로 이루어지는 대민 통제 역시 조선과 조선인의 보호를 위한 것이라는 선전을 할 수 있었다. 요컨대 일제의 주장은 조선 강점이 조선의 발전을 위한 것이었다는 일제의 논리가 방역활동이라는 구체적인 계기를 통해 그대로 제시된 것이었으며, 방역활동으로 대표되는 일제의 지배정책에 조선민들을 순응케 하는 효과를 노린 것이었다.

일제 초기 조선부동산증명령의 시행과 역사성

최 원 규*

1. 머리말

근대국가는 토지주권을 확보하기 위해서 필수적으로 부동산권에 대한 근대적 국가관리 체제를 수립해야 했으며, 전 국토에 대한 토지조사와 장부체계 마련은 이를 위한 기본 전제 조건이었다. 식민지 지배를 경험한 우리의 경우에는 서로 다른 주체인 대한제국과 일본제국주의가 각각 시차를 두고, 전자는 자주적인 입장에서 후자는 식민지 지배자의 입장에서 이 작업을 추진한 바 있었다. 성격이 다른 이들 시행주체는 한국사회에 대한 이해도와 당면 과제가 달라 작업 방법과 내용에서 상당한 차이를 보였다.

대한제국은 구래의 양전사업을 계승하면서도 근대국가로서의 자기 이념적 지향을 반영한 量田사업과 官契발급사업을 실시했다.[1] 그 내용은 국유·민유를 포함한 구래의 소유권 전반을 조사하여 근대 법적소유권으로 확정하고, 국가가 증빙서류로 官契를 발급해 주는 일이었다. 그리고 이 작업은 국가가 종전 향촌의 자율적 관행에 맡겼던 토지권의 관리 운영을 자기 체제 안에 일원적으로 포섭하는 동시에, 근대적 조세제도를 확립하여 국가재정을 안정적으로 확보하기 위한 것이었다. 경작권의 물권화도 전제한 사업이었다. 그리고 여기에는 외국인이 토지소유금지법을 어기고 구래의 거래관행으로 잠매한 토지를 조사하여 회수할 목적도 있었다.[2] 전반적으로 이 사업은 과정과 방법 면에서 미숙한 점이 없지 않았지만,

* 부산대학교 사학과 교수

1) 대한제국의 토지조사사업에 대한 연구성과는 이영학, 「대한제국기 토지조사사업의 의의」(한국역사연구회 토지대장반, 『대한제국의 토지조사사업』, 1995, 민음사)에 정리되어 있다. 위의 책과 다른 견해로는 김홍식 외, 『대한제국의 토지제도』, 1990, 민음사가 있다. 그리고 본 글과 관련한 구체적인 사항은 최원규, 「대한제국기 양전과 관계발급사업」, 『대한제국의 토지조사사업』, 1995 참조.

지향하는 목표는 근대적 토지조사사업 그것이었다.

이 사업은 러일전쟁기 전시 상황에서 일단 중단되기도 했지만, 전후 대한제국 정부는 반강점된 상태 아래 양전사업을 다시 계획하면서 이에 걸맞는 토지법으로 1906년 7월 不動産權所關法을 기안했다. 이것은 국가의 地券 발행, 賃租權의 물권화, 등기제도의 도입, 외국인의 토지소유 금지 등을 내용으로 했다. 대한제국의 토지조사사업의 지향을 거의 그대로 반영한 법률안으로, 부동산권에 대한 국가관리제도의 수립을 목표로 한 것이었다. 그런데 이 법은 외국인의 부동산소유 금지와 임조권을 물권화한 점에서 일본인 지주제를 농촌지배의 근간으로 삼으려는 일제의 방침과 부합하지 않았다.

일제는 이를 받아들이지 않고 대안 마련에 착수했다. 하나는 임시 방편으로 각종 증명규칙을 제정하는 일이었으며, 다른 하나는 장기적 차원에서 국가의 부동산권 관리제도를 완비하는 일이었다. 전자인 증명규칙은 종래의 관행적 질서에 따라 이루어진 거래계약에 대해 관이 증명을 하여 공적 증거력을 제공해 주는 조치였다. 그리고 국적에 관계 없이 토지소유와 거래를 인정했다. 문제는 증명방식이 사실조사주의에 기초했을 뿐만 아니라 제3자 대항권을 보장한 것이 아니라는 점에서 구래 지역단위의 부동산 유통권을 전제로 제정되었다고 할 수 있다. 근대국가에서 시행하는 토지조사를 통한 소유권의 법인과 등기제도에 근거한 부동산권의 국가관리제도와는 거리가 있었다. 이것이 당시 일제의 한국지배의 한계였다.[3)]

일제는 한국을 강점하면서 통치의 기초작업으로 후자를 완성하기 위한 작업에 본격적으로 착수했다. 이 사업은 토지법 제정과 토지조사사업을 서로 밀접하게 연관시켜 추진한 것이었다.[4)] 그 내용은 강점체제 구축과 관련하여 '근대'라는 명분으로 일본의 방식을 주안으로 하면서 대한제국의 방안 중 식민통치에 적합한 것을 일부 수용하는 방향에서 마련되었다. 그러나 준비부족과 한국인의 저항과 비협조 등 여러 요인으로 계획에 차질을 빚게 되면서 당초사업 계획을 전면 재검토했다. 대표적인 예가 지권제도의 폐지와 등기제도의 실시, 군면동리 통폐합작업을 통한 지방행정체계의 전면적 개편, 신고제도의 보완과 수정, 소유권

---

2) 잠매에 대해서는 김용섭, 「고종조 왕실의 균전수도문제」 및 「광무연간의 양전지계사업」, 『한국근대농업사연구(하)』, 1988, 일조각 ; 최원규, 「1900년대 일제의 토지권 침탈과 그 관리기구」, 『부대사학』 19, 1995. 그리고 부산 경남지역의 사례로는 최원규, 「19세기 후반 20세기초 경남지역 일본인 지주의 형성과정과 투자사례」, 『한국민족문화』 14, 1999 등이 참고된다.

3) 증명규칙에 대해서는 신용하, 『조선토지조사사업연구』, 지식산업사, 1982 ; 조석곤, 「토지조사사업과 식민지지주제」, 『한국사 13』, 한길사, 1994 ; 宮嶋博史, 『朝鮮土地調査事業史の研究』, 東京大學 東洋文化研究所, 1991 ; 최원규, 「대한제국과 일제의 토지권법 제정과정과 그 지향」, 『동방학지』 94, 1996 등이 참고가 된다.

4) 일제의 토지조사사업에 대하여는 和田一郎, 『朝鮮地稅土地制度調査報告書』, 宗高書房, 1920 ; 김용섭, 「수탈을 위한 측량 - 토지조사」, 『한국현대사(4)』, 신구문화사, 1969 ; 주 3)의 신용하와 宮嶋博史의 책 ; 배영순, 『한말 일제초기의 토지조사와 지세개정에 관한 연구』, 서울대학교 박사학위논문, 1988 ; 최원규, 『한말 일제초기 토지조사와 토지법 연구』, 연세대학교 박사학위논문, 1994 ; 조석곤, 『조선토지조사사업에 있어서의 근대적 토지소유제도와 지세제도의 확립』, 서울대학교 박사학위논문, 1995 ; 김홍식 외, 『조선토지조사사업의 연구』, 민음사, 1997 등이 참고가 된다.

사정 과정의 체계화 등이었다.

본고에서 다루려는 조선부동산증명령(이하 증명령으로 略)은 바로 그 일환으로 제정되었으면서도 과도기적인 조치로 시행된 것이었다.[5] 이 법에서 주목할 점은 일제가 토지조사법에서 토지조사 후 시행하려고 한 地券제도를 폐지하고, 1912년 조선부동산등기령(이하 등기령으로 略)을 제정했으면서도, 같은 시기 그것도 등기제도를 채용한 증명령을 이에 앞서 실시했던 점, 그리고 이를 시행하기 위한 장부로 結數連名簿(이하 연명부로 略)와 課稅地見取圖(이하 견취도로 略)를 마련하고, 이것을 다시 '토지조사사업'(이하 '사업'으로 略)에서 기초장부로 활용했던 점이다. 말하자면 증명령에 의한 증명제도는 '사업'과 증명령 이전단계를 이어주는 교량 역할을 했다는 점에서 이 시기 역사적 사실을 이해하는 데 하나의 관건이 된다고 할 수 있을 것이다. 이러한 점을 염두에 두고 다음의 점들을 분석하여 시행의 역사성을 추출해 내려고 한다.

첫째 강점 직후 통치기반 마련을 위해 제정된 법체계, 특히 증명령과 관련된 민사관계법의 제정과 의미를 검토했다. 일제가 자기 의도대로 법을 마련하고 이에 맞추어 한국사회를 재편하기 위해 '사업'을 추진했다는 점에 초점을 두었다. 둘째 증명령은 등기령과 마찬가지로 등기주의를 채택했고, 근거법도 일본민법이었다는 점에서 동질성을 갖는 법이었음에도 불구하고 등기령에 앞서 토지조사를 실시하지 않은 지역에 시행했던 배경과 의미를 살펴보고자 한다. 특히 증명령이 증명규칙과 등기령 사이에 과도기적으로 시행된 것이지만, 이들은 법률적 사실적 계승관계를 갖는 동시에 '사업'과 밀접한 관련 아래 추진되었다는 점에 주목했다. 셋째 증명령에서 정한 증명대상인 소유권과 전당권의 내용과 운영방식, 그리고 소유권자의 자격 규정 등을 일본 및 앞 시기와 비교하여 그것이 한국사회 재편에 미친 영향을 살펴보고자 한다. 넷째 증명령의 증명과정에서 소유권 증거서면으로 삼았던 연명부와 견취도에 주목했다.[6] 연명부는 기본적으로 지세부과대장이고, 또한 토지조사를 거친 장부가 아니라 오류가 적지 않았음에도 불구하고 증명부의 土地公簿로서 자격을 부여한 이유를 구명하고자 한다. 이와 짝을 이루며 추진된 지적도적 의미를 갖는 견취도가 연명부의 완성도를 높이는 역할도 했지만,[7] 지방행정구역 획정 등 모든 측면에서 '사업'의 전반적 계획 아

---

5) 조선부동산증명령에 대한 당시 참고문헌으로는 조선총독부 내무부 지방국 편, 『不動産證明令關係法令竝例規』, 1912 ; 神尾太治平, 『朝鮮不動産證明令義解 同附錄及法令竝例規』, 日韓書房, 1912 ; 早川保次, 『朝鮮不動産登記ノ沿革』, 大成印刷出版部, 1921 등이 있다. 그 후에는 상대적으로 관심이 적어 연구논저가 거의 없다. 주 2)의 宮嶋博史의 논저가 참고가 된다.

6) 결수연명부는 李在茂, 「朝鮮に於ける'土地調査事業'の實體」, 『社會科學研究』 7-5, 1955 ; 愼鏞厦, 앞의 책, 1982 ; 田中愼一, 「韓國財政整理における'徵稅臺帳'整備について - 朝鮮土地調査事業史序論 - 」, 『土地制度史學』 63, 1974 ; 裵英淳, 앞 논문, 1988 ; 宮嶋博史, 앞의 책, 1992 ; 조석곤, 『조선토지조사사업에 있어서의 근대적 토지소유제도와 지세제도의 확립』, 서울대학교 박사학위논문, 1995 등이 참고가 된다. 이 중 裵英淳과 조석곤의 논문은 사례연구로 주목된다.

7) 宮嶋博史는 앞의 책에서 토지조사사업과 관련하여 결수연명부와 과세지견취도가 구래 장부의 한계를 극복하고 토지조사를 위한 기초장부로 성립·발전되어 가는 과정을 제도사적으로 치밀하게 정리하여

래 추진되었다는 점에 특히 주목하여 분석을 시도했다.[8)]

2. 민사관계법 제정과 증명령의 성격

1) 민사관계법 제정과 성격

일본 제국주의는 한국을 강점하고 영구히 지배할 목적 아래 통치체제를 구축했다. 국제적으로 강점 지배에 대한 '합법성'을 획득하기 위해 '합병조약'을 강제하는 한편, 내부적으로 한국의 법체계를 일본의 법체계 속에 강제로 편입시키는 작업을 추진한 것이다.[9)] 조선총독부는 1910년 8월 29일 「勅令 제324호 조선에 시행할 법령에 관한 건」을 공포하고 이 작업에 착수했다.[10)] 이 내용은 조선에서 법률을 요하는 사항은 조선총독의 명령으로 정한다는 制令權에 관한 것이고, 제령은 조선에 시행할 목적으로 제정된 법률과 칙령을 위배할 수 없다고 그 지위를 정한 것이었다.[11)] 이어서 이를 근거로 「조선에서의 법령의 효력에 관한 건」을 공포했다.[12)] 구한국 법령과 통감부령 등 종전 한국에서 시행한 법령은 당분간 조선총독이 발한 명령으로 효력을 갖는다는 것이었다. 체계적인 통치법을 준비하지 못한 가운데 나온 잠정적 조치이지만, 당분간은 기존 법을 이용하여 통치한다는 방침에서 나온 것이었다.[13)]

통치법 제정작업은 1911년 3월 「칙령 제324호」가 일본제국의회를 통과하여 「법령 제30호」로 공포되면서부터 본격화되었다.[14)] 그러나 당시는 기초조사가 미흡하고 통치방침도 확정되지 않았기 때문에 당장 필요한 법만 제정하는 정도였다.[15)] 기본 법전을 어떤 원칙으로 정

'사업'의 순차적 진행을 이해하는 데 한 단계 진전된 모습을 보여주었다. 그러나 '사업'사적 시각에서 접근하여 식민지적 특질이 드러나지 않고 있다. 계급적 이해관계도 부차적으로 취급하여 본질에 접근하는 데 일정한 한계를 보이고 있다. 본고에서는 이 점에 유의하여 재검토하고자 한다.

8) 일제 초기 지방제도 개혁에 대해서는 염인호, 「일제하 지방통치에 관한 연구 - '조선면제'의 형성과 운영을 중심으로」, 연세대학교 석사학위논문, 1983 ; 김익한, 『植民地 朝鮮における地方支配體制の構築過程と農村社會變動』, 東京大學 博士學位論文, 1996 ; 홍순권, 「일제 초기의 면운영과 '조선면제'의 성립」, 『역사와 현실』 23, 1997 참조.

9) 「한국을 제국에 병합하는 건」, 「한국병합에 관한 조약」, 「한국의 국호를 고쳐 조선이라 칭하는 건」 등(『朝鮮總督府官報』 제1호, 1910. 8. 29, 1책, 13~15쪽, 亞細亞文化社 영인본에 의거함).

10) 『朝鮮總督府官報』 제1호, 1910. 8. 29, 1책, 17쪽.

11) 「제령 제8호 제령 제1호에 의한 명령의 구분에 관한 건」, 『朝鮮總督府官報』 제29호, 1910. 10. 1, 1책, 228~229쪽.

12) 「제령 제1호」, 『朝鮮總督府官報』 제1호, 1910. 8. 29, 1책, 25쪽.

13) 이 시기 일제의 법 제정의 목적 내용 성격 등에 대하여는 金圭昇, 「植民地支配の確立と彈壓法令」, 『南北朝鮮の法制定史』, 社會評論社, 1990이 참고가 된다.

14) 「법률 제30호 조선에 시행할 법령에 관한 건」, 『朝鮮總督府官報』 제171호, 1911. 3. 8, 3책, 749쪽 ; 姜德相・梶村秀樹, 「日帝下 朝鮮の法律制度について」, 『仁井田陞博士追悼論文集(3) 日本法と亞細亞』, 1970, 323쪽.

15) 朝鮮土地收用令, 朝鮮漁業令, 朝鮮寺刹令(1911. 4), 朝鮮森林令(1911. 8), 朝鮮利息制限令, 朝鮮國稅

할까, 즉 조선의 독자적인 범주를 인정하는 식민지체제로 할 것인지, 아니면 '일본화'를 전제로 조선을 일본의 한 부분으로 만들 것인지 등에 대한 방침이 결정되지 않았던 것이다. 이 때 전자는 조선의 독자적인 법전을 만들 것을, 후자는 일본법을 그대로 적용할 것을 각각 주장했다. 강점 전에는 전자가 우세하였으나, 강점 이후에는 후자가 점차 강세를 보였다.[16)]

이러한 추세 속에서 조선총독부는 1912년 3월 朝鮮民事令과 朝鮮刑事令 등 기본법을 제정했다.[17)] 당시 그들은 조선에서는 법 적용이 치외법권 지역과 아닌 지역 등 지역에 따라, 한국인과 일본인 등 국적에 따라 달랐기 때문에 이를 통일시킬 필요에서 법령을 제정한다고 했지만, 강점체제에 적합하도록 법제를 새로 짜는 데 기본목적이 있었다.[18)] 이 때 정한 기본원칙은 일본법에 준거하되, 조선의 형편이 일본과 다르다는 점을 참작하여 마련한다는 것이었다. 민사에 관한 법령을 제정하면서도 조선의 관습에 기초한 독자적인 民法을 제정하는 것이 아니라 조선민사령과 기타 법령에 특별히 정한 규정을 제외하고는 모두 일본의 현행법에 따르며, 조선의 현실에 비추어 일본법을 적용할 수 없거나 불편한 경우에만 적당한 除外例, 즉 특별법이나 종래의 관습법에 따른다는 원칙이었다.[19)]

徵收令(1911. 11), 朝鮮漁業稅令(1912. 2) 등이 그것이다. 법률 제30호 발효 이전에 제정된 朝鮮會社令(1910. 12)도 이러한 수준의 법이었다.

16) 을사조약 체결 직후 梅謙次郎은 伊藤博文의 명을 받아 한국을 지배하기 위한 토대를 마련할 목적에서 민사관습 조사작업에 착수했다. 한국의 민법전을 제정하기 위한 것이었다. 이에 대하여 "梅謙次郎이라는 자가 조선의 법전을 조사할 때 쓸모없는 일반 구법전을 인정하고 조선의 구관이나 문헌을 존중하는 오류에 빠져서는 안 된다. 차라리 이들 법전이 弛廢하여 행하지 않는 사정을 조사하여 이러한 故紙 때문에 짐작하여 拘泥할 虞를 범해서는 안 된다. 우리의 진보된 공정한 민법은 가능한 이를 전부 강행하여 인민을 도탄에서 구함과 동시에 우리 이주민과 내지인과의 사이에 교섭하는 모든 거래계약을 원활히 할 수 있는 길을 취하기를 희망하지 않을 수 없다"(某君談, 「朝鮮ノ法典調査」, 『東京經濟雜誌』 1346, 1906. 7, 15쪽)라는 견해가 표명되기도 했다. 梅謙次郎은 한국의 독자적인 법전 제정론자였다. 그는 친족법・상속법・부동산에 관한 법률・소작에서 일반적으로 행하는 병작 관습・부동산질의 문제 등 한국의 특수한 사정을 고려하여 특별한 규정을 만들어 한국인뿐 아니라 일본인・외국인에도 적용해야 한다고 했다. 그리고 이는 한국만의 특별한 일이 아니라 영국의 인도, 불란서의 알제리, 러시아의 핀란드, 일본의 대만의 경우 등에서 별도의 특별한 法典을 만드는 것과 다를 바 없다고 했다(梅謙次郎, 「韓國ノ合邦論ト立法事業」, 『國際法雜誌』 8-9, 1910, 34~35쪽). 이러한 차이에도 불구하고 관습조사작업은 일제하에도 계속 추진되었으나 결국 일본민법을 적용하기로 방침을 결정하고 관습법에 기초한 별도의 법은 제정하지 않았다(鄭鍾休, 『韓國民法典の比較法的研究』, 創文社, 1989 참조).

17) 이 시기 발표된 법령은 朝鮮總督府, 『朝鮮民事令 朝鮮刑事令』, 1912 참조.

18) 朝鮮總督府 內務部地方局 編, 「民事形事ノ實體法ト手續法發布ニ關スル件」, 『不動産證明令關係法令竝例規』, 1912, 67~68쪽.

19) 朝鮮總督府, 『朝鮮總督府施政年報』, 1912, 65쪽. "민사에 관해서는 본년(1912년) 3월 먼저 「勅令 제21호 法例를 조선에 시행할 건」을 발포하고, 내지인(일본인) 또는 조선인과 외국인과 교섭할 민사사항에 관한 遵據法을 정하고, 동시에 제령과 부령으로 조선민사령・조선부동산증명령・조선부동산등기령・조선등록세령과 이 시행에 필요한 규정을 발포하고, 우리 司法權에 복종할 각 국민을 통하여 균등하게 민법・상법・민사소송법 기타 내지(일본)의 현행법에 의거할 것을 원칙으로 하고, 조선의 현상에 비추어 內地法에 의하기 어려운 것은 특히 적당한 除外例를 설치하여 권리보장을 확실히 하

조선민사령은 이 점에 유의하여 일본민법과 차이를 두었다. 조선인 상호간의 법률행위, 조선인의 능력 친족 상속에 관한 사항,[20] 그리고 일본민법에 정한 물권 이외의 부동산 물권의 종류와 효력에 대해서는 관습에 따르기로 한 것이다.[21] 조선인에 관한 인사소송에 대하여는 인사소송 수속법 중 실종에 관한 수속 이외에는 이를 적용하지 않았다.[22]

이러한 원칙은 기본적으로 조선을 완선히 일본의 일부로 만들고자 하는 지배정책, 그리고 일본인이 조선에 이주하여 아무런 장애 없이 살 수 있도록 한다는 방침이 강하게 작용한 것이지만, 이에 대한 조선민중의 반발과 동시에 통치의 효율성을 고려하여 除外例를 설치한 것이다.[23] 기본적으로는 근대법이었지만 통치에 적절한 봉건적 속성을 일부 잔존시킨 식민지법이었다.

일제의 관습조사는 이러한 목적 아래 실시되었지만, 일본인 조사자들은 조선의 관습은 대부분 일본의 民商事 관습을 다시 보는 것 같다는 견해를 피력했다.[24] 이것은 일본민법을 조선에 곧바로 적용하는 데 무게중심을 둔 관점에서 연유한 것으로 보인다. 통감부 시절부터 민사관습을 조사하여 독자적인 민법전을 마련하려고 시도한 여론을 제압하고 이를 단순히 통치자료로 활용하는 쪽으로 방향을 바꾼 것이다.[25] 조선총독부의 입법권을 책임지고 있던 법무국장은 "관습의 확정에 대하여는 신중한 주의를 요한다"[26]고 하였으며, 고등법원 判例調査會에서는 "조선에서의 特種의 관습은 존중하더라도 현재는 과도기로 끊임없이 변천하니 내지(이하 일본으로 칭함) 법률과 융합을 기도할 것"이라 했다.[27] 관습을 법률로 확

고, 본년 4월 1일 이래 조선부동산등기령을 제외하고 각 新法令을 시행한다"고 했다. 조선총독부에서 발행하여 전국 각처에 배부한 「朝鮮民事令要旨」는 전문이 『每日新報』에 실려 있다(『每日申報』 1912. 4. 18, 3책, 361쪽). 이러한 종류의 법은 조선민사령 제1조에 예시되어 있다.

20) 조선민사령 제10·11·81·82조.
21) 조선민사령 제12조.
22) 조선민사령 제41·73·74조. 이와 관련된 일본법은 인사소송법과 민사소송법 민법 제296조, 그리고 왕족과 대신에 대한 민사소송법 상의 특별규정 등이었다.
23) 형사도 마찬가지였다. 종전 일본인에는 일본법률을 적용하고 조선인에는 『刑法大典』을 적용하였는데, 동일하게 법을 적용하기 위해 형사에 관한 법률을 제정했다는 것이다. 그러나 살인죄·강도죄에 한하여 당분간 형법대전이 효력을 갖는다고 했다. 조선에는 이러한 범죄가 많고 그 犯狀이 극히 잔인한 것이 적지 않으므로 이들 범죄에 즉시 내지(일본)법을 적용하는 것은 치안보지상 사정에 적당하지 않고, 또 태형은 조선 고유의 刑일 뿐 아니라 가벼운 죄로 처리하려면, 단기의 自由刑 또는 소액의 金刑에 처하는 것보다 그 효과가 크고 그 집행이 간편하므로 이 제도를 존속하는 것으로 한다고 했다. 결국 조선의 특수한 현상에 적응하기 위하여 두었다는 예외규정은 조선민중의 반발을 무마하거나 탄압하기 위한 방책에서 나온 것이었다고 할 수 있다(朝鮮總督府 內務部 地方局 編, 앞의 책, 1912, 67~68쪽).
24) 淺見倫太郎, 「朝鮮法係ノ歷史的研究」, 『法學協會雜誌』 39-8, 1921, 33쪽.
25) 관습조사는 통감부 시절에는 不動産法調査會 法典調査局, 총독부 설치 후에는 취조국 중추원 등에서 실시했다. 조사결과물 등 구체적인 사정에 대해서는 朝鮮總督府 中樞院, 『朝鮮舊慣制度調査事業概要』, 1938 참조.
26) 「松寺 법무국장 주의사항」, 『朝鮮司法協會雜誌』 2-5, 1923, 25쪽.
27) 朝鮮總督府, 『朝鮮總督府施政二十五年史』, 344~345쪽 ; 「재판소 감독관에 대한 橫田 고등법원장 훈시」, 『朝鮮司法協會雜誌』 2-5, 1923, 37~38쪽.

정하지 말고 일본법에 근거하여 처리할 것을 지시한 것이다. 실제로 일제는 관습에 관한 문제가 제기될 때마다 일본민법 테두리 내에서 처리할 것을 학설로 제시하면서 판례로 정립해 갔다.[28] 조선민사령에서 정한 除外例는 '公의 질서'에 관한 것이 아닌 경우에 한하여 허용한다고 했지만, 허용 정도는 시간의 흐름에 비례하여 축소되어 갔으며 가능한 일본민법의 범주 안에서 처리하도록 방향을 잡아 갔다.[29]

어쨌든 일제 초기 총독부가 토지관계 사항 중에서 조선의 특수사정 때문에 특별히 설치한 조항은 다음과 같다. 첫째 부동산등기제도의 도입과 시행 과정에 설치한 경우이다. 일본에서는 민법으로 부동산에 관한 物權의 得喪 변경은 등기를 하지 않으면 제3자에 대항할 수 없다고 규정하고, 부동산등기법을 제정하고 등기제도를 실시한 것이다. 그런데 조선에서는 이미 일본 전관거류지 등 일부 지역에서 등기제도를 실시하고 있었지만, 대부분의 지역은 토지조사를 시행한 지역과 시행하지 않은 지역을 구분하여 법을 달리 정했다. 전자에는 등기령에 의한 등기제도를, 후자에는 토지조사를 완료하여 등기제도를 시행할 때까지 과도적 단계로 증명령을 실시하기로 한 것이다.

조선민사령에서 증명을 등기에 준하게 하고 이해관계자가 정당한 권리 확보를 할 수 있도록 조치를 했다. 등기와 증명에는 종전 증명과 달리 제3자 대항권을 부여했다.[30] 그리고 등기법에 기초한 등기제도가 제 기능을 발휘할 수 있도록 이를 뒷받침하는 각종 법률을 증명령에도 적용하도록 했다. 민사소송법에 따른 강제집행, 민법・상법의 규정에 따른 경매법의 실시 등이 그것이다.[31] 증명령 단계는 아직 등기제도를 실시할 만큼 준비가 된 것은 아니었지만, 일본의 지주 금융자본이 토지투자에 대한 안전장치를 요구하자 여기에 정책적으로 대응한 것이었다.

둘째 등록세와 민사소송 수수료도 일본과 다르게 정했다. 일본의 현행법을 그대로 적용

28) 이러한 慣習적용 사례 중에 禾利나 賭只 등 조선의 특수 소작을 당시 日本 民法을 적용하여 債權관계나 永小作관계로 처리하는 것이 정당하다는 판례와 학설을 소개하고 있다. 鄭種休, 「韓國における日本民法の變容」, 앞의 책, 1989 ; 최원규, 앞의 글, 1997 참조. 宗中에 대하여는 李鎬奎, 「韓國傳統社會에서의 團體的 所有 - 특히 宗中의 경우를 중심으로 -」, 서울대학교 석사학위논문, 1987이 참고된다.

29) 최원규, 「한말 일제초기 일제의 토지권 인식과 그 정리방향」, 『한국 근현대의 민족문제와 신국가건설론』, 1997 참조.

30) 조선민사령 제12・13・14조, 민법 제177조가 여기에 해당한다. 제3자 대항권은 조선민사령 제13조에 규정되었다. 그 적용범위는 早川保次・南雲幸吉 編, 『朝鮮登記事例』 참조. 본래 부동산 소유권자는 법령이 정한 범위 내에서 부동산에 대한 권리를 사용・수익・처분할 수 있기 때문에 권리의 설정이나 이전은 당사자 간의 의사표시만으로 효력이 발생하고 제3자에 대항할 수 있었다. 그러나 이 원칙을 절대적으로 적용하거나 물권에 귀속하는 바를 명료하게 할 방법이 없을 때는 제3자가 예측치 못한 손해를 입을 수 있었다. 이를 가능하도록 한 제도적 장치가 登記制度였으며, 이에 따라 부동산은 동산처럼 상품화가 자유롭게 되는 것이다.

31) 조선민사령 제55・56・57조는 민사소송법에서 강제 경매시 부동산등기법을 적용하도록 규정하였으나, 조선에서는 증명령에서도 이를 적용할 수 있도록 예외규정을 두었다. 조선민사령 제1조, 제55~72조, 민사소송법 제6편 참조.

할 때 課率이 높아 따를 수 없으므로, 조선의 실정에 맞게 정할 수 있도록 조선등록세령과 조선민사소송인지령을 제정했다고 제정 의의를 밝히고 있다. 이것은 조선인・일본인・외국인에 균등하게 적용하도록 했다.[32] 셋째 조선민사령에 배치되거나 필요 없게 된 종전의 법률은 폐지하기로 했다.[33]

이러한 점 이외에 조선민사령과 일본민법은 근본적인 점에서 차이를 보였다. 전자는 후자에 준거했지만, 후자가 獨逸法系인 반면 전자는 墺太利法系에 준거하고 있다는 점에서 차이가 있었던 것이다.

> 조선 민사사건이 조속히 결말되는 것은 爲先如上의 相違에 生ᄒᆞᄂᆞᆫ바 조선 현행의 법령은 내지의 適法보다도 確히 一步를 進ᄒᆞᆫ 것은 물론이라. …… 墺太利法은 民訴는 인민 간에서 雄雌를 決치 못ᄒᆞ고 부득이 법정에 持出ᄒᆞ야 旣히 法庭의 力을 借ᄒᆞᆫ 이상은 결코 인민의 의사ᄃᆡ로 임의로 사건의 延縮을 불허ᄒᆞᆫ다ᄂᆞᆫ 것이 其 정신이라.

라고 하는 것과 같이,[34] 조선에 전자 계열의 법을 택하여 실시한 것은 식민지 통치를 원활하게 하기 위한 방침에서 나온 것이었다. 民事문제가 발생할 때 결정의 신속성을 중시했으며, 그 결정 방식은 자율적 해결을 기대하기보다 官 주도로 해결하려는 것이었다.

등기령과 증명령 등 토지법은 이러한 원칙을 적용할 수 있도록 제정된 것이면서, 현실적으로는 종전 증명규칙이 갖고 있던 근원적 한계를 돌파하기 위해 제정한 것이기도 하다. 첫째 종래 지역과 국적에 따라 달리 적용되던 부동산등기법과 증명규칙을 하나의 법제로 일원화시키고, 부동산권에 대한 관리체계를 확실히 한다는 취지에서 제정했다.[35] 조선을 일본과 차별이나 구별 없이 일원화시키기 위해 일본법을 거의 그대로 준용한 것이었다. 일본인들이 조선에서 아무런 장애 없이 경제생활을 영위할 수 있도록 구래의 관습도 일본민법에 준거하여 재단했으며, 이러한 기조는 갈수록 강화되어 갔다. 일제는 '조선에서의 특수한 현상'을 타파한다고 하면서 조선에 특수한 일본법을 적용했던 것이다.

둘째 조선이 국제법 혹은 일본법상 일본에 속하게 됨으로써 조선에서 일본인의 법적 지위 변동과 관련하여 이 법을 제정했다. 전에는 등기제도 실시지역과 증명규칙 실시지역이 달랐지만, 후자의 지역 내에서도 한국인과 외국인은 증명처리 절차가 달랐다. 그런데 강점 후 일본인의 법적 지위가 외국인에서 본국인으로 변동되었기 때문에 한국인과 외국인이 거

32) 朝鮮總督府, 『朝鮮總督府施政年報』, 1912, 1914, 67쪽.

33) 조선민사령 제78조 참조.

34) 「進步ᄒᆞᆫ 民事令」, 『每日申報』 1919. 5. 20, 14책, 422쪽.

35) 일제는 관할청도 체계화시켜 갔다. 1910년 10월에는 총독부관제를 실시하면서 이사청을 폐지하고, 여기서 취급하던 외국인들의 증명사무도 부윤・군수가 처리하도록 하여 국적에 관계 없이 증명사무를 일원화했다. 그러나 여전히 등기와 증명 사무는 이원적 조직으로 움직였으며, 증명규칙 자체의 문제점도 계속 대두되었다(朝鮮總督府, 『朝鮮總督府施政年報』, 1911, 52쪽).

래할 때 적용하던 이사청의 査證規例를 적용할 수 없게 된 것이다. 절차상의 문제와 법 적용의 통일성이 결여되는 문제가 발생한 것이다.[36]

셋째 증명규칙은 통감부 시절 일제가 자본 미숙이라는 자기 조건에 맞추어 제정하여 토지투기에 적절히 활용했으나, 금융자본이 토지를 담보로 잡고 직접 투자하기에는 제도적으로 부적합했던 것이다.[37] 증명규칙의 증명이 제3자 대항권을 보장해 주는 것은 아니었기 때문이다. 증명규칙에서는 일본인과 외국인이 증명으로 권리를 획득했더라도 민사소송법에 의한 강제집행이나 차압·가차압·가처분을 할 방법이 없었다. 또한 국가의 강제처분 규정이 없어 官廳公署가 증명을 촉탁하거나 증명의 변경, 갱정 또는 말소할 방법이 없었다. 이같이 증명은 제3자 대항권이 없었기 때문에 부동산의 권리를 취득한 제3자가 예측하지 못한 손해를 입기 쉬웠다. 또한 색인도 만들지 않아 증명받은 것을 확인하기도 어려웠다.[38]

이러한 원인으로 여전히 위조문기가 성행하여 토지상품화에 장애를 초래하여 안정적으로 토지를 확보하기가 어려웠다. 토지에 대한 장악력·지배력을 높이고 안정성을 강화하기 위한 제도와 시설을 마련하지 않으면 안 되었다. 부동산권에 대한 국가관리제도가 그것이며, 일제는 강점 무렵 이 작업에 본격적으로 착수했다. 1910년 토지조사법을 발표하고 地券 발행을 목표로 토지조사를 시도하고, 1912년에는 지권제도를 폐지하는 대신 등기제도를 도입했다. 조선민사령과 일본부동산등기법에 규정받는 조선부동산등기령을 제정한 것이다.[39] 등기제도를 도입하기 위해서는 개별 토지에 대한 정확한 조사 측량과 地圖 작성, 그리고 소유권 사정 장부인 토지대장이 갖추어져야만 했다. 토지조사가 선행조건이었다. 등기제도는 토지대장에 근거하여 등기부에 소유권자를 기록하여 제3자 대항권을 인정해 주는 제도이기 때문이었다.[40] 그렇지만 토지조사가 진행 중이라는 실정을 고려하여 등기령을 잠시 보류하고, 증명령을 제정하여 과도기에 대처한 것이다.

2) 증명령의 법률적 성격

증명규칙을 폐기하고 1912년 4월 1일부터 시행하기로 제정 공포된 증명령은 일본부동산등기법을 인용하여 등기 수속을 하도록 정했다. 증명령의 주요 특징은 다음과 같다. 첫째 미증명 부동산에 대해 보존증명을 받으면 증명 명의인 이외에 다른 사람이 명의를 변경하

---

36) 「證明規則개정」, 『每日新報』 1910. 10. 25, 1책, 190쪽 ; 「土地家屋증명」, 『每日新報』 1911. 2. 8, 1책, 524쪽.

37) 「土地家屋증명의 개정」, 『每日新報』 1910. 12. 10, 1책, 346쪽.

38) 早川保次·南雲幸吉 編, 『朝鮮登記事例』, 1926, 20쪽. 민법시행법 제37조의 제3장. 그리고 예를 들면 典當을 다시 거듭 설정계약을 할 경우 증명대장에서 그 물건에 대한 종전의 기재사항을 찾기 어려웠다.

39) 「朝鮮不動産登記令」, 『朝鮮總督府官報』 제465호 호외, 1912. 3. 18, 6책, 718~719쪽.

40) 「不動産登記法의 시행」, 『每日申報』 1912. 4. 20, 3책, 370쪽.

거나 개정할 수 없고 명의인만이 권리를 확보함과 동시에 소유권 이전과 권리설정 증명을 할 수 있도록 했다.[41] 둘째 물권을 설정하거나 이전할 때 전당권자 또는 소유권 취득자가 증명을 하면 완전한 권리자로서 제3자에 대항할 수 있게 했다. 셋째 공시제도를 채택하여 이를 보완했다. 이해관계자가 증명부를 열람하거나 등본을 신청하여 모든 권리관계를 알 수 있도록 하였기 때문에 제3자가 권리를 보호받을 수 있었다.[42]

증명령을 증명규칙과 비교하면 '증명'이란 용어를 사용하였다는 점, 증명관리인 부윤・군수가 계약으로 발생한 부동산에 관한 권리의 득실을 증명부에 기입하는 방식이라는 점에서는 유사했지만,[43] 증명방식이 사실조사주의에서 형식주의인 등기제도로 전환한 점에서 질적인 차이를 보였다.[44] 등기주의는 실질조사주의와 달리 등기수속 이전에 증거서면으로 소유권 확인절차를 거쳐야 했는데, 등기령에서는 토지대장이 그 역할을 담당했다. 반면 토지대장이 구비되지 않은 지역에 실시한 증명령에서는 당시 작성 중이던 결수연명부에 그 역할을 기대했던 것이다.

증명령은 증명규칙과 여러 면에서 차이를 보였지만, 원칙적으로 강점 전략의 일환으로 제정된 증명규칙의 법적 효력을 그대로 계승하도록 정했다.[45] 증명령이 제정되면서 증명규칙과 관련된 종전 법령・훈령・통첩은 자연 소멸되었지만,[46] 기존 증명까지 무효로 한 것은 아니었다. 증명령은 등기주의를 근거하여 공증적 성격에 머무르던 증명에 제3자 대항권까지 부여하여 법적 효력을 더욱 강화시켜 준 것이다.

증명규칙과 증명령에서 증명받은 토지는 곧이은 '사업'에서 소유권을 '법인' 받을 수 있는 근거가 더 확실해졌다는 것을 의미하는 것이었다. 이 점은 다음과 같은 법의 계승관계에서도 잘 보여주고 있다. 첫째 토지조사가 끝나고 토지대장이 마련되면 조선총독이 이 지역을 대상으로 시행 지역과 기일을 정하여 등기제도를 실시하도록 규정했다. 이 때 토지조사가 시행되지 않은 지역에 한시적으로 실시한 증명령의 권리관계를 등기부에 그대로 이기하도록 했던 것이다.[47] 거류지는 이미 등기제도를 실시했기 때문에 증명령 대상지역에서 제외

41) 結數連名簿에 등록하여 권리를 주장하는 방법도 있으나 과세지에 한하므로 산림산야는 등록하지 못하였을 뿐 아니라 가령 택지와 전답를 등록했다 하더라도 이 장부는 본래 징세조사를 위한 公簿이지 소유권 공시의 공부가 아니라 장부에 기록 여부는 제3자에게 대항력이 없었다. 「법률고문 변호사 정구창 질의응답」, 『每日申報』 1914. 2. 19, 301쪽.

42) 조선부동산증명령 제27조.

43) 朝鮮總督府, 『朝鮮總督府施政年報(1912)』, 1914, 50~51쪽.

44) 早川保次・南雲幸吉 編, 『朝鮮登記事例』, 1926, 20・21쪽. 형식주의는 신청자가 官公署의 서면에 의거, 申請書를 제출하여 소유권증명을 요구하면, 證明官吏는 신청의 형식적 요건에 대한 적법성 여부만을 살펴보고 증명을 해 주는 일종의 등기제도였다(神尾太治平, 앞의 책, 53쪽). 증명관리의 증명 절차와 수속은 조선부동산증명령 제23조에 규정하였으며, 제10조, 제9조 1-1에는 증명의 원인을 증거할 서면제출 불가능 상황에서 증명신청수속을 규정했다.

45) 조선부동산증명령 제40조.

46) 조선부동산증명령 제37조.

47) 조선부동산증명령 제39조, 조선부동산등기령 제1・5조, 조선민사령 제13조.

했지만, 등기령에서 등기의 효력을 그대로 인정했다.[48]

둘째 증명규칙에 의한 증명에서 증명절차가 완료된 것은 물론 인정했지만, 증명령 시행 전에 증명을 신청했으나 아직 받지 못한 경우도 신청인의 기득권을 인정하여 증명령의 증명으로 인정해 주도록 했다.[49] 여기서 우리는 두 증명 과정의 차이에 유념할 필요가 있다. 먼저 증명 과정에서 증명령에서는 소유권 보존절차를 반드시 거친 뒤 매매·증여·교환·전당을 하도록 규정했으나, 증명규칙에서는 소유권 보존절차를 요구하지 않았다는 점이다.[50] 그리고 증명의 효력에서 증명령에서는 제3자 대항권을 인정했으나 증명규칙에서는 인정하지 않았음에도 불구하고 일제는 두 증명의 효력을 동일하게 취급한 점이다.

전당의 집행도 증명규칙에 의해 이미 착수된 것은 종전의 예에 따라 완결하도록 했다. 다만 증명규칙에서 증명한 부동산이 실재하지 않는 경우 증명 말소 신청을 할 수 있도록 통첩하기도 했다.[51] 이 조치는 증명규칙에 문제점이 많았음을 반영하는 것이지만, 그럼에도 불구하고 일제는 전면적 개혁보다는 기본적으로 증명규칙과의 법적 계승관계 아래 증명령을 운영해 간 것이다.

그러나 여기에는 두 가지 문제가 있었다. 하나는 일본인이 외국인의 신분으로 증명규칙에 따라 이사관의 사증을 받고 증명수속을 하는 도중 증명령이 발효되어 외국인으로 취급하지 않게 되면서 발생한 절차상의 문제이다. 이러한 경우도 증명령에 따른 권리 확보로 인정하도록 했다.[52] 또 하나는 증명규칙에 의거하여 流質 특약을 조건으로 전당증명을 했으나, 도중에 증명령이 발효된 경우였다. 이 때 채권자가 계약에 따라 소유권 이전증명을 신청할 때는 수리하도록 했다.[53] 증명규칙이 허용했던 고리대적인 토지투기를 그대로 추인한 것이다.[54]

---

48) 조선부동산증명령 부칙 제38조. 朝鮮總督府 內務部 地方局 編, 「居留地內ニ於ケル不動産證明ニ關スル件」, 앞의 책, 1912, 110쪽.

49) 조선부동산증명령 제41·42조. 물론 證明官吏가 필요하다고 인정할 때는 증명령의 규정에 준하여 신청서를 보정하거나 필요한 書面 혹은 圖面을 제출하도록 했다.

50) 朝鮮總督府, 「등기제도 실시의 완결」, 『朝鮮總督府施政年報』 4, 294쪽.

51) 「관통첩 제136호 부동산 증명사무 취급상 질의의 건」, 『朝鮮總督府官報』 제233호, 1913. 5. 13, 10책, 850쪽.

52) 조선부동산증명령 제40조.

53) 「관통첩 제206호 流質의 특약으로 인해 취득한 소유권에 대한 新證明에 의해 신청된 이전증명의 취급에 관한 건」, 『朝鮮總督府官報』 제531호, 1912. 6. 5, 7책, 679~680쪽. 그 처리방식은 다음과 같다. ① 조선인 이외에 관계가 없는 사건으로 민사령 시행 전에 계약한 것은 민사령 제81조에 따라 그 효력이 존속되므로 증명신청은 수리한다. ② 기타 건으로 부동산 質의 규정을 적용한 것은 민사령의 시행에 따라 효력을 잃었으므로 증명신청은 각하하지만, 저당권의 규정을 적용한 것은 민사령 시행 후라도 효력이 있으므로 그 증명신청은 수리한다. ③ 商행위에 의해 생긴 채권을 담보로 설정한 質權의 목적물에 대해서 이루어진 質權계약은 당사자가 누구라도 모두 유효하므로 그 계약에 기초한 증명신청은 수리한다.

54) 증명규칙과 증명령의 법적 연관관계는 장부처리에도 관철되었다. 증명부에는 증명규칙의 효력을 인정하는 방식으로 장부를 정리했다. 종래 증명대장은 지역별로 색인부를 만들어 관리하되 새로 붙인 번호를 전 증명번호로 하고 증명대장의 증명 연월일을 受附 연월일로 간주할 것, 종전 규칙에 따라

증명규칙이 증명 과정에서 사실조사를 제대로 하지 못하여 증명 후 실소유자가 나타나는 등 여러 문제가 지적되고 있음에도 불구하고 별도의 실사 과정을 거치지 않고 증명령의 증명과 동일한 효력을 인정하였다는 점, 그리고 증명령이 등기주의를 채택하고 토지조사와 밀접한 관련 아래 추진되었다는 점, 그것을 후에 등기부에 그대로 이기하도록 한 점은 증명령을 실시한 본질이 어디에 있는지 짐작하게 해 준다. 즉 증명령은 투자의 안정성 확보와 아울러 활동영역을 향촌 단위에서 전국 단위로 확대하는 것과 궤를 같이하는 것이었다. 조선을 안정적으로 지배하기 위해서는 모험적 투기자본만이 아니라 일본 자본 총체에 안정적인 투자기반을 제공해야 했으며, 이를 위해 '국가적' 차원에서 마련한 제도적 장치였던 것이다.

3. 증명령의 내용과 사회적 효과

1) 부동산권의 증명범위

(1) 소유권의 증명범위

증명령은 전문 45개 조로 구성되었으며, 이것으로 증명해 준 권리는 소유권과 전당권이었다. 이 점은 증명규칙과 같았으나 내용 면에서 많은 차이를 보였다. 소유권은 법령이 정한 범위 내에서 소유물을 자유로 사용·수익·처분할 수 있는 권리를 말하는데,[55] 규칙에서는 증명범위를 매매·증여·교환·보존 등으로 한정하여 그 권리를 제대로 행사할 수 없었다. 증명령에서는 증명규칙의 범위를 넘어 이전·처분의 제한·변경·말소 등 처리범위를 등기제도의 수준까지 확대하여 그 기능을 제대로 수행할 수 있도록 했다.[56]

소유권은 증명 여부를 기준으로 未증명과 旣증명으로 분류할 수 있다. 소유권 보존증명을 하지 않은 미증명 부동산을 증명부에 등재하기 위해서는 신청자가 소유권자인지를 확인하는 절차가 필요했다. 증명령은 등기주의에 입각했지만, 소유권을 증명할 장부가 마련되지 않은 현실을 고려하여 未증명 부동산의 소유권 확인은 판결 기타 관청 또는 공서의 서면으로 증거하도록 했다.[57] 증명신청서에 圖面과 소유권을 증거할 수 있는 書面을 첨부하도록 한 것이다.

이러한 절차를 규정한 이유는 증명령 공포 당시 과세장부이며 土地公簿로서 임무를 부여한 결수연명부가 아직 완결되지 않았을 뿐만 아니라 未과세지를 포괄하지 못했기 때문이

신청한 것은 수부장에 그대로 기입할 것, 증명령 시행 전에 한 증명과 인증은 증명대장으로부터 그대로 이기하고 용지는 폐쇄할 것 등 증명대장과 증명부의 연계관계를 분명히 했다(조선부동산증명령 제19·41·45조, 동 시행규칙 제6·34·35·36조).

55) 일본민법 제206조.

56) 이에 대한 설명은 神尾太治平, 『朝鮮不動産證明令義解』, 1912, 12~13, 16~18쪽.

57) 조선부동산증명령 제15조.

<표 1> 조선부동산증명령의 증명사항

증명권리		항 목
소유권	보존	매매, 증여, 상속, 증여, 競落, 고용징수, 교환, 共有權의 양여
	이전	차압, 가차압, 가처분, 체납처분의 차압
	처분의 제한	분할, 합병, 일부 멸실, 면적증감, 구조변경, 지번 지목의 변환
	변경과 말소	명의인의 표시
전당권	설정	채권의 양도(典質 등)
	이전	
	처분의 제한	
	변경	일부 포기나 변제, 일부멸실, 상환기한, 이식과 지불시기의 변경, 순위양도, 권리 명의인의 표시변경
	말소	멸실, 포기, 변제, 혼동 更改, 시효 면제, 무효, 설제, 경락말소, 차압, 기입말소
기타	조선부동산증명령 更正,	
	일본민법	공유물의 분할, 저당권의 채권 담보 저당권 포기, 재산분리

다. 따라서 관공서가 조사 작성한 서면을 증거로 소유권 보존증명을 해야 한다고 포괄적으로 정했던 것이다.[58] 증명령이 원칙적으로는 등기주의에 입각했으면서도 사실조사주의를 배제할 수 없었던 것은 이러한 이유에서였다.[59] 이 때문에 관공서는 신청서를 받을 때마다 신중히 조사하여 소유권을 확인해 주도록 한 것이다. 관공서란 부동산에 관련된 官廳 公署로 면사무소・거류민단・학교조합・수리조합 등이 여기에 해당했다.[60] 관공서의 서면에 반대의 증거가 없는 한 소유자로 판정 증명해 준 것이다.

증명규칙의 증명 과정에는 다음의 문제가 있었다. 첫째 동장 통수의 인증을 받아 군수가 증명을 하였지만, 인증 과정에서 이를 거부하거나 거짓으로 하는 등 자의성이 개재되어 거래의 안정성을 확보할 수 없었던 점,[61] 둘째 절차상 많은 시일을 요구했다는 점 등이었다.

58) 증명관리는 증명신청자가 소유권을 증거하는 서면의 교부를 청구할 때는 그가 소유권자인지 신중히 조사하도록 했다. 가령 "結數連名簿 같은 公簿에 등록한 부동산이더라도 그 記名者를 곧 소유권자로 인정할 수 없다. 또 삼림・산야・미간지 중에는 地籍이 불명확한 것이 있으니 증명서를 교부할 때는 특히 주의하여 과오가 없도록 할 것을 통첩한다"(「관통첩 제224호 보존증명의 신청에 요하는 관청 또는 공서의 증명서 부여에 관한 주의의 건」, 『朝鮮總督府官報』 제546호, 1912. 6. 22, 7책, 855쪽).

59) 이 같은 사정에 대하여 일본인 법무실무자는 다음과 같이 언급하고 있다. "조선에서도 택지・전답 등 같이 결수연명부에 등록하여 府郡廳에서 內地(일본)의 토지대장 소관청과 동일한 사무를 취급하는 제도가 있다. 이들 토지는 府郡廳 또는 면사무소의 서면에 의하여 소유권을 증명할 수 없는 것이 아니나 삼림・산야・초생지・황무 등은 하등 기록이 없다. 따라서 소유권은 전혀 불명한 것이 많고 이를 입증하는 것은 심히 곤란하다. 때문에 內地(일본)같이 일정한 관청에서 제작한 서면에 제한을 둘 수 없다. 따라서 본 조에서는 모든 관청 또는 공서의 서면에 의하여 자기 소유권을 증거하는 자로부터 보존증명을 신청하는 것으로 한다"(神尾太治平, 앞의 책, 115~117쪽).

60) 「관통첩 제174호 증명령 제15조에 관한 질의의 건」, 『朝鮮總督府官報』 제509호, 1912. 5. 10, 7책, 453~454쪽. 이 밖에 체신국・감옥서・철도정차장・우편소・세관・자혜의원・인쇄국・광업소・권업모범장・수산조합 등은 포함되지 않았다.

61) 일본인들의 토지 확대에 반대한 저항이 洞里 단위로 전개되어 이를 저지시킬 필요가 있었던 것에서도 연유한 것으로 보인다. 최원규, 「1900년대 일제의 토지권 침탈과 그 관리기구」, 『부대사학』 19, 1995 참조.

이러한 문제점을 해결하기 위해 증명규칙의 증명 절차와 근본적으로 다르게 정한 증명령을 시행하게 된 것이다. 총독부에서는 증명기구를 동리 대신 지방행정의 중심기구로 삼은 面과 자기들의 이익단체를 인증기관으로 선정하는 한편, 증명방식은 사실조사주의의 한계를 벗어나기 위해 등기주의로의 변환을 꾀했던 것이다. 이것은 부동산권을 총독부가 일원적으로 관리한다는 부동산권에 대한 '근대적' 국가관리제도를 작동시킨 것이다.

관청의 촉탁에 의한 소유권 증명신청제도에서 이 제도가 갖는 극단의 한 모습을 볼 수 있다. 이 제도는 총독부가 일본민법의 테두리 내에서 소유권을 보호해 주기 위한 방편이면서, 다른 한편으로는 이를 기반으로 각종 국가정책과 관련된 일들을 주도적으로 처리하기 위해 설치한 것이었다.[62] <표 2>는 소유권자가 증명신청을 하지 않을 경우에 관공서가 처리할 수 있도록 규정한 권한을 표로 처리한 것이다. 이 경우는 증명신청 서면과 방법이 일반적인 경우와 달랐는데, 그 예는 다음과 같다.[63]

<표 2> 조선부동산증명령에서 관·공서에 부여한 권한

구분	해 당 조 치 내 용	법 령 조 항
소유권	土地收用令 未증명 부동산 보존증명 관공서가 증명당사자인 증명	증명령 14 증명령 16 증명령 18
전당권	저당 차압증명 경매 신청기입과 말소의 증명 競落 증명 강제관리 가차압 가처분 경매	민사소송법 599 민사소송법 651, 656, 690 민사소송법 700, 경매법 33 민사소송법 706, 민사소송법 751, 748, 754, 민사소송법 758-3, 756, 759, 경매법 26, 2-2
기타	국세체납처분, 차압 公賣 처분	국세징수령 1, 국세징수법 33-1 증명령 17

첫째 증명의무자가 행방불명이거나 소유권분쟁으로 판결을 받았을 경우이다. 전자의 이유로 소유권을 이전할 수 없을 때는 관공서의 촉탁에 따라 증명관리가 직권으로 보존증명을 하도록 했다.[64] 후자는 재판의 판결로 권리자가 확정된 경우이다. 이 때 재판에서 진 증명자는 증명절차를 이행하지 않는 경우가 보통이기 때문에 권리자를 보호해 주기 위하여 裁決書나 和解調書 및 民事爭訟調停調書로 권리를 이전할 수 있도록 했다.[65]

둘째 국세징수령에 의한 경우이다. 총독부는 구래의 총액제적 조세제도를 해체하고 지주

62) 조선부동산증명령 제18조.
63) 조선부동산증명령 제14조.
64) 神尾太治平, 앞의 책, 236쪽.
65) 「관통첩 제136호 부동산 증명사무 취급상 질의의 건」, 『朝鮮總督府官報』 제233호, 1913. 5. 13, 10책, 850쪽.

직접납세의 원칙 아래 결수연명부를 작성하는 한편, 조세의 안정적 확보를 위해 1911년 국세징수령을 제정했다.[66] 구체적인 시행방법은 일본의 국세징수법에 의거하도록 했다.[67] 1912년도에는 부동산 법규가 미비하여 실시하지 못했는데, 증명령을 제정하면서 시행이 가능하게 되었다.[68] 국세를 체납했을 경우 관공서가 증명관리에게 촉탁하여 체납처분으로 인한 차압 증명을 하고, 체납한 조세를 확보하기 위해 公賣 처분을 했을 때 증명권리자의 청구에 따라 지체없이 촉탁서에 증명의 원인을 증거하는 서면을 첨부, 증명관서에 촉탁하여 차압증명을 말소하고 권리이전 증명을 해 주도록 했다.[69] 이같이 일본법을 차용하여 조세징수를 위한 법적 기반을 마련함으로써 재정의 안정적 확보가 가능하게 되었다. 반면 이것은 현실적으로 영세 토지소유자의 몰락과 지주들의 토지집적이라는 결과로 나타났다.[70]

셋째 조선토지수용령에 의한 경우이다.[71] 토지수용법 제정 논의는 일제가 통치기반을 제도적으로 조성하기 시작한 통감부 때부터 제기되었다. 군사적 · 통치적 목적을 위한 '공공' 사업을 추진하면서 일본인을 포함한 조선인 지주들의 저항에 부딪혀 커다란 어려움에 직면했던 때문이었다.[72] 그러나 법제화는 강점이 되서야 비로소 실현되었다.

이 법의 제정 목적은 '공공사업'을 추진하기 위해 사업구역의 토지를 수용할 때, 지주들이 높은 가격을 요구하며 사업 시행이 어렵게 될 경우를 대비하여 이를 '적정' 가격으로 확보

66) 일제시기 조세문제는 정태헌, 『일제의 경제정책과 조선사회』, 1996 참조.

67) 국세징수령은 1911년 11월 제정되고 1912년 1월 1일부터 실시되었다. 국세징수령 제1조에는 국세의 징수는 국세징수법에 의한다고 했다. 국세징수법 제2조에 국세의 징수는 모든 다른 公課와 債權에 우선한다고 규정하고, 제3장에는 납세자가 독촉을 받아 지정한 기한까지 독촉수수료 연체금과 세금을 완납하지 않을 때 체납처분을 할 수 있다고 규정했다. 그리고 제23조의 3에는 부동산 또는 선박을 差押할 때는 수세관리는 差押 등기를 소관 등기소에 촉탁해야 하고 그 말소 또는 변경의 등기에 대해서도 또한 같다고 했다. 차압부동산은 公賣를 통하여 처분하도록 했다(제24조). 조선총독부, 「제12집 재무 제1장 조세 제1관 국세징수」, 『朝鮮法令輯覽(上卷2)』, 1940, 1~2쪽.

68) 조선총독부에서는 처음에는 일본인에게만 관련된 「관통첩 제34호 부동산 선박과 광업권차압에 관한 취급의 건」을 하급관서에 하달했다(『朝鮮總督府官報』 제429호, 1912. 2. 5, 6책, 289쪽).

69) 「관통첩 제271호 증명령 제12조의 민적사무를 취급하는 관리와 동령 제17조의 국세체납처분으로 인한 차압증명에 관한 건」, 『朝鮮總督府官報』 제570호, 1912. 7. 20, 8책, 181쪽. 시기마다 차이는 있지만 지세체납자는 적지 않았다(이영훈, 「토지조사사업의 수탈성 재검토」, 『역사비평』 22, 1993, 310쪽). 이에 비하면 강매처분은 큰 비중은 아니었지만, 규정 설치 자체가 강력한 효력을 발휘하였기 때문이라고 생각된다(<표 1> 참조). 만약 이 때 소유권 이외의 증명이 있을 때는 말소하도록 했다(증명령 제17조).

70) 「체납처분」, 『每日申報』 1917. 5. 24, 11책, 378쪽.

71) 토지수용령에 대해서는 최원규, 앞의 글, 1997 참조.

72) 金正明 編, 「제32회 한국시정에 관한 협의회」, 『日韓外交資料集成(6中)』, 763쪽. "木內次官 : 수로공사 · 도로공사 등의 공사에 관하여 토지수용법을 제정할 필요가 있다. …… 유독 지주 등은 토지를 매매하기 좋아하지 않고 어제는 충분히 배상을 하지 않은 데 반하여 금일은 충분한 배상을 하는데도 관계 없이 통상의 매매 대가보다도 高價를 주장하여 도로부지를 매수하기 자못 곤란하다. 韓人 명의로 토지를 가지고 있을 때는 정부에서 무상으로 취상하는 것을 두려워하고, 또 일본인의 명의로 소유할 때는 일본관리를 위하여 설유하기 두렵기 때문에 고의로 외국인 명의로 고치고 소유하는 것 많다. 외국인 명으로 토지를 소유하는 자가 증가했다. 그 결과 매수에 대단한 불편을 가져오기 때문에 금후는 속히 土地收用法을 제정하여 수용하는 수밖에 없다"라고 발언하고 있다.

하기 위한 조치였다. 일제는 통치나 수탈을 위한 군사·교통 시설 또는 자본가의 국책적 산업시설, 일본인의 주거를 위한 교육 및 도시기반시설 등을 추진할 때 주로 발령했던 것이다.[73] 특히 일본인들의 주된 거주지였던 시가지 건설 때 주로 발동되었다.[74] 토지수용은 필요에 따라 총독부에서 결정하여『朝鮮總督府官報』에 공고하였는데, 1910년대 말에는 거의 전역을 토지수용지구로 고시할 정도였다.[75]

수용령의 주체는 조선총독부였으며, 시행자는 일본인 기업자였다.[76] 수용절차는 기업자가 지방장관을 경유하여 조선총독에 수용을 신청하는 방식이었다.[77] 기업자는 이 때 이해관계인과 손해배상에 대하여 협의 조정하는데, 타협이 불가능할 때 지방장관에게 裁決을 구하고, 불복할 때는 조선총독에 裁定을 구하도록 했다.[78] 이 때 가격은 사업목적이 일본제국주의 국가나 자본가의 이익창출에 있었던 만큼 기업자의 결정에 준하여 이루어졌을 것이다. 소유자 측에서 볼 때 이것은 사실상 토지를 빼앗기는 것과 다름 없었기 때문에 소유권 이전절차는 수용자 측에서 하기 마련이었다.[79]

수용령 공포 이전에는 내부에서 고시를 하고 해당 군이나 면에서는 모든 매매 전당행위를 금지하도록 하는 방식으로 추진했지만, 사업을 추진할 때 소유자가 저항할 경우 이를 해결할 법령이 마련되지 않아 수용이 쉽지 않았다. 따라서 강권을 동원하게 되고 저항은 더욱 거세지게 되는 것이다.[80] 특히 수용가격이 문제였다. 토지수용령은 이를 해결하기 위한 절차법이며, 양자 합의를 원칙으로 하나 합의가 안 될 때는 수용자 측에서 강권적 방식으로 정했기 때문에 증명령에 수용의 경우 처리방식을 별도로 마련한 것이다. '公益'상의 강제처분이라는 명목으로 수용을 합법화시키고, 보상금 수령을 거부할 때는 국고금을 취급하는 은

73) ① 국방 기타 군사에 관한 사업 ② (神社·神祠) 관청 또는 公署 건설에 관한 사업 ③ 교육 학예 또는 자선에 관한 사업 ④ 철도 궤도 도로 교량 하천 제방 사방 운하 用惡水路 溜池 船渠 항만 부두 수도 하수 전기 瓦斯 또는 화장장에 관한 사업 ⑤ 위생 측후 항로표지 방풍 방수 수해예방 기타 공용의 목적으로 國 또는 공용의 목적으로 國 또는 공용단체에서 시설한 사업 등이 여기에 해당한다(조선토지수용령 제1조).

74) 朝鮮總督府,『朝鮮總督府施政年報』, 1911, 193쪽.

75) 朝鮮總督府,『朝鮮法令輯覽(上卷2)』, 1940, 2쪽.

76) 조선토지수용령 제4조.

77) 조선토지수용령 제5조.

78) 조선토지수용령 제7·8·9·12조. 裁決은 조선토지수용령 시행규칙 제12조에 따라 官報에 공시하도록 했다(「처분 토지수용 재결」,『朝鮮總督府官報』 제411호, 1912. 1. 13, 6책, 73쪽 등의 例 참조).

79) 토지수용령의 구체적인 예는 전북 옥구 익산지구의 임익수리조합 건설 과정에서 살펴볼 수 있다. 이 조합은 1910년대에 건설되었는데, 건설 과정에서 토지수용령이 발효되었다. 이 조합의 저수지인 腰橋堤는 본래 조선인 지주들의 수리조건이 매우 좋은 양질의 답이었다. 이에 반하여 이 지역에 침투한 일인지주들이 소유한 토지는 수리조건이 매우 나쁜 惡畓이었다. 이리하여 일인 지주들은 조선인 지주들의 답지역을 저수지화하여 일인 지주들의 소유지를 관개하려고 水利組合 건설을 시도하였으며, 이 과정에서 조선인 지주들의 토지매입이 여의치 않자 토지수용령을 발효하여 일을 성사시킨 것이다. 보상문제가 1920년대 후반에도 계속 문제가 되었다(「臨益水利組合貯水池用地 買收證書」,『東亞日報』 1926. 12. 21 참조).

80) 「지소가옥매매해제」(융희4년 내부고시 제28호),『每日申報』 1913. 1. 19, 4책, 490쪽.

행 또는 우편관서에 공탁하여 『供託證書』를 첨부하여 증명을 신청하도록 했다.[81] 소유권 이외의 전당권에 관한 증명이 있을 때는 증명관리가 직권으로 말소하도록 했다.[82]

<표 3> 소유권 증명 실태

연도	상속			증여			매매			보존		
	건수	금액	%	건수	금액	%	건수	금액	%	건수	금액	%
1912	184	927	0.3	1,082	1,402	0.4	74,683	222,000	66.4	60,104	69,688	20.8
1913	540	1,992	0.4	326	1,707	0.3	49,095	284,841	54.5	181,494	170,273	32.6
1914	854	3,028	0.4	636	4,756	0.6	154,499	455,733	58.0	397,701	261,397	33.3
1915	2,092	3,662	0.6	765	4,145	0.6	215,076	463,677	71.6	278,211	115,170	17.8
1916	2,599	5,017	0.8	1,672	6,883	1.1	192,302	492,151	78.6	181,419	80,918	12.9
1917	1,841	3,303	0.8	958	4,828	1.2	106,540	326,598	80.8	80,438	38,853	9.6

* 자료 : 朝鮮總督府, 『朝鮮總督府統計年報』 각년판.

이같이 증명령은 총독부가 소유권 증명 과정에 대한 전일적 관리체제의 확립을 겨냥한 것이었다. 이것은 근대국가의 토지권 관리제도의 발현이었지만, 이것이 식민지 조선에서 어떠한 의미를 내포하는지 <표 3>의 증명령 이용 실태를 통해 살펴보기로 하자. 증명규칙과 비교하면 건수가 급격히 증가하고 있는 가운데, 그 중에서도 매매가 압도적이었다.[83] 주 이용자가 일본인이라는 점에서 이들의 토지확보 추세를 미루어 짐작할 수 있다. 이것은 토지의 상품화에 일본인의 참여가 더욱 진전된 것을 반영한 것이기도 하지만, 증명령이 제도적으로 뒷받침한 덕분이기도 했을 것이다. 소유권자가 증명을 받지 않은 토지에 증명해 줄 것을 신청하는 소유권보존증명도 상당 비율에 달했다. 자기 소유권을 확고히 할 의도에서, 그리고 소유권을 이전 혹은 전당 등으로 이용하기 위해 신청하는 경우이다. 이렇게 볼 때 증명령은 기존 소유권의 안정화, 금융자본과 지주들의 활동기반의 확대를 위해 마련된 것이라고 할 수 있겠다.

(2) 전당권의 증명범위

증명령에 규정한 전당권의 증명범주는 증명규칙과 많은 차이가 있었다. 증명규칙에서는 전당권의 설정과 집행만을 규정하고 있는 데 비해, 증명령에서는 전당권의 설정·이전·처분의 제한·변경·말소 등으로 범위를 크게 넓혔다.[84] 또한 증명규칙에서는 전당권의 설정과 동시에 문기를 전당권자에 넘겨줌으로써 전당 후에는 매매 등 일체의 행위가 불가능했

81) 神尾太治平, 앞의 책, 109쪽.
82) 「관통첩 제136호 부동산 증명사무 취급상 질의의 건」, 『朝鮮總督府官報』 제233호, 1913. 5. 13, 10책, 850쪽. 부동산등기법 제103조. 토지수용령 제7·18·19조. 이 때 수용령에 의하면 미증명의 경우에는 재판에 의하여 소유권 보존증명 절차를 밟아야 했다.
83) 최원규, 앞의 글, 『동방학지』 94, 1996, 152~157쪽.
84) 神尾太治平, 앞의 책, 21~23쪽.

으나, 증명령에서는 증명부에 기재하는 것으로 완결되는 방식이기 때문에 소유권 매매는 물론 재전당도 할 수 있었다.[85] 전당권의 활용도가 크게 넓혀졌으며, 제3자 대항권도 있었기 때문에 토지가 상품으로서의 안정성이 크게 높아지고 고정성도 탈피할 수 있었다.[86] 전당권의 활성화는 금융자본의 활동영역을 확대시켜 주는 인인 만큼, 일제는 이를 극대화하는 쪽으로 방향을 잡았다.

전당권은 채무자가 채권을 변제하지 못할 때 전당권자가 경매를 통하여 다른 채권자에 앞서 채무를 변제받을 수 있는 권리를 말하는데, 그 성질에 따라 질권과 저당권으로 구분된다.[87] 양자의 공통점은 제3자에 앞서 채권에 대한 우선권과 追及權을 갖는다는 점이며, 차이점은 전자는 채권자가 담보물을 점유 사용하여 수익을 확보할 수 있는 반면, 후자는 채무자가 담보물을 제공하더라도 그것을 계속 사용하여 수익을 확보할 수 있었다. 따라서 채권자는 저당물건을 관리할 번거로움을 면할 수 있기 때문에, 발달된 금융자본일수록 질권보다는 저당권을 이용하여 채권액을 확보하는 방식을 채택한다. 증명령에서는 전당권 중에서도 저당권이 주류를 이루었다.

전당의 이용방식도 다양해졌다. 금전채무의 경우 종래는 주로 당장 발생할 채무에만 한정했지만, 증명령에서는 장래 발생할 채무까지 담보를 제공할 수 있도록 근저당 설정제도를 도입했다. 최고금액을 정한 경우는 금액을 기재하도록 하여 채무의 한계를 분명히 했다.[88] 전당권을 설정할 때는 채권액・변제기・이식・이식 지불시기 등 채무 내용을 기입하여 제3자도 구체적 내용을 알 수 있도록 했다. 이것은 채무자가 다시 저당이나 매매하는 것을 가능하게 한 것으로 토지상품화의 안정성과 극대화를 겨냥한 조치였다.

이와 아울러 총독부에서는 고리대 행위가 성행하여 농민경제가 피폐되는 상황을 어느 정도 방지하기 위해 1912년 이식의 상한을 정한 이식제한령을 제정했다.[89] 어떠한 명목의 금전 임차라도 이를 초과할 수 없으며, 이에 반하는 고율의 이식은 무효로 한다고 정했다. 그러나 실제로 증명부 상에는 이식제한령에 관계 없이 등록해도 무방했다. 이식제한령은 권장 사항이지 의무 사항은 아니었던 것이다. 기본적으로는 계약자유의 원칙에 따라 처리하였으며, 다만 재판에 회부되었을 때 법정이자 이상은 무효로 한다는 것일 뿐 민사・형사상 아무런 책임도 묻지 않았다.[90]

---

85) 「土地典賣의 중개」, 『每日申報』 1914. 5. 31, 6책, 665쪽.

86) 증명령의 증명범주는 증명규칙보다 크게 확장되었으나(조선부동산증명령 제22조) 地上權・永小作權・地役權・先取特權・賃借權・占有權・留置權 등은 제외하였다는 점에서 등기령과 차이가 있었다.

87) 일본민법 제9장 질권. 질권에는 動産質・不動産質・權利質의 3종이 있고 10년을 한도로 하며, 저당권은 부동산에만 한한다. 전당권은 대개 저당권류에 속한다. 梅謙次郎, 「韓國의 合邦論과 立法事業」, 『國際法雜誌』 8-9, 1910, 34쪽 참조.

88) 「관통첩 제136호 부동산 증명사무 취급상 질의의 건」, 『朝鮮總督府官報』 제233호, 1913. 5. 13, 10책, 850쪽. 물론, 관공서에서 촉탁하는 관공리의 신원보증도 할 수 있도록 했다.

89) 「제령 제13호 利息制限令」, 『朝鮮總督府官報』 제355호, 1911. 11. 1, 5책, 567쪽.

증명령은 이러한 이식제한령의 한계, 근저당권 설정에서 최고금액을 설정하지 않아도 된다는 점에서 볼 때 채권자 위주의 제도라 할 수 있으며, 그만큼 고리대 자본이 활동할 수 있는 여지가 여전히 존재하고 있었던 것이다. 총독부 당국자들은 고리대 자본의 성행을 식민지 경영의 암적 존재로 파악하기도 했으나, 그 자체가 식민지 지배 초기의 경제적 기초였기 때문에 제한에는 한계를 보였다. 이식제한령은 금융기관이나 국가자본의 대부이율에 주로 적용되었다고 판단되며, 일반 민간부문에서는 선언적 의미에 불과했던 것으로 보인다.[91] 어쨌든 이러한 바탕 위에서 금융자본의 활약이 점차 활성화되기 시작했다. 동척이나 농공은행은 증명령을 근거로 한 부동산담보를 조건으로 대부활동을 본격 가동할 수 있게 된 것이다.[92]

한편 流質 특약도 인정했다. 이는 경매절차 없이 소유권을 획득하는 것으로 증명규칙과 마찬가지로 증명령에서도 계속 유효했다. 고리대 자본의 이해를 이전과 다름없이 계속 유지 대변해 주었던 것이다.[93] 증명령은 증명규칙에서 전당권을 설정한 경우 증명령 시행 전 말소되지 않고 유효한 경우에는 전당증명으로 소유권 보존증명을 받은 것으로 간주했다.[94] 증명규칙에서는 전당계약만을 증명한 것임에도 불구하고 증명령에서 소유권보존 질차를 밟은 것으로 인정해 준 것이다. 증명의 주 활용자인 일본인 자본의 이해를 반영한 부분이라고 할 수 있다.[95]

이러한 조건 아래 전당권 이용건수는 <표 4>에서 보듯 계속 증가하는 양상을 보이고 있다. 전체 건수에서 차지하는 비중은 해마다 줄어드는 듯이 보이지만, 등기령 시행에 따른 전당 건수를 감안하면 건수의 증가와 아울러 비중도 점증해 갔다고 할 수 있다.[96] 전당권 설정이 증가하는 것은 고리대 자본과 아울러 금융자본의 활발한 토지투자의 반영이었을 것이라고 생각된다.

---

90) 「典當證明의 利息」, 『每日申報』 1913. 12. 9, 6책, 28쪽.

91) 岡崎遠光, 『朝鮮金融及産業政策』, 1910 참조.

92) 「土地證明事務 簡捷」, 『每日申報』 1913. 7. 15, 5책, 265쪽. 1913년 6월 東拓 금융부에 대부가 폭주하였으나, 증명사무가 대부를 지체하게 하자 조선상업회의소연합회와 함께 총독부에 시정을 건의하였으며, 이에 따라 사무가 개선되면서 7월 현재 증명을 신청한 건수만도 50만원 이상에 달하였다고 했다(증명령 시행 실태 참조).

93) 「법률고문 변호사 정구창 질의 문답」, 『每日申報』 1914. 2. 19, 6책, 301쪽. 流質特約이 없는 경우 채무변제 기간 만료 후라도 채무원금과 이자를 지불하면 토지를 돌려받을 수 있도록 했다. 경매절차 없이 소유권을 획득하기 위해서는 流質 특약을 해야 한다고 했다.

94) 神尾太治平, 앞의 책, 135쪽.

95) 「관통첩 제92호 부동산증명사무취급에 관한 건」, 『朝鮮總督府官報』 제208호, 1913. 4. 14, 10책, 499쪽. 다만 증명규칙에 의한 소유권에 관한 異議 신청이 있을 때 심사한 결과 취소할 경우 이 소유권에 근거한 전당권은 당사자가 말소증명을 하지 않을 경우에는 판결에 의하여 당연히 말소된다는 것에서 법절차상 전당권이 소유권보다 우위는 아니라는 기본원칙은 적용하고 있다.

96) 등록세를 내는 저당권 등기설정의 경우 취급건수가 등기령이 시작된 해인 1914년 3,190건에서 1918년 35,261건으로 커다란 증가를 보이고 있다(朝鮮總督府, 『朝鮮總督府統計年譜』, 1914, 1918).

<표 4> 전당권 증명 실태

연도	전당권설정 이전			기타		전체합	
	건수	금액	%	금액	%	금액	%
1912	7,830	36,436	10.9	3,928	1.2	334,381	100
1913	19,070	52,852	10.1	10,834	2.1	522,499	100
1914	21,421	45,274	5.8	15,358	2.0	785,546	100
1915	26,554	37,086	5.7	23,864	3.7	647,604	100
1916	15,260	24,380	3.9	16,867	2.7	626,216	100
1917	7,206	14,399	3.6	16,136	4.0	404,117	100

* 자료 : 朝鮮總督府, 『朝鮮總督府 統計年報』 각년판.

전당권이 활성화될 수 있도록 한 제도 중의 하나가 경매였다. 조선민사령에 근거하여 전당권을 설정하고 채무를 변제받지 못할 때는 일본의 민사소송법이나 경매법에 의하여 해당 부동산에 대한 권리를 획득할 수 있도록 한 것이다. 경매제도가 완전히 제도로 자리잡게 되면서 자본의 토지투자에 대한 안정성을 확보할 수 있었다.[97] 그러나 반대로 소유권자는 채무나 기타 의무를 이행하지 못하여 소유권 처분에 대한 제한조처를 당한 경우도 적지 않았다. 집행 건수는 전당권 설정 건수에 비례하여 증가해 갔다. 1915년도 현재 전체 건수는 8천 건에 개수는 5만 건에 육박하는 수준이었다. 전당권 설정 건수의 거의 20% 정도가 소유권 처분조처를 당하고 있다. 전당권 설정의 위력을 짐작할 수 있는 대목이다. 이것은 전당권 설정의 주 주체인 일본인 자본가와 지주의 성장을 보여주는 것이며, 한편으로는 조선사회가 이들에 예속 종속되어 가는 것을 의미하는 것이기도 했다.

<표 5> 경매 등 소유권 처분제한 실태

연도	경매 강제관리			가차압 가처분		
	건수	개수	금액	건수	개수	금액
1912	1,075	3,446	819			
1913	3,235	11,876	2,812		처분의 제한	
1914	5,165	24,803	4,270			
1915	4,505	23,804	3,341	3,422	23,280	2,176
1916	2,893	13,918	2,548	2,426	12,436	1,363
1917	1,001	3,753	924	926	4,091	712

* 자료 : 朝鮮總督府, 『朝鮮總督府統計年報』 각년판.

2) 소유권자의 자격규정

일제는 증명령을 제정하면서 증명을 받을 수 있는 소유권자의 자격에 대해 전과 다른 기준을 정했다. 증명규칙과 증명령은 증명신청 자격자에서 차이가 있었던 것이다. 전통적으로

---

97) 조선부동산증명령 제43조.

는 자연인은 물론 관청, 계, 촌락, 서원, 문중 등 다양했으며, 소유권자에 특별히 명문으로 제한을 가하거나 금지하는 등 규정은 없었다.[98] 그것을 특별히 명문으로 규정하지 않고 향촌 관행에 따라 행위 신분에 관계 없이 능력이 있는 모든 자에게 제한 없이 주어졌다. 때로는 토지거래에서 법적으로 인정된 호적상의 명을 사용하지 않는 경우도 적지 않았다. 그렇더라도 토지권이 주로 향촌사회 내에서 관행적 질서에 따라 거래되었기 때문에 별다른 문제가 발생하지 않았다. 증명규칙에서도 외국인의 토지소유를 합법화하고 증명제도를 도입했으나 구래의 관행에 근거한 제도였기 때문에 별도의 제한을 두지 않았다.

그러나 증명령은 조선민사령의 적용을 받아 일본민법에서 정한 자연인이나 법인을 소유권자로 정하되, 미진한 부분은 관습법과 특례법으로 보완한다는 원칙을 세웠다. 자연인은 종전과 별 다를 바 없이 소유권자로 거의 그대로 인정했지만,[99] 법인에는 새로운 기준을 정했다. 일본 민법이 정한 법인이나 특별법에 의해 인정된 법인은 소유권을 획득할 수 있었다. 지주 자본가가 조직한 이익단체인 회사, 수산조합, 수리조합, 그리고 학교 등은 총독부가 별도의 특별법을 제정하여 법인체로 인가한 것에 한하여 소유가 가능하도록 했다. 일본인 종교단체인 神社 등도 여기에 해당되었다. 그러나 사립학교 중에서 未인가 학교는 인정하지 않았다.[100] 기독교교회도 마찬가지였다.[101]

법인이 아니라도 정책적 필요에 따라 소유권자로 인정받는 경우가 있었다. 府郡 임시 은사금이나 지방비는 일제가 식민통치의 시혜적 조치를 선전하기 위해 설치한 것으로 소유권자로서의 자격을 부여하고, 도장관의 허가 아래 부윤・군수가 관리하도록 했다.[102] 또 하나는 향교・서원・사찰 등 기존 관습법적 단체에 소유권자의 자격을 인정한 경우였다. 이들은 법인의 자격을 인정받은 것은 아니지만, 제3자 대항력을 갖는 단체라는 명목 아래 소유주체가 되어 기존 소유권을 증명받거나 새로 재산을 취득할 수 있었다.[103] 이같이 관습을

---

98) 『量案ニ於ケル自然人以外ノ所有者』(各種 量案 拔萃)과 度支部, 『土地調査參考書』(1-5), 1909 참조.

99) 여기에도 문제가 없는 것은 아니었다. 예를 들면 초기 여자의 경우 남편의 허가를 받아 매매하도록 했다. 물론 후에는 조건없이 허가했다. 또한 '사업'에서 정한 원칙과도 차이가 있었다. 여기서는 이름이 없어도 査定했으나, 증명령이나 등기령에서는 이름이 없으면 인정하지 않았다(「관통첩 제86호 부동산 증명상 조선인 여자의 씨명에 관한 건」, 『朝鮮總督府官報』 제790호, 1915. 3. 25, 19책, 341쪽).

100) 「관통첩 제22호 부동산 증명사무 취급에 관한 건」, 『朝鮮總督府官報』 제1351호, 1917. 2. 7, 29책, 118~119 ; 「관통첩 제92호 부동산 증명사무 취급에 관한 건」, 『朝鮮總督府官報』 제208호, 1913. 4. 14, 10책, 499쪽 ; 「관통첩 제64호 부동산 증명사무 취급에 관한 건」, 『朝鮮總督府官報』 제1129호, 1916. 5. 11, 25책, 161쪽.

101) 「관통첩 제213호 기독교회당의 부지는 등록세령 중 사사당우의 부지중에 포함되는가의 건」, 『朝鮮總督府官報』 제540호, 1912. 6. 15, 7책, 793쪽.

102) 「관통첩 제47호 임시은사금의 공동출자에 의해 매수한 부동산의 증명에 관한 건」, 『朝鮮總督府官報』 제37호, 1912. 9. 11, 8책, 693쪽 ; 「관통첩 제98호 부군 임시 은사금 소유명의 토지등기에 관한 건」, 『朝鮮總督府官報』 제795호, 1915. 3. 31, 19책, 434쪽. 임시은사금은 복리를 명목으로 1,779만 8천 원을 13도 300여 군에 할당하였으며, 관리책임은 도에서 담당했다. 주로 농사개량이나 구휼사업을 목적으로 지급했다(吉村傳, 『面行政指針』, 1916, 511~518쪽).

103) 「관통첩 제92호 부동산증명 취급에 관한 건」, 『朝鮮總督府官報』 제208호, 1913. 4. 14, 10책, 499쪽.

인정하여 소유권자로서의 자격을 부여한 경우는 통치체제 구축작업과 밀접한 관련을 갖는 것이었다.[104]

이와 달리 구래의 관습법에서는 소유권자였으나 증명령에서는 이를 부정하거나 종래의 단체 형태를 통치에 부합하도록 변경한 뒤 인정한 경우가 있었다. 선자의 대표적인 예가 마을(부락)·계·종중 등 구래의 향촌자치단체들이었다.[105] 총독부는 이들이 소유한 토지는 단체 명의가 아니라 소속원 개인 명의나 공동 명의로 신청할 때만 증명을 해 주도록 했다. 이는 기존 향촌질서를 강점 질서에 맞도록 해체, 또는 재편하려는 의도에서 나온 것이었다. 증명규칙에서는 종전 질서대로 소유권을 인정했으며 증명령에서도 유효했지만, 총독부가 정한 기준에 맞추어 소유권자의 자격 내용을 변경했을 경우에 한해 증명부에 등재하는 것을 허용했다.

총독부가 소유권자의 자격 기준을 정할 때 그 정책적 의도를 가장 잘 보여준 예는 面洞里 마을 재산의 처리 과정에서였다. 이것은 일제가 '사업'과 맞물려 진행한 지방제도 개편작업, 군면동리 통폐합 작업과 밀접한 관련이 있었다. 일제는 중앙집권적 식민지 통치체제를 구축하기 위해 이 작업을 추진했는데, 특히 洞里위주의 향촌자치체제를 面중심의 종속적 체제로 편성하는 데 주안점이 있었다. 당시 面洞里는 관행적으로 적지 않은 재산을 소유했으나,[106] 일제는 동리 재산을 인정하지 않고, 면 중심체계로 구조화시키기로 방침을 결정했다. 최하 단위인 자연공동체로서의 마을은 해체할 수 없었지만, 재산 형성과 관리의 주체로서 마을이 갖는 독자적인 기능은 해체하여 면에 종속시켰다.

이에 따라 증명령에서 면동리 소유재산의 소유권에 대해서는 다음과 같이 원칙을 정했다. 마을의 소유재산은 마을 명의가 아니라 마을 사람들의 공동 명의로만 가능하게 했으며, 될 수 있는 대로 이들을 설득하여 면 또는 동리의 재산에 편입하도록 했다.[107] 동리 재산은 동리 명의로 소유를 인정하되 현재 소유분에 한하고 새로 취득하는 것은 금지했다. 물론 일차적으로 동리 재산은 가능한 한 면 관할로 옮기도록 유도했다. 명의를 동리로 할 경우라도 관리와 수익은 면장이 담당하도록 했다. 다만 수익을 처분할 때 해당 동리를 고려하는 정도

---

104) 통치기구의 하부조직으로서 편입된 것은 인정했다. 그렇지만, 이 경우에도 독자적인 운영을 허용하는 것이 아니라 총독부의 행정체계에 예속시켜 허가한 것이다.「관통첩 제92호 부동산증명취급에 관한 건」,『朝鮮總督府官報』제238호, 1913. 4. 14, 10책, 905쪽.

105) 기존 총액제 하에서 조세납부를 마을 공동으로 해결하고자 설치한 공동재산은 소유의 주체로서 인정받지 못했다. 조선 후기의 이에 대한 실태에 대하여는 金容燮,「朝鮮後期賦稅制度 釐整策」『韓國近代農業史硏究(上)』, 1985 참조.

106) 급변하는 정세 속에서 관리가 부실하여 隱蔽·放賣·分食 등이 속출하였기 때문에 시급히 관리방침을 결정해야만 했다(吉村傳, 앞의 책, 32쪽 경남과 진주군의 시설사항). 그런데 인위적인 기구개편만으로 종전 洞里중심체제를 일거에 面중심의 상명하달의 체제로 질서화하기는 어려웠다. 실질적으로 面이 洞里長을 제어할 만한 제도적 장치가 없었기 때문이다(吉村傳, 앞의 책, 12~18쪽).

107)「관통첩 제138호 부동산 증명사무 취급에 관한 건」,『朝鮮總督府官報』제234호, 1913. 5. 14, 10책, 872쪽 ;「관통첩 제141호 면동리유재산 조성을 위한 사업경영에 관한 건」및「관통첩 제142호 부락유재산정리에 관한 건」,『朝鮮總督府官報』제235호, 1913. 5. 15, 10책 881쪽.

였다.

그리고 면동리 재산의 처분은 면장이 주관하되 군수・부윤의 허가를 받도록 했다.[108] 특별한 관행이나 사정이 있는 경우는 군수의 인가를 받아 특정 관리인을 둘 수 있으나 감독권은 면장이 행사하도록 했으며, 면장 관리재산과 달리 등록세를 부과했다. 동리 소유는 여러 면에서 제약을 당하면서도 저항하며 유지해 갔지만, 지방제도 개편이 완료되고 '사업'으로 확정된 이후에는 면에 전면적으로 흡수당했다.[109]

면동리 재산의 관리는 총독부에서 규정을 제정하여 각 군에 통첩으로 하달했으며,[110] 이에 근거하여 도별로 세부규칙을 제정하여 시행하도록 했다.[111] 부윤・군수와 면장이 각각 대장을 만들어 정리 관리했다.[112]

<표 6> 연도별 면동리 재산 수입액(단위 : 圓)

연도	1914	1915	1916	1917	1918	1919	1920	1921
面	15,780	13,729	26,108	33,666	82,364	129,044	175,883	195,157
洞	92,019	90,929	105,791	94,251	82,948	100,125	134,727	89,853

* 자료 : <표 6>과 같다.

<표 7> 면동리 소유재산 면적과 수입액

종별		답	전	대	임야	잡종지	건물	기타	계
면적(坪)	面	2,871,543	10,421,481	795,383	176,552,596	776,777	47,513		
	洞	3,476,686	6,731,340	676,197	231,597,527	1,564,028	31,378		1921
	洞	3,366,428	5,601,722	548,990	472,924,766	952,596	36,352		1919
수입(圓)	面	34,551	27,645	6,382	4,926	860	52,059	68,734	195,157
	洞	40,827	18,746	1,500	4,184	765	2,786	21,045	89,853

* 비고 : 재산있는 면수 2,452. 재산있는 동리수 7,794.

** 자료 : 『朝鮮總督府官報』 제2779호, 1921. 11. 16, 50책, 495~497쪽 ; 제2317호, 1920. 5. 4, 44책, 54~55쪽.

<표 6>은 연도별 면과 동리의 토지소유 실태와 수입액에 대한 변동실태이다. 면동리 소유재산에는 부동산 및 현금・증권・곡류・수차 등이 있는데, 주류는 부동산이었다. 전국 부동산에서 차지한 비중으로는 얼마되지 않았지만, 무시할 정도는 아니었다. 면적에서는 임야

108) 「관통첩 제138호 부동산 증명사무취급에 관한 件」, 『朝鮮總督府官報』 제234호, 1913. 5. 14, 10책, 872쪽 ; 『朝鮮總督府官報』 제1557호, 1917. 10. 12, 32책, 174쪽 ; 吉村傳, 앞의 책 참조.

109) 면동리 재산의 처리에 대해서는 최원규, 『한말 일제초기 토지조사와 토지법 연구』, 연세대학교 박사학위논문, 1994, 제6장 참조.

110) 「관통첩 제106호 面洞里有재산관리에 관한 건」, 『朝鮮總督府官報』 제71호, 1912. 10. 25, 8책, 1201쪽. 여기에 面洞里 재산관리규정을 설치하고 있다.

111) 「경남도훈령 제11호 면동리유재산관리규정」 및 「1913. 2. 14. 면동리유재산 관리규정 시행세칙」, 吉村傳, 앞의 책, 223・237쪽.

112) 「관통첩 제106호 면동리유재산 관리에 관한 건」, 『朝鮮總督府官報』 제71호, 1912. 10. 25, 8책, 1201쪽.

가 다수였으며, 수입에서는 面은 건물과 답, 洞은 전과 답이 주류를 이루었다. 연도별 수입액의 변동을 <표 7>에서 보면, 面의 경우는 7년간 10여 배로 증가했지만 洞은 반대의 경향을 보였다. 초기에는 동이 면보다 월등히 많았지만 7년 후에는 추세적으로 감소하는 경향을 보이면서 면이 동의 2배나 되었다. 그것은 곡가 변동, 소작료의 개정 등이 작용하기도 했지만, 기본재산의 증감이 주 원인이었다. 면은 동리 재산을 확보하거나 재산이 축적되어 수입이 증가해 간 반면, 동은 면이나 학교에 재산을 기부하여 수입이 축소 경향을 보인 것이다.[113] 면이 말단에서 토지를 관리하는 기구로 기능을 수행함에 따라 종전 향촌의 주도체였던 동리는 새로 재편되면서 면에 종속되어 간 것이다.[114]

이상과 같이 소유주체는 일본민법의 규정을 원칙으로 하면서 조선의 실정을 감안하여 결정하는 방식이었지만, 기본적으로 총독부의 중앙집권적 통치체제가 일원적으로 작동할 수 있는 방향으로 정한 것이다.

4. 증명장부 체계의 완성과정과 의미

1) 결수연명부의 완성과정

증명령에서 토지소유자를 증거하는 서면은 과세지와 미과세지가 서로 달랐다.[115] 과세지는 결수연명부가 담당했다.[116] 연명부는 일제가 재정적 기초를 확립하기 위해 '재정정리'작업의 일환으로 지세납부자별로 結數와 結價를 조사하여 작성한 지세대장이었다. 일제는 항구적으로 토지조사에 기초하여 토지대장을 제조하고 地稅名寄帳을 조제하여 '근대적' 지세체계를 마련하고자 했으나, 많은 비용과 시간이 필요하여 과도적 단계로서 연명부를 작성하

113) 『朝鮮總督府官報』 제2779호, 1921. 11. 16, 50책, 495~497쪽.

114) 「강원도령 제4호 면동리재산」, 『朝鮮總督府官報』 제45호, 1912. 9. 24, 8책, 831쪽 ; 「경상북도령 제8호 동리유 재산관리규정」, 『朝鮮總督府官報』 제1557호, 1917. 10. 12, 32책, 174~175쪽. 총독부는 면을 통치의 최하부 기관으로 선정하고 부윤·군수를 통하여 장악하도록 했다. 부윤과 군수는 수시로 면장협의회를 개최하여 지시사항을 하달하였나, 동·리장과의 연락관계는 단절했다. 동리는 이제 행정의 주체가 아니라 면의 하부기관으로 총독부체제에 편입되었으며, 향촌공동체로서의 독자적 영역은 배제되었다. 면은 국유재산의 관리자인 동시에 결수연명부를 관장하며 지세와 지세부가세의 1인별 납세액 산출의 적부를 계산하는 등 지세수납의 말단 중심체가 되었다. 「부령 제14호 면장협의회규정」, 『朝鮮總督府官報』 제84호, 1912. 11. 9, 9책, 67쪽 ; 「면장협의회상황표」, 『朝鮮總督府官報』 제1761호, 1918. 6. 20, 35책, 690쪽 ; 「부령 제16호 면경비부담방법」, 『朝鮮總督府官報』 號外, 1913. 3. 6, 10책, 77쪽 ; 「부령 제10호 면 재무취급심득」, 83쪽 ; 「관통첩 제61호 면사무 지도감독 규정 준칙의 건」, 『면사무지도감독규정준칙』 제6조(면서기 洞里長 面主人 面下人 이외의 면직원은 가능한 이를 폐지한다. 동리장은 가능한 현금수입에 간여해서는 안 된다) ; 「함경남도 훈령 제4호 면사무지도감독규정」, 『朝鮮總督府官報』 제1694호, 1918. 4. 2, 34책, 455쪽.

115) 조선부동산증명령에서의 증명대상은 미과세지, 즉 삼림·산야·미간지 등도 해당되었다. 이에 대한 분석은 다음 기회로 미룬다.

116) 朝鮮總督府, 『朝鮮森林山野 所有權ニ關スル指針』, 1913, 7쪽.

여 대처하고자 했다. 이 대장은 지주별로 작성했기 때문에 소유자 장부로도 기능이 가능했던 것이다.

연명부가 증명부의 토지공부로 완전한 의미에서 공식화된 것은 1913년 10월이었다. 그러나 이것은 총독부가 1909년 7월, 1910년 6월, 1912년 1월 세 차례에 걸쳐 작성지침을 내려 만든 성과에 기초한 것이었다. 지세장부인 연명부가 증명부의 소유권 증거서면 작성을 위한 기본 장부로 공식화되는 과정과 내용을 살펴보면 다음과 같다.[117)]

1909년도의 연명부는 재무서가 주관하고 里洞長이 실무를 담당했다. 납세의무자별 結數 조사는 리동장에 신고하는 방식이었는데, 그 당부는 舊양안이나 기타 서류를 참고하고 혹은 실지조사나 知事者에 문의하여 판정했다. 총 2부를 작성하여, 1부는 관할 재무서, 1부는 면에 비치했다. 연명부는 납세의무자를 기준으로 만들었고 은결(吏隱結・官隱結・民隱結)을 찾아내 재원을 확보하는 데 중점을 두었다. 地目은 田・畓・火田・續田・蘆田・草坪・雜結 등 7종목이었다. 일제 당국은 당시 지주가 토지보존의 방법으로 믿고 신고를 두려워하지 않아 의외의 효과를 거두었다고 평가하기도 했지만,[118)] 뒤에 연명부를 다시 작성하면서는 구래의 作伕帳을 등사한 데 지나지 않는다고 평가절하했다.[119)]

두 번째 연명부는 1910년에 작성되었다. 제1차 연명부가 구래의 납세자별로 조사한 결과 소작인이 빈번히 이동하여 반정도 개조를 요하는 등 그 의미를 상실하게 되자 전면적 개선을 꾀했던 것이다. 전과 달리 지주를 납세의무자로 정하고 토지소유권자를 확인하여 지주 본위로 작성하기로 방침을 세운 것이다. 따라서 지주 신고로 面 단위로 작성하되, 지주별로 소유토지를 連記하는 방식이었다. 지목은 답, 전(續田・竹田・松田 포함), 火田(未定價 未定數의 것에 한함), 초생지(蘆田・草坪・草刈場 포함), 택지, 雜地 등으로 1909년보다 다양했다. 1909년도 연명부에서 은루결이 제대로 파악되지 아니하자 실지를 조사하여 작성한 데서 연유한 것이기도 했다.[120)] 작성작업에는 里洞長 이외에 面長도 참여했다. 작성 주체가 面長 중심으로 옮겨 가는 단초를 보여주었다. 지주조사, 실지와 비교조사 등을 시행한 점에서 지주 중심체제로의 한 단계 진전된 모습을 보였다. 그러나 실지조사가 선택적으로 이루어졌다는 점과 지주별로 작성되었다는 점에서 각 필지별 토지소유자를 파악하는 장부로는 한계가 있었다. 기본적으로는 과세장부였던 것이다.

총독부에서는 1910년 11월 이러한 연명부의 속성을 이용하여 증명할 때 대조하도록 방침을 세웠다. 토지공부로서의 임무를 처음 부여한 것이다.[121)] 증명할 때 반드시 연명부로 하

117) 결수연명부를 토지소유권을 증명하는 公簿로서 접근한 연구로는 宮嶋博史, 「課税地見取圖の作成と結數連名簿の公簿化」, 앞의 책, 1991 참조.
118) 度支部, 『韓國財務經過報告(제4회)』, 1909, 63~66쪽.
119) 度支部, 『韓國財政整理報告(제5회)』, 1910, 42쪽.
120) 度支部, 『韓國財政整理報告(제5회)』, 1910, 41~43쪽.
121) 朝鮮總督府, 「탁세발 제201・202호 통첩 1910. 11. 26」 및 「평남세발 제579호 1910. 11. 24」, 『內務部長 會同 諮問事項 答申書(평안남도편)』, 1911, 18쪽.

고 부합하지 않는 것은 舊成冊 등과 대조하여 처리하도록 했다. 이어서 증명사무와 연명부는 서로 떨어지지 않는 관계이기 때문에 증명사무는 연명부를 소장한 자로 하는 것이 득책이라 인정했다. 이러한 인식 아래 총독부는 증명사무를 처리하면서 연명부를 대조 수정하도록 다음과 같이 작업방침을 각 지방에 통첩했다.[122]

① 결수연명부와의 照合은 세무주임이 하고, 부합하지 않는다고 인정할 때는 즉시 연명부를 加除訂正을 하고, 동시에 부·군청에 보존할 계약서 여백에 '結數連名簿照合濟'라 주기하고 주임자 날인한 뒤 내무주임자에 회부할 것.

② 결수연명부와 부합하지 않는 사항 가운데 結數와 관계 없는 것, 가령 소유자명과 字番號가 서로 다를 경우 文記 기타 증빙서류에 의하여 연명부 기재사항이 다르다는 심증을 얻을 때는 연명부를 정정하도록 한다.

③ 結數가 서로 다를 경우 新舊 量案 기타 종래 사용한 장부류를 조사하여 정확한 結數를 발견했을 때는 결수연명부를 정정하는 동시에 사유를 계약서에 붙여 되돌려줄 것.

④ 전항의 조사를 해도 新舊量案 등과 맞지 않아 정확한 結數를 알기 어렵더라도 계약서에 기재한 結數가 수통의 新舊文記 등에 의하여 정확하다는 심증을 얻을 때는 연명부를 정정하도록 한다.

⑤ 전 각 항에 의하여 加除訂正을 한 결과 집계에 異動이 생길 때는 동시에 訂正할 것.

이 작업은 소유자와 結數를 조사하여 연명부를 수정한 다음 실소유자에게 지세를 부과할 것과, 증명규칙의 증거서면으로 활용하려는 두 목적을 달성하기 위해 실시한 것이었다. 연명부에 후자의 기능을 부여하면서도 수정작업을 지시한 점을 보아 여기에 표기된 내용이 실제와 반드시 부합하는 것은 아니라는 것을 전제하고 있다는 점을 확인할 수 있다. 총독부 당국자들은 증명신청이 있을 경우 계약서를 연명부와 대조하여 일치하지 않을 때는 각종 증거서류나 실지를 조사하여 사실을 확인한 뒤, 계약서나 연명부를 수정하도록 했다.[123] 연명부는 증명사무에 대단히 중요한 장부였으며, 반대로 증명사무는 연명부의 완성도를 높이는 작업이기도 했다.

---

122) 「관통첩 제51호 결수연명부 加除訂正의 건」, 『朝鮮總督府官報』 제169호, 1911. 3. 27, 3책, 719쪽.

123) 증명절차는 다음과 같다. 부군청 내무계에서 신청서를 접수하여 조사하고 재무계에 회부한다. 재무계에서는 결수연명부에 등재 여부를 확인하고 등재되었을 때는 양자를 서로 비교하여 일치할 때는 『結數連名簿照合濟』의 도장을 찍고 내무계에 회부하여 증명을 준 뒤 다시 내무계에서 서류를 송부받아 결수연명부를 加除訂正을 하고 동시에 부군청에 보존할 계약서의 여백에 『結數連名簿照合濟』라 朱記하고 주임자가 날인한 뒤 내무계에 회부한다. 결수연명부와 국유지대장을 대조하고(결수연명부에 등재했다고 반드시 民有로 판정한 것은 아니었다), 부합하지 않을 경우 문기나 양안 기타 증거서류를 조사하거나 관리를 파견하여 실지를 조사하여 부군청과 면에 비치한 결수연명부가 일치하도록 했다(평안남도에서는 「부군 사무분장 규정」을 개정하여 내무계에서 재무계로 이전하였다). 朝鮮總督府, 「1910년 11월 24일 서무발 제202호 통첩」 및 「3월 27일 관통첩 제51호」, 앞의 책(경기도편), 1911, 16쪽 ; 朝鮮總督府, 같은 책(충청남도편), 1911, 32쪽 ; 朝鮮總督府, 같은 책(충청북도편), 1911, 32쪽 ; 朝鮮總督府, 같은 책(평안남도편), 1911, 18~19쪽.

연명부는 도별 부군별로 작성방침과 실태에 따라 정확도에서 차이가 있었다.[124] 가장 큰 차이를 보인 부분은 字號番號・四標・面積 등이었다.[125] 소유자명의 차이는 지주가 소작인이나 친족 등 타인 명으로 기재한 경우에 발생했다. 증명신청서의 표시문제, 연명부의 등기사항의 불완전성이 원인으로 불일치가 적지 않아 목적물을 인식하기 곤란했다는 것이다. 이러한 이유로 연명부와 증명을 대조하는 절차에는 많은 시일이 요구되었으며, 정정수속을 거쳐 두 장부를 일치시킨 다음 증명을 해 주었다.[126] 이러한 과정을 통하여 연명부가 정비되면서 증명에 대한 의존도가 높아지고 신청건수도 계속 증가했다.[127] 증명사무를 전담할 사무원을 두는 군도 등장할 정도였다.[128]

총독부는 연명부의 활용도가 높아지자 그간의 경험을 바탕으로 연명부 작성방침을 수정 보완하여 1911년 11월 10일 결수연명부규칙을 공포했다.[129] 신고제를 원칙으로 한 이 규칙의 특징은 다음과 같다. 첫째 부윤・군수의 주관 아래 면장이 실무를 담당했다. 둘째 연명부 등록토지의 소유자 이동시에는 『土地所有者異動申告書』를 작성 증빙서류를 첨부하여 부윤・군수에 보고하도록 했다. 이외에 소유자의 주소・씨명 변경, 그리고 납세관리인도 파악하여 기재하도록 했다. 신고를 게을리하거나 허위로 하면 과료에 처했다. 셋째 토지의 형태변경, 즉 지목변환, 분할, 합병 등에 대한 신고를 규정했다. 넷째 과세 여부에 변동이 생긴 토지는 신고하도록 했다. 지세를 면제했던 荒地를 환기했을 때, 연명부에 등록되지 않은 토지를 개간하거나 수면을 매립하였을 때, 官有地의 불하 또는 양도를 받았을 때, 공용 또는 공공의 용도에 제공한 사유로 지세를 면제받았던 토지가 그 용도를 폐지했을 때 등이었다.

이같이 연명부규칙은 지세를 부과할 토지와 소유자, 그리고 변동관계를 파악하는 데 역점을 두었다. 연명부의 본질이 지세납세자 장부였지만, 지주납세제였기 때문에 토지소유권자와 이동관계를 파악해야 했으며, 따라서 소유권을 증명해 주는 장부로서의 역할을 기대할 수 있게 된 것이다. 토지소유자가 장부의 정오를 확인할 수 있도록 열람제도를 도입한 것도 이러한 목적과 짝하는 조치였다.[130]

연명부 작성에 관한 구체적인 방법은 취급수속에서 정했다.[131] 첫째 제조와 수정 작업에

---

124) 평남의 경우 진남포에서는 10에 6, 7은 차이가 났으며, 영유군은 비교적 정확하다고 했다. 경북에서는 불일치할 경우에 대한 처치사항을 말하였으며, 경남은 대부분 일치했다. 함남은 불일치 비율이 2, 3/100 정도였다고 했다. 朝鮮總督府, 앞의 책(각도편), 1911, 19쪽.

125) 朝鮮總督府, 앞의 책(황해도편), 14~15쪽. 신청서에서 대체로 結數가 불일치했다.

126) 朝鮮總督府, 앞의 책(경상북도편), 11쪽. 경상북도의 경우 1911년 8월에는 신청건수의 반밖에 처리하지 못했다.

127) 朝鮮總督府, 앞의 책(전라북도편), 21쪽.

128) 朝鮮總督府, 앞의 책(전라남도편), 20쪽.

129) 「朝鮮總督府令 제143호 結數連名簿規則」, 『朝鮮總督府官報』 제362호, 1911. 11. 10, 6책, 671쪽. 이 규칙은 1912년 1월 1일부터 시행되었다.

130) 여기서 주목되는 바는 연명부를 주요 장부로 삼는 것과 지방제도 개편논의가 맞물려 추진되었다는 점이다. 지방행정체계가 洞里에서 面 중심으로 전환하려는 의도가 반영되었다. 이 작업은 洞里중심적 구조를 깨뜨리는 작업의 일환이기도 했던 것이다.

서 오류가 없도록 하기 위한 절차를 정했다. 면장은 실지를 조사하여 군과 면의 연명부를 대조하도록 하였으며, 부윤과 군수는 면의 연명부를 조사 열람하여 탈루・오류를 방지하고 대조를 완료하였을 때는 도장관에게 보고하도록 했다. 둘째 증명을 신청했을 때 연명부와 대조하는 절차를 규정했다. 이 때 연명부에 등록되지 않았거나 오류가 있을 때는 양안이나 기타 증빙서류, 실지조사를 통하여 정정하도록 했으며, 결수와 결가도 부근 類地에 준하여 결정하도록 했다. 셋째 과세관계의 변동은 실지 검사하되 신고자 또는 대리인을 입회하도록 했다. 또 필요할 경우 地押 조사도 실시하도록 했다.[132] 여기서도 소유권이전 증명시 연명부를 정정하도록 하는 조항을 설치했다.[133] 그리고 연명부는 지주별로 작성되어 각 필지별 소유자를 파악하는 장부로서는 한계가 있었지만, 장부 맨 앞에 소유자의 씨명을 기재한 색인을 붙이는 것으로 해결했다.[134] 종전보다 실지조사를 강화하는 한편 이동관계를 파악하여 장부의 정확성을 기하려 했다는 점이 주목된다.

총독부에서는 이러한 규정 정비작업에 기초하여 연명부 완결작업을 1911년 7월에 시작하여 1912년 2월에 종결했다. 결과는 <표 8>과 같다.

<표 8>에서 보듯, 1911년 1월에 비하여 면적은 11,071결, 세액은 82,484원이 증가했다. 지세 부과에서 누락된 토지를 찾아낸 결과이다. 1905년에 비하면 50,553결이 증가했다. 1908년부터 국유지 결수 42,959결을 제외하였기 때문에 1908년에 비하면 총 93,512결이 증가하였다고 할 수 있다.[135] 이를 도별로 보면 대부분이 증가를 보인

<표 8> 結數 누년 비교표

연도	경기	충북	충남	전북	전남	경북	경남	황해	평북	나머지	합
1905	68,413	44,190	88,971	102,269	146,202	122,414	96,677	87,130	42,890	188,176	987,332
1907	68,148	46,621	91,053	102,770	147,252	123,162	96,805	88,145	42,182	193,224	999,326
1911	73,567	52,196	95,351	112,012	133,561	136,226	110,176	82,377	42,214	200,205	1,037,885
1912	73,880	52,196	95,312	112,061	134,406	136,135	110,060	85,400	42,220	200,193	1,041,863
증가	5,467	8,006	6,341	9,792	-11,796	13,721	13,383	-1,730	-670	12,017	54,531

* 자료 : 『朝鮮總督府官報』 제499호, 1912. 4. 24, 289쪽 ; 제519호, 5. 22, 565쪽.

반면 전남・황해・평북은 감소를 보였다. 이들 지역은 국유지가 많았는데, 이를 제외한 결

131) 『朝鮮總督府官報』 제403호, 1911. 12. 29, 5책, 1103~1106쪽.

132) 그 밖의 구체적인 사항은 충청남도에서 작성한 「결수연명부 취급수속 시행상에 관한 건」을 참조하도록 했다.

133) 종전과 달리 증빙서류는 신청자에 돌려주고 신고서 여백에 증빙서류의 실태를 기재하도록 했다. 결수연명부취급수속 제12조.

134) 『朝鮮總督府官報』 제403호, 1911. 12. 29, 5책, 1104쪽.

135) 연명부의 조사 진행에 대해서는 「結數連名簿調查進行」, 『每日申報』 1911. 11. 14, 2책, 666쪽 ; 「結數連名簿 완성」, 『每日申報』 1912. 4. 24, 3책, 382쪽 ; 「結數連名簿완성」, 『每日申報』 1912. 5. 19, 3책, 470쪽 참조.

과로 판단된다. 연명부 작성사업의 결과 과세지가 10% 가량 증가되었다.[136)]

연명부 완성작업이 진전됨에 따라 토지소유권을 증명해 주는 장부로서의 역할을 부여할 수 있겠다고 총독부 당국자들은 판단하고 다음 단계의 작업을 추진했다.[137)] 연명부는 査定 장부가 아니기 때문에 토지 공부로서 기능하기에는 한계가 있었지만, 총독부는 이 장부가 필수적으로 요구되는 등기제도를 증명령에 도입한 것이다. 따라서 이를 제대로 실시하기 위해서는 연명부에 토지공부로서의 기능을 부여하고 이것이 갖는 문제점을 보완할 수 있는 절차와 장부체계를 확보하지 않으면 안 되었다.

증명령 제15조는 이 점을 해결하기 위해 마련된 것이다. 그 내용은 미증명 토지에 대하여 소유권 보존증명을 할 때는 판결 기타 관청 또는 공서의 서면에 의하여 자기의 소유권을 증명하는 자가 아니면 신청을 할 수 없다는 것이었다. 이 때 관공서가 제공한 서면은 대부분 유일한 토지장부인 연명부에 근거하여 작성했다. 사실 1912년 3월 증명령을 제정하여 4월부터 실시하려 한 것은 연명부 작업이 1912년 2월에 마무리된 데도 있었다.[138)]

이리하여 총독부에서는 증명령을 실시하면서 연명부규칙도 여기에 맞도록 개정했다.[139)] 개정 부분은 연명부에 등록된 토지를 旣증명 토지와 未증명 토지로 나누어 소유권자 異動에 대한 등록방식을 달리 정했다. 전자는 증명관리의 통지에 의해서, 후자는 증빙서류를 첨부하여 부윤·군수에 신고함으로써 소유권자의 異動을 모두 연명부에 등재하도록 한 것이다. 연명부는 이제 과세지 대장이면서 소유권자 대장으로 위치하게 된 것이다. 이와 동시에 결수연명부 취급수속도 개정하여 연명부에 대한 수속절차를 마무리지었다.[140)] 이 두 규정

136) 『朝鮮總督府官報』 제495호, 1912. 4. 24, 7책, 289쪽.

137) 근시 지가의 앙등에 따라 토지애호의 념이 높아져 법령의 주지와 더불어 연명부를 신뢰하는 경향이 점차 厚하여져 이동신고를 하는 자가 증가하고 그 결과 본년 중 이동신고수는 합계 93만 1,299건 필수, 196만 1,202필에 달했다. 점차 증가 추세에 있다(朝鮮總督府, 『朝鮮總督府施政年報』, 1912, 119쪽).

138) 「결수연명부 조사완료사적」, 『朝鮮總督府官報』 제495호, 1912. 4. 24, 7책, 289쪽.

139) 「부령 제73호 결수연명부 규칙 개정」, 『朝鮮總督府官報』 제475호 호외, 1912. 3. 30, 6책, 1045쪽. 개정 규칙의 주 조항은 다음과 같다.

제2조 결수연명부에 등록된 토지소유자의 異動은 증명관리의 통지가 있지 아니하면 이를 등록할 수 없다. 단 此條의 신고가 있는 경우는 此限에 不在한다.

제2조의 2 결수연명부에 등록된 토지로서 미증명 토지의 소유자에 이동이 생겼을 때는 제1호 양식(토지소유자 이동신고서)에 의하여 증빙서류를 첨부하여 지체없이 부윤 또는 군수에 신고해야 한다. 단 증명을 받은 경우는 본 조의 신고를 요하지 않는다.

제3조 결수연명부에 등록한 토지 중 일부분의 지목변환 소유권의 이전 기타의 사유로 분할할 필요가 있을 때는 제2호 양식(토지분할신고서)에 의하여 부윤 또는 군수에 신고한다.

140) 「府令 제37호」, 『朝鮮總督府官報』 제475호 號外, 1912. 3. 30, 6책, 1048쪽. 이 중 중요조항은 다음과 같다.

제8조 군수 또는 증명관리가 토지소유권 이전통지를 받을 때는 결수연명부를 정정한다.

제11조 결수연명부규칙 제6조 제2호와 제3호의 토지에 대하여 신고를 수리하고 또는 증명의 통지를 받을 때는 실지를 검사하고 부근 類地에 비준하여 結數와 結價를 결정한다. 전항에 따라 결수와 결가를 결정했을 때는 신고자에 통지하고 결수연명부에 등록한다.

제13조 제1항을 좌같이 개정한다.

은 증명령의 개시 시점인 1912년 4월 1일부터 발효되었다.

그러나 연명부가 소유권자를 조사한 장부이기는 하지만 소유권 보존증명신청의 근거 서면이 되기에는 여전히 한계가 있었다. 총독부에서는 연명부에 등록된 부동산 기명자를 반드시 소유권자라고 인정할 수 없고, 삼림 산야와 미간지 같은 미과세지는 연명부에 등록되지 않았을 뿐 아니라 지적이 불명확한 경우가 있다고 판단하고, 미증명 토지에 대한 서면의 신청이 있을 때 신청자가 소유권자인지 아닌지를 신중히 조사하여 서면을 발급해 주도록 하라는 통첩을 내렸다.[141]

증명령은 등기주의를 채택하였지만, 이상과 같이 실제로는 사실조사주의를 바탕으로 한 제도였다. 이 문제는 '사업'이 종결되면 자연히 해결되겠지만, 우선은 증명제도의 토지공부로서의 역할을 할 수 있도록 이를 더 보완할 필요가 있었다. 이리하여 총독부에서는 연명부의 보완작업과 아울러 각 토지의 실상과 토지소유자를 파악하기 위하여 課稅地見取圖를 작성하는 작업을 추진했다.

2) 과세지견취도의 작성과정

등기제도로서의 증명령을 시행하기 위해서는 土地公簿의 자격을 부여한 연명부와 더불어 지적도와 같은 유형의 장부가 필요했다. 토지소유권은 토지의 소재와 형상을 보여주는 근거 장부가 존재할 때 증거력을 제대로 발휘할 수 있기 때문이다. 종전에도 증명관리가 필요할 경우 실측도 또는 略圖를 요구할 수 있도록 했으나, 이것은 해당 토지에만 그칠 뿐 전체 토지의 상황을 알 수 없기 때문에 객관성을 확보하기 어려웠다. 나아가 지주 납세제를 공평하게 시행하기 위해서도 이것이 요구되었다.[142]

그런데 기존 연명부는 탁상작업의 결과에 불과하여 실지에 나가 조사하면 실상을 정확히 알기 어려웠다고 평가되는 실정이었다. 더구나 연명부는 신구 양안과 魚鱗圖 등 기존 장부체계를 기본적으로 부정하면서 작성하려는 것이었기 때문에 증명제도와 지세제도를 원활하게 시행하기 위해서는 더 높은 완성도가 요구되었다. 과세지견취도 작성사업은 이러한 목적을 달성하기 위해 연명부 완성작업과 한 짝을 이루며 추진되었다.[143] 견취도는 연명부와

결수연명부에 등록한 토지를 官有로 할 旨 주무관청에서 통지 있을 때는 조사를 하여 결수연명부를 삭제한다. 단 旣證明 토지는 증명관리가 통지하지 않으면 이를 삭제할 수 없다.

「결수연명부 등록에 관한 건」, 『朝鮮總督府官報』, 호외, 1912. 3. 30, 6책, 1045쪽. 결수연명부 제9항에서 결수연명부에 등록한 토지로 旣증명에 관계한 것은 결수연명부에 旣증명토지를 한눈에 볼 수 있도록 雛形의 印을 찍도록 했다.

141) 「관통첩 제224호 보존증명의 신청에 요하는 관청 또는 공서의 증명서의 부여에 관한 주의의 건」, 『朝鮮總督府官報』 제546호, 1912. 6. 22, 7책, 855쪽.

142) 朝鮮總督府, 「충청북도 과세지견취도 조제경과 보고요령」(1911년 11월 4일 충북도장관 제출) 및 「1911년 3월 29일 조을 제2812호 결수연명부 개조 方의 건」, 『課稅地見取圖調製經過報告』, 1911.

143) 당시 실정에 대하여 총독부 당국자는 다음과 같이 언급하고 있다. "종래 결수연명부는 납세자의 신고

상호 보완관계를 갖는 것으로서 등록된 토지의 소재를 분명히 하여 과세를 편리하게 하고 소유권을 더 확실히 보장하기 위하여 작성한 지도였다. 이러한 점에서 견취도는 증명령에서 증명의 신뢰성을 높이는 데 대단히 중요한 역할을 했다.[144] 또한 연명부는 사람중심의 장부인 반면, 지도는 이를 보완할 수 있는 토지중심의 장부였다. 두 장부는 이러한 점에서 소유자와 개별 토지의 실태를 파악하여 토지대장과 지적도를 만들고자 한 일제의 '토지조사사업'의 기초작업이기도 했다는 점을 간과할 수 없다.

견취도 작성작업은 1909년 연명부가 만들어지는 시점부터 면동장이 考卜債의 방법으로 조제하려는 시도가 있었다. 그러나 당시는 정부의 장려사항에 불과했을 뿐 아니라 조세증징 문제와 관련하여 이해하는 경향이 많아 관계자의 협력을 얻지 못했기 때문에 별 성과를 얻지 못했다.[145] 1911년 7월 본격적인 작업을 위한 시험작업이 연명부의 완성작업과 관련하여 시도되었다. 총독부에서는 우선 충북과 충남에서 시행한 뒤 이를 바탕으로 전국에 확대 실시하기로 했다. 1911년도에 충북은 전부 완료하고 충남에서는 일부 지역에서 각각 작업을 종료했다. 이 때 총독부 시찰관이 작성한 대강의 원칙은 다음과 같다. 준비작업은 면장이 주도했으며, 여기에 리동장·지주·지주총대·지사자가 참여했다. 도면에는 리동과 필지의 경계 표시, 각 필지의 내역, 국민유 구분 등을 표기하도록 했다. 그리고 견취도와 연명부를 대조하고 토지증명 여부 등에 유의하도록 했다. 경비는 당사자 부담원칙으로 했다.[146]

총독부에서는 이러한 성과를 기초로 1912년 3월「과세지견취도 작성에 관한 건」과「과세지견취도 작성수속」을 발표하고 전국적인 작업에 착수했다.[147] 시행일은 증명령에 대한 지적도로서의 역할을 부여하기 위하여 증명령과 같이 1912년 4월 1일부터 실시하기로 정했다.[148] 처음 계획은 1912년 9월 말까지 견취도 작성은 물론 연명부와의 대조작업까지 완료할 예정이었다.[149] 작업할 지역은 이미 견취도를 완성한 지역, 토지조사국에서 概形圖 작업

에 의하여 이를 작성하고 대개는 탁상에서 단지 新舊量案 기타 구래의 문서부책을 참조하여 考卜작부를 하는 것이므로 이를 실지에 對査할 때는 항상 막연하여 어떤 것이 正否인지를 단정할 수 없다. 나아가 매년 異動하는 매매 기타의 원인에 기초한 소유권의 異動·陳災·開墾·還起로 인한 토지의 이동과 탈세를 기도하는 자의 부정행위 등은 날로 지세부과의 기초를 분란하게 하고 있다. 만약 현재의 地籍을 확립하여 장래 지세부과를 공평하게 하려면 속히 사실상 근거를 포착하여 방책을 강구하지 않으면 안 된다(朝鮮總督府,『課稅地見取圖調製經過報告』, 1911, 1쪽).

144) 「견취도와 지주」,『每日申報』1912. 7. 17, 3책, 670쪽, "見取圖 전부가 완성 후는 토지의 소재가 명확케 되야 …… 지난번 실시의 부동산증명령과 相似하여 조선의 地籍整理상 일단의 진보를 견함에 지하겟다더라."

145) 「토지실지도면작성」,『每日申報』1911. 9. 23, 2책, 494쪽 ;「토지도면의 작성」,『每日申報』1911. 9. 24, 2책, 497쪽.

146) 朝鮮總督府, 앞의 책, 1911, 35~37쪽.

147) 「부령 제20호 과세지견취도 작성의 건」,『朝鮮總督府官報』제453호, 1912. 3. 4, 6책, 561쪽 ;「관통첩 제74호 과세지견취도 취급수속」,『朝鮮總督府官報』제466호, 1912. 3. 19, 6책, 724쪽.

148) 朝鮮總督府,『朝鮮總督府施政年報』, 1912, 120쪽 ;「관통첩 제67호 課稅地見取圖配付方의 件」,『朝鮮總督府官報』제455호, 1912. 3. 6, 6책, 582쪽. 전년 충남에서 시행한 것을 참고하여 각지에 배부했다.

을 이미 완성하였거나 1912년에 완료할 지역은 대상에서 제외했다.[150] 이 작업은 '사업'과 상관관계를 가지며 추진되었던 것이다.[151]

견취도 작성은 과세지 각 필지의 개형을 그려 지적을 분명히 하되 가능한 실지 형상과 면적에 가깝게 하고, 특히 토지의 위치와 사표는 실지와 차이가 없도록 주의했다.[152] 각 필지를 사실대로 파악하는 데 초점을 두고 體裁보다는 眞形圖를 그릴 것을 강조했다.[153] 견취도는 개황도이기 때문에 면리원을 이용하여 작성할 방침이었으나, 이들이 능력이 없는 경우도 적지 않아 知事者, 私塾의 교사, 삼림지적 공동측량 강습회 출신자, 사립측량학교 또는 공립종묘소 강습졸업생 등 제작에 소양 있는 자를 고용하여 작성하기도 했다.[154] 작성방법은 사업의 신속성을 요구하여 실측이 아닌 間繩 또는 步數로 측량하는 방식이었다.[155] 부군에서는 작성기간이나 견취도 완성시 실지에 나가 조사하여 차이가 날 때는 다시 작성하도록 再造 명령권을 행사했다.[156] 이 때 군 감독자는 증명사무를 고려하여 서무계를 담당자로 포함했다. 경비는 종래 관례대로 考卜債를 인상하여 지불하거나 結數割이나 리동의 저축 戶數割 등의 방법으로 토지소유자가 부담하는 것을 원칙으로 했다. 총독부에서 지출하는 경비는 감독비, 견취도와 연명부 대조 고원임금, 용지대 등에 불과했다.[157]

견취도 작업은 작업시작 10일 전에 면내에 공시하고, 면장 감독 아래 토지소유자가 標杭을 설치했다. 이 때 부군에서는 대지주 또는 일본인 지주들을 모아 취지를 설명했으며, 여기에는 부군 參事도 참여했다. 특히 일본인 지주들에게는 별도로 일일이 통지하여 모두 입

149) 견취도 작업 일정은 「관통첩 제74호」, 『朝鮮總督府官報』 제466호, 1912. 3. 19, 6책, 724쪽 ; 「관통첩 제43호」, 『朝鮮總督府官報』 제165호, 1913. 2. 20, 9책, 1105쪽 참조.

150) 이외에 함남북·강원도가 제외되었다. 「관통첩 제74호」, 『朝鮮總督府官報』 제466호, 1912. 3. 19, 6책, 724쪽 ; 「관통첩 제43호」, 『朝鮮總督府官報』 제165호, 1913. 2. 20, 9책, 1105쪽 참조.

151) 「토지소유자주의」(『每日申報』 1912. 4. 24, 3책, 382쪽)에서도 "조선 과세지견취도 작성지는 임시토지조사국의 조사 未決에 재한 자"라 했다.

152) 「관통첩 제78호 과세지견취도 작성수속의 건」 제1조, 『朝鮮總督府官報』 제466호, 1912. 3. 19, 6책, 724쪽.

153) 光武量案에서의 田畓圖形圖와 마을에서 보관하던 魚鱗圖를 결합한 형식이었다. 도면 작성상의 문제는 도면을 碁盤圖 또는 魚鱗圖로서 각 필지의 형상에 맞지 않게 작성하는 것을 가장 염려했다. 여기에 대해서는 한국역사연구회 토지대장반 편, 『대한제국의 토지조사사업』, 민음사, 1995 참조.

154) 초기에 제도자 제작의 문제점은 실지에 맞지 않는 경우가 많고 里洞長이 제작하는 경우는 체재가 양호하지 않으나 실지와 부합하여 재조를 명하는 경우가 거의 없었다(朝鮮總督府, 앞의 책, 1911, 15쪽). 기술원이 작성한 경우는 체재에 치우쳐 사실에 문제가 있었으나 상급기관의 지도감독 기능을 강화하는 방식으로 시행한 결과 그 비중이 상당수를 점했다(朝鮮總督府, 위의 책, 1911, 25·46쪽). 경남의 경우 실상 각 면에 측량기술을 해득한 자가 다수 있어 약간의 보수를 주고서도 雇入할 수 있었다고 했다. 방법은 조악하나 실재와 거의 차이가 없다고 평가하기도 했다(「見取圖와 地主」, 『每日申報』 1912. 7. 17, 3책, 670쪽).

155) 전국의 작성 실태에 대하여는 「과세지견취도 작성실적」, 『朝鮮總督府官報』 제261호, 1913. 6. 14, 10책, 1178쪽 참조.

156) 과세지견취도 작성수속 제3장 府郡의 감독 ; 朝鮮總督府, 앞의 책, 1911, 37쪽.

157) 과세지견취도 작성수속 제5장 경비 ; 朝鮮總督府, 앞의 책, 1911, 각군 경비조 참조.

회하도록 했다.[158] 종래 소유권에 불안을 느끼던 일본인들은 대단히 환영했지만, 문제는 대다수의 조선인 토지소유자들이었다. 일제는 이들의 비협조에 대비하여 작업시작 전에 다음과 같은 경고문을 공시하기도 했다.[159]

> 토지소유권 추정의 기초인 결수연명부에 등록하지 않은 토지가 매우 많다는 것은 의심할 여지가 없다. 금번 辛亥條(1911) 土地移去來 기타 異動정리를 시행하고 실지검사를 하는데 만약 民隱結을 발견할 때는 開國 504년(1895) 9월 법률 제15호 제4조에 의하여 其地는 관아에 몰수하려 하니 은결을 소유한 자는 이번에 신고하지 않아 후회를 하지 말라.

신고는 의무사항이었으며, 은결을 신고하지 않을 때는 소유권을 보장하지 않는다는 것이었다. 신고를 토지소유권과 관련시켜 일을 처리하였기 때문에 標杭 설치를 대단히 중시했다. 표항은 매 필지마다 토지소유자에게 설치하도록 했으며, 지목 자번호 면적 야미수 결수와 토지소유자의 주소 씨명을 기재하도록 했다.

作圖 작업은 먼저 동리 전체의 개황도를 그리고, 면동리의 경계를 확정한 다음 개별 필지에 대한 조사작업에 착수했다. 면 경계는 관계 면장과 리동장이, 리동 경계는 면장의 지휘 아래 관계 里洞長, 古老者 또는 知事人이 집합하여 경계를 결정 표항을 세우고 작도하는 방식이었다. <표 9>에서 ①·②·③은 모두 洞里長이 주관하여 작성했으나, ①은 토지소유자가 표항에 기재한 것을 참고로 작성했다.

<표 9> 課稅地見取圖 기재사항

각 필 기재 사항 ①	지도에 표시할 地物 ②	여백 기재 사항 ③
地目(전답 택지 잡지) 字番號(구번호 신번호 부여) 夜味수(답전에 한함) 면적(평수 구래의 칭호) 結數 所有者 氏名 國民有係爭地 표시	도로 제방 교량 하천 보 정구 지소 호해 산야 고유명칭 인접리동 표시	面 里洞명 나침방법 結數와 필수계 작성 연월일 종사자 동리장 서명날인 한 동리가 數區일 때는 각 區 도면에 시종의 자번호

＊ 자료 : 과세지견취도 작성수속 제15조.

이러한 작업의 결과 지도가 작성되어 지주별로 작성된 연명부의 한계를 넘을 수 있었다. 개별 토지의 위치와 형상을 지도 위에서 한눈에 파악할 수 있게 되어 연명부가 형식적인 수준에서나마 토지공부로서의 역할을 할 수 있게 된 것이다. 이러한 작업 과정과 내용은 '사업'과 별 다를 바 없는 모습이었다.[160]

---

158) 朝鮮總督府, 앞의 책, 1911, 39쪽.
159) 朝鮮總督府, 앞의 책, 1911, 42~43쪽.
160) 과세지견취도 작성수속 제17조. 다만 모든 토지에 字番號를 부여한 점인데 舊字番號가 확실하지 않

견취도를 작성할 때는 소유자가 신고한 표항 이외에 기존 참고도서를 수집 활용했다. 지세 부과와 토지소유권 조사를 위해서 필요한 일이었다. 참고도서로는 1910년의 연명부, 1911년의 考卜帳, 1909년 이전의 作夫數版, 신구 양안, 개인문기 등이었다. 각 장부의 활용도는 지역에 따라 일정하지 않으나 연명부 등 지세부과 서류를 주로 이용했다. 양안은 특별한 경우를 제외하고는 사용하지 않았다. 신양안은 지번호가 달라 적합하지 않았으며, 구양안보다 결수 산정이 많았던 신양안도 당시 사용하던 考卜冊보다 出稅 결수가 적어 사용하지 않았다.[161] 주로 1911년 考卜帳을 이용했는데 新起墾 은결 등을 색출하기 위한 것이었다.[162]

原圖의 작성순서는 리동계를 결정하고 각 토지의 목표가 될 지형 지물을 견취한 다음, 각 필을 견취했다. 각 필은 가능한 실지의 형상과 면적에 가깝게 그리고, 특히 토지의 위치 사표는 실지와 상위가 없도록 주의시켰다. 원도는 리동내 유지들의 내부 검열을 거친 뒤 오류가 없음을 확인한 뒤 정해진 용지에 墨으로 정사했다. 부군청 직원이 이 과정을 감독하는데 견취도의 기재사항을 실지와 대조 조사하여 오류와 탈루가 많은 경우에는 재조하도록 명했다.[163] 작성이 끝난 견취도를 제출했을 때도 부군에서 다시 실지와 대조하여 현저한 오류가 있을 때는 재조를 명했다. 실제로 제대로 이행했는지는 알 수 없지만 비교적 정확성에 신중을 기하도록 작성한 규정이었다.[164]

견취도는 一里洞 一紙主義에 의거 2통을 작성하여 1통은 면에, 1통은 부군에 제출하도록 했다.[165] 각 면에서 작성이 끝난 견취도는 부군에서 공시하여 토지소유자에 열람하게 하고 이의를 신청하도록 했다.[166] 각 부군에서는 이를 면으로 보내 일반에 열람시킨 후 이의신청을 받았는데 이 때 공시개요에는[167]

> "타인의 신고에 대ᄒᆞ야 異議를 주장ᄒᆞᆯ 자는 반다시 지주의 위임장을 휴대ᄒᆞᆯ지며 右기간내에 이의를 신고치 안이ᄒᆞᄂᆞᆫ 자는 견취도에 기재ᄒᆞᆫ 각 항에 오류가 無ᄒᆞᆫ 事를 승인ᄒᆞᆫ 자로 간주ᄒᆞᆫ다."

아 洞里別로 새로 붙이기도 했다.

161) 朝鮮總督府, 앞의 책, 1911, 39·61쪽.

162) 견취도에 기입할 항목들은 考卜帳과 표항을 일일이 대조한 뒤 기재하도록 했다(忠淸南道 課稅地見取圖調製經過報告要領 1911. 11. 30). 다른 지역도 마찬가지였으리라 생각된다.

163) 見取圖와 실지를 점검한 결과 夜味數와 위치에 문제가 있었는데, 1,000필에 대하여 240필 적어도 50필 이상을 점검한 결과, 原圖의 오류·탈루를 발견한 것 총 필수 1,000필에 대하여 7필, 原圖의 再調를 명한 것이 3,784里洞이었다(「과세지견취도 작성실적」, 『朝鮮總督府官報』 제261호, 1913. 6. 14, 10책, 1178쪽).

164) 과세지견취도 작성수속 제3장 부군의 감독.

165) 과세지견취도 작성수속 제14조.

166) 과세지견취도 작성수속 제6조.

167) 「토지소유자見」, 『每日申報』 1912. 11. 16, 4책, 264쪽 ; 「楊平 토지소유자」, 『每日申報』 1912. 11. 21, 4책, 280쪽.

라고 소유권 박탈의 위협을 가하면서 열람을 강조했음에도 불구하고, <표 10>에서 열람률은 17%로 대단히 낮은 비율이었다. 도별로는 토지조사의 사정 열람시와 달리 영남과 호남의 비중이 높았다. 異議 건수는 경남과 전남이 다른 지역에 비하여 압도적이고 경북과 황해가 그 다음을 차지했다. 이의신청 종류는 면적의 차이가 가장 많고 다음이 결수와 소유자 문제였다. 약간의 편차는 있지만, 유감스럽게 일본인들의 집중 거주지역에서 열람자수와 이의제기가 많았다. 이들 소유의 불안정성이 한 원인이었을 것이라고 생각된다. 황해·경기 지역에서 열람자에 비하여 이의 건수가 많은 점도 같은 이유라고 파악된다. 이러한 과정을 거쳐 1912년 대부분의 지역에서 완료되었으며, 평북·강원·함남북 46군 484면 5,181리동은 1913년도에 완성되었다.[168]

<표 10> 과세지 견취도 도별 열람실태

도 명	경기	충남	전북	전남	경북	경남	황해	강원	평남	평북	함남	계
열람자비율(%)	9	6	16	44	45	15	9	9	3	25	10	17
異議건수 (萬筆當)	18	5	6	77	32	95	25	5	15	16	23	23
異議종류	지형	경계	토지탈락	지목	자번호	야미수	면적	결수	소유자	기타		
(萬筆當)	1	1	1	2	5	1	9	7	7	1		

* 비고 : 지주수 266,860명, 필지수 14,045,080필.
** 자료 : 『朝鮮總督府官報』 제261호, 1913. 6. 14, 1179쪽.

다음은 견취도를 연명부와 대조하는 작업이었다. 이 작업은 이의 신청을 받아 수정한 뒤 면 단위로 면에 비치한 연명부와 대조하는 일인데, 증명부의 土地公簿로서 기능할 수 있도록 이를 완성시키는 일이었다. 과세지견취도 작성수속에서 여기에 필요한 규정을 설치했으며,[169] 1912년 4월 11일에는 대조방법에 관한 통첩을 내렸다.[170] 여기에는 각 면에서 견취도를 제출할 때 연명부 기재사항과 대조하여 서로 부합하지 않을 경우 정확한 사유를 조사하여 수정하도록 두 장부의 대조방식을 정했다.[171] 이 작업에는 면장 동리장이 군청에 출두

168) 朝鮮總督府, 『朝鮮總督府施政年報』, 1912, 1913, 81쪽 ; 「地籍調査略完」, 『每日申報』 1912. 10. 3, 4책, 108쪽 ; 「과세지견취도의 작성」, 『每日申報』 1912. 10. 27, 4책, 188쪽 ; 「과세지견취도」, 『每日申報』 1912. 12. 25, 4책, 396쪽 ; 「견취도 완성과 증감」, 『每日申報』 1913. 1. 18, 4책, 486쪽 ; 「과세지견취도」, 『每日申報』 1913. 2. 13, 4책, 572쪽 ; 「과세지견취도의 정리」, 『每日申報』 1913. 3. 1, 4책, 362쪽 ; 「견취도의 작성」, 『每日申報』 1913. 6. 27, 5책, 206쪽 ; 「과세지견취도의 작성」, 『每日申報』 1913. 7. 15, 5책, 266쪽.

169) 과세지견취도 작성수속 제4장 견취도와 결수연명부와 대조사무.

170) 「관통첩 제117호 과세지견취도와 결수연명부와의 대조 方의 건」, 『朝鮮總督府官報』 제484호, 1912. 4. 11, 7책, 171쪽.

171) 면 결수연명부의 수정작업은 보통 부군의 통지에 의하지 않으면 할 수 없도록 했다(결수연명부취급수속 제25조). 그러나 대조작업 과정에서는 미리 날짜를 정하여 면 직원이 면의 연명부를 수정하는 동시에 이동사항을 정리하고 서로 부합이 인정되는 경우에 통지하는 방식을 택했다(「관통첩 제14호 면 결수연명부 등록 또는 정정에 관한 건」, 『朝鮮總督府官報』 제12호, 1912. 8. 13, 8책, 401쪽).

하여 조사 정리하도록 했다.172) 기재에서 누락한 탈락지, 신기간지는 견취도에 따라 연명부에 등록하도록 했다.

대조작업이 끝난 견취도는 면마다 편철하여 보관하도록 했다. 대조작업의 결과 연명부 등재사항에 수정해야 할 것이 적지 않았다.173) 그 중에서 면적과 결부가 일치하지 않는 경우가 많았다. 그리고 기간지 喚起地의 증결, 虛結 혹은 진황지 등 세금부과가 불가능한 減結도 적지 않았다. 양자를 종합 환산한 결과 11,033결이 증가했다. 견취도 작업의 결과에 대해 총독부 당국자는

> "지세 증수액은 겨우 5만 원에 불과하더라도 지적을 분명히 하고 토지증명에 다대한 利便이 있을 뿐 아니라 일면 토지소유자로서는 자기 소유지를 관청에 비치한 圖面에 표시하므로 소유권 安固의 念을 한층 두텁게 하게 하는 등 효과가 적지 않다. 특히 과세대장인 결수연명부를 확실히 한 결과 지세를 징수할 때 옛날같이 매년 作夫라 칭하여 面 직원이 납세자를 조사하는 번거로움이 없다. 따라서 이에 요하는 많은 경비는 전혀 지출하지 않게 되었다. 토지소유자 부담의 경감은 적지 않다."

라고 하는 바와 같이,174) 토지소유권의 안정화 지세징수상의 효과 등을 직접적으로 거론하고 있지만, 이 점을 당시 강점체제로의 전면적 새편작업과 관련시켜 그 의미를 종합적으로 평가해 보면 다음과 같다.175)

첫째 개별 토지소유권과 國·民有地를 명확히 하는 일이었다. 이리하여 토지분쟁사건을 막고 증명에 대한 신뢰도를 높여 토지거래의 활성화,176) 그리고 토지투자와 금융의 활성화를 기대한 것이다.177) 이것은 결국 일본인을 비롯한 조선인 지주들의 토지소유권을 보장하여 지배체제의 근간으로 삼으려는 시도였다.178)

둘째 지주 직접 납세제와 지세의 중앙으로의 개편을 시도했다. 이렇게 되면 매년 실시하는 考卜수수료를 징수하지 않아도 될 뿐만 아니라, 각종 미과세지를 찾아내 과세의 '공평'을 기할 수 있다고 했다.179) 이것은 내면적으로는 종전 지세납부 과정에서 이익을 보던 기득권 계층을 배제하여 이들 중심의 향촌공동체를 붕괴시키는 한편, 그 이익을 중앙으로 집중시켜 총독부 재정을 확충하려는 시도였다.180)

---

172) 朝鮮總督府, 「忠北忠南 課稅地見取圖調製實況 視察復命要領」, 앞의 책, 1911 참조.
173) 「課稅地見取圖」, 『朝鮮總督府官報』 제261호, 1913. 6. 14, 10책, 1178~1179쪽.
174) 『朝鮮總督府官報』 제262호, 1913. 6. 16, 10책, 1194쪽.
175) 과세지견취도를 대상으로 한 본격적인 연구로는 宮嶋博史, 「課稅地見取圖の作成と結數連名簿の公簿化」, 앞의 책, 1991이 있다. 그 작성 과정과 효과에 대해서는 453~464쪽이 참고된다.
176) 『朝鮮總督府官報』 제262호, 1913. 6. 16, 10책, 1194쪽 ; 朝鮮總督府, 앞의 책, 1911, 18쪽.
177) 朝鮮總督府, 「忠北課稅地見取圖調製實況 視察復命要領」(菅田本府 書記官 제출), 앞의 책, 1911, 26·64쪽. 이러한 요인으로 가장 환영하는 자는 일본인이었다.
178) 朝鮮總督府, 위의 책, 1911, 41~42쪽.
179) 朝鮮總督府, 위의 책, 1911, 9~10쪽.

넷째 이러한 구조화 작업을 체계적으로 진행시키기 위해서 면동리의 경계를 확정하는 사업도 병행했다. 이 사업은 '사업'의 일환으로서 진행된 것이며, 궁극적으로는 일제가 지배체제를 짜나가기 위하여 시행한 지방제도 개편작업의 일환이기도 했다.[181] 여기서 가장 열성적인 계층은 지방행정의 새로운 담당자층인 면장 및 일본인 지주들이었다.[182]

3) 증명장부체계의 완성

연명부와 견취도를 대조하는 작업이 종결된 것은 연명부가 지세부과장부이자 소유권 보존증명을 위한 증거서면을 작성하는 원부로서 그 위치가 부여되었다는 것을 의미했다. 그러나 연명부가 증명부의 土地公簿로 기능하기 위해서는 계통이 다른 이들 두 장부가 서로 일치하지 않으면 안 되었다. 이것은 두 장부를 대조하고 실지를 조사하여 서로를 일치시키는 작업과정이 필요했다. 이 작업은 증명령 실시 이전부터 단계적으로 추진되었다.

최초의 지시는 1911년 3월에 내려졌으며,[183] 1912년 연명부규칙에서도 소유권 보존이나 이전 증명을 할 경우 증명관리가 부윤・군수에 통지하여 연명부에 증명사항이 기록되도록 했다.[184] 여기에는 이 이전에 한 旣증명지가 문제로 남았다. 총독부에서는 1912년 7월 증명령 이전의 증명은 기증명으로 인정하고, 연명부와 일치할 때만 처리하도록 했다.[185] 그러나 증명규칙에 의해 증명을 받은 토지 중에서도 1911년 3월 이전에 증명한 토지는 연명부와 대조하는 것이 불가능하여 연명부에서 旣증명지와 未증명지를 명료하게 구분할 수 없었다. 따라서 연명부규칙에 의거 신고할 경우 異動 정리를 제대로 할 수 없었으며, 여기에 증명령에 의거하여 제3자 대항권을 부여하는 것도 문제가 아닐 수 없었다.

---

180) 宮嶋博史, 「'保護國'期の徵税制度改革と國有地調査」, 앞의 책, 1991 참조.

181) 朝鮮總督府, 앞의 책, 1911, 29쪽.

182) 朝鮮總督府, 위의 책, 1911, 5~6, 17~18, 25~26, 41~42, 54, 63~64쪽.

183) 「관통첩 제51호」, 『朝鮮總督府官報』 제169호, 1911. 3. 27, 3책, 719쪽.

184) 「朝鮮總督府令 제72호」, 『朝鮮總督府官報』 제475호, 號外, 1912. 3. 30, 6책, 1045쪽. 증명관리 토지소유권의 보존 또는 이전의 증명을 한 경우 토지가 연명부에 등록되었거나 등록되어야 할 때는 지체없이 다음 사항을 부윤・군수에 통지해야 한다고 했다. 이리하여 연명부에는 증명사항이 항시 표시되도록 했다.

185) 「관통첩 제252호 결수연명부 정리와 이에 따른 지세 부과징수 수속과 부동산증명에 결수연명부를 조합할 경우에 관한 건」, 『朝鮮總督府官報』 제560호, 1912. 7. 9, 8책, 75쪽. 첫째, 증명령 이전 증명을 받은 토지에 대한 규정으로, 토지가옥증명규칙과 토지가옥소유권증명규칙으로 증명을 받은 토지는 조선부동산증명령 시행규칙에 정한 색인부에 따라 결수연명부 해당 토지의 상부란 밖에 『既證明』의 印을 찍고 旣증명지로 취급한다. 둘째, 결수연명부 규칙에 따라 토지의 이동을 신고할 때는 반드시 조선부동산증명령에 의한 증명 여부에 관계 없이 결수연명부를 加除했다. 셋째, 民有가 官有로 될 때는 증명관리의 통지에 의해서 결수연명부를 삭제할 수 있다. 넷째, 旣증명 토지는 결수연명부와 일치할 때만 처리하도록 했다. 부합하지 않은 사항에 대해서는 증명의 변경이나 갱정 신청을 한 뒤 처리하도록 했다. 다섯째, 보존증명에 관한 기초서류는 면장이 작성하고, 면장은 증서기재 사항에 대하여 사실조사를 하되 부군 결수연명부와 부합한 연후에 서류를 작성하고, 만일 부군 결수연명부에 등록되지 않았거나 오류인 것은 사실을 조사하여 처리하도록 했다.

이를 시정하기 위해 1912년 11월 27일 연명부와 증명부의 견출장(색인)을 대조하여 旣증명 토지 중 연명부와 일치하지 않는 토지는 따로 뽑아내 조사하여 서로 부합하도록 했다. 조사방식은 소재 면에 조회 조사하도록 하여 연명부가 오류일 때는 연명부를, 증명부의 견출장이 오류일 때는 증명을 정정하도록 했다.186) 이는 연명부가 증명부의 公簿로서 기능할 수 있도록 도모한 것이며, 이것으로 旣증명지와 연명부를 일체화시키는 작업은 일단 종결되었다. 이같이 1912년 하반기부터 1913년 상반기에 걸쳐 두 장부를 대조하는 작업을 종결한 결과 증명령에서 정한 소유권 보존증명을 위한 서면을 작성하는 기초 장부로 연명부를 채택할 수 있었다. 근거 서면 작성의 주체도 면장으로 일원화시키는 조치를 취했다.187) 사실조사주의를 완전히 불식할 수는 없었지만, 형식적으로는 증명 과정이 체계화된 모습을 보인 것이다. 이러한 성과에 고무되어 총독부는 연명부를 증명부의 토지공부로 삼아 증명제도가 명실공히 등기제도로서 기능할 수 있도록 하는 법제화 작업의 일환으로 1913년 8월 결수연명부 규칙을 개정한 것이다.

개정 연명부규칙의 요점은 다음과 같다.188) 연명부는 미증명 토지를 수용할 경우 이외에는 증명관리의 통지에 의해서만 등록할 수 있도록 하고, 종전에 소유자가 증빙서를 첨부하여 부윤과 군수에 신고하도록 한 미증명지 신고규정은 삭제했다. 이어서 부령으로 지세는 연명부에 소유자로 등록한 자에게 징수할 것이라 정했다. 연명부의 명의인을 소유자로 인정하여 권리를 보호하는 한편으로 지세부담 의무를 부여한 것이다. 연명부가 토지공부이며 지세대장으로서의 자기 위치가 확립되었다고 할 수 있을 것이다.

연명부와 증명부는 이러한 작업으로 서로 일체화되고 신뢰성이 높아져 갔지만, 총독부 당국자가 스스로 부합하지 않은 경우가 적지 않다고 했음에도 불구하고 연명부에 土地公簿의 자격을 부여하고 증명령을 시행한 것이다.189) 토지조사가 곧 마무리되고 토지대장이 만들어질 것이라는 점을 고려하면, 일제가 '근대법'을 제정하여 토지지배와 관리권을 확보하는 일이 얼마나 급하고 중요한 일이었는지 충분히 짐작할 수 있다. 이러한 사전 작업 때문에 총독부는 연명부와의 연락관계를 고려하면서 '사업'을 실시하지 않으면 안 되었다.190)

총독부는 1913년 8월 15일 결수연명부규칙을 개정하면서 예정계획보다 연명부 완성작업이 지체되는 것을 고려하여 한 달 남짓 준비 과정을 거친 뒤 10월 1일부터 집행하기로 결정

186) 「관통첩 제139호 旣증명 토지로서 결수연명부 기재사항과 부합하지 않는 것 취급 방의 건」, 『朝鮮總督府官報』 제98호, 1912. 11. 27, 202쪽.

187) 「관통첩 제252호」 5항, 『朝鮮總督府官報』 제560호, 1912. 7. 9, 8책, 75쪽 참조.

188) 「朝鮮總督府令 제83호」, 『朝鮮總督府官報』 제313호, 1913. 8. 15, 11책, 483쪽.

189) 견취도와 연명부 작성 완료에 따라 증명부와 대조한즉 부합하지 않은 점이 매우 많다고 했다. 이것은 증명의 효력을 떨어뜨리는 결과를 가져오니 旣증명의 토지소유자는 연명부의 열람을 신청하여 증명과 부합하지 않을 경우 변경 또는 갱정 신청을 하라는 유고를 전라남도에서는 발했다(「전남장관의 유고」, 『每日申報』 1912. 9. 20, 4책, 66쪽).

190) 결수연명부 완성작업은 「土地調査令 施行細則」과 관련하여 볼 때 토지조사와 밀접한 관련 아래 추진되었다고 파악된다.

하고 그 기간 동안 이에 대한 후속조처를 강구했다. 정무총감이 「증명령 제15조에 의하여 면장이 준 인증에 관한 건」191)이라는 제목으로 도장관에 내린 통첩이 그것이다. 그 주 논점은 미증명 토지에 대한 소유권보존증명을 신청하려는 자가 증명령 제15조에 의하여 소유권을 증명할 관청 또는 공서의 서면을 첨부할 때의 절차에 관한 것이었다.

> ① 결수연명부에 등록한 미증명의 토지에 대하여 증명을 신청하는 자가 소유권의 인증을 면장에 청구할 때 面長은 결수연명부와 대조하여 …… 부합하는 경우에 한하여 청구에 응하여 인증을 줄 것. 단 본 년 9월 30일 이전에 매매 기타의 사유로 소유자에 이동을 낳고 이 때문에 현 소유자와 결수연명부에 등록한 소유자와 부합하지 않는 경우는 此限에 不在한다.
> ② 이 경우 만약 결수연명부의 기재에 오류가 있음을 발견할 때는 본 년 6월 「관통첩 제199호」에 준하여 먼저 결수연명부를 정정한 후 전호의 대조를 할 것.
> ③ 결수연명부에 등록한 미증명의 토지에 대하여 증명을 받기 이전에 권리이전자가 소재불명이거나 사망하여 이전자가 이전증명의 전제인 보존증명을 신청할 수 없을 때는 …… 권리취득자가 사실을 증명할 경우에 한하여 면장은 소유권을 증거할 서면을 교부할 수 있다.
> ④ 면상이 증명을 신청하려는 자에 대하여 준 인증은 헤 신청자로부터 보존증명을 받을 각 토지를 기재하여 제출한 서면에 아래와 같이 奧書하는 방법에 의하여 이를 할 것.

前記 각 토지는 (이를 결수연명부에 대조함에 부합함을 인정하고) 何某의 소유 토지에 상위 없음을 認證한다. 년 월 일 面長 氏名(인)

이상은 연명부가 소유권 보존증명의 근거서류로 확정되었다는 것, 연명부의 소유권이동은 증명을 거치지 않으면 안 된다는 것, 관공서의 인증권이 면장으로 일원화되어 면장 이외에는 인증을 할 수 없으며, 면장은 연명부에 근거하여 인증을 할 것 등의 원칙을 정한 것이다. 그리고 소유권 이전은 반드시 증명을 받아 권리를 보장받도록 강조하고 있다.192)

이렇게 증명에 대한 제도적 장치를 완비해 가면서도 여전히 연명부에는 기명자가 실재 소유자로 정리되지 않은 점 등 해결해야 할 문제가 남아 있었다. 총독부는 이를 위해 1913년 8월 15일부터 시행일인 10월 1일까지의 기간 동안 각 지방별로 연명부를 정비하는 작업에 착수했다. 토지공부로 정식화하여 증명령을 실시하기 위한 준비기간이었다. 다음은 이에 대한 지방 사례이다.

경상북도에서는 도장관 이진호가 9월 8일 告諭로 방침을 하달하고 있다. 부군과 면에 비치한 연명부는 토지에 관한 유일한 公簿이고, 미증명 토지의 소유자는 연명부로 입증할 수

191) 「관통첩 제260호」, 『朝鮮總督府官報』 제313호, 1913. 8. 15, 11책, 483쪽.
192) "토지매매 등 소유권을 이전할 때는 반드시 증명을 신청하고, 만약 증명을 하지 않고 매매할 때는 他日 증명을 신청해도 용이하게 얻을 수 없다. 또 불의의 손해를 입지 않는다고 보장하기 어렵다는 뜻을 일반에게 諭旨할 것"이라고 덧붙이고 있다(「관통첩 제260호」, 『朝鮮總督府官報』 제313호, 1913. 8. 15, 11책, 483쪽).

밖에 없고, 소유자 이동은 증명관리의 통지에 의해서만 등록하도록 했다. 따라서 미증명 토지의 소유자는 면장의 인증을 받아 소유권 보존 신청을 하고, 1913년 10월 1일 이전에 미증명 토지의 소유권을 취득한 자는 속히 연명부에 이동 신고를 하고, 소유권 보존증명도 받아둘 것을 덧붙이고 있다. 특히 증명을 받는 것은 민사령과 증명령에 정한 제3자 대항권이 부여되는 조치로 예측치 못할 손해를 방지하는 길이니 증명을 신청하여 손해를 입지 않도록 주의하라는 내용도 잊지 않았다.[193]

이리하여 연명부는 소유권을 증거하는 가장 중요한 공부로 자기 위치를 확립, '토지대장'의 임무를 부여받은 것이다. 따라서 연명부에 등재되었을 때에 한하여 소유권 보존증명을 받을 수 있도록 한 것이다.[194] 연명부와 증명부는 이른바 토지대장과 등기부의 위치 바로 그것이었다.[195] 때문에 이들은 연명부에 대해 소유자의 열람을 강조하면서도 소유자나 위임장을 소지한 자로 열람자를 제한하기도 했다.[196] 각급 행정기관은 이러한 의미를 담은 고유를 면장이나 게시장을 통해 일반 소유자에게 주지시켰으며, 일본인 경영자 단체에는 일일이 통지했다.[197] 일본인 영농자들이 토지에 투자할 때 적극 이용하도록 장려한다는 의미가 있는 것이며, 이 점이 증명령 실시의 주요한 목표 중의 하나였던 것이다.

연명부규칙 개정에 대한 마지막 후속조치는 미증명지의 소유자 이동은 10월 1일 이후에는 수리하지 않는다는 원칙을 세운 것이었다.[198] 미증명지는 국가에서 수용하는 경우를 제외하고는 증명관리의 통지가 아니면 연명부에 등록할 수 없다는 것이다. 증명에 의해서만

---

193) 「경상북도 告諭 제2호」, 『朝鮮總督府官報』 제333호, 1913. 9. 8, 11책, 757쪽. 이 점은 평안남도 告諭에도 마찬가지였다(「朝鮮總督府平安南道告諭 제3호」, 『朝鮮總督府官報』 제329호, 1913. 9. 3, 11책, 710쪽). 연명부를 완전한 토지 公簿로서 인정하고 증명사무를 실시하도록 했으며, 지세는 여기에 토지소유자로 등록한 자로부터 징수할 것이라 했다. 따라서 종래 未증명 토지를 매매하고 연명부에 정정 신고를 게을리한 자는 즉시 신고하여 연명부와 일치시키지 않으면 장래 증명을 신청할 때 면장이 인증해 주지 않으므로 증명을 받을 수 없으니, 개정규칙 실시기일 전까지 토지소유자는 빠짐없이 이동신고를 관할 부군청에 제출하여 연명부를 정정하도록 경고했다.

194) 「토지소유자주의(평남)」, 『每日申報』 1913. 10. 4, 5책, 561쪽.

195) 전라남도에서도 고유를 발하여 연명부의 사항을 확실히 하여 지적을 통일하여 토지증명의 효력을 견고히 할 것을 당부했다. 이러한 과정을 통해 증명토지의 권리자와 제3자를 보호한다는 취지였다. 그 내용은 첫째 연명부와 소유자를 조사 대조하여 부합하도록 할 것, 둘째 연명부와 증명제증서를 대조하여 증명의 효력을 견고히 할 것, 셋째 연명부는 과세지 지적에 관한 가장 중요한 장부이니 특히 주의하여 취급하고 토지소유자들의 열람을 강조했다. 여기서 연명부와 과세지 견취도를 일본의 토지대장과 지도와 같은 성질로 파악하고 있다(「관통첩 제61호 旣증명토지와 결수연명부와 대조의 건」, 『朝鮮總督府官報』 제45호, 1912. 9. 24, 8책, 830쪽).

196) 「토지 결수연명부(평남)」, 『每日申報』 1913. 10. 12, 5책, 590쪽.

197) 「관통첩 제61호 旣증명토지와 결수연명부와 대조의 건」, 『朝鮮總督府官報』 제45호, 1912. 9. 24, 8책, 830쪽. 이러한 연장에서 "금일 …… 재판소 등에서도 근래 특히 本簿를 중요시하기에 이르는 차제로 본부의 취급은 自今 특히 신중 엄정함을 요한다. 규칙과 예규에 反하여 加除訂正하거나 보관을 잘못하는 것은 혹 형사의 문제 등을 야기하지 않는다는 것을 보증하지 못하니 이 점 깊은 주의를 요한다"고 부언하고 있다.

198) 「관통첩 제302호 토지소유자 이동신고수리에 관한 건」, 『朝鮮總督府官報』 제350호, 1913. 9. 29, 11책, 969쪽.

연명부의 소유자 異動을 할 수 있게 된 것이다.

구체적인 수속절차는 각 도별로 정했는데, 경상북도에서는 증명령 제15조에 의한 소유권 보존의 증명을 요하는 관공서의 서면에 관하여 부동산소유자가 소유권 인증을 신청한 경우 취급수속에 관한 절차를 정했다.[199] 여기서 소유권 인증자를 면장으로 일원화했으며, 인증 절차는 연명부에 등록된 경우와 등록되지 않은 경우를 각각 달리 정했다. 전자는 연명부와 대조하여 부합하거나 부합하게 한 뒤 인증을 하도록 했다. 부합하지 않을 경우는 문기 또는 所有權原을 증거할 다른 증거서류를 제출하도록 했다. 후자의 경우도 부합하지 않을 경우와 마찬가지 수속을 하되, 「삼림산야와 미간지 국유사유구분표준」에 의거 사유라 인정할 수 있는 경우에 한하여 소유자 여부를 확인한 뒤 인증하도록 정했다. 이 때 舊森林法 제19조에 의한 지적을 보고한 것에 한했다.[200] 총독부에서는 경상북도와 같은 인증절차를 『관보』에 게재하여 다른 도에서도 이에 준하여 실시하도록 했다. 이것은 규칙 개정령 발효일인 1913년 10월 1일에 맞추어 발효되도록 했다.[201]

1914년 4월 1일부터는 토지대장의 시행에 따라 토지대장 혹은 연명부에 등록한 토지에 한하여 통지하고, 통지해야 할 권리도 所有權뿐 아니라 質의 성질을 갖는 전당권도 부윤·군수에 통지하도록 했다.[202] 質의 성질을 갖는 부동산은 부령을 실시한 이후 증명한 것으로 제한하지 않고 현재 증명 설정되어 있는 것 모두를 대상으로 했다. 증명령에서의 質을 전부 연명부나 토지대장에 표시하도록 한 것이다. 즉 토지대장으로서의 기능을 완전히 부여한 것이다.[203] 이러한 조처에도 불구하고 증명관리나 장부의 관리체계 등 때문에 여전히 토지 거래상의 문제는 해결되지 않았다.[204]

총독부가 연명부에 토지대장의 기능을 부여해 간 것은 이 장부가 갖는 중요성 때문이었다. 연명부는 '사업'에서 토지신고서의 기본대장이었으며, 재정의 주 수입원인 지세대장이고 증명부의 소유권을 증거해 주는 장부였던 것이다. 즉 연명부는 토지신고서를 거쳐 토지대장으로 이어지는 계승관계에 있었던 것이다. 따라서 토지신고 이후 소유권자가 이동되었을

---

199) 「경상북도 훈령 제221호」, 『朝鮮總督府官報』 제333호, 1913. 9. 8, 11책, 756~757쪽.

200) 「法律 제1호 森林法」, 『詔勅 法律』(서울대학교도서관, 1991), 718~721쪽. 제19조 기간 내에 신고를 하지 않은 것은 국유로 한다고 정했다.

201) 평안남도에서는 「결수연명부에 등록한 토지 또는 결수연명부에 등록해야 할 토지로서 부동산증명령 제15조에 의하여 소유권 보존증명 신청을 해야 할 때는 신청서에 첨부할 소유권 인증에 관한 서면 작제 방법을 좌와 같이 취급한다」라는 제하의 훈령을 1913년 9월 23일 도장관 松永武吉이 발표한 바 있었다. 그 시행방법은 경상북도의 경우보다는 간단하지만 주 골격은 별 차이가 없었다. 「평안남도 훈령 제57호」, 『朝鮮總督府官報』 제352호, 1913. 10. 1, 11책, 994쪽.

202) 「조선총독부령 제33호 토지대장 또는 결수연명부에 등록한 토지에 대하여 증명을 할 경우의 통지에 관한 건」, 『朝鮮總督府官報』 제498호 號外, 1914. 3. 31, 13책, 850쪽.

203) 「관통첩 제125호 質의 성질을 갖는 典當權이 설정된 토지에 관한 건」, 『朝鮮總督府官報』 제507호, 1914. 4. 11, 14책, 175쪽.

204) 「관통첩 제6호 결수연명부 조합에 관하여 주의의 건」, 『朝鮮總督府官報』 제729호, 1915. 1. 11, 18책, 93쪽.

때는 연명부에 의거하여 토지조사국에 이동신고를 했다. 다음에 제시한 결수연명부는 昌寧郡 大台面의 한 시행사례이다. 또한 연명부의 結價는 징세사무의 일관성을 고려하여 토지대장에 그대로 옮겨 기록했다. 그렇지 않을 때 제기될 분쟁을 우려한 것이었다.

結數連名簿의 구성

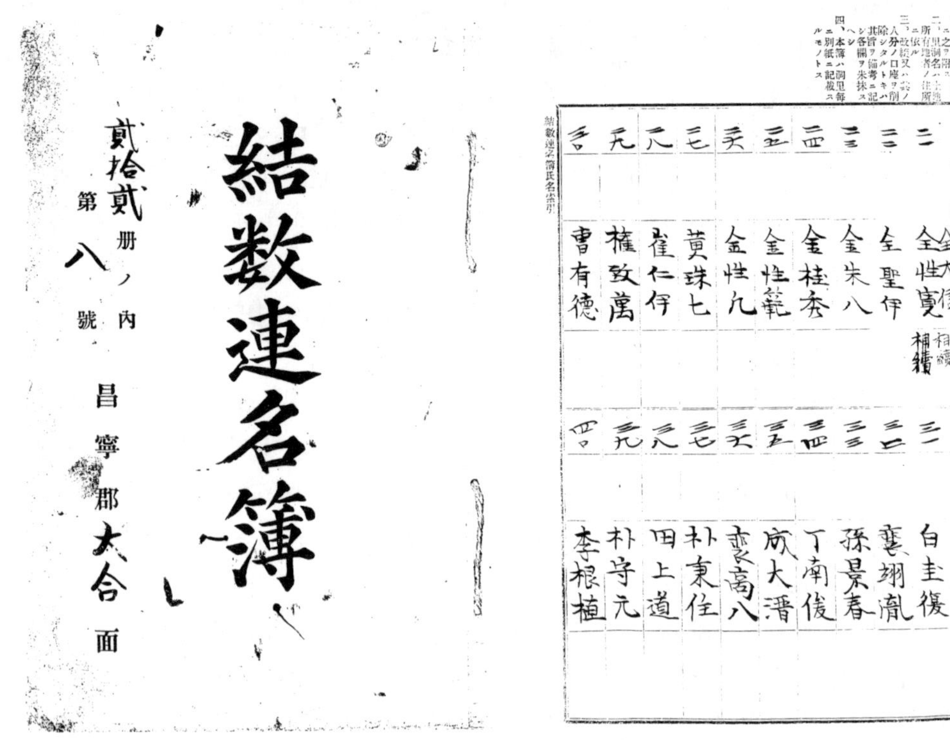

그림1 結數連名簿 표지 그림2 結數連名簿 氏名索引

일제가 '사업'으로 토지대장과 지적도를 만들고 등기령을 시행하면 그것으로 완결될 것임에도 불구하고 연명부에 이러한 기능을 부여했던 것은 당면한 문제, 특히 '사업'에 대한 반발, 통치체제의 개편, 안정적 토지확보 방안의 강구 등의 해결을 일정하게 연명부에 기대했던 때문이었다. 총독부가 '사업'의 사전작업 또는 그 일환으로 연명부 작성사업을 추진했던 이유가 여기에 있었던 것으로 보인다. 따라서 연명부 작성작업은 지방행정 구역 확정과 개편 작업, 그리고 면장 중심의 행정체제 구축작업과 결부되어 진행되었던 것이다. 그 결과 총독부⇒도장관⇒부윤 군수⇒면장에 이르는 중앙집권적이며 상하 종속적인 통치체제가 면모를 갖추게 된 것이다.

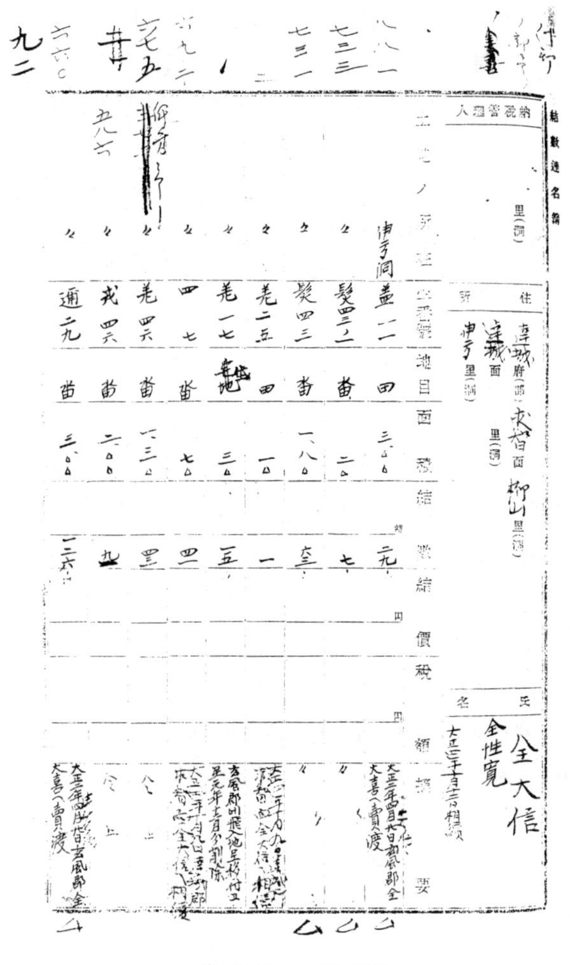

그림3 結數連名簿 내용

5. 증명령 시행의 사회적 영향

증명령이 발효되자 증명 출원이 격증했다. 그 이유는 표면적으로는 수수료 문제를 거론했지만, 증명규칙으로 증명을 받더라도 증명령에 의한 법적 효력을 부여받을 수 있었기 때문에 그 동안 미루어 두었던 소유자들이 대거 증명을 출원한 데서 연유한 것이었다.205) 이러한 경향은 증명령 발효 이후 더욱 격증했다.206) 그것은 토지거래의 활성화에 일차적 원인

205) 「本府의 土地證明」, 『每日申報』 1912. 5. 9, 3책, 434쪽, "경성부청의 토지증명 출원은 일일 증가중인데, 3월의 증명령 발포에 재하야 수수료 관계상 일시에 3천 통 이상의 출원이 有한 고로 사무가 澀滯하얏다가 작금에 점차 전부 정리를 요한 고로 출원자는 수시 府廳에 출두 상의함이 가하다더라."

206) 「土地證明의 登記」, 『每日申報』 1912. 5. 4, 3책, 418쪽.

이 있었지만,207) 근본적으로는 증명령이 이를 더욱 촉진시켰던 것이다. 등록세법이 실시되면서 세율이 증가함에도 불구하고 증명에 제3자 대항권이 주어지자, 理財와 法理에 밝은 일본인 투기자와 중개인들이 증명원 제출을 보편적인 거래형식으로 요구하였기 때문이다.208)

이러한 거래제도의 변화는 조선인들의 소유권 관리에 대한 의식구조에 일정한 변화를 가져왔다. 총독부의 선전과 '사업'에 대한 불안의식으로 조선인들도 증명제도를 이용하여 토지권을 관리하게 되자 증명사무가 더욱 격증했다.209) 이로 인해 증명사무가 지체되는 등 공무집행도 어렵게 되는 현상을 빚기도 했다.210) 여기에는 기한 내에 소유권 보존증명을 하지 않으면 소유권을 상실한다는 세간의 소문도 적지 않게 영향을 끼쳤다. 이것은 일반 사람들이 법규에 어두운 점을 이용하여 이익을 챙기려는 간민배들의 간계 때문이라고 이유를 설명하고 있다.211) 총독부가 증명령의 의미에 대해 선전활동을 강화했음에도 불구하고 이러한 현상이 발생한 것은 민중들이 배타적 소유권 의식을 관습적으로 체득했으면서도 증명규칙 등 일제의 식민지적 근대법에 적절히 대응하지 못하여 당한 피해의식이 이를 더욱 부추긴 것이라고 파악된다.

사무 지체는 소유권 증명뿐 아니라 전당권 증명에도 심각한 영향을 미쳤다. 증명규칙과 달리 증명령은 소유권 보존증명을 전제로 그 이외의 증명을 하도록 규정했기 때문이다. 실제로 저당권 증명의 지체는 부동산 금융의 활동을 제약하는 요인으로 작용하여 당시 경제계에 커다란 영향을 미쳤다. 경성상업회의소연합회와 동척에서는 이 문제를 해결해 줄 것을 총독부에 청원하기도 했다. 동척에서 담당한 신용조사 담보조사는 문제가 안 되는데, 실제 저당권을 설정하는 증명사무에 대단히 많은 시일, 심한 경우는 수개월이나 요구되어 대부에 어려움이 많다는 것이었다.212)

---

207) 「證明申請者 激增 京城府」, 『每日申報』 1912. 5. 24, 3책, 484쪽.

208) 「證明增加」, 『每日申報』 1912. 10. 8, 4책, 123쪽 ; 「證明事務의 격증」, 『每日申報』 1912. 12. 19, 376쪽. 특히 경성부청과 경성 민단의 증명사무가 격증했다.

209) 「土地證明」, 『每日申報』 1912. 9. 14, 4책, 45쪽, "토지가옥증명규칙 당시에는 …… 증명수속을 신청하는 자가 無하더니 근래에는 시세의 趨向으로 此에 관한 覺得이 점차 긴절하야 8월중 평양부청에 제출한 토지증명신청이 260여 건에 달하야 집행관리에 비상한 번뇌를 여하얏더라. 1911년 6월 말과 1912년 6월 말의 증명건수와 증명필수를 보면, 전년 1,530건에 3,970필, 후년 2,636건에 5,305필로 각각 1,106건 1,335필 증가현상을 보였다."

210) 「土地證明의 登記」, 『每日申報』 1912. 5. 4, 3책, 418쪽 ; 「證明申請者 激增 京城府」, 『每日申報』 1912. 5. 24, 3책, 484쪽. 증명령이 발효된 4, 5월경 경성부에서는 무려 한 달 혹은 그 이상이 걸렸다.

211) 「不動産證明과 오해」, 『每日申報』 1912. 9. 12, 4책, 38쪽.

212) 동척 금융대부 담당자는 "대부를 求하는 건수가 폭주하는 경우에 합의 외의 시일은 備함이 不無하나 동척의 신용조사 담보조사 등에 요하는 일수는 그다지 不多하고 기간이 장구한 원인은 각 府郡廳에서 저당권을 설정하는 토지 증명사무의 지연에 在하니 蓋 현하의 조선은 토지조사가 종료치 못함을 인하야 府郡廳이 토지에 증명을 與함은 극히 신중한 조사와 考量을 요하는 사, 특히 부군은 도행정 근간이라 칭하는 번망한 관청인 즉 종하야 시일의 경과는 免키 難한지라"라 하여 당시 실상을 잘 나타내고 있다. 「土地證明事務 簡捷」, 『每日申報』 1913. 7. 15, 5책, 265쪽.

증명령 시행을 위협하는 요소도 적지 않았다. 강점 초기 의병투쟁 등 반일세력을 완전히 제거하지 못한 불안한 정세, 그리고 증명제도로 피해를 입은 소유자들의 반감, 또는 증명제도를 사기에 이용한 사기배 등의 작간 등이 그것이다. 이러한 원인으로 증명부가 소실될 것을 우려하여 증명령에는 재증명제도가 도입되었다. 이 제도는 천재지변, 충해, 기타 등의 이유도 포함하여 증명부가 멸실되었을 때 이를 구제하는 방법이었다.

재증명 절차는 그 사유가 발생하면 증명관리는 사유와 발생일, 멸실된 증명부의 종류, 책수와 증명번호를 조선총독에 신고하여 재증명 공고를 통해 새로 작성하도록 정했다. 고시 내용은 재증명의 사유와 재증명기간, 그리고 증명권리자가 기간 내에 재증명을 신청하지 않으면 이미 받은 증명의 효력을 잃는다는 것이었다. 물론 증명 권리자가 이 사실을 알지 못해 권리가 무효로 되는 것을 방지하기 위해 증명권리가 다른 신청과 저촉되지 않을 때는 어느 때라도 권리를 회복할 수 있도록 했다.[213] 증명규칙에서 막연하게 정한 규정을 보완하여 소유권 장부로서의 역할에 차질이 발생하지 않도록 한 것이다.[214] 실제 재증명은 건수가 많지는 않았지만, 예상대로 일부 지역에서는 증명부가 소실되는 일이 발생하기도 했다.[215] 재증명제도는 증명의 법적 강제력을 유지시켜 토지권의 안정성을 보장해 주기 위한 것이라 하겠다.

어쨌든 연명부와 견취도(혹은 토지대장과 지적도)가 완성되면, 이러한 여러 문제는 자연스럽게 해결될 일이었으나, 당시로서는 사무체계를 개선하는 방법밖에 없었다. 1913년 4월에는 신청 당일 처리원칙도 세웠지만, 실제 실현에는 어려움이 많았다.[216] 1913년 6월부터는 내무부에서 재무부로 소관을 옮겨 사무 전담제를 채택하기도 했다.[217] 1913년대 후반 연명부의 완성으로 증명신청이 더욱 급격히 증가하자 증명사무의 지체를 막기 위하여 특별근무까지 시행하기도 했다.[218] 증명수속을 대행해 주는 대리인들의 폐해가 적지 않게 발생할 정도였다. 부군청에서는 증명대리인 지정제도를 만들거나 부동산증명사례집 등을 제작 배포하여 여기서 발생하는 폐해를 막기도 했다. 여전히 종전대로 구문기로 거래하는 경우도 적지 않았으나 대체로 증명령에 포섭되는 경향을 보였다.[219]

---

213) 조선부동산증명령 제34·35조. 「관통첩 제7호 재증명의 취급에 관한 건」, 『朝鮮總督府官報』 제132호, 1913. 1. 11, 9책, 609쪽. 典當權의 경우 소유권자가 등록을 하지 않을 경우에는 기한 만료시 민사소송을 제기하여 소유권을 실현할 수 있도록 하였으며, 부윤·군수의 증명서를 첨부하여 강제경매 절차를 밟도록 했다.

214) 神尾太治平, 「證明規則」, 앞의 책, 188쪽에는 再證明의 신청을 인정했지만 신청방법과 수수료에 대한 규정이 없었다.

215) 재증명 건수는 1913·1914년에 각각 1942건 74건 개수로는 3,109개 78개였다(朝鮮總督府, 『朝鮮總督府統計年報』, 1913·4년도판). 『朝鮮總督府官報』 제132호, 1913. 1. 11, 9책, 609쪽.

216) 「土地證明의 敏速」, 『每日申報』 1913. 4. 13, 4책, 783쪽.

217) 「土地證明事務 簡捷」, 『每日申報』 1913. 7. 15, 5책, 265쪽. 이러한 개선으로 대부신청이 급증하여 한 달 만에 50만 원을 돌파하였다고 했다.

218) 「증명계 특별집무」, 『每日申報』 1913. 12. 28, 6책, 100쪽.

219) 「증명건수의 격증(영흥)」, 『每日申報』 1915. 9. 29, 8책, 834쪽 ; 「부동산증명 사례」, 『每日申報』 1915.

<표 11> 조선부동산증명령 취급 건수와 등록세

연도	등록세수수료(有)				등록세수수료(無)			합계	
	건수	개수	금액	지수	건수	개수	지수	건수	개수
1912	159,890	315,929	334,381	100	1,389	3,954	100	161,279	319,883
1913	293,067	931,134	522,499	156	4,513	12,611	319	297,580	943,745
1914	616,439	1,941,506	785,546	235	1,969	5,600	142	618,408	1,947,106
1915	583,538	1,863,670	647,604	194	7,022	35,206	890	590,560	1,898,876
1916	441,800	1,314,886	626,216	187	6,915	18,682	472	448,715	1,333,568
1917	228,426	594,465	404,117	121	9,524	18,203	460	237,950	612,696
합	2,323,160	6,961,590	3,320,363		31,332	94,256		2,354,492	7,055,874

* 비고 : 지수는 1912년을 100으로 할 때 각년별 비율이다.
** 자료 : 朝鮮總督府, 『朝鮮總督府統計年報』 각년판 참조.

<표 11>에서 증명령 시행에서 나타난 몇 가지 특징을 살펴보자. 첫째 증명건수가 증명규칙에 비해 큰 폭으로 증가했다는 점이다. 둘째 증명건수의 증가율은 1914년을 정점으로 하락하는 경향을 보였으나, 이것은 등기제도가 이 때 시가지에 전면적으로 실시된 이후 점차 전국적으로 확대되어 갔기 때문이다.

<표 12>에서 각도별 실태를 보면 경기, 황해, 전남・북, 경남의 순이며, 등기시행에 따라 감소하는 양상을 보이면서도 대체로 일본인이 투자대상에 상대적으로 높은 이용도를 보였다. 증명은 등기시행으로 중단될 때까지 계속 증가하여, 총 증명건수는 235만 건에 705만 개에 달했다.

증명 사무는 제도가 완비되지 않아 일선 담당관리들이 자리를 비우는 등 여러 문제를 노출시키는 경우도 있었지만,[220] 증명건수가 증가하고 등기가 제도적으로 자리를 잡아간다는 것은 근대법적 토지권, 특히 소유권 의식이 확산되어 가는 것을 보여주는 동시에, 조선인의 토지가 일본자본의 지배하로 들어가는 식민성이 작동하고 있음을 보여주는 것이었다.

증명령 시행과 동시에 등록세를 납부하도록 했다는 점도 주목된다.[221] 증명부의 권리사항을 변경할 때는 등록세를 납부하도록 했으며, 등록이 되었을 때에 한하여 정한 규정에 따라 각종 권리를 법적으로 보호해 주었다. 등록세는 등록의 원인에 따라 달랐으며, 소유권 이전에 관한 것은 부동산 가격의 2~3%나 되었다.[222] 다만 관공리가 총독부의 사업 때문에 직권으로 증명을 청구할 경우에는 등록세를 납부하지 않았다.[223] 총독부에서는 등록세액이

---

6. 11, 8책, 442쪽 ; 「토지증명건수 증가」, 『每日申報』 1916. 3. 19, 9책, 610쪽.

220) 「證明事務 執行」, 『每日申報』 1917. 9. 18, 11책, 780쪽. 덕천의 경우 관리의 출장으로 1주일 이상 사무를 취급하지 않기도 했다.

221) 조선부동산 증명령 제22조.

222) 「제령 제16호 朝鮮登錄稅令」, 『朝鮮總督府官報』 제468호, 1912. 3. 22, 6책, 859~861쪽.

223) 「관통첩 제93호 증명사무취급에 관한 의의의 건」, 『朝鮮總督府官報』 제208호, 1913. 4. 14, 10책, 500쪽 ; 「부령 제122호 조선부동산증명령 시행규칙 개정」, 『朝鮮總督府官報』 제541호, 1912. 6. 17, 7책, 799쪽. 이를 위해서 조문을 특별히 개정했다.

<표 12> 조선부동산증명령 도별·연도별 이용실태

도별	구분	1912	1913	1914	1915	1916	1917	합
京畿	금액	141,707	142,115	116,001	70,056	40,044		509,923
	%	42	27	15	11	6		
忠北	금액	4,634	13,358	28,210	28,661	13,744		88,607
	%	1	3	4	4	2		
忠南	금액	26,359	45,940	56,683	56,157	19,611		204,750
	%	8	9	7	9	3		
全北	금액	24,599	52,618	90,666	65,116	90,924	13,464	337,387
	%	7	19	12	10	15	3	
全南	금액	15,376	25,934	77,289	59,697	95,056	64,267	337,619
	%	5	5	10	9	15	16	
慶北	금액	21,784	38,394	69,848	56,925	17,127		204,078
	%	7	7	9	9	3		
慶南	금액	27,765	52,579	88,865	85,699	63,215	727	318,850
	%	8	10	11	13	10	0.2	
黃海	금액	29,089	71,522	93,028	63,904	99,933	98,830	456,306
	%	9	14	12	10	16	25	
平南	금액	18,548	31,660	56,862	54,459	56,048	20,182	237,759
	%	7	6	7	8	9	5	
平北	금액	6,991	16,932	46,718	50,419	70,643	105,789	297,492
	%	2	3	6	8	11	26	
江原	금액	3,753	10,195	28,864	24,147	29,144	49,882	145,985
	%	1	2	4	4	5	12	
咸南	금액	9,899	17,028	28,002	26,034	26,689	42,464	150,116
	%	3	3	4	4	4	11	
咸北	금액	3,877	4,224	4,510	6,330	4,128	8,512	31,581
	%	1	1	1	1	1	2	
합계	금액	334,381	522,499	785,548	647,604	626,216	404,117	3,320,365

*자료 : 조선총독부, 『朝鮮總督府 統計年報』 각년판.
**비고 : %는 합계에 대한 도별비.

일본보다 적다고 평가했으나, 수입액은 <표 11>에서 보듯 적지 않은 것이었다. 등록세는 주요한 재정수입원이기 때문에 관리감독을 철저히 했다. 수입인지 수입은 총독부에 보고했으며,[224] 매월 1회 감독관은 첨부된 인지의 당부와 소인의 유무를 검열 확인하도록 했다.[225] 때로는 한호농공은행에 불입한 후에 증명을 해 주는 방식을 취하기도 했다. 등록세 수입은 증명관서의 보고사항이었다. 증명령은 1917년 경기·충남북·경북을 시작으로 1918년 '사업'이 완결됨에 따라 종결되었다. 이리하여 부군청의 증명사무는 정지되고, 장부 일체를 재판소에 인계하는 사무에 착수했다.[226]

224) 「관통첩 제258호 수입인지 수입액 보고의 건」, 『朝鮮總督府官報』 제562호, 1912. 7. 11, 8책, 105쪽.
225) 「훈령 제42호 수입인지 소인 捺押에 관한 건」, 『朝鮮總督府官報』 제209호, 1911. 5. 13, 4책, 105쪽.
226) 「증명사무 인계 북청」, 『每日申報』 1918. 5. 2, 12책, 700쪽.

6. 맺음말

이상에서 본 바와 같이, 일제는 '조선을 일본화한다'는 통치방침을 정하고 지배체제 구축을 위한 각종 정책을 추진했다. 이는 각 부문에서 전개되었지만, 강점 초기 경제정책의 핵심은 토지제도의 재편에 있었다. 이것은 한국의 토지를 전면적으로 장악할 목적으로 구래의 제도와 증명제도의 한계를 극복하고 '근대적'인 입법사업과 '사업'을 벌여 부동산권에 대한 국가관리체제를 수립하는 일이었다. 이 때 적용한 기본원칙은 일본의 법질서를 가능한 그대로 도입 활용하는 것이었다.

이러한 원칙 아래 민사 관계에서는 조선민사령을 제정하여 일본민법을 조선에 시행하되 전통과 관습의 차이로 조선민중이 강하게 반발하거나 반발이 예상되는 등 어쩔 수 없는 경우에는 구래의 관습법 체계를 도입하여 활용한다는 방침이었다. 부동산권의 경우 소유권에 一地一主의 배타적 권리로서 절대성을 부여하고, 경작권을 채권으로 규정한 일본민법의 규정을 기본원칙으로 삼았다. 관습법상 일종의 물권이었던 도지권은 경작권으로 취급하여 추세로는 부정하는 방향이었지만, 초기에는 판례로 인정하기도 했다. 여기에 덧붙여 토지분쟁 등이 발생했을 때 총독부가 개입하여 신속하게 처리할 수 있는 방식으로 법안을 마련했다. 일본과 달리 식민지 조선을 강력하게 통제할 수 있는 서구의 근대법을 채용한 것이었다.

이러한 원칙 아래 일제는 토지법을 제정하고 현실에 시행하기 위한 기반을 조성하기 위해 토지조사를 실시하고 지권제도를 실시하려 했지만, 한국민의 비협조와 안정적 투자기반의 초기적 확보 등 통치체제의 구축과 관련하여 기존 방식을 수정 보완하지 않으면 안 되었다. 증명령은 이 문제를 해결하기 위해 제시된 방안의 하나이며, 속성은 등기령과 같은 일종의 등기제도였다. 그 내용은 부동산권을 증명부에 등재하여 '국가체'가 제3자 대항권을 부여하고 권리를 보호해 주는 장치이며, 전국 단위의 유통권에 부동산권을 상품화할 수 있도록 한 법제였다. 다만 증명령은 토지조사를 하지 않은 지역, 등기령은 토지대장이 완성된 지역에 적용한 것이다. 등기제도를 실시하기 위해서는 토지조사를 통해 소유권자를 확정 공시하여 언제라도 이를 확인할 수 있는 장부체계가 마련되어야 했다. 증명령에서도 이러한 차원에서 면장이 연명부 등을 근거로 증거서면을 발급하고 증명관리는 이를 근거로 증명부에 부동산권과 그 변동관계를 등재하도록 하는 절차를 마련했던 것이다.

증명령에서 취급한 부동산권은 소유권과 전당권이고, 경작권 등 그밖의 권리는 취급대상이 아니었다. 여기서 증명해 준 소유권은 구래의 소유권에 근거한 것이지만, 증명규칙 등 이전의 강점 법규로 인정한 부동산권도 그대로 인정하여 제3자 대항권을 부여했다. 또한 소유권 분쟁소송이나 국가의 조세징수나 토지수용 등에 활용할 수 있도록 법적 강제력을 동원할 수 있는 관청촉탁제도도 마련했다. 조세의 안정적 확보, 그리고 식민지 정치권력의 '공공'사업이나 일본인 자본가의 사업기반 조성을 제도적으로 가능하게 한 것이다.

전당권에서는 전당권자의 권리를 보호하고 채무자가 자기 부동산을 최대한 활용할 수 있는 방안을 강구했다. 증명부에 전당 내용을 기재하는 것으로 절차가 종결되고 제3자가 확인할 수 있도록 한 것이다. 전과 달리 질권보다 저당권이 보편적으로 이용되었다. 물론 流質의 인정, 강제력 없는 이식제한 등 고리대적 투기를 여전히 인정하는 분위기였지만, 금융자본의 투자기반 조성이 일차적 목적이었다. 일본인 지주와 고리대업자보다도 금융자본 등이 주로 이용했으리라 판단된다.

여기서 규정한 소유자의 자격은 일본민법에서 정한 자연인과 법인을 원칙으로 했으나 법인 규정에서 차이가 있었다. 원칙적으로 법인도 일본법에 따랐으나, 통치질서 구축과 관련하여 특별법에 의한 법인체, 관습법에서의 서원・종교단체・학교 등을 인정했다. 그러나 관습법을 적용할 경우 통치질서에 부적합한 것은 인정하지 않고 개인이나 공동명의로 신청할 때만 인정했다. 이같이 관습적 소유주체를 부정하는 것은 기존 향촌체제를 강점질서에 부합하도록 해체 재편하려는 의도에서 나온 것이었다.

부동산권을 원활하게 운용하기 위해서는 여기에 적합한 장부체계가 마련되어야 했다. 특히 면장이 소유권을 인증해 줄 때 근거 서면의 역할을 담당한 연명부의 완성도에 달려 있었다. 그러나 연명부가 土地公簿로서 기능하기에는 오류가 적지 않아 사실조사를 하는 경우도 적지 않았다. 연명부는 처음에는 납세담당자를 조사한 지세장부였으나, 1910년 지주납세제의 원칙에 따라 지주별로 조사 작성하면서 증명의 근거장부로 활용하기 시작했다. 토지공부로서의 역할을 부여하고 이것이 제대로 기능할 수 있도록 계속 수정・보완하는 작업을 해 간 것이다. 작업 결과 연명부에 토지대장으로서의 자격을 확실히 부여한 것은 1913년 10월 1일부터였다.

과세지 견취도가 연명부의 한계와 오류를 정정하기 위한 방안의 하나로 작성되었다. 견취도는 개형도로서 지적도보다 정확성에는 문제가 있었지만, 내용 면에서 다양한 정보를 조사 기록한 것이다. 일정한 지역내 개별 필지의 형상만이 아니라 소유자・결부・분쟁지 등도 조사하여 연명부와 대조하여 완성도를 높여 갔으며, 면동리의 지형지물은 물론 경계 등을 조사하여 행정단위를 확정할 수 있도록 했다.

조사작업은 부군의 감독 아래 면동리장이 주관했다. 조사 내용은 원칙적으로 지주 신고주의에 기반을 두었다. 총독부에서는 소유권 인정을 빌미로 소유권자의 장부 열람을 유도했다. 열람 비율은 낮았지만, 도면작업은 여러 성과를 거두었다. 표면적으로 많은 조세누락지를 파악할 수 있었으며, 지주 중심의 결수연명부를 토지중심으로 파악할 수 있는 근거를 마련한 것이다. 그리고 여기서 행정구역을 확정해 가는 과정은 종전 동리 위주의 향촌 자치기구를 면 중심의 중앙 종속적 체제로 재편성해 가는 과정이라는 의미도 있었다. 이 결과 동리는 행정주체의 자격에서 제외되고 면과 종속적 관계로 총독부 체제에 편입되었다.

이러한 작업을 거치면서 연명부는 不備한 점이 없지 않았지만, 증명부의 기본대장이며 '사업'에서 토지신고서 작성의 기본대장으로서 활용될 수 있도록 내용을 갖추어 갔다. 일제는 구래의 문서를 참고는 했지만, 기본적으로는 자기 주도로 새로 작성한 장부를 토대로 토지조사를 진행시켰던 것이다. 그 중에서 가장 핵심적인 장부는 연명부였다. 여기에 기재한 소유권은 대체로 구래의 소유권을 추인하는 한편으로, 강점 과정에서 자기들이 구축한 권리도 추인 강화시켜 가는 방향이었다. 증명규칙 증명령의 증명은 모두 법률적 계승관계에 있었으며, '사업'은 이와 상관관계를 갖고 추진되었던 것이다.

1913년 1월 신고서는 연명부에 기초하여 작성하고 토지신고 후 이동이 생길 때도 연명부에 근거하여 처리하도록 한 것이다. 또한 연명부는 증명부의 변동과 연동관계를 갖도록 정했기 때문에 旣증명 관계를 신고서에 반영할 수 있었다. 따라서 연명부를 이용하여 토지신고서를 작성하면 토지신고가 제대로 되지 않는 현실을 어느 정도 타개할 수 있었으며, 증명관계도 이 작업을 통해 사업에 반영할 수 있었다. 요컨대 연명부의 완성작업은 '사업'의 기초작업의 완성이자 본격적인 시작을 의미했다.

일제는 연명부를 기본 장부로 삼고 증명부와 일치시켜 갔으며, 토지신고서의 기본대장으로 활용하는 한편 지세명기장과도 연관관계를 갖도록 했다. 따라서 연명부 작성작업은 '사업'의 기초작업이면서도, 과세지를 빠짐없이 파악하여 지세를 부과하려는 재정적 측면과 토지의 권리관계를 장부상으로 확정하여 자본가 지주들의 토지투자를 확대하는 데 일차적 목적이 있었다.

결과적으로 증명령은 총독부가 부동산권을 일원적으로 관리하는 체제를 확립한 등기령의 前史로서 '조선의 일본화' 정책의 기초였다. 그리고 이 제도는 전 국토를 대상으로 한 부동산의 상품화를 총독부가 제도적으로 보호해 주는 장치이며, 일본인 지주 자본가들의 투자에 안정적 기반을 제공해 주는 제1단계 작업이었다. 제2단계에 해당되는 등기제도의 완성은 이를 기초로 토지조사 후 토지대장과 지적도를 마련하면서 가능하게 된 것이다. 이러한 일련의 과정은 일제가 식민지 지배체제 구축을 목적으로 한 법체계를 마련하고 이에 기초하여 토지조사를 실시하여 구래의 제도를 일본적인 근대적 부동산권 관리제도로 변용 완성시켜 가는 작업과정이었던 것이다.

日帝下의 勞動力 移動과 構成

이 상 의*

1. 序言

일제강점기에 우리 나라에서는 노동력 이동이 활발히 진행되었다. 그러나 그 양상은 산업화 과정에 있던 여타 국가와는 다르게 진행되었다. 일본자본주의의 성격 변화와 그 필요에 따라 조선인 노동력에 대한 포섭과 소외 정책이 진행되는 속에서 노동력이 재편성되어 갔기 때문이다. 이러한 정책의 추진은 조선의 노동력이 일본제국주의 내에서 차지하는 비중이 컸기 때문에 더욱 가능했다. 1935년 당시 조선인은 일본제국주의의 전 판도 내에서 23%, 약 1/4의 비중을 지니고 있었다.[1)]

일제하의 노동력 이동 과정에는 일제의 지주 위주의 농업정책과 농촌에서의 몰락농민 유출, '조선공업화' 정책의 추진과 그에 따른 노동력 수요의 증가, 그리고 전시통제경제기 총동원체제의 구축과 노동력 강제동원 과정 등이 영향을 미치고 있었다. 즉 일제강점기 조선인 노동력의 이동은 공업발달이라는 노동력 흡수 요인에 의한 것이기보다는 농촌분해에 따른 노동력 배출 요인의 증가에 의해 촉발되었다. 따라서 농촌에서 유출된 노동력은 새로운 노동시장을 찾아 대도시나 북부지방으로 이동해갔지만 국내 산업 간의 유기성 결여로 인해 대부분 안정적으로 고용되지 못하고 실업자 혹은 무업자로 존재하였으며, 그 중 상당수는 국외의 노동시장을 찾아가야만 했다. 이러한 양상이 심각한 사회문제로 등장하면서 일제는 사회안정의 차원에서 새로운 사회정책을 시행하거나 총독부가 직접 자본의 노동력 수요에 따른 노동력 공급을 담당하기도 하였지만, 이는 일시적이고 제한적인 의미만을 가졌을 뿐

* 연세대학교 강사

1) 일제하 일본제국주의의 판도 내 총인구 중 조선인은 1925년 23.4%, 1930년 23.3%, 1935년 23.4%로 대체로 1/4의 비중을 차지했다. 전체적으로는 1935년 현재 일본 국내 인구가 70.9%, 조선인 23.4%, 대만인 5.3%, 사할린인 0.3%로 구성되었다(朝鮮總督府, 『昭和10年 朝鮮國勢調査報告 全鮮編』, 10쪽).

장기적인 노동력 고용에 대한 정책은 추구되지 않았다.

일제하의 노동시장정책에 관한 연구는 다른 분야에 비해 상당 부분 축적되어 있다. 그러나 기왕의 연구는 주로 만주지역으로의 농업이민[2)]과 전시체제하 일본으로의 강제동원[3)]을 중심으로 이루어졌다. 즉 지역별·시기별로 연구의 대상이 제한되어 있으며, 더욱이 국내 이동 과정과 그 성격에 대한 연구는 許粹烈의 글[4)]을 제외하면 아직 영성한 것이 현실이다.[5)] 노동력 이동 과정과 그 성격을 밝히기 위해서는 국외로의 노동력 유출 과정과 아울러 대규모로 행해진 조선 내에서의 노동력 이동의 양상과 그 성격, 그리고 강제동원 과정도 해명되어야 할 것이다.

본고에서는 일제강점기 중에서도 노동력 이동이 활발히 진행된 1930년대를 중심으로 하여 그 전후 시기를 고찰한다. 본문의 구성은, 우선 2장에서는 강점 이래의 지주적 농정 시행과 그에 따른 몰락농의 양산, 그리고 이들이 이농하기까지의 과정을 살펴본다. 3장에서는 조선총독부에서 추진한 조선공업화 정책의 내용, 의도와 노동력의 이동 양상을 북부지방과 대도시로 구분하여 고찰한다. 4장에서는 대거 이동한 노동력이 어떠한 형태로 존재하였는지를 살펴본다. 노동력 이동의 결과 산업별 노동력 구성은 어떻게 달라졌으며, 특히 농촌에

---

2) 이에 관해서는 다음의 연구성과가 있다. 金哲, 『韓國の人口と經濟』, 岩波書店, 1965 ; 松村高夫, 「日本帝國主義下における滿洲への朝鮮人移動について」, 『三田學會雜誌』 63-6, 1970. 6 ; 高承濟, 『韓國移民史研究』, 章文閣, 1973 ; 依田憙家, 「滿洲における朝鮮人移民」, 滿洲移民史研究會 編, 『日本帝國主義下の滿洲移民』, 1976 ; 이형찬, 「1920~30년대 한국인의 만주이민 연구」, 한국사회연구회, 『일제하 한국의 사회계급과 사회 변동』, 문학과지성사, 1988 ; 劉秉虎, 「日帝의 朝鮮人 移民政策에 對한 研究 - 滿洲지역을 中心으로 - 」, 『韓國學研究』 창간호, 숙명여대 한국학연구소, 1991 ; 尹輝鐸, 「1920~30年代 滿洲中部地域의 農村社會 構成 - 間島地方의 朝鮮人 農民을 中心으로 - 」, 『박영석교수화갑기념논총 韓國史學論叢(下)』, 1992 ; 정진성·조성윤, 「조선족의 중국 유이민사 : 일제시기 만주이민을 중심으로」, 『동남아질서의 형성과 변동』(한국정치외교사학회), 서울과학정보사, 1994.

3) 이에 관해서는 다음 글을 참고할 수 있다. 朴慶植, 『朝鮮人强制連行の記錄』, 未來社, 1965 ; 金大商, 『日帝下 强制人力收奪史』, 正音社, 1975 ; 김민영, 『일제의 조선인노동력수탈 연구』, 한울아카데미, 1995 ; 遠藤公嗣, 「戰時下の朝鮮人勞動者連行政策の展開と勞資關係」, 『歷史學研究』 567, 1987. 5 ; 靑山茂樹, 「植民地勞動者勞動力の編成と勞務管理」, 『日本多國籍企業の史的展開(上)』, 大月書店, 1979 ; 權丙卓 外, 「光復前(1936~45) 韓國의 勞動力 統制에 관한 研究」, 『社會科學研究』 1, 嶺南大, 1981 ; 康成銀, 「戰時下日本帝國主義の朝鮮農村勞動力收奪政策」, 『歷史評論』 355, 1979 ; 강정숙·서현주, 「일제 말기 노동력 수탈 정책」, 『한일간의 미청산 과제』, 한울, 1997 ; 정진성·여순주, 「일제시기 여자근로정신대의 실상」, 『한일간의 미청산 과제』, 한울, 1997.

4) 許粹烈, 「朝鮮人 勞動力의 强制動員의 實態 - 朝鮮內에서의 强制動員政策의 展開를 中心으로 - 」, 『일제의 한국 식민통치』(車基壁 엮음), 정음사, 1985. 이 글은 1930년대 말부터 1945년까지 국내에서 행해진 강제동원에 대하여 연구한 것이다.

5) 이에 관해서는 다음의 연구성과가 있다. 堀和生, 『朝鮮工業化の史的分析』, 有斐閣, 1995 ; 廣瀨貞三, 「'官斡旋'と土建勞動者 - '道外斡旋'を中心に - 」, 『朝鮮史研究會論文集』 29, 朝鮮史研究會, 1991. 10 ; 宣在源, 『植民地と雇用制度 - 1920·30年代朝鮮と日本の比較史的考察 - 』, 東京大 經濟學研究科 博士學位論文, 1996 ; 이상의, 「1930年代 日帝의 勞動政策과 勞動力 移動」, 연세대 사학과 석사학위논문, 1995 ; 洪慶姬, 「韓國의 都市化 - 第1部 日政時代 - 」, 『慶北大論文集』 6, 1962 ; Glenn T. Trewartha and Wilbur Zelinsky, "Population Distribution and Change in Korea 1925~1949," *The Gedgraphical review* 45-1, 1955. 1.

서 밀려나 대도시나 북부지방으로 옮겨 갔으나 고용되지 못한 다수의 노동력이 어떠한 형태로 존재하였는지를 살펴본다. 이러한 작업을 통해 일제하 노동력 이동의 양상과 그것이 지니는 사회적 의미를 고찰할 수 있을 것이다.

이러한 연구는 일제 독점자본이 자본축적과 전쟁수행을 위해 취한 노동력 수급정책과 그 성격을 살펴보는 한편, 총동원체제가 구축되는 속에서 노동이 권리가 아닌 의무로서만 강제되었던 당시 사회의 특징을 파악하는 데 필요한 작업일 것이다.

2. 地主的 農政과 沒落農의 離農

한말 이래 일제는 조선농업을 일본자본주의의 요구에 맞추어 재편성하기 위한 작업을 진행시켰다. 먼저 조선에서 일본인 토지소유의 합법화와 조선 토지의 근대법적 소유권 확립을 위한 작업으로서 토지조사사업을 시행하였다. 이와 함께 일본농법의 이식과 米穀 單作무역구조의 강화, 일본공업을 위한 원료농산물의 증산사업을 강행하였다. 이러한 사업을 통해서 일제는 미곡・면화・고치 등의 식량과 원료품의 증산을 이루어 갔다.[6]

1920~30년대 농촌사회의 변화는 '産米增殖計劃'으로 대표되는 일제의 농업생산물 증산정책의 성격과 관련해서 이해할 수 있다. 일제의 농정은 기본적으로 지주를 근간으로 하는 수탈농정이었다.[7] 일제의 조선침략과 더불어 일본인 자본가들이 대거 조선의 토지를 침탈해 들어왔다. 1910년대부터 1930년대에 걸쳐 10만 명이 넘는 일본인 지주・자본가계급이 조선에서 토지 집적과 겸병을 통해 토지소유를 확대하고, 지주경영을 통해 토지와 농민을 지배하였던 것이다. 동시에 일제는 지주층 위주의 농정을 전개함으로써 지주층을 조선지배의 협력층으로 끌어들이고자 하였다. 이에 大韓帝國이 추진하던 소작권을 인정하는 토지조사사업을 중단시키고, 지주층의 권리만을 인정하는 토지조사사업을 강행하였다.[8] 또한 미곡수출의 판로가 확대되는 상황에서 농사개량과 토지개량사업을 추진하여 미곡생산을 확대함으로써 지주층의 米穀商品化를 가속화시켰다. 이러한 일제의 농정 구도는 殖産銀行 - 金融組合의 농업금융구조 편성과 農會를 중심으로 한 지주층의 조직화 사업을 매개로 하여 추진될 수 있었다.[9]

이상과 같은 지주적 농정의 강화는 소작료의 고율화와 소작권의 잦은 이동, 만성적인 저

---

6) 崔元奎, 『韓末 日帝初期 土地調査와 土地法 硏究』, 연세대 사학과 박사학위논문, 1994 ; 鄭然泰, 『日帝의 韓國 農地政策(1905~1945년)』, 서울대 국사학과 박사학위논문, 1994.

7) 金容燮, 『韓國近現代 農業史硏究 - 韓末・日帝下의 地主制와 農業問題 - 』, 一潮閣, 1992 ; 淺田喬二, 「舊植民地(朝鮮)における日本人大地主の存在形態」, 『朝鮮歷史論集』, 1979.

8) 崔元奎, 『韓末 日帝初期 土地調査와 土地法 硏究』, 연세대 사학과 박사학위논문, 1994.

9) 堀和生, 「日帝下 朝鮮에 있어서 植民地 農業政策」, 『韓國近代經濟史硏究』, 사계절(『日本史硏究』 171, 1976) 참조.

곡가정책으로 이어졌고, 이는 농가수지를 악화시켜 농촌사회의 심각한 분화를 야기하였다. 1920~30년대 농가호수의 계층별 동향을 살펴보면, 전체 농가호수가 완만하게 증가하는 가운데 지주와 소작농은 증가한 반면 자소작농은 감소하는 경향을 보였다. 즉 1921년부터 1939년까지 자소작농은 99만여 명에서 71만여 명으로 감소한 반면, 소작농은 같은 시기에 109만여 명에서 158만여 명으로 증가하여 1939년 당시 총농민의 52%를 차지하게 되었다.[10] 또한 1927년과 1933년부터 각각 화전민과 농업노동자를 파악하기 시작하였는데, 이는 이들 계층을 새로이 분류하지 않으면 안 될 만큼 그 수효가 증가하였기 때문이다.[11] 자신의 토지를 소유하지 못할 뿐만 아니라 다른 사람의 토지를 빌어 농사짓는 것조차 불가능할 정도의 농민이 대거 등장한 것이다. 전체 농가호수가 증가하는 가운데 소농 혹은 몰락농이 차지하는 비중이 점차 증대된 것은, 농촌 내에 이미 광범위한 실업·반실업 인구가 존재하게 되었음을 의미한다. 이러한 농촌내 실업자군의 누적 현상은 제1차 세계대전 후의 계속된 불황, 특히 1920년대 말~30년대 초반의 세계대공황과 연이은 농업공황의 와중에서 더욱 심각하게 전개되었다.

이러한 상황에서 농촌 내의 실업·반실업 상태에 있던 몰락농민이 선택할 수 있는 방향은 농촌 내에 잔류하거나 아니면 농촌을 떠나는 것의 두 가지가 있었다. 먼저 농촌 내에 잔류한 사람들은 농촌 내에서 계절적 노동에 종사하면서 반실업 상태로 존재한 부류였다. 공업이 발달하지 않은 당시의 상황에서는 도시로 나가 노동자로 전신하는 것이 쉽지 않았으므로 농촌에 머물면서 '상대적 과잉인구'[12]로 존재한 것이다.[13] 이러한 층의 광범위한 존재

---

10) 朝鮮總督府, 『朝鮮總督府統計年報』, 1921·1939년도판.

11) <표> 일제하 농가계급 구성의 추이 (단위 : 戶)

	地主甲	地主乙	自 作	自小作	小 作	純火田	被傭者	計
1921	17,002	80,103	533,188	994,976	1,091,680			2,716,949
1927	20,737	84,359	519,389	909,843	1,217,889	29,131		2,781,348
1933			545,502	724,741	1,563,056	82,277	93,984	3,009,560
1939			539,629	719,232	1,583,358	69,280	111,634	3,023,133

비고 : ① 1933년부터 조사양식을 변경하여 地主乙을 自作農으로 편입. ② 地主甲은 소유지를 모두 소작시키고 자신은 경작하지 않는 자. ③ 地主乙은 소유지의 대부분을 소작시키고 일부만을 자신이 경작하는 자. ④ 火田民은 화전식 경작방법으로 경작하는 자로 1927년부터 파악되었음. ⑤ 被傭者는 경지가 없어 타인에게 고용된 농업노동자로 1933년부터 파악되었음.

자료 : 朝鮮總督府, 『朝鮮總督府統計年報』, 각년도판.

12) 과잉인구에 대해 논한 사람으로는 대표적으로 맬더스와 마르크스를 들 수 있다. 맬더스는 인류생활에 제한을 가하지 않으면 생활자료는 等差級數的으로 증가하는 데 비해 인류는 等比級數的으로 증식되기 때문에, 즉 인구증가율이 생활자료 증가율보다 크기 때문에 과잉인구가 자연적·절대적으로 발생된다고 하였다. 이에 비해 마르크스는 자본증가율이 노동증가율보다 적기 때문에 과잉인구가 인위적·상대적으로 발생된다고 주장하였다. 즉 그는 "산업의 발전에 따라 불변자본은 가변자본에 비해

는 소작조건과 도시노동자들의 노동조건 악화를 초래하는 압박 요인으로 작용하였다. 그리고 농촌을 떠난 사람들은, 조건이 좋지 않기는 농촌과 마찬가지지만 인구와 물동량이 많은 도시로 나가 자유노동자가 되거나 조금씩 성장해 가던 도시 상공업계의 노동자로 전업하는 부류가 되거나, 그도 아니면 더 이상 국내에 머물지 못하고 국외로 떠나간 부류가 되었다.[14]

이와 같이 몰락해 가는 많은 농민들이 농촌 내에 퇴적하는 한편으로 농촌 이출도 대거 진행되면서 총인구에서 차지하는 농업인구의 비율은 1920년 이래 점차 감소되어 갔다. 그러한 양상은 <표 1>의 농업인구와 총인구의 증가추이를 통해서 살펴볼 수 있다.

<표 1> 조선인 농업인구와 총인구의 증가추이 (단위 : 名, %)

구분 / 연도	농업인구		총인구		농업 / 총인구
	인구수	증가지수	인구수	증가지수	
1920	14,743,569	100	16,916,078	100	87.1
1932	15,954,567	108	20,037,273	118	79.6
1940	16,724,972	113	22,954,563	135	72.8
1942	17,396,888	118	25,525,409	151	68.2

비고 : 농업인구에는 林業, 牧畜業 인구 포함.
자료 : 朝鮮總督府, 『朝鮮總督府統計年報』, 1920・32・40・42년도판.

강점기 내내 농업인구는 계속해서 증가하는 양상을 보였다. 1920년 1,474만여 명에서 1932년 1,595만여 명으로 증가하고 1942년에는 1,739만 명을 넘어서서, 1920년을 100으로 볼 때 각각 108, 118로 증가하였다. 그런데 같은 시기에 총인구는 100에서 118, 151로 증가하여,

遞增하게 되고 가변자본은 불변자본에 비해 遞減하는 경향을 가지므로, 자본구성이 고급화될수록 노동력 수요는 상대적으로 감소되어 과잉인구가 발생한다. 그러므로 자본가사회의 과잉인구는 자연적・절대적이 아니라 자본적・상대적이다. 즉 인구의 절대적 증가로 말미암은 것이 아니라 자본의 상대적 감소로 말미암은 것이며, 인구의 변동이 아니라 자본의 변동이다"라고 하였다(河上肇, 『人口問題 批判』, 1927, 11~18쪽 ; 李如星・金世鎔, 「朝鮮의 人口問題 及 人口現狀」, 『數字朝鮮研究』 4, 1933, 1~4쪽). 본고에서는 마르크스가 주장한 상대적 과잉인구의 개념을 도입하여, '過剩人口'를 인위적으로 토지와 자본의 利用과 使用에서 제외된 인구, 즉 窮民으로 분류되는 飢餓線 이하의 生活群이라는 의미로 사용한다.

13) 矢內原忠雄은 상대적 과잉인구의 유형을 ① 시장경기에 따라 흡인 혹은 배출되는 정규 숙련노동자로서 유동적 과잉인구 ② 잠복적인 형태의 농촌과잉인구 ③ 자유노동자(日傭勞動者)로서 정체적 과잉인구의 세 가지로 구분하였다. 특히 그는 농촌과잉인구에 대해 농촌노동의 부족은 파종기・수확기 등 계절적이고, 그 중간에는 소량의 농민만이 노동하는 상태로서 인구과잉이 잠복적으로 존재한다고 하였다. 그리고 일본에서는 가족제도 관계상 도시실업자의 귀농이 비교적 용이하여 특히 潛伏的 과잉인구를 팽창시키므로, 눈에 보이는 실업은 日傭勞動者가 가장 고율이지만 눈에 보이지 않는 농촌과잉인구도 역시 失業的 성질을 가진다고 지적하였다(矢內原忠雄, 『人口問題』, 1928, 182~183쪽). 그가 지적한 농촌과잉인구의 개념은 일제하 조선의 경우에도 적용될 수 있는 것이라고 하겠다.

14) 일제강점기에 증가된 인구 중에서 종속인구를 제외한 要雇用人口는 약 40%가 국외로 이주하였고, 15%만이 국내에서 고용되었으며 나머지는 고용되지 못한 채 잠재실업자로서 주로 농촌에 퇴적되어 있었다(金哲, 『韓國の人口と經濟』, 1965, 220쪽).

농업인구의 증가는 총인구에 비해 상대적으로 낮은 비율로 진행되었음을 알 수 있다. 따라서 총인구에 대한 농업인구의 비율도 1920년의 87.1%를 최고로 이후는 서서히 낮아져, 1932년에 79.6%, 1940년에는 72.8%로 감소되고, 1942년에는 68.2%로 되었다. 이러한 현상은 농업인구의 절대수는 증가하고 있지만, 그와 동시에 상당수의 농가가 농촌을 떠나고 있었음을 반영한다.

이렇게 일제강점기 전반에 걸쳐 큰 규모로 지속되어 온 농민의 이촌현상은 당시 일제의 지주적 농정 강화로 인해 진행된 것이었다. 이는 <표 2>의 1930년 경상남도 농가의 轉業狀況에서도 잘 드러난다. 1930년 한 해 동안 경상남도에서는 총 355,173호의 농가[15] 중 11,627호가 轉業하였다. 이들 중 자기편의, 곧 자의에 의해 전업해 간 농가는 27.3%로 약 1/4정도이고, 약 3/4은 農業失敗, 즉 他意에 의해 전업하였다. 지주적 농정의 결과 농업경영에 실패한 사람들이 매우 많았고, 그들은 더 이상 농촌 내에 머무를 수 없을 만큼 심각하게 몰락하여 다른 지역으로 이주하거나 전업할 수밖에 없었던 것이다. 또한 자의로 전업해 간 경우도 그 원인을 살펴보면 타의에 의한 전업과 유사한 경우가 많았음을 알 수 있다. 이 통계를 작성한 주체도 농가전업자를 ① 상공업 발달과 교통의 편리에 따라 전업한 자 ② 고율의 소작료로 인해 생활이 곤란해지고, 1929년 稀有의 旱害와 1930년 미가폭락에 의해 부득이하게

<표 2> 1930년 慶尙南道 농가의 계급별 轉業現況 (단위 : 戶, %)

이주후 \ 이주전			지주		자작		자작겸소작		소작		합계	
			호수	비율	호수	비율	호수	비율	호수	비율	호수	비율
상업		자기편의	23	57.5	78	27.2	115	6.3	253	2.6	469	4.0
		농업실패	5	12.5	46	16.0	131	7.2	685	7.2	867	7.4
공업, 잡업		자기편의	2	5.0	8	2.7	34	1.8	73	0.7	117	1.0
		농업실패	–	–	4	1.3	58	3.2	191	2.0	253	2.1
노동, 용인		자기편의	–	–	8	2.7	91	5.0	866	9.1	965	8.2
		농업실패	–	–	60	20.9	430	23.8	2,788	29.3	3,278	28.1
국외이주	일본	자기편의	4	10.0	37	12.9	364	20.2	1,187	12.4	1,592	13.6
		농업실패	–	–	30	10.4	477	26.5	2,582	27.1	3,089	26.5
	기타	자기편의	–	–	2	0.6	4	0.2	27	0.2	33	1.0
		농업실패	–	–	–	–	1	0.0	26	0.2	27	0.2
일가이산			2	5.0	5	1.7	84	4.6	706	7.4	797	6.8
기타			4	10.0	8	2.7	11	0.6	117	1.2	140	1.2
계		자기편의	29	72.5	133	46.5	608	33.7	2,406	25.3	3,176	27.3
		농업실패	11	27.5	153	53.4	1,192	66.2	7,095	74.6	8,451	72.6
총계			40	100.0	286	100.0	1,800	100.0	9,501	100.0	11,627	100.0

비고 : ① 一家離散과 기타는 농업실패에 의한 이주로 간주함. ② 국외이주의 기타는 만주와 시베리아 지역.

자료 : 芳彌生,「慶南に於ける農家の轉業調査を一見して」,『朝鮮社會事業』 9, 1931. 6, 33~34쪽.

15) 朝鮮總督府,『朝鮮總督府統計年報』, 1930년도판, 90쪽.

전업한 자 ③ 중소지주 중 물가등귀·부채 때문에 轉業 出稼한 자 ④ 소작권 쟁탈이 심하고 소작지를 얻을 수 없어 勞動 또는 出稼한 자 ⑤ 高利借金이나 소작료를 납부하지 못해 도주하거나 一家 離散한 자 등으로 분류하였다.[16] 이는 농가의 대부분이 일제에 의해 추진된 상품화폐경제에 편입되어, 혹은 농가경영의 어려움으로 인해 생긴 부채나 고율 소작료를 감당할 수 없어서 그것을 면해 보고자 농촌을 떠나게 되었음을 시사한다.

전업농가를 계층별로 분석하면 그러한 양상이 두드러진다. 전업농가 중 지주와 자작농은 총 전업호수의 2.8%에 불과하였다. 그에 비해 97.2%가 자소작농 혹은 소작농이었고, 특히 소작농은 총 전업호수의 81.7%에 달하였다. 즉 일부 지주를 제외하면 전업농가의 대부분이 소작농이나 자소작농이었다. 그런데 총 40호의 지주농가 중에서도 11호가 농업실패로 전업하였다는 사실에서 상당수의 중소지주 역시 일제의 농정으로 인해 몰락해 갔음을 알 수 있다. 또한 총 전업호수 11,627호의 40%가 넘는 4,681호가 일본으로 이주하였는데, 이들 역시 대부분 자소작농과 소작농이었다.[17] 이렇게 다수가 국외로 유출된 것은, 이 시기 농촌에서 밀려난 농민들을 흡수할 수 있는 산업의 미발달로 인해 수많은 몰락농민이 국내에서 고용되지 못하고, 일본 노동시장의 최하층 노동자로 전신하여 생계를 유지할 수밖에 없었던 상황을 잘 보여준다.[18]

계층별로 다르게 나타나는 전업의 성격은 농가 각 계급의 직업별 轉業率에서도 명확히 드러난다. 지주의 경우 상업으로 전업한 자가 70%, 일본 이주가 10%, 공업·잡업이 5%를 차지하였다. 지주들이 자기편의에 의해 상업이나 공업으로 전업한 경우는 그들이 해당 부문의 경영자나 소유주가 되어 지주자본을 산업자본으로 전화한 것으로 볼 수 있다. 그리고 농업에 실패하여 전업한 경우에도 지주들은 토지매각 등을 통해 기본자산을 소유할 수 있었기 때문에, 그들의 존재조건은 상대적으로 여유가 있었다고 볼 수 있다. 한편 자작농은 43%가 상업으로 전업하였고, 노동자·용인이 된 경우와 일본으로 이주한 호수가 각각 1/4 가량을 차지하였다. 이들 역시 자본이 필요한 상업으로 전업하는 경우가 많았던 것이다. 그러나 이들 중 '농업실패'에 의해 노동자·용인이 된 자가 21%에 달하였고, 일본으로 이주한 자도 10%를 넘었다. 즉 농업실패로 인해 고리대나 금융조합에 담보로 제공한 토지를 상실하고 급격히 몰락한 경우도 많았던 것이다.

이렇게 지주·자작농의 전업이 비교적 자본을 소유한 상태에서 이루어진 것이었던 데 비해, 자소작농·소작농은 노동자로 전업하는 경우가 대부분이었다. 자소작농의 약 40%, 소작농의 약 40% 가량이 노동자·용인이 되었고, 그 중 각 47%, 40%가 일본으로 이주하여

16) 芳彌生, 「慶南に於ける農家の轉業調査を一見して」, 『朝鮮社會事業』 9, 1931. 6, 34쪽.

17) 국외 이주자의 대부분이 일본으로 이동하고 만주나 시베리아 등지로 이주한 경우가 상대적으로 적었던 것은 조사지역이 일본과 가까운 경상남도라는 지역적 특징이 작용하였기 때문으로 보인다.

18) 노동력의 일본 이동과 재일노동자의 생활에 대해서는 서현주, 「1920年代 渡日 朝鮮人 勞動者階級의 形成」, 『韓國學報』 63, 1991 ; 鄭惠瓊, 『일제하 在日한국인 민족운동의 연구 - 大阪지방을 중심으로 - 』, 한국정신문화연구원 박사학위논문, 1999, 2장 참조.

노동자가 되었다. 그리고 이들의 10% 가량이 상업으로 전업하였는데, 자료에서는 상업의 성격을 밝히지 않았지만 농업실패로 상업으로 전업한 소작농은 대부분 영세상인이나 점원으로 전업하였을 것으로 추정된다. 이 밖에도 一家가 흩어져 버린 농가의 대부분이 자소작농가 혹은 소작농가였다. 즉 자소작농과 소작농은 전업률이 가장 높았을 뿐만 아니라 전업의 분야에서도 노동자·용인이나 일본의 최하층 노동자가 되는 경우, 혹은 일가가 이산하는 경우 등 몰락의 길로 치달아 어쩔 수 없이 전업·이동한 경우가 대부분이었다.

이러한 상황을 당시의 사회경제학자 白南雲은 다음과 같이 묘사하였다.

> 빈농대중의 이동은 농촌경제의 귀결로부터 시작된 것이다. 다시 말하면 경지소유의 내적 모순은 물론이려니와 미곡의 사회적 생산과 지주의 사적소유의 현실적 모순이 빈농대중을 확장재생산한 것이다. …… 그리하여 조선농촌은 失業群이 유출되는 本源이 되고 만 것이다. '自然的 災害의 罹災民'은 실업군의 偶然的 생산이거니와 '社會的 罹災民'은 농촌기구의 必然的 생산인 것이다. …… '純小作農'이 '細農'으로, '細農'이 期節的 실업자인 '窮民'으로, '窮民'이 소위 '完全失業者'로 계기적 하향의 과정을 밟는고로, 실은 失業群이 不絶히 준비되고 있다.[19]

빈농의 이동 혹은 실업자 문제는 자연적 재해로 인한 것이 아니라 사회적 재해, 곧 일제의 지주적 농정에서 비롯된 것으로, 꾸준히 증가하고 있음을 갈파한 지적이다. 이렇게 일제의 농정에 의해 몰락한 농민들은 대부분 농촌과 도시의 '窮民'으로 존재할 수밖에 없었다.

이 시기에 고양된 농민운동은 이상과 같은 농촌의 상황을 기반으로 한 것이었다. 1910년대 산발적으로 일어나던 소작쟁의는 토지조사사업과 3·1운동을 거치면서 전국적으로 보편화되어 대중적·집단적 투쟁으로 전개되었다. 1920년대 전반기 암태도 소작쟁의, 북률면 東拓農場 소작쟁의를 비롯해, 후반기 전라북도 옥구 二葉農場 소작쟁의, 평안북도 용천 不二興業會社 西鮮農場 소작쟁의, 그리고 1930년대 함경남도 정평·단천·홍원과 함경북도 성진, 강원도 삼척, 경상남도 양산의 농민조합운동 등 전국적으로 농민운동이 잇따랐다.[20] 이러한 농민운동은 사회주의운동의 활성화에 따른 조선농민총동맹 창립, 소작인조합의 농민조합으로의 개편, 그리고 농민조합의 혁명적 농민조합으로의 개편과 함께 단순한 소작쟁의에서 점차 反帝와 反封建의 성격을 동시에 지닌 정치운동으로까지 고양되어 갔다.[21]

요컨대 일제강점기 조선에서는 일제의 지주적 농업정책 강행으로 인해 대다수의 농민이

---

19) 白南雲, 「朝鮮勞動者移動問題」, 『東亞日報』 1935년 1월 1·2일자.

20) 일제하 농민운동에 관해서는 이준식, 『일제침략기 농민운동의 이념과 조직 - 함경남도 평지대의 경우 - 』, 연세대 사회학과 박사학위논문, 1991 ; 辛珠柏, 「1930년대 함경도지방의 혁명적 농민조합운동 연구」, 『成大史林』, 1990 ; 池秀傑, 『일제하 농민조합운동 연구 - 1930년대 혁명적 농민조합운동 - 』, 역사비평사, 1993 등 참조.

21) 金容燮, 「日帝 强占期의 農業問題와 그 打開方案」, 『韓國近現代農業史硏究』, 一潮閣, 1992, 398~410쪽.

몰락·분해되어 농촌에 누적되어 갔고, 농촌에 흡수되지 못한 몰락농의 상당수는 새로운 노동시장을 찾아 도시나 북부지방 혹은 국외로 이출되어 갔다. 그런데 당시에는 이들을 수용할 만한 산업 여건이 조성되지 않았기 때문에, 이들은 이주지역에서도 역시 궁민이 되거나 실업자 신세를 면하기 어려웠다. 대부분 화전민 혹은 도시빈민이 되거나, 국외로 유출되어 일본의 최하층 노동자로, 만주의 빈농으로 되어갔다. 즉 일제하 조선의 농촌은 일제의 지주적 농정으로 인해 파탄이 일어나고 농민들은 유리사산하는 극심한 인구해체의 현장이었던 것이다.

3. '工業化'政策 推進과 勞動力 移動

1) 北部地方 人口의 增加

1920~30년대 초 전국적으로 궁민과 실업자가 격증하여 심각한 사회문제로 대두하고 있었다. 이는 특히 1930년대 초반 세계대공황으로 인한 경제적 위기상황이 겹치면서 더욱 심각해졌다. 1931년 현재 조선인의 실업률은 15%에 달하였고,[22] 궁민의 비율도 총인구의 1/4을 넘어서게 되었다.[23]

동시에 이 시기는 사회주의운동의 활성화와 함께 1929년 원산총파업과 광주학생운동의 전국적 확산, 1930년 부산 조선방직 총파업, 전국적 메이데이 투쟁과 신흥탄광 노동쟁의, 평양 고무노동자의 총파업 등이 계속해서 일어나는 등 대중운동이 활성화되고 있었던 시기다.[24] 실업자의 격증이 노동운동의 혁명적 조직화와 맞물려 일제의 지배체제를 위협하고 있었던 것이다. 일제는 이러한 위기를 해결하기 위한 대책을 마련할 수밖에 없었다. 그리고 그 대책은 일본자본주의의 요구를 최대한 반영하는 방향으로 추진되기 마련이었다.

1920년대 조선공업은 중소공업·가내공업을 중심으로 구성되어 있었다. 공황으로 인한 타격은 이 중소상공업에 집중되었으나, 상공업 분야에 대한 총독부의 대책은 '국산애용운동'과 공업에 대한 기초조사 등의 소극적인 선에 머물렀다.[25] 그 원인은 우선 당시 공업의 비중이 미미하였기 때문이고, 둘째는 총독부가 일본 독점자본 유치와 공업통제를 기본 방침

22) 朝鮮總督府 學務局 社會課,『朝鮮に於ける失業調査』, 1932.

23) 朝鮮總督府 學務局 社會課,「細窮民及浮浪者又は乞食數調」,『朝鮮社會事業』13, 1935. 6, 63~65쪽.

24) 1920~30년대 노동운동에 대해서는 金潤煥,『韓國勞動運動史(1)』, 靑史, 1981 ; 김경일 편,『북한학계의 1920·1930년대의 노농운동 연구』, 창작과 비평사, 1989 ; 김경일,「1930년대 일본인 독점기업에서 노동자상태와 노동운동」,『사회사연구회논문집』30, 문학과지성, 1991 ; 同,『일제하 노동운동사』, 창작과 비평사, 1992 ; 변은진,「1930년대 경성지역 혁명적노동조합 연구」,『일제말 조선사회와 민족해방운동』, 일송정, 1991 ; 임경석,「원산지역의 혁명적노동조합운동 연구」,『일제하 사회주의운동사』, 한길사, 1991 ; 김영근,「세계 대공황기 노동력의 성격과 파업투쟁」,『역사와 현실』11, 1994 ; 곽건홍,「1930년대 초반 조선질소비료공장 노동자조직운동」,『역사연구』4, 1995 등 참조.

25) 裵城浚,『日帝下 京城지역 工業 硏究』, 서울대 국사학과 박사학위논문, 1998, 86쪽.

으로 상정하였기 때문이다. 총독부는 중소공업을 조정・통제하는 한편, 독점자본 계통의 대공장 유치를 통한 과잉노동력 흡수를 도모하였던 것이다.[26] 1930년대 초반 동력・원료・인력・공업 실태 등에 대한 기초조사를 행한 것도 이러한 목적을 위해서였다.

당시 총독 宇垣一成은 조선이 원료・동력・노동력・판로 등 제 방면에서 공업발전에 이점이 있다는 점에 주목하면서, 일본제국주의의 경영전략으로서 일본과 조선, 만주를 精工業地帶 - 粗工業地帶 - 農業地帶・原料地帶로 묶는 이른바 日鮮滿 블록 구성을 제안, 추진하였다.[27] 총독부는 일본 독점자본을 유치하여 그 주도하에 공업을 빠르게 육성하는 방향으로 나아갔으며, 우선 일본 독점자본이 투자할 수 있는 환경 조성에 주력하였다. 그 일환으로 조선에서는 重要産業統制法과 工場法을 실시하지 않는 방침이 모색되었다. 총독부의 이러한 방침은 공황 속에서 활로를 모색하고 있던 일본의 일부 독점자본에게 길을 열어 주었다.[28] 일본에서는 이미 1911년 공장법이 제정되어 1916년부터 시행되고 있었고,[29] 더욱이 1931년 4월 중요산업통제법이 개정되면서 자본의 확대에 애로를 느끼고 있던 일본 자본가들에게 공장법과 통제경제정책이 실시되지 않았던 조선은 투자하기에 적당한 지역이 되었던 것이다.[30]

1930년대 공업화 정책의 추진 과정에서 조선에는 많은 공장이 들어섰다. 공장지대의 입지는 주로 資源・交通・消費力에 의해 결정되었다. 교통편의와 소비력에 따라 일본 독점자본의 공장이 들어선 곳은 서울・인천 등이 있는 경기도와 부산・마산・대구를 포함한 경상남북도였고, 자원이 풍부하여 공장이 들어선 곳은 평안남북도・함경남북도 등 서북부 지역이었다. 소비력이 크고 교통이 발달한 京仁工業地帶에는 금속・기계공업 등의 중공업과 방적・식품공업 등의 경공업이 발달하였고, 수출공업지로 교통이 편리한 南部工業地帶에는 주로 경공업과 조선업이 들어섰다. 또한 西部工業地帶에는 무연탄・석회석・소맥・목재 등을 자원으로 하는 중공업과 경공업이 같이 분포되었고, 지하자원이 풍부한 北部工業地帶는 조선질소와 일본질소 등의 화학공업을 중핵으로 하는 중공업지대로서의 특색을 지니고 있었다.[31]

---

26) 이 시기 '조선공업화'의 양상과 성격에 대해서는 全遇容, 「1930년대 '朝鮮工業化'와 中小工業」, 『韓國史論』 23, 서울대 국사학과, 1990 ; 堀和生, 『朝鮮工業化の史的分析』, 有斐閣, 1995 ; 이승렬, 「1930년대 전반기 일본군부의 대륙침략관과 '조선공업화'정책」, 『國史館論叢』 67, 1996 ; 金仁鎬, 『日帝의 朝鮮工業政策과 朝鮮人資本의 動向(1936~1945)』, 고려대 사학과 박사학위논문, 1996 ; 裵城浚, 『日帝下 京城지역 工業 硏究』, 서울대 국사학과 박사학위논문, 1998 등 참조.

27) 이승렬, 「1930년대 전반기 일본군부의 대륙침략관과 '조선공업화'정책」, 『國史館論叢』 67, 1996, 172쪽.

28) 裵城浚, 『日帝下 京城지역 工業 硏究』, 서울대 국사학과 박사학위논문, 1998, 88쪽.

29) 矢野達雄, 『近代日本の勞動法と國家』, 成文堂, 1993, 7~8쪽.

30) 이승렬, 「1930년대 전반기 일본군부의 대륙침략관과 '조선공업화'정책」, 『國史館論叢』 67, 1996, 172쪽.

31) 川合彰武, 「朝鮮工業の分布と其の將來」, 『朝鮮工業協會會報』 76, 1939. 10, 1~9쪽.

<표 3> 1937년 道別 工業生産額 (단위 : 千圓)

지역＼부문	액 수					비 율				
	총 액	식료품	화 학	방 직	기 타	총 액	식료품	화 학	방 직	기 타
경 기	187,944	44,191	17,998	53,954	71,801	19.5	18.5	5.9	38.2	26.0
충 북	10,825	5,670	1,107	1,692	2,356	1.1	2.3	0.3	1.1	0.8
충 남	16,649	7,234	792	3,498	5,125	1.7	3.0	0.2	2.4	1.8
전 북	32,582	13,740	3,640	3,070	12,132	3.3	5.7	1.1	2.1	4.4
전 남	58,020	20,378	4,500	22,556	10,586	6.0	8.5	1.4	15.9	3.8
경 북	57,152	22,085	4,754	9,754	20,559	5.9	9.2	1.5	6.9	7.4
경 남	101,860	39,567	11,578	27,612	23,103	10.6	16.6	3.7	19.5	8.3
황 해	72,590	12,492	17,196	2,553	40,349	7.5	5.2	5.6	1.8	14.6
평 남	72,610	37,270	6,777	7,691	20,872	7.5	15.6	2.2	5.4	7.5
평 북	33,535	9,847	10,513	3,116	10,059	3.4	4.1	3.4	2.2	3.6
강 원	27,426	8,946	11,601	2,470	4,409	2.8	3.7	3.8	1.7	1.6
함 남	225,724	11,163	165,851	2,670	46,040	23.5	4.6	54.3	1.8	16.7
함 북	62,391	5,449	48,641	518	7,783	6.5	2.2	15.9	0.3	2.8
계	959,308	238,032	304,948	141,154	275,174	100.0	100.0	100.0	100.0	100.0

비고 : 기타는 금속 · 기계기구 · 가스및전기 · 요업 · 목제품 · 인쇄및제본 공업 등 포함.
자료 : 朝鮮總督府, 『朝鮮總督府統計年報』, 1937년도판, 128~129쪽.

각 도별로 工業生産額을 살펴보면 이러한 지역별 특성이 두드러진다. <표 3>은 1937년의 공업생산액을 도별로 살펴본 것이다. 당시는 아직까지 북부지방의 중화학공업이 적극적으로 추진되지 않은 시기임에도 불구하고 이미 공장이 밀집되어 있던 경기도와 함경남도, 그리고 경상남도 지역의 공업생산액이 타도에 비해 월등하게 높은 수치를 보이고 있다. 특히 함경남북도와 평안남북도 등 북부지방 4개 도의 공업생산액이 전체의 41%를 차지하였다. 그 중 함경남도의 경우 화학공업 부문에서 전국의 54%를 차지하고, 전체 공업생산액에서도 24%로 수위를 차지하였다. 따라서 노동자는 주로 이들 공장이 밀집되어 있는 도시와 북부지방에서 수요되었고, 한편으로 농촌에서 밀려난 몰락농민의 상당수는 노동력의 직접적 수요와 무관하게 이 지역으로 이동하여 빈민층을 형성해 갔다.

북부지방 인구의 증가에는 조선총독부의 노동력 이송정책이 크게 작용하였다. 일제는 북부지방 일대에 중화학 군수산업을 일으키기 위해 '北鮮開拓' 정책을 추진하였고, 이를 위해 남부지방 노동력을 끊임없이 동원해 갔다. 대규모 토목공사를 담당할 노동자를 알선하기 위해 1927년부터 운임을 할인해 주는 등의 소극적인 방법으로 이주를 장려하고, 1934년 이후에는 행정력을 동원하여 적극적으로 남부지방 노동력을 서북부지방으로 이송시켰다.[32] 이 지역으로의 노동력 유입 양상은 도시만이 아니라 전 지역에 걸쳐 나타난 현상이었다. <표 4>에서 道別 인구변동 양상을 보면, 충청도 · 경상도 · 전라도 등 남부지방은 인구증가

32) 北鮮開拓政策에 관해서는 이상의, 「1930년대 日帝의 勞動政策과 勞動力 收奪」, 『韓國史硏究』 94, 1996, 172~180쪽 참조.

율이 전국 평균보다 훨씬 낮았던 데 반해, 함경도・평안도 등 북부지방과 경기도는 훨씬 높은 증가율을 유지하면서 꾸준한 증가 추세를 보이고 있다.

<표 4> 道別 인구증가율 (단위 : %)

연도 \ 도	경기	충북	충남	전북	전남	경북	경남	황해	평남	평북	강원	함남	함북	평균
1925~30	6.8	6.2	7.8	9.8	8.0	3.6	5.6	4.2	7.2	10.2	11.6	11.7	18.9	7.8
1930~35	13.6	6.5	10.4	6.8	7.5	6.0	5.2	9.8	10.3	9.4	7.9	9.0	14.4	8.7
1935~40	16.8	-1.5	3.2	-0.5	5.2	-3.5	-0.2	8.2	13.1	3.3	9.9	9.1	29.2	6.2
1940~44	8.0	3.8	6.3	4.8	4.2	5.4	7.8	11.1	9.9	6.5	5.3	7.3	2.0	6.5

자료 : 朝鮮總督府, 『昭和5年 朝鮮國勢調査報告』 全鮮編 ; 朝鮮總督府, 『昭和10年 朝鮮國勢調査報告』 全鮮編 ; 朝鮮總督府, 『昭和15年 朝鮮國勢調査結果要約』; 朝鮮總督府, 『人口調査結果報告』, 1944.

여기에서 보면 1930년대 전반기까지는 인구가 감소하는 道가 없었고, 각 도 간의 인구증가율도 큰 편차를 보이지 않았다. 이는 함경북도와 경기도・충청남도・평안남도 지방의 인구가 많이 증가하였지만, 다른 지역에서도 자연적인 인구증가에 비해서 이출하는 인구는 상대적으로 적었음을 보여준다. 그러나 전시체제 하의 1930년대 후반기에는 그 양상이 달라졌다. 인구가 오히려 감소하는 도가 속출하는가 하면, 함경북도를 중심으로 한 북부지역에서는 인구가 대폭 증가하였다. 특히 함경북도의 경우는 이미 1920년대 후반에 이 지역의 자원에 주목한 일본 독점자본에 의해 水電開發 등의 대규모 토목공사가 진행되면서[33] 높은 인구증가율을 보인 이래, 1930년대 전반기에는 14.4%의 인구증가율을 보여 전국 평균의 1.7배, 후반기에는 무려 29.2%가 증가하여 전국 평균의 4.7배의 속도로 인구가 증가하였다. 한편 경상남북도와 충청북도, 전라북도 등 남부지역에서는 인구가 감소하는 양상을 보여 주목된다. 이러한 양상은 강점 후 지주 중심의 상업적 농업 추진 과정에서 큰 피해를 입었던 경상북도 지방에서 가장 심하여,[34] 1930년대 후반기에는 3.5%의 인구가 감소하는 현상을 보였다. 이를 통해 강점 이래의 지주적 농정과 함께 전시체제하 일제의 군수공업화 정책 추진이 농촌노동력의 북부지방으로의 이동 가속화에 주요한 원인이 되었음을 알 수 있다. 이후 전시체제가 강화되면서 1940년대에 들어서는 행정력 강화에 기반하여 모집・알선・징용에 의해 전쟁 수행에 필요한 노동력을 충당하고, 國民皆勞運動의 일환으로 나아가 勤勞報國隊를 창설하여 부족한 노동력을 보충함으로써 노동력의 북부지방 집중현상은 더욱 강화된 형태로 지속되었다.[35]

33) 堀和生, 『朝鮮工業化の史的分析』, 有斐閣, 1995, 제5장 ; 尹明憲, 「朝窒による電源開發」, 姜在彦 編, 『朝鮮における日窒コンツェルン』, 不二出版, 1985 참조.

34) 李潤甲, 『韓國近代의 商業的 農業 硏究 - 慶尙北道의 農業變動을 중심으로 - 』, 연세대 사학과 박사학위논문, 1993.

35) 이와 관련해서는 許粹烈, 「朝鮮人 勞動力의 强制動員의 實態 - 朝鮮內에서의 强制動員政策의 展開를 中心으로 - 」, 『일제의 한국 식민통치』(車基壁 엮음), 정음사, 1985 참조.

<표 5> 1940년 道別 인구의 本籍地와 現居住地 (단위 : 명)

本籍地＼居住地	총 수	경 기	충 북	충 남	전 북	전 남	경 북	경 남	황 해	평 남	평 북	강 원	함 남	함 북
총 수	23,541,252	2,666,580	934,601	1,547,782	1,563,048	2,593,003	2,427,559	2,147,156	1,785,153	1,606,966	1,708,109	1,742,331	1,802,458	1,016,506
경 기	2,476,614	2,347,057	7,338	10,278	2,919	3,032	3,723	2,877	16,167	8,249	4,566	31,237	19,490	19,681
충 북	1,020,728	51,264	882,612	19,228	2,500	1,190	11,525	3,907	2,964	2,309	1,006	27,531	5,658	9,034
충 남	1,650,844	87,193	11,332	1,487,779	14,565	3,033	3,237	2,190	5,340	6,758	2,304	9,183	8,029	9,901
전 북	1,646,697	29,143	3,097	15,715	1,515,480	24,364	3,281	6,996	6,443	8,692	2,146	5,239	12,171	13,930
전 남	2,662,507	21,066	826	3,295	18,700	2,545,566	3,455	16,141	4,525	9,550	3,531	3,402	10,324	22,126
경 북	2,567,185	27,027	19,037	5,656	3,168	4,512	2,369,217	50,548	4,152	4,764	2,798	41,758	12,463	22,085
경 남	2,156,791	12,205	1,238	1,806	4,078	9,128	24,374	2,061,873	2,725	3,058	1,343	6,512	9,688	18,763
황 해	1,819,813	29,677	472	1,081	351	361	651	432	1,703,822	46,888	5,204	10,241	11,036	9,597
평 남	1,574,145	10,639	551	912	450	528	1,141	560	26,123	1,466,481	28,703	8,475	20,272	9,310
평 북	1,718,785	7,193	543	434	287	318	848	286	3,586	42,202	1,645,461	4,374	8,718	4,535
강 원	1,703,914	29,891	7,191	977	279	457	5,271	827	6,751	3,368	2547	1,584,373	30,916	31,066
함 남	1,768,359	10,841	273	425	202	350	652	417	2,304	4,160	8091	9,070	1,642,781	88,793
함 북	774,870	3,384	91	196	69	164	184	102	251	487	409	936	10,912	757,685
총유입자수		189,966	-86,127	-103,062	-83,649	-69,504	-139,626	-9,635	-34,660	32,821	-10,676	38,417	34,099	241,636

비고 : 총유입자수는 현거주자에서 본적자를 제한 수.

자료 : 朝鮮總督府, 『昭和15年 朝鮮國勢調査報告』, 22~27쪽.

당시의 노동력 이동 현상은 도 내에서도 활발히 진행되어, 1934년부터 1944년까지 각 도의 알선에 의해 도 내부로 동원된 수만 해도 무려 414만여 명에 달했다.[36] 이와 함께 소재지역 도외로 이동한 노동력도 많았는데, 각 도의 노동력 유입·유출 상황을 알아보기 위해 도별 인구를 본적지와 현거주지별로 살펴본 것이 <표 5>다. 이에 의하면 본적지의 인구보다 현거주지의 인구가 많은 도는 경기도·평안남도·강원도·함경남북도다. 인구유입이 많았던 지역은 경기도·강원도·함경남북도 4개 도이고, 그외 지역은 모두 인구유출이 많았다. 특히 경상북도와 충청남도, 전라남북도의 인구가 많이 유출되었다. 즉 남부지방에서는 노동력의 유출이 많았고, 북부지방은 유입이 많았음을 알 수 있다. 그 중에서도 각 도의 공통적인 현상인 인접한 道로의 이동을 제외하면, 남부지방 각 도에서 경기도와 북부지방으로의 이동이 컸음이 확인된다.

2) 勞動力의 大都市 集中

일제하 노동력 이동 양상 중 북부지방으로의 이동과 함께 나타난 또 다른 양상은 도시를 중심으로 노동력이 집중되는 현상이었다. 대도시를 중심으로 '공업화 정책'이 추진되면서, 도시에서는 소공업은 물론 토건노동자·교통운수노동자·상업종사자 등이 필요하게 되었는데, 이러한 노동력은 대부분 농촌에서 유출된 몰락농민으로 충당되었다. 이는 당시 직업소개소의 구직자들이 대부분 직업소개소가 소재한 도시의 주변지역, 곧 농촌지역 출신이었음을 통해서도 확인된다. 예컨대 京城府職業紹介所의 1934년 구직자의 본적을 보면, 京城府 출신은 28%에 불과하고 36%가 경기도 농촌지역, 26%가 남부지방 출신이었다.[37] 또한 大邱府職業紹介所의 1936년 구직자 역시 26%만이 대구부 출신이고, 50%가 경상북도의 농촌지역 출신이었다.[38]

도시와 농촌 인구의 증가율을 비교한 <표 6>에서 보면, 1925~30년과 1930~35년간 농촌인구는 각각 5.1%, 8.3% 증가한 데 비해 도시인구는 각각 38%, 48.3%가 증가하여, 농촌인구 분산과 도시집중화 현상이 뚜렷하다.[39] 이러한 현상은 1930년대 후반부터 더욱 강화되어 1935~40년 간에는 농촌인구가 1% 증가한 데 비해 도시인구는 무려 91%의 증가를 보였다. 이렇게 1930년대 후반기에 도시인구가 급증하여, 총인구에 대한 도시인구의 비율도

---

36) 湖北社, 『朝鮮における日本人の活動に關する調査』(『日本人の海外活動に關する歷史的調査』, 71쪽). 이 통계에는 1945년도분이 제외되어 있는데, 당시 근로보국대의 동원 상황을 감안하면 적어도 여기에 160만 명이 추가되어야 할 것이다(許粹烈, 「朝鮮人 勞動力의 强制動員의 實態 - 朝鮮內에서의 强制動員政策의 展開를 中心으로 -」, 『일제의 한국 식민통치』(車基璧 엮음), 정음사, 1985, 339쪽).

37) 京城府職業紹介所, 『職業紹介事業要覽』, 1935, 23쪽.

38) 大邱府, 『大邱府 社會事業要覽』, 1937, 30쪽.

39) 이 시기 도시인구의 증가는 도시의 수가 증가하거나 기존 행정구역의 확대에 의해 진행되기도 하였다. 그러나 이 역시 도시 주변의 인구가 증가하거나 도시의 중요성이 커지면서 나타난 현상이므로, 여기에서는 별도의 현상으로 구분하지 않았다.

1930년 4.4%, 1935년 5.6%, 1940년 10.1%, 1944년에는 11.7%를 차지하게 되었다. 즉 일제 말기의 군수공업 강행은 강점 이래 지주적 농정으로 농촌에 누적되어 온 몰락농민의 동원에 의해서 가능하였던 것이다.

<표 6> 府部·郡部別 조선인 인구수와 증가비율 (단위 : 명, %)

지 역 / 연 도	全 國		府 部		郡 部		비 율	
	실 수	증가율	실 수	증가율	실 수	증가율	府 部	郡 部
1925	19,020,030	--	608,152	--	18,411,878	--	3.2	96.8
1930	20,438,108	7.5	839,082	38.0	19,349,026	5.1	4.4	95.6
1935	22,208,102	8.7	1,244,394	48.3	20,963,208	8.3	5.6	94.4
1940	23,547,465	6.0	2,377,283	91.0	21,170,182	1.0	10.1	89.9
1944	25,133,352	6.7	2,932,924	23.4	22,200,428	4.9	11.7	88.3

자료 : 朝鮮總督府,『昭和5年 朝鮮國勢調査報告』全鮮編 ; 朝鮮總督府,『昭和10年 朝鮮國勢調査報告』全鮮編 ; 朝鮮總督府,『昭和15年 朝鮮國勢調査結果要約』; 朝鮮總督府,『人口調査結果報告』, 1944.

인구의 도시로의 유입은 도시의 규모와 수를 증대시켰다. 인구 1만 명 미만의 소규모 府邑面은 1930년 2,004개에서 1940년 1,644개로 줄고, 거주인구도 1,357만 명에서 1,181만 명으로 감소되었다. 이에 비해 인구 1만 명 이상의 중·대규모 府邑面은 꾸준히 증가해 갔다. 1930년대 전반기에는 인구 5만~10만 명의 도시가 1930년 2개에서 1935년 12개로 증가하고, 거주인구도 16만여 명에서 73만여 명으로 증가하였다. 또한 1930년대 후반기에는 인구 10만 명 이상의 대도시가 그 수와 인구에서 높은 증가율을 보여, 1935년 4개에서 1940년 7개로 증가하는 동시에 거주인구도 91만여 명에서 213만여 명으로 격증하였고, 전국 인구에서 차지하는 비중은 4%에서 8.7%로 증가하였다.[40] 나아가 1944년에는 인구 10만 명 이상의 대도시는 9개로 증가하고, 전국 인구의 10.1%를 차지하게 되었다.[41] 즉 인구가 소규모 읍면에서 중·대규모 도시로 이동하는 경향을 보이는 가운데, 특히 1930년대 후반기에 대도시를 중심으로 집중하는 경향이 컸던 것이다.

<표 7>에서 각 도시의 인구 증가수와 증가율을 살펴보면, 도시인구가 꾸준히 증가된 가운데 1920년대 후반기와 1930년대 전반기, 그리고 1930년대 후반기의 변화 양상에는 일정한 차이가 나타난다. 1920년대 후반기와 1930년대 전반기까지는 대전·광주·청주·나진부 등의 인구증가율이 높았고, 인구수의 증가에서는 대도시인 경성·부산·평양부가 두드러졌다. 이와 함께 소도시 또는 인구가 적은 지역이었던 대전·광주나 청진·나진 지역도 급속히 인구가 집중되어 도시로 성장해 가는 양상을 보였다.[42] 한편 1930년대 후반기에는 경성

40) 經濟企劃院,『제11회 韓國統計年鑑』, 1964, 17쪽.

41) 朝鮮總督府,『人口調査結果報告』, 1944.

42) 羅津의 경우 新安面이라고 하는 소규모의 농촌에 지나지 않았으나, 1932년 8월 京圖線 철도의 終端港으로 결정된 이래 인구가 급격히 증가해 1934년 4월 邑으로 승격하고, 다시 1936년 10월 府制를 실

부와 인천·대구·부산부를 비롯한 대도시와 평양·원산·함흥·청진부 등 북부지방의 인구증가 현상이 매우 두드러졌다. 특히 경성부의 인구증가율 111%, 인천부의 106%를 비롯해 대구·부산·평양부 등 소위 5대도시의 인구증가율이 높았고, 1930년대 후반기 청진부의 인구증가율은 256%에 달하였다.[43] 즉 1930년대, 그 중에도 후반기에 군수공업화가 집중적으로 추진되고 따라서 노동력의 수요가 많았던 대도시와 북부지방으로의 인구이동이 활발하게 진행되었던 것이다.

<표 7> 도시별 인구수와 증가비율 추이 (단위 : 명, %)

도 시	연 도	인 구 수					인구 증가수				인구 증가 비율			
		1925	1930	1935	1940	1944	25~30	30~35	35~40	40~44	25~30	30~35	35~40	40~44
경기	경성	342,626	394,240	444,098	935,464	988,537	51,614	49,858	491,366	53,073	15.0	12.6	110.6	5.7
	인천	56,295	68,137	82,997	171,165	215,833	11,842	14,860	88,168	44,668	21.0	21.8	106.2	26.0
	개성	46,337	49,520	55,537	72,062	76,360	3,183	6,017	16,525	4,298	6.8	12.1	29.7	6.0
충남	대전	8,614	27,594	39,061	45,541	76,675	18,980	11,467	6,480	31,134	220.3	41.5	16.5	68.4
전북	군산	21,559	34,556	41,698	40,553	57,589	12,997	7,142	-1,145	17,036	60.2	20.6	-2.7	42.1
	전주	22,683	38,595	42,387	47,230	67,095	15,912	3,792	4,843	19,865	70.1	9.8	11.4	42.1
전남	광주	23,734	39,463	54,607	64,520	82,431	15,729	15,144	9,913	17,911	66.2	38.3	18.1	27.8
	목포	42,412	47,908	60,734	64,256	69,269	5,496	12,826	3,522	5,013	12.9	26.7	5.7	7.8
경북	대구	76,534	93,319	107,414	178,923	206,638	16,785	14,095	71,509	27,715	21.9	15.1	66.5	15.5
경남	부산	106,642	146,098	182,503	249,734	329,215	39,456	36,405	67,231	79,481	36.9	24.9	36.8	31.8
	진주	20,304	25,190	30,478	43,291	53,239	4,886	5,288	12,813	9,948	24.0	20.9	42.0	23.0
	마산	22,874	27,885	31,778	36,429	54,454	5,011	3,893	4,651	18,025	21.9	13.9	14.6	49.5
황해	해주	19,287	23,820	30,447	62,651	82,217	4,533	6,627	32,204	19,566	23.5	27.8	105.7	31.2
평남	평양	89,423	140,703	182,121	285,965	341,654	51,280	41,418	103,844	55,689	57.3	29.4	57.0	19.5
	진남포	27,240	38,296	50,512	68,656	82,144	11,056	12,216	18,144	13,488	40.5	31.8	35.9	19.6
평북	신의주	23,176	48,047	58,462	61,143	118,398	24,871	10,415	2,681	57,255	107.3	21.6	4.5	93.6
함남	원산	47,151	51,822	60,169	79,320	112,901	4,671	8,347	19,151	33,581	9.9	16.1	31.8	42.3
	함흥	31,679	43,851	56,571	75,320	123,157	12,172	12,720	18,749	47,837	38.4	29.0	33.1	63.5
함북	청진	20,649	37,143	55,530	197,918	184,301	16,494	18,387	142,388	-13,617	79.8	49.5	256.4	-6.9
	나진	3,919	5,966	30,918	38,319	34,390	2,047	24,952	7,401	-3,929	52.2	418.2	23.9	-10.3

비고 : ① 진주·해주부의 1930, 35년 수치는 진주읍·해주읍 인구수. ② 나진부의 1930년 수치는 新安面, 1935년 수치는 나진읍 인구수.
자료 : <표 6>과 같음.

그렇다면 이렇게 도시와 북부지방으로 이동한 노동력의 구성은 어떠하였는가? 대개 산업화 초기의 離村向都는 주로 남자노동력과 생산연령인구를 중심으로 진행된다. 따라서 도시지역에서 이들의 비율이 높은 것은 農民離村의 결과로서 나타나는 일반적 현상이다. 농촌

시하게 되었다(朝鮮硏究社 編, 「北鮮の都邑」, 『新興之北鮮史』, 1937, 58~59쪽).

43) 청진은 '吉會 철도 - 북부지방 철도(圖們線 등) - 北鮮 3항(웅기·청진·나진) - 일본 중부의 항구(新寫·敦賀 등)'를 연결하는 '북선루트'에 속해 있었다. 이 '북선루트'는 조선의 북부지방과 동북만주 일대의 식량과 원료를 수탈하고 일본의 이민과 상품을 이동시키는 日鮮滿 블록의 중요한 루트로 기능하였다(安裕林, 「1930年代 總督 宇垣一成의 植民政策」, 『梨大史苑』 27, 1994). 이로 인해 이 지역 인구가 특히 1930년대 후반기에 폭등한 것으로 보인다.

의 유휴노동력, 특히 우수한 노동력을 지닌 노동자가 보다 높은 노동성과를 구하고자 도시로 가는 것이다.[44] 더욱이 당시 조선 농촌에는 유휴노동력으로서의 다수의 몰락농민이 존재하고 있었다. 그런데 1930년대 조선에서는 실수에서는 도시의 남자인구와 생산연령인구가 증대하고 있지만, 그 비율에서는 이와 다른 양상을 보였다.

<표 8>에서 府郡別 인구의 남녀구성을 보면, 도시와 농촌 모두 남자인구가 여자인구보다 많았는데, 농촌보다는 도시의 남자인구 비율이 더 높았다. 그런데 1930~35년 간에는 여자인구에 대한 남자인구의 비율이 농촌지역에서는 일정한 데 비해, 도시에서는 감소하는 추세를 보였다. 이 시기 도시에서는 수치상 남자인구와 여자인구의 차이가 적을 뿐만 아니라 여자인구가 더 많이 증가하였다. 이는 1930년대 전반기 도시에 남성노동력을 흡인하는 요인이 적었으며, 주로 여성노동력을 많이 필요로 하는 방직공업 등의 경공업 위주로 산업이 발전해 갔음을 말해 주는 것이라고 하겠다. 한편 1935~40년 간에는 도시와 농촌 모두에서 남자노동력의 증가수와 증가율이 여성에 비해 적었다. 농촌에서는 남자인구의 수치와 비율 모두가 감소하였고, 도시에서는 남녀가 모두 급증하였다. 이는 전시체제가 본격화되면서 그에 대비한 군수물자 생산 확충을 위해 농촌에 있는 남자노동력을 이 지역으로 흡수해 갔기 때문으로 해석된다.

<표 8> 府郡別 性別人口 推移 (단위 : 명)

지역 / 연도	전국			府部			郡部		
	남	여	남/여	남	여	남/여	남	여	남/여
1925	10,020,943	9,502,002	1.05	455,658	394,499	1.13	9,565,285	9,107,503	1.05
1930	10,763,679	10,294,626	1.05	626,019	563,772	1.10	10,137,660	9,730,854	1.04
1935	11,662,657	11,236,381	1.04	831,126	775,053	1.07	10,831,531	10,461,328	1.04
1940	12,266,230	12,060,097	1.02	1,450,968	1,367,492	1.06	10,815,262	10,692,605	1.01
1944	12,892,250	13,025,631	0.99	1,713,632	1,707,910	1.00	11,178,618	11,317,721	0.99

자료 : <표 6>과 같음.

이와 함께 전국적으로 남자인구의 비율이 꾸준히 감소된 현상이 주목된다. 도시에서의 여자인구에 대한 남자인구 비율이 1925년 1.13배에서 1940년 1.06배로, 1944년 1.00배로 감소세를 보이는데, 이는 남자 노동력이 국내에서 고용되지 못하고 국외로 이주해 갔음을 반증하는 것이라 하겠다.[45] 특히 일제 말기인 1940~44년에 남자노동력이 현저히 감소되었는데, 이는 징용・징병에 의해 주로 남자노동력이 국외로 강제 이동되었기 때문이다. 1939년 이후 강제동원된 노동력의 규모는 대개 국내동원이 480만 명, 일본 본토로의 연행이 152만

44) 正久宏至, 「朝鮮に於ける農民離村」, 『殖銀調査月報』 34, 1941. 3, 22쪽.
45) 당시의 경제학자 李順鐸은 이러한 양상에 대해, 조선내 富의 증진의 원동력은 조선인의 자본과 기술이 아니므로 조선의 富의 증가와는 달리 조선인의 富는 증가가 오히려 완만하여, 노동력이 국내에서 고용되지 못하고 국외로 이주하는 비율이 격증하였다고 지적하였다(李順鐸, 「朝鮮의 人口統計」, 『開闢』, 1927. 7).

명, 군요원이 20만~30만 명, 군위안부 약 14만 명으로 합계 약 700만 명에 달했다.[46]

일제강점기에 국내에서 고용되지 못한 몰락농민들이 가장 많이 향하였던 곳은 일본과 만주 두 지역이다. 강점 이후부터 몰락농민을 중심으로 만주지역으로의 이민이 계속되었는데,[47] 특히 산미증식계획이 끝난 1930년대에 많은 노동력이 이동하였다. 1910년 20만 명이던 재만한인은 1930년에 60만 명으로, 1938년 100만 명으로 급증하였다. 이들은 농촌에서 생산수단을 잃고 몰락하였으나 국내에서 새로운 고용기회를 얻지 못하고 만주지역으로 옮겨가 다시 농업에 종사하였는데,[48] 대개는 자소작농이나 소작농의 하층농민이었다. 동시에 일본으로 이주한 농민들도 꾸준히 증가하여 1925년 18만여 명이었던 일본거주민이 1930년에는 41만 명을 넘어섰다. 이들은 대부분 철도・전기・도로・하천 등의 토목공사 인부, 炭坑 인부, 짐꾼 및 날품팔이 등 소위 自由勞動者로서 일본 노동시장의 최하층으로 편입되었다.[49] 1930~40년 10년 동안 국외로 유출된 조선인도 일본지역 82만여 명과 만주지역 70만여 명을 비롯해 150여만 명에 달했다. 이들의 성별 구성을 살펴보면, 1940년 당시 재일조선인 중 60%가 남성이었고,[50] 1940년 만주로 건너간 조선인 중 남성이 63%를 차지하였다.[51] 노동력의 국외이동 결과 1945년 현재 일본에 거주하던 조선인은 210만 명에 달하였고, 1942년에 만주에 거주하던 조선인은 151만 명을 넘어섰다.[52]

이러한 양상은 생산연령인구의 구성에서도 드러난다. 府郡別로 15세 이상 59세 이하의 생산연령인구 구성을 보면, 1930년에는 도시 61.1%, 농촌 53.9%에서 1935년에는 각각 59.4%, 53.0%로 변화되었다.[53] 즉 전체적으로 생산연령인구는 농촌보다 도시에서 더 큰 비중을 차지하였지만, 1930~35년 간 도시의 생산연령인구 비율이 감소되어, 농촌과의 차이가 7.2%에서 6.4%로 접근하는 경향을 보였다. 이는 성별 변동의 경우와 마찬가지로, 생산연령에 해당하는 다수의 노동력이 국내에서 흡수되지 못하고 국외로 유출되어 갔던 특성을 보여주는 것이다.[54]

---

46) 康成銀, 「戰時下日本帝國主義の朝鮮農村勞動力收奪政策」, 『歷史評論』 355, 1979, 26쪽.

47) 일제하의 만주지역 이민에 관해서는 주 4) 참조.

48) 만주이민은 조선 내부의 사회구조 변동에 의한 것만이 아니라 당시 일제의 정책적인 필요에 의해 더욱 장려되었다. 일제는 조선사회의 모순을 과잉인구의 국외유출을 통해 해소하고, 이민을 조직적으로 통제함으로써 만주지역의 반일운동을 통제하고자 하였던 것이다(이형찬, 「1920~30년대 한국인의 만주이민 연구」, 『일제하 한국의 사회계급과 사회 변동』(한국사회사연구회), 문학과 지성사, 1988, 221~230쪽).

49) 재일노동자의 생활에 대해서는 朴在一, 『在日朝鮮人に關する綜合調査硏究』, 1957, 53~64쪽 ; 서현주, 「1920年代 渡日 朝鮮人 勞動者階級의 形成」, 『韓國學報』 63, 1991 참조.

50) 朴在一, 『在日朝鮮人に關する綜合調査硏究』, 新紀元社, 1957, 103~104쪽.

51) 金哲, 『韓國の人口と經濟』, 岩波書店, 1965, 29쪽.

52) 朴在一, 『在日朝鮮人に關する綜合調査硏究』, 新紀元社, 1957, 27~32쪽 ; 金哲, 『韓國の人口と經濟』, 岩波書店, 1965, 28쪽.

53) 조선총독부에서 발행한 『昭和十五年 朝鮮國稅調査結果報告要約』에는 연령별 인구가 道別로만 분류되어 있어서 1940년의 府郡別 생산연령인구 통계치는 얻지 못하였다.

54) 재일조선인의 경우 1930년에 15~44세의 남자가 남자인구의 80%를 차지했고, 인구 총수의 57%를 점

요컨대 일제의 조선인 노동력 확보정책 추진에 따라 1930년대, 특히 후반기에는 조선인의 이동이 촉진되어 그 지역별 분포도 크게 변화되었다. 변화의 방향은 일제의 경제정책과도 관련해서 주로 농촌에서 도시로, 그리고 남부지방에서 북부지방으로의 이동이 진행되었다. 그러나 한편으로는 국내에서 고용되지 못한 상당수의 노동력이 국외로 유출되어 갔다. 특히 생산연령의 남성노동력이 1920~30년대에는 국외에서 고용의 기회를 찾을 수밖에 없었으며, 전시체제 하에서는 군수인력으로서 일본·만주·남양군도 등으로 강제 동원되어 비중이 크게 감소하였던 것이다.

4. 勞動力 構成의 變動과 失業者 增大

1) 産業別 勞動力 構成의 變動과 無業者의 激增

새로운 고용을 찾아 새로운 지역으로 이동해 간 노동력은 어떠한 형태로 존재했는가, 본 절에서는 이에 대해 고찰한다.

1920년대 조선의 산업구조는 농업부문에 중심이 있었다. 전 산업부문 중 농업은 정책과 자본의 투자, 인구구성 모두에서 가장 많은 비중을 차지하였다. 이에 비해 1930년대에는 '조선공업화' 정책으로 대표되는 일련의 정책이 시행됨에 따라 산업구조, 산업별 노동력 구성에 많은 변화가 있었다. 여기에는 지주 중심의 농정에 따라 파생된 수많은 농민의 이촌과, 그로 인해 증가되었던 도시 빈민의 존재가 全産業 부문에 미친 영향이 복합되어 있었다.

산업별 노동력 구성의 변화 양상은 직업별 有業者와 無業者數의 추이를 통해 검토할 수 있다.[55] 1930년에서 1940년에 이르는 10년 간 조선인 총인구는 327만여 명이 증가하였다. 그 중 <표 9>에 나타나는 1930년대 산업별 노동력 구성의 변화 양상에서 두드러진 흐름은, 첫째 유업자가 감소하고 무업자가 증가한 것과, 둘째 농업유업자가 감소하고 공·광업 유업자와 기타 유업자가 증가한 것이다. 總有業者는 1930년대 전반기에 약 120만 명, 후반기에 약 4만 명이 감소하였고, 無業者는 같은 시기에 각각 276만여 명, 174만여 명이 증가하여 10년 간 무려 451만여 명이 증가하였다. 이는 당시 총인구의 증가수를 훨씬 넘어서는 규모였다.[56]

하고 있었다(朴在一, 『在日朝鮮人に關する綜合調査研究』, 1957, 105쪽).

55) 일반적으로 사용되는 『朝鮮總督府統計年報』의 직업별 인구통계는 직업별 有業者 통계와 약간 차이가 있다. 직업별 인구통계는 호주의 직업을 기준으로 작성한 것으로, 일정 직업의 종사자뿐만 아니라 그 종속자, 즉 가족까지 포함하고 있다. 그러나 산업별 노동력 구성의 변화를 고찰할 때에는 각 산업의 실제 종사자를 대상으로 하는 有業者와 無業者의 변동을 통해서 살펴보는 방식이 더 정확할 것이다.

56) 더욱이 이 무업자 통계에는 半失業 상태나 半無業 상태에 있는 절대다수는 제외되어 있다. 만일 그들을 각각 실업자수와 무업자수에 가산하면 실제 실업자와 무업자는 훨씬 많았을 것이다(李如星·金世鎔, 「朝鮮의 失業者」, 『數字朝鮮研究』 3, 世光社, 1932, 85쪽).

<표 9> 조선인 직업별 有業者와 無業者數 추이 (단위 : 명, %)

연 도 / 직 업	1930		1935		1940		인구 증가수	
	실 수	비율	실 수	비율	실 수	비율	1930~35	1935~40
총 인 구	19,685,587		21,248,864		22,954,563		1,563,277	1,705,699
총유업자	11,015,799	100.0	9,812,338	100.0	9,772,806	100.0	-1,203,461	-39,532
농 업	9,338,020	84.7	8,171,421	83.2	7,688,200	78.6	-1,166,599	-483,221
어업및수산업	180,294	1.6	143,481	1.4	152,665	1.6	-36,813	9,184
공 업	210,510	1.9	206,729	2.1	252,822	2.5	-3,781	46,093
광 업					162,204	1.6		162,204
상업및교통업	612,403	5.5	542,966	5.5	642,877	6.6	-69,437	99,911
공무및자유업	219,274	1.9	202,582	2.0	217,791	2.2	-16,692	15,209
기타유업자	455,298	4.1	545,159	5.5	656,247	6.7	89,861	111,088
무 업 자	8,669,788	78.7	11,436,526	116.5	13,181,757	134.8	2,766,738	1,745,231

비고 : ① 無業者는 ㉠ 恩給・年金, 小作料, 地代・家貰・有價證券 등의 수입이 있는 자 ㉡ 學生・生徒, 從屬者, 精神病院・感化院・慈善病院 등에 있는 자, 官公 또는 자선단체 등의 구조를 받는 자, 在監人, 기타 無業者 또는 직업을 신고하지 않은 자 등 수입이 없는 자를 가리킨다. ② 비율은 총 유업자에 대한 각 직업별 유업자의 비율.

자료 : 朝鮮總督府,『朝鮮總督府統計年報』, 1930・35・40년도판.

총유업자의 감소는 주로 농업유업자가 줄어든 데 원인이 있었다. 농업유업자는 1930년대에 걸쳐 약 165만 명이 감소하였고, 총유업자에 대한 비율도 1930년 85%에서 1940년에는 79%로 내려갔다. 이러한 농업유업자의 감소는 앞에서 살펴본 바와 같이 1920년대의 지주적 농정 강화와 농업공황, 1930년대의 농업에 대한 일정한 정책적 조정에도 불구하고 여전히 강인하게 존속했던 지주제와 고율소작료 등에 의한 것이었다.[57] 그리고 이전 시기에 비해 상대적으로 노동력을 흡수할 수 있는 산업부문이 생겨나기 시작한 것도 몰락농민의 이촌을 촉진하여 농업유업자를 감소시키는 요인으로 작용하였다. 이와 함께 유업자 감소의 또 다른 원인은 실업자의 증가라는 측면에서도 살펴볼 수 있다. 곧 농촌을 떠난 농민들을 수요하는 도시의 산업부문이 가지는 고용구조의 취약성에서 기인한 것이다. 특히 1930년대 전반기 총인구와 몰락농민의 막대한 증가에도 불구하고 기타 유업자를 제외하면 상업 및 교통업, 공업부문을 비롯한 제 부문에서 유업자가 감소하였다. 이러한 양상은 후반기에 광업과 기타 부문의 노동력 흡수로 약간의 회복세를 보이지만, 유업자 감소와 대규모의 무업자 증가라는 추세는 여전히 계속되었다.[58]

---

57) 金容燮,『韓國近現代 農業史研究 - 韓末・日帝下의 地主制와 農業問題 -』, 1992, 一潮閣 ; 鄭然泰,『日帝의 韓國 農地政策』, 서울대 국사학과 박사학위논문, 1994 ; 河合和男,『朝鮮に於ける産米增殖計劃』, 未來社, 1986 등 참조.

58) 그 결과 예컨대 1932년 현주 인구조사에 의하면, 조선인 無業者는 1,046만여 명에 달하였다. 총인구 중 무업자의 비율이 52%를 차지하는 가운데, 농업・임업・목축업을 제외한 모든 분야에서 50%를 넘어섰다. 특히 公務 및 自由業 부문의 무업자는 65.8%에 달했고, 기타 유업자・공업분야에서도 60%에 가까웠다(朝鮮總督府,『朝鮮總督府統計年報』, 1932년도판, 50~59쪽 現住戶口 職業別調査 참조). 더욱이 이 無業者數는 해마다 계속해서 절대적으로, 상대적으로 증가하는 양상을 보였다.

유업자의 변동 양상을 각 업종별로 살펴보면, 1930년대에는 공·광업 부문과 기타 부문, 그리고 상업·교통업 부문에서 유업자수가 증가하였다. 즉 농촌에서 떠난 많은 사람들의 일부가 도시의 산업부문에서 수요되었음을 알 수 있다. 이 중에서 공업유업자는 '조선공업화'가 제창되던 1930년대 전반기에 약간 감소세를 보이다가 전시통제경제기로 들어선 후반기에 4만 6천여 명이 증가하여 10년 간 4만 2천여 명의 증가를 보였다. 그 결과 1940년 공업유업자는 25만여 명에 달하고, 광업유업자는 16만여 명에 이르렀다. 같은 시기에 이들이 총유업자에서 차지한 비율은 공업이 1.9%에서 2.5%로 증가하고, 광업이 1.6%였다. 이와 함께 잡역부·일용노동자 등을 포괄하는 기타 유업자[59]의 증가가 두드러졌음이 주목된다. 이들은 1930년대 전반기에 약 9만 명, 후반기에 약 11만 명이 증가하여 1930년 45만여 명에서 1940년 65만여 명으로 증가하였고, 총유업자에 대한 비율도 1930년 4.1%에서 1935년 5.5%, 1940년 6.7%로 계속 증가하는 추세를 보였다. 이외에 상업 및 교통업에 종사하는 유업자는 1930년대 전반기에는 약 7만 명이 감소하였으나 후반기에 약 10만 명이 증가하여, 전체적으로 3만여 명의 증가를 보였다. 그러나 이러한 유업자수의 증가는 당시 인구증가의 수준을 반영하지 못하였을 뿐만 아니라 증가된 무업자를 수용하는 규모에도 이르지 못하였다.

한편 유업자수는 기타 유업자와 상업·교통업 종사자가 공·광업 부문의 종사자에 비해서 절대수에서도, 비율 면에서도 더 많은 증가를 보였다. 이는 1930년대 전 시기에 걸친 일제의 공업화정책 시행 결과 공·광업 노동자가 증가하기는 했지만, 사실상 그 규모는 전체 노동자수와 비교하면 그다지 큰 비중을 차지하지 못하였음을 말해 준다. 일부를 제외한 대다수의 노동자가 기타 유업자, 곧 고용이 불안정한 일용노동자나 잡업종사자[60] 등의 하층노동자로 존재하였던 것이 당시의 현실이었다.[61]

산업별 노동력 구성에서 나타나는 이러한 노동력 수요의 성격은 공·광업 부문에 한정해서 살펴보아도 마찬가지다. 1930년대에 걸쳐 고용이 증가된 노동자는 주로 공장·광산·토건 부문에 속하였다. 이러한 양상은 조선총독부가 인구이동 상황을 조사한 보고에서도 확인된다. 이 보고에서 보면, 농촌에서 구직을 위해 유출한 자의 이주 후 직업은 공장노동자가 14.8%, 광업노동자 13.6%, 토목노동자 32.3%로, 세 부문으로의 전업이 전체의 60%를 넘어섰다.[62]

59) 『朝鮮總督府統計年報』에서는 기타 유업자의 범위에 대해 지정한 바가 없다. 그런데 같은 종류의 직업별 인구조사를 행한 『朝鮮國勢調査報告』에서는 기타 유업자의 범위를 관청·회사 등의 給仕, 안내인, 수위, 창고부, 청소부, 雜役夫, 日傭(신고한 자) 등으로 규정하고 있어 참고가 된다.

60) 잡업층은 본래적인 임노동 이외의 잡다한 불안정 취업 상태에 있는 최하층 노동인구를 말하는 것으로, 영세기업 노동자, 가족노동자, 소매상, 서비스업 종사자, 직인의 심부름꾼, 토건 기타의 인부, 日雇 등의 생업종사자를 가리킨다(暉峻衆三 編, 『日本農業史 - 資本主義の展開と農業問題 - 』, 有斐閣, 1981, 58쪽).

61) 이러한 양상은 당시 직업소개소의 활동이 대개 日庸紹介를 중심으로 이루어졌고, 일반직업 소개의 경우에도 戶內使用人, 雜業 등 불안정한 직업으로의 취직이 대부분을 차지했음을 통해서도 확인된다(이상의, 「1930年代 日帝의 勞動政策과 勞動力 收奪」, 『韓國史研究』 94, 1996, 185~186쪽).

<표 10> 공장·광산·토건노동자수의 추이 (단위 : 명, %)

연도 / 직종	1933			1935			1937			1938		
	수	비율	지수	수	비율	지수	수	비율	지수	수	비율	지수
공 장	99,430	46.5	100	135,797	37.6	136	166,709	33.6	167	182,771	30.4	183
광 산	70,711	33.0	100	142,039	39.3	200	166,568	33.6	235	223,790	37.3	316
토 건	43,588	20.3	100	83,215	23.0	190	161,499	2.6	370	193,237	32.2	443
계	213,729	100.0	100	361,051	100.0	168	494,776	100.0	231	599,798	100.0	280

자료 : 正久宏至, 「戰時下朝鮮の勞動問題(下)」, 『殖銀調査月報』 38, 1941. 7, 3~4쪽.

<표 10>에 의하면 세 부문의 노동자수는 1933년 21만여 명에서 1935년 36만여 명, 1937년 49만여 명으로 누년 증가하여 1938년에 약 60만 명이 되었다. 그런데 이 세 부문의 노동자 중에는 공장노동자에 비해 광산·토건 노동자의 증가율이 매우 높았다. 1933년에서 1938년 사이에 공장노동자는 9만 9천여 명에서 18만 2천여 명으로 약 1.8배의 증가를 보인 데 비해 광산노동자는 약 7만여 명에서 22만 3천여 명으로 3.2배, 토목노동자는 4만 3천여 명에서 19만 3천여 명으로 4.4배가 증가하여 상대적으로 높은 증가율을 보였다. 이에 따라 공장·광산·토건 노동자의 비율도 1933년 47 : 33 : 20에서 1938년에는 30 : 37 : 32로 변화되었다. 앞에서 살펴본 조선총독부의 조사보고에서도 농촌을 떠나 새로 구직한 자 중 토목노동자와 탄갱부, 年雇 등 소위 육체노동자가 전체의 53.8%를 점했으며, 이외에 식량난으로 인해 다른 지역을 전전하여 행방이 확인되지 않는 이도 상당수였다.[63] 대부분 일용노동자로 구성되었던 토건노동자의 증가는 도로·철도·항만의 건설, 동력개발 등 기간산업 부문의 구축, 그리고 1930년대 중반부터 활발해진 일제 독점자본의 진출과 군수품 생산을 위한 공장 건설이 계속되면서 나타난 현상이었다.[64] 또한 광산노동자의 증가현상은 전쟁자금 조달방안의 일환으로 추진된 産金奬勵政策과 공업원료 확보를 위한 중요광물증산정책의 시행으로 전국에 걸쳐 광산이 개발된 데 기인한 것이었다.[65] 이에 광산노동자는 1930년 약 3만여명으로 총유업자의 0.3%에서, 1940년에는 약 16만 5천여 명으로 총유업자의 1.9%를 차지해 무려 5.4배의 증가를 보였다.[66] 즉 1930년대 공·광업 노동력 수요의 증가는 공장노동

62) 이 조사는 조선총독부가 경기도 평택군 송탄면 長安里·二忠里, 전라북도 남원군 운봉면 杏亭里·山德里, 경상북도 영천군 금호면 新月洞·元堤洞, 경상북도 김해군 김해읍 內洞里·外洞里, 황해도 서흥군 용평면 月灘里 지역을 대상으로, 1934년 1월부터 1944년 3월 중순까지의 인구이동 상황을 조사한 것이다. 총 조사호수 980호 중 농가 826호의 총인구 4,711명, 남자 2,338, 여자 2,373명을 대상으로 조사를 행한 결과, 구직을 위해 유출한 자는 종속유출자를 제외하면 남자 248명, 여자 15명으로 총 263명이고, 유출 지역별로는 국내가 134명, 국외가 129명이었다(朝鮮總督府, 「農村人口移動調査報告」, 『朝鮮總督府調査月報』 1944. 12).

63) 朝鮮總督府, 「農村人口移動調査報告」, 『朝鮮總督府調査月報』, 1944. 12.

64) 廣瀨貞三, 「'官斡旋'と土建勞動者 - '道外斡旋'を中心に - 」, 『朝鮮史硏究會論文集』 29, 朝鮮史硏究會, 1991. 10.

65) 許粹烈, 「1930年代 軍需 工業化政策과 日本 獨占資本의 進出」, 『일제의 한국 식민통치』(車基璧 엮음), 정음사, 1985, 240~243쪽.

66) 공·광업 인구 중에는 광업인구가 35%를 차지하고 있었다. 『朝鮮總督府統計年報』에는 1930·1935

자보다는 주로 육체노동자・일용노동자였던 광산・토목 노동자의 증가에 의한 비중이 더욱 컸던 것이다.

이렇게 공장노동자의 증가가 상대적으로 적었던 것은 당시 공업화의 성격에 기인한다. 1930년대 공업생산의 증가와 시장의 변화는 移入品의 구성에 변화를 초래하였다. 이입품의 중심이 저급한 대중소비재에서 고급품 및 중화학제품으로 옮겨 갔다. 이러한 변화 속에서 상당한 자본과 기술을 필요로 하는 고급품 및 중화학제품, 즉 精工業製品이 주로 이입되고,[67] 조선에서는 저급한 대중소비재, 즉 粗工業製品을 생산하는 방식으로 일본공업과 조선공업 간의 새로운 연관이 형성된 것이다.

일본과 조선 공업 간의 '精工業 - 粗工業' 관계 및 재생산 과정 전반에 걸친 연관은 그 자체가 조선공업의 한계를 규정하였다. 조선은 일본제국주의 경제권 내에서 상품시장・원료공급지・자본투하지로 기능하였으며, 대공업과 중소공업의 분리, 중소공업의 낙후성, 중소공업과 가내공업 층의 두터움 등의 조선공업의 특징은 이러한 역할을 행하기 위한 구조였다. 조선공업의 발전은 이 역할에 제한되었으며, 일본과의 예속관계가 끊어지지 않는 한 조선공업은 일본제국주의 경제권에 예속된 형태로 일본경제의 변동에 규정받을 수밖에 없었다. 공업의 통제는, 1935년 제국의회에서 重要産業統制法 개정안이 통과되고 일본 내부에서 통제파의 지원을 받던 南次郎이 총독으로 부임하면서 일본제국주의 경제권 전체에 걸친 일원적 통제로 나아갔고, 일본공업에 대한 조선공업의 예속은 점차 강화되어 갔다.[68]

1937년 7월 중일전쟁의 발발을 계기로 일본은 전시통제경제체제로 이행하였으며, 조선도 일본의 전시통제체제에 규정되면서 그 일부분으로 편입되었다. 이에 따라 원료・생산・시장・노동력 등 모든 부문에 걸친 공업통제가 일본과 동시에 혹은 약간의 시차를 두고 시행되었다. 공업통제는 단기적・응급적 통제에서 장기적・본격적 통제로, 일부분에 국한된 통제에서 전면적이고 종합적인 통제로 발전하였으며, 이와 더불어 통제기구도 설립・정비되었다. 중일전쟁 발발 직후 무역・자금에 대한 임시조치법을 중심으로 단기적이고 응급조치적인 통제가 시행되었다. 우선 1937년 9월에 수출입품 등의 임시조치에 관한 법률, 10월에 臨時資金調整法이 시행됨으로써 군수산업에 필요한 자재를 원활하게 공급하고 비군수 물자의 수입 및 생산, 소비를 억제하고자 하였다.

전쟁이 장기화되고 물자난이 확대됨에 따라 단기적・응급적 통제는 본격적・전면적 통제로 전환하였다. 1938년 5월 물자・자금・물가・노동력 등을 포괄적으로 규제하는 國家總動員法이 시행되고, 9월에 열린 時局對策調査會에서는 대륙침략의 전진병참기지로서 산업

년의 광업인구 통계가 별도로 수록되어 있지 않으므로, 여기에서는 朝鮮總督府, 『昭和5年 朝鮮國勢調査報告』 全鮮編, 246~247쪽과 朝鮮總督府, 『朝鮮 昭和15年 國勢調査結果要約』, 72~73쪽을 참고하였다.

67) 당시 가장 비중이 큰 대표적인 移入品은 면직물과 인조견직물이었다.

68) 裵城浚, 『日帝下 京城지역 工業 硏究』, 서울대 국사학과 박사학위논문, 1998, 141・148쪽.

의 군사적 재편성 방침이 확립되었다. 중요 물자의 사용 제한이 확대되고 생산에 대한 통제가 강화되는 한편, 각종 통제조직이 결성되기에 이른 것이다. 이로 인한 원료·자재 입수의 곤란, 가격의 앙등, 자금의 핍박, 구매력 감퇴 등으로 민수공업 즉 소위 평화산업은 커다란 타격을 받았으며, 그 결과 대부분 민수공업이던 중소공업은 침체·위축되었다. 반면 정책적 지원과 군수 호황에 편승하여 군수공업은 확대되었다. 臨時資金調整法, 각종 물자통제령과 기업정비, 군수생산책임제에 이르는 전시통제는 군수공업으로 자금·물자·노동력을 집중적으로 공급하기 위한 것으로, 민생안정을 위한 최소한의 생활필수품 공급을 제외한 생산·유통의 전 부문은 군수품의 생산과 공급에 집중되었다.[69]

1930년대 공업의 내부 구성은 전반기에는 주로 식료품공업·방직공업 등의 경공업이 대종을 이루었다. 그러나 후반기에는 조선의 대륙병참기지로서의 필요성이 강해지면서, 군수품의 생산확충을 위한 공업, 즉 금속·기계기구·화학공업 등의 중공업으로 그 중심을 옮겨갔다. 일제는 "조선은 병참기지 정책상 중공업지대, 즉 군수공업지로서 중시되어야 한다. 조선 중공업의 장래성은 전진 병참기지의 중요성에서 국책적으로 부여된다"[70]고 하면서 조선에서의 중공업 발전의 군사적 의의를 강조하였다. 이 시기 일제는 대륙침략전쟁 과정에서 해상교통이 봉쇄될 경우에 대비해 대륙에 병참기지를 만들고자 했다. 그런데 당시 조선은 만주나 중국에 비해 지리적 위치, 치안 상태, 산업의 적지 적응성에서 중공업 발전의 소지를 가지고 있었으며, 노동력·동력·자원 등에서도 유리한 지위에 있다고 평가되었고,[71] 이에 근거해 일제는 조선의 병참기지화 정책을 적극 추진하였던 것이다.

<표 11>에서 보면 1936년 공장종업자는 약 19만 명으로, 같은 해 총인구 2,200여만 명의 0.9%, 1935년 노동 가능 연령인 15~59세 인구 1,223만 명[72]의 1.5%라는 낮은 비중을 차지하였다.[73] 또한 1930년대 전반기 공장종업자수는 생산액에 비해 상대적으로 낮은 증가율을 보였는데, 중후반기에 걸쳐 일제 독점자본의 투자가 점차 확대되면서 이 격차는 더욱 확대되어 갔다. 공장노동자의 고용 규모는 1931년에 비해 1936년에 1.8배, 1940년에는 2.9배로 증가하였다. 그런데 이는 같은 기간에 공장생산액이 2.6배, 5.9배로 증가한 것에 비하면 그 반에도 미치지 못하는 수준이었다.

이러한 양상은 중화학공업 부문에서 더욱 심하였다. 군수공업이 발흥하였던 1930년대 후반기로 들어서면서 공업의 성장은 주로 중화학공업으로 집중되었다. 1931년을 기준으로 볼

---

69) 裵城浚, 『日帝下 京城지역 工業 硏究』, 서울대 국사학과 박사학위논문, 1998, 149~151·174~184쪽 참조.

70) 柴原正二, 「朝鮮重工業の將來性」, 『朝鮮工業協會會報』 1938. 10, 5쪽.

71) 「朝鮮の重工業發展に就て」, 『朝鮮工業協會會報』 1939. 1.

72) 朝鮮總督府, 『昭和10年 朝鮮國勢調査報告書』, 78~79쪽.

73) 1932년 당시 조선의 공장종업자수는 110,650명으로 전체 인구의 0.56%에 불과했다. 이에 비해 같은 해 일본 국내의 공장종업자수는 175만 명으로 총인구의 2.7%에 달했다(李如星·金世鎔, 「工業朝鮮의 解剖」, 『數字朝鮮硏究』 5, 世光社, 1933, 37쪽).

<표 11> 공장생산액과 종업자수, 비율, 지수 (단위 : 千圓, 명, %)

구 분 \ 연 도		1931			1936			1940		
		실 수	비율	지수	실 수	비율	지수	실 수	비율	지수
생산액	중공업	66,457	24.2	100	238,215	33.5	358	862,629	53.2	1,298
	경공업	207,194	75.7	100	471,650	66.4	227	757,308	46.7	365
	계	273,651	100.0	100	709,866	100.0	259	1,619,937	100.0	591
종업자	중공업	26,827	26.3	100	73,016	38.7	272	140,728	47.7	524
	경공업	75,116	73.6	100	115,234	61.2	153	154,243	52.2	205
	계	101,943	00.0	100	188,250	100.0	184	294,971	100.0	289

비고 : ① 상시 5인 이상의 직공을 사용하거나 그에 준하는 설비를 갖춘 공장. ② 관영공장 중 생산·가공·수리에 관계되는 것은 제외.

자료 : 朝鮮總督府, 『朝鮮總督府統計年報』, 1931·36·40년도판.

때, 경공업 분야의 공장생산액은 1936년 2.3배, 1940년 3.7배로 증가한 데 비해 중공업 분야는 각각 3.6배, 13배 증가하여 상당한 차이를 보였다. 그런데 같은 시기에 공장종업자수는 경공업 분야에서는 1.5배, 2배로 증가하고, 중공업 분야에서는 2.3배, 5.2배의 증가를 보였다. 중공업 중에서도 기계기구·화학공업 부문은 이러한 경향이 더욱 두드러졌다.[74]

중공업 부문의 증대로 인해 전체 공장생산액 중에서 이 부문이 차지하는 비율도 1931년 24%에서 1936년 33%, 1940년 53%로 크게 증가하였다. 이는 경공업이 1931년 76%에서 1940년 47%로 감소하고, 특히 1930년대 전반기에 가장 큰 비중을 차지했던 식료품공업이 같은 시기에 57%에서 19%로 격감한[75] 양상과 대조를 이룬다. 그런데 중공업 부문의 종업자는 1931년 전체 공장종업자의 26%에서 1936년 39%, 1940년 48%로 증가한 데 그쳐, 공장생산액의 증가율에 비해 큰 차이를 보이고 있다. 즉 1930년대, 특히 후반기에 조선에서는 군수산업의 성격을 띤 중공업이 크게 발달하였지만 이 부문의 고용 규모는 상대적으로 작았다.

이러한 생산액의 증가와 고용규모 확대의 괴리는 또한 당시 공업화를 주도한 일본 대자본이 중공업을 중심으로 기계설비를 갖춘 대규모 공장 위주로 진출함으로써 야기된 것이었다. 100명 이상을 고용하는 대공장이 1930~37년 간 중공업 분야에서는 25개에서 100개로, 경공업 분야에서는 69개에서 122개로 증가하였다. 이를 민족별로 구분해 보면, 조선인 공장은 대부분 100명 이하를 고용하는 중소 규모 공장의 증가가 두드러졌다. 이에 비해 일본인 공장은 100명 이상을 고용하는 대공장이 크게 증가하였다. 특히 화학공업의 경우 조선인·일본인 공장을 막론하고 상당한 증가를 보였는데, 이 중 일본인 공장은 100명 이상의 대공장이 1930년 8개에서 1937년 55개로 격증하였다.[76] 즉 일본인 공장의 경우 대공업, 그 중에

74) 같은 시기에 기계기구공업의 경우 생산액은 3.2배·30배로 증가한 데 비해 종업자수는 2.7배·10.1배로 증가하고, 화학공업의 경우 생산액은 5.1배·20배로 증가한 데 비해 종업자수는 3.2배, 5배의 증가에 그쳤다(朝鮮總督府, 『朝鮮總督府統計年報』, 1931·36·40년도판).

75) 朝鮮總督府, 위와 같음.

도 중공업 공장의 증가가 큰 데 반해, 조선인 공장은 주로 중소공업이 증가하였던 것이다.

대규모 공장은 일반적으로 생산액에 비해 고용 규모가 크지 않았다. 1939년 현재 200명 이상을 고용하는 대공장은 고용 면에서는 40%를 차지했지만, 생산액은 62%를 차지하였다. 대부분의 업종이 이 같은 양상을 보이는 가운데, 특히 금속공업의 경우 대공장의 노동자는 전체 노동자의 43%인 데 반해, 생산액은 무려 88%를 차지하였다.[77] 공업 부문에서의 고정자본의 비율은 크게 증가해 갔지만, 가변자본 즉 고용량은 그에 비해 훨씬 뒤지는 낮은 증가율을 보인 것이다. 공장의 증가에 따라 공장생산액은 크게 증가해 갔지만, 고용의 규모는 상대적으로 적었고 따라서 공장노동자의 증가도 크지 않았던 것이다.

요컨대 1930년대 공업화가 추진되면서 공장·토건·광산 노동자를 중심으로 노동력이 고용되어 갔는데, 그 중에는 공장노동자에 비해 토건·광산노동자의 고용 증가가 훨씬 컸다. 또한 1930년대 유업자는 농업 부문의 감소와 공·광업, 기타 유업자의 증가를 제외하면 거의 변동이 없었다. 농촌에서는 무려 165만 명의 유업자가 배출된 데 비해, 그 수의 약 1/4에 해당하는 공·광업 유업자, 혹은 기타 유업자가 증가한 데 불과하였다. 따라서 1930년대에 걸쳐 전국적으로 인구의 대규모 이동이 진행되었음에도 불구하고, 총유업자는 오히려 감소하고 무업자가 대폭 증가하는 양상을 보였다. 이는 곧 당시 조선내 각 산업 간의 유기적인 연관성 결여에서 비롯된 것으로, 농업 부문에서는 수많은 노동력이 유출되고 있지만 이들을 수용할 새로운 산업부문의 노동력 수요는 매우 제한적이었음을 반영한다. 즉 일제하 공업화정책의 추진은 조선인 노동력의 고용 확대의 면에서는 거의 영향을 미치지 못하였음을 드러낸다. 더욱이 전시체제 하에서의 고용이 가지는 군수산업 부문의 편중적·한시적인 측면을 고려하면 이러한 성격은 더욱 두드러진다. 이에 1930년대 공사가 한창 진행중인 북부지방이나 일부 대도시를 제외한 지역에서는 여전히 실업자로 존재하는 노동력이 상당수에 달할 수밖에 없었으며, 이들은 노동력 수요가 급증하는 전시통제경제기에 들어서 징용·징병 등의 비정상적인 형태로 고용되어 국내 혹은 국외로 강제 이동되어 갔던 것이다.

2) 都市貧民과 失業者의 增大

일제의 지주적 농정으로 양산된 몰락농민 중에는 농촌에 잔류한 궁민이 상당수였지만, 그와 동시에 개인별 혹은 세대별로 농촌에서 도시로 이주한 몰락농민들도 점차 늘어가는 추세였다. 이들은 도시 부근에 집단거주지를 형성하면서 자리를 잡아 갔다.[78] 이들 대도시로 유입된 노동력은 도시 상공업의 발달에 따른 노동력의 필요에 의해 이동하기보다는 농

76) 朝鮮總督府 殖産局, 『朝鮮工場名簿』, 1932·39년도판.
77) 朝鮮總督府, 『朝鮮總督府統計年報』, 1939년도판.
78) 처음에는 임시 '부락'으로 형성되었다가 점차 반영구적 '부락'으로 굳어져 갔는데, 1932년 당시 전국에 83곳에 존재하였다(『東亞日報』 1933년 1월 4일자).

촌에 정착하지 못한 몰락농민이 새로운 노동시장을 찾아 도시로 이동해 간 형태였다. 그러나 당시 조선에는 산업 간의 내적 분업이 진행되지 않았을 뿐만 아니라 공황에 따른 만성적 실업현상으로 인해 도시로 밀려든 몰락농민은 대부분 산업기관으로 흡수되지 못하였다. 2장에서 살펴보았듯이 전업농민 중 새로운 업종으로 흡수된 층은 극히 일부에 불과하였다. 상대적 과잉인구의 일부만이 공장노동자로 흡수되었고, 그 중 상당수는 일용노동자가 되어 항상적으로 실업의 위기에 직면해 있었으며, 나머지는 노동시장으로 편입되지 못한 채 완전실업자로 존재하면서 도시 주변의 빈민층을 형성해 갔던 것이다.

당시의 자료를 통해 궁민의 수가 해가 갈수록 증가하고 총인구에서 차지하는 비중도 커지고 있었음을 확인할 수 있다. <표 12>는 1930년 전후의 궁민의 증가상황을 살펴본 것이다.

<표 12> 窮民의 증가상황 (단위 : 명, %)

연 도 / 구 분	1926년		1931년		1934년	
	수	비 율	수	비 율	수	비 율
총인구	19,013,900	100.0	20,262,958	100.0	21,125,827	100.0
細 民	1,860,000	9.7	4,203,104	20.7	4,216,900	19.9
窮 民	295,620	1.5	1,048,467	5.2	1,590,158	7.5
乞 人	10,066	0.1	163,753	0.8	51,806	0.2
합 계	2,165,686	11.3	5,415,324	26.7	5,858,864	27.7

비고 : ① 細民은 생활이 궁박하여 겨우 연명하는 자. ② 窮民은 생활이 극히 궁박하여 긴급 구제를 요하는 자. ③ 乞人은 항상적으로 여러 곳을 부랑 배회하면서 궁핍을 호소해 金品을 얻는 자.

자료 : ① 1926·31년 궁민수는 李如星·金世鎔, 「朝鮮의 人口問題及人口現象」, 『數字朝鮮硏究』 4, 1933, 6쪽 참조. ② 1934년 궁민수는 朝鮮總督府 學務局 社會課, 「細窮民及浮浪者又は乞食數調」, 『朝鮮社會事業』 13, 1935. 6, 63~65쪽 참조. ③ 총인구수는 朝鮮總督府, 『朝鮮總督府統計年報』, 각년도판 참조.

궁민은 전국적으로 산재해 있었기 때문에 이 조사에는 많은 부분이 누락되었을 것이다. 그럼에도 불구하고 이 표에 의하면 1930년을 전후하여 '생활이 극히 궁박하여 긴급 구제를 요하는 자'인 窮民이 빠른 속도로 증가해 갔다. 1926년부터 1931년까지 궁민의 비율은 전체 인구의 11.3%에서 26.7%로 급증하여 총인구의 1/4을 넘어서게 되었다. 이러한 추세는 이후에도 계속되어, 이른바 窮民救濟事業이 한창 진행중이던 1934년에는 궁민이 총인구의 27.7%에 달하였다. 궁민의 증가 양상은 만성적인 농업공황에 시달리던 농촌에서 특히 심하였다. 지역별로 이들은 주로 남부지방에 분포하였는데, 전라남북도와 경상남북도 4道의 궁민이 전국 궁민의 약 반수를 차지하였다. 특히 곡창지대인 전라북도의 경우 1934년 현재 총호수의 45%, 총인구의 38% 이상이 궁민에 속하였다.[79]

79) 朝鮮總督府 學務局 社會課, 「細窮民及浮浪者又は乞食數調」, 『朝鮮社會事業』 13, 1935. 1, 64~65쪽. 이 해 전라북도의 총인구는 451,840호에 2,278,512명으로, 그 중 細民은 121,827호 558,512명, 窮民은

이러한 양상은 대도시를 비롯한 도시지역에서도 예외가 아니었다. <표 13>에서 1933년 현재 경성・부산 등 5대도시의 窮民數만 보아도 총 11만 6천여 명으로 총인구의 13%에 달하였는데,[80] 이 중 97%가 조선인이었다. 민족별로 궁민의 비율을 보면, 조선인이 17%로 일본인 궁민비율 1.7%의 10배를 넘었다. 더욱이 대부분의 도시빈민은 도시 내부가 아닌 주변에 거주하고 있었으므로 각 도시 주변지역의 빈민을 이 통계에 포함시킬 경우 도시의 실제 궁민은 이보다 훨씬 많았을 것이다.

<표 13> 1933년 5대도시의 窮民數와 窮民比率 (단위 : 명, %)

민족 / 도시	조선인			일본인			계		
	궁민수	궁민비율	총인구	궁민수	궁민비율	총인구	궁민수	궁민비율	총인구
京城府	34,081	12.5	270,590	12	0.0	111,901	34,093	8.9	382,491
仁川府	4,877	8.2	59,321	26	0.1	13,540	4,903	6.7	72,861
大邱府	46,754	60.1	77,689	3,769	13.4	28,108	50,523	47.7	105,797
釜山府	10,942	10.4	105,197	88	0.1	51,232	11,030	7.0	156,429
平壤府	15,622	12.0	129,297	28	0.1	21,474	15,650	10.3	150,771
계	112,276	17.4	642,094	3,923	1.7	226,255	116,199	13.3	868,349

자료 : ① 1933年 6月 朝鮮總督府 學務局 社會課 調査(李如星・金世鎔,『數字朝鮮硏究』 5, 1935, 90~91쪽 참조) ② 朝鮮總督府,『朝鮮總督府統計年報』, 1933년도판.

도시의 궁민들은 대개 농촌에서 유입된 몰락농민이었다. 예컨대 1940년 京城府와 그 부근의 土幕民 중 556호를 대상으로 한 京城帝國大學 衛生調査部의 조사에 의하면, 그 중 세대주의 前職은 농업 230명, 자유노동 135명, 직공・직인 57명, 상인・행상 61명 등이었다.[81] 이들 중 전직이 농업 혹은 자유노동인 농촌 출신이 전체의 65% 가량을 차지하였는데, 대개 소작농 내지 자소작농 출신이었다. 또한 이들의 직업은 행상・지게꾼・일용노동자 등으로 특수한 기능이나 자본 없이 체력을 유일한 자본으로 하는 것이었고 단기적이고 불안정한 것이었다. 즉 도시빈민의 대부분은 늘 실업의 위기에 놓여 있는 한편, 미숙련 노동자의 풍부한 공급원으로서 임금인상을 억제시키는 잠재 요인으로 존재하고 있었다.

도시와 농촌을 막론하고 이들 궁민, 즉 빈민층은 거의 실업 또는 반실업 상태에 빠져 있었다. 특히 대공황의 여파가 미치면서 일본자본주의의 체제적 위기가 심화되자, 일본 독점자본은 조선에서 아무런 법적 보호장치도 없는 노동자에 대한 해고나 조업단축, 임금인하,

---

68,687호 301,266명, 乞人은 15,141명에 달하였다(『東亞日報』 1933년 5월 25일자). 또한 1935년 제3차 '窮民救濟事業' 실시를 앞두고 경상북도 地方課에서 조사한 바에 의하면, 1935년 전반기 경상북도의 細農은 무려 186만여 명으로, 총인구 240만 명의 80%에 달한다고 보고하였다(『朝鮮民報』 1935년 4월 2일자).

80) 이러한 궁민의 증가 현상은 이후에도 계속되어, 1936년 10월 1일 현재 京城의 궁민은 총인구 60만의 26%를 넘었다(李義錫, 「대경성의 이면 - 빈민이 10만5415명 - 」, 『批判』 5-4, 1937. 5).

81) 京城帝國大學 衛生調査部 編, 『土幕民の生活・衛生』, 岩波書店, 1942, 83~84쪽.

노동강화, 노동시간 연장 등의 직접적인 노동력 착취를 통해 공황의 돌파구를 찾으려 하였다.[82] 이에 농촌과 도시를 막론하고 전국적으로 실업자층이 대량 양산되었다.

실업문제의 심각성이 점차 사회문제화하기에 이르자, 조선총독부는 일본자본주의 틀 내에서의 사회정책의 일환으로서 실업대책을 마련하기 위해 1930년에 처음으로 조선의 실업자를 조사하였다. 이후 몇 년 간 시행된 실업자 조사에서는 1930년과 1931년에 '실업자가 가장 많아 보이는 지역' 즉 府 및 指定面의 실업상황에 대해 조사하고,[83] 이후 1932년부터 1937년까지는 조사지역을 전국으로 확대하였다.[84]

이 조사에서는 여자와 其他無職者, 雇主, 自營業者, 월수입 200원 이상의 급료생활자 등은 처음부터 조사대상에서 제외시켰다. 실업자는 실업 당시 급료생활자 또는 노동자로서, 조사당일 현재 실업 상태에 있는 자를 원칙으로 하였고, 노동자 중에서 조사당일을 기점으로 과거 1개월 간 1/2 이상 취업하였다고 인정되는 자는 실업자로 간주하지 않았다. 또한 失業의 의미를 '취업할 능력과 의사가 있지만 취업의 기회를 얻지 못한 상태'라고 정의하여, 老衰者, 傷病不具者, 술주정이나 게으름 등 때문에 취업에 적당하지 않은 자, 任意不就業者, 同盟罷業 또는 工場封鎖 때문에 취업하지 않은 자 등은 포함시키지 않았다.[85] 즉 극히 제한된 범위 내의 실업현상, 조사 가능한 범위 내의 실업자만을 조사한 것에 불과하였다.

그런데 이렇게 축소된 범위 내에서 만들어진 실업자 통계인 <표 14>에 의해서도 1930년대 전반기 실업률은 10%를 상회하였다. 특히 대공황의 여파로 실업문제가 가장 심각하였던 1931년에는 실업률이 무려 15%에 달하였는데, 이는 같은 해 일본 국내 실업률 6.7%[86]의 2배를 넘는 수치였다. 뿐만 아니라 1930년에 비해 조선인의 실업률은 일본인보다 더 높은 비율로 증가해 갔다. 즉 조선인은 노동력 수요가 감소할 때면 우선적으로 감축대상이 되었기 때문에 늘 실업의 위기 속에 놓여 있었던 것이다. 조사지역이 전국으로 확대된 1932·33년에도 실업률은 여전히 10%를 상회하여, 전국에 걸쳐 실업 현상이 만연하였음을 알 수 있다. 한편 이렇게 높은 실업률이 점차 감소하는 경향을 보이는데, 이는 고용에 의한 실업자의 절대적인 감소라기보다는 조사지역이 '실업자가 가장 많아 보이는 지역'에서 전국으로 확대된 데 일차적인 원인이 있었던 것으로 보인다.

---

82) 김영근, 「세계 대공황기 노동력의 성격과 파업투쟁」, 『역사와 현실』 11, 1994, 94쪽.

83) 일제강점기의 실업조사는 강점 후 20년이 지난 1930년에 들어서야 비로소 조선총독부 주관으로 시행되었고, 이어 1931년에 제2회 조사가 시행되었다. 제1·2회의 실업조사는 실업자가 가장 많아 보이는 府 및 邑의 실업상황을 극히 제한된 범위 내에서 살펴본 것으로, 이를 통해 전국의 실업상황을 파악하기는 어렵다.

84) 조선총독부는 실업조사를 하면서도 이를 담당할 별도의 기관을 설치하지 않았고, 조사 방식에서도 府邑 직원이나 方面委員, 町洞 總代, 警察官이 구역을 정해 實地 조사하거나 혹은 일부 지역만을 조사하여 추정하는 방식을 사용하였다(「朝鮮に於ける失業調査」, 『朝鮮總督府調査月報』 5-4, 1934. 4, 57쪽).

85) 「朝鮮に於ける失業調査」, 『朝鮮總督府調査月報』 5-4, 1934. 4, 57~58쪽.

86) 李如星·金世鎔, 「朝鮮의 失業者」, 『數字朝鮮研究』 3, 1932, 83쪽.

<표 14> 1930년대 실업자수와 실업률 (단위 : 명, %)

민족 연도	조선인			일본인			계		
	조사인원	실업자	실업률	조사인원	실업자	실업률	조사인원	실업자	실업률
1930	176,575	22,145	12.5	44,585	2,639	5.9	221,160	24,784	11.2
1931	232,815	34,951	15.0	59,278	4,292	7.2	292,093	39,243	13.4
1932	1,336,257	163,512	12.2	83,712	3,037	3.6	1,419,969	166,549	11.7
1933	1,278,541	131,683	10.2	88,902	2,695	3.0	1,367,443	134,378	9.8
1934	993,550	94,919	9.5	86,139	2,578	2.9	1,079,689	97,497	9.0
1935	1,002,847	79,214	7.8	97,510	2,570	2.6	1,100,357	81,784	7.4
1936	1,025,565	74,699	7.2	104,085	1,797	1.7	1,129,650	76,496	6.7
1937	1,051,100	56,440	5.3	119,376	1,233	1.0	1,170,476	57,673	4.9

비고 : 조사일자는 1930년 1월 31일, 1931년 11월 15일, 1932·33년 6월 30일, 1934·35·36·37년 10월 1일

자료 : ① 李如星·金世鎔, 「朝鮮의 失業者」, 『數字朝鮮硏究』 3, 世光社, 1932, 74~80쪽 ② 朝鮮總督府 學務局 社會課, 『朝鮮に於ける失業調査』, 1932 ③ 朝鮮總督府 學務局, 「朝鮮に於ける失業調査」, 『朝鮮總督府調査月報』 1934. 4, 1935. 3, 1936. 8, 1937. 6, 1938. 9.

실업의 위협 정도는 노동유형에 따라 다르게 나타났다. 노동유형별로 실업상황을 살펴본 <표 15>에 의하면, 조선인 노동자는 다른 유형에 비해 일용노동자가 가장 많은 비중을 차지하였고, 동시에 일용노동자 실업자의 수와 비율이 가장 컸다는 점이 두드러진다. 일용노동자와 기타 노동자 실업자를 합치면 전체 실업자의 80~90%에 육박하여, 당시 조사된 조선인 실업자의 대부분을 점하였다. 이러한 현상은 각 업종별 실업자가 총실업자 중에서 차지하는 비율을 보면 더욱 분명해진다. 조선인의 경우 1930년 급료생활자 실업자가 전체 실업자의 16.0%에서 1934년 10.9%로, 1936년 6.6%로 감소하였다. 이에 비해 일용노동자는 실업자의 가장 큰 비중을 차지하면서, 1930년 53.5%에서 1934년 51.1%로, 그리고 1936년에는 54.2%로 증가하는 경향을 보였다. 한편 일본인의 경우 1930년 급료생활자 실업자가 67.4%에서 1934년 72.2%로, 1936년 77.6%로 계속해서 증가해 갔다. 즉 조선인은 일용노동자 실업자가 가장 많고 급료생활자 실업자수가 가장 적었으며, 이에 비해 일본인은 보다 고급층이라 할 수 있는 급료생활자 실업자가 가장 많고 일용노동자 실업자가 가장 적었다.

여기에서 주목되는 것은 조사대상 중 조선인은 일용노동자가 가장 많았던 데 비해 일본인의 경우는 급료생활자가 대다수였다는 점이다. 예컨대 1930년의 실업조사에서 조선인은 일용노동자와 기타 노동자가 각각 53.5%, 30.3%이고 급료생활자는 16.0%였지만, 일본인은 반대로 급료생활자가 67.4%의 다수를 점하였다. 즉 조사대상자의 업종별 구성 자체가 조선인은 일용노동자가 많았고, 일본인은 대다수가 급료생활자였다. 또한 같은 급료생활자 중에서도 조선인은 대부분이 200원 이하의 임금을 받았지만, 대개의 일본인은 조선인에 비해 2배 이상의 임금을 받고 있었으므로 조선인과 일본인의 실질적인 경제상의 지위는 한층 더 달랐다.

<표 15> 노동유형별 실업률 (단위 : 명, %)

노동유형 \ 민족		조선인				일본인			
		조사인원	실업자수	실업률	총수대비	조사인원	실업자수	실업률	총수대비
1930	급료생활자	31,206	3,551	11.3	16.0	33,303	1,781	5.3	67.4
	일용노동자	88,813	11,865	13.3	53.5	4,706	421	8.9	15.9
	기타노동자	56,556	6,729	11.8	30.3	6,576	437	6.6	16.5
	계	176,575	22,145	12.5	100.0	44,585	2,639	5.9	100.0
1934	급료생활자	120,365	13,229	10.9	13.9	67,922	1,862	2.7	72.2
	일용노동자	525,869	48,548	9.2	51.1	10,378	416	4.0	16.1
	기타노동자	347,316	33,142	9.5	34.9	7,839	300	3.8	11.6
	계	993,550	94,919	9.5	100.0	86,139	2,578	2.9	100.0
1936	급료생활자	143,503	9,525	6.6	12.7	84,351	1,395	1.6	77.6
	일용노동자	545,750	40,542	7.4	54.2	11,250	210	1.8	11.6
	기타노동자	336,312	24,632	7.3	32.9	8,484	192	2.2	10.6
	계	1,025,565	74,699	7.2	100.0	104,085	1,797	1.7	100.0

비고 : 총수대비는 총 실업자 중 업종별 실업자수의 비율.
자료 : <표 14>와 같음.

또한 일제하 조선에는 총독부 조사에 나타난 실업자 외에도 무수히 많은 실업자가 존재하고 있었다. 엄밀한 의미에서는 앞에서 살펴본 窮民의 상당수와 이 조사에 포함되지 않았던 무업자도 실업자의 범주에 포함될 것이기 때문이다.[87]

즉 일제강점기의 지주적 농업정책으로 몰락하여 농촌에서 유출된 농민들은 새로운 노동시장을 찾아 도시로 향하였으나, 이들은 대부분 새로운 업종에 고용되지 못한 채 빈민으로 존재하였다. 당시 산업구성 자체가 유기적 연관성을 가지지 못한 결함 때문이었다. 더욱이 빈민층은 대개 실업자 혹은 반실업자의 상태로서, 특히 1930년대 전반기에는 실업문제가 심각하여 통치당국에서도 1930년부터 1937년까지 실업자 조사를 실시하여 대책을 강구해야 할 정도에 이르렀다. 일제하 노동력의 이동양상과 구성 변화의 본질에 여기에서 드러난다고 할 것이다.

5. 結語

이상에서 보았듯이 1930년대를 전후한 시기에 우리 나라에서는 노동력 이동이 활발히 진행되었다. 그러나 그 이동은 새로운 산업발흥에 따른 유인 요인보다는 농촌에서의 유출 요인에 의해 촉발·진행되었다. 이하에서는 본문을 요약하는 것으로 결론을 대신한다.

87) 無業者는 대부분 無業女子와 老幼, 傷病不具者였지만, '직업을 신고하지 않은 자' 등 적지 않은 실업자와 就業無産者 또한 이에 포함되어 있었다(李如星·金世鎔, 「朝鮮의 失業者」, 『數字朝鮮研究』 3, 1932, 世光社, 84쪽).

강점 후 일제의 지주적 농정이 강화되면서, 조선 농촌에는 몰락농민이 양산, 퇴적되어 갔다. 여기에 1930년대 초반에 닥친 대공황의 여파는 농촌에 심대한 타격을 주어, 몰락농민은 실업·반실업자의 형태로 농촌에 남아 있거나 새로운 노동시장을 찾아 도시나 국외로 유출될 수밖에 없었다. 이러한 노동력의 이동은 몰락농민의 도피 혹은 저항의 한 방법이 되기도 하여, 총독부에서는 사회안정을 위한 정책을 마련해야만 했다. 그러나 이 시기 도시 역시 이들을 흡수할 만한 산업 여건이 조성되어 있지 않았다. 따라서 도시로 유입된 몰락농민은 일부만이 공장노동자가 되거나 고용이 극히 불안정한 일용노동자로 흡수되고, 노동시장으로 편입되지 못한 대다수는 실업자로 존재하면서 도시 주변의 빈민층을 형성해 갔다. 전 조선이 궁민과 실업자의 급증으로 심각한 사회문제를 안고 있었던 것이다. 이러한 양상은 일제의 지배체제를 근저에서 위협하였다.

계속되는 몰락농민의 유출과 노동력 수요의 지역별 편중으로 인해 점차 지역별 인구구성이 변화되었다. 강점기 내내 지속된 노동력의 도시 유입 현상은 특히 1930년대 후반기 대도시에서 두드러졌다. 또한 계속되는 남부지방 노동력의 동원으로 인해 북부지방의 인구가 크게 증가해 갔다. 이 중 상당수는 총독부가 정책적으로 이송시킨 노동력이었다. 노동력의 지역별 편재에 일본 독점자본의 요구에 따른 총독부의 강제력이 개입되었던 것이다.

이렇게 이동해 간 노동자들은 대부분 단기적이고 불안정한 고용 상태에 놓여 있었다. 따라서 1930년대 전 기간에 걸쳐 조선인 노동력 중에는 약 124만 명의 有業者가 감소하고, 451만여 명의 無業者가 증가하였다. 무업자의 증가는 특히 농업 부문에서 심각하였으며, 工業 및 鑛業, 그리고 일용노동자가 포함된 기타 부문을 제외하면 유업자가 거의 증가하지 않았다. 증가된 유업자는 1930년대 전반기에는 주로 토목노동자가 중심이었고, 후반기에는 戰時 生産擴充을 위한 군수시설을 건설하는 토목노동자와 화학·기계공업 등의 군수공장노동자, 産金奬勵政策 등에 의한 광업노동자가 주종을 이루었다. 그런데 그 중에는 공장노동자에 비해 토목·광산 노동자의 증가가 두드러졌다. 당시 공업이 군수산업의 성격을 지닌 중공업·대공업 중심으로 추진되어, 이 부문의 고용 규모가 상대적으로 작았기 때문이다. 또한 이 세 부문의 고용 규모가 전체 유업자 중에서 차지하는 비중은 1930년대 말에도 여전히 낮았다. 즉 1930년대에 걸친 일제의 공업화정책은 조선인 노동력의 장기적인 고용 확대에는 거의 영향을 미치지 못하였다.

그런데 당시 노동자의 수요는 공업화의 성격과도 관련하여, 일부 산업에 한정된 하층노동자를 중심으로 이루어졌다. 이에 항상적으로 '노동력 부족' 현상이 되풀이되고 있으면서도, 오히려 무업자가 대폭 증가하는 양상을 보였다. 따라서 국내의 생산연령인구 특히 남자 노동력의 상당수가 새로운 노동시장을 찾아 국외로 유출되어 갔다. 이러한 양상은 1930년대 후반 전시통제경제기에 들어서면서 전쟁 수행을 위한 노동력 수요가 급증하여 징용·징병 등의 비정상적인 고용에 의해 실업자가 흡수되면서 해결될 수밖에 없었다. 이는 정상적 산업 발전에 의한 노동력 흡수가 아닌 변형적·응급적인 형태로 진행된 것이었으며, 노동력의 장기적 고용이 아닌 일시적 동원에 불과한 것이었다. 따라서 해방 후 응급적인 고용이 해제되고, 각 지역으로 유출된 노동력이 귀향하면서, 그리고 국외 이주민들이 귀국하면서 실업문제가 더욱 심화될 수밖에 없었다. 일제 경제구조의 기형성이 결국 조선에서의 노동력 수급정책의 파탄을 가져온 것이다.

본고에서는 일제강점기 국내에서의 노동력 이동 양상과 성격을 고찰하였다. 그러나 국내에서 고용되지 못한 노동력이 만주·일본 등 국외로 유출될 수 밖에 없었던 당시의 현실에서 볼 때 이들에 대한 고찰은 매우 중요하다. 또한 일본인 노동자와 중국인 노동자 등 국외 노동력이 국내로 유입되어 고용이 불안정했던 당시 노동시장에 미친 영향 역시 적지 않았다. 이에 대한 고찰은 차후의 과제이다.

1946년 전반 左翼勢力의 제1차 美蘇共同委員會에 대한 對應과 臨時政府樹立構想

尹 恵 泳*

1. 머리말

1945년 12월 말 한국문제에 대한 모스크바 三國外相會談決定(이하 삼상결정으로 줄임)을 계기로 한국의 독립국가 건설에 대한 연합국의 構想과 方針이 구체적으로 드러났다. 이는 한국민에 의한 民主主義臨時政府 수립과 5년 간의 信託統治라는 두 개의 축으로 구성되었다. 삼상결정에 대한 국내 각 정치세력들의 대응은 초기 다소간 혼란을 겪지만 크게 보아 반탁과 삼상결정 지지라는 두 개의 입장으로 정리되며, 제1차 美蘇共同委員會(이하 미소공위로 줄임)를 거치면서 좌우의 격렬한 논쟁과 대립으로 나타났다.

민족내 분열이 본격화된 이 시기에 대해 1980년대 중반 이후 일정하게 연구가 진행되어 왔다. 특히 삼상결정안의 결정 과정과 미소공위의 진행 과정, 이를 둘러싼 미·소의 정책, 국내 각 정치세력 대응 분석 등에서 상당한 성과가 축적되었다.[1]

이 글은 이상의 연구를 바탕으로 그 동안 조명이 미흡했던 찬·반탁과 좌우대립의 당사자이며 당시 정국의 한 축을 이루고 있던 남북한 좌익세력의 1946년 전반기의 국가건설노선과 활동을 분석하려는 것이다.

---

* 국사편찬위원회 편사연구사

1) 송건호, 「탁치안의 제의와 찬반탁논쟁」, 『분단시대와 한국사회』, 까치, 1985 ; 브루스 커밍스, 『한국전쟁의 기원』, 일월서각, 1986 ; 이완범, 「한반도 신탁통치문제 1943~46」, 『해방전후사의 인식(3)』, 한길사, 1987 ; 이수인, 「모스크바3상협정 찬반운동의 역사적 성격」, 『한국현대정치사(1)』, 실천문학사, 1989 ; 沈之淵, 『미소공동위원회연구』, 청계연구소, 1989 ; 서중석, 『한국현대 민족운동연구 : 해방후 민족국가 건설운동과 통일전선』, 역사비평사, 1991 ; 박태균, 「1945~1946년 미군정의 정치세력 재편계획과 남한 정치구도의 변화」, 『한국사연구』 74, 1991 ; 도진순, 『1945~48년 우파의 동향과 민족통일정부 수립운동』, 서울대 국사학과 박사학위논문, 1993 ; 김성보, 「소련의 대한정책과 북한에서의 분단질서 형성, 1945~1946」, 역사문제연구소 편, 『분단 50년과 통일시대의 과제』, 역사비평사, 1995 ; 황병주, 「제1차 미소공위와 우파정치세력의 동향」, 한양대 사학과 석사학위논문, 1995 ; 정용욱, 『1942~47년 미국의 대한정책과 과도정부형태 구상』, 서울대 국사학과 박사학위논문, 1996.

해방 직후 등장한 각 정치세력은 일제하 이래 역사적 전통과 운동경험을 갖고 있었고, 신국가 건설에 대한 각자의 구상을 갖고 있었다.[2] 이들은 해방 후 각기 지향하는 국가건설 구상을 구체화시키기 위해 치열하게 움직였다. 선행 연구에서 밝혀졌듯이 臨政勢力의 반탁노선도 단순한 민족적 정서에 기초한 반탁운동이라기보다는 삼상결정에 따른 정국의 변화에 대응하여 臨政法統論에 기반한 정계개편 및 국가건설노선과 긴밀히 맞물려 있었다.[3]

좌익의 경우도 마찬가지였다. 삼상결정에 대한 좌익의 지지에 소련이 커다란 영향을 행사했음은 두말 할 나위 없다. 그러나 좌익의 삼상결정 지지는 소련의 지령에 의한 결과라기보다는 이에 더하여 삼상결정 이후의 정세변화를 적극적으로 해석하고 그들이 지향하는 국가를 변화된 정세 속에서 실현시켜 나가려는 좌익세력의 정국인식과 국가건설노선의 반영이었다. 즉 좌익의 삼상결정 지지는 임시정부수립 구상으로 표현되는 당시 좌익의 정책과 긴밀히 연결된 것이었다.

그 동안 이 시기 좌익에 대한 연구에서는[4] 이러한 측면에 대한 고려가 미흡했다. 그 결과 좌익세력의 삼상결정과 미소공위 대응에 대해 소련의 영향력만을 강조하거나, 좌익의 외형적인 언급과 활동에만 주목하여 對美妥協·協助路線으로 이 시기 좌익노선과 활동을 단순화시키는 경향이 있어 왔다.

한편 삼상결정과 미소공위의 문제는 남한의 좌익뿐만 아니라 북한 좌익에게도 가장 중심적인 문제로 인식되었다. 당시 좌익의 운동은 남한이나 북한지역만의 운동으로 分節되어 있지 않고 남북한 간에 상호 긴밀히 연관되어 있었다.[5] 북한의 좌익들도 삼상결정과 미소공위에 적극적으로 대응하였으며 이를 매개로 그들이 지향하는 국가건설을 추진하여 갔다. 하지만 기존의 연구에서는 남북한 좌익을 분절시켜 봄으로써 그들의 전체적인 활동과 투쟁

---

2) 金容燮, 『韓國近現代農業史研究』, 일조각, 1992 ; 方基中, 『한국근현대사사상연구』, 역사비평사, 1994.

3) 서중석, 앞의 책, 305~317쪽 ; 이용기, 「1945~48년 臨政勢力의 '법통정부' 수립운동」, 서울대 국사학과 석사학위논문, 1996, 15~28쪽.

4) 이시기 좌익의 노선과 활동에 대해서는 많은 연구들에서 부분적으로 언급하고 있을 뿐 본격적인 분석은 적다. 앞의 주 1)의 연구들 외에 다음 몇 연구를 참조. 金南植, 『南勞黨研究』, 돌베개, 1984 ; 李哲淳, 「解放直後 左翼勢力의 對美認識에 關한 研究」, 서울대 정치학과 석사학위논문, 1988 ; 梁聖哲, 「朝鮮共産黨.南勞黨의 政治路線의 變化過程에 관한 研究 : 1945년 9월~1949년 6월을 중심으로」, 연세대 정치학과 석사학위논문, 1993 ; 李剛秀, 「三相會議決定案에 대한 左派 3당의 대응」, 『한국근현대사연구』 3, 1995.

5) 해방 직후 좌익 중 공산계열은 국내파·동북항일연군파(金日成파)·연안파·소련파 등 다양한 계열로 구성되어 있으며, 이들이 일제하 이래의 운동경험과 노선에서 일정한 偏差를 갖고 있음은 주지하는 바다. 하지만 이들은 朝鮮共産黨과 뒤이은 남북한 勞動黨이라는 단일한 조직으로 결합하며 서로의 경험과 노선를 조율하게 된다. 각 계열은 운동방향과 조직의 주도권을 놓고 서로 대립하면서도 기본 노선과 정책 방향, 실제 활동에서 서로 보조를 맞춰 나갔다. 이러한 대립과 협력의 양 측면을 동시적으로 이해해야 당시 좌익의 활동과 역사적 상황을 사실 그대로 인식할 수 있을 것이다. 일제 하부터 해방 직후까지 좌익 각 계열의 국가건설론과 농업문제 인식에 대해서는 金聖甫, 『北韓의 土地改革과 農業協同化』, 연세대 사학과 박사학위논문, 1996, 39~64쪽 참조.

을 통일적으로 밝혀 내지 못했다. 본고는 이러한 검토 위에서 남북한 좌익세력의 삼상결정에 대한 인식과 政局展望, 民主主義臨時政府樹立構想의 내용과 정책, 제1차 미소공위에 대한 대응과 활동 등을 중점적으로 살피고자 한다.

2. 左翼의 政局展望과 臨時政府樹立構想

한국문제에 대한 삼상결정은 先獨立政府樹立을 강조한 소련 측의 원안을 토대로 信託統治 실시라는 미국 측의 제안을 가미한 것이었다. 이런 삼상결정에 대한 좌익의 최초 대응은 잘 알려져 있다시피 혼란스러운 것이었다. 하지만 朴憲永의 北行과 소련 및 북한 좌익와의 협의를 통해[6] 삼상결정이 좌익에게 유리한 결정이라는 것을 확인하면서 우파의 반탁운동에 맞서 삼상결정에 대한 총체적 지지를 주장하고 나섰다.[7] 좌익은 민주주의임시정부 수립을 당면 목표로 제기하며 모든 활동을 이에 집중시켰다. 그러면 좌익의 政局認識과 臨時政府樹立構想을 살펴보자. 이는 국제정세 전망과 이와 관련된 삼상결정의 性格規定, 政治地形에 대한 인식변화와 당면 활동 방침 등으로 나누어 볼 수 있다.

당시 좌익의 활동을 살펴보기 위해서는 우선 그들이 한반도를 둘러싼 국제정세를 어떻게 이해하고 있었는지를 먼저 파악해야 한다. 당시 좌익은 국제정세를 상당히 낙관적으로 전망했다. 좌익은 제2차 세계대전을 파시즘과 민주주의와의 전쟁으로 보았다. 즉 본래 제국주의 국가 간의 전쟁으로 시작된 2차 세계대전이 소련의 참전과 함께 성격이 변화했다는 것이다.[8] 좌익은 연합국들이 카이로와 포츠담, 얄타 회담을 거치면서 전후처리 문제에 합의해 왔기 때문에[9] 미국과 소련의 협력은 당분간 유지될 것으로 전망했다. 미국에 대해서는 본질상 제국주의 국가이나 경제적 우월성을 바탕으로 '門戶開放'과 '機會均等'에 기반한 대외정책을 펼치고 있기 때문에 미국의 식민지 및 半식민지에 대한 정책은 파시즘 국가나 영국과 같은 제국주의 국가들과는 달리 정치적 직접 지배체제의 구축이 아닌 "政治的으로 形을 주고 經濟的으로 實을 얻는 데 그 特色이 있는"[10] 것으로 인식했다. 특히 전쟁중에 생산능력이 크게 확대되어 生産過剩 恐慌문제에 직면할 미국은 生産不足 恐慌에 시달리는 유럽 대륙국가에 대한 수출[11]과 전 세계 시장의 안정화를 추구할 것이며, "市長의 安定化의 前提條件으로 해당 地域의 安定된 政治條件의 構築이 그의 世界政策의 前面에 나타"[12]날

6) 중앙일보특별취재부, 『秘錄 조선민주주의인민공화국』, 중앙일보사, 1992, 186~192쪽.
7) 이 과정에 대해서는 이강수, 앞의 글, 308~316쪽.
8) 徐榮錫, 「三相會談의 成果와 朝鮮」, 『赤星』 1, 1946. 3, 16쪽 ; 林相俊, 「國際情勢와 東洋弱小民族의 進路」, 『科學戰線』 1-2, 1946. 4.
9) 而丁, 「크리미아宣言 1周年을 마지하야」, 『解放日報』 62, 1946. 2. 13 ; 68, 2. 22.
10) 金永浩, 「戰後植民地及弱小民族民族問題」, 『科學戰線』 1-2, 1946. 4, 100~101쪽.
11) 朴憲永, 「戰後資本主義經濟에 對하야」, 『解放日報』 70, 1946. 2. 24.
12) 社論, 「美蘇共同會談 그 問題點은 무엇인가」, 『朝鮮經濟』 1-1, 1946. 4.

것이라고 보았다.

한편 소련이 점령한 동부・중부 유럽지역에서는 파시즘 세력의 解體와 진보적 민주주의, 곧 人民民主主義 개혁이 급속히 추진되며 공산당과 統一戰線(人民戰線)이 주된 역할을 담당하고 있다고 파악했다. 프랑스에서도 공산당과 사회당이 중심이 된 민주주의 정부가 출현했으며,[13] 그 결과 좌익은 진보적 민주주의의 성장이 전후 세계의 주요한 座標가 되고 있다고 전망했다.

좌익의 삼상결정에 대한 이해도 이러한 낙관적인 국제정세 전망과 맞물려 있었다. 좌익은 삼상결정이 전체적으로 보아 세계평화와 민주주의의 발전에 큰 의의를 점하는 결정이며, 소련의 외교적 승리라고 보았다. 즉 국제적으로는 원자력의 국제관리문제가 결정되었고, 루마니아 및 불가리아 민주공화국에 대해 영국과 미국이 이를 승인했으며, 일본에 대해 소련이 주장하여 오던 4국 共同管理制가 결정되었고, 중국문제도 延安政權이 참가하는 중국의 民主主義聯立政府 수립이 결정되었다는 것이다.[14]

좌익은 이러한 국제적 결정들의 연장선상에서 한국문제가 결정된 것으로 보았다. 한국문제에 대해서 한국의 독립이 카이로와 포츠담 선언에서 약속된 바 있지만, 이는 추상적인 일반 규정에 불과한 것으로[15] 삼상결정에서 비로서 한국의 독립방안이 구체화되었다고 한다. 삼상결정에서 5년 간의 신탁이 규정된 것에 대해 이는 즉시독립보다는 못한 결정이지만, 해방이 우리의 주체적인 힘에 의해서가 아니라 연합국의 힘으로 달성된 현실을 놓고 볼 때 피할 수 없는 상황으로 보았다.[16] 좌익세력은 샌프란시스코 회의에서 이미 패전국 식민지의 처리방안이 信託制로 정리되기 시작했으며,[17] 즉시독립을 주장한 소련의 입장과 신탁을 주장하는 미・영의 입장이 타협을 보아 삼상결정이 성립한 것으로서 이는 식민지의 즉시 완전한 해방은 결코 아니고 현실적인 해결이라고 보았다.[18] 하지만 좌익은 삼상결정에서 신탁이 1개 국 신탁이 아닌 4개 국 신탁으로서 1국의 식민지화 위험성을 방지하고, 소련이 이에 참여함으로써 "信託(後見)제의 진보적 성질을 살리고 보장할 수" 있게 되었다고 한다.[19] 朴憲永은 "信託制의 進步性과 保守性은 국제정세의 구체적 力量관계에서 파악"해야 한다며 금일의 세계정세가 "進步性의 優勢"에 있기 때문에 삼상결정을 지지한다고 주장했다.[20]

그러나 이러한 信託制 문제보다도 좌익세력이 삼상결정을 적극 지지하고 나선 결정적인

---

13) 朴憲永, 「佛蘭西에 잇어서의 民主主義 政府出現」, 『解放日報』 63, 1946. 2. 15.
14) 朴憲永, 「三相會議의 朝鮮에 對한 決定을 지지하자」, 『解放日報』 47, 1946. 1. 17 ; 鄭泰植, 「民主主義發展에 있어서의 莫斯科三相會談의 意義」, 『開闢』 8-2, 1946. 4, 75쪽.
15) 李康國, 「三相會議 決定을 엇지하야 支持하는가」, 『新天地』 1-7, 1946. 8, 64쪽.
16) 李康國, 위의 글, 65쪽.
17) 金永浩, 앞의 글, 105~106쪽.
18) 朴憲永, 「信託(後見)制와 朝鮮(中)」, 『朝鮮人民報』 136, 1946. 2. 4 ; 「三相會議決定과 朝鮮」, 『解放日報』 67, 1946. 2. 12.
19) 朴憲永, 「三相會議의 朝鮮에 對한 決定을 지지하자」, 『解放日報』 47, 1946. 1. 17.
20) 朴憲永, 「信託(後見)制와 朝鮮(下)」, 『朝鮮人民報』 137, 1946. 2. 5.

이유는 삼상결정에서 신탁 실시 전에 한국인에 의해 민주주의임시정부를 수립하겠다는 데 있었다. 좌익세력은 삼상결정 이전까지만 해도 한국의 독립에 대해 뚜렷한 전망을 내리지 못했다. 그것은 남한에 진주한 미국이 좌익이 수립한 朝鮮人民共和國을 부정하고 미군정을 남한 내의 유일한 정부로 선포하면서 어떠한 한국민의 독자적인 독립국가건설운동도 인정하지 않았기 때문이다. 더불어 일제 잔재인 관료행정기구가 부활되었으며 1945년 10월에는 강대국에 의한 委任統治 또는 信託統治說까지 유포되었다. 이렇게 정세가 불투명해지자 좌익세력은 아직 대비하지 못한 미군정과의 정면 충돌을 피하기 위해 朝鮮人民共和國을 통한 신국가 건설을 사실상 포기하게 된다.[21]

하지만 삼상결정에서는 한국인에 의한 임시정부 수립을 명백히 규정했고, 이 정부가 사실상 신국가 건설의 모태가 될 것임을 선언했다. 좌익은 이 점에 큰 의미를 두었다. 자신의 힘보다는 列强間 전쟁의 결과로 해방을 맞이했다고 보는 좌익에게 있어서 한국인 자신의 손으로 정부를 수립할 수 있느냐의 여부는 무엇보다 초미의 관심사였다. 왜냐하면 이것이 민족적·계급적 해방과 독립국가 건설이라는 좌익의 목표를 달성하기 위해 현재 중심적으로 극복해야 할 대상이 누구냐는 문제와 관련되어 있었기 때문이다.

좌익은 미소간에 한국인에 의한 임시정부 수립이 합의된 이상, 이 합의가 준수되기만 한다면 독립국가 건설은 目前의 과제로 다가왔다고 인식했다. 비록 5년 간의 신탁통치라는 제한은 있지만 한국인에 의해 정부가 수립되고 소련이 신탁국의 일원으로 참여한다면 민주주의 독립국가의 건설에는 별 장애가 되지 않을 것으로 파악했다. 더구나 그 기간은 노력여하에 따라서는 줄어들 수 있는 것이다. 이렇게 그 동안 막연했던 한국독립의 향방이 삼상결정을 통해 한국인에 의한 민주주의임시정부 수립으로 귀결되었다는 점에서 좌익세력은 삼상결정의 의의를 적극적으로 평가하고, 국내외 정세가 좌익이 지향하는 국가건설에 유리하게 조성되게 되었다고 판단했다.

한국독립에 대한 국제적 장애가 유리한 방향에서 제거된 이상 좌익세력은 앞으로의 문제는 삼상결정의 합의, 즉 한국인에 의한 임시정부수립 합의가 미국에 의해 준수되는 것과 어떠한 형태와 내용을 갖는 임시정부를 수립하느냐에 있다고 인식했다.

좌익은 1946년 1월에 서울에서 개최된 미소공동회담의 경과,[22] 2월 14일 민주의원 발족과정,[23] 뒤에서 살펴보겠지만 미소공위를 앞두고 취해진 군정법령 55호 정당등록법 등 미군정의 일련의 정책을 우려의 눈으로 바라보았다. 좌익은 이런 일련의 과정을 통해 미국이 한국인에 의한 임시정부수립에 합의했음에도 불구하고, 그보다는 38선 개방과 경제행정기구 통합 등 자본주의적 경제질서를 북한지역까지 확대하는 문제나 남한 내에서 좌익세력의 제거 및 친미세력의 부식에 골몰하고 있다는 것을 인식하게 된다. 때문에 그들은 미소공위

21) 윤덕영, 「解放直後 社會主義陣營의 國家建設運動」, 『學林』 14, 1992, 83~91쪽.
22) 자세한 경과는 황병주, 앞의 글, 7~11쪽.
23) 정용욱, 앞의 글, 96~101쪽.

가 개최되면 상당한 우여곡절을 겪을 것으로 전망했다.[24]

이런 상황에서 좌익세력은 미소공위의 진행과 미소간의 합의에 방해를 할 수 있는 미군정에 대한 직접 비판은 스스로 제어하였다. 이는 한국인에 의한 임시정부가 수립만 된다면 현재 벌어지고 있는 모든 부정적 사태는 일거에 해소될 수 있다고 보았기 때문이다.[25] 좌익은 미국이 미소공위의 진행에 소극적이거나 퇴장하는 명분을 주지 않기 위해 미국을 자극하거나 미군정에 대한 공격을 최대한 자제했다.[26] 대신에 임시정부 수립에 대한 미소의 합의 준수를 누차 강력히 촉구했다. 미소공위의 개막에 즈음하여 『解放日報』와 『朝鮮人民報』에 동시에 朴憲永 명의로 발표된 정부수립에 관한 글에서 "朝鮮民族의 주관적 객관적 最大最急의 요구는 一日 정부수립이요 二日 정부수립이요 三日 정부수립이다"[27]라고 한 것은 이러한 좌익의 의지를 내외에 강력히 천명한 것이었다.

이와 더불어 좌익은 정부수립이 미소간에 합의된 이상, 어떠한 경로를 통해서건 임시정부는 조만간 수립될 것이라고 생각했다.[28] 때문에 보다 중요한 것은 어떠한 임시정부를 수립할 것이냐에 있으며, 이를 둘러싸고 각 정치세력 간에 치열한 헤게모니 쟁탈전이 필연적으로 본격화할 것으로 전망했다.

삼상결정이 전해지기 전까지 공산당은 정세의 불투명성과 공산당 세력의 미약성을 반영하여 양심적 민족자본가과 민족 부르주아지를 포함한 민족통일전선의 결성 및 우파 정치세력과의 협력을 추진했다.[29] 그리고 그 협력은 친일파 숙청에 동의하고 좌익와의 협력을 거부하지 않으며, 소련과의 우호관계 유지를 받아들이면[30] 가능한 것이었다.

하지만 삼상결정을 통한 임시정부 수립이 상정되면서 좌익은 우익을 장래 권력의 본격적인 경쟁상대로 간주하게 된다. 당시 좌익은 삼상결정 직후 임정세력이 주축이 되어 전개된 반탁운동이 민족감정에 따른 단순한 신탁통치 반대의 차원이 아니라, 반탁운동을 추진력으로 臨政法統論를 내세워 임정세력 중심의 남한 정치세력의 재편[31]과 권력장악에 그 궁극

24) 중앙일보특별취재부, 앞의 책, 209쪽.

25) 당시 공산당은 모든 문제 해결의 열쇠가 민주정부 수립에 있으며 기타는 모두 지엽적인 문제라고 하면서 임시정부의 수립에 모든 역량을 집중했다. 『解放日報』 82, 1946. 3. 10 ; 109, 1946. 4. 6.

26) 이 시기 좌익의 미국에 대한 정책은 다분히 실용적인 것이었다. 좌익은 미소공위의 원활한 진행을 위해 미국에 대한 직접적 비판은 자제하는 대신 공격의 예봉을 우파에게 돌려 이들을 철저히 배제함으로써 임시정부에 대한 미국의 영향력을 제어하려 했다.

27) 『解放日報』 95, 1946. 3. 23 ; 『朝鮮人民報』 183, 1946. 3. 23.

28) 좌익은 제1차 미소공위가 휴회할 때까지 미소공위를 통한 임시정부의 수립이 다소의 우여곡절을 거칠지라도 결국은 성사될 것으로 전망했다. 미국이 국제적 합의를 무시할 수 없을 것이며 삼상결정을 이끌어낸 소련이 협상에서 적절한 역할을 담당할 것으로 기대했다. 이런 기대는 제1차 미소공위가 개최되면서 더욱 강화된다.

29) 이에 대한 공산당의 해방 후 최초의 공식적인 의사표명은 朴憲永이 북한에 다녀온 직후에 가진 1945년 10월 10일의 기자회견이다. 『朝鮮人民報』 1945. 10. 11.

30) 朴憲永, 「朝鮮共産黨의 主張 : 朝鮮民族統一戰線에 對해(8)」, 『解放日報』 1945. 11. 5.

31) 당시 임정세력의 정치구상에 대해서는 이용기, 앞의 글, 1996, 15~28쪽.

적 목적이 있는 것으로 판단했다.[32] 좌익은 4당 코뮤니케의 실패와 임정세력의 非常政治會議 소집을 지켜보면서 이들이 폭발적인 반탁 열기에 고무되어 좌익과의 협력뿐만 아니라 자신들이 중심이 되지 않는 어떠한 종류의 좌우협력, 정치협상도 원하지 않고 있다고 판단했다.[33] 더구나 이런 임정의 움직임에 李承晩과 미군정이 개입하면서 남한 정계를 우파 중심으로 재편하기 위한 공작이 급속히 진행되었고,[34] 그 결과가 민주의원으로 나타났다고 판단했다.[35]

때문에 좌익은 우익 중심의 정계개편을 저지하고 자신의 헤게모니를 지켜내기 위해 강력하게 반발했다. 종래 용인되던 민족부르주아와의 협력방침은 철회되고,[36] 이에 기반한 우익 정치세력에 대한 타격이 당면 국가건설운동의 중심적 활동방향으로 제기되었다.[37]

우익에 대한 공격이 본격적으로 가시화된 것은 4당 코뮤니케가 결렬된 직후부터 였다. 金九의 반탁성명에 대한 攻駁[38]에서 가시화된 좌익의 공격 초점은 이승만과 김구의 임정세

32) 1946년 1월 27일 조선인민공화국 중앙인민위원회 선전부 성명, 『朝鮮人民報』 131, 1946. 1. 29 ; 강갑상, 「反託國民總動員運動의 解剖」, 『科學戰線』 1-2, 1946. 4, 83쪽 : 一記者, 「反民主主義陣營의 解剖」, 『人民』 2-3, 1946. 4, 26~31쪽.

33) 「社說 : 소위 '非常政治會議'란 무엇인가」, 『解放日報』 51, 1946. 1. 26 ; 李康國, 「非常國民會議의 解剖」, 『新世代』 1-2, 1946. 5, 19~22쪽.

34) 제1차 미소공위에 임하는 미국의 입장은 우선 미국의 영향력 아래 남한의 민주주의 정치세력을 포괄하는 남한측 諮問代表機構를 구성하고, 이에 상응하는 북한의 대표기구를 人口比例 또는 道別 숫자 비례에 따라 통합시켜 統合諮問機構를 구성하며, 통합자문기구가 임시정부의 각료 명단을 작성하여 미소공위에 제출하면 미소공위는 이를 검토·수정한 후 韓國臨時政府 樹立案으로 확정한다는 것이었다. 미국은 남한측 자문대표기구를 결성하기 위해 굿펠로우의 주도로 당시 임정세력이 중심이 된 비상국민회의와 이승만이 이끄는 獨立促成中央協議會를 통합시켜 民主議院을 발족시켰다. 鄭容郁, 앞의 글, 96~101쪽.

35) 1946년 2월 14일자 민전 선전부 담화와 같은 날짜의 공산당의 성명, 「南朝鮮大韓國民代表民主議院에 대하야」, 『朝鮮人民報』 147, 1946. 2. 15 ; 白雲山人, 「'民主議院'은 어데로」, 『人民』 2-3, 1946. 4.

36) 민족자본에 대한 좌익의 분석은 크게 두 논리로 집약된다. 하나는 조선의 토착자본가가 주로 "봉건적 지주들로써 구성되고 이들 지주는 혹은 고리대금업자로 혹시는 토지투기자 상인으로서 혹시는 산업가로서 출현하기"(金東煥, 「朝鮮革命의 現段階」, 『民心』 2-2, 1946. 3, 83쪽) 때문에 半봉건적·지주적 성격을 농후하게 갖는 점이다. 다른 하나는 1930년 이후 본격 추진된 조선의 공업화가 철저히 일본 독점자본 중심으로 기형적으로 전개되었기 때문에 한국인 자본가의 성장은 미약했고, 형성된 자본조차 독자적 산업자본이 아닌 일본 독점자본에 기생하여 성장한 기생자본·상업자본적 성격을 갖는다는 점이다. 이에 따라 좌익은 민족자본가의 상당수가 일제와 타협한 사실상 친일파·민족반역자이고, 해방 후에는 외래세력과 결탁하여 파쇼 세력의 계급적 기반으로 반동성을 노정한다고 보았다. 權泰燮, 『朝鮮經濟의 基本構造』, 경성 : 同心社, 1947, 228~242쪽.

37) 당시 좌익 내부에서는 좌익의 찬탁 주장에 대한 일반의 오해와 우파의 비판을 불식시키기 위해 좌익이 "援助를 위한 託治이므로 지지하는 것이지, 朝鮮을 植民地로 만들자는 託治는 반대한다"는 식으로 선별적 贊託 주장이 제기되기도 했다. 그러나 반탁진영이 반탁을 주장한 정치적 의도가 탁치 여부보다는 그들의 정치적 헤게모니의 장악에 있었기 때문에 이러한 주장은 도리어 반동세력의 공세에 말려 들어가 내부적 弱體化의 계기를 만들 수 있는 위험한 것이라고 비판당했다(「朝鮮革命의 性格 : 朝鮮의 現段階에 관한 討議」, 『朝鮮經濟』 1-6, 1946. 11, 29쪽). 여기서 단적으로 보이듯이 좌익의 삼상결정 총체적 지지 주장은 신탁통치를 수용하느냐의 여부를 떠나 반탁에 대한 대응의 논리로서 제기된 측면이 컸다.

38) 『解放日報』 43. 1946. 1. 12.

력을 파쇼 세력으로 규정하고 이들을 임시정부 수립에서 배제하자는 것이었다. 좌익은 이승만과 임정세력에 대해서 민주주의와 애국의 탈을 쓰고 통일과 대동단결을 외치지만 "親日派·民族反逆者와 결탁하여 反民主主義的 獨裁를 꿈꾸고(이승만) 혹은 체면과 형식에 拘碍되여 法統을 고집하야 民族分裂을 策하고(소위 臨時政府)" 있으며, "오늘의 朝鮮 파쇼의 特色은 親日派·民族反逆者와 급속히 結託하고 있는 것"[39]이라 했다. 좌익은 앞으로 수립될 임시정부가 인민에 기초한 민주주의정부로서 "팟시스트를 철저적으로 淸算하는 政府라야" 한다면서 노골적으로 이승만과 임정세력의 배제를 주장했다.

이런 좌익의 태도는 임시정부의 구성에 대한 그들의 주장에서 보다 분명히 드러난다. 공산당은 1946년 1월 22일 미소공동회의 대표단에게 보내는 임시정부 구성에 대한 성명에서 임시정부가 대중을 기초로 민족통일전선의 토대 위에서 세워져야 한다면서 동시에 친일파와 민족반역자, 파시스트 집단은 제외할 것을 강력히 주장했다.[40] 한편 朴憲永은 1946년 3월 22일 임시정부가 민주주의원칙에 의해 수립되어야 한다며 다음 네 가지 조건을 제시했다. 첫째 임시정부가 삼상결정을 진정으로 지지하는 참된 민주주의 정당과 대중단체를 토대로 조직되어야 하며, 둘째 친일파 민족반역자와 친파시스트 요소(李承晩과 臨政勢力 : 필자 주), 삼상결정 지지로 豹變한 집단(金奎植·安在鴻 등 : 필자 주) 등은 정부수립에서 일체 제외되어야 하며, 셋째 人民委員會 형태로 정부가 구성되어야 하며, 넷째 정당활동을 제한하는 법령을 廢棄하여야 한다는 것이었다.[41] 이는 정부수립에서 우익의 참여를 제한함으로써 임시정부의 주도권을 좌익이 장악하겠다는 명백한 의사표시였다.

한편 좌익은 이러한 노선을 조직적으로 뒷받침하고 미소공위에 대비하기 위해 좌익계열의 정치세력과 각급 대중단체들을 결집시켜 1946년 2월 15일, '朝鮮民主主義民族戰線'(이하 민전으로 줄임)을 결성했다. 공산당은 민전을 통해 다양한 좌익세력 전반에 걸쳐 통일적이고 강력한 지도력을 확보하고 힘을 결집하려 했다. 좌익은 민전이 남한내 유일한 민주주의 대표단체로서 미소공위에 참가하며, 임시정부 수립 전까지 과도적 임시국회의 역할을 담당해야 한다고 주장했다.[42]

좌익의 民主主義臨時政府樹立構想은 단순히 삼상결정안 그 자체만을 지지하는 노선이 아니었다. 국내외 정세와 삼상결정에 대한 낙관적 인식 속에서 그들이 지향하는 신국가를 건설하기 위한 방침이었다. 이는 한국인에 의한 임시정부 수립과 좌익의 헤게모니 장악, 주요 우파세력의 대중적 정치적 영향력 약화를 주된 과제로 했다.[43]

---

39) 『解放日報』 50, 1946. 1. 23.

40) 『解放日報』 50, 1946. 1. 23.

41) 朴憲永, 「政府樹立과 나의 提案」, 『解放日報』 95, 1946. 3. 23 ; 『朝鮮人民報』 183, 1946. 3. 23.

42) 『朝鮮人民報』 135, 1946. 2. 2 ; 民主主義民族戰線 宣傳部 編, 『朝鮮解放年報』, 경성 : 文又印書館, 1946, 27쪽.

43) 당시 공산당의 기본 혁명노선은 민주주의혁명 단계론에 입각한 人民民主主義路線이었지만 그것은 어디까지나 노동계급의 領導權, 즉 좌익의 헤게모니가 담보되는 민주주의노선이었다. 민족부르주아

미소공위를 통한 임시정부 수립에서 우익의 중심세력을 배제하기 위해 우익에 대한 강력한 타격을 주장했던 좌익의 방침은 남한 좌익 독자의 판단만은 아니었다. 이는 북한 좌익들과의 일정한 협의와 보조가 전제된 것이었다. 1945년 12월 말 박헌영의 북행을 통해 삼상결정에 대해 남북한 좌익 간에 협의가 있었고, 그 결과가 남한에서는 1월 2일의 공산당 중앙위원회 명의의 삼상결정 지지 성명으로,[44] 북한에서는 朝鮮共産黨北部朝鮮分局과 朝鮮獨立同盟, 그 외 각 대중단체 연명의 삼상결정 지지성명으로[45] 나타났다는 것은 주지의 사실이다. 그 이후 북한 좌익들은 국제정세와 삼상결정에 대한 인식, 政局認識과 우익정치세력에 대한 태도, 임시정부 수립구상에 남한 좌익들과 보조를 맞추어 나갔다.

북한 좌익의 국제정세와 삼상결정에 대한 인식과 태도는 남한 좌익과 대동소이한 것이었다. 그들은 전후의 국제정세가 진보적 민주주의 진영에 유리하게 진행되며, 삼상결정은 소련의 외교적 승리의 결과로서 조선의 재식민지화를 미연에 방지하고, 카이로선언에서 막연하게 결정했던 조선의 독립을 5년 내로 보장한 성공적 것이었다고 평가했다. 그들은 삼상결정의 신탁은 '後見'으로서 연합국의 우의적 원조와 협력을 의미하는 것이며, 장구한 일제지배의 해독과 민족적 분열, 조선의 해방이 자체의 주동적 역량으로 달성되지 못한 자체의 缺陷 때문에 후견 기간이 필요하지만 力量의 발전에 따라 이 기간을 단축시킬 수 있으며, 삼상결정은 조선인에 의한 민주주의원칙에 근거한 임시정부 수립을 보장함으로써 이를 가능하게 했다고 보았다.[46]

북한 좌익도 삼상결정을 통해 한국독립에 대한 국제적 장애가 유리한 방향에서 제거된 이상 앞으로의 문제는 한국인에 의한 임시정부수립 합의가 준수되는 것과 어떠한 형태와 내용을 갖는 임시정부를 수립하느냐에 있다고 인식했다. 때문에 그들도 남한의 좌익와 마찬가지로 진보적 민주주의원칙에 기초한 임시정부의 수립과 친일파·민족반역자·민족 파시스트의 정부참여 배제를 주장했다. 이는 우익정치세력에 대한 타격을 전제로 하는 것이

지나 우익정치세력과의 협력은 이들이 좌익의 헤게모니를 인정할 때만 가능한 것이었다. 물론 이론상으로는 정세에 따라 전술적 유연성을 충분히 가진 것이었지만, 당시 정세를 낙관한 좌익세력들은 어떠한 전술적 유연성도 보이지 않았다. 그들은 미소의 합의를 끌어 낸 소련의 역할에 과도한 기대를 걸면서 미소 합의에 의한 임시정부의 수립을 안이하고 낙관적으로 전망하고, 가변적일 수 있는 여러 상황에 대해 대비하지 않았다. 民主主義臨時政府樹立構想은 당시 硬化된 좌익의 인민민주주의노선을 극명히 보여주는 것이었다.

44) 『解放日報』 40, 1946. 1. 6.

45) 『正路』 12, 1946. 1. 3 ; 북조선민전 중앙위원회 서기국 편, 『蘇米共同委員會에 관한 제반 자료집』, 평양 : 북조선민전 서기국, 1947, 13~14쪽.

46) 당시 북한 좌익의 삼상결정에 대한 인식과 태도는 吳淇燮, 「三國外相會議 朝鮮問題決定과 朝鮮共産黨의 態度」, 『正路』 14~22, 1946. 1. 9~18 ; 吳淇燮, 「모스크바會談決定 지지시위의 意義와 敎訓」, 『正路』 25, 1946. 1. 24 ; 崔容達, 「朝鮮問題에 대한 決定書는 우리에게 무엇을 가르치나」, 『正路』 21~26, 1946. 1. 17~25 등을 참조. 吳淇燮과 崔容達이 비록 국내파 공산주의자들이지만 이들의 논설이 당시 김일성이 책임비서로 있는 조선공산당북부조선분국의 당기관지인 『正路』에 삼상결정을 설명하고 당의 입장을 표명하는 방침으로 수차례에 나누어 발표되었다는 점에서 북한 공산당의 공식적인 의견으로 볼 수 있다.

었다.

그런데 이러한 북한 좌익의 행동에서 특징적인 것은 삼상결정이 전해진 초기부터 우익과의 협상을 거의 배제하고 전면적인 공격을 가한 점이다. 남한에서는 반탁노선과 삼상결정 총체적 지지노선이 격렬하게 부딪히는 가운데서도 呂運亨의 人民黨, 그리고 韓民黨과 臨政勢力內 진보파의 주선으로 좌우 간의 민족통일전선 결성을 모색하는 회담이 진척되었고, 그 결과 비록 실패로 끝나기는 했지만 4당 코뮤니케가 발표되는 성과를 얻기도 했다. 그 후에도 일정 기간 좌우 간의 민족통일전선을 결성하려는 움직임은 지속되었다.[47]

이에 반해 북한에서는 비록 소규모 반탁투쟁이 전개되기는 했지만 그것은 대중적 시위에 이르는 정도는 아니었다. 삼상결정에 대한 朝鮮民主黨 당수 曺晩植의 태도는 남한 내의 반탁세력과는 달리 신중했다.[48] 조만식은 1월 5일 개최된 平南人民政治委員會에서 좌익세력이 삼상결정을 일방적으로 지지할 것을 강력히 요구하자 위원장직을 사임하고 조선민주당 측 위원들과 함께 퇴장했다.[49] 그가 반탁의사를 가진 것은 분명하지만 그렇다고 남한의 임정세력처럼 반탁운동을 앞장서서 주도하지는 않았다. 적어도 남한의 우파세력과 달리 반탁운동을 매개로 정계의 주도권을 바꾸어 보려는 행동은 하지 않았다.[50] 이런 북한의 상황은 남한에 비해 좌우합의를 이루는데 좋은 여건이라 할 수 있다. 더구나 8·15 직후부터 朝鮮人民共和國 문제로 좌우가 심각하게 대립했던 남한과 달리 북한에서는 당시까지 공산당과 조선민주당 간의 합작은 유지되었다.

그럼에도 불구하고 북한 좌익은 우익에 대해 어떠한 합작 노력보다는 삼상결정에 대한 무조건적 지지만을 요구했다. 그리고 우익이 이를 거부하자 곧바로 우익세력을 북한정치에서 배제시키기 위한 공격을 진행하였다.[51]

吳淇燮은 이미 1월 2일의 강연에서 친일파·민족파시스트와 대자본가인 동시에 대지주인 민족부르주아지는 계급적으로 공통성을 가지고 밀접하게 연관되어 파쇼화 되었으며, 민주주의임시정부 수립에 반대하여 亡命政客들의 실패한 단체인 大韓民國臨時政府를 지지하고 있다고 했다. 그리고 朝鮮民主黨은 민주주의적 강령을 가져 공산당과 協同戰線을 맺

47) 李如星, 「統一工作과 人民黨」, 『朝鮮人民黨의 路線』, 신문화연구소출판부, 1946.

48) 당시 조선민주당 청소년부장을 역임했던 朴在昌은 삼상결정이 전해진 직후 소집된 조선민주당 중앙위원회에서 "조선민주당은 신탁통치에 대해 우리가 모든 것을 완전히 알 때까지는 침묵을 지킨다"는 결정을 내렸으며 침묵의 반대를 선택했다고 한다. 古堂記念事業會 編, 『고당 조만식회상록』, 조광출판사, 1995, 218~219쪽.

49) 『正路』 13, 1946. 1. 8 ; 17, 1946. 1. 12 ; 고당기념사업회 편, 위의 책, 219쪽.

50) 이 때문에 북한 좌익들의 조만식에 대한 비판은 그가 적극적인 반탁노선을 표방해서가 아니라 회색주의적인 즉, 찬성도 반대도 하지 않는 기회주의적인 태도를 취했다는 것이었다. 『正路』 27, 1946. 1. 26.

51) 1월 5일의 평남인민정치위원회에서 조만식과 우파간부들이 퇴장하자, 좌익은 곧바로 좌익 위원들만으로 회의를 속개하여 조만식의 사표를 전격 수리하고 洪箕疇를 임시위원장으로 선임한 후, 모스크바 결정 지지성명을 채택했다. 『正路』 13, 1946. 1. 8.

을 수 있는 정당이나 그 속에는 반동분자들이 들어가 있다. 이들 반동분자는 관서지방, 특히 평양지방의 민족개량주의적 또는 종교적 영향을 받으면서 민족자본가-지주와 밀접한 관계에 있는 소부르주아층을 정치적으로 이용하며, 남한의 한국민주당과 긴밀한 연락 속에서 反蘇反共운동을 전개한다고 주장했다.[52] 그의 주장은 이름을 거명하지 않았지만 사실상 조만식을 비롯한 조선민주당의 우파지도부를 겨냥한 것이었다.

이런 주장은 국내파 공산주의자들에게 한정된 것이 아니었다. 金日成은 1월 23일 개최된 제1차 平南道政擴大委員會에서 축사를 통해 "曺氏 이하의 회색분자들은 모스크바 삼국외상회담 결정을 계기로 민주주의를 방해하는 반동진영에 놓이게 되었습니다. 李周淵과 홍기주 兩氏가 그 결정에 대한 태도결정을 권고한 보람 없이 결국 그들은 반동진영으로 나간 것입니다"라고 하면서, 이들 반동파들이 인민정치위원회에 들어왔었기 때문에 인민정치위원회 전체가 怠業을 해 왔다고 하여 조만식 계열을 인민위원회에서 배제할 것을 강력하게 주문했다.[53]

이후 조만식 계열에 대한 북한 좌익의 비판과 공격은 더욱 격렬하게 전개되었다.[54] 그리고 조만식 계열을 朝鮮民主黨에서부터 완전히 배제하기 위한 공작이 진행되었다. 조선민주당 부당수인 崔庸健은 1월 하순에 발표한 성명에서 "우리 朝鮮民主黨 내부에 이런 모스크바 美蘇英 삼국외상회담의 조선문제에 대한 결정을 ○○ 抹殺 또는 공개 비공개적으로 반대하는 자가 존재하는 것은 실제에 있어서 朝鮮民族의 自主獨立을 障害하는 賣國奴와 民族反逆者가 존재하는 것이다"라고 하면서, "우리 朝鮮民主黨은 이러한 분자를 발견할 때에 이것을 근본적으로 撲滅하기에 노력하여야 할 것이다"[55]라고 하여 조선민주당에서 조만식 계열을 축출할 것임을 내외에 공표했다. 그 결과 2월 5일 당내 좌익들로 소집된 '朝鮮民主黨熱誠者協議會'에서 조만식 계열은 조선민주당에서 완전히 축출되었다.[56]

이런 우파에 대한 북한 좌익의 공격의 배후에는 삼상결정을 관철시키려는 소련이 있음은 두말 할 나위 없다. 그렇지만 이를 전제로 하여도 북한 좌익 역시 국내파와 국외파를 막론하고 적극적으로 우익을 무력화시키려 했다는 것은 부정할 수 없는 현실이었다. 이러한 그들의 태도에는 그들의 표현대로 삼상결정을 계기로 계급투쟁이 새로운 단계에 접어들었으며[57] 인민의 主權이 보장되는, 다시 말해 좌익이 헤게모니를 갖는 임시정부를 수립하기 위

52) 『正路』 14~22, 1946. 1. 9~18.
53) 『正路』 27, 1946. 1. 26.
54) 『正路』 1946년 1월 27일자에는 조선민주당 郡지부의 결의를 인용하여 "민주주의적 대중은 조만식파의 반동적 태도를 羞辱으로 烙印한다"는 제명의 기사가 실렸으며, 2월 7일자 「朝鮮民主黨의 革新에 대하여」라는 사설에서는 조선민주당이 조만식을 "민족통일의 파괴자요 배반자요 결과에 있어서는 조국건설의 방해자로 규정하게 됨은 우당 민주당의 일대 애국적인 동시에 한편으로는 비약적 발전을 약속한 경사라고 할 수 있다"고 했다.
55) 『正路』 29, 1946. 1. 29.
56) 『正路』 39, 1946. 2. 13.
57) 吳淇燮, 위의 글.

해서는 우익의 세력을 약화시키는 적극적인 타격이 필요하다는 인식이 공통적으로 자리잡고 있었다. 이런 북한 좌익의 인식과 행동이 보다 첨예한 계급적 정치적 대립의 현실 속에 놓여 있던 남한의 좌익에게 더욱 증폭되어 받아들여질 것임은 분명한 것이었다.

한편 우파에 대한 정치적 공격과 함께 북한 좌익은 우익세력을 결정적으로 약화시키고 대중에 대한 좌익의 영향력을 극대화시킬 수 있는 정책, 즉 우익세력의 경제적 기반을 박탈하는 정책을 추진했다. 이는 토지개혁을 핵심으로 한 '民主改革'으로 나타났다.

북한의 토지개혁은[58] 한말 이래의 민족적 과제인 半封建的 토지관계를 청산하고 농민적 소유를 확립한다는 민중적 요구에 부응하는 측면과 함께 정치적으로는 민중의 지지를 획득하고 우익의 경제적 기반을 박탈하기 위한 것이었다. 이는 구체적인 토지개혁 시행방침에서 확인할 수 있다. 토지개혁 법령을 해설하기 위해 공포된 「土地改革法令에 관한 細則」[59]과 平安南道人民委員會가 발표한 「土地改革實施方法」[60]에 따르면, 법령 제3조의 조선인 소유토지 몰수방침에서 토지몰수의 초점은 5정보 이상 토지의 무상몰수에 있지 않았다. 그보다는 自耕하지 않고 小作 또는 雇用 經營하는 모든 토지를 토지면적에 관계없이 무상몰수하는 데 있었다. 또한 지주의 토지뿐만 아니라 토지에 부속된 창고, 정미기계, 농기구, 種子, 畜力 등 기타 모든 것을 함께 몰수했다. 그리고 각종 종교단체에 대해서도 동일한 기준을 적용했다.

이런 몰수방침은 북한의 토지개혁이 무엇보다 지주제의 철저한 撤敗와 지주세력의 무력화에 주안점이 있었음을 보여준다. 토지개혁의 결과 북한에서는 중소지주까지 포함한 모든 지주가 청산되었고, 이는 당시 대부분 지주적 기반을 갖고 있던 북한의 민족부르주아지에 심각한 타격을 주었다. 이에 따라 기독교를 비롯한 각 종교계, 민족·자본주의 진영 전체가 크게 약화되었다.[61]

북한의 민주개혁이 삼상결정에 따른 임시정부 수립과 관련되었다는 것은 민주개혁의 綱領인 20개조 政綱이 제1차 미소공위 개회 직후인 3월 23일에 전격 발표된 것에서도 찾아볼 수 있다. 金日成은 20개조 政綱 서두에서 삼상결정이 조선의 자주독립을 위한 토대이고 반동정치배와 친일분자만이 이 결정에 반대한다고 하면서 소미공동위원회를 통해 수립될 조선임시정부가 진실한 민주주의적 정부로 되기 위해 20개조 政綱을 발표한다고 하였다.[62] 민주개혁의 20개조 정강은 당시의 민중적 요구에 부응해서 제기된 측면과 함께 다분히 미소공위에 임하는 미국과 우익세력에 압력을 가하기 위한 것이었다.

북한 좌익은 개혁의 수행을 위해 1946년 2월 8일 北朝鮮臨時人民委員會를 발족시켰다.

58) 북한 토지개혁의 자세한 경과는 김성보, 앞의 글, 65~153쪽.
59) 국사편찬위원회, 『北韓關係史料集(5)』, 233~237쪽.
60) 『正路』 57, 1946. 3. 13.
61) 김성보, 앞의 글, 127~128쪽.
62) 『正路』 67, 1946. 3. 26 ; 『解放日報』 113, 1946. 4. 10.

이미 1945년 하반기부터 창설이 논의된 중앙집권적 정권기관 수립계획[63]은 삼상결정에 따라 임시정부 수립 문제가 구체적 과제로 제기되자 보다 현실적 필요성을 갖게 되었다. 북한 좌익은 임시인민위원회가 "封建的 악질적 반동세력을 물니치고 民族統一戰線의 기초적 模範이 되어 통일된 민주주의 朝鮮臨時政府의 조직에 推進力이 되기 위하야"[64] 수립되었다고 한다.

북한 좌익은 임시인민위원회의 수립을 계기로 적극적으로 그들이 지향하는 신국가 건설을 구체화시켰다. 그들은 이미 한국인에 의한 임시정부 수립이 미소에 의해 합의된 이상 미국이 제반 개혁을 되돌릴 수 없다는 판단을 내렸다. 도리어 그들은 개혁에 대한 공감대를 대중적으로 확산시킴으로써 개혁을 미소공위에 임하는 미국과 우익세력에 대한 압력수단으로 여겼다.

이러한 북한 좌익의 노선과 행동은 남한 좌익의 행동과 별개의 것이 아닌 상호 연결된 것이었다. 그들 모두는 국제정세와 삼상결정에 대한 적극적 평가 속에서 그들이 지향하는 국가건설의 방향과 내용을 구체화시키려 했다. 그들은 인민민주주의노선에 대해 보다 원칙적이고 강경하게 이해했으며, 인민민주주의국가의 건설을 위해 좌익이 헤게모니를 갖는 임시정부의 수립이 필연적이라고 여겼다.[65] 남한의 民戰 결성과 우익에 대한 공격, 북한의 임시인민위원회 결성과 조만식에 대한 공격 등은 이러한 목표 달성과 긴밀히 연결된 것이었다.

3. 제1차 美蘇共同委員會 기간중 左翼의 活動

1946년 2월 15일 민전 결성 이후 좌익은 한편으로는 삼상결정 지지의 당위성을 선전하고 民戰의 조직 기반을 안정화시키는 데 주력하면서, 다른 한편으로는 미군정과 우익세력의 움직임을 주시했다. 좌익은 民主議院의 결성을 전후로 하여 취해진 일련의 미군정의 조치들에 대해 의혹의 눈으로 바라보았다. 특히 1946년 2월 23일자로 공포된 군정법령 55호인 「政黨登錄法」과 2월 21일자로 제정되고 3월 9일 공포된 군정법령 52호인 「新韓公社令」,

63) 전현수, 「소련군의 북한 진주와 대북한정책」, 『한국독립운동사연구』 9, 1995, 360~364쪽.
64) 『正路』 27, 1946. 2. 10.
65) 당시 남북한 좌익에게 있어 계급해방과 사회이행, 그리고 이를 담보하는 조건으로서의 노동계급의 영도권과 공산당의 헤게모니 등은 여전히 중심적 話頭였다. 반봉건개혁과 독립국가건설이라는 民主主義革命段階에서도 이후 단계로의 발전을 예비하기 위해서는 이는 간과할 수 없는 주요 과제로 다루어졌다. 혁명단계를 넘어 그들이 지향하는 人民民主主義國家는 기본적으로 노동계급의 당이 배타적으로 영도하는 국가였다. 국가내 다양한 정치세력 간의 경쟁과 상호비판이란 사실상 상정될 수 없으며 영도당의 지도와 집행만이 존재했다. 여기에서는 소비에트 체제와 같이 입법과 행정이 통일되고 권력이 집중되어 있어 체제 내의 비판과 경쟁 자체도 제도적으로 사실상 불가능한 것이었다. 그런데 편차는 있지만 이는 당시 인민민주주의를 주장하던 전 세계의 좌익세력들의 일반적인 사고였다. 남북한 좌익은 이에 대해 보다 원칙적으로 이해했다.

그리고 3월 7일 발표된 일본인 소유토지 매각안에 대해 강하게 반발했다.

政黨登錄法은 3인 이상 단체의 모든 활동 내용을 소상히 기록해 미군정에 등록할 것을 규정한 법안으로[66] 미군정이 미소공위를 앞두고 남한의 모든 정치세력, 특히 좌익을 자신의 통제 하에 두겠다는 강한 의지의 소산이었다. 좌익은 정당등록법 이외에도 미군정청 경무국이 공포된 지 5개월이나 지난 법령 제6호「敎育의 措置」에 근거하여 무허가 사립학교를 철패하라고 1946년 3월 4일 각 경찰서장에 지시한 것[67]에 주목했다. 이는 당시 급속도로 확산된 좌익 계열의 야학과 강습소를 겨냥한 것이기 때문이다. 자연히 좌익은 미군정의 조치에 반발했다. 인민당과 공산당 등 40여 단체는 2월 26일 정당등록법에 대해 再考를 촉구하는 성명을 발표했고, 공산당은 정당등록법을 반대하는 별도의 강경한 성명을 발표했다.[68] 정당등록법에 대한 반대는 이후에도 공산당을 중심으로 지속적으로 제기되었다.[69]

한편 新韓公社令과 日人土地 放賣案에 관련해서 좌익은 미국이 한국인에 의한 임시정부 수립에 합의했음에도 불구하고 막대한 敵産을 바탕으로 정부 수립 이후에도 계속적으로 영향력을 행사하려는 것이 아닌가 우려했다. 때문에 그들은 이에 반대하는 성명을 발표하는 동시에 미군정의 日人土地 放賣案과 비교하여 북한의 토지개혁을 선전하기 시작했다.[70]

좌익은 미군정의 제반 조치에 반발하면서도 미군정에 대해 직접 공격을 개시하지는 않았다. 그것은 미소공위의 개회를 앞둔 상태에서 미국을 자극하여 공위 개최를 방해하는 일이 없도록 하기 위해서였다. 그들은 미군정의 조치에 대한 일반의 비판이 점증하자 재빨리 비판의 예봉을 우익, 특히 미소공위에 대응하기 위해 미군정과 우익이 조직한 民主議院에게로 돌렸다. 1946년 3월 15일 민전과 공산당은 각기 성명을 발표하여 현재 점증하는 反민주 법령들이 군정자문기관인 民主議院이 출현한 후 나왔다고 하면서, 악법 제정의 책임이 民主議院의 우파세력에게 있다고 주장했다.[71] 공산당의 주요 지도자인 權五稷도 비슷한 내용의 논설을 발표했다.[72]

이와 함께 좌익은『朝鮮人民報』1946년 3월 12일자에 李承晩과 金九가 조선광산권과 외교권을 미국인에게 양도했다는 미국내 한인신문인『朝鮮獨立新聞』의 1월 23일자 기사를 크게 인용 보도했다.[73]

제1차 미소공위 개최를 전후로 좌익은 미소공위의 임무가 한국인의 민주주의적 임시정부

---

66) 한국법제연구회,『美軍政法令總覽』(국문판), 한국법제연구회, 1971, 169~172쪽.
67)『서울신문』1946. 3. 10.
68)『朝鮮人民報』159, 1946. 2. 27.
69)「주장 : 政黨登錄法을 撤回하라」,『解放日報』75, 1946. 3. 3.
70) 공산당의 장문의 토지문제 담화와 기자회견은『解放日報』87, 1946. 3. 10 ;『朝鮮人民報』174, 1946. 3. 14. 민전과 전농, 중앙인민위원회의 성명은『朝鮮人民報』172, 1946. 3. 12.
71)『朝鮮人民報』176, 1946. 3. 16.
72) 權五稷,「民主議院은 어데로」,『解放日報』89~90, 1946. 3. 17~18.
73)『朝鮮人民報』175, 1946. 3. 15.

수립의 원조에 있다는 것을 각종 언론매체와 집회를 통해 강조하기 시작했다.[74] 이와 더불어 우익에 대한 공격도 더욱 강화했다. 3월 21일 민전은 미소공위 개최에 대한 성명 중에서 "三相會談決定에 반대하야 反託運動을 전개한 個人 또는 政黨及團體도 또한 臨時政府 수립에 발언할 수도 참가할 수도 없다"[75]고 하였고, 공산당과 중앙인민위원회도 비슷한 내용의 성명을 각기 발표했다.[76] 한편 이승만에 대해서 무차별 공격이 진행되었다.[77] 이러한 좌익의 우익 공격은 미군정이 지원하는 우익세력의 약점을 집중 공격함으로써 미군정이 이들을 우익 대표로 내세우는 데 부담을 갖도록 압력을 가하려는 의도에서였다.

당시 좌익은 이러한 공격이 일정한 성과를 거두고 있다고 판단했다. 특히 공위 개최 직전인 3월 19일, 좌익에게 가장 버겁고 경계의 대상이었던 이승만이 '시간적 여유와 신병'이라는 불명확한 이유로 民主議院 의장직에서 사실상 퇴진하고 金奎植이 의장을 겸임하게 되며,[78] 또한 미소공위의 참가를 둘러싸고 우익진영이 분열 양상을 보이자[79] 좌익은 자신들의 공격이 주효했다고 보았다.

미소공위는 좌익의 당초 예상과 달리 비교적 일찍 임시정부 수립문제를 주요 의제로 상정하는 데 합의했고, 3월 29일 미소공위 제3호 공동성명이 발표되었다. 성명이 발표되자 좌익은 미소합의에 의한 임시정부가 조만간 수립될 것이라는 들뜬 기대에 빠졌다.[80] 민전은 4월 1일부터 7일까지를 臨時政府樹立促進 선전주간으로 정하고 임시정부 수립의 당위성과 정부 내용, 성격을 선전하는 데 역량을 총동원했다.[81]

정세가 유리해진다고 판단되자 좌익은 우익에 대한 비판을 더욱 강화하였다. 종래 이승만과 김구에 집중하였던 비난을 나아가 다른 여타 우익세력에 대한 비난으로 확대했다. 安在鴻이 『漢城日報』를 통해 삼상결정을 절대 지지하는 세력만 임시정부에 참여할 수 있다는 소련측 공위대표 쉬티코프와 좌익의 주장을 비판하고, 좌익의 임시정부 '領導權 奪取工作'과 '조급한 土地革命 强行'의 중지를 촉구하면서 좌익의 극좌편향적이고 외세의존적 경향을 비판하자,[82] 『解放日報』에 「安在鴻씨의 '誣妄'을 排擊함」라는 장문의 연재논설을 기

74) 朴憲永, 「정부수립과 나의 제안」, 『解放日報』 85, 1946. 3. 23 ; 『朝鮮人民報』 183, 1946. 3. 23 ; 「주장 : 소미공동위원회에 기함」, 『解放日報』 93, 1946. 3. 21 ; 「주장 : 소미공동위원회에 際해 인민대중에게 訴함」, 『解放日報』 95~96, 1946. 3. 23~24.

75) 『朝鮮人民報』 182, 1946. 3. 22.

76) 『解放日報』 93, 1946. 3. 21.

77) 「李承晩씨의 '데마'를 폭로한다」, 『解放日報』 101~102, 1946. 3. 29~30 ; 金光선, 「李承晩씨의 자기기만」, 『解放日報』 103, 1946. 3. 31.

78) 『朝鮮人民報』 183, 1946. 3. 23.

79) 황병주, 앞의 글, 42~44쪽.

80) 공산당은 제3호 성명에 대한 호외를 발행하고, 4월 5일의 朴憲永의 방송(李舟河 代讀)에서는 제3호 성명의 의의를 아전인수 격으로 장황하게 논하면서 이제 민주임시정부를 수립하게 되었다는 자신감을 피력했다. 『解放日報』 109, 1946. 4. 6.

81) 『朝鮮人民報』 192, 1946. 4. 1.

82) 安在鴻, 「미소회담에 寄함」, 『漢城日報』 31~33, 1946, 4. 2~4.

재하고 그를 신랄하게 비난했다.[83] 좌익은 삼상결정 지지와 반탁을 분리시켜 독립국가 건설에 대한 삼상회의의 결정에 대해서는 지지하나 신탁통치는 반대한다는 安在鴻의 논리를 경계했다. 이는 그의 논리가 그들이 배제하고자 하는 우파 거두들을 다시 임시정부 수립에 끌어들일 수 있는 근거를 제공한다고 보았기 때문이다.

1946년 4월 18일, 삼상결정 지지를 서명하는 정치세력과 단체들을 임시정부 수립의 협의 대상으로 삼겠다는 미소공위 제5호 공동성명이 발표되었다. 좌익은 우선 제5호 성명이 '민주진영의 승리'이며 자신들이 주장해 온 삼상결정 지지노선이 우익세력의 반탁노선에 대해 일대 승리한 것으로 자평했다.[84]

그렇지만 제5호 성명은 신탁통치문제에 대해서는 애매하게 규정했기 때문에[85] 해석 여하에 따라서는 반탁 의사에 상관없이 제5호 성명에 지지를 표명할 수 있는 것이었다. 물론 이는 종래 우익의 태도와 입장에서 후퇴한 것이기는 했지만 퇴로를 차단당한 것은 아니었다.

좌익도 이 점을 인식했다. 그들은 우익세력이 제5호 성명에 대해 '신탁지지 반대를 不問한 것' 또는 '발언권 획득을 慶賀'한 것으로 해석하고 "우리는 信託이라 이것을 반대하는 것이지 원조를 반대하는 것은 아니다"[86]라고 하면서 제5호 성명에 지지서명한다고 인식했다. 좌익은 金奎植과 安在鴻뿐만 아니라 나아가 궁극적으로는 金九와 李承晩까지도 제5호 성명 지지에 서명할지도 모른다고 전망했다.[87]

좌익은 반탁운동세력들이 대거 제5호 성명 지지를 서명하여 임시정부에 참여할 자격을 얻음으로써 그 동안 자신들이 전개해 왔던 우익배제투쟁이 龍頭蛇尾로 전락하게 될 것을 우려했다. 이에 우익의 참여를 제어하고자 모든 좌익단체와 언론을 동원하여 그 동안 삼상결정에 반대하고 미소공위에 불합작을 표명했던 우익정객들의 반성과 정계은퇴를 강력히 주장했다. 또한 우익세력이 金奎植과 安在鴻의 논리에서 제5호 성명 지지의 명분을 찾는다고 보고 중도우익세력에 대한 비판에 집중하였다. 민전은 4월 18일 성명을 내고 金奎植이 "종래 신탁 지지 혹은 반대한 사람의 참여 가부 문제는 해소되었다"고 제5호 성명을 평가한 것에 대해 신랄히 비판했다. 또한 安在鴻과 金炳魯가 삼상결정 지지와 신탁통치 반대를 분리하는 것도 역시 신랄히 비판했다.[88] 좌익의 비판은 이들이 이승만과 김구 같은 강력한 영

---

83) 『解放日報』 110~117, 1946. 4. 7~14.

84) 공산당과 파쇼공위 담화는 『解放日報』 123, 1946. 4. 20. 민전 의장단과 중앙인민위원회, 朴憲永 담화는 『朝鮮人民報』 210, 1946. 4. 19.

85) 제5호 성명에서는 신탁통치문제에 대해 "공동위원회가 조선민주주의 임시정부와 같이 삼상회의 결의문 제3절에 표시한 방책(신탁통치 실시문제 : 인용자 주)에 관한 제안을 작성함에 협력하기로 함"으로 되어 있다. 이는 1절과 2절에 대해 '지지', '고수'라는 강한 표현을 사용한 데 비해 그 강도가 약한 것이었다.

86) 「사설 : 공동 콤뮤니케 제5호의 의의와 그 반향」, 『朝鮮人民報』 211, 1946. 4. 20.

87) 「주장 : 蘇米共同委員會 제5호 공동성명을 듯고」, 『解放日報』 123, 1946. 4. 20.

88) 『朝鮮人民報』 121, 1946. 4. 20.

향력을 가진 우익세력을 임시정부에 끌어들이는 것을 저지하는 데 목적이 있었다. 하지만 비판논리가 상승되면서 좌익의 비판은 모든 우익세력에 대한 전면적 비판과 배제로 나타났다.

한편 좌익의 주된 운동 방향이 미소와의 협의에 집중되고 우익세력의 철저한 배제 쪽으로 나가자 좌익 내부에서 이에 대한 비판이 폭넓게 제기되었다. 남조선신민당 위원장 白南雲은 1946년 4월 1일부터 13일에 걸쳐 『서울신문』에 「朝鮮民族의 進路」라는 장문의 논설을 발표하여 聯合性 新民主主義에 입각한 좌우파의 정치적 연합을 주장했다. 이는 우익세력 배제를 강력히 주장하는 좌익 내의 주류적 견해에 대한 사실상의 도전이었다. 한편 呂運亨도 민전에 대한 공산당의 독단적 운영에 반발하고 우익에 대한 대응에서 공산당과 견해를 달리했다.[89]

좌익은 제5호 성명 이후의 정세에 대처하고 분열상을 보이던 좌익의 행동통일과 임시정부 수립에 대비한 방안을 마련하기 위해 1946년 4월 21일 민전 제2회 중앙위원회를 소집하고, 4월 23일에는 제2회 전국인민위원회대표자대회를 잇달아 개최했다. 朴憲永은 민전 중앙위원회의 내외정세보고에서 금일의 조선은 민주주의노선과 반동적 민주주의노선이 대립하고 있으며, 양자의 통일은 불가능한 것으로 이를 가능하다고 하는 것은 "民戰이 주장하는 民主主義路線의 정당성을 의심하는 것이며 李承晩류의 반동적 노선에 '眞理性'을 부여"하는 것이라면서 좌우 중도세력의 민족통일노력에 쐐기를 박았다.[90] 그는 임시정부에 우파 거두들이 참여하지 못하게 하는 것을 민전의 당면과업으로 제시했다.[91]

북한에서 토지개혁이 진행되자 이에 호응하여 남한의 공산당과 민전은 1946년 3월 17일, 북한과 동일한 토지개혁의 실시를 주장했다.[92] 좌익은 토지개혁을 주장함으로써 인구의 다수를 점하는 농민대중의 지지를 획득하고, 우익세력의 경제적 기반을 무력화시키려 하였다.

그렇지만 좌익의 북한과 동일한 토지개혁 실시 주장은 지주적 기반을 가진 한국민주당을 비롯한 우익과의 전면 대결을 표명하는 것이기도 했다.[93] 물론 양심적인 지주에 대해서는 일정한 배려를 할 것이며,[94] 토지개혁이 "地主階級을 怨讐로 여기고 투쟁하려는 데 本意가 있는 것이 아니라"[95]고 유화적인 몸짓을 보이기도 했지만 이는 한정된 것이었다. 좌익은 그들의 투쟁이 "民族解放運動인 동시에 그 本質에 있어서는 地主·資本家와 勞動者·農民

89) 중앙일보특별취재부, 앞의 책(하), 110~117쪽.
90) 『解放日報』 126~132, 1946. 4. 23~29 ; 『朝鮮人民報』 213~221, 1946. 4. 22~30.
91) 『朝鮮人民報』 212, 1946. 4. 21 ; 216, 1946. 4. 25.
92) 『解放日報』 93, 1946. 3. 21.
93) 朴文圭는 1946년 4월 14일 「反民主陣營의 土地政策」이라는 논설에서 한민당의 토지정책이 지주를 옹호하는 정책이라고 신랄히 비판하며, 북한의 토지개혁을 절대 지지할 것과 토지문제의 평민적 해결을 위해 임시정부 수립에 모든 역량을 집중시킬 것을 주장했다. 『朝鮮土地問題論考』, 1946, 115~121쪽.
94) 『解放日報』 93, 1946. 3. 21.
95) 「朴憲永 기자회견」, 『朝鮮人民報』 195, 1946. 4. 4.

及 勤勞大衆과의 抗爭이며, 조선 불죠아민주주의 變革의 역사적 사명을 가진 노동자·농민 대중과 반동적인 半봉건지주·자본가와의 階級鬪爭"[96]이라 하여 전면적 투쟁을 예고했다.

제1차 미소공위 기간중 우익세력에 대한 공격은 북한에서 더욱 격렬히 진행되었다. 북한 좌익은 미소공위의 개최를 며칠 앞두고 이승만과 김구에 대해 역사적으로나 현실적으로 조선민족의 반역자들로서 봉건세력과 친일파의 통합체이며 외국과 파쇼 제국주의의 앞잡이, 매국노라고 원색적인 비난을 가했다. 특히 김구와 임정세력에 대해 일제 하부터 현재까지의 행적을 조목조목 살피면서 집중적으로 비난을 했다.[97] 북한 좌익의 경우, 당시 임정 관계자들과 연루된 테러단이 북한에서 적발된 관계로 임정세력에 대해 민감하게 반응했다.[98]

미소공위가 개최되면서 북한 좌익의 李承晩과 金九, 그리고 民主議院에 대한 공격은 극에 달했다. 당기관지인 『正路』에는 '살인강도단 두목 金九 李承晩을 타도하자'는 원색적 구호가 심심치 않게 내걸렸다. 그들 역시 이승만과 김구가 조선광산권과 외교권을 미국인에게 양도했다는 미국내 한인신문의 기사를 전면 인용 보도하면서 이들을 파렴치한 매국노로 매도했다.[99]

이 같은 남한 우익세력에 대한 비판에는 북한 좌익의 각 정파가 모두 나섰다. 崔昌益은 民主議院이 '괴뢰정권'이자 '반동의 수괴'인 李承晩·金九의 '俱樂部'에 지나지 않으며, '파쇼적 노선'을 걷고 있기 때문에 이를 타도하기 위해 '무자비한 투쟁'을 전개할 것을 주장했다.[100] 武亭은 장문의 논설에서 역시 남한의 우파세력과 民主議院을 신랄히 비난했다.[101] 崔庸健도 '민족반역자들의 테러 행동을 분쇄하자'며 이승만과 김구에 대해 원색적으로 공격했다.[102]

조만식에 대한 비판도 강화되었다. 북한 좌익은 조만식을 양의 껍질을 쓴 '이리'로 비유하면서 북조선 경제의 파멸을 통해 반소반공에 이용하려 했으며, 남한의 金九나 李承晩같은 민족반역자와 내통하여 북조선의 민주통일전선을 파괴하려는 음모를 획책했다고 비난했다.[103] 더 나아가 조만식이 일제의 학도지원병 모집을 권고한 1943년 11월 16일자 『매일신보』 투고기사를 인용하여 전쟁범죄자 조만식을 인민재판에 부쳐 처벌할 것을 강력히 주장했다.[104] 崔庸健도 조만식을 '假愛國者 民族反逆者'로 격렬히 비난했다.[105] 그 결과 조만식

96) 權泰燮, 앞의 책, 237쪽.
97) 『正路』 61~62, 1946. 3. 17~18.
98) 『正路』 64, 1946. 3. 22.
99) 『正路』 64, 1946. 3. 22 ; 67, 1946. 3. 26.
100) 崔昌益, 「南朝鮮 民主議院의 反動性에 대하야」, 『正路』 66, 1946. 3. 24.
101) 武亭, 「朝鮮은 어데로 가나」, 『正路』 63~66, 1946. 3. 21~24.
102) 『正路』 67, 1946. 3. 26.
103) 『正路』 55~56, 1946. 3. 9~12.
104) 『正路』 75, 1946. 4. 10.
105) 『正路』 71, 1946. 3. 30.

은 이제 이승만과 김구와 같은 민족반역자로 취급받게 되었다. 제1차 미소공위 기간중의 북한 좌익의 정책은 남한의 좌익와 대동소이한 것이었다. 그들은 미소공위의 진행에 방해가 될 수 있는 미국에 대한 비판은 삼간 채 공격의 예봉을 남북한의 대표적 우익세력에게 돌렸으며 이들을 임시정부 수립에서 배제할 것을 강력히 주장했다. 그리고 북한에서 실시한 토지개혁과 20개 政綱에 입각한 임시정부의 수립을 주장했다.[106]

제5호 성명에 대한 북한 좌익의 대응도 남한 좌익과 대동소이한 것이었다. 북조선인민위원회와 북조선공산당을 비롯하여 각급 단체는 1946년 4월 20일 제5호 성명 지지를 일제히 발표했다.[107] 이들 성명은 이승만·김구·조만식 등 민족반역자의 청산 및 임시정부 참가배제, 20개 정강에 기초한 임시정부의 수립 등 대동소이한 내용이었다.

한편 미소공위 기간중에도 북한의 토지개혁은 급속히 추진되었다. 그 결과 토지개혁을 총결하기 위해 4월 10일, 조선공산당북조선분국 제6차 확대집행위원회가 개최되었고,[108] 4월 13일에는 북조선임시인민위원회 제1회 확대위원회가 개최되어 「土地改革法令 실시 決算에 대한 決定書」가 결의되었다.[109]

4. 맺음말

1946년 전반기 한국의 좌익세력은 그 동안 막연했던 한국독립의 향방이 삼상결정을 통해 비록 5년 간의 信託이라는 제약은 있지만 한국인에 의한 民主主義臨時政府의 수립으로 귀결되었다는 점에서 삼상결정의 의의를 적극적으로 평가하고, 국내외 정세가 그들이 지향하는 국가 건설에 유리하게 조성되게 되었다고 판단했다. 좌익세력은 정부수립이 미소간에 합의된 이상, 어떠한 경로를 통해서건 임시정부가 조만간 수립될 것이라고 생각했다. 때문에 그들이 보다 중요하게 여긴 것은 어떠한 임시정부를 수립할 것이냐였으며, 이를 둘러싸고 각 정치세력 간에 치열한 주도권 쟁탈전이 필연적으로 본격화하리라 전망했다.

특히 좌익은 삼상결정 이후 臨政勢力이 반탁운동과 臨政法統論을 매개로 정계재편을 추진하고 있으며, 여기에 이승만과 미군정이 개입하여 남한 정계를 우익중심으로 재편하기 위한 공작이 진행되어 그 결과가 民主議院으로 나타났다고 판단했다. 때문에 좌익은 이런 우익중심의 정계개편을 저지하고 자신의 헤게모니를 지켜 내기 위해 강력하게 반발했다. 이

106) 조선공산당북부조선분국, 「북조선임시인민위원회 위원장 金日成장군 발표 20개조 정강은 참 민주주의의 정강이다」 및 북조선민주청년동맹, 「朝鮮臨時政府 수립에 대한 젊은이들의 주장」, 『正路』 73, 1946. 4. 4 ; 「사설 : 조선임시정부 수립을 앞두고 소미공동위원회에 기대함」, 『正路』 75, 1946. 4. 10.
107) 『正路』 81~82, 1946. 4. 25~26.
108) 『正路』 80, 1946. 4. 20 ; 국사편찬위원회, 『北韓關係史料集(1)』, 45~58쪽 ; 북한현대사연구회편, 『북한현대사(1)』, 386~391쪽.
109) 『正路』 79, 1946. 4. 19 ; 국사편찬위원회, 『北韓關係史料集(5)』, 241~243쪽.

에 우익세력에 대한 강력한 타격을 전제로 한 '民主主義臨時政府' 樹立構想이 당면 국가건설운동의 중심노선으로 제기되었다. 이는 인민민주주의를 보다 원칙적이고 강경하게 이해한 것으로, 좌익이 헤게모니를 갖는 임시정부의 수립을 필연적인 것으로 여겼다. 이에 종래 용인되던 민족부르주아지와의 협력방침, 이에 기반한 우익정치세력과의 협력방침은 사실상 철회되었다. 주요 우익세력을 임시정부 수립에서 배제하기 위한 공격이 진행되었다. 하지만 좌익은 미소공위의 개최와 원만한 진행을 위해 미군정에 대한 직접 비판은 스스로 제어했다.

이러한 운동 양상은 남북한에서 거의 동일하게 나타났다. 朴憲永 중심의 남한 좌익 주류세력과 김일성 중심의 북한 좌익세력은 이러한 政局認識과 우익에 대한 태도, 임시정부 수립에 대한 정책과 운동방침 등에서 동일한 보조를 맞추어 갔다.

좌익의 노선이 우익의 반탁노선에 대한 대항논리로 제기되고 현실운동에서 양자간에 심각한 대립과 갈등 양상이 노정되면서 이는 점차 계급투쟁의 양상으로 발전되어 갔다. 주요 우익세력에 대한 좌익의 공격은 그들을 민족반역자, 반동파, 파시스트로 규정하면서 화해할 수 없는 대립으로 나타났다. 한편 좌우파를 함께 고려할 수밖에 없던 중도세력의 민족통일 시도는, 그들의 논리가 좌익이 배제하고자 하는 주요 우익세력을 임시정부에 참여시키는 논리로 작용하게 될 것이라는 판단 속에서 사실상 배격되었다.

反封建 近代化와 자주독립국가 건설을 과제로 근대 이래 전개된 개혁의 큰 흐름 속에서 북한의 土地改革과 '民主改革'은 아래로부터의 민중적 개혁전통, 좌익의 변혁전통에 따라 실시된 것이었다. 하지만 좌우의 대립구도 속에서 토지개혁은 우익의 경제적 기반을 철저히 박탈하는 계급투쟁의 양상을 띠었다. 그리고 북한의 철저한 토지개혁이 지주적 기반을 가진 광범한 우익세력이 존재하는 남한에서도 동일하게 요구되면서 사회 내의 계급대립과 갈등이 심화되었다.

1946년 전반기 남북한 좌익의 정책은 근대 이래 개혁의 흐름 속에서 민족 내부에 내재해 있는 계급적·사상이념적 대립을 조기에 전면화시켰다. 물론 이는 서로 다른 체제를 가진 미소 양국이 한반도에 분할 주둔하면서 한국민의 국가건설 과정에 적극적으로 개입한 것에 크게 영향을 받았다. 또한 반탁운동의 격렬한 공세에 맞대응하여 운동을 전개했기 때문에 좌익의 정책이 생경하고 탄력성을 갖지 못한 데서도 연유한다. 그러나 근원적으로 보면 다양한 정치세력 간의 상호비판과 체제내 경쟁을 받아들일 수 없는 國家觀·社會觀을 갖고, 노동계급의 당이 전 사회의 영도권을 확고하게 가져야 하며 여타 세력과의 협력은 이를 수용할 때 가능하다는 전제를 강고하게 고수하는 한, 좌익세력으로서는 자신의 헤게모니에 위협이 될 수 있는 정치세력과의 협력이란 처음부터 대단히 제한적 의미밖에 가질 수 없었다.

당시 좌익의 국내외 정세와 미소공위의 합의에 대한 낙관적 전망은 이러한 인식을 극단화시켰다. 때문에 이러한 세력이 좌익을 주도하는 한, 또한 우익 내에서도 민주주의 이념에서 벗어나 파시즘적 사고를 하는 세력이 우파를 이끄는 한, 해방공간에서 좌우의 분열과 대립은 불가피한 것이었다.

북한의 農業協同化 과정(1953~1958)과 그 특징

김 성 보*

1. 서론

1950년대에 북한의 朝鮮勞動黨·政府는 농업개혁 문제에 대한 다양한 논의를 수렴하면서 전쟁으로 파괴된 농업생산력을 복구하고 工業의 발전을 뒷받침해 주기 위해서 결국 농업협동화의 길을 선택하였다. 이는 중공업 중심의 사회주의 공업화를 실현하여 자립적 경제구조를 갖추는 데 초점을 맞추면서, 이를 뒷받침하기 위해 농업을 협동화하는 방법을 선택한 소련의 경제건설의 방향과 맥락을 같이하는 것이었다. 그렇지만 구체적인 농업협동화 과정은 소련의 소비에트적 방식과 동일하지는 않았다.

북한의 농업협동화는 소련에서와 달리 共同體의 傳統이 미약하고, 농민들이 私的인 토지소유자로서 독립성이 강한 조건에서 이들의 경영을 통합해야 하는 어려움이 있었다. 또한 농업협동화를 위한 경제적 토대, 특히 농업의 기계화 수준은 소련의 농업협동화 초기보다 더욱 열악하였다. 다만 토지개혁 이후 생산반 운영과 소겨리·품앗이 등 공동노동 관행의 장려 경험, 전시체제 하에서 소겨리·품앗이반의 보다 체계적인 조직화 및 노력협조반 운영 경험,[1] 전쟁으로 인해 30~40%로 확대된 빈농층의 협동화로의 필요성 인식, 전쟁을

---

* 충북대학교 교수

1) 북한 정부는 戰時에 자작 소농들의 영농에 필요한 노동력과 役畜·농기구 등이 부족하게 되자, 전쟁 이전부터 장려해 오던 공동노동 관행인 소겨리·품앗이를 더욱 체계적으로 장려·조직하였다. 1952년도 평안남도에서만 33,523개의 품앗이반이 조직되었으며, 26,151개의 소겨리반이 운영되었다. 품앗이반에 포괄된 평안남도 농가의 固定勞動力은 357,715명이었다(리상준, 「조선 로동당의 농업 협동화 정책과 평남도에서의 그의 승리적 실현」, 『력사논문집 - 사회주의 건설 편』, 평양 : 과학원출판사, 353쪽). 기존의 품앗이·소겨리가 계절적·임시적이라면, 戰時下에 재편된 품앗이반·소겨리반은 年間 固定的인 하나의 생산단위로 운영되었다. 평안북도 泰川郡의 朝鮮勞動黨 郡黨部, 근로 단체들에서는 移秧의 適期를 맞추기 위하여 연 12,500여 명의 田作地帶 노동력을 이동한 다음, 移秧에 경험이 없는 田作地帶 농민들과 경험이 많은 畓作地帶 농민들을 혼합하여 품앗이반을 조직하여 운영하였다. 그리고 농민들의 기능에 따라 '細胞' 단위로 노동력 조직을 세분하여 이앙반·써레반·모뜨기반·운반반을 조직하였다. 또한 '勞力協助隊' 등이 조직되어 농촌의 부족한 노동력을 보충하였다(박경수,

겪으면서 형성된 사회적 緊張은 농업협동화를 용이하게 하는 조건이었다. 또한 富農 범주가 소련·동유럽 등과 비교해 볼 때 상당히 협소하다는 점은 협동화 과정에서의 葛藤을 약화시킬 수 있는 조건이었다.2)

북한 정부는 이상의 조건들을 고려하는 가운데, 소비에트型이 아닌 人民民主主義型의 농업협동화의 길을 추진하였다. 이미 전쟁 이전인 1949년 시점부터 북한 내부에서는 동유럽 인민민주주의국가들의 농업협동화 경험을 연구하고, 그 특징을 파악하고 있었다. 북한은 또한 전쟁 이후 동유럽의 경험과 더불어 중국에서의 初級合作社 등 농업협동화 과정을 검토하면서, 자신의 농업협동화 유형을 만들어 나갔다. 그 과정에서 북한 정권은 소비에트형과 구별되는 농업협동화의 제반 원칙들을 제시할 수 있었다.

본고에서는 북한의 농업협동화 과정에서 제시된 원칙상의 특징들을 먼저 살펴보고, 그 다음 각 원칙이 실제 진행 과정에서 어느 정도 준수되었는지, 적용 과정에서 발생한 문제점들은 무엇이었는지를 검토하여 본다.3)

「금년도 춘기 파종 및 이앙 사업은 난관과의 투쟁 속에서 승리하였다」, 『근로자』 1951년 7호, 53~56쪽). 東部 및 中部 戰線 인접 지대를 비롯한 江原道 일대에는 '戰線共同作業隊'가 조직되었다. 1953년 7월 현재 북한의 농촌에는 2,354호를 망라하는 174개의 농업협동조합이 이미 결성되었다.

<표> 停戰 당시(1953. 7)의 농업협동조합 분포(단위 : 個)

道 別	組合 總數	農業協同組合	副業協同組合	參與農家戶數
平安南道	7	5	2	149
平安北道	32	6	26	442
慈 江 道	10	4	6	109
黃 海 道	12	6	6	190
江 原 道	80	77	3	947
咸鏡南道	24	2	22	331
咸鏡北道	9	3	6	186
計	174	103	71	2,354

자료 : 김한주, 「우리 나라에서의 농업 협동화 운동의 발생과 발전」, 조선로동당중앙위원회 농업협동조합경험집편집위원회 편, 『농업 협동화 운동의 승리(1)』, 평양 : 조선로동당출판사, 1958, 4쪽.
비고 : 江原道의 농업협동조합 數가 특별히 많은 이유는 '전선공동작업대'들을 농업협동조합으로 개편하였기 때문이다.

2) 소련에서의 1920년대 말 농업협동화는 역사적으로 미르 공동체의 전통이 강하고 러시아혁명을 통해 토지를 이미 국유화한 조건 위에서 시행했음에도 불구하고 농민층, 특히 富農(쿨라크)층의 심각한 반발·저항에 직면하였다. 이 때 농민의 저항은 役畜의 광범한 屠殺 등으로 표출되었다. 1928년과 1932년 사이에 가축 수는 절반으로 줄었다. 소는 5,820만 두에서 3,350만 두로, 말은 3,260만 두에서 1,730만 두로 감소하였다. 일정 기간이지만 농업생산도 減少하였다(리하르트 로렌쯔 지음, 윤근식·박형중 옮김, 『소련사회사 1 - 1917~1945』, 성균관대학교 출판부, 1975, 154~173쪽).

3) 북한 농업협동화에 대한 기존의 주요 연구는 다음과 같다. 장상환, 「토지개혁과 농업협동화 과정의 특질」, 『북한 사회의 구조와 변화』, 서울 : 경남대학교출판부, 1987 ; 김승준, 『우리나라에서의 농촌문제해결의 력사적 경험』, 평양 : 조선로동당출판사, 1965 ; 김승준, 『우리나라 농촌문제해결의 력사적 경험』, 평양 : 사회과학출판사, 1988 ; Lee, Chong-Sik, "Land Reform, Collectivization and The Peasant in North Korea," in Scalapino, Robert A. (ed), *North Korea Today*, New York : Frederick and Praeger, 1963 ; Joseph Man-Kyung Ha, "Politics of Peasantry : A Study of Land Reforms and Collectivization with Reference to Sino-Soviet Experience," Ph.D., Dissertation Paper, Columbia

2. 協同組合의 3形態

첫 번째 특징은 농업협동조합체계를 완성하기 전까지 발전단계를 달리하는 3개의 조합 형태를 설정하고, 각 지역 농촌의 實情에 적합하게 조합 형태를 선택 운영하게 하는 원칙이었다.

제1 형태는 '農村勞力協助班'이다. 在來의 품앗이반·소겨리반이 대체로 계절·임시적인 공동 노동력 조직으로서 成員이 고정되지 못하고 3~5호 정도의 협소한 범위의 互助形態에 불과하다면, 농촌노력협조반은 年間을 통하여 진행되는 10여 호로 구성된 보다 넓은 범위의 호조 형태였다. 이는 班員들이 役畜과 농기구들을 공동으로 이용하면서 전체 반원들의 토지에 대한 기본작업인 起耕, 播種, 移秧, 중경 제초, 추수, 탈곡 및 현물세 납부 등 다수 인원이 필요한 작업들을 공동으로 실시하는 조직이었다. 농촌노력협조반에서는 종전과 같이 각자 본인의 소유 토지를 그대로 경작하며 토지 境界도 그대로 유지한다. 수확물은 각각 본인 토지의 소출을 이전과 같이 소유하기 때문에 별도의 分配가 필요없다. 畜力과 중요 농기구는 班員들의 개인 소유를 공동으로 이용하되 그 報酬는 지방 관습에 따라 현물 또는 노동력으로 서로 갚는 것을 원칙으로 하였다.[4] 제1 형태는 사실 농업협동조합이라기보다는 개인 소농경리를 기본으로 하면서 농사에 필요한 공동노동만을 보다 체계적으로 조직화한 것에 불과한 低級한 형태의 공동노동조직이라고 할 수 있다.

이와 달리 제2 형태와 제3 형태는 토지와 생산도구들을 공동으로 출자하여 통합한 다음 공동경작을 하는 본래 의미의 농업협동조합이다. 두 형태의 차이점은 분배 기준에 있다. 제2 형태는 수확물에 대해 土地點數와 勞力日數에 따라 분배하며, 제3 형태는 오직 勞力日數만을 기준으로 하여 분배한다. 제2 형태에서 출자 토지에 따른 분배 비율은 생산비용·현물세·공동 축적금 등을 제외한 純收入 農産物의 20%를 초과할 수 없도록 규정되었다. 그리고 토지소유자의 勞力日數가 연간 120일에 미달할 경우에는 토지에 대한 분배에 참여하지 못하고 다만 勞力日數에 따른 분배만을 하는 것을 원칙으로 하였다.[5] 북한 정권이 최고의 발전단계로 설정한 형태는 勞力日數만을 기준으로 분배하는 제3 형태였지만, 상대적으로 소유 토지면적이 넓은 농민들이 적극 참여할 수 있도록 출자 토지면적에 따른 분배기준을 별도로 설정하는 제2 형태를 하나의 과도기 형태로서 설정하였다. 제3 형태가 사회주의적 협동조합(아르쩰리 артель)에 해당한다면, 제2 형태는 半사회주의적 협동조합에 해당하였다.[6]

세 가지 형태의 설정은 동유럽과 중국 인민민주주의국가들의 농업협동화 과정에서 일반

Univ., 1971.

4) 박경수, 「우리 나라에서의 농업 협동 경리의 조직 운영에 대한 몇 가지 문제」, 『근로자』 1954년 4호, 86~87쪽.

5) 박경수, 위의 글, 87~88쪽.

6) 윤기복, 「공화국 북반부에서의 경제 형태들과 계급적 제 관계」, 『근로자』 1955년 11월호, 34쪽.

적으로 채택된 방법으로서,[7] 북한의 농업협동화는 동유럽·중국 등 인민민주주의국가들의 농업협동화 과정과 步調를 같이하는 것이었다.

앞서 서술한 바와 같이 전쟁 이후 북한 농촌은 30~40%의 빈농과 50~60%의 중농 하층, 그리고 0.6%의 부농과 기타 富裕中農(중농 상층)을 포함한 약 10%의 부유한 농민으로 구성되어 있었다. 당시 빈농들은 노동력 부족은 물론 역축·농기구 부족으로 단순재생산조차 어려운 상황이었다. 이들에 대한 부유한 농민들의 지배 현상이 나타나고 있었고, 중농 하층도 빈농과 비슷한 처지였다. 富裕中農(중농 상층), 부농은 전체 농민에서 차지하는 비율은 적지만 營農에 필수적인 역축·농기구에 여유가 있었으며, 또한 토지도 비교적 많이 소유하고 있었다. 농업협동화에서 이들이 소유하는 생산수단은 농업기계화의 속도가 늦고, 조합에 대한 국가의 지원이 미미한 가운데 중요한 의미를 가질 수밖에 없었다.

계층을 불문하고 토지개혁 후 일단 소토지소유자가 된 농민들로서는, 자신의 토지와 생산수단을 통합한다고 하는 것은 비록 토지소유권 자체는 보존된다 해도 쉬운 결정은 아니었을 것이다.[8] 다만 전쟁의 피해라는 특수한 상황 속에서 영농에 필요한 역축·농기구조차 없는 사정 때문에 농업경영의 통합이 자신들에게 필요하였다. 그리고 토지 등 생산수단을 통합해서 상대적으로 손해볼 것은 없었다. 그러나 富裕中農(중농 상층), 부농들은 상대적으로 여유있는 생산수단을 소유하고 있어 굳이 농업협동조합에 참여하지 않아도 크게 어려움이 없었으며, 조합에 참여할 경우 貧農에 비해 상대적으로 손해를 본다는 생각을 갖기 쉬웠다.[9]

이 점을 고려할 때, 토지 출자분에 따른 배분을 실시하고 또한 역축·농기구를 本人이 원할 경우 개인 소유로 둘 수 있는 제2 형태의 組合이 제3 형태보다는 중농 이상층의 가입을 유도하는 데 비교적 용이한 형태였다.

---

7) 폴란드와 중국의 경우는 다음의 글이 참고된다. 윤철호, 「인민 파란에서의 농업 협동 경리」, 『근로자』 1955년 11월호 ; 童大林 著, 近藤康男 譯, 『中國の農業協同化運動』, 東京 : 御茶の水書房, 1963 ; 座間紘一, 「中國農村の社會主義的變革過程」, 『歷史評論』 1971年 11月號.

8) 예를 들어, 황해남도 신천군의 한 貧農 寡婦는 자신의 토지가 다른 농민들의 토지보다 비옥하거나 면적이 넓어서가 아니라, "토지개혁 때 남편과 함께 패말을 꽂고 기뻐하던 땅, 영원히 자기 소유로 습관되여 온 그 땅"을 내놓을 마음이 도저히 나지 않아 초기에 조합 가입을 주저하였다. 그가 조합 가입에 주저한 또 다른 이유는 조합 경영이 잘 될 것인가에 대한 우려, 그리고 남남끼리 모여서 살아가는 것에 대한 不信 때문이었다[조근원, 「새 날을 위한 애국 렬사 가족들의 첫 봉화」, 『농업 협동화 운동의 승리(1)』, 1958, 84쪽]. 평안남도 문덕군 立石農業協同組合 조직과정에서 조합 가입을 주저한 농민들은 "'조합에 들면 일만 더 한다'느니 '네 것 내 것이 없어진다. 그리고 자유가 없다'느니 '똑같이 나누어 먹는다'느니 '협동조합에서 무리 거지가 생길 것이다. 한 가정에서도 의견이 충돌되는데 여러 사람이 한데 모아 하는 것이 제대로 될 리가 있나 …… 어디 두고 보자'는 등" 협동조합을 신뢰하지 않았다[리상준, 「립석(평안남도 문덕군) 농업협동조합의 연혁」, 『력사과학』 1960년 1호, 59쪽].

9) 중농층이 빈농층과 함께 조합에 가입하는 것을 꺼리는 또 다른 이유는, "중농이란 원래 근면하고 검박한데 빈농이란 게으르고 헤프다"는 관념 때문이었다. 조합에 가입한 중농들이 이러한 관념 때문에 作業班을 중농·빈농별로 구분해서 조직하여야 한다고 주장하기도 하였다(조근원, 앞의 글, 1958, 100쪽).

농업협동화의 경험적 단계에 들어선 1954년도에 黨의 입장을 대변하던 黨 농업부장 朴景洙는 농업협동조합의 세 가지 형태 가운데 어떠한 형태를 선택할 것인가의 문제는 각 지역 농민들의 意思와 그 지역의 조건에 따라 결정해야 한다고 지적하였는데, 그가 농민들의 요구나 그들의 실정에 비추어 당시 농업협동화 초기 단계에 가장 적합한 형태로 생각한 것은 제2 형태였다.[10] 농민들의 토지소유에 대한 애착과 농민들 간에 토지소유 규모에 偏差가 있는 조건을 고려한 것이었다. 朴景洙는 '지도 간부'들이 농민들의 실정에 맞지 않게 제3 형태만을 고집하는 경향을 비판하였고, 조합 선택의 가장 중요한 기준은 '농민들의 自願的인 요구'에 두어야 한다는 입장을 견지하였다. 단, 제3 형태를 궁극적으로 지향하고 이 형태의 장점을 농민들에게 해설하여야 한다고 강조하였다.[11]

그런데 실제의 농업협동화는 초기의 1년 간을 제외하고는 제3 형태가 압도적으로 우세한 가운데 전개된다. <표 1>은 농업협동조합의 형태별 발전과 구성 비율 변화를 통계화한 표다.

<표 1> 농업협동조합의 형태별 발전과 구성 비율 변화

연 월	조합 총수	제2 형태	%	제3 형태	%
1954. 6	1,091	502*	46.0	589	54.0
1954. 12	10,098	2,176	21.5	7,922	78.5
1955. 6	11,535	1,272	11.0	10,263	89.0
1955. 12	12,132	950	7.8	11,182	92.2
1956. 6	14,777	440	3.0	14,337	97.0
1956. 12	15,825	392	2.5	15,433	97.5
1957. 3	15,893	350	2.2	15,543	97.8
1957. 12	16,032	193	1.2	15,839	98.8
1958. 3	13,336	55	0.4	13,281	99.6
1958년 말	13,309			13,309	100.0

자료 : 김한주, 「우리 나라에서의 농업 협동화 운동의 발생과 발전」, 『농업협동화 운동의 승리 (1)』, 1958, 35쪽 ; 「우리 나라 농촌 경리의 발전」, 『우리 나라의 인민 경제 발전』, 175쪽.
비고 : * 부업협동조합도 포함함.

이 표에 의하면, 농업협동화의 출범 초기인 1954년 6월 시점에 제2 형태가 제3 형태와 비슷한 비율로 결성되었다. 제3장에서 검토하였듯이, 농민들 간에는 토지소유 규모에서 상당한 차이가 있었다. 따라서 토지소유 규모가 큰 농민들, 특히 본래부터의 자작농(약 35%)들

10) "현재 농민들의 요구는 많은 경우에 있어 제2 형태인바 이는 물론 우리 농민들의 실정으로 보아 당연한 것이며 또한 적합한 형태로 볼 수 있다"(박경수, 앞의 글, 1954, 90쪽).
11) 肅川郡 당 위원회에서 검산리 협동조합을 지도한 실례와 같이 농민들이 제3 형태를 요구하여 제3 형태로 조직하였으나, 그 지방 당 및 '지도 간부'들이 토지에 의한 분배가 반드시 필요하다는 '이론'을 주장하여 제2 형태로 고치도록 영향력을 행사한 점에 대해서는 비판적이었다(박경수, 위의 글, 1954, 90~91쪽).

은 토지 출자에 따른 분배를 행하는 제2 형태를 選好하였을 것이다. 제2 형태는 그 해 12월까지 약 2천 개로 증가하였다. 그러나 같은 기간에 제3 형태는 약 8천 개로 비약적인 발전을 함으로써, 전체 조합 가운데서 제2 형태가 차지하는 비중은 약 20%로 감소하였다. 1955년도부터는 제2 형태로 결성한 조합들이 약 반으로 감소하였고, 그에 따라 전체 조합에서 차지하는 비중은 약 10%까지 하락하였다. 반면에 제3 형태의 조합 수는 꾸준히 증가하였고, 1956년 6월 시점에는 97%에까지 달하여 전체 조합이 대부분 제3 형태로 일반화하였다. 토지의 私的所有를 인정하는 가운데 농업협동화가 진행되었음에도 불구하고 공식적인 농업협동화 과정의 첫 해인 1954년도에만 제2 형태의 비중이 컸을 뿐, 그 다음 해에 바로 최고 수준의 제3 형태로 일반화한 것은 북한 농업협동화 과정의 하나의 특징이었다.

주목되는 점은 대다수의 조합이 제2 형태를 건너뛰고 제3 형태로 출발하였는데도, 농민들의 조합 가입 추세는 비약적으로 상승하였다는 점이다. 농업협동화의 속도는 1954년 秋收期부터 빨라지기 시작하여 1955년 말에는 농민의 49%, 경지의 48.6%에 달하였고 1958년 8월에는 농업협동화가 완료되었다. 농업협동화가 시험적으로 시작된 지 만 5년, 공식화한 1954년부터 4년 6개월 만에 협동화는 완료되었다.

제2 형태라는 과도기를 거치지 않고도 이처럼 단기간에 농업협동화를 완료할 수 있었던 조건은 어디에 있었을까? 그 조건으로 여러 가지 측면을 고려해 볼 수 있다. 우선 戰爭을 겪으면서 형성된 국가와 농민 간의 일치감, 전쟁으로 인한 폐허와 빈곤에서 벗어나기 위한 농민의 적극적 열의, 남·북한 간의 첨예한 대립 속에서의 사회적 긴장 등 정신적·심리적 측면이 있을 것이다. 그리고 무엇보다도 30~40%의 빈농층을 포함하여 다수의 농민들 간에 농기구·役畜 등의 소유 조건에서 큰 차이가 없었던 점이 제3 형태에 의한 농업협동화의 급속한 추진을 가능하게 해 준 경제적 조건일 것이다.

그러나 이상의 이유만으로는 비교적 단기간에 10%의 富農·富裕中農(中農上層)까지 조합에 통합된 이유를 설명하기 곤란하다.

농업협동화 출범 첫 해인 1954년도에 조합 형태의 46%는 제2 형태였다. 출범 초기 제2 형태의 선호도는 비교적 높았다고 할 수 있다. 그러던 것이 제3 형태 우위로 급속히 변하는 데는, 당 중앙으로부터의 '지도'가 중요한 역할을 하였다. 조합들 가운데 농민들이 제3 형태를 선호하는 데도 그 지역 당조직에서 제2 형태를 선택하도록 영향력을 행사한 경우, 당 중앙위원회의 '지도'에 따라 제3 형태로 개조하도록 조치하였다. 평안북도 肅川郡, 함경남북도의 洪原·北靑郡이 대표적인 예다.[12] 농민의 희망사항에 의거하여 조합 형태를 결정하라는 지시이다.

12) 1954년도에 함경남도에서는 "홍원, 북청군 비롯한 일부 시, 군 당 단체들에서는 '농업협동조합은 2형태로부터 점차 3형태로 발전하는 것이 철칙'이라고 하면서 농민들의 요구에도 불구하고 억지로 2형태의 조합을 조직하는 사실"도 나타났다[현무광, 「농업 협동화 운동에서 당 정책 관철을 위하여」, 『농업 협동화 운동의 승리(6)』, 1958, 142쪽].

여기서 한 가지 유의할 점은 당중앙의 지시에서 조합 형태를 결정하는 데 意思를 반영할 농민의 범주다. 조합들이 결성되는 초기에 주로 가입한 농민들은 대다수가 빈농이었다. 이들로서는 토지 출자분에 따른 배분 방식을 겸하는 제2 형태보다는 제3 형태를 선호할 가능성이 높다. 그러나 실제 조합 가입에 찬성한 이들 빈농들 만의 의사에 맞추어 제3 형태로 개조하게 한 결정은, 조합 가입을 꺼리는 다른 농민들, 특히 富農·富裕中農(中農上層)의 의사까지를 고려한 조치는 아니었다. 朝鮮勞動黨 中央委員會는 貧農 중심의 정책노선을 전개하였던 것이다.

조합 결성·가입 과정에서의 贊反 兩論을 보면 조합 결성에 주도적인 쪽은 貧農이었다. 1954년 초 농업협동화 정책이 공식적으로 추진될 때, 이 정책에 처음부터 호응한 농민들의 수는 극히 적었다. 1954년 春耕期에 협동조합 결성에 참여한 농민은 전체 농민의 2%에 불과하였으며, 그 해 10월까지도 가입률은 10%에 머물었다. 이 시기까지는 북한 정권이 농업협동화 정책을 적극적으로 추진하기 이전 단계인 농업협동화의 경험적 단계였다. 이 단계에 조합 가입에 적극적으로 참여한 농민들은 거의 다 빈농들이었다. 1954년 春耕期에 함경남도에서 조직된 조합의 총수는 119개이며, 가입 조합원은 총 1,674호였다. 그 중 빈농이 1,574호로 절대 다수였으며, 중농이 69호, 기타 31호였다.[13]

그 이후 과정에서도 조합의 초기 결성 주체들은 대개 빈농이었다. 『농업 협동화 운동의 승리(1)』에 소개되어 있는 조합들의 결성 사례들을 검토해 보면, 결성 과정에서의

<표 2> 농업협동화에 대한 찬반자들의 계층·출신

組 合 名	찬 성	반 대
새날	빈농, 중농	부농
상양	빈농이면서 열성 당원, 애국열사가족, 후방가족	부농, 부유중농
전진	빈농 중심	일부 부유 중농
붉은별	애국열사가족, 인민군 후방 가족, 극빈농	부유 농민
친선	당원, 후방 가족, 빈농, 약간의 중농	부농, 일제하 농장관리인
상평리 제1	김병선(지주의 농막살이를 하다가 토지개혁 때 농촌위원회 위원)	일부 중농과 부유한 농민, 過去 地主
다진	빈농	부유 중농
10월	운동가, 過去 소작농이며 현재 빈농	부농, '건달' 의령 金氏 門中
두루섬	빈농 중심, 일부 중농	부농

자료 : 『농업협동화 운동의 승리(1)』, 1958.
비고 : 위 책의 12개 조합 사례 중 백로산·모정·삼승농업협동조합 사례에서는 찬반자 계층·출신이 확인되지 않음.

13) 현무광, 위의 글, 141쪽.

적극적 추진자들과 적극적 반대자들의 경제적 처지에는 분명한 차이가 있다. 앞의 <표 2>는 각 조합별 적극적 추진자들과 적극적 반대자들을 출신별로 비교한 것이다.

중간에 동요하는 농민들은 계층적으로 다양하지만, 적극적 추진자들과 적극적 반대자들은 계층적으로 명확히 구분된다. 적극적 추진자들로는 빈농들 및 대다수가 여성이었을 것으로 보이는 애국열사 가족, 인민군 후방가속, 그리고 조선노동당원들이 중심이다. 반면에 적극적으로 반대하는 입장에 있었던 인물들은 대부분 富農과 富裕中農(中農上層)과 過去 지주이며, 동족집단의 집단적 반대도 보인다.

그렇다면 이와 같이 貧農 위주의 제3 형태 우위의 농업협동화 정책을 취함에도 불구하고, 결국 단기간에 富農·富裕中農(中農上層)을 포함한 모든 농민들이 조합에 참여하게 된 배경은 어디에 있을까? 그 이유 중 하나는 북한 농정 당국이 농업협동화 정책을 취하면서, 농업협동조합에 대해 집중 지원을 함으로써 상대적으로 個人 小農들에 대한 지원이 약화된 데 있었다. 그리고 여기에 더해 조합 가입에 소극적이었던 富農, 富裕中農(中農上層)들은 개인 양곡상의 상업 활동이 금지되고 農民市場만이 인정된 가운데[14] 市場을 통해 이익을 내는 것이 어려워져 갔고, 빈농들이 조합에 가입하면서 고용 노동력을 구하기도 힘들어졌다.[15] 1956년 말에 농민의 조합 가입률이 77.9%에 달하여 富農·富裕中農(中農上層)만이 고립화됨에 따라, 이들은 결국 조합에 가입하는 길을 택하게 되었다. 제2 형태라는 과도적 형태를 거치면서 부유 농민들을 포괄한 것이 아니라, 먼저 빈농 중심의 제3 형태를 발전시키고, 후에 고립된 부유 농민들이 부득이 조합에 가입하게 하는 정책을 취한 것이다. 부유 농민에 대한 빈농 우위 노선, 소농경리에 대한 협동조합 우위 노선이었다.

3. 主要 生産道具의 有償統合

두 번째 특징은 농민이 조합에 가입할 때 出資하는 생산도구 중 無償으로 통합하는 부분 외에는 조합의 평가위원회에서 가격을 평가한 다음 對價를 지불하여 통합한 점이다. 무상통합과 유상통합의 혼합 방식이다.

소련의 경우에는 콜호즈를 창설할 때, 농민들이 출자하는 생산수단들을 무상으로 통합하고 남은 부분은 화폐로 평가한 후, 그것을 콜호즈의 出資金으로 설정하여 콜호즈의 소유로

14) 1954년 10월 15일 內閣 決定 「개인 량곡상을 금지할 데 대하여」가 발표되었다. 1955년 6월 24일에 內閣은 「농산물에 대한 농민들의 자유판매를 전개함에 관하여」를 결정·발표하여 農民들의 농산물 자유판매만을 허용하였다. 그리고 7월부터는 개인농민, 협동조합원들이 자유시장가격으로 消費者·國營都賣商에게 농산물을 팔 수 있도록 허가하였다. 단 中間商人은 배제하였다(『로동신문』 1956년 6월 29일). 商人을 매개로 하지 않고 농민과 소비자 간의 직접거래만을 허용하는 '農民市場' 정책이었다.

15) 김양택, 「도시 주변 농민들의 새 생활의 길 - 평양시 남구역 두루섬 농업협동조합」, 『농업협동화 운동의 승리(1)』, 1958, 386쪽.

하되 그 콜호즈 원이 탈퇴할 때 이 출자금을 반환해 주는 방식을 취하였다. 이와 달리 북한에서는 생산수단 통합시 무상으로 통합하는 부분 외에는 조합이 유상으로 구입하였다.[16] 출자하는 생산수단 가운데 무상 통합 대상과 유상 통합 대상이 어떻게 구분되는지는 불분명하다. 제2 형태의 조합의 경우 역축과 농기구에 대하여 유상 통합 방식이 적용되었다.[17] 제2 형태에서는 출자한 토지와 勞力日數를 기준으로 하여 수확물을 분배할 뿐, 출자한 역축과 농기구에 따른 별도의 분배 기준을 두고 있지는 않다. 따라서 농기구와 役畜의 사용 방법으로는 개인 소유로 그대로 두어 이용하거나, 공동 구입을 하는 방법이 있었으며, 그 외에 소유자가 동의할 경우 역축과 농기구를 공동 소유로 편입하되 그 대금을 지급하도록 한 것이다. 다만 조합의 재정 형편을 고려하여 一時拂이 아닌 연부 상환 방식을 취하였다.

그렇다면 농업협동조합의 최고 완성 형태인 제3 형태에서는 어떤 방식을 취하였을까? 농업협동화가 제3 형태로 완성된 다음 해인 1959년도에 북한의 농업협동조합의 소유구조에 대해 이를 소련의 그것과 비교하여 평가한 홍달선의 글에 의하면, 제2 형태는 물론 제3 형태에서도 생산수단의 일부분은 조합이 有償으로 통합한 것으로 보인다.

이 有償 통합 방식은 중국에서 合作社를 조직할 때의 한 원칙인 '作價入社'와 상통한다. 作價入社 방식은 인민민주주의국가들 가운데 중국·북한에서의 농업협동화 과정의 한 특징이었다.[18]

중국에서는 농업협동화 과정에서 '作價入社'의 원칙이 제대로 준수되지 않은 경우가 많았다. 특히 급진적인 人民公社化 과정은 이 원칙을 제대로 지키지 않게 하는 사회환경을 조성하였다.[19] 그렇다면 북한에서 역축 등 주요 생산수단의 유상매수 원칙은 실제로 어느 정도 준수되었을까?

우선 농업협동화가 공식적으로 전개되기 이전인 1953년 말부터 북한 지역에서 役畜의 도살, 방매 현상이 발생한 점부터 살펴보자. 북한 정부는 1953년 11월에 내각결정 제18호「가축 도살 제한을 폐지할 데 대하여」를 결정한 바 있다.[20] 전쟁 시기에 금지되었던 가축 도살을 재허용한 것이다. 이 조치가 내려지자마자 각지에서는 광범한 축우 도살 현상이 전개되었다. 예를 들어, 平安北道 博川郡에서는 축우 도살 금지제도 폐지 이후 1953년 12월 말까

---

16) 홍달선,「협동적 소유의 전 인민적 소유에로의 줄기찬 지향」,『경제연구』1959년 1호, 72쪽.

17) "역축 및 농기구에 대해서는 제1 형태에서와 같이 개인 소유를 리용하거나 또는 조합원의 출자금 및 기타 자금으로 공동 구입하여 리용할 수 있다. 조합원들이 소유한 역축 및 농기구들을 그 소유자의 의사에 의하여 조합의 공동 소유로 편입하고 그 대금을 년부로 상환할 수 있다"(박경수, 앞의 글, 1954, 88쪽).

18) 홍달선에 의하면, 소련의 콜호즈 식의 무상 통합 방식을 다른 인민민주주의국가들에서도 찾아볼 수 있다고 한다(홍달선, 앞의 글, 1959, 73쪽). 그런 점에서 유상통합 방식은 중국·북한 등 소수 인민민주주의국가에서의 농업협동화의 특징이라고 할 수 있다.

19) 吉田浤一,「中國農業集團化論の再檢討」, 中國史硏究會 編,『中國史像の再構成 - 國家と農民』, 京都 : 文理閣, 1983, 303~304쪽.

20)『조선중앙년감』, 1954~1955년도판, 62쪽.

지 소 300여 두가 도살되었다.[21] 이 사태가 발생한 시점은 북한 정권이 농업협동화를 내부적으로 결정하고 시험적으로 여러 지역에 협동조합 설치를 지원하게 되는 1953년 8월 조선노동당 중앙위원회 전원회의 직후다. 축우 도살 금지와 육류 수매제가 폐지되고 농기계 임경소가 확대되며 役馬賃耕所가 창설된다고 하자 각지에서는 소를 도살하여 식용으로 삼고 사육을 게을리하는 현상이 발생하였던 것이다.

농업협동화가 실제 전개되면서 역축의 조합 출자에 대한 저항은 현실로 나타났다. 兩江道의 농업협동화 사례에는 농민들이 조합에는 가입하면서도, 자신들의 재산인 토지와 役畜을 조합에 통합시키는 데 소극적인 모습이 보인다. 役畜을 조합에 출자하는 일을 피하기 위해 팔아 버리거나, 큰 소를 작은 소와 바꾸어 출자하는 경우다. 또한 토지의 출자에서는 조합 규정 이상으로 '텃밭'을 남겨두는 모습을 보여준다. 협동경리와 개인경리 양자의 '2중 경리'를 선호하는 농민들의 모습이다.[22]

농민이 역축 출자에 대해 비협조적으로 나오는 문제에 직면하여, 개성시의 한 협동조합 사례는 협동조합 관리위원회에서 출자하는 役畜의 값을 평가함으로써 문제를 해결하였음을 보여준다. 역축의 유상매수 원칙이 현장에서 무시되지만은 않았음을 보여준다.[23]

그렇지만 전체적으로 볼 때 이 원칙이 충실히 지켜졌는지에는 의문이 따른다. 『인민경제발전통계집』에 의하면, 1953년도의 소 50만 4,398두가 1956년에는 48만 4,824두로 감소하였다. 1만 9,574두, 즉 약 2만 두가 감소한 것이다. 농업협동화 초기에 役畜의 유상 통합 원칙이 농민들에게 제대로 전달되지 못하였거나, 농민들이 농업협동화의 추세에 접하여 개인경리 때는 소중히 여겼던 役畜을 등한시하게 된 데서 비롯되었을 가능성이 높다.

4. 土地의 私的所有 保存原則과 變化

21) 박관, 「사업에서의 책임성과 요구성을 높이라 - 안일성과 해이성에 물젖은 농촌 일꾼들」, 『로동신문』 1954년 2월 11일.

22) "더욱이 일부 농민들은 조합에 들어오면서도 2중 경리를 꿈꾸고 토지와 로력자의 일부를 남겨두거나 조합 규약에 규정된 범위를 벗어나서 더 많은 터전을 경작하려 하였으며 또 극히 부분적인 현상이기는 하였으나 역축의 출자를 기피하거나 큰 소를 팔고 작은 소를 사서 조합에 출자하는 등 사실들도 있었다"[정동철, 「농업 협동화는 산간 지대 농민들의 생활을 근본적으로 개선 향상시켰다」, 『농업협동화 운동의 승리(6)』, 1958, 196쪽. 정동철은 兩江道人民委員會 委員長이었다].

23) "윤창옥 농민의 부인은 남편이 조합에 들었다고 해서 이불을 뒤집어 쓰고 드러누웠으며 김천종 농민은 조합에 들기 전에 역축을 팔아 치웠다(조합원들의 제기에 의하여 가입 후 역축을 사들여 놓았음). 역축을 조합에 들여놓은 날 김천종의 어머니와 대덕 할머니는 아들과 손자들이 끌고 가는 소고삐에 매달려 극성을 부리다가 관리 위원회 마당에서 시장가격과 같이 소 값을 평가하는 것을 보고서야 안심하고 집으로 돌아갔다. 김태근 농민은 역축을 통합시킨 후에도 자기 소라고 하면서 공동사육을 시키지 않았으며 다른 조합원들이 부리지 못하도록 하였다. 맨 나중에 조합에 가입한 김봉혁과 윤은보는 기어이 토지 900평씩을 각각 떼어 놓았다가 이듬해에 따로 부친 사실까지 있었다"[리현우, 「신해방 지구 농민들의 앞장에 서서」, 『농업협동화 운동의 승리(1)』, 1958, 363쪽. 개성시 '10월 협동조합' 사례다].

북한 농업협동화의 원칙상의 세 번째 특징은 농업협동화 과정에서 토지와 생산수단에 대한 私的所有를 보존하는 원칙이다. 토지와 생산수단에 대한 사적소유를 보존하는 원칙은 농업협동화 방침이 처음 결정된 1953년 8월 전원회의에서부터 농업협동화 과정이 완료되는 1958년까지 지켜진다.[24]

私的 토지소유의 보존 원칙은 협동조합의 제1 형태나, 제2 형태는 물론 최고 형태인 제3 형태에도 해당된다.[25] 1954년 8월에 農業省은 제2·3 형태의 조합들을 대상으로 한 「農業協同組合基準規約」을 발표하여 조합들이 이를 기준으로 하되 각 조합의 조건에 따라 약간의 변경을 하여 조합 각자의 규약을 채택하도록 한 바 있다. 이 基準規約의 제3조[26]는 조합의 토지 소유권에 대한 원칙을 제시하고 있는데, 여기서 개인 경영용 텃밭을 남겨두는 조항[27]은 소련의 콜호즈에서의 경우와 마찬가지다. 차이점은 토지 소유권과 상속권을 조합통합 이전 소유자가 계속 보유하도록 한 것이다. 그리고 위 基準規約 제6조에는 "조합원이 조합으로부터 탈퇴 또는 제명 당하였을 때에는 그가 조합에 통합한 토지를 반환받는다"[28]는 조항을 두어, 조합원이 조합활동에 불만이 있을 때 탈퇴하여 다시 개인 소농경리를 할 수 있도록 보장하였다. 이때 조합은 탈퇴하는 조합원에게 본인이 들여놓은 토지거나 또는 본인이 들여놓은 토지와 동일한 면적과 비옥도의 다른 토지를 받을 수 있도록 하였다.[29]

그런데 토지의 사적소유를 인정하는 농업협동화 정책은 하나의 부작용을 낳게 되었다. 조합 탈퇴시 자신이 출자한 토지를 반환받는다는 원칙을 조합 규약에 두게 되자, 이를 이용하여 가을 추수 때는 개인에게 상대적으로 더 많이 부과되는 農業現物稅를 피해 조합에 가입하였다가 그 다음 바로 탈퇴하는 경우가 발생하였던 것이다.

---

24) 농업협동화 방침이 공식화하는 1954년 3월의 內閣決定 이후, 농업협동화에 관한 黨의 방침을 체계적으로 해설한 黨 중앙위원회 농림부장 朴景洙는 이 원칙을 아래와 같이 강조하였다. "우리의 농업 협동 경리는 토지와 생산수단에 대한 사적소유를 보존하는 원칙 하에서 조직 운영된다. 우리 나라 헌법 제8조에는, 법령에 의하여 규정된 토지·축력·농기구 등의 생산수단에 대한 개인 소유는 법적으로 보호하며 개인 소유에 대한 상속권도 또한 법적으로 보장되어 있다. 농민의 토지와 생산수단은 누구의 침해도 받지 않을 뿐만 아니라 법적 규정이 없이 농민들의 의사를 무시하고 농민들의 소유한 토지와 생산수단을 공유화할 수 없는 것이다. 더욱이 이 농업 협동 경리는 농민들의 자원적 원칙에 의하여 조직 운영되느니만큼 농민들 자신이 자기의 소유를 보존하겠다고 하면 그 사유권은 언제나 보존되어야 할 것이다"(박경수, 앞의 글, 1954, 92쪽).

25) 박경수, 위의 글, 92쪽.

26) "조합은 조합원들의 소유권지 및 경작권지 등 일체 토지 중에서 규정된 범위 내의 개인 경영용 텃밭을 남겨두고는 전부 조합에 통합하여 공동 경작하며 조합원들의 이전 경작지를 구분하던 경계선은 철폐하여 전체 경작지는 조합의 집단적으로 리용하는 통일적 토지단위로 된다. 그러나 토지의 소유권과 상속권은 이전 소유자에게 여전히 보존된다"[「농업 협동 조합 기준규약 해설(3)」, 『선진농업』 1955년 6월호, 115쪽].

27) 「基準規約」에서는 텃밭의 규모를 주택의 실지 대지를 제외하고 1농호당 가족수에 따라 平地帶에서는 70~150평, 山間地帶는 100~200평으로 규정하였다. 그리고 텃밭과 집터에 있는 약간의 과실나무와 뽕나무도 개인이 이용토록 규정하였다(박경수, 앞의 글, 1954, 117쪽).

28) 박경수, 위의 글, 115쪽.

29) 박경수, 위의 글, 92쪽.

1956년 가을 조합들의 결산 분배 직후부터 57년 초까지 황해도 일대에서 다수의 농민들이 조합으로부터 탈퇴한 '배천바람'이 대표적인 사례다. 이 지역은 이른바 '新解放地區'로서 북한 정권의 지지기반이 취약한 지역이며, 과거의 지주들과 부농, 富裕中農(中農上層)들이 농업협동화 정책에 동의를 하기 어려웠음을 보여준다. 당시 이들을 비롯한 다수의 농민들이 탈퇴한 데에는, 조합 규약상 탈퇴의 자유가 보장되어 있었고, 또한 당시 이 지역의 당 지도자들, 즉 구체적으로는 연안계의 고봉기 등이 그러한 탈퇴의 자유를 인정하였기 때문이다.[30]

농업협동화가 마무리되고 사회주의로의 이행기로서의 인민민주주의 시기가 1950년대 말에 종료함에 따라, 사적 토지소유를 인정하는 농업협동화 원칙은 변경된다. 1959년도에 全國農業協同組合大會가 개최되어, 이 대회를 통해 새로운 「농업협동조합 기준규약(잠정) 초안」이 결정되었다. 이 기준규약과 1954년도에 작성되었던 기준규약의 가장 큰 차이점은 소유권의 문제에 있다. 소유권 문제에서 토지의 사적소유의 원칙이 폐기되고, 협동조합적 소유로 획일화된 것이다.

농업협동조합이 제3 형태로 획일화함에 따라, 토지소유권은 조합 활동에서는 무의미해졌다. 수확물 분배는 단지 노동력 투하에 비례하게 되었다. 따라서 토지소유권은 조합원이 탈퇴시 출자 토지를 회수하는 권리만을 의미하게 되었다. 1959년도에는 농업협동조합 기준규약이 개정되어 조합원이 탈퇴할 때 투자분을 회수하지 못하도록 하였다.[31] 이것은 組合員의 탈퇴 자유 원칙에 대한 사실상의 폐기로서, 조합원의 자유로운 이탈을 방지하고 농업협동조합 체계를 유지하기 위한 조치였다.

役畜과 農機具의 경우, 소련 콜호즈에서는 통합시 有償으로 對價를 지불하지 않는 대신 그 일부분을 개인의 출자금으로 인정한 바 있다. 소련에서는 이 출자금을 탈퇴시 현금으로 상환받게 한 반면에 북한에서는 유상 통합하였으므로 조합소유로 일원화하였다.

---

30) 배천에서 협동조합에 가입하였던 농민들 다수가 1956년 결산 분배가 끝나자마자 조합을 탈퇴하는 사건이 발생하였다. 독립동맹 계열로서 당시 황해남도 당위원장이었던 고봉기는 협동조합 탈퇴를 방임하였다는 비판을 받았으며 후에 숙청되었다. 당시 조합을 탈퇴한 농민들은 대부분 '부유 중농·부농 및 과거의 지주와 그의 아들들'로 조사되었다. 그런 점에서 독립동맹 계열이 협동조합에서의 가입과 탈퇴의 자유를 존중하였던 점은 중농 상층(부유 중농)·부농들의 '민주주의와 자유' 주장을 대변하는 논리로 비추어졌다[허학송, 「농업 협동 조합들에 대한 집중 지도 사업에서 얻은 몇 가지 경험」, 『농업협동화운동의 승리(6)』, 1958, 74~78쪽]. '배천바람'에 대해서는 다음의 글 참조. 김남식, 「북한의 공산화 과정과 계급노선」, 『북한공산화 과정 연구』, 아세아문제연구소, 1972, 173~175쪽 ; 徐東晩, 『北朝鮮における社會主義體制の成立, 1945~1961』, 東京大學大學院 總合文化硏究所 國際關係論專攻 博士學位論文, 1995, 417~420쪽 ; 김연철, 『북한의 산업화 과정과 공장관리의 정치(1953~70) : '수령제' 정치체제의 사회경제적 기원』, 성균관대 정치외교학과 박사학위논문, 1996, 94~95쪽.

31) 「농업협동조합 기준규약(잠정) 초안」은 『로동신문』 1958년 11월 28일자에 공개 발표되었다. 제1조에서 "토지를 비롯한 모든 생산수단을 공동소유로" 한다고 하였으며, 제10조에서는 "조합원은 조합으로부터 탈퇴할 수 있다. 탈퇴하는 조합원은 공동소유로 된 생산수단과 공동재산을 분할받지 못한다"고 규정하였다.

한편 텃밭을 인정해 주는 원칙이 유지되자, 일부 조합원들이 조합 작업보다는 텃밭 작업에 더 많은 시간을 투여하게 되는 문제가 나타났다. 부득이 소극적으로 조합에 가입한 일부 농민들은 조합 작업보다는 가입 당시 남겨둔 텃밭 일에 더 주력하였다. 상업적 농업이 발전하여 富農・富裕中農(中農上層)층이 두터웠던 평양 '두루섬 조합'의 경우, 조합에 가입한 농민들 다수가 텃밭에서의 소채 재배와 도시로의 판매에 더욱 신경을 썼다.[32] 조합이 조직된 후 해마다 봄철이 되면 출근율이 50~60%도 못 되었는데 이는 텃밭 때문이었다.[33]

이처럼 빈농 중시, 富農・富裕中農(中農上層) 고립화의 농업협동화 정책은 소극적인 조합가입자들을 양산하였고, 조합 경영을 부실하게 만드는 부작용을 낳았다. 결국 이 조합에서는 1957년도에 텃밭 축소에 대한 조합원 총회를 열어, 농가별 텃밭을 40~50평으로 축소하였다.

5. 결론

지금까지 북한 人民民主主義 농업협동화 과정의 원칙상의 특징과 그 원칙의 실제 적용상의 문제점을 살펴보았다. 다양한 수준의 유형을 설정하는 원칙, 役畜 등 중요 생산수단을 유상으로 매수하는 원칙, 사적 토지소유의 인정과 탈퇴시 출자 토지의 회수 원칙 세 가지는 소비에트형과 구분되는 인민민주주의형 농업협동화 방안이었다. 그러나 이 세 가지 원칙은 실제 제대로 적용되지 않거나, 적용된다 해도 소기의 효과를 거두지 못하였다. 다양한 수준의 유형을 설정하는 원칙은 농민 중 10%에 불과하지만 농업생산에서 중요한 위치에 있는 富農・富裕中農이나 노동력은 적으나 상대적으로 많은 토지를 가지고 있던 농민들을 자발적으로 참여시키며 소농경영을 고집하는 농민들을 점진적으로 改造하는 데 필요한 원칙이었지만, 실제 진행 과정에서는 貧農 중심의 제3 형태 위주로만 진행되었다. 役畜 등 중요 생산수단의 시장 가격에 입각한 유상 매수 원칙은 농민의 자발적인 참여에 특히 필요한 원칙이었다. 그러나 多量의 役畜이 농업협동화 초기에 감소한 점은 이 원칙이 제대로 준수되지 않는 경우가 많거나, 이 원칙이 전달되기 이전에 농민 자신들이 役畜이 몰수될 것을 우려한 데 따른 반발의 소산이었던 것으로 보인다. 농민의 토지소유권을 중시하는 원칙은 농업협동화 과정에서만 준수되었다. 그 과정에서 일부 지역에서의 組合員 집단 탈퇴 현상 등은 북한 당국으로 하여금 조합원 이탈을 통제할 필요성을 불러일으켰다. 이는 土地私有의 不認定과 조합 탈퇴시 출자 토지의 회수 금지조치로 귀결되었다. 텃밭을 인정해 주는 조치는 일부 소극적으로 조합에 가입한 농민들이 조합 작업을 등한시하게 하는 역효과를 낳았다.

---

32) 『농업협동화 운동의 승리(1)』, 1958, 390쪽.
33) 위의 책, 397~398쪽.

북한의 농업협동화는 전쟁으로 인한 자작소농제의 위기하에 자급자족조차 어렵게 된 다수 빈농들의 비교적 적극적인 참여 속에 진행되었으나 富農·富裕中農을 비롯한 농민 전체의 적극적인 참여를 유도해 내지는 못하였다. 농업협동화의 급속한 진전 과정에서 조합 가입의 강제는 없었던 것으로 보이지만, 個人 糧穀商의 폐지와 農民市場만의 인정, 협동조합에 대한 種子·役畜·농기구·비료·토지 起耕 및 자금 등의 우선 지원[34] 등은 농업협동화에 소극적인 농민들까지 조합에 가입하게 하는 요인으로 작용하였다. 신경제정책론자들이 주장한 협동조합과 개인 소농경영의 공존하의 생산력 발전을 동반한 농업협동화의 과정보다는 생산관계의 개조가 우선시되는 농업협동화 과정이었다.

이는 戰後 남북한 간에 체제경쟁이 본격화하는 시점에서 생산력 기반 확충과 농민의 자발성에 기초한 장기적인 농업협동화의 길보다는 단기간의 농업협동화를 통해 농업체제를 정비하고, 이를 기초로 하여 사회주의 공업 건설을 추진하려는 북한 당국의 판단에 따른 것이었다. 自作小農制는 市場을 지향하는 농민 개개인의 생산 動機를 자극하는 장점을 가지고 있었지만, 그 장점을 활용할 수 있는 농민층은 소수의 중농 상층과 부농에 불과하였다. 결국 북한 당국으로서는 체제의 주된 기반인 貧農層을 중심으로 한 농업협동화의 길을 선택한 것이다. 이제 북한 당국은 자작소농제가 아닌 사회주의 제도 자체만으로써 농업생산을 발전시켜야 하는 부담을 지게 되었다. 빈농층의 집단적 의지에 기초한 농업생산 발전의 길이다.

---

34) 김일성, 「량곡은 전후 복구 건설에 있어서 모든 문제 해결의 중요 관건이다」, 『전후 인민 경제 복구 발전을 위하여』, 평양 : 조선로동당출판사, 1956, 116쪽.

가정신앙의 구조와 성격
-충남지역을 중심으로-

이 필 영*

1. 머리말

하나의 마을이 뒷산이나 부근의 산에 上堂神으로서 山神을 모시고, 마을 입구에는 장승, 솟대, 돌탑, 수구맥이 선돌 등을 下堂神으로 하여 마을의 화평을 기원하고 보장하였듯이, 한 가정에서도 여러 신령을 좌정시키고 그들에 대한 종교의례를 거행함으로써 집안을 여러 신령의 보호와 축복을 받는 小宇宙로 가꾸고자 하였다. 충남에서도 각 지역에 따라서 약간의 편차는 있다 하더라도 한국의 다른 지방과 거의 마찬가지로 안방이나 마루에 성주·조상·삼신을, 부엌에는 조왕을, 장광에는 터주와 칠성을 위했다. 또한 2월달에는 음력 초하루에 내려왔다가 스무날에 올라간다는 영동할머니도 모셨다. 물론 업에 대한 신앙도 있다.

이러한 가정신앙은 1970년대를 고비로 하여 급속하게 쇠퇴·소멸하여 갔다. 예전의 전통적인 가정신앙을 지켜 왔던 분들이 서서히 작고하기 시작하면서 그것이 며느리에게로 전승되지 않았고, 또한 가옥구조의 변화, 아파트의 증가 등 주거환경이 바뀜에 따라서, 또한 아기를 병원에서 출산하면서부터 가정신앙은 점차 사라지게 되었다. 부뚜막에 걸었던 가마솥과 조왕, 많은 장독이 한 가정의 식구들처럼 올망졸망 모여 있는 장광과 터줏가리, 안방 시렁이나 마루 기둥에 모셨던 조상이나 성주 등이 가옥구조의 변화에 따라 함께 쇠퇴되었다. 그러나 무엇보다도 산업화와 도시화라는 거대한 문화변동이 전통적인 가정신앙에 영향을 미쳤다. 농경사회에서 생성·전개되었던 가정신앙이 점차 쇠퇴하고, 새롭고 다른 모습의 가

* 한남대학교 교수

정신앙이 자리를 잡아가고 있다.

가정의 화평을 위한 신앙이 다른 세계종교에 의하여 많이 대체되었다. 특히 주부가 가장 주도적인 역할을 했던 가정신앙이 일부의 세계종교(World Religion) 속에서 새로운 모습으로 형성·전개되고 있다. 이른 새벽 조왕에 정화수를 떠 올리며 정성을 드리는 신앙의 전통과 새벽미사나 예배의 성황은 문화적으로 볼 때 무관하지 않다.

가정의 화평을 위해서는 성주, 조상, 삼신, 터주, 칠성, 조왕, 영동할머니 등의 여러 신령들을 잘 위해야 한다. 식구들과 이들 신령은 항상 원만하며 밀접한 관계를 유지해야 한다. 식구와 신령의 靈交에 있어서 균형을 잘 조절해야 한다. 이를 위하여 매년 정기적으로 正初나 시월 상달에 안택을 하고 가을떡을 하여 집안 신령을 정식으로 모셔야 한다. 이는 정기적이며 공식적인 만남이다. 이 때에는 신령과의 관계를 더욱 돈독히 하기 위하여 전문적인 종교직능자인 경쟁이나 무당이 초빙되기도 한다. 한편 집안이 다소 불안해지겠다고 여겨지면 역시 정초에 서낭제나 거리제를 지낸다. 이들 의례는 집안에서 家中八神을 위하는 것이 아니라, 예상되는 不運을 적극적으로 방어하기 위하여 마을입구나 그 부근의 길거리, 또는 서낭에 간단한 기도를 드리는 것이다. 또한 가내의 평안을 위하여 깨끗한 물이 있는 장소를 선정하여 용왕제를 지낸다. 이는 특히 大主와 자손의 無事安逸을 다시 한 번 懇求하는 의례이다.

이외에도 원인을 알 수 없는 갑작스러운 병에 걸리게 되면, 곧 몸에 이상이 있어서 發病된 것이 아닌 상황을 맞게 되면, 이에 대항하여 적극적인 주술적 의례를 벌인다. 이것이 해물리기, 잔밥먹이기, 동토잡기이다.

또한 마을공동제의인 산신제와 거리제를 지낼 때에 마을의 풍물패들이 지신을 밟으면서 가중팔신을 한 번 위해 주고, 산신제를 마치게 되면 집집마다 산신의 加護를 집안으로 유치하기 위하여 마짐시루를 올리기도 한다.

따라서 이 글에서는 일상적 의례와 질병 치료를 위한 주술적 의례 그리고 마을신앙의 제의 절차로서 모셔지는 집안의 신령들을 소개하기로 한다.

이 글에서 소개하는 충남의 가정신앙은 현재 극히 일부의 가정에서 행해지는 내용을 중심으로 하고, 여기에 한·두 세대 이전에 있었던 상황을 제보자의 기억을 통하여 재구성한 자료를 덧붙여 정리·분석한 것이다. 이 글의 기초 자료는 필자가 1980년대 후반으로부터 최근에 이르기까지 충남 일원에서 행한 현지조사로부터 얻었다. 일부는 충북지역의 자료도 포함하였다. 그 구체적인 자료의 목록은 다음과 같다.[1] 이들 목록은 필자를 비롯하여 한남

---

1) 대전직할시 대덕구청, 『대덕구 민속지』, 1989 ; 한남대 충청문화연구소, 『옥천의 마을 및 가정 신앙』(프린트본), 1993 ; 한남대 충청문화연구소, 『외연도의 삶과 문화』(프린트본), 1992 ; 한남대 충청문화연구소, 『삽시도의 삶과 문화』(프린트본), 1995 ; 한남대 충청문화연구소, 『고대도의 삶과 문화』(프린트본), 1993 ; 한남대 충청문화연구소, 『장고도의 삶과 문화』(프린트본), 1993 ; 한남대 충청문화연구소, 『장동 산디 마을의 삶과 문화』(프린트본), 1992 ; 한남대 충청문화연구소, 『공주 상신리 마을의 삶과 문화』(프린트본), 1992 ; 충남대학교박물관·한국도로공사, 『대전 - 당진 고속도로 건설예정지역내

대 민속 연구진의 현지조사에 의거하여 작성된 '부분 민속지' 또는 '총 민속지'로서, 여기에는 가정신앙이 부분적으로 편차되거나 소개되어 있다. 이 글은 다음의 자료에 기초하여 작성되었다.

2. 가정의 화평을 위한 여러 의례

가. 일상적 의례

1) 安宅

안택은 "일년 열두달 삼백육십오일 재수대통하라"는 의미에서 해마다 한 번씩 재수굿을 하는 것을 말한다. 이를 '禱神한다'라고도 표현한다. 안택은 주로 정월이나 시월 혹은 농삿일을 모두 마친 동짓달에 많이들 했다.

1970년대 이전만 하더라도 讀經으로 집안의 치성을 드려 주는 정각(經客에 대한 지역어)이 안택을 많이 해 주었다. 이들 중에는 앞을 보지 못하는 奉事(소경)도 있었다. 다음에는 당시에 행했던 안택의 내용을 소개한다.

안택을 하려면 일주일 전부터 정성을 들인다. 동네에 초상이나 출산 등의 不淨이 발생하였다면, 그 집안 식구들과는 일체 접촉하지 않는다. 집 앞에는 황토를 양쪽에 각기 세 무더기씩 모두 여섯 무더기를 편다. 금줄은 왼새끼줄에 문종이를 길게 잘라 끼워서 드리운다. 황토와 금줄은 안택 사흘 전에 치는데, 이는 부정한 사람들이 들어오는 것을 방지하기 위한 조치이다. 안택이 끝나면 거두어서 태운다.

굿은 먼저 부정풀이로 시작된다. 부정풀이는 방에서부터 시작해서 부엌 - 장독대 - 마당

고고유적 지표조사·민속조사보고서』, 1995 ; 태안군청, 『황도 붕기 풍어제』, 1997 ; 충남대박물관·대천광역시청, 『봉명·장대 지구 고고민속 지표조사보고』, 1997. 3 ; 충청남도·한남대학교 충청문화연구소, 『도서지』, 1997 ; 충북대학교박물관·대전지방국토관리청, 『학산 - 영동간 문화유적 지표조사 보고서(민속조사)』, 1997 ; 충남대학교박물관·한국고속철도공단, 『경부고속철도 대전 사토장·영동보수기지 예정부지 고고·민속 조사보고』, 1997 ; 「천안 역세권의 민속」, 『고고와 민속』 1, 한남대학교박물관, 1998 ; 충북대학교박물관·대전지방국토관리청, 『보은 - 내북간 문화유적 지표조사 보고서(민속조사)』, 1998 ; 충북대학교박물관·대전지방국토관리청, 『옥천 - 소정간 도로확장 및 포장공사지역 문화유적 지표조사 보고서』, 1998 ; 한남대학교박물관, 「민속분야」, 『대전 석봉정수장 건설사업 부지내 고고·민속 조사보고서』, 1998 ; 대전광역시 유성구, 「제10편 민속」, 『유성구지(제3권)』, 1998. 8 ; 대전광역시사편찬위원회, 「제5장 민간신앙」, 『대전민속지(상)』, 1998. 12 ; 충북대학교박물관·한국도로공사, 『청주 - 상주간 고속도로(보은 - 서상주간) 건설예정 지역 문화유적 지표조사 보고서』, 1999. 6 ; 한남대학교박물관·한국고속철도건설공단, 『경부고속철도 대전 북·남 연결선 문화유적지표조사보고서』, 1999 ; 충북대학교박물관·대전지방국토관리청, 『오창 - 진천간 도로확장 및 포장공사지역 문화유적지표조사 보고서』, 1999 ; 충남대학교박물관·대전광역시 도시개발공사, 『대전종합유통단지 개발사업지역내 고고·민속 조사보고』, 1999. 11 ; 「보은 마로 - 임한 민속 지표조사」, 『고고와 민속』 3, 2000. 3 ; 충청매장문화재연구원·한국토지공사, 『천안유통단지예정부지내 문화유적지표조사 보고서』, 2000. 6.

순으로 진행된다. 그 방법은 다음과 같다. 물을 사발에 담고는 그 안에 고춧가루나 고추씨, 그리고 숯을 세 번 집어서 넣는다. 솔가지를 꺾어다가 솔잎에 그 물을 묻혀서 사방을 돌아다니면서 뿌린다. 이 때 "인 부정 가시자!, 진 부정 가시자!"라고 외치며, 어떠한 장소이든지 네 귀퉁이를 돌면서 뿌린다. 인 부정은 초상집에 다녀오거나 喪主를 만나서 탄 부정을 의미한다. 진 부정은 아기를 낳은 후에 타는 부정을 뜻한다. 마당에서 부정풀이가 끝나면 삽짝 밖으로 나가서 그 물을 획! 하고 내버리고 바가지도 내던진다.

본격적인 굿은 부엌에서부터 시작된다. 부엌은 조왕이 있는 곳으로, 그 집안의 지주를 위하는 신령이 바로 조왕이다. 예로부터 "지주는 조왕을 믿고, 조왕은 지주를 믿으며, 터주는 대주를 믿고, 대주는 터주를 믿는다"라고 한다. 이는 조왕과 지주 혹은 터주와 대주가 밀접한 관련이 있음을 시사한다.

부엌에서 조왕굿을 할 때는 제물을 상에 차리지 않고 그릇째 혹은 시루째 부뚜막 위에 놓는다. 그런 후 굿을 하기 전에 솥뚜껑을 열고 솥 안에 주걱을 꽂는다. 그 곳에서 經을 한 席 읽은 후 燒紙를 올린다. 소지는 그 집의 祭主가 올리며, 식구마다 각기 한 장씩 또는 세 장씩을 올린다. 소지가 타는 것을 보아서 그 사람의 운수를 점친다. 소지를 올릴 때 잘 타고 올라서 천정에 가서 그 재가 쩍하고 붙으면 그 해에는 운수가 대통한다고 여기고, 반대로 소지가 잘 오르지 않으면 재수가 없다고 여긴다.

이렇게 해서 조왕에서 굿이 끝나면 장광으로 가서 칠성 혹은 터주를 위한다. 여기에서는 칠성을 위하는 모습을 서술한다. 칠성은 자식을 보살피는 신령이므로 자식들을 위해서 정성으로 위한다. 장광에 놓는 제물은 조왕에 올렸던 것을 조금씩 떼어다가 차리는데, 많이 차리지는 않는다. 다만 칠성시루라 해서 따로 흰무리를 찌어서 올린다. 장광에서도 소지를 올리는데, 조왕과 동일한 방법으로 진행한다.

장광에서의 굿이 끝나면 방으로 옮긴다. 방에는 성주상과 조상상을 차리는데, 삼신을 위할 때는 '지양상'(삼신상)을 따로 차린다. 간혹은 성주상도 차리지 않고 조상상만을 차리기도 한다. 조상상은 가장 정성들여 차린다.

방 안에 마련된 상차림은 다음과 같다. 성주상은 성주기둥 앞에 차린다. 성주상에는 성주시루라 하여 팥시루떡 한 시루와 실과, 명태 등을 올린다. 예전의 韓屋에는 마루의 오른쪽 기둥이 성주기둥이었으므로 그 곳에 성주가 있다고 여겼다. 그러나 근래에 들어서면서 시멘트로 집을 짓기에 성주기둥은 물론 대들보, 도리도 볼 수 없다. 따라서 그저 웃목을 성주께라 하고 상을 놓으며, 그 옆에 조상상을 놓는다. 조상상의 제물은 기제사 음식과 동일한데, 찐 조기, 메, 탕, 나물 등을 기본으로 올린다.

지양상(삼신상)을 놓을 경우에 여자는 원래 상을 받지 않는 존재이므로, 상을 놓지 않고 짚을 깔고 제물을 놓는다. 지양상은 언제나 성주상 아래에 놓는다. 지양상에는 나물을 올리면 딸을 낳는다고 하여 올리지 않으며, 과일과 미역국, 메만 한 그릇씩 올린다.

방에서는 성주풀이 후에 조상풀이를 한다. 만약 성주를 받는다면 이때 성주대를 잡아서 성주를 받아 앉힌다. 조상풀이를 할 때는 삼신풀이를 함께 한다. 조상풀이 세 대목을 한 후에 대를 잡는다. 대는 집안의 운을 따져 보는 것이다.

대는 참나무로 만드는데, 그 위에 백지를 오려서 감아 붙인다. 대는 처음에 대주가 잡고 다음에는 식구들이 돌아가면서 잡아 본다. 이 때 식구 중 대가 잘 노는 사람이 있으면 그가 대를 잡기도 하지만, 대개는 마을마다 대잡이가 있어서 그가 잡았다.

쌀 담은 바구니 위에 대를 세우고 대잡이가 쥐고 있는다. 이윽고 대에 신이 실리면 정각(經客의 지역어)이 식구별로 운수가 어떻겠는가를 대에 묻는다. 그런 후 식구마다 월별로 조심해야 할 것을 이른다. 이외에도 '산소가 안됐으니 묘소를 옮겨라', '사초를 해라', '어디 임자 없는 제사를 지내야 니 자식이 장개(장가)를 가겠다', '동토 났다' 등의 집안의 길흉사와 그에 대한 해결책을 말해 준다.

이렇게 해서 식구의 운수풀이까지 마치면 굿은 일단 끝이 난 셈이다. 마지막으로 파경 혹은 내전의 절차를 행한다. 마당에서 한 바탕 굿을 하고는, 굿하면서 사용한 모든 것을 태우고 끝을 낸다. 그런 후에 굿을 하면서 사용한 옷과 음식 등을 가져다가 태운다. 남은 음식은 구경온 사람들과 나누어 먹고 정각에게도 싸준다. 당시에는 정각의 수고료로 쌀 한 말 정도를 주었는데, 그것도 많이 주는 편에 속했다고 한다.

안택을 하면 계속적으로 해야 한다. 이유는 귀신은 한 번 길들여지면 계속해서 얻어 먹으려 하는 습성이 있기 때문이라 한다. 그리하여 위하다가 중단하면 탈이 나는 것으로 여긴다.

2) 가을떡

시월 상달이 되면 추수한 곡식으로 가을떡을 해서 집안의 신령들을 위했다. 가을걷이 후 수확에 대한 감사의 뜻이 컸으나 근래에는 농사를 짓는 가정이 줄면서 그저 한 해의 평안에 감사하는 마음이 커졌다. 가을떡은 '첫무리떡'이라고도 부른다. 떡의 분량은 이웃과 나누어 먹을 만큼 넉넉하게 찐다. 가을떡은 형편에 따라 다르지만 많은 경우에 꼭지가 넷 달린 '네꼭지 시루'에 했다. 그러나 지금은 떡을 잘 먹지들 않아서 그렇게 많이 하지는 않는다.

시루는 목욕재계를 하고서 정갈한 몸과 마음으로 찐다. 이 때에 喪主가 들어가면 안 되고, 개고기를 먹은 사람도 출입해서는 안 된다. 또한 떡을 찌는 도중에 변소에 다녀오면 떡이 익지 않는다. 만약 변소에 가서 소변을 보고 오면 시루가 오줌 누는 흉내를 낸다. 곧 김은 오르지 않고 시룻번이 불어서 그 곳으로 김이 부글부글 샌다고 한다. 이럴 경우에는 떡이 익지 않는다. 이렇게 부정이 발생하면 깨끗한 샘에서 받아온 물을 종지에 담아 짚으로 만든 '또가리'(또아리의 지역어)에 받쳐서 시루 안에 넣는다. 그런 후 '외약(왼쪽) 신짝(신발)'을 머리에 뒤집어 얹고 앉아서 불을 땐다. 이렇게 해도 떡이 익지 않으면 임신한 사람을 불러서 불을 때게 한다.

이러한 방법을 쓰지 않고 억지로 떡을 익히려면, 물을 다시 떠다가 시루에 조금만 부으면 김이 소루루 오르면서 떡이 익기도 하지만, 한 번 선 떡은 여간해서는 잘 익지 않는다. 이렇게 했음에도 불구하고 떡이 설 경우에는 광목에 물을 적셔서 시루번 바른 자리에 칭칭 감는다.

떡이 잘 쪄지지 않을 때에는 이처럼 시루와 실랑이를 벌이지만, 이떤 경우에는 시루에 불이 붙거나, 아예 시루가 쩍 갈라지기도 한다. 이런 일은 아주 不吉한 것으로 여긴다. 그래서 떡이 잘 익도록 온갖 정성을 기울인다. 그러나 시루떡의 가운데가 조금 설면 다음 해에 풍년이 든다고 여긴다.

떡 시루를 하나 마련할 때에는 제일 먼저 '성주께'(성주 모신 장소를 이름) 가져다 놓으며, 조금 후에 장광으로 옮겨 놓는다. 그런 후 다시 조금씩 떼어서 샘(또는 우물), 곳간[庫間], 변소, 대문 등의 집안 구석구석에 가져다 놓는다. 만약 두 시루를 찌었다면 하나는 성주 몫으로 방안에, 다른 하나는 터주 몫으로 장광에 각각 가져다 놓는다. 잠시 후에 떡을 역시 조금씩 떼어 집안 곳곳에 가져다 놓는다. 이즈음은 떡을 조금만 하지만, 공부 잘하라고 아이들 책상에도 놓고, 농사 잘되고 교통사고 나지 말라고 여러 농기구, 경운기, 오토바이 등에도 가져다 놓는다. 바쳤던 떡은 김이 나가면 가져다가 식구들이 나누어 먹는다.

이와는 달리 어떤 집에서는 가을떡을 하면 먼저 조왕에게 올렸다가, 다음에는 장광의 터주와 칠성을 위하고, 마지막에 안방으로 가져와 성주를 위하기도 한다. 이 때 경쟁이를 불러 성주를 새로 받기도 한다.

한편 가을걷이 후에는 햇곡으로 밥도 해서 한 해 농사에 대한 감사하는 마음으로 집안 곳곳의 신령을 위했다. 시월 상달 중에 吉日을 택하여 저녁에 모신다. 처음 거두어들인 벼를 '수지벼'라 하는데, 이 벼를 말려서 찧어다가 밥을 해서 위한다. 성주, 터주, 조왕에 각기 한 그릇씩을 떠 놓으며, 조상은 여럿이므로 서너 그릇을 방안에 차린다. 이렇게 해서 가택의 모든 신을 위했으면 그 밥은 거두어다가 식구들이 모두 모여서 나누어 먹는다.

가을 도신하는 날에는 집에서 부리던 머슴에게 새경을 주고, 떡도 떼어 주면서 휴가를 준다. 이 때가 되면 추수할 때 한시적으로 고용했던 '달머슴'도 새경을 받아서 자기 집으로 돌아간다.

3) 서낭제

지금은 거의 없어져 찾아보기 어렵지만 1970년대 이전만 하더라도 곳곳에 서낭당이 있었다. 서낭당은 대개 한 마을과 마을 사이의 고갯마루나 주요 교통로에 있었다. 따라서 서낭당의 위치를 잘 조사해 보면 과거 일정 시기의 소규모 도로망을 재구성할 수 있다. 또한 아주 가끔은 불교 사찰이나 마을 입구에도 있었다. 그래서 고개의 이름을 따서 '○○고개 서낭'이라고 흔히 불렀다. 서낭당은 오랜 세월 이 곳을 지나는 行人들이 돌을 던져서 자연스럽게 쌓아진 돌무더기이다. 원뿔대 모습으로 쌓아진 마을입구의 돌탑과는 형태와 기능에서 전혀 다른 것이다. 돌탑은 마을의 下堂神으로 모셔지는 것이다. 또한 서낭당 옆에는 대체로 巨木이나 숲이 있었다.

이렇게 한 마을과 마을을, 한 지역과 지역을 경계지우는 고갯마루에 있었던 서낭당은 평소에는 길을 지나는 행인들이 침을 뱉는다든지, 왼발을 세 번 구른다든지, 所持하고 있는 어떤 물건을 獻納한다든지, 돌을 주워 던진다든지 하는 간단한 기도 행위를 하곤 했다. 그러나 음력 정초에는 인근의 부녀자들이 몇몇 가족들과 함께 가내의 厄을 막기 위하여 기도를 드리거나, 또는 경쟁이나 무당과 함께 나와 치성을 드리기도 했다.

곧 정초에 身數를 보아 三災八亂 등의 나쁜 운수가 들었다면 날을 잡아 간단한 제물을 마련하여 가족끼리만 또는 경쟁이나 무당과 함께 서낭당에 나와 정성을 드렸다. 이 때 서낭당에는 헝겊이나 종이 등을 폐백으로 올리고, 짚으로 만든 제웅을 나쁜 운수에 든 사람을 대신하여 폐기하는 일이 흔히 있었다. 제웅이 나쁜 운수를 다 가져갔기 때문에 정작 나쁜 운수의 본인은 다시 일상적인 평안한 운수로 되돌아오는 것이다. 이처럼 서낭당은 정초에 나쁜 운수를 적극적으로 떨쳐 버리는 데 쓰였던 祭場이기도 했다.

4) 요왕제(또는 용왕제)

정월 열나흗날이나 대보름날 저녁(또는 밤)에는 집집마다 부녀자들이 중심이 되어 가족들이 요왕제를 지낸다. 대개는 主婦를 비롯하여 집안의 여자들이 지내지만, 때로는 남자들도 참여하기도 한다. 요왕제는 龍王祭를 일컫는 지역어이다.

요왕제는 가정의 안녕을 물의 요왕님께 빌기 위하여 지내는 것이다. 이러한 요왕제는 주로 마을의 공동우물, 길거리 도랑, 강변 그리고 멀리 떨어진 산 속의 계곡이나 샘에 가서 지낸다. 물론 집안에 특별한 사정이 있거나, 임산부만이 집안에 있어서 멀리 나가기 어렵다면 집안의 우물에서도 지낸다. 그러나 되도록이면 집 바깥에서 지내는 것이 원칙인 듯 보인다. 한 마을에서는 마을에 있는 '바가지샘'에서 요왕제를 지냈는데, 바가지샘에는 그 물을 지키는 누런 황구렁이가 있어 지킴이 구실을 했기 때문에 제장으로 이용한다고 한다. 그러나 근래에는 공동샘이 없어졌으므로 각 가정의 수돗가에서 치성을 드리는 방향으로 변모하였다.

요왕제를 지내는 날은 가족들 모두 깨끗한 몸과 마음으로 정성을 다하고, 여러 좋지 않은 일로 부정타지 않도록 조심한다. 금줄과 황토는 사용하지 않는다.

요왕제는 대개 저녁에 적당한 시간을 택하여 지내지만, 어떤 가정에서는 달이 뜨는 것을 기다렸다가 그 시각에 맞추어 지내기도 한다. 아마도 달이 떠오르는 시각에 지내면 요왕이 제사를 더욱 흠향한다고 생각하는 듯하다.

요왕제 지낼 장소에 이르면 샘이나 냇물을 향하여 짚을 깔고 제물을 진설한다. 요왕제 제물로는 시루떡 한 시루, 마른 미역, 삼색실과, 명태 한두 마리, 기름불 또는 촛불이 사용된다. 시루떡은 보통 한 되 서 홉 정도로 조금 하지만, 그것도 형편이 어렵다면 쓰지 못할 때도 있다. 그냥 밥 한 사발, 무나물 한 그릇, 생미역을 조금 준비하기도 한다. 요왕은 물에 있는 신령으로 여겨서 淸水는 올리지 않는다. 제물이 진설되면 절을 하면서 식구들의 행복과 건강을 기원하며 요왕소지를 올리는데, "흘릴요왕, 솟을요왕, 흘릴요왕, 산신요왕, 요왕은 한 요왕인데 요왕님네가 이렇게 지성으로 정성껏 드리는데 반갑게 먹으시오"라고 축원한다. 이어 통소지로 대주, 아들, 딸 순서로 비손을 하면서 올린다. 이 때 정성을 드리는 본인 소지는 올리지 않는다.

소지를 올린 후 곧 撤床하는데, 제물은 조금씩 떼어서 주변에 놓아 준다. 이는 주변을 떠도는 헛귀(잡귀잡신)의 몫이라고 한다. 또한 제물의 일부는 바가지에 담고 촛불도 켜서 물에 띄워 보낸다. 우물에 요왕제를 지낸 경우에도 우물물에 제물을 담은 바가지를 띄워 둔다. 예전에는 요왕제 제물을 담은 바가지가 냇물 이곳 저곳에 흘러 내려가는 모습이 많이 보였다. 어떤 가정에서는 祭床을 차리기 위하여 깔았던 짚을 가지고 간단히 조그만 배[舟]를 만든다. 배 안에 기름불을 켠 종지와 마른 미역 등을 넣는다. 이 배를 냇가에 띄우면, 그 배가 모든 厄을 가지고 멀리 멀리 떠나가는 것으로 믿는다. 남은 제물은 집으로 가져와 집안 식구들끼리 나누어 먹고, 특히 그 다음 날 아침에는 요왕제에 썼던 미역으로 국을 해서 밥을 먹는다.

요왕제의 기본 의례는 대개 이상에서 소개한 바와 같으나, 때로는 다소 특이한 사례도 보인다. 곧 마을 공동의 샘제를 치른 후, 그 샘의 물을 떠다가 부엌과 장광 등에 한 사발씩을 놓고 간단히 제를 지낸다. 이것을 마을에서는 요왕치기라고 부른다.

5) 거리제

이 거리제는 마을의 下堂祭로 치르는 거리제와는 다르다. 곧 마을에서 上堂神인 산신을 모신 다음에 마을입구에서 베푸는 장승제, 탑제, 둥구나무제, 수구맥이제 등의 거리제와는 다른 것이다. 이 거리제는 음력 정초에 집안 식구들의 厄을 가시고 한 해 동안 無事安逸을 빌기 위하여 모시는 제사이다.

곧 正初에 일년 신수를 보아 가족 중 그 해의 거리 運이 나쁜 사람이 있다고 하면, 액막이를 위하여 거리제를 지낸다. 거리제의 대상은 막연히 거리신으로 여기나, 간혹 '길대장군'이라 하여 구체적인 신령으로 관념하기도 한다.

정성을 드리는 시간은 늦은 밤일수록 좋다고 여긴다. 마을 안, 마을 입구, 마을 입구의 근처, 길거리, 國道 변 등 적당한 장소를 거리 祭場으로 삼는다. 특히 외길이 아닌 세 갈래 길이면 더욱 좋은 거리 제장으로 여겨서 대부분은 삼거리에서 지낸다. 간혹 사거리도 이용한다. 그러나 어떤 경우에도 집안 식구들이 주로 잘 다니는 거리를 선택한다.

거리 제장에는 열십(十)자 모양으로 짚을 깔아 놓고 그 위에 간단히 제물을 차린다. 백설기나 팥시루떡, 삼색실과, 과일, 명태, 돈, 콩과 팥 등을 준비한다. 만일 요왕제도 함께 지내는 집안이 있다면 요왕제를 먼저 지낸 후에 따로 마련된 거리제 제물을 가지고 제를 올린다.

보통은 집안의 주부가 祭主가 되어 지내지만, 때로는 경쟁이나 신할머니가 제사를 주관하기도 한다. 신할머니는 무당처럼 전문적인 종교전문가는 아니지만, 다소 神氣가 있고 북이나 쇠를 두들기면서 經을 읽으며, 간단한 비손이나 푸닥거리 정도를 해 줄 수 있는 할머니를 일컫는다.

제물을 진설하고 경쟁이나 신할머니가 시키는 대로 주부는 절을 하면서 소원을 빈다. 경쟁이나 신할머니가 있을 경우에는 간단한 經文을 口誦한다. 소지는 길대장군 몫으로 먼저 올리고, 식구들마다 하나씩 올려 준다.

소지를 올리고 나면 부정풀이를 한다. 흔히 바가지에 물을 붓고 고추 몇 개를 띄우거나, 아궁이 재 세 줌을 푼 부정물을 가지고 不淨을 풀어 낸다. 곧 거리 바깥으로 이 부정물을 휙! 뿌림으로써 부정을 가시는 것이다. 다음에는 식칼을 바깥으로 던져서 역시 厄을 몰아낸다. 이 때 칼끝이 안으로 향해 있으면 아직 액이 나가지 않은 것이므로 바깥 쪽을 향할 때까지 여러 차례 칼을 던진다. 칼을 던질 때 콩과 팥도 함께 힘차게 던진다.

거리제를 지낸 제물은 그대로 놓고 온다. 특히 북어는 대가리를 잘라 길에 던진다. 액막이 풀이를 한 다음에는 처음에 왔던 길과는 다른 길을 이용해서 집으로 돌아온다.

이즈음에는 차를 가진 집이 많아 교통사고를 방지하기 위하여 한때 중단했던 거리제를 다시 지내는 경향이 뚜렷하다. 특히 교동사고가 상대적으로 빈번한 국도 변 마을에서는 거리제가 다시 보편화되는 현상을 보인다.

나. 질병 치료를 위한 주술적 의례

식구들 중 한 사람이 외출하고 와서 갑자기 두통, 복통, 급체를 일으키거나, 심한 몸살·감기 증세를 보이면, 혹시 객귀가 붙어서 발병한 것으로 의심하여, 주술적으로 그 원인을 진단한 후, 객귀의 탓으로 확인되면 몇 가지 치유 의례를 벌인다. 해물리기와 잔밥먹이기는 객귀가 발병의 원인일 때 시행한다. 해물리기는 흔히 "한 바가지로 해를 물려야겠다"라는 표현에서 보듯이, 바가지에 된장국과 밥을 담고 여러 반찬을 한데 섞어서 잡귀를 간단히 풀어 먹이는 동시에 쫓아 내는 주술적 의례이고, 잔밥먹이기는 바가지에 쌀을 담아 환자의 아픈 부위를 문지르면서 발병의 구체적인 원인을 찾아내어 역시 驅逐하는 것이며, 동토는 발병의 원인이 흙을 잘못 다루는 일 등에서 비롯된 것으로 정확히 원인을 찾고 신령과의 관계를 정상화시키는 의례이다.

1) 해물리기(객귀물림, 물림객바가지)

동토가 났을 때나 초상집 등의 부정한 장소에 다녀와서 몸이 으실으실 춥거나 두통이 심하면 客鬼가 들었다고 여겨서 해를 물린다. 이를 '해물라기', '객귀물림', '뜬 것 물리기'라고 한다. 물론 때로는 약도 써 보지만 소용이 없는 경우는 거의 틀림없이 '객귀'나 '뜬 것'이 붙어서 그런 것이라고 생각한다.

해물리기는 보통 마을의 신할머니가 행한다. 꼭 신할머니라는 말을 쓰지 않아도, 예전에는 마을마다 이런 간단한 주술적 치료를 할 수 있는 다소 神氣어린 할머니들이 있었다. 일종의 비전문적인 종교주술사라고 할 수 있다.

해물리기는 보통 해가 지기 시작할 무렵, 곧 다소 먼 거리의 사람이 잘 보이지 않을 정도로 어둑해지면 행한다. 그 방법과 절차는 다음과 같다.

부엌에서 된장을 풀어 시래기를 넣고 국을 끓인다. 여기에 밥과 소금, 팥 등을 넣어서 다시 푹 끓인다. 된장국이 마련되면 환자를 대문 앞에 쪼그려 앉히고, 칼로 머리카락을 세 번 뜯어내어 된장국에 넣는다. 또 된장국에 환자에게 침을 세 번 뱉도록 한다. 그런 후에는 다음과 같은 眞言을 한다. 진언은 일종의 呪文이다.

> "○○년 ○○월 ○○일, 성주 조상을 물리는 것이 아니라 객구잡신을 물리는데, 앙거서(앉어서의 뜻) 못 먹었다, 서서 못 먹었다 말고 진눕(진 음식)은 먹고 모른눕(마른 음식)은 싸가지고 산 좋고, 물 좋고, 경치 좋은데 가서 썩 물러나지, 아니 물러나면 대칼로 목을 지어 한강에 떨어뜨리면 국내(국 냄새) 장내(장 냄새)도 못 맡는다!"

> "총 맞어 죽은 구신(귀신), 물에 빠져 죽은 구신, 목 매달어 죽은 구신 달려들었거든 당장 물러나라!"

이렇게 해서 진언이 끝나면, 들고 있던 칼을 길바닥으로 냅다 집어던진다. 이 때 칼 끝이 안으로 향하면 붙었던 것이 얼른 나가지 않는다고 여긴다. 그런 경우에는 칼 끝이 밖을 향할 때까지 반복해서 던진다. 칼 끝이 밖으로 향해야 귀신이 나간 것으로 판단한다. 칼을 던지는 횟수에 따라서 객귀의 힘과 病勢의 정도를 가늠한다. 곧 여러 번 칼을 던지게 되면 객귀가 보통 놈이 아니며, 또한 병을 쉽게 나꾸기(치유한다는 뜻의 지역어) 어렵겠다고 추측한다. 그러나 처음 한 번 던졌을 때 칼 끝이 곧바로 밖으로 향하면 그 병은 빨리 나을 것이라고 여긴다.

칼 끝이 밖으로 향하면, 다시 환자에게 된장국이 담긴 바가지에 침을 세 번 뱉으라고 한 후, 그것을 밖으로 휙! 하고 내버린다. 그런 후 땅에 칼로 재빨리 十자를 그은 다음, 십자의 한 가운데에 칼을 꽂는다. 그리고는 칼자루 위에 바가지를 엎어 둔다. 이 때 왼발을 세 번 구르거나 침을 세 번 뱉고 돌아서기도 한다. 여기서 절대로 뒤를 돌아보아서는 안 된다. 해

물리기를 한 칼과 바가지는 이튿날 식전에 가서 가져온다.

해물리기를 끝낸 후에는 환자는 부엌을 들러서 방으로 들어간다. 그러나 이즈음은 예전 같은 부엌이 없으므로 곧장 방으로 들어간다. 해물리기를 해 준 사람은 그 집으로(환자의 집으로) 들어가지 않고 곧장 자신의 집으로 돌아간다.

이와는 다소 다르게 치르는 해물리기도 있다. 곧 각성받이 세 집의 구정물을 얻어다가 이것을 쌀과 함께 푹 끓인 후 환자를 방에 드러눕게 하고 해를 물린다. 이 때 "이것은 다른 것이 아니고 몇월 며칠날 뜬 객구걸랑 이걸 먹구 물러나라"고 외친 후, 환자의 침을 바가지에 세 번 뱉게 하고, 칼로 머리를 세 가닥 잘라 넣는다. 그리고 방안의 불을 끄고 문을 닫은 다음 "객구가 썩 물러나야지 안물러나면 무쇠둠범에 꼭 가둔다"고 위협하듯이 고함을 지른다. 칼로 방문에 열십자를 긋고 소금을 뿌린 뒤 칼을 마당에 집어던진다. 만약 칼 끝이 안으로 향하면 밖으로 향할 때까지 반복한다. 이윽고 객귀가 나가면, "몇월 며칠 손 없는 날이니 나가라!"라고 다시 소리친 후, 구정물을 뿌리고 열십자를 긋는다. 구정물을 뿌릴 때는 왼발을 세 번 구르며 "헛파세!"라고 소리친다. 그 다음 대문 앞에 칼을 꽂고 바가지를 덮어 놓았다가 다음 날 새벽에 가져온다.

이 같은 주술적 치료는 '물림객바가지'라고도 불린다. 앞서의 내용과 대동소이하나 다음에 소개한다.

바가지에 물과 된장 밥 한 숟가락을 담아서 끓인다. 그리고 환자를 앉히고 "성주를 물리는 게 아니고, 터주를 물리는 게 아니고, 조상을 물리는 게 아니고, 잡귀 잡신을 물리는 것이니, 거룩이 먹고 썩 물러가라!"고 진언을 하고, 방안의 불을 끄고 방문을 닫고 나온다. 그리고 문에다 콩이나 팥을 힘차게 던지면서 "헛파세!"라고 소리지른다. 그 밖의 사항은 앞서 설명한 내용과 동일하다.

2) 잔밥먹이기

특별한 이유 없이 집안 식구가 갑자기 아프면, 혹시 객귀가 들린 것이 아닌가 의심하여 '잔밥먹이기'를 한다. 특히 초상집이나 부정탈 만한 곳에 다녀온 후 복통이나 두통이 있으면 객귀들린 것으로 여긴다. 또한 이는 강남에서 온 '잔밥각시'를 먹이는 것이라고도 하다. 이는 앞서 소개한 '해물리기'와 거의 대동소이하지만, 그 방법과 절차는 다소 다르다.

잔밥은 보통 생쌀을 일컫는데, 쌀을 소복이 담은 됫박을 환자의 옷가지로 싼 다음, 그것으로 환자의 아픈 곳을 문지르면서 다음과 같은 주문을 외운다.

> "몇 살 먹은 아무개가 거리 도중에서 객귀가 달라 붙었으면 옆에서 됫박 말박 많이 먹고 오던 길로 썩 물러나라!"

"다름이 아니고 쇠술(쇠로 만든 숫가락)로 밥먹는 인간이 무엇을 알겠습니까? 우리 인간은 아무것도 모르는데 우연히 어디를 갔다오다가 넘어져서 이렇게 답답하고 갑갑해서 강남서 나온 잔밥각시가 영금 허다고 해서 잔밥을 이니, ○○세 먹은 ○○생 ○○씨 지주가 이렇게 아프니 객귀가 덤벼들었거든 옆귀로 많이 먹고, 성주가 넘봤거든 큰귀로 많이 잡수시고, 몸에서 우러나는 병 같으면 쌀 한 되 달싹도 말고 가만히 있어라!"

이 같은 주문을 세 번 외우면서 아픈 곳을 세 번 문지른다. 다음에는 됫박을 싼 옷가지를 벗겨서 쌀이 원래대로 있는지를 살펴본다. 이 때 환자에게 객귀가 많이 들었으면 됫박의 쌀이 누가 훔쳐 낸 것처럼 푹 패여 보인다.

만일 됫박의 쌀이 푹 패이게 되면, 패인 부분의 쌀을 한 줌 집어들고 힘차게 멀리 던지면서 다음과 같이 주문을 다시 외운다. 이 때 방바닥을 왼발로 힘차게 구른다.

"진놈은 먹고 마른놈은 싸고 오던 길로 썩 물러가야지, 아니 물러나가면 굿칼로 목을 쳐서 대동강에 던질 텐데 많이 먹고 오던 길로 썩 물러나가라!"

한편 환자의 환부를 문지른 바가지의 쌀이 바가지 꼭지 부분에 파여져 있으면 '조상신'이 붙었다고 하고, 배꼽 부분을 먹으면 객귀가 붙었다고 헤아린다. 이 때에는 환자의 신발(예전에는 짚신)에 왕겨, 고추, 된장, 소금, 쌀 등을 조금씩 넣고 마당에 나가 불을 사른다. 그러면 동티가 풀리고, 환자의 병은 낫는다고 한다.

잔밥먹이기는 집안의 할머니나 어머니가 주로 하지만, 마을마다 대개는 이런 주술적인 처방을 잘 하는 할머니가 있어서 이분에게 맡기는 수도 있었다. 이러한 잔밥먹이기는 마을이나 집안에 따라서 약간의 차이가 있다. 물론 그러한 차이는 방법과 절차상에서 나타나는 사소한 것이다. 위에서 설명한 내용과는 다른 사례 하나를 소개한다.

가령 됫박을 싼 옷가지나 보자기를 열어 보기 전에 "하나쎄, 둘쎄, 셋쎄, 넷쎄, 다섯쎄, 여섯쎄, 일곱쎄!"라는 의미 불명(不明)의 진언을 세 번 외우기도 한다. 이 때 바가지의 쌀 중에 큰 귀부분이 많이 먹었으면 성주가 먹은 것으로 여기고, 바가지의 옆 귀에서 많이 먹었으면 잡귀가 먹은 것으로 여긴다. 이렇게 해서 어디에서 탈이 났는가를 알게 되었으면 상을 차려 놓고 다시 비손한다. 이처럼 잔밥을 먹여 보면 병의 원인을 알 수 있다. 이와 같이 성주나 잡신이 탈이 났을 경우에는 쌀이 많이 줄지만, 몸에서 병이 난 사람은 쌀이 전혀 줄지 않는다. 이를 두고 "쌀이 하나도 안 붙는다"라고 표현한다.

상을 놓을 때는 쌀이 빈 방향을 유심히 보아 두었다가 그 방향에 가져다 놓는다. 성주를 위할 때는 밥・물・나물을 각기 한 그릇씩 올려서 '성주께' 가져다 놓고, 잡귀를 위할 때는 밥을 해서 그릇에 담지 않고 바가지에 담아서 대문 밖으로 가지고 나가서 사거리에 묻거나 휙! 하고 내던진다. 간혹 짚에 싸서 매달아 놓기도 한다. 어떤 경우는 됫박의 줄어든 부분의 쌀을 가지고 바깥으로 나가 짚신에 고추와 함께 넣어 태우면 객귀를 물릴 수 있다고 한다.

잔밥을 먹여 준 사람이 남의 집 사람이면 환자의 집으로 들어가지 않는다. 그 사람은 곧장 자신의 집으로 돌아간다. 이 경우에는 잔밥을 먹인 쌀은 그 사람에게 준다. 그렇지 않은 경우에는 약간의 돈이나 물건으로 사례한다.

3) 動土잡기

동토는 흙을 잘못 다룸으로써 地神이 노하여 가족에게 병을 앓게 하는 현상을 일컫는다. 그러나 집안의 살림살이 위치를 바꾸든지, 어떤 물건을 새로 들이든지, 부엌이나 대문, 담장 등을 수리 보수하는 공사로도 운이 나쁘면 동토가 난다고 한다. 또한 누가 잃어 버린 물건을 주워서 집에 들였거나, 된장 또는 고추장을 담은 독을 옮겼거나 집안에서 나무를 심거나 벤 경우에도 동토가 날 수 있다. 이외에도 나무를 주워다 함부로 땐다거나 못을 박거나 하는 경우에도 생긴다.

한편 四方에는 손이란 귀신이 있는데, 이를 고려하지 않고 함부로 행동했기에 동토가 나는 경우가 많다. 가령 물건을 새로 들일 때 손을 잘 보아 피하면 동토를 피할 수 있다는 것이다. 손은 날수를 따라 동서남북 네 방위를 돌아다니며 사람의 활동을 방해한다는 귀신이다. 곧 1·2일에는 동쪽에, 3·4일에는 남쪽에, 5·6일에는 서쪽에, 7·8일에는 북쪽에 손이 있으며, 9·10·19·20·29·30일에는 손이 하늘로 올라가기 때문에 손없는 날이라고 한다. 따라서 손이 없는 날에는 쇠나 흙이나 나무를 다루는 어떤 일을 해도 괜찮다고 여긴다. 또한 동토가 난 것을 "도깨비가 뛴다"라고 표현하는 것으로 보아 동토를 도깨비의 조화로도 생각함을 알 수 있다.

이러한 상황이 아니더라도 사람에 따라서는 무엇을 하여도 동토가 쉽게 난다. 특히 정자주 있는 집(무당을 데려다가 매일 비는 집)에서는 동토가 더 잘 난다고 한다. 이는 위하는 집에서는 조금만 소홀해도 탈이 많다는 것이다.

동토가 나면 집안 식구 중 한 사람이 惡寒이 나서 춥고 떨리며 아프다. 이럴 경우 약을 써도 잘 낫지 않는다. 환자가 발생하면 동토인지 아닌지를 우선 확인해야 하는데, 이를 위하여 집안의 아궁이에 고추를 태워 본다. 동토가 난 것이 아니면 보통 때처럼 고추의 매운 냄새가 나는데, 동토가 난 상황이면 고추를 여러 개 태워도 결코 매운 냄새가 나지 않는다.

고추 태우기로 동토가 확인되면 이제 '동토잡기'를 행한다. 동토는 주로 밤에 잡는다. 이를 위하여 대개 경쟁이를 부르거나 아니면 마을에서 동토를 잘 잡는 사람을 초빙한다. 동토를 잡는 대표적인 몇 가지 방법을 소개한다.

어두워지면 동토를 잡는 사람은 동쪽으로 뻗은 복숭아 나뭇가지를 꺾어들고 환자의 집 부엌으로 들어간다. 부엌에서 시래기국을 끓여 놓고 가마솥 뚜껑을 두드리면 동토가 잡힌다.

또한 밤이 되면 도끼와 자귀를 부엌문 앞에 놓고 부엌에서는 밥을 한다. 밥이 다 되면 솥뚜껑을 열어 놓고 안에 주걱을 꽂는다. 그런 후 부뚜막에 왕겨와 숯, 쑥, 고추를 놓고 불을 피운다. 역시 매운 냄새가 없으면 동토가 난 것으로 간주한다. 이러한 방법은 동토가 잡혔는지를 확인하는 방법으로도 사용된다. 즉 고추대를 태워서 매운 냄새가 나면 동토가 잡히지 않은 것이고, 냄새가 나지 않으면 동토가 잡혔다고 믿는다. 고추 대신에 참깨를 넣어서 '후둑후둑'하며 요란한 소리를 내면서 튀면 동토가 잡히지 않았으며, 소리가 나지 않으면 역시 동토가 잡혔다고 믿는다.

동토를 확인하면 동토잡이는 아궁이 앞에 자귀를 놓고 망치로 자귀를 두드리면서 "동토를 잡자!, 동토를 잡자!"라는 주문을 왼다. 그런 후 해물림을 한다.

어떤 경우에는 솔잎을 꺾어다가 사방을 때리며 "동토잡는다! 동토잡는다!" 하고 돌아다니기도 한다. 이렇게 하지 않고도 동토가 난 곳에 소금을 갖다 놓고 뜸질만 해도 개운한 느낌이 있다고 한다.

이외에도 '독짝'(돌멩이)이나 사기그릇 조각을 달궈서 부뚜막 앞에 놓고 오줌을 뿌리면서 "동토잡자, 동토잡자"라고 외치는데, 이때에 오줌이 지글지글 끓는 것과 동시에 동토가 잡힌다. 한편 동토난 장소에 오줌을 세 번 붓기도 한다.

이와는 달리 동토가 나지 않도록 방지하려면 다음과 같이 한다. 집으로 반드시 들여야 하는 물건이 있다면 일단 변소에 가져다 둔다. 변소에 물건을 하루나 이틀, 많게는 일주일 정도를 두면 동토가 나지 않는다. 그 이유는 변소에는 동토가 없기 때문이다. 예전에는 어린아이를 외갓집에 데려갈 때에는 변소 문을 열고 "외갓집도 집이다"를 세 번 외치고 목에 고추를 걸고 갔다. 변소가 어린아이에게 미칠지도 모를 액을 막을 수 있다고 여긴 것이다.

한편 돼지우리나 외양간을 지을 때는 經明朱沙로 '天皇封木'이라고 써서 울타리 사방에 붙인다. 역시 '임금 王'자를 써 붙여도 괜찮다고 한다.

다. 마을신앙과 관련한 의례 : 지신밟기와 마짐시루

음력 시월 상달에 모시는 산신제의 祭費는 가을걷이 때 집집마다 약간의 쌀을 거두어 마련하고, 음력 정월 초에 치르는 산신제와 거리제는 풍물패가 집집마다 돌면서 地神을 밟아주고 乞粒을 한다.

풍물패들은 대문을 들어서자마자 마당에서 한참을 논 다음 家中八神이 있는 곳을 차례로 돌며 가내 평안을 빌어 준다. 요즈음에는 흔히 부엌, 장독대, 우물 정도에서만 빌어 준다. 그러나 집을 새로 짓거나 수리한 경우에는 싱크대와 마당의 수도 앞에서 풍장을 쳐 준다. 이 때 상쇠는 "잡귀잡신은 몰아내고, 命과 福은 들이자!"라든지, 또는 "잡귀잡신은 물 아래로, 天幸萬福은 이 집으로!"라는 등의 축원을 해 준다.

이 때 집안의 주부는 소반에 정화수 한 그릇, 시루떡 한 접시를 올리고 불밝이 쌀 위에

촛불을 밝혀서 마당 한가운데에 내놓거나 대청마루에 차려 놓는다. 풍물패들은 그 집에서 내놓은 술과 음식을 먹으며 한 판 신명나는 쇠를 부수다가, 집 주인에게서 곡식이나 돈을 추렴해서는 다른 집으로 행렬을 옮긴다. 이렇게 음력 정초의 여러 날은 집집을 돌면서 제비를 마련한다.

설에는 온 마을이 지신 밟는 풍물소리, 祝願, 德談으로 온통 넉넉한 분위기가 된다. 무엇인가 올 한 해는 조금도 궂은 일 없이 좋은 일만 있을 것 같다. 풍물패들의 축원이 여간 흡족한 것이 아니다. 여러 사람들의 말은 쇠도 녹인다는데, 이렇게 우렁찬 풍물소리와 낭랑한 상쇠의 축원 소리는 분명히 집안을 활짝 피게 할 것이다.

이렇게 마을의 공식적인 축원 전문가 집단인 풍물패들이 정초에 지신을 밟으면서 집안의 신령들을 한 번 힘차게 놀리며 所望을 전달하는 것이다. 집안의 신령을 자기네 식구들만이 위하는 것이 아니라, 마을 풍물패들이 공식적으로 위하는 시간이다.

한편 산신제를 모시기 위하여 산에 오른 제관이 讀祝을 하고 대동소지를 올려 일단 산신제를 마치면 마을을 향하여 "마짐시루 올리시오"라고 소리를 지른다. 아니면 모닥불을 크게 피우든지, 장작불을 둥글게 휘두르든지, 또는 징을 쳐서 산제를 무사히 마쳤음을 알린다. 이는 집집마다 마짐시루를 올려도 좋다는 신호이다.

마짐시루는 산신을 가정에서 맞이하는 떡시루란 뜻이다. 마짐시루는 산제가 일단 끝나면 집집마다 산제당을 향하여 가정의 소망을 빌기 위하여 조촐한 가정의 산제를 지내는 것을 말한다. 집 마당이나 부엌, 또는 터주가 있는 장광에 흰무리떡 한 시루와 정화수 한 그릇을 올린 간단한 고사상 차려서 가정주부가 비손을 하며 산신의 加護를 빈다. 방금 전에 제관이 마을 전체를 위하여 산제를 정성스레 치렀듯이, 이제는 집집마다 집안의 행운을 산신에게 비는 것이다.

이와 별도로 요왕제가 시작됨과 동시에 각 집에서는 개인적인 고사를 지내기도 한다. 샘에서 물을 퍼다가 떡을 찌고 이것을 청수, 촛불과 함께 장광에 올린다.

산제는 기본적으로 마을 전체의 안녕을 위한 것이라 그 의례 절차에는 개인의 소망을 삽입시킬 수 있는 여백이 근원적으로 제한되어 있다. 물론 각 개인이나 가정이 화평하지 않고서는 마을의 안녕도 의미가 없는 것이지만, 그럼에도 불구하고 각 가정에서는 역시 독자적인 運數가 있는 것이다. 이런 점에서 각 가정은 마을에서 산제를 모시는 기회에 자신의 가정에 산신의 가호를 적극적으로 끌어들이려는 노력을 한다.

3. 맺음말

이상에서 살펴본 가정신앙은 주로 집안의 할머니나 어머니 등 부녀자에 의하여 행해진다. 마을신앙이 주로 남성들에 의하여 이루어진다면, 가정신앙은 분명히 여성들이 중심이 되어 있다. 물론 법사나 무당 등 전문 종교직능자가 가정의 신령들을 모시기도 하지만, 일상적인 시간에 있어서는 집안의 살림을 책임 맡은 부녀자가 위하는 것이 일반적이다. 더구나 해물리기, 잔밥먹이기 등 주술적 치료 행위도 주로 할머니들이 주관한다. 마을에 따라서는 이들 할머니는 '신할머니'라고 불렀는데, 그만큼 아마추어 주술사의 면모도 지니고 있다.

이들 부녀자들은 한 집안의 기능인 가장과 아들들을 위하여, 더 나아가서는 집안의 모든 행복을 위하여, 집안의 신령들을 정성껏 모셨다. 그러나 정작 의례 주관자인 主婦를 위한 요소는 가정신앙에서 뚜렷이 찾아지지 않는다.

집안의 신령들에는 먼저 그 집안의 조상신이 설정되어 모셔지고(때로는 성주가 조상을 상징하기도 한다), 살아 있는 가족 중 가장 중요한 家長에게 복을 주고 액을 막아 주는 성주신, 가정의 보금자리인 집이 앉혀져 있는 터를 지키는 터주신, 불과 음식을 관장하는 조왕신, 財富를 일구고 집안의 운명을 예고하는 업 등이 기본적으로 설정된다.

이러한 신령들을 매년 정기적으로 안택이나 가을떡으로 위하고, 다소의 불안시에는 서낭제와 거리제를 모셨다. 또한 갑자기 생긴 원인불명의 질병에는 해를 물린다든지 잔밥을 먹인다든지 하여 치유를 꾀하고, 동토가 났을 경우에는 재빨리 원인을 찾아내어 신령들과의 관계 정상화를 꾀했다. 그 밖에 정초에 마을에서 공동으로 산신제를 모실 때 지신을 밟거나 마짐시루를 올려서 산신의 恩德을 가정 안에 끌어들이려 노력했다.

요컨대 전통사회에 있어서 가정이란 비단 산자들로만 구성된 것은 아니었다. 이들 집안의 신령들도 분명히 하나의 가족 구성원이었다. 산자와 신령들이 함께하는 삶의 장소가 집이었다. 그리고 살아 있는 가족 사이에 따뜻한 보살핌이 서로간에 오가듯이, 그러한 애정과 관심은 집안의 신령들에게까지 미쳤던 것으로 보인다. 집안에 귀신까지 만들고 두어서 그들로부터 복을 받고자만 했던 차원이 아니라, 인간과 신령이 함께 어우러져 사는 삶의 공간으로서 집을 가꾸었던 것이다. 가령 가을걷이를 하여 떡을 하더라도 산자에게만 분배하지 않고 이미 죽은 조상이나 신령들에게도 바치는 모습은 집안이 또한 그들의 거주처임을 암시하는 것이라 하겠다.

안택(굿) 등에서 여러 신령들을 먼저 모시는 것이나, 정초의 지신밟기와 시월 상달의 禱神떡을 먹을 때나, 동짓달에 팥죽을 할 때에도 제일 먼저 이들 신령들을 모셔서 집안의 無故와 福을 비는 것이다. 이 밖에도 출산이나 혼례 등의 집안 경사에도 삼신이나 조상, 성주 등이 모셔졌다.

編輯後記

1999년 8월 평생 연구와 후진 양성에 힘쓰시던 하현강 선생께서 연세대학교를 정년 퇴임하셨다. 선생께서는 본격적인 학문의 길로 들어선 대학원 시절부터 40여 년간 고려시대사 연구에 전념해 오셨다. 선생께서 그 동안의 연구에서 보여준 학문적 자세는 사료상의 글자 한 자까지 정확하게 규정하되, 사건 자체는 역사적인 맥락에서 폭넓게 사고한 다음 평가한다는 그런 태도를 견지해 오셨다.

그러나 뭐니뭐니해도 선생께서 오랫동안 공들여 온 것은 후학·제자들에 대한 애정에 넘친 따뜻한 가르침이었다. 그럼에도 불구하고 공과 사의 명확한 구분은 그 어떤 것보다 철저하고 엄격하셨다. 공과 사의 구분은 선생의 지도를 받았던 후학·제자들 눈에도 매우 인상 깊은 것이었다.

선생의 퇴임을 앞두고 동료·후학·제자들 사이에서 기념논총을 준비하려는 움직임이 조심스럽게 일었다. 평소 선생께서는 앞선 시기의 기념논총은 연구자도 적고 발표 지면도 제한되어 있었던 관계로 간행이 필요했지만 요즈음은 상황이 바뀌었으므로 출간할 필요가 없다는 입장을 강력하게 피력하셨다. 그리고 주변에서 그러한 기미조차 꺼내지 못하도록 엄하게 말리셨다.

그러나 선생의 한국사학계에 끼친 업적과 훈도를 잊지 못하는 동료·후학·제자들은 간곡한 만류에도 불구하고 논총 간행을 밀고 나가기로 뜻을 모았다. 마침내 1998년 4월 7일에 이르러 정년기념논총 간행위원회 준비모임이 이루어졌다. 이 자리에서 원유한 교수를 위원장으로 하는 河炫綱敎授 定年紀念論叢 刊行委員會가 정식으로 발족되었다.

하지만 선생의 극도로 사양하시려는 뜻을 최대한 수용하기로 하여, 직접 지도를 받은 사람들을 중심으로 해서 논총 간행을 준비하자는 쪽으로 의견을 수합하였다. 그리고 굳이 동참하기를 원하는 분에 한해 문호를 개방하기로 결론을 내렸다.

이러한 간행 원칙으로 말미암아 미처 참여하지 못한 분들께는 죄송한 마음 금할 길이 없다. 특히 선생과 장기간 깊은 교유 관계를 맺었던 몇 분이 함께하지 못해 아쉬워하셨다는 뒷소식을 전해듣고 참으로 송구한 마음 금할 길이 없었다. 다시 한 번 양해를 구하고자 한다.

당초의 우려에도 불구하고 많은 분들께서 기꺼이 참여해 주셔서 순조롭게 일이 진행되었다. 어려운 가운데 부탁드린 원고를 마감한 결과 40여 편에 달하는 뜻밖의 성과를 거두었다. 약간의 시간만 허락되면 곧 완성되는 원고도 있다는 연락을 받았으나, 시간상 부득이하게 마감하게 되었음을 죄송스럽게 생각하며, 귀중한 옥고를 보내주신 여러분들께 머리 숙여 감사드린다.

수합된 원고를 놓고 간행위원회에서는 편집회의를 개최하여 몇 가지 원칙을 세우기로 했다. 우선 논총 전체의 제목을『韓國史의 構造와 展開』라고 명명하고, 논문을 시대순으로 배열하되 그 내용에 따라 유사한 분야의 것들을 한데 묶고서 적당한 편목을 붙이기로 하였다. 그 결과 선사·고대의 사회와 문화, 중세의 정치와 사상, 중세의 사회와 경제, 중세사회의 변동과 그 대응, 근대화의 시련으로 편을 나누어 배열하되, 전체적으로는 일정한 통일성을 갖추도록 하였다.

지금까지 논총이 간행될 수 있도록 도와주신 여러분들께 진심으로 감사드리며, 특히 賀序를 써주신 황원구 선생께 이 자리를 빌어 다시 한 번 고마움을 표시하고자 한다. 한편 논총의 제작에 물심양면으로 많은 애를 쓴 혜안출판사 오일주 사장과 편집을 맡아서 수고해 준 양상모·김현숙 님께 감사의 뜻을 전한다.

금번 논총 간행에 여러 형태로 참석해 주신 분들과 함께 하현강 선생께서 앞으로도 날마다 건강하게 지내시기를 기원하는 바이다.

2000년 6월

河炫綱教授定年紀念論叢刊行委員會

원유한 (위원장)
강은경 김무진 김준석 박경안 박경자 박희현 백승철 신영우
오영교 오일순 윤훈표 이기길 이인재 이필영 최원규 홍원기

河炫綱敎授定年紀念論叢

韓國史의 構造와 展開

초판 1쇄 인쇄 · 2000년 11월 20일
초판 1쇄 발행 · 2000년 11월 25일

편　자 · 하현강교수정년기념논총간행위원회
발행처 · 도서출판 혜안
발행인 · 오일주
등록번호 · 제22 - 471호
등록일자 · 1993년 7월 30일
121 - 836 서울 마포구 서교동 326 - 26
전화 · 02) 3141 - 3711, 3712
팩시밀리 · 02) 3141 - 3710

값 60,000원

ISBN 89 - 8494 - 108 - 5 93900